建阳市志

1994—2010

中共南平市建阳区委党史和地方志研究室 编

方志出版社
Publishing House of Local Records

建阳市城区图

崇阳新都
车站派出所
建阳站
峰福铁路
东南大酒店
站前路
亿力豪庭大厦
长源物流有限公司
五里樟大桥
崇
胜德山庄
邻世郡
曼山别院
曼山小学
武夷旅游商贸学校
曼头山
惠民
花苑
关圣帝君庙
三皇元君娘娘庙
玉帝庙
电力公司
建阳供电局
童新
小区
胜德智
能小区
永康五金商贸城
无悔百帮咨询
有限公司
童游派出所
新华新村
三圣庙
观音阁
市法院
阳
溪江公园
市供销合作社联社
五谷庵
市地税局
童游街道卫生院
正觉惠照禅寺
三圣公王庙
天福堂
市质量技术监督局
市工商局
童游财政所
新华小学
富林
龟山
童游
营前
童游街道
市中山医院
富林小区
鸿运园
北门
城关
市城关云龙五金
家电经营部
童游中心小学
市国土局
南平农业学校
东桥路

市政府
潭城街道
西门
西市
西桥
中南
桥南
兴建
黄花山
宝山
南阳
水东
市气象局
市实验小学
市林业局
市委党校
市妇幼保健院
潭山公园
市环境卫生管理处
市水利局
市校办企业联合总公司
和鸿大药房
水西大桥
市房产管理处
开元大酒楼
市西门小学
市粮食局
市国税局
联通建阳分公司
市种子管理站
水东大桥
无悔鞋业
同安路
无悔商务酒店
市民政局
建阳二中
市立医院
宋慈广场
鹏宇房地产开发有限公司
静园小区
交警公寓
爱民小学
峰福铁路
✲景山大觉禅寺
建阳一中
市博物馆
市审计局
市图书馆
水南大桥
桥南小学
建阳闽北卫生学校
建阳网际电脑学校
华源生物科技有限公司
南平市教师进修学院
市公路局
市公安局
建阳师范附小
春晖大酒楼
汽车站
嘉禾人家
安得兴电子
国美电器建阳店
英林幼儿园
桂花山庄
黄花山石材加工厂
宝山
龙晟房地产开发有限公司
✲宝山清莲寺
水东小学
水东幼儿园
水东新村
考亭大桥
西桥新村
人民路
北
民主路
东桥东路
盛昌路
崇阳路
水南路
水南路
西桥路
西桥南路
西桥中路
山花路
黄花山路
英才路
宝山路
民主南路
南路
崇阳溪
潭山道
蜈路
七贤路
水东路
工业路
图例
县政府
街道办事处
社区居委会
村委会
铁路及车站
一级街道
二级街道
河流
学校
医院
酒店
其他单位
旅游景点
汽车站
公园绿地
审图号：南S〔2021〕6号 资料截至2010年12月
福建省地图出版社 编制

武夷山市
崇安街道
新丰街道
武夷山站
武夷山机场
武夷街道
星村镇
兴田镇
将口镇
光泽县
邵武市
顺昌县
高家水库
霞洋水库
雷公口水库
五福羊水库
樟坑水库
马伏水库
黄坑镇
桂林茶场
桂林采育场
新峰茶场
黄坑镇毛竹采育场
毛竹采育场
朱熹墓
蕉溪采育场
苦竹坪
下坪农场
杜潭
鱼山尾电站
长坪
新坪
周家农场
渡口畜牧场
麻沙镇
武邵高速
范桥林场
竹洲农场
莒口镇
市良种场
溪口养鱼场
范墩林场
西门岗茶场
茶坑
魏墩采育场
金山
黄泥丘电站
唐科
五峰
小黄坑
条岭
大阐采育场
书坊
书坊茶场
花园岭农场
花园岭
水北电站
水北
镜坝电站
书坊乡林场
磨石盘电站
红旗采育场
宝印水电站
下沙镇
晒口街道
城郊镇
吴家塘镇
大竹镇
拿口镇
仁寿镇
富石
S205
S303
G316
宁上高速
峰福铁路
鹰厦铁路
背岗
1859
水古栋
1182

建阳市地图
图例
县级行政中心
街道办事处
乡、镇
村委会
自然村、工区
农林场
县级行政区域界
乡镇级行政区域界
铁路及车站
在建铁路
高速公路及互通
在建高速公路
G205 国道及编号
S303 省道及编号
县道
街道
一般道路
河流
水库
山峰
景点
电站
自然保护区界
比例尺 1：300 000
福建省地图出版社 编制
审图号：南S〔2021〕6号
资料截至2010年12月
注：本图行政区域界线仅作参考，不作划界依据。
浦城县
松溪县
政和县
建瓯市
建阳市
石陂镇
水北街镇
濠村
漳墩镇
回龙
崇雒
黄坑
小湖镇
水吉镇
上梅
五夫镇
东平镇
小松镇
徐墩镇
吉阳镇
童游街道
潭城街道
京台高速
宁上高速
峰福铁路

建阳区全景图

2004年，南平市委书记徐谦（前左2）到建阳调研农村奔小康工作

2000年12月，省委副书记何少川（前右4）到建阳调研工作

2005 年 5 月，中组部领导到麻沙镇新坪村慰问下派村书记

2004 年 4 月，中共福建省委老干局局长、省老区促进会副会长（左 2）到建阳检查老区基点村春耕生产工作

2006 年，中共福建省委副书记黄瑞霖（前右 2）在建阳市博物馆调研建盏文化

省有关领导和专家到建阳调研新引进的气象雷达运行工作，南平市副市长廖荣元等陪同调研

2006年12月，南平市委领导林克敏（左前2）及市有关部门领导到建阳检查22万伏变电站安全生产情况

2007年11月，省人大常委会主任、副省长张昌平（右1）到建阳调研食品与卫生工作

2009 年，福建省副省长邱广忠（左前 2）到建阳水吉镇仁山村看望种果专业户张水生（左前 3）

2010 年，省农办主任刘钦瑞（右 1）在建阳市委书记何三宝（右 2）陪同下调研农业工作

2010 年 6 月，原省委领导雷春美（右 1）到建阳锻压件厂调研

1997 年 12 月 30 日，横南铁路建阳火车站通车剪彩

2000 年新建的体育场

305 国道水吉互通大桥建成通车

大潭夜景——麻阳溪五座大桥横跨景观

① 高铁南平市站
② 合福高铁建阳路段
③ 海西林产工贸城技术人员在安装消除粉尘污染设备

朱熹大道和潭山公园

黄坑长见新农村

惠民花苑一期工程竣工交付使用

潭山公园朱子像

宋慈大道二期工程

改造后的童游街道

西区生态城麻阳溪景观

潭山公园建阳市城市规划展示馆

新建西区生态城人民西路

建阳和泉生物科技有限公司工人在生产氨基酸类产品

建阳长风空压机有限公司车间

建阳龙强汽车制造有限公司生产车间

黄坑塘头竹地板木加工厂现场

建阳科技龙翔机械有限公司生产车间

建阳城区电网改“天龙”为“地龙”地下变压器安装现场

武夷味精生产车间

宁夏回族自治区代表参观青松化工有限公司

将口镇外资企业用清水竹笋制作罐头

农民在收割宽叶雀稗牧草草种

1994 年 6 月，世界银行农业专家在建阳考察红壤土开发

2002 年，国外牧草专家和省农科院专家在建阳推广牧草园叶决明

水东肉牛场

麻沙黄坝洲养兔场

黄坑镇竹山养鸡场

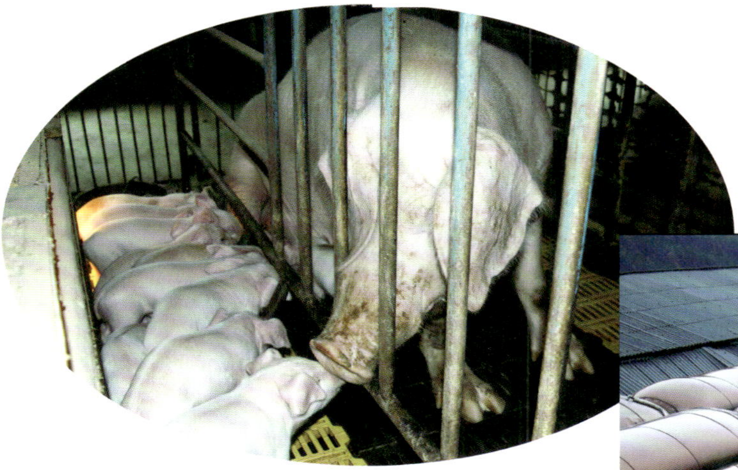

马伏农科所现代化生态养猪场

黄坑竹山毛竹、养羊双高产

徐市牛奶场

将口关棚养鸭

将口关棚养鸭蛋品加工

1995年，将口东田珍珠养殖场

珍珠加工

1998年，省农科院在建阳推广稻田养鱼，粮、渔双丰收

淡水养鳗

机械化养鸡

水库养鱼

20 世纪 90 年代中期，童游镇彭墩村种粮大户承包农田 5.33 公顷

莒口镇后山农机化合作社小型农机停放库

麻沙长坪小型农机烟田培土

南平市人大代表潭城街道回瑶村机械化种粮专业户曾雄香（左 3）和农户交流水稻高产经验

南方再生稻研讨现场会在建阳市召开，与会专家、学者在潭城街道回瑶村实验田进行再生稻株高度测评

将口镇横塘村党支部书记机械化种粮大户邱建平在收割水稻

水吉镇渡船头种粮大户吴成亮在承包的责任田机械化耕作

小湖镇马坑村机械化种粮大户徐承云

谢福鑫在建阳马伏农科所培育日本引进的巨峰葡萄

2000 年黄坑镇第一个种粮大户毛金土

崇雒乡灵芝种植大户凃建生种植巨型灵芝和盆景灵芝

建阳茶树菇

莒口镇湖桥村农民香菇种植

麻沙镇新坪村农民种植白木耳

黄坑坳头武夷山自然保护区生态林

回龙乡马岚苗圃

白塔洞天云浪

黄坑镇雷公口电站溢洪道

将口镇将口村引水水槽

白塔山摩崖石刻

麻沙水南蔡氏祠堂

蔡氏入闽始祖蔡炉墓

麻沙游酢广场

麻沙游酢陵园

麻沙游酢七子门楼

麻沙长坪豸山书院旧址

建阳雕版

建阳刻本林氏宗谱

宋代书坊雕板

麻沙长坪新农村

麻沙楠木林

仙牛湾

“理学渊源”砖雕

崇雒后畲周氏祠堂“理学渊源”牌坊

黄坑长见村太子桥

宋慈像

宋慈纪念园大门

宋慈墓

《洗冤集录》

莒口镇长埂小源古巷

水吉镇古民居

莒口镇小源屏山书院

书坊乡饶坝十三孔桥

书坊乡百年茶树园

书林门

书坊太阳山革命历史纪念园

水吉镇后井宋代建盏龙窑遗址

周濂溪祠

水吉镇郑墩徐氏祠堂石像

宋理宗御书摩崖石刻“西山”

西山古代水闸门

西山石乌纱帽

溪源村公园

小湖镇马坑古民居

溪源村古民居马头墙

小湖镇马坑古巷

小湖镇黄地卧龙樟

漳墩镇七层潭

小湖镇大历溪瀑布

翡翠谷

漳墩镇甘洋生态风光

考亭古樟

考亭树抱佛

1998 年，省军区部队在水吉镇市头村抗洪救灾

1998 年，建阳武警和群众在童游桥头参加抗洪救灾，转移受灾人员

建阳漳墩白茶

茶山

正山小种种植基地

北京奥运会特优水果——建阳桔柚

获国家“安全金奖”和“安全优质奖”的楠木林葡萄

网纹瓜

建阳白莲

黄花菜

锥栗

建阳考亭提子

蜜橘

沙糖橘

麻沙淮山

小湖杨梅

科技特派员谢福鑫在葡萄园中传授栽培技术现场

建阳锅巴

光饼

规子

饐子

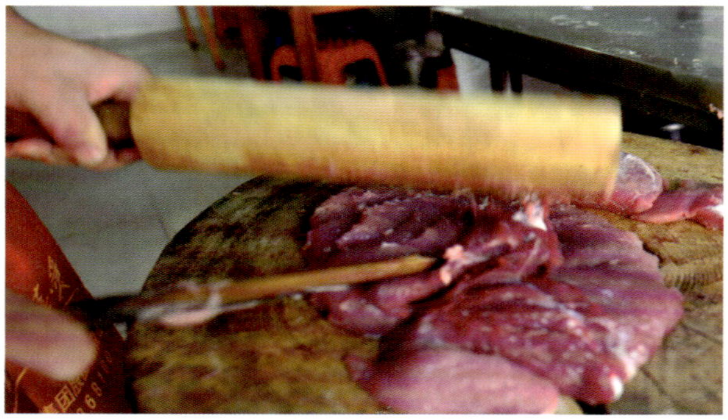

水吉扁肉

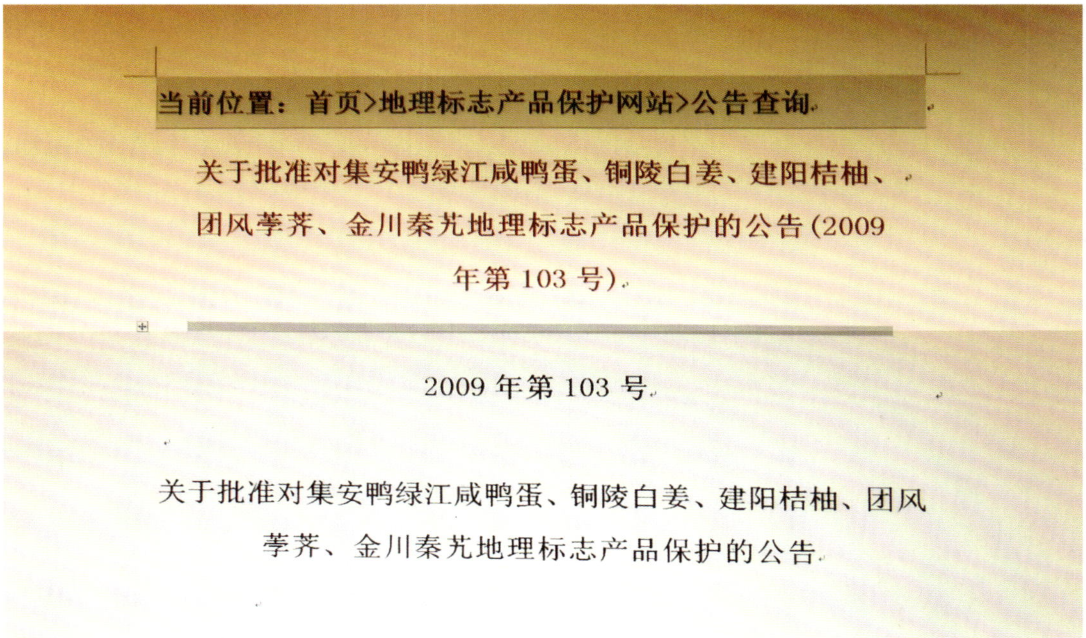

当前位置：首页>地理标志产品保护网站>公告查询

关于批准对集安鸭绿江咸鸭蛋、铜陵白姜、建阳桔柚、团风荸荠、金川秦艽地理标志产品保护的公告(2009年第103号)

2009年第103号

关于批准对集安鸭绿江咸鸭蛋、铜陵白姜、建阳桔柚、团风荸荠、金川秦艽地理标志产品保护的公告

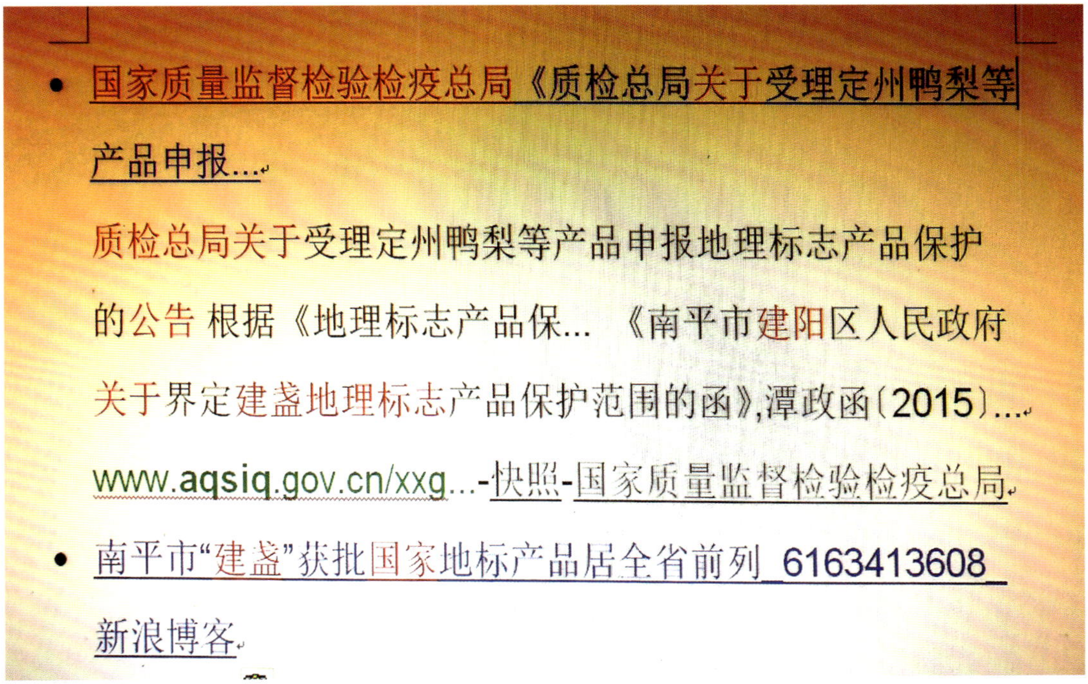

- 国家质量监督检验检疫总局《质检总局关于受理定州鸭梨等产品申报...

质检总局关于受理定州鸭梨等产品申报地理标志产品保护的公告 根据《地理标志产品保... 《南平市建阳区人民政府关于界定建盏地理标志产品保护范围的函》,潭政函〔2015〕...

www.aqsiq.gov.cn/xxg...-快照-国家质量监督检验检疫总局

- 南平市“建盏”获批国家地标产品居全省前列 6163413608 新浪博客

国家质量监督检验检疫总局批准建阳桔柚、建盏为国家地理标志保护产品公告

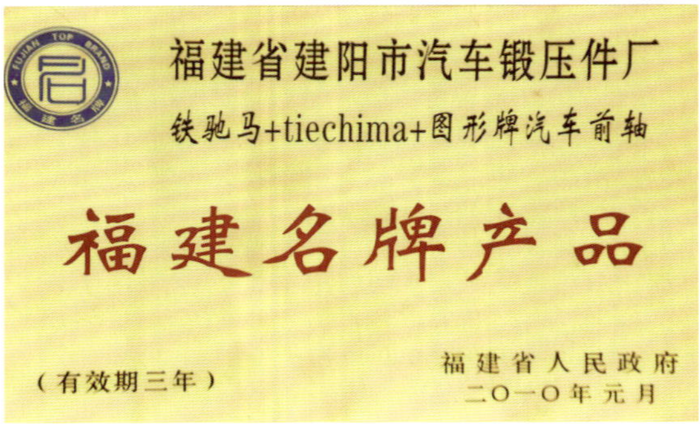
福建省建阳市汽车锻压件厂
铁驰马+tiechima+图形牌汽车前轴
福建名牌产品
（有效期三年）
福建省人民政府
二〇一〇年元月

福建青松股份有限公司
中国驰名商标
国家工商行政管理总局
二〇一二年四月

福建省建阳市汽车锻压件厂
福建省著名商标
（有效期三年）
福建省工商行政管理局
二〇一〇年十一月

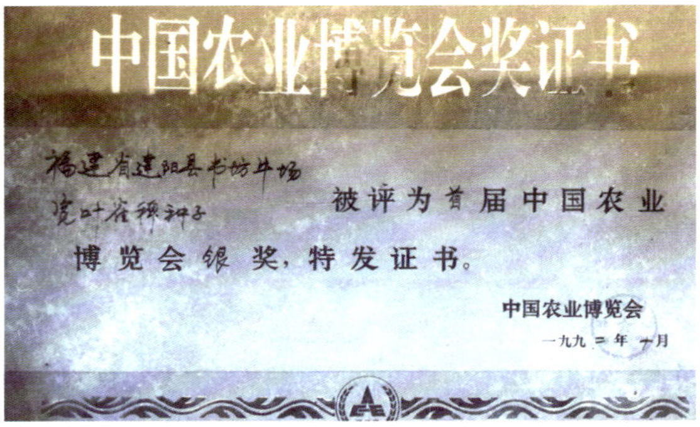
中国农业博览会奖证书
福建省建阳县书坊牛场
被评为首届中国农业
博览会银奖，特发证书。
中国农业博览会

证书
福建青松股份有限公司
经省级林业主管部门推荐，专家评审和社会公示，认定你公司为
国家林业重点龙头企业
No.059
国家林业局
二〇一六年五月

模范职工之家
中华全国总工会
二〇一三年八月

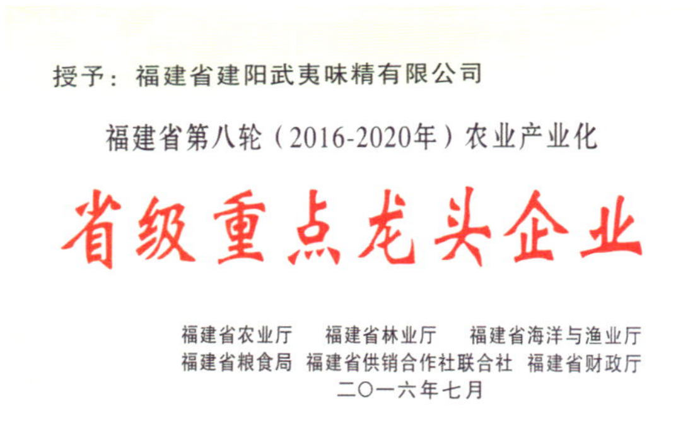
授予：福建省建阳武夷味精有限公司
福建省第八轮（2016-2020年）农业产业化
省级重点龙头企业
福建省农业厅 福建省林业厅 福建省海洋与渔业厅
福建省粮食局 福建省供销合作社联合社 福建省财政厅
二〇一六年七月

经国家工商行政管理总局认定
福建省建阳武夷味精有限公司
中国驰名商标
二〇〇九年四月

中共南平市建阳区委党史和地方志研究室组成人员

顾　　问：杨新强　袁仁旺　胡宗礼　吴少华
主任委员：魏敦盛
副主任委员：谷国海　刘　寒　郑顺莲　余庆明
委　　员：叶义清　叶　强　吴建磊　邹光祥　李国强　江磐基　赖贞明　彭宝金
周志刚　周　炜　林满山　陈　辉　魏松正　陈大勇　张文鲁　谢泽浩
黄永红　李永华　吴世华　叶春华　叶孝有　谭　健　全祖梁　周瑞明
徐卫兵　许群瑜　刘元保　林文进　丁德有　赵文华

《建阳市志（1994—2010）》总编室

顾　问：刘　建　李家钦
主　编：余庆明
副主编：余碧兰　郑雪菲　李孔培
编　辑：范慎强　黄玉琴　余贤伟
张荣贵　梁　杰　方福来
摄　影：张正松

建阳区人民政府
《建阳市志（1994—2010）》审稿组

组　长：王　杨
副组长：柯红梅
成　员：叶　强　范启昌　林　斌　谢道华　赖贞明　赵文华　虞福兴　董新栋

中共南平市委党史和地方志研究室
《建阳市志（1994—2010）》审查验收组

谢金润　吕秋心　詹文华　曹传宁

序

《建阳市志（1994—2010）》问世，令人高兴。这是全区人民政治、经济、文化生活中的一件大事，也是记录历史、服务当代、惠及后世的一项重要文化成果。

建阳历史悠久、底蕴深厚，是福建最早设县的五个县之一，从公元205年建县，1994年撤县建市，到2015年撤市设区，至今已经历了1815年的历史洗礼。2020年1月，南平市行政中心正式搬迁至建阳，建阳已成为闽北的政治、经济、文化中心，发展优势更加凸显、资源更加富集、平台更加完备，是一座富有活力的闽北新兴中心城市。

编修史志是中华民族的优良文化传统，是时代赋予我们的历史责任。20世纪80年代初开始，在历届建阳县委、县政府的关心支持下，历时10年，编纂了建国后的第一部《建阳县志》。该志上限追溯到建阳县置县，下至1993年，重点记述全县经济社会发展成就。时隔多年，建阳发生翻天覆地的变化，全区人民的奋斗历程，城市的发展进步，人民生活的改善提高，需要我们全面系统地记载。此次我们启动了第二轮修志，在编纂工作中，秉承为时代立言，为时代镌史的理念，经过全区各级组织和修志人员的共同努力，精心编纂、数易其稿，终于完成了《建阳市志（1994—2010）》编修工作。

《建阳市志（1994—2010）》坚持以马克思列宁主义、毛泽东思想、邓小平理论、“三个代表”重要思想、科学发展观、习近平新时代中国特色社会主义思想为指导，客观真实地记述了建阳市1994年起至2010年底这10余年间政治、经济和社会各方面的巨大变化，兼具鲜明的时代特点和浓郁的地方特色，是一部观点正确、资料翔实、体例完备、特点突出、文风端正的建阳百科全书。它的编纂对于进一步挖掘建阳历史文化资源，弘扬优秀传统文化，宣传展示建阳发展成就，激励广大干部群众以史为鉴、继往开来，全面融入闽北新兴中心城市建设，全方位推动绿色高质量发展超越具有不可替代的作用。

《建阳市志（1994—2010）》的编纂、审稿、验收和出版，得到了省、市有关领导，全区各部门、各单位同志们的关心、支持和帮助。在此，谨代表中共建阳区委向关心支持《建阳市志（1994—2010）》成书的各级领导、专家学者，以及广大修志工作者的辛勤工作和敬业精神表示衷心地感谢！

是为序。

中共南平市建阳区委书记：

南平市建阳区人民政府区长：

凡　例

一、本志以马克思列宁主义、毛泽东思想、邓小平理论、“三个代表”重要思想、科学发展观、习近平新时代中国特色社会主义思想为指导，坚持辩证唯物主义、历史唯物主义的方法和实事求是的编纂原则，遵照《地方志工作条例》《地方志书质量规定》《福建省实施〈地方志工作条例〉办法》，记载断限内建阳市自然、政治、经济、文化和社会的历史与现状，突出时代特征和地方特色，力求做到思想性、资料性、科学性的统一。

二、本志系1994年出版的《建阳县志》之续志，记述内容上限为1994年，与前志衔接，下限至2010年。为了保持事件记述的完整性，部分内容酌情适当上溯或下延。

三、本志采用篇章节体，由述、记、志、传、图、表、录组成，以志为主；按事以类从、横排门类的原则，力图做到门类齐全、归属得当，层次分明、排列有序。除概述、大事记外，共设29篇。

四、本志人物篇包括人物传和人物表。人物传按照“生不立传”原则，收录本籍和长期在建阳工作并做出重要贡献的客籍人物；入传人物以出生时间先后依次排序。人物表收录1994—2010年建阳市获南平市级以上劳动模范和五一劳动奖章，以及获得高级技术职务名录。

五、本志采用公元纪年。民国及民国以前历史纪年，先书朝代、年号、纪年，后括注公元纪年。民国时期纪年以阿拉伯数字表示。1949年10月1日后一律用公元纪年。

六、本志行文使用规范的现代汉语语体文。数字用法遵循2011年施行的《出版物上数字用法》（GB/T 15835—2011）规定，标点符号用法遵循2012年施行的《标点符号用法》（GB/T 15834—2011）规定，计量单位遵循1994年施行的《量和单位》（GB 3100—3102—86）规定。

七、凡简称“省、全省”均指福建省；省称的“市”“全市”均指建阳市，“市委”“市政府”分别指中共建阳市委、建阳市人民政府，“党员”均指中国共产党党员。

八、本志资料，主要来自各单位档案、部门志、年鉴报刊，所用资料经鉴别、考证后入志。不注明出处。统计数据以市统计局公布为准，缺失的则采用部门提供的数据。

目 录

概 述

一

建阳位于福建省北部，南平市的中心。东邻松溪县、政和县，南接建瓯市、顺昌县，西连邵武市、光泽县，北依武夷山市、浦城县。跨北纬27° 16′ 32″—27° 43′ 41″、东经117° 32′ 20″—118° 37′ 51″。全境东西宽112.50千米，南北长69千米，土地总面积3383平方千米。东汉建安十年（205年），始置县，1994年3月4日经国务院批准撤销建阳县，设立建阳市。至20‰10年底，全市辖2个街道：潭城街道、童游街道；8个镇：将口镇、徐市镇、莒口镇、麻沙镇、黄坑镇、水吉镇、小湖镇和漳墩镇；3个乡：崇雒乡、书坊乡和回龙乡；190个村、14个居委会及3个国有农场。1994—2010年，建阳市人口总量呈逐年增长态势，但增长速度放慢。人口自然增长率均控制在10‰以下。市场经济的发展促使建阳流动人口逐年增多，农村外出务工人数增长较快。

建阳地处武夷山南麓，大地构造位置属福建省3大构造带区之一的闽西北隆起带（区），是福建主要变质岩系和燕山期岩体分布区，地史发展演变各时期所发生的重要建造和改造等地壳运动，在建阳境内均有不同程度反映。境内地貌错综复杂，西北部、西部、东部地势高，东南部稍为平坦，中部低。由于侵蚀、剥蚀、堆积等原因，构成中山陡坡地貌、低山地貌、丘陵地貌、山间盆地4个地貌单元。建阳属于中亚热带季风气候，光热资源充足，四季分明，雨量充沛且自然灾害频发；境内有大小溪流71条，其中较大的溪流有19条。溪流水域总面积213平方千米。河道干流两岸多数较陡，河道横断面多呈“V”字和“U”字形，河床基本裸露。

建阳市自然资源丰富，2010年，土壤共划分6个土类、15个亚类、45个土属、42个土种，其中红壤27.30万公顷，占土地总面积的80.40%。典型的地带性植被是常绿阔叶林，但因原始森林多被砍伐，现有植被多为次生植被。全市有8个植被型、12个群系纲、119个群系、164个群丛。全市有耕地面积3.37万公顷，其中，机耕面积2.85万公顷，有效灌溉面积2.57万公顷，机电灌溉面积6603公顷，机械收获面积1.80万公顷。全市林业用地26.15万公顷，占全市土地面积的80.36%。其中，有林地22.64万公顷，林地中有用材林11.59万公顷，竹林3.45万公顷，疏林地0.30万公顷。活立木蓄积量1869.33万立方米，竹林81.78万株。有林地蓄积量中用材林1095.48万立方米，全市人工林面积11.95万公顷，蓄积量843.65万立方米。森林覆盖率69.60%。境内矿产主要有铁、磁黄铁、钛铁、铜、铅、锌、钨、锡、钼、金、铂、钯、硫、萤石、石墨、白云母、石英、高岭土、黏土、钾长石、花岗岩、蛇纹石与大理岩等23种，其中具有工业开采价值的主要为石墨矿、萤石矿、铅锌矿、铂钯矿、硫铁矿及蛇纹岩。境内动物种类繁多，以武夷山自然保护区建阳部分的大竹岚为代表，有昆虫5000种，脊椎动物100种。由于近几十年来人为的破坏与自然淘汰，品种日趋减少。

二

1994年，建阳市委、市政府以撤县建市为契机，实施新一轮创业，坚持以经济建设为中心，从建阳实际出发，推进各方面的改革，注重改革力度、发展速度和社会承受能力的协调统一，实现稳中求进。按市场经济规律办事，顺应市场需求，合理配置资源，充分挖掘自身优势和潜力，国民经济保持较快发展。顺利完成“八五”计划，经济运行实现稳中有进。1998年，全市国内生产总值达15.65亿元（1990年不变价，下同），比1993年增长83%，年均递增12.85%；全市财政收入完成1.45亿元，比1993年增长133.42%，年均递增18.48%；全社会固定资产投资总额达2.70亿元，比1993年增长276.62%，年均递增30.37%。通过外引内联、山海协作，开展“外商投资企业年”活动，加大招商引资力度，多渠道、多形式地组织参加各类、各地的招商和洽谈活动，1994—1998年，全市累计合同利用外资7885万美元。实际到资5398万美元，利用市外资金3.85亿元，分别比1993年增长15.90倍和20.90倍，初步形成全方位、多层次、宽领域的开放格局。1998年，全市全社会出口供货总值完成4.03亿元，比1993年增长3.48倍，年均递增34.96%，超过同期国内生产总值增幅；其中，工贸出口完成3.73亿元，比1993年增长22倍。

1998—2003年，建阳市委、市政府以加快发展为第一要务，以创业竞赛为动力，以奋发有为的精神状态和求真务实的工作作风，解放思想，抢抓机遇，拼搏进取，开拓创新，有力地推动国民经济和各项社会事业的持续、快速、健康发展。2003年，全市国内生产总值29.40亿元，比1998年增长43.40%，年均增幅7.50%；三大产业增加值分别比1998年增长12.70%、102.10%和43.30%，其结构由1998年40.80:22.30:36.90调整为32.60:30.50:36.90；全市财政总收入1.48亿元，其中地方级财政收入8771万元；城镇居民人均可支配收入7032元，比1998年增长37.70%，年均增幅6.60%；农民人均纯收入3276元，比1998年增长24.80%，年均增幅4.50%。全年旅游接待总人数增长25.50%，旅游总收入增长21.60%，直接创汇增长率165%，分别比1998年翻两番。全社会固定资产投资11亿元，比1998年增长186.60%，年均增幅23.40%；合同利用外资2803万美元，比增30.70%；实际利用外资2523万美元，比1998年增长560%，年均增幅45.90%；外贸出口1500万美元；山海协作实际利用市外资金3.20亿元；全社会消费品零售总额9.50亿元，比1998年增长49.20%，年均增幅8.30%。5年间，获省上转移支付补助累计5901万元，上级财政各种专项经费补助1.37亿元。2002年，获“福建经济发展十佳县市”称号。

2003—2006年，建阳市委、市政府主动融入海峡西岸经济区绿色腹地建设，实施工业强市、特色农业立市、商贸服务业兴市战略，坚持突出工业、突破工业，组织项目开发，注重特色农业发展，推进城乡建设，加快产业发展步伐，优化经济结构，提升县域经济竞争力。2006年，全市完成生产总值39.30亿元，增长13.50%；财政总收入2.55亿元，增长43.10%；地方级财政收入1.50亿元，增长47.10%；分别比2003年增长0.38、0.83、0.90倍，年均增速分别达11.40%、22.40%和23.90%。全社会固定资产投资23.30亿元，增长45%；城镇居民人均可支配收入9618元，增长13.30%；农民人均纯收入4404元，增长9.70%。

2006—2010年，建阳市经济呈现“结构优化、增速加快”的良好态势。GDP年均增长15%，增幅连续四年位居南平市前列，2010年总量比2006年翻一番。财政总收入和地方级财政收入均为2006年的3倍，三次产业结构调整为24:45:31，二产比重提升12个百分点，规模以上工业总产值比2006年翻两番。建阳市创业竞赛和绩效考评工作都保持在南平各县（市、区）前列，曾连续4年蝉联福建省县域经济发展“十佳县市”。经济实力从闽北第二方阵进入第一方阵。

三

1994年后，建阳各级党委政府探索以农业产业化为重点的现代农业发展路子，深化农村各项改革，实施科教兴农和可持续发展战略，发挥当地资源优势，大力发展创汇创税农业，初步形成农林牧副渔全面发展，二、三产业齐头并进的发展格局。1998年全市农业总产值实现8.64亿元，比1993年增长66.15%，年均递增10.69%。粮食生产连续4年超历史，1998年虽遭百年不遇的特大洪灾，粮食总产量仍达23.65万吨；山地资源得到有效开发利用，5年累计造林更新1.01万公顷；农业内部产业结构得到较大调整，农业六大主导产业壮大且逐步形成一定的发展规模。以乡镇企业为主的二、三产业在农村经济结构中的比重不断提高。乡镇企业开展多渠道、多形式的招商引资，引进并新上一批项目，增强乡镇企业总量规模和发展后劲，1998年，乡镇企业成为全市新的经济增长点，总产值完成20.32亿元，比1993年增长125.30%，年均递增17.64%。

20世纪末，通过发展工业带动调整农业结构，活跃农村经济。1999—2003年，全市新建高优农业示范基地160片，面积3666.67公顷，优质稻比重增加到82.50%。发展茶叶、竹业、果业、畜牧业等重点产业及特色农产品基地，建阳橘柚466.67公顷、葡萄413.20公顷、锥栗7333.33公顷、药材1933.33公顷、毛竹高产示范基地3333.33公顷、奶牛4282头、肉羊2万只，禽蛋、水果常年产量分别为1.50万吨和5.20万吨；形成1000万袋食用菌、1万公顷大田蔬菜、733.33公顷烤烟、268公顷黄花菜、63万只后备母鸭、200公顷土池养鳗种养殖规模。引进长富集团创办3个奶牛场，新上隆圣食品、永龙食品等一批农产品加工龙头企业，发展水吉锻压件厂、麻沙亚亨蓄电池等一批骨干乡镇企业，2003年乡镇企业实现产值20.70亿元。

2004年，市委、市政府继续将“三农”工作摆在全局工作的首位，调整农业内部结构，加强农业基础地位。2006年，全市农林牧渔业总产值比2003年增长20.60%，年均增速达6.40%；农民人均纯收入为2003年的1.35倍，年均增速达10.60%。农业结构进一步调整优化，特色农业产业不断发展，烤烟、竹木、茶果等3大主导产业占农林牧渔总产值35.20%，比2003年提高19.50个百分点。笋竹业实现翻番目标；烤烟生产实现种植面积、产量、观念3个突破，种植面积从2003年706.67公顷发展到2006年1333.33公顷；2005年，建阳市获林业部正式命名为“中国锥栗之乡”；建阳橘柚、葡萄产业发展迅速，先后连续举办三届闽北葡萄产业活动周和建阳市葡萄节活动。农业产业化经营步伐加快，发展规模以上农业龙头企业38家，比2003年增加20家，实现产值10.50亿元，比2003年增长45%。农产品品牌经营取得突破性进展，“玉女”牌建阳橘柚通过国家绿色食品A级标识论证，“楠木林”葡萄获得第四届中国优质葡萄擂台赛金奖，并获推介为2008年北京奥运会专用水果，“云谷山”白露仔优质品种锥栗打响江、浙、粤等地市场。农村流通组织化、市场化程度提高，成立一批如莒口后备母鸭协会、将口鸭业协会、童游葡萄协会等具有一定影响力的农村生产流通组织。农村各项基础设施不断完善，2004—2006年，共建设改造农村公路343.60千米，建成乡村供水点104个，改善6.60万人饮水条件，改造中低产田、建设标准农田2333.33公顷。至2010年，农业基础进一步稳固，农业效益进一步提升，建阳市获“中国优质果品基地重点县”“全国现代烟草农业整县推进示范县”“福建省现代茶叶基地示范县”称号。加快推进农业产业化，农业龙头企业比2006年增加32家，达73家。

四

1994年，建阳撤县建市，工业立市成为经济发展的主旋律。20世纪90年代中后期，市委、市政府积极探索以建立社会主义市场经济体制为目标的现代企业发展路子，办好企业改革、改造、改组和企业管理，逐步提高企业效益。1998年，全市工业总产值完成18.85亿元，比1993年增长103.85%，年均递增15.31%。特别是1996年起，国有企业以产权制度改革为突破口，进行大改革。全市26家国有、集体企业进行较为规范的股份合作制改革，实施兼并、股份制、引资嫁接改造、拍卖等其他改革形式，先后对香料厂、标准件厂、茶厂实施破产。至1998年，改制企业经转换经营机制，初步显示优势和活力。五年间全市累计完成工业技改投入2.96亿元，实现总量、效益的同步增长，酒业、味精、胶合板等一批重点骨干企业和特色拳头产品取得快速发展。

20世纪末至21世纪初，全市以招商引资作为扩大开放的突破口，以外引内联、山海协作为重点，先后参加“5·16”武洽会（武夷山投资洽谈会）、“9·8”经贸洽谈会（中国国际投资贸易洽谈会）等招商活动，常年小规模外出招商，成效显著，全市累计批准成立外商投资企业42家，合同利用外资7513万美元，实际到资5953万美元，平均每年引进外资1190万美元。开拓国内外市场，扩大出口总量，全市累计出口4880万美元。1999—2003年，全市共新上项目654个，累计完成投资18.50亿元，三爱药业、武夷味精、海螺水泥、佳士自动化、氢氟酸等一批重点生产性项目建成投产，拉动全市经济总量的增长。同一时期，完成全市43家原国有企业改革任务，改制面超过95%，三爱药业、明珠纸业等一大批改造后的企业，不仅完成脱困目标，且生产规模和技术含量均得到扩张。规模以上工业企业连续两年实现增幅超30%以上，位居南平市前列，全市年产值上千万元的企业22家，实缴税金超百万元的企业14家，基本形成以武夷味精、三爱药业、丽阳人造板等企业为主导的食品加工、制药、蓄电池、竹木加工、机械制造五大产业簇群。率先在南平市兴建市级工业平台，塔山、白茶布和童游蝙蝠山3大工业小区初显规模，基本建成塔山工业平台一期工程和构筑起南武线环保、科技型工业走廊的雏形。日武沿线工业投资开发筑起南武线环保、科技型工业走廊的雏形。

2004年，市委、市政府坚持以工业化带动农业和第三产业发展，在发展中提高工业经济比重。2006年，全社会工业总产值比2003年增长85%，占GDP的比重比2003年提高10%。3年间全市新增规模以上工业企业46家，新增产值17.20亿元，上亿元企业发展到7家；规模工业总产值增长1.16倍，年均增速达到29.40%；规模工业总产值占全社会工业比重提高26.40%。加快培育产业集群，林产加工、机械制造、食品加工、医药化工、服装加工等5大产业集群初具规模，2006年产值达24.80亿元，占规模工业比重84.80%。开展扶持企业纳税增百万活动，通过市领导挂点扶持、市直部门负责人挂项目服务等工作机制，实现企业增效、财政增收目标。2006年，全市62家企业参加扶持企业纳税增百万活动，全年完成税收1.18亿元，增加市财政收入4900万元，占全市地方级财政收入的33%。塔下、白茶坊等工业平台基本建成，回瑶、严墩工业平台全面开工建设；海西林产工贸城建设投入资金1.20亿元，引入企业25家，园区各项基础工程及贸易服务区全面动工建设。同一时期，全市以招商引资作为项目开发的突破口，不断完善项目开发、招商引资工作机制，主动对接沿海发达地区生产要素优化重组和产业转移，组团参加各项招商推介活动。2006年，全市实际利用外资达4300万美元，是2003年1.70倍，年均增速达19.50%，实现3年翻番的目标；全社会固定资产投资是2003年的2.20倍，年均增速达31.50%。累计实现山海协作利用市外资金实际到资19亿元；新批外商投资企业46家，利用外资1.30亿美元；完成固定资产投资51.60亿元；7个项目列入省、南平市重点建设项目，完成投资3.40亿元。

"十一五"期间，全市累计引进千万元以上生产型项目582个，实施省、南平市重点项目118个，累计完成固定资产投资332亿元，策划实施海西工贸城、西区生态城、印象考亭等一批重大项目。工业增加值年均递增23.5%，工业对经济增长的贡献率达40%，工业上缴税收占全市税收的47%。全市规模工业增加到133家，亿元企业达33家，武夷味精、青松股份、三爱药业、亚亨动力成长为产值超5亿元的"新五南式"企业，青松股份成为闽北首家创业板上市企业。海西工贸城入驻企业39家。工业发展后劲明显增强。

五

1994年撤县设市，市委、市政府重视城市发展。建阳城市建设坚持基础设施先行，做到整体规划，分步实施，逐步完善，全面推进。建筑行业从原有纯投资型向投资与资本经营型转变，成为全市一大经济支柱产业和新经济增长点，实现城市建设与经济发展同步推进的态势。至1998年，全市共投资1400万元兴建日供水3万吨的自来水厂，改善市区饮用水水质；投资1.26亿元改造205国道、南武路和水杉线，总长100千米；配合省和南平市完成横南铁路建阳段建设；拓宽改造民主路、上水南路、吉阳路、宋慈路和嘉禾大道，新增公共绿地4.20万平方米，建成南北入城口及民主路绿地，绿化覆盖率由1993年的29.70%提高到1998年的34%，人均公共绿地7.10平方米；旧城改造5年累计拆迁总面积25万平方米，新建居民住宅45万平方米，改善城区居民居住条件和生活环境。相继建成市立医院病房综合大楼、室内体育馆、宏利商场、新华书店、图书馆、粮食大厦、医药大厦、中行大厦等。建成装机容量1.20万千瓦的雷公口水库电站和2.20千米长的北门防洪堤路及朱熹大道。围绕农村奔小康加快村镇建设，完成回龙至漳墩、将口至崇雒、长坪至黄坑、莒口至茶布、徐墩至小湖、震前至大阐6条通乡公路柏油路面建设。加快造福工程、小康工程建设进程，共有7000户农户建新房，4000户农户建沼气池，较大改善农村群众的生活环境。

20世纪90年代末，市区实施旧城拆迁改造和新区开发建设，配套实施城市交通、供水、园林绿化和安居工程等一系列重大城市基础设施建设。1999—2003年，累计投入资金9027万元，相继建成北门商贸城一、二期工程，中山广场，电力大厦，广电大厦，花园大酒店，中山路步行街一期工程等一批各具特色的城市建设开发项目；建设完成朱熹大道、童游江滨大道、西入城口水泥路等城市道路改造，新增城市道路面积17万平方米；新增城市公共绿地面积52公顷；城市日供水综合能力达到5万吨。完善城乡基础设施，如期完成农村电网改造工程，城乡用电同网同价；广播电视实现村村通，全面完成市乡（镇）

光缆联网工程建设；新建和改建城镇公路23条，完成水泥路面建设64千米，柏油路109千米。

2004年后，继续改善一批基础设施，浦南、武邵高速公路建成通车，完成峰福铁路电气化改造，京福高铁建阳段建设、浦建龙梅快铁、武夷国际新机场前期工作等进展迅速。新建110千伏变电站4座，扩建35千伏变电站3座。相继建成北门、二中排涝站和城区防洪堤、建溪泵站更新改造项目。日处理1.50万吨城市污水处理厂一期投入运行，日处理600吨垃圾焚烧发电厂完成主体工程。“十一五”期间，累计改造农村公路783千米，市通外县、市通乡、乡通村公路全部实现硬化；完成水库除险加固20座，建成村级供水工程219处，受益人口11万人。同时，按照城市“北接西拓”战略，完成城市总体规划修编，规划区面积拓展到50平方千米。5年间累计实施城建重点项目128个，新建和拓宽改造城市主干道24.30千米，新增城市公园200公顷、公共绿地6公顷、公厕8座、停车场1.20万平方米。完善城区路网建设，新建崇阳溪、林后、将口大桥和童子山立交桥，完成朱熹大道、螃蜞路、黄花山路拓宽改造，贯通延伸嘉禾大道，人民路、民主路、朱熹大道二期、东桥东路等城市主干道实现管网下地和“白改黑”。打造山水园林城市，新建宋慈广场、潭山公园、塔山公园、滨江公园、中央苏区园、麻阳溪南岸休闲步道、朱熹大道亲水平台等景观，实施城市夜景、水景工程和人民路立面改造，规划建设水东片区、城东毛巾厂宿舍、中南街等7个棚改项目，相继建设“大潭映象”“美墅·温哥华”等一批精品住宅小区。加快村镇建设步伐，水吉、麻沙分别获列为省、南平市小城镇建设试点乡镇，黄坑、麻沙等乡镇实施一批景观整治提升项目，全市城镇化水平达52%。城市形象明显提升。

六

1994年，全市先后完成国、地税分设和市、乡二级财政分税制。加强商业网点建设，逐步完善流通网络，先后建成建阳义乌中国小商品城、闽北农副产品交易批发市场、水果批发市场、粮食批发市场和南平市最大的畜禽屠宰场、设施最先进的百货宏利商场等。建立商品流通信息中心，充实各级流通队伍，保证市场有效供给，繁荣活跃城乡经济。1998年，全社会消费品零售总额达7.56亿元，比1993年增长1.63倍，年均递增21.37%，商品零售价格指数99%，实现控价目标；全市个体工商户8663户，私营企业254家，年实现税收2790万元，分别比1993年增长37.57%、2.57倍和3.67倍。

市政府坚持实施科技兴市战略，科技工作面向经济建设主战场。做好科技成果转化与推广应用，加强科技示范体系建设，1994—1998年，共推广科技成果162项，开发新产品145项，获各级科技进步奖70项；逐步落实优先发展教育的战略决策，通过1996年的省“两基”验收和1997年、1998年的2次跟踪检查，巩固和提高“两基”（学校教学内容中基础知识、基本技能）成果，5年共新增学校教学用房7.42万平方米；加强医疗保健和基础设施建设，改善医疗卫生条件，11个乡镇完成业务用房、专业设备、技术人员的卫生“三配套”建设，1996年，市卫生防疫站达省“县（市）级一等防疫站”标准。1997年，市立医院顺利通过“二甲”医院评审。1998年，卫生初保获“全国先进县（市）”称号；文化工作获评省级先进县（市），先后举办2届“全民健身节”；广播电视完成城乡有线电视微波大联网，广播电视覆盖率分别提高到85%和90%以上。坚持可持续发展战略，加强城市环境、闽江流域水环境综合整治和土地执法工作，加快生态示范区建设，环境质量和土地利用率逐年提高。以加强市民思想建设为核心，以创建文明城市为目标，组织实施精神文明建设规划，开展爱国主义教育、职业道德、社会公德、家庭美德为主要内容的思想道德教育和以文明城市、文明行业、安全片区、文明村镇为主要内容的创建、共建活动，先后获省委、省政府授予创建文明城市竞赛活动“优胜城市”和“一级达标城市”称号。精心组织扶贫攻坚奔小康战役，1998年，城镇居民人均可支配收入5420元，比1993年增长1.28倍，年均递增18%；农民人均纯收入2728元，比1993年增长1.42倍，年均递增19%；人均居住面积，城镇增加到8.60平方米，农村增加到20.10平方米；农村1007户特困户摆脱贫困，11个乡镇和全市85%的农户迈进小康。全市范围内建立城市、农村居民最低生活保障制度，保证低收入居民、困难职工和特困家庭的基本生活。

1999—2003年，全市个体私营、民营经济蓬勃发展，加快各类市场和商业网点建设，共新建市场3.80万平方米，新增商业网点8.70万平方米，基本形成以西街、水南、童游3个农贸市场为主，北门旧货市场、蔬菜批发市场、粮食批发市场、汽车贸易市场等专业交易市场为辅的市场网络布局。全市开展各项精神文明创建活动，贯彻落实《公民道德建设实施纲要》《福建省城市社区工作纲要》《福建省乡镇工作纲要》，社区建设全面启动，潭城、童游街道正式挂牌成立。落实科技特派员制度。5年间共推广科技成果176项，新产品开发项目121项，发展民营科技企业60家，建成重点科技示范村36个，重点科技示范户195户，科技入户率达到76%，培养一批乡土拔尖人才；教育事业在创新中稳步发展，建阳一中获授福建省普通中学一级达标学校；共投入资金7681万元，新建、扩建校舍面积8万平方米，修复校舍面积27万平方米，教育资源进一步优化；文体事业稳步发展，市图书馆晋升为国家一级馆，建窑遗址获第五批全国重点文物保护单位；举办纪念朱熹逝世800周年庆典和首届闽台游酢文化研讨会活动；城乡医疗卫生事业进一步发展，三级卫生网络建设得到加强；出台实施《建阳市生态示范区建设总体规划》，城乡环境综合整治不断深化，“一控双达标”成果得到巩固提高。完善劳动和社会保障体系，累计发放失业保险金2200万元，基本养老金1.50亿元；发放各类救灾款1401万元，最低生活保障金325万元，近万名下岗失业人员通过各种渠道实现再就业。加快农村扶贫开发与小康建设步伐，落实三峡移民安置工作，加强老区和少数民族自治村“五通”（通水、通电、通路、通讯、通排水）建设，完成“造福工程”396户1850人，实行农村最低生活保障4417户11252人，基本解决贫困人口温饱问题。5年间，建阳市先后获全国造林绿化百佳市、国家级生态示范市、全省精神文明建设一级达标城市、全省文化先进市、省级卫生城市等称号。

2004年，建阳市逐步建立健全就业和再就业工作责任制，不断完善社会保障制度。2006年底，全市企业养老保险、失业保险、医疗保险、工伤保险参保人数分别达1.91万、1.89万、2.90万人和1.10万人；城镇4127名困难职工、农村10296名困难群众享受最低生活保障。落实各项支农惠民政策。3.20万名农村贫困学生享受“两免一补”（免费提供教科书、免杂费和补助寄宿生生活费），全面启动新型农村医疗试点工作，20.60万名农户参加，占农村人口数的85%；3年间，投入资金1360万元，新建、改建城市道路面积13.70万平方米，新增城区路灯7条8.80千米，新增城市园林绿地面积3.80万平方米、公共绿地面积1万平方米，建成区绿化覆盖率达到41%；投入6.40亿元，新建新纪名城、金座大厦、纳泰广场等一批各具特色的房地产项目，提供商品房屋面积43万平方米。累计投入资金1605万元，新建、改造校舍面积3.80万平方米。朱熹墓被评为第六批全国重点文物保护单位，纪念建县1800年的文史巨著《建阳大典》出版发行。完成7所农村卫生院建设改造，市疾病预防控制中心、“120”急救中心建成投入使用。164个村实现有线电视光缆并网，用户达4万户。开发推广新产品新技术75项，发展民营科技企业17家。深化城乡环境综合整治，巩固提高“一控双达标”（“一控”也叫做污染物总量控制，指的是到2000年底，各省、自治区、直辖市要使本辖区主要污染物的排放量控制在国家规定的排放总量指标内。总量控制并非对所有的污染物都控制，而是对二氧化硫、工业粉尘、化学耗氧量、汞、镉等12种主要工业污染物进行控制。“双达标”指的是：到2000年底，全国所有的工业污染源要达到国家或地方规定的污染物排放标准；到2000年底，47个环保重点城市的空气和地面水按功能区达到国家规定的环境质量标准。这47个环保重点城市包括所有的直辖市、省会城市、经济特区城市以及大部分沿海开放城市和重点旅游城市、按功能区达标指的是城市中的工业区、生活区、文教区、商业区、风景旅游区、自然保护区等等不是执行一个环境质量标准，而是分别达到不同的环境质量标准）成果。强化社会治安综合治理，推进治安防控体系建设，打击各种违法犯罪力度，群众对社会治安的满意率提高。加强对食品、药品、饮食卫生、危险化学品和交通安全等监管。“双拥”和军警民共建活动，国防动员、民兵预备役、人防建设，民族宗教、妇女儿童、老龄、残疾人等工作均取得新成效。

“十一五”期间，社会事业明显进步。建阳市获中央党史研究室确认为原中央苏区县。通过省政府“双高普九”评估验收，教育“两项督导”获省政府评为优秀。5年间累计实施35个中小学校安工程和14所标准化学校建设，消除危房6.30万平方米，新建校舍5.80万平方米。实施科教兴市战略，建阳市获评全国科普示范市。实施市、乡、村三级医疗机构标准化建设，市立医院120急救指挥中心大楼、妇幼保健院门诊综合楼、童游社区卫生服务中心相继投入使用，100%乡镇达到农村初级卫生保健标准，75%的村级医疗机构完成药房规范化建设，实现村村有卫生所。文化广播体育事业繁荣发展，建成农家书屋135个，城乡体育健身点86个，实现乡乡有文化中心（站）。群众文体活动有声有色，获评“中国民间文化艺术之乡”。全市100%的乡镇、96%的建制村实现广播电视光缆联网。实施“四绿”（绿色城市、绿色村镇、绿色通道、绿色屏障）工程和重点流域水环境综合治理，水质功能达标率和城市饮用水源达标率均为100%，生态环境质量居全省前列。“双拥”工作获评“省级双拥模范城先进市”。城乡居民收入均比2006年翻一番。全面落实种粮补贴、农资补贴、家电补贴等惠农政策，基本形成多层次的社会保障救助体系，城乡低保应保尽保，新型城乡居民医疗保险、社会养老保险基本实现全覆盖。

大事记

1994年

1月8日，县委举行文化部授予建阳县为“书画艺术之乡”命名仪式，省文化厅副厅长庄晏成受文化部委托，宣读命名文件并颁发铜匾。

1月26日，县委、县政府举行“义乌中国小商品闽北交易中心”奠基仪式。中共南平地委委员、行署副专员蔡忠义，浙江省义乌市副市长方浩楠和建阳县委书记刘昌霖等党政领导出席。省委常委、南平地委书记赵学敏发来贺电。

3月2日，县委书记刘昌霖率领县六套班子领导和县文艺演出团体、剧团、电影队到建阳县境内横南铁路工地慰问铁路施工作业干部职工。

3月4日，国务院批准撤销建阳县，设立建阳市。

4月4日，广电部批准建阳县成立县有线电视台，从6月份开始传送中央、省、地、县和部分省卫视等15套电视节目。

5月1—3日，建阳县召开福建省传统音乐暨蔡元定音乐思想学术研讨会。县蔡氏九儒研究会向来宾赠送《律吕新书》。

5月23—25日，共青团建阳县第十二次代表大会召开。

6月5日，县政府纪念“6·5”世界环境日及环保工作会议召开。

8月30日，县政府在政府礼堂举行中华人民共和国成立以来全县首次国有土地使用权公开拍卖会，共拍卖使用权土地面积1305.14平方米，拍卖款191万元。

9月28日，县委、县政府在人民体育场召开建阳撤县设市庆典大会，参加庆典大会的有干部群众1.50万人。省委常委、宣传部长赵学敏，地委书记、专员林克敏到会庆贺。省人大常委会委员计克良、省政协副秘书长张志钦、刘贤儒等向建阳市六套班子授印授牌。

9月28日，建阳市举办“9·28”经贸洽谈会，来自日本、菲律宾、马来西亚以及中国香港、台湾等地的50位来宾参加。

11月12日，建阳市烤烟生产大会在漳墩镇召开。

1995年

1月5—7日，中国人民政治协商会议建阳市第九届委员会第二次会议在市政府小礼堂举行。

1月8—9日，省委书记贾庆林和省委常委、省委秘书长黄文麟带领省财政、民政、扶贫等省直部门领导到建阳市检查指导工作。

4月27—28日，建阳市召开全市农村经济工作研讨会，市、乡镇党政班子领导及市直部门单位领导参会。

5月18—19日，建阳市召开全市乡镇企业工作会议，对全市乡镇企业工作进行安排和部署。市政府与乡镇领导签订企业责任状。

5月30—31日，副省长童万亨到建阳市视察农村经济工作。

7月18日，全市夏粮收购工作会议召开，对夏粮收购工作进行安排和部署。

7月31日，市委、市政府全市工业工作会议召开，部署安排全市工业企业“扭亏解困、改革求生”发展目标和任务，提出加强企业“五个一”（即主动接受1次安全生产知识培训、提1条加强安全生产管理的合理化建议、忆1次安全事故教训、当1天安全检查员、查1起自己身边的习惯性违章）建设要求。

8月4日，召开全市竹业经济工作会议及竹协年会。

8月24日，市委、市政府作出《关于加快国有、二轻工业企业发展的若干规定》。

9月8—12日，建阳市组团参加“1995年福建投资贸易洽谈会”“海峡两岸商品博览会”，会议期间，建阳市共签约项目12项，总投3351万美元。

9月11—13日，全国第三次城市卫生检查团福建第四分分团检查人员到建阳市检查城市卫生。

9月25日，全市流通工作会议召开，会议制定有关优惠政策，对当前和以后的流通工作进行安排和部署。

10月18日—19日，全市乡镇企业现场会水吉召开，书记何三保、市长胡祖林等领导参会。

12月25日，全市计划生育工作“三结合”经验交流会召开，市委、市政府领导参会。

12月22日，雷公口大坝工程奠基仪式举行。

1996年

2月中旬，福建省省长陈明义到建阳检查指导工作。

2月27日，国家环保总局确定建阳市为“全国生态示范区”试点县（市）。

6月，建阳市小湖镇龙舟队于端午节首次参加在澳门举行的国际龙舟邀请赛，并获第六名。

7月3—4日，福建省委副书记习近平，省委常委、组织部部长陈营官，在南平市领导林克敏、夏玉瑚及建阳党政领导陪同下，到建阳考察农村奔小康工作。

7月8日，福建省原省长、商业部部长胡平等在建阳市领导陪同下考察建阳农村奔小康工作。

12月26日，横南铁路“临运”到建阳，实现福建省委、省政府年初制定年底火车临运到建阳的目标。

1997年

4月18日，福建省委副书记兼宣传部部长何少川到建阳检查精神文明建设，市领导何三保、郭建声等陪同。

5月1日，建阳市第三水厂竣工投产。

6月，建阳市农村合作医疗工作率先在黄坑、崇雒2个乡镇开始试点，参加农民人数1.84万人，占2个乡镇总人口的83%。世界卫生组织官员珊克丽汀，国内专家龚幼龙、曹淑华等到建阳实地考察。

7月15日，福建省人大常委会主任袁启彤到建阳老区书坊乡调研，南平地委书记林克敏、代市长李川等领导陪同。

8月4日，福建省委书记陈明义到建阳调研夏粮收购工作，参加调研的还有省委常委、秘书长黄瑞霖和南平市委书记林克敏、代市长李川，以及省直有关部门领导。

10月6—9日，澳大利亚国际农业研究中心、中国农科院和福建农科院联合在建阳市举行“红壤牧草——从研究到实践”国际学术研讨会。

1998年

2月，建阳市获福建第六届（1996—1997年度）创建文明城市竞赛活动“一级达标城市”。

6月14—22日，建阳连续4次遭受百年未遇特大洪水袭击，全市损失严重。省领导陈明义、贺国强、袁启彤、习近平等亲临灾区指导抗灾，慰问灾民。

10月17日，福建省老领导、省老区促进会会长伍洪祥等在市委书记何三保陪同下视察建阳市工作，并为市图书馆题词“建阳图书之府”。

10月，建阳市雷公口水库电站Ⅰ、Ⅱ号机组正式投产发电。

11月28—29日，中共建阳市第九次代表大会在市政府小礼堂举行。选举产生新一届中共建阳市委员会和纪律检查委员会。选举何三保为市委书记，郭建声、葛晓华、武勇、庄永辉为市委副书记。选举李兵为纪律检查委员会书记。

12月10日，建阳市党政部门在建阳火车站举行仪式，庆祝横南铁路客运火车正式开通，结束建阳不通火车的历史。

1999年

1月15—18日，建阳市政协第十届一次会议在市政府小礼堂举行。选举产生市政协第十届委员会，选举邱运财为市政协主席，廖卫民、谢子贤、黄永寿、谢天模为副主席。

1月17—19日，建阳市第十二届人民代表大会第一次会议在市政府小礼堂举行，选举产生建阳市第十二届人大常委会，选举白炳义为市人大常委会主任，周进财、张国雄、牛相盛、甘秀华为副主任；郭建声当选市长，余建坤、刘淑妹、黄雄、柳贵清、谢续华、刘明香当选为副市长；魏万进为法院院长、范兴余为检察院检察长。

2月11日下午，市委常委会召开，传达省纪委第八次全体会议和全省老区工作会议精神，研究部署1999年全市纪检监察工作和老区工作等事宜。

3月9—11日，福建省委副书记林兆枢带领省直有关部门领导，到建阳市调研农村社会稳定工作。南平市委书记林克敏及建阳市委书记何三保、市政府市长郭建声等领导陪同。

6月30日，建阳市召开纪念中国共产党成立78周年暨“七一”表彰大会。会议表彰1997年以来全市优秀共产党员、优秀党务工作者和先进基层党组织。

7月11—14日，福建省“建国50周年、迎澳门回归”农民书画展暨民间绘画研讨会在建阳市召开。

8月17日—19日，建阳市召开纪念中共中央华东局派遣，由太岳解放区干部组成的中国人民解放军长江支队二大队一中队南下到建阳参加50周年座谈会，市领导何三保、郭建声、白炳义、邱运财、武勇和长江支队二大队一中队全体成员，市直有关部门主要领导参会。

12月底，建阳市五套班子领导挂点21个老区基础设施建设项目完成，项目投资700万元。完成6个公路项目，5个自来水项目，4个程控电话项目，3条高压线路项目，3个水利工程项目，恢复老区受1998年“6·22”特大洪灾毁坏设施，改善老区人民生产、生活、交通条件。

2000年

1月18日，市政府召开2000年全市卫生工作会议，安排部署2000年全市卫生工作。副市长谢续华、市人大常委会副主任周松青及全市各医疗卫生单位领导参会。

2月18 日，2000年全市教育工作会议召开，全市各中小学校、学区校长参加会议。市委副书记葛晓华、市政府副市长谢续华、市人大常委会副主任甘秀华、南平市特邀督学黄金山等领导到会并讲话。

2月28日，市政府召开全市交通工作会议。总结1999年度交通工作，部署2000年全市交通工作。会议表彰1999年度交通工作先进单位和个人，市政府副市长余建坤出席会议，各乡镇、市直有关单位领导参会。

3月2日，建阳市清理整顿农村合作基金会工作会议召开，市委书记何三保及市委、市人大、市政府有关领导出席会议，会议清理整顿农村合作基金会有关工作进行部署，各乡镇党委书记、乡镇长、分管领导及经管站长参会。

3月16日下午，市电力公司移交省电业局代管仪式在建阳市举行，市政府副市长柳贵清参加会议并讲话。

3月21日，市政府副市长余建坤主持召开建阳市老区建设委员会成员会议暨全市老区工作会议。市老促会成员、各乡镇分管领导、市直有关单位领导参会。

3月22日，召开全市农村工作暨农业结构调整工作会议，安排部署2000年农村工作暨农业结构调整工作。

4月19—21日，南平市委书记李川等在建阳市委书记何三保，市长郭建声，市委常委、组织部长余玉平等市、镇有关领导陪同下，到小湖镇马坑村驻点指导工作，帮助基层和农户解决实际困难，并对当前农业和农村工作提出要求。

4月30日上午，市政府在小礼堂召开全市票款分离动员大会。市长郭建声在会上讲话。建阳市票款分离于7月1日开始执行。

5月10日，副省长丘广钟到建阳市调研。

5月12日，南平市人大《中华人民共和国防洪法》执法检查组到建阳市检查《中华人民共和国防洪法》贯彻执行情况，检查组到有关现场实地检查后，召开座谈会听取市政府执行《中华人民共和国防洪法》有关情况汇报。

5月24日，建阳市实行农村电网“两改一同价”（改革农村电力管理体制、改造农村电力管理内体制、改造农村电网、实行城容乡用电同网同价，简称“两改一同价”）政策，副市长柳贵清召开会议安排部署，各乡镇在会议上与网改单位签订改网合同。

5月25日下午，建阳市启动企业退休人员实行社会化管理工作。副市长柳贵清召开会议，对企业退休人员实行社会化管理工作安排部署。

6月2日，建阳市下派村党支部书记欢送会召开。市五套班子全体成员在市政府大院欢送53名下派干部进驻所在村。

6月29日，全市非公有制经济工作总结表彰大会在市政府小礼堂召开。授予建阳市碳素厂、建阳振业非金属有限公司、建阳兴业选矿厂、新城竹木制品厂、新华橡胶机械厂、平顺工贸有限公司、建阳天香日化有限公司、金融宾馆、春晖海鲜馆9家企业为“1999年度建阳市个私企业纳税先进”称号。

7月14日，市政府出台《建阳市农村集体林产权改革意见》，正式启动建阳市农村集体林产权改革工作。

10月13日上午，由南平市政府主办，建阳市政府承办的“朱熹逝世800周年祭典”活动在考亭书院遗址举行。南平市政府领导，建阳市五套班子领导和海内外朱氏后裔代表，朱子学研究专家学者，文化界、新闻界人士300人参加公祭活动。

10月13—14日，南平市委书记李川在市委书记何三保、市政府市长郭建声陪同下，看望将口镇、潭城镇和徐市镇3位下派党委书记，并参观当前农业生产开发情况和一些乡镇新上企业及原有骨干企业。

10月16日上午，市政府召开会议，建阳市全面启动。对全市全国第五次人口普查工作进行动员部署，市长郭建声参加会议并讲话。

10月23日，建阳市领导与重庆市奉节县移民考察工作组举行座谈会，专题研究建阳市接收安置三峡移民有关工作，市委副书记武勇、副市长黄雄与重庆市奉节县移民考察工作组全体成员出席会议，南平市库区办领导及建阳市有接收安置任务乡镇负责人参会。

11 月 17 日，建设部、中国科学院专家组到建阳市开展旅游产业规划和编制工作。

11 月 22 日，省政府副省长曹德淦在南平市市长徐谦，建阳市委书记何三保、市长郭建声、副市长刘淑妹等领导陪同下，到建阳市将口镇调研全市粮食改革与收购、外经贸等工作，与当地农民进行座谈。

12 月 13—15 日，市长郭建声到黄坑镇新历村开展为期 3 天驻村调研活动。到 10 户农户家座谈了解情况，召开座谈会 3 场，听取农户对农业和农村工作的建议和意见，鼓励农户自发地投入秋冬开发热潮，调整农业经济结构，并协调解决一些农户反映的问题。

12 月 16—17 日，省老区“五通”建设及农民减负工作检查组到建阳市检查指导，市委常委、常务副市长余建坤及市有关部门负责人陪同检查组到麻沙、书坊等老区乡镇进行实地检查，并汇报工作主要情况。

2001 年

2 月初，建阳市启动农村税费改革工作。

2 月 23 日，召开全市 “三个代表”重要思想学习教育活动动员大会。南平市委常委、秘书长邱正平到会指导并讲话，市委书记何三保作动员报告。

2 月 27 日，建阳市实施城区生猪定点屠宰政策。

4 月 4 日，南平市优秀下派村支书、优秀科技特派员先进事迹报告团 7 人，到建阳市作巡回演讲。

5 月 30 日，全市开始开展“向官僚主义开战，提升服务质量‘即说即行’”活动。

6 月 15 日，南平市委常委、宣传部长石建华代表中共南平市委宣布郭建声任中共建阳市委书记的决定。

7 月 21 日，宸前至五里樟大桥段南武路水泥路面改建工程开工。

8 月 4 日，全国政协副主席、台盟中央主席张克辉率全国人大、政协常委“三农”工作调研团到建阳市就“农业产业结构调整以及农村税费改革情况”进行调研。副省长汪毅夫，南平市委书记李川，南平市政协主席宫维祺及建阳市领导陪同。

8 月 20 日，建阳市十二届人大四次会议召开，选举葛晓华为建阳市政府市长。

9 月 6 日，市政府上网工程——建阳市多媒体信息网站“建阳之旅”正式开通。

9 月 9 日，建阳市漳墩镇卫生院长章曾泉获“全国优秀卫生院长”称号。

9 月 29 日，朱熹大道水泥路面改造工程竣工。

10 月初，建阳市开始农村集体林产权制度改革工作。

10 月 13 日，由南平市政府主办，建阳市政府承办的“朱熹逝世 800 周年祭典”活动在考亭书院遗址举行。南平市、建阳市领导和海内外朱氏后裔代表，朱子学研究专家学者，文化界、新闻界人士 300 人参加公祭活动。

10 月 16 日，由国家环保局组成的专家组对建阳市“国家级生态示范区”建设进行考核验收。

11 月 19 日，建阳市开始在全市村居、乡镇站所开展“三个代表”重要思想学习教育活动。12 月 1 日，中央教育办常务副主任、中央组织部组织局副局长康能率检查组到建阳，对村居、乡镇站所“三个代表”重要思想学习教育活动进行明察暗访。

2002 年

1 月 10 日下午，召开《中共建阳革命史》编纂工作会。市委副书记马建东，市委常委、宣传部长何光松，老领导赵存旺、郭春秀、姚学用、周清霓、徐有明、陈昇宝、李一南，市直各有关部门单位负责人参加会议。会上，听取《中共建阳革命史》编纂和《中共建阳县组织史资料》征订发行工作情况汇报，研究议定有关事宜。

1月11—12日，以省政法委副书记林万植为组长的省综治检查组5人，在南平市委常委、政法委书记李晋闽和南平市司法局领导陪同下，到建阳市检查社会治安综合治理工作。

1月25日，以林庆传为组长的省委农村“三个代表”学习教育活动巡视督查组6人，到建阳市检查指导乡镇所站、村（居）“三个代表”重要思想学习教育情况。市委常委、组织部部长余玉平和市教育办负责人陪同。

3月16日，建阳市通过6年来的“国家级生态示范区”的试点建设，经2001年度的考核验收，被国家环保总局正式命名为“国家级生态示范区”，并颁发牌匾。

3月20日，中央组织部调研组2人，在省委组织部、南平市委有关部门领导的陪同下，到建阳市调研下派村支书、科技特派员工作。市领导郭建声、马建东和市直有关部门单位负责人陪同。

4月9—11日，国家计生协会副会长刘汉彬3人，在省计生协会会长张渝民和南平政府副市长吴邦才陪同下，到建阳市调研计生协会工作。

4月15日，全国政协调研组6人在全国政协社会法制委主任、原煤炭部部长王森浩带领下，在省政协社会法制委会领导和南平市政协主席宫维祺、南平市委副书记周意和南平市直有关部门领导陪同下，到建阳市调研下派村支书和科技特派员工作。

5月10日上午，科技部副部长刘燕华及西北五省区科技厅和部分地市领导21人，在省委、省政府有关部门领导和南平市委书记李川，南平市政府市长徐谦，南平市委常委、宣传部部长石建华，南平市政府副市长吴邦才陪同下，到建阳市考察科技特派员工作。市五套班子有关领导陪同。

5月17—18日，以林春连为组长的省委农村“三个代表”重要思想学教活动检查组3人，在南平市委教育办领导陪同下，到建阳市验收检查“三个代表”重要思想学习教育情况，市委常委、组织部长朱其勇和市委教育办负责人陪同。

5月18日，省农办副主任马国林带领省和南平市农业专家20人到建阳市开展科技下乡活动。市领导卫国、林贻彬和有关乡镇、市直有关部门负责人陪同。

5月23日，以省政协副主席林逸为团长的省政协“生态林保护与管理”考察团16人，在省林业厅领导和南平市政协副主席黄健儿等领导陪同下，到建阳市考察生态林保护与管理工作。市领导邱运财、林贻彬和市直有关部门负责人陪同。

6月11日下午，省委副书记卢展工带领省委办公厅、省委政研室领导4人，在南平市委书记李川，南平市政府市长徐谦，南平市委副书记周意，南平市委常委、组长部长翁卞等领导陪同下，到建阳市调研干部下派工作。市领导郭建声、葛晓华、马建东、朱其勇等参加南平市在建阳市莒口镇召开下派干部座谈会，并陪同调研。

6月25日，省政府副省长刘德章带领省直有关部门领导到建阳市调研农业和农村工作。市领导郭建声、葛晓华、卫国、邹仁满、林贻彬等陪同。

6月26日，省委书记宋德福、省委副书记黄瑞霖、省政府副省长贾锡太和省直有关单位领导，在南平市委书记李川，南平市政府市长徐谦、副市长张兆民陪同下，到建阳市调研工业改革工作。市五套班子有关领导陪同。

8月8日下午，中共中央宣传部宣传局副局长孙振达，在南平市委常委、宣传部部长石建华和南平市委有关部门领导的陪同下，到建阳市调研农村文化俱乐部建设情况。

8月20日，省军区司令员少将张鹤田在南平军分区司令员李坚陪同下，到建阳市观摩民兵守护分队空中设障演习。

9月16日，国家计生委副主任王国强在省计生委副主任雍秀英、南平市政府副市长吴邦才陪同下，到建阳市调研计划生育工作。

9月25日，省委政法委秘书长扬丰和在南平市委常委、政法委书记李晋闽陪同下，到建阳市调研严打整治斗争工作。

11月2日，由日本友人冢本幸司捐资建设的麻沙中学体育馆落成典礼举行。市领导郭建声、何光松、崔继军和麻沙镇领导、市直有关部门负责人及冢本幸司出席典礼。

11月4—5日，建阳市《闽北革命老区》图片展举办。市五套班子成员，离退休老干部出席。

11月24日，以云南省科技厅副厅长王建华为团长的云南考察团6人，在市领导郭建声、葛晓华、卫国、邹仁满、朱其勇、林贻彬等市领导和市直有关部门领导陪同下，考察分设在将口、童游、水吉、莒口等全国科技特派员试点工作现场会建阳各考察点。

12月18日，以江西省委农工部副部长缪兵为团长的江西省委农工部考察团22人到建阳市考察科技特派员工作，考察团考察徐市、童游、莒口、将口等乡镇科技特派员工作。市领导卫国、邹仁满陪同。

12月26日，省文明办副主任陈朱到建阳市调研创建文明城市工作。

12月31日，潭城、童游两镇撤镇设街授牌仪式举行。

2003年

3月10日，省财政厅副厅长陈小林到建阳市调研财政和社会保障工作。

3月11—12日，省委副书记、省纪委书记梁绮萍在南平市委副书记徐肖剑、车达卫及建阳市市长葛晓华等领导的陪同下，考察建阳市武夷味精、三爱药业、龙强运输机械有限公司、隆圣食品有限公司等项目点。

5月12日，市委、市政府成立建阳市防治非典型肺炎指挥部，市委副书记、市长葛晓华任总指挥，市委副书记马建东任常务副总指挥，市委常委、宣传部部长何光松，市政府副市长崔继军，市人武部部长林承杞任副总指挥，市委办、市政府办、市卫生局等有关部门领导任指挥部成员。

5月22日，省政府副省长李川带领省直有关部门负责人在南平领导周意、林少雄、张兆民及建阳市政府市长葛晓华、副市长李宪、黄肃等市领导陪同下到建阳市视察调研工业工作。

6月10日，全市三峡移民接收安置工作会议召开，研究部署建阳市接收安置三峡移民的有关工作。

6月12日，省政府农村税费改革调研组到建阳市调研税费改革工作，市委有关领导及市政府副市长刘淑妹、林贻彬参加座谈。

6月22日，重庆万州移民局领导和省移民局领导到建阳市考察三峡农村外迁移民接收安置准备工作，市政府副市长林贻彬、助理调研员范兴余陪同。

7月1日晚，市长葛晓华会见美籍华人、美国长乐公会常务副主席、建阳隆圣食品有限公司董事长游建南，并商谈企业进一步发展有关问题。

7月9—10日，省政府副省长叶双瑜及省财政厅、外经贸厅、经贸委、工商局等省直单位负责人，在徐谦、叶康勇、陈少妹等南平市领导和市长葛晓华，副市长廖献平、黄肃等陪同下，到建阳市调研商贸流通和外经贸工作。

7月12—13日，南平市军事斗争力量和国防动员工作检查组到建阳市检查国防动员准备工作。

7月18日，省文明办副主任郑赞松等在市委副书记马建东陪同下，到建阳市调研社区精神文明建设工作。

7月25—26日，省治理餐桌污染督查小组在南平市副市长陈少妹等陪同下到建阳市检查“建设食品放心工程”情况，市委常委、副市长廖献平陪同。

8月11日，副省长刘德章带领省计委、财政厅、农业厅、水利厅等省直机关单位负责人，在徐谦、陈桦等南平市领导陪同下，到建阳市旱情较严重的小湖、回龙等乡镇，看望、慰问坚守在抗旱一线干部职工和农户，市长葛晓华、副市长林贻彬等市领导陪同。

9月16日，省经贸委主任郑松岩到建阳市金石氟业有限公司、武夷味精、三爱药业等企业调研工业企业生产情况，副市长黄肃陪同。

9 月 17 日下午，日本友人冢本幸司在全国人大华侨委员会副主任王建双、南平市委书记徐谦和建阳市市长葛晓华等领导陪同下，参观麻沙中学。

9 月 17 日下午，省计委、农业厅、粮食厅在建阳市召开粮食安全问题调研座谈会，市委常委、副市长廖献平及市直有关部门负责人参加。

9 月 20 日，部分在闽全国政协委员在南平市委书记徐谦和建阳市市长葛晓华等领导陪同下，到建阳市视察农业产业化和农民增收工作。

9 月 24 日，全国人大常委会委员、全国人大教科文卫委员、北京市政协副主席朱相远，全国人大教科文卫委员、济南军区原副政委黄学禄中将到建阳市开展《中华人民共和国传染病防治法》执法调研。

10 月 28 日，以全国人大代表、国家会计学院院长、博士生导师邓力平为组长的在闽全国人大代表视察组，在南平市委书记徐谦，建阳市领导郭建声、葛晓华、白炳义等陪同下，在建阳市视察工业经济工作。

10 月 29 日至 10 月 31 日，中国共产党建阳市第十次代表大会召开，会议正大会选举产生中共建阳市第十届委员会，选举产生中共建阳市纪律检查委员会。郭建声当选为中共建阳市委书记，葛晓华、卫国、马建东、李兵当选为共建阳市委副书记。会议还通过市纪委第一次全会选举结果，卫国为市纪律检查委员会书记。

12 月 16 日，省林业厅厅长黄建兴，在南平市林业局局长张明接，建阳市领导郭建声、林贻彬等陪同下，到徐市镇专题调研生态公益林限制性利用工作。

12 月 19 日，县处级领导干部学习贯彻“三个代表”重要思想研讨班举办，听取关于“三个代表”重要思想专题辅导报告。全市副处级以上领导干部参会。

2004 年

1 月 10—13 日， 政协建阳市第十一届委员会第一次全体会议召开，选举邱运财任政协主席、刘淑妹、张绍敏、谢天模、黄永寿为副主席、

1 月 11—14 日，市十三届人民代表大会第一次会议召开，选举白炳义任人大常委会主任，牛相盛、王国治、甘秀华、刘柏涛任副主任，葛晓华任人民政府市长，黄肃、廖献平、冯振秀、崔继军、林贻彬、李宪、刘韬、刘寒任副市长，陈云任人民法院院长，李少峰任人民检察院检察长。

2 月 19 日，省政府副省长刘德章带领省农业、林业、动物防疫等部门领导到建阳市调研禽流感防治工作。

3 月 5 日，河北省秦皇岛市委副书记聂瑞平带领农业科技人员到建阳市考察科特派工作。

3 月 13 日，省文化厅厅长王启章到建阳市考察农村宣传文化阵地建设。

3 月 30—31 日，省委代书记、省长卢展工带领省直有关部门负责人到建阳市调研农业和粮食生产工作，省委常委、省委秘书长朱亚衍，副省长陈芸随同调研，南平市领导徐谦、陈桦、罗健、刘明、廖荣元陪同。

4 月 14 日，建阳市企业与企业家联合会成立。

4 月 16 日，全市接收安置三峡库区移民工作协调会召开，研究各有关接收乡镇工作中存在问题，安排部署下一阶段接收安置工作。

4 月 17 日，国务院农村经济研究中心秘书长卢迈在南平市委常委、市委秘书长罗健，建阳市委常委、组织部长朱其勇的陪同下，到建阳市崇雒乡调研下派干部工作。

4 月 23 日，建阳市“牵手联创、互动发展”工作会议，召开安排部署全市下派工作。

5 月 12 日，意大利福建海外华人华侨工商总会会长林朱庆等 7 人到建阳市考察洽谈项目工作。

5 月 17 日，南平市委书记徐谦到建阳市调研工业企业发展工作。

6 月 1—2 日，省委、省政协领导带领省直单位领导到建阳市调研省委“四个专题”落实情况。

6 月 9 日，全市上半年经济形势分析会召开，分析上半年经济形势，安排部署下半年经济工作。

7月11—14日，由建阳市人民政府、福建省农学会、葡萄分会、南平市农学会、葡萄协会共同举办的福建省（闽北）第三届葡萄产业活动周暨建阳市第二届葡萄节在建阳市举行，来自省内外300名专家、同行及客商前来参加。

7月16日晚，东南电视台与建阳市委、市政府联合举办“走进八闽山水间”大型文艺晚会，庆祝建阳市撤县设市10周年，近万名市民群众来到晚会现场观看演出。

7月19日，南平市委书记徐谦，市长陈桦带领南平市创业竞赛点评组到建阳市检查指导创业竞赛工作。

7月29日，副省长王美香带领省旅游部门领导到建阳市调研旅游开发和文物保护情况。南平市委常委、秘书长罗健、建阳市市长葛晓华陪同。

7月29日，福建预备役高炮师党委全体（扩大）会议在建阳市召开，60人参会。

7月31日，位于潭山公园的“建阳市革命历史陈列馆”修建落成。馆中陈列建阳自1928年建立中共党组织以来革命历史文物和97幅图片。

8月16日，重庆万州三峡外迁到建阳市的33户132名移民抵达潭城，分别安置在事先建好的移民安居房中。

8月23日，副省长汪毅夫在南平市副市长吴邦才的陪同下，到闽北职业技术学院调研。

8月24日，全省水稻轻简栽培技术现场会在建阳市召开，全省九地市农技站站长及农业专家40人参加现场会。

8月29日，台湾成功大学古民居考察团12人到建阳市考察古民居、古建筑。

9月1日，建阳市第一所民办公助初级中学——建阳外国语学校正式开学。

9月18日，市委宣传部、市国防教育办公室在中山广场举办“爱中华、奔小康、强国防”大型签名活动，纪念“九一八”事变73周年暨第四个“全民国防教育日”。

9月20日，由南平市委宣传部、老区办、文联组织的庆祝中华人民共和国成立55周年“真情献老区”文艺慰问团，到建阳市老区书坊、麻沙2乡镇演出。

9月23号，建阳市第一次全国经济普查工作会议召开，安排部署建阳市经济普查工作。

9月23日，东南6省市丝虫病防治科研会议在建阳市召开，来自上海、广东、浙江、福建、海南、江西6省市专家在会上交流丝虫病防治科研成果及丝虫病检测报告。

9月23日，南平市委书记徐谦、市长陈桦到建阳市调研农村、农业及项目开发工作。市委书记郭建声、市长葛晓华陪同。

10月8日，全市领导干部大会召开，对第四季度及年前各项工作进行部署，并就开展全省第九届文明城市创建竞赛活动进行动员。

10月11日，卫生部、中国疾病预防控制中心主任田本淳6人到建阳开展结核病教育宣传普查，建阳市是全国结核病教育宣传普查3个点之一。

10月16日，国家粮食局局长聂振邦在省粮食局局长刘昌霖、南平市副市长陈少妹、建阳市副市长林贻彬的陪同下，到建阳市国家粮食储备库调研粮食收购、储备情况。

10月28—29日，南平市第二十次市县（区）政协主席联席会议在建阳市召开。

11月5日，国家林业局西南航空总站站长史永林带领国家林业局森林防火检查组到建阳市检查指导森林防火工作。

11月19日，全市严厉打击“六合彩”专项斗争动员大会召开。

11月20日，南平市市长陈桦带领南平市政府办、教育局、高教办等部门负责人到建阳市视察闽北职业技术学院办学情况。

11月23—24日，南平市冬季农业生产现场会在建阳市召开，南平市副市长廖荣元，各县市区农业局、农技站负责人参会。

11月26日，省亚太经济文化促进会会长王丽莉在市长葛晓华等领导陪同下，到麻沙超莱地毯有限公司看望在公司培训的尼日利亚青年。

12月28—29日，以省体育局副局长张立仁为团长的省第九届文明城市考评团到建阳市对以城带乡、共建带创、思想教育与道德建设、文明社区建设等创建省级文明城市情况进行考评。

12月30日，国家林业局命名建阳市为“中国锥栗之乡”。

12月30日，市委十届二次全体扩大会议召开，书记郭建声在会上作“切实加强党的执政能力建设，全力打造海峡西岸经济区绿色腹地中的经贸强市”报告，审议通过《关于切实加强党的执政能力建设全力打造海峡西岸经济区绿色腹地中的经贸强市的决议》和《中共建阳市委全体委员集体廉政承诺》的决议。

2005年

1月6日，省粮食厅厅长刘昌霖到建阳市检查指导工作，市长葛晓华、副市长林贻彬等市领导陪同。

2月2日下午，南平市市长陈桦到建阳市征求《政府工作报告》意见并召开座谈会。

2月3日下午，全市保持共产党员先进性教育活动动员大会召开，市委书记郭建声作动员讲话，南平市委第五督导组组长伊剑平到会并讲话，市五套班子党员领导干部及第一批学教对象2000名党员参加。

3月3日，市委学习中心组召开党员先进性教育学习会，南平市委常委、宣传部部长石建华到会作保持共产党员先进性辅导讲座，市委书记郭建声主持会议。

3月3日，全市农村工作暨全市创业竞赛表彰大会召开，总结回顾2004年度全市创业竞赛工作，安排部署2005年创业竞赛和农业农村工作，表彰先进集体和先进个人。

3月15日，省劳动和社会保障厅党组书记王克益等在南平市副市长张兆民的陪同下，到建阳市检查指导工作。

3月17日，全市创建“平安建阳”动员会召开，安排部署创建“平安建阳”工作，并向有关单位下达社会治安综合治理责任状。

3月18日，全市农村党的建设“三级联创”工作会议召开，安排部署农村党的建设“三级联创”活动。

3月20日，南平市委书记徐谦到建阳市调研工作生产及项目开发工作。

3月24—25日，省精神文明建设检查小组到建阳市检查文明城市创建工作，建阳市副市长刘寒陪同。

3月28日，省环保局局长李在明在南平市环保局局长叶治平的陪同下到建阳市检查指导工作。

3月29日，以蔡传华为组长的省委先进性教育第七督导组在南平市委先进性教育办领导陪同下，到建阳市检查指导党员先进性教育工作。

3月30日，南平市委书记徐谦到建阳检查指导工作。

4月7日，全省党委系统督查工作会议在建阳召开，省委办公厅副主任谢仰俊、建阳市委副书记卫国及全省党委系统督查部门领导参加。

4月11日，市委保持共产党员先进性教育活动督导工作研讨会召开，南平市委第五督导组组长伊剑平及建阳市领导朱其勇、张颖等参加研讨会。

4月25日，市委常委会召开保持共产党员先进性教育活动专题民主生活会，南平市委常委、宣传部长石建华和建阳市委常委参加。

4月27—28日，省人口与计划生育委员会主任张学梅在到水吉镇开展计生调研工作。

4月29日，建阳市“五一”劳动模范表彰大会召开，表彰10位建阳市劳动模范。

5月9日，市委召开保持共产党员先进性教育专题整改常委会，对市党政班子在理论学习、工作作风、班子建设、经济发展、城市建设等9个方面的整改任务进行分解，明确责任部门和完成时间。

5月16日，全市保持共产党员先进性教育活动工作会议召开，回顾总结建阳市开展先进性教育活动分析评议阶段工作情况，研究部署整改提高工作阶段任务。

5月21日，以中国老区城筹备办公室常务副主任张炳元为团长的中国老区建设促进会上海赴革命老区考察团在市领导卫国、林贻彬的陪同下，考察建阳市经济和社会事业发展情况。

5月26日，市委先进性教育整改提高落实工作会议召开，回顾总结前2次市委先进性教育专题整改常委会研究议定整改项目内容的落实情况，并就群众反映最多的影响投资发展环境和城市建设管理中存在的2大问题进行整改做安排部署。

6月3日，市党政领导班子先进性教育整改通报暨“优化环境，服务企业”动员大会召开，会议通报市委、市政府领导班子先进性教育整改方案，对全市27家市直机关、企事业单位优化环境服务企业情况进行民主测评。

6月16日，南平市委书记徐谦、市长陈桦带领由南平市五套班子有关领导、市直有关部门负责人、各县市区党政领导组成的创业竞赛点评团对建阳市上半年创业竞赛进行现场点评。

6月16日，浦南高速公路征地拆迁动员大会在建阳市召开，南平市委书记徐谦、市长陈桦，省高速公路公司、省国土资源厅以及浦南高速公路沿线的5个县市区主要负责人参加。

6月20日，全市召开抗洪救灾工作会议，通报18、19两日水情汛情及各乡镇受灾情况，安排下一阶段抗灾救灾工作。

6月28日，市委、市政府在市殡仪馆为在25日排除洪灾险情隐患工作中牺牲的武装部部长、市民兵应急分队指导员江水旺举行追悼仪式。省军区党委常委、政治部主任王清葆少将，南平市委常委、南平军分区政委孙阳，建阳市五套班子领导参加。

7月4日，省委“四个专题”决策调研检查组到建阳市企业、重点项目建设现场调研检查指导工作。

7月15日，建阳市第二批保持共产党员先进性教育活动工作会议召开，回顾总结第一批先进性教育活动，动员部署第二批先进性教育活动。

7月15日，由市委党史研究室编撰、中央文献出版社出版的《建阳革命史》一书举行首发式，市委书记郭建声在首发式上发言。

7月15日，浦南高速公路建阳段征地拆迁动员大会召开。

7月23日，省林业厅厅长黄建兴在市领导郭建声、卫国、林贻彬等陪同下，到回龙乡浒洲村调研农村集体林权制度改革工作。

8月1日，市委召开会议，研究市人武部、驻潭武警部队、公安消防大队等驻军工作。

8月3日，全市经济工作会议召开，分析2005年建阳市经济运行情况，安排部署下阶段工作。

8月15日，市委、市政府召开纪念抗日战争胜利60周年老干部座谈会，市五套班子主要领导、市直有关部门领导和参加过抗日战争老干部参加。

9月14日，省委先进性教育巡回检查组组长陈田爽在南平市委常委、组织部长翁卡等领导陪同下，到建阳市检查指导党员先进性教育工作。市领导郭建声、马建东等陪同。

9月15日，南平市委常委、政法委书记胡祖林，在卫国、何光松等市领导陪同下，在建阳市调研平安建设暨综治工作。

9月21日，南平市政府市长陈桦、南平市委常委、副市长张兆民到建阳市工业企业、项目建设现场检查调研并召开座谈会，听取建阳市政府工作情况汇报，建阳市党政班子领导及各有关部门负责人参加。

9月22日上午，全市第二批保持共产党员先进性教育活动工作会议召开，总结第一阶段工作，安排部署下一阶段工作。

9月27日下午，市委常委会和全市领导干部大会召开。南平市委常委石建华宣布市委主要领导变动情况，刘山鹰任中共建阳市委书记，郭建声不再担任中共建阳市委书记。

10月17日，南平市委常委、副市长张兆民在市委书记刘山鹰、市长葛晓华等市领导陪同下，实地视察指导闽北林产工业贸易园区规划工作。

10月18日上午，全市2006年烟叶生产工作会议召开，总结2005年建阳市烟叶生产情况，安排部署2006年烟叶生产任务。

11 月 8 日上午，市委书记刘山鹰、市长葛晓华主持召开办公会，研究林业工作及闽北林产工业贸易园区建设事宜。

11 月 11 日下午，全市政协工作会议召开，总结 5 年来建阳市政协工作情况，对加快推进政协工作制度化、规范化、程序化建设进行具体部署。市五套班子领导参加。

11 月 17 日，全市人大工作会议召开，总结全市人大工作经验，研究部署新形势下加强和改善党对人大工作领导，坚持和完善人民代表大会制度，加强和推进人大工作措施和方法。市五套班子成员参加。

11 月 23 日，市委书记刘山鹰、市长葛晓华主持召开市党政班子会议，研究十一五规划建议纲要、回瑶工业平台招商引资政策、闽北林产工业贸易园区建设方案、规模工业企业优惠政策以及调整全市行政事业在职、退休人员补贴标准等问题。

11 月 29 日，市委十届五次全体（扩大）会议召开，传达贯彻中共十六届五中全会、省委七届十次全会和南平市委二届十一次全会精神，审议通过《中共建阳市委关于制定建阳市国民经济和社会发展第十一个五年规划建议（讨论稿）》，回顾总结 2004 年以来工作。市五套班子领导，各乡镇（街道）主要领导和市直各部门领导参加。

12 月 23 日下午，全市经济工作会议召开，总结 2005 年经济工作，安排部署 2006 年经济工作。

2006 年

1 月 4—6 日，省文化厅厅长宋闽旺到建阳市调研文化事业基础设施建设、小湖镇塘楼村农村发展等情况，并率领“文化下乡”慰问团于 4 日晚在建阳市演出。

1 月 15 日，建阳市召开烟叶生产年终总结会，总结 2005 年烟叶生产工作，通报 2006 年烟叶生产准备情况，部署下阶段烟叶生产工作。

1 月 18 日，全市林业工作会议召开，总结 2005 年林业工作，部署 2006 年工作任务。

1 月 19 日，南平市委书记徐谦到童游、小湖等地慰问特困党员和困难群众。

1 月 20 日，建阳市服务重点纳税企业暨表彰大会召开，总结 2005 年工业工作，安排部署 2006 年工业工作，表彰 2005 年度重点纳税企业。

2 月 5 日，市委书记刘山鹰主持召开市五套班子领导会议，安排部署 2006 年全市创业竞赛任务和春运道路交通安全、工业平台建设等工作。

2 月 6 日，建阳市驻外招商联络组工作会议召开。市领导与 6 个驻外招商组签订招商引资责任状，下达招商引资任务。

2 月 7 日，刘山鹰、葛晓华、符水俊、施曷宝等市领导开展城市建设和管理调研。

2 月 13 日，全市农村工作会议召开，回顾总结 2005 年建阳市农村工作的基本情况和经验，部署 2006 年全市农业农村工作。

2 月 13 日，召开全市人口与计划生育工作会议，回顾 2005 年人口与计划生育工作，安排部署 2006 年计划生育工作。

2 月 15 日，省委常委、常务副省长刘德章在南平市副市长张明接陪同下，带领省发改委、农办、财政厅、农业厅、烟草专卖局、供销合作社等省直机关负责人到建阳市调研农业和农村工作。刘山鹰、葛晓华等市领导陪同。

2 月 17 日，位于建阳市的闽北林产工贸园区破土动工。

2 月 19 日，南平市委书记徐谦、市长陈桦等领导到建阳市童游街道新村、南林村视察指导闽北产业集中区的前期规划及建设工作。刘山鹰、葛晓华等市领导陪同。

2 月 20 日，南平市委书记徐谦、市长陈桦带领南平市四套班子成员领导、有关部门负责人到建阳召开闽北产业集中区工作座谈会。建阳市四套班子成员、市直有关部门和乡镇负责人参会。

2月21日，全市重点纳税企业帮扶大会召开，确定59家重点纳税企业的挂点市领导和相关责任单位，并签订帮扶重点纳税企业责任状。

2月22日，全市职能部门帮扶重点纳税企业工作会议召开，听取23家职能部门负责人关于近期帮扶重点纳税企业工作情况汇报，并提出要求。

2月23日，市纪委第四次全体扩大会议召开，总结2005年党风廉政建设和反腐败工作，部署2006年党风廉政建设和反腐败工作，发放2006年党风廉政建设责任书。

2月23日，市委召开乡镇书记、党工委书记述职述廉汇报会，听取各乡镇书记、党工委书记述职述廉汇报，点评各乡镇街道2005年贯彻落实党风廉政建设责任制情况。

2月24日，全市宣传思想工作会议召开，回顾2005年全市宣传思想工作，表彰一批公益文化单位和群众文化先进单位，安排部署2006年宣传思想工作、责任书。

2月24日，召开全市维护社会稳定工作会议，总结回顾2005年建阳市政法、综治和维稳工作，安排部署2006年维稳工作。

2月25日，省委第三批先进性教育巡回组到建阳市检查第三批先进性教育开展情况。马建东、朱其勇、张颖等市领导陪同并作汇报。

2月25—27日，省计生协会会长张渝民到建阳市调研，了解建阳市近年来计生工作进展情况和省计生“三结合”工作经验交流会精神贯彻落实情况，市领导刘山鹰等陪同。

2月27日，全市组织工作及人才工作会议召开，回顾总结2005年全市组织工作，部署下阶段换届选举、完善基层党建等组织工作。刘山鹰、黄肃、朱其勇等市领导参会。

3月2日，建阳市在温州召开“闽北温州木业基地项目推介会”，向温州家具客商详细介绍闽北产业集中区概念规划。葛晓华、马建东、林贻彬等市领导参加推介会。

3月3日，全市迎接第九届全省文明城市总评暨城市综合整治动员大会召开，部署文明城市创建工作和城市环境综合整治工作。市五套班子成员参加。

3月3日，国家新闻出版总署调研组在省新闻出版局、南平市文化与出版局领导陪同下，到建阳市调研农村图书阵地建设和图书发行情况。张颖、刘寒等市领导陪同。

3月6日，2006年市政府第一次全体会议暨创业竞赛表彰动员大会召开，总结部署全市创业竞赛和绩效考评工作，表彰2005年度创业竞赛先进单位和先进个人。市党政班子领导和市政府组成部门负责人参会。

3月7日，市委召开第十届委员会第六次会议，对5位拟任乡镇党政正职人选进行票决，对当前工作做安排部署。全体委员参会。

3月8日，全市迎接第九届全省文明城市总评暨城市综合整治动员部署会召开，对各项迎接检查工作做了安排部署。市五套班子领导参加。

3月8日，市工商联第八届执委会举行第十次会议，回顾总结工商联2005年工作，部署安排2006年工作。刘山鹰、邹仁满等市领导参会。

3月13—15日，省委讲师团团长张宗云带领第九届省级文明城市考评团到建阳市考评文明城市创建工作，听取建阳市创建第九届省级文明城市工作情况汇报，分组进行现场检查。市五套班子领导参加汇报会并陪同。

3月16日，建阳市建设社会主义新农村动员大会召开。刘山鹰等市领导，各乡镇、街道分管领导，试点村主干参加会议。

3月22日，省环境保护局副局长丛澜在南平市政府副市长林钟乐的陪同下，到建阳市检查《市长环保目标责任书》执行情况。刘山鹰、葛晓华等市领导陪同。

3月28—30日，南平市人大常委会主任徐肖剑，南平市委常委、组织部部长翁卡，副市长林钟乐，市政协副主席陈慧珠及南平市相关部门人员到建阳市调研社会主义新农村建设情况。市五套班子领导及各相关单位负责人陪同并听取反馈。

3月31日，全市迎检工作总结及城市管理工作会议召开，总结建阳市迎接第九届文明城市总评情况，部署下一阶段城市管理工作。市五套班子领导、市直各部门负责人参会。

4月3日，中共建阳市第十届委员会第八次全体（扩大）会议召开，学习南平市委关于做好2006年县（市、区）委换届工作的实施意见，审议通过《关于我市召开中国共产党建阳市第十一次代表大会的决定》（草案）。十届市委委员、候补委员、市纪委委员参会。

4月7日，省委书记卢展工，副省长陈芸在南平市委书记徐谦、市长陈桦陪同下，带领省委组织部、政法委、农办、民政厅、财政厅、统计局等部门负责人，到建阳市调研社会主义新农村建设和工业经济发展情况。刘山鹰、葛晓华等市领导陪同并做汇报。

4月18日，南平市委书记徐谦、市长陈桦在建阳市主持召开闽北产业集中区现场会，研究产业集中区启动区选址及闽北林产工贸园区项目建设。刘山鹰、葛晓华等市领导参会。

5月8日，市委召开人大工作会议，听取市人大常委会近年来工作汇报。市委常委参会。

5月10日，南平市委副书记、南平市教育工委书记周意带领南平市教育局领导到驻潭大中专学校调研。市领导刘山鹰、葛晓华等陪同。

5月14—15日，省烟草局2005年度烟田建设项目验收组到建阳市检查验收烟田建设项目。市领导朱其勇、林贻彬等陪同。

5月19日，全市村级组织换届选举工作会议召开，安排部署全市村级组织换届选举工作。市五套班子领导，各乡镇党委书记、乡镇长，各街道党工委书记、办事处主任，市直部门领导参会。

5月27—28日，省建设社会主义新农村调研组到建阳市调研，了解建阳市在探索新农村建设中的经验做法。

5月29日，市委学习中心组召开第二季度学习会，邀请省团校教授王章煌作社会主义荣辱观报告，并传达南平市机关效能工作会议精神，就进一步改进机关工作作风提出要求。市五套班子领导、各乡镇（街道）书记、乡镇长（主任）、离退休老干部和市直机关负责人参加学习。

6月6日下午，市委、市政府召开防洪抢险紧急会议，通报水情、雨情和受灾情况，安排部署抗洪救灾工作。葛晓华、符水俊、马建东、林贻彬等市领导和有关部门负责人参会。

6月7日下午，省人大常委会副主任黄贤模带领省委“四个专题”调研组到建阳市调研“四个专题”落实情况，并就地转入指导抗洪救灾工作。

6月7日，副省长李川到建阳市了解灾情，并指导抗洪救灾工作。市领导葛晓华等汇报建阳市近期抗洪救灾情况。

6月7日，南平市委常委、市委宣传部部长石建华到市麻沙、莒口、潭城等乡镇，实地了解灾情，安排部署抗洪救灾工作。并到到小湖镇东鲁村黄坝自然村，看望慰问因地质灾害而转移的群众，为大家送去大米、帐篷和棉被等物品。葛晓华、朱其勇、符水俊、马建东、张颖等市领导陪同。8日、9日，石建华、刘山鹰、葛晓华等领导在市防汛指挥中心主持召开防汛抗灾紧急会议，部署灾后生产自救工作。

6月11日，省烟草局局长杨培森在南平市烟草局局长黄宗淦陪同下，到建阳市主要种烟乡镇指导灾后烟叶生产自救工作。刘山鹰市领导陪同。

6月14日，全市抗洪救灾重建家园工作会议召开，传达南平市政府关于迅速做好灾后重建家园文件精神，安排部署抗洪救灾重建家园工作，并为灾区人民捐款。刘山鹰、符水俊、马建东、黄肃等市领导和各乡镇党政领导、市直机关各部门负责人参会。

6月21日，全市老干部工作会议召开，通报建阳市1—5月经济发展和工农业生产情况，安排部署下一阶段老干部工作。市五套班子领导、离退休老干部和市直机关有关部门负责人参会。

6月22日，全市灾后重建家园现场会在小湖镇召开，安排部署灾后重建家园工作。刘山鹰、葛晓华、符水俊等市领导和国土、民政、规划、林业、水利等部门负责人参会。

6月26日，中组部人才工作局副局长刘忠群在南平市委常委、组织部长翁卡陪同下，到建阳市调研科技特派员工作。刘山鹰、葛晓华、朱其勇等市领导陪同。

6月28—30日，中国共产党建阳市第十一次代表大会召开，大会选举产生中共建阳市第十一届委员会，选举产生中共建阳市纪律检查委员会。选举刘山鹰为市委书记，葛晓华、符水俊、李兵为市委副书记。选举陈仕佳为市纪律检查委员会书记。

7月4日，全市烟叶收购及烟田基础设施建设工作会议召开，总结上阶段烟叶生产工作情况，安排部署下一阶段烟叶生产工作。刘山鹰等市领导和各乡镇党政领导、有关部门负责人参会。

7月7日，南平市委书记徐谦、南平市政府市长陈桦带领南平市创业竞赛绩效考评评估组到建阳市，点评建阳市上半年创业竞赛绩效考评情况。市五套班子领导和各乡镇党政领导、有关部门负责人陪同。

7月13日，市委书记刘山鹰、市长葛晓华主持召开市党政班子会议，传达贯彻南平市上半年创业竞赛绩效考评评估会议精神，部署工作任务。市党政班子领导参会。

7月15日，市委书记刘山鹰带领市委常委到市政协调研，了解市政协上半年工作情况，听取对市委工作建议，并对市政协下一阶段工作提出要求。

7月18日，建阳市第二轮下派村党支部书记表彰会暨第三轮下派村党支部书记欢送大会召开。总结第二轮下派工作，表彰第二轮优秀下派村党支书，欢送50名第三轮下派村党支部书记。

7月19日，省林业厅领导黄建兴到建阳市调研基层林业站、森林派出所及生态公益林管护工作。刘山鹰、林贻彬等市领导陪同。

7月19日，南平市委常委、副市长、政法委书记胡祖林带领南平市综治、平安建设巡回观摩点评团到建阳市，检查点评建阳市社会治安综合治理和平安建阳建设情况。符水俊、江志勇、施葛宝等市领导陪同。

7月23日，中央纪委、中央组织部巡视组在南平市委副书记、市纪委书记车达卫等领导陪同下，到建阳市视察工作。符水俊、朱其勇等市领导陪同。

7月28日，市委议军会召开，听取市人武部、预备役高炮营、驻潭武警部队、公安消防大队上半年工作情况汇报，研究议定有关事宜。市五套班子领导和各有关部门负责人参会，并参加军事日活动。

8月16日，建阳市烟叶生产流动现场会召开，与会人员到麻沙、黄坑两镇参观烤房建设和烟田水利基础设施建设现场，并对当前的社会稳定、重建家园和经济工作做安排部署。刘山鹰、朱其勇等市领导和各乡镇（街道）党政负责人、分管领导及国土、农业、水利等部门负责人参会。

8月23日，建阳市计生协第四次会员代表大会暨表彰会召开，回顾总结市计生协成立20周年工作历程，选举产生新一届计生协理事会，表彰计生协先进集体和先进个人。刘山鹰、白炳义、邱运财、张颖等市领导和各乡镇、街道、有关部门负责人参会。

8月31日，全市教育工作暨“双高普九”动员大会召开，传达全省、南平市教育工作会议精神，回顾总结“十五”以来建阳市教育工作，研究部署“十一五”教育和“双高普九”工作。市五套班子领导参会。

9月4日，市委召开十一届二次委员全体（扩大）会议，学习贯彻中共党的十六届五中全会、省委七届十一次全会和南平市委二届十四次全会精神，研究部署建阳市绿色腹地经贸强市社会主义新农村建设工作。市五套班子领导，各乡镇（街道）书记、乡镇长、主任、组织委员，市直机关单位负责人和参加建阳市第一期村主干培训班村支书参会。

9月14日，省政协副主席苍震华带领省政协检查组，在南平市政协主席宫维祺的陪同下，到建阳市检查贯彻中央5号文件工作情况。刘山鹰、葛晓华、邱运财等市领导陪同。

9月25日，省科协副主席柯少愚带领省科普先进县（市）检查评审组到建阳市，检查创建科普先进县（市）工作情况。刘山鹰、葛晓华等市领导陪同。

9月27日，市、乡两级人大换届选举工作会议召开，全面部署建阳市市、乡两级人大换届选举工作。市五套领导，乡镇（街道）主要领导、分管领导和市直有关部门领导参会。

10月8日，南平市委书记徐谦到建阳市调研经济工作。刘山鹰、葛晓华等市领导陪同。

10月10日，市委召开理论学习中心组第三季度学习（扩大）会，邀请省委党校教授凌厚锋做学习《江泽民文选》专题辅导报告。市五套班子领导，各乡镇（街道）党政负责人，市直机关单位领导、驻潭单位领导、市区中小学校长参加学习。

10月11日，建阳市2006年度冬季征兵工作会议召开。葛晓华、郑惠平等市领导，市征兵工作领导小组成员，各乡镇乡镇长、街道办事处主任、派出所所长，卫生院院长参加会议。

11月1日，全市农村公路建设现场会召开，安排部署全市农村公路建设任务。刘山鹰、黄肃、朱其勇等市领导参加现场会。

11月3日，全市领导干部大会召开，传达南平市第三次党代会精神，部署当前工作。市五套班子领导、副处级以上离退休老干部，南平市级以上人大代表、政协委员，各乡镇（街道）主要领导，各部门党政负责人参会。

11月8日，南平市委书记徐谦、市长陈桦带领南平市土地、林业、环保、规划等部门负责人到建阳市闽北林产工贸园区调研，了解园区建设情况，协调解决园区建设中遇到的困难和问题，并对下阶段工作进行指导。刘山鹰、葛晓华等市领导陪同。

11月8日，南平市委常委、宣传部部长石建华，南平市文明办主任胡敏辉到建阳市指导社区“评五星”工作。

11月7—9日，市委举办培训会，对全市新当选的村（居）委会主任进行社会主义新农村建设知识培训。市委书记刘山鹰为村主任们讲授如何当好村主任。

11月14日，省十届人大代表考察组在南平市政府市长陈桦陪同下，到建阳市考察社会主义新农村建设情况。刘山鹰、葛晓华、白炳义等市领导陪同。

11月15日，南平市委常委、宣传部部长石建华到建阳市调研宣传思想工作。张颖陪同。

11月19日，中组部原副部长张全景在省委组织部副部长周银芳陪同下，到建阳市考察社会主义新农村建设情况。刘山鹰等市领导陪同。

11月20日，建阳市烟叶生产总结表彰会及2007年度烟叶生产情况会议召开。市五套班子有关领导出席会议。

11月29日，全市领导干部大会召开，传达省第八次党代会精神，研究部署贯彻意见。市五套班子领导，各乡镇（街道）、市直各单位主要领导参会。

12月3日，南平市委副书记、市委组织部部长翁卞带领南平市落实党风廉政建设责任制考评组到建阳市，对建阳市党政班子及其领导干部落实党风廉政建设责任制工作情况进行全面考评。4日，翁卞到建阳市检查闽北林产工贸园区建设情况，刘山鹰、葛晓华、马建东、邹仁满、朱其勇等市领导陪同。

12月4—5日，南平市委常委、政法委书记、副市长胡祖林到建阳市检查网吧文化市场建设和综合治理和平安建设责任状落实情况。符水俊、刘寒等市领导陪同。

12月7日，建阳市第二轮地方志编纂工作动员大会召开，安排布置建阳市第二轮地方志编纂工作。符水俊、刘柏涛、刘寒等市领导，各乡镇、街道和市直机关各部门领导参会。

12月11日，全市殡葬改革工作会议召开，分析建阳市殡改工作面临的形势和存在的问题，部署下一阶段工作任务。符水俊、牛相盛、林贻彬等市领导，各乡镇、街道领导，市直有关部门负责人参会。

12月15日，市委、市政府召开2007年工作务虚会议，谋划2007年经济社会协调发展总体思路，研究工作目标任务。市五套班子领导及市直有关部门负责人参会。

12月15日，建阳市第五批拔尖人才命名暨首批名师表彰大会召开，刘山鹰、葛晓华、朱其勇、张颖等市领导参加会议并为拔尖人才和名师颁奖。

12月26日，副省长李川在南平市委书记徐谦陪同下，带领省直有关部门领导到建阳市调研工业经济工作。刘山鹰、葛晓华等市领导陪同。

12月29日，建阳市2006年度经济工作会议召开，传达中央、省、南平市经济工作会议精神，总结建阳市2006年度经济工作，部署2007年度经济工作。市五套班子领导，各乡镇党委书记、乡镇长，各街道党工委书记、办事处主任，市直机关副科级以上干部参会。

12月29日，全市社区建设工作会议召开，总结建阳市社区建设主要成绩和基本经验，分析工作中存在问题，部署2007年工作任务。刘山鹰、葛晓华、张颖等市领导参会。

2007年

1月5日，市图书馆电子阅览室建成并正式投入使用。刘山鹰、张颖等市领导参加揭牌仪式。

1月9日下午，省长黄小晶率领慰问团到建阳市慰问在世革命“五老”（老地下党员、老游击队员、老接头户、老交通员、老苏委）人员。

1月10日，省环保局委托南平市环保评审组到建阳市，对闽北工贸园区进行环境影响报告技术评审，原则通过《闽北林产工贸园区环境影响报告》。

1月15日，南平市委书记徐谦、副书记龚清概到建阳市调研项目工作，并慰问特困农民及特困职工。

1月16—19日，分别召开市政协十二届一次会议和市人大十四届一次会议。选举马建东为建阳市第十四届人大常委会主任，王国治、甘秀华、刘柏涛、张绍敏为副主任；选举葛晓华为建阳市人民政府市长，黄肃、崔继军、林贻彬、李宪、施曷宝、刘寒为副市长；陈云为建阳市人民法院院长；李少峰为建阳市人民检察院检察长。选举邱运财为市政协主席，刘淑妹、孙秀华、杨志平为副主席。

1月24日，市委召开十一届三次全体委员会议，以无记名方式票决通过麻沙、书坊2个乡镇党政领导任职人选。

2月5日，省文化厅“海西文化直通车”新春慰问演出暨建阳市文化、科技、卫生“三下乡”活动在水吉镇举行。省文化厅副厅长陈立华，南平市委常委、宣传部长石建华在葛晓华、张颖等市领导陪同下，同观众一起观看演出。

2月8日，全市精神文明建设暨宣传思想工作会议召开，总结2006年精神文明建设暨宣传思想工作，部署2007年工作，表彰一批新闻工作者和文明特色单位，颁发2006—2008年精神文明建设责任书和宣传思想工作责任书。市五套班子领导，各乡镇（街道）党（工）委书记、分管领导，市直各单位负责人，驻潭单位负责人，各社区书记参会。

2月8日，全市政法工作会议召开，传达省、南平市政法工作会议精神，总结2006年全市政法工作，安排部署2007年政法工作，表彰2006年度全市社会治安综合治理暨平安创建工作先进集体和先进个人。刘山鹰、符水俊、陈仕佳、江志勇等市领导，各乡镇书记、镇长、分管领导，各街道党工委书记、分管领导，市直各部门负责人，政法部门副科级以上领导参会。

2月9日，全市农村工作会议召开，总结2006年农村工作，部署2007年农村工作。市五套班子领导，各乡镇、街道副科级以上领导干部，市直机关各部门负责人参会。

2月9日，全市人口和计划生育工作会议召开，总结2006年人口和计划生育工作，部署2007年工作，表彰计生先进单位，下发2007年人口和计划生育责任状。刘山鹰、李兵、朱其勇、张颖等市领导，各乡镇书记、镇长、分管领导，各街道党工委书记、分管领导，市直各部门负责人参会。

2月9日，建阳市2006年度税收增百万活动总结表彰大会召开，通报2006税收增百万活动情况，表彰完成任务的单位和个人。市五套班子领导，各部门负责人参会。

2月12日，刘山鹰、葛晓华、符水俊等市领导带领市委办、市政府办、民政局等部门负责人，到市人武部、武警二大队、市消防大队、预备役高炮营、军队干休所、市公安局开展慰问活动。

2月13日，建阳市举行闽北最大的朱熹石雕塑像揭幕仪式。刘山鹰、葛晓华等市领导及闽北朱子后裔代表参加揭幕仪式。

2月27日，市委召开十一届四次全委会，传达中组部关于部署中共党的十七大代表选举工作会议主要精神，推荐福建省出席中共党的十七大代表候选人初步人选。

3月6日，市委书记刘山鹰带领市委常委到市纪委调研，听取市纪委2006年工作情况和2007年工作打算汇报，并就进一步做好党风廉政建设工作提出要求。

3月6日，市委书记刘山鹰带领市委常委到市人大调研，听取市人大常委会2006年工作情况和2007年工作打算汇报，并就进一步做好人大工作提出要求。

3月7日，建阳市纪委二次全会召开，总结2006年党风廉政建设工作，部署2007年党风廉政建设工作，下发党风廉政建设责任书。市五套班子领导，各乡镇（街道）党（工）委书记、乡镇长（主任）、纪检书记，市直部门副科级以上领导干部参会。

3月7日，全市各乡镇党委书记、街道党工委书记述职述廉报告会召开，听取各乡镇党委书记、街道党工委书记落实党风廉政建设责任制情况汇报。市党政班子领导，各乡镇党委书记、街道党工委书记、纪检书记参会。

3月9日，建阳市2007年工业经济工作会议召开，总结2006年工业工作，部署2007年工业工作，表彰2006年重点纳税企业，发放2007年度税收增百万活动协议书。市五套班子领导，各乡镇（街道）党（工）委书记、乡镇长（主任）、分管领导，市直部门副科级以上领导干部，部分重点企业负责人参会。

3月14日，市委书记刘山鹰带领市委常委到市政协调研，听取市政协2006年工作情况和2007年工作打算汇报，并就进一步做好政协工作提出要求。

3月20日，市委书记刘山鹰主持召开信访工作会议，听取当前信访工作汇报，并提出要求。市党政班子领导，有关乡镇、部门领导参会。同日，市党政班子领导带领有关部门负责人，分别到各乡镇开展信访接待日活动，现场为群众解决困难。

3月22日，市委中心组学习第一季度学习会召开，南平市委讲师团团长陶金辉为与会人员做学习胡锦涛在中纪委第七次全体会议上讲话精神辅导讲座。市五套班子领导，各乡镇（街道）党政主要领导，市直机关各部门负责人，省、南平市驻潭单位负责人，城区各中小学校长参加学习。

3月22日，全市环境保护工作会议召开，传达省、南平市环保工作会议精神，回顾建阳市“十五”期间环保工作，部署“十一五”期间及2007年建阳市环保工作，向各乡镇（街道）和有关部门颁发环保责任书。市五套班子领导，各乡镇（街道）党（工）委书记、乡镇长（主任）、分管领导，市直部门副科级以上领导干部，部分重点企业负责人参会。

3月22日，建阳市2005—2006年度科学技术进步奖颁奖大会召开，表彰项目完成单位和主要完成人员。市五套班子领导，各乡镇（街道）党（工）委书记、乡镇长（主任）、分管领导，市直部门副科级以上领导干部，部分重点企业负责人参会。

3月29日，建阳市“潭山市民讲坛”启动仪式暨王宏甲“大商之道”报告会举办。市五套班子领导，市直机关干部，闽北卫校师生等1000人参加。

3月30日，劳动和社会保障部原副部长、中国就业促进会会长林用三，国家劳动和社会保障部培训就业司原司长、中国就业促进会常务副会长王英才和省、南平市劳动和社会保障部门负责人建阳市，为中等技术学校及汇思中等职业学校扩建工程举行奠基仪式。市委书记刘山鹰、市长葛晓华等市领导和各界人士参加。

3月30日，建阳市五套班子会议召开，专题研究部署集中清理整治城市规划区内非法买卖土地和违法用地、违法建设工作。市五套班子领导，各有关部门负责人参会。

4月5日上午，全市加强干部作风建设动员大会召开，安排部署干部作风建设工作。市五套班子领导，各乡镇（街道）党政主要领导，市直各部门副科级以上领导干部，各驻潭单位负责人和城区各村（居）书记、主任参会。

4月5日上午，全市清理非法买卖土地和违章建筑动员大会召开，安排清理非法买卖土地和违章建筑工作。市五套班子领导，各乡镇（街道）党政主要领导，市直各部门副科级以上领导干部，各驻潭单位负责人和城区各村（居）书记、主任参会。

4月6日上午，全市绩效评估暨创业竞赛动员大会召开，表彰2006年度绩效评估暨创业竞赛先进单位，安排部署2007年度绩效评估暨创业竞赛工作，颁发2007年度项目开发和税收增百万工作责任书。市五套班子领导，各乡镇（街道）党政主要领导，市直各部门副科级以上领导干部和各驻潭单位负责人参会。

4月12日下午，市委议军会议召开，听取市人武部、预备役高炮营、驻潭武警部队、公安消防大队和市国防动员委员会各专门办公室2006年工作情况和2007年工作计划汇报。市五套班子领导，市人武部、预备役高炮营、驻潭武警部队、公安消防大队和市国防动员委员会各专门办公室负责人和市直有关部门负责人参会。

4月13日下午，全市交通工作会议召开，总结2006年全市交通工作，安排部署2007年交通工作，颁发2007年农村公路硬化责任书。刘山鹰、葛晓华、黄肃等市领导，各乡镇（街道）党政主要领导、分管领导和市直各部门负责人参会。

4月27日下午，建阳市召开座谈会，全市重点企业业主共商全市工业发展大计，下发扶持重点纳税企业优惠政策，并颁发客商证。市五套班子领导，各职能部门负责人和各重点企业负责人参加会议。

4月28日上午，市统战工作会议召开，总结2006年全市统战工作，安排部署2007年统战工作。市五套班子领导，各乡镇书记、分管领导，各街道党工委书记、分管领导，市直有关部门负责人，各宗教团体、民主党派负责人参会。

5月12号，浦城县五套班子领导和有关部门负责人，到建阳学习交流工业园区建设工作经验。市五套班子领导和有关单位负责人参加座谈。

5月14日，市委书记刘山鹰、市长葛晓华带领市直机关有关职能部门，组团到武夷山参加南平市主办的第十届武夷国际投资洽谈会。

5月15日上午，市委书记刘山鹰参加市领导信访接待日活动，接待群众来访，帮助群众解决实际困难。

5月22日上午，建阳市重点木制品加工企业供需座谈会召开。刘山鹰、葛晓华、陈仕佳等市领导，各乡镇（街道）党政主要领导，市直有关部门负责人和重点木制品企业负责人参会。

5月23日下午，建阳市纺织服装行业协会成立。刘山鹰、葛晓华、黄肃、陈仕佳、张颖等市领导和纺织服装企业负责人参加成立大会。

5月25日上午，建阳市领导干部警示教育大会召开。市五套班子领导，各乡镇党委书记、乡镇长、纪委书记，各街道党工委书记、办事处主任、纪工委书记和市直各单位副科级以上领导干部参会。

5月28日下午，全市领导干部大会召开，开展省委巡视组延伸巡视工作动员。省委巡视组成员，市五套班子领导，市委委员、候补委员，市纪委委员，各乡镇（街道）党政主要领导和副处级以上离退休老干部参会。

5月28日，市委召开工作汇报会，向省委巡视组汇报2004年以来工作情况。省委巡视组成员，市五套班子领导，市委委员、候补委员和市纪委委员参会。

6月5日，市委书记刘山鹰、市长葛晓华到市防汛抗旱指挥部召开防汛工作紧急会议，分析近期雨情、水情，安排部署主汛期防汛工作。市防汛抗旱工作领导小组成员参会。

6月5日下午，市委、市政府召开市委办、市政府办工作汇报会，听取两办今年以来工作汇报，就如何做好新时期办公室工作提出要求。市党政班子领导，两办全体工作人员参会。

6月8日上午，全市人口和计划生育工作会议召开，传达全省人口和计划生育工作会议精神，点评上半年建阳市人口和计划生育工作情况，安排部署下一阶段工作。省计生委主任雍秀英，南平市委常委张建光，市五套班子领导，各乡镇（街道）党政主要领导、分管领导、计生办主任和市直有关部门负责人参会。

6月13日，童游街道南林村新区建设开工奠基。符水俊、邹仁满、张绍敏、苏绍德等市领导参加。

6月19日，副省长叶双瑜在南平市政府党组成员、闽北经济开发区管委会主任何三保的陪同下，到闽北经济开发区调研，了解开发区基础设施建设及项目招商引资情况。黄肃、张绍敏等市领导陪同。

6月29日，南平市委书记徐谦带领南平市创业竞赛、绩效评估工作点评团到建阳市，对建阳市上半年创业竞赛、绩效评估工作进行综合点评。市五套班子领导，各乡镇（街道）党政主要领导，市直各部门负责人陪同。

7月2日下午，市委书记刘山鹰、市长葛晓华主持召开市党政班子会议，集体学习胡锦涛总书记“6·25”重要讲话精神。

7月2日晚，建阳市首届十大经济人物颁奖典礼举行，表彰2006年度建阳经济发展贡献奖、首届十大经济人物及提名奖获得者。刘山鹰、符水俊、黄肃、陈仕佳、张颖等市领导参加颁奖。

7月6日上午，省委书记卢展工、副省长陈芸带领省委“四个专题”调研组，在南平市委书记徐谦等领导陪同下，到建阳市开展“四个专题”调研。刘山鹰、葛晓华等市领导陪同。

7月9日下午，全市乡镇（街道）工作点评会议召开，点评各乡镇（街道）上半年规模工业、烟叶生产和计划生育工作情况。刘山鹰、葛晓华、陈仕佳等市领导，各乡镇（街道）党政主要领导和市直有关部门负责人参会。

7月18日，全市烟叶收购暨烟基建设工作会议召开，安排部署下一阶段烟叶收购和烟基建设工作及明年的烟叶发展工作，表彰2006年度烟基建设工作先进集体和个人。刘山鹰、黄肃、朱其勇等市领导，各乡镇（街道）党政主要领导和市直各有关部门负责人参会。

7月24日上午，市委学习中心组召开第二季度学习（扩大）会议，省委党校教授李新生应邀做总书记胡锦涛“6·25”重要讲话精神辅导讲座。市五套班子领导，各乡镇（街道）党政主要领导，市直各部门负责人和各驻潭单位负责人参加学习。

7月27日下午，召开全市乡镇工业和殡葬工作现场会。刘山鹰、陈仕佳、邹仁满等市领导，各乡镇（街道）党政主要领导和市直有关部门负责人参加现场会。

7月31日，市委书记刘山鹰带领市五套班子到各驻潭部队慰问，向人民子弟兵表示节日祝福。

8月1日下午，市委党管武装述职报告会召开，回顾2年建阳市党管武装工作情况，安排部署下一阶段工作。刘山鹰、符水俊、郑惠平等市领导，各乡镇（街道）党政主要领导、人武部长和市国防动员委员会各成员单位负责人参会。

8月7日晚，市委、市政府召开紧急会议，收看省、南平市防汛抗旱紧急视频会议，并对防御第7号强热带风暴“帕布”准备工作作出安排。刘山鹰、葛晓华、朱其勇等市领导和市防汛抗旱指挥部成员单位负责人参会。

8月8日，全市创建“平安建阳”工作会议召开，安排部署建阳市创建“平安建阳”工作。市委副书记、市委政法委书记符水俊和各有关单位负责人参会。

8月15日，葛晓华、邱运财、张颖等市领导到市信访局开展市领导信访接待日活动，现场为上访群众解决问题。

8月17日，建阳市组织开展“十大经济人物老区行”活动，市委书记刘山鹰带领企业家们到漳墩镇，帮助解决老区公路硬化建设资金问题。

8月17日晚，市委、市政府紧急会议召开，收看省、南平市防汛抗旱紧急视频会议，并对防御第9号强热带风暴“圣帕”的准备工作作出安排。19日晚，再次召开紧急会议，收看省、南平市防汛抗旱紧急视频会议，对防御第9号强热带风暴“圣帕”工作再次作出安排。市委书记刘山鹰、市长葛晓华等市领导和市防汛抗旱指挥部成员单位负责人参会。

8月23日下午，全市领导干部警示教育大会召开，在建阳监狱服刑的两名原处级领导干部向参会人员现身说法。市五套班子领导，各乡镇（街道）党政主要领导、纪（工）委书记，市直机关副科级以上领导干部和各驻潭单位负责人参会。

8月29日下午，市委十一届五次全体委员会议召开，票决通过潭城街道党政主要领导任职名单和市建设局局长、城乡规划局局长拟推荐人选。

9月5日上午，建阳市庆祝第23个教师节暨第二批名师、师德标兵、优秀教师表彰大会召开，总结建阳市教育工作情况，表彰第二批名师、师德标兵、优秀教师。刘山鹰、葛晓华、张颖等市领导参会。

9月18日上午，全市农业统计工作会议召开，分析存在问题，并提出解决方案。刘山鹰、黄肃、朱其勇等市领导，各乡镇（街道）党政在家主要领导，市直有关部门领导和各乡镇（街道）首席统计员参会。

10月10日下午，全市预防腐败工作会议召开，学习贯彻中共中央总书记胡锦涛在中央党校重要讲话精神，总结近年来建阳市预防腐败工作情况，安排部署下一阶工作。市五套班子领导，各乡镇（街道）党政主要领导、分管领导和各有关部门负责人参会。

11月2日上午，市委召开常委（扩大）会议，传达贯彻省委常委（扩大）会议和南平市委常委（扩大）会议精神，通报南平市效能检查情况和建阳市创业竞赛、绩效评估进展情况，安排部署当前工作。市五套班子领导，各乡镇（街道）党政主要领导和各部门副科级以上领导参会。

11月8日下午，建阳市庆祝第八个记者节暨优秀新闻工作者、优秀通讯员表彰大会召开，总结2007年新闻宣传工作，安排部署2008年度新闻宣传工作，表彰2007年度优秀新闻工作者和优秀通讯员。刘山鹰、张颖等市领导参会。

11月9日上午，闽北木材交易市场在建阳市海西林产工贸城揭牌成立。刘山鹰、葛晓华、符水俊、陈仕佳、朱其勇等市领导参加揭牌仪式。

11月20日下午，市委举行中共党的十七大精神宣讲报告会，南平市委宣讲团团长陶金辉做主题宣讲报告。市五套班子领导，各乡镇（街道）党政主要领导、分管领导和各部门副科级以上领导参会。

11月23日上午，建阳市2007年度烟叶生产总结表彰暨2008年度烟叶生产工作会议召开，总结2007年度工作情况，安排部署2008年度工作，表彰2007年度种烟先进集体和个人。市五套班子领导，各乡镇（街道）党政主要领导、分管领导和各部门负责人参会。

12月5日上午，市委召开十一届六次全体（扩大）会议，传达贯彻中共党的十七大、省委八届三次全会和南平市委三届四次全会精神，听取并通过建阳市委常委会工作报告和《关于学习贯彻党的十七大精神的决议》。

12月6日上午，建阳市迎接全省文明城市考评暨城市环境卫生整治动员大会召开，安排部署第十届省级文明城市迎检和城市环境卫生整治工作。市五套班子领导，各乡镇（街道）党政主要领导和各部门负责人参会。

12月12日上午，海西林产工贸城重点项目开工典礼举行，市五套班子领导参加。

12月26日上午，全市经济工作会议召开，传达省、南平市经济工作会议精神，总结2007年度经济工作，安排部署2008年度经济工作。市五套班子领导，各乡镇（街道）党政主要领导和各部门副科级以上领导参会。

2008年

1月3日，全市乡镇（街道）烟叶生产工作会议召开，安排2008年烟叶生产任务，刘山鹰、葛晓华、朱其勇等市委领导参会。

1月15日，第二届建阳市上海商会年会在上海松江召开，刘山鹰、葛晓华等市领导及300名在沪创业的建阳籍商界人士参加年会。

1月25日，全市人口与计划生育工作会议召开，回顾2007年全市计生工作，部署2008年工作，刘山鹰、葛晓华等市领导参会。

2月15日，全市农村工作大会召开，市五套班子领导、各乡镇（街道）党政主要领导、市直机关副科级以上领导、全市各行政村村主干参会。

2月20日，刘山鹰带领市委常委到市人大调研，听取市人大2008年工作思想汇报，现场研究解决有关问题。

2月22日，市委纪念中共建阳第一个支部成立80周年暨革命历史陈列馆“青少年德育基地”揭牌仪式，符水俊等市领导参加。

2月25日，全市政法工作会议召开，传达贯彻省、南平市政法工作会议精神，回顾总结2007年全市政法工作，并对2008年建阳市政法工作进行全面安排部署，市五套班子领导参会。

2月25日下午，全市乡镇（街道）党（工）委书记述职廉报告会召开，各乡镇（街道）党政主要领导、纪（工）委书记等参会。

3月20日，刘山鹰带领市委常委到市纪委调研，了解纪委2007年工作及2008年纪委具体工作思路，现场研究解决问题。

3月21日，全市统战会议在将口召开，传达省、南平统战部长会议精神，总结2007年统战工作，部署2008年统战工作要点，符水俊等市领导参会。

4月15日，全市绩效评估暨创业竞赛表彰动员大会召开，对绩效评估创业竞赛先进单位和连续2年创业竞赛有突出贡献人员进行嘉奖和表彰，市五套班子领导、各乡镇（街道）党政主要领导、市直机关部门单位负责人参会。

4月15日，市委理论学习中心组邀请中国人民解放军总参谋部范中文大校，讲授网络安全与信息保密知识，市五套班子领导、各乡镇（街道）党政主要领导、市直各有关部门负责人参加学习。

4月18日，市委召开党政班子工作会议，学习贯彻全国、全省、南平市组织、宣传、统战工作会议精神，回顾总结2007年以来全市工作情况，对2008年的工作进行安排部署。

5月7日，武夷味精有限公司投资1.80亿元的生物制药和氨基酸项目开工仪式举行，刘山鹰等市五套班子领导参加奠基典礼。

5月7日，市委、市政府在小礼堂召开全市信访工作会议，刘山鹰等市领导及市信访工作领导小组成员，各乡镇（街道）党（工）委书记、分管领导、信访中心主任参会。

5月7日，全市社区建设工作会议召开，总结交流社区工作经验，安排部署2008年建阳市社区工作，符水俊等市领导参会。

5月8日，建阳市服务企业发展环境座谈会召开，就如何进一步提升职能部门服务水平、优化投资环境、实现工业经济跃升发展做交流、探讨，并做具体安排部署，刘山鹰、葛晓华等市领导参加会议。

5月8日，刘山鹰带领市委常委到市政协进行专题工作调研，了解近期政协主要工作情况及需要解决的困难和问题。

5月15日，建阳市五套班子领导和市直机关干部职工参加红十字会赈灾募捐活动。

5月16日，建阳市福州商会在福州市正式成立，刘山鹰、葛晓华等市领导及曾在建阳工作过的老领导、老同志到会祝贺。

5月21日，建阳市支援四川灾区情况通报会召开，市五套班子领导、市直机关、各乡镇（街道）党政主要领导、各企业负责人参会。

5月26日，省“双高普九”评估验收组抵达建阳市，检查验收建阳市实施“双高普九”工作，刘山鹰、葛晓华等市领导参加汇报会。30日，实施“双高普九”工作省级评估验收反馈会召开，市五套班子领导及有关部门负责人参会。

6月10日，市委召开十一届七次全体会议，对市环保局局长拟任人选进行票决审议，全体市委委员、市委候补委员参会。

6月18日，葛晓华等市领导带领市发改、经贸、林业、农业等部门负责人和各乡镇（街道）领导、各企业主等100人参加第六届海峡项目成果交易会，共对接项目90项，总投资8亿元。

6月23日，中共建阳市委上海工作委员会成立，刘山鹰、葛晓华等市领导及建阳在沪经商务工党员代表40人参会。

7月1日，全市污水处理厂项目建设专题工作会议召开，葛晓华、符水俊等市领导带领导市建设、规划、发改、水利等相关部门人员到现场办公、协调解决建设中存在的问题。

7月2日，市委学习中心组邀请经济学家博士钱津到建阳市做“当前中国经济形势”报告，市五套班子领导、市直机关单位、各乡镇（街道）领导干部及各企业负责人到场听取报告。

7月9日，建阳市开展市委书记、市级领导大接访活动会议，贯彻中央、省信访工作会议精神，强化信访工作力度，市五套班子领导、各乡镇（街道）党政主要领导、市直机关有关部门负责人参会。

7月16日，全市2008年度烟叶收购暨烟基建设工作会议召开，安排部署2008年基建设任务，表彰2007年先进单位及先进班组个人，刘山鹰等市领导及各乡镇（街道）党政主要领导、有关部门负责人参会。

7月18日，省长黄小晶和省人大常委会副主任王美香、副省长苏增添带领省委“四个专题”调研检查组在南平市委书记雷春美等陪同下到建阳市调研，先后察看考亭葡萄基地、龙翔科技、森岚木业、将口综治和三农服务中心，刘山鹰、葛晓华等市领导陪同。

7月21—30日，刘山鹰、葛晓华等市领导带领市直职能部门负责人到各乡镇进行创业竞赛和绩效考评工作。

7月31日，市委召开第十一次议军会，刘山鹰、葛晓华等市领导参会。

8月6日，市委、市政府召开2008年绩效考评创业竞赛分析会，市五套班子领导及市直有关职能部门负责人参会。

8月27日，市委召开基层党委书记联席会暨农村基层党风廉政建设工作会，回顾总结2008年来全市农村基层党风廉政建设工作和全市组织、宣传思想文化工作开展情况，安排布置下阶段工作，刘山鹰、葛晓华、符水俊等市领导参会。

9月3日，市委常委（扩大）会议召开，传达省委、南平市委常（扩大）会议精神，要求各部门、各单位学习贯彻省委“四个专题”调研检查情况汇报会精神，推进经济和社会各项事业发展。

10月29日，南平市委书记雷春美带领创业竞赛点评团到建阳市开展2008年1—9月创业竞赛点评工作，并对下一阶段工作提出要求，市五套班子领导及各部门负责人参加点评活动。

11月16日，建阳市组织各乡镇茶业企业到武夷山市参加第二届海峡西岸茶业博览会，向各地茶叶客商推介建阳名优茶叶，签订茶叶贸易合同1800万元。

11月17日，全市规范行政权力工作动员大会召开，葛晓华等市领导和全市56个部门负责人参会。

11月27日，建阳市北京商会在北京五洲大酒店成立，刘山鹰、葛晓华等市领导参加成立大会。

11月30日，市委落实党风廉政建设责任制考评动员会召开，南平市落实党风廉政建设责任制考评组成员，市四套班子领导，市直党政群机关部门负责人及各乡镇（街道）党政主要领导、省、南平市驻潭单位领导，县处级以上离退休老干部和党风廉政监督员、特邀监察员等参会。

12月8日，市委、市政府与闽北经济开发区管委会召开工作联席会，刘山鹰、葛晓华等市领导及相关部门负责人参会。

12月10日，市委中心组第四季度学习（扩大）会议召开，市委书记刘山鹰结合参加中央党校县（市）委书记培训班学习的收获和体会，为市五套班子领导、各乡镇（街道）领导、市直机关单位负责人做学习中共党的十七届三中全会精神报告。

12月11日，建阳市银企联席会议召开，刘山鹰、葛晓华等市领导及市各银行机构负责人和企业家代表参会。

12月11日，建阳市举办“潭山春正浓——唱响改革开放30年”歌曲演唱会，市五套班子领导观看演唱会。

12月22日，投资5600万元的省重点为民办实事项目——建阳污水处理厂正式竣工，投入试运行，市五套班子领导参加试运行仪式。

12月25日，建阳市纪念改革开放30年成就展在市博物馆开展，市五套班子领导参加开馆仪式。

2009年

1月6日，市委十一届八次全委会召开，传达贯彻省委八届五次全会、南平市委三届五次全会精神和省、南平市经济工作会议精神，总结2008年市委工作和全市经济工作，安排部署2009年工作，市五套班子领导，乡镇（街道）党政主要领导，市直各部门负责人参会。

1月12日，南平市副市长刘山鹰到建阳市召开南平市《政府工作报告》征求意见座谈会。葛晓华、符水俊、黄肃、朱其勇等市领导，市直有关部门领导及本市部分南平人大代表、政协委员参加座谈。

1月18日，省政府副省长洪捷序在南平市委书记雷春美陪同下，到建阳市看望慰问“五老”优抚对象和困难群众。刘山鹰、葛晓华等市领导陪同。

1月16日，省公安厅副厅长李清到建阳市看望慰问因公牺牲民警陈振明家属。符水俊、江志勇等市领导陪同。

2月2日，葛晓华、符水俊、黄肃等市领导现场调研城市建设重点工程进展情况，并到重点企业鑫源木业有限公司调研。

2月12日，全市农村工作暨2008年烟叶生产表彰会议召开，总结2008年农村农业和烟叶生产工作，安排部署2009年农业和烟叶生产工作，表彰2008年烟叶生产先进村和先进个人。市五套班子领导，各乡镇（街道）党政主要领导、分管领导、烟草站站长、受表彰人员，市直有关部门负责人参会。

2月11日，中国东方歌舞团到建阳市举办慰问革命老区演出，市五套班子在家领导观看慰问演出。

2月12日，南平市委书记雷春美和南平市副市长杨荣郎带领南平市农业、林业、烟草等部门领导到建阳市检查指导春耕备耕工作。刘山鹰、葛晓华等市领导陪同。

2月13日，市委召开十一届九次全委会，传达贯彻省委组织部、南平市委组织部关于推行选拔任用干部“一报告两评议制度”有关精神。南平市副市长、建阳市委书记刘山鹰代表市委常委会向全委会作2008年建阳市选拔任用干部工作报告。

2月18日，全市人口与计划生育工作总结表彰大会召开，总结2008年度全市人口计生工作，部署安排2009年工作，表彰2006—2008年度人口计生工作先进单位和先进个人，下达2009年人口计生工作责任书。刘山鹰、葛晓华等市领导，市计生协会老同志、市直各计生责任单位党政主要负责人，各乡镇（街道）党政主要领导、计生协会会长、分管领导、计生办主任、服务所所长，市人口计生局机关及系统人员参会。

3月5日下午，全市2008年度乡镇（街道）党政“一把手”述职述廉报告会召开。市五套班子领导，各乡镇（街道）党政主要领导参会。

3月9日，省委副书记于广洲带领省直有关部门负责人在南平市委书记雷春美，市委副书记、组织部长周秀光，市委常委、常务副市长张兆民和南平市副市长刘山鹰的陪同下，到建阳市调研“三农”工作。葛晓华、朱勇等市领导陪同。

3月9—10日，省卫生厅副厅长张守臣带领省第十届文明城市考评团到建阳市，对建阳市省级文明城市创建工作进行考评指导。葛晓华、符水俊等市领导参加汇报会。

3月12日，省委常委、省纪委书记陈文清带领省纪委有关部门领导，在南平市委书记雷春美和南平市副市长刘山鹰的陪同下，到建阳市调研农村党风廉政建设、信访和社会稳定工作。葛晓华、陈仕佳等市领导陪同。

3月17日，全市政法（信访）工作会议召开，总结2008年政法（信访）工作，安排部署2009年工作任务。葛晓华、符水俊等市领导，各乡镇（街道）党政主要领导、分管领导，市直各部门负责人参会。

3月26日，省农业厅厅长陈绍军在南平市副市长杨荣郎陪同下，到建阳市检查指导春耕生产工作。葛晓华、林贻彬等市领导陪同。

4月2日下午，全市组织宣传统战工作会议召开，总结2008年全市组织宣传统战工作，安排部署

2009年组织宣传统战工作，表彰2006—2008年度全市宣传思想文化工作和统战工作先进单位、个人及2008年度组织工作先进单位。市四套班子领导，各乡镇（街道）党政主要负责人、组织、宣传、统战委员和市直各部门领导参会。

4月2日晚，省海西重点工程巡礼暨慰问活动演出团到建阳市慰问演出。省文化厅厅长宋闽旺、南平市委副书记石建华、南平市副市长何三保及市四套班子领导共同观看演出。

4月2日，葛晓华、符水俊、黄肃等市领导带领市交通局、建设局、水利局等部门负责人到城市建设一线现场办公，协调解决城市建设中遇到的问题。

4月7日，刘山鹰、朱其勇、林贻彬等市领导对建阳市烟基工程建设情况进行调研，并到市烟草局召开学习实践科学发展观调研会。

4月9日，南平市2008年度绩效管理工作情况反馈会在建阳市召开，通报建阳市绩效管理考核情况。2008年，建阳市绩效考评综合成绩位居南平市第三。符水俊、林贻彬等市领导和各相关部门负责人参加反馈会。

4月10日，铁道部专家在南平市委书记雷春美陪同下，到建阳市勘察京福高速铁路建阳段设计方案和站点选址。市委副书记符水俊陪同。

4月16日，省政协副主席陈芸在南平市副市长何三保的陪同下，到建阳市调研“农家书屋”工程建设情况。邱运财、符水俊、崔继军等市领导陪同。

4月17日，省十届人大常委左允甘带领省委学习实践科学发展观第三指导检查组，在南平市委副书记、组织部长周秀光陪同下，到建阳市检查指导学习实践科学发展观活动。葛晓华、符水俊、朱其勇等市领导陪同。

4月20日，葛晓华、符水俊、朱其勇等市领导带领市委农办、市国土局、建设局、水利局等部门负责人，到童游街道南林村召开新农村建设现场办公会，协调解决新村建设中存在问题。

4月21日，市委理论学习中心组举行学习实践科学发展观辅导报告会，邀请南平市委党校副校长、南平市委讲师团团长、教授陶金辉作专题辅导报告。市委理论学习中心组成员，市委学习实践活动领导小组、指导检查组成员，各乡镇（街道）党政主要负责人，市直各部门副科级以上干部和各参学单位党组织负责人参加学习。

4月22日，省政协委员调研团在南平市副市长杨荣郎和南平市政协副主席陈增丰陪同下，到建阳市调研烟草农业机械工作。符水俊、林贻彬等市领导陪同。

4月22日，南平市委学习实践活动第二指导检查组组长、南平市政协副主席黄传尧，到建阳市检查指导深入学习实践科学发展观活动。符水俊、朱其勇等市领导陪同。

4月29日，南平市政协主席车达卫和副主席刘通等到建阳市开展“围绕闽北跃升发展，提高政协参政议政实效”课题调研。葛晓华、邱运财等市领导陪同。

4月29日，全市深入学习实践科学发展观大讨论会议召开。市四套班子领导和各乡镇（街道）、市直各部门党政主要负责人参会。

4月29日，全市2008年度绩效评估暨创业竞赛表彰大会召开，总结建阳市2008年度绩效评估和创业竞赛工作，安排部署2009年工作，表彰2008年度市绩效评估、创业竞赛先进单位、工作者及税收增百万活动先进企业、获省级以上品牌及技术创新项目的企业。市四套班子领导，各乡镇（街道）党政主要负责人、市直各部门领导和受表彰的企业代表参会。

5月6日上午，市委召开常委会议，宣布省委和南平市委关于建阳市委、市政府主要领导调整变动的决定，刘山鹰不再担任建阳市委书记职务，葛晓华任中共建阳市委书记，不再担任建阳市市长职务，袁仁旺任建阳市委副书记，并提名袁仁旺为建阳市人民政府市长候选人。南平市委副书记、组织部部长周秀光，南平市副市长刘山鹰和南平市委组织部常务副部长黄发模到会指导。

5月7日上午，市委深入学习实践科学发展观专题辅导报告会召开，传达南平市委深入学习实践科学发展观第一阶段小结和第二阶段工作部署会议精神，安排部署全市第二阶段学习实践活动工作。市四套班子领导，各乡镇（街道）党政主要负责人，市直机关副科级以上干部和市委学习实践活动指导检查组全体成员参会。

5月9日，泰宁县四套班子到建阳市考察闽北经济开发区、海西林产工贸城和城市基础设施建设情况。葛晓华、袁仁旺、邱运财等市领导陪同。

5月12日，市十四届人大常委会召开第十五次会议，任命袁仁旺为建阳市人民政府副市长、代理市长。葛晓华、袁仁旺、黄肃、朱其勇等市领导，市人大常委会机关副科级以上干部，市政府全体成员，部分乡镇（街道）人大主席、市人大代表，市法院院长和市检察院检察长列席会议。

5月14日，第十二届海峡西岸武夷国际投资洽谈会举行重大项目签约仪式，建阳市共有6个项目参加签约。葛晓华、袁仁旺、黄肃等市领导参加签约仪式。

5月16日，袁仁旺、李宪等市领导到麻沙镇调研工业企业及新农村建设情况。

5月17日，省双拥模范城市检查组在南平市副市长兰斯文陪同下，到建阳市检查考评“双拥”工作。葛晓华、袁仁旺等市领导陪同。

5月18—21日，市委副书记、代市长袁仁旺带领市有关领导，先后到漳墩、水吉、小湖、回龙、将口、徐市等乡镇调研经济社会发展情况。

5月19日，全市2009年村级组织换届选举工作会议召开。符水俊、朱其勇、王国治等市领导，各乡镇（街道）党政主要负责人和市直有关部门负责人参会。

5月20日，建阳市优先发展教育工作暨“双高普九”表彰大会召开，总结建阳市优先发展教育和“双高普九”工作，表彰“双高普九”工作先进集体和先进个人。市四套班子领导，各乡镇（街道）主要负责人、分管教育负责人，市直各部门和市直属学校负责人参加会议。

5月21日，福建省军区司令员王大功在南平市委常委、军分区司令员袁忠浩陪同下，到建阳市检查指导民兵整组工作。符水俊、朱凯等市领导陪同。

5月26日，水吉镇仁山村新村建设工程正式破土动工。袁仁旺、甘秀华、施葛宝等市领导参加开工仪式。

5月27日，市委、市政府与闽北经济开发区管委会召开2009年第二次工作联席会。葛晓华、袁仁旺等市领导和市相关部门负责人参会。

6月2日，南平市委常委、常务副市长张兆民到建阳市调研闽北经济开发区和海西林产工贸城建设情况。葛晓华、袁仁旺等市领导陪同。

6月2日，市委常委会深入学习实践活动专题民主生活会召开，南平市委常委、常务副市长张兆民，南平市委第二指导组组长黄传尧和南平市纪委副书记夏伟到会指导。市人大常委会主任马建东、市政协主席邱运财列席会议。

6月3日，延平区四套班子领导到建阳市参观考察。市四套班子领导陪同。

6月5日，省人大常委会副主任袁锦贵在南平市委书记雷春美和南平市人大常委会副主任张淑云的陪同下，到建阳市调研闽北经济开发区、海西林产工贸城园区建设和建阳市经济运行情况。葛晓华、袁仁旺等市领导陪同。

6月6日，全国人大常委会委员、省人大常委会副主任庄先带领省十一届全国人大代表团，在南平市委书记雷春美和南平市委副书记、组织部部长周秀光陪同下，到建阳市调研闽北经济开发区建设情况。葛晓华、马建东、袁仁旺、符水俊等市领导陪同。

6月6日，建阳市诚信促进会成立大会召开，审议通过《建阳市诚信促进会章程》和《建阳市诚信促进会会费缴纳及管理办法》，选举诚信促进会常务理事、会长、常务副会长、副会长、秘书长等人选。市委书记葛晓华参加成立大会。

6月7日，市委副书记、代市长袁仁旺带领市政府办、旅游局等部门负责人到书坊乡调研经济社会发展情况。

6 月 9 日，省委原副书记、省政协副主席、省老年大学执行校长黄瑞霖在南平市委书记雷春美和南平市副市长陈美琼的陪同下，到建阳市检查指导老年教育工作。葛晓华、袁仁旺等市领导陪同。

6 月 9 日，建阳市信访分析会召开，提出要加强信访工作领导，落实完善领导接访、下访制度，要加大矛盾排查化解力度，抓好信访积案化解工作。葛晓华、袁仁旺等市领导，各乡镇（街道）党（工）委书记，信访工作领导小组成员和各信访责任成员单位负责人参会。

6 月 10 日，市委召开常委（扩大）会议暨学习实践科学发展观调研成果交流会。市四套班子领导，各乡镇（街道）党政主要负责人和各市直各单位负责人参会。

6 月 10 日，市领导袁仁旺、黄肃等带领市交通局、财政局、潭城街道、童游街道等部门、街道负责人，现场考察环城公路建设项目。

6 月 10 日，全市创建省级文明单位工作推进会召开。会议对争创省级文明单位的南平农校、建阳市环保局、市立医院等 34 家单位进行辅导。符水俊、张颖等市领导参会。

6 月 15 日，葛晓华、邹仁满等市领导带领市检察院、国土局、交通局等部门领导到市信访局开展信访接待日活动。

6 月 18 日，省公安厅副厅长、省警察学院党委书记张建生在南平市委常委、公安局局长徐呈虎陪同下，到建阳市开展“海西建设、公安先行”专题调研。符水俊、江志勇等市领导陪同。

6 月 18 日，第七届海峡项目成果交易会举行项目成果对接签约仪式，建阳市共有 6 个项目签约。葛晓华、袁仁旺、黄肃等市领导参加仪式。

6 月 21 日，清华大学副校长郑燕康带领“南平机制”课题调研组专家教授在副省长李川和省委农办主任张立先等领导陪同下，到建阳市调研“南平机制”推行实践情况。葛晓华、袁仁旺、朱其勇等市领导陪同。

6 月 23 日，南平工业经济运行分析调度会暨县（市、区）工业联席会在建阳市召开，南平市副市长刘山鹰到会讲话。葛晓华、袁仁旺、陈仕佳、李宪等市领导参会。

6 月 24 日，省军区副政委、少将王学华在南平军分区政委姚火照的陪同下，到建阳市人武部检查指导深入学习实践科学发展观活动情况。袁仁旺、符水俊、朱凯等市领导陪同。

6 月 24 日，全市村级组织换届选举工作推进会在黄坑镇召开，就更好推进建阳市村级组织换届选举工作做了安排部署。符水俊、朱其勇、林贻彬等市领导，各乡镇（街道）党政主要负责人和市直有关部门负责人参会。

6 月 25 日，市委副书记、代市长袁仁旺到童游街道调研经济社会发展情况。

6 月 26 日，南平市委副书记、组织部部长周秀光到建阳市童游、水吉、潭城等乡镇街道慰问困难党员。袁仁旺、符水俊、朱其勇等市领导陪同。

7 月 1 日，市委书记葛晓华参加南平市庆祝中国共产党建党 88 周年暨闽北四县（市）成功申报中央苏区县大会。

7 月 1 日，中共建阳市委海西林产工贸城工作委员会和纪律检查委员会成立，邹仁满、朱其勇、张绍敏等市领导参加揭牌仪式。

7 月 6 日，江西省上饶市委书记蔡晓明和市长董仚生带领市四套班子领导、上饶市各县（市、区）委书记及有关部门负责人，在南平市委副书记、市委组织部部长周秀光的陪同下，到建阳市参观闽北经济开发区和海西林产工贸城。葛晓华、袁仁旺等市领导陪同。

7 月 7 日，南平市副市长刘山鹰在符水俊、李宪等市领导陪同下，到建阳市武夷味精、青松化工等重点企业调研。

7 月 6—7 日，省人大常委会副主任郑道溪带领省委“四个专题”调研检查组第二组，在南平市龚清概、周秀光、张兆民、魏林钦等市领导陪同下到建阳市调研。葛晓华、袁仁旺等市领导陪同。7 月 8 日，葛晓华、袁仁旺等市领导参加省委“四个专题”调研南平反馈会。

7月9日，市五套班子领导及市直有关部门负责人前往邵武市参观考察城市建设工作。

7月9日，建阳市首届优质茶评选活动结束，全市27家茶叶厂家选送46个样品参加评比，活动共评出金奖6个，银奖14个，优质奖14个。胡宗礼、朱其勇、张颖等市领导参加颁奖。

7月9日，全市维护正常医疗秩序治安专项整治动员会召开，安排部署维护医疗秩序整治行动工作。市委副书记符水俊参会。

7月10日，市委第二季度中心组学习会召开，会议贯彻落实国务院《支持福建省加快建设海峡西岸经济区若干意见》。市五套班子领导、各乡（镇、街道）党政主要负责人、市直部门负责人参加会议。

7月10日，全市烟叶收购暨烟基建设工作会召开，安排部署2009年烟叶收购工作。胡宗礼、朱其勇、苏绍德等市领导参加会议。

7月13日，市委书记葛晓华带领市有关部门领导到漳墩镇调研农业农村工作。

7月15日，市委第四轮下派村党支部书记赴村任职欢送大会召开，欢送55名下派村支部书记赴村任职。市五套班子领导参加欢送会。

7月15日，全市党政班子会议召开，讨论通过《关于扶持重点企业发展政策的通知》和《2009年城市建设第一批重点项目实施计划》。市党政班子领导和市直有关部门负责人参会。

7月18日，闽北经济开发区福建创四方电子有限公司举行企业正式开工剪彩揭牌仪式。国家和省两级发改委、经贸委等部门领导，南平市副市长刘山鹰、南平市政协副主席郭建声，建阳市五套班子领导，市有关部门领导，北京南平商会企业家代表、北京建阳商会企业家代表以及当地企业家代表等参加。

7月20日，南平市副市长刘山鹰带领南平市经贸委、国资委、林业局、工商银行、电业局等部门领导，到建阳市森岚木业、鑫泉木业、六维实业、武夷味精等规模企业及闽北经济开发区现场办公，帮助解决企业发展中困难和闽北经济开发区二三期建设项目供电线路等问题。葛晓华、袁仁旺等市领导陪同。

7月22日，省军区政委李光金在南平市委书记雷春美陪同下到建阳市考察工作。葛晓华、朱凯等市领导陪同。

7月24日，南平市委常委、常务副市长张兆民到建阳市调研城市建设工作。葛晓华、袁仁旺等市领导陪同。

7月25日，福建省留学生同学会人员在南平市委常委、常务副市长张兆民和南平市委统战部部长吴邦才陪同下，到建阳市调研闽北战略发展。袁仁旺、崔继军等市领导陪同。

7月30日，市委书记葛晓华主持召开城市建设重点项目工作会议，听取朱熹大道二期工程建设工作进展情况汇报。市领导朱其勇、张绍敏、苏绍德，市有关部门领导参会。

7月31日，市委议军会议召开。市五套班子领导、市人武部、武警大队、消防大队和预备役部队等驻潭部队负责人参加会议。

8月3日，市委书记葛晓华主持召开城市建设重点项目民主中路拓宽改建工程建设进展工作会议。胡宗礼、张绍敏等市领导，市有关部门领导和民主中路改建领导小组成员参会。

8月4日，市委书记葛晓华、代市长袁仁旺主持召开城市建设重点项目水东片区改造专题会议。陈仕佳、张绍敏等市领导，市有关部门领导和水东片区改造指挥部成员参会。

8月5日，市委十一届十一次全体会议召开，对童游街道、漳墩镇及团市委等部门主要负责人拟任人选进行投票表决。市委全体委员及候补委员参会。

8月7日，市委城市建设重点项目工作会议召开，对LED夜景美化工程、亲水平台景观工程、南入城口绿地改造工程、朱熹大道二期工程等4个2009年城市建设重点项目规划设计方案进行论证。市五套班子领导和有关部门负责人参会。

8月8日，省人大常委会副主任马潞生带领省调研检查组，在南平市委副书记、市委组织部部长周秀光和南平市副市长兰斯文陪同下，到建阳市检查指导贯彻落实省委《关于进一步加强人大工作决定》工作。葛晓华、袁仁旺等市领导陪同。

8月8日，南平市委书记雷春美到建阳市检查防御第八号强台风工作。葛晓华、袁仁旺等市领导陪同。

8月10日，台湾客商林文定带领台湾农业参观考察团，在南平市副市长刘山鹰陪同下，到建阳市考察奶山羊基地建设等农业开发项目。葛晓华、袁仁旺、胡宗礼等市领导陪同。

8月18日，建阳市第五次归侨侨眷代表大会召开。省侨联副主席杨峥嵘、市五套班子领导、兄弟县（市、区）侨联领导、市各条战线归侨侨眷代表参会。

8月19日下午，市委书记葛晓华、市政府代市长袁仁旺主持召开城市建设重点项目工作会议。市党政班子领导、市有关部门领导参会。

8月19日，共青团建阳市第十六次代表大会召开。南平团市委书记邱毅、市五套班子领导、有关部门负责人参会。

8月20日，市委书记葛晓华带领市五套班子领导到宁武高速公路建设有限公司考察。

8月21日，清华大学"南平机制"课题组到建阳市调研下派工作运行情况。市委副书记胡宗礼陪同。

8月28日，卫生部部长陈竺在省委常委、副省长陈桦和南平市委书记雷春美、市委副书记石建华、市政府副市长何三保的陪同下，到建阳市检查指导农村卫生院工作和"光明行动"项目实施情况。市委书记葛晓华陪同。

9月1日，市委第二批深入学习实践科学发展观活动工作总结大会召开，总结第二批深入学习实践科学发展观活动开展情况，安排部署下一步巩固、扩大学习实践活动成果工作。南平市政协副主席、南平市第二指导检查组组长黄传尧，市五套班子领导，副处级以上离退休老同志，各乡（镇、街道）党政主要领导，市委学习实践活动领导小组成员，市直参学单位主要负责人和进行群众满意度测评的代表参会。

9月2日，南平市副市长刘山鹰带领南孚、南纸等南平市10家重点企业负责人到闽北经济开发区和海西林产工贸城实地考察。葛晓华、袁仁旺等市领导和闽北经济开发区管委会主任梅廷旺陪同。

9月4日，省委常委、宣传部部长唐国忠在南平市委书记雷春美和南平市委常委、宣传部部长张建光陪同下，到建阳市检查指导历史文化保护工作。葛晓华、张颖等市领导陪同。

9月4日，台湾必高畅生物科技公司总经理刘启良带领美国维特立农牧生物科技公司技术总监陈茂松及泉州福泉公司董事长、泉州台商协会副会长庄绍生等，在南平市副市长刘山鹰陪同下，到建阳市考察闽台农业合作项目。葛晓华、袁仁旺、胡宗礼、施葛宝等市领导陪同。

9月7—8日，市委书记葛晓华率市领导和有关部门到厦门参加第13届中国国际投资贸易洽谈会。

9月11日，受国家发改委委托，中资公司专家组30人，到建阳市对京福高速铁路武夷山东站站场做现场勘验。葛晓华、袁仁旺等市领导和有关部门负责人陪同。

9月14日，国家土地督察上海局副专员张先余带领督查组到建阳市进行土地2009年例行督查。葛晓华、袁仁旺等市领导陪同。

9月16日，省政府安办主任、安监局局长陈炎生带领省安委会督查组到建阳市督查指导国庆、中秋两节节前安全生产工作。葛晓华、袁仁旺等市领导陪同。

9月17日，副省长叶双瑜带领省财政厅、外经贸厅等部门领导在南平市副市长林钟乐陪同下，到建阳市考察闽北经济开发区建设和建阳工业企业生产情况。葛晓华、袁仁旺等市领导陪同。

9月17日下午，市委书记葛晓华、市政府代市长袁仁旺主持召开市党政班子会议，听取市医患纠纷调处中心建设、重点工业企业和城市建设重点项目工作汇报。市党政班子领导、市有关部门领导参会。

9月21日，市委召开第三批深入学习实践科学发展观活动动员会，安排部署第三批深入学习实践科学发展观活动工作。南平市委第三巡回检查组组长李世章，市五套班子领导，市第三批参学单位负责人及有关人员参会。

9月22日，市委副书记胡宗礼带领市建设局、规划局等部门负责人和水东片区改造、民主北路改造项目办公室人员到建瓯市学习城市规划建设经验。

9月28日，市委召开常委扩大会议，传达学习中共党的十七届四中全会精神和省委、南平市委常委扩大会议精神。市五套班子领导、副处级以上离退休老同志、各乡（镇、街道）党政主要领导、市直各有关部门负责人参会。

9月28日，市委书记葛晓华、市政府代市长袁仁旺主持召开专题会议，听取关于全市违法使用林地处理工作情况汇报。市党政班子领导和市有关部门领导参会。

10月19日，由全国政协常委、国家电监会原主席、党组书记柴松岳任组长的中央深入学习实践科学发展观活动第五巡回检查组在省委组织部副部长、省委学习实践办副主任陈向先，南平市市长龚清概，市委副书记、组织部部长周秀光等领导的陪同下，到建阳市检查指导学习实践活动开展情况。袁仁旺、朱其勇等市领导陪同。

10月23日，省人大食品安全监管工作专题调研组到建阳市调研食品安全工作。代市长袁仁旺、市人大常委会主任马建东等领导陪同。

10月26日，全市2010年烟叶生产计划工作会召开，回顾总结2009年烟叶生产情况，安排部署2010年烟叶生产工作。胡宗礼、朱其勇、施曷宝等市领导参会。

10月27日，国家林业局总工程师卓榕生、国家林业局保护司司长张希武、国家林业局自然保护处处长李忠等，在南平市林业局领导等市领导陪同下，到徐市镇调研四宝蛇类驯养有限公司发展情况。胡宗礼、吴远彬等市领导陪同。

10月27—28日，建阳市举办为期2天的新一届村党组织书记培训班，共有190名村党组织书记参加培训。葛晓华、朱其勇等市领导参加开班仪式。

10月29日，市委书记葛晓华主持召开市党政班子会议，研究建阳市社会主义新农村中心村镇建设和廉租房建设工作。

10月30日，市委书记葛晓华主持召开市委常委会议，专题研究全市党风廉政建设和反腐败工作。

10月30日，省烟草公司副总经理林则森带领省公司烟叶处、烟科所等部门人员在南平市烟草公司领导陪同下，到建阳市调研烟叶生产、烟基建设及现代烟草农业建设等工作。市委副书记胡宗礼陪同。

11月5日，市委副书记、代市长袁仁旺到童游征迁办调研闽北产业集中区征地拆迁工作。闽北经济开发区管委会主任梅廷旺和建阳市政府副调研员、闽北经济开发区管委会副主任苏绍德参加调研。

11月10日，建阳市庆祝第十个中国记者节表彰大会召开，葛晓华、张颖、刘寒、杨志平等市领导及市新闻媒体工作者代表参会。

11月12日，市委第三批深入学习实践科学发展观活动转段工作会议召开，总结第一阶段学习调研情况，安排部署第二阶段分析检查工作。南平市第三巡回检查组组长李世章、建阳市委副书记胡宗礼参会。

11月17日，省委督查调研组到建阳市，专题督查调研建阳市贯彻落实《国务院关于支持福建省加快建设海峡西岸经济区的若干意见》和省委八届六次全会精神情况。胡宗礼、林贻彬等市领导陪同。

11月17日，南平市落实党风廉政建设责任制暨构建惩防体系工作考评组到建阳市考评。葛晓华、陈仕佳等市领导及市反腐败协调领导小组成员参加汇报会。

11月25日，建阳市纪念关心下一代工作委员会成立20周年暨“双先”（先进集体、先进个人）表彰大会召开，总结市2009年工作，表彰一批先进单位和先进个人。葛晓华、马建东、邱运财等市领导参会。

11月26日，全市社会主义新农村中心村镇建设流动现场会召开，总结经验，树立典型，安排部署中心村镇建设各项工作。葛晓华、袁仁旺、胡宗礼等市领导和各乡（镇、街道）党政主要领导，市直有关单位负责人参会。

12月3日，建阳市举办欢迎会庆祝丁建军获得世界举重冠军，市委书记葛晓华等领导参加并为丁建军颁发奖金。

12月4日，省水利厅厅长杨志英带领省水利专家在南平市副市长杨荣郎陪同下，到建阳市检查中央扩大内需新增投资水利项目进展情况。袁仁旺、胡宗礼、施曷宝等市领导陪同。

12月6日，省委农办主任张立先在南平市副市长杨荣郎陪同下，到麻沙镇长坪村调研社会主义新农村中心村建设工作。胡宗礼、施曷宝等市领导陪同。

12 月 8 日，省委学习实践活动第三巡回检查组江祥钦组长等到建阳市检查指导第三批学习实践科学发展观活动开展情况。葛晓华、朱其勇等市领导陪同。

12 月 9 日，市委书记葛晓华主持召开市党政班子会议，研究毛巾厂地块规划、胜德大酒店西侧山坡遗留问题、“惠民花苑”首期廉租房保障实施方案等工作。

12 月 10 日，全市打击电鱼违法犯罪活动专项行动动员会召开。胡宗礼、施曷宝等市领导，各乡（镇、街道）分管领导、市直有关单位负责人等参会。

12 月 27 号，中国农工民主党建阳市委员会召开第三次党员大会。胡宗礼、邹仁满等市领导，南平、建阳及各兄弟党派、工商联代表应邀参会。

12 月 28 号，省军区参谋长施中苏少将等到建阳市检查指导武装工作。袁仁旺、朱凯等市领导陪同。

12 月 28 日，闽北产业集中区基础设施项目、入园企业竣工、投产、动工庆典仪式举行。南平市、建阳市领导及有关部门人员参加。

12 月 30—31 日，市十四届人民代表大会第四次会议召开，选举袁仁旺为建阳市人民政府市长。市五套班子领导参加开幕式。

12 月 31 日，民盟建阳市第三次盟员大会召开。邹仁满、刘寒、杨志平等市领导及省、南平市民盟主委应邀参加会议。

2010 年

1 月 5 日，闽北新兴发展区域工作专题协调会在建阳市召开，张兆民、吴荣才、魏林钦、林景华等南平市领导，葛晓华、袁仁旺等建阳市领导及闽北产业集中区、建阳机场办、高铁办、将口镇主要负责人参会。

1 月 12 日，雷春美、陈杰、刘山鹰等南平市领导到建阳调研闽北产业开发区建设和社区工作，葛晓华、袁仁旺等市领导陪同。

1 月 14 日，省委书记孙春兰，省委常委、秘书长杨岳等领导在南平市委书记雷春美、市长龚清概陪同下到建阳市调研新兴中心城市建设和社区建设工作。调研中，孙春兰强调，要深入贯彻落实科学发展观，发挥闽北生态优势、资源优势，进一步解放思想、抓住机遇、扎实工作，推进经济社会又好又快发展。葛晓华、袁仁旺等市领导陪同。

1 月 18 日，市委书记葛晓华主持召开市委常委会，贯彻全省公安局长会议精神，研究市委常委分工和当前工作。

2 月 2 日，市委十一届十二次全体扩大会议召开，传达贯彻中共党的十七届四中全会和省委八届七次全会、南平市委三届七次全会精神，审议通过 2009 年市委常委会工作报告，听取市委使用干部“一报告两评议”工作开展情况，并投票表决麻沙镇党委书记、市安监局局长拟任人选和莒口镇人民政府镇长候选人推荐人选。

2 月 11 日，袁仁旺、张行书、李宪等市领导带领经贸、安监、交通、质监、交警、消防等单位负责人到火车站、汽车站、森岚木业、武夷味精、洪尾渡口、春运路检站等重点单位、企业，检查安全生产工作。

2 月 23 日，省烟草局、南平市烟草局领导在胡宗礼、施曷宝等市领导陪同下，对建阳市现代烟草农业整县推进工作进行调研。

3 月 2 日，全市深入学习实践科学发展观活动总结大会召开，对第二批、第三批学习实践活动进行全面总结。南平市委第三巡回检查组副组长潘毅刚，朱其勇、丁贵生等市领导参会。

3 月 4 日，省委编办主任陈海基等在南平市副市长何三保陪同下，到闽北经济开发区和南平农校开展调研。袁仁旺、林贻彬等市领导陪同。

3 月 7 日，南平市委雷春美书记、市政府杨荣郎副市长到建阳市指导抗灾工作，并陪同省委农办主任张立先到将口镇调研小城镇综合改革试点工作。袁仁旺、胡宗礼、施曷宝等市领导陪同。

3 月 11 日，省供销社主任陈则生到建阳市察看春耕化肥供应情况。市长袁仁旺陪同。

3 月 11—17 日，朱其勇、张绍敏等市领导带领市财政局、规划局和国土局领导到福州、重庆等地考察学习城市建设项目开发经验。

3 月 16 日，南平市政协副主席郭建声带领农村工作调研组到建阳市调研。袁仁旺、胡宗礼、林贻彬等市领导陪同。

3 月 17 日，市委书记葛晓华主持召开市委常委会，传达贯彻省、南平市会议精神，研究全市党风廉政建设和反腐败工作、政法和信访工作、宣传思想工作、组织工作、精神文明建设工作、农业农村工作、统一战线和对台工作。

3 月 17 日，全市政法暨信访工作会议召开，传达全国、全省、南平市政法工作会议精神，回顾 2009 年工作，分析当前形势，安排部署 2010 年工作。葛晓华、袁仁旺等市五套班子领导参会。

3 月 18 日，全市党建工作暨精神文明建设表彰大会和全市农村工作会议召开，传达贯彻上级会议精神，总结 2009 年工作，安排部署 2010 年工作。市五套班子领导参会。

3 月 24 日，建阳市十一届纪律检查委员会第七次全体会议召开。总结 2009 年全市纪检工作，安排部署 2010 年纪检工作，下发 2010 年党风廉政建设责任书。市五套班子领导参会。

3 月 24 日，市委书记葛晓华主持召开乡（镇、街道）党政主要领导述职述廉报告会。市五套班子有关领导参会。

3 月 25 日，市计划生育服务中心正式揭牌启用。南平计生局领导，葛晓华、袁仁旺、马建东、邱运财等市领导参加。

3 月 25 日，全市推进现代烟草农业工作会议召开，全面安排部署 2010 年全市推进现代烟草农业建设工作。南平市烟草局局长黄学良，建阳市领导葛晓华、袁仁旺、胡宗礼、施曷宝等参加会议。

3 月 25 日，市委书记葛晓华主持召开市党政班子会议，研究创业竞赛绩效管理、为民办实事工作。

3 月 29 日，市委十一届十三次全体委员会议召开，对漳墩镇党委书记、回龙乡党委书记及市统计局、劳动和社会保障局、招商局等部门主要领导拟任人选进行票决。

3 月 31 日下午，全市维稳暨学校与周边治安环境专项整治工作会议召开。胡宗礼、陈仕佳、张颖、许诚等市领导参会。

4 月 1 日，全市创业竞赛暨绩效管理表彰动员会议召开，总结 2009 年度创业竞赛绩效考评工作，安排部署 2010 工作任务。市四套班子领导，各乡（镇、街道）党政主要领导、市直单位负责人及部分企业代表参会。

4 月 8 日，葛晓华、袁任旺、朱其勇等市领导带领市人大、政协、市委办、政府办及建设局、规划局、供电公司等部门负责人调研城市建设情况。

4 月 9 日，全市机关党建工作会议召开，总结 2009 年市机关党建工作，部署安排 2010 年工作，并颁发党建工作责任书。市委副书记、市党工委第一书记朱其勇，各市直机关党委负责人参会。

4 月 13 日，南平市精神文明建设工作经验交流会在建阳市召开。南平市文明办主任郑用清，建阳市委副书记朱其勇，市委常委、宣传部部长张颖及南平各县（市、区）文明办主任参会。

4 月 13 日，市委书记葛晓华主持召开市党政班子会议，研究印象考亭、中央苏区纪念园、金茂商业广场、潭山公园各专类园建设项目规划和京福高速铁路建阳段征地及房屋拆迁补偿方案等工作。

4 月 14 日，市长袁仁旺带领市政府办、农业局等部门领导到莒口镇调研农村农业工作。

4 月 28 日，建阳市土地收储现场办公会议召开，研究解决城区 18 个地块的土地收储准备工作。葛晓华、袁仁旺等市领导及各相关部门负责人参会。

4 月 28 日，建阳市开展捐款支援青海玉树地震灾区人民重建家园活动，下午募集捐款 2.01 万元，献给灾区人民。市四套班子领导，各乡（镇、街道）党政主要领导，市直机关副科级以上领导干部参加活动。

4 月 30 日，市委书记葛晓华主持召开市党政班子会议，研究计划生育、信访、安全生产考评和城市建设项目、廉政制度建设等工作。

5 月 10 日，市公安局首批“福建省公安民警荣誉章”颁发仪式举行，胡宗礼、许诚、崔继军等市领导参加仪式，并为首批获“福建省公安民警荣誉章”的 60 位民警颁发荣誉章和证书。

5 月 14 日，南平市副市长杨荣郎到徐市镇检查指导农业“五新”（新品种、新技术、新肥料、新农药、新机具）工作。胡宗礼、施曷宝等市领导陪同。

5 月 15 日，南平市委书记雷春美等领导到建阳市考察防汛工作。葛晓华、袁仁旺等市领导陪同。

5 月 15 日，省纪委常委沈山煌带领督查组在南平市委常委、政法委书记胡祖林陪同下，到建阳市检查指导综治和信访工作。葛晓华、胡宗礼、陈仕佳、丁贵生等市领导陪同。

5 月 15 日，南平市委副书记石建华到市人口和计划生育服务中心调研。葛晓华、袁仁旺、张颖、刘寒陪同。

5 月 18 日，建阳市遭受雷电、暴雨、冰雹灾害性天气袭击，将口、水吉、童游、回龙、漳墩、莒口、崇雒等 7 个乡镇受灾。葛晓华、袁仁旺等市领导带领相关部门负责人紧急赶往将口镇芦口村、西岸村等重灾地区，指导抗灾自救工作。

5 月 20 日，裴金佳、张兆民等南平市领导带领南平市有关部门领导到建阳市考察农业、工业和城市建设情况。葛晓华、袁仁旺等市领导陪同。

5 月 21 日，国家重点建设项目——京福高速铁路建阳段童游境内控制性工程“芦岭隧道”正式开工建设。南平市副市长兰斯文，建阳市袁仁旺、林贻彬等市领导及相关部门领导参加开工仪式。

5 月 21 日，南平市副市长兰斯文在袁仁旺、胡宗礼、许诚、刘寒等市领导陪同下，到市计生局流动人口服务管理站检查指导工作。

5 月 22 日晚，建阳市普降暴雨，河水水位猛涨，部分乡镇超过保证水位。葛晓华、袁仁旺、胡宗礼等市领导及各相关部门负责人连夜紧急部署防汛工作。

5 月 26 日，全国 10 县（市、区、旗）政协联谊会第四次会议在建阳市召开。南平市政协副主席王易风，建阳市葛晓华、邱运财、胡宗礼、林贻彬等市领导参会。

5 月 27 日，建阳市非正常进京上访和非法传销重点整治工作会议召开。胡宗礼、陈仕佳、许诚等市领导，各乡（镇、街道）、市直有关部门负责人参会。

5 月 27 日，市委书记葛晓华主持召开市党政班子会议，研究城市重点项目建设和党风廉政建设工作。

5 月 28 日，葛晓华、袁仁旺等市领导带领市委办、市财政局、教育局、广电局等部门负责人到实验幼儿园门前现场办公，解决实验幼儿园安全通道隐患问题。

6 月 4 日，市长袁仁旺带领市政府办、经贸局等部门负责人到麻沙镇调研乡镇企业生产和集镇建设。

6 月 5 日，省委组织部副部长、省公务员局局长丛远东带领省人才工作调研组，在周秀光、张兆民等南平市领导陪同下，到闽北经济开发区调研人才队伍建设、人才载体平台建设、人才对转变经济发展方式等工作。市委书记葛晓华陪同。

6 月 10 日，南平市委常委、常务副市长张兆民带领有关部门负责人到闽北经济开发区调研武夷新区综合交通枢纽将口片区交通衔接规划研究情况。葛晓华、袁仁旺、林贻彬等市领导陪同。

6 月 13 日，全市社会治安综合治理和维护社会稳定重点工作推进会召开，部署安排下阶段重点工作。胡宗礼、陈仕佳、许诚等市领导，市直各有关部门负责人，各乡（镇、街道）分管综治工作领导参会。

6 月 15 日，南平市副市长刘山鹰到建阳市检查指导防汛工作。市长袁仁旺和市有关部门负责人陪同。

6 月 19 日，建阳市普降暴雨，河水猛涨，下午 4:00 位于童游街道水东村部分村民房屋被淹，沿河一线群众生命财产安全面临严重威胁。葛晓华、胡宗礼、许诚、刘柏涛现场指挥转移受灾群众。组织参加南平市防汛工作电视电话会议，听取南平市委书记雷春美传达省防汛指挥部相关通知，安排部署下一阶段工作。市四套班子领导和市直各有关单位负责人参会。6 月 19 日，驻军某部队到建阳市参加抗洪抢险。

6 月 20 日，福建省军区司令员、少将汪庆广专程赶到建阳市，看望慰问奋战在抗洪抢险一线的官兵。

葛晓华、袁仁旺等市领导陪同。

6 月 20 日晚九点，副省长叶双瑜特意通过视频电话向建阳市委书记葛晓华转达省委、省政府对建阳灾区干部群众问候和关怀，指导建阳市当前抗灾救灾工作。同日，市委书记葛晓华主持召开全市防汛工作电视电话会议，听取建阳市各乡镇街道抗灾救灾工作最新情况，安排部署下一阶段工作。

6 月 22 日，副省长叶双瑜在雷春美、刘山鹰等南平市领导陪同下，到建阳市查看受灾点，看望受灾群众，慰问奋战在抗洪抢险一线部队官兵、公安民警、民兵预备役人员和干部群众，指导当前抗洪救灾工作。葛晓华、袁仁旺、许诚等市领导陪同。

6 月 24 日，省民政厅副厅长、省老龄办常务副主任林守钦，到将口镇芹口村、横塘固县、白帝园自然村，看望慰问受灾群众。市长袁仁旺等领导陪同。

6 月 24 日，省卫生厅厅长杨平带领省卫生厅疾病控制处工作人员到建阳市指导“6・20”灾后卫生防疫工作。

6 月 25 日，省军区某部队向受灾的建阳二中捐款 10 万元，并结对帮扶五名受灾的贫困学生。海防 12 师政委单秀华、副政委李兴义，葛晓华、袁仁旺等市领导及救灾部队官兵、教师代表参加捐赠仪式。

6 月 26 日上午，全市灾后恢复生产重建家园工作会议召开。分析本市洪灾灾情，安排部署下一阶段工作并组织开展为抗击“6・20”特大洪灾献爱心捐赠活动。市四套班子领导和市直有关单位负责人参会。

6 月 27 日晚，南平市防汛工作电视电话会议召开，传达中央领导习近平、回良玉作出的关于抗洪救灾重要批示、指示精神和副省长陈桦到南平指导抗灾救灾工作和卫生防疫工作的讲话精神，并安排部署下一阶段工作，建阳市组织市四套班子领导和各有关负责人参会。

6 月 29 日，南平市代市长裴金佳到建阳市将口、童游等受灾严重区，指导抗灾自救工作。葛晓华、袁仁旺等市领导及有关人员陪同。

7 月 1 日，南平市委常委、常务副市长张兆民到童游街道新村村、将口镇芹口村、闽北产业集中区察看灾情，指导灾后重建工作。葛晓华、袁仁旺等市领导陪同。

7 月 1 日，市委十一届十四次全委会召开，对徐市镇党委书记、农业局党委书记、建设局党委书记拟任人选以及徐市镇镇长、漳墩镇镇长、回龙乡乡长推荐人选进行票决。十一届市委委员、候补委员参会。

7 月 7 日，厦门市委常委、海沧区委书记钟兴国率领区四套班子领导及区财政局、建设局、发改委等部门人员到建阳市考察灾情，对接灾后重建对口帮扶工作。南平市委常委、市政府党组成员周威榕，建阳市葛晓华、袁仁旺等市领导陪同。

7 月 9 日，省长黄小晶在雷春美、裴金佳等南平市领导陪同下到建阳市将口镇芹口村看望慰问一线干部群众和受灾村民，检查指导恢复生产灾后重建工作。葛晓华、袁仁旺等市领导陪同。

7 月 9 日，厦门市委常委、常务副市长丁国炎带领厦门规划局、设计院、建设局等部门负责人在南平市委书记雷春美、建阳市委书记葛晓华、市长袁仁旺等领导的陪同下，到建阳市将口镇横塘村固县自然村，查看重建选址，规划新村建设。

7 月 9 日，市委书记葛晓华主持召开市党政班子会议，研究城市棚户区改造、城市建设项目和农村住房灾后重建等工作。

7 月 16 日，南平市委常委、常务副市长张兆民到建阳市调研灾后重建点选址、规划等重建家园准备工作。袁仁旺、林贻彬等市领导陪同。

7 月 17 日，建阳市在将口镇固县村举行厦门海沧区对口援助建阳灾后重建项目启动暨固县灾后集中重建点开工仪式。南平市副市长刘山鹰，厦门市海沧区副区长叶莎莉，建阳市葛晓华、袁仁旺、马建东、邱运财等市领导参加仪式。

7 月 24 日，厦门海沧台商代表团在海沧区委副书记郑岳林带领下，到建阳市将口镇横塘村固县、白地园慰问受灾群众、了解灾后重建工作情况。

7 月 25 日，南平市副市长杨荣郎带领南平市农办、农业局、林业局、水利局、国土局及南平市灾后恢复生产办、重建家园办相关部门人员到建阳市调研灾后恢复生产及重建家园工作。胡宗礼、施曷宝等市领导陪同。

7月30日，市政府和南平市农业银行举行“将口小城镇综合改革建设试点银镇共建签约仪式”。葛晓华、袁仁旺，林贻彬、李宪等市领导及南平农业银行行长林仕希参加仪式。

8月2日，市委书记葛晓华主持召开市委议军会议，听取市人武部、驻军某部队2009年工作情况和2010年工作计划汇报，研究议定有关事宜。

8月4日，市委书记葛晓华主持召开市党政班子会议，研究西区生态城土地开发整治、考亭AAAA级旅游景区建设、农村灾后重建、汽车站搬迁及汽车4S店项目建设等工作。

8月5日，副省长洪捷序带领省直有关部门负责人，在裴金佳、张兆民、吴荣才等南平市领导陪同下，到建阳市调研垃圾焚烧处理厂及保障性住房建设等工作。葛晓华、袁仁旺等市领导陪同。

8月6日，建阳市政府与重庆市裕升房地产开发有限公司举行签约仪式，签署建阳市西区生态城土地整治开发项目协议。葛晓华、袁仁旺、马建东、邱运财、朱其勇等市领导，重庆裕升房地产开发有限公司董事长王命光、常务副总经理吕明、福建省汇峰林业发展有限公司执行董事林建安参加仪式。

8月9日，南平市代市长裴金佳到建阳市指导灾后重建工作。葛晓华、袁仁旺、胡宗礼等市领导陪同。

8月10日，市委十一届十五次全会召开，传达贯彻省委八届九次全会和南平市委三届八次全会精神，审议通过《中共建阳市委贯彻〈中共福建省委关于进一步贯彻落实胡锦涛总书记来闽考察重要讲话精神推动福建跨越发展的若干意见〉的实施意见》。

8月11日，省政协副主席、省工商联主席李祖可带领省政协县级医院建设情况考察团，在南平市政协副主席黄传尧陪同下，到建阳市考察。袁仁旺、邱运财、崔继军、刘寒等市领导陪同。

8月12日，全市恢复生产重建家园工作培训会召开，学习农村住房灾后重建相关政策，部署加快灾后恢复生产重建家园工作。胡宗礼、施曷宝等市领导参会。

8月18日，南平市政协副主席陈少妹到建阳市调研灾后重建工作。胡宗礼、刘淑妹等市领导陪同。

8月19日，市委书记葛晓华主持召开市党政班子会议，传达南平市党政代表团到厦门考察学习情况，听取城市建设重点项目进展情况和考亭旅游景区规划情况汇报，研究议定有关事宜。

8月20日，建阳市人民路道路改造竣工通车仪式举行。市四套班子领导参加通车剪彩仪式。

8月20日，闽北首家非公企业党员教育培训基地——建阳非公企业党员教育培训基地在建阳龙翔科技开发公司成立。南平市委组织部副部长卢善士，建阳市朱其勇、丁贵生等市领导及各县（市、区）组织部组织科长和建阳非公企业党组织参加基地成立揭牌仪式。

8月23日，省检察院检察长倪英达到建阳市检察院考察工作。葛晓华、袁仁旺、胡宗礼等市领导陪同。

8月26日，全市教育“两项督导”迎接省级评估工作动员大会召开，总结2009年以来办市教育“两项督导”工作成效，分析存在的问题和差距，安排部署下一阶段工作。朱其勇、张颖、刘柏涛、刘寒、杨志平等市领导参会。

8月27日，全市实施推进农民增收“八大工程”暨秋冬农业生产工作会议召开。胡宗礼、丁贵生、施曷宝等市领导，各乡（镇、街道）分管领导，市农村工作领导小组成员单位负责人等参会。

8月31日，省人力资源和社会保障厅厅长钟维平到建阳市调研劳动就业和社会保障工作。袁仁旺、李宪等市领导及相关部门负责人陪同。

8月31日，省烟草局副总经理林则森到建阳市检查现代烟草农业生产，指导烟叶基地单元建设。胡宗礼、施曷宝等市领导陪同。

8月31日，中央党史研究室原副主任石仲泉到建阳市调研党史工作情况。市委副书记朱其勇陪同。

9月2日，国家女排原主教练、福建省体育局副局长陈忠和，在南平市政府副秘书长李录、体育局局长陆旭光陪同下，到建阳市调研督察青少年校外体育活动中心项目建设情况。袁仁旺、张颖、刘寒等市领导陪同。

9月2日，市委书记葛晓华主持召开市委常委会党风廉政建设和反腐倡廉形势分析主题会议，研究全市党风廉政建设和反腐败工作。

9月3日，南平市委常委、政法委书记胡祖林等到建阳市调研涉法涉诉信访积案化解工作。葛晓华、胡宗礼、陈仕佳、许诚等领导和有关部门负责人陪同。

9月7日，武夷新区开发建设金融合作座谈会在建阳市召开，会议邀请国家开发银行福建省分行、农发行福建省分行、区内银行机构、区外资信机构代表参加，对武夷新区构建新经济平台提出举措。南平市委常委、常务副市长张兆民，建阳市市长袁仁旺、闽北经济开发区管委会主任梅廷旺等参会。

9月7日，胡宗礼、朱凯等市领导及各有关部门负责人到漳墩镇凤凰村，对建阳市灾后分散重建首户迁入新居的倒房受灾户游梦清表示祝贺。

9月8日，市委书记葛晓华带领市组团参加第十四届厦门“9·8”国际投资贸易洽谈会。

9月9日，厦门建阳商会第一届第二次会员大会召开。葛晓华、袁仁旺、马建东等市领导及市直有关部门领导参会。

9月10日，河南省周口市委书记毛超峰带领各县委书记、县长及相关部门领导，在雷春美、石建华等南平市领导陪同下，到建阳市调研考察农村基层党组织建设工作。胡宗礼、丁贵生、施曷宝等市领导陪同。

9月12日，最高人民法院副院长江必新在省高级人民法院院长马新岚、南平中级人民法院院长林晓华陪同下，到建阳市考察。葛晓华、胡宗礼等市领导陪同。

9月14日，南平市委常委、常务副市长张兆民到建阳市将口镇芹口村集中重建点调研。葛晓华、袁仁旺、林贻彬等市领导陪同。

9月16日，市委理论学习中心组第三季度（扩大）学习会举办，邀请省委党校党建教研部主任李新生教授作《贯彻实施〈廉政准则〉加快推进反腐倡廉建设》辅导报告。市四套班子领导，各乡（镇、街道）党政主要领导、市直各单位副科级干部等参会。

9月16日，市委常委会召开扩大会议，传达贯彻国家副主席习近平到福建省考察时的重要讲话精神和省委、南平市委常委扩大会议精神。市四套班子领导，各乡（镇、街道）党政主要领导，市直各单位副科级干部等参会。

9月17日，建阳市科学技术协会第六次代表大会召开，总结5年来全市科协工作成就，部署今后工作。葛晓华、袁仁旺、马建东、朱其勇、陈仕佳、丁贵生、朱凯等市领导及有关部门领导出席会议。

9月19日，南平市委书记雷春美到建阳市检查指导农村灾后集中重建点工作。葛晓华、袁仁旺等市领导陪同。

9月19日，南平市委书记雷春美带领南平市农办、规划局、建设局等部门领导到水吉镇调研小城镇综合改革建设工作。葛晓华、袁仁旺等领导陪同。

9月19号，石建华、何三保等南平市领导带领参加南平市人口和计划生育工作形势分析会的全体人员，到建阳市参观人口与计生服务中心，学习服务中心整合计生资源，服务育龄群众经验。朱其勇、张颖、刘寒等领导陪同。

9月21日，南平市新四军研究会2010年年会在建阳市召开，朱其勇、邱建荣等市领导和来自闽北各地的新四军老战士、专家学者参会。

9月27日，雷春美、裴金佳等南平市领导到建阳市检查创先争优、实施“五大战役”推动经济社会发展等工作。市四套班子领导陪同。

9月28日，福建和泉生物科技二期项目正式动工建设。雷春美、裴金佳等南平市领导及建阳市四套班子领导参加仪式。

9月30日，市委在童游陈顺昌故居中共建阳第一党支部纪念碑落成揭幕仪式举行。朱其勇、丁贵生等市领导参加。

10月10日，建阳市茶叶协会成立，并举办第二届“丘苑杯”茶王赛。建阳春园盛云雾茶厂、武夷丘苑、武杨茶业3家企业选送的茶分别摘得红茶、品种茶和水仙茶茶王桂冠。省农业厅副厅长姜绍丰，南平市农业局局长叶宗辉，建阳市袁仁旺、邱运财等市领导参会并为获奖企业颁奖。

10月12日，省委灾后重建巡视组在厦门市委副书记黄杰成、南平市委副书记石建华陪同下，到建阳市检查厦门援建项目建设情况。市委书记葛晓华陪同。

10月13日，南平市市长裴金佳带领规划局等有关部门人员到建阳市调研西区生态城规划建设工作。市委书记葛晓华陪同。

10月14日，市行政服务中心正式挂牌投入运行。葛晓华、袁仁旺等市领导及各个行政部门主要负责人参加中心揭牌仪式。

10月14日，新华社福建分社副社长杨廷建到建阳市采访建阳主动对接武夷新区建设，推动建阳经济发展和为民办事全程代理服务工作。市委书记葛晓华接受采访。

10月16—18日，建阳市2次召开西区生态城控制性详细规划设计技术评审会。市领导，南平市有关专家及市建设局、规划局、国土局等部门领导参会。10月18日，市委书记葛晓华主持召开市党政班子会议，听取4个设计单位关于西区生态城控制性详细规划设计方案汇报和评审专家组意见，研究议定有关事项。

10月19日，市委书记葛晓华主持召开市党政班子会议，传达贯彻全省、南平市综治工作会议和全省综治基层基础暨“三支队伍”建设现场推进会、全省社区矫正工作电视电话会议精神，研究全市综治维稳工作。

10月19日，葛晓华、袁仁旺、朱其勇等市领导带领有关部门负责人调研社区工作，并召开社区工作调研座谈会。潭城、童游街道负责人及城区16个社区支部书记、主任参加座谈会。

10月23日，建阳市在黄坑朱子墓举行朱子林文公祠奠基开工仪式，南平市政协副主席郭建声，建阳市袁仁旺、朱其勇、刘寒等市领导以及海内外朱子后裔代表参加仪式。

11月3日，雷春美、裴金佳、张兆民、何三保等南平市领导到建阳市调研闽北卫校新校区建设、将口镇芦口村灾后重建情况。葛晓华、袁仁旺等市领导陪同。

11月4日，全市社会治安综合治理工作会议召开，安排部署下阶段全市社会治安综合治理工作。袁仁旺、邱运财、胡宗礼、陈仕佳等市领导参会。

11月4日，全市烟叶生产工作会议召开，回顾总结2010年烟叶生产工作，安排部署2011年烟叶生产工作任务。葛晓华、袁仁旺等市领导，各乡（镇、街道）党政主要领导及各涉农部门负责人参会。

11月5日，南平市政协副主席陈少妹到童游街道新村检查指导灾后重建工作。胡宗礼、陈宗财等市领导陪同。

11月15日，市委书记葛晓华主持召开市党政班子会议，研究机构改革、崇阳溪水景工程、水南多宝塔修复等工作。

11月17日，全市今冬明春造林工作会议召开，传达全省林业局局长会议精神，安排部署建阳市今冬明春造林绿化工作。胡宗礼、施曷宝、蓝贺胜等市领导，各乡（镇、街道）分管领导和林业站站长等参会。

11月18日，市立医院新病房大楼和南平农校职教中心大楼正式动工。葛晓华、袁仁旺、邱运财等市领导参加奠基仪式。

11月18日，中共十七届中央委员、全国人大常委会内司委副主任委员吴双战等，在省、南平市人大常委会领导陪同下到建阳市调研“五五”普法和《中华人民共和国禁毒法》实施情况。马建东、胡宗礼等市领导和有关部门、部分省市人大代表参加座谈。

11月19日，裴金佳、张兆民、吴荣才等南平市领导带领环保局、建设局等有关部门领导到建阳市调研“三县市”联盟垃圾焚烧发电厂建设情况。葛晓华、张绍敏等市领导陪同。

11月19日，闽北经济开发区8个项目开工建设，张兆民、刘山鹰等南平市领导，建阳市葛晓华、马建东、邱运财等市领导和闽北经济开发区管委会主任梅廷旺及南平、建阳市直部门领导参加开工仪式。

11月19日，南平市政府与福建省交通集团有限责任公司在建阳签署战略合作协议。南平市委常委、常务副市长张兆民，福建省交通集团有限公司董事长刘小健，建阳市委书记葛晓华，闽北产业集中区管委会主任梅廷旺以及省交通集团各直属子公司领导，南平市、建阳市直各有关部门领导出席仪式。

11月22日，南平市人口计生工作年度考核组在南平市委副书记石建华等领导带领下，到建阳市考核2010年人口计生工作。葛晓华、袁仁旺、朱其勇、张颖等市领导及市直有关部门领导参加汇报会。

11月23日，南平市综治责任制考评组对建阳市乡（镇、街道）和有关单位党政领导社会治安综合治理责任落实情况进行检查。葛晓华、袁仁旺、胡宗礼等市领导陪同。

11月27日，建阳市上海商会第三届理事会2010年年会召开，南平市副市长刘山鹰，建阳市葛晓华、邱运财、胡宗礼、邹仁满等市领导参会。

11月30日，全市落实党风廉政建设责任制、推进惩防体系建设考评动员会召开。南平市委常委、常务副市长张兆民，建阳市四套班子领导，市直机各单位各部门、省、南平市属驻建阳市正科级以上单位主要领导，市党风廉政监督员和特邀监察员及重点骨干企业业主参会。

12月2日，市委书记葛晓华主持召开市党政班子会议，部署南平城市建设现场会筹备工作，研究西区生态城有关工作和朱熹广场改造规划设计方案。

12月9日，在莒口镇召开全市今冬明春造林绿化工作西片现场会。市委副书记胡宗礼，莒口、麻沙、书坊、黄坑乡镇领导，林业站站长参加现场会。省林业厅造林绿化工作指导组组长李国忠到会指导。

12月9日，省总工会党组副书记、副主席赵志伟，在周秀光、张淑云等南平市领导陪同下，到建阳市调研和谐企业创建工作。袁仁旺、邹仁满、丁贵生等市领导陪同。

12月10日，省农学会葡萄分会工作会议在建阳市召开。南平市副市长杨荣郎、建阳市委副书记胡宗礼及来自台湾的教授和全省各地市葡萄协会代表参会。

12月16日，市委召开十一届十六次全体会议，审议通过《中共建阳市委关于制定国民经济和社会发展第十二个五年规划的建议》。

12月16日，全市造林绿化动员大会召开，对今冬明春造林绿化工作进行全面动员部署。葛晓华、袁仁旺、马建东、邱运财、施曷宝等市领导，各乡（镇、街道）党政主要领导、分管领导、市直有关部门负责人，各林业站站长和省林业厅驻建阳造林绿化指导组人员参会。

12月17日，南平市委组织部组织中央、省派南平市挂职专家服务团成员在建阳市开展交流活动。南平市委组织部副部长陈明泉，建阳市委副书记朱其勇、市委常委、组织部长丁贵生参加座谈。

12月21日，市委书记葛晓华主持召开市党政班子会议，研究建阳市供电有限公司改制、《战火太阳山》电视剧拍摄、承办央视大型综艺晚会、2011年国民经济和社会发展预期目标、水南棚户区改造和朱子广场改造等工作。

12月22日，副省长李川带领省直有关部门负责人，在裴金佳、刘山鹰等南平市领导陪同下，到建阳市调研工业工作。葛晓华、袁仁旺等市领导陪同。

12月23日，南平市委宣讲团学习贯彻中共党的十七届五中全会精神报告会暨市委理论学习中心组第四季度学习会召开，南平市委宣讲团李斌副教授做专题辅导报告。市四套班子领导，各乡（镇、街道）党政主要领导和市直各部门副科级以上领导干部参会。

12月28日，市委书记葛晓华到将口镇芹口村灾后重建点调研，指导灾后重建工作。

12月30号，省纪委常委、秘书长陈善光带领推进惩防体系建设和落实党风廉政建设指导检查组，在骆安生、兰斯文等南平市领导陪同下，到建阳市指导检查推进惩防体系建设和落实党风廉政建设工作。葛晓华、袁仁旺、陈仕佳、张颖、邹仁满等市领导陪同。

第一篇 政区

第一篇　政　区

建阳地处福建省北部，南平市的中心。东邻松溪县、政和县，南接建瓯市、顺昌县，西连邵武市、光泽县，北依武夷山市、浦城县。全境土地总面积3383平方公里。东汉建安十年（205年）始置县，1994年3月4日，经国务院批准撤销建阳县，设立建阳市。至2010年底，全市辖2个街道：潭城街道、童游街道；8个镇：将口镇、徐市镇、莒口镇、麻沙镇、黄坑镇、水吉镇、小湖镇和漳墩镇；3个乡：崇雒乡、书坊乡和回龙乡；190个自治村、14个居委会及3个国有农场。

第一章　境域　建置

第一节　境　域

建阳地处福建省北部，南平市的中心，跨北纬27°16′32″—27°43′41″，东经117°32′20″—118°37′51″。全境东西宽112.50公里，南北长69公里，土地总面积3383平方公里。

建阳市东邻松溪县、政和县，南接建瓯市、顺昌县，西连邵武市、光泽县，北依武夷山市、浦城县。边界线绝大多数以习惯线为界，各自耕管，分别与相邻县（市）签订协议。

建阳市与松溪县行政区域边界线从浦城、松溪、建阳三县（市）交点起，界桩自西向东至建阳、松溪、政和三县（市）交点界桩止，全长19.84千米，共埋设2个单立面型界桩和2个单立双面界桩，两县（市）区域界共涉及双方3个乡（镇）；两县（市）界线走向为东北—西南，界线西北侧为建阳市，东南侧为松溪县。

建阳市与政和县行政区域边界线从建阳、松溪、政和三县（市）交点界桩起至政和、建瓯、建阳三县（市）交点界桩止，全长51.27千米，共设计3个号3个界桩，两县（市）区域界共涉及双方2个乡（镇）。

建阳市与建瓯市行政区域边界线西起顺昌、建瓯、建阳三县（市）交点界桩，大体呈东西走向，东至建阳、建瓯、政和三县（市）交点界桩止，全长110.59千米，共埋设6个界桩（其中2个为3交点），两市区域界共涉及双方6个乡（镇）。

建阳市与顺昌县行政区域边界线从建阳、顺昌、邵武三县（市）交点界桩起，至顺昌、建瓯、建阳三县（市）交点界桩止，全长28.50千米，共设计3座界桩，两县（市）区域界共涉及双方3个乡（镇）。

建阳市与邵武市行政区域边界线自光泽、邵武、建阳三县（市）交点界桩起，至建阳、邵武、顺昌三县（市）交点界桩止，全长83.50千米，共埋设6个界桩（其中三面界桩2个，双面界桩4个），两市区域界共涉及双方7个乡（镇）。

建阳市与光泽县行政区域边界线从建阳、光泽、邵武三县（市）交点界桩起，至光泽、武夷山、建阳三县（市）交点界桩止，全长23.80千米，共设计2个三面界桩；界线总体为北偏东北走向，界线西侧为光泽县、东侧为建阳市。

建阳市与武夷山市行政区域边界线自光泽、武夷山、建阳三县（市）交点界桩起，至建阳、武夷山、浦城三县（市）交点界桩止，全长154.64千米，共埋设8个界桩（其中，三面界桩2个，双面界桩6个），两市区域界共涉及双方10个乡（镇）；本段区域界线为东西转南北再转东西走向，界线东北侧为武夷山市，西南侧为建阳市。

建阳市与浦城县行政区域边界线自浦城、武夷山、建阳三县（市）交点界桩起，至建阳、浦城、松溪三县（市）交点界桩止，全长44.33千米，共埋设4个界桩（其中，三面界桩2个，双面界桩2个），两（县）市区域界共涉及双方4个乡（镇）。

第二节　建置沿革

东汉建安十年（205年），始置建平县，属会稽郡。西晋太康三年（282年），更名为建阳县，属扬州建安郡。南宋景定元年（1260年），建阳县更名嘉禾县。元世祖至元二十六年（1289年），嘉禾县复为建阳县，属福建行中书省建宁路。明洪武元年（1368年），建宁路复称建宁府，建阳县属建宁府。清代建阳县属延建邵道建宁府。民国24年（1935年），建阳县属福建省第三行政督察区。1949年8月，建阳属福建省第一行政督察专员公署（治所建瓯）。1950年9月专署迁建阳，建阳县属建阳行政督察专员公署。1956年6月建阳专署撤销后，南平专属成立，建阳县属南平行政督察专员公署。1968年5月设南平地区革命委员会，建阳县属南平地区革命委员会。1971年7月南平地区革命委员会迁往建阳，更名为建阳地区革命委员会，建阳，建阳县属建阳地区革命委员会。1978年，建阳地区革命委员会改称建阳地区行政公署，建阳县属建阳地区行政公署。1989年1月行政公署迁往南平，建阳县属南平地区行政公署，下辖10个镇、3个乡、190个村、14个居委会及3个国营农场。1994年3月4日经国务院批准撤销建阳县，设立建阳市，下辖乡、镇、村、居和农场不变。

第二章　区　划

第一节　街道、乡镇区划

1994年撤县建市后，随着中心城市做大做强，镇的体制管理模式不适应作为政治、经济和文化中心城市功能的发挥。尤其是原先行政区划的不合理，整个市区被童游镇所包围，出现一城三府（市政府、潭城镇政府和童游镇政府），形成“城中有镇，镇中有城”的现象。

2002年11月21日，经省政府批准，撤销潭城、童游2镇，设立潭城街道办事处和童游街道办事处。2007年后，国有农场相继改村归属所在乡镇。至2010年底，全市辖2个街道：潭城街道、童游街道；8个镇：将口镇、徐市镇、莒口镇、麻沙镇、黄坑镇、水吉镇、小湖镇和漳墩镇；3个乡：崇雒乡、书坊乡和回龙乡。

潭城街道办事处辖原潭城镇的中南、西市、永安、西桥、桥南5个居委会，城关、桥南2个村委会和从原童游镇划归的考亭、严墩、周墩、黄墩、回瑶、溪源6个村委会（共5个居委会、8个村委会）。

童游街道办事处辖原童游镇的营前居委会，童游、赤岸、彭墩、七姑、新岭、东泽、溪口、水尾、徐墩、南林、新村11个村委会和从原潭城镇划归的水东居委会和水东村委会（共2个居委会、12个村委会）。

第二节　村（居）社区区划

1994—2002年，建阳市村（居）、社区没有变动。2003年4月，根据福建省、南平市《城市社区建设纲要》

及城市发展需要，将潭城街道办事处的桥南、西市、永安、中南、西桥5个居委会调整划分为11个居委会，新设置兴建、黄花山、宝山、南阳、北门、西门6个居委会。童游街道办事处的水东、营前2个居委会调整划分为5个居委会，新设置静园、富林、曼头山3个居委会。同时，居委会全部整合改名为社区居民委员会。

2004年4月，将水吉镇、漳墩镇、徐市镇、莒口镇、麻沙镇、黄坑镇6个居民委员会通过整合后改建为社区居民委员会。

2007年1月，将周家农场大白、蔡家2个作业区归属麻沙镇人民政府管辖，前者改制为大白村村民委员会；后者改为蔡家自然村，为大白村村民委员会的1个村民小组。书坊乡罗家堆良种场改制为罗家堆村村民委员会，归属书坊乡政府管辖。将水吉镇坤坊良种场改制为坤坊村村民委员会，归属水吉镇人民政府管辖。

2010年3月，小湖镇董布良种场改制为董布村村民委员会，归属小湖镇人民政府管辖。至年底，全市2个街道、8个镇、3个乡共辖22个社区居委会 、193个村委会。

2010年建阳市行政区划情况表

表1-2-1

乡镇（街道）	社区和村	
潭城街道	社区（11个）	兴建、西市、中南、永安、桥南、西桥、黄花山、宝山、南阳、西门、北门
	村（8个）	城关、桥南、回瑶、溪源、考亭、周墩、黄墩、严墩
童游街道	社区（5个）	营前、水东、静园、富林、曼头山
	村（12个）	童游、徐墩、七姑、水尾、彭墩、东泽、新岭、南林、赤岸、新村、水东、溪口
水吉镇	社区（1个）	水吉
	村（29）	民主、市头、和平、建设、郑墩、营头、青田、吴中、玉瑶、池中、七里岚、渡船头、后井、南岭、良源、南山、叶中、仓尾、陈地、莘溪坪、大梨、黄西溪、双溪、留中、仁山、安口、黄家店、后巷、坤坊
麻沙镇	社区（1个）	麻沙
	村（23个）	麻沙、水南、竹洲、吕屯、华溪、新溪、扁溪、江坊、界首、墩头、交溪、重历、江坝、新坪、七宝、长坪、毛店、永兴、溪头、杜潭、梁墩、留田、大白
将口镇	村（13个）	将口、西岸、芹口、横塘、松柏、山尾、东田、新建、胡巷、回潭、杨香、南台、石维下
莒口镇	社区（1个）	莒潭
	村（16个）	莒口、湖桥、焦岚、长埂、东山、后山、马伏、石庵、上 布、中 布、茶 布、策口、社洲、东徐、金山、河坝
黄坑镇	社区（1个）	黄坑
	村（11个）	九峰、新峰、塘头、三峡、新历、鹅峰、桂林、长见、大坡、坳头、苦竹坪
漳墩镇	社区（1个）	漳墩
	村（24个）	漳墩、龙安、焦坑、姜地、前溪、松源、杭下、陈源、杭头、堆后、上垅、苏源、桔坑、外屯、沙堤、凤凰、赖屯、竹口、周历、严川、康屯、北孟坑、凤坑、外源
徐市镇	社区（1个）	徐市
	村（16个）	徐市、溪尾、北岸、濠墩、震前、圳头、林墩、范墩、大田、大闸、盖溪、小黄坑、唐科、五峰、条岭、南槎
小湖镇	村（15个）	小湖、葛墩、大湖、祝中、贵源、塘楼、马坑、东鲁、井后、鸿庇、美溪、下垅、秦溪、尹宅、黄地
崇雒乡	村（6个）	崇雒、横源、上社、后畲、上洋、右巨
书坊乡	村（8个）	书坊、贵溪、花园岭、钱塘、水北、饶坝、松坑、罗家堆
回龙乡	村（12个）	回龙、垄下、浒洲、马岚、均中、白沙、白洋、高门、半天霄、澄埠、坪州、西瓯浦

第三章 街道、乡（镇）概况

第一节 潭城街道

一、地理位置

潭城街道前身为潭城镇，是建阳市政府所在地。2002 年 11 月撤镇设立潭城街道办事处。辖区位于市区中心，东以崇阳溪为界，南与徐市镇接壤，西与莒口镇毗邻，北与童游街道新村相接。有福分、阳杉、阳吉等多条干线公路四通外省市（县）。2010 年，辖区总面积 131.60 平方千米。其中耕地面积 1758.80 公顷。辖 11 个社区居民委员会和 8 个村，总户数 18010 户，总人口 59335 人，人口密度为每平方千米 450.87 人。

潭城街道是全市政治、经济、文化、教育、卫生、商贸中心，处于建阳"北接西拓"建设主战场，辖区内有人民路、中山路、民主北路、民主南路、螃蜞路、朱熹大道等主干道纵横交错；驻有：工商银行、建设银行、农业银行、农商银行、兴业银行 6 家金融机构；教育局、闽北卫校、教师进修学校、建阳第一中学、建阳实验小学、建阳实验幼儿园 6 家教育机构；建阳市博物馆、文化馆、电影院、潭山公园等文体活动机构和场所。

二、经济建设

1994 年，潭城镇利用桥南村演头、柚洲、水东村 3 个河滩地，采取"集体统筹，分级管理，责任到人"的形式发展 20 公顷的示范林基地，至 1998 年春直接创汇 5 万元，村财收入人均增收 100 元。至 1999 年春，可出圃竹、林苗 3 万株，年创汇 15 万元以上，市验收团称其为绿竹基地建设最好单位。

1995 年，全镇实现工农业总产值 15191 万元，其中，农业总产值 1090 万元，工业总产值 14101 万元，财政收入 61.20 万元，农民人均纯收入 2630 元。1997 年新开办的企业 32 家，至年底，全镇共有登记注册国营和集体企业 946 家，注册资金 3.67 亿元。1999 年，潭城镇完成工农业总产值 21099 万元，年均增长 9.05%，乡镇企业完成总产值 20146 万元，农业产值达 953 万元，粮食总产量完成 668 吨，农民人均纯收入 3180 元。1996—1999 年，累计完成工农业总产值 55376 万元，其中 1999 年超额完成上级下达的各项经济指标任务。

21 世纪，潭城街道发挥区域优势，加快推动经济建设发展步伐。2002 年，工农业总产值达 29940 万元，年均递增达 10%，农业总产值达 1200 万元，乡镇企业总产值 28740 万元，财政收入增至 102 万元。2000—2003 年，着力发展城郊企业，抓"菜篮子"工程建设，抓好水果管理，促进果蔬发展；栽培种植细刀豆、辣椒、四季豆、芦笋、蜜桔、雷竹、芥菜等果蔬。至 2005 年，水果种植面积 166.67 公顷，新植果树面积 13.34 公顷。2009 年，市政府提出建设潭城街道回瑶工业平台，第一期完成征地 46.67 公顷。2010 年，抢抓城市建设机遇，支持市西区生态城的建设。持续推进项目带动发展战略，重视工业发展；至年底，拥有规模企业 13 家；全街道实现工业总产值 5.50 亿元，农业总产值 1.20 亿元，城镇居民人均可支配收入 16690 元，农民人均纯收入 7070 元。发展特色农业，增加农民收入。考亭村千亩葡萄，城关、桥南村千亩蔬菜，周墩、回瑶村 3333.34 公顷丰产林颇具特色。辖区农副产品生产发达，种养产业发展迅速，为建阳市农副产品主要生产基地。有考亭村的巨峰葡萄，严墩村的无渣荸荠、古法红糖，周墩村的红菇等农产品。

三、基础设施

1994年9月，总投资117万元的潭城镇人民政府综合办公大楼竣工，12月，镇政府迁至新办公大楼办公。1995年，由镇政府牵头，受益单位、住户共同出资5.10万元，先后为螃蜞路、西门村路巷铺设宽1.50—3米水泥路，总长500米；投资2.20万元铺设小西门码头至农贸市场到江滨巷的水泥路面440米；投资1.20万元铺设官武巷水泥路面70米。1996年，组织辖区内住户、单位投资4000元，重修友谊巷下水道2条排水沟总长210米。

1996年11月，人民路、民主路沿街建筑和店面及水南、水东、水西3座大桥率先实施“夜景工程”。1998年初，夜景工程拓展到江滨大道。

1997年，兴建水东农贸市场，工程总投资290万元，整体用地0.38公顷，建成的综合大楼占地900平方米，摊位55个，日交易额达2万元以上，年上缴税利3万元以上。1998年9月动工兴建溪滨花园，集副食品批发市场、江滨路店面、商住为一体的综合工程，总投资1745万元，占地5862平方米，建筑占地2928平方米，于1999年10月竣工交付使用，为原北门副食品批发市场搬迁扩建提供有利环境。1998年，建成占地33.33公顷，300幢砖混结构楼房、配套设施齐全的新型现代化住宅小区。1998年6月动工建设水东住宅新村，规划占地10公顷。20世纪90年代中后期，规划建设南阳新村、西桥农民新村、演头新村等，成为潭城农村住宅小区的模式典范。1997－1998年，建新村河边道路坡岸300米，堆土石方等工投资10.50万元。1998—1999年，投资150万元在城南入城口规划建成5层的桥南村综合办公大楼，占地0.20公顷，建筑占地400平方米。2009年，投入146万元建黄墩大桥。2010年，辖区内通村通组道路硬化率达80%以上。有回瑶水库、周墩水库、溪源水库、油岩山水库、白茶柿水库、柏源庵水库等水利设施。回瑶村、黄墩村、溪源村等村实现农田标准化建设，农田道路、沟、渠、灌溉设施配备齐全，具有发展高优农业的良好条件。

四、社会事业

1994年9月，潭城镇创办首家民办小学——大井垅民办小学。至1997年，全校拥有5个教学班，115名学生，其中，幼儿班28人，教师8人。1994—1998年，镇民政办发放灾害补助款49245元。1998年“6•22”洪灾，潭城镇捐款8862元，并拨款15万元用于扶持倒房户重建家园。1997年，把全镇19位“五保户”的月生活费提高到120元，并为去世的“五保户”承担1500元的安葬费。1998年9月，潭城镇首家托老院挂牌开业。托老院位于市区中心，总面积400平方米，为孤寡老人和子女不在身边的老年人安度晚年提供方便。1996年起，推行生活垃圾袋装化，至2003年，袋装垃圾推广面达100%。1999年开始，在辖区内设立“社区服务部”，开展敬老服务，安置下岗职工就业。2000年，辖区范围内社会文化事业繁荣发展，有影剧院、录像厅、歌舞厅、卡拉OK厅、电子游艺室、音乐茶座等48家。2005—2010年，全街完成电信、广播、移动电话、有线电视全覆盖。2008年起，开展为民服务全程代理。街道将与居民群众生活息息相关的党务、政务和便民服务3大类40项内容列入受理范围，居民办事只需向代理员提供有关材料，提出办事申请，即可得到直接代理或承诺代理、上门代理、联合代理等方式的全程代理（办理）服务。社区与多个单位建立合作关系，将代缴水电费、代购飞机票、维修家电等项目纳入社区为民服务范畴。街道通过强化社会服务提高社会管理实效，社区党建、计生、综治等工作多次受到上级表彰。其中，西门社区先后获“全国创建学习型家庭示范社区”“福建省科普示范社区”“南平市绿色小区”“福建省先进基层党组织”等称号。2009年11月开始，全程代理服务制在潭城街道各个社区全面推广铺开，街道把推行“为民办事全程代理服务制”作为打好民生战役的重要抓手，街道设立为民办事全程代理受理中心，选配3—5名工作人员，具体承办代理业务。社区设立受理点，由社区党员、干部和志愿者担任代理员。对一些老、弱、病、残、空巢老人等特殊群体，由社区派遣代理员登门受理。2008—2010年，街道共为居民申办事项29277件，办结率100%，满意率98.90%。2010年1月，省委书记孙春兰到潭城街道西门社区调研，对全程代理制给予充分肯定。街道办事处在兴建、宝山、西市、中南社区开展居家养老服务试点工作，试点居委会投入财力、物力，设立老年日间照料室，购置休息、活动设施，并结合老年学校开展服务，满足老年人就地、就近休息、学习和活动的需要。试点村居对辖区内60岁以上老年人进行摸底造册，建立个性化档案，有针对性地开展服务。至2010年底，经摸底调查，6个社区共有老人2448人，　得到服务的老人2004人。为老年人组织文化娱乐活动22场。成立服务队，将社区工作人员、志愿者、家政保洁人员都纳入工作队，进行结队帮扶，开展“一对一”服务，为老年人提供各种服务。2010年，农村养老保险60周岁以上参保6545人，60周岁以下参保1764人，合计8309人。新型农村合作医疗参合率达98%，新型农村养老保险参保率达到80%。

潭城街道是南平市级文明乡镇（街道）、南平市创新“南平机制”先进单位、全国百家示范乡镇（街道）工会、南平市创先争优先进基层党组织。

第二节　童游街道

一、地理位置

童游街道前身为童游镇。2002年11月，撤镇设立童游街道办事处。辖区位于国家风景名胜区武夷山南麓，是建阳市东北部市核心区外围，也是闽北经济开发区的核心区域，是南平市“一点一线一重心”的重点地带。童游街道与潭城街道仅一水之隔，东邻水吉、小湖镇，南接徐市镇，西连莒口镇，北届将口镇、崇雒乡。2010年，总面积206.30平方千米，其中，耕地面积2593.73公顷；辖5个社区居民委员会和12个村委员会，总户数10794户，总人口38682人，人口密度为每平方千米187.50人。

童游街道是建阳市政治、经济、文化、教育、卫生、商贸活动中心，驻有省、设区市、市属机关行政事业单位64家，各类个体工商户1000余家。辖区内江滨路、吉阳路、宋慈路、前进路、嘉禾路等主干道纵横交错；驻有工商银行、建设银行、农业银行、农村信用联社等金融机构；闽北新区、建阳市民政局、国土局、工商局、地税局、食品药品监督局、气象局等机关行政事业单位；闽北卫校、南平农校、建阳第二中学、福建武夷学校、童游中心小学、童游中心儿园等教育机构；市立医院、卫生疾病控制中心、童游社区卫生服务中心等医疗卫生机构。

二、经济建设

1995年，全镇企业1165家，企业总产值14450万元，农业总产值7963万元，工业总产值7600万元，出口交货总值650万元。至2002年，全镇企业1266个，营业收入21037万元，净利润582万元，财政收入303.80万元，农业总产值达9765万元。2007年，全街道农业总产值15402万元，工业总产值60187万元，其中，规模以上工业50263万元，规模以下工业9924万元。街道上报规划调整62.93公顷作为新农村建设用地，实施烟叶产业化战略，烟叶产业发展基本实现区域化布局、规模化生产的产业格局，农户种烟积极性逐年提高。2010年，农业总产值3.21亿元，占国内生产总值的15%。粮食作物以水稻为主，是建阳市的粮食和经济作物的主产区，曾是全省乡镇交售商品粮最多的乡镇（街道）之一。2010年，生产粮食1.20万吨，人均532公斤。童游街道在继续发展优质稻的同时，通过农业产业结构调整，发展经济作物种植，形成葡萄、烟叶、蔬菜、水果、养殖、食用菌、优质稻、苗木花卉8大主导产业，形成“一村一品”的规模特色。2010年，种植葡萄217.67公顷、烤烟133.33公顷、蔬菜1151.13公顷、苗木花卉30公顷、食用菌年产1000万袋。2010年，产葡萄0.24万吨、烤烟0.03吨、蔬菜1.70万吨、食用菌0.10万吨、家禽18.70万羽、生猪1.80万头。2010年，工业生产总值10.80亿元，占国内生产总值的63%。

拥有工业企业35家，职工3112人；实现工业增加值2.20亿元，比2009年增长23.50%。拥有全国驰名商标2个、省优产品6个。

三、基础设施

1994年，童游镇发动群众投工投劳，加快公路“先行工程”建设步伐。1995年，全镇列养公路63.40公里，好路率89%；新建童游村南山公路，并协助搞好水杉线改线、南武路拓宽等工作；建嘉禾大道，长5000米、宽40米，从赤岸大桥至宋慈广场。2004年底，完工的童游段北起五里樟大桥，南至潭城街道白茶铺村，全长7.62千米，路宽20米。童游辖区内有浦南高速、宁武高铁、横南铁路；省道福分线、县道水杉公路等干线交汇，北距建阳火车站2千米，距武夷山飞机场40千米；还有童游、水东、供销、金桥等4家大中型农贸市场。此外，辖区内住宿、餐饮、休闲等第三产业发达，有建阳市美食城餐饮业集中区和大型休闲娱乐场所及宾馆20家，以及2006年竣工的市民休闲锻炼的好去处——宋慈广场。

四、社会事业

1994年，由童游小学管辖童游完小和赤岸初小，彭墩学区管辖彭墩小学、徐墩、水尾、七姑、南林、溪口等初小。2001年9月，童游学区与童游中心小学合并，合称为童游中心小学。区校合并后学校确定“以德治校，教研兴校，一校一品，做大做强”的办学目标，拆点并校时提出创建“学习型学校”的办学规划。2003年起，街道组织辖区单位持续、深入开展精神文明创建活动。全街道80%的卫生所达到甲级标准，均设有诊室、治疗室、药房3室分开，至少有1名乡村医生，卫生所基本设备齐全。2006—2010年，童游街道连续获南平市市级文明单位。2010年，城镇最低生活保障130户320人，支出32万元，月人均120元；医疗救助230人次，民政部门资助参加合作医疗1038人次，共支出103万元。农村最低生活保障425户1038人，支出84.63万元，月人均72元；国家抚恤、补助各类优抚对象136人，抚恤事业费支出150万元；社会福利费180万元；敬老院3家，床位35张，收养农村五保人员32人。社区服务设施5个，其中社区服务中心1个，社区服务站5个。有慈善分会5个，全年接受社会捐款36万元，使180人（次）困难群众受益。5项社会保险基金收入合计120万元，基金支出合计120万元。参加新型农村养老保险1.53万人，参保率90%。

第三节　麻沙镇

一、地理位置

麻沙镇位于武夷山东南麓、建阳市西北部，地处武夷山市、邵武市、建阳市三市交界处，东连莒口镇，南界书坊乡，西邻邵武市，西北与黄坑镇相接，东北与武夷山市毗邻。205省道和汇集七宝溪等6条支流的麻阳溪贯穿全境，武邵高速公路过境27.66千米，距镇区1千米处设武邵高速公路互通口1个。2010年，全镇总面积470.94平方千米，其中，耕地面积5120公顷。林地面积38673.73公顷，活立木总蓄积338.06万立方米，竹林面积3823.93公顷，毛竹蓄积量1032.46万根；生态公益林面积6393公顷，森林覆盖率81%。境内有铁、铜、铅、锌、钼等十几种矿产。全镇总户数10228户，总人口37737人，人口密度每平方千米80.13人。

二、经济建设

1994 年起，农业生产以市场为导向，侧重发展粮食、蔬菜、瓜果、烟叶等高产优质绿色农业，打造品牌农业。粮食种植上，当年水稻种植面积 4793.20 公顷，粮食总产量 25751 万吨。1994 年，全镇工农业总产值 1.65 亿元，其中农业总产值 5977 万元、工业总产值 1.05 亿元，农民人均纯收入 1162.80 元。2004—2006 年，全镇推广优质稻 2860 公顷，建立示范片 19 个。引进新品种示范 146 个。2010 年，全镇粮食总产 27466 吨，亩产 463 公斤，创历史新高，连续 9 年获得丰收；经济作物上，果品除满足本地需求外，还远销闽北各县市。2008 年，水南村发展葡萄逾千亩，注册地理商标"楠木林"葡萄获中国优质水果称号，并定为北京奥运会专用水果。扁溪村成为草莓种植专业村，种植面积 40.67 公顷，总产量 600 吨，亩均 1083 公斤。淮山是传统种植产业，麻沙镇和江坝村分别享有"八闽淮山第一镇""福建淮山第一村"的称号。鲜薯及其半成品销至南平、三明、福州、厦门、龙岩和河南省的 13 个集散地。2005 年起，兴办淮山加工企业，生产加工淮山片出口日本等国家和地区。2000 年起，菇农除种好黑木耳、香菇等传统食用菌外，又先后引进杏鲍菇、茶树菇、鸡腿菇等新品种。2010 年，食用菌总产 911 吨。

工业方面，2003—2006 年，营造"亲商、安商、扶商、富商"的投资创业环境，全镇共引进项目 89 个，引进市外资金 46339 万元，位居建阳市前列。2010 年，全镇有企业 50 家，职工 4000 人，年产值达 1000 万元以上的企业有 16 家，新增千万元项目 16 个，引进内资 4 亿元，年总产值 11.19 亿元，首次突破 10 亿元大关。亚亨蓄电池有限公司 2007 年 7 月获省政府认定的"福建省名牌产品"，2010 年产值突破 5 亿元大关。碧全家居用品有限公司 2010 年创产值 6000 万元，上缴税收 400 万元，为全市最大的出口创汇企业之一。建阳市长泉电力有限公司 2002 年投资建设麻沙牛头岭电站后，又相继投资建成杜潭一级电站和杜潭二级电站，牛头岭电站自 2005 年正式投产起，就成为市重点企业和纳税大户，装机 1 万千瓦，总投资 7000 万元，年发电量 2600 万千瓦时。超莱地毯有限公司 2002 年投入技改资金 400 万元，新上圈绒地毯、割绒地毯两条生产线，成为全省生产地毯能力最大，品种最齐全的厂家。2010 年，全镇农业机械总动力增至 29352 千瓦，机电灌溉面积 320 公顷，机耕面积 3533 公顷，机械收获面积 2100 公顷。至 2010 年底，有集体企业 18 家、私营企业 107 家、个人独资企业 37 家、个体工商户 698 家。全镇工农业总产值 14.40 亿元，是 1994 年的 8.75 倍。其中，农业总产值 3.23 亿元，是 1994 年的 5.40 倍；工业总产值 10.76 亿元，是 1994 年的 10.26 倍；财政总收入 1087 万元；农民人均纯收入 6322 元，是 1994 年的 5 倍。

三、基础设施

1994 年起，多渠道筹措资金，加强基础设施建设。1995 年，投资 420 万元建设麻沙镇区水泥大街，全长 2 千米，宽 28 米，中间行车道 16.50 米。2003—2010 年，投资建设的项目有渡改桥 409 万元、公路硬化 2400 万元、村道硬化 900 万元，全镇通村公路硬化率 100%，通组道路硬化率 91%。2006 年 7 月，长坪中心村总体规划设计完成，规划面积 11.33 公顷，分三期实施。2008 年 3 月，长坪中心试点村建设动工，一期投资 200 万元用于路网、照明、绿化等设施建设。2010 年，投资 381 万元重建和修复水毁桥梁，投资 492 万元，用于麻阳溪环境连片整治。同年，有 12 个村通过一事一议，享受村级公益事业建设财政奖补政策资金 75.86 万元。2006—2010 年，共投资 41.33 万元，进行土地平整。

2003—2010 年，先后投资 382 万元，完成重历、交溪等 12 个村人饮水工程建设，使 404 户 5907 人用上安全干净的饮用水。2008 年，镇政府投资 87 万元，完成周家、水南等村（场）5 处饮用水建设工程，解决 4520 人的饮用水困难。2009—2010 年，先后投资 180 万元完成界首、水南、周家、黄坝州的人饮水工程。2010 年，镇农业技术推广站牵头推广无害化沼气池建设以及小三格式无害化厕所建设。

四、社会事业

1997—2007年，集资385.51万元用于校舍新建和修缮，其中，国家拨款188.70万元，村镇集资140.95万元，其他55.86万元。麻沙中学建成塑胶运动场和乒乓球场，配置健身器械，新建可容纳千人就餐的2层学生餐厅和2幢各2层的新学生宿舍楼。2003年起，每年聘请相关专家办好科技知识培训活动，服务“三农”。2006年10月，开始实行新型农村合作医疗制度，对革命“五老”、烈军属、伤残退伍军人和生活确有困难者，实行优惠医疗。电讯部门采取电话与手机联网方式，满足群众的通讯联络需求。2009年12月，广电网络实现23个行政村全覆盖，有线电视光缆联网用户达8000户，位居全市首位。至2010年，全镇有中学1所，小学26所，幼儿园26所，适龄儿童入学率100%。镇卫生院设有内科、外科、儿科、中医科、检验室等20个科室，病床45张，基本具备抢救各种危急重症病人的条件。建有村级农民体育健身中心1个。先后开展农村实用技术培训累计5300人次。2000—2010年，先后获评 建阳市“双文明红旗单位”“农业结构调整先进单位”“乡镇企业招商引资先进单位”“平安南平市建设平安乡镇先进单位、建阳市社会治安综合治理规范化建设先进单位、福建省第十届文明村镇、建阳市实施“双高普九”工作先进集体、福建省计划生育优质服务示范所、“福建省捐书助学献爱心”模范单位。

第四节　水吉镇

一、地理位置

水吉镇位于建阳市东部，地处武夷山脉南麓，东与漳墩镇相邻，西以尤岭头分界与童游街道接壤，南与小湖镇衔接，北与回龙乡相连，西北以槠岭断界和崇雒乡毗邻。南浦溪、宁武高速、205省道穿越境内。总面积278.80平方千米，其中耕地面积2912.20公顷。境内矿产资源较为丰富。金属矿主要有铅锌矿，矿床坐落于七里岚村，共有6个矿体，其中最长者200米。南浦溪沿途汇集裴中溪、梨溪、良源溪、磨下桥溪、南岭溪5条支流，水利资源丰富。全镇林地面积22640公顷。森林覆盖率60.20%。全镇辖58个自然村，划分为29个村委会，镇政府地址为水吉镇新华路91号。2010年，全镇总户数 8815户，总人口35332人，人口密度每平方千米127.10人。

二、经济建设

1994年，全镇工农业总产值11258万元，其中，农业总产值6684万元、工业总产值4574万元。财政总收入213.40万元，农民人均纯收入1476元。此后，农业方面：以市场需求为导向，侧重发展粮食、蔬菜、瓜果、烟叶等高产优质绿色农业，打造品牌农业。1997年，享誉省内外的大乾水蜜桃通过国家“绿色食品”验证，获农业部“A级优质桃绿色食品标志使用权”，并在国家商标局注册“大乾”牌商标。工业方面：继1991年开发竹筷切片新技术，获省“优秀QC成果”，1992年起，投资1000万元兴建紫东工业园区。1997年，镇农机修造厂研制生产的PW560型脱谷机获省科委评为“1997年新产品开发项目”。2004年起，创建龙斗工业走廊，优化投资环境，扩大招商引资。2002—2005年，共引进500万元以上项目29个，引进投资3.97亿元。至2010年底，全镇有私营企业26家、个体独资企业5家、个体工商户315家。全镇工农业总产值8.77亿元，是1994年的7.79倍。其中，农业总产值3.20亿元，是1994年的4.78倍；工业总产值5.57亿元，是1994年的12.18倍。财政总收入792.10万元，是1994年的3.71倍；农民人均纯收入7570元，是1994年的5.12倍。

三、基础设施

1990年起，多渠道筹措资金，加强基础设施建设。1991—1992年，投资80万元，新建建筑面积2700平方米的镇科教文化中心大楼；投资20万元，修建二都、三都、故县3个农贸市场；投资15万元，架设上坪等4个村的卫星地面接收站。1992—1993年，投资50万元，新开公路11千米，修复公路78千米，修复桥梁32座，实现村村、村组通公路。1994年11月30日，全长239.40米的水吉镇七里岚大桥投入使用。同年12月，水吉镇大桥下游东岸修建一道长500米、高3.50米防洪堤。1995年5月，国家建设部将水吉镇列为“小城镇建设试点镇”。同年10月，时称“闽北第一镇”的水吉镇由政府与群众共同投资1000万元新街建成，街长1.50千米，宽20米。

1994—1999年，投资1401万元，安装程控电话，装机总量2100门，覆盖率100%。2000—2002年，投资2600万元，完成全镇通村、通组道路硬化，通村公路硬化率100%，通组道路硬化率87%；投资2300万元，新建镇政府综合办公大楼2栋，建筑面积3186平方米。2003—2005年，投资80万元，完成故县、三都、龙斗3个村的自来水工程建设；投资26万元，完成故县、王亭、龙斗3个村的公益性公墓建设；投资200多万元，完成8个村电视光缆联网，联网率达68%；投资500万元，改造农田水利及机耕路等农业基础设施。2008年，投资87万元，对集镇建设街、宣政路的路面进行翻新，全长500米；投资50万元，在集镇内安装路灯（又称亮化工程）220盏，路灯全长线路为7700米。

四、社会事业

1992年，科教文化中心大楼建成后，各类种养实用科技知识培训学习活动举办，培养农民技术师、助理农技师、农技员37人。1995年，有线电视收视率100%。2001年6月，经国务院批准，水吉镇后井村的宋代建窑遗址列为第五批全国重点文物保护单位。2002年，有8个村电视光缆联网，收视率68%。同年，投资2万元为文化中心户购置电脑8台，服务“三农”。全镇初级中学1所、小学11所。至2005年，镇政府共投入中小学教育办学资金1210万元。其中，910万元用于中小学校舍维修和购置各类教学仪器、多媒体教学设备。2005年，全镇中小学入学率100%，初中毕业率100%。辖区内有1所一级甲等卫生院，为全镇2万人提供医疗、预防、保健、计划生育服务。

2010年，投入400万元新建幼儿园1所，解决私立幼儿园安全隐患大的问题；水吉中学调整办学思路，重视高考特长生的培养，增设舞蹈和播音主持专业，高考本科上线56人，上线率达42.70%，中考统招上一中37人。加大文化设施投入，开展各项群众文化活动，在大庙坪文化广场投入使用时，举办首届“百姓健康舞”比赛。开展农村精神文明创建活动，组织发动广大群众深入开展“平安家庭”创建活动并评选表彰一批“平安示范家庭”。在创建活动中组织全镇机关干部到基层一线，排查调处矛盾纠纷和治安问题，受理和解决群众诉求，把矛盾解决在当地，全年接待群众来信来访29件次，办结29件，办结100%，排查出各类矛盾纠纷180起，成功调处180起，化解突出矛盾纠纷12起。开展安全集中整治和大检查工作，开展21次安全生产大检查，督促整改安全隐患，指定落实时限和具体负责人，完善安全生产长效机制。

第五节 徐市镇

一、地理位置

徐市镇地处建阳市南端，东南与建瓯市相连，西南与顺昌县交界，东北与潭城街道为邻，西北与莒口镇接壤，地势西南高，东北平。境内两条溪流交汇于徐市，在宸前入崇阳溪，是典型的八山一水一分田。

总面积 276.50 平方千米，其中耕地面积 3098.07 公顷。下辖 16 个村民委员会，1 个居委会，1 个林茶果总场，84 个自然村，167 个村民小组。2010 年，全镇总户数 6927 户，总人口 26740 人，人口密度每平方千米 36.71 人。

二、经济建设

1994 年，全镇工农业总产值 8533 万元，乡镇企业总产值 7324 万元，粮食总产量 24374 吨，财政收入 68 万，农民人均纯收入 1320 元。1994—1996 年，徐市镇坚持“农、林、牧、副、渔”并举的方针，每年粮食播种面积保持在 5333.33 公顷以上，水产面积 66.67 公顷，蔬菜 200 公顷，甘蔗 133.33 公顷，食用菌 200 万袋，杂粮 306.67 公顷；全镇毛竹面积 3400 公顷，居全市第三。1998 年，引进绍兴神龙公司，开发 66.67 公顷茶山办茶厂以及木制品厂、衣架厂、课桌椅厂等；在林场划出 3.33 公顷土地建立立春园工业区，企业总产值 1.30 亿元。1997—1999 年，调整粮经结构，狠抓菌、竹产业，走“以菌兴镇”、“以竹兴镇”的农用产业化道路，1999 年，食用菌发展到 960 万袋，人均增收 300 元。1999 年，与福建林学院签订竹业合作协议，3 年时间，竹业经济效益达到 6000 元 / 公顷；推广优质水稻、建宁莲子、天宝香蕉以及引进黑凤鸡等养殖技术等 22 个项目，其中，投资 50 万元以上的有大阐电站的电力开发、徐市板鸭厂和竹凉席加工厂等 9 家。2000 年，以菌、竹两业为龙头，带动全镇农业结构调整；新上木玩具厂、宸前细木工板厂等企业 10 个，引进外资 480 万元。2001 年，推广优质水稻 6.67 公顷，新上雄辉木制品厂、阳坑垅木制品厂、桥头竹炭厂和建阳市南方卫生材料厂等项目。2002 年，开展竹业开发擂台赛活动，建立笋竹两用丰产林、竹用林、低碳改造林等科技育竹示范片 6 个共 133.33 公顷；引进长富集团投资 2000 万元的现代化养殖场，可养殖奶牛 2000 头；新上林场松木装饰材料厂、裕丰化工有限公司、南平绿友园艺厂和顺风空压机厂等企业项目。2003 年，锥栗种植扩至 546.67 公顷，人均增收 400 元；新种药材 46.67 公顷；建立 5 个白头猪养殖场和 2 个立体养殖场；新上投资 150 万元的宸前全兴苗圃和投资 120 万元的世丰木业有限公司以及鸿茂畜牧开发有限公司、英普积层有限公司、五峰二级水电站等企业项目。2004 年，新种建阳橘柚 67 公顷，新上 500 万元以上项目 2 个，分别为养殖面积 25 公顷的龙兴土池养鳗场和面积 30 公顷工业园区，入园企业 3 家，完成固定资产投资 980 万元。2005 年，开展创建“中国锥栗之乡”活动，锥栗产业名列全市第二；柑橘种植 559 公顷，为全镇新的农业增收品种。2006 年，试种烟叶 20 公顷，引进义序冶炼厂、鑫源细木工板有限公司 2 个 500 万元以上项目；将毛竹场山场与泰和竹制品有限公司合作经营，提高毛竹效益。2007 年，引进鑫一贸易有限公司禾、均衡实业发展有限公司和千色活性炭有限公司；烟叶种植扩至 67.67 公顷，转移农村富余劳动力 4300 人。2008 年，烟叶、锥栗、柑橘等产业形成规模；推进宸前金盘湖休闲生态旅游项目及矿山的开发。2009 年，新增固定资产投资 1000 万元以上项目 3 个，实现规模企业产值 10035 万元。2010 年，龙泰竹制品有限公司完成注册资金 1000 万元；建立万亩水稻“五新在”集成高产示范片一个；建立毛竹丰产林基地 200 公顷，全镇竹加工企业 15 家。

2010 年，全镇实现农林牧渔业总产值 2.93 亿元；工业总产值 1.70 亿元，其中规模工业产值 1.12 亿元；社会总产值 4.63 亿元，是 1994 年的 5.40 倍；财政收入 201.40 万元，是 1994 年的 3 倍；农民人均纯收入 5350 元，是 1994 年的 4.10 倍。

三、基础设施

1994—1996 年，投资 92.79 万元建成库容量 10.25 万立方米的北岸村小（二）型水库，建改大小水坝 23 座和建成防洪堤 9 条总长 1340 米；投资 22.50 万元新建溪尾至唐科 9.58 千米的 10 千伏安线路，自筹资金 300 万元铺设徐市樟树至阳顺路 220 米新街路面和徐市至北岸 740 米柏油路面以及阳顺线徐市区域内14.60千米柏油路；投资180万元的500门程控电话大楼投入使用，全镇安装使用直拨电话300余门投资80万元建成徐市医院门诊综合大楼。1997—1999年，投资70万元实现全镇；8座小水电站的联网和建修水利工程200个（处）；投资100万元开通手机站；投资80万元的中学园丁楼落成；投资20万元的供电楼交付使用。2000年，全镇完成农网改造，电费大幅度降低。2001年，建成占地5000平方米的集镇农贸中心市场。2002年，筹集资金30万元整修唐科至五峰10千米公路和桥头至黄坑3千米公路。2003年，筹集资金40万元为南槎村铺设2.20千米的柏油路。2004年，争取资金60万元，完成徐市村标准化农田建设，受益水田80公顷；完成林墩、盖溪两村10公里水泥路硬化工程建设。2005年，争取资金20万用于修复水毁水利工程6处、罗山渠道及各支渠清淤50处、水库加固1处；投资20万元改善徐市、北岸、五峰三村的饮水工程。2006年，做好493.33公顷耕地整理，完成大阐标准农田建设项目及圳头、盖溪两村烟基项目；投资170万元完成徐市村农业综合开发项目及徐市、壕墩两村的烟技项目。改善校舍、建设村级活动场所及徐市敬老院。2007年，完成桥头至黄坑3.46千米及黄坑至唐科5.01千米乡村公路和17千米阳顺公路的路面硬化，基本实现全镇村村公路硬化；投资200万元兴建徐市中学综合楼，投资90万元建徐市敬老院及溪尾、北岸两村村级组织活动场所。建设沼气池35口，完成宸前、壕墩、唐科、条岭4个村人饮工程。建村垃圾池及集镇垃圾焚烧炉。2008年，完成阳顺公路宸前至壕墩9.70千米公路和自然村北槎至降元1200米及溪葛至屯上700米的公路路面硬化，实现村村通水泥路；投资1600万元完成493公顷的省级重点耕地整理项目、投资187万元完成133公顷的农业综合开发项目和107公顷的徐市、壕墩两村烟基项目；投资480万元完成溪尾村173公顷烟基项目和大田村113公顷的土地整理项目。此外配合加快浦南高速建阳市南互通口建设。2009年，投资180万元完成条岭、壕墩两村80公顷烟基工程；投入32万元完成集镇农贸市场基础建设及路面硬化；投资141万元完成宸前村黄口至圳头村东历2.40千米路面硬化及宸前各自然村路面硬化；建成沼气池55口、垃圾池10口。2010年，投资380万元完成镇卫生院四级危房病房综合楼新建扩建及政府办公楼与附属建设项目；投资19万元完成镇文化中心广场第一期征地及水泥硬化；投资40万元镇文化站综合改造；投资100万元建设范墩村自来水工程和中、小学自来水工程及建沼气池35口、垃圾池6口；争取1000万元资金，开展农发土地整理、小农水建设、标准农田建设和烟基工程等项目建设，改善壕墩、圳头等9个村393.33公顷的农田水利项目。

四、社会事业

1994—1996年，徐市镇初步建成广播电视网络，遍及全镇17个村（场），覆盖率达95%，千余户安装有线电视；举办各类科技培训班35期，中、小学入学率分别达到96.05%和99%；计划生育率达到95.86%。1996年，镇派出所、司法办获市委、市政府评为先进集体。1997年，徐市镇在全市社会治安治理工作评比中获第一名。1998年，全镇建成第二条有线电视光缆，有线电视用户2722户；发放救灾救济款18.58万元；调解民事纠纷175起，调解成功率93%。是年，镇综治办获市政法委推荐为全国帮教工作先进单位。1999年，实现村村有卫生所和专职卫生员；6所小学达到一类学校标准；计生工作通过省级计生检查。2000年，全镇电话突破1000门；11个村完成电网改造。2001年，完成电网改造和农贸中心市场建设；2支铜管乐队在全市比赛中分获第一、二名。2002年，为中小学配备电脑100台，徐市中学中考创历史最好成绩；计生政策符合率达94%。2003年，各村建立治安联防网络，成立夜间巡逻队，全力开展矛盾纠纷排查；严厉打击“六合彩”非法活动，查处15件。2004年，全镇有389户832人享受农村低保；殡葬火化率达90%以上；接受三峡移民7户30人在镇安居乐业；徐市中心小学综合楼建成；14个村完成林权登记，占任务的80%；查处“六合彩”赌博25件，捣毁窝点40个，拘留54人。2005年，信访工作获全市第一名；新农合参保人数17735，参保率85%；15个村完成林权改革；开展农村义务教育阶段特困和残疾学生的“两免一补”工作；计生家庭奖励金发放2.76万元。2006年，获南平市司法局、南平市委宣传部授予“2001—2005年全市法制宣传教育先进单位”称号；获南平市社会治安综合治理委员会授予“2000—2005年刑释解教人员安置帮教工作先进集体”称号。2007—2008年，开展创建“平安徐市”活动，化解各种社会矛盾，打黑除恶，严厉查处各类刑事案件和治安案件；实行领导墟日信访接待日及包案制度，解决群众反映的热点、难点问题。完善计生服务网络建设。建设村级文化俱乐部和文化中心户，实现全镇15个村闭路电视联网。2007年，兴建徐市镇公益性公墓；提高“双高普九”，获全市农村中学中考第二名。2009—2010年，建设村级农村俱乐部1个、农家书屋4个、农民广场2个；完善巩固提高大病统筹为主的新型农村合作医疗管理水平，全镇参合率达98.90%；徐市中学中考名列农村中学前茅。

五、风景名胜

“上饶集中营南迁徐市旧址革命烈士纪念馆”是建阳红色旅游景点之一，2015年完成新馆建设，每年参观者2万人次。

金盘湖 金盘湖位于徐市镇宸前村，风光秀丽，常年吸引众多游客前来休闲观光。

白水岩 大阐的白水岩庙有上千年的历史，白水岩山清水秀，山涧水清见底，林间小路与丛林错落有致，空气清新，风景宜人。

圆通寺 北岸村的圆通寺，始建于清道光年间，寺前空心樟树树龄500多年，树高25米、直径2.60米，风景独特。

第六节 将口镇

一、地理位置

将口镇位于建阳市北部，武夷山南麓，南距建阳市区16千米，北距武夷山景区22千米，东与崇雒乡接壤，南与童游街道交界，西与莒口镇连接，北与武夷山市兴田镇毗邻。崇阳溪、峰福铁路、宁武高速公路、浦南高速公路、303省道以及在建、筹建的京福高速铁路、浦建龙梅快速铁路穿越境内；集镇区距宁武高速落地互通口2千米，距京福高铁武夷山东站和规划中的武夷山新机场4千米。优越的地理位置使将口成为武夷新区的核心组团，定位为闽浙赣重要交通枢纽、商贸物流中心和生态宜居新城。镇域面积194.60平方千米，其中耕地面积2961.07公顷。境内主要矿产资源为萤石和建筑石材2类，其中萤石矿储量217万吨；崇阳溪沿途汇集五夫溪、后崇溪和松柏溪3条支流，水利资源丰富。全镇林地面积13959.10公顷；活立木总蓄积147万立方米，毛竹226万根；生态公益林面积2220.80公顷；森林覆盖率78.50%。2010年，辖13个村，1个良种场，53个自然村，105个村民小组，全镇总户数6071户，总人口20156人，人口密度为每平方千米103.58人。

二、经济建设

1994年，全镇工农业总产值14962万元，其中，农业总产值9136万元，工业总产值 5826万元，财政地方级收入94.40万元，农民人均纯收入1245元。在农业方面以市场为导向，以现代农业为目标，进行农业产业结构调整，引导农户向产业化发展。1994—2000年，关棚养鸭兴旺，500户鸭农常年饲养蛋鸭存栏在50万羽以上，引进的新品种白羽半番年均出栏100万羽，有“蛋鸭之乡”美称；1995年开始，食用菌产业快速发展，每年种植1000万袋。2000年开始发展烤烟生产，烟叶种植面积逐年增加。同年起，在全镇推广优质稻、超级稻和再生稻种植。2008年6月以后，先后成立果蔬、农机、烟叶、鸭业、苗木和茶叶等多个农民专业合作社，引导农户全面推广农业五新技术，发展订单农业、无公害栽培种植技术和绿色生态旅游，打造特色和品牌农业，其间，新增苗木种植基地353.33公顷，种植标准有机茶433.34公顷，建立沃野牌建阳橘柚、脐橙、葡萄、翠冠梨和锥栗无公害栽培技术示范基地133.34公顷，无公害种植蔬菜技术示范基地333.34公顷和大棚无公害反季节蔬菜13.34公顷，推动全镇农业产业化发展。至2010年，境内形成优质稻、烤烟、蔬菜、食用菌、蛋鸭、水果等6大支柱产业，优质稻种植面积2133.34公顷，粮食总产量1.81万吨，烟叶种植面积290.27公顷，总产值655.90万元，全镇农业总产值达2.69亿元，实现农业增效农民增收。工业方面：1994年，全镇有乡镇企业9家。当年，将口鸭业企业集团有限公司获南平市委、市政府授予"公司+农户"十佳龙头企业。1994—1999年，实施外引内联，集体企业进行改组、改制。2000年以后，坚持实施"工业强镇"的发展战略，注重招商引资，培育支柱产业。2002年，投资1100万元，在303省道沿线的横塘村白地园建设14.67公顷的工业平台，全面进入"突出工业突破工业"的发展进程。2004年，在比邻集镇的黄瓜山规划66.67公顷的将崇工业平台，首期投资1500　万元建设23.34公顷。2005年起陆续引进企业落户。2010年，境内有企业　22家，其中，规模企业4家，从业人员1200人，形成竹木、建材、化工、酒业、绿色食品等优势产业发展的新格局，实现工业总产值5.08亿元。年底，全镇社会总产值7.83亿元，是1994年的5.20倍；财政收入593.50万元，是1994年的6.30倍；农民人均纯收入6803元，是1994年的5.40倍。

三、基础设施

1994—1996年，投资120万元建设将口新街。1996—1998年，全镇开展"小康工程"建设，改善13个村的村容村貌和人居条件。1996年、1997年和2000年先后投资557.10万完成303省道将口集镇段1.56千米的改道拓宽水泥硬化、将崇公路和X806上兴县道崇阳亭至回潭的沙石路改柏油路建设。2004—2010年，先后投资2104.70万元进行总长43.20千米的将崇公路和X806上兴县道崇阳亭至回潭2条县道和7条通村镇道水泥硬化建设，期间投资167万元修建杨香、南台后塘和东田社尾3座桥梁。2005—2010年，先后投资2500万元完成全镇13个村的人畜饮水安全工程，投资1352万元实施集镇自来水建设。2000—2002年，投资1340万元完成农村电网改造。2002年，投资600万元兴建左岸电站，2004年投资150万元完成右岸电站扩容技改。2007年，投资60万元进行集镇区域一路两街的夜景工程建设。2007—2010年，投资2120万元完成89.40千米的全镇农网升级改造　。2010年，投资2450万元建设110千伏芦口变电站。1996—2001年，安装程控电话1100门，实现村村通电话；2000—2010年，移动、联通、天翼相继在境内建立31个基站，无线通信信号实现村村覆盖。至1997年先后投资300万元在全镇13个村架设卫星地面接收站，闭路电视覆盖率100%。2001—2003年，投资860万元完成联网13个村的闭路电视光缆，成为全市第一个全面实现光缆联网"村村通"乡镇。2003—2010年，投资550万元维修香台水渠和丁坑水渠，投资750万元完成周垅水库和松柏水库的除险加固，通过土地平整、农业综合开发、烟基工程和小农水建设，先后投资6359.05万元修建机耕路239.70千米、灌溉渠235.90千米、排水沟72.90千米、2.61千米的防冲堤10处、拦河坝5座、引水坝11座、农用桥梁4座，硬化通组水泥路10条11.50千米，完善1233.34公顷农田的基础设施。

四、社会事业

1994年，境内有将口农业职业中专学校、将口中学、将口中心小学、12所村完小和10个教学点。1994年起，先后新建将口农业职业中专学校教学楼，将口中学食堂，将口中心小学"恩美楼"教学楼、"园丁楼""胡文虎楼"教学楼、学生宿舍餐厅大楼和回潭小学学生宿舍楼，并投入310万元用于中小学校舍维修和购置各类教学仪器、多媒体教学设备。1996年，通过国家教育"两基"验收。1998—2010年，先后投资1236.70万元新建国土资源所服务中心、将口公安派出所、林业站、将口森林派出所等单位的办公综合楼和山尾、杨香、松柏3个村级组织活动场所，建立集“三农服务中心”“为民办事全程代理中心”为一体的为民办事服务平台，拓宽为民服务领域，对承办事项进行全程跟踪和监督，提升便民程度。坚持抓好劳动就业培训，2000—2010年，举办农村劳动力转移、阳光工程等各类培训86班次，培训农村劳动力7882人次；先后投入460万元，建设13个村的农家书屋和含有标准篮球场、健身器材的全民健身点，建立将口、芹口、西岸、松柏、新建5个农村信息站，建设村小康俱乐部、老年活动中心、文化中心户等一批镇、村、户三级文化阵地，常年活跃着老人腰鼓队、老人秧歌队、老人门球队、柔力球队、芹口舞龙队、将口舞龙队和回潭唢呐队等民间文体队伍。2002年，开展殡葬改革以来，火化率达100%，将口镇中心卫生院是全市唯一设有精神病专科的医院，成为建阳市精神病防治院，2004年投资120万元建成卫生院综合楼，2008年通过南平市卫生局一级乙等医院评审。2007年，建成占地6000平方米的将口文化广场。2007—2010年，累计投资500万元在将口村临水宫建设安逸园公墓。2008—2010年，在芹口、松柏、西岸、横塘、胡巷、回潭等6个村开展占地27.23公顷规划699户的中心村建设。2010年，投资60万元建设文体服务中心综合楼。2010年，全镇有初级中学1所、中心小学1所、9个教学点，中小学入学率100%，初中巩固率99%、毕业率86.30%、结业率7.70%。辖区内有设施完善的中心卫生院1所，12个村级卫生所，拥有专业卫生技术人员67人，农村合作医疗、养老保险参保率分别达98.86%、63.30%，投资120万元建成将口敬老院。福建省首批科技示范镇、新农村建设试点示范镇、省级生态乡镇、省级文明村镇。

五、风景名胜

将口境内有省级文物保护单位唐窑遗址和商、周、汉代文物遗址等市级文物保护单位3处。北宋著名哲学家张载（横渠）祠至今矗立在将口古街。明清时期建造奶娘庙临水宫牌楼，砖雕、浮雕精美。风景名胜主要有朱子长诗颂扬的南台“百丈山”、誉为七十二福地中的第三十一福地的砚山。

第七节　莒口镇

一、地理位置

莒口镇位于建阳市西部，东邻童游镇，南接徐市镇及顺昌县，西连麻沙镇，书坊乡，北接武夷山市和将口镇。麻阳溪穿越境内。总面积365.93平方千米，其中耕地面积3360.33公顷。境内矿藏资源较丰富，金属矿种有金、银、铜、铅、锌、铂钯、稀土等；非金属矿种有石墨、煤、高岭土、石英及硫铁矿等。其中黄金为莒口内主要矿种之一。境内溪流纵横密布，以麻阳溪、茶马溪、书莒溪为3大主要水系及众多支流，全镇水域总面积1144.53公顷，水资源十分丰富。全镇林地面积22987.93公顷，森林活立木总蓄积170.59万立方米，毛竹面积3767.13公顷，立竹645.35万株，森林覆盖率62.80%。1992年撤乡建镇，辖16个村，1个居委会，162个村民小组。2010年，全镇总户数7805户，总人口27204人，人口密度每平方千米75.57人。

二、经济建设

农业　1993年起，以市场需求为导向，侧重发展粮食、蔬菜、食用菌、葡萄、烟叶等优质绿色无公害农业，打造品牌农业。1995年机耕面积1600公顷，占耕地面积47.61%。2000年人均纯收入2329元，人均粮食占有量875公斤。至2005年，农作物总播种面积5203.67公顷，农业总产值7810万元。2007年，完成烟基工程3处，新建排洪沟5条，总长1982米，机耕路3条1358米，受益烟田面积133.33公顷。出资

40余万元扶持烤房建设，新建密集式烤房210座。2009年，投资2335.06万元完成农田基础设施建设项目15个，其中，烟基工程以及烟基国土捆绑项目7个，土地平整项目6个，水库除险工程2个。2009年，严格执行农资增资补助和粮食直补政策，对16个自然村以及良种场共发放良种补贴80.10万元，综合直补共283.60万元，发放购置农机补贴共61.80万元。以确保农业增效、农民增收，推进农业和产业结构调整。水稻种植面积3066.67公顷；烟叶总产量835吨，产值1399.44万元；全镇茶叶面积累计达172公顷，生产茶叶223吨；食用菌面积203.87公顷，生产香菇、黑木耳、竹荪干重1130吨，白木耳、金针菇鲜重162吨，并注册“佛德岭”商标。在烟叶合作社的基础上，新组建葡萄、食用菌协会。至2010年，全镇农业总产值3.17亿元。

工业　1994年引进“旺顺养鳗场”，总投资100万元。1995年，乡政府出资90万元购买建阳磨床厂，开辟为莒口企业工业小区。1997年镇办企业10家，总产值6164万元。2000年，有12个村共有村办企业21家，个体企业1233家。个体企业845家，从业人员1334人。2005年，全镇工业以竹木加工、茶叶加工、粮食加工、铸造为主，坚持分类指导，分类推进，突出重点，培育支柱的指导原则，着重培育和发展茶业加工、木业加工、竹业加工3大支柱产业，重点扶持6户骨干规模工业企业发展，提升产品质量和档次，开发生产新产品，走规模化和品牌化道路。至2010年，全镇工业总产值6.60亿元，其中规模以上工业产值5.92亿元。

三、基础设施

1995年，莒口中心小学“恩美”楼破土动工，占地面积558平方米，总投资96.60万元。1997年，扩建莒滨路街道水泥路面全长564米，宽20米；柏油路面长340米。同时，改造电路，制作精神文明、商业广告两用灯箱30个，种植白玉兰、桂花树140株，绿化草地2200平方米，总投资70万元。1997年6月至1998年8月，投资180万元铺设莒口至茶坊柏油公路10.70公里；投资80万元新建茶坊恩美楼1座，建筑面积1884平方米。1998年9月，投资30万元新建农贸市场2752平方米，增加摊位325个。同年冬，为解决教师住房，莒口中心小学建成园丁楼1座，住房20套，面积2600平方米；焦岚小学建成学生宿舍楼1座。2000年，省财政投资100万元资金进行改造，修建马伏村机耕路，新建低改沟，疏浚沟渠，达到田成方，树成行，路相通，地平整，土改良的标准田园化格局。2004年，对茶坊至东历6千米、莒口至湖桥9千米，合计15千米道路进行硬化；完成莒口、焦岚、后山、河坝4个村的饮水工程建设，解决460户1500人的饮水问题。2007年，全镇新建沼气池40座，改善农村环境卫生；投资30万元对政府办公楼外墙及大院进行简单的整修；投资30万元筹建垃圾焚烧炉和垃圾处理场，并在集镇和7个中心村新建垃圾池52个、垃圾桶18个，配齐保洁员和保洁车；投资30万元对集镇街道路灯进行改造；投资20万元兴建公墓山一期工程；共完成村级公路硬化4条，水泥路面改造总里程21.30千米，总造价500万元，实现所有行政村都通水泥路的目标。2008年，对莒口中心小学、莒口中学进行危房改造；筹资100万元新建的卫生院大楼投入使用；筹资13万元，完成从幼儿园到工业小区的路面硬化；投资8万元，完成莒口镇桥头的水泥路铺设。2009年，以中心村为突破，推进全镇农村建设。完成农村改厕36座，新建农村户用沼气池126口，新建农村垃圾池28个，农村垃圾集中处理基本实现全覆盖。完成活动中心和森林公园建设。2010年，投资500万元建成长5.23千米的莒口—将口三级公路和投资240万元的中布大桥。河坝中心村作为新农村建设的典范，3年间建房164户，并完成，水、电、路、通讯等配套设施建设，部分路灯的架设以及建成集办公、文娱、休闲于一体的活动中心，并完善青少年户外活动场所、休闲广场等。

四、社会事业

1995年，多方筹款百万元，兴建钢筋混凝土5层的教学“恩美楼”，共34间，建筑面积2233平方米。

1997年，投资5万元扩大莒口中心体育活动场地，占地面积1万平方米。同年，新建茶坊小学“恩美楼”，投资80万元。1998年，投资80万元兴建的莒口学区园丁楼。至2005年，全学区有完小村小学校舍93栋，总面积24229平方米。小学适龄儿童入学率100%，初中适龄人口入学率、小升初升学率、九年义务教育覆盖率均达100%。

1993年起，以先进的调频广播替代有线广播。20世纪90年代末，全镇电视覆盖率100%，电视收视率100%。民间文化娱乐丰富多彩，地方色彩浓厚。1994年正月，参加全市舞龙大赛，莒口舞龙代表队获“金牌奖”，舞狮、舞蚌代表队获优秀奖。至2005年末，有镇文化站、广播电视站各1处，有村级文化活动中心8处，各类文化专业户86户，图书馆1个，藏书2000册，有省、市级文物保护单位6处。莒口卫生院先后获“南平市精神文明单位”“建阳市先进药房药库”称号。镇卫生院占地面积达1万平方米，建筑面积达3358平方米。住院部设有理疗、处置、治疗、手术、急诊抢救、注射等科室，有病房8间、床位30张，为全镇2.70万人提供较为完善的医疗、预防、保健、计划生育服务。

五、风景名胜

唐宋以来书院、精舍共13处，古寺庙142处，其中，有历史悠久的圣迹寺，还有多处祠堂和古民居、古厝桥、古石桥等遗址；西山之巅有石城墙、水闸门、练兵场、跑马场，宋理宗亲书御笔的“西山”“庐峰”摩崖石刻；朱子母亲祝氏夫人，蔡元定、王鄂等古墓22处；新石器和青铜器遗址5处，古窑址4处，古塔址2处；有因朱子、蔡元定而扬名的文化名山云谷山、西山。

第八节　黄坑镇

一、地理位置

黄坑镇地处建阳市西北部，东与武夷山市兴田镇接壤，南连建阳市麻沙镇，西邻邵武市水北镇，北接光泽县寨里镇。总面积377.90平方千米，其中耕地面积1899.40公顷。境内主要矿藏资源有铝、锌、铜、钨、钼、铁等金属矿和硫、白云母、长石、石英等非金属矿共计11种。有针叶林、阔叶林、竹林与经济林等维管束植物1800多种，素有“林海竹乡”之称，森林覆盖率94.50%。境内昆虫5000种，脊椎动物100种，被誉为“昆虫世界”“蛇类王国”“鸟类天堂”。全镇辖1个居委会和11个村委会。2010年，全镇总户数3507户，总人口13149人，人口密度每平方千米35.39人。

二、经济建设

1994年，全镇工农业总产值1.93亿元，其中，农业总产值5403万元，工业总产值1.39亿元。财政总收入316.80万元，农民人均纯收入1700元。之后，农业以粮食生产为主，同时发展竹荪、大豆、烟叶等高产优质绿色农业，打造品牌农业，注重科技含量。2006年起，引进各类优良品种水稻，粮食总产量增长。2007年，种植烤烟47公顷，总产1115吨，总创收120万元。2009年，烤烟扩种至180公顷，年产值增至600万元，成为黄坑特色农业之一。2000—2008年间，黄坑批量引种芙蓉李、锥栗、黄花梨、银杏等优质果树良种。经济作物以茶叶、香菇、笋干为大宗，大力发展生态农业。2010年，发展高山优质茶733公顷，油茶133公顷，食用菌13公顷，中药材66公顷。

企业以竹制品、建筑材料、茶叶加工为主。1997年，莆田荔阳公司在黄坑镇投入200万元建厂。2007年，坳头茶厂的“天然”牌正山小种红茶在“人文中国，茶香世界”评选中获“凯捷杯”红茶类金奖。2008—2010年，星星竹叶与全国竹制品龙头企业浙江双枪竹制品企业成功联营，孟宗竹获省著名商标评定。

2010 年，工业生产总值 5.06 亿元，占国内生产总值的 0.29%。全镇拥有工业企业 44 家，其中规模以上企业 14 家，

全镇规模工业总产值从 2008 年的 2.79 亿元升至 2010 年 4.60 亿元，翻 1.65 倍。2010 年，全镇工农业总产值 7.82 亿元，是 1994 年的 4.06 倍，其中，农业总产值 2.70 亿元，企业总产值 5.12 亿元。财政总收入 558.20 万元，农民人均纯收入 8028 元。

三、基础设施

1993 年，完成日本政府援助的闽江洪水预警报系统在建阳 8 个站点配套工程土建任务之一的黄坑余量遥测站。1994 年 11 月，兴建雷公口电站，竣工后，全镇新增灌溉面积 140 公顷（地区下达任务 133.34 公顷），完成地下灌溉 20 公顷。1995 年，投资 85 万元，兴建黄坑农贸市场和修建 190 米出镇大道与公路对接。1998 年，集资 255 万元修建黄坑至长坪沥青公路。2004 年，投资 72.75 万元建设长见至西坑庙 5.50 千米水泥路面，投资 67 万元，建设鹅峰、新峰、苦竹坪、九峰等村民饮用水工程。2007 年开始农网改造。同年，兴建竹山机耕路 103 千米，投资 1500 万元改造村级公路。2008 年，镇属公墓正式投入使用。

四、社会事业

1997 年起，市教育局、镇政府、中心幼儿园共投资 60 万元，改造原黄坑小学教学楼为幼儿园教室，添置幼儿活动设施，教室宽敞、明亮、环境优美。1998 年，黄坑中心幼儿园获评“福建省先进幼儿园”，1999 年获评“南平市幼儿园‘活动区’试点工作先进单位”。2001 年，自制教具获评省一等奖并在全市推广使用。黄坑中心小学原来建筑面积 3541 平方米，1999 年镇政府投资 70 万元，改建 1 座教学楼，建筑面积 1300 平方米，2000 年 9 月投放使用。2005 年，投资 100 万元新建黄坑中心小学学生宿舍，建筑面积 1350 平方米。1993—2007 年黄坑中心小学先后多次获评省“文明学校”“农村小学校示范校”“写字实验校”“南平市文明学校”以及“建阳市平安校园创建工作先进单位”称号。2010 年，全镇小学（含村小学）总占地面积 3.67 万平方米，校舍总建筑面积 1.69 万平方米，并完善标准跑道等基础设施的建设。黄坑中学原有建筑面积 6310 平方米。2002 年，由市教育局、黄坑镇政府共同投资 74 万元新建 1 座综合实验楼，占地面积 475 平方米，建筑面积 1256 平方米，2004 年竣工投入使用。

1995 年，黄坑卫生院在农贸市场门口新建 600 平方米的门诊部。2006 年，新建 1 座建筑面积 718 平方米的住院楼。2008 年重新配备救护车 1 辆。2006 年 10 月起，全面实行新型农村合作医疗制度。至 2010 年，全镇参加合作医 11800 人，基本涵盖农业人口。黄坑镇先后获“省级环境优美乡镇”“全国文明村镇”“全国侨联系统先进单位”称号。黄坑是“全国文明村镇”“全国生态乡镇”“全国人口与计划生育依法行政示范镇”“全国妇联基层组织建设示范镇”“全国模范人民调解委员会”“全国先进司法所”“全国侨联系统先进基层组织”“福建省先进基层党组织”。

五、风景名胜

黄坑境内有大竹岚、瞭望塔、朱子墓、雷公口深山高坝等 11 个旅游景点。其中，朱熹墓（又称“朱子墓”），位于后塘村的大林谷，系国家重点文物保护单位。20 世纪 80 年代起，国内外朱子后裔经常前来祭祀，并捐资在后塘朱子墓建起“思源亭”。

第九节　小湖镇

一、地理位置

小湖镇地处建阳市东南部，南浦溪畔，距市区22千米。东毗漳墩镇和建瓯龙村乡，西邻童游街道，南与建瓯小松镇和徐墩镇接壤，北同水吉镇交界。205国道穿越境内。全镇总面积237.28平方千米，其中耕地面积1847.87公顷。境内有丰富的铁、锰、铜、金、铅、锌、硫铁矿和高磷土等矿产，其中，数量较大的有黄地的金矿、铅锌矿、硫铁矿和锡矿，溪东的铜硫铁矿和董步的银铅锌矿。水能理论蕴藏量40969千瓦。山地面积2.11万公顷，森林覆盖率84.33%。1994年11月，撤乡建镇辖16个村委会、106个自然村。2010年，全镇总户数5353户，总人口19386人，人口密度每平方千米81.73人。

二、经济建设

1994年，全镇工农业总产值6192万元，其中，农业总产值4792万元、工业总产值1400万元，固定资产总投资380万元，财政总收入205.30万元，农民人均纯收入1300元。1999年，以小湖集镇市场为龙头，初步形成莲子、茶叶、香菇、杨梅、葡萄等土特产批发、零售市场。建立200公顷莲子生产基地，333.33公顷茶叶生产基地，100公顷“回瑶子”杨梅生产基地，年发展食用菌1000万袋以上。2002年，大田种植粮经比例为65:35，大田种植由低收益的粮、莲逐步转向发展高收益的菜、菌、药等产业。2008年，烤烟生产首次突破万担，且连续3年利税突破千万元。毛竹和锥栗得到快速发展，食用菌生产数年保持全市乡镇第一；重视合作组织创建工作，自率闽北之先成立农机专业合作社以来，相继成立水仙茶合作社等8家农民专业合作社组织。企业以竹木制品、茶叶加工和机械制造为主。至2010年，全镇有规模企业有8家，“飞地企业”18家，涉及机械制造、工艺品加工、茶叶精制、水电、服装、建筑和金融担保等多个行业。全镇完成工农业总产值71665万元，其中农业总产值22546万元，工业总产值49119万元，规模以上工业总产值46019万元，完成固定资产投资33039万元，地方级财政收入638.70万元，农民人均收入5033元。

三、基础设施

1996年投资185万元，铺设官源至小湖全长11.20千米的柏油路；投资384万元，修建205国道第一、二、三期包干路段建设工程。1997年，投资189万元，建成1座库容18万立方米的铅山水库。1998年投资197万元，修复大湖村水轮泵大坝和小湖大桥桥面及护栏。2002年，投资420万元启动大湖土地平整工程。2003年，投资336.50万元进行12个4853户完全电网改造，实现同网同价。2006年，投资225万元建设小湖标准化农田；投资165万元建设马坑后塘片标准化农田。2007年，投资30万元建立垃圾焚烧炉，确保垃圾的日集日清。2009年，投资400万元完成井后至伊墩岭公路路面硬化工程和大山坪至后塘的路面硬化设计工作；投资1300万元的吉湖线35千伏电网建设和小湖变电站升级工程，提高供电质量。

四、社会事业

1996年起，投资308万元新建小湖中心小学教工住宅楼和教学综合楼。1998年，镇政府投资40万元，新建教工楼，建筑面积1212.80平方米。2001年，投资43万元，新建新综合楼，建筑面积800平方米。2002年，投资16万元，对原食堂进行改造。2008年，全镇共有小学9所，中学1所，幼儿园3所。

2009 年，投资 156 万元，新建学生宿舍楼，建筑面积 1600 平方米。小湖中学先后获“南平市自学考试先进单位”“福建省文明学校”“福建省先进教工之家”“福建省绿色学校”“建阳市第九届文明学校”“建阳市素质教育合格学校”称号。

1996 年，投资 100 万元新建卫生院综合大楼。2001 年，小湖卫生院通过一甲医院的评审，成为一甲医院。2002 年底开通市、镇光缆联网工程。2006 年 10 月 1 日起，新型农村合作医疗开始运行。2007 年，投资 200 万元建设小湖镇“三农”服务中心和文化服务中心。2008 年，投入资金 400 万元建造新办公楼，规划投资 5000 万元建设 1 个可住 150 户的马塘新村。2010 年，投资 600 万元，先后建造司法所、烟草站各 1 座。是年，全镇有电视用户 3394 户，覆盖率 66%；辖区内有设施完善的中心卫生院 1 所，11 个村级卫生所，拥有专业卫生技术人员 53 人；全镇参加新型农村社保 4655 户 8655 人，其中，60 周岁以上 2195 人，领取养老金全年共计 144.87 万元。参加新型农村合作医疗保险 4771 户 1.73 万人，全镇享受最低生活保障 341 户 890 人，其中“五保”人员 37 户 39 人，全年共计发放保障金 96.38 万元；全镇享受优抚待遇 34 人，全年共发放定补抚恤金 20.53 万元。先后获“全省防抗台风抗洪抢险救灾先进集体”“先进基层党组织”“平安乡镇”等称号。

五、风景名胜

小湖镇内新石器时代遗址有鲤鱼山遗址、大湖富山岭遗址、大山坪遗址。古建筑有庆安禅寺、朱源禅寺、开化禅寺，楮林禅寺、福庆禅寺。古墓葬有徐清叟墓、滕伯轮墓。

第十节 漳墩镇

一、地理位置

漳墩镇是福建省定老区、少数民族贫困乡镇，位于建阳东部，与松溪、政和、浦城、建瓯相邻，距市区和横南铁路 50 千米，距 205 国道 8 千米，是闽浙路程最短之古商道必经之处。全镇总面积 303.97 平方千米，其中耕地 2689.33 公顷。森林覆盖率 73.90%，木材蓄积量 70 万立方米。严川、周历 2 个村的花岗岩储量达 1600 万立方米。漳溪和上墩溪穿境而过，流域范围广。山间支流密布，河道坡降大，水能资源丰富，全镇有水库 4 座，总库容 120 万立方米。镇内有碧绿而深不可测的七层潭；可容纳百人、旋风不息断的仙人洞，古老而神奇的姐妹连体樟等景点。

1992 年，漳墩撤乡建镇，下辖 1 个居委会和 24 个村，其中 17 个老区基点村。2010 年，全镇总户数 7009 户，总人口 28831 人，其中畲族 4600 人，占人口总数的 15.96%，人口密度每平方千米 94.84 人。

二、经济建设

1988 年，全镇社会总产值 1839.35 万元，财政收入 19.70 万元，农民人均纯收入 370 元。2010 年，全镇社会总产值达 3.71 亿元，比 1988 年增长 1917%，其中，工业总产值达 12385 万元；财政收入 155 万元，比 1988 年增长 686.80%；农民人均纯收入达 4116 元，比 1988 年增长 1012.43%。

工业 2004 年，引进投资 1300 万元建设凤凰黄溪水电站。引进资金 330 万元完成白沙桥、杨梅际、龙安 3 座电站技改。投资 280 万元建漳墩村老虎甲电站，总装机容量 500 千瓦；投资 260 万元建桔坑长坑电站，装机容量 500 千瓦。2008 年，投资 2000 万元、注册资金 400 万元，签约百万税收的漳和木业投入生产；作为“飞地”工业总投资 2000 万元的富森制衣厂于当年 3 月投产，年产值 1800 万元；此外，还引进投资 100 万元，注册资金 100 万元的建阳市天一装潢有限公司、建阳石海川贸易有限公司、建阳市隆兴竹制品厂3家企业。

农业　1994年，农业产值6347万元，主要农作物以白茶、毛竹、锥栗、杨梅为主，农业产值逐年递增。2004年，产值达14174.11万元。2005年底，24个建制村全面完成集体林权制度改革任务，完成商品林登记面积17566.70公顷，生态林登记5460公顷，并通过市林改检查组验收，2005年度，镇林业工作获评全市第一名。2006年，全镇水产品年产量突破480吨，产值1680万元。2006年，引进投资分别达上千万元的杭下、杭头2家养鳗厂，年产值3000万元，成为全镇水产养殖业龙头企业。2007年，利用山地面积多、天然牧草茂盛的优点，发展草食性优良品种南江黄羊及浙东白鹅养殖，全镇共有山羊存栏2287头，其中，南江黄羊9群862头。粮食产量逐年增长，至2010年，全镇粮食播种面积3134.60公顷，产量20493吨，比2009年增收476吨。烟叶种植面积由2002年的20公顷发展至2010年的178.80公顷。锥栗、毛竹、茶叶、烤烟4大特色产业成漳墩农民增收的支柱。烤烟生产由2006年的种植面积101公顷，产量49000公斤增至2009年的223.33公顷、603761公斤，收购总金额1039.39万元，镇村创税203万元。

特色产业　1995年起，大力发展锥栗、茶叶、杨梅三大特色规模产业，锥栗每年投产1733.33公顷，年产量2900吨。2009年，成功举办建阳市第二届锥栗节，紫溪锥栗专业合作社成立，着力扶持利用锥栗产区开发速冻保鲜产品。发挥漳墩是清朝御品“贡梅白茶”产地的传统优势，至2010年，全镇茶园总面积1186.67公顷，年产量500吨，产值1000万元，其中，年出口100吨，创汇200万元。人工种植杨梅667公顷，总产量7500吨，其中，供生产蜜饯、杨梅酒酿造用杨梅5000吨。特色农产品逐步走上专业化、市场化的新路并在全市创业竞赛评比中连获佳绩，2003—2004年先后获全市锥栗产业创业竞赛先进单位、茶叶产业创业竞赛第二名和竹业擂台赛第二名，2005年，获全市锥栗产业竞赛第一名和茶叶产业竞赛第一名。由政府出资注册“建溪春”贡眉白茶商标，“建溪春”品牌连续2届获评南平市知名商标。2010年，全镇烤烟、莲子、茶园、锥栗、毛竹、杨梅的种植面积合计295.50公顷，企业总产值14804万元，农业总产值26501万元，人均纯收入4116元。

三、基础设施

1992年，完成撤乡建镇。2002年，完成回龙至漳墩路面改造，投资64万元。2006年，投资40万元在龙安、竹口村实施标准化农田农业项目，受益农田60公顷；民族中学实验楼当年建成投入使用。2006—2007年，累计投入3600万元资金，全面实施全镇24个行政村的通村公路水泥硬化，总长92千米；完成5座农村客运停车点建设。同时，投资80万元新建白沙中桥；投资42万元，建成龙安、严川、枫杭、杭下、杭头、苏元6个村饮水工程，解决5600人饮水困难。到2010年，全镇建成村级自来水站23座；投入214万元，完成松元、外元、杭头等地烟田水利基础设施项目、加固和维修凤凰村及松元村2座小（二）型危险水库。全镇新建沼气池35口；投资3.50万元，改造镇农贸市场内公厕1座。

2007年在姜地、桔坑、周历、碓后、沙堤等村开设竹山机耕道62.50千米。投资89万多元完善镇容村貌整治工作，镇所在地建集中垃圾焚烧窑及街道排水沟和人行道的改造，建绿化带，安装整修路灯，建起全镇统一的停车场，新建一座养老院。投入24万元硬化龙安新村街道。在各行政村垃圾定点配垃圾池（桶），配备保洁员16名。

2008年投入662万元，完成830县道茶头岭至龙安8.70千米的三级公路路面改建以及漳墩至回龙路段改建，完成所有行政村道路水泥硬化，

2009年做好宁武高速漳墩段征地拆迁安置补偿工作。宁武高速漳墩段途经焦坑、龙安、竹口、漳墩四个村，沿线12.80千米。全镇征地68.53公顷，迁移杆线196根，迁移坟墓474座，林木砍伐9.20公顷，房屋拆迁64家。

四、社会事业

1990年建成漳墩镇广播电视站，2001年后改称网络站，用户4000户，入户率70%。2006年，镇卫生院获评“南平市精神文明单位”，漳墩镇政府和供电所及龙安、松源、前溪、碓后村分别获建阳市“文明单位”及“文明村”称号。漳墩民族中学在省六届少数民族运动会上夺得4枚金牌2枚银牌。2007年中心小学新校园和中学新建综合实验楼相继竣工投入使用。2006年，全镇安置地质灾害受灾户24户，累计补助资金12万元。2006—2009年漳墩镇畲民代表南平市分别参加全国、全省少数民族运动会，并获蹴球、射弩、高脚竞速、毽球等5项全国冠军和4项全省冠军。

文化 1999年创办建溪春诗社，得到全国各地诗友的支持，反响热烈。2007年，举办漳墩镇首届畲族文化节。2010年，全镇有广播站1个、文化站1个、村级文化俱乐部9个、文化中心户34个、农家书屋13个、藏书5400册。

教育 2010年，有幼儿园8所，在园幼儿628人，专任教师9人，入园率85.50%；中心小学1所，完小1所，教学点13个，在校生1352人，专任教师110人，小学适龄儿童入学率100%；中学1所，为建阳漳墩民族中学，在校生746人，专任教师40人，初中适龄人口入学率96.09%。

社会保障 2010年，享受城镇最低生活保障35户82人，支出7.37万元；农村最低生活保障户数360户830人，支出69.37万元，月人均72元，五保户月人均222元。

医疗卫生 至2010年末，全镇有卫生院1家，病床30张，执业医师5名，注册护士3名。与市立医院促成双向交流，实现双向转诊。24个村村民参加新型农村合作医疗，参保率98.50%。

民族特色 漳墩镇是闽北老区镇，也是建阳畲族主要居住地。畲族人口占全市少数民族人口数的1/3，主要分布在陈元、碓后、苏元、上乾等7个建制村，有自己的语言、服饰、节日、生活习惯等。每年农历“三月三”“六月六”为雷姓和蓝姓畲民的节日。漳墩民族中学是全市唯一的一所民族中学。

畲族人在迁徙过程中，继承和创造绚丽多姿具有鲜明民族特色的文化艺术。山歌是畲族文学的主要组成部分，多以畲语歌唱的形式表达。每逢佳节喜庆之日，探亲访友迎宾之时，以及山间田野劳动之间，常常以歌对话。勤劳淳朴的畲族妇女，不但是生产能手，也是编织刺绣的能工巧匠，手工艺品种丰富，色彩斑斓，风格独特。畲族人民酷爱“打尺寸”“盘柴槌”、节日登山、骑海马和竹林竞技等体育活动。尤其是练拳习武之风盛行，经千百年传承，形成独具一格的民间武术。

第十一节 崇雒乡

一、地理位置

崇雒乡位于建阳北部，东与回龙乡、水吉镇交界，西与将口镇比邻，南与童游镇接壤，北与武夷山五夫镇毗连。南北相距20千米，总面积128.82平方千米，其中耕地面积2806.73公顷。境内矿产资源丰富，主要有蛇纹石矿、花岗岩等，储量达1.80亿吨，为华东地区之最。辖6个行政村、1个良种场和61个村民小组。全境呈北高南低U形状，建溪二级支流芹溪从境内穿流而过。境内北联浦（城）南（平）高速公路，南接宁（德）武（夷山）高速公路，邻近武夷山高铁东站。集镇所在地距离建阳市区31千米，距“世界自然与文化遗产”——武夷山风景区30千米。崇雒乡属闽北少有的绿色生态区域，环境优美、民风淳朴、社会和谐。境内历史文化底蕴深厚，拥有宋慈墓、龙井坑、如是寺和莲源山水库等自然人文景观，素有“莲果之乡”的美誉。2005年，被纳入南平市“闽北产业集中区”区域之一。2010年，全乡林地面积为9879.67公顷，活立木总蓄积79万立方米，毛竹蓄积量42.59万根；生态公益林面积2032.73公顷，森林覆盖率为87.05%；全乡总户数3197户，总人口11759人，人口密度每平方千米92人。

二、经济建设

1994年，全乡工农业总产值10992万元，其中，农业总产值2226万元，工业总产值8766万元。财政总收入109.90万元，农民人均纯收入1280元。农业方面：1994年，全乡通过“培植特色产业，扶持专业组织”发展特色农业、效益农业、养殖业，建立烟叶、柑橘、白莲、山地鸡和野猪养殖等特色产业基地。组建和扶持宋慈橘柚专业合作社、上洋山地鸡养殖专业合作社、申友利民莲菌专业合作社、万木林合作社等6家合作社，注册“野杉坡”牌山地鸡、“宋慈”牌桔柚农产品商标。在建阳市第一、二届桔柚擂台赛上，崇雒乡送展的桔柚均分别摘下金、银、铜3项奖牌，桔柚优质产地的知名度由此大为提升。产业专业合作社引领和带动，使烟叶、柑橘、山地鸡、野猪、莲菌、经济林等一批示范产业成为全乡农村致富的主导产业。工业方面：1994—2001年新增项目少、投资小，2002—2010年，新上项目12个，总投资近2900万元，其中，投资500万元以上的项目有双龙木业精制厂等3个，投资100万元以上的项目有输电线路改造等4个。至2010年底，全乡工农业总产值2.58亿元，是1994年的2.40倍，其中，农业总产值1.32亿元，是1994年的5.90倍；工业总产值1.26亿元，是1994年的1.44倍。财政总收入199.40万元（上级转移支付29万元），是1994年的1.80倍；农民人均纯收入4338元，是1994年的3.40倍。

三、基础设施

1994年起，逐步加大基础设施建设力度，多方筹措资金加强水、电、路等基础设施以及崇雒新农村建设。其中，2004—2010年间，投资75万元完成崇雒至右巨5千米的输电线路改造和右巨村街道“照明工程”；投资520万元完成6个村的烟基工程建设；投资340万元完成崇雒至将口东田和横源至童游新岭2条出乡公路硬化；投资17万元建成集镇垃圾焚烧炉；投资208万元完成横源村井水自然村农业综合开发项目；投资330万元完成公益性公墓山征地、配套设施建设；投资230万元完成崇雒水库左右干渠建设和崇雒水库除险加固改造；投资60万元完成集镇街道改造；投资730万元完成崇雒新农村试点村建设的征地、规划和建设；投资400万元兴建崇雒烟草站；投资1500万元完成右巨、后畲、上社、崇雒533公顷的3个土地整理项目建设，农田水利设施得到完善。

四、社会事业

1994年起，逐渐加大对科教文卫事业的投入。全面落实义务教育各项政策，解决贫困家庭子女就学问题，巩固和发展各项教育成果，通过省“双高普九”验收评估。2006—2010年，共投入资金350万元完成崇雒中、小学校舍扩建和操场改造，进一步改善办学条件。落实农村新型合作医疗政策，至2010年，全乡新型农村合作医疗人口覆盖率达到99.80%，解决群众因病致贫的问题。投入资金81万元完成卫生院综合楼扩建改造，改善医疗卫生条件。2010年，完成全乡电网改造，并投资400万元新建一座35千伏的变电站，解决全乡用电质量不高的问题。挖掘乡土特色文化，开展宋慈文化宣传，完成崇雒、横源、上洋、右巨等村农家书屋建设，群众文化生活不断丰富。计生工作取得重大进步，由2006年全市考评排名倒数第一，至2010年计生考评排名全市第五，计生工作获全市二等奖。1992年7月，正式成立崇雒乡广播电视工作站，至2010年，有线电视用户2038户，入户率64.30%。2005年，完成村村通电视光缆项目，群众可以看到与城里一样的电视节目。同年，移动通讯基站建立，改建原有的联通移动通讯基站，基本上实现移动通信信号覆盖崇雒全境。全乡有初级中学1所、中心小学1所，小学教学点3个。2010年，全乡中小学入学率100%，初中毕业率100%。辖区内有卫生院1所。

第十二节 回龙乡

一、地理位置

回龙乡位于建阳市东部，东邻政和县，南接建瓯市，西界武夷山市，北与浦城县相连。205国道贯穿全境、宁武高速公路过境并设有互通口。南浦溪是过境重要水系。铁矿和萤石矿是主要的矿产资源。全乡土地总面积199.70平方千米，其中耕地面积1486.87公顷。境内林地面积137.33公顷，林木蓄积量120万立方米，毛竹贮量120万根，素有“林海竹乡”之称。全乡辖12个村，总户数4202户，总人口14608人，人口平均密度每平方千米73.15人。

二、经济建设

1994年，工农业总产值7012万元，其中，工业产值3421万元，农业产值3591万元，农民人均纯收入1153元。当年，利用外资15万元。引进资金90万元，兴办铸造铸锅厂。引导农户发展山地开发、家庭养殖、田园种植经济。建立以高山村为重点的毛竹、板栗、杨梅基地。1995年，创办内联企业9家，引进资金500万元，创产值1200万元，增利税60万元。复垦竹林181.53公顷，低改茶果园66.67公顷。1996—1999年，每年种植烤烟48—54公顷，年产值55—62万元。2000年，引进市外资金470万元，企业新上项目11个，投资500万元，出口货值120万元。粮食总产量9540吨，发展食用菌50万袋，笋竹营林86.67公顷，种植烤烟31.47公顷。2001年，引进市外资金350万元，企业新上项目10个。突出抓好“一菌三业”（食用菌，烟叶产业、粮食产业、笋竹产业），发展食用菌360万袋，烟叶产量5万公斤，大田调整400公顷；笋竹营林263公顷。新发展三元母猪300头，全番种鸭7000只。新植茶园33公顷，锥栗20公顷，果树高位换种7公顷。2002年，形成以烟叶、畜牧业、乡镇企业为重点的主导产业结构格局。粮食产量7079吨，发展食用菌580万袋，种植烤烟47公顷。2003年，新上企业项目7个，总投资7737万元。发展烤烟56公顷，总产值105.90万元。新植锥栗47公顷，低改200公顷。建立毛竹丰产基地示范片4片33公顷。发展二元母猪、规模养羊、肉牛饲养、淡水养鳗，树立西欧浦村三元仔猪品牌。2004年，新上项目3个，总投资6002万元。高门电站投产发电，投资100万元开发西欧浦工业平台，引进600万元的变电站建设项目落户工业园区。粮食播种面积2153公顷，实现粮食总产量10704吨。烤烟种植57公顷，产值138.30万元，推广示范日本节成黄瓜和网纹甜瓜各6.70公顷。新植锥栗33公顷，低改200公顷，建立毛竹丰产示范片4片33公顷，新植中小径竹33公顷，低改27公顷。建成西欧浦村三元母猪生态养殖小区1.20万平方米，新增猪舍12座，新增养二元母猪300头。2005年，在全市创业竞赛中获进步奖。新上项目4个，总投资1600万元。固定资产投资4387万元。粮食总产量1.14万吨。烤烟种植60公顷，总产值140万元。2006年，总投资3500万元的生态土池养鳗场、福生竹木有限公司、鑫益木业、坤宏木业和杜氏铸造有限公司相继投产。2007年，项目总投资9816万元，新增500万元以上投资项目3个。烤烟种植增至220.80公顷，新植锥栗10公顷，低改37公顷，建设笋竹高效基地35公顷，造林更新176公顷。2008年，完成项目总投资11773万元，山海协作注册资本金5500万元，利用外资150万美元，外贸出口交货值1390万元。发展烤烟267公顷，创历史新高。2009年，新落户项目4个，吸收市外资金9816万元，固定资产投资19806万元，山海协作注册资本金6000万元，利用外资150万美元，外贸出口交货值150万元。制定烤烟生产扶持政策，新建烤房8座，改造烤房26座。烤烟种植面积237公顷，创产值950万元。2010年，固定资产投资2.13亿元，利用外资500万美元。引进3家企业，注册资金2亿元。全乡规模以上企业达19家，涉及建材、电子、服装等行业，注册总资金达2.60亿元。其中，注册资金1000万元以上的企业有7家，500—1000万元企业有4家。烟叶成为农民增收的主导产业，共种植烤烟220.18公顷，产值943.80万元，财税112万元；特色产业网纹甜瓜、葡萄、蔬菜、茶叶、锥栗、毛竹等产业显规模效应。工农业总产值4.69亿元，其中，工业产值2.70亿元，农业产值1.99亿元。财政收入272万元，农民人均纯收入5367元。

三、基础设施

1994年，回龙至坑下拱桥、回龙八仙岭引水工程、澄埠电灌站竣工，白洋公路立项开工。1995年，投资44.10万元，架设大汾、坑下、小均中3座桥梁，改造拓宽白洋公路，开通高门至大汾山区公路。1996年，投资80万元，改架回龙至坪州光缆线。投资260万元用于205国道1.30公里改造拓宽。投资39.10万元，修复电灌站6座，兴建电灌站2座，水坝30座，防洪堤2条，修复水渠6公里。投资126万元新安装250千瓦水轮泵站发电机组，增收倒虹吸1处。1997年，投入资金240万元，用于新村建设、旧村改造和村容村貌的整治；投入200万元对回龙水轮泵站机组技术改造；投资94.40万元兴修农田水利；投资40万元建成回龙江滨路。1998—1999年，投入企业技改资金320万元，新增装机容量1000千瓦，架设吴岭和芦头2个工业发展小区的专线。投资100万元，改造回龙乡1.75千米205国道三期工程。投入资金80万元，修复水坝3座，引水渠6千米，防洪堤5条1000米，修复电灌站7座，修大小水坝100个。2001年，投入40万元修复高门、白洋、垅下、白沙公路16.50千米。完成浒州陈坑水库除险加固，建成移动基站。2002年，投资120万元完成浒州新新亭子耕地开发工程，新增良田20公顷。2000—2002年，投资25万元修复半天霄、白沙等村受毁公路23千米，投资20万元铺设回龙、白沙、马岚等村11千米水泥路面；投资17万元架设垅下、澄埠等村自来水工程；投资289.50万元农村电网改造。新安装程控电话700门，建成电信、联通移动电话基站；累计投入资金30万元，修建水坝10座，引水渠30千米，防洪堤4条2千米，修复电灌站5座，修复大小水坝100个，修复龙吉渠、甘源水渠、澄埠水渠水利工程。2003年，总投资414万元的高门电站投产发电，总投资2500万元的澄埠电站开工建设。投资40万元建设龙吉节水灌溉第一期工程；投入资金30万元修建水坝2座，引水渠67千米，修复电灌站7座，水轮泵站2座。2004年，铺设均中村水泥路面，总投资18.30万元建设高门、澄埠和坪州村五处自来水工程，受益人口1790人。12个村的林改结束，完成内外业工作面积8000公顷。2005年，建设龙吉渠二期工程，铺设垅下村水泥路1.79千米，投资50万元建设乡集镇所在地水泥路和排水工程；投资31万元建成白洋、半天霄和马岚村自来水工程；投入抗洪救灾资金50万元，修建塘坝15米，饮水渠31千米，机耕路6千米，修复水毁村公路4千米。2006年，总投资3300万元的澄埠电站竣工，总投资1000万元的35千伏变电站竣工投产，总投资2000万元的回龙右岸电站动工；投资289.50万元改造农村电网户户通电工程；投资30万元开展坪州、浒州、回龙、西欧浦村的垃圾试点整治，建成垃圾焚烧窑1座，垃圾池16座以及沼气池100口。2007年，投资120万元实施烟田基础设施建设，投资700多万元，硬化农村公路19.20千米，实现村村通水泥路；投资10万元建成1座垃圾焚烧窑及其附属配套设施，新建30座垃圾池。回龙、浒洲、西瓯浦和坪州等4个村实现垃圾集中焚化处理。总投资15万元的龙吉渠三期工程完成。改造白沙村自来水，新建村级候车亭6个。马岚下澄溪地灾点搬迁一期工程建成宅基地1500平方米，供12户灾民迁建使用。2008年，投资20万元安装集镇路灯；投资30万元建成浒州、回龙、马岚田间水利工程；完成农村通行政村路网硬化工程建设。2009年，浒州村土地平整73.33公顷投资202万元，烟田基础设施建设投资223万元，龙吉渠倒虹吸引水工程投资40万元。2010年，投资135万元硬化回龙至沙子坑公路和修复公路水毁117处、安保建设6处；投资500万元建设均中大桥；投资1300万元实施农业综合开发、土地平整、烟基设施、烟基水毁修复和小流域综合治理等项目；投资24万元新建拦河坝3座和修复水轮泵站2、3号机组，惠及12个村，受益耕地1000公顷。

四、社会事业

1994年，加强农村三级保健网络建设和农村卫生设施“三配套”（人员配套、技术配套、设备配套）建设。1995年，投资23万元，改善办学条件，购置教学仪器30万元。全乡共有地面卫星接收站8座，差转台7座，电视接受率达95%，有线电视安装5个村，用户1020户。1996年，教育事业通过省、地、市3级“两基”检查验收，广播电视完成同建阳有线电视台联网工作，共有12个频道节目。1997年，完成回龙、马岚2个村的新村建设30户。投资80万元，完成普通电缆改光缆工程，新安装程控电话300部。投资50万元用于村校、文技校、中学的教学楼等基础设施建设。投资25万元新建卫生院X光机房1座。1997年至1999年，投入30万元，改善办学条件。2000—2002年，3年共投入30万元用于改善办学条件，为中小学配备电脑，建成回龙中学综合教学楼1栋，兴建文化综合大楼。2003年，完成均中、白沙村程控电话线路改造工程，坪州、马岚、浒州、回龙等村800户闭路电视光缆实现联网。2004年，投资10万元对卫生院病房进行改造。2007年，投资500万元建设高山村的通信网络工程。2006年，建成马岚村205国道科技文化长廊，在坪州村建立文化凉亭，在均中、西欧浦、浒州、坪州等4村建立农村俱乐部，对回龙叶家祠堂进行修缮，改祠堂为学堂。均中、西欧浦、白沙、澄埠和坪州等205国道沿线村建立候车亭。2007年，投入30万元完成回龙卫生院门诊综合楼改造工程建设。2008年，投资50万元对中小学校舍进行新建、修缮及美化绿化建设。2009年，投资349.50万元用于中小学校舍的新建、修缮及美化绿化建设。2010年，投资390万元新建中学综合楼、餐厅、学生宿舍楼，投资26万元为小学添置多媒体设备和改善饮水设施。投资15万元新建均中、西欧浦、马岚3个村的篮球场，投资10万元建设青少年校外体育活动中心灯光篮球场。截至2010年，全乡有线电视用户达2557户、村级文化活动中心8处、幼儿园1所、小学8所、初级中学1所、学校体育场10个；有医疗卫生机构10个、门诊部1个、床位20张，专业卫生人员35名，其中，执业医师2名，执业助理医师1名，注册护士5名。2010年，全乡新型农村合作医疗参合人数12595人，占全乡人口的89.21%。

第十三节 书坊乡

一、地理位置

书坊乡位于建阳市西南部，地处武夷山南麓。西南分别与邵武市、顺昌县接壤，东北分别与莒口镇、麻沙镇交界。书坊至建阳火车站39千米，至邵武火车站54千米，至晒口火车站45千米，至武夷山机场57千米。2010年，全乡区域总面积20491.60公顷，其中，山地19379.40公顷，耕地1112.20公顷；下辖书坊、贵溪、花园岭、钱塘、水北、饶坝、松坑、罗家堆8个村，人口11014人；全乡有森林17.50公顷，植物品种多达950种；用材林，经济林占森林面积的82.20%；林木蓄积量55.70万立方米（年采伐量1.20万立方米）；毛竹占森林面积的12.14%，毛竹3533.34公顷，蓄积量500万根（年采伐量20万根）；矿产资源丰富，探明的石墨矿总储量1007.55吨，是华东地区储量最大的鳞片晶质状石墨矿，金矿探明2处，储量丰富，埋藏浅，品位高，花岗岩储量达数百万立方米。高岭土矿储量达75万吨，全矿可露采。

二、经济建设

2010年底，全乡实现工农业总产值82196万元，其中，农业总产值14510万元，工业总产值67686万元。财政收入262.80万元，农民人均纯收入5732元。全年固定资产投资20950万元。全乡有硬质合金、泰和竹木、宏旗电器、兴源木器等规模企业。2010年，全乡种植烟叶127.67公顷，种植吊瓜43.34公顷，发展食用菌450万袋，畜禽存栏8.28万只。竹木、粮食、烟叶、食用菌为农业主导产品。农副产品如黄花菜、松脂、笋干、香菇、红菇、药材、吊瓜、水果等丰富。茶叶是书坊一大特色产品，有可采摘茶园 33.34 公顷。书坊乡所产良种牧草宽叶雀稗草籽，1992 年获首届国家农业博览会银质奖。

三、基础设施

程控电话、移动电话、小灵通、宽带上网全面开通。书坊至麻沙、莒口道路硬化。乡内村村通水泥路。境内溪流纵横，水利资源丰富。建有小型电站 8 处，总装机容量 785 千瓦。农网改造工程全面完成，建有 35 千伏变电站 1 座，电力供应实现城乡同网同价。乡政府机关设在书坊村。书坊村集镇人口 4000 人，有中学、小学、幼儿园、综合卫生院各 1 所。有日供 2000 吨的自来水厂，有闭路电视节目 30 套。投入 500 万元对河道进行治理并建成防洪堤。其他各项社会服务体系较为健全。

四、社会事业

2010 年底，书坊乡获省级文明乡镇称号。2010 年，为 320 人发放低保金 26.70 万元。投入 100 万元建成崇化公园、书林公园、百年茶园、敬老院。乡文化活动中心经常开展球赛、舞狮、舞龙、书法等文体活动。太阳山革命历史纪念馆、太阳山革命烈士陵园成为建阳市重要的革命传统教育基地。乡卫生院可做到小病不出乡。全乡共有 2445 户，9661 人参加新型农村合作医疗，参保率达 98.50%。计划生育工作连续多年位居全市一类先进乡镇。全乡小学生入学率达 100%，中学在中考中取得全市乡镇中学第二名。新型农村社会养老保险参保登记人数 4760 人，缴费金额 49.56 万元，60 周岁以上人员参保率达 100%。新农村一期工程建设基本完工，58 户农户入住新村。乡所在地建有垃圾焚烧炉，每日垃圾得到及时处理。

五、风景名胜

书坊自宋至明为全国雕版印书中心之一，典籍贤章，通行天下，梨刻千户，书肆林立，客商贩者往来如织，素有“国书之府”之称。宋代的积墨池，明代的拿坑十三石拱桥、书林门，清代的 5 层宝塔、楠木厅、百年茶园等古迹尚存。抗日战争期间，境内太阳山曾是中共福建省委驻地，为全省抗日反顽指挥中心。

古迹有浒州凉墩渔梁山的商周时期陶瓷遗址、白沙村清凉寺、澄埠村大兴庵、马岚村天后宫等。

第二篇　自然环境

第二篇　自然环境

建阳地处武夷山南麓，大地构造位置属福建省3大构造带区之一的闽西北隆起带（区），是福建主要变质岩系和燕山期岩体分布区，地史发展演变各时期所发生的重要建造和改造等地壳运动，在建阳境内均有不同程度反映。境内地貌错综复杂，西北部、西部、东部地势高，东南部稍为平坦，中部低。由于侵蚀、剥蚀、堆积等原因，构成中山陡坡地貌、低山地貌、丘陵地貌、山间盆地4个地貌单元。建阳属于中亚热带季风气候，光热资源充足，四季分明，雨量充沛且自然灾害频发；境内有大小溪流71条，其中较大的溪流有19条。溪流水域总面积213平方千米。河道干流两岸多数较陡，河道横断面多呈“V”字和“U”字形，河床基本裸露。

建阳市自然资源丰富，2010年，土壤共划分6个土类、15个亚类、45个土属、42个土种，其中，红壤272970公顷，占总土地80.40%。典型的地带性植被是常绿阔叶林，但因原始森林多被砍伐，现有植被多为次生植被。全市有8个植被型，12个群系纲，119个群系，164个群丛。境内矿产主要有铁、磁黄铁、钛铁、铜、铅、锌、钨、锡、钼、金、铂、钯、硫、萤石、石墨、白云母、石英、高岭土、黏土、钾长石、花岗岩、蛇纹石与大理岩等23种，其中，具有工业开采价值的主要为石墨矿、萤石矿、铅锌矿、铂钯矿、硫铁矿及蛇纹岩。境内动物种类繁多，以武夷山自然保护区建阳部分的大竹岚为代表，有昆虫5000种，脊椎动物100种。几十年来由于人为的破坏与自然淘汰，品种日趋减少。

第一章　地质地貌

第一节　地　质

建阳境内广泛出露前震旦系到震旦系的最古老地层。从上古生界到中生界地层普遍发育，但出露不全，厚度不大。岩石以岩浆岩分布面积最大，面积为1077.65平方千米，占全县岩石分布总面积3383.36平方千米的31.85%。地质构造以北北东与东为主。水系的发育和浸入岩的分布均受此类构造的控制。

建阳地质构造总的趋势是由不稳定到稳定。从白垩系开始逐步进入相对稳定期，火山运动开始平息，断裂构造框架基本形成。第三纪末（距今200—300万年间）随着断块的升降活动，呈现出一系列峡谷和盆地相间的形态，造山运动最后完成。

依据福建构造单元的划分准则，建阳处于一级构造单元的闽北隆起带中部；在二级构造单元中，境内西部、中部及东北部位于浦城—洋源隆起带，而东北部部分地区与东南部都位于松溪 — 建西拗陷带。北东向构造和北北东向构造为境内最基本与最主要的地质构造；大规模的岩浆岩浸入与喷发也明显地受北东、北北东构造所控制，其次尚有零星分布的东西向及南北向构造。

北东向构造　由一组东北走向40—45度的褶皱、压扭性断裂所组成，控制着中生代早期沉积盆地的形成。褶皱：竹洲复式背斜，五福洋复式向斜，刘墩背斜，桥亭向等；断裂：征洲断裂，建阳 — 回瑶断裂，湄布 — 上洋断裂，莒口断裂，徐市断裂，马岚 — 甘洋断裂，祭下 — 交溪断裂，南槎 — 黄连坑断裂，

徐历窠 — 徐市断裂，南岸 — 梅子垄断裂与郑墩断裂 — 谢源断裂等。

北北东向构造　由一系列北东 20—30 度方向的不同规模的褶皱、压扭性断裂组成，分布几乎遍及全境。境内的山脉走向、水系发育及燕山早期浸入岩的展布都受此构造控制。皱：主要有桃棋 — 竹洲背斜、洋庄 — 晒口向斜（经境内杭上到周山坊）、浆溪 — 邵武背斜（经境内五福洋到烧香顶）、麻源向斜等。断裂：主要有桐木关 — 漠口断裂（经境内大竹岚、泥洋、洋坑等地）、洋庄 — 落田断裂（境内杭上到周山坊等地）及洋庄 — 交溪断裂、吕墩 — 横历断裂、梁塘村 — 麻沙断裂、西坑庙 — 大王庙断裂、长坪 — 胡家断裂、回潭 — 后塘断裂、井后 — 回龙断裂和麻沙断裂等。

东西向构造　构造不发育，规模小。其断裂有漳墩断裂、贾墩断裂、红布断裂、兰年断裂等。长度 2—6 千米，走向东西，倾向南北具逆冲性质；挤压破碎带宽 3—10 米。

南北向构造　构造不发育，为一南北倾角 65—80 度的挤压破碎带。破碎带内地层受撞压剧烈，岩石破碎，常见断层角砾。较大的南北向断裂有五福洋断裂、黄墩头 — 小源断裂、古源断裂等。

第二节　地　貌

境内地貌错综复杂，西北部、西部、东部地势高，东南部稍为平坦，中部低。西北部山峦重叠，多为 1500 米以上高峰，最高是猪母岗中的背岗，海拔 1858.90 米；西部为高度在海拔 1000 米以上的武夷山主体部分杉岭山脉；东部山地以强烈侵蚀的低山为主；中部从崇雒的后畲到南部童游的徐墩一带为丘陵地带。由于侵蚀、剥蚀、堆积等原因，构成 4 个地貌单元。

中山陡坡地貌　分布于西北部的坳头、黄坑、五福洋一带，为高峻陡坡的山区地形。面积 18410 公顷，占全市土地总面积 5.44%。海拔标高 1500—1900 米，相对高度 500—1000 米。基岩组成物质为花岗岩、火山岩、变质岩、砂质岩。中山山势雄伟，峰峦如林，地表割切强烈，陡崖峭壁，山地坡度大部分在 25 度以上，河谷大部分呈“V”字形。山岭走向明显；中山区内气温较低，雨量充沛，相对湿度较大，土壤多为黄壤和红黄壤，也有少数粗骨红壤和山地草甸土，植物多为针叶林和长绿阔叶林，矮灌林带和草甸坡地。

低山地貌　多分布在中山的周围和高丘的后缘，面积 116524 公顷，占全市土地总面积 34.44%。主要分布于西部杜潭、溪口；南部的拿坑、乌沙笼、狮子岩、葛墩、井后、罗古岩；东北部的高坑与东部的上乾、姜地、沙堤、马岗等地，属侵蚀性地貌。海拔标高 500—1000 米，相对高度大于 200 米，地形坡度 15—35 度，局部 70 度。沟谷发育，多呈“V”字形和箱形。山岭走向较为明显，垄状山脉走向多为东北向，与构造线方向基本一致，主要为变质岩、花岗岩、火山岩、砂质岩所构成。低山内气候温凉，雨量较丰富；由于长期外力侵蚀剥蚀的作用下，山岭起伏较为舒缓，河流密布，土壤多为红壤和黄红壤，植物多为长绿阔叶林及马尾松林；毛竹林则分布在山垄田周围。

丘陵地貌　位于城关周围，10—60 千米不等。有西部丘陵、南部丘陵、东部丘陵、北部丘陵与城关丘陵。海拔一般小于 500 米，相对高度 150—200 米，山坡坡度 40—50 度，局部 70—80 度。属侵蚀、剥蚀地貌。地形较缓，山体多呈浑圆形。分布面积 144352 公顷，占全市土地总面积的 42.60%。其中，高丘面积 99450 公顷，占全市总土地面积 29.40%，主要分布在山地边缘及河谷两侧地带，与附近山体相连。具体分布在市境中部、东部、其坡度比山地平缓，水温条件较好，由于岩性构造和外力营力作用不同，在不同地区，地貌差异很大，由变质岩组成的高丘构造浑圆如馒头状，排列整齐，土层深厚，土质较红，基本上属酸性红壤，植被覆盖度高。适宜各种人工林及果树栽培。低丘面积 44885 公顷，占全市土地总面积的 13.27%，主要分布在高丘的前缘，盆谷和河谷平原的周围，具体分布在市境北部、西南部和东部。海拔上限 300 米以下，相对高度小于 150 米，坡度较为平缓，大多在 6—15 度之间，岩性以变质岩为主，其次是砂质岩、花岗岩和火山岩，在强烈的流水作用下，地形切割破碎，多呈残丘状，山顶浑圆，河谷短浅，谷地开阔，土壤为红壤，土层深厚，大多为经济林分布，部分梯田。

山间盆地 坡度在6度以下，主要分布在崇阳溪、麻阳溪和南浦溪河流两侧，呈带状。面积为59014公顷，占全市土地总面积的17.45%。主要为泥质、质沙、石砾等冲击物和洪积物；具体分布在江坊、黄坑、塘头、长坪、书坊、麻沙、莒口、后山、马伏、将口、徐市、回瑶、小湖、水吉和童游等乡镇和村，沿河谷零星展布，具有小而散的特点。其中，面积较大的为建阳盆地、回瑶盆地、水吉盆地和小湖盆地。建阳市盆地具有气候温和，土壤肥沃，水源充足灌溉便利的特点，基本上是平洋田，宜于水稻生长，是粮食作物的主产区。

第二章 气 候

第一节 气候特征

一、中亚热带季风气候明显

建阳市地处中纬度，属中亚热带季风气候，季风环流显著。大气环流主要表现为在亚洲大陆与太平洋之间，冬季将大陆上的干冷空气，夏季将海洋上的暖湿空气送至境内，冬半年以偏北风为主、夏半年以偏南风为主，但因地处山区，风小静风多，年平均风速为0.70米/秒。气候另一突出特点是雨热同期，≥10度期间降水量占全年降水量的92%，水热充足，利于喜温作物生长。

二、光热资源充足

建阳太阳光实照时数常年在1600小时左右，热量资源丰富，年平均气温18.50度，≥10度以上的日数平均有200—250天；无霜期为263—340天。因地形复杂，气温、降水的空间变化等值线与地形相仿，气温随海拔升高而降低，降水则增加，立体气候十分明显，多种小气候有利于多种经营的发展。

三、四季分明

建阳四季分明，春季多雨少照，夏季炎热，秋天风和日丽、秋高气爽，冬季雨量小。“热胜于寒”夏季是秋季的2倍多，冬长于春；全年雾日平均82天，多集中于10至次年1月，每月雾日平均在9天以上，且持续时间长，一般达6—9小时，最长达13小时；雾多具有保温作用。

四、雨量充沛

境内年雨量多在1680毫米以上；5—6月是主汛期，雨强大、雨日多，雨量占全年总雨量34%左右，3—6月雨量占全年雨量59%左右，而10至次年2月雨量仅占全年雨量21.70%左右。年平均雨日160天。水资源十分丰富，有利于水电资源开发。

五、自然灾害频发

季风气候的不利方面是具有不稳定性，各种气象要素年际变化大，尤其是降水不仅年际变化大，而且年内分配不均，加上有时光、热、水条件配置不够协调，寒、旱、涝、高温、大风、冰雹等灾害均有出现，特别是“三寒”（“倒春寒”“五月寒”“秋寒”）较为普遍，洪涝、冰雹在局部较为突出。

第二节　气候要素

一、气温

1994—2010 年，建阳市区平均气温 18.50 度。年平均最高值为 19.30 度，出现在 2008 年。年平均气温最低值为 17.80 度，出现在 1995 年。

每天气温最高值一般出现在午后 14—15 时，最低值一般出现在凌晨 5—7 时。但随着季节不同，最低气温出现时间也会不同，春、秋季有强冷空气影响时，最低气温往往出现在 20 时。一年之中最低气温多出现在 1 月和 12 月，最高气温出现在 7—8 月。极端最高气温 41.10 度，出现在 2003 年 7 月 30 日和 7 月 31 日；极端最低气温为零下 8 度，出现在 1999 年 12 月 23 日；境内日最高气温 35 度以上的高温天气主要集中在 7 月到 9 月上旬，全年平均出现高温天数 31 天，最多高温天数 69 天，出现在 2003 年；全年最低气温≤ 0 度平均日数为 13 天，最多天数 25 天，出现在 1995 年。

1994—2010 年建阳市累年各月平均气温一览表

表 2-2-1　　**单位：度**

月 份	1 月	2 月	3 月	4 月	5 月	6 月	7 月	8 月	9 月	10 月	11 月	12 月
平均气温	7.90	10.30	13.20	18.50	22.50	25.40	28.10	27.60	24.90	20.30	14.40	9.20

二、降水

流域内地理条件特殊，春夏之间受南方副热带季风的影响，暖湿气流源源不断输入，与北方南下的冷空气在武夷山脉上空交绥，极易形成静止锋，造成大量降雨，加上武夷山脉的高度和地势走向，有利于暖湿气流抬升，增强降雨。

1994—2010 年，市区年平均降水量 1715.10 毫米，但年降水量的年际间变化大，最多的 1998 年为 2287.20 毫米，最少的 2003 年仅为 1006.90 毫米。雨季和干季较分明，上半年降水量占全年总雨量的 71%。5、6 月是主汛期，经常发生洪涝灾害，雨量占全年的 34%。10 月到次年 2 月降雨量占全年总量的 21.70%，是少雨季节。

1994—2010 年建阳市区各月平均降水量一览表

表 2-2-2　　**单位：毫米**

月 份	1 月	2 月	3 月	4 月	5 月	6 月	7 月	8 月	9 月	10 月	11 月	12 月
降雨量	83.20	112	216.50	228.60	223.90	348.80	130.10	124	70.60	57.70	58.40	61.30

境内累年平均降雨日数在 109—205 天之间。1994—2010 年，市区年平均雨日为 160 天。最多有 205 天，出现在 1997 年；最少为 109 天，出现在 2003 年。

1994—2010 年建阳市区各月平均降雨日数一览表

表 2-2-3　　**单位：天**

月 份	1 月	2 月	3 月	4 月	5 月	6 月	7 月	8 月	9 月	10 月	11 月	12 月
雨 日	12.60	14	18.30	17.90	17.20	18.30	12.90	13.80	9.60	7.40	8.40	9.90

三、日照

1994—2010年，年平均日照时数在1398—2132小时之间，常年1600小时左右。一年中，冬半年日照少于夏半年，1—3月为最少，平均每天仅有2.80小时；7—10月为最多，平均每天有6.20小时以上；按全年平均，每天有光照4.50小时。

1994—2010年建阳市区各月平均日照时数表

表2-2-4 单位：小时

月份	1月	2月	3月	4月	5月	6月	7月	8月	9月	10月	11月	12月
日照时数	85.80	83.10	86.90	109.60	135.80	136.30	225.50	198.60	178	163.50	123.70	113.60

四、风

建阳属中亚热带季风气候，地处武夷山区，风向的季节转换明显。冬半年以偏北风为主、夏半年多为偏南风。年平均风速为0.70米/秒，最大的7—8月0.80米/秒，最小的6月和10—11月0.60米/秒。

2005—2010年，根据自动站观测，境内出现极大风速≥17.20米/秒以上的日数共4天。极大风速为19米/秒，出现在2007年4月1日。

五、雷暴

境内一年四季均有雷暴出现，年平均雷暴日数为54天，最多的年份达77天，最少的年份也有42天。雷暴主要集中在3—9月，其中7—8月平均每月有11天以上的雷暴。

1994—2010年建阳市区各月平均出现雷暴日数表

表2-2-5 单位：天

月份	1月	2月	3月	4月	5月	6月	7月	8月	9月	10月	11月	12月
雷暴日	0	2	4	6	5	9	11	11	4	1	1	0

六、霜

境内年平均有霜日数13天，12月和1月最多，平均为5天，平均初霜日为12月17日，平均终霜日为2月8日，初终日56天，无霜期309天。

第三章 水文

第一节 主要溪流

境内有大小溪流71条，其中较大的溪流有19条。流域面积50—200平方千米的有11条；200—500平方千米的有5条；超过1000平方千米的有崇阳溪、麻阳溪和南浦溪3条。溪流水域总面积213平方千米。河道干流两岸多数较陡，河道横断面多呈“V”字和“U”字形，河床基本裸露。

2010 年建阳市主要溪流情况表

表 2-3-1

流域	水系	河名	溪名	发源地	汇流口	河道长度（千米）	集水面积（平方千米）	河道坡降（‰）	备注
闽江	建溪	崇阳溪	崇阳溪	武夷山仙霞岭	流入建瓯	132	3278	1.50	建阳市出境
			后崇溪	武夷山五夫镇大干村	芹口	34	172	6.40	—
			潭溪	武夷山龙井坑	南岸	15	222	19.06	—
			由原溪	童游街道后际村	建阳城区	21	84.10	9	—
		麻沙溪	麻阳溪	建阳市羊岭岗	建阳城区	136	1570	2.10	建阳市境内
			黄坑溪	建阳坳头村	广贤	21	110	35.20	—
			黄坝州溪	—	黄坝州	26	118	6.20	水系中使用七宝溪没有黄坝州溪
			江坊溪	麻沙镇交溪村周山坊	官地	26	111	9.90	—
			书莒溪	书坊乡龙山山脉	莒口	43	246	5	—
			茶马溪		下外墩	42	163	7.80	—
		南浦溪	柘溪	浦城县苏州岭	流入建瓯	199	4018	1.10	建阳市出境
			马岚溪	漳墩白洋	马岚	22	84.90	19.10	—
			漳溪	漳墩镇凤凰村枫坑	回龙	35	302	9.40	—
			仁山溪	水吉镇仁山村黄西溪	水吉	19	116	11.80	—
			乾溪	政和县东平镇苏地村	小湖	49	246	7.20	—
		建溪	建溪	从建阳城区起	流入建瓯	294.40	16396	0.80	建阳市出境
			徐宸溪	徐市镇唐科大金山	宸前	36	246	10.60	—

2010 年主要河流及河段特征表

表 2-3-2

流域	水系	河　名	断面位置		集水面积（平方千米）	河长（千米）	河道坡降（万分率）	流域形状系数 F/L^2	备注
			县（市）名	地名					
闽江	建溪	麻沙溪	建阳	麻沙	787	80	44	0.12	水文站断面
		麻沙溪	建阳	建阳	1570	136	21	0.08	麻溪口
		崇阳溪	武夷山	溪东	1078	64	52	0.26	水文站断面
		崇阳溪	建瓯	长源	5458	162	15	0.21	崇阳溪口
		南浦溪	建阳	水吉	3507	162	12	0.13	—
		南浦溪	建瓯	长源	4018	199	11	0.10	南浦溪口

第二节　地表水

一、分布

境内水资源完全由降水量补给，降水的大小、强弱和范围对水资源量的时空分布起着很大决定作用。降水量在全市时空分布上不均匀，造成各地降水量的大小、强弱也不均匀。

降水量的空间分布从东南到西北依地势增高而增大。在空间的分配上，多年平均年降水量在1690—2700毫米间，水吉—小湖一带为少雨中心地，年平均年降水量在1690毫米，而黄坑镇坳头一带多年平均年降水量在2700毫米左右。一般情况下，降水量是高山地区多于河谷地区，迎风面地区多于背风面地区。

境内降水量在年内及年际间分布也极不均匀。受季风环流影响，降水年内分配不均，每年的3—6月为雨季，降水量占全年的60%；7—9月晴热少雨，降水以雷阵雨为主，有时受台风影响，形成历时短、强度大的台风雨；10月至次年2月为旱季，降水量相对较少，5个月的降水量仅占全年的20%左右。另外，降水量年际变化大，丰水年年降水量是枯水年的2倍以上。如坳头站1998年年降水量为4037.20毫米，而6月降水量就达1844.60毫米。

二、径流

麻阳溪平均径流为1302毫米，崇阳溪平均径流为1190毫米，南浦溪平均径流为980.70毫米。径流深的地区分布一般随流域地势的增高而增大。径流年内变化比较集中，多年平均汛期4—9月径流量占年径流量的75%—85%，枯季（1—3月、10—12月）仅占25%—15%。年平均连续最大4个月径流量占全年径流量的55%—65%。建溪建阳水文站多年平均径流量为62亿立方米，南浦溪水吉水文站多年平均径流量为48.25亿立方米。多年月径流量年内分配：径流高峰均发生在5—6月，主要是受梅雨天气影响。有些年份有的站也有发生在7—8月，主要是台风暴雨影响。所以月径流分配主要取决于降水，流域下垫面也起一定调蓄作用。调蓄能力越大，月径流量年、月分配过程也就越平缓，在相似地形、地质、土壤条件植被往往起很大作用。

根据建阳、水吉水文站的资料统计表明：1995—2010年，建阳市境内建溪丰水年有4年，分别在1995年、1998年、1999年和2010年；枯水年有3年，分别发生于1996年、2003年和2004年，大洪水取决于大暴雨的天气系统。

第三节　地下水

根据建阳市3个水文站资料统计，地下水最大出流量模数为0.017—0.02立方米/秒·平方公里。基流出现多在洪峰后14—16天。地下水量最大出流量模数分布同各流域降水特性、流域下垫面因素有关。在多雨林区，其下渗能力强，地下水出流量模数为高值区，反之为低值区。

建阳市各水文站地下水出流情况表

表2-3-3

河名	站名	面积（平方公里）	河长（公里）	坡降（万分率）	最大出流量（立方米/秒·平方公里）	地下水出流滞后时间（天）
麻阳溪	麻沙	787	80	44	0.02	14

续表 2-3-3

河名	站名	面积（平方公里）	河长（公里）	坡降（万分率）	最大出流量（立方米/秒·平方公里）	地下水出流滞后时间（天）
崇阳溪	建阳	4848	134	18	0.02	15
南浦溪	水吉（塔下）	3515	167	12	0.02	15

第四节　泥　沙

一、河道泥沙

境内河道泥沙主要来源于上游土壤侵蚀及山体滑坡，并以悬移质泥沙输移为主。同时，对于局部河段当其水沙条件或河床边界发生较大变化，水流挟沙能力处于非饱和状态时，发生河岸崩塌，床面冲刷，泥沙被水流携运在下游堆积，这也是下游河道泥沙的来源之一。另外，由于石料开采、工程建设等导致不同程度的水土流失，直接或间接向河道倾倒煤灰、矿物废料和垃圾，这些流失的泥土或废料转化为床沙中的粗颗粒部分而成为泥沙的另一个来源。

河道岸坡按物质组成可分为基岩（砾）质岸坡、沙质岸坡、土质岸坡 3 种，其中，以基岩（砾）质岸坡占有比例最大，包括基岩丘陵和河床基岩、砾质岸坡，其抗冲能力强，岸坡稳定；沙质岸坡次之，河床岸坡中下部以沙层为主，稳定性差；土质岸坡最少，河床岸坡上部黏土、亚黏土较厚，下部为粉土或细沙，岸坡以上部土层为主。沙、土质岸坡多具二元结构，一般上部以细粒物质为主，下部为砂卵石或粉细沙等。

二、含沙量

根据崇阳溪建阳水文站实测含沙量资料统计分析，崇阳溪年平均含沙量为 0.06 公斤 / 立方米。

三、输沙量

崇阳溪建阳水文站有实测泥沙资料表明，洪水大、洪水多的年份输沙量较大，洪水小、洪水少的年份输沙量相应较小。建阳水文站断面多年平均年输沙量为 40.90 万吨，多年平均侵蚀模数为 84.30 吨 / 平方千米。

第五节　水文站点

境内有 3 个水文站，分别承担崇阳溪、南浦溪和麻阳溪的洪水测验、洪水预报、水资源调查评价等各项工作，日常测报项目有水位、降水量、流量、水温、河流含沙量、水环境监测等，并设有坳头、黄坑、杭上、界首、麻沙、书坊、建阳、水吉、小湖、外屯、马岚等 11 个雨量站，观测降水量。2000 年起，建阳水文陆续应用科学技术，在各乡镇逐步建起各种水文自动采集仪，能适时自动采集各地的水、雨情。

建阳水文站　1950 年，设立洪尾水文站，位于童游洪尾村，其基本断面以上集水面积 4882 平方千米，因宸前电站的回水影响，1983 年撤销，搬至童游水东村 102 号，取名建阳水文站，基本断面以上集水面积 4848 平方千米，属国家重点水文站。

水吉水文站　1951 年 10 月，设立坑下水文站，位于回龙乡坑下村，基本断面以上集水面积 3317 平方千米。因 205 国道改建影响测流，搬迁至水吉。1998 年 1 月 1 日，设立水吉水文站，位于水吉镇上排村，基本断面以上集水面积 3507 平方千米。

麻沙水文站 1952 年，建于麻沙镇麻沙村，基本断面以上集水面积 787 平方公里。

第四章 土壤植被

第一节 土 壤

2010 年，建阳土壤共划分 6 个土类、15 个亚类、45 个土属、42 个土种（其中，大部分红壤，黄壤只划分到土属，未划分土种）。6 个土类中红壤 272970 公顷，占总土地 80.40%；黄壤 5704 公顷，占 1.68%、草甸土 69.30 公顷，占 0.02%；紫色土 2407 公顷，占 0.71%；潮土 725 公顷，占 0.23% 和水稻土 28456 公顷，占 8.40%。

耕地土壤主要有潮土和水稻土，其中，潮沙土 119.20 公顷，泥沙土 39.87 公顷，干层沙土 61.47 公顷，黄沙土 359.33 公顷，乌沙土 43.27 公顷，灰沙土 157.20 公顷。

水稻土划分 3 个亚类：即渗育型水稻土、潴育型水稻土和潜育型水稻土，其中渗育型水稻土的土种及分布面积分别为：黄泥田 1009.07 公顷，灰黄泥田 1847.47 公顷，乌黄泥田 13.53 公顷，黄泥骨 70.87 公顷，黄泥沙田 112.13 公顷，灰黄泥沙田 142.13 公顷，红土田 8.67 公顷，红泥沙田 3.33 公顷，紫泥田 170.53 公顷，百鳝泥田 77.27 公顷，白底田 30.67 公顷，薯粉田 1.34 公顷，沙层田 121.27 公顷，黄沙田 58.40 公顷。

潴育型水稻土多分布在较平坦的山间盆地，河谷平原或大山垅的开阔地带，其中乌泥田 20.86 公顷，青底乌泥田 32.40 公顷，黄底乌泥田 33.20 公顷，灰泥田 2863.40 公顷，青底灰泥田 2976.60 公顷，黄底灰泥田 4498.80 公顷，灰沙泥田 1960.73 公顷，乌沙田 37.07 公顷，灰沙田 923.67 公顷。

潜育型水稻土多分布在山垅、山谷或其他低洼地带，其中，青泥田 890.47 公顷，冷水田 349.73 公顷，锈水田 332.67 公顷，浅脚烂泥田 4252.60 公顷，深脚烂泥田 5516.07 公顷。

第二节 植 被

建阳市属中亚热带季风性气候，其典型的地带性植被是常绿阔叶林，但因原始森林多被砍伐，2010 年，植被多为次生植被。有 8 个植被型，12 个群系纲，119 个群系，164 个群丛。

针叶林 为建阳市用材林的主要组成林，主要有马尾松、杉木林、黄山松林，以及少量的柳杉和红豆杉。

阔叶林 在建阳市为地带性植被，其组成种类丰富，结构稳定，主要有丝栗栲林，柑槠林、毛栲林、青枫栎林、木荷林、细炳阿丁枫林、米槠林、苦储、钩栲林、美绣栲林、罗浮栲林、楠木林、沉水樟林等。此外，尚有次生落叶的白栎林、拟赤杨和枫香林等。

常绿针阔叶混交林 在全市分布广泛，是演替中的森林群落。主要有柑木槠十马尾松、马尾松十毛栲林、木荷十马尾松林、硬斗石栋十杉木林、杉木十丝栗林等。

竹林 在建阳市各林中占有一定地位，黄坑镇和莒口镇的华家山有大面积分布。毛竹林生命力强，是十分稳定的植被类型。

稀疏灌丛 主要有马尾松、白栋十杨梅、油杉和黄山松等。

草甸 主要分布在高山顶部林缘，种类主要有油芒、五节芒、芒和芒萁等。

经济林 多为人工营造，主要有茶叶、油茶、油桐、板栗、锥栗、柑橘、柚、杨梅、枇杷、山楂、桃、李、梨、柿、奈、乌桕、竹柏、漆树、香樟、山苍子等。

第五章 自然资源

第一节 土地资源

农林用地 2006年末，全市农用地总面积为319383公顷，其中，耕地面积33978.20公顷，园地面积8400.50公顷，林地面积267313.10公顷，牧草地面积304.70公顷，其他农用地面积9386.50公顷。全市共划定基本农田保护区面积29621公顷，占全市耕地面积的87.30%。

2009年，建阳市耕地面积33978.10公顷，其中，坡度在15度以下平缓耕地面积32130.80公顷，占耕地总量的94.60%；15—25度的耕地面积1668.50公顷，占耕地总量的4.90%；其他为坡度在25度以上的耕地，占总量的0.50%。

建设用地 2006年末，全市共有建设用地面积7035.70公顷，其中，居民点及工矿用地面积4585.30公顷，交通运输用地面积2082.80公顷，水利设施用地面积367.60公顷。由于土地用途管制政策的实施及土地利用总体规划的制定，促使建设用地使用模式逐步走向集约化，城市建设、建制镇建设及农村居民点建设将得到严格的控制。另一方面，工业的迅速发展和高速公路、高速铁路的建设，使建阳市的工业建设用地和交通建设用地呈急骤增加之势。

未利用地 至2006年末，全市未利用地总面积11399.90公顷，随着耕地开发力度的加大和占补平衡的需要，建阳市未利用土地明显呈下降趋势。

第二节 矿产资源

一、种类 分布

2010年，境内矿产主要有铁、磁黄铁、钛铁、铜、铅、锌、钨、锡、钼、金、铂、钯、硫、萤石、石墨、白云母、石英、高岭土、黏土、钾长石、花岗岩、蛇纹石与大理岩等23种，其中，具有工业开采价值的主要为石墨矿、萤石矿、铅锌矿、铂钯矿、硫铁矿及蛇纹岩。探明的铅锌矿储量35万吨，萤石矿317万吨，石墨矿1100万吨，铂钯矿13.50公斤，硫铁矿90万吨，铜216吨，蛇纹岩3102万吨。这些矿产的分布主要受北东、北北东向构造的控制。矿体大多分布于断裂构造的交叉、复合部位。

二、金属矿

（一）磁铁矿、硫铁矿、镜铁矿

主要矿点有贵溪钛铁矿点、沙堤铁矿化点、严川铁矿化点与马岚镜铁矿化点等。

贵溪矿点 以钛铁矿为主，极少量为白钛石、锐钛矿、石榴子石、电气石和磁铁矿等。一般钛铁矿在10公斤以上，地质储量为4167万吨。

沙堤、严川、马岚矿点 以镜铁矿为主，含铁品位在20%—50%之间，仅为矿化点。

澄埠矿点 为磁铁矿、孔雀石、含铁44.58%，含铜0.05%之间，地表可见铁帽。

（二）铜等多金属矿

主要分布于埂头、鸿庇、吕墩、仙人与溪东等地

埂头矿点 主要矿物为黄铜矿、黄铁矿、孔雀石、褐铁矿、软锰矿等。

（三）铅锌矿

主要分布为水吉、葛墩、溪东、硬岭头、下后溪、黄村、秦溪、黄坑的大竹岚和三宝山等地。其中具有工业价值的以水吉锌矿为主，属中型矿床。其他点为矿化点。

（四）钨、锡、钼矿

此类矿分布于五峰岗、竹口、桥亭。

横坑矿点 位于黄坑镇横坑村。含钨石英脉，产于燕山早期黑云母花岗岩内接触带，受北西、北东向裂隙控制。含钨石英脉和云英岩脉共30条。矿物成分有黑钨矿、辉钼矿、辉铋黄铁矿。

（五）金、铂、钯矿

此类矿主要分布于大金山、下湖、马伏、书坊、茶布等地。

马伏、大金山矿点 属石英脉成因型，矿物成分为黄金、黄铁矿、少量黄铜矿、方铅矿和闪锌矿。脉石矿物为石英。

书坊、茶布矿点 为第四系冲积型砂金矿点。主要矿物有黄金锆石、磷钇矿与独居石等。

下湖铂钯矿 小型矿床，属岩浆熔离热液富集成因类型。矿体主要受黑云变粒岩层断裂控制并富集。矿物成分有黄铁矿、黄铜矿、紫硫镍铁矿、镍黄铁矿、硬铬尖晶石、砷铂矿、方铋铂、黄铋碲钯与钛铁矿等。每吨含铂0.11—0.14克，含钯1.02—1.04克，含镍0.14—0.97克，含铜0.21—0.47克。铂与钯总储藏量为13.50公斤，半生铜36吨，镍51吨，钴4吨，可综合利用。

（六）硫铁矿、硫多金属矿

主要分布于廖墩、杜潭的青州、麻沙的仙人坑、建阳溪东等地。其中，以杜潭的青州和建阳溪东两地规模较大，可供地方综合利用。

溪东硫铜锌小型矿床 矿体主要赋存于岩体的外接触带——长林组含砾凝灰岩之下的岩性中。

三、非金属矿

（一）白云母、钾长石矿

主要分布于留田、杨香、外墩等地，属伟晶岩成因类型，含矿伟晶岩产于变质岩与混合岩或白云母混合花岗岩中。可供地方小型开采。

（二）蛇纹岩矿

主要分布于北历、吴中两地，其中崇雒北历为中型矿床。此矿床为热液变质成因类型。主要出露超基性岩，呈北东向伸展，长1190米，宽230米，以豆荚状岩墙产出。岩石变质成蛇纹岩、滑石岩、透闪岩、蛭石岩等。属雪峰期产物。蛇纹岩呈透镜状，长1190米，平均宽124米，延深300米，面积为0.15平方公里。矿石主要以利蛇纹石为主，次为纤维蛇纹石、叶蛇纹石等。

（三）高龄土、黏土矿

主要分布于井后、岩后、破石、水吉的南山和白沙站、将口的灵凤等地。

水吉池中南山高岭土矿点 为石英斑岩脉风化型高岭土矿点。分布于南山碗厂、瓷厂一带，地质储量约为24.30万吨。

水吉白沙站高岭土矿点 此为石英斑岩脉风化型高岭土矿点。矿石灰白带绿色，风化不深，质量差，无工业价值。地质储量7.53万吨。

（四）大理岩矿

主要分布于莘溪、东山一带。矿体规模小，为沉积岩成因类型，大多呈透镜体夹在变质岩当中。

（五）石墨矿

分布于岭根墙、莒口、留田、埂头和塘头一带，其中具有工业开采价值为岭根墙石墨矿。

（六）萤石矿

主要分布于长坪、回潭、社洲3个地点，其中，以回潭萤石矿规模较大，为大型矿床。

回潭大型萤石矿床　位于将口乡回潭村。矿区内出露加里东期二云母花岗岩，其次有碳山晚期花岗斑岩、上元古界黑石英片岩零星分布。矿床位于兴田——五夫断裂破碎带中为单脉型。总体上呈长透镜状，由翠绿、浅绿、淡黄、紫、灰白等色萤石及石英、少量方解石、蛋白石、黄铁矿组成，含氟化钙20.05%——94.41%，平均53.17%，探明储量316万吨。

第三节　野生动植物资源

一、植物资源

建阳属中亚热带常绿阔叶林区。据1984年林业资源调查，境内有8个植被类型。2010年，有林地面积14.47万公顷，占全县土地总面积23.38%。

针叶林　以马尾松和杉木为主，此外还有柳杉、油杉、红豆杉、三尖杉、铁杉、黄山松等，30常绿阔叶林。境内原生植被类型，群落组成稳定。分布于中山、低山、丘陵和一些溪谷两旁，共45个群系、78个群丛。主要乔层树种，有丝栗栲、楮、青冈栎、细柄阿丁枫、木荷、钩栲、硬斗石栎、樟、楠与罗浮栲等数十种。

次生阔叶林　包括落叶阔叶林和常绿、落叶阔叶混交林2个群纲、31个群系、37个群丛。主要落叶阔叶乔木树种有白栎、拟赤杨、枫香、南酸枣、光皮桦、紫树、粤柳、锥栗、檫树、黄檀、中华槭、泡桐和三年桐等。

针阔混交林　常见的有马尾松与苦楮、甜楮、毛栲、木荷、枫香、水青冈、白栎等混交，杉木与硬斗石栎、丝栗栲、厚朴（人工）等混交。分布西北、西南和东部，以及部分低海拔山地。有常绿阔叶林采伐后天然形成的过渡性林型和人工营造2种。

灌木林　一般分布海拔700米以下。因伐牧、开垦及森林火灾等原因造成水土流失，地力衰退后，只适生的灌丛草坡和残存乔木树种的稀树灌丛。

草甸　海拔在1028米以上，分布于西北部的诸母岗、背岗一带，多是松软的草甸植被。

经济林　一般由人工种植，多分布在海拔500米以下山地。主要树种有油茶、油桐、柑橘、板栗、杨梅等杂果和香樟、山苍子、玳玳等香料林。

竹林　竹类有10个属32种，遍布全市，2010年，总面积达3.43万公顷。

策竹属：有孝顺竹（凤凰竹），分布于全县各地；花孝顺竹系变种；黄条孝顺竹，新变型；硬头黄、佛肚竹、大肚竹（引进品种）、黄金间碧玉竹（金明竹），均分布黄坑坳头、小湖下垅村。

方竹属：方竹，笋味美；观音竹，供观赏，皆分布在黄坑等地。

刚竹属：刚竹、台湾桂竹（篓竹），笋可食；罗汉竹（人面竹）基部节短，美观；紫竹，即黑竹；毛竹为竹类之王，用途广泛，笋硕大，味美；假毛竹、河竹、水竹，笋味鲜美；石竹，笋质优良。

茶秆竹属：茶秆竹，可供雕刻、编织工艺用，工艺品远销国外；长鞘茶秆竹用途同前。

苦竹属：苦竹、建阳苦竹（新种），都可作家具、伞柄，小的作笔杆。

小穗竹属：肿节小穗竹（新组合），分布白塔山，秆形肿胀奇特，枝叶青翠，为观赏竹种。

箬竹属：长鞘箬竹，分布面积极广，遍及乡村，秆可作笔杆，叶可作船篷、斗笠与裹粽。

唐竹属：望乡竹、屏南唐竹、胶南竹的竹材作篾用。笋苦。

玉山竹属：武夷玉山竹、湖南玉山竹、撕裂玉山竹，都分布于建阳猪母岗。

慈竹属：南平绿竹，可制用具，笋味美。麻竹，秆粗大，可作小型房屋、竹筏，此皆引进品种。

武夷山自然保护区建阳部分大竹岚有大片的原始森林和植被群落，定名的维管束植物1800种，其中属国家二、三级保护的有19种：钟萼木、香果树、杜仲、银杏、水松、观光木、天笠桂（以上二级）；沉水樟、短萼黄连、八角莲、银钟树、黄山木兰、红豆、闽楠、半枫荷、银雀树、南方铁杉、乐东拟单性木兰、天女木兰（以上三级）。

二、野生动物

境内动物种类繁多，以武夷山自然保护区建阳部分的大竹岚为代表，有昆虫5000种，脊椎动物100多种。近几十年来由于人为的破坏与自然淘汰，品种日趋减少。

（一）无脊椎动物

扁形动物 涡虫、笄蛭、姜片虫等。

线形动物 钩虫、醋线虫等。

环节动物 蚯蚓、沙蚕、蚂蟥、水蛭（亦称医蛭）、山蛭（即草蛭）等。

软体动物 蜗虫、塘螺、河螺、田螺、河蚌、河蚬、角贝、石鳖、蚶、蛞蝓（即蜒蚰、鼻涕虫）等。

节肢动物 多足纲有蜈蚣、蚰蜒、马陆（又马蛇、马蚰、俗名百足虫）；甲壳纲有溪虾、草虾、毛蟹、水蚤（俗称红虫或金鱼虫）、介壳虫、鱼虱、丰年虫；蛛形纲有蜘蛛、盲蛛、螨类、蜱；昆虫纲有螟虫（成虫为螟蛾、螟蛉）、像甲虫（即象鼻虫）、蓟马、牛虻、蟑螂（即蜚蠊）、螳螂、竹节虫（亦名麦秆虫）、螽斯、蟋蟀、蝼蛄（即土狗）、金龟子（亦称金龟甲）、蚱蜢（即土螽、蠰溪）、（植食性）瓢虫、叩头虫（即叩甲）、铁甲虫（俗称硬壳虫）、负泥虫、金花虫、蟀象、黏虫、菜青虫（即菜粉蝶、白粉蝶、菜白蝶）、天牛（俗称锯树郎）。蜻蜓、捕食性瓢虫、步行虫、红蚁等为益虫；蜉游、萤、蝉、灶马（俗称灶鸡），大多数蝶类，属中性昆虫；蜜蜂、桑蚕是经济昆虫；大竹岚自然保护区有金斑喙凤蝶、宽尾凤蝶等为稀有品种。

（二）脊椎动物

鱼纲 建阳市淡水鱼有83种、15科（见后附录）、51属，其中，鲤科有47种，鮠科8种，鳍科5种，鳅科4种，主要鱼类有青、草、鲢、鳙、鲫、鲤、鳜、鲈、鳗、鲶（即鲇，俗名青鳀）、鳝、鳅、黄非鱼、绢、黄尾鱼、鲉、鳟（即赤目鱼）、鳊、金鱼等数10种。大竹岚保护区的武夷厚唇鱼为珍稀鱼种。

鳗鲡科——鳗鲡

鲤科——青鱼、草鱼、南方马口鱼、宽鳍、□、赤眼鳟、金华似□、南方拟□、银飘、□条、团头鲂、大眼华鳊、细鳞斜颌鲴、扁圆吻鲴、圆吻鲴、须鱊、彩石鲋、大鳍刺鳑鲏、越南刺鳑鲏、□、鲢、温州厚唇鱼、半刺厚唇鱼、带半刺厚唇鱼、台湾铲颌鱼、东方墨头鱼、鲤鲫、银鲫、白鲫、鲋、唇□、花□、似□、（□空格请补）麦穗鱼、华鳈、福建华鳈、黑鳍鳈、短须颌须鮈、细纹颌须约、点纹颌须鮈、银色颌须鮈、似鮈、棒花鱼、福建棒花鱼、北约、南方长须鳅鮀与中间鳅鮀。

平鳍鳅科——毛缘犁头鳅、纵纹原缨口鳅、斑纹缨口鳅与拟腹吸鳅。

鳅科——藻鳅、红唇薄鳅、武昌副沙鳅、长吻花鳅与泥鳅。

鮠科——黄颡鱼、江黄颡鱼、粗唇鮠、西密鮠、白边鮠、叉尾鮠、长鮠与鳗尾蛇。

鲶科——鲶，南方大口鲶。

姚科——福建切胸姚。

胡子鲶——胡子鲶

合鳃科——黄鳝

鮨科——长体鳜、大眼鳜、斑鳜与白头鳜、□鳜。

鲷鱼科——莫桑比克罗非鱼、尼罗罗非鱼。

虾虎科——普栉虾虎、溪栉虾虎。

攀鲈科——圆尾斗鱼。

鳢科——月鳢、斑鳢。

刺鳅科——刺鳅。

两栖纲　青蛙、棘胸蛙（即石鳞）、大蟾蜍（即癞蛤蟆）、蝾螈等。大竹岚有两栖类32种，其中珍稀动物有角怪、经甫雨蛙、武夷湍蛙等。

爬行纲　境内主要有龟、鳖、蜥蜴（通称四脚蛇）、壁虎、石龙子、蛤蚧等。蛇类在爬行动物73种中占56种。主要有滑鼠蛇、蟒蛇、锦蛇、花浪蛇、两头蛇、滑鼠蛇、红环蛇、斑水蛇。有毒蛇类为眼镜蛇、棋盘蛇、银环蛇、青竹蛇、白节蛇、龟壳花蛇、铅色水蛇、紫沙蛇等。

鸟纲　有山鸡、白鹇、鹗（俗称毛角顶）、鸊鹈、野鸽、鹌鹑、鹧鸪、鸳鸯、八哥、斑鸠、喜鹊、麻雀、啄木鸟、猫头鹰、燕子、乌鸦、相思鸟、布谷鸟（即鸤鸠）、鹅（一名舒雁）、鹜（俗称鸭）、莺（一名黄鹂，亦名鸧鹒）、鹞、鹰、鸢（以3种皆属猛禽，近一二十年日益减少），白鹭、竹鸡、子规（一名杜鹃）、翠鸟（即翡翠）、慈鸟等。大竹岚自然保护区有鸟类234种，被列入国家保护的有白鹇、黄腹雉、挂墩鸦雀等。

哺乳纲　有豹、山羊、野猪、豺、狼、猴、刺猬、豪猪、穿山甲、鼠、蚡（即田鼠）、熊、狐狸、麂、野兔、獭（分山獭、水獭两种）和黄鼬（俗名黄鼠狼）等，华南虎几濒绝迹。大竹岚有脊椎动物100种，属国家保护的有猕猴、云豹、毛冠鹿、黑麂、大灵猫、小灵猫等12种。

第六章　自然灾害

第一节　水　灾

境内常产生历时长、雨面广的锋面大暴雨，成为福建省的高雨区和洪灾集中地，且暴雨常随洪水向下游移动，叠高下游洪峰，洪峰持续时间较短，一般在1—3小时。造成暴涨暴落、峰高量大、破坏力极强的山区性洪水。如1993年、1998年、2005年、2006年、2010年的大洪水均属此类型。夏秋季节有时受太平洋热带气旋影响，也会产生局部性的暴雨洪水灾害。

建阳暴雨多发生在5月、6月份，境内3条河流两岸地势较低，极易造成洪水灾害。洪水不仅受本地雨量的影响，还与上游地区雨量有很大关系。如南浦溪在小湖出口处较狭小，河床又浅，位于南浦溪上游的浦城又是福建省的多雨中心，为此沿河两岸低处极易受灾。1994—2010年，建阳共发生4次特大水灾。

1998年6月12—22日，建阳发生百年不遇的特大洪灾。出现历史同期降水量和连续降水量最高纪录，过程雨量561.10毫米，致使境内南浦溪、崇阳溪、麻阳溪水位暴涨，南浦溪洪峰超危险水位6.16米，崇阳溪洪峰超出危险水位4.35米，麻阳溪洪峰超出危险水位1.63米，滨河乡村皆遭洪灾，非沿河乡（镇）、村山洪暴发，山体滑坡、房屋倒塌、公路被毁。全市受灾面积4.73万公顷，成灾3.27万公顷，受灾人口29.80万人，被困3.46万人，因灾受伤69人，死亡14人，紧急转移安置2.83万人，83家工矿企业停产、半停产，造成直接经济损失11.93亿元。

2005年6月18—22日，建阳市出现连续5天暴雨、大暴雨天气，过程雨量420.60毫米，洪水共造成全市农作物受灾面积6200公顷，成灾面积4446.67公顷，绝收面积2093.33公顷。耕地毁坏340公顷，鱼塘淹没157.07公顷，畜禽死亡13639头（只）。工矿企业受灾152家，停产2家，半停产98家，堤防损坏375处，决口132处；损坏水闸灌溉设施76座，冲毁塘坝293座，毁坏路基68.80公里，桥梁52

座，冲毁护坡78公里、挡墙60处、涵洞220座。发生泥石流1处，崩塌、滑坡134处；60所中小学受灾，新增危房面积3447平方米，倒塌教室500平方米，围墙2030米；通信线路倒杆53根；民房损坏、倒塌1600间，因灾伤病430人，紧急转移安置23182人，全市共有13个乡镇168个行政村92300人受灾，直接经济损失达2.36亿元。

2006年6月5—7日，连续3天暴雨、总雨量306.90毫米，其中6日和7日连续2天大暴雨是建阳有气象记录以来首次。这次连续性暴雨造成全市13个乡镇街道124个行政村11.35万人受灾，民房损坏3869间，倒塌230间，因灾失踪1人，紧急转移安置18100人。毁坏大小水利设施851处、堤防、水闸、桥梁46座以及路基、挡墙、涵洞、机耕路冲等。因地质灾害发生泥石流，崩塌，滑坡156处，61所中小学校受灾。农作物受灾面积4566.67公顷，成灾面积2085.67公顷，绝收面积1040公顷。企业受灾38家，其中重灾18家。全市直接经济损失1.71亿元。

2010年6月19—21日，建出现连续强降水天气，加上上游武夷山河流的泄洪，6月20日凌晨3:05，城区水位高达135.44米，超警戒水位5.44米，全城2/3地带进水，出城通道全部中断，水位从凌晨0点到9点一直保持在135米以上的高水位。黄坑、崇雒、将口漳墩、水吉、回龙、徐市、崇雒、小湖等乡镇降水量均大于100毫米，造成山体滑坡，交通运输线路、部分电力、通讯等公共设施毁坏严重，房屋、塘坝等倒塌、损坏，农作物受灾面积广，经济损失巨大，全市受灾人口15.40万人，直接经济损失6.18亿元。全市共投入救灾资金430万元，发放大米33.30吨，全市派出防疫队82支626人，消毒饮用水255处，消杀面积408.32万平方米。

第二节　风灾、雹灾

1992年4月21日和4月29日出现2次冰雹大风，冰雹拇指大小，全县13个乡镇、127个村受灾8300户，受伤48人，重伤5人，死亡1人，大批房屋、食用菌棚倒塌，直接经济损失1617万元。

1996年3月14日23时，大部分乡镇出现大风、冰雹、雷暴等灾害性天气，城关、小湖、水吉、漳墩、回龙、麻沙等乡镇大风、雷暴。小湖镇普降冰雹，全镇有250户受灾，毁坏瓦片20万片、薄膜1.50万公斤，经济损失51万元，其中，小湖美溪村所降冰雹大如鸟蛋，最大直径3厘米。受灾最重的3个自然村75户，毁坏瓦片15万片，村电站厂房倒塌，经济损失达25万元。

2005年5月8日16时，受低层切变线影响，童游等乡镇遭受冰雹和雷雨大风的袭击。童游街道蔬菜受灾面积72公顷，秧苗损失4公顷，葡萄、西瓜损失14.80公顷，蔬菜棚、菇棚倒塌39座，食用菌损失10万袋，鸭棚倒塌17座；有72户农户瓦片被吹，危房倒塌2户，机砖厂倒塌4座，高、低压电杆、闭路电视杆倒19根。

2006年5月8日16时，受低层切变线影响，出现冰雹和雷雨天气，测站最大冰雹直径达3厘米。潭城33公顷农作物损失，童游烟叶断杆43公顷，徐墩50公顷落花落果。

2010年3月5日下午，受低层切变线影响，徐市等乡镇遭受冰雹、短时强降水等灾害性天气袭击。全市13个乡镇（街道）有不同程度受灾。受灾人口3.21万人（其中重灾600户），临时转移群众1300人，农房损坏2000幢1.90万间，烟苗等农作物受灾面积1200公顷，烟苗棚80个，小水坝4座，断电13个自然村，全市直接经济损失7600万元。

同年5月18日，莒口、童游、将口、水吉、回龙、漳墩、崇雒等7个乡镇（街道）遭受大风、短时强降水、冰雹等灾害性天气袭击，其中将口、水吉、漳墩3个乡镇灾情。这次风雹灾害造成农作物、房屋、电力设施受损严重，烟田受灾面积867公顷，其中257公顷烟叶绝收，早稻、葡萄、西瓜、蔬菜、太空莲、玉米、食用菌等农作物受灾面积947公顷，果树受灾面积80公顷，损坏房屋1.50万间、烤烟房119座、厂房1万多平方米，公路塌方受阻2处，山体滑坡1处，水吉镇全镇供电线路断电，雷击、雹击造成2人死亡、1人受伤。其中，紧急转移地质灾害点群众37户113人，就近安置受灾村民125人。

第三节　旱　灾

建阳旱灾以夏秋旱较为常见。

1991 年汛期降水明显偏少，7 月降水又持续明显偏少，导致 6 月 28 日到 8 月 10 日出现旱情。受旱面积 11513.33 公顷。而 8 月、9 月降水再度偏少，由于严重缺水，城区日供电量锐减，大批国营、乡镇企业被迫停产，20 万群众生活面临困难，直接经济损失 300 万元以上。

2003 年，自雨季结束后，持续高温少雨，6 月 27 日至 8 月 12 日共 47 天累计降水量仅 7.80 毫米，全市范围出现特大夏旱。入秋后旱情不但未得到缓解，还继续发展，出现有记录以来罕见的夏秋冬连旱。7—12 月累积降水量 139.30 毫米，较常年同期偏少 72%。农作物受旱面积 1.87 万公顷，其中，绝收 0.29 万公顷，受旱损失粮食 2.40 万吨，经济作物损失 0.67 亿；电力供应紧张，只能采取拉闸限电、分片供电等措施。

2004 年 9 月 22 日到 11 月 8 日，48 天累计降水量 3.50 毫米，其中，10 月雨量仅 2.70 毫米，出现夏秋连旱。全市 13 个乡镇干旱受灾总面积 9220 公顷，其中，绝收 133.33 公顷，无法插秧 1633.33 公顷。

第四节　寒　害

1999 年 3 月 20 日，受北方强冷空气影响，全市气温明显下降，过程降温 10.50 度，3 月 20 日起出现连续 5 天小于等于 12 度低温阴雨的倒春寒天气，造成部分乡镇出现烂种烂秧，全市双早烂种、烂秧 4.04 万公斤。

2004 年 12 月 28 日至 2005 年 1 月 4 日，有一次较强的冷空气降温过程，本次过程出现连续 7 天日最低气温小于等于 3 度的低温天气，其中 1 月 1 日出现零下 5.70 度的极端最低气温，导致蔬菜，果树等作物遭到不同程度的冻害，同时也使许多水管破裂。

2005 年 3 月 12 日，受北方南下的强冷空气影响，全市气温开始明显下降，24 小时降温 12.60 度，48 小时降温 13.90 度，过程降温 13.90 度，最低的日平均气温为 3.60 度，比历年同期旬平均气温低 9.40 度，极端最低气温为零下 0.50 度。并伴有雨雪天气且有积雪，此次低温过程持续 4 天，影响双季早稻的正常播种。

第五节　雷　暴

建阳四季均有雷暴产生，1 年中多发生于 4—9 月，7—8 月占全年 40%，山区多于平原。

2001 年，建阳市化工厂一车间受滚雷击中，整个车间烧毁，损失 600 万元。

2010 年 5 月，将口镇东田村遭遇雷击死亡 1 人，水吉镇死亡 1 人，受伤 1 人。

第三篇 人口

第三篇 人 口

1994—2010 年，建阳市人口总量仍呈逐年增长态势，但增长速度放慢，各时期总人口年增长速度：“八五”时期 7‰，“九五”时期 5.85‰，“十五”时期 1.78‰，“十一五”时期 5.60‰，人口自然增长率均控制在 10‰以下。市场经济的发展促使建阳流动人口逐年增多，农村外出务工人数增长较快，

进一步完善各项计生利益导向政策。1992 年 8 月，成立建阳县流动人口计划生育管理站，为计划生育工作提供人财物保障。2006 年，对农村独生子女和“二女绝育”家庭实行中考加分政策。2007 年，免除新农合个人缴费政策，加大计生家庭扶助力度，开展免费孕前优生健康检查等优生优育活动，保障育龄群众的生殖健康和家庭幸福。至 2010 年，全市人口出生水平达到更替水平以下，人口出生率稳定在 10‰左右，人口自然增长率维持在 6‰以内，计划生育工作实现良性循环，人口再生产实现由高出生、低死亡、高增长向低出生、低死亡、低增长的现代人口再生产类型转变。继 1985 年获国家授予的计划生育先进县之后，2008 年，再获“全国计划生育优质服务先进单位”。

第一章 人口规模

第一节 人口数量

1990 年 7 月，全国第四次人口普查，全县常住总人口 339606 人，户籍人口 317944 人。2000 年 11 月全国第五次人口普查，建阳市常住总人口 317848 人，户籍人口 338967 人，比与第四次人口普查比较，10 年间共减少 21758 人，下降 6.40%。

2010 年 11 月，全国第六次人口普查，全市常住总人口 289362 人，户籍人口 343412 人，与第五次人口普查比较，10 年间共减少 28486 人，下降 8.96%。

第二节 人口分布与密度

1990—1997 年，建阳人口密度为 94—99 人 / 平方千米。1998—2010 年，人口密度为 100 人 / 平方千米左右。

2010 年，建阳市各街道、乡（镇）人口分布，潭城街道人口最多，达 58637 人，人口最少的是书坊乡，人口仅 10674 人。

2010年各乡（镇）、街道人口分布表

表 3-1-1

	总户数（户）	总人口（人）	其中	
			男（人）	女（人）
全市合计	94319	343412	176904	166508
潭城街道	17432	58637	29159	29478
童游街道	10815	39186	19516	19670
将口镇	6164	20324	10371	9953
崇雒镇	3190	11577	6098	5479
徐市镇	6806	26495	13804	12691
莒口镇	7884	27237	14250	12987
麻沙镇	10149	37661	19556	18105
书坊乡	2837	10674	5507	5167
黄坑镇	3517	13169	6631	6538
水吉镇	8791	35498	18545	16953
漳墩镇	7168	28895	15662	13233
回龙乡	4230	14655	7698	6957
小湖镇	5336	19404	10107	9297

1988—2010年建阳市人口情况表

表 3-1-2

年份	总户数（户）	总人口（人）			人口密度（人/平方千米）
		合计	男	女	
1988年	68822	311153	164825	146328	92.10
1989年	70048	313114	165633	147481	92.70
1990年	74957	317944	167808	150136	94.10
1991年	76626	320924	169353	151571	95
1992年	76793	323731	171000	152731	95.80
1993年	77674	324048	170649	153399	95.90
1994年	78078	327303	172675	154628	96.90
1995年	78710	329226	173769	155457	97.50
1996年	80668	331940	175090	156850	98.30
1997年	79359	333395	175597	157798	98.70
1998年	86366	337728	177486	160242	100
1999年	88242	339782	178174	161608	100.60
2000年	89699	338967	176969	161998	100.30
2001年	90067	339045	176969	162076	100.40
2002年	90415	337157	176060	161097	99.80
2004年	91341	335206	175531	159674	99.20
2005年	91740	335949	176001	159948	99.40
2006年	92071	336516	176157	160359	99.60
2007年	92589	337565	176516	161049	99.90
2008年	93083	339239	177224	162015	100.40
2009年	93993	338699	175216	163483	100.20
2010年	94782	343412	177420	165992	101.60

说明：表中数字为公安局人口统计年报数

第三节　人口变动

一、自然变动

1990 年，根据第四次全国人口普查统计，全县出生人口 9203 人，死亡人口 2951 人。1991—2000 年，建阳人口出生率在 10‰—15‰之间。2001—2005 年，出生率均低于 10‰，在 8‰—10‰之间。1991—2005 年，建阳人口死亡率均低于 8‰，在 2‰—8‰之间。1991 年，建阳人口自然增长率为 20.80‰。1992—2005 年，自然增长率均小于 9‰，在 4‰—10‰之间。2010 年，全市出生人口 7884 人，出生率 23.10‰；死亡人口 2992 人，死亡率 8.80‰，自然增长率 14.30‰。

二、机械变动

1990 年，第四次人口普查，1985 年 7 月至 1990 年 6 月，全县迁入人口 22443 人。其中，由省内其他县（市）迁入 13008 人，由外省迁入 9427 人，由中国港澳台地区及国外迁入 8 人。2000 年 11 月，第五次人口普查，全市外来人口 46865 人，外来人口中，户口在省内其他县（市）的有 12084 人，户口在省外的有 13867 人。2005 年末，市公安局人口年报统计，全市迁入人口 3199 人，其中，省内迁入 2604 人，省外迁入 595 人；迁出人口 4911 人，其中，迁往省内县（市、区）3892 人，迁往省外 1019 人。2010 年 11 月第六次全国人口普查，全市外来人口 32988 人。外来人口中，户口在省内其他县（市）的有 15677 人，户口在省外的有 17311 人。全市外出人口 87038 人，净流出 54050 人。

1988—2010 年建阳市人口自然变动情况表

表 3-1-3

年份	总人口（人）	出生人口		死亡人口		自然增长	
		人数（人）	出生率（‰）	人数(人)	死亡率（‰）	人数（人）	自然增长率(‰)
1988 年	311153	3886	12.50	1884	6.10	2002	6.40
1989 年	313114	4337	13.90	1764	5.60	2573	8.20
1990 年	317944	9203	26.30	2951	5.50	6611	20.80
1991 年	320924	4929	15.40	1656	5.20	3273	10.20
1992 年	323731	3582	11.10	1763	5.40	1819	5.60
1993 年	324048	3624	11.20	1654	5.10	1970	6.10
1994 年	327303	3236	9.90	1750	5.30	1486	4.50
1995 年	329226	3600	10.90	1825	5.50	1775	5.40
1996 年	331940	4636	14	1836	5.50	2800	8.40
1997 年	333395	3851	11.60	1694	5.10	2157	6.50
1998 年	337728	4899	14.50	1861	5.50	3038	9
1999 年	339782	3516	10.30	1761	5.20	1755	5.20
2000 年	338967	4287	12.60	2525	7.40	1762	5.20
2001 年	339045	2897	8.50	1431	4.20	1466	4.30
2002 年	337157	2953	8.80	1292	3.80	1661	4.90
2003 年	335718	3057	9.10	1484	4.40	1573	4.70
2004 年	335206	3296	9.80	1611	4.80	1685	5
2005 年	335949	3205	9.50	713	2.10	2492	7.40
2006 年	336516	3604	10.72	2211	6.57	1393	4.14

续表 3-3

年份	总人口（人）	出生人口		死亡人口		自然增长	
		人数（人）	出生率（‰）	人数(人)	死亡率（‰）	人数（人）	自然增长率(‰)
2007 年	337565	3735	10	1798	5.33	1937	5.75
2008 年	339239	4542	13.40	2370	7	2172	6.40
2009 年	338699	3627	10.70	1501	4.40	2126	6.30
2010 年	343412	7884	23.10	2992	8.80	4892	14.30

说明：表中数字为公安局人口统计年报数。2010 年出生人口含往年出生当年补报数

第二章　人口构成

第一节　性别构成

1990—2005 年，建阳市男女性别比例（以女性为 100）在 109—113 之间。人口普查数据与户口年报数据对比，由于统计口径稍有差别，建阳第四、五次人口普查性别情况为：

1990 年第四次全国人口普查，全县常住人口男 180882 人，女 158724 人，性别比为 113.96。

2000 年第五次全国人口普查，全市常住人口男 167066 人，女 150782 人，性别比为 110.80。

2010 年第六次全国人口普查，全市常住人口男 150104 人，女 139258 人，性别比为 107.80。

第二节　年龄构成

1990 年第四次全国人口普查，全县 0—14 岁人口占 28.20%，15—64 岁人口占 67.20%，65 岁以上人口占 4.60%。

2000 年第五次全国人口普查，全市 0—14 岁人口占 21.20%，15—64 岁人口占 71.60%，65 岁以上人口占 7.20%。与第四次人口普查对比，0—14 岁人口占总人口的比重下降 7 个百分点，15—64 岁人口比重上升 4.40 个百分点，65 岁以上人口比重上升 2.60 个百分点。

2010 年第六次全国人口普查，全市 0—14 岁人口占 18.23%，15—64 岁人口占 71.85%，65 岁以上人口占 9.92%。与第五次人口普查对比，0—14 岁人口占总人口的比重下降近 3 个百分点，15—64 岁人口比重基本持平，65 岁以上人口比重上升 2.72 个百分点。

第三节　行业构成

1990 年第四次全国人口普查，建阳县在业人口 159694 人，其中，农、林、牧、渔、水利业 103029 人，工业 24765 人，建筑业 2852 人，地质普查和勘探业 158 人，交通运输、邮电通信业 3767 人，商业、公共饮食、物资供销和仓储业 8715 人，房地产管理、公用事业、居民服务和咨询服务业 1928 人，卫生、体育和社会福利事业 1709 人，教育、文化艺术和广播电视事业 5905 人，科学研究和综合技术服务事业 400 人，金融、保险业 666 人，国家机关、政党机关和社会团体 5800 人。在业人口中，第一产业占 64.50%，第二产业占 17.30%，第三产业占 18.20%。

2000 年，第五次全国人口普查和 2010 年第六次全国人口普查，由于行业项目仅在部分人口中普查，

没有全市的数字。

第四节　民族构成

1990年第四次全国人口普查，建阳县共有汉族、畲族、蒙古族、回族、藏族、维吾尔族、苗族、彝族、壮族、布依族、朝鲜族、满族、侗族、白族、土家族、黎族、高山族、水族、土族、布朗族、毛南族、京族22个民族。汉族人口334427人，占总人口98.47%。在民族人口中，畲族人口最多，占总人口1.39%。

2000年，第五次全国人口普查，全市共有汉族、畲族、蒙古族、回族、藏族、维吾尔族、苗族、壮族、布依族、朝鲜族、满族、侗族、瑶族、白族、傣族、黎族、佤族、高山族、拉祜族、水族、仫佬族、仡佬族、锡伯族、独龙族、土族、彝族、土家族27个民族。与1990年第四次人口普查相比，增加5个少数民族。汉族人口312754人，占总人口98.40%。在少数民族人口中，仍是畲族人口最多，占总人口1.40%。

2010年，第六次全国人口普查，全市共有汉族、畲族、蒙古族、回族、藏族、维吾尔族、苗族、壮族、布依族、朝鲜族、满族、侗族、瑶族、白族、傣族、黎族、佤族、高山族、拉祜族、水族、仫佬族、仡佬族、怒族、哈萨克族、土族、彝族、土家族、哈尼族、京族、景颇族、布朗族、基诺族31个少数民族。与2000年第五次人口普查相比，增加5个少数民族。汉族人口283794人，占总人口98.08%；少数民族人口5568人，占总人口1.92%。少数民族人口数量仍是畲族居首，共3631人，占总人1.26%。

第三章　人口控制

第一节　人口政策

一、生育审批

1993年1月起，计生生育部门启用全省统一的生育计划证。严格执行国家提倡的“一对夫妻只生育一个子女，符合法律、法规规定条件的，可以要求安排生育第二个子女。”的生育政策。严格依照《福建省人口与计划生育条例》和《福建省生育服务证管理办法》规定，实行生育审批。1995年6月，启用全市统一的申请生育审批表。凡符合规定生育条件的夫妇，均可安排生育，不再受生育指标的限制。1998年起，在全市推行计生协议管理，由乡（镇）人民政府、街道办事处与育龄群众签订计划生育协议。2000年1月，简化一孩生育计划证发放手续，将生育一孩领取生育计划证改为登记，规定农村个别因特殊情况未能在怀孕前领证的，经夫妻双方书面说明，可在怀孕后补证。城区男女双方均达晚婚年龄未领证怀孕的，应进行教育，责令办理结婚证后，再发给生育计划证。2001年1月，生育计划证改称生育证。2004年8月1日起，生育证改称生育服务证，持证人凭生育服务证可免费享受基本项目的计生技术服务。

二、管理标准

1993年10月，建阳县委、县政府印发《建阳县乡（镇）村级计划生育规范化管理标准》。1995年10月，出台《关于计划外生育费实行“乡收县管，财政监督”的管理办法》。1996年，开始贯彻落实国家计生委下发的《关于印发在计划生育行政执法中坚持“七个不准”的通知》精神。全县各计生部门执行“七个不准”（不准非法关押、殴打、侮辱违反计划生育规定的人员及其家属；不准毁坏违反计划生育规定人员家庭的财产、庄稼、房屋；不准不经法定程序将违反计划生育规定人员的财产抵缴计划外生育费；不准滥设收费项目、乱罚款；不准因当事人违反计划生育规定而株连其亲友、邻居及其他群众；不准对揭发、举报的群众打击报复；不准以完成人口计划为由而不允许合法的生育；不准组织未婚女青年进行孕检）要求，转变工作方式方法，从行政措施转变到运用法律手段限制和奖励优惠进行政策引导。1997年8月，市政府下发《加强机关、企事业单位或城镇居民计划生育管理的暂行规定》，加强城区计生管理。1999年11月，市计生委制定行政执法责任制实施方案。有49人经考试取得行政执法证。2000年2月，建阳市在黄坑镇桂林村、书坊乡水北村开展避孕节育措施知情选择试点工作。2004年3月，建阳首次开展由计生、卫生、公安、药监等部门共同参与的全国出生人口性别比升高工作的专项检查，对10所医疗保健机构进行检查。

2006年，对农村独生子女和“二女绝育”的家庭实行中考加分政策。

三、奖励办法

2005年，依照《福建省计划生育条例》规定和国家、省、南平市有关精神，结合建阳计生工作的实际，出台一系列的计划生育奖励扶助政策。举行农村部分计划生育家庭奖励扶助金首发式，首批奖励扶助对象332人，发放奖励扶助金19.91万元。2006年，出台《关于进一步落实农村独生子女户和二女结扎户家庭奖励优惠政策的意见》，对农村只生育1个子女，且在子女14周岁之前领取独生子女父母光荣证的独生子女和“二女绝育”家庭的子女在中考中，市第一中学和第二中学在录取时，在总分基础上均加2分奖励。2007年5月，在落实《福建省人口与计划生育条例》农村二女户结扎法定奖励每例500元的基础上，小湖镇率先追加奖励2500元，此举2008年在全市推广。追加奖励部分由镇村二级分担：乡镇计生办奖励2000元，村级奖励500元。有183例享受追加奖励共54.90万元。同年8月，市政府出台《关于印发新型农村合作医疗管理暂行规定的通知》。对农村只生育1个子女，且在子女14周岁之前领取独生子女父母光荣证的家庭和“二女绝育”家庭在参保中家庭成员个人缴费部分由市人口计生部门按实际人数报市财政列入预算下拨到乡镇计划生育办公室。符合条件的对象凭个人缴费发票到户籍地计划生育办公室全额报销。2007—2010年，享受此项政策的对象17.32万人次，全额代缴342万元。2009年9月，市人口计生局发出《关于对农村符合再生育政策育妇住院分娩期间落实绝育手术予以特别补助的通知》，对农村政策内生育二孩的对象，在住院分娩期间主动落实绝育措施的，予以300—500元的补助（二女绝育补助500元、非二女的补助300元）。补助金由市人口计生局从奖励专户下拨，由乡镇计划生育办公室代发。

第二节　优生优育

一、技术服务

1993年，开展输精管绝育术、输卵管绝育术、人工流产术、药物流产、上（取）宫内节育器、上（取）皮埋术等计划生育技术服务。全年，落实节育数57239例，综合节育率达92.30%，结扎人数35743，其中，二女结扎总数1979例，二女结扎率为93.35%。1997年，结扎总人数36967，其中二女扎2969例，二女节育率占93.99%。

1998年，市计生服务站成立技术服务小组，每月巡回1次，做到技术服务上门。

2004年，全市2个中心服务所各种设施条件先进标准，7个乡镇（街道）服务所达先进所要求，4个乡镇服务所为合格所，市计生服务站为一级站。同年，市计生部门为8个乡镇购买B超设备，给市计生站添置输卵管通液仪、心电图机、生化仪等设备。选派2名医生外出进修，招聘3名具有执业助理医师资格的卫技人员充实到计生技术服务队伍中。

2006年起，市计生服务部门拓展服务领域，开展国际合作计划生育结合项目（即IP项目），以妇女生殖道感染疾病防治为切入点，建立以市计划生育服务站为龙头、乡镇（街道）计划生育服务所为纽带、村计划生育服务室为基础的妇女生殖系统疾病普查和防治服务网络，在全市范围内开展妇科病筛查和乳透、电子阴道镜、B超等多项目的低偿检查，以优质、优惠、便捷的方式服务于育龄妇女生殖系统常见病、多发病的普查和防治，逐渐形成新的预防控制生殖道感染、艾滋病、出生缺陷等健康服务模式。2006年成立建阳市国际合作计划生育结合项目指导委员会，由市政府分管市长担任主任，市人口计生局局长担任副主任，指导委员会下设办公室和现场组。

2010年，已婚育妇人数75772人次，节育总数67810人次，综合节育率89.49%。

二、避孕药具发放

1993年，计划生育避孕药具供应实行免费发放，全市各乡（镇）、街道计生办、村（居）委会都设立免费避孕药具发放点，发放点实行随访责任制，建立不良反应监测机制。2006年，加强避孕药具免费发放网点建设，拓宽避孕药具的横向发放领域，在现有发放渠道的基础上新增设20处避孕药具免费发放点，并配置避孕药具箱及免费发放标识，全市共有253个发放点、其中城区40个。

三、优生优育服务

1996年起，为降低出生缺陷的发生风险，提高出生人口素质，市计生服务站开展优生检测服务。

2000—2010年，每年举办二期以上的一级预防出生缺陷知识宣传培训班，培训2400人次，开展优生优育知识咨询及问题解答，咨询服务3万人次。

从2008年起，全面开展青少年性健康宣传教育活动，至2010年，开办青少年性健康教育电教片知识培训班教座10期，参加培训达1100人次。

2010年3月起，全面开展国家免费孕前优生健康检查工作，建立以市计划生育服务站为龙头、乡镇（街道）计划生育服务所为纽带、村计划生育服务室为基础的免费孕前优生健康检查服务体系。至2010年，开展免费孕前优检600多人次，开展优生病毒筛查26448人次。

第三节　教育培训

一、宣传教育

1993年7月，全市通过宣传车、标语口号、宣传栏、黑板报、墙报、广播电视等媒体开展纪念第4个“世界人口日”宣传服务活动，通过座谈会、知识竞赛等活动开展法律法规和计生利益导向宣传。在市乡村道路沿线、行政村、自然村人员密集所在地设置刷新宣传计划生育政策知识的标语口号。

1996年，建阳市计生局加强部门联合开展普法宣传工作，大量制作、设置和刷新计生标语，将计生政策印刷在计生日历、水杯等实用的宣传品上进村入户。

1998年，在省计生条例颁布10周年和“世界人口日”期间，建阳市计生部门组织广大育龄群众参加计生条例知识竞赛，全市计生宣传教育经费投入达20万元。市计生系统统一印制计生政策知识挂历3.50万张、计生资料袋2万个发放到户，在交通要道和繁华地段设置标语宣传牌20幅。每个乡镇均设固定标语2—3条和计生专栏。

1999年12月中旬，开展“世界六十亿人口日宣传周”活动，在建阳有线电视台播放计划生育专题录像片及市领导发表“世界60亿人口日”讲话。在市政府大院门口悬挂计划生育气球标语，设“世界60

亿人口日”专栏。

2000 年，在全市开展婚育新风进万家活动，在城乡主要街道设立宣传标语 40 副，制作生殖健康科普录音带、VCR 光盘等宣传品，为每个村建立计划生育图书角。全市印发《育龄妇女应知应会小画册》50000 册、《婚育新风进万家知识卡片传阅册》1015 册和人口与计划生育有关基础知识年历 40000 张。

2002 年，在《中华人民共和国人口与计划生育法》颁布实施 1 周年之际，全市计生系统共举办“国策杯”人口与计划生育知识竞赛 14 场，各级计生工作者及村计生管理员 280 人参赛。

2004 年，全市组织开展计划生育奖励扶助政策与贡献奖宣传活动。对城镇独生子女困难户、农村计生双女户进行宣传访视，对计生困难户开展慰问扶助。在乡村候车站（亭）、公园、休闲景观步道设置精美、温馨的计生宣传标语（画），对原有设置在国道、省道、县道的计生宣传标语（画）进行清理更新。

2005 年六一国际儿童节之际，在市中山广场举办以“关心母亲健康、关爱女孩成长”为主题的文艺演出及万人签名活动。9 月，由市委宣传部、计生局、计生协会联合组织举办以“婚育新风、关爱女孩”为主题的大型书法、美术、摄影展。

2006 年，全市以“关爱女孩”、打击“两非”（非医学需要的胎儿性别鉴定、非医学需要的选择性别的人工终止妊娠）为重点，集中开展“以人为本、关爱女孩、男女平等、生男生女一样好”的宣传活动，使广大群众认识出生人口性别比失衡给社会、家庭、后代带来的严重危害；认识擅自鉴定胎儿性别和擅自人工终止妊娠是违法行为，公开曝光查处非法为他人摘取宫内节育器的“两非”案例，引导群众树立生男生女一样好的新观念。

2007 年 7 月，历时 1 个月的建阳市首届新型生育文化节举办，内容包括专场计生文艺演出、千人大型踩街宣传、电话彩铃宣传、入户宣传访视、计生“三下乡”、橱窗作品宣传、知识讲座以及计生电影宣传等。

2009 年第十三个母亲节期间，在中山广场举办以“关爱母亲、共创和谐”为主题的大型文晚会。

2010 年 1 月，在全市人口集中地建立图文并茂的“小小漫画墙，宣传国策忙”的计生漫画墙，全市共建 23 幅 1700 平方米。市人口计生局投入 10 万元建 210 平方米的人口计生宣传展览大厅作为永久的宣传阵地，向全市免费开放。展厅分为宣传引路、科学管理、利益导向、夯实基础等十一篇章，通过历史照片、档案等资料，系统反映建阳计生 30 年的成绩。在书坊乡太阳山纪念馆设置人口教育基地。投资 30 万元在市计生服务站大楼旁 300 平方米的绿地上，建成集婚育新风、关爱女孩、休闲娱乐、宣传教育为一体的婚育新风园。各乡镇（街道）计生服务所也根据本地实际建成不同规模的婚育新风园。

同年，全市计生部门着力宣传新型生育文化和关爱女孩成长。在基层农村全力落实农村电影“2131”工程（农村电影“2131”工程即在 21 世纪初，基本实现农村电影“三个一”目标，即一村一月放映一场电影），千场新型生育文化电影送下乡活动，实现全市农村一村一月一场电影，为农民群众普及新型生育文化知识。市人口计生局、文体局、教育局联合举办第一届和第二届“人口计生杯”少儿围棋、象棋赛，共有 580 人参赛，其中，围棋 219 人、象棋 361 人，分别以幼儿组、一二年级组、三四年级组和五六年级组四个组别比赛。

2000—2010 年，全市制作设置喷绘大型计生政策知识宣传标语（画）1000 幅 10000 平方米，刷新印制固定计生标语 11000 条，绘制计生政策知识漫画墙 78 幅 1600 平方米，刊出宣传栏 13000 期，制作计生实物宣传品 15 万件，各种纸质宣传册、宣传单、小折页等宣传资料 85 万份（册）。

三、业务培训

1993 年起，每年定期组织举办乡镇计生办工作人员和村（居）计生管理员培训班，培训内容为《中华人民共和国人口与计划生育法》《计划生育技术服务条例》《福建省人口与计划生育条例》等法律法规，以及计生宣传、计生统计、技术服务、避孕节育、优生优育、生殖保健等知识，每年参加培训人员均在 200 人以上。1998 年，举办计生管理员业务培训班，表彰首届“十佳”计生管理员和优秀计生管理员各 10 名，对获“十佳”称号的计生管理员发给奖品和证书，月增资 10 元。2004 年，为使计生工作适应《中华人民共和国行政许可法》及其他法律法规的要求，组织各级计生公务员参加省、市法律法规及业务知识培训，并邀请法官讲解与计划生育有关的法律法规知识和社会抚养费征收的程序和注意事项。2010 年，中心户（组）长培训班 13 期举办，培训 1100 人。

第四节 农村与流动人口计生管理

一、建制村计划生育管理

选配管理员 2003 年，对村级计生管理员的人事管理机制进行全面改革，实行向社会公开招考，重新聘用，实行“县管、乡聘、村用”的办法。2004 年 5 月，对从事计生工作连续工龄满 20 年的村（居）计生管理员，由市人民政府发给荣誉证书；离任后，由市人口和计生局发给每人每月 20 元的生活补贴，直至终身。是年，全市村（居）计生管理员为 213 人。2006 年，因 2003 年聘用的计生管理员聘期满，开展第二轮村（居）计生管理员竞聘上岗工作。同年，市人口和计划生育局下发《建阳市村（居）计划生育管理员“星级”管理及评选办法》并转发《福建省村（社区）计划生育管理员管理办法》。2009 年度，对获评定 4 星或 5 星级的计划生育管理员，市人口计生局分别给予每月增资 10 元和 20 元，五星级计生管理员还予以奖励发放第十三个月工资。截至 2010 年，建阳市每一村居均按照工作要求设置计划生育管理员，全市正式聘用的管理员共有 225 人，其中男性管理员 29 人，占管理员比例 12.89%，女性管理员 196 人，占管理员比例 87.11%。在管理员中，中共党员 137 人，占 60.89%。初中及以下 154 人，占 68.44%；高中及中专 65 人，占 28.89%；大专及以上 6 人，占 2.67%。计划生育管理员月工资 300 元。

建立中心户 1990 年，全市 1310 个村民小组均配备计划生育宣传员。2000 年起，以村民小组或百人 1 户为单位，逐步建立计划生育中心户。2005 年，市首次将村计生协会会长、中心户（组长）补贴列入财政预算，由市里给予补贴：村会长每月 30 元，计生中心户（组长）10 元。原则上按照自然村设置中心户（组长），人口较多的主村或自然村则按 40 户左右设 1 户中心户（组长）。至 2010 年底，全市共有计划生育中心户 1324 户，宣传服务阵地 1568 个。

二、流动人口计划生育管理

1992 年 8 月，建立市流动人口计划生育管理站。建阳户籍人员外出时，须由户籍所在地乡级计生办出具婚育证明，再到市流动人口计划生育管理站办理福建省流动人口婚育节育证；市外或本市境内的流入人员，需持户籍所在地计生办出具的婚育证明，到市流动人口计划生育管理站接受审验。

1994 年 2 月起，市流动人口计划生育工作委托乡镇管理。1996 年 11 月起，依照《建阳市流动人口计划生育管理办法》，对流动人口实行规范化管理。流出人员流出后，各乡镇计生办每月登记一次住址，已婚者每季度提供现居住地县以上计生服务站查环查孕证明。流入人口必须出具乡以上计生部门的婚育节育证明，定期到现居住地乡以上计生服务所接受环情孕情检查。除常规管理外，每年进行 2—3 次全市性集中清查。2000 年 1 月，启用全国统一印制的流动人口婚育证明。同年 2 月，原跨乡办证改为跨县办证。2000 年，第五次全国人口普查资料显示，建阳市半年以上流入的人口为 1.89 万人，半年以上流出的人口为 2.77 万人。

2006 年，建阳市对流动人口实施“四个一”管理，即一本《流动人口婚育节育证明》、一项有效的节育措施、一份计生管理服务协议、一封告知去向书的管理服务措施。当年 4 月，实行城区流动人口分站管理，全面实行流动人口婚育状况摸底，督促各房屋出租户与流动人口签订不违反计划生育合同。2007 年 9 月，在潭城街道永安社区居委会创建流动人口计划生育“三图一化四服务”管理制度，在全市各社区居委会全面推广实施。2008 年设立流动人口计划生育楼栋小组长，承担各住宅小区、各楼栋居民计划生育宣传教育、避孕药具发放以及流动人口调查摸底工作。2009 年 3 月，对城区 16 个社区居委会聘请流动人口计划生育协管员，配置流动人口服务管理工作电脑。协管员经费由市财政全额保证，实现流动人口计生服务管理由平面运行向立体化管理的职能转化。

2010年3月，创立计生、公安、工商流动人口计划生育合署办公模式，成功实现优势互补、管理联动、信息共享、强强联手的流动人口服务管理“一站式”服务。

第五节　机　构

一、市计划生育领导小组

1994年，建阳撤县设市，县计划生育领导小组更名为市计划生育领导小组，由市委书记或副担任领导小组组长。2000年，市委、市政府将《建阳市计划生育领导小组部分成员单位职责》批转给各成员单位，要求按照职责分工，各负其责，并制定相应的实施意见。2005年，领导小组增设常务副组长，由市委副书记担任；截止2010年内设机构不变。

二、市人口和计划生育局

1994年9月，建阳撤县设市，县计划生育委员会更名为市计划生育委员会。1998年市计生委机关行政编制由原来的8人增加到10人，机关事业编制原来没有，从无到2人。2002年7月，市计划生育委员会更名为市计划生育局，设3个股室，行政编制6名，其中，局长1名，副局长2名，股级职数3名，机关后勤服务人员事业编制1名。2005年3月，市计划生育局更名为市人口和计划生育局，至2010年，内设机构和编制不变。

三、市计划生育服务站

1990年，撤销计划生育宣传指导站、药具管理站，合并成立县计划生育服务站。1994年9月，更名为建阳市计划生育服务站。2010年3月，建阳市计划生育服务站搬迁至建阳市人民路74号，总面积3410平方米，业务用房2800平方米，设21个科室：手术室、门诊手术室、妇检室、门诊咨询室、女性诊室、男性诊室、B超室、心电图室、检验室、乳透室、电子阴道镜室、药房、治疗室、药具室、消毒供应室、康复室、宣教室、医护办公室（资料档案室）、办公室、收费处、人口学校。专业技术人员有中级职称5名、初级职称7名。

四、市流动人口计划生育管理站

1992年8月，成立建阳县流动人口计划生育管理站，与县计划生育服务站实行1套人员、2块牌子。1994年9月，县流动人口计划生育管理站更名为建阳市流动人口计划生育管理站。1996年7月，市委核定市流动人口计划生育管理站编制6名，至2010年底不变。

五、乡（镇）计划生育服务所

1992年5月，各乡（镇）设立计划生育服务所，为集体所有制事业单位，核定编制3—4人。1996年，追加乡（镇）计生服务所人员编制，共58名。1998年，包括麻沙、将口、漳墩、小湖、崇雒、徐市、童游在内的全市7个乡镇新建服务所。2007年，乡、镇（街道）计生服务所定性为“非营利的公益性全额拨款事业单位”，经费渠道变更为财政核拨。至2010年，原核定的机构规格、人员编制数不变。

第四篇　环境保护与国土资源管理

第四篇　环境保护与国土资源管理

第一章　环境保护

1994—2010 年，建阳市把环保纳入国民经济和社会发展计划，建设项目实行环境影响审批制度和“三同时”（环保设施同主体工程同时设计、同时施工、同时投入使用）验收制度；每年开展饮用水源保护区、建设项目“环境评价”和“三同时”执行情况、矿山开发、辐射安全、环保设施运行情况和危险废物安全处置等环保专项执法检查活动；开展整治违法排污企业，保障群众健康的环保等专项行动，严格控制和防治工业污染。2000 年，“一控双达标”（控制污染物排放总量，工业企业污染物达标排放、环境功能区达标）工作通过省政府考核验收。巩固和加强生态示范区建设，2002 年 3 月，获国家环保总局正式命名为全国第二批“国家级生态示范区”。2005 年，环境监测站通过 5 年计量认证复评审，监测能力扩大到水（降水）和废水、空气和废气、土壤、底质、植物、生物、残留物、固体废物、媒质、生物、机动车污染物、噪声六大类 93 项，同年，环境监测站通过省级三级监测站标准化建设。2007 年，环境监测站通过计量认证监督评审，2010 年，环境监察大队通过福建省环保厅标准化验收，环境监测站通过 3 年计量认证复评审，监测能力项合并保留 6 大类 92 项。空气质量稳定在国家二级标准以上；地表水环境质量稳定在国家Ⅲ类标准；城市生活饮用水源水质达标率 100%。城市建成区绿化覆盖率 40%。

第一节　环境质量与监测

一、水环境

1994 年，于 1 月、3 月、5 月、7 月、9 月、11 月在崇阳溪的兴田和洪尾段面，南浦溪马岚、小湖桥段面及麻阳溪西门电站坝上布点监测地表水质。崇阳溪五里樟大桥段面为市区生活饮用水源水质监测段面。南浦溪小湖桥段面为城市环境综合整治地表水质监测段面。地表水质监测项目有水温、PH、溶解氧、高锰酸盐指数、五日生化需氧量、氨氮、挥发酚、氰化物、砷、汞、六价铬、铅、镉、石油类、铜、锌、磷、氟化物、硒、阴离子表面活性剂、硫化物、粪大肠菌群等 43 个项目。同一时期，市环境监测站对重点监管企业每年上、下半年各监测 1 次，一般企事业单位每年监测 1 次，另据需要适时增加监测频次。监测分废水和废气，监测项目根据企业性质选取有代表性的污染因子开展监测。废水污染因子主要有：化学需氧量、生化需氧量、pH、悬浮物、石油类、氟化物、氨氮、铅、酚、硫化物等。

至 2010 年，除 2003 年遇到特大干旱，河水流量较小，崇阳溪洪尾段面地表水质下降至Ⅳ类标准外，其他时期 3 条溪流地表水质均达到国家《地表水环境质量》（GB 3838—2002）的Ⅲ类标准。市环境监测站在崇阳溪五里樟大桥段面布点监测狮子山水厂饮用水源地表水质，并与地表水同步采样监测，监测结果表明，市区集中式生活饮用水地表水质稳定在国家《地表水环境质量》（GB 3838—2002）的Ⅱ类标准，27 项考核指标达标率 100%。

2001—2010 年，各监测断面水质均达到 GB 3838—2002《地表水环境质量标准》Ⅲ类水质标准。五里樟饮用水源水质多年监测结果表明：饮用水源水质状况良好，达到 GB 3838—2002《地表水环境质量标准》Ⅱ类水质标准。主要污染物按污染负荷系数大小依次为高锰酸盐指数、总磷、氟化物。

市环境监测站对重点监管企业每年上、下半年各监测 1 次，一般企事业单位每年监测 1 次，另据需要适时增加监测频次。监测分废水和废气，监测项目根据企业性质选取有代表性的污染因子开展监测。废水污染因子主要有化学需氧量、生化需氧量、pH、悬浮物、石油类、氟化物、氨氮、铅、酚、硫化物等。

二、大气环境

建阳市城市环境空气质量监测采样点 3 个，分别是居民区环保局、工业区农业工程学校和清洁对照点登高山雷达站。监测项目有大气可吸入颗粒物、二氧化硫、二氧化氮、氮氧化物、硫酸盐化速率及硫酸雾、硫化氢、氯气、氯化氢、甲醛、降尘、烟尘（粉尘）烟气参数、林格曼黑度等 24 项大气环境监测项目。市环境监测站还对重点监管企业每年上、下半年各进行 1 次废气排放监测，监测废气污染因子主要有烟尘、工业粉尘、二氧化硫、氮氧化物。

2001—2010 年，二氧化硫和二氧化氮指标均达到 GB 3095—1996《环境空气质量标准》一级标准；可吸入颗粒物达到 GB 3095—1996《环境空气质量标准》二级标准。根据历年降水监测表明，建阳全市酸雨频次长期处于较高水平。

2003—2010 年建阳市降水监测情况表

表 4-1-1

年 度	降水（次）	酸雨（次）	酸雨频次（%）	pH 值	电导率（微西/厘米）
2003 年	84	69	81.40	4—6.16	2.96
2004 年	188	118	62.80	3.76—6.89	3.59
2005 年	198	104	52.50	4.30—7.01	2.69
2006 年	170	90	52.90	3.86—7.10	2.58
2007 年	144	51	38.90	4.69—6.54	2.36
2008 年	132	61	42.60	4.11—7.02	2.44
2009 年	164	108	65.90	4.20—6.24	2.68
2010 年	202	130	64.40	3.95—6.33	2.97

三、声环境

1994—2010 年，建阳市共有区域噪声网格 109 个；建阳城区交通主干道噪声共设 13 个监测点，路段长 14265 米。监测项目 6 个：区域噪声、社会生活噪声、厂界噪声、建筑施工场界噪声、铁路边界噪声、道路交通噪声。对新建项目环保验收除选取有代表性污染因子外，增加厂界噪声监测。根据监测结果，全市声环境状况总体良好，多年维持较安静的质量水

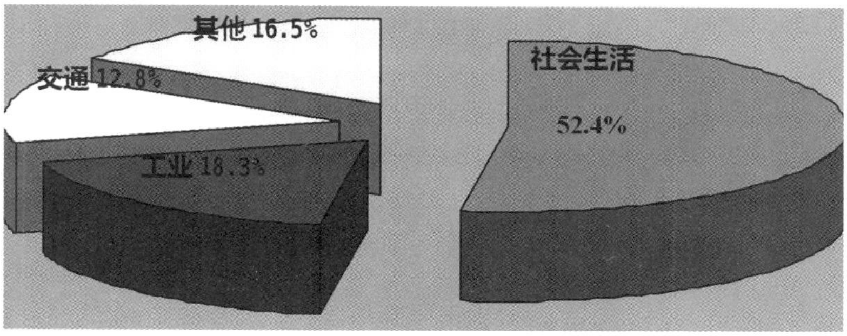

图 4-1-1　1994—2010 年建阳市区域噪声声源构成图

平。2005 年后，交通噪声超标率则呈上升趋势。区域环境噪声经优化布点在居民区主次干道布 13 个监测点位。

第二节 环境污染防治

一、大气污染防治措施

1996 年来，建阳市环境保护工作始终把实现“一控双达标”作为重中之重，抓落实，开展水泥粉尘专项整治，完成《大气环境功能区划》的报批和市大气优化布点等工作。

经过 1999 年、2000 年按季度连续监测大气 3 项指标，大气质量都稳定在国家一级标准，达功能区标准。

2000 年，在污染控制指标中，巩固烟尘控制区覆盖率达 100%，并对个别企事业单位锅炉进行改造，确保烟尘稳定达标排放。

2001 年，建阳市环保部门对饮服行业油烟污染进行专项整治，下发污染整治通知书，组织专门的执法队伍，加强对饮服油烟污染严重的西街、美食城以及园丁楼餐饮店进行督促落实。

2002 年，市环保部门加强饮服行业油烟污染整治，环保等有关部门分路段对饮服行业油烟污染进行治理，下发污染整治通知书，组织专门的执法队伍，加强对饮服油烟污染严重的西街、美食城以及园丁楼餐饮店进行督促落实。开展烟尘控制区锅炉、窑炉、大灶普查，确定考亭片、水南片、城关片、童游片为烟尘控制区。通过市区环境的综合整治，使辖区内大气质量稳定和优于国家二级标准。

2003 年，巩固烟尘控制区，推广使用清洁能源，烟尘控制区覆盖率达 86.60%。公安部门加强对汽车尾气的治理，通过市区环境的综合整治使辖区内大气质量稳定和优于国家二级标准，在国家制定的城市环境综合整治定量考核标准的环境质量指标中，大气 3 项指标 PM10、SO_2、NO_2 达到二级以上标准。

2004 年，在城市环境综合整治中，市环保局、建设局、公安局加强对饮服行业油烟污染的整治，交警部门开展“平安建阳、畅通工程”活动，加强对汽车尾气超标排放的整治力度，强制报废一批超期使用的车辆，汽车尾气达标率明显提高。

2005 年，工业、生活的大气主要污染物排放总量均控制在年度下达的总量控制指标内，并以全市环境统合整治为契机，加强餐馆服务业的油烟治理，以解决投诉“热点、难点”问题。推行清洁燃料和清洁生产工艺、加强城市基建弃土运输管理，降低道路扬尘。

2006 年，在国家制定的城市环境综合整治定量考核标准的环境质量指标中，建阳市大气 3 项指标 PM10、SO_2、NO_2 达到二级以上标准。对重点行业、工业园区和历年挂牌督办环境问题进行全面调查摸底，集中整治。共出动人员次数为 214 人 /40 次，检查企业 66 家，现场检查了企业的污染防治设施 50 台套，其中：污水治理设施 22 台套，废气治理设施 28 台套。

2007 年 6 月 27 日，建阳市政府正式下文关闭建阳明珠纸业有限公司，削减 COD812 吨，削减 SO2163 吨。

2008 年初，市政府下达《建阳市人民政府关于印发建阳市 2008 年度主要污染物总量减排计划的通知》，全市围绕减排计划，加强对列入 2008 年度减排项目的工作指导，并采取各种措施，确保减排工作的顺利完成。

2009 年，市环保局制定主要污染物减排减计划，并以市政府文件下发《建阳市人民政府关于印发建阳市 2009 年度主要污染物总量减排计划的通知》，将减排任务分解到各有关企业。

2010 年，市环保局对纳入减排范围的企业有关污染物处理设施的运行状况进行现场检查，制作现场核查（督查）笔录，填写了减排现场核查表，为完成减排工作提供保障。按照《十一五主要污染物总量减排核查办法》的要求，开展减排项目的核查，督促企业建立健全和完善减排档案，及时掌握企业排污动态。将减排工作结合到保障群众健康环保专项行动及重点流域水环境综合整治工作去，对检查中发现有违反环保法律法规的企业，分别采取限期治理、行政处罚和取缔等措施，确保减排工作的落实。

二、水污染防治措施

1994—2010年，全市废水治理主要是工业废水和生活污水。至2010年底，全市有废水治理设施39套，日处理废水能力2.40万吨。年化学需氧量排放量1239.21吨，氨氮排放量203.87吨。

2000年，建阳市环保部门经常对取水口、水源保护区进行巡查，在保护区内禁止新上有污染项目，在饮用水源上游责令搬迁3家塑料加工厂，环境监测站和防疫部门定期进行监测，使市区饮用水源水质达标率稳定在100%。

2001年，加强小流域环境综合整治，对位于市区上游的游龙溪、小东溪、莒溪的工业污染源进行治理，完成清辉矿业有限公司、建阳萤石公司、书坊金矿和2个个体石材加工厂的废水治理。加强对市区的污染治理，完成丽阳人造板厂废水、木屑粉尘，青松化工有限公司废水，海螺水泥有限公司水泥粉尘和2个养猪场的废水治理。

2002年，根据省政府要求，重新划定城市生活饮用水地表水源保护区，面积0.39平方千米，并报经省政府批准实施。环保局和自来水公司经常对取水口、水源保护区进行巡查，严禁在保护区内新上项目，根据市环境监测站监测，麻阳溪、崇阳溪、南浦溪地表水质稳定在国家二类至三类标准，饮用水源水质达到国家三类水质标准。

2003年，市环保局和农业局开展联合调查，全市奶牛存栏数50头以上的饲养场3个，生猪存栏数200头以上的养猪场9个。根据《建阳市规模畜禽养殖业污染综合整治方案》的要求，市环保局主动配合农业局开展规模养殖场综合整治，主要采用粪便干湿分离、污水沼气综合利用以及生物处理等方式。当年完成长富乳业第27、28、33奶牛场，水吉池中村闽北吉池农庄养猪场、清旺畜牧养猪场治理。在饮用水源保护上，环保局和自来水公司经常对取水口、水源保护区进行巡查，严禁在保护区内建设与保护水源无关的项目，开展饮用水源保护区执法检查，保护饮用水源。

2004年，加强饮用水源的保护，坚持饮用水源一二级保护区不得新上污染项目，保护区上游企业做到稳定达标排放，禁止在保护区内建设与保护水源无关的项目，生活饮用水源得到有效保护。全市地表水质达到国家三类水质标准，集中式生活饮用水源水质稳定在国家二类水质标准，水质达标率100%。

2005年，全市开展规模畜禽养殖专项整治，6家牧业公司进行污水治理，做到粪便干湿分离、污水沼气化处理，沼液资源化利用，减轻饮用水源断面粪大肠菌群的超标压力。

2006年，为保护饮用水源，建阳市政府印发《关于设立建阳市区生活饮用水地表水源保护区的通告》，设立界桩和警示牌，并制定13条保护措施，以法规的形式保护饮用水源的安全。根据《福建省环保局关于建制镇集中式生活饮用水地表水源保护区划定工作安排的通知》文件要求，建阳市完成漳墩、小湖。水机3个建制镇的集中式生活饮用水源保护区划定工作。

2007年，市内现有1座日供水量为3万吨的狮子山自来水厂，为保护饮用水源，制定《建阳市环境保护局关于印发饮用水源环境污染应急预案的通知》。5月，市政府办公室印发《关于开展保护母亲河加强水质安全整治专项行动的通知》，整治专项行动范围为市境内的崇阳溪、麻沙溪、南浦溪等主要江河溪流。

2008年，市环保局制定《建阳市环境保护局关于印发饮用水源环境污染应急预案的通知》。加强对狮子山水厂保护力度，在整违法排污企业保障群众健康环保专项行动中，对水源保护区进行清查，对位于饮用水源保护区范围内的何永亮养猪场实行断水断电措施，对偷排废水的企业实施行政处罚，并要求企业拆除排污口。按规范要求完成狮子山水厂水源保护区及5个乡镇集中式水源保护区标识牌，道路警示牌及宣传牌的设立，进一步加强水源保护工作。

经市环境监测站监测，狮子山水厂水源水质稳定达到Ⅱ类水质标准。同年，水吉镇水源一级保护区围网建设列入省政府为民办实事项目，项目8月份开工建设，9月中旬完成。共投入资金15.08万元，建设围1400米，超额完成上级下达的完成建设1000米围网的任务，通过南平市环保局的验收。

2009年8月底，针对狮子山水厂水源二级保护区赤岸村附近河道采砂船采砂，市环保局拆除禁采河段采砂点、堆放场，并在适合河段设立执法扣船点，依法查处无证开采、超范围开采行为，严禁在禁采区、禁采期开采作业，严格控制在饮用水源保护区内的采砂行为。当年建成生活污水处理厂1座，污水设计日处理能力为15000吨，2010年，实际处理量为290.30万吨。其中，垃圾焚烧发电厂的废水实行雨污分流；垃圾储坑渗滤液和卸料大厅、车间、道路等冲洗水进处理能力为180吨／日的污水处理站处理，达到《污水综合排放标准》（GB 8978—1996）三级标准后，用管道输送到建阳城市污水处理厂处理达标后排放。污水处理站采用“厌氧UBF+膜生物反应MBR+一级纳滤”处理工艺，并设置1000立方米的垃圾渗滤液事故池。实验室的排水和生活污水直接进污水收集池送污水处理厂处理。污水处理厂一期日处理能力为1.50万吨，旧城区、水南片区、火车站前区（不包括闽北经济开发区）、童游片区、水东片区的生活污水经城市污水管网进污水处理厂处理，尾水达到《城镇污水处理厂污染物排放标准》（GB 18918—2002）一级B标准后排放。污水处理厂采用二级生化处理工艺。

2010年，狮子山水厂取水口搬迁工程完成环评、可研及批复，完成成工程招投标，但尚未开工建设。狮子山水厂饮用水源保护区划定方案（调整）完成，并上报南平市政府。麻阳溪第二水源地环境连片整治项目中将黄坑、书坊、麻沙水源保护项目列入整治工作计划，进一步加强农村饮用水源保护工作。

三、噪声治理措施

1994—2010年，建阳市噪声治理主要对区域环境噪声进行治理。主要措施有：对市区内所有舞厅、歌厅、中央空调机房采用全封闭内装饰隔音板和吸音材料，基本做到噪声达标排放，并限制营业时间；对建筑施工实行夜间施工审批制度，午休时间禁止作业；交通噪声治理，实行市区禁鸣喇叭，严禁货车、拖拉机、客车驶入市区内。商业噪声治理，禁止市区使用高音喇叭招徕顾客。

2000年，加大对噪声的管理力度，环保、建委、经委、公安、交警、文化等单位和部门密切配合共同管理控制建筑噪声、交通噪声和社会噪声，环保部门加强对夜间建筑噪声、“三厅”（游戏厅、歌舞厅和录像厅，下同）噪声的巡查，对部分“三厅”安装噪声自动监控器，公安部门加强市区机动车辆禁鸣喇叭工作，经监测站对区域噪声和交通噪声实地监测，市区区域环境噪声平均值为55.40分贝，交通干线噪声平均值67.80分贝。

2001年，开展“三厅”噪声专项整治，禁止夜间施工，市环保、文化部门加强“三厅”噪声的执法检查，凡超标排放的由市环保局发出整改通知书并通知文化局收回文化营业许可证停业治理，验收达标后方可恢复营业。市交警部门加强市区交通监理，规定市区车辆禁鸣喇叭。6月、7月中高考期间，市环保部门加强噪声管理的力度，在校园区、居民区、建筑工地等实行昼夜巡逻，为考生提供宁静的备考环境。

2002年，政府下发《关于加强城区环境噪声管理的通告》，进一步明确环保、文化、公安、建设等部门职责，加强对区域噪声和交通噪声的管理。加大对城市环境噪声的管理力度，市环保、建委、公安、交警、文化等单位和部门密切配合共同管理控制建筑噪声、交通噪声和社会噪声。

2003年，为解决群众关心的热点问题，建阳市加大对城市环境噪声的管理力度，市环保、建委、公安、交警、文化等部门配合共同管理，控制建筑噪声、交通噪声和社会噪声。市环保、文化部门加强“三厅”噪声的执法检查，凡超标排放的由市环保局发出整改通知书，并通知文化局收回文化营业许可证停业治理，验收达标后方可恢复营业。

2004年，根据城市发展的需要，市政府批转建阳市环保局、建设局《关于贯彻实施中华人民共和国环境噪声污染防治法加强建筑施工噪声管理意见的通知》。市环保局、建设局、公安局加强对“三厅”噪声、建筑噪声、社会噪声的整治，交警部门开展“平安建阳、畅通工程”活动，建设一批道路基础设施，规范停车场，停车点，实行市区禁鸣高音喇叭，对违法超载和鸣放高音喇叭的车辆加大查处力度，交通噪声明显下降。

2005年，区域噪声平均值54.70分贝，市区61%的网格处于55分贝以下。交通噪声平均值67.90分贝，质量等级较安静。功能区噪声：环保局、酒厂宿舍、市总工会测量点均达到相应功能区类别标准。

2006年高考期间，环保、问题、公安等部门在全市范围内开展清理娱乐场所噪声源的执法活动，对娱乐场所提出具体要求，并在媒体上公布投诉电话，安排人员24小时昼夜值班，及时查处群众举报的噪声扰民问题。为解决石板材加工噪声问题，开展整治石板材加工厂专项行动。

2007年，通过采取一系列环境保护措施，以及历年污染治理和整治违法排污企业保障群众健康环保专项行动，开展市区饮服行业油烟污染治理和金属加工业噪声污染治理，城区环境噪声平均值小于55分贝；交通干线噪声平均值68分贝。

2008年中考、高考期间，建阳市环保局组织专门力量与文体局在全市范围内开展清理娱乐场所噪声源的执法活动，对娱乐场所提出具体要求，并在媒体上公布投诉电话，安排人员24小时昼夜值班，及时查处群众举报的噪声扰民问题，市环保局还对考场周边环境100米范围内进行噪声源的摸底排查工作并在考试阶段安排人员对考点四周建筑施工、室内装修、餐饮业、铝合金加工点、营业性文化娱乐及其他商业活动的场所进行巡查，严防噪声扰民，确保考生考试期间正常发挥。在有线电视台宣传噪声管理制度，为考生提供宁静的备考环境。

2009年，加强对娱乐场噪声污染的管理，开展专项治理行动，消除娱乐场噪声污染扰民现象；加大对夜间建筑施工噪声的监督管力度，发现违规作业的，现场进行查处。

2010年6月中考、高考期间，采取与2008年中、高考期间相同的措施，确保考生备考环境的安静。

四、道路清扫

1994年，建阳撤县建市后，市区环境卫生实行二级管理，市环卫处负责城区主次干道清扫，街道办事处、社区负责小街巷的清扫。采取分片包干、分级管理、各负其责的办法落实主次干道和居民区的清扫保洁任务，以确保市区的环境卫生，2000年，建阳市获评省级卫生城市。2006年7月，小街巷清扫纳入市环卫处统一管理，市区环境卫生实行一级管理。全市道路清扫保洁总面积80万平方米，其中全日制清扫保洁面积达到43%。2010年，垃圾处理量4.75万吨。

五、农村环境连片整治示范

2008年，根据副总理李克强重要批示精神，财政部、环保部设立中央农村环保专项资金并实施“以奖促治”政策的基础上，决定2010—2012年对农村环境治理重点实行整村推进、连片整治，集中资金，投入一批，见效一批，分批分片，滚动推进，使“以奖促治”政策取得更大成效。2010年4月23日，环境保护部、财政部在北京召开全国农村环境连片整治示范工作启动会议，福建省获正式确定全国8个示范省份之一。

2010年9月，根据环境保护部和福建省财政厅、环保厅关于组织申报农村环境连片整治示范资金有关事项通知的要求，建阳市开始对西片4个乡镇的28个行政村开展环境连片整治示范工作，建成污水收集系统和终端处理设施75套，垃圾收集转运设施26个。

建成污水收集系统和终端处理设施的村有黄坑镇的九峰村、新峰村、苦竹坪村、三峡村、塘头村、鹅峰村、新历村、桂林村、长见村；麻沙镇的麻沙村、水南村、长坪村、新坪村、竹洲村；书坊乡的书坊村、钱塘村、贵溪马坪村、水北村、饶坝村；莒口镇的莒口村、河坝村、后山村、马伏村。

建成垃圾收集转运设施的村有黄坑镇的九峰村、新峰村、苦竹坪村、三峡村、塘头村、鹅峰村、新历村、桂林村、长见村、大坡村和坳头村；麻沙镇的麻沙村、水南村、长坪村、新坪村、竹洲村；书坊乡的书坊村、钱塘村、贵溪马坪村、花园岭村、水北村、饶坝村、松坑村；莒口镇的莒口村、河坝村、后山村、马伏村、湖桥村、松坑村。

六、固体废弃物处理

2000—2004 年，全市无工业固体废物排放量。2005 年，工业固体废物综合处置、利用率 100%。

2006—2010 年，由于工业企业的发展以及统计对象的范围扩大，全市工业固体废弃物（主要为粉煤灰、炉渣以及尾矿等）的产生以每年 8% 的速度增加。2006 年，全市工业固体废物为 20 万吨，至 2009 年增至 34 万吨、2010 年 38 万吨。“十一五”期间，全市的工业固体废弃物综合利用率都保持在 95% 以上。工业危险废物主要是铅酸蓄电池企业生产过程中产生的含铅废物等，这些均作为再次循环利用的资源，全部委托有处理资质的单位进行处理。

第三节　环境管理

一、机构

1992 年，成立建阳县环境保护局，为政府科（局）级行政单位，下属事业机构有建阳县环境监测站、建阳县排污收费监理所。1994 年，撤县设市，县环保局改为市环保局。1999 年，市环境监测站通过福建省环境保护局的评审，由福建省质量技术监督局发放计量认证合格证书，2004 年，机构改革，环保局内设机构有办公室、规划法制股、监督管理股。人员定编行政 6 名，工勤 1 名。环境监测站定编 5 名；排污收费监理所定编 3 名。2005 年，建阳市排污收费监理所更名为建阳市环境监察大队。2009 年，环境监测站增加 2 名编制，定编 7 名，环境监察大队增加 13 名编制，定编 16 名。2010 年，环保局内设机构有办公室、规划法制股、行政审核审批股、自然生态保护股。人员定编行政 7 名，工勤 1 名。实有人数 34 人（含临时工作人员）。各乡镇、街道环保机构设在生态环境保护办公室或环境保护管理所，有 2 名专（兼）职人员。市环境监测数据中心和技术中心列入国家环境监测网三级站成员单位，实验室面积 1350 平方米，拥有水质自动监测系统 2 座、空气自动监测系统 2 座、气相色谱仪、原子吸收分光光度计、原子荧光分光光度计，离子色谱仪，测油仪等环境监测仪器 100 台套。

二、环境规划

（一）城市环境规划

1994 年，编制《建阳市城市环境规划（1994—2010 年）》。2004 年，增修编制《建阳市城市环境规划（2004—2015 年）》。规划内容包括：

大气功能区　一类区：黄坑镇大竹岚、猪母岗一带（即武夷山自然保护区），面积 129.42 平方公里，执行 GB 3095—1996 一级标准；二类区：城市规划区及 10 个乡镇、2 个街道办事处行政管辖区，执行 GB 3095—1996 二级标准。

水环境功能区　三类区：1. 崇阳溪：建阳市境内除饮用水源一级、二级保护区以外的所有水域。2. 麻阳溪：建阳市境内的所有水域。3. 南浦溪：建阳市境内所有水域。三类区执行 GB 3838—2002 Ⅲ类标准。

饮用水备用水源　芦岭水源。饮用水源一级保护区和备用水源执行 GB 3838—2002 二类标准。

城市市区声环境功能区　二类区：城关片、考亭片、水南片、童游片。主要功能为居住、商业、工业混杂区。执行 GB 3096—93 的二类标准，即昼间≤ 60 分贝，夜间≤ 50 分贝。

三类区：水东工业区、塔下工业区、火车站片区。主要功能为工业区、仓储区。执行 GB 3096—93 的三类标准，即昼间≤ 65 分贝，夜间≤ 55 分贝。

四类区：1. 市区主干道及两侧第一排建筑物面向道路一侧的区域。2. 火车站及穿越市区的铁路沿线两侧 35 米范围内。主要功能为交通道路及铁路。执行 GB 3096—93 的四类标准，即昼间≤ 70 分贝，夜间≤ 55 分贝。

（二）环境保护规划

1999 年，编制《建阳市环境保护十五规划和 2015 年远景目标》。2005 年，重新修编《建阳市十一五环境保护规划》。根据该规划意见，环境建设和治污规划的重点工程：1. 城市生活污水处理厂；2. 城市生活垃圾无害化处理场；3. 大气自动监测站；4. 武夷味精公司年产 3 万吨有机复合肥项目；5. 青松化工公司污水治理项目；6. 规模畜禽养殖场污染治理项目。

（三）生态示范区建设规划

1996 年，编制《建阳市国家生态示范区建设总体规划》。2002 年，重新修编《建阳市国家级生态示范区建设总体规划（2002—2010 年）》。2004 年，完成《建阳市生态功能区划》。至 2010 年底，《十二五环境保护规划》尚在编制过程中。

三、环保目标考核

1994—2010 年，建阳市政府根据上级政府要求，结合建阳市实际，每年下达年度环保目标责任书。内容包括环境与发展综合决策、环境法制工作、生态环境保护、工业污染防治、城市环境质量、城市环境基础设施建设、环境监管能力建设 7 个方面。市政府按照环保目标责任书的指标，年终对每项任务相对应的责任单位和协作单位，以百分制的形式进行考评，考评结果在全市通报。城市环境综合整治定量考核指标有大气可吸入颗粒物（PM10）、二氧化硫、二氧化氮、城市水域功能区水质、集中式饮用水源水质、区域环境噪声平均值、城市交通干线噪声平均值、烟尘控制区覆盖率、汽车尾气达标率、工业固体废物处置利用率、危险废物集中处置率、工业企业排放达标率（含废水、二氧化硫、烟尘、工业粉尘）、城市生活污水处理达标率、生活垃圾无害化处理率、建成区绿化覆盖率、自然保护区覆盖率、城市环境保护投资指数、环保机构建设等 18 项考核指标。由环保局实施统一监管，形成合力，并对各项指标赋予评分值，年终考核通报。

2001 年，市政府向 13 个乡镇（街道）和环保、经委、建委、交警、农业、文化、工商、教育等部门下达年度环保目标责任制。明确各自的职责和任务，同时建立考核奖惩机制，明确规定把环保目标责任制执行情况作为乡镇和市直有关部门领导政绩考核内容和双文明考核内容之一，实行“环保一票否决权”，做到年初有任务，年中有检查，年底有考核。

2002 年初，市政府下达《市长环保目标责任书及城市环境综合整治定量考核工作计划的通知》。为保证环保各项工作落到实处，市政府完善环保目标责任制，年初向 13 个乡镇（街道）和环保、经委、建委、公安、农业、文化、卫生、教育等部门下达年度环保目标责任制。

2003 年初，市政府下达《市长环保目标责任书及城市环境综合整治定量考核工作计划的通知》。市委、市政府在研究制定社会和经济发展计划及重大建设项目、引进外资企业、城市改造、工业园区开发、工业技改等都要求环保部门参与前期研究，全年环保部门共参加研究经济和社会发展专题会议 9 次。为保证环保各项工作落到实处，市政府完善环保目标责任制，年初向 13 个乡镇（街道）和环保、建设、公安、农业、文化、卫生、教育等部门下达年度环保目标责任制。

2004 年初，为确保环保目标责任制和城考工作落到实处，市政府下达《市长环保目标责任书和城市环境综合整治定量考核工作计划的通知》，并把考核指标分解到各级、各有关部门，明确了各自的职责，并要求环保部门做好协调工作。市委、市政府把环境成本纳入各项经济和决策过程，在研究制定社会和经济发展计划及重大建设项目、引进外资企业、城市改造、工业园区开发、工业技改等都要求环保部门参与前期研究，全年环保部门共参加研究经济和社会发展专题会议 8 次，环保专题 4 次。

2005 年，根据市政府下达的《建阳市市长环保目标责任书（2001—2005）》，全局围绕环保目标和城市环境综合整治定量考核目标，作工作安排，城市环境获较大改善，城市形象逐年提升，营造较好的城市人居环境。污水处理项目、饮用水源的保护，生活垃圾处理项目等获良好进展。

2006 年，市政府下达《市长环保目标责任书 2006 年度工作计划的通知》，坚持以市长环保目标责任制为龙头，扎实推进环保各项工作的开展。明确各部门工作责任，市政府与乡镇、街道。各责任部门通过下达责任状等形式把各项环保目标任务层层分解落实到基层；强化考核监督，进一步完善环保齐抓共管的工作机制，强化环保参与全市经济发展综合决策，将市长环保目标责任制落到实处。

2007 年初，市政府下达《2007 市长环保目标责任书和城市环境综合整治定量考核工作计划的通知》。为确保环保目标责任制工作落到实处，市政府把市长环保目标责任制及城市环境综合整治定量考核指标分解到各级、各有关部门，明确各自的职责，并要求环保部门做好协调工作。市委、市政府在研究制定社会和经济发展计划及重大建设项目、引进外资企业、城市改造、工业园区开发、工业技改等都要求环保部门参与前期研究，避免因决策不当造成环境污染。

2008 年初，市政府下达《2008 市长环保目标责任书和城市环境综合整治定量考核工作计划的通知》（以下简称“工作计划”），为确保环保目标责任制工作落到实处，市政府把市长环保目标责任制及城市环境综合整治定量考核指标分解到各级、各有关部门，明确各自的职责，并在全市副科级以上大会上由市政府主要领导将环保目标责任书下发给各乡（镇）长、街道办主任和有关单位负责人。年终由市政组织有关部门对责任单位环保工作完成情况进行考核，并将考核结果纳入主要领导政绩考核内容。通过各有关单位的共同努力，年初制定的各项工作计划得到较好落实，辖区水环境质量、大气环境质量得到进一步提高，生态环境进一步改善，国家级生态示范区建设进一步巩固和加强，全市经济逐步步入良性循环发展的轨道。

2009 年，市政府下达《建阳市人民政府关于下达城市环境综合整治定量考核 2009 年度工作计划的通知》和《建阳市人民政府关于下达 2009 年度市长环保目标责任书工作计划的通知》。环保目标责任书新增对农村环保考核指标，将大力推进农村环保工作。

2010 年，继续全面落实“城考”目标责任书。下发《建阳市人民政府关于下达城市环境综合整治定量考核 2010 年度工作计划的通知》，将各项任务分解到各级、各有关部门，明确各自的职责，并要求环保部门做好协调工作。向各乡镇、街道及有关部门下达了建阳市政府环境保护年度考核指标细文件。

2004 年，建成医疗危险废物集中处置站，市区医疗危险废物实行统一收集，专车运送宝山垅垃圾场进行焚烧处置（现由南平绿洲环保科技有限公司统一收集处置）。城市烟尘控制区覆盖率 100%，汽车尾气达标率 80%，工业企业排放达标率 90% 以上，建成区绿化覆盖率 40.89%，自然保护区覆盖率 4.60%。城市环保投资数逐年上升。

“十一五”时期（2006—2010 年）考核结果：

（一）环境质量

大气环境质量 建阳市大气环境质量功能区划定为国家二级标准，根据市环境监测站对认定点位的监测和空气自动监测站对居住区（环保局）和工业区（农工校）的连续监测，API 指数≤ 100 的天数占全年天数的比重达 100%。大气可吸入物浓度年平均值 0.048 毫克 / 立方米，二氧化硫浓度年平均值 0.008 毫克 / 立方米，二氧化氮浓度年平均值 0.012 毫克 / 立方米，大气环境质量达到国家二级标准并保持稳定。

集中式饮用水源地表水质达标率 建阳市有 1 座日供水 3 万吨的狮子山水厂，水源为崇阳溪水。经市环境监测站全年6次监测，27项指标达标率100%，饮用水源水质符合国家Ⅱ类水质标准，全年供水量695万吨，达标供水量695万吨。

地表水功能区水质达标率　建阳市主要河流省上确认断面有麻阳溪省控断面电站坝上；崇阳溪省控断面白茶垳和城考断面南浦溪小湖桥。水体类型为Ⅲ类渔业用水。监测项目分别为pH、溶解氧、氨氮、石油类、生化需氧量，经全年1月、3月、5月、7月、9月、11月监测，各断面地表水质达标率为100%，符合国家地表水Ⅲ类水质标准。

区域环境噪声平均值　经省环保局认定，建阳市区区域环境噪声监测点位有109个，网格尺寸为200米×200米，监测结果区域环境噪声平均值54.40分贝，符合环境功能区要求。

交通干线噪声平均值　建阳城市交通干线分别有民主南路长3.93公里、邵阳路2.18公里、人民路0.82公里、黄花山路1.41公里、吉阳路1.83公里、水东工业路2.20公里、嘉禾大道1.90公里。共设有省环保局认定的监测点位13个，监测结果加权平均值67.80分贝，符合功能区要求。

（二）污染控制

清洁能源使用率　市环保局对各片区的锅炉、窑炉、茶炉、大灶进行实地调查后分别建立统计台账，列出燃煤、薪材、清洁能源（烧柴油、焦炭、液化气）的炉窑，由监测站对锅炉进行监测。按照“城考”的规定对≥0.70兆瓦的燃煤、薪材锅炉进行复测，监测项目为烟气黑度、烟尘浓度、二氧化硫，＜0.70兆瓦的窑炉只测黑度，燃用清洁能源的锅炉免测。根据统计，市区范围内锅炉、窑炉、茶炉和大灶总台数为118口，其中，使用清洁能源的为108口，清洁能源使用率达91.52%。

机动车环保定期检测率　根据建阳市恒鑫机动车安全技术检测有限公司提供的数据，2010年，机动车环保检测车辆数为34890辆，检测合格率达100%。

工业固体废物处置利用率　建阳市工业固体废物有煤灰渣、尾矿砂、氟石膏、竹木下脚料、铅渣、铅膏等。煤灰渣及氟石膏主要用作海螺水泥公司生产水泥的原料和机砖厂生产机砖。尾矿沙用于铺路，矿山回填恢复植被。非黏土机砖厂利用煤渣、尾矿砂等废物做原料生产水泥空心砖，竹木下脚料用作燃料。全年工业固体废物产生量37.98万吨，综合利用量33.98万吨，综合利用率达99.48%。

危险废物集中处置率　2010年，建阳市工业危险废物产生量为1956.68吨，处置量1954.41吨（贮存1.49吨）。所有工业危险废物均按规定办理危险废物转移联单，交由有资质的单位处置。医疗危险废物全部交由南平绿洲公司处置，各医疗单位委托南平绿洲公司专人负责收集全市各医疗机构及乡镇卫生院医疗废物专车运送至南平进行集中处置，全年医疗废物产生量88.38吨，处置率达100%。

工业企业排放达标率　按照要求市环境监测站对全市主要工业企业进行1年2次以上废水监测，1次以上废气监测。废水监测项目按照《工业企业排放废水监测项目》执行，废气监测项目有烟气黑度、烟尘浓度、二氧化硫浓度和工业粉尘。根据2010年环境统计，2010年，全年重点工业废水排放量849.14万吨，达标排放量840.44万吨，达标率98.98%；工业烟尘排放量2079.21吨，达标排放量1914.82吨，达标率92.09%；工业二氧化硫排放量3111.20吨，达标排放量3111.20吨，达标率100%；工业粉尘排放量581.05吨，达标排放量581.05吨，达标率100%。

万元工业增加值主要污染物排放强度　2010年，全市万元工业增加值废水排放强度为29.14、化学需氧量排放强度为0.0046、烟尘排放强度为0.0071、二氧化硫排放强度为0.0107。

城市生活污水集中处理率　2008年12月20日，建阳污水处理厂开始进水，2009年4月，投入试运行。至2010年，设施运行正常，日处理量11100吨，负荷率74%。

生活垃圾无害化处理率　市区生活垃圾年产生量4万吨，卫生填埋3万吨，无害化处理率75%。

建成区绿化覆盖率　建成区面积9.30平方公里，绿化总面积3.94平方公里，绿化覆盖率42.36%。

公众对城市环境保护的满意率　2010年，全市公众对城市环境保护的满意率为81.63%。

四、执法监察

（一）专项执法活动

1996年，根据省政府的统一部署，开展取缔关停污染严重且无法治理的“15小”企业环保专项行动。“15小”企业即年产5000吨以下小造纸、年制革3万张以下小制革、年产500吨以下小染料、小炼焦、小炼硫、土法炼砷、炼汞、炼铅锌、炼油、选金、农药、漂染、电渡、石棉制作、放射性制品。在市政府的组织下，环保部门会同计委、经委、乡镇企业局和乡（镇）政府，关闭土法选金的书坊金矿，取缔黄坑、回龙、水吉、童游化浆生产的小造纸厂和个体小制革厂。此后在每年的环保专项行动中都对取缔关停的企业进行复查，严防“回潮”。

1998年，开展建设项目环保专项执法检查，对全市所有未批先建的项目和虽经环境影响评价审批但未执行建设项目“三同时”的企业进行督查，对符合产业政策，布局合理的一律补办环境影响评价审批手续，对未实行“三同时”的企业责令限期整改，对不符合环保要求的企业实行关闭和行政处罚。通过建设项目环保专项行动，基本规范建设项目的管理。

1999—2000年，开展“一控双达标”（污染物排放总量控制，空气、水环境质量和近海岸海洋水质达到功能区标准）环保专项行动，重点治理建阳造纸厂、武夷味精公司、毛巾厂、化工厂、萤石矿、铅锌矿等一批企业的废水废气，实现达标排放。

2002—2005年，环保、监察、发改、经贸、农业、建设、卫生、水利、安监等部门联合连续开展“整治违法排污企业，保障群众身体健康”环保专项行动。整治范围有：建设项目环评、“三同时”执行情况、环保设施运转情况、矿山开采安全情况、集中式生活饮用水源保护情况、巩固取缔关停“15小”企业和“新五小”企业情况、规模畜禽养殖场污染治理情况、辐射安全整治情况、各级政府是否有出台违反环保法律法规的地方政策等。环保专项行动是继1998年以后对新建的建设项目进行摸底排查，重点针对乡镇私营企业，对符合环境功能区的企业办理环境影响评价环保审批手续，对未完善环保设施的企业限期整改，对未验收的建设项目实行监测和环保设施验收。关闭一批污染严重群众反映强烈且未批先建的企业，搬迁布局不合理的企业，停产治理一批未执行“三同时”的企业。金石氟业公司通过停产治理完善废气治理设施彻底解决废气污染问题。关闭一批地处禁养区的养猪场。完成2个规模奶牛场和部分规模养猪场污染治理。检查造纸厂、丽阳人造板厂及医疗机构辐射安全管理情况。明珠纸业公司长期存放在纸机上的2个闭密放射源送往省危险废物处置中心收贮，清除辐射隐患。丽阳人造板厂完善放射源管理制度。对环保设施情况进行跟踪检查，责令一批企业整改和完善环保设施，做到正常运转达标排放。对矿山尾矿库安全进行督查，解决尾矿库安全隐患。关闭地处饮用水源保护区的养猪场和废旧塑料破碎加工厂，保护市区饮用水源。经检查，被取缔的化浆小纸厂没有恢复生产，各级政府和部门没有制定违反环保法律法规的土政策。

2006—2007年，继续开展“整治违法排污企业，保障群众身体健康”环保专项行动。整治范围有：饮用水源安全保护，重污染行业工业企业集中区的环境违法问题、整治建设项目环境违法问题、危险废物收集、贮存、运输、处置中存在的突出问题、群众反映强烈影响群众正常生活秩序的环境污染问题、工业园区环境违法问题、历年挂牌督办环境问题。通过摸底排查，列出重点污染源和重点监管企业。建立联席会议制度，定期商讨对策。督促并服务重点企业抓好各项环保措施的落实。建立报告制度，指定监察大队负责信息收集和材料汇总上报工作。对重点污染源和建设项目环境管理中的有关问题下达限期整改任务。对一般污染物下达加强环境保护工作的通知；对不履行职责的部门及时干预。

2008年，贯彻落实《国务院关于落实科学发展观加强环境保护的决定》，对重点行业、饮用水源保护区、工业园区和历年挂牌督办后督查以及城镇污水处理厂、垃圾填埋厂等环境问题以及尾矿库的专项整治、重点流域（水库）化工企业专项整治，进行全面调查摸底，并在此基础上开展“四查六结合一提高”的环保专项行动。“四查”，即查饮用水源保护区企业污染源分布、查企业污染物排放及去向、查企业污染治理设施、查运行情况及历年挂牌督办、督查企业整改落实情况。“六结合”，即与环保宣传结合，与工业园区建设项目环评及建设项目“三同时”结合，与企业扩建、改建有否限批项目结合，与减排项目完成情况结合，与为民办实事项目结合，与排污费征收任务结合。当年，对重点行业、饮用水源保护区、工业园区和历年挂牌督办后督查环境问题开展集中整治。共出动人员123人11次，检查企业43家，发放环保宣传单43份，现场检查企业的污染防治设施30台套，其中，污水治理设施12台套，废气治理设施18台套。经检查的企业大多数均能遵守环保法律法规，有污染物排放的均建设污染防治设施，对污染防治设施不够完善的企业，检查组均提出整改意见并规定整改期限，对13家企业下达限期整改通知书，其中，2家企业应处缴纳排污费2倍的罚款，对5家企业下达限期验收和补办环评通知书，做到将环保行动落到实处。

2009年，建阳市环保局按照方案要求在全市开展环保专项行动，对全市的重点行业、饮用水源保护区、历年挂牌督办后督查及城镇污水处理厂，垃圾填埋厂等环境问题进行全面调查摸底。检查全市污染源分布情况，企业污染物排放及去向，企业污染治理设施完好和运行情况，历年挂牌督办后督查企业整改落实情况等。共出动人员次数为286人次，检查企业62家，现场检查企业的污染防治设施40台套，其中，污水治理设施22台套，废气治理设施18台套。经检查的企业大多数均能遵守环保法律法规，有污染物排放的均建设污染防治设施，对污染防治设施不够完善的企业，检查组均提出整改意见并规定整改期限，对其下达限期整改通知书，其中，1家企业应处缴纳排污费2倍罚款，做到将环保行动落到实处。

2010年，成立以分管副市长为组长，各有关部门负责人为副组长或成员的整治违法排污企业保障群众健康环保专项行动领导小组，并由建阳市人民政府办印发《建阳市人民政府办公室转发市环保局等部门关于2010年建阳市整治违法排污企业保障群众健康环保专项行动实施方案的通知》。对铁路、高速公路、国道、省道两侧黑烟污染环境问题专项整治；闽江流域干支流沿岸企业违法排污专项执法；检查挂牌督办企业、重金属排放企业、污染减排重点行业、饮用水源保护等问题。召开由环保、经贸、监察、工商、司法、安监、建设等10个部门参加的环保专项行动联席会议，加强环境执法监管，维护环境安全。按照方案要求，专项小组对建阳市的重点流域、工业园区、畜禽养殖、建筑饰面石材、重金属污染行业等环境违法问题进行全面调查摸底。累计出动执法人员200人次，检查企业22家，现场检查企业的污染防治设施16台套。

（二）信访受理

2002年，市环保局成立环保“110”联动小组，开始群众污染投诉。主要整治市区100家餐饮酒楼油烟直排街面的污染；对群众反映强烈的油烟污染进行整治，对布局不合理，扰民严重而又无法治理的餐饮业予以关停。对污染较轻且可以通过治理达到基本不扰民的，则下达限期治理通知，并按审批要求安装经省级以上认证的油烟净化设施。控制文化娱乐场所噪声污染，对噪声超过排放标准者，依法进行处罚并令其限期整改，通过整改后仍达不到环保要求者，报经政府予以关停。加大对建筑施工场地噪声的监督管理力度，把好夜间施工审批关，积极受理群众投诉，广泛宣传对环境违法的查处情况，以警示其他施工单位。搬迁位于市区的铅合金加工店。关闭地处居民区的小工厂、小作坊和家庭猪舍等。随着取证手段的加强，“12369”环保热线的畅通，环保“110”联动办24小时值班制度的实行以及群众环保意识的提高，信访、投诉、群众来访案件逐年上升。查处投诉案件由最初近百件，逐年上升到2010年的300件，查处结案率98%。

五、宣传教育

“九五”和“十五”期间，市政府、市环保部门针对环保工作起步较晚，市民环保意识不强，环保法律知识贫乏的实际，将环境保护宣传教育工作作为环保管理工作的重点，纳入市长环保目标责任书考核内容和“四五”普法工作内容。市委党校副科级以上党政干部培训班和市教师进修学校教师培训班均开设《环境保护法》课程。聘请重点企业厂长、经理参加座谈会，宣讲环保法规政策。各中学也在生物课中开设环保知识课程。建阳一中把环保知识编入“乡土教材”，增加学生的环保知识。

1998年，市环保局和广播电视局开始在市广播电台开设《环保与家园》专题节目，宣传环保法律法规和环保知识。在市有线电视台开设每周一档的环保常年公益广告。“6·5”世界环境日期间，在全市开展一系列宣传教育活动。

2000年，坚持经常性教育和重点集中宣传相结合，面向领导决策层，面向社会、面向青少年儿童，多方位开展宣传工作。围绕“一控双达标”，配合市人大开展《中华人民共和国环境保护法》执法检查和省、南平市2000年闽江环保行动。编发《建阳环境》，在建阳广播电视台开设《环保与家园》专题节目，全年开播104期，在市有线电视台开设每周一档的常年公益广告，全年开设50期，有线台图文频道宣传环保有关法律法规。在市区部分中小学幼儿园开展“绿色学校”试点；有关部门举办的各类学习、培训班上把环保列入教学内容之中。

2001年，在《建阳报》上设环保专版，同时在建阳广播电视台开设《环保与家园》常年广播专题节目，全年开播84期，在市有线电视台开设每周一档的常年公益广告；在市区一中、莒口中学、水东小学开展“绿色学校”试点；有关部门举办的各类学习、培训班上把环保列入教学内容之中。在“六五”世界环境日期间开展专题宣传、环保咨询、环保万人签名等系列宣传活动等。市环保局与教育局、文化局、青少年宫联合开展支持北京申奥中小学生环保宣传画比赛和小学生环保手抄报比赛等活动。

2002年，加大新闻报道力度，坚持常年编发《建阳环境》，并向有关刊物投稿，所投稿件在《中国环境报》《环境与发展报》《闽北日报》中均有采用，全年共录用83篇，继续在建阳广播电视台开设《环保与家园》常年广播专题节目，全年开播84期，在市有线电视台开设每周一档的常年公益广告，全年开设52期；在一中、莒口中学、小湖小学、水东小学、师范附小开展“绿色学校”活动，一中、莒口中学、师范附小获南平市级“绿色学校”命名，水东小学获建阳市“绿色学校”命名。在“6·5”世界环境日期间开展专题宣传、环保咨询、环保踩街、印发环保宣传小报等系列宣传活动。市环保局与教育局、文化局、团市委联合开展中小学生环保征文比赛和小学生环保手抄报比赛及中小学生环保社会调查等活动。市环保局开展了环保下乡、进校宣传活动，参与“中华环保世纪行”“省环保下乡千里行”活动。

2003年，在市教育局举办的校长培训班及组织部举办的青干培训班中，聘请南平市环保局罗庆中讲授环保专业知识和可持续发展战略。与市卫生局、教育局、市妇幼保健所联合开展“给孩子一个健康的环境”活动。“6·5”世界环境日期间，围绕世界环境日“水—20亿人生命之所系”的主题，采取多种形式开展纪念活动：副市长刘淑妹发表电视讲话，通过市有线电视台、政务公开栏发布建阳市2003年环境质量状况公报；团市委、环保局、教育局联合举办“知我母亲河”全市少年儿童自编环保手抄报、电脑报比赛，并将获奖作品向社会展示；召开座谈会，围绕如何突出工业、突破工业、服务工业、提高办事效率开展讨论。

2004年，“6·5”世界环境日期间，开展一系列宣传活动：召开全市环境保护工作会议，以多媒体形式演示2003年全市环境质量状况；通过市有线电视台和政务公开栏向社会公布环境质量状况；团市委、环保局、教育局联合举办“知我母亲河”少年儿童自编手抄报和电脑报环境征文比赛；召开座谈会，征求改进环保工作的建议。开展市级“绿色学校”评选活动，通过考核授予童游小学为建阳市“绿色学校”荣誉称号。建阳一中在获南平市“绿色学校”称号的基础上，又获省级“绿色学校”称号。

2005年，团市委、环保局、教育局联合举办“知我母亲河”活动。全市少年儿童自编环保手抄报、电脑报、征文、美术、文娱、体育大型活动。环保局、教育局联合组织中小学生参加福建省环境保护厅举办的福建省“绿色世界”少年儿童艺术创作比赛。

2006年，市环保局坚持经常性教育和重点集中宣传相结合，继续在建阳广播电台开设《环保与家园》，常年广播专题节目。在市有线电视台开设每周一档的常年公益广告，在组织部举办的各类干部培训班中把环保列入教育内容。在“6·5”世界环境日期间开展一系列宣传教育活动，让公众了解和爱护环境。

2007年“6·5”期间，建阳市环保局开展一系列宣传教育活动：副市长崔继军在有线电视台作《在纪念第36个世界环境日的电视讲话》；纪念“6•5”世界环境世界日暨污染减排工作会议召开，提出节能降耗和污染减排目标，通过召开座谈会加强沟通与理解，共同好环保工作；通过市政府橱窗向全社会公布2006年度建阳市环境质量状况，自觉接受群众监督；与市文体局、广电局、教育局联合举办“环保杯”故事大王比赛，以提高全市少年儿童环境保护意识；开展手机环保短信宣传活动，向全市公众发放环保手机宣传短信，提高全市人民环境保护意识。开展“绿色学校”和“绿色社区”评选活动，实验幼儿园、机关幼儿园、回龙中学、漳墩中心小学、麻沙中学，建阳二中、水吉中学等学校获评为建阳市级绿色学校，有13所中小学分别获授南平市和建阳市绿色学校，潭城镇兴建社区获评建阳市绿色社区。

2008年“6•5”世界环境日期间，市环保局开展一系列宣传教育活动：企业家环保座谈会召开，邀请市委、市政府、人大、政协领导参加，通过座谈会的形式加强企业与环保的联系，理顺环保与发展的关系，加强沟通与理解，提出为建设资源节约型与环境友好型的新建阳尽到一份责任和义务的要求，共同好环保工作；通过市政府橱窗向全社会公布2007年度建阳市环境质量状况，让社会公众了解和爱护我们的环境，接受群众监督；通过市有线电视台结合中高考期间工作播放环保公益广告和“6•5”世界环境日知识，普及宣传了环境保护知识；在市政府门口开展纪念“6•5”世界环境日暨环保咨询活动，向公众发放环保宣传单、册达200份，现场受理环保投诉1起，提高全市人民环境保护意识；参加建阳一中的6月5日国旗下讲话，向全校师生讲述环保的意义与重要性，营造浓厚的“绿色教育”环保氛围。开展“绿色学校”和“绿色社区”评选活动，黄坑中心小学、水吉中心小学、将口中学、第二实验幼儿园、福建闽北卫生学校、武夷旅游商贸学校、建阳武夷文武学校获评建阳市级绿色学校。截至当年，共创建省级“绿色学校”1所，南平市级“绿色学校”11所，建阳市级“绿色学校”19所。潭城镇兴建社区、西门新纪名城小区获评南平市级绿色社区、绿色小区。黄坑镇、书坊乡开展创建环境优美乡镇活动。

2009年“6•5”世界环境日期间，市环保局在市中山广场举办文艺晚会、在市政府门前开展环保咨询活动，企业家座谈会召开，利用政府宣传栏举办环保图片展览等系列宣传活动。市环保局以绿色学校、绿色社区等绿色系列创建活动为载体，不断完善公众参与机制。团结和凝聚更多的人参与环保、支持环保、实践环保，使环保成为个人的自觉行动，环境宣传教育的区域不断扩大，阵地不断拓展。参与环保的社会阶层越来越广泛。

2010年6月3日上午，市环保局、市科协在市中山广场设立环保宣传咨询台，开展相关法律法规知识宣传和咨询活动。向市民发放《让低碳成为我们的生活习惯》《环保知识问答》等各类环保宣传册、单共计1000多份，发放环保袋500个。开展环保知识竞赛活动。6月4日，为纪念第39届世界环境日，市环保局、教育局联合举办小学生环保知识竞赛活动，环保知识竞赛围绕“低碳减排•绿色生活”的主题进行，全市16个小学均派出代表队参赛。通过环保知识竞赛，加强对广大少年儿童的环保知识教育。至2010年，全市创建省级“绿色学校”1所、南平市级“绿色学校”15所、建阳市“绿色学校”22所；创建南平市级绿色社区（小区）2个，建阳市级绿色社区（小区）4个。

六、征收排污费

1994—2002年，排污费依据国务院《征收排污费暂行办法》执行。1994年，征收超标排污费48.80万元。2001年，征收排污费517家，征收额134.27万元。

2003年，国务院出台《排污费征收使用管理条例》和国家四部委颁发的《排污费征收标准管理办法》。依据上述法规对辖区内所有排放废水、废气、废渣和超标噪声依法征收排污费和超标排污费。2003年以前按污染物单因子征收超标排污费，2003年起按污染物多因子征收排污费和超标排污费。2003年征收排污费132.17万元，2004年排污费征收入库161万元，2005年征收排污费171.60万元，2006年征收排污费206.73万元，2007年征收排污费212.53万元，2008年征收排污费209.09元，2009年征收排污费208.62万元，2010年征收排污费210.25万元。

第二章　国土资源管理

1994年，建阳市土地管理从单一的行政审批管理方式过渡到按国家每年下达指令性计划用地指标、严格依照法定程序报批建设用地的管理方式。同时，加强土地的宏观调控和基本农田保护，完善土地利用总体规划、地籍管理、建设用地管理、土地监察、地价管理等基础性工作。2002年5月，建阳市土地管理局和建阳市矿产资源管理局合并为建阳市国土资源局，2005年起，进一步加强土地和矿产资源的宏观调控，加大对地质灾害的防治力度，对无证开采等非法采矿行为进行严厉的查处和打击，整顿和关闭所有不具备安全生产条件的矿山；强化项目用地管理，推行工业项目集约合理用地，公布协议出让国有土地使用权最低价格、实行建设项目供地审批电子备案在线监控制度。重新修编新一轮《土地利用总体规划（2006—2020年）》，将建阳国土资源保护工作推向更高层次。

第一节　土地使用制度改革

一、国有土地有偿出让

1994年起，建阳市国土资源管理部门根据国家有关法律法规，逐步改革过去无偿无限期的土地使用方式，推行国有土地的有偿出让和转让制度，1999—2010年，全市共批准用地570宗，面积1320.26公顷，其中，协议出让273宗，面积234.49公顷；招拍挂出让67宗，面积107.48公顷；行政划拨230宗，面积978.29公顷。

1999—2010年度国有土地出让及行政划拨情况表

表4-2-1　　单位：宗、公顷

年度	批准宗数（宗）	批准面积（公顷）	其中					
			协议出让面积（公顷）	协议出让宗数（宗）	招、拍、挂出让面积（公顷）	招、拍、挂出让宗数(宗)	行政划拨面积（公顷）	行政划拨宗数(宗)
1999年	147	5.65	4.42	46	—	—	1.23	101
2000年	44	5.31	4.91	35	—	—	0.40	9
2001年	39	4.99	4.23	31	—	—	0.76	8
2002年	47	18.04	11.71	29	5.85	9	0.48	9
2003年	39	11.43	8.99	25	2.18	8	0.26	6
2004年	43	45.80	41.15	24	3.86	9	0.79	10
2005年	40	41.48	27.96	15	2.64	2	10.88	23
2006年	47	456.88	46.42	26	11.67	8	398.79	13
2007年	51	101.19	82.63	34	12.62	5	5.94	12
2008年	28	239.86	0.59	4	7.90	4	231.37	20
2009年	29	340.56	1.48	4	11.69	6	327.39	19
2010年	16	49.08	—	—	49.09	16	—	—
合计	570	1320.27	234.49	273	107.48	67	978.29	230

说明：2008年行政划拨地高速公路1宗，2009年行政划拨地高速公路1宗

二、房地产项目用地招拍挂出让

1995 年，为吸引外资，实施新城区建设和旧城改造，市政府制订优惠政策，鼓励房地产开发商在城区进行房地产开发建设。1995—1999 年，在房地产项目供地上，以土地出让金抵拆迁安置费。2000—2001 年，市政府改变供地方式，根据出让地块的不同区段以及建设规划条件，由政府召开会议确定土地出让金的缴交比例，比例最低为基准地价的 40%。

2001 年，建阳市土地收储委员会、建阳市土地收购储备中心成立，对国有土地收购、储备、出让，实行“一座池子蓄水、一个龙头出水”。实现土地供地制度由过去的多头供应和协议出让向以公开、公平、公正的招拍挂方式出让转变。市政府颁布《建阳市城区国有土地使用权招标拍卖暂行规定》。2002 年，房地产开发进入市场运作。2003 年，市监察局、国土资源管理局（以下简称“国土局”）建立经营性土地招标拍卖挂牌出让联席会议制度，市直有关部门联席对经营性土地供地实行民主决策，阳光作业。对每幅出让地块做好前期筹划准备工作，科学制定建设规划指标以及出让地块的出让起始价、保留价，确保每幅出让地块取得较好的土地收益。

第二节　土地调查与登记发证

一、土地调查

1994 年后，全市每年都要抽调专人集中时间开展土地变更调查工作，全面查清各类土地的数量和分布情况，以及新增建设用地的类型、面积、占用耕地情况等，填写有关调查汇总表，更新土地利用现状图，及时上报统计汇总成果。同时，依据土地变更调查成果数据，对当年土地利用变化情况进行调研和分析，形成年度土地利用分析报告，为政府决策提供依据。2004 年，完成全市 1:1 土地利用现状调查数据库的建设任务。2009 年，按照省厅的统一部署，开展城镇地籍调查。进行城区（潭城街道、童游街道）1:500 比例尺地籍现状数字地形测量工作，测图范围覆盖原地籍图测量区域及此次地籍调查的所有区域，测区面积 12.55 平方公里。而后开展土地权属核查、城区土地利用调查、地籍档案扫描，建立城镇地籍调查数据库。

根据土地利用现状调查结果统计，2010 年底，建阳市土地面积为 3383.40 平方千米（合计 338336.40 公顷）。耕地总面积为 33764.25 公顷，基本农田保护区面积为 28383.07 公顷，保护率为 84.10%。土地垦殖率为 9.98%，低于全省平均水平。全市耕地 52% 的面积分布在 4000 条大小山垄里，望天田、易旱、易涝田面积比重大。由于主要河流崇阳溪、麻阳溪横贯市区，其河谷盆地（包括支流）是全市水田、果园主要分布区，林地则主要分布在西部、东部及西北部的山地和高丘地带，各区域的植被、土地利用程度存在相当大的差异，土地资源垂直分带线明显。低山高丘地带，气温较低，土层薄、低产田面积大，复种指数小，土地利用率低；平原低丘地带，气候温和，土层厚，复种指数大，土地利用率高。

2010 年建阳市各地类构成情况表

表 4-2-2　　单位：公顷

地类	农用地				建设用地	未利用地	总面积
	耕地	园地	林地	其他农用地			
面积	33764.25	5436.77	272773.26	8132.43	8953.16	9276.54	338336.41

二、土地登记发证

1990 年，根据全省统一部署，开始城镇土地登记发证工作。1993 年底，全市农村共发土地证 60713 本。

1994 年转入日常变更登记工作，1994—1995 年共办理变更土地 339 宗。至 2010 年，累计集体土地使用权登记发证 7.80 万本，占应发证数的 93%。

第三节　土地规划与保护

一、土地总体规划

1996 年起，市土地管理机构组织相关专业人员对全市的土地利用现状进行全面分析，编制规划。2001 年 5 月，南平市政府批准《建阳市乡镇土地利用总体规划（1997—2010 年）》。2007 年 4 月，根据省国土资源厅部署，布置在全市 11 个乡镇和 2 个街道办事处进行市（县）、乡两级土地利用总体规划修编前期工作，并成立土地利用规划修编工作领导小组，落实规划修编经费，与中标的规划修编单位联系，组织各乡镇坚持“大稳定、小调整”的工作思路，严格按照《基本农田保护条例》规定的划定原则进行基本农田调整划定，与农、林、水、交通、计委、计生局、建设局、规划局等部门沟通，全面收集土地利用总体规划修编所需的基础资料，对上一轮基本农田划错的图斑、更新调查中局部有疑问地块进行仔细实地核对，在纸图上完成基本农田调整划定工作；对 2006—2010 年及 2011—2020 年各项规划用地作全面调查并预留；核对基本农田保护区原有保护片编号中 2005 年各地类面积与更新调查分块后各地类的面积比较，确定各乡镇耕地后备资源的地点、面积；确定闽北产业集中区规划范围及批转土地范围。2010 年 8 月，《建阳市土地利用总体规划（1997—2020 年）》通过省政府批准。

二、耕地保护责任制

1994 年，建阳市核定后划定基本农田保护面积为 2666.31 公顷。2001 年，根据建阳市乡镇土地利用总体规划（1997—2010 年）要求，建阳市耕地保有量不得少于 34115.22 公顷，基本农田面积不得少于 29280 公顷。规划期间，建阳市加强土地资源的管理，严格限制农用地转为建设用地，控制建设用地总量，切实保护好耕地，对规定的基本农田实行特殊保护。在保护和改善生态环境，加强地质灾害防治的前提下，加强后备土地资源的开发利用，适度开发宜耕土地，推进农地整理和村庄土地整理，加大灾毁耕地复垦力度，及时补充非农业建设建设占用耕地数量，实行耕地总量动态平衡，促进社会经济的可持续发展。推进旧村改造，并结合新村建设和村庄土地整理，实行一户一宅，拆旧建新，搞好土地置换工作，引导农村居民点向中心村，小城镇集中，存进土地集约利用，提高土地利用率。

2005 年末，建阳市实际基本农田保护面积 29621.07 公顷（“上轮规划”下达给本市基本农田保护任务量为 29280 公顷），其中，耕地占 99.68%，园地、养殖水面等其他农用地占 0.32%。总体上来看，国家基本农田保护制度在全市得到贯彻落实，全市基本农田得到保护且完成南平市下达的指标任务。

2006 年起，建阳市把保护耕地资源作为经济发展的前提和基础，落实耕地保护目标责任制度，市政府与各乡（镇）政府、街道办事处签订耕地保护目标责任书，要求各乡（镇）政府、街道办事处耕地保有量、基本农田保护面积不得低于土地利用总体规划确定的面积，耕地和基本农田占补必须保持面积与质量平衡。

2006 年至 2010 年 10 月，建阳市执行基本农田占用“五不准”（不准非农建设占用基本农田；不准以退耕还林为名违反土地利用总体规划减少基本农田面积；不准占用基本农田进行植树造林，发展林果业；不准在基本农田内挖塘养鱼和进行畜禽养殖，以及其他严重破坏耕作层的生产经营活动；不准占用基本农田进行绿色通道和绿化隔离带建设）的制度；基本农田保护“五规定”（1. 不准非农建设占用基本农田（法律规定的除外）；2. 不准以退耕还林为名违反土地利用总体规划减少基本农田面积；3. 不准占用基本农田进行植树造林，发展林果业；4. 不准在基本农田挖塘养鱼和进行畜禽养殖，以及其他严重破坏耕作层的生产经营活动；5. 不准占用基本农田进行绿色通道和绿化隔离带建设。）区内土地按照《福建省基本农田保护条例》保护。土地整理复垦资金应当优先投入基本农田保护区。禁止在基本农田保护区内建房、建窑、建坟、挖砂、采矿、取土、堆放固体废弃物或者进行其他破坏基本农田的活动；禁止占用基本农田发展林果业和挖塘养鱼。国家能源、交通、水利、国防等重点建设项目无法避开区内基本农田的，需按有关规定严格审批。规划期间，凡列入规划期选址走向未定可能占用基本农田项目清单的项目，其用地选址确实无法避免占用基本农田时，且占用基本农田规模不超过基本农田保护区增划的耕地数量的，属符合规划，按一般耕地报批）的制度，对因重点建设项目确实无法避开基本农田者，严格按相关法律、法规等规定进行调整，做到保质保量，占一补一。2010 年 10 月起，根据建阳市土地利用总体规划（2006—2020 年）要求，保持基本农田面积不少于规划指标 28383.07 公顷，质量不低于原有质量等级的基础上，建阳市增划 201.36 公顷优质耕地与上级下达基本农田保护任务数共同构成基本农田保护区，总面积 28584.43 公顷，占耕地总面积的 84.69%。

第四节　建设用地管理

一、国家建设用地

1989 年，县政府和土地管理部门贯彻中央“治理经济环境、整顿经济秩序”方针，整顿土地管理秩序，严格控制建设用地规模，对明确规定的属于压缩、停建和缓建的项目，不予报批用地。

1990 年，县土地局开展珍惜土地教育，严格建设用地审核报批。大的建设项目主要有水东工业区，形成以林产化工为主的开发区，用地规模 120 公顷。

1991 年，土地管理部门对国家建设项目实行定点放样、工程施工、竣工验收“三到场”，以及“建设用地许可证”挂牌制度等。

1992 年，县政府制定《关于开发利用土地资源、实行土地有偿使用的规定》，对非农业建设用地实行“五统一”（统一规划、统一征用、统一开发、统一出让、统一管理）。按照建阳县城总体规划要求，县城性质定为以发展林农产品加工工业为主的城镇，县城结构布局以旧县城现状为基础，划分为 4 大自然片 7 个功能区。当年审批童游 220 千伏输变电工程及建阳 110 千伏输变电工程等项目的用地审批。

1993 年，继续执行用地审批规划选址、开工放线、竣工验收“三到场”制度。完成水南义乌小商品城、城区西街改造等大的建设项目得用地审批工作。

1995 年，市政府加大旧城区改造和新城区建设力度。9 月，审批 40 米大道（嘉禾路）和站前区 31.80 公顷建设用地。10 月，审批煤场铁路专用线用地 3.52 公顷。11 月，完成粮食储备库铁路前期征地 3.68 公顷的审批工作。1996 年，市政府启动上水南路拓宽改造工程，总开发面积 2.03 公顷，建筑面积 1.08 公顷。是年审批国家建设用地 10 宗，面积 175.64 公顷，其中耕地 41.03 公顷。

2000 年，市土地局进一步强化建设用地管理，用地报批实行“一书四方案”（建设用地项目呈报说明书，农用地转用方案、补充耕地方案、征收土地方案、供地方案）制度，做好“批前预审论证、批中监督检查、批后跟踪管理”工作。

2002 年，市国土资源局推行建设用地预审和集体会审制度。全年共审批 3 项建设用地 538 宗，面积 25 公顷，其中国家集体建设用地 39 宗，面积 15.71 公顷。

2003 年，市国土局贯彻南平市委、市政府进一步优化投资环境，促进工业发展的实施意见，制定《建阳市国土资源局关于进一步加强优化发展环境建设促进工业发展的实施意见》，突出工业、突破工业，积极支持工业发展，服务“两保”（保发展、保红线）项目用地，积极争取用地指标，提高土地集约利用水平，努力提供建设用地保障。当年，共上报省政府审批农用地转用征用 5 个批次，面积 65.14 公顷。同时审批单位建设用地 136 宗，面积 90.33 公顷。

2004 年，市国土局完成 2003 年接转及新增共 5 个批次、65.13 公顷的省上批准农转用土地，涉及 24 个工业项目的建设用地审批。

2005年，贯彻国务院《关于深化改革严格土地管理的决定》，按照工业项目建设用地的投资强度、容积率等控制指标，做好国家建设项目用地的农转用和土地征收报批工作。共上报审批4个批次，17个项目，用地总面积46.60公顷，其中，农用地40.82公顷（耕地20.17公顷），未利用地5.78公顷。

2006年，全市共审批工业用地项目36宗，用地总面积96.80公顷，为全面推行及严格执行工业用地招标拍卖挂牌出让制度做好衔接。

2007年，为闽北产业集中区、回瑶工业平台等工业用地办理农用地征转用报批和供地手续，共审批391宗，面积92.76公顷。做好高速公路项目用地报批工作。完成武夷山至邵武高速公路建阳段项目用地报审工作，总面积202.12公顷。

2008年，通过网上报批森岚木业、六维实业等征转用5个批次，面积697.16公顷，涉及40个项目。经营性土地共交易土地2宗，总面积3公顷，成交地价1973.40万元。组织网上交易挂牌出让工业用地7宗，土地面积16.96公顷，成交地价1630.56万元。

2009年，共上报省政府审批农转用和土地征收9个批次，面积127.10公顷，涉及44宗地块。其中，经营性用地12宗，面积50.57公顷；工业用地25宗，面积69.02公顷；一般项目用地7宗，面积7.41公顷。

2010年，共上报审批农用地转用和土地征收的土地总面积为62.36公顷，涉及29个建设项目。其中，上报城市批次项目用地7批次，面积57.91公顷；上报单独选址项目1个（生活垃圾焚烧发电厂用地），面积4.44公顷；上报国务院审批农用地转用和土地征收的单独选址项目1个（合肥高速铁路），用地总面积84.29公顷。共办理单位建设用地供地审批65宗，涉及土地总面积94.96公顷。

三、集体建设和个人建房用地管理

1987—1989年，建阳县土地局根据《中华人民共和国土地管理法》（简称“土地管理法”）和福建省实施办法的规定，坚持按批准的基本建设项目和依据城镇乡村建设规划统一安排审批土地。1990年，根据省、地部署，全面开展“四无”（无擅自占地、无少批多占、无越权审批、无未批先用）乡镇建设，加强农村集体建设用地指标管理，严格限定面积安排用地。1991年，县土地局主动配合乡镇村搞好用地规划，严格实行计划指标和限定用地标准。1992年9月起，对农村非农业建设用地实行统一规划、统一征地、统一开发、统一出让、统一管理的“五统一”制度，严格控制建设用地总量，严格控制集体建设项目占用耕地，鼓励开发利用山坡地、闲杂地和旧仓库、旧礼堂。1998年，重点做好“6·22”灾后重建家园和“造福工程”的用地审批管理。

2002年，批准集体建设用地3宗，面积4.79公顷。同年，进一步强化农村村民住宅建设用地管理，促进集约合理用地，当年审批496宗，面积4.50公顷。2003年，审批个人建房用地315宗，面积12公顷。2006年起，坚持以项目定用地、以投资额定用地，提高土地容积率和利用率，从源头上防止粗放用地，当年全市共审批农村个人建设用地183宗，面积1.81公顷。至2010年，全市共审批个人建设用地1608宗，面积24.04公顷。

第五节 土地执法监察

一、宣传教育

1990年，县土地局组织人员宣传《中华人民共和国城镇国有土地出让和转让暂行条例》，到各乡镇巡回放映宣传录像片。1994年，在市电台开设“国土之声”等栏目，印制2000册土地法规宣传笔记本分发市、乡镇和有关企事业单位领导。1995年，开展新颁布的《中华人民共和国城市房地产管理法》的宣传工作。1996年，为纪念《土地管理法》颁布10周年，市国土局摄制大型电视纪实片《十年风雨路》，回顾全市土地管理10年的历程及其成果。1997年，编辑、发放中共中央、国务院《关于进一步加强土地管理，切实保护耕地的通知》宣传材料。1998年起，除常规的宣传活动外，每年结合“6·25”全国土地日举办各种主题宣传活动，如中小学生“土地与国情”绘画比赛、村级干部国土资源法律知识培训等

2003年，市国土局在城区6处主要地段悬挂“保护和合理利用每寸土地”宣传等保护土地资源的巨大气球条幅；在农村重点乡镇举行土地法律、法规巡回咨询、宣教活动。2005年，在城区举办“国土杯”篮球赛，组织参加南平市“国土杯”小学生有奖征文比赛。2007年，结合“五五”普法和机关效能建设，举办基层所规范化建设业务培训班等，以多种形式增强土地国情、国策观念，营造珍惜资源、管好资源、用好资源的社会氛围。

二、土地执法

1989年3月，由公安、城建、土地等有关部门组成个人违法用地建房问题工作队，进驻童游村，历时1个月共查清违法占地237起3.58公顷。同年5月，根据县、乡（镇）、村专题会议研究制定的处罚标准，共处理涉及非法买卖土地、未批先占、少批多占等224户，收回土地0.07公顷，处理违法用地0.68公顷，补征各种税费7.24万元。

1993年，针对南平至武夷山公路沿线机砖厂非法从耕地取土日趋严重的问题，土地局在公安等部门的协助下，采取24小时值班巡查、查扣车辆、现场取证等强制措施，共查扣各种运输车28辆，现场处罚16起，重点违法个案移交公安机关处理。

1994年起，重点解决城区个人建房历史遗留问题。主要是1995年旧城改造和2011年新区建设启动后，鉴于种种历史原因，202户拆迁安置和群众自建房用地手续的报批手续问题。根据群众的反映，国土地资源局结合童游新区土地收储工作，深入调查分析原因，区别情况，分类解决。在政策允许的范围内，及时制定解决问题的方案并经市政府批准执行。

2003年，市国土局坚持动态巡查与专项整治相结合，严格依法查处各类违法案件，维护全市国土资源管理正常秩序。制止土地违法行为30件，立案调查依法处罚违法案件3宗。

2004年，采取日常巡查、集中巡查和重点巡查等多种手段，从严从快查处少批多建、非法占地、乱搭乱建、非法采矿等情况。共立案查处土地违法案件8件，查处率100%。

2006年，开展土地违法违规案件专项行动。5月22日，市政府召开法院、国土局、建设局、规划局、童游街道、公安局经侦大队、城管大队等有关单位负责人会议，对整个城市规划区内非法买卖土地及违章建设的违法行为进行全面的专项清理整治。清理整治违法用地和违法建设工作领导小组成立，查实在城市规划区内违法用地127宗，限期拆除的29宗，限期补办手续的98宗。建阳市政府从6月中旬开始，组织市直各有关部门300人的联合执法队，从省外调进大型机械，对童游吉阳路南山路口、龟山下、火车站旁、技校路口以及桥南南阳新村等30户违法用地建房实行拆除，拆除建筑面积4800平方米。

2007年，持续深入开展清理整治城市规划区内非法买卖土地和违法建房行为。全年共制止土地违法行为（下发制止通知书）131件，制止和查处率100%。移送公安局经侦大队查处非法买卖土地7起，土地面积约18664.80平方米。同年，根据国土资源部《全国土地执法百日行动方案》及《福建省国土资源厅关于认真做好土地执法百日行动查处纠正工作的通知》精神，市国土资源局成立土地执法百日行动工作领导小组，开展土地执法百日行动，印发《建阳市土地执法百日行动实施方案》发送各乡镇（街道）国土资源所。这次行动，市国土局立案查处3起“以租代征”违法用地行为，并将其中1起移送公安局立案查处。

2008年，贯彻《国务院办公厅关于严格执行有关农村集体建设用地法律和政策的通知》精神，规范新农村建设中集体土地使用与管理情况，重点查处和纠正圈占农民集体土地，规范新农村建设中集体建设用地管理秩序，开展自查自纠。

2009年，国家土地督察上海局组织人员到建阳市进行例行督察，建阳市成立由市委副书记、市政府

代市长袁仁旺为组长，市政府副市长张绍敏为副组长，市直各有关单位主要负责人及乡（镇）长、街道办事处主任为成员的工作领导小组，负责对农用地转用土地征收审批事项督察和例行督察的组织领导和协调工作。领导小组下设办公室，址设国土局，具体负责处理农用地转用土地征收审批事项督察和例行督察的日常工作。全市依据卫星遥感监测图片提供的113个图斑进行核对，并对21宗土地违法行为进行立案查处（其中，10宗案件履行完毕，7宗案件申请法院强制执行，4宗没收财物的案件移交财政）。是年，市政府出台《关于印发建阳市规划区内违法用地建房没收处理方案的通知》，全市启动违法用地建房没收处理工作，全年共立案75件（含卫星遥感监测图片）。

2010年，市政府印发《建阳市国土资源执法监察巡查工作实施方案》，对各乡镇辖区内的违法占地建设、无证开采矿产资源作为巡查工作重点，全面构建“横向到位、纵向到底”的执法监管网络体系，及时掌握土地、矿产违法线索，确保违法行为被制止在萌芽状态。全年共组织开展动态巡查218次，制止各类国土资源违法行为122起，责令改正违法行为7起，立案查处违法案件4件。全市新增建设用地1宗，面积30.07公顷。

三、纠纷调处与信访

1991年，建阳县发生一起南平地区首例“民告官”的行政诉讼案件。麻沙粮食加工厂与麻沙村发生土地权属纠纷。县土地局立案查清基本情况后，上报县政府作出“确权处理决定”。麻沙村委会不服县政府的处理决定，向法院提起行政诉讼。当年11月8日开庭审理时，南平市其他9个县市（区）的法院行政庭长及土地局局长前来观摩。建阳县直机关各行政执法部门也派员旁听。建阳县县长范坤琪书面委托县土地局监察股长杨汉清全权代理该诉讼。11月16日，因到庭人员太多，审判庭改在县政府小礼堂进行。此案一审和二审均维持县政府“确权处理决定”。

此案市理1992年，为进一步规范信访和纠纷调处工作，统一土地监察文书格式，包括《群众来信登记簿》《群众来访登记簿》《土地纠纷调解登记簿》《巡回检查簿》《违法用地制止过程记录簿》等。1994年，市土地局成立综治工作领导小组，将查处违法案件、调处土地纠纷、办理来信来访等列入综治工作的重要内容，各土地所配备兼职信访办事人员和联络员，完善值班制度，建立值班记录本和情况速报单。1996年，由监察股办理来信来访工作，并具体承办土地违法案件查处和土地纠纷调处工作，当年全市共办理土地信访件12件，办结11件。1997年，全市开展非农业建设用地大清查。市土地局监察股积极配合，办理来信来访工作，当年，接待群众来访86人次，群众来信35件，办结信访件31件；全市共发生土地纠纷10起，调解处理8起。同时，配合清地工作，解决一批四至不清、土地权属不明等历史遗留问题。

土地发证工作开展，维护1998年建阳市发生一起当时全省最大面积的土地权属纠纷案——竹洲农场与竹洲村土地权属纠纷。经市政法委主持多场调解无效后，市土地局立案调查。在查清历史状况并测定土地面积后报建阳市人民政府作出“确权处理决定”。竹洲村委会不服市政府的处理而向南平市政府提起“行政复议”申请。南平市政府行政复议决定维持建阳市政府的处理决定。竹洲村委会不服南平市政府的复议决定，向南平中级人民法院提起行政诉讼。建阳市政府收到南平中院的传票后，市长郭建声书面委托土地局监察股杨汉清代理该行政诉讼。经南平中院一审和福建省高级人民法院终审，均判决维持建阳市政府的确权处理决定。

1999年，全市开展土地证书年检工作，市土地局组织力量在做宣传工作的同时，服务上门，做群众的思想工作，及时解决群众反映的困难和问题，当年共办理来信来访15件。2000年，市土地局开展排查重大土地信访问题和信访积案活动，共受理来信来访61件，其中，群众来信32件、群众来访29件，办结48件，受理和办结市人大代表、政协委员的提案建议案4件。2001年，市土地局开通土地违法举报专用电话。全年办理来信来访23件，其中，少批多占3件、擅自占地5件、土地纠纷4件、建议2件、权属争议 3 件、其他 6 件。与此同时，结合行风民主评议，解决群众反映强烈的热点难点问题。

2002 年起，确定每月 25 日为信访接待日，全年共接待群众来访 40 件次，来信 10 件（上级转办 5 件），做到件件有查处、有落实、有答复。2003 年，开展进一步治理整顿土地市场秩序活动，市国土局通过查摆梳理出各类问题 29 件，制定相应的整改措施。由于早期开发的商品房不同程度存在审批手续不齐、开发企业迁移撤离等问题，一些购房户纷纷到市国土局上访，要求解决办理土地使用证问题。市国土局根据发证的程序和要求，想方设法帮助解决，使商品房土地发证工作开展，维护购房者的土地合法权益。

全县开展进一步治理整顿土地市场秩序活动，市国土局通过查摆疏 2006 年，市国土资源局落实信访工作“一把手”工程。共接待办理群众来信来访 21 件，信访办结率 100%，下发制止违法行为通知书 45 份，立案查处 1 件并结案。2007 年，市国土资源局把信访工作摆上局务会议议事日程，坚持每周 1 次的局务会上先议群众信访或来访的有关问题，提出处理意见或解答方式，交由有关职能股室回复。全年共接群众信访 38 件，其中，上级转办 12 件、同级部门转达 9 件、局本部接收 17 件。2008 年，市国土资源局信访工作以强化国土资源管理为出发点和落脚点，牢固确立“群众利益无小事”的观念，受理群众来信 60 件，其中，上级转办 25 件、有关部门 18 件、自办 17 件，与上年同比上升 38.30%。2009 年，信访工作围绕“大接访、大化解、大宣传”的总体思路，受理群众来信 36 件，其中上级转办 13 件、人大议案 3 件、有关部门 15 件、自办 5 件，与 2008 年同比信访率下降 23%。接待群众来访 5 批次、12 人。来信来访均在规定的时间完成初查反馈，群众的诉求问题得到解决和处理。

2010 年，按照国务院《信访条例》和国土资源部《国土资源信访规定》的要求，处理和解决群众来信来访问题，做好群众接待、信访案件的登记、受理、调处和答复工作。全年共受理群众来信 51 件，其中，上级转办 10 件、市长信箱 25 件、同级部门 13 件、自办 2 件。群众来访 3 批次 11 人，信访反馈率 100%。

1994—2010 年建阳市国土资源局行政执法情况表

表 4-2-3　　**单位：宗、起**

年份	立案查处土地违法案件（宗）	制止违法行为（起）	受理来信来访（件）
1994 年	10	30	8
1995 年	3	37	21
1996 年	3	37	12
1997 年	—	19	35
1998 年	1	11	15
1999 年	5	37	13
2000 年	2	30	61
2001 年	10	30	23
2002 年	—	41	10
2003 年	3	30	9
2004 年	8	34	11
2005 年	—	38	23
2006 年	1	45	21
2007 年	3	131	38
2008 年	—	94	60
2009 年	75	18	36
2010 年	1	122	51
合计	125	784	447

第六节 矿产资源管理

一、矿业企业管理

1988年，建阳县矿产资源管理委员会成立，下设矿产资源管理办公室，对矿山企业加强管理。原先除国营、集体金属矿与非金属矿，以及部分个体砂石砖瓦黏土矿办理采矿相关手续外，其他个体（如砂、石、砖瓦黏土采矿）都未办理。1991年，县政府下文，同意开采矿产资源审批管理委托县矿管办代执行，同时启用“建阳县人民政府开采矿产资源审批专用章”。

1992年，县矿管委下文通知，要求采挖砂、石、砖瓦黏土企业补办采矿证。加强对生产小矿的关闭、淘汰、取缔、联合改造工作。部门配合：通过公安部门停止火工材料供应，电力部门停止供电等行政手段。通过年检，对矿业存在的安全隐患和未依法办矿的，责令其限期整改，对未按规定缴纳规费的，责令其限期缴纳。

1993年，县矿管办对全县各乡镇矿山进行摸底调查，全县矿山共207处，其中，个体矿采矿196家；国营矿山企业3家：回潭萤石矿、小湖银铅锌矿、省二监机砖厂；乡镇集体矿山企业8家：书坊金矿、溪东硫铁矿、里槽萤石矿、麻沙新溪花岗岩、白塔山饰花岗岩、水吉透辉石矿、水吉枫山林铅锌矿、麻沙大白饰面花岗岩矿。办理采矿证45本。对未办证个体矿山业主敦促其办证经营。

1994年，市矿管办通过动态巡查与专项整治相结合，严格依法查处各类违法案件。针对部分矿山无证开采、一证多点、采矿许可证过期仍在开采以及矿山开采无安全措施的企业，向有关部门提出建议，凭采矿许可证和勘查许可证供应爆破器材，停止供应无证、证过期、证未年检的矿山企业。

1995年，加快地质勘探及项目开发工作，重点做好黄金、饰面石材、优质高岭土、蛇纹石提取轻质氧化镁等项目的开发准备工作。根据省政府令及其有关文件，对全市矿产品运销全面执行准运证制度。

1997年，全市开发利用矿种共14种，矿山企业207家，从业人员2570人。矿产品原矿产值达3670万元；新增深加工产品有萤石精粉、烘干粉、干磨粉、块矿、粒矿等萤石系列产品及透辉石、钾长石、蛇纹石等非金属矿产品，从业1400人，产值1.50亿元。

1998年，实行矿山年检，全市矿山企业207家，采矿从业人数2400人，年采矿量超过200万吨，矿产品原矿产值3670万元，矿产品深加工产值1.20亿元。在1999年8月矿业秩序整顿和维护工作考核中，全市国有、“三资”矿山采矿许可证持证率100%，集体矿山98%，个体矿山90%。

2002年，市国土资源局对全市矿山企业加大管理力度。全年，建阳市办证矿山企业45家。

2005年，全市开采利用矿产14种，开采矿山52个，主要有黄金矿山3个（书坊太阳山金矿、莒口华家山金矿、小湖黄地金矿）、银铅锌矿3个（建阳银铅锌矿、水吉铅锌矿、莒口金山铅锌矿）、萤石矿2个（将口回潭萤石矿、童游里槽萤石矿）、硫铁矿1个（小湖黄地硫铁矿）、石墨矿1个（书坊石墨矿项目在筹建中）、钾长石石英矿2个、矿泉水1个（小湖葛墩）、石材2个（麻沙金鑫石材公司）、建筑用砂石土30个，矿山从业人员1500人，年产矿石量80万吨，建选矿厂8个、石材加工厂1个。2006年，继续整顿和规范矿产资源勘查开发秩序，从治乱治标向治散、治本推进。

2007年，根据《福建省人民政府办公厅关于转发国土资源厅等部门进一步推进矿产资源开发整合实施意见的通知》，结合建阳市实际，制定《建阳市矿产资源开发利用整合方案》，对设置在小湖镇黄地村的福建省双旗山金矿建阳市黄地多金属矿、建阳市杜山矿业有限公司黄地硫铁矿2个矿山进行整合，2个矿山按整合方案，整合至福建省双旗山矿业有限责任公司名下。同年，根据《福建省人民政府关于贯彻落实国务院关于全面整顿和规范矿产资源开发秩序的实施意见》精神，为进一步规范矿产资源开发秩序，全面提高建阳市非煤矿山矿产资源开发的规模化、集约化、科学化水平，将15个矿山企业列入联合、改造、关闭的整合范畴，使建阳市矿产资源整合工作落到实处。同时加强采矿权管理。

二、规费管理

1996 年，建阳市政府下发《矿产资源补偿费征收管理暂行规定》等文件，开始征收矿产资源补偿费。

2002 年，建立矿业权市场，对饰面花岗岩、建筑用石、砖瓦用黏土等矿权实行公开招标拍卖，通过对新建矿山的统一规划、合理布局、科学选点，以拍卖、挂牌方式出让采矿权 10 宗，收取矿权价款 27.65 万元。

2003 年 11 月，根据采矿权挂牌出让竞价规则，建阳市小湖山后路口建筑用花岗岩挂牌出让转为现场（书面）竞价。通过现场竞价，最终建阳市鸿湖水电开发有限公司以 16000 元成交，开采期限 1 年，并当场签订“成交确认书”，这是建阳市首次通过现场竞价的方式确定采矿权买受人。

2004 年 3 月，根据国土资源部《探矿权采矿权招标拍卖挂牌管理办法（试行）》规定，结合建阳市矿产资源总体规划，全面停止采矿权的行政审批，一律采用招拍挂方式有偿出让采矿权。上半年，协议延续出让采矿权 3 宗，采矿权价款 9.90 万元。基本完成瞿南高速公路压覆矿产资源储量的审查工作，建立建阳市矿产资源储量初始登记工作，督促小型砂石土矿山完成资源储量评审认定 18 份，督促矿山企业对矿产资源储量进行动态管理，建立各矿山的储量动态资料 45 份。为下一阶段实施采矿权拍卖挂牌出让工作奠定基础。同年 6 月，建立新设置采矿权土地、生态恢复保证金制度，做到“新账不欠”“老账逐年还清”。全面完成 2003 年度全市 45 家参检矿山的年度检查工作。通过建立完善征管台账、补偿费核定征收制度，征收矿业规费 34.03 万元，其中，采矿权价款 21.30 万元、矿产资源补偿费 11.70 万元，完成补偿费入库 8.50 万元。

2005 年 5 月 11 日，建阳市将口镇杨香建筑用石采矿权经 55 轮竞价，最后由 1 名经营者以 33.70 万元竞得，矿区面积 0.02 平方公里，矿石资源量 41.90 万立方米，出让年限 4 年。

2006 年，对全市应参加年检的 30 个矿山企业，逐个到矿山现场对照检查，年检率达 100%。

2007 年，加强采矿权管理，新办理采矿许可证 1 本，采矿证延续协议出让 1 宗，收取采矿权价款 4.64 万元，注销采矿许可证 4 本，公告废止采矿许可证 6 本。督促采矿许可证有效期届满未办理延续或注销登记手续的矿山企业依法办矿，进一步完善建阳市矿业权市场建设。

第七节　机　构

一、建阳县（市）土地管理局

1986 年 9 月，根据中央及省政府有关实行土地统一集中管理的指示精神，成立建阳县土地管理局。1987 年，县土地管理局内设办公室、建设用地管理股、地籍管理股、法规监察股，核定机关行政编制 9 名，事业编制 1 名。4 月，成立建阳县征地事务所；潭城镇、童游镇、水吉镇、麻沙镇分别设立土地管理所；8 月，成立将口、崇雒、小湖、漳墩、回龙、徐市、黄坑、书坊、莒口 10 个乡土地管理所。1993 年 1 月，成立建阳县地产事务所与征地事务所，实行 2 块牌子、1 套人员。1994 年 8 月，成立建阳市地价评估中心。1994 年，撤县建市，县土地管理局改名市土地管理局。2002 年 12 月，成立建阳市土地收购储备中心。

2002 年 4 月，机构改革，将建阳市土地管理局、建阳市矿产资源管理局合并，成立建阳市国土资源局，作为主管土地、矿产资源等自然资源的调查、规划、管理、保护与合理利用的政府职能部门。全市国土资源系统共有在编在岗人员 80 人，其中，干部 33 人，职工 47 人。专业技术人员 11 人，其中，中级职称 5 人，初级职称 6 人。

二、市矿产资源管理局

1988 年，成立建阳县矿产资源管理委员会，由分管副县长任主任，县经委、计委等部门为成员单位。

1989年6月，县矿管委下设矿山管理办公室。1993年，县政府发文，将开采矿产资源审批管理和行政处罚等政府职能委托县矿管办代为执行。1994年，撤县设市，改名市矿管办。1997年4月，矿管办改为建阳市矿产资源管理局，内设矿管股、地环股，核定行政编制4人。

2002年4月，根据全市机构改革实施意见，建阳市矿产资源管理局并入建阳市国土资源局。

三、建阳市国土资源局

2002年4月，建阳市土地管理局、建阳市矿产资源管理局合并组建建阳市国土资源管理局，为主管土地、矿产等自然资源的规划、管理、保护与合理利用工作的市政府工作部门，内设6个职能股（室）即：办公室、法规监察股、地籍规划耕保股、征转用地股、矿产资源开发储量股、地质环境勘查股；核定机关行政编制10名，事业编制1名；下辖13个乡镇国土所。2003年10月增设测绘管理股。

四、乡镇国土资源所

1987年4月，潭城镇、童游镇、水吉镇、麻沙镇分别设立土地管理所；8月，成立将口、崇雒、小湖、漳墩、回龙、徐市、黄坑、书坊、莒口9个乡土地管理所。

2002年4月，各土地所更名为国土资源所，核定各所的人员编制3—4名。各国土资源所为市国土资源局的派出机构，经费开支列入市财政核拨。

五、直属事业单位

建阳市国土资源管理局下属财政全额拨款事业单位2个，自收自支的事业单位3个，2010年在岗人员18人。

建阳市征地事务所及地产事务所　1987年4月，成立建阳县征地事务所，为自收自支事业单位，核定编制8人。1993年1月，成立建阳县地产事务所与征地事务所实行2块牌子、1套人员。

建阳市地价评估中心　1994年8月成立，为自收自支事业单位，核定编制3名。

建阳市国土资源监察大队　2003年8月成立，为财政核拨事业单位，核定编制5名。

建阳市土地收购储备中心　2002年12月成立，为财政核拨事业单位，核定编制5名。

建阳市矿业开发中心　1998年1月成立，为自收自支事业单位，核定编制4名。

第五篇　城乡建设

第五篇　城乡建设

1994年，建阳县以撤县建市为契机，调整城区总体规划，完成童游新区、13个乡镇的集镇和190个行政村村建的规划设计。“九五”时期，城乡建设坚持贯彻改造旧城和建设新区并举的方针，1996年，完成城市园林、环卫、公交、排水等4个专业规划。5年间城建项目累计完成投资2.60亿元。“十五”时期，全市围绕“把建阳建成为用高新科技武装的、工业发达、商贸繁荣、城市化程度高、可持续发展的闽北重要城市”的发展定位和“东扩西拓”的城市发展战略。累计实施基础设施重点项目138个，完成投资5.80亿元。

2006—2010年“十一五”时期，全市以建成海峡西岸经济区绿色腹地的经贸强市为目标，实施城市北接西拓发展战略。2006年，共投入资金5610万元，用于市政基础设施建设。2007年，城市污水处理厂项目的“三通一平”工作完成。2008年，建成污水处理厂，123个中心村垃圾整治和设施建设通过省级验收。黄坑镇获得全国文明村镇、省级环境优美乡镇称号。2009年，完成水东、南平农科所、毛巾厂、总工会、北门市场等5个城市功能区控规编制。2010年，完成《建阳市城市总体规划（2009—2030）》纲要并通过省上审议。人民路、民主路“白改黑”拓宽改造项目顺利竣工。垃圾焚烧发电厂、自来水厂取水口上移、西区生态城等工程相继开工建设，建成区面积增至12.80平方公里，道路总长度增至47.47公里。同期，加快住房制度改革，房地产开发成效显著。

第一章　城市建设

第一节　城市规划

一、总体规划

1992年，因横南铁路建设，县政府委托中国华西集团重庆市规划设计研究院对1984年制定的建阳县总体规划进行调整，确定建阳城市性质为“闽北副中心城市，公路交通要地，是以林产化工和农副产品深度加工为主的工业小城市”。远期规划城市人口12万人，建设用地面积857万平方米，规划区范围东至凤凰山，南至香料厂，西至考亭，北至建新村，规划总面积2550万平方米。1996年，市委、市政府委托福建省科技咨询中心的有关专家，在原总体规划的基础上进行局部调整，形成的《建阳市城市总体规划（局部调整）》。2003年，市政府、市城乡规划局委托南平市城乡规划设计研究院和福建师范大学城乡规划设计研究所共同编制《建阳市城市近期建设规划（2003—2005）》，规划区范围同总体规划范围基本一致。

2006年，鉴于建阳的城市化进程加速，原有的规划不能完全适应城市发展要求，市委、市政府和市城乡规划局委托浙江省城乡规划设计研究院编制新一轮规划。此轮城市总体规划采用“市域城镇体系规划＋城市总体规划＋近期建设规划”的编制框架。同年7月，省建设厅批复同意建阳市进行总体规划修编。

2007 年，《建阳市城市总体规划纲要（2006—2020）》编制工作专题会议召开，会议原则通过纲要，并同意上报省建设厅对规划纲要进行专家论证。同年 10 月，省建设厅规划处对纲要进行初步审查，要求把闽北经济开发区纳入建阳市城市总体规划。2009 年，城市总体规划修编开始启动，城市框架扩大，规划范围东至徐家山，南到回瑶，西至上陈村，北到南林、赤岸，城市规划区总面积扩至 107070 万平方米，其中，中心城区面积 10004 万平方米，远期用地面积增至 3400 万平方米；增加《确定城市发展的战略定位，提出规划实施对策》和《提出城市水源保护和水资源平衡的措施》2 个专题纪要。2010 年，城市总体规划纲要上报省住房和城乡建设厅技术审查。

二、详细规划

1996 年，建阳市建委委托同济大学城市规划设计研究院编制《建阳市城关、水南控制性详细规划》，规划区包括城关、水南 2 大片区，总面积 172.70 万平方米。

2010 年，建阳市城乡规划局和福建省冠榕投资发展有限公司共同委托广东省建筑设计研究院编制《建阳市西区生态城城市控制性详细规划》，采用“一心、五轴、六区、两片”（“一心”指城市商业中心；“五轴”指南北向发展轴、中心发展轴、东西向发展主轴、东西向发展次轴（北）、东西向发展次轴（中）；“六区”指北部生活区、南部生活区、商贸集中区、行政中心区、综合功能区、绿地休闲区；“两片”指南部居住片区、北部居住片区）的功能结构，规划区建设用地面积 375.92 万平方米。

三、专项规划

1996 年，建阳市建委结合编制的《建阳市城市总体规划（局部调整）》，牵头组织编制《建阳市城市环境卫生规划》《建阳市城市公共交通发展规划》《建阳市园林绿地系统规划》《建阳市城市道路红线规划》。1999 年，编制《建阳市城市停车场及步行街、夜市规划》。2002 年，建阳市城乡规划局成立，先后编制《建阳市中心城区道路管理规划》《建阳市农田水利规划》《建阳国家基本气象站探测环境保护专项规划》《麻阳溪流域综合规划》《崇阳溪流域综合规划》。2009 年，城市主中心向西拓展，建阳市城乡规划局组织编制《西区生态城道路、交通、给排水、管网综合、市政设施、道路绿化景观工程专项规划》。

第二节　旧城改造与新区开发

一、旧城改造

1994 年，为迎接撤县建市，完成水南义乌小商品市场的改造建设。1995 年根据总体规划，启动水东大桥——五里樟大桥道路改造建设，并正式命名为朱熹大道。1997 年，相继完成服装城、美食城、家电城、中山广场等旧城改造项目的建设。2002 年，完成西街农贸市场综合楼的改造建设，缓解农贸市场面积不足的矛盾。同年，完成北门商贸二期建设。2003 年，国有土地实行招拍挂后，相继完成京桥花园、紫荆花苑、嘉禾人家的出让和建设。2004 年，完成华龙—金座大厦集商业、娱乐、办公、居住为一体的标志性建筑。2009 年，改造、扩建潭山公园，扩建后总面积达 222.47 万平方米。同年，按照规划先行、服务棚改、维护民生的目标要求，完成供销地块、城东批发市场、中南社区、黄花山国土局等地块的修建性详细规划设计和棚屋改造建设。

二、新区开发

1998年起，建阳市全面启动童游和北门新区建设，相继完成童游嘉禾大道、新华小区、富林小区、静园小区、站前小区、同安小区、嘉禾小区及北门新村、潭厦花城等的新区建设。2005年，完成童游新区市政规划和水东新区开发建设的规划，同时做好新区政府预留地边上4公顷土地的详细规划。2009年，全面启动西区生态城新城区开发。2010年，西区生态城B-09、B-13、B-16号拆迁安置地块完成修建性详细规划设计，并进行地块招拍挂，全面进入安置小区的建设。

第三节　市政设施

一、城市道路

1994—2010年，根据城市总体规划要求，建阳市政基础设施建设发展迅速，主干道、次干道、支路等组成的交通网日臻完善。2005年12月，成立潭建投资发展有限公司，主要经营市政设施建设，管理和维护。至2010年，城区道路总长度达47.47千米，其中，主干道长度为29.23千米，次干道长度为11.30千米，支路长度为6.94千米，道路总面积为79.69万平方米，其中，车行道面积为57.80万平方米、人行道面积为21.89万平方米。

人民路　建阳市政府主要机关集中在人民路。2010年5月，人民路在原有基础上进行拓宽改造，改造为沥青路面，改造后行车道为14米，人行道两侧各4米，缓解城市交通压力，同时也进一步提升市政府形象。

嘉禾路　2006—2009年，分标段对嘉禾大道进行施工，道路为水泥路面，长度伸展到3000米，宽度达到40米，其中，行车道14米宽，非机动车道2×6米宽，人行道2×5米宽，采用绿化带进行机非分离，铺设大管径钢筋混凝土管。

崇阳路　2007年，启动崇阳北路和崇阳南路人行道及沿河护栏工程，在原有水泥路面旁增设人行道和护栏，总长3000米。

富民路　2007年，完成富民路中段道路及排水工程，道路为水泥路面，长度为210米，宽21米，其中，行车道宽12米，人行道宽2×4.50米，铺设大管径钢筋混凝土管。

2010年建阳市城区道路状况表

表5-1-1　　　　**单位：米**

道路名称	道路性质	道路长度（米）	宽度（平方米）		起止点
			车行道	人行道	
人民路	主干道	820	14	4×2	建行—西门牌坊
民主北路	主干道	800	14	4×2	水东桥—水南桥北
民主南路 I	主干道	1400	11	3×2	南绿地 — 工业园区路口
民主南路 II	主干道	1250	18	4×2	水南桥南 — 南绿地
嘉禾大道	主干道	3000	14	5×2	交警 — 火车站广场
崇阳北路	主干道	2400	12	5×2	水东桥 — 五里樟桥
崇阳南路	主干道	4500	12	0	水东桥 — 塔山桥 - 南入口
朱熹南路	主干道	2400	18	4×2	水东桥 — 五里樟桥
朱熹北路	主干道	1700	21	4×2	五里樟桥 — 转水部（在建）
宋慈路	主干道	490	20	5×2	东桥东路 — 嘉禾大道
东桥东路	主干道	700	10	5×2	水东桥东 — 交警大队

续表 5-1-1

道路名称	道路性质	道路长度（米）	宽度（平方米）		起止点
			车行道	人行道	
站前路	主干道	200	14	5×2	五里樟桥东 — 嘉禾大道
黄花山路	主干道	1600	14	6×2	汽车站前 — 大潭印象
西桥南路	主干道	550	9	4×2	西桥南 — 黄花山路
螃蜞路	主干道	890	8	4×1	朱熹大道 — 西门牌坊
吉阳路	主干道	1130	9	0	交警 — 火葬场
中山路	次干道	850	8	4×2	江滨巷公厕 — 潭山公园
中山北路	次干道	1500	8	4×2	潭山公园 — 狮子山水厂
西街	次干道	500	8	3×2	民主北路 — 西桥北路
西桥西路	次干道	950	8	4×2	水西桥南 — 黄花山路
新建路	次干道	1000	8	3×2	市体育馆 — 桂花山庄
上水南路	次干道	630	8	3×2	水西桥南 — 园丁楼
宝山路	次干道	720	8	3×2	黄花山 — 青莲寺
工业路	次干道	2200	7	0	崇阳南路 — 味精厂
前进路	次干道	1000	6	0	宋慈路 — 嘉禾北路
考亭路	次干道	1800	7	0	西门电站 — 考亭村
童三路	次干道	150	12	4.50×2	嘉禾路 — 崇阳北路（未完）
西桥北路	支路	270	7	0	水西桥北 — 市林业局
狮子街	支路	180	7	3.50×2	人民路 — 江滨巷
东桥西路	支路	150	8	4×2	水东桥西 — 妇幼保健所
盐仓巷	支路	120	8	0	步行街 —— 民主北路
胜利巷	支路	200	5	0	东桥西路 — 人民路
青石巷	支路	80	4	0	人民路 —— 西街
官武巷	支路	80	4	0	人民路 —— 西街
友谊巷	支路	400	4	0	水南桥北 — 民主北路
江滨巷	支路	280	4	0	水南桥北 — 小西门
小西门	支路	80	6	0	西街 — 江滨巷
东门路	支路	200	8	4×2	中山路 — 水东渡口
横街	支路	80	8	0	中山路 — 民主北路（中医院）
黄溪路	支路	150	6	0	上水南路 — 西桥南路
塔下园区路	支路	500	7	0	南武路 — 塔山桥下
下水南路	支路	350	6	0	义乌路口 — 林业公安分局
英才路	支路	150	10	5×2	黄花山路 — 原军分区
安平路	支路	200	5	0	黄花山路 — 预备役炮团
太保路	支路	150	7	0	中山北路 — 太保庙
北门新街	支路	550	6	0	螃蜞路 — 北面太保庙
下马亭路	支路	150	6	0	东桥东路 — 二中后门社区
昌盛路	支路	210	7	0	市殡仪馆 — 原罐头厂
同安路	支路	250	7	0	崇阳北路 — 二监宿舍
童游民主路	支路	460	5	0	崇阳北路 — 富林新村
炮台山路	支路	350	5	0	崇阳南路（小桥）— 罐头厂
共青路	支路	150	7	0	工业路（东湖）— 崇阳南路
馒头山路	支路	850	7	0	嘉禾北路 — 二监馒头山

续表 5-1-1

道路名称	道路性质	道路长度（米）	宽度（平方米）		起止点
			车行道	人行道	
水杉路	支路	350	7	0	嘉禾北路 —— 建阳商校

二、城市桥梁

1994—2010 年，建阳市先后新建 3 座城市桥梁，分别为五里樟大桥、塔山大桥和炮台山小桥。

五里樟大桥 1995 年建成，桥长 254.21 米，桥宽 20 米。主桥为钢架拱结构，最大跨径为 50 米，桥跨组合为 4-50+2-10，设计荷载为汽 -20。

塔山大桥 2003 年 12 月建成，桥长 336 米、桥宽 12 米。塔山大桥的主桥为预应力 T 梁结构，最大跨径为 30 米，桥跨组合为 11—30 米，设计荷载为汽 -20。

炮台山小桥 2003 年 12 月建成，桥长 55 米，桥宽 13.50 米，其中，行车道宽 10.50 米，人行道宽 2×1.50-2 米，桥梁的主桥为空心板桥结构，最大跨径为 10 米，桥跨组合为 3—10 米，设计荷载为汽 -20。

三、城市公园广场

1997 年，拆除原南入城口的工厂区、北入城口的居民区，腾出大面积土地用于南绿地和北绿地建设，南北绿地总面积 3.87 公顷。

1998 年，为改善水东桥头至五里樟大桥沿河脏乱差的状况并起到防洪作用，市政府要求各局委分区分块建设，并起名为百花园。2002 年，经过改建扩建后，易名为 “亲水平台”，占地面积 1.76 万平方米。

1999 年，为配合考亭旅游度假区建设，彰显朱子文化，建设文公祠广场绿地，占地面积 1.10 万平方米。

2002 年，配合火车站建设，兴建火车站站前广场，占地面积 0.85 万平方米。

2006 年，建设考亭朱子广场，占地面积 1 万平方米。

2008 年，新建宋慈广场占地 1.16 平方米。

2009 年，将潭山公园从 13 公顷扩建到 80.13 公顷，新增休闲步道 3 千米，增加 2 个出入园口和若干个景观亭，投资 80 万元将 45 公顷商品经济林转变为绿色青山。

2010 年，启动滨江公园人防地下停车场工程。

四、城市照明

夜景工程 2009 年 9 月，投资 43 万元完成一期雷达站、五里樟和水东桥夜景工程。2010 年 1 月，投资 52 万元完成二期崇阳溪东、西岸夜景工程。2010 年 4 月，投资 96 万完成三期崇阳溪、麻阳溪夜景工程。

路灯工程 2010 年，城市路灯增至 3943 盏。

2010 年建阳市城市道路路灯情况表

表 5-1-2　　单位：盏

位　置	基数（基）	每基灯数（盏）	合计灯数（盏）
一、公园景观照明			
潭山休闲公园景观路灯	15	1	15
	10	5	50
	78	1	78

续表 5-1-2

位　置	基数（基）	每基灯数（盏）	合计灯数（盏）
潭山公园登高台路灯	8	10	80
花园酒店河边平台路灯	8	1	8
水南京桥花园河边步道路灯	16	1	16
建阳上水南河边步道路灯	12	5	60
革命纪念馆路灯	18	1	18
南洋绿地河边步道	32	1	32
潭山公园 A\B 出口	6	5	30
	26	1	26
	2	3	6
朱熹大道百花园路灯（一期）	44	1	44
	1	10	10
朱熹大道亲水平台路灯（二期）	48	1	48
南门草地	3	10	30
二、桥梁照明			
水东桥	7	4	28
水南桥	8	2	16
水西桥	10	1	10
五里樟大桥	7	2	14
	2	6	12
西门电站水库大桥上	12	1	12
三、主干道道路照明			
广电局—登高山党校	4	1	4
炮台山起工业路	33	1	33
宝山路	16	1	16
黄花山路	81	2	162
人民路	69	2	138
民主南路	132	2	264
民主中路	43	2	86
西街	37	1	37
步行街	12	2	24
中山广场	10	1	10
中山中路	34	1	34
中山南路	22	1	22
西桥南路	35	5	175
西桥新村步道路灯工程	48	5	240
西桥西路	68	1	68
北门绿地螃蜞路口交叉口	4	4	16
上水南路	43	1	43
新建路（电力宿舍 - 黄花山路口）	11	2	22
军分区路	8	2	16
下水南路	12	1	12
崇阳南路（炮台山 - 白茶布入城口）	214	2	428
白茶布至回瑶垃圾发电厂路	270	2	540

续表 5-1-2

位　置	基数（基）	每基灯数（盏）	合计灯数（盏）
回瑶垃圾发电厂至南高速路	204	1	204
塔下龙翔路新建路灯	40	1	40
龙翔路路灯	12	1	12
教堂至北门水厂路	36	1	36
西门电站—考亭中学	27	1	27
水岸明都路	48	1	48
汽车站	1	10	10
新建路与西桥南路三岔路口	1	10	10
桂花山庄路	5	5	25
螃蜞路	26	1	26
四、次干道道路照明			
气象局及支路路灯	27	1	27
城区十个小巷新增路灯	35	1	35
南洋新村路口小巷新增路灯	1	1	1
	3	1	3
电力大厦仁和巷路灯	30	1	30
体育场边小巷路灯	8	1	8
西街雨伞厂小巷新增路灯	6	1	6
水东交战路安置小区道路	32	1	32
新建路（青草地—电力宿舍）	10	5	50
	7	1	7
新建路电力公司宿舍内	8	1	8
北门新村路	33	1	33
螃蜞路村	3	1	3
北门市场屋棚上	9	1	9
水厂平安路路灯	6	1	6
宝山路小巷灯	12	1	12
水东新村路	11	1	11
南洋新村路	35	1	35
狮子巷小巷灯	8	1	8
西街菜市场河边路小巷灯	10	1	10
邮政巷小巷灯	2	1	2
实验幼儿园路口小巷灯	2	4	8
白天鹅餐厅河边	8	1	8
新华新村	9	1	9
电力干部住宅楼	4	1	4
西门村小巷灯	6	1	6
新巷	2	1	2
青石巷	2	1	2
书院巷	1	1	1
彩虹巷	1	1	1
官武巷	1	1	1
开元洒家巷	1	1	1

续表 5-1-2

位　置	基数（基）	每基灯数（盏）	合计灯数（盏）
服装城巷	4	1	4
友谊巷	3	1	3
城管宿舍小巷灯	5	1	5
水东工业村	6	1	6
二中小桥小巷灯	6	1	6
西桥新村师院巷	8	1	8
太保庙路口	3	1	3
汽车站幸福巷	3	1	3
压缩机厂巷子	6	1	6
美食城巷子	5	1	5
北门批发城新增路灯	12	1	12
政府宿舍路灯	4	5	20
原垃圾填埋小巷路灯	12	1	12

第四节　公用事业

一、城市燃气

1992 年 11 月 13 日，成立建阳县液化气供应公司，储罐站设在西门 6 公里处，储气能力为 100 立方米，初期供气 2000 户，年供气总量 270 吨，嗣后用气普及率逐年提高，2008 年 10 月 31 日改制，更名为建阳市华成液化气供应有限公司。1996 年 3 月 3 日，成立建阳市天泉液化气有限公司，储罐站设在麻沙镇塔尾洲，储气能力为 100 立方米。2002 年 11 月 18 日，成立建阳市燃化储运有限公司，作为全市液化石油气应急储备站。储罐站设在童游童子山货场，建有火车槽运专用线，储气能力为 450 立方米。3 家企业总储气能力为 650 立方米，约 278 吨。

二、城市供水

（一）水源

1994 年，建阳市城区以麻阳溪水为主要饮用水，1997 年 6 月至 2010 年底，建阳城区以崇阳溪水为主要饮用水水源，麻阳溪为备用水源，水质达到《城表水环境质量标准》（GB 3838—2002），符合生活饮用水卫生标准之水源水质要求。

（二）取水　给水

1994 年，建阳市自来水公司拥有西门水厂和黄花山水厂，日供水能力 1.50 万立方米。1995 年 10 月，狮子山水厂一级泵房破土动工。1996 年 4 月，狮子山水厂二级泵、滤池等工程破土动工。1997 年 4 月，投资 1880 万元的日产 3 万立方米的狮子山水厂一期工程建成并试通水，6 月，正式向建阳城区供水，同时西门水厂停厂，黄花山水厂作为备用水厂。2008 年，为改善城市饮用水水质，将市自来水厂取水口上移 10 千米。2009 年 9 月，建阳市自来水公司新取水口选址于建阳市童游街道南林芦上村。2010 年，新取水口上移和水厂扩建及输供水干管工程、二级泵房扩建及改造进入施工阶段。

2010 年，建阳市自来水公司总供水能力 3 万立方米，供水普及率达 99% 以上。企业拥有固定资产 2483 万元，主要设备 15 台套，装机容量 1297 千瓦。同年，完成供水量 815 万立方米。

1994—2010 年建阳市自来水公司供水情况表

表 5-1-3

年份	年供水（万立方米）	年售水（万立方米）	日均供水（万立方米）	产值（万元）
1994 年	484	420	1.33	209
1995 年	477	454	1.31	290
1996 年	483	435	1.32	174
1997 年	426	394	1.17	178
1998 年	463	418	1.27	205
1999 年	468	428	1.28	222
2000 年	545	492	1.49	322
2001 年	572	519	1.57	527
2002 年	540	494	1.48	494
2003 年	542	508	1.48	557
2004 年	585	516	1.60	591
2005 年	601	524	1.65	604
2006 年	651	565	1.78	644
2007 年	712	618	1.95	722
2008 年	747	650	2.05	772
2009 年	810	698	2.22	831
2010 年	815	705	2.23	838

（三）管网

1994 年，建阳市城区供水管网总长度 22.86 千米。1996 年，建阳市五里樟大桥 DN450 管道建成经火车站嘉禾大道转供童游片区并与水东桥连接，形成城区环状供水，提高供水安全系数，确保水量、水压要求，降低制水厂输水电耗，同时管网长度增加至 25.50 千米。1997 年，配合狮子山水厂一期日产 3 万立方米工程，供水管网经过水力平差重新调整管径为 700 毫米、600 毫米、500 毫米、400 毫米、300 毫米，同年，平均外径 100 以上管线长 28.50 千米，长度是 1985 年的 3 倍，日供水能力为 3 万立方米。1999 年 12 月，投资 150 万元收购建阳市童游水厂。2000 年，供水范围扩大到童游片区，全市管网总长 34.05 千米。

2002 年，城区供水管网延伸至塔下工业园区，管网长度增至 36.14 千米。2004 年，自来水公司针对水东片区改造、塔山大桥建设、白茶布园区建设，新铺设球墨铸铁 5211 米，管网长度增至 43.11 千米。2005 年，完成水东战备路至塔山大桥管网铺设，管网长 47.18 千米。2006 年，自来水公司通过 ISO9001：2000 质量体系认证。2007 年，加大管网建设力度，供水范围延伸至南林村、回瑶工业园区、童游工业园区，管网长度增至 64.39 千米。2008 年，实现南林海西林产工贸园区和闽北工业园区管网对接，管网长度达 65.88 千米。2010 年，取水口上移工程完成管网安装 5500 米，对人民路、民主南路管网进行改造。至 2010 年底，建阳城区直径 100 毫米以上供水管道总长 71.64 千米。供水范围东至南平农业学校、西至西门电站、南至回瑶工业园区、北至海西林产工贸园区，供水面积由原来的 98.90% 提高至 99.70%。

1994—2010 年建阳市供水 DN75 毫米以上管网长度情况表

表 5-1-4　　单位：千米

年份	长度	年份	长度
1994 年	22.86	2003 年	37.89
1995 年	23.11	2004 年	43.11
1996 年	25.50	2005 年	47.18

续表 5-1-4

年份	长度	年份	长度
1997 年	28.50	2006 年	48.25
1998 年	32.51	2007 年	64.39
1999 年	33.37	2008 年	65.88
2000 年	34.05	2009 年	66.88
2001 年	34.43	2010 年	71.64
2002 年	36.14		

三、城市生活污水处理

2000 年以前，建阳城市生活污水主要通过三级化粪池降解浓度后排入溪流。

2000 年起，建阳市政府将城市生活污水处理项目设施建设提上工作日程，先后完成项目立项、选址、环评、设计等前期工作，2007 年 3 月正式开工建设。工程项目由福建省环境保护设计院设计，厂址位于崇阳南路、塔山大桥北侧，占地 2.67 公顷。设计规模为日处理城市生活污水 3 万吨，项目分 2 期实施，1 期建设规模为 1.50 万吨 / 日，厂外配套污水管网按 3 万吨处理水量一次性建设，项目采用卡鲁塞尔 2000 改良型氧化沟处理工艺，出水水质达到国家一级 B 排放标准，项目累计完成投资 5600 万元，由建阳市政府筹资建设运营。城市污水处理厂一期工程项目于 2008 年底建成试运行，2009 年 5 月正式投入运行，厂外配套建设污水干管 20.02 千米。2005—2009 年，潭建投资发展有限公司进行零星管道建设及维护约 10 千米。水东小桥边新增泵站一座，确保污水处理运行负荷率达 90% 以上。至 2010 年，建阳污水处理厂日处理城市生活污水能力 1.50 万吨，实际日处理水量 1.20 万吨，负荷率 80% 以上，城市污水处理率达到 65% 以上，出水水质达到国家规定的一级 B 排放标准，年去除化学需氧量总量 600 吨，第一批通过国控企业污染源排放口规范化及自动监测点位核查合格确认，2010 年 2 月注册成立建阳市塔山污水处理有限公司法人运行管理机构，建阳市区自此告别生活污水直排历史。

第五节　园林绿化

1994 年，建阳市区园林建成区面积 4.30 平方千米，公共绿地面积 119.40 公顷，人均公园面积 7.10 平方米，行道树总长 15 公里，公共绿地主要以潭山公园、塔山公园为主，街头零星小景为辅，景观单一。2010 年，市区园林建成区面积 9.30 平方千米，有潭山公园、考亭书院、塔山公园、宝山公园、崇阳溪（南岸）公园、麻阳溪公园 6 处公园，总面积 107.46 公顷。公共绿地 15 处总面积 366 公顷，绿地率 39.49%，绿化覆盖面积 386 公顷，绿化覆盖率 41.53%，人均公园绿地面积 10.88 平方米。立体绿化 10 处，年种植各类草花 3 万株。建成区共有主次干道 34 条，总长 36 千米，绿化长度 33.40 千米，种植行道树 5000 株，选择种植树种有杜英、黄山栾、桂花、含笑、香樟、柳树、广玉兰、紫薇、法国梧桐等色叶木和花灌木作为 20 条城市干道的绿化树种，对交通岛以及行道树绿化带种植时令花卉，收到颇具地方特色的花化彩化效果。

一、公园绿化

1994—2010 年，先后建成南城口绿地、北入城口绿地、宋慈广场、亲水平台、火车站站前广场绿地等 15 个公共绿地。园林绿地面积从 1994 年 119.40 公顷增至 2010 年底的 366 公顷，同比增长 246.60 公顷。由于区位因素关系，1994 年以前，建阳市的公园广场绿地大多分布于潭山、宝山、塔山等山丘林地，公园绿地服务半径明显不足。1994年后，把扩大公园绿地服务半径作为园林绿化建设的重点，因地制宜建设广场、公园、小街景等。1996年起，先后完成南绿地和北绿地建设，南、北绿地总面积3.87公顷。1997年，新建水东桥头至五里樟大桥沿河百花园绿地。1998年，建设占地1.10公顷的文公祠广场绿地；完成童游交通枢纽环岛绿化带建设650平方米，种植马樱丹、金叶女贞、红花继木柱、红花继木球、红叶石楠、苏铁、加拿力海枣等多种树木植被，不同颜色相间，高低错落有致。2002年，配合火车站建设占地0.85公顷火车站站前广场。2008年，新建占地1.16公顷的宋慈广场；完成改建扩建百花园绿地，更名为崇阳溪西岸亲水平台，共新增绿地6.70公顷。2009年，潭山公园从13公顷扩建到80.13公顷，绿化面积69.89公顷，新增休闲步道3公里，增加2个出入园口和若干个景观亭。2010年，完成麻阳溪南岸绿地等4个节点绿化建设2公顷；完成水东桥、水南桥、西门小区楼院、河道护坡等10处立体绿化建设，种植爬山虎、紫藤、迎春花等爬藤植物1.50万株。

二、道路绿化

1996—2000年，先后完成民主路、嘉禾路、吉阳路、南武路、童游江滨路行道树与分车带绿化建设。2007年，完成东桥东路绿化建设，乔、灌、花配植，广玉兰为行道树，分车带内植满天星、五色梅、马尼拉草。2008年，完成朱熹大道、嘉禾路3150米、绿化1.10公顷的行道树、分车带的改造，香樟、黄山栾为行道树，分车带内植金森女贞、红花继木、红叶石楠、小叶腊等。2010年，完成人民路560米的行道树改造，由香樟、八月桂替换杜英83株。

三、单位、居住小区绿化

建阳市单位绿地基本分布于旧城区，1994—2010年，新建居住小区21个，绿地率达30%—40%，改建居住区3个，绿地率达25%—27%。2010年，建阳一中、建阳二中、南平市第二医院获评“第三批省级园林单位”；鹏宇佳苑、和顺景园、水岸名都 3个小区获评“第三批省级园林小区”。全市有8家单位、7处小区达到“省级园林单位”“省级园林小区”标准，占建阳市单位总数的20%和小区总数的28%。

1994—2010年建阳市城区园林绿地情况表

表5-1-5　　单位：公顷、平方米

年度	建成区面积（平方公里）	园林绿地面积（公顷）	建成区绿地率（%）	建成区覆盖率（%）	人均公共绿地面积（平方米）	单位附属绿地面积（公顷）	居住区绿地面积（公顷）	防护林面积（公顷）	风景林面积（公顷）	生产绿地面积（公顷）
1994年	4.30	119.40	27.76	31	7.10	75.21	1.60	6.17	0	0.46
1995年	4.30	123.50	28.72	32	7.20	75.98	1.80	6.17	0	0.46
1996年	4.50	135.80	30.10	34.50	6.70	85.09	1.68	10.09	0	0.80
1997年	4.70	146.60	31.18	35.60	7.14	88.04	1.87	12.26	0.55	0.80
1998年	5	172.50	34.50	38.70	7.43	102.70	2.11	19.51	1.65	0.80
1999年	5.10	187.20	36.70	40.86	8.06	106.58	2.26	23.95	2.94	0.80
2000年	5.10	188.50	37.10	40.87	8.07	107.07	2.26	23.95	2.94	0.80
2001年	5.20	191.50	36.80	40.88	8.08	108.47	2.46	23.95	3.41	0.80
2002年	5.30	194	36.60	40.89	8.09	109.86	2.67	23.95	3.50	0.80
2003年	5.20	190	36.50	40.47	8.08	108.97	3.30	21.49	1.55	0.80
2004年	5.30	195.30	36.60	40.91	8.08	110.12	3.50	23.69	1.97	0.80

续表 5-1-5

年度	建成区面积（平方公里）	园林绿地面积（公顷）	建成区绿地率（%）	建成区覆盖率（%）	人均公共绿地面积（平方米）	单位附属绿地面积（公顷）	居住区绿地面积（公顷）	防护林面积（公顷）	风景林面积（公顷）	生产绿地面积（公顷）
2005 年	5.40	198	36.60	40.89	8.09	110.88	3.80	23.80	2	0.80
2006 年	5.50	201	36.60	40.89	8.09	111.20	3.80	25.28	2.20	0.80
2007 年	5.60	206.10	36.79	40.90	8.09	112.46	3.82	25.56	4.60	1.30
2008 年	9	329.40	36.60	40.08	10.60	116.53	5.46	27.56	51.99	20.80
2009 年	9	343	38.10	41.17	10.79	116.93	8.22	27.56	51.99	29.20
2010 年	9.30	366	39.49	41.53	10.88	118.33	10.72	27.56	72.89	39.20

第六节　环境卫生

一、道路清扫

1994 年建阳市区环境卫生以分级管理，各负其责的办法，落实主干道、次干道和支路的清扫保洁任务，清扫面积 24.30 万平方米。2001 年，获评福建省卫生城市。2006 年 7 月，市政府将各社区管理的二级环卫清扫保洁任务移交环卫处统一管理。至此，建阳市区一二级环卫并为一体，清扫保洁面积增至 52.90 万平方米。道路清扫保洁分为四个等级，一二级道路每天“一大扫”的全日制保洁，即每天凌晨大扫一次，每日 7 点—22 点全日制保洁；三级道路清扫坚持每天“两大扫”，即每天早晨和午后清扫；四级道路清扫坚持每天“一大扫”，即每天早晨清扫。

二、垃圾清理

1994 年，市区主、次干道、居民区道路和车站、步行街等公共场所清扫的垃圾，由清扫人员负责收集运送至垃圾中转站。2007 年起，在城区实行居民生活垃圾袋装管理，各社区袋装垃圾收集后转市环卫处统一管理。居民区、机关、团体的少量生活垃圾，由环境卫生管理处负责组织民办保洁队收集，袋装垃圾清洁工负责收集运送至垃圾中转站。居民生活垃圾由保洁员上门收集整理。保洁员每天上门收集 2 次。大型企业、厂矿、单位产生的大量垃圾，由环卫部门上门代运。

三、环卫设施

（一）公共厕所

1994 年，建阳撤县建市，开始大规模改造和新建公厕，公厕由原来简易结构逐步发展为砖混、框架结构，由原来的旱厕全部改建或新建成水冲式公厕，1997 年 10 月全部改造完成。2010 年，全市有公共厕所 19 座，均为水冲式的公厕。其中，一类 2 座、二类 15 座、三类 2 座。公厕保洁管理按照《建阳市公厕保洁维护管理办法》，实行专人管理，并负责周边范围内的环境卫生工作。

（二）垃圾转运站

1994 年，市区设置垃圾桶，垃圾屋，使用自卸式垃圾运输车运送垃圾。1997 年底，建阳市第一座垃圾转运站在城区民主北路建成投入使用，此后，水南、水东、童游等也陆续兴建垃圾转运站。至 2010 年，建阳市城区垃圾转运站投入使用 1 座，在建 3 座。

（三）垃圾处理场

1994年，在建设部门的统一规划下，在宝山垅征地2.27公顷，作为垃圾倾倒指定地点。垃圾处理使用填埋方式。2006年，开始筹建生活垃圾无害化处理场。2010年底，建阳、建瓯、武夷山3市联盟的生活垃圾焚烧发电厂正式开始施工。

（四）环卫设备

1994--2000年，市环卫处有垃圾运输翻斗车、自动装卸车、真空吸粪车、洒水车等8台。其后，环卫设备折旧更新，至2010年垃圾运输翻斗车、自动装卸车、真空吸粪车、真空压缩车、洒水车、扫地车、真空压缩车等各类环卫设备共计35台。

第二章 镇村建设

第一节 镇村规划

1994年，建阳乡镇规划沿用1990年编制的10个镇3个乡详细规划，125个行政村沿用1990年编制、审定的各村庄总体规划。1995年，完成水吉、将口、黄坑3个镇及回龙乡规划调整。1999年，调整10镇3乡集镇总体规划及地形图修测及修建性详细规划编制。2002年，童游镇完成镇区地形图修测并委托南平市城乡规划设计院对其进行总体规划调整。按照分类指导、突出重点的原则，在推动农业产业化、农村工业化和乡村城镇化上下功夫，推动区域经济发展，围绕城乡建设“一个中心，三个区域”的发展构架，重点做好麻沙、水吉、将口、徐市4个集镇5个村的规划建设。至2005年，完成徐市、漳墩2个镇及崇雒乡规划调整。2006年，市城乡规划局成立新农村建设工作领导小组，深入开展“牵手联创”“共建带创”活动，制定《关于村庄建设规划编制工作的实施意见》。

2008年起，建阳市镇村规划制定按照 “生产发展、生活宽裕、乡风文明、环境整洁、管理民主”的新农村建设20字方针，以科学发展为指导，结合实际，按照“政府主导、村民主体、搭建平台、脱贫致富”的总体要求，以新农村规划建设为蓝图，以灾后重建为基础，以产业为依托，建设富裕、和谐、生态的社会主义新农村为目标。同时，根据《中华人民共和国城乡规划法》及南平市关于新农村建设有关文件精神，对乡、镇农村个人建房办理《乡村建设规划许可证》的核发和管理给出具体的意见。明确核发主体、报建所需要的材料、批建程序，以及具体管理要求，包括规划要求、建设要求、批后管理、竣工验收等规范和措施，使城镇规划管理日趋完善。

2010年，协助援建的规划设计人员，对将口镇的固县村、芹口村、白地园村和童游新村进行灾后重建安置点规划设计工作，受灾村规划设计工作基本完成。至2010年，全市建成19个新农村示范点，规划总面积111公顷，建房4105户，完成用地手续报批79.40公顷。麻沙镇总体规划于2010年编制完成并通过审批；将口镇、书坊乡总体规划进入审查阶段；回龙乡、水吉镇、黄坑镇总体规划正在编制中。

第二节 集镇建设

1995年，全市集镇街道铺设水泥路面23千米，面积7.30万平方米，修建排水沟1.60万米，铺设人行道0.98万平方米，集镇基础设施投入970万元。同年，莒口镇政府收购原建阳磨床厂、书坊乡启动书林门造福工程建设。1996年，水吉镇复兴路建成，全长200米，新建民宅97座，店面125间。1997年，回龙乡建成江滨路；莒口镇拓宽改造集镇街道，种植白玉兰、桂花树140株，绿化草地2200平方米；书坊乡启动集镇自来水续建工程；水吉镇基本完成江滨小区建设。1998年，莒口镇建成占地2752平方米的集镇农贸市场；书坊乡集镇自来水续建工程完成，铺设管道11587米，解决157户农户的饮水问题；2000—2002年，将口镇投资1340万元完成农村电网改造。2005年，崇雒乡新建集镇自来水厂1座，日供水量1100吨，4650人收益。2006年，回龙乡建成垃圾焚烧窑1座，垃圾池16座以及沼气池100口；书坊乡建成日处理垃圾50吨的垃圾焚烧炉，实行垃圾焚烧处理。2007年，崇雒乡、小湖镇、将口镇建成集镇垃圾焚烧炉各1座，垃圾池共计60座；将口镇建成占地6000平方米的将口文化广场，完成集镇区域一路两街的夜景工程建设；徐市镇敬老院改造工程基本完工。2008年，崇雒乡集镇村获确定为建阳市新农村中心村建设试点村。书坊乡建成书坊客运服务站，完成占地1公顷的公墓项目建设。2009年，崇雒乡启动卫生院综合门诊楼扩建改造项目；徐市镇完成集镇农贸市场基础建设及路面硬化，建成沼气池55口、垃圾池10座。2010年，崇雒乡建成青少年户外活动中心，完成集镇街道绿化和农贸市场改造，新植行道树30棵，建成公厕1座；将口镇完成集镇自来水供水工程和全镇13个村的人畜饮水安全工程；黄坑镇建成集镇文化中心广场，垃圾中转站1座；水吉镇启动旧城区桥头区域改造建设工程，首期改造占地1.07公顷；徐市镇启动镇文化中心广场建设，建成沼气池35口，垃圾池6口；漳墩镇启动集镇新农村建设，惠及102户人；书坊乡敬老院启用，同年，完成书坊革命历史纪念园建设。

第三节　村庄建设

一、新村建设

黄坑镇　1994年，黄坑镇农村人均居住面积19.80平方米。1995年，全镇420户农户建新房，总建筑面积7万平方米，多为2层砖混结构。1996年，开始以新村建设带动农村奔小康，桂林村、长见村获确定为南平市新村建设试点村。至2010年，全镇新建住房840幢，总建筑面积13.90万平方米，配套建设、改造道路28公里，新建自来水设施6处，新建、改造公厕6座，新建垃圾池24处。

书坊乡　1996年，书坊乡完成花园岭村八角亭自然村造福工程，占地0.53公顷，入住农户15户。2007年，完成花园岭村造福工程，占地0.67公顷，入住农户20户。2009年，完成饶坝村造福工程，占地约0.67公顷，入住农户20户。2010年，完成贵溪村马坪新农村建设，占地3.15公顷，入住农户120户；完成书坊村新农村一期建设，占地2.53公顷，入住农户95户。

潭城街道　20世纪90年代中期，潭城街道经建阳市政府批准，启动南洋新村建设，占地建筑面积5公顷，建三层半以上新居720栋，解决200家拆迁户住房问题。1998年6月和9月，潭城街道先后启动水东新村、北门溪边花园建设，1999年10月交付使用。

崇雒乡　2008年，崇雒乡崇雒村启动建阳市新农村中心村建设试点村建设，规划建筑面积1.67万平方米，其中，建筑占地1.10万平方米，分2期开发建设，首期投资900万元。至2010年底，完成1期“三通一平”，在建房屋29栋。

莒口镇　2008年，莒口镇启动河坝中心村建设，2009年，建房80户，配套建设水泥路、排污管道，完成部分路灯架设、活动中心，完善森林公园的设施。2010年，建房164户，完善青少年户外活动场所，休闲广场等休闲娱乐配套设施。

水吉镇　2008年，水吉镇仁山村启动农村建设，陆续进行旧村改造、新小区开发，广场、农民运动场、村部等建设等。先后建成农民新居135座，改造旧屋56座。

回龙乡　2010年，回龙乡启动花园新村工程建设，规划建设面积7.07公顷、拟建住房206栋，至2010年底完成规划设计、平台平整和土地收储等工作。

将口镇　2010年，将口镇推进松柏、西岸、回潭、芹口4个新农村的建设。

二、灾后重建

1998年“6•22”洪灾，水吉镇玉瑶村116栋民宅受损。1999年，建设七一新村和沿205国道线新区开发，2000年竣工，共建住宅127栋。“6•22”洪灾中渡船头村全村民宅遭受水毁，1999年，在乌火山西麓移建新村，旧村用以复垦，共建住宅56栋。“6•22”洪灾使漳墩村前水巷和杨梅际房屋受损严重，龙安村主村多栋民房被泥石流夷为平地，灾情引起国际社会关注，意大利政府通过中国政府，捐资为龙安村兴建近百栋新房。

2006年6月5日的洪灾，崇雒乡14户农户因地质灾害房屋受毁。灾后立即启动重建工作，使受灾户在2007年春节前迁入新居。

2010年6月19日，建阳市遭遇百年一遇特大洪水，崇雒乡房屋倒塌85间。政府拨款重建，使9户分散灾民搬入新居；将口镇的芹口、横塘、将口、东田、松柏等村，250栋房屋倒塌，200人无家可归，1200户群众，共3506人紧急转移。灾后，厦门援建的芹口村重建点，占地5.20公顷，规划户数176户，一期建设占地4.14公顷，规划33幢104户；黄坑镇有18个自然村的210间房屋进水，13幢房屋倒塌，6000人受灾。镇党委、政府在集镇南入口处建设“竹乡印象”小区，总面积6.67公顷，总建筑面积40000平方米，容积率为1:1，绿地率达到36%。分3期建设小高层140套，别墅52幢60套，其中，双连体别墅6幢12套、三连体别墅1幢3套、单体别墅45幢，小区可入住户数200户。

第三章 建筑业

第一节 建筑设计

建阳市建筑设计院成立于1986年10月，是建阳市唯一具有设计资质的单位，其前身为建阳县住房与城乡建设（规划）局内部建筑设计室。1994年，建阳撤县建市，单位名称变更为建阳市建筑设计院。1996年，市宾馆8号楼工程设计项目在南平市建委组织的建筑设计竞赛中，获建筑设计3等奖。2000年，设计院所有施工图设计开始全面运用计算机绘图。市设计院代表性业绩有：市宾馆8号楼、宏利商场、新华书店、图书馆、医药大楼、交通局综合楼、烟草大楼、技术监督局大楼、工商局办公楼等。

第二节 建筑施工

1994年，建阳市建筑施工基本以人工为主，全年建筑面积完成量仅10万平方米。1996年，建筑结构以砖混结构、多层建筑居多，人工操作配合葫芦吊在工地使用。1998年，局部建筑达到8至9层，吊篮开始在建筑工地使用。2000年，框架结构建筑陆续涌现，建筑层数也在不断增高，井架逐步替代吊篮作业。2003年，少量的电动施工机具（如钢筋拉直机、钢筋自动切断机）投入施工现场使用，全年建筑面积完成量20万平方米。2005年，随着全市建筑规模和总量不断上升，逐渐出现施工升降机以及砂浆搅拌机等施工设备，全年建筑面积完成量30—40万平方米。2008年，高层建筑的施工，人工挖孔桩深度逐渐加深，机械冲孔灌注机进入工地使用。2010年，高层建筑增多和钢筋直径增粗，钢筋弯曲机开始在工地现场作业，塔式起重机和人货施工电梯也陆续在工地投入使用，全年建筑面积完成量增至70万平方米。

第三节　建筑企业

1994 年 12 月，建阳市潭城建筑社由集体所有制变更为有限责任公司，公司名称变更为福建省建阳市潭城建筑发展有限公司。1997 年，为加强建阳市第一建筑工程公司、建阳市第二建筑工程公司和建阳市建设工程公司的管理，成立建阳市建筑总公司。1998 年，3 家企业进行整合升级，成立建阳市新星建设集团有限公司，企业资质升级为房屋建筑二级施工总承包资质。2002 年 2 月，建阳市潭城建筑发展有限公司的企业名称变更为建阳市新纪建筑发展有限公司，注册资本金从最初的 30 万元增资到 2000 万元。同年 6 月，建阳市林业建筑工程公司成立，属建阳市林业局下属国有森工企业。2003 年，建阳市新纪建筑发展有限公司完成改制。建阳市第一建筑工程公司、建阳市第二建筑工程公司先后开始改制。2006 年，新成立福建正方建设有限公司，为房建三级资质民营企业。2006 年 8 月，建阳市林业建筑工程公司改制重组为民营企业。12 月，建阳市合诚建筑发展有限公司成立。2007 年，民营企业建阳市朝阳建筑工程发展有限公司挂牌成立。2007 年 5 月，建阳市新纪建筑发展有限公司组建集团公司，注册资本金增加到 5000 万元，资质经建设部核准为国家一级施工总承包企业，公司名称变更为福建新纪建设集团有限公司。2010 年，原建阳市第一建筑工程公司、建阳市第二建筑工程公司完成改制。原建阳市建设工程公司着手进行改制。建阳市新星建设集团有限公司倒闭。

第四节　建筑材料

一、新型墙体材料

20 世纪 90 年，建阳市建筑企业重视使用节能环保的新型墙体材料，替代传统的实心黏土砖，以达到节约土地和能源资源，改善建筑功能，保护生态环境的目的。2001 年 3 月，成立建阳市发展新型建筑材料领导小组，下设办公室，负责全市发展新型墙体材料日常工作。2004 年，市政府办公室转发《福建省新型墙体材料专项基金征收和使用管理实施细则》，市长办公会议纪要决定，从 2005 年 1 月 1 日起在城区范围内开始全面征收新型墙体材料专项基金，农村从2006年1月1日起开始征收新型墙体材料专项基金。

2005 年 3 月，建阳市第一家生产新型墙体材料的企业——建阳市东兴水泥新型材料制品厂在考亭路 1 号创办。8 月，建成第二家生产新型墙体材料的企业——建阳市潭厦家心砖厂，主要产品为普通混凝土小型空心砌块，年产混凝土小型空心砌块折成标砖 6000 万块。

2007 年 9 月，执行省政府第 99 号令《福建省发展新型墙体材料管理办法》。同年，南平、邵武生产的蒸压加气混凝土砌块轻质节能环保新型墙体材料进入建阳市建筑市场，建阳房地产开发建设工程大面积使用节能率达到 50% 的新型墙体材料——蒸压加气混凝土砌块。城镇民用建筑工程应用新型墙体材料达到 98% 以上。建阳市发展新型建筑材料领导小组办公室推进新型墙体材料和建筑节能跨越式发展，加强发展新型墙体材料工作管理，获列入福建省新型墙体材料协会理事单位。

至2010年，建阳市新型墙体材料生产企业发展至16家，产品有混凝土多孔砖，粉煤灰陶粒空心砌块等，年产能达到 5.23 亿块标砖，基本满足全市建筑工程应用新型墙体材料的需要。

2005—2010 年，征收与返退新型墙体材料专项基金：2005 年 67.02 万元、2006 年 68.05 万元、2007 年 162.98 万元、2008 年 100.49 万元、2009 年 109.34 万元、2010 年 164.30 万元；返退建设单位新型墙体材料专项基金：2007 年 11.68 万元、2008 年 44.72 万元、2009 年 67.89 万元、2010 年 44.98 万元。

二、散装水泥

1998年3月，成立建阳市散装水泥办公室。主要职责是贯彻执行国家“限制袋装，鼓励散装”的指导方针，负责全市发展散装水泥管理工作。当年，散装水泥使用量0.23万吨，征收散装水泥专项资金1.30万元。2000年，散装水泥使用量1.73万吨，征收散装水泥专项资金5.13万元。2001年，执行省政府第69号令《福建省发展散装水泥管理办法》，建阳海螺水泥有限公司建立全套散装水泥发送装置。散装水泥使用量3.61万吨，征收散装水泥专项资金9.30万元。2001—2005年，建阳市散装水泥办公室连获南平市发展散装水泥工作先进单位。

2003年，市政府转发《福建省人民政府批转省财政厅、省经贸委关于〈福建省散装水泥专项资金征收和使用管理实施细则〉的通知》，明确散装水泥专项资金是专门用于发展散装水泥事业的政府性基金，收入全额缴入地方国库，纳入地方财政预算，实行“收支两条线”管理。6月，民营建阳市散装水泥运输车队成立，共有散装水泥运输车5辆，总吨位150吨。是年，建阳市散装水泥办公室作为全省唯一县级散装办列入福建省散装水泥协会第一届理事会理事单位。

2006年10月，市政府办公室印发《建阳市散装水泥工作联席会议制度》通知，要求各有关部门加强协调，形成合力，共同推进建阳市散装水泥事业健康发展。2008年，建阳市散装水泥办公室列入福建省散装水泥协会第二届理事会常务理事单位。2009年7月，建阳市永固混凝土有限公司在将崇工业区成立，年产能60万立方米预拌混凝土。

2010年1月1日起，施行《福建省促进散装水泥发展条例》。10月，福建武夷沥青混凝土有限公司在回瑶工业平台成立，年产能60万立方米预拌混凝土。建阳市自此结束无预拌混凝土的局面，使建筑进度和建设工程质量提高。散装水泥使用量26.26万吨，散装水泥使用量是1998年的114倍，散装水泥使用率达到27.50%；征收散装水泥专项资金57.07万元，征收散装水泥专项资金是1998年的43.90倍。

第四章 房地产业

第一节 住房制度改革

一、提高公有住房租金

1994年，继续执行《建阳县人民政府关于城镇公有住房实行统一租金标准的决定》，对凡在县城区内，水吉、麻沙、莒口镇规划区的中央、省、地属单位的公有住房一律实行统一标准租金。按住房结构类型分：框架、砖混、砖木、土木、木简易，结合楼层、朝向、地段等因素测算出不同类型住房的租金。租金综合平均价每平方米0.16元，比之前各单位执行租金综合平均价每平方米0.07元增长129.41%。并从当年起采取小步快走不予补贴方式，逐年提高租金。1997年，公有住房租金按新标准执行，即框架结构（每平方米，下同）1.65元，砖混结构1.50元，砖木结构1.20元，木结构1元，各镇所在地的租金按城区的标准下浮20%执行。1998年后未制定新的租金标准，不可出售的公有住房（转为廉租房）租金标准仍按1997年规定租金标准执行。

二、公有住房出售

1993年7月起，全县187个单位（含中央、省、南平市驻潭，市属行政企事业单位和麻沙、水吉、黄坑3镇的行政事业单位）5893套公有住房建筑面积37.99万平方米出售，出售价格按1984年省政府规定的出售住房价格标准，即：框架结构198元，砖混一等180元，砖混二等171元，1985—1993年建的住房在此售价基础上每年增加4%，1983—1979年建成的住房在此售价基础上扣减4%，从1978年开始在1979年售价基础上扣减1%但最多只能扣减30%。然后根据地段、朝向、楼层等项条件进行调节。职工购买住房，面积控制标准为：一般职工45—70平方米（建筑面积，下同）；科级干部或正式聘为中级专业技术职务的干部为50—85平方米；县处级干部或正式聘为副高级专业技术职务的干部以及1983年前评定确认为中级职称的干部为60—100平方米；地厅级干部或正式聘为高级专业技术职务的干部以及1983年前评定确认为高级职称的干部为80—130平方米。职工购房优惠：每年工龄50元（夫妇双方按工龄最高一方计算），一次性付清房款优惠25%。职工所取得的房屋产权只有70%，余下30%为单位产权。

1994年8月，执行《国务院关于深化城镇住房制度改革的决定》有关规定，对原出售公有住房作为低价售房，须按规定进行衔接：按住房7项（征地和拆迁补偿费、勘察设计和前期工程费、建安工程费、住宅小区基础设施建设费、管理费、贷款利息和税金）成本价格出售，经省政府批准，建阳市1993年砖混一等出售成本价每平方米424元，框架结构住房售价上浮10%，砖混二等住房售价下浮5%；工龄优惠按夫妇工龄之和计算，测算标准2.28元/米、年，一次性交清房款优惠20%；职工取得产权归职工个人所有，可以依法进入市场。从1997年7月至1999年12月，历经3年时间，全部完成上述单位公有住房衔接工作，住房5711套，建筑面积37.05万平方米，售房款收入6080万元。

三、集资建房

1994年起，采取国家、单位、个人共同出资方式，由单位组织职工兴建其建设用地单位行政划拨，政府给以相关税费减免，从而提高职工解决住房问题的积极性。1998年3月，市政府出台《建阳市城镇集资建房实施细则》，对集资建房的范围、适用条件、优惠政策、资金来源、产权界定等做出明确规定，在干部享受住房面积控制标准内，框架结构的住房保底金额3万元，砖混合结构保底2.50万元，超出标准面积按当时的市场价格执行。至2010年，共批准161个单位建房4589套，建筑面积44.49万平方米。

四、推行住房公积金制度

1997年，市政府出台《建阳市人民政府关于执行住房公积金制度的决定》，国家机关、行政事业单位率先起步，起步阶段缴存比例5%。据统计，当年131个单位，职工8240人缴存180万元。2000年起，乡镇行政事业单位和一些民营单位也陆续开始缴存。2002年3月，贯彻国务院修订的《住房公积金管理条例》，明确规定，住房公积金是指国家机关、国有企业、城镇集体企业、外商投资企业、城镇私营企业及其他城镇企业、事业单位、民办非企业单位、社会团体及其在职职工缴存的长期住房储金。通过住房公积金的长期积累，提高职工自我保障的意识，增强职工购、建、大修的能力。住房公积金采取个人存储、单位资助的方式：按职工个人月工资总额的一定比例即10%（起步阶段按5%）缴存住房公积金，单位也同样按职工个人月工资总额的一定比例缴存住房公积金，两者均归职工个人所有，存入银行专户，统一管理，专项使用。

2004年1月，住房公积金缴存比例提高到8%。农村中小学教师和乡镇卫生院3000人履行住房公积金制度。2007年，住房公积金缴存比例再次提高到10%，这一比例至2010年一直保持不变。据统计，截至2010年12月份止，全市17067人缴存住房公积金，实际缴存人数12462人（扣除退休、转移），累计归集收入 4.27 亿元，累计支取额 1.77 亿元，归集余额 2.50 亿元。住房公积金实际缴存人数占全市在岗位的职工人数的比率即住房公积金覆盖率为 76%，超过全省平均数 20.79 个百分点。全市用于职工购建住房发放公积金贷款总额 4.13 亿元，贷款余额 2.89 亿元，住房公积金贷款使用率超过 100%，解决全市城镇职工家庭 3496 户的住房问题。同时，严格按《住房公积金管理条例》规范运作，确保资金管理安全。累计提取贷款风险准备金 1030.16 万元，贷款逾期率为零，未发生呆坏账损失，未挪用住房公积金；城市廉租住房建设补充资金累计 466.95 万元。

五、建立货币化住房工龄补贴制度

2004 年 12 月，根据《建阳市人民政府关于建阳市行政事业单位住房分配货币化实施意见》的精神，对未享受房改优惠政策的无房户，用 5—8 年时间逐步兑现住房工龄补贴。按规定的住房面积标准，每年每平方米 4.20 元，补贴工龄计算至 1996 年止。从 2005 年开始，先兑现 1996 年 7 月 1 日前离退休无房户干部职工。据统计，2005—2011 年全市（含条管单位）3488 人，共发放住房补贴 2402.05 万元。其中，市属行政事业单位（含农村中小学教师）、乡镇行政事业单位（卫生院）3097 人，发放补贴 2220.73 万元；驻潭省、南平市单位 391 人，发放补贴 181.32 万元。

六、建立廉租房制度

2007 年 10 月起，实行新的廉租房制度，采取实物租金核减和货币补 2 种方式，货币补以人均建筑面积 10 平方米（含 10 平方米）为标准，不足部分每人每月每平方米补助 3 元，每户每月补助租金不超 120 元。

第二节　房地产开发

1994 年 7 月，国务院颁布《关于深化城镇住房制度改革的决定》，建阳市逐渐实现从实物分房到货币分房的过渡。城市居民可在由财政、单位原有住房建设资金转化的住房补贴的基础上，根据自身的条件和需求，自行到市场上购房，解决住房问题。

1995—1997 年，随着城市居民对商品住宅需求的增快速增长，建阳市房地产开发逐步形成由旧城改造为主向沿城市主干路的“线”式开发与棚户区改造相结合的发展格局，辅以零星小规模地块开发商品房，以满足社会对住房的需求。

1998 年，国家发布《城市房地产开发经营管理条例》和《关于进一步深化城镇住房制度改革，加快住房建设的通知》，要求从 1998 年下半年起停止住房实物分配，逐步实行住房分配货币化；同时，调整住房投资结构，重点发展经济适用住房，建立以经济适用住房为主的住房供应体系；房地产开发资金结构得到调整。自此，建阳市房地产业开始进入快速发展阶段。

1998—2002 年，随着住房制度改革的深入，住房市场化的全面推广，以及各项政策措施贯彻落实，开始激活低迷数年的建阳市房地产市场，房地产投资、商品房开发面积迅速增长，但房地产市场存在住房供应结构不合理、供需矛盾突出和房地产市场秩序比较混乱等问题，商品房市场投放量不多。1998 年，建阳市商品房批准预售许可面积为 49413.39 平方米；1999 年 87574.64 平方米；2000 年 115258.24 平方米；2001 年 49305.27 平方米；2002 年 40317.13 平方米。1998—2002 年，5 年间全市共商品房批准预售许可总面积 341868.67 平方米。

2002 年 7 月起，执行国土资源部颁布的《招标拍卖挂牌出让国有土地使用权规定》，依法规范土地交易市场。自此，建阳市商业、旅游、娱乐和商品住宅等各类经营性用地，均以招标、拍卖或者挂牌方式进行公开交易。

2003—2006 年，国家启动新一轮房地产宏观调控，建阳市房地产开发投资实现平稳增长，住宅开发结构得到改善。房地产开发投资量、商品房开发量、商品房市场投放量逐渐提升。

2003—2006 年建阳市商品房销售情况表

表 5-4-1　　单位：万元、元 / 平方米

年 度	批准预售面积（万平方米）	商品房销售备案金额（万元）	商品房销售备案面积（万元）	商品房销售备案套数（套）	其中商品住宅备案套数	商品住宅备案均价（元 / 平方米）
2003 年	7.68	7102.27	7.27	884	509	703
2004 年	3.54	9782.16	8.60	917	474	855
2005 年	11.85	11617.74	7.82	923	531	1230
2006 年	8.29	23026.50	13.18	1336	1003	1652
合计	31.36	51528.67	36.87	4060	2517	—

2007 年起，以稳定房价为诉求的房地产调控进一步深化。土地、信贷、税收等为房地产市场降温的各项调控新政密集推出，涉信土地管理、规范市场秩序、抑制投机（尤其抑制外商投资房地产）、调整住房结构等多方面。建阳市按上级工作要求，落实各项调控政策。与此同时，建阳市逐步落实各项调控政策，房地产开发投资增长较快，住宅开发结构得到一定改善，但房价仍持续上涨。主要是建阳市受到海西林产工贸区、武夷新区快速建设的带动效应。至 2010 年，建阳市房地产市场运行出现投资过热—规范调整—市场观望—投资低潮—政策放宽—投资过热—规范调整的反复现象。

2007—2010 年建阳市商品房销售情况表

表 5-4-2　　单位：万元、元 / 平方米

年 度	批准预售面积（万平方米）	商品房销售备案金额（万元）	商品房销售备案面积（万平方米）	商品房销售备案套数（套）	其中商品住宅备案套数	商品住宅备案均价（元 / 平方米）
2007 年	14.60	32709.21	12.39	1201	955	2612
2008 年	16.62	20957.31	6.68	685	412	2902
2009 年	19.43	91958.76	28.96	2798	2586	3106
2010 年	37	118768.29	32.20	3082	2659	3691
合计	87.65	264393.57	80.23	7766	6612	—

第五章　管　理

第一节　机　构

一、行政机构

（一）建阳市建设局

1994 年，为建阳市城乡建设环境保护局。1997 年 5 月，建阳市党政机构改革，保留建阳市建设委员会；2002 年 3 月，建阳市党政机构改革，设立建阳市建设局，不再保留建阳市建设委员会；2010 年，市建设

局内设办公室、房地产管理股、建筑业与工程建设管理股、城乡建设综合股，行政编制 7 人、机关工勤事业编制 1 人。下属企业有建阳市潭建投资发展有限公司、建阳市自来水公司、建阳市塔水污水处理有限公司、建阳市华厦城市开发总公司、建阳市公共交通公司、建阳市第一建筑工程公司、建阳市第二建筑工程公司、建阳市建设工程公司和 6 个事业单位。

（二）建阳市住房制度改革领导小组

1992 年 7 月，成立建阳县住房制度改革领导小组，领导小组下设办公室（以下简称“房改办”），由建委党总支书记担任主任。房改办为临时机构，人员从各委办局抽调 15 人组成，具体指导、实施全县（含中央、省、地属单位）的住房制度改革。1994 年，撤县建市，改称市房改办。1997 年 4 月，成立建阳市住房资金管理中心，定编 4 人为副局级财政拨款事业单位，专门负责住房公积金管理。市房改办与住房资金管理中心实行 2 块牌子、1 套人员负责全市住房制度改革和住房公积金制度建立与运作。2003 年 2 月，根据南平市编办、南平市人事局《关于调整、重组南平市住房公积金管理执行有关问题的通知》规定，各市、县住房公积金管理机构上收到南平市统一管理。

（三）建阳市城乡规划局

2002 年 4 月，建阳市城乡规划局正式成立，内设城市规划股（市政规划股）、乡镇规划股、办公室（法制监察室），全局正式编制 7 名。2010 年，内设机构不变，编制不变，实有干部 5 名。

二、事业机构

（一）建阳市环境卫生管理处

1994 年，撤县建市，建阳县环境卫生管理所更名为建阳市环境卫生管理所。1997 年，更名为建阳市环境卫生管理处，属集体事业单位，隶属建阳市建设委员会管理，定编 109 人，经费由市财政核拨。至 2010 年，在职干部、职工 41 人，退休职工 82 人，聘用人员 253 人。

（二）建阳市园林管理处

1994 年，撤县建市，建阳县园林管理所更名为建阳市园林管理所。1997 年，更名为建阳市园林管理处，属全民公益性事业单位，股级单位，隶属建阳市建设委员会管理，定编 15 人，下设办公室、生产技术科、绿化养护管理科、公园管理科。至 2010 年在职干部、职工 10 人，聘用人员 61 人（其中劳务派遣人员 6 人）。

（三）建阳市房地产交易管理处

1994 年，撤县建市，建阳县房地产交易管理处更名为建阳市房地产交易管理处，属自收自支事业单位，核定事业编制 8 人。至 2010 年，在岗干部、职工 15 人。

（四）建阳市建设工程质量监督站

1984 年，建阳县建设工程质量监督站成立，隶属于建阳县城乡建设环境保护局管理，核定事业编制为 3 人，内设监督科、办公室、检测室，经费依靠收取质量监督费实行自收自支。1989 年，核定事业编制为 5 人。1994 年 9 月，撤县建市，更名为建阳市建设工程质量监督站。2010 年，核定事业编制 5 人，实有 16 人，其中专职质量监督员 5 人。

（五）建阳市工程造价管理站

1989 年 5 月，成立建阳县建筑工程定额管理站，隶属建阳县城乡建设环境保护局管理。1992 年 8 月，更名为建阳县建设工程造价管理站，更名后单位性质不变。1994 年，建阳撤县建市，单位名称变更为建阳市建设工程造价管理站。

（六）建阳市城市管理监察大队

1994 年，撤县建市，建阳县城市管理监察大队更名为建阳市城市管理监察大队，全额拨款事业单位，核定编制 18 人。1999 年，增编 5 名。2001 年增编 15 名。2007 年，改制为参公事业单位。至 2010 年，在职干部、职工 38 人，聘用人员 80 人。

第二节　规划管理

一、城市规划管理

2002—2010 年，依法审批“一书两证”（建设项目选址意见书，建设用地规划许可证、建设工程规划许可证）项目 1700 起。

2002—2006 年，共办理规划审批建设项目 252 项，建筑面积 75800 平方米，其中，单位建房 56300 平方米，私人建房 19500 平方米；办理正式规划许可证 195 份，总建筑面积 277124 平方米。责令拆除违章建设 101 起，违章建筑面积 5636 平方米，拆除违法建筑 77 起，违法建筑面积 3560 平方米。

2007 年，按照便民、及时、高效的原则，设立规划窗口进行咨询、收件、发件、退件服务，实行一次性告知、否定报备制和限时办结制。至 2010 年，共办理选址意见书 45 件，选址规划面积为 488996.37 平方米；办理建设用地规划许可证 38 件，用地面积为 660432.82 平方米；办理建设工程规划许可证副本 50 份，建筑面积为 452643.03 平方米；竣工验收 97 份，建筑面积为 169922.40 平方米。现场制止或直接拆除违法建设 13 件，建筑面积 3430 平方米。

二、村镇规划管理

2002 年，市规划部门按照分类指导、突出重点的原则，在推动农业产业化、农村工业化和乡村城镇化上下功夫，推动区域经济发展，通过科学合理的规划，重点抓好麻沙、水吉、将口、徐市 4 个集镇 5 个村的规划建设。2006 年，制定《关于村庄建设规划编制工作的实施意见》。2008 年，根据《中华人民共和国城乡规划法》及南平市关于新农村建设有关文件精神，对乡、镇农村个人建房办理乡村建设规划许可证的核发和管理给出具体意见。明确核发主体、报建所需要的材料、批建程序，以及具体管理要求，包括规划要求、建设要求、批后管理、竣工验收等规范和措施。2010 年，协助援建的规划设计人员，对将口镇的固县村、芹口村、白地园、童游新村进行灾后重建安置点规划设计工作，受灾村规划设计工作基本完成。

第三节　建筑业管理

一、建筑行业管理

2000—2010 年，通过企业改组重建，全市有资质等级的施工企业共有 16 家。其中，一级企业 1 家，二级企业 1 家，三级企业 14 家。新建、扩建、改建的工业和民用建筑项目，严格执行基本建设程序，采用工程招标投标确定施工单位。建设工程必须接受市工程建设质量监督站的监督，办理建筑工程施工许可证方可开工建设。工程完工严格按照工程竣工验收程序进行，未经竣工验收合格的工程，一律不得交付使用。企业设立质量安全检查机构，专人负责全企业的工程质量安全管理。内设专职质量检查员。质检员需经过业务培训，获省住房和城乡建设厅颁发的上岗资格证书后方能任职。

二、建筑质量与安全管理

1998 年，执行《中华人民共和国建筑法》。2000 年，执行国务院《建设工程质量管理条例》。同年 8 月，开始实施《实施工程建设强制性标准监督规定》。2004 年 2 月起，执行国务院《建设工程安全生产管理条例》。2006 年 11 月，执行《福建省建筑劳务分包管理办法（试行）》。2007 年 4 月 1 日起，新建、改建、扩建的建筑工程严格限制使用人工挖孔桩，人工挖孔桩桩长不得超过 15 米。10 月 1 日起淘汰使用竹脚手架和井字架。2010 年开始，结合省住房和城乡建设厅建立的全省建设工程质量安全动态管理网，加强对工程质量和现场施工安全管理，控制施工现场的文明施工和安全生产情况，把施工现场安全隐患控制在萌芽状态，工程质量好转。全市施工的工程质量合格率达 100%。

1994—2010 年，市监督站监督检查在建项目 629 个单位工程，建筑面积 408 万平方米，年造价总额 159618 万元。其间，监督的优良工程代表项目有：建阳市图书馆、审计局综合楼、市立医院综合病房大楼、国税局综合楼 A 座 B 座、110 联动指挥中心、工商局办公楼、建阳监狱会见综合楼等。

1994—2010 年建阳市建筑业质量安全监督情况表

表 5-5-1　　单位：个、万平方米、万元

年份	年工程数（个）	年监督面积（万平方米）	年造价额（万元）
1994 年	27	7864	3768
1995 年	31	87463	4725
1996 年	34	100267	5687
1997 年	38	82667	4178
1998 年	51	163204	8939
1999 年	45	140408	8931
2000 年	63	233684	13769
2001 年	46	199802	18353
2002 年	37	90384	5968
2003 年	21	7277	4173
2004 年	31	92739	5386
2005 年	33	137552	9108
2006 年	35	140152	8142
2007 年	25	74123	5369
2008 年	46	259355	19975
2009 年	31	149300	13313
2010 年	35	2120627	19834

三、工程造价管理

1999 年，市建设工程造价管理站协调处理建阳市电力大厦工程项目因材料价格差异造成合同造价偏差的纠纷，保证合同双方的合法权益。2000 年起，管理站每半年发布一次工程直接费价格指数。2001—2010 年，每年发布 4 次季刊。季刊发布 179 种常用建筑材料价格，并增补建阳市常用其他材料的价格。

2002 年，全市共有概预算员 25 名，造价工程师 1 名。2005 年，有 10 名工程造价人员通过考试，获概预算员证书。2010 年，概预算人员增至 45 名，造价工程师增加至 8 名。

第四节　房地产管理

一、房产档案

1987—2002 年，共有所有权登记档案 36191 卷。2000 年，引进密集架设备进行产籍管理。2003 年，

设立综合档案室，全年接收3108卷房屋所有权档案并进行装订归档。2004年，接收归档房屋所有权档案3874卷、2005年3389卷。2006年起，推进房产档案数字化工作，接收3350卷房屋所有权档案并进行电子档案扫描、装订归档，查阅档案1831次。2007年，接收、扫描、装订归档3336卷，查阅档案2318次。2008年，接收、扫描、装订归档2845卷，查阅档案3215次。2009年，接收档案3227卷，查阅档案3860次。2010年，接收、扫描、装订归档房屋所有权档案2664卷，查阅档案6224次。

二、房地产市场运行情况

（一）商品房批准预售情况

商品房批准预售：1990年1月—2010年12月，共批准预售商品房5319套，批准预售面积为55.41万平方米。

其中商品房批准预售（居住用房）：1990年1月至2010年12月，共批准预售商品房居住用房4575套；批准预售面积为48.74万平方米。商品房批准预售（商业营业用房）：1990年1月至2010年12月，共批准预售商品房商业营业用房487套；批准预售面积为5.36万平方米。商品房批准预售（办公用房）：1990年1月至2010年12月，共批准预售商品房办公用房10套；批准预售面积为0.49万平方米。

（二）商品房交易情况

商品房交易：1990年1月至2010年12月，共成交商品房10391套；成交面积为106.81万平方米；成交金额为303044.61万元；平均成交单价为每平方米2837元。

其中商品房交易（居住用房）：1990年1月至2010年12月，共成交商品房居住用房8611套；成交面积为95.60万平方米；成交金额为264565.77万元；平均成交单价为每平方米2767元。商品房交易（商业营业用房）：1990年1月至2010年12月，共成交商品房商业营业用房1102套；成交面积为7.81万平方米；成交金额为33614.91万元；平均成交单价为每平方米4306元。商品房交易（办公用房）：1990年1月至2010年12月，共成交商品房办公用房107套；成交面积为2.07万平方米；成交金额为3071.05万元；平均成交单价为每平方米1483元。

（三）存量房交易情况

存量房交易情况：1990年1月至2010年12月，共成交存量房8467套；成交面积为91.18万平方米；成交金额为95202.70万元；平均成交单价为每平方米1044元。

其中存量房交易（居住用房）：1990年1月至2010年12月，共成交存量房居住用房6584套；成交面积为71.52万平方米；成交金额为65592.24万元；平均成交单价为每平方米917元。存量房交易（商业营业用房）：1990年1月至2010年12月，共成交存量房商业营业用房758套；成交面积为4.97万平方米；成交金额为18408.80万元；平均成交单价为每平方米3703元。存量房交易（办公用房）：1990年1月至2010年12月，共成交存量房办公用房104套；成交面积为2.81万平方米；成交金额为3267.06万元；平均成交单价为每平方米1163元。

三、公共维修基金和物业管理情况

2010年，共有15个房地产开发项目缴存公共维修基金，共缴存325.88万元，第一家缴存项目为水岸名都。截至2010年，共成立3家物业公司，第一家为鼎恒物业。

第六篇 交 通

第六篇　交　通

1994年起，建阳市公路建设实施“先行工程”项目，先后完成国道山深线，省道八洋线、富下线等主干线的改建升级。浦南高速、武邵高速建阳段相继建成通车。加大农村公路建设力度，累计投入公路建设资金6.22亿元。先后实施“上衔下延”“撤渡建桥”等惠民工程，以及危桥改造、农村公路绿化和安保工程。至2010年底，全市公路通车里程1434.94千米，改建、改造县乡公路，修建农村公路1006.60千米；乡村公路全面实施“硬化”改造，实现115个建制村通水泥路。（横）峰福（州）铁路在建阳境内营业里程38千米，建阳交通设施更趋完善。

至2010年，全市共有营运客车115辆，是1990年64辆的2倍；营运货车从1990年的444辆（2212吨位），增至2010年的731辆（11003.20吨位）。出租车1992年投入运营，至1999年发展到153辆。2009年实行“面改轿”工程，到2010年底出租车继续保持153辆，其中“轿的”41辆。全市汽车客运线路63条，其中，跨省客运始发班线7条、过路班线6条、跨区客运始发班线6条、过路班线16条、跨县客运始发班线18条、过路班线10条，农村公路客运26条。运量105万人次，周转量8200万人千米。途经建阳的旅客列车14对，建阳火车站累计发送旅客332万人次，货物运输量174万吨。全市运力结构发生巨大变化，个体客运成为客运市场的主体。

第一章　设　施

第一节　公　路

一、高速公路

（一）浦南高速公路建阳段

路线起于浦城县官路乡上巾竹村闽浙交界处，与浙江衢州至浦城高速公路连接，经浦城、武夷山（兴田）、建阳、建瓯，终点为南平市延平区，与京福高速主干线南平连接线相接，全长244千米。其中，建阳境内51.08千米，设建阳互通、徐市互通、将口枢纽互通以及建阳服务区（建阳将口南台村），沿途经过将口镇、童游街道、潭城街道和徐市镇。

浦南高速公路部分采用双向四车道标准，设计速度80千米/时，将口枢纽互通和兴田枢纽互通路基宽度33.50米，双向六车道标准，设计速度100千米/时。工程总投资为98.03亿元，2005年12月1日动工，2008年 12月24日竣工并投入使用。

建阳境内沿线建隧道4座，分别为西岸隧道左，幅长498米右，幅长522米；新兴隧道左，幅长595米右，幅长574米；江坑隧道左，幅长603米右，幅长412米；摇前隧道左，幅长332米右，幅长368米。沿线100米以上桥梁12座。

浦南高速公路建阳境内沿线 100 米以上桥梁一览表

表 6-1-1　单位：米

桥梁名称	长度	上部结构	下部结构
潭溪 1 号桥	185	小箱梁	柱墩、肋式台
潭溪 2 号桥	157	小箱梁	柱墩、肋式台
潭溪 3 号桥	132	小箱梁	柱墩、肋式台
潭溪 4 号桥	125	空心板梁	柱墩、肋式台
崇阳溪大桥	407	小箱梁	柱墩、肋式台
九峰水库大桥左	207	T 梁	柱墩、肋式台
九峰水库大桥右	132	T 梁	柱墩、肋式台
大井垄分离立交桥	187	T 梁	柱墩、肋式台
麻阳溪大桥	517	T 梁	柱墩、肋式台
宸前 1 号桥	360	T 梁	柱墩、肋式台
宸前 2 号桥	107	小箱梁	柱墩、肋式台
宸前分离立交桥	257	小箱梁	柱墩、肋式台

（二）武邵高速公路建阳段

路线起点与国家高速公路京台线福建省浦南高速公路武夷山支线（武夷山市兴田镇）连接，终点与国家高速公路福银线福建省邵三高速公路邵武连接线对接。全长 91.72 千米，建阳境内 28.02 千米，总投资 44.48 亿元，沿途经过麻沙镇。设置麻沙互通和江坊互通 2 处，全线采用双向四车道高速公路标准建设。设计速度为 80 千米 / 时，工程于 2007 年 9 月 1 日动工，2010 年 11 月 28 日竣工。

建阳境内隧道 1 座，即叶坊隧道。其左幅长 178 米，右幅长 198 米。沿线 100 米以上大桥 13 座。

武邵高速公路建阳境内沿线 100 米以上大桥一览表

表 6-1-2　单位：米

大桥名称	长度	上部结构	下部结构
井前大桥	127	预应力混凝土连续 T 梁	柱墩、肋式台
豆仔平 1 号大桥	132	预应力混凝土连续 T 梁	柱墩、肋式台
豆仔平 2 号大桥	132	预应力混凝土连续 T 梁	柱墩、肋式台
六坪新 1 号大桥	232	预应力混凝土连续 T 梁	柱墩、肋式台
六坪新 2 号大桥	194.50	预应力混凝土连续 T 梁	柱墩、肋式台
留田 1 号大桥	132	预应力混凝土连续—钢构 T 梁	柱墩、肋式台
留田 2 号大桥	157	预应力混凝土连续—钢构 T 梁	柱墩、肋式台
麻沙 1 号大桥	404	预应力混凝土连续—钢构 T 梁	柱墩、肋式台
麻沙 2 号大桥	307	预应力混凝土连续 T 梁	柱墩、肋式台
黄牛垄大桥	257	预应力混凝土连续 T 梁	柱墩、肋式台
叶坊大桥	126.40	预应力混凝土连续 T 梁	柱墩、肋式台
周家大桥	182	预应力混凝土连续 T 梁	柱墩、肋式台
江坊大桥	197.50	预应力混凝土连续 T 梁	柱墩、肋式台

（三）宁武高速公路建阳段

宁德市通往武夷山市至江西省上饶市，与在建的松建（松溪—建瓯）高速公路相交。沿线由东南向西北延伸经过界溪、茶桐岭、漳墩、回龙之后，由东北经西南经过花溪口、七里排往西经过后巷、南坑隧道、将口后与浦南高速公路连接。全长 198 千米，建阳境内 57.60 千米（含连接线），沿途经过漳墩、回龙、水吉、崇雒、将口等5个乡镇。全线采用双向四车道高速公路标准建设，路基标准宽度：整体式路基为26米，分离式路基为2×13米，设计速度为80千米/小时。总投资150亿元。2008年8月动工。

建阳境内沿线建特大桥15563.50米/39座，中小桥640米/10座，分离式立交桥2760.25米/13座。

宁武高速公路建阳境内沿线100米以上桥梁一览表

表6-1-3　　单位：米

桥梁名称	长度	最大跨径	结构类型
茶桐岭1#桥左幅	247	30	8×30pc连续T梁
茶桐岭1#桥右幅	277	30	9×30pc连续T梁
茶桐岭2#桥左幅	427.24	35	1×13m空心板+4×35mpc连续T梁+9×30pc连续T梁
茶桐岭2#桥右幅1#桥	157	30	5×30pc连续T梁
茶桐岭2#桥右幅2#桥	217	30	7×30pc连续T梁
茶桐岭3#桥左幅	247	30	8×30pc连续T梁
茶桐岭3#桥右幅	217	30	7×30pc连续T梁
大畲大桥	247	30	8×30pc连续T梁
茶桐岭4#桥左幅1#桥	157	30	5×30pc连续T梁
茶桐岭4#桥左幅2#桥	757	35	18×30mpcT梁+6×35mpc连续T梁
茶桐岭4#桥右幅	967	35	25×30mpcT梁+6×35mpc连续T梁
龙安大桥左幅	307	30	10×30pc连续T梁
龙安大桥左幅	337	30	11×30pc连续T梁
竹口大桥	266	20	13×20pc连续T梁
廖墩2#大桥	187	30	6×30pc连续T梁
回龙1#大桥	337	30	11×30pc连续T梁
A匝道桥	157	25	6×25pc连续T梁
680大桥	182	25	7×25pc连续T梁
549大桥	207	20	8×25pc连续T梁
仁山村大桥左幅	246	20	12×20pc连续T梁
仁山村大桥右幅	266	20	13×20pc连续T梁
后巷1号桥左幅	146	20	7×20pc连续T梁
后巷1号桥右幅	146	20	7×20pc连续T梁
后巷2号桥左1桥	160.20	25	6×25pc连续T梁
后巷2号桥左2桥	132	25	5×25pc连续T梁
后巷2号桥右1桥	107	25	4×25pc连续T梁+1×8现浇板
后巷2号桥右2桥	432	25	17×25pc连续T梁
安源大桥	107	25	4×25pc连续T梁
官田1号桥左幅	277	30	9×30pc连续T梁
官田1号桥右幅	247	30	8×30pc连续T梁
官田2号桥左幅	457	30	15×30pc连续T梁
官田2号桥右幅	427	30	14×30pc连续T梁
横源大桥	166	20	8×20pc连续T梁
将口分离式立体交叉左幅	428	35	12×35pc连续T梁
将口分离式立体交叉右幅	428	35	12×35pc连续T梁

二、国道

山深线建阳段 山深线即山海关至深圳，道路编码为G205。在南平境内亦称瓯深线（建瓯至浦城深坑）。其在建阳境内的路段里程44.78千米（起讫桩号：K 1983+821—K 2028+602），途经坪洲村、马岚村、澄埠村、浒洲村、回龙乡、西瓯浦村、玉瑶村、青田村、水吉镇区、郑墩村、渡船头村、池中村、大湖村、小湖镇区，全线设水吉和花溪口2个公路养护站，隶属建阳公路分局管理。1994年，列入省公路先行工程建设项目，按二级路标准分三期改造。第一期改造19.48千米（从建阳与浦城交接处起至水吉老佛寺），由各乡镇政府组织施工，工程于1995年10月底完成铺设柏油路面；二期工程6千米，包括玉瑶大桥、大湖大桥工程，由市先行办组织施工；三期工程19.30千米，仍由各乡镇政府组织施工。到1997年底二期工程完成水泥路面铺设，三期工程完成柏油路面。改建后的建阳境内的国道205线走向有2个路段发生改变：以水吉老佛寺为起点，原线经营头、白桥、水吉大桥进入水吉镇；新线进入玉瑶村，过玉瑶大桥进入水吉镇。以小湖大山坪为起点，原线经小湖塘楼村、马坑村、东鲁村、井后村后进入建瓯小松；新线过大湖大桥，经大湖村进入小湖镇后沿着南浦溪河床走向进入建瓯市地界，与八洋线相接。改建后的国道205线建阳段为44.78千米，比原线51.60千米缩短6.82千米。

1998年建阳发生“6·21”特大洪水，国道205线小湖段的新线路段水毁严重，交通中断。洪水过后，市先行办迅速组织抢修，至1999年底完成铺设小湖至建瓯交接处5.40千米水泥路面。至此，历时5年、总投资11000万元的国道205线建阳境内的公路先行工程建设项目全面结束。2000年，南平市政府提出要进一步改善国、省道路面质量，由南平市公路局负责从建阳与浦城交接处至大湖大桥全长39千米的国道线重新铺设水泥路面，2001年竣工，总投资3550万元。2008—2010年，再次对国道205线按照二级公路标准进行水泥路面加铺，投入资金1264万元，改造路面两段共11.32千米，同时，做好安保工程和灾防工程，确保国道205线的全面畅通。

三、省道

建阳境内有省道2条，共计64.82千米，其中，省道八洋线39.30千米，省道富下线25.50千米。

八洋线建阳段 八洋线即宁德八都至武夷山洋庄，道路编码为S303，原称福汾线（福州至汾水关），又称南武线（南平至武夷山）。境内里程39.30千米（起讫桩号：259K+404—298K+702），途经宸前新村、蔡墩村、回瑶、建阳城关、新村、南林村、将口镇区、横塘村、新建村，全线设长春桥和南林2个公路养护站，隶属建阳公路分局管理。线路建阳至武夷山段，路基拓宽为8—11米，路面拓宽为6—7.70米，全路段除市区段铺设2.30千米水泥路面外，其余路段均为柏油路面。1994年，列入省公路先行工程建设项目，按二级路标准改建，其建设任务由市政府分解到各乡镇政府，以乡镇为单位分段包干，至1995年年底完成铺设柏油路面。改建后建阳市境内里程为39.30千米，比改建前的41千米缩短1.70千米。其在市区北出城口至狮子山段沿河的外移取直和市区南出城口的拓宽，缓解城区繁忙路段交通流量大的压力，提高市区的建设的品位和形象。1997年投资850万元，对南段13千米路面重新铺设水泥路面，至1998年5月完工。北段分2期铺设水泥路面，第一期是1999年8—12月，投资293万元铺设市区北门出城口至狮子山五里樟桥头2.50千米水泥路面；第二期是2001年12月，投资1320万元，从五里樟桥头至建阳与武夷市界20.10千米长的柏油路面重新铺设水泥路面，至2002年8月竣工，全线总投资6526.17万元。2003年，八洋线市境内路段重新列入交通战备公路改建项目，其重点工程是新建第二条进出城通道，即从五里樟桥头（火车站方向）起，沿童游防洪堤、水东防洪堤而下，过塔山大桥和塔山工业园区与八洋线相连，总投资9025万元，按二级路标准建设，2005年竣工。2006年12月，验收后移交市城建部门管理。该路建成后，缓解城区交通压力。2008—2010年，路段陆续进行路肩硬化和道路绿化美化，驾乘环境改善。

富下线建阳段 富下线即浦城富岭至武平下坝，道路编码S205，在南平市境内亦称江星路（建阳麻沙江坊至武夷山星村），建阳境内里程25.50千米（起讫桩号：K 184+874—K 210+398）。沿途经过上黄、永兴、毛店、万家坪、七宝、长坪、江坊、界首等镇村，全线设长坪公路养护站，隶属建阳公路分局。1988年全线铺设柏油路面，2005年经省政府批准改为省道，2006年8月投资1840万元，全线铺设水泥路面，2007年1月竣工通车，K184+874—K204+511段，长19.64千米，路基宽8.50米，路面宽7.50米。K204+511—K210+398段，长5.89千米，路基宽11米，路面宽10米。均为水泥混凝土路面。2007—2010年，全路段陆续进行绿化、美化，驾乘环境更趋舒适。

四、县道

1994年，建阳境内县道有11条，合计269.71千米。至2010年，水麻线82.83千米、徐大线27千米、旧回线23.33千米、上兴线11.68千米、桐麻线65.15千米、小建线27千米、故蕉线6.36千米、麻河线9.57千米、官小线11.16千米、崇右线0.28千米、将崇线13.96千米。

水麻线 即水吉营头至麻沙江坊，道路编码为X817，原为省道水杉线（水吉营头到光泽杉关）。全长81.64千米，沿途经过营头、仁山、安口、黄家店、麻源、七姑、官源、徐墩、外历、水尾、赤坭布、建阳城关、严墩、梁源、马伏、后山、莒口镇、竹州、麻沙镇、渡头、扁溪、大白、周家等镇村。全线设莒口、西门和徐墩3个公路养护站，隶属建阳公路分局。境内建阳至麻沙段，原属闽赣干线，铺设柏油路面。1993年，麻沙镇段铺设水泥路面2千米。1999年，投资200万元，拓宽改造西出城口，并铺0.29千米水泥路面。2002年，对螃蜞路路段进行降坡并铺设水泥路面0.80千米。2005年，全线划为县道。2006年8月，投资2558万元，按三级路标准铺设水泥路面38.96千米，2007年2月工程竣工，建阳至麻沙段全部铺设水泥路面。同年8月，投资2420万元，按三级路标准改造，油岭路段降坡取直，并铺设33千米水泥路面，2008年2月竣工。至此，水麻路全线铺设水泥路面。2008年以后陆续进行路肩硬化和道路绿化、美化。

徐大线 建阳宸前至顺昌大干大桥桥尾，道路编码为X819，亦称顺阳公路，全线里程69.45千米，境内里程27千米，起自八洋线（262K+900）处，沿线经过宸前、新屯、冯山、后湾、徐市镇、溪葛、后塘、壕墩、北槎、大闸、桥头、岩前、条岭、盖布、南槎等镇村。建阳公路分局辖大闸公路养护站。该路段原为路面为泥结碎石。1995年，宸前至徐市5千米铺设柏油路面。2007年8月至2008年1月，投资1124.50万元按三级路标准，对徐市壕墩至与顺昌交接处17.30千米铺设水泥路面。2008年8月—12月，投资近800万元，按三级路标准完成剩余的9.70千米水泥路面硬化。

旧回线 松溪旧县至回龙，道路编码为X830。境内里程23.33千米，起自松溪旧县，越茶头岭进入建阳市境内，沿线经龙安村、竹口村，漳墩镇，廖墩自然村，回龙乡，过回龙大桥与国道205线（K 1997+450处）相接。回龙至漳墩段7.74千米由建阳公路分局负责养护管理，漳墩至茶头岭段15.59千米由漳墩公路管理站负责养护管理。线路境内分期分段建成。其中，回龙至漳墩段，按四级路标准建设。1996年月至1997年，回龙至漳墩段7.17千米铺设柏油路面。2006年10月，白沙桥拆除重建。2007年5月竣工。2007年7月，漳墩至龙安段6.68千米，按三级路标准改造，并铺设水泥路，2008年1月竣工。2008年以后又陆续进行道路硬化和绿化、美化。

上兴线 武夷山上梅至武夷山兴田，道路编码为X806。境内里程11.68千米，沿途经回潭、胡巷、杨香、南台。2000年，进行大修，铺设柏油路面。2008—2009年，按三级公路标准实施道路硬化建设。

桐麻线 武夷山桐木关至麻沙，道路编码为X809。境内里程65.15千米，沿途经坳头、长见、桂林、塘头、三峡、响古、青州、杜塘、长坪、新坪。麻沙至黄坑段原为林业公路，蕉溪至坳头段原属于县道邵桐线的一段。1997年8月，麻沙至黄坑段开始铺设柏油路面，至2001年初完成全段柏油路面铺设。2002年，省交通厅对全省公路行政等级进行重新编排，将武夷山桐木关至建阳麻沙公路编为县道。2003年，麻沙至蕉溪段列为交通战备公路建设项目，按三级路标准进行改造并铺设水泥路面，至2004年底竣工通车。2005年，蕉溪至黄坑段按三级路标准改造并铺设水泥路面。2006年，黄坑至坳头段铺设水泥路面。至2010年，桐麻线全线仅余先锋岭至坳头段为泥结碎石路面，其他路段均为水泥路面。

小建线　小湖至建瓯小松，道路编码为X818。境内19.03千米，沿途经小湖、伊宅、塘楼、马坑、东鲁、井后，原属于国道205线的一段。1999年，市境内国道205线先行工程建设项目竣工后，从小湖大山坪起走新线。2002年，线路新编为县道小建线。2004年，线路作为农村路网建设项目，开始按三级公路标准铺设水泥路，马坑至井后路段11.40千米于2005年底竣工通车，井后至伊墩岭（建瓯界）6.15千米于2008年底全面完工。

故蕉线　龚家山至蕉溪路口，道路编码为C517。境内全长6.36千米，水泥砼路面，四级公路，与邵武相接，终于麻沙镇蕉溪村。该路原属于林业公路，泥结碎石路面，2006—2007年实施道路硬化建设。

麻河线　麻沙镇新溪口至书坊乡出点，道路编码为C518。全长9.57千米，水泥砼路面，四级公路。原属于林业公路，泥结碎石路面，2008年，实施道路硬化建设。

官小线　童游街道官元路口至小湖镇，道路编码为Y421。全长11.16千米，水泥砼路面，四级公路，2007年实施道路硬化建设。

崇右线　建阳崇雒至崇雒村，道路编码为Y424。全长0.28千米，水泥砼路面，四级公路，2004年，实施道路硬化建设。

将崇线　将口镇省道路口至崇雒，道路编码为Y429。全长13.96千米，水泥砼路面，四级公路，2007—2008年实施道路硬化建设。

五、乡村道路

1994年，全市乡村公路总里程1188.35千米（不含路面宽度在3.50米以下的简易公路）。乡道95条477.07千米，村道133条383.09千米，专用公路6条58.48千米。2010年，全市通13个乡（镇）、街道，212个建制村全部完成道路硬化工程。

2010年建阳市乡村公路情况表

表6-1-4　单位：米、千米

路线简称	里程（千米）	起点	止点	技术等级	面层类型	路基宽度（米）	路面宽度（米）	路线功能	行政等级
花南线	2.12	花桥头	沙堤村出点	四级	水泥混凝土	4.50	4.50	建制村通乡	乡道
花南线	1.92	沙堤村出点	南山村	等外	泥结（级配）碎、砾石	4.50	4.50	自然村通建制村	村道
锅杭线	0.73	漳北线K11.9	杭坑村	等外	泥结（级配）碎、砾石	4.50	3.50	自然村通建制村	村道
邵泔线	5.62	漳北线K6.8	泔洋村	南坑村	泥结（级配）碎、砾石	4.50	3.50	自然村通建制村	村道
桔南线	1.43	漳北线K4.7	南坑村	四级	水泥混凝土	4.50	3.50	自然村通建制村	村道
漳杨线	2.64	X830县道K73	杨梅际村	四级	泥结（级配）碎、砾石	4.50	3.50	自然村通建制村	村道
田北线	1.90	龙姜线K3.4	北坑村	四级	泥结（级配）碎、砾石	4.50	3.50	自然村通建制村	村道
赖上线	2.07	竹杭线K3.05	前溪村	四级	水泥混凝土	4.50	3.50	建制村通乡	乡道
赖长线	0.94	赖下	长坑	四级	泥结（级配）碎、砾石	4.50	3.50	自然村通建制村	村道
堆老线	3.18	堆后村	老鸦科	四级	水泥混凝土	4.50	3.50	自然村通建制村	村道

续表 6-1-4

路线简称	里程（千米）	起点	止点	技术等级	面层类型	路基宽度（米）	路面宽度（米）	路线功能	行政等级
梁大线	1.06	梁厝村	葫芦坑	四级	泥结（级配）碎、砾石	4.50	3.50	自然村通建制村	村道
长黄线	3.71	长岗桥	黄坑	等外	泥结（级配）碎、砾石	4.50	3.50	自然村通建制村	村道
桥州线	0.55	坪州桥头	坪州村	四级	水泥混凝土	5	5	建制村通乡	乡道
花均线	1.37	205 国道 K2000.97	205 国道 K2001.531	四级	水泥混凝土	4.50	3.50	其他自然村路	村道
回道线	1.36	旧回线 K80.568	旧回线 K79.5	四级	水泥混凝土	4.50	3.50	其他自然村路	村道
池七线	1.37	池中村	七里岚村	等外	水泥混凝土	4.50	3.50	建制村通乡	乡道
市大线	0.82	大觉寺 3 桥桥头	大觉寺	四级	水泥混凝土	5	5	自然村通建制村	村道
木寺线	0.91	木中村	寺后村	四级	水泥混凝土	4.50	3.50	自然村通建制村	村道
安后线	3.41	安口村	红源子	四级	泥结（级配）碎、砾石	4.50	3.50	自然村通建制村	村道
西大线	2.28	西溪口	美溪出点	等外	水泥混凝土	4.50	3.50	建制村通乡	乡道
西大线	3.04	美溪出点	大布村	四级	泥结（级配）碎、砾石	4.50	3.50	自然村通建制村	村道
矿董线	0.78	矿山路口	董布村	四级	水泥混凝土	4.50	3.50	自然村通建制村	村道
小大线	0.66	小湖	小湖出点	四级	水泥混凝土	10	10	特殊节点路	专用道路
小大线	0.45	小湖出点	小湖农场	四级	泥结（级配）碎、砾石	4.50	3.50	特殊节点路	专用道路
塘伊线	0.64	塘楼村	伊宅村	四级	水泥混凝土	4.50	4.50	建制村通乡	乡道
右小线	1.79	右巨桥头	左巨村	等外	泥结（级配）碎、砾石	4.50	3.50	自然村通建制村	村道
崇五线	5.52	崇雒	五斗村	四级	水泥混凝土	4.50	3.50	自然村通建制村	村道
十历线	1.70	十朗街	历仰	等外	泥结（级配）碎、砾石	4.50	3.50	自然村通建制村	村道
古岭线	0.68	古佛桥	岭下村	四级	泥结（级配）碎、砾石	4.50	3.50	自然村通建制村	村道
杨寺线	0.91	杨香村	寺前村	等外	泥结（级配）碎、砾石	4.50	3.50	自然村通建制村	村道
兴固线	2.06	兴田电站	固县	等外	泥结（级配）碎、砾石	4.50	3.50	其他自然村路	村道
松溪线	1.95	松柏路口	溪元村	等外	泥结（级配）碎、砾石	4.50	3.50	自然村通建制村	村道
将渭线	1.47	将口桥头	渭村	等外	泥结（级配）碎、砾石	4.50	3.50	其他自然村路	村道
富莲线	2.34	富布村	2.3 公里	四级	水泥混凝土	4.50	4.50	自然村通建制村	村道
富莲线	1.68	2.3 公里	莲凤村	四级	泥结（级配）碎、砾石	4.50	3.50	自然村通建制村	村道
七爬线	3.31	七姑村	爬岭头	四级	泥结（级配）碎、砾石	4.50	3.50	自然村通建制村	村道
童南线	5.78	童游	庵山脚	四级	水泥混凝土	4.50	3.50	其他自然村路	村道
水梨线	3.41	水东村	溪口村	四级	水泥混凝土	4.50	3.50	建制村通乡	乡道
水梨线	10.15	溪口村	梨坪村	四级	泥结（级配）碎、砾石	4.50	3.50	自然村通建制村	村道
墩溪线	2.88	墩头	溪子边	等外	泥结（级配）碎、砾石	4.50	3.50	自然村通建制村	村道
溪上线	0.57	溪源	溪源出点	四级	水泥混凝土	5.10	4.50	自然村通建制村	村道
震亭线	3.09	溪源出点	亭村	四级	泥结（级配）碎、砾石	4.50	3.50	其他自然村路	村道
徐北线	0.72	徐市	北岸入点	四级	水泥混凝土	4.50	3.50	建制村通乡	乡道
徐北线	3.90	北岸入点	北东坑	四级	泥结（级配）碎、砾石	4.50	3.50	自然村通建制村	村道
溪向线	2.51	溪尾路口	溪尾入点	等外	泥结（级配）碎、砾石	4.50	3.50	建制村通乡	乡道
溪向线	0.24	溪尾入点	溪尾		泥结（级配）碎、砾石	0	0	建制村通乡	乡道
五新线	4.42	五峰村	五峰新村	四级	水泥混凝土	4.50	3.50	建制村通建制村	村道

续表 6-1-4

路线简称	里程（千米）	起 点	止 点	技术等级	面层类型	路基宽度（米）	路面宽度（米）	路线功能	行政等级
外石线	3.33	外墩桥头	石庵村	四级	水泥混凝土	4.50	4.50	建制村通乡	乡道
屯床线	1.26	外墩桥头	石床村	四级	泥结（级配）碎、砾石	4.50	3.50	自然村通建制村	村道
溪渭线	2.07	溪边	渭州	四级	泥结（级配）碎、砾石	4.50	3.50	自然村通建制村	村道
田际线	5.56	田垅口	际下	四级	泥结（级配）碎、砾石	4.50	3.50	自然村通建制村	村道
策横线	1.59	策口	横岭	四级	水泥混凝土	4.50	3.50	自然村通建制村	村道
社外线	0.81	社州	外墩	等外	泥结（级配）碎、砾石	4.50	3.50	自然村通建制村	村道
坪梁线	0.58	坪布	梁仰	四级	泥结（级配）碎、砾石	4.50	3.50	其他自然村路	村道
平东线	1.06	平口	东源	四级	泥结（级配）碎、砾石	4.50	3.50	其他自然村路	村道
七吴线	5.01	七宝	吴墩窠	四级	水泥混凝土	4.50	3.50	自然村通建制村	村道
长佛线	1.12	长坪	佛岭塘	等外	泥结（级配）碎、砾石	4.50	3.50	自然村通建制村	村道
新井线	2.09	新溪	井窠	四级	泥结（级配）碎、砾石	4.50	3.50	自然村通建制村	村道
界墩线	2.70	界首岔路口	墩头	四级	水泥混凝土	4.50	3.50	建制村通乡	乡道
钱梨线	2.95	钱塘路口	陈墩	四级	水泥混凝土	4.50	3.50	自然村通建制村	村道
钱梨线	2.01	陈墩	梨源	四级	泥结（级配）碎、砾石	4.50	3.50	自然村通建制村	村道
渡石线	1.95	渡塔仔	石溪	四级	水泥混凝土	4.50	3.50	自然村通建制村	村道
埂松线	4.85	埂头村	松坑村	四级	水泥混凝土	4.50	3.50	建制村通乡	乡道
长西线	5.54	长见路口	西坑庙	四级	水泥混凝土	4.50	4	自然村通建制村	村道
桂上线	5.54	桂林	上六墩	等外	泥结（级配）碎、砾石	4.50	3.50	自然村通建制村	村道
九后线	0.57	九峰	后塘	四级	泥结（级配）碎、砾石	4.50	3.50	自然村通建制村	村道
三袁线	0.42	三峡村	袁家	四级	水泥混凝土	4.50	3.50	自然村通建制村	村道
新石线	1.40	新历	下保	四级	水泥混凝土	4.50	3.50	自然村通建制村	村道
新石线	7.91	下保	石子溪	四级	泥结（级配）碎、砾石	4.50	3.50	自然村通建制村	村道
大祝线	1.86	大山坪	祝中村	四级	水泥混凝土	4.50	3.50	建制村通乡	乡道
西黄线	4.82	西溪口	黄地村	四级	水泥混凝土	4.50	4	建制村通乡	乡道
路横线	0.36	横塘入点	横塘	四级	水泥混凝土	4.50	4.50	建制村通乡	村道
麻扁线	0.96	范桥路口	扁溪	四级	水泥混凝土	4.50	4.50	建制村通乡	乡道
路焦线	2.76	X830 县道 K61.1	仑后村	四级	水泥混凝土	4.50	3.50	自然村通建制村	村道
老玉线	1.30	水麻线 K0.95	玉瑶村	等外	泥结（级配）碎、砾石	4.50	3.50	其他自然村路	村道
严猪线	5.38	严川村	猪母槽	四级	水泥混凝土	4.50	3.50	建制村通建制村	村道
外长线	0.43	漳北线 K12.56	外屯村	等外	水泥混凝土	4.50	4.50	建制村通乡	乡道
外长线	2.45	外屯出点	长源村	等外	泥结（级配）碎、砾石	4.50	3.50	自然村通建制村	村道
周梨线	2.26	周历村	木坑岚	四级	水泥混凝土	4.50	3.50	乡通乡	乡道
田横线	2.93	龙姜线 K4.8	横山村	等外	泥结（级配）碎、砾石	4.50	3.50	自然村通建制村	村道
泔白线	3.17	泔洋村	白鸡庙	等外	泥结（级配）碎、砾石	4.50	3.50	自然村通建制村	村道
浒良线	2.24	浒州村	良墩村	四级	水泥混凝土	4.50	3.50	自然村通建制村	村道
白坤线	1.37	营郑线 K0.25	营头村		水泥混凝土	0	0	建制村通乡	乡道
渡塔线	0.70	渡船头路口	塔下新村		泥结（级配）碎、砾石	0	0	建制村通乡	乡道
七箬线	1.34	七里岚桥头	箬村	四级	水泥混凝土	4.50	3.50	自然村通建制村	村道

续表 6-1-4

路线简称	里程（千米）	起点	止点	技术等级	面层类型	路基宽度（米）	路面宽度（米）	路线功能	行政等级
陈外线	1.42	陈地村	外楼村	等外	泥结（级配）碎、砾石	4.50	3.50	自然村通建制村	村道
红火线	4.13	红源子	火山村	等外	泥结（级配）碎、砾石	4.50	3.50	自然村通建制村	村道
坑上线	1.19	上坑子	上际村	等外	泥结（级配）碎、砾石	4.50	3.50	自然村通建制村	村道
双朱线	0.99	双溪村	朱神庙	等外	泥结（级配）碎、砾石	4.50	3.50	自然村通建制村	村道
溪辛线	3.76	溪东	辛溪坪	等外	泥结（级配）碎、砾石	4.50	3.50	建制村通建制村	村道
古官线	3.47	古佛桥头	官田村	等外	泥结（级配）碎、砾石	4.50	3.50	自然村通建制村	村道
弯龙线	2.76	弯尾桥头	龙井坑	等外	泥结（级配）碎、砾石	4.50	3.50	自然村通建制村	村道
芹洋线	2.28	芹口	洋墩	四级	水泥混凝土	4.50	3.50	自然村通建制村	村道
上回线	6.53	下洋	回潭	等外	泥结（级配）碎、砾石	4.50	3.50	建制村通建制村	村道
七后线	5.15	七姑桥头	后际村	等外	泥结（级配）碎、砾石	4.50	3.50	自然村通建制村	村道
溪后线	1.48	溪尾亭	溪后村	等外	泥结（级配）碎、砾石	4.50	3.50	自然村通建制村	村道
七松线	0.54	七姑桥头	松元村	等外	泥结（级配）碎、砾石	4.50	3.50	自然村通建制村	村道
松后线	2.02	松布	溪后	等外	泥结（级配）碎、砾石	4.50	3.50	自然村通建制村	村道
东黄线	2.46	东历	黄口	四级	水泥混凝土	4.50	3.50	自然村通建制村	村道
溪桥线	3.56	溪葛	桥亭村	等外	泥结（级配）碎、砾石	4.50	3.50	自然村通建制村	村道
北乌线	3.21	降源	乌龙源	等外	泥结（级配）碎、砾石	4.50	3.50	自然村通建制村	村道
震江线	1.40	震前出点	江坑村	等外	泥结（级配）碎、砾石	4.50	3.50	自然村通建制村	村道
工葛线	1.43	葛布工区	葛布村	等外	泥结（级配）碎、砾石	4.50	3.50	自然村通建制村	村道
东湖线	3.94	东峰	湖桥	四级	泥结（级配）碎、砾石	4.50	3.50	建制村通建制村	村道
将大线	3.10	将溪亭	大源	等外	泥结（级配）碎、砾石	4.50	3.50	自然村通建制村	村道
横华线	1.49	横冻	华溪	四级	水泥混凝土	4.50	4.50	建制村通乡	乡道
路白线	21.50	白塔山路口	白塔山	四级	沥青贯入式碎、砾石	4.50	3.50	特殊节点路	专用道路
长富线	0.81	长坪	富垅	等外	泥结（级配）碎、砾石	4.50	3.50	自然村通建制村	村道
毛西线	2.34	毛店出点	西坑	等外	泥结（级配）碎、砾石	4.50	3.50	自然村通建制村	村道
路庵线	0.84	庵前路口	原头	等外	泥结（级配）碎、砾石	4.50	3.50	自然村通建制村	村道
永东线	3.40	永兴路口	东历	等外	泥结（级配）碎、砾石	4.50	3.50	自然村通建制村	村道
永下线	1.60	永兴桥头	下历	等外	泥结（级配）碎、砾石	4.50	3.50	自然村通建制村	村道
贾周线	3.11	贾墩	周山坊	等外	泥结（级配）碎、砾石	4.50	3.50	自然村通建制村	村道
墩竹线	0.81	墩头	竹林	等外	泥结（级配）碎、砾石	4.50	3.50	自然村通建制村	村道
江双线	1.25	江坊	双源垅	等外	泥结（级配）碎、砾石	4.50	3.50	自然村通建制村	村道
施叶线	0.60	施家	叶坊	等外	泥结（级配）碎、砾石	4.50	3.50	自然村通建制村	村道
贵王线	1.81	贵溪路口	王厝	等外	沥青贯入式碎、砾石	4.50	3.50	自然村通建制村	村道
茶冯线	3.23	茶布桥头	冯墩	四级	水泥混凝土	4.50	3.50	自然村通建制村	村道
状南线	1.70	状元府	南溪	等外	泥结（级配）碎、砾石	4.50	3.50	自然村通建制村	村道
三浪线	1.45	三峡村	浪坑	等外	泥结（级配）碎、砾石	4.50	3.50	自然村通建制村	村道
松大线	2.08	松柏小学	白石岭	等外	粒料加固土	4	3	乡通乡	乡道
松大线	0.83	白石岭	大源	三级	水泥混凝土	7.50	6.50	乡通乡	乡道
大双线	2.01	大坡路口	双园	等外	泥结（级配）碎、砾石	4.50	3.50	其他自然村路	村道
麻河线	8.19	书坊出点	丁厝	四级	水泥混凝土	5.10	4.50	自然村通建制村	村道
麻河线	3.68	丁厝	河溪工区	四级	泥结（级配）碎、砾石	0	0	特殊节点路	专用道路

续表 6-1-4

路线简称	里程（千米）	起点	止点	技术等级	面层类型	路基宽度（米）	路面宽度（米）	路线功能	行政等级
井杭线	17.11	井后村	槐岭界	四级	水泥混凝土	4.50	4.50	建制村通建制村	村道
井杭线	5.17	槐岭界	康屯村入点	四级	泥结（级配）碎、砾石	4.50	3.50	建制村通建制村	村道
井杭线	14.55	康屯村入点	杭头村	四级	水泥混凝土	4.50	4.50	乡通乡	乡道
叉苏线	2.57	岔路口	半月山	四级	水泥混凝土	4.50	4.50	建制村通建制村	村道
马茶线	6.04	马岚村	茶宵桥头	四级	水泥混凝土	4.50	4.50	建制村通乡	乡道
桥小线	3.49	桥头	黄坑村	四级	水泥混凝土	4.50	4.50	其他自然村路	村道
茶碗线	6.54	茶布路口	江墩桥头	四级	水泥混凝土	4.50	4.50	建制村通乡	乡道
茶碗线	1.09	江墩桥头	碗厂	四级	泥结（级配）碎、砾石	4.50	3.50	自然村通建制村	村道
贵回线	0.39	贵源	贵源村	等外	水泥混凝土	3.50	3.50	建制村通乡	乡道
贵回线	2.03	贵源村	回龙村			0	0	其他自然村路	村道
漳北线	29.47	漳墩镇白沙桥头	北孟坑村尾	四级	水泥混凝土	4.50	4.50	乡通乡	乡道
漳北线	1.36		北孟坑	四级	泥结（级配）碎、砾石	4.50	3.50	乡通乡	乡道
沙严线	4.97	沙堤村路口	严川村	四级	水泥混凝土	4.50	4.50	建制村通乡	乡道
竹杭线	9.61	旧回线 K69.13	杭头村	四级	水泥混凝土	5.10	4.50	乡通乡	乡道
赖杭线	2.13	茶场	杭下村	四级	水泥混凝土	4.50	4.50	其他自然村路	村道
龙姜线	4.73	龙安村	姜地村	四级	水泥混凝土	4.50	3.50	建制村通乡	乡道
杭陈线	3.04	杭头村	陈元村出点	四级	水泥混凝土	4.50	4.50	其他自然村路	村道
上周线	3.44	骑马桥头	周历村	四级	水泥混凝土	4.50	4.50	乡通乡	乡道
茶高线	6.15	茶霄桥	高门村	四级	泥结（级配）碎、砾石	4.50	3.50	自然村通建制村	村道
茶半线	7.51	茶霄桥	半天宵村	四级	水泥混凝土	4.50	3.50	建制村通乡	乡道
回垅线	2.81	旧回线 K80.46	垅下村	四级	水泥混凝土	4.50	3.50	建制村通乡	乡道
溪白线	2.79	205 国道 K2000.3	白沙村	四级	水泥混凝土	4.50	3.50	建制村通乡	乡道
凉白线	7.16	凉亭路口	白洋村	四级	水泥混凝土	4.50	4.50	建制村通乡	乡道
民吴线	0.44	民主村	吴中村	四级	水泥混凝土	4.50	4.50	建制村通乡	乡道
叶辛线	12.99	叶中村	辛溪村	四级	水泥混凝土	4.50	4.50	建制村通乡	乡道
和陈线	15.84	和平村	陈地村	四级	水泥混凝土	4.50	4.50	建制村通乡	乡道
双黄线	3.67	大梨村	黄西溪村尾	四级	水泥混凝土	4.50	4.50	自然村通建制村	村道
双黄线	1.12	黄西溪村尾	白石下	四级	泥结（级配）碎、砾石	4.50	3.50	自然村通建制村	村道
仁双线	6.06	仁山路口	双溪村	四级	水泥混凝土	4.50	4.50	建制村通乡	乡道
后南线	4.88	后井路口	南山村	四级	水泥混凝土	4.50	4.50	建制村通乡	乡道
仁南线	0.36	七里排	南岭村	四级	水泥混凝土	4.50	4.50	建制村通乡	乡道
大矿线	4.77	大湖村	矿山	四级	水泥混凝土	4.50	3.50	其他自然村路	村道
小葛线	10.74	小湖	葛墩村	四级	水泥混凝土	4.50	4.50	建制村通乡	乡道
崇右线	10.55	崇雒	右巨	四级	水泥混凝土	5.10	4.50	建制村通乡	乡道
张上线	4.35	张屯	上洋	四级	水泥混凝土	4.50	3.50	建制村通乡	乡道
回石线	4.76	石维村入点	石维村	四级	水泥混凝土	4.50	4.50	建制村通乡	乡道
将松线	5.07	将口	松柏村	四级	水泥混凝土	4.50	4.50	乡通乡	乡道
西山线	3.82	西岸路口	山尾村入点	四级	水泥混凝土	4.50	4.50	建制村通乡	乡道

续表 6-1-4

路线简称	里程（千米）	起点	止点	技术等级	面层类型	路基宽度（米）	路面宽度（米）	路线功能	行政等级
西山线	1.10	山尾村入点	大际村	四级	泥结（级配）碎、砾石	4.50	3.50	其他自然村路	村道
东南线	8.19	东田村	南台桥头	四级	泥结（级配）碎、砾石	4.50	3.50	建制村通建制村	村道
童横线	19.27	童游	将崇线K11.95	四级	水泥混凝土	4.50	4.50	乡通乡	乡道
五林线	4.43	渡头	林后村	四级	水泥混凝土	4.50	3.50	自然村通建制村	村道
新彭线	4	彭墩入点	彭墩村	四级	水泥混凝土	4.50	4.50	建制村通乡	乡道
水里线	4.30	水尾路口	水尾村	四级	水泥混凝土	4.50	3.50	建制村通乡	乡道
周黄线	6.05	赖厝岐	黄沙溪	四级	水泥混凝土	4.50	4	自然村通建制村	村道
严范线	8.93	严墩桥头	范墩	四级	水泥混凝土	4.50	4	自然村通建制村	村道
溪茅线	3.64	溪口	黄墩	四级	水泥混凝土	4.50	3.50	建制村通乡	乡道
西考线	5.80	西门电站	考亭	四级	水泥混凝土	4.50	3.50	特殊节点路	专用道路
回溪线	2.53	回瑶	溪源路口	四级	水泥混凝土	5.10	4.50	建制村通乡	乡道
回溪线	1.79	溪源路口	黄田埂	四级	泥结（级配）碎、砾石	4.50	3.50	自然村通建制村	村道
上后线	3.49	上垅	后源厂	四级	水泥混凝土	4.50	3.50	自然村通建制村	村道
徐林线	6.79	林墩入点	林墩村	四级	水泥混凝土	5.10	4.50	建制村通乡	乡道
徐范线	12.01	徐市	范墩村	四级	水泥混凝土	5.10	4.50	建制村通乡	乡道
桥盖线	5.72	桥头	岭下村	四级	水泥混凝土	5.10	4.50	自然村通建制村	村道
小五线	5.45	小黄坑	唐科出点	四级	水泥混凝土	4.50	4.50	建制村通乡	乡道
小五线	9.07	唐科出点	五峰村	四级	泥结（级配）碎、砾石	4.50	3.50	建制村通乡	乡道
莒东线	7.99	莒口路口	东山出点	四级	水泥混凝土	4.50	4	自然村通建制村	村道
莒东线	1.25	东山出点	岗头村	四级	泥结（级配）碎、砾石	4.50	3.50	自然村通建制村	村道
莒焦线	5.84	龙门桥头	焦岚村	四级	水泥混凝土	4.50	3.50	自然村通建制村	村道
莒焦线	2.07	焦岚出点	樟布水库	四级	泥结（级配）碎、砾石	4.50	3.50	自然村通建制村	村道
小上线	1.20	小亭	洲头	四级	水泥混凝土	4.50	4.50	自然村通建制村	村道
口源线	4.87	策口路口	策口村	四级	水泥混凝土	4.50	3.50	建制村通乡	乡道
茶东线	6.02	茶布路口	东徐出点	四级	水泥混凝土	4.50	4	自然村通建制村	村道
茶东线	1.39	东徐出点	苏墩	四级	泥结（级配）碎、砾石	4.50	3.50	自然村通建制村	村道
江东线	2.04	江墩桥头	金山起点	四级	水泥混凝土	4.50	4.50	其他自然村路	村道
江东线	11.27	金山起点	东坑	四级	泥结（级配）碎、砾石	4.50	3.50	其他自然村路	村道
莒茶线	9.63	莒口	茶布路口	四级	水泥混凝土	6	4.50	建制村通乡	乡道
社华线	7.12	社州碗厂	中由	四级	泥结（级配）碎、砾石	4.50	3.50	自然村通建制村	村道
社华线	4.28	中由	南避桥头	四级	水泥混凝土	5.10	4.50	特殊节点路	专用道路
社华线	6.66	南避桥头	下道洋	等外	泥结（级配）碎、砾石	0	0	特殊节点路	专用道路
长大线	4.50	长埂	大源	三级	水泥混凝土	4	3	乡通乡	乡道
莒书线	17.68	莒口镇	书坊	四级	水泥混凝土	5.10	4.50	乡通乡	乡道
麻华线	11.29	麻沙	罗家岭	四级	水泥混凝土	4.50—5.50	4.50	乡通乡	乡道
电重线	5.07	江坝电站	重历	四级	水泥混凝土	4.50	3.50	其他自然村路	村道
电江线	3.89	江坝电站	江坝	四级	水泥混凝土	5.10	4.50	建制村通乡	乡道

续表 6-1-4

路线简称	里程（千米）	起 点	止 点	技术等级	面层类型	路基宽度（米）	路面宽度（米）	路线功能	行政等级
溪杭线	7	溪口	溪头村尾	四级	水泥混凝土	4.50	3.50	自然村通建制村	村道
溪杭线	3.94	溪头村尾	杭上	四级	泥结（级配）碎、砾石	4.50	3.50	自然村通建制村	村道
界贾线	5.21	界首	界贾线 K5.2	四级	水泥混凝土	5.10	4.50	自然村通建制村	村道
界贾线	1.93	界贾线 K5.2	贾墩	四级	泥结（级配）碎、砾石	4.50	3.50	自然村通建制村	村道
书花线	4.82	书坊老茶场	花园岭村尾	四级	水泥混凝土	4.50	4	自然村通建制村	村道
书花线	3.31	花园岭村尾	龙际下	四级	泥结（级配）碎、砾石	4.50	3.50	自然村通建制村	村道
书饶线	11.04	书坊	饶坝村尾	四级	水泥混凝土	5	4	自然村通建制村	村道
书饶线	1.06	饶坝村尾	拿坑	四级	泥结（级配）碎、砾石	4.50	3.50	自然村通建制村	村道
坳洪线	10.35	坳头村	洪水坑	四级	泥结（级配）碎、砾石	4.50	3.50	自然村通建制村	村道
九三线	4.94	九峰	小黄坑	四级	水泥混凝土	4.50	3.50	特殊节点路	专用道路
九三线	10.90	小黄坑	五福洋坝头	四级	泥结（级配）碎、砾石	4.50	3.50	特殊节点路	专用道路
九俄线	8.84	九峰	鹅峰村尾	四级	水泥混凝土	4.50	4	自然村通建制村	村道
九俄线	0.65	鹅峰村尾	源头	四级	泥结（级配）碎、砾石	4.50	3.50	自然村通建制村	村道
新大线	10.90	大坡出点	东坑	四级	水泥混凝土	4.50	4.50	自然村通建制村	村道
新白线	4.13	新历	白沙溪	四级	泥结（级配）碎、砾石	4.50	3.50	自然村通建制村	村道
俄洋线	5.62	桥头排	洋坑	四级	泥结（级配）碎、砾石	4.50	3.50	自然村通建制村	村道
营郑线	2.85	水麻线 K2.35	205 国道 K2009.6	三级	水泥混凝土	8.50	7	建制村通建制村	村道
大后线	2.65	大山坪路口	后塘	四级	水泥混凝土	4.50	4.50	建制村通建制村	村道
浒南线	0.69	205 国道 K1993.8	浒州村入点	四级	水泥混凝土	4.50	3.50	建制村通乡	乡道

第二节　铁　路

1997 年完成峰福铁路建设。峰福铁路北起浙赣线横峰站，经江西省横峰、铅山县，过福建省武夷山、建阳、建瓯市接外福线至福州站，是福建省第二条铁路出省通道，也是国家重点建设项目，全长 250.55 公里，总投资 32.05 亿元。建阳市境内 38 公里。峰福铁路线路为单线，限制坡度为 7‰，双机牵引地段 14.50‰，最小曲线半径 400 米，机车牵引类型为内燃东风 4 型，预留电气化限界，到发线有效长度 750 米，预留 850 米条件，双机地段另加 30 米，闭塞类型为继电半自动。建成运营后，杭州方向经由线路到福州运营里程可缩短 160 公里，到厦门可缩短 94 公里。峰福线（横峰—南平南段）电气化改造工程于 2009 年底竣工。自 2010 年 1 月 6 日 18 时起峰福线（横峰—南平南段）电气化开通。

第三节　水　路

1994 年，全市农村渡口有 32 个。1997—2002 年，交通海事部门开始对全市农村渡船进行“木改铁”更新改造，即将过去的木质渡船换为铁质渡船。资金来源主要由上级交通主管部门和市财政补助（当时购置一条渡船 10000—13000 元，上级交通主管部门补助 3000—5000 元，市财政补助 5000—7000 元，余下由渡船所在的村自筹）。渡口、渡船日常维护由渡口、渡船所在乡镇政府和村委会负责，市交通海事部门给予一定的资金补助和进行质量安全监督。

2000年，渡口减少至28个。2003年，省交通厅将撤渡建桥工程建设纳入为建设社会主义新农村改善农民出行的重要扶持项目始，建阳市撤渡建桥进度加快，至2006年7月，全市先后撤销麻沙镇竹洲村石宇渡、岩头渡，江坝村江坝渡，青洲村青洲渡，莒口镇东风村东风渡，小湖镇董布村董布渡6个渡口渡船。建成石宇大桥、东风大桥、青洲大桥、江坝大桥4座大桥。2007年，撤销水吉吴中、箬村2个渡口，改为建路。至2007年底，全市农村渡口剩下20个。省交通厅对撤渡建桥的补助增加，从刚开始的每延米补助3000—4500元，增至2007年的每延米6000元，当年7月动工的黄墩大桥工程招投标价123万元，省交通厅补助85万元。同年动工的撤渡建桥项目还有麻沙竹洲大桥，这2座桥到2008年竣工后，撤销上黄墩、下黄墩、茅坪、竹洲4个渡口。至2010年，全市渡口有10个。

2010年建阳市农村渡口一览表

表6-1-5

渡口名称	设渡乡镇	地址坐落	溪流	渡口名称	设渡乡镇	地址坐 落	溪流
破石渡	潭城街道	考亭村	麻阳溪	固县渡	将口镇	横塘村	崇阳溪
庵前渡	莒口镇	上布村	麻阳溪	白地园渡	将口镇	横塘村	崇阳溪
潮滩下渡	莒口镇	马伏村	麻阳溪	中布渡	莒口镇	中坊村	麻阳溪
上布渡	莒口镇	上布村	麻阳溪	洲头渡	莒口镇	上坊村	麻阳溪
均中渡	回龙乡	均中村	南浦溪	澄布渡	回龙乡	澄坊村	南浦溪

第四节　桥梁　隧道

一、桥梁

1994—2010年，境内新建的百米以上大桥有7座。

五里樟大桥　位于城北狮子山脚下，横跨崇阳溪，是省道八洋线连接横南铁路建阳火车站的重要桥梁。大桥全长254.12米，上部结构为刚拱片+空心板，下部结构为重力式墩台，6孔，跨径为4-50+2-10，桥面净宽20米，人行道为2×1.50米，设计荷载为汽—20，造价864万元。1993年9月28日动工兴建，1996年3月竣工通车。

七里岚大桥　位于水吉镇，横跨南浦溪，是水吉镇通七里岚村的重要桥梁，全长241米，1991年底开始修建，1995年3月7日竣工通车，桥的上部结构为刚拱片+空心板，下部为重力式墩台，造价124万元。1998年大桥遭“6·22”特大洪水冲毁。2000年初开始重建，桥的上部结构：空心板+T梁，11孔，桥面净宽5.60米，人行道：2×0.80米，设计荷载为：汽—13。2001年9月竣工通车。

玉瑶大桥　位于水吉镇玉瑶村，横跨南浦溪，全长188.90米，上部结构：T梁，下部为：桩柱式墩台，6孔，跨径：6×30米，桥面净宽12米，人行道：2×1.50米，设计荷载：汽—20，造价400万元。1996年1月20日动工，1998年3月竣工通车。

大湖大桥　位于小湖镇大湖村，横跨南浦溪，全长227米，上部结构：T梁，下部为：桩柱式墩台，7孔，跨径：7×30米，桥面净宽12米，人行道：2×1.50米，设计荷载：汽—20，造价392万元。1996年1月25日动工，1998年3月竣工通车。

塔山大桥　位于小湖镇大湖村位于城南塔山脚下，横跨崇阳溪，全长336米，上部结构：T梁，下部：桩柱式墩台，11孔，跨径：11×30米，桥面净宽12米，人行道：2×1.50米，设计荷载：汽—20，造价858万元。2003年3月动工，2004年12月竣工通车。

石宇大桥　位于竹洲村，石宇自然村，全长179米，上部结构：空心板梁，下部为：重力式墩台，10孔，跨径：16米，桥面净宽4.53米，设计荷载：汽—20，造价180万元。2002年6月动工，2003

年11月竣工通车。

崇阳溪大桥　(赤岸大桥)，东连闽北经济开发区童游组团，西接浦南高速公路，横跨崇阳溪，全长563米。其中道路长363米，宽42米，双向六车道；桥梁长200米，宽38.50米。(人行道宽3.50米+防撞护栏0.50米+非机动车道宽3.50米+机动车道宽11.50米)×2+中央隔离墩0.50米=38.50米，大桥上部结构：T梁，下部：桩柱式墩台，五孔，跨径：40×5米，桥面净宽23米，人行道：2×3.50米，非机动车道2×3.50米设计荷载：城A级，总造价3000万元。2007年8月8日动工，2009年4月30日竣工通车。

二、隧道

位于官源至小湖镇乡道上的黄茵岭隧道因隧顶渗水、岩层碎块脱落等问题，存在安全隐患。2000年，投资50万元，对隧道进行加固整修。

第五节　车　站

一、建阳汽车站

南平市汽车运输总公司建阳汽车站，属一级车站。1994年，车站候车室面积 436平方米、停车场面积5065平方米。2005年改制，更名为福建省武夷交通运输股份有限公司建阳汽车站，实行电脑售票，电脑开客票凭证、电脑财务统计，采用售票情况电子显示屏、自动广播语音系统。2010年，车站实现部分长途班次南平全区联网售票，站区主要部位实现电子视频监控，各项服务、安全机制逐步完善。

二、建阳火车站

建阳火车站位于建阳市童游街道境内，2000年9月投入使用。车站中心里程位于峰福线自横峰站起154千米+124米处，隶属南昌铁路局南平车务段管辖。按技术作业性质为中间站，按业务性质为客货运站，车站等级为三等站。车站客运配置旅客引导系统、电子安检系统、票额显示系统和列车时刻显示系统等较完善的客运服务设备。站内占地面积4000平方米，其中，候车厅面积848平方米，售票厅面积284平方米，车站广场面积4282平方米。实行电脑售票，电脑开客凭客票凭证，电脑财务统计，售票情况电子显示屏，具备自动广播语音系统，方便旅客进出车站。车站货运仓库总面积863平方米，货场面积32000平方米。站内办理整车和零担到发业务。下设客运、货运、运转3个车间，职工63人。

建阳火车站为客货运站三级站。该线设计最大输送能力为客车14对、货运1400万吨；经停建阳站客车共13对，其中，福州往返于上海、南京、合肥、长沙、洛阳、沈阳、西安、汉口、合肥、武夷山共10对，泉州往返于武昌、龙岩往返于上海、厦门往返于武夷山各1对，日接送旅客2000人次。

2000—2010年建阳铁路客货运输一览表

表6-1-6　　单位：万吨、万人次

年份	客运（万人次）	货运（万吨）	年份	客运（万人次）	货运（万吨）
2000年	31.50	5.90	2006年	34.57	12.95
2001年	15.88	22.20	2007年	21.12	10.53
2002年	23.43	26.78	2008年	21.53	11.97
2003年	23.23	31.63	2009年	39.90	8.36
2004年	25	30	2010年	45.65	5.12
2005年	28	8.70	—	—	—

三、农村客运站点

1994年，闽运公司建阳分公司因经营范围缩小而陆续撤销乡镇汽车站，站房拍卖。至1996年，全市除建阳汽车站外，其他站点皆为露天站，有站无房，大多数乡镇客运车辆停放于公路旁边，沿线村庄也仅为招呼站，无遮阳挡雨设施。2005年，为缓解城区交通流量过大的压力和改善城乡群众出行候车的条件，建阳客运公司在西出城口和童游各建1个简易客运站。2006年，建阳市交通局实施《福建省交通厅农村客运站点建设补助管理暂行办法》，在全市各乡镇规划建设农村客运站点，至当年年底，全市13个乡镇街道办事处建成建制村候车亭51个，其中，漳墩镇6个（松元等村），回龙乡5个（坪州等村），黄坑村3个（三峡等村），水吉镇7个（双溪等村），将口镇8个（回潭等村），书坊乡5个（贵溪等村），徐市镇5个（圳头等村），莒口镇10个（马伏等村），童游街道办事处2个（南林村、新村村）。2008年12月，撤销西出城口和童游2个简易客运站。

第二章 运 输

第一节 公路运输

一、客运

（一）长途及农村客运

1990年，全市公路营业性客车（不含出租车和市内公交车，下同）64辆2033座。1992年，建阳公交公司经营的建阳至将口、崇雒，建阳至徐市、大阐、桥头，建阳至莒口、麻沙，建阳至寿宁，建阳至顺昌等客运线路停止运营。1993年，建阳至水吉、漳墩客运线路停止运营。1993年至1996年5月，公司只经营建阳至瑞安一条跨省长途线路，3车循环至1996年底停止运营。2001年，公路营业性客车增加到131辆3013座，运量104万人次，周转量8320万人千米。这期间客运趋向快捷、舒适、安全方向发展，社会客流量逐年增长，随着单位、个人自有车辆日益增多，加之火车的开通分流部分旅客。2010年，全市公路营业性客车115辆2482座，车辆数比1990年增长1倍，但运力，座位数变化不大。到2010年底，全市客运线路67条，其中跨省客运始发班线7条、过路班线6条，跨区客运始发班线6条、过路班线16条，跨县客运始发班线18条、过路班线10条，农村公路客运26条。

2010年建阳汽车站长途客运班车班次表

表6-2-1　　单位：元、次、千米

起站	讫站	里程（千米）	票价（元）	每日班次（次）	起站	讫站	里程（千米）	票价（元）	每日班次（次）
始发班车									
建阳	广丰	213	55	1	建阳	丽水	350	87	1
建阳	庆元	153	40	1	建阳	苍南	422	131	0.50
建阳	上海	756	163	0.50	建阳	汕头	893	192	0.50
建阳	深圳	1006	260	1	—	—	—	—	—
建阳	福州	317	70	1	建阳	三明	217	53	2
建阳	石狮	526	129	1	建阳	石狮	526	130	0.50卧铺

续表 6-2-1

起站	讫站	里程（千米）	票价（元）	每日班次（次）	起站	讫站	里程（千米）	票价（元）	每日班次（次）
建阳	屏南	205	46	0.50	建阳	莆田	412	93	1
建阳	周宁	216	47	1	—	—	—	—	—
建阳	邵武	83	17	12	—	—	—	—	—
建阳	光泽	117	24	5	建阳	武夷山	65	14	36
建阳	浦城	123	28	9	建阳	松溪	105 小路	30	4
建阳	政和	121 小路	27	1	建阳	政和	139 大路	31	2
建阳	南平	124	31	14	建阳	南平	124	32	6
建阳	南平	124	25	1	建阳	顺昌	109	24	8
过路班车									
邵武	政和	139	31	2	武夷山	政和	139	31	1
建瓯	上海	756	163	0.50	邵武	路桥	587	161	1
武夷山	温州	508	158	1	邵武	温州	508	158	1
武夷山	广州	1055	260	1	南平	永康	429	103	1
武夷山	寿宁	302	71	1	邵武	寿宁	302	71	1
武夷山	厦门	583	135	1	邵武	福安	302	71	1
武夷山	大田	322	74	1	武夷山	宁德	330	77	1
武夷山	龙岩	502	107	1	邵武	周宁	216	49	1

2010 年建阳市农村短途公路客运班车班次表

表 6-2-2　单位：千米、元、次

起站	讫站	里程（千米）	票价（元）	每日班次（次）	起站	讫站	里程（千米）	票价（元）	每日班次（次）
建阳	黄坑	83	17	15	建阳	莒口	23	5	14
建阳	崇雒	30	6.50	14	建阳	徐市	18	4.50	12
建阳	小湖	26	4.50	14	建阳	水吉	31	7	25
建阳	回龙	41	9.50	14	建阳	漳墩	50	10	15
黄坑	邵武	45	13	6	建阳	溪头	72	14	1
建阳	永兴	62	12	1	建阳	华家山	50	12	1
建阳	回潭	50	10	14	建阳	濠村	60	14	1
建阳	白洋	60	15	1	建阳	塘科	50	9	1.50
建阳	右巨	42	8.50	14	建阳	下乾	49	9.50	1
建阳	美溪	49	10	1	建阳	严川	71	14	1
建阳	苏元	74	16	1	建阳	凤凰	74	16	1
建阳	杭头	63	13	1	建阳	五峰	52	11	1
建阳	彭墩	12	1.50	5	建阳	周墩	14	2	4
建阳	书坊	50	11	14	黄坑	鹅峰	9	3	周 2 班

2001—2010 年建阳市营业性公路客运运力、运量一览表

表 6-2-3　单位：万人次、万人千米

年份	车辆数（辆）	座位数（座）	运量（万人次）	周转量（万人千米）
2001 年	131	3013	104	8320
2002 年	130	2990	102	8160

续表 6-2-3

年份	车辆数（辆）	座位数（座）	运量（万人次）	周转量（万人千米）
2003 年	132	3036	106	8480
2004 年	131	3013	105	8400
2005 年	125	2875	103	8240
2006 年	127	2921	104.50	8560
2007 年	130	2990	107	8400
2008 年	120	2572	104	8300
2009 年	113	2444	102	8120
2010 年	115	2482	105	8200

说明：车辆数和运量均不含出租车

（二）城市公交客运

1996 年 5 月，建阳公交公司开通市内公交车，当年年底发展到 23 辆车，开通 3 条线路，即：西桥新村—农校、皮革厂—化工厂、体育场—味精厂。1998 年增开 3 条线路：火车站—体育场、火车站—考亭、童游农贸—林后。2003 年 6 月，市内公交客运由河北唐河第二运输公司兴财公司承包经营。2004 年 5 月，建阳公交公司被武夷交运公司收购兼并。2005 年 9 月，公司收回兴财公司承包经营权。2006 年 2 月增开小东门—将口、一中—回瑶 2 条线路。2006 年，公司实有车辆 58 辆，年客运量 790 万人次，以后车辆、线路逐年增加。至 2010 年，公司实有车辆 87 辆，运营线路增至 12 条，年客运量 1380 万人次。

2010 年建阳市公交公客运线路及班次表

表 6-2-4　　　　单位：元、次

线路编号	起点	讫点	票价（元）	每日班次（次）	沿途停靠站
1	西桥新村	农校	1	165	设计院、西华园、检察院、建设局、大潭、市宾馆、建行、胜德企业、二中、防疫站、市立医院、交警大队、食品公司
2	体育场	火车站	1	150	闽北宾馆、南平二院、水南农贸、建阳大饭店、博爱影楼、农行、胜德企业、花园酒店、潭建公司、华龙金座、公交公司、法院、太保庙、胜德花园、东南酒店
3	体育场	武夷味精	1	155	闽北宾馆、南平二院、水南农贸、建阳大饭店、博爱影楼、农行、胜德企业、二中、农机站、富林机械、水东卫所、织布厂、贵生东湖、龙翔一厂、坡顶
5	同安小区	林后	1	10	火车站、五里樟、九队、赤岸、渡头、底占
6	火车站	考亭	1	130	供电局、馒头山路口、新华新村、童游宾馆、土地局、童游信用社、童游农贸、胜德企业、建行、市宾馆、电力大厦、蓄电池厂、看守所、青云居家、西门电站、考亭河鲜桉、交通技校、四中
7	水南加油站	商校	1	119	南阳新村、化工厂、财富广场、建阳大饭店、博爱影楼、农行、胜德企业、童游农贸、童游小学、财政所、三元雪糕厂、技校路口、荣华旋切机、良种场、二监

续表 6-2-4

线路编号	起点	讫点	票价（元）	每日班次（次）	沿途停靠站
8	小东门	将口	2.50	8	农行、胜德企业、花园酒店、公交公司、狮子山加油站、新村、武夷学校、南林、嘉鹏木业、芦上、西岸
9	一中	回瑶	2.20	9	人保财险、水南农贸、财富广场、化工厂、南阳新村、水南加油站、绝缘材料、龙翔科技园、白茶布、三禾机械、奇英彩印、溪尾、洪尾、玉田、回瑶。
18 路	一中	莒口	4.50	30	汽车站、天文广告、电力大厦、西门、西门电站、严墩、亚亨蓄电池、黄墩、马伏、安口大桥、后山、中布
17 路	一中	麻沙	7	32	汽车站、天文广告、电力大厦、西门、西门电站、严墩、亚亨蓄电池、黄墩、马伏、安口大桥、后山、中布、莒口、苗圃、石宇、竹洲、麻沙
19 路	一中	书坊	9	12	汽车站、天文广告、电力大厦、西门、西门电站、严墩、亚亨蓄电池、黄墩、马伏、安口大桥、后山、中布、莒口、湖桥、钱塘

（三）出租车客运

建阳出租车客运始于1992年，由建阳货运公司组建出租车公司，成立之初，公司只有6辆车。1993年，公司为扩大经营规模，采取融资方式筹集资金，即：公司筹集一部分资金、驾驶员筹集一部分资金购置出租车，尔后，驾驶员逐年缴还公司出资部分，还清后，出租车产权归驾驶员所有，经营管理权仍归公司。1993—1996年，公司出租车从最初的6辆车发展到120辆。由于发展速度过快，管理跟不上，出租车客运市场出现不稳定的势头。1997年，市政府开始对出租车市场进行调控，限制其发展速度。到1999年全市出租车增长到153辆后，实行总量控制，即：全市出租车限定总量153辆，报废1辆更新1辆，不再新增车辆。2001年，建阳出租车公司并入建阳客运公司，2005年，童游车队开始从事出租车经营，原隶属武夷交运公司建阳分公司（原建阳客运公司）的出租车驾驶员通过自由组合，交警等相关部门为其提供免费办理过户手续。到2005年年底童游车队拥有出租车67辆，武夷交运建阳分公司属下出租车公司拥有出租车86辆。全市出租车总量仍是153辆，2个公司的出租车产权都归驾驶员个人所有。2006年，全市出租车年客运量达660万人次。2009年起，实施“面改轿”工程，全市原有出租车（面的）分4批改为轿车。

二、货　运

20世纪80年代后期，建阳国营、集体货运企业经营方式进行改革，开始实行单车经营承包责任制。由于这种经营责任制不够完善而留下弊端，不少企业第一轮承包后即行辍止，少数勉强完成第二轮承包者，由企业把车辆作价卖给驾驶员，驾驶员由原来的上缴利润改为上交管理费。车辆报废更新采取融资的办法筹集资金，即由企业牵头负责购置，驾驶员按比例出资，余下部分由企业集资和向银行贷款，企业筹集的资金由驾驶员按一定的比例逐年上交，直到还清企业垫资部分后，车辆产权归驾驶员所有。90 年代后期，货运市场竞争加剧，建阳考亭货运公司、建阳市运输服务公司、建阳运联公司（原市交通局车队）、林业车队、建阳粮食车队、建阳旅游服务公司车队、莒口货客车联运站车队、黄坑镇车队等 1 批国营、集体、合资运输企业相继解体。21 世纪初，建阳的国有、集体货运企业全部退出货运市场。个体货运通过市场整合，逐步走出低谷，开始复苏。

2001—2010 年建阳市营业性公路货运运力、运量一览表

表 6-2-5　　　　单位：辆、吨、万吨

年份	车辆数（辆）	吨位数（吨）	运量（万吨）	周转量（万吨公里）
2000 年	438	2318	180.30	19536.03
2001 年	408	2094	174	18575
2002 年	350	1936	163.45	17953.07
2003 年	326	1700	148	20037
2004 年	340	1840	163.30	21567.60
2005 年	306	1430	128	17780
2006 年	341	1842	150	18555
2007 年	450	2475	201	80400
2008 年	560	8400	252	100800
2009 年	671	10050	301	120400
2010 年	731	11003.17	330.10	132038

第二节　铁路运输

1998 年 12 月 10 日，横南铁路武夷山以南段正式开通客车，12 月 26 日，全线分流货物列车开始运营，结束建阳境内无铁路运营的历史。营运初期，途经建阳的全线运行旅客列车 2.50 对（即武夷山 — 福州，武夷山 — 厦门，武夷山 — 泉州隔日开行）。分流货物列车 10 对、行包专列 1 对。2007 年，全线运营旅客列车 8.50 对。2010 年，全线运营旅客列车 14 对，分流货物列车 12 对、行包专列 0 对。

第三节　搬运装卸

1994 年以前，建阳市区搬运装卸以建阳市运输服务公司为主。汽车站、物资公司仓库、农资公司仓库、酒厂、味精厂等大宗物资集散地都有公司搬运班组驻点。乡镇搬运装卸以乡镇搬运社为主。搬运工人实行计件工资，多劳多得。1995 年后，各乡镇搬运社解散，建阳市运输服务公司停业。2000 年，市运输服务公司解体。此后，市区的搬运装卸业务为外来民工和下岗工人取代，市区各大宗物资集散地都有外来民工驻点，下岗工人主要从事零散的搬运装卸业务。短途搬运由手板车逐渐向脚踏三轮货车过度。2002 年开始使用电动三轮车、正三轮摩托。至 2010 年，市区短途搬运以电动后三轮车和正三轮摩托车为主，脚踏三轮货车逐步减少。乡镇搬运装卸以农民工为主。比较典型的有水吉营头村的农民木材装卸工，全村半数以上农民农闲时从事木材装卸作业，比较固定的装卸组 3 个，每组 20 人，组长（包工头）外揽业务后，召集村民装卸，搬运装卸价格完全市场化。

第三章 管 理

第一节　机　构

一、建阳市交通局

1994年，建阳市交通局内设办公室、财务股（车辆购置费征收办公室）、企业管理股、公路股。1997年，政府机关进行机构改革，市交通局内设办公室、财务审计股、车辆购置费征收办公室、运输管理安全监督股、公路（路政）股。2002年，市政府办公室印发《建阳市交通局职能配置、内设机构和人员编制规定》，确定市交通局内设机构为办公室、财务审计股、运输管理安全监督股、公路（路政）股，增设建阳市交通战备办公室（挂靠单位），并在职能上作相应的调整：增加交通战备管理、汽车驾驶学校和驾驶培训工作等行业管理职能；车购费改车购税后，车购税职能移交国税部门。同年，市交通局成立党委，建阳公路分局支部、建阳公路稽征所支部、武夷交运总公司建阳分公司总支归口到交通局党委，增设监察室、党委办公室。至2010年不变。

二、建阳市运输管理所（地方海处）

1994年，建阳市运输管理所内设机构有办公室、运政运务股、征费股、财务股、稽查队，派出机构有：城区运输管理站、徐市运输管理站、莒口运输管理站、麻沙运输管理站、黄坑运输管理站、将口运输管理站、水吉运输管理站、小湖运输管理站、回龙运输管理站。2002年，增挂建阳市内河港航监督所，实行2块牌子、1套人员。2003年底，建阳市内河港航监督所更名为建阳市地方海事处，更名后，建阳市运输管理所和建阳地方海事处仍为2块牌子、1套人员。至2010年，其机构、隶属关系、规格、人员编制不变。

三、南平市公路通行费建阳征收管理所

1994年，经省政府批准，省道301线水吉公路通行费征收站，改设为省道101线水吉公路通行费征收站（后更名303线建阳白茶坾收费站，2006年经省政府批准又移站到回瑶）。1998年，经省政府批准，增设205国道建阳水吉老佛寺车辆通行费征收分站，站点设在回龙西瓯浦。1999年，经市编办批准，205国道西瓯浦车辆通行费征收站为股级事业单位，隶属市交通局。2000年，成立南平公路通行费建阳征收管理所，隶属市交通局，具体负责205国道西瓯浦车辆通行费征收站和省道303线回瑶车辆通行费征收站征费管理工作。2003年，省政府对全省普通公路和城市道路收费站点进行清理整顿，205国道西瓯浦车辆通行费征收站和省道303线白茶布车辆通行费征收站重新确认，并设置收费年限至2018年12月31日。自车辆通行开征以来至2006年底，2个收费站共完成通行费征收额1.36亿元。2008年12月，因燃油税费改革，停止征费，机构撤销。

四、建阳公路分局

1993年1月，建阳公路段下放地方管理，更名为南平地区公路局建阳分局，归南平地区交通委管辖。

原内设机构“养路费征收站”从建阳公路段分离，单独成立福建省公路稽征局建阳稽征所。1995 年 3 月 17 日，南平撤地设市，更名为福建省南平市公路局建阳公路分局。1996 年 1 月，成立建阳市公路路政管理所，建阳公路分局内设科室 4 个：办公室、财务股、工程股、路政管理所，下设 8 个公路养护管理站，党组织属实行双重领导，分别隶属于建阳市交通局党委和南平市公路局党委，为正科级事业单位。

五、公路稽征所

1993 年 1 月，福建省公路稽征局建阳稽征所成立，从原建阳公路段分离出部分人员与资产组建而成。隶属福建省公路稽征局南平稽征处，党组织实行双重领导，分别隶属于建阳市交通局党委和南平市公路稽征处党委，为正科级事业单位，设有所长室、副所长（书记）室、征费股、稽查股、财务股、办公室。2008 年 12 月，因燃油税费改革，停止稽查征费，保留所长室、办公室、财务室。

第二节　公路养护

一、地方公路养护

1988 年，全县列养的县乡公路有 86 条 646.40 公里。县乡公路养护属“民办公助”性质，由公路所在乡镇采取不同方式提出养护任务与要求，实行养护生产责任制。养护组织有临时工、合同工、专业队和专业户承包形式，建立常备道班或组织代表工签订合同，包干养护。公路养护行政上受所在地乡镇人民政府和县交通局双重领导，养护技术与业务方面的管理则由交通局负责。县交通局每季度组织 1 次检查，时间安排在每季末，年度总结评比 1 次。地区（市）交通局每半年组织 1 次检查。每年度进行 1 次检查和总评比。评比结果，好路率 80% 以上者每公里奖励 30 元；好路率 75% 者每公里奖 20 元；好路率 70% 者每公里奖 10 元。对路况质量明显提高者，每公里奖励 50 元。经费由县交通局解决。奖励制度一直执行到 1993 年公路先行工程建设初期止，其他制度不变。

2006 年 10 月，改革建阳林业公路养护管理体制，林业公路养护管理归口到交通局，各乡（镇）公路管理站负责日常管养，补助资金来源于“育林基金”。2007 年，全市列养的县乡公路 88 条 740.75 公里。2010 年，全市列养的县乡公路 996.49 千米。

二、专养公路养护

1996 年 8 月前，建阳公路分局列养的公路有 10 条 275.17 公里，其中，山深线（山海关至深圳）51.60 公里（1998 年公路改线变为 44.78 公里），福汾线（福州至汾水关）40.72 公里（1995 年改建后为 39.30 公里），水杉线（水吉至光泽杉关）82.29 公里，宸大线（建阳宸前至顺昌大干）27 公里，江星线（江坊至武夷山星村）20 公里，拿莒线（邵武拿口至建阳莒口）27.75 公里，将崇线（将口至崇雒）14.33 公里，回漳线（回龙到漳墩）8.30 公里，小建线（建阳小湖至建瓯）3.18 公里。1996 年 9 月，建阳公路分局将拿莒线、将崇线移交给建阳市交通局，2001 年，又将小建线移交给建阳市交通局。从 2002 年起。建阳公路分局列养公路为 7 条 228.40 公里。

2005 年开始，建阳公路分局的公路养护重点由过去保持原状、保持畅通逐步向“畅、洁、舒、美”的公路建设环境转变，通过大规模、高标准的绿化工作，提升一线职工建设绿色生态走廊的意识，促进沿线公路村民爱路护路的意识，2007 年在建阳市境内国、省道干线公路上投入资金 44.84 万元，种植杜英 26000 株、水杉 1670 株、平整场地和种植草皮 4100 平方米，绿化美化公路里程 151.20 公里。至 2010 年底，全市绿化美化公路里程达 740.75 千米，逐步实现“人在园中走，车在画中行”绿色生态路。

第三节　路政管理

1995 年，县乡公路路政管理由乡（镇）交管站负责，未设交管站的乡（镇），由乡（镇）政府负责辖区内路产、路权的管理。1995 年，成立由交通、财政、公安、林委、物委、工商、税务、烟草等单位组成的市治理公路“三乱”（指在公路上乱设站卡、乱罚款、乱收费的行为）协调小组，加强对各流通环节的源头管理和重点监控，治理公路上乱设卡、乱收费、乱罚款行为。1996 年 3 月，成立建阳市公路路政管理所，负责国、省道干线公路路产、路权的行政执法。市交通局成立公路路政管理股，负责指导、协调监督各乡（镇）公路站开展对县、乡公路路产、路权的管理。是年，各乡镇政府均成立公路管理站，履行路政管理职权。2004 年 6 月，建阳路政所在国道山深线建阳花溪口公路站设立公路超限运输检测站，实行单向检测。

第四节　运政管理

一、客运管理

1994—1999 年，建阳市道路运输管理机构对旅客运输线路、站点及运行组织，实行定线路、定站点、定班次、定时间的“四定”管理。2000年起，市运输管理所在汽车站设立驻站办公室，负责客运源头管理工作，客运车辆实行日趟检制度，未经日趟检合格的车辆一律不得配客，严格把好售票关、车门关、出站关，客车超载一律不得出站，同时，实行客运行车路单管理。2007 年起，省际客运车辆安装 GPS 卫星定位仪，实行动态监控管理。2010 年底，客运车辆 100% 安装 GPS 卫星定位系统。

二、货运管理

1994 年，经营道路货物运输的企业和个体户购车须向市运输管理所提出申请，按开业条件逐项审核同意后，报南平市道路运输管理处批准方可购车。业户凭营业性运输车辆准购证办理道路运输证。同时，跨县货物运输必须到市运输管理所领取道路货物运单，按表列项目填写后方可运行。1996 年取消营业性道路运输车辆准购证，2000 年，取消跨县道路货物运输办理运单手续。2005 年起，道路货物运输管理着重加强对危险货物运输的管理，所有危险货物运输车辆，每日必须进行车前日检。2008 年开始安装 GPS 动态监控系统。

三、机动车维修管理

1990 年，全市有机动车维修厂 4 家，从业人员 67 名。1996 年，机动车维修实行“四改三”，即四类符合条件的改为三类。此后，机动车维修分为一类、二类、三类。运输管理部门根据业户申请的类别，对其场地、设备、人员，技术状况进行实地考察，符合国家发布的《汽车维修业开业条件》（GB/T 16739）和《摩托车维修开业条件》（GB/T 18189）的，发给机动车维修许可证和机动车维修标志牌。所有车辆维修后都必须经厂家维修质检员进行竣工检验，合格者发给竣工检验合格证。客货运输车辆实行每年 1 次技术等级评定，并实行定期强制维护。客运车辆按行驶里程 10000—15000 千米必须进行车辆二级维护，每季度随带车辆维修凭证和出厂合格证，到运输管理所车辆维修管理部门办理签证手续，违者按规定予以处罚。2010 年，国家提高机动车维修行业准入门槛，淘汰不符合准入条件的厂家。是年底，全市有一类维修企业 1 家、二类 12 家、三类 2 家。

四、机动车驾驶员培训管理

1994—2003年，机动车驾驶员培训业务由市公安交警部门负责，管理全市机动车驾驶员培训机构和驾驶员培训。申请机动车驾驶员培训企业，应提交申请报告，经同意后，交警部门派员对培训企业进行教练员、教练场地、设施、设备的实质内容进行实质性核实，经审核符合国家行业标准《机动车驾驶员培训机构资格条件》（JTT433）后，根据一、二、三级3个级别发给《机动车驾驶员培训许可证》。2004年起，机动车驾驶员培训业务由公安部门移交市交通部门管理。2010年，经审核许可有驾驶员培训企业有2家，其中，三级2家，有理论教员43人、实操教练员86人，教练车60辆。2004—2010年，累计培训学员2003名。

第五节　规费征管

一、规费征收

汽车养路费征收　汽车养路费由建阳公路稽征所负责征管，征收费额按核定载重吨位计征。1994年1月1日起，客车养路费调整为每月180元／吨，货车养路费调整为每月160元／吨。1995年1月1日起，客车养路费调整为每月200元／吨，货车养路费调整为每月180元／吨。1998年8月1日，客运附加费每月80元／座，调整为每月120元／座。2004年1月1日起，调整为每月90元／座。机动车货运附加费从1994年至2010年征收标准不变，均为每月40元／吨。

其他规费征收　其他机动车养路费和货运附加费征收标准与汽车类相同。1994年，根据省政府下发《福建省人民政府关于同意调整我省公路养路费征收标准的批复》，建阳市对公路养路费标准调整。改型机不论马力大小，货运附加费征收标准均为每月40元／辆。养路费征收按马力计征，其中20—30马力征收标准为每月110元／辆，30—40马力为每月145元／辆，40马力以上为每月180元／辆。手扶拖拉机养路费征收标准为每月50元／辆，货运附加费为每月10元／辆；正三轮摩托车养路费征收标准为每月85元／辆，货运附加费为每月20元／辆；两轮摩托车养路费为每月4元／辆。运管费征收按照客车、货车、低速汽车、改型机、手扶拖拉机等各种车型征收。客车类31座以下为每月7元／座，24座以下为每月9元／座，7—15座为每月10元／座，卧铺客车为每月25元／座，出租车为每月10元／辆。货车类为每月25元／吨，单排座客货两用车为每月50元／辆。低速汽车核载1吨的单排座客货两用车为每月50元／辆，核载为1.50吨的双排座客货两用车为每月50元／辆，核载为2吨的为每月50元／辆。改型机按马力征收，其中20—30马力和30—40马力的月征均为45元，40马力以上的月征50元，手扶拖拉机月征10元，正三轮摩托车运管费为20元／月辆，由建阳市运输管理所代征。2009年1月起，根据交通部有关文件精神，停止征收以上规费。

第六节　渡口渡船管理

1994年，全市农村渡口渡船安全管理实行“三长责任制”，即由市分管交通的副市长挂帅，乡镇长、村主任负责渡口、渡船安全管理，每年签订1次责任状，市交通海事部门负责渡口、渡船安全管理的检查监督，对渡口实行“五定”：定渡口、定渡工、定渡船、定载额、定制度。这种渡口、渡船安全管理监督模式一直沿用并不断地完善。市交通海事部门对渡口、渡船安全管理监督的主要内容有制定、完善安全管理制度，宣传贯彻执行国家有关水上交通安全管理的法律和规章；负责渡船登记、检验、丈量和核定载客人数，以及渡工培训、考核发证和渡工证年审；建立渡口、渡船、渡工档案和协助乡镇制定渡运安全应急预案；定期开展渡口、渡船安全管理监督检查和重大节假安全大检查，纠正违章渡运，督查渡口、渡船安全制度的落实，查出安全隐患及时通报相关乡镇政府和村委会并下发限时整改的通知书，确保渡运安全。对整改不到位或整改有困难者，交通海事部门及时向市政府报告，由市政府协调解决；大力推进撤渡建桥工程建设，从根本上消除渡运安全隐患。

2005年10月至2007年底，市交通海事部门根据市政府的部署，在全市开展农村渡口渡船安全管理专项整治，促进各项安全管理责任制的落实。但由于渡口所在村的经济基础薄弱，对渡口安全设施建设投入不足，导致渡口渡船日常维护和管理不到位，渡工待遇低和渡工队伍不稳定等问题未能得到根本解决。

至2010年底，全市农村渡口、渡船连续23年无重大安全责任事故。

第七篇 通信

第七篇 通 信

1994 年，建阳市邮政部门加强邮政基础设施、邮路建设，全面开展邮政通信作业组织优化管理工作，使邮政通信管理走上科学化、技术化和规范化的道路，提高企业的管理水平。1998 年邮、电分营后，为扭转邮政传统业务萎缩，建阳市邮政局极力拓展邮政基本业务，2000 年，建阳邮政提前 1 年完成国家邮政局提出的，达到“三年扭亏为盈”目标。2003 年，在开展全省第四届“创文明行业，建满意窗口”活动中，建阳市邮政局中山支局获省文明委授予省级文明示范点。2005 年，建阳市邮政局获省消委会评为省级诚信单位。

1994—2010 年，是建阳电信快速发展的阶段，实现从人工到自动，从模拟到数字，从固定到移动，从传统的电信网到全新的宽带业务数字网转变。1994 年 6 月，全县 11 个乡镇相继开通程控电话交换机。1997 年，开通数字移动电话基站。1999 年开始，建阳电信、建阳移动、建阳联通等运营商全面致力于宽带业务数字网的建设。2000 年开始向社会提供宽带互联网业务，2006 年，互联网宽带用户普及率达 9.60 户／百户。至 2010 年，建阳电信、建阳移动、建阳联通等电信运营商共建 858 个基站；全市城乡移动电话信号覆盖面 100%；互联网宽带用户普及率达 20.20 户／百户。

第一章 邮 政

第一节 设施设备

一、生产用房

1994 年，乡镇邮电支局（所）生产用房部分是租用民房作为生产用房。2002 年 1 月，建阳城关中山路 86 号邮政综合大楼落成投入使用。至 2010 年，全局分布在城关的生产用房建筑面积 9182 平方米，分布在乡镇的生产用房建筑面积 12108 平方米。

2010 年建阳市乡镇邮电支局（所）生产用房情况表

表 7-1-1　　单位：平方米、万元

建成时间	地 点	面 积（平方米）	投资金额（万元）	附 注
1989 年 12 月	将口邮电支局	792.35	14.47	其中含宿舍 453.35 平方米
1989 年 12 月	界首邮电所	764.70	17.74	其中含宿舍 339 平方米
1990 年 02 月	麻沙邮电支局	447	12.73	光缆中继站机房
1990 年 10 月	书坊邮电支局	654	22.12	—
1990 年 11 月	莒口邮电支局机房	236	11.54	—
1991 年 07 月	回龙邮电支局	843	44.72	—

续表 7-1-1

建成时间	地　点	面　积（平方米）	投资金额（万元）	附　注
1992 年 01 月	黄坑邮电支局	1682.97	76.59	—
1992 年 02 月	水吉邮电支局机房	543	30.09	—
1994 年 12 月	徐市邮电支局	1204	81.97	—
1995 年 04 月	崇雒邮电支局	1306	166.95	—
1995 年 05 月	小湖邮电支局	1630	63.75	—
1995 年 05 月	麻沙邮电支局	1925	108	—
1995 年 06 月	漳墩邮电支局	80	8.07	油机房

说明：以上乡（镇）邮电支局（所）用房，在 1998 年邮电分营时绝大部分划归邮政局所有

二、营业设备

1994 年初，建阳人民路邮电支局使用 AST386/33 微机 3 台办理业务。

1995 年下半年，城关各邮电支局、所相继使用微机营业、电子包裹收寄机收寄包裹。是年，营业设备拥有电子包裹收寄机 2 台、多功能电子信函秤 4 台、AST386/35 微机 3 台、AST486/33 微机 8 台、MB-440 微机 1 台、微型计算机 12 台。

2001 年 1 月开始使用，电子化营业收寄系统，中山支局 3 个台席，桥南 1 个台席。

2002 年，麻沙、黄坑、莒口、水吉等 4 个乡镇支局开始使用微机，电子化营业收寄系统。

2004 年，徐市、小湖、书坊、漳墩、崇雒、回龙等 6 个乡镇邮政支局开始使用微机电子化营业收寄系统。邮政储蓄网点 16 个（城区 6 个、乡镇 10 个）。全部使用电子化操作。1996—2003 年为福建省内联网，2004 年实现全国联网通存通兑。

2010 年底，建阳市邮政营业拥有微机 80 台，传真机 10 台，电子秤 4 台，邮资机 3 台。

三、运递设备

1991--1995 年，建阳用于邮政运递的设备有摩托车 4 辆、汽车 3 辆、自行车 87 辆。

1997 年，开办建阳至浦城汽车邮路，福建省邮政局调配重庆五十铃汽车 2 辆。

2004 年，购置“五菱”牌小汽车 1 辆，用于投递，接发邮件。

2005 年，购置 3 辆两轮摩托车，用于揽收、投递特快专递邮件。

2010 年底，建阳市邮政局用于邮件运递的设备有汽车 3 辆、摩托车 3 辆、自行车 32 辆。

四、邮件处理设备

1995 年，用于邮件处理的设备有邮件升降机 1 台、函件过戳机 1 台、信函捆扎机 2 台、多功能电子秤 1 台、三轮手推车 2 部。

1999 年，购置信函过戳机 1 台，信函捆扎机 1 台。

2004 年，出口邮件封发登单，由手工操作改为微机操作，购置微机 2 台、针式打印机 1 台。

2010 年底，用于邮件处理的设备有信函过戳机 1 台、信函捆扎机 1 台、微机 2 台、打印机 1 台、邮资机 1 台、三轮手推车 2 部。

五、商函制作设备

1998年邮电分营前，邮政商函中心设备比较简陋，只能制作简单的业务宣传单之类的广告式商函。1999—2010年，商函中心有微机2台、数码相机1台、激光打印机2台、刻字机1台、扫描仪1个。

第二节 邮 路

（一）省内邮路

1991年，途经建阳的自办邮车路线有邵武—建阳—建瓯—武夷山—邵武，逐日班，实行至1995年。

1996年，有建阳至南平线、建阳至邵武线自办汽车邮路2条，建阳进出口邮件分别由南平线，邵武线自办汽车转运。

1997年4月，开办建阳至浦城自办汽车邮路1条，负责转运南平发浦城，建阳发浦城及本市水吉、回龙、漳墩、坑头的邮件，后因邮件量过少，于1998年7月停开这条邮路，改为建阳至武夷山自办汽车邮路，负责转运南平发武夷山，建阳发武夷山及本市将口、崇雒的邮件。

1998年9月至1999年1月，自办建阳至南平、建阳至邵武、建阳至武夷山3条汽车邮路。

1999年2月，邵武邮区撤并到南平邮区中心，建阳至邵武、建阳至武夷山自办汽车邮路撤销。

1999年2月至2010年底，建阳至南平线自办汽车邮路1条。承担建阳进出口邮件转运。

（二）农村邮路

1. 自办汽车邮路

1994—1995年，自办建阳至将口、长坪、界首、麻沙、莒口逐日班线。

1996年，自办汽车邮路2条，即邵武至莒口、麻沙、书坊、长坪、界首逐日班线；南平至徐市将口逐日班线。

1997年4月，增加建阳至水吉、回龙汽车邮路，漳墩、坑头的邮件通过回龙邮路转，自办汽车邮路1条，1998年7月停办。

1998年7月，开办建阳至将口、崇雒汽车邮路。

1998年7月起，水吉、回龙、漳墩、坑头邮件转运改为委办汽车转运。

2000年1月起，建阳至莒口、麻沙、书坊、长坪、界首自办汽车邮路停办，全部改为委办汽车转运。

2. 委办汽车邮路

1994年，委办汽车邮路7条：建阳至书坊、建阳至黄坑、建阳至大阐、建阳至坑头、建阳至崇雒、建阳至小湖、莒口至茶布。

1996年，委办汽车邮路5条：建阳至黄坑，建阳至小湖，建阳至漳墩、杭头，建阳至水吉，建阳至崇雒。

1997年4月，委办汽车邮路3条，分别为建阳至黄坑、建阳至小湖、建阳至崇雒。

1998年7月，建阳委办汽车邮路4条：建阳至黄坑，建阳至水吉，建阳至小湖，建阳至漳墩、杭头。1999年2月，增加建阳至崇雒，建阳至徐市、大阐2条。

2000年1月，建阳全市16个邮电支局（所）的邮件全部由委办汽车转运。

2010年底，全市共开通5条委办汽车邮路：建阳至书坊，带运麻沙、界首、书坊、莒口、茶布邮件；建阳至坑头，带运坑头、漳墩、回龙、水吉、小湖邮件；建阳至徐市，带运徐市、大阐邮件；建阳至黄坑，带运黄坑、长坪邮件；建阳至崇雒，带运崇雒邮件。

第三节 营业网点

1995年，在市区增设黄溪路邮电支局，童游邮电所也由于业务量增大，升格为童游邮电支局。至年底全市有人民路、童游、黄溪路、麻沙、水吉、莒口、黄坑、书坊、将口、崇雒、徐市、小湖、迴龙、漳墩等14个邮电支局；杭头、大阐、茶布、界首、长坪等5个邮电所；回潭、马岚、红旗伐术场、江坊、下圮等5个邮电代办所；零售报刊亭5处；信箱、信筒204个；邮政储蓄点17处；市局桥南邮电营业处1个。

1998年9月30日，建阳市邮政、电信分营。是年底，全市营业网点有人民路、桥南、黄溪路、童游、麻沙、水吉、莒口、黄坑、书坊、将口、崇雒、徐市、小湖、回龙、漳墩等15个支局；坑头、大阐、茶㘵、界首、长坪等5个邮电所和15个邮政储蓄网点。

1999年，建阳市邮政局实行内部机构调整改革，将茶布、坑头、大阐、长坪、界首5个邮电所，都改为邮电代办所“委办”，将口邮电支局改为邮电代办所“自办”，撤销童游、黄溪路邮电支局。增设民主南路邮政储蓄点。是年，全市有12个邮电支局，6个自、委办代办所及16个邮政储蓄点。

2000年1月增设城区水东支局，用于开办邮政超市及兼办邮政业务，由于邮政营业量不大，2000年12月撤销。

2002年1月，人民路支局迁入中山路86号邮政大楼，改称为中山支局，同时，各邮电支局统一改称邮政支局。

至2010年底，建阳全市共有18个邮政支局（所）和16个邮政储蓄网点。

第四节 城乡投递

一、城区投递

1991—1994年，城区和郊区共8个自行车投递段，城区4个段为日2班投送。1995年，邮车改点，城区改为日1班。

1998年至2000年上半年，城区投递有8个自行车投递段和1个汽车投递大户段，每日投送1班。

2000年下半年，对城区投递段进行重新组划，城区有14条自行车投递段和1条汽车专送大户段，每日投送1班。

2010年底，城区投递有自行车投递段14条，摩托车投递段1条，汽车投递段1条共16条投递段。每日投送1班。

二、农村投递

1994年，建阳农村自行车投递路线有42条，单程总长为1319千米每日，1995年，农村自行车投递路线有46条，单程总长1082千米每日。步班投递18条，单程总长245千米每日。64条投递线路，单程总长1327千米每日。1999年11月，为实现邮政企业3年扭亏转盈目标，对农村投递路线进行调整与改革。投递班次除乡镇本埠仍为逐日班外，其他行政村均由周六班改为周三班，乡镇本埠步班投递改为自行车投递。此次调整共精减农村投递员12人。调整后的投递路线从2000年1月起正式实行，至2010年全市农村投递路线没有变动。

1994—1995 年建阳农村投递路线表

表 7-1-2

起止地点	运邮工具	单程公里	起止地点	运邮工具	单程公里	起止地点	运邮工具	单程公里
建阳一七姑	自行车	34	小湖一下圪	自行车	24	小湖一本埠	自行车	3
建阳一七姑	自行车	23	书坊一红旗场	自行车	23	漳墩一本埠	自行车	3
建阳一回瑶	自行车	26	书坊一饶坝	自行车	24	茶坊一华家山	自行车	28
建阳一周墩	自行车	35	徐市一宸前	自行车	16	茶坊一东徐	自行车	27
建阳一彭墩	自行车	25	将口一回潭	自行车	31	大阐一南槎	自行车	28
麻沙一竹洲	自行车	32	将口一松柏	自行车	33	回潭一石维下	自行车	6
麻沙一叶坊	自行车	37	回龙一茶肖	自行车	32	杭头一周历	步班	32
麻沙一重历	自行车	23	回龙一垅下	自行车	7	鸿庇一黄地	步班	10
麻沙一兰墩	自行车	27	水吉一黄家店	自行车	31	沙堤一北孟坑	步班	15
界首一水文垅	自行车	16	水吉一南山	自行车	34	崇雒一本埠	步班	2
长坪一溪头	自行车	27	黄坑一焦溪	自行车	33	书坊一本埠	步班	2
长坪一永兴	自行车	34	黄坑一坳头	自行车	27	坑头一本埠	步班	2
莒口一圹元	自行车	39	黄坑一俄丰	自行车	32	大阐一本埠	步班	2
莒口一湖桥	自行车	32	崇雒一上洋	自行车	25	长坪一本埠	步班	2
莒口一焦岚	自行车	30	漳墩一沙堤	自行车	31	界首一本埠	步班	2
小湖一贵元	自行车	27	漳墩一姜地	自行车	27	茶坊一本埠	步班	2
麻沙一本埠	自行车	7	将口一本埠	自行车	3	水吉一本埠	步班	11
麻沙一水南	自行车	3	水吉一莘溪	步班	16	小湖一葛墩	步班	17
莒口一本埠	自行车	3	莘溪一水吉	步班	16	唐科一五丰	步班	5
回龙一本埠	自行车	3	徐市一本埠	自行车	3	白洋一半天霄	步班	28
黄坑一本埠	自行车	3	坑头一上圪	步班	34	茶肖一白洋	步班	31

三、邮政编码

1991 年 1 月至 1995 年，建阳邮政对收寄的信函，推行标准信封和邮政编，至 2010 年全市普遍执行。

附：建阳各乡镇邮政编码表

建阳城关童游镇所辖自然村 354200
茶布村街道及所辖自然村 354203
回龙乡街道及所辖自然村 354208
黄坑镇街道及所辖自然村 354212
书坊乡街道及所辖自然村 354213
将口镇街道及所辖自然村 354215
水吉镇街道及所辖自然村 354207
麻沙镇街道及所辖自然村 354204
漳墩镇街道及所辖自然村 354209
小湖镇街道及所辖自然村 354211
崇雒乡街道及所辖自然村 354214
徐市镇街道及所辖自然村 354216
莒口镇街道及所辖自然村 354202
长坪村街道及所辖自然村 354205
界首村街道及所辖自然村 354206
大阐村街道及所辖自然村 354217
杭头村街道及所辖自然村 354201

第五节　邮政业务

一、函件

1994 年，全市收发商品信函 50.80 万件，人均函件量 8.70 件。1994 年 2 月 1 日起，在省内恢复办理收件人总付邮资业务。

1998 年 7 月 1 日起，取消“邮政快件”务。

1999 年 3 月 16 日，取消“邮电公事” 业务种类，增加“邮政公事”业务种类。1999 年 8 月 18 日，开办回音卡业务。

2001 年，开发邮资明信片、邮资信封业务。

2003 年 4 月 1 日起，停止使用“邮资已付”戳。

2004 年 2 月，建阳邮政局成立信函广告分局，推行专业化经营，商函业务有较快发展。2010 年，建阳邮政函件出口量 1588502 件。

二、包裹

1994 年，包裹资费以每 100 克为计费单位，放宽商品包裹和大件商品包裹的限重。

1998 年，开办邮政直递包裹业务。是年，包裹业务量 302 元。

1999 年 12 月 20 日起，开办“家乡亲情包裹”业务。

2001 年 8 月，开办国内“快递包裹”业务。国内快递包裹全程采取陆路运输，快于普通包裹，快递包裹按重量分区计费。

2009 年 4 月，开办“爱心包裹”，分学生型和学校型 2 种业务。是年，包裹业务量 4132 元。2010 年包裹业务量 8122 元。

三、汇兑

1995 年末，汇兑业务与邮政储蓄业务合并。

2001 年，在城关邮政网点开办国内邮政电子汇兑业务。纸质汇款通知寄递业务改变为电子传递。

2002 年，麻沙、黄坑、莒口、水吉等邮政支局开办电子汇兑业务。10 月 8 日起，调整国内邮政电子汇兑的汇款限额及相关资费，每笔汇款最高限额由人民币 1 万元提高到 5 万元，基本资费仍按每汇款 1 元“不足 1 元按 1 元计算”收取 0.01 元汇费，每笔汇款最低资费 2 元，最高 50 元。

2003 年 5 月 15 日起，全国范围内试办邮政实时电子汇款业务。实时电子汇款是从受理到兑付只需 3—5 分钟的汇款业务，在基本资费的基础上，每笔加收 10 元特急业务处理费。

2003 年 8 月 30 日起，邮政汇款附言由原先免费调整为 6 个汉字以内免费，超过部分，每字收 0.10 元。附言限 30 个字。

2004 年开始，进口汇票一律由市局汇检处受理填写通知单寄递给收款人。4 月 1 日，建阳邮政开办国际电子汇兑业务。是年，徐市、小湖、书坊、漳墩、崇雒、回龙等邮政支局开办电子汇兑业务。

2005 年 7 月 1 日，开办邮政账户汇款业务，具体分为现金到账户汇款、账户到现金汇款、账户到账户汇款 3 种交易形式。基本资费按每笔汇款金额 0.50% 收取汇费，最低 2 元，最高 50 元。入账汇款每笔最高限额为 20 万元，超过 20 万元分笔办理，入账后需投递入账通知单的，每笔加收 1 元手续费。电子银行的不断普及，使传统的邮政汇兑业务量逐年下降，1995 年汇兑业务量 11.20 万件，2010 年，汇兑业务量6.60万件。

四、邮政储蓄

1995年3月13日，市邮电局设储汇股。

1996年7月，在本局内部试开办代发工资业务。1999年11月1日，城关南路邮储网点开业。是年，邮政储蓄年末存款余额24952万元。

2000年10月，市邮政局成立储汇分局，实行专业化经营与管理。代发工资业务不断向社会单位扩大。是年，邮政储蓄年末存款余额为30479万元。

2003年3月，开办保险业务，主要代理5年期储蓄型保险业务。6月开办代付烟叶收购款业务；7月开办邮储代发养老金业务了，9月开办代缴税款业务。是年，邮政储蓄年末存款余额52392万元。

至2010年，邮政储蓄年末存款余额达104602万元。

五、报刊发行

1995年，报刊零售全面实行全局职工投标承包，承包期2年。

1998年邮电分营前，报刊零售仍实行承包经营，各零售报刊亭均执行预订包销，货款两清，逐年签订合同制度。

2000年起，每年报刊收订坚持柜台收订与上门收订相结合，在上门收订中，采用抬手即订、夜间收订、上楼收订、校园社区摆摊收订等方式，既提升服务质量，又促进报刊收订量增长。

2001年起，对《每周文摘》《闽北广播电视报》《中国剪报》等报采取包销发行办法。

2002年1月，中山路86号邮政新大楼建阳邮政书店开业，主要销售非邮发的图书、教材等社科书。

2009年，建阳邮政局成立报刊分局，办公地点位于宝山路28号。

2010年，建阳邮政局报刊订销累计数7953072份，业务收入149万元。

六、集邮

1994年9月27日至10月2日，市邮电局集邮协会在文化馆举办集邮展览，展出邮集91框524片贴片。

1995年，邮票公司改名集邮公司，实行承包经营，是年集邮收入62.82万元。

1996年，建阳邮电局举办纪念中国邮政开办100周年专题活动。5月1日，“354”邮区“邵武邮区”第二届集邮巡展在建阳举行。10月27日，建阳市举办“邮协会员集邮竞赛奖” 邮展活动，展出邮集15部。

1997年5月31日，“354”邮区第三届集邮巡展在建阳举行。

1997年6月24日，建阳市林业邮协举办“庆七一，迎回归”集邮知识讲座。

1998年5月10日，“354”邮区第四届集邮巡展在建阳举行。9月，集邮公司制作邮电分营纪念册，职工人手一册。是年，集邮业务收入为210万元。

1999年，邮电分营后，集邮公司降格为班组，归经营服务部管理。是年，成立建阳市集邮协会第七届理事会，有会员261人。

1999年5月28日，“迈向新世纪”（南平市1999年举办的青少年集邮巡展标题叫“迈向新世纪”）南平市青少年集邮巡展在建阳举行。

2000年6月1日，建阳邮协与市青少年宫联合举办“迈向新世纪” 邮展和“庆六一” 联谊活动。是年，集邮收入241万元。

2003年，出版《建阳刻书》纪念册1000册，每册售价68元。同时配发纪念封（片）5000枚，在建阳刻书发源地书坊乡举行首发仪式。是年，集邮业务收入 75 万元。

2004 年，制作纪念建阳撤县建市 10 周年本册式明信片 5000 册，每册内装建阳风光明信片 10 枚，售价 12 元。

2005 年，制作建阳置县 1800 年纪念册 1000 册，每册售价 128 元，还随发建阳白塔山风光明信片 1 万枚，集邮收入 76 万元。

2010 年，集邮业务收入为 120 万元。

七、特快专递

1995 年，特快专递实行承包经营，并扩大水吉、麻沙等区乡服务点。

1996 年，特快专递继续实行承包经营，并扩大童游收寄网点。是年，特快业务收入 56.18 万元。

1997 年 1 月至 1998 年 9 月，各乡镇邮电支局全部开办特快专递业务。1998 年，特快业务收入 79 万元。

2002 年，在全国开办特快专递“单证照” 业务。该业务范围是录取通知书、身份证、驾驶证、护照、法院传票等。

2005 年，特快专递实行新一轮承包经营。加大特快揽收力度，全年收寄特快专递 31144 件，业务收入达 80 万元。

2010 年，特快专递业务开始实行南平市邮政局速递公司和建阳市邮政局双重管理。是年，特快业务收入 206 万元。

第二章 电 信

第一节　固定电话

一、设备设施

1990 年底开始，名乡镇陆续开通程控电话，为在停电的情况下确保电信通信畅通，开始配备不间断电源设备。1991 年，全市长途电话电路 124 路，其中，二级省际电路 3 路，省内电路 121 路。同年 12 月 1 日，建阳邮电局开通（s—1240）型程控交换机，容量 4096 门，长途 360 线。1992 年 6 月，首次架设建阳—水吉 6 芯光缆 1 条，计 33 皮长公里，198 芯公里。开通电路 480 路，为全区第一个乡镇光缆电路。

1994 年，建阳境内电话线路覆盖全县 188 个行政村，实现全县“村村”通电话。各乡镇均改制为程控电话。莒口镇、麻沙镇、水吉镇、黄坑镇等还进行多次扩容。长途共电人工交换机（fjg-111 型）6/60 < 席 / 门 > 全部撤除。3 月，建成建阳—莒口 6 芯光缆 1 条，计 22 皮长公里，132 芯公里；建阳—震前—徐市 6 芯光缆 1 条，计 17 皮长公里，102 芯公里。5 月，建阳邮电局程控交换机扩容（s—1240）型 10240 门，dtm（中继接口）33 个，总投资 1136 万元。

1995 年，全市有长途数字微波电路 33 路，加上光纤电路，共有长途电路 96 路。农村电话线杆路总长 757 杆程公里（其中中继线 244 杆程公里），明线 1866 对公里（其中中继线 556 对公里），电缆 233.50 皮长公里（其中，中继电缆 53.30 皮长公里、进局电缆 8.70 皮长公里、集镇用户电缆 29 皮长公里、行政村用户电缆 142.50 皮长公里），市内电话主干电缆 73.70 皮长公里。农村电话线路（明线）535 对公里；电缆 255.40 皮长公里；农村电话中继电路 420 路。12 月，建阳邮电局程控交换机二期扩容（s—1240 型）

5120门。至此，建阳邮电局程控交换机总容量19456门，分组交换pad 端口24个，语音信箱容量6000个。

1999年开始，全面推进接入网点、光纤进城镇小区和单位、光纤进农村的建设。2001年，长途交换机容量15840路端，分组交换节点机端口总数88个。

至2010年，全市城镇小区和单位以及193个行政村和部分自然村，全部通光缆。建阳城区、乡镇的电话通信，全面进入全自动数字通信时代。

建阳市乡镇邮电支局安装交换设备情况表

表7-2-1　　单位：门

开通时间	地　点	设备名称	容量（门）	备　注
1990年12月	莒口邮电支局	纵横制交换机	450	为建阳县最早开通自动电话的乡镇
1992年6月	水吉邮电支局	S-1240型程控交换机	500	—
1992年9月	黄坑邮电支局	S-1240型程控交换机	500	—
1992年10月	麻沙邮电支局	S-1240型程控交换机	1000	—
1993年1月	将口邮电支局	DS-2000B型程控交换机	500	—
1993年5月	水吉邮电支局	更新DS-2000B型程控交换机	1000	有汇接回龙、漳墩两乡镇电话的功能
1993年5月	回龙邮电支局	DS-2000B型程控交换机	500	—
1993年7月	漳墩邮电支局	DS-2000B型程控交换机	500	—
1993年8月	莒口邮电支局	S-1240型程控交换机	500	纵横制交换机改为S-1240模块
1993年10月	书坊邮电支局	DS-2000B型程控交换机	500	—
1993年11月	小湖邮电支局	DS-2000B型程控交换机	500	—
1994年2月	崇雒邮电支局	DS-2000B型程控交换机	500	—
1994年6月	麻沙邮电支局	S-1240型程控交换机	1000	扩容
1994年6月	黄坑邮电支局	S-1240型程控交换机	1000	扩容

建阳市通信电源设备配备情况表

表7-2-2　　单位：千瓦、年

设备名称	设备制式	容量	使用年份	使用地点
柴油发电机组	国产	100千瓦	1988—1991年	城关市局
	国产	215千瓦	1992—1995年	
	进口	656千瓦	1996—2010年	
	国产	340千瓦	1991—2010年	乡镇支局
蓄电池组	开口铅酸	1000安时	1988—1991年	城关市局
	密封铅酸	4000安时	1992—1996年	
	密封铅酸	8000安时	1997—2003年	
	阀控	10000安时	2004—2010年	
	密封铅酸	9200安时	1991—2010年	乡镇支局
开关电源	可控硅整流器	300安	1988—1991年	城关市局
	可控硅整流器	800安	1992—1998年	
	新型开关电源	5100安	1999—2010年	
	新型开关电源	1720安	1991—2010年	乡镇支局

二、业务

（一）长途电话

1991 年，建阳县长途电话业务种类分为代号、特种、紧急调度、政务、普通、公务、业务等 7 种。按照处理手续又分为叫号、叫人和传呼 3 种。12 月 1 日，建阳开通数字程控电话，实现长途电话直拨，市内 95% 以上的用户电话都改为‘有权直拨’电话。

1993 年 8 月 28 日 0 时起，建阳城区和实现程控电话的乡镇的电话号码由 5 位升为 6 位。1 月 13 日，开通“114”半自动查号台。

1994 年 12 月 4 日 0 时起，南平全区电话号码由 6 位升为 7 位，长途电话区号全区统一为 0599。全市包括乡镇村所有电话用户均可自动拨号长途电话。

1995 年，长途有权用户 8558 户，其中可直拨国际、中国港澳地区的用户 54 户。

1995—2010 年，各类型数据通信、宽带数字网络建成，长途电话通信质量进一步提高。

（二）城区与农村固定电话户数

1990 年前，电话供需矛盾十分突出。1990 年后，各级政府把通信作为优先发展战略来进行。1991 年 12 月 1 日，建阳城关安装开通程控交换机，容量 4096 门。至 1995 年，经过多次扩容，总容量达 19456 门，在一定程度上缓解了电话的供需矛盾。至 2010 年，建阳市固定电话业务类型有：普通电话、电话付机（分机且只有一个）、界外电话（城区以外）、同线电话（同一条线路）、自用小交换机（单位用）、中继线（两个交换机之间的线路）、分机（可装多个）、互通机（自家中各分机之间互通）、长途专线、临时电话、公用电话。

1988—2003 年城区与农村固定电话用户及公用电话到达户数量表

表 7-2-3　　单位：户、部

年　份	城区电话用户（户）	城区公用电话（部）	乡村电话用户（户）	乡村公用电话（部）
1988 年	1124	0	660	0
1989 年	1248	0	590	0
1990 年	1344	0	475	0
1991 年	1383	0	696	0
1992 年	3095	0	1411	0
1993 年	6311	0	2000	0
1994 年	6598	0	3294	0
1995 年	10079	5	4445	0
1996 年	11817	99	5570	53
1997 年	16078	306	10002	110
1998 年	19741	397	13625	142
1999 年	22078	516	15559	184
2000 年	24418	670	17497	239
2001 年	29403	881	22804	330
2002 年	64784	1720	28228	447
2003 年	76130	7130	30330	—

2010 年，建阳联通分公司拥有固定电话用户 4162 户。建阳铁通经营部拥有固定电话用户 4200 户。

（三）无线市话（PHS 小灵通）

2001 年上半年，建阳市开通无线市话，当年发展用户 2001 户。2008 年底，中国电信开通天翼移动电话以后，无线市话用户逐步减少。2010 年，只有 929 户。

2001—2010 年建阳市无线市话（PHS 小灵通）用户数量表

表 7-2-4 单位：户

年份	数量	年份	数量
2001 年	2001	2006 年	17826
2002 年	7950	2007 年	13698
2003 年	15610	2008 年	11475
2004 年	14641	2009 年	3429
2005 年	18794	2010 年	929

（四）传真

建阳县开办传真通信业务起于 1989 年，利用电话网络和传真机，完成文件、图表、资料等的真迹传递任务。随着计算机互联网通信的发展，传真业务市场逐年减少，至 2010 年近至消亡。

第二节　数据通信

一、设施设备

1995 年开始安装数字数据网节点机和分组交换节点机。当年引进美国生产的数字数据网节点机安装在建阳城关，总端口 68 个，中继端口 4 个，用户端口 64 个。安装在童游的数字数据网节点机，总端口 21 个，中继端口 1 个，用户端口 20 个。1995 年，引进美国生产的分组交换节点机，安装在建阳城关，总端口 88 个，用户端口 49 个。2000 年，再次引进美国生产的数字数据网节点机，安装在麻沙，总端口 21 个，中继端口 1 个，用户端口 20 个。以上设备至 2010 年宽带数字网络建成后逐步淘汰。

若干年份建阳市安装数字数据网节点机和分组交换节点机详情表

表 7-2-5 单位：个

数字数据网节点机					
安装地点	供货国家	开通年份	总端口	中继端口	用户端口
建阳	美国	1995 年	68	4	64
童游	美国	1995 年	21	1	20
麻沙	美国	2000 年	21	1	20
分组交换节点机					
安装地点	供货国家	开通年份	总端口	中继端口	用户端口
建阳	美国	1995 年	88	—	49

二、业务

1995 年开始安装数据通信设备，向社会提供数据通信业务，有数字专线、音频专线、分组交换、DDN、帧中继、全球眼等业务种类，不断满足各类客户的通信需求。

1995—2010 年建阳市数据通信用户数量表

表 7-2-6　单位：户

年 份	以下各类型数据通信用户数量					
	数字专线	音频专线	分组交换	DDN	帧中继	全球眼
1995 年	1	25	36	11	1	—
1996 年	1	25	36	13	1	—
1997 年	1	24	34	15	1	—
1998 年	3	22	34	16	2	—
1999 年	3	22	34	20	3	—
2000 年	3	21	35	20	3	—
2001 年	3	21	35	21	3	—
2002 年	3	21	36	34	5	—
2003 年	14	12	39	35	4	—
2004 年	16	12	23	36	5	—
2005 年	22	11	10	40	5	—
2006 年	25	8	8	37	5	—
2007 年	—	—	1	1	5	1
2008 年	—	—	—	1	4	64
2009 年	—	—	—	—	—	64
2010 年	—	—	—	—	—	55

可视电话　1995 年，建阳市邮电局建成可视电话会议室，供建阳市党政机关及各部门、单位召开电话会议使用，传统会议电话退出市场，但因费用高业务量很少。

从 1999 年开始，政府机关和各专业部门陆续建成本部门（单位）使用的可视电话会议室。

电报业务　1988—2002 年，建阳电报业务种类有：天气、水情、公益、政务、新闻、普通、汇款、公电等 8 种。特种电报业务种类有：特急、加急、邮送、庆贺、吊唁等 5 种。1993—1994 年，全市城乡逐步实现长途电话自动拨号和数据通信业务开通后，电报业务量逐年下降，至 2001 年，全年电报业务量仅有 1428 份。2002 年以后电报业务基本消亡。

1988—1996 年建阳电报业务量表

表 7-2-7　单位：份

年份	1988 年	1989 年	1990 年	1991 年	1992 年	1993 年	1994 年	1995 年	1996 年
数量	152661	132307	118961	112900	82542	75233	56535	42598	33448

第三节　移动通信

一、工程建设

（一）基站

1993 年 11 月，建阳县邮电局在城关水南黄花山路 17 号邮电综合大楼房顶，建设模拟 900 兆蜂窝移动通信基站，安装 900 兆移动电话 1 架，移动通信容量为 8+2 个信道。

1995 年底，移动通信容量增容达 30 个信道。

1999 年 7 月，建阳移动通信公司挂牌运营，工程建设进一步加快。是年底，建阳移动基站建设总数 37 个，

（其中，GSM 基站 22 个、模拟基站 10 个、直放站 5 个）。

2000 年，南平移动 G2 第二交换局在建阳开通，msc 容量 5 万户，vcr 容量 6 万户，新增 rxcdr3 个、bsc3 个、sxc 端口 640 个，建阳基站总数 41 个。是年，联通与国信寻呼合并，各项工程建设加速。

2001 年，南平移动 G2 建阳第二交换局扩容。msc 容量达到 27 万户，vcr 容量达到 30 万个，新增 rxcdr5 个，bsc4 个 sxc 端口 576 个，业务管辖范围为建阳、浦城、武夷山、松溪、政和、邵武、顺昌、光泽、建瓯。基站总数达 41 个（其中 GSM 基站 27 个模拟基站 8 个、直放站 6 个）。

2002 年 4 月 5 日 22 时，南平移动模拟交换机正式关闭。

2003 年 10 月，南平移动 G2 建阳第 2 交换局扩容，msc 容量不变，仍为 27 万户，vcr 容量达到 35 万户，新增 rxcdr3 个，bsc1 个，sxc 端口为 1216 个 ，基站总数为 46 个。

2004 年，新建 GSM 基站 16 个，基站总数达 62 个。

2005 年，新建 GSM 基站 5 个。

2006 年 12 月，新建 GSM 基站 21 个，新建直放站 1 个，基站总数达 89 个。

2007 年 8 月 10 日，漳墩镇康屯移动通信基站开通，标志着建阳市行政村提前实现移动电话‘村村通’目标。是年底，建阳移动基站总数达 173 个。

2008 年至 2009 年 12 月底，新建基站 79 个，基站总数达 252 个。同年，联通和网通合并，建阳联通分公司为全业务综合通信运营商。

2010 年 12 月，建阳联通共开通 236 个 GSM 基站，80 个 WCDMA 基站，2 个核心汇聚机房，7 个城区接入网机房。

（二）传输设备

1. 城关市局传输设备

1994 年 12 月，开通建阳到武夷山方向四次群光电传输设备。

1998 年 8 月，开通南平本地网光电数字复用传输设备 sdh 环一（2.50g）并投入使用，至此建阳到全区 9 个县市实现直达传输路由。

1999 年，开始宽带数字传输网络的建设，至 2009 年陆续完成本地 sdh 环网扩容和优化建设。期间还有多条国家一、二级光缆传输干线在建阳传输中心落地，提高建阳电信长途电路的传输能力。

2. 本地接入网传输设备

1992 年开始，随着各乡镇开通程控交换机（s-1240 或 ds-2000b），各乡镇的传输设备也由原来的载波设备更新为光电数字复用传输设备，pdh 型号为武汉 gdmf-34hl。截至 1994 年 6 月，建阳市 12 个乡镇全面实现了光传输，新增 2 米传输通道 214 个。

1999 年开始，建设建阳本地宽带数字传输网络，采用了当时最先进的同步数字体系 sdh 设备。

2000 年，建阳开始（加快）移动光缆传输设备建设，至 2010 年光缆线路总长达 2420 千米，互联网端口总数 1.80 万个。

截至 2010 年，建阳联通光缆线路总长 1380 千米，主干电缆 239 千米，互联网端口总数 2.10 万个。

二、业务

（一）模拟移动电话

1993 年 11 月，建阳县邮电局开通模拟移动电话，其功能以语音为主。网号为 90 开头，俗称“大哥大”。是年底，拥有移动电话用户 15 户。

1995 年 5 月 25 日，建阳市移动电话号码由 6 位升为 7 位。是年底，移动电话用户达到 369 户。

1999 年 7 月，建阳移动通信公司独立运营。至 2000 年，拥有移动电话用户 2 万户。

2001 年，建阳市移动电话用户总数 2.95 万户。

2002 年 4 月 5 日 22 时，南平移动模拟交换机正式关闭，将模拟移动电话用户手机迁出，转为数字手机。是年底，移动电话用户为 3.35 万户。

（二）GSM 数字移动通信

1. 移动运营商业务

GSM 全球移动通信系统能提供基本语音业务、传真、数据、ip 电话等。

1997 年，开通数字移动电话 GSM 基站。随后，基站陆续增点扩容。至 1998 年，全市城乡移动电话信号覆盖面 100%（到行政村）。

1999 年 7 月 22 日 0 时，中国电信“全球通”移动电话号码从 10 位升至 11 位。

中国移动通信集团福建有限公司建阳分公司（以下称建阳移动）拥有省网号“139”“135”“138”“137”“136”“159”“182”“183”“187”“151”等。

2010 年底，建阳移动建立移动基站 312 个，移动电话信号覆盖建阳境内铁路、高速公路、国道、省道和大部分自然村。拥有移动通信用户 21.88 万户，有“全球通”“神洲行”“动感地带”3 大客户品牌。

2. 联通运营商业务

2001 年成立，至 2010 年底，建阳联通共开通 236 个 GSM 基站，80 个 WCDMA 基站。数字移动通信信号 100% 覆盖建阳城区及乡镇，行政村覆盖率达 90% 以上，道路覆盖率达 85% 以上。

建阳联通拥有省网号“130”“131”“132”“155”“186”“156”“133”。其中 133 为 CDMA 号段，自 2008 年 10 月 1 日后，随 CDMA 网络移交中国电信建阳分公司

2010 年底，建阳联通拥有移动通信电话用户 4.60 万户。其中 GSM 用户 3.90 万户，WCDMA 用户 0.70 万户。建阳联通有“如意通”“up 新势力”“世界风”“新时空”“沃 3G”“沃 4G”等六大客户品牌。

3. 电信运营商业务

2008 年 10 月，经国务院批准，建阳电信收购建阳联通 CDMA。数字移动通信网络设备（即美国摩托罗拉基站设备）有宏站 26 个、微站 23 个。新建 181 个基站，在宽带传输网的基础上，实现 3G 带宽移动通信。

2010 年底，建阳电信拥有省网号段“133”“189”“188”“180”等，有“天翼手机”“天翼宽带”等客户品牌。

（三）CDMA 数字移动通信

2008 年 10 月 1 日，建阳移动、建阳联通、建阳电信等启动 WCDMA 网络建设，视频通话功能手机进入建阳千家万户。建阳移动获得的 TD—SCDMA 牌照，建阳联通获得的 WCDMA 牌照，建阳电信获的 CDMA2000 牌照。

2009 年 4 月 20 日，建阳移动全面开通暨 TD 无线城市建设启动。同年 7 月，建阳市政府和中国移动福建公司南平分公司就建设“无线城市”达成共识，签订框架协议。

2010 年底，建阳电信 WCDMA 用户有 6 万户，建阳联通 WCDMA 用户 0.70 万户，建阳移动 WCDMA 用户 21 万多户。建阳移动互联网端口总数 1.80 万个，其中，占用端口总数 0.87 万个，宽带接入用户 0.83 万户。12 月 22 日，建阳市公安局警务通启动。

1998—2006 年建阳电信互联网通信用户数量表

表 7-2-8　　单位：户

年 份	窄带用户数					宽带用户数	
	163	169	8163	8169	ISDN	ADSL	LAN
1998 年	7525	314	10852	509	112	—	—
1999 年	6609	286	8420	384	108	—	—
2000 年	5638	168	2015	306	103	32	16

续表 7-2-8

年 份	窄带用户数					宽带用户数	
	163	169	8163	8169	ISDN	ADSL	LAN
2001 年	3344	132	1021	288	81	70	66
2002 年	431	1	1047	248	55	256	288
2003 年	20	—	580	225	36	699	628
2004 年	12	—	195	106	15	1023	702
2005 年	6	—	92	50	12	2099	842
2006 年	0	—	84	25	6	3177	896

第四节　无线寻呼

1991 年 12 月，建阳县邮电局安装 jx-150-100w 型无线寻呼发射机 2 台，同时安装 jxx-8802a 型无线寻呼操作终端机 2 部，随即开办无线寻呼通信业务，当月发展无线寻呼用户 9 户。无线呼寻通信业务分“本地”“异地” 两种使用范围，本地使用“127”台自动寻呼；异地属人工漫游，通过当地邮电局“126”经转。

1993 年 11 月 24 日，水吉镇、麻沙镇同时安装 jx-150-100w 型无线寻呼发射机各 1 台。

1994 年 5 月 7 日，黄坑镇安装 jx-150-100w 型无线寻呼发射机 1 台。至此建阳县 13 个乡镇都开通无线寻呼通信，无线寻呼信号覆盖率达 100%。

1994 年 5 月 17 日，开通“168” 自动声讯台。

1994 年 11 月 16 日 0 时，无线寻呼用户号码由 6 位升为 7 位。

1994 年 12 月 4 日 0 时起，无线寻呼实现南平全区联网同播。

1995 年 7 月 1 日无线寻呼自动寻呼号由“127” 改为“129” 。

1998 年 9 月，邮电分营，建阳电信局无线寻呼设备、业务转由建阳联通公司运营。

2001 年第三季度起，建阳市邮政局开办无线寻呼业务至 2002 年第三季度，发展无线寻呼业务 5000 多用户。

2001—2003 年，建阳市邮政局为用户提供有“全国呼 198、199”“八闽呼 126、127、128、129”等业务。

2003 年底，全市无线寻呼业务停办。

第三章 管 理

第一节　机　构

一、建阳市邮电局

1994 年，建阳邮电局内设行政办公室，人保股、经营计财股、邮政股、电信股、营业销售股，下设 20 个生产班组。乡镇有 11 个支局、5 个邮电所、邮政储蓄专柜 5 处、建阳通信技术开发公司。全局职工有 381 人（其中，中央国有 288 人，地方国有 93 人）。1995 年 2 月，成立经营研究中心。1995 年 3 月，组建储汇股，同年增设服务监察室。1998 年 10 月，邮政与电信分营，分别成立建阳市邮政局和建阳市电信局。

二、建阳市邮政局

1998 年 10 月，成立建阳市邮政局。内设综合办公室、经营服务部、财务部、鸿雁物业公司等 4 个部室，全局有生产班组 16 个。乡镇有 11 个邮政支局、5 个邮政所，年末全局职工 227 人。1999 年，建阳市邮政局实行企业内部机构调整和改革。是年 7 月，撤销坑头、大阐、长坪、界首、茶埔等 5 个村级自办邮政所，改为委代办邮政所。11 月，撤销将口邮政支局，改为邮政所（自办）；撤销邮件组、发行组、投递组，成立报刊邮件收投公司；撤销童游支局、黄溪支局，增设营销部、车管组、南路邮储专柜。调整后，建阳邮政局内设 4 个部室，15 个生产班组，10 个乡镇邮政支局，1 个自办邮政所，全局职工 224 人。2004 年 2 月，增设信函广告分局、储汇分局。至 2010 年，建阳邮政局内设综合办公室、财务部、市场部、储汇分局、信函广告分局、物业公司 6 个部室，18 个邮政支局（所）和 16 个邮政储蓄网点，全局职工总数 258 人。

三、建阳市电信局

1998 年 10 月，成立建阳市电信局。内设综合部、财务部、市场部。下设市话营业组、大户服务组、业务组、线路维护组、程控班、传输班、农话管理维护班。农村电信业务交由邮政支局（所）代办，农村机线设备由派驻机线员或聘代办员维修。是年，建阳电信局员工 151 人。1999 年 7 月，移动通信从电信局剥离。2000 年 8 月，建阳市电信局改为福建省电信公司建阳市电信局。

四、中国电信股份有限公司建阳分公司

2000 年 8 月，建阳市电信局改为福建省电信公司建阳市电信局。2003 年 8 月，福建电信有限公司注册成立，福建省电信公司建阳市电信局改称为福建省电信有限公司建阳市电信局。2008 年 1 月，改称为中国电信股份有限公司建阳分公司。至 2010 年，内设市场部、网络部、技术公司、财务部、综合办公室。下设业务支撑组、政企部、城区中心分局、童游分局、开发区分局、设备维护中心、线路维护中心、客调组、终端组，员工总数 78 人。

五、中国移动通信集团福建有限公司建阳分公司

1999 年 7 月，福建电信重组，移动通信从电信局剥离，成立福建移动通信有限公司建阳分公司，属外商独资企业。建阳分公司内设综合部、市场部、网络部、客户服务部，下设营业厅 10 个，员工 29 人（其中合同工 25 人、劳务工 4 人）。2006 年 10 月 26 日，福建移动通信有限责任公司建阳分公司更名为中国移动通信集团福建有限公司建阳分公司。2010 年，内设机构未变，分公司员工总数 36 人。

六、中国联合网络通信有限公司建阳市分公司

2001 年，中国联通建阳分公司成立，属境外上市公司。公司内设市场部、大客户服务部、综合部、网络部、营业部，有员工 36 人。至 2010 年，内设机构未变，员工总数 40 人。

七、中国铁通集团有限公司南平分公司建阳经营部

2003年，成立中国铁通集团公司南平分公司建阳经营部。2008年，改为中国移动全资子公司，营业部设在建阳城关上水南路金桥花园4号楼。至2010年，建阳经营部员工13人。

第二节　邮政管理

一、经营管理

1994年，市邮电局成立营业销售股，下设大户组、农村服务组。改变以往的经营观念和方式。采取主动上门服务、居民小区设点等方式，提升报刊订阅量。1995年2月，成立经营研究中心，主要研究分析市场动态，有针对性地制定业务销售策略。1998年，邮电分营后，建阳邮政系统在拓展邮政基本业务的同时，发展竞争性邮政增值业务，推动各项业务快速增长。2000年，建阳邮政局全年业务收入1490万元，上缴利润150万元，提前1年完成“三年扭亏为盈”的目标。至2010年，建阳邮政局年业务收入3998.50万元。

二、财务管理

1994年，建阳邮电局建立较完善的会计核算、票证管理、资金管理、财务审计等制度。对企业内部的中央国营业务收入支出、地方国营业务收入支出实行分别核算。1998年10月，建阳市邮政局实行收支差额管理，根据本企业业务收入、通信质量、收支差额3项主要经济考核指标完成情况的基础上，按比例提取企业奖励基金和福利基金，作为职工生产奖励。2002年，实行收支2条线管理，所有资金往来均由南平市邮政局统一监管。2005年，建阳市邮政局成立成本费用控制领导小组，对成本费用实行目标控制管理。至2010年财务职能从核算型转向经营型，企业各项经营活动做投入产出核算，通过会计语言，加强企业现金流量管理，合理调配资金的使用。

三、生产与服务管理

1994年，全面开展邮政通信作业组织优化管理。开展“满意在邮电”活动，要求在各营业窗口和对外服务人员上班时，身着标志服、身配工号牌、开口文明用语、开展微笑服务；在中山路和桥南邮电营业窗口增设疏忙人员，设置社会监督电话和局长信箱，广泛征求群众意见，改善服务工作。全市80%邮电营业服务点设文明窗口。根据社会调查、征询，1995年用户满意率为94.90%。

1998年邮电分营后，建阳市邮政局基本上沿袭邮电合一时的邮政各项规章制度。1999年起，建阳市邮政局开展“邮政通信质量、安全、服务满意杯”竞赛活动，每半年检查评比1次。2000年，开展创“青年文明号” 活动，人民路邮政支局获南平市邮政局授予“青年文明号” 称号。同时，开展创文明部室、文明班组和评选最佳班组长、最佳营业员、最佳投递员、优质服务标兵活动。

2001—2010年，对部分管理制度进行修改与补充，制定出台《职工奖惩实施细则》《考勤考绩和工作责任考核办法》《报刊短缺治理办法》《实行首问负责制补充规定》等项规章制度，进一步完善和提高邮政通信生产管理水平。2003年，中山路邮政支局获省文明委授予“省级文明示范点”称号。2004年，有20人次获评为“弗雷德式收投员”。

第三节　电信管理

一、经营管理

1990年以后，随着会计制度和经营责任制的实施，企业经济核算制得到进一步加强。电信分电报、长话、市话、农话等专业分块核算。这种财务核算制度，一直延续至1998年邮电分营前。2000年，建阳市电信局重新制定《财务费用管理规定》。健全工程建设管理，制定《建阳市电信局工程建设管理办法》《工程建设负责制》《物资管理办法》《工程建设随工人员岗位工作标准》等。2003年1月，中国电信上市以后，各运营商进行公司化改革。2005年1月，实行财务报帐制度和财务收支预算管理。2008年，进一步完善财务收支预算管理，组织各专业人员按“横到边，竖到底”的原则，编织年度财务收支预算。按南平分公司下达的预算，进行本公司的预算分解，再落实到责任部室和责任人。至2010年，建阳电信、建阳移动、建阳联通等电信运营商，通过管理体制和机制创新，运营管理效率进一步提升，企业各项经济指标实现快速增长。

二、通信质量与安全管理

1990年，进一步完善各类通信质量管理制度。制定《中继电路调度及业务处理规定》《用户电话故障处理规定》《电话通信服务工作“十不准”和违反处罚规定》《电话通信服务工作“六公开”》《报话业务监督检查规则》《通信设备质量监督检查制度》等。1991年，建阳县邮电局开展“满意在邮电”活动。同时将安全保卫工作纳入企业经营目标管理，逐级签订创安共保合同书，列入年终考核项目。

1993年，健全通信质量管理监督考核制度，对名班组、各岗位的服务工作定期检查、评比、考核。

1999年，邮电分营后，建阳市电信局制定《安全生产管理办法》《安全生产考核实施办法》《车辆及驾驶人员管理考核办法》，局与各部室、班组负责人层层签订《安全生产责任制》，从局领导到职工层层签订《安全防火责任状》，确保安全生产无事故。年初，组织为期1个月的安全生产大检查活动。重点检查电力线广电线通信线交越、机房用电和防火安全。从当年开始，建阳移动历年均开展应急通信保障，消防安全大排查、大整治、大宣传、大培训、大练兵活动，并落实各项安全管理制度，确保企业安全运营。

2000年，市电信局工会与全体员工家属签订《安全共保协议书》，组织开展“查规章制度，查防火措施，查火险隐患”的活动。特别是机房生产场地的用电安全，对各机房用电线路进一步整治，并配备防火消毒面具。

2001年，开展创建“标准化机房”活动和夏季“百日平安杯”、冬季“百日安全无事故” 竞赛活动。制定《安全检查考核办法》，组织全体员工签订《安全责任书》，加大以防火、防盗、防爆、防破坏为重点的安全检查与考核力度。执行三级质量检查制度，每月由分管领导、管理人员、班组长、电路技术员对所属部门、班组维护作业计划、网络运行情况、维护工作质量进行督促、检查、指导。以网管中心人员为龙头，坚持每月召开部门班组质量分析会，详细分析网络运行情况，提出整改措施，提高网络运行质量。同年，组织员工开展“用心服务、用户至上”学习讨论活动，以提高员工服务质量意识。建阳联通自当年起，历年坚持安全生产放在第一位，

2002年，实行服务工作“回访” 制度，使用户办理各类业务得到及时、有效落实。配合“1000”号服务热线，开通“5821000”服务监督电话。同年，为方便建阳人民使用电信业务，在人民路增设全功能电信营业厅。从当年开始，建阳电信每年组织开展“安康杯”安全竞赛活动，组织安排机房安全整治。整治内容：所有交换机房、传输机房、电力机房、电缆进线室的交直流线和电源开关等。

2004年，建阳市电信分公司下发《关于建阳市电信分公司服务管理要求的新规定》，对服务时限、回访时限、工作流程、责任考核等重新规定，进一步强化服务质量管理。

2010年，建阳电信、建阳移动、建阳联通等电信服务企业，均坚持“预防式维护”制定日常预检预修、故障管控、备品备件管理、质量分析等制度。将维护责任落实到个人，提升客户感知质量及网络质量。是年1月16日，建阳联通获南平市经济贸易委员会“授予安全生产标准化三级企业”称号。

第八篇　经济要览

第八篇　经济要览

1994—2010年，建阳市以加快经济发展为中心，优化经济结构，加快城镇化、工业化和农业现代化发展步伐，实施“项目带动”和“突出工业、突破工业”发展战略切实转变经济发展方式，促进县域经济全面发展。

1995年，建阳地区生产总值为17.90亿元（现价，下同）。至2010年，地区生产总值为78.60亿元，是1995年的4.39倍，年均增长10.40%（可比价，下同）；人均地区生产总值1995年为5444元，2010年为22579元，是1995年的4.15倍，年均增长9.90%；财政总收入6.14亿元，是1995年1.06亿元的5.79倍，年均增长12.40%；城镇居民可支配收入16734元，是1995年4246元的3.94倍，年均增长9.57‰；农民人均纯收入7066元，是1995年1884元的3.75倍，年均增长9.21%；农林牧渔总产值32.19亿元，是1995年10.79亿元的2.98倍，年均增长7.56%；固定资产投资79.80亿元，是1995年1.92亿元的41.56倍，年均增长28.20%；全社会工业总产值103.60亿元，是1995年14.80亿元的7倍，年均增长13.85%。

第一章　经济总量

第一节　国民生产总值

建阳市对外要素收入净额非常小，在国民收入核算指标中常常用地区生产总值（GDP）作为主要核算指标，每年计划指标的下达与考核也都用地区生产总值（GDP）这个指标。

1991年，建阳的地区生产总值为5.40亿元，至“八五”计划末的1995年为17.90亿元。“九五”时期（1996—2000年），地区生产总值年均增长5.91%，至“九五”末（2000年）为22.90亿元。

“十五”时期（2001—2005年），经济发展开始加快，地区生产总值以年均增长10%的速度增长，至“十五”末（2005年）为34.30亿元。

“十一五”时期（2006—2010年），建阳经济进入跃升发展的阶段，地区生产总值以年均15%的速度增长，连续4年获“福建省县域经济发展十佳县市”称号，地区生产总值增长连续4年位居南平市第一，增幅最高年为2007年达16.30%，至“十一五”末（2010年）为78.60亿元。

第二节　产业发展水平

一、农林牧渔业

1991—1999年，建阳作为全国粮食生产大县，得到国家商品粮基地建设相关政策扶持，如国家“粮专贷款”等。在产业发展政策上，坚持“决不放松粮食生产，积极发展多种经营”的方针。全市粮食播种面积基本稳定在5.20万公顷左右。“九五”期间，山、水、田、林得到有效开发，在发展多种经营上，山上大力发展毛竹、果树、茶叶，山下积极推广蔬菜、烟叶、莲子、食用菌和畜牧养殖等。除1998年因灾农业总产值下降，其他年份均有不同幅度增长，1999年农林牧渔总产值达13.20亿元。

“十五”计划期间，农业结构调整步伐加快，建阳桔柚、优质葡萄、锥栗等特色农产品基地等得到迅速发展并初具规模。2000年起，国家取消粮食定购对口调拨任务和价外补贴，尊重农民意愿，放开早季，稳定晚季，全市农业结构调整力度加大，当年全市粮食播种面积为3.76万公顷，比1999年锐减1.27万公顷。之后，全市粮食播种面积基本稳定在3.40—3.67万公顷之间。其间，淡水养鳗业兴起，2000年，全市鳗鱼产量942吨。至2005年，农林牧渔总产值达18.60亿元。鳗鱼产量高达2935吨，后由于市场因素，养鳗场纷纷倒闭。

“十一五”计划时期，农业结构进一步优化，早熟柑桔、早熟梨、桃、甜橙、杨梅、柰果等逐步形成规模，农业科技利用水平提高，大棚蔬菜种植，烟叶生产发展。至2010年，全市农林牧渔业总产值32.20亿元，主要产品产量粮食21.70万吨、烟叶0.58万吨、蔬菜20.50万吨、茶叶0.27万吨、瓜果3.50万吨、食用菌（干品）1.11万吨，水果8万吨、木材62.50万立方米、毛竹580万根、猪肉0.61万吨、家禽肉0.27万吨、淡水产品0.82万吨。

二、工业

1991年，全市有工业企业2439家，工业总产值5.30亿元。当时以全民和集体所有制企业为主。分为省属和县属企业，县属又细分为经委直属、二轻局、交通局、林委、商业、供销、粮食等。规模较大的企业主要有：造纸厂、油化厂、茶厂、毛巾厂、制药厂、蓄电池厂、空压机厂、酒厂、皮革厂、晨光服装厂、省汽车修配厂。1993—1995年，乡镇企业迅速发展，1995年末，乡镇企业产值（按当年价）10.61亿元，而国有、集体工业产值为8.66亿元，其中经委直属企业产业为4.09亿元。乡镇企业成为全市工业的“第一主力军”。

“十五”计划期间，国有工业企业开始改制，从“十五”计划初的47户到“十五”计划末的4户，完成43户国有工业企业的改制工作。1998年以后，实施项目开发和“突出工业、突破工业”发展战略，抓工业成为经济工作之首要任务，工业经济迅速发展，以工业为主的第二产业成为经济发展的支柱产业。2005年，全市拥有工业企业373家，其中，规模以上工业企业73家，涉及食品制造业、电气机械、专用设备制造业、医药制造业、木材加工业、化学原料及化学制品业、矿业等22个行业。

“十一五”计划时期，为更好地引进项目和工业企业“退城入园”，建阳市先后兴建回瑶工业平台和海西林产工贸城，主要工业平台海西林产工贸城占地面积386.67公顷，于2006年开始建设，到2009年底共引进入园企业38家，总投资26亿元，总投资上亿元的企业有建阳森岚木业有限公司、福建六维实业有限公司、福建省建阳市鑫泉木业有限公司、福建省建阳美加德地产开发有限公司、福建亨泰木业有限公司、福建三爱药业有限公司、福建省蓝威生物科技有限公司、福建省汇峰林业发展有限公司、福建碧全家居用品有限公司等9家，入驻企业总用地129.33公顷，占一期工业用地的60%。

2010年，全市规模以上工业企业138家，总产值95亿元。产值过亿元企业18家，福建省建阳武夷味精有限公司、福建省青松股份有限公司、福建三爱药业有限公司、福建亚亨动力科技集团有限公司等4家企业产值或销售收入超5亿元。上市企业实现“零”的突破，福建省青松股份有限公司成为闽北首家创业板上市企业。林产、机械、食品、化工、生物药业5大产业集群不断壮大，实现产值76.30亿元，占全市规模工业产值的81.20%。规模以林产加工企业58家，产值达23.20亿元，占规模工业总产值24.40%；机械电子企业27家产值达14亿元，占规模工业总产值的14.70%；生物化工企业14家产值达14.70亿元，占规模工业总产值15.50%，并形成以福建碧全家居用品有限公司、建阳森岚木业有限公司、福建六维实业有限公司、庄禾竹业福建省汇峰林业发展有限公司等为主的林产加工产业，以福建和泉生物科技有限公司、福建三爱药业有限公司、福建省青松股份有限公司、福建省建阳金石氟业有限公司、福建省蓝威生物科技有限公司等为主的生物化工产业，以福建建阳龙翔科技开发有限公司、福建武夷汽车制造有限公司、福建创四方电子有限公司、福建省安达电器制造有限公司、福建省建阳武夷通信设备有限公司等为主的机械电子产业。

三、服务业

20 世纪 90 年代初，在传统服务业发展的同时，交通物流业、信息服务业、旅游业、金融服务业也逐步得到发展。1991 年，交通运输业增加值为 0.23 亿元，邮电通信增加值 0.04 亿元，金融保险增加值 0.53 亿元。1995 年，全市社会消费品零售总额 5.20 亿元。2000 年，全市社会消费品零售总额 8.40 亿元，5 年平均递增 10.30%。2005 年，全市社会消费品零售总额 11.90 亿元。至 2010 年，全市社会消费品零售总额 23.60 亿元；交通运输业增加值为 3.30 亿元，是 1991 年的 14.30 倍；邮电通信业增加值 1.23 亿元，是 1991 年的 30.80 倍；金融保险增加值 2.20 亿元，是 1991 年的 4.20 倍。1991 年，包括以上产业在内的第三产业占 GDP 的比重为 24.20%，至 2010 年第三产业占 GDP 的比重为 32.90%，第三产的比重提升 8.70 个百分点。1995—2010 年，社会消费品零售总额平均递增 10.60%，“九五”“十五”“十一五”计（规）划时期，全市社会消费品零售总额每 5 年年均增长分别为 10.30%、11.10%、14.70%，增幅呈不断加快的势头。

1995—2010 年建阳市主要经济发展指标情况表

表 8-1-1　　　　单位：元、美元、亿元

主要经济发展指标	单位	1995 年	2000 年	2005 年	2010 年	15 年平均增长（%）	其中各阶段年平均增幅（%） “九五”时期（1996—2000）	“十五”时期（2001—2005）	“十一五”时期（2006—2010）
地区生产总值	亿元	17.90	22.90	34.30	78.60	10.40	5.91	10	15
人均地区生产总值	元	5444	6762	10206	22579	9.90	5.25	9.70	17.20
工业总产值	亿元	14.80	15.70	26.70	103.60	13.90	3.58	20.70	31.10
农业总产值	亿元	11.60	13.30	18.60	32.20	7	4.07	6.90	11.60
财政总收入	亿元	1.06	1.29	1.78	7.90	14.30	4.01	6.70	34.70
固定资产投资	亿元	1.92	3.70	16.70	79.80	28.20	14.13	29.90	36.70
社会消费品零售总额	亿元	5.20	8.40	11.90	23.60	10.60	10.31	11.10	14.70
实际利用外资	万美元	1268	394	3431	5810	10.70	－20.85	54.20	11.10
外贸出口总额	万美元	2768	6294	2962	10189	9.10	17.22	－14	28
城镇居民人均可支配收入	元	4246	5668	8617	16734	9.60	5.95	10.10	14.20
农民人均纯收入	元	1884	2685	4015	7066	9.20	7.34	8.4	12

第二章 经济结构

第一节　产业结构

一、三次产业结构

1991年，建阳第一产业占比50.20%，占据国民生产总值的一半。1995年，随着乡镇企业的发展，第二、第三产业比重开始提高，结构逐渐开始转型。至2000年，第一产业与1991年相比下降12.42个百分点。2005年以后，随着项目开发战略和“突出工业，突破工业”战略的实施，三次产业结构再次发生变化，2010年，第一产业比1991年下降26.07个百分点，第二产业比1991年提高14.78个百分点，第三产业比1991年提高11.29个百分点。

1991—2010年建阳三次产业结构表

表8-2-1

年份	第一产业	第二产业	第三产业
1991年	50.20	28.20	21.60
1995年	43.50	32.00	24.50
2005年	33.90	30.70	35.40
2010年	24.10	43.00	32.90

二、农林牧渔业结构

1993年以前，农林牧渔业按农、林、牧、副、渔五业划分。1993年起，统计口径调整，将原副业一分为二，分别划归农业和牧业之中。1994—1996年，淡水养鳗兴起，渔业总产值由1991年554万元提高到1995年的5931万元。2002年以后，将直接为农林牧渔业服务的服务业列入农林牧渔业统计。2010年，全市农林牧渔业总产值为321926万元，内部结构比例为54.37:22.54:13.63:6.01:3.45。

三、工业行业结构

1995年，建阳市工业占全市国民生产总值的比重比1991年仅提高7.27个百分点。受1998年特大洪水灾害的影响，2000年，工业产值占国民生产总值的比例，比1995年下降5.46个百分点。在工业总产值中，竹木产业比重大，占工业总产值的1/3，其中，主要是靠大量原木、原竹外销。2005年以后，规模工业不断发展，机械制造、化工、电子、食品加工、服装等产业的企业不断出现，并且很快成长为支柱型规模工业。至2010年底，规模工业企业135家，其中，以竹木为原材料的规模工业企业53家。规模工业企业按年销售收入排名，前5名分别为制造业、化工、食品产业。2010年10月26日，福建青松股份有限公司在深圳交易所成功上市，发行总股本12060万股。

四、其他产业结构

1995年，全市地区生产总值中，建筑业、交通运输仓储业和批发零售贸易餐饮业的增加值分别是6053万元、4114万元和6301万元，分别占全市GDP的4.97%、3.38%和5.18%。建筑业占第二产业增加值13.98%。

2010年，建筑业、交通运输仓储业和批发零售贸易餐饮业增加值分别是46292万元、33264万元和44214万元，分别占全市GDP的5.90%、4.23%、5.63%，所占比例均比1995年略有提高。建筑业占第二产业增加值的13.71%。

第二节　所有制结构

1996年8月，建阳市全面启动商贸企业改革，随后逐步在全市国有、集体企业以及乡镇企业实行改革，按照“一厂一策”办法筹集改革成本，实施企业改制，置换职工身份。根据建阳市第一次全国经济普查结果，2004年12月末，全市从事第二、第三产业企业法人单位共684个，其中，国有企业61个，占8.90%；集体企业131个，占19.15%；私营企业404个，占59.06%；股份制及其他内资企业57个，占8.33%；外资及港澳台资企业31个，占4.53%。

2006年，全市国有、集体企业的改革完成。根据建阳市第二次全国经济普查结果。2008年，全市从事第二、第三产业企业法人单位共1034个，其中，国有企业70个，占6.77%；集体企业90个，占8.70%；私营企业728个，占70.41%；股份制及其他内资企业103个，占9.96%；外资及港澳台资企业43个，占4.16%。

工业　1995年，全市独立核算工业总产值116366万元（按90年不变价计算）中，国有、集体、其他经济分别占56.40%、39.27%、4.33%；2010年，全市规模以上工业企业138家，产值950066万元，其中，国有、集体、民营企业分别占3家、0、135家，产值分别占2.17%、0.00%、97.83%；民营经济成为建阳工业经济的绝对主力。

商贸业　1995年，全市社会消费品零售总额51725.50万元，国有、集体、个体、私营、其他经济分别占21.95%、4.75%、60.85%、22.83%、10.17%。至2010年，个体私营商贸企业快速发展，而国有、集体商贸企业下滑，全市社会消费品零售总额236126万元，国有、集体占有量过小，不列入统计，个体私营经济已经成为商贸业主力。

建筑业　1995年，全市城镇以上建筑企业 18家，全部是国有和集体企业。1996年以后，开始实行企业改制，原集体建筑企业相互联合成立有限责任公司，私营建筑企业也相继成立。2010年，全市建筑企业286家，其中，全民所有制企业3家，集体所有制企业4家，个体、私营或股份制企业279家。

交通运输业　1995年之前，全市客运仍然以省营汽车运输公司为主，占运输周转量的73.60%，个体客运只占23.70%。全市水陆货运也是以省汽车运输公司及各县各系统车队为主，个体货运只占13.70%左右。至2010年底，全市个体客货运输营业收入33440万元，占全市交通运输、仓储和邮政业总收入的63.27%。

第三节　投资结构

1991年，全社会固定资产投资主要分基建投资、更新改造、非生产部门购置和其他投资4块，当年完成投资总额3534万元，其中基建投资1332万元，占37.69%；更新改造投资2102万元，占59.48%；非生产部门购置投资80万元，占2.26%；其他投资20万元，占0.57%。

1995年，统计口径调整，固定资产投资分为国有经济、集体经济、其他经济和城乡居民4块，当年完成投资总额62657万元，其中，国有经济完成投资41722万元，占66.59%；集体经济完成投资6800万元，占 10.85%；其他经济完成投资 6135 万元，占 9.79%；城乡居民个人投资 8000 万元，占 12.77%。

1999 年起，随着投资主体的扩大，原有全民基建、全民技改调整为基本建设、更新改造投资，包含全民以外的多种经济成分投资。

2005 年，全市完成固定资产投资 223127 万元，其中，城关镇以上固定资产投资额 166491 万元，占 74.62%；农村固定资产投资 56636 万元，占 25.38%。

2010 年，建阳市全社会固定资产投资总额 797817 万元，其中，城镇以上固定资产投资额 616772 万元，占 77.31%；城镇以下固定资产投资完成 181045 万元，占 22.69%。投资主体中，除基础设施、社会事业等投资领域以国有投资为主外，其他领域，尤其是在竞争性投资领域其投资主体基本上是民营经济。

第三章　居民收入与支出

第一节　城镇居民收入与支出

一、城镇居民收入

1984 年，城镇居民人均可支配收入 470 元。1985 年，城镇职工平均工资年收入突破千元大关，达 1023 元。1991 年，城镇职工平均工资年收入再上新台阶，达 2007 元。此后，城镇职工平均工资收入每 2 年就上 1 个千元台阶。

1995 年，城镇居民人均可支配收入 4246 元。2000 年，城镇居民人均可支配收入 5668 元。2003 年，城镇在岗职工平均工资年收入突破万元大关，达 10555 元。2005 年，城镇居民人均可支配收入达 8617 元。2010 年，城镇居民人均可支配收入达 16734 元，是 1984 年的 35.45 倍。

二、城镇居民支出

1991 年，根据抽样调查显示，城镇居民人均消费支出 1409 元。1995 年，城镇居民人均消费支出 3529 元。2000 年，城镇居民人均消费支出达 4292 元。2005 年，城镇居民人均消费支出达 6210 元。2010 年，城镇居民人均消费支出达 10813 元，是 1984 年 413 元的 26.18 倍，是 2005 年的 1.70 倍。

2010 年建阳市城镇居民人均消费支出情况

表 8-3-1　单位：元

指　标	年支出（元）	比重（%）
城镇居民生活人均消费总支出	10812.72	100
1. 食品消费支出	4748.27	43.91
2. 衣着消费支出	1247.88	11.54
3. 居住消费支出	876.35	8.10
4. 家庭设备、用品消费支出	670.05	6.20
5. 交通和通信消费支出	994.09	9.20
6. 文化教育、娱乐消费支出	1589.42	14.70
7. 医疗保健消费支出	423.09	3.91
8. 其他商品和服务消费支出	263.58	2.44

第二节　农村居民收入与支出

一、农民人均收入

1985年，农民人均纯收入为434元。1987年，农民人均纯收入为518元。

20世纪90年代起，农民工资性收入逐年增加，成为农村居民增收的重要组成部分。1993年，农民人均纯收入突破千元大关，达1128元，基本达到收支平衡。1997年，农民人均纯收入达2701元，80%的农民人均纯收入突破3000元。

2000年，农民人均纯收入达2685元。2005年，农民人均纯收入达4015元。2007年，农民人均纯收入突破5000元大关，达5094元，部分农民生活达到宽裕型小康水平。

2010年，农民人均纯收入达7066元。家庭经营收入仍然是农村居民收入的主要部分，为5157元，占家庭人均收入62.40%；工资性收入为1753元，占家庭人均收入24.80%。

二、农民消费支出

1985年，农民人均生活消费支出343元，处于纯收入基本用于维持生活状态。

1991年，农民人均生活消费总支出719元。1993年，农民人均生活消费支出885元，开始有节余，进入积累、发展生产和投资时期。1995年，农民人均生活消费总支出1310元。2000年，农民人均生活消费总支出达2003元。2005年，农民人均消费总支出达2967元。

2010年，人均生活消费总支出达5410元，生活质量和消费结构改善，消费恩格尔系数（食品消费占生活消费的比重）为44.10%。

2010年建阳市农村居民人均消费支出构成情况表

表8-3-2　　单元：元

指　标	年支出（元）	比重（%）
生活消费总支出	5410	100
1. 食品消费支出	2387	44.12
2. 衣着消费支出	366	6.77
3. 居住消费支出	942	17.41
4. 家庭设备、用品消费支出	319	5.90
5. 交通和通信消费支出	512	9.46
6. 文化教育、娱乐消费支出	622	11.50
7. 医疗保健消费支出	181	3.35
8. 其他商品和服务消费支出	81	1.50

第九篇　农业与农村经济

第九篇　农业与农村经济

1994 年后，建阳市委、市政府把强化农业基础地位，深化农村工作机制，探索以农业产业化为重点的现代农业发展路子。1994—1999 年，建阳市种植业以粮食作物为主，全市粮食播种面积基本稳定在 5.20 万公顷左右。粮食作物中以水稻种植为主。2000 年起，国家取消粮食定购对口调拨任务和价外补贴，尊重农民意愿，放开早季，稳定晚季，在稳定粮食生产的同时，坚持以市场为导向，着力调整、优化农业内部结构；实施科教兴农和可持续发展战略，顺应农业生产经营方式的改变和农业内部结构调整，做好产前、产中、产后技术指导、咨询、服务，促进种植业、畜牧业、水产养殖业向优高方向发展；推进农村节能环保和农业执法工作，农村经济快速增长，农民收入增加。2010 年，农业结构进一步优化，烤烟、竹木、茶果等 3 大特色农业占农林牧渔总产值 38.20%，全市农林牧渔业总产值 32.15 亿元，其中，农业产值 17.74 亿元、林业产值 7 亿元、牧业产值 4.40 亿元、渔业产值 1.90 亿元、农林牧渔服务业产值 1.11 亿元；内部结构比例为 54.37:22.54:13.63:6.01:3.45；农民人均纯收 7066 元，是 1995 年 1884 元的 3.75 倍，年均增长 9.21%。

第一章　生产条件

第一节　耕　地

1994 年，建阳市耕地 3.05 万公顷，其中，机耕面积 1.33 万公顷，有效灌溉面积 1.93 万公顷。由于城市建设、工业用地及公路、铁路建设用地增多，导致耕地面积有所减少，至 2005 年，耕地面积 3.02 万公顷，其中，机耕面积 2.32 万公顷，有效灌溉面积 1.86 万公顷，旱涝保收面积 1.25 万公顷，机电排灌面积 962 公顷，机械收获面积 4967 公顷。随着政府不断加大对农业的投入和机械化程度的提高，进一步实施国家农业综合开发改造中低产田项目建设和省级标准农田项目建设，全市耕地面积与耕作条件有很大的提高与改善，至 2010 年，全市有耕地 3.37 万公顷，其中，机耕面积 2.85 万公顷，有效灌溉面积 2.57 万公顷，机电灌溉面积 6603 公顷，机械收获面积 1.80 万公顷。

1994—2010 年建阳市耕地面积情况表

表 9-1-1　　单位：万公顷

年 份	耕地面积	水田面积	旱地面积
1994 年	3.06	2.86	126.30
1995 年	3.05	2.86	1884.30
1996 年	3.05	2.86	1889.30
1997 年	—	—	—
1998 年	3.04	2.85	1873.50

续表 9-1-1

年 份	耕地面积	水田面积	旱地面积
1999 年	3.03	2.83	1879.30
2000 年	3.12	2.92	1868.20
2001 年	3.11	2.90	1777.50
2002 年	3.08	2.90	1777.50
2003 年	3.07	2.85	1794.30
2004 年	3.02	2.84	1829.60
2005 年	3.02	2.83	124.50
2006 年	3.40	—	—
2007 年	3.40	—	—
2008 年	3.40	—	—
2009 年	3.40	—	—
2010 年	3.40	—	71.30

水稻田　1994 年，全市水稻田面积 2.86 万公顷。其中，有效灌溉面积 1.93 万公顷。按水稻田 3 个肥力等级分：一级田主要分布在海拔 300 米以下的河谷盆地稻田和村庄附近的畈田或丘陵地区的开阔冲田，土壤熟化度高，无障碍因素，无旱涝灾害，排灌条件好，一年二至三熟，常年稻谷每公顷产量 10.50 吨以上（10.50×2000÷15=1400 斤 / 亩），为高产稳产田；二级田面有不同程度的土壤障碍因素，土壤养分贮量较好，有季节性旱涝灾害，排灌条件不良，多为一年二熟，常年稻谷每公顷产量 7.50 吨—10.50 吨，有较大增产潜力；三级田多分布在山坡缺水或低洼积水处，土壤耕性不良，有严重的障碍因素，一年一熟，常年稻谷每公顷产量 7.50 吨以下。2010 年，全市水稻田面积 3.26 万公顷。

旱地　1994 年，全市旱地 126.30 万公顷。因城镇建设、公路及铁路建设等影响，旱地和菜地面积逐年减少。2005 年，旱地面积 124.50 万公顷。至 2010 年，全市旱地面积 71.30 万公顷。

茶果园地　1994 年，全市茶果园地面积 1.56 万公顷，其中，茶园面积 2713 公顷，果园面积 1.29 万公顷。1998 年开始，受国内国际市场需求增长驱动，市农业技术推广部门引导茶农、茶企引进、培育新品种，科学改良茶园，同时，茶叶加工企业提高茶叶加工质量，茶园种植面积不断扩大。2003 年，种植建阳橘柚 467 公顷、葡萄 413 公顷、锥栗 7333 公顷、水果常年产量达 5.20 万吨。2010 年，建立 2 个无公害、绿色、有机茶示范基地。“十五”期间，农业结构调整步伐加快，建阳桔柚、优质葡萄、锥栗等特色农产品基地等迅速发展并初具规模。至 2010 年，全市茶果园地面积 3800 公顷。

养殖水域　1984 年，全市溪河、山塘、池塘、水库等水域总面积 2.19 万公顷，发展水面养殖前景广阔。1994 年，全市池塘水产养殖面积 890 公顷（含稻田开挖塘）。由于人们对水产品需求加大、养鳗业兴起、水利开发，推动水产养殖基地开发。2008 年，开发利用天然水域资源，发展水产养殖速度加快。2010 年池塘水库养殖面积 965 公顷，渔业产量 8194 吨。

草场　2010 年，全市有草场面积 2.26 万公顷，其中，可利用面积 2.19 万公顷，年理论载畜量 3.04 万标准黄牛单位。

第二节　劳动力

1995 年，全市农业人口 24.20 万人，全市农村总劳动力为 11.05 万人；从业人员 9.76 万人，其中，从事农业劳动 8.17 万人，占从业人员的 83.71%。随着乡村工业的兴起和发展及农业机械化程度的提高，农村劳动力从业结构发生变化。从事种植业的劳动力占农村总劳动力的比例逐年下降。2010 年，全市农业人口 26.88 万人，全市农村总劳动力为 16.40 万人，占农村总人口数的 61.01%；从业人员 13.63 万人，就业率 83.10%，其中，从事农业劳动 8.69 万人，占从业人员的 63.76%。

1995—2010 年建阳市农村劳动力情况表

表 9-1-2　　单位：人

年份	乡村总人口	乡村劳动力资源数	乡村从业人员	其中				
				农业	工业	建筑业	交通运输	贸易餐饮业
1995 年	242039	110547	97555	81666	2213	1031	2047	2030
2000 年	248439	139446	111192	85315	3079	1623	2382	3192
2005 年	259207	156318	127660	83804	6675	2129	2782	5264
2010 年	268824	164016	136299	86892	10574	3413	3389	6113

第三节　农机具

1994 年，建阳市农业机械化水平不高，仍有农户手工作业，使用牛耕作的木柄铁犁、铁耙、碌碡和整平田面的平板，镰刀、打谷桶等传统农具。随着农业机械化的推广，从事农事劳役的牛数量逐渐减少。扇车、闽农 -370 型打谷机、压缩喷雾器、手动背负式喷雾器、手摇式喷雾器广泛使用。农田使用的排灌机械主要有 4-6 离心泵、轴流轴、农用水泵、水轮泵等，动力为电动机、柴油机、汽油机。耕作、加工机械有东风 12 型手扶拖拉机、碾米机、磨面机、淀粉加工机、磨浆机、剪茶机、茶叶杀青机、茶叶揉捻机、烘干机、饲料粉碎机、割草机、饲料打浆机等，加工机械朝电动、节能、提高加工质量效率方面更新。当年，全市共有拖拉机 2486 台，耕整机 54 台。市农机站引进双圆盘割晒机、90 型微型联合收割机和龙江 120 型联合收割机，通过宣传推广使用，有些机型如 IGN-150 获农民认可。

1996 年，农民购买 2 台中型收割机、5 台农机 90 微型收割机。1997 年达 16 台，机械收割受欢迎。1998 年，水稻插秧、收割机械化尚处试点阶段，除少数种粮大户和农机示范服务队进行少量机插、机收外，基本上还是手工作业。市农机站自筹 5.50 万元资金引进一台宁波生产的奔野 284 中型拖拉机，并配套有：拖斗、旋耕机、犁、耙、桂林 4 号联合收割机。同年 9 月，从江西购买一台驱动园盘犁，使该机集耕、割、起垄、翻、拉为一体。全年推广 50 型拖拉机配套旋耕系统 3 套，机动脱粒机 187 台套，变型方向盘拖拉机 330 台，食用菌粉碎、袋装机械 2125 台套，小型食用菌烘干机 545 台套。全市共有拖拉机 2892 台，农用排灌机械 968 台。农机站还帮助麻沙汽车大修厂改装生产 LQ-13CZ 型系列运输机，通过省级鉴定。

1999 年，在春耕现场会中推广上海 504 型、宁波 284 型方向盘拖拉机，小型农友 -6、农友 -8 新型施耕农具，北京农大生产的，奔野 BY304 型方向盘拖拉机，东风 -12 型手扶机，小牛系列小型农具，SFHG-30 型循环式谷物干燥机。同年 8 月中旬，在南林茶厂召开茶叶机械现场会，引进 2ZPY-Z200 型水稻抛秧机；夏耕现场会推广桂林系列全喂入收割机（桂林 -6 号机、桂林 -4 号机、桂林 -3 号机），农友 -130 全喂入收割机，惠特 HT120 型联合收割机，YGB-1A 割灌机（背负式和侧挂式二种），ST-100A 型机耕船推广新型的采茶、修剪机械；同年 11 月，在漳墩召开全市烟叶现场会，推广从邵武引进的小型起垄机。

2000 年 3 月，市农机站订制平床式烘干机，进行香菇烘干试验；市农机站举办迎接南平市农村工作会议召开的万亩现代农业示范园区农机示范片现场演示会上，展示东风 -8 型、东风 -12 型、东风 -15 型小型手扶机配套双铧犁、配套 IGZ-120 型起垄机，奔野 284 型中型拖拉机配套三铧犁、上海 504 型大型拖拉机配套三铧犁，BG、CG 系列割灌机，B-36E 担架式机动喷雾器；轻便 F-11 型自动脱粒机，2ZPY-C 水稻机动抛秧机，FA130D 插秧机，ST-100A 机耕船，平床式谷物干燥机，桂林 3 号、4 号联合收割机；龙强公司生产的农用运输车。当年全市共有拖拉机 3485 台，各类型联合收割机 21 台、脱粒烘干机械 679 台、农用排灌机械动力 1.17 万千瓦、耕整及种植机械动力 1579 千瓦。

2001 年，推广吉林省延吉插秧机制造厂生产的 2ZT-7358B 型机动水稻插秧机。2002 年，推广小型耕整机械、起垄机械、小型玉米收割机械、茶叶修整机械、食用菌加工机械。2005年，农机总量增长，装备结构优化，农业机械广泛应用，农机化水平提高。为农业和农村经济的发展提供有力的装备支持，促进农业、农村经济的发展。主要机械拥有量：农用拖拉机5717台，排灌动力机械2.18万千瓦，联合收割机120台，耕整及种植机械动力4026千瓦，农副产品加工机械25676千瓦。2007年11月，在莒口镇举办水稻机插培训班，江苏“富来威”厂家技术人员现场演示机动插秧过程；分片举办多场欧豹4轮前后驱动农田耕作演示。至2008年开始水稻机插推广加快，全市有插秧机49台。

2008年，建阳市第一家农机专业合作社：小湖富民农机专业合作社成立。2009年，潭城街道利民农机专业合作社、将口兴民农机专业合作社、书坊翔农农机专业合作社相继成立。至2010年，全市共有5个农机专业合作社。农机专业合作社的成功运作成为农机新机具、新技术推广的重要载体，有效整合农机资源，提升农业生产水平。2010年，推广南京大同插秧机、常州常发插秧机、中机南方插秧机。全市共有拖拉机7484台、小型耕整机1537台、各类型联合收割机440台、插秧机149台、农用排灌机械4812台套、脱粒烘干机械8147台、作业机械3200台、农副产品加工机械7494台。

1994—2010年建阳市拥有农机具情况表

表9-1-3　　单位：台

时间	各类拖拉机	耕整机	各类联合收割机	插秧机	农用排灌机械	脱粒烘干机械	作业机械	农副产品加工机械	畜牧机械	林业机械
1994年	2486	54	—	—	—	—	—	—	—	—
1995年	2580	—	—	—	—	—	—	—	—	—
1996年	3483	—	—	—	—	—	—	—	—	—
1997年	2770	41	16	2	893	—	—	—	—	—
1998年	2892	—	—	—	968	—	—	—	—	—
1999年	3075	—	—	—	1228	—	—	—	—	—
2000年	3485	—	21	—	—	679	—	—	—	—
2001年	3577	—	24	—	—	—	2824	—	—	—
2002年	3677	—	21	—	—	—	2863	—	—	—
2003年	—	—	—	—	—	—		—	—	—
2004年	4472	—	73	—	—	—	3003	—	—	—
2005年	5717	—	120	—	—	—	3005	—	—	—
2006年	6108	—	155	—	—	—	3200	—	—	—
2007年	—	—	—	—	—	—	—	—	—	—
2008年	7308	—	337	49	—	—	—	—	—	—
2009年	7982	1068	420	98	2395	7881	—	3601	609	1328
2010年	6826	1878	410	149	4495	4908	—	7454	577	1133

2000—2008年建阳市拥有农业机械动力情况表

表9-1-4　　单位：千瓦

时间	整耕及种植机械动力	农用排灌机械动力	植保机械动力	收获机械动力	脱粒烘干机械动力	农产品初加工机械动力	运输机械动力
2000	1579	11667	—	685	2625	20703	—
2001	1658	—	1023	714	—	23042	63644
2002	2783	14926	1281	737	—	23526	70135
2003	—	—	—	—	—	—	—

续表 9-1-4

时间	整耕及种植机械动力	农用排灌机械动力	植保机械动力	收获机械动力	脱粒烘干机械动力	农产品初加工机械动力	运输机械动力
2004	3679	19959	1384	2650	5227	26026	73948
2005	4026	21804	1527	3614	14932	25676	74483
2006	5856	22638	2162	5931	16997	29370	74989
2007	—	—	—	—	—	—	—
2008	7741	27421	—	8824	—	32968	65028

第四节　农业分区

粮经牧生态区　包括童游、将口、崇雒、水吉、小湖、莒口、麻沙、书坊等乡镇的 108 个村和 6 个农场。土地面积 1797.91 平方千米，占全市面积 53.12%；耕地 2.14 万公顷，占全市面积的 67.33%，农地 1713.30 公顷，占全市面积的 92.11%；平原田占全市面积的 80.12%，溪边田占全市面积的 67.31%。气温条件好，平均气温 18 度以上，水稻安全生育期 191 天，适宜双季稻，双季稻面积 15333.30 公顷，占全市面积的 85.18%。经济作物面积大，占全市 90.84%，油料作物面积占全市 99.46%，一年两熟制占全市 64%，粮食生产商品率达 64%，是商品粮生产区。畜牧业占全市 63%，渔业占全市 87%。建阳市利用粮经牧生态区农业资源建设粮、油、渔、茶、果、经济作物等商品生产基地。

林粮生态区　包括漳墩、回龙、小湖、水吉、崇雒、将口等 6 个乡镇 35 个村。土地面积 593.13 平方千米，占全市的面积的 17.53%；耕地 4913.30 公顷，占全市面积的 15.70%，人均耕地 0.13 公顷，山地 1.35 公顷。气温较低，年平均 17.60 度，水稻安全生育期 184 天，平原村种双季稻，高山区种单季稻，在种双季稻不够，种单季稻有剩的低山区发展再生稻，耕地复种指数 152%。建阳市发挥低山林粮生态区山地资源和森林资源的优势，发展以杉木为主的用材和经济林。并抓好粮食生产，发展牛、羊、兔等草食性牧畜，巩固茶果园面积，改造低产茶果园。

林牧生态区　包括黄坑全部、麻沙、莒口、书坊、徐市 4 个乡镇的部分山区村，共 33 个村。土地总面积 993 平方千米，占全市面积的 29.35%；耕地 4933.30 公顷，占全市面积的 16.86%。林牧生态区地貌以中低山为主体构成庞大山体，是建阳市主要的水源涵林区和毛竹区，立体气候明显，气温低，年平均气温 16.80 度，水稻安全生育期 166 天，不适宜种植双季稻，建阳市发挥本区资源优势，在抓单季稻生产的同时，引导村民建设以杉木为主的速生丰产林和毛竹林基地，保护好水源涵养林。开发林、副土特产品、食用菌开发。

第二章　种植业

第一节　粮食作物

一、水稻

1994 年，全市水稻播种面积 4.08 万公顷（其中双季稻种植 1.50 万公顷），稻谷总产量 21.81 万吨。1994—1998 年，市农技部门大力推广高产良种和高产栽培技术，水稻播种面积保持在 3.30—3.50 万公顷之间（复种指数 1.55—1.66），年均稻谷产量 20 万吨，平均每公顷产量 9.40 吨。

2000年起，在稳定粮食生产的同时，市农业生产部门实施生态优高农业，缩减部分水稻田，发展高效养殖业，部分双季早稻田，栽培改为“烟—稻”或“瓜—稻”栽培。对坡度在25°以上的部分望天水稻田实行退耕还林。开展水稻集中连片的高产创建活动，依靠科技措施，示范推广超级稻、优质稻新品种，提高良种覆盖率和稻谷质量；推广新技术、新农药、新肥料、新机具、新品种（简称“五新”）；全面推广测土配方施肥技术，节本增效；优化耕作模式，引导“单改双”，推广“再生稻”，提高粮食复种指数，稳定粮食播种面积。2002—2010年，全市良种覆盖率达96%。

2010年，全市建立部级万亩水稻高产创建示范区1个，示范区面积720公顷；2个千亩高产创建示范片145公顷；5个百亩高产创建示范片。覆盖5个乡镇（街道）12个村，示范区平均亩产545.70公斤，比上年增产6.87%；落实发展再生稻3667公顷，2季平均亩产831公斤。同时，实施农作物优良品种示范推广“7333”工程项目，展示新品种153个，建立示范片0.04万公顷，推广新品种面积2.17万公顷。是年，优质稻推广面积达1.50万公顷，平均亩产571.67公斤。

1994—2010年建阳市水稻种植情况表

表9-2-1　　单位：公顷、吨、公斤/亩

年份	播种面积（公顷）	总产量（吨）	单产量（公斤/亩）
1994年	40763	218053	357
1995年	40465	258878	329
1996年	41445	229709	369
1998年	38762	198259	341
1999年	40202	200748	333
2000年	28940	156088	360
2001年	28382	155056	364
2002年	28174	151189	358
2003年	26628	137357	344
2004年	28459	153168	359
2005年	29367	158200	359
2006年	29162	160653	367
2007年	445423	177590	399
2008年	431671	196849	456
2009年	449313	204299	455
2010年	452298	201583	446

二、大豆

1994年，全市大豆种植面积876.80公顷，总产量2187 吨，平均每公顷产量166公斤。1995年起，农技部门引进春夏种大豆品种，大豆种植由春秋种植改为春夏秋连续种植。2002年，为大豆种植面积最多的年份，种植面积1589公顷，平均每亩单产量175公斤。2010年，全市大豆种植面积2056公顷，平均每亩单产量 187公斤。

三、甘薯

1994年，全市种植甘薯2086公顷（按5:1折原粮，下同），平均每亩产量384公斤。1998年，引进“金

山57”“7-3”脱毒甘薯“岩薯5号”等鲜食加工薯，产量提高10%—15%。因种植甘薯收益超过水稻，且省工、节约成本，种植面积逐年增加。2010年，全市甘薯种植面积1154.60公顷，总产量2.87万吨，占粮食作物播种面积的3.41%。

四、其他粮食作物

建阳市种植其他粮食作物主要有杂豆、小麦等。1994年，小麦种植65公顷，产量132吨。至2000年，因气候不适应小麦种植产量低，仅种植5公顷，之后逐渐在农业生产报表中消失。

第二节 经济作物

一、烟叶

建阳历史上种过晾晒烟，产量不高，主要是自产自销。1993年，首次引进香料烟，在漳墩等4个乡镇29个行政村开始试种香料烟，全年种植166公顷，收购147350公斤，收购金额44.51万元。1994年，市烟草公司实行 “三免一补”优惠措施，即免费提供种子、营养袋和技术服务、烟农每购1吨生产专用肥补贴600元。1997年，扶持新建烤房，同时推广地膜栽培，免费提供苗期2次防治病虫害的农药。1999年，对生产收购50万公斤以上、100万公斤以上烤烟的乡（镇）分别给予奖励。2000—2002年，对每座新建烤房补贴300元，旧烤房改造补贴50元；新建烤房继续实行免征土地使用费，使用白云石粉代替硫酸镁进行土壤改良，每亩（按1200株计）补助10元；基肥全面使用烟草专用肥，每吨补贴400元；使用地膜栽培，免费提供包衣种子和营养袋、免费提供苗期防治病虫害药剂。2003年，白云石粉改良土壤及专用肥补贴标准同2002年，饼肥每吨补贴50元，使用斯美地每亩补贴2元；热风循环烤房改造按期完成的补贴风机1台（100元），漂浮育苗、稻草溶田每亩各补贴30元；施用饼肥每吨补贴200元；烟草专用肥补贴30元；烟叶收购时，按收购的C3F、C4F、C3L、B2F和X2F5个等级数量，每公斤烟叶补贴0.44元；烤季使用麻绳绑烟烘烤的每座烤房补贴30元。2004年，在烟草站配套购买专用肥、饼肥、硝酸钾等烟用物资的烟农，享受4个月肥料贷款利息补贴，每亩7元（2005年为每亩8元）。旧烤房改造为通用通脊式热风循环烤房，每座补贴500元。户种烟面积达10亩以上且亩收购上中等烟135公斤，每亩享受25元补助。实行洪灾、冰雹等严重自然灾害保险，每亩保险费10元。2005年，对新建中容量烤房，每座补助2000元，并送价值600元的配套风机等；对新建密集式烤房，每座补助6000元，并赠送价值6000元的烤房加热设备等。同年，开始市烟草公司制定GAP管理考核办法，在烟农生产收购过程中，分阶段进行考核评分，得分在75以上的根据得分高低，分别奖励每亩40元、20元。其他优惠政策，2004年相同。

2006年，通过上述资金扶持、专业技术人员指导、示范户带动，建阳市烟草种植逐步形成生产布局区域化、生产专业化、经营一体化、服务社会化、管理企业化，发展以建阳市烟草公司为龙头的“公司＋农户”的紧密型产业化经营格局，年建阳市烟叶种植面积增至1320公顷。

2008年，种植面积达3138公顷，收购830万公斤，收购金额10523万元。建阳市成为福建省重要的产烟区和全国整县推进现代烟草农业试点县市之一。烟叶成为建阳市种植面积最大、商品化率最高的经济作物之一，也成为建阳农村产业结构调整最成功的支柱产业，获称市富、乡（镇）富、村富、民富的“四富工程”。

2010年，按烟叶收购全等级（除GY2）计算，每担烟叶补贴种子、肥料、农药、地膜等物资款85元，旧的漂浮育苗盘2元优惠供应，专业化机耕冬翻土每亩补贴20元；按时完成专业化初分级并交售的下部正组烟叶每担补贴20元；田间卫生管理按每亩35元考核，按时完成稻草结合白云石粉溶田的每亩补贴50元；清香型品种在享受常规品种扶持政策的基础上，按收购烟叶等级计算补贴2—3元不等，低下等烟和级外烟不予补贴。2010 年，因灾仅种植 2760 公顷，收购 8.97 万担，收购金额 6548 万元。

1993—2010 年建阳市烟草种植情况表

表 9-2-1　单位：公顷、户、担、万元

年 份	种植面积（公顷）	烟农户数（户）	收购总量（担）	收购金额（万元）
1993 年	166	859	2947	44.51
1994 年	33	226	1067	24.04
1995 年	18	126	490	21.41
1996 年	27	187	1007	50.94
1997 年	297	1318	10790	421.96
1998 年	104	453	2536	66.24
1999 年	41	242	1692	75.28
2000 年	254	936	9421	355.41
2001 年	436	1033	15136	760.40
2002 年	684	1718	33874	1318.21
2003 年	166	859	2947	44.51
2004 年	33	226	1067	24.04
2005 年	548	1003	24468	1324
2006 年	1320	1870	56397	2979
2007 年	2155	2708	104060	5614
2008 年	3138	3466	166047	10523
2009 年	3075	3441	161396	12007
2010 年	2760	2668	89675	6548

二、茶叶

（一）种植

建阳是福建省特种茶区，盛产乌龙茶、绿茶、白茶和红茶 4 大类。1994 年，建阳市茶叶种植面积 2713 公顷，可采面积 2413 公顷，总产量 1212.20 吨，产各类毛茶 1150 吨，产值 1091.55 万元，单产 33.40 公斤／亩。种植的茶叶品种 90% 以上是“福云六号”，比较适合加工绿茶和花茶。由于茉莉花收购价格偏低、“福云六号”加工的绿茶不耐冲泡等原因，市场销售有限，茶叶生产发展受到一定影响。

1999 年起，市委、市政府把发展茶叶生产作为农民增加收入的重要产业，推广无公害、绿色茶叶和有机茶叶生产栽培技术，引进新品种，改良旧茶园；引进茶叶加工企业，茶叶生产、加工质量获较大提高，销售竞争力加强，茶叶生产迅速发展。2001 年，莒口茶坊茶园通过有机茶认证（其中，绿茶全区首家认证，乌龙茶全国首家认证）17 公顷（待转换 9.30 公顷）。2002 年，童游南林京潭茶场 33.33 公顷茶园，通过绿色食品认证（2005 年茶园改建工艺园区停产）。至 2005 年，全市茶园面积增加至 3200 公顷，其中，“菜茶”619 公顷，占 19.32%；“水仙”595 公顷，占 18.60%；福云品系 622 公顷，占 19.44%；“福新大白茶梅占”“毛蟹”“白芽奇兰”“台茶”530 公顷，占 16.57%；引进优新良种”“迎霜”“乌牛早”“龙井 43”“黄观音”“金观音”“肉桂”“黄芽特早”等 834 公顷，占 26.06%，全市有无性系品种面积达 78.54%。

2006 年，建阳乌龙茶被国家列为全国 35 个地理标识保护县市之后，订单接连不断。2010 年，新建茶园 260 公顷，其中新植良种“金观音”“黄玫瑰”“黄观音”“肉桂”等 90 公顷；改造低产茶园 400 公顷；建设无公害茶园 3333 公顷，有机茶园 33 公顷，绿色茶园转换 137 公顷；标准化茶园建设 120 公顷，

其中茶园喷灌建设59公顷。在闽北水仙和特色小白茶的基础上，又先后开发“武夷岩绿”“金骏眉”“银骏眉”“小种红茶”“老枞水仙”“贡眉”“白牡丹”“团茶”等10个名牌产品上市。当年，茶叶总产量2699吨，新增商标注册5个，获QS认证企业3个。

（二）加工及品牌产品

1994年，全市有制茶加工企业23家，精制加工1680吨。2000年，有制茶加工企业49家。2003年，引进北京吴裕泰公司投资800万元，建设茶垱茶场新厂房8333平方米，设备自动生产线2条，1999—2005年，引进推广采茶机38台，修剪机24台，机采面积0.20万公顷，引进扁形加工机械56台，加工明茶220—240吨/年，2004年，商标注册的有“沁香”“云谷”“玉女”“京泰”“祝仙”等。2005年，通过ISO P000质量体系认证和QS市场准入认证。2006年，引进福建省京泰有机茶业股份有限公司，是福建省唯一获有机认证茶业企业。2007年6月，武夷山自然保护区“天然”牌正山小种红茶研究所在武夷山桐木村挂牌成立，研究所由武夷山自然保护区和黄坑镇坳头村共同投资创办，实验茶厂设在正山小种红茶发源地—黄坑镇坳头村，全村种茶树53公顷，销售额达10万元，产品销往北京、上海、广东等地。茶企竖立品牌意识，提升营销水平，为茶业发展注入新的活力。同年10月28—29日，在中国（武夷山）朱子文化节上，京泰茶叶有限公司选送的“武夷岩绿”在南平市“凯捷杯”茶王赛中摘得“绿茶茶王”桂冠，“武夷翠针”和“寿眉”分别获绿茶金奖和白茶银奖；建阳武夷台茶有限公司选送的“台茶”和“105”获特种茶金、银奖，建阳周家茶场选送的“奇兰”获特种茶银奖。11月，在泉州举办的首届海峡两岸茶博会上，建阳武夷台茶有限公司生产的武夷岩茶从400家参评企业中脱颖而出，获前5名成绩，生产的武夷岩茶1万公斤，创产值800万元，税利60万元，产品销往省内及台湾、广东等地。是年，“天然牌”正山小种红茶在北京中华茶文化宣传活动展览中，获评为“凯捷”中华名茶红茶类金、银奖。2009年，京泰公司获全国“十佳有机食品企业”称号。同年，建阳市举行首届优质茶评比，49个单位参评，获金奖的6个，银牌的4个，优质奖24个。2010年，市政府制定《关于加快建阳茶叶产业发展的实施意见》；在京泰茶业有限公司、丘苑茶业有限公司建立2个示范基地，同时，抓好书坊百年水仙和小湖原种树的宣传保护工作，统一命名并申报“闽北水仙”原产地保护。依托市茶业发展基金，全面推进茶产业工作。市茶业协会成立，举行第二届“丘苑杯”茶王赛，有36个企业参评，获“茶王”称号的3人，金奖6个，银奖13个。至2010年，全市专业从事茶叶初精制企业达114家，年加工名优茶能力达6000吨以上。建阳人在北京、上海等各大中城市开设茶庄、茶行、茶馆186家，上千人在外地专事茶叶销售。外销市场主要是港澳台地区和东南亚各国，还远销欧洲。

三、莲子

建阳种植莲子历史悠久，是名产“建莲”的主要产区之一。历史上主要栽种“青蓬莲”（又名本地种、红花莲、密蓬莲、锦卫莲）和“红蓬莲”（又名碎花莲、突目莲、千百盘）2个品种，每亩单产一般为20公斤。20世纪80年代，由湖南引进寸湘莲品种，每亩单产一般在30公斤左右。崇雒农技站从“寸湘莲”内选育出“崇莲一号”，每亩单产一般为40—50公斤。

1994年，全市种植莲子2532公顷，产量1519吨。1999年，从建宁引进“花排莲”品种，表现不突出。至2000年，由于莲子市场处于“饱和”状态，建阳白莲生产进行结构调整，种植面积缩小。2001年，引种具有品质优、抗性强、产量高的“太空莲3号”品种，全年种植莲子1871公顷，总产1441吨，平均每亩单产51公斤，实现历史性的飞跃。2005年，种植莲子1073公顷，总产1124吨，每亩单产70公斤。2010年，种植莲子998公顷，总产1250吨，每亩单产84公斤。建阳市主要莲区分布在崇雒、徐市、童游、潭城、水吉、漳墩、回龙、小湖等乡镇。高产村有水吉镇双溪村、后井村，崇雒乡上社村等。

若干年份建阳市莲子种植情况表

表 9-2-2　单位：公顷、吨、公斤 / 亩

年份	种植面积（公顷）	总产（吨）	单产（公斤 / 亩）
1994 年	2532	1519	40
1996 年	2098	1496	48
1999 年	1269	742	39
2001 年	1871	1441	51
2002 年	1782	1562	58
2004 年	1034	1065	69
2005 年	1073	1124	70
2010 年	998	1250	84

四、水果

葡萄　20 世纪 80 年代初，建阳县从日本引进“巨峰”葡萄，在高级农艺师谢福鑫指导下在考亭村大面积种植成功，考亭村成为葡萄种植专业村。1994 年，全市葡萄种植 31.70 公顷，采摘面积 29 公顷，新植面积 0.27 公顷，总产量 212 吨。1995 年，童游徐墩村 197 户种植葡萄，面积达 61 公顷，占水田面积的 44.50%，年产葡萄 1600 吨，优质果率达 70%，年产值 286.50 万元，人均纯收入 3700 元，葡萄收入占总收入的 43.20%。此后全市面积逐年增长。2001 年，葡萄面积达 170 公顷，其中，采摘面积 63 公顷，新植面积 79 公顷，总产量 1005 吨。之后每年以 67—133 公顷速度递增。至 2005 年，建阳市葡萄面积达 569 公顷，其中，采摘面积 362 公顷，新植面积 90 公顷，总产量 4734 吨。至 2007 年，组建南望果蔬、山溪葡萄等 8 个经济合作社，建立葡萄基地 447 公顷，病虫害基本得到控制，果品质量普遍提升，优质果率达 50% 以上，生产葡萄套袋果 1000 万公斤。2004 年，水吉镇仁山村葡萄合作社 25 公顷山地葡萄园，获省绿色产品办公室正式批准认定为无公害葡萄产品基地，生产的“巨峰”葡萄参加 2004 年海峡西岸博览会，获“放心食品”奖；2005 年 8 月，参加中国第四届优质葡萄擂台赛，获优质奖。2006 年，麻沙水南“楠木林”牌葡萄获全国农展会农产品“金奖”，被定为 2008 年北京奥运会专用水果。2010 年，建阳市武夷露绿葡萄专业合作社列入省级农民专业合作社示范项目。2010 年，全市葡萄种植面积 692 公顷，其中，采摘面积 584 公顷，新植面积 43 公顷，产量 1.05 万吨。

建阳橘柚　1984 年，高级农艺师谢福鑫从国外引进的桔柚品种，经过多年试种、驯化、选育成功温州蜜柑与柚类的杂交种，名桔柚，是国内独有的杂柑类品种。1994 年，全市种植面积 9.30 公顷，其中，采摘面积 3.60 公顷，总产量 10 吨。1999 年，全市种植面积 46 公顷，其中，采摘面积 40 公顷，总产量 823 吨。2000 年，建阳桔柚参加福建省农展会的评选获金奖。2001 年，经国家工商局批准注册“玉女”牌建阳桔柚商标。2005 年，种植面积达 733 公顷（包括高接换种），其中，采摘面积 93 公顷，新植面积 259 公顷，总产量 636 吨。2007 年，建阳市获国家授予“中国优质果品基地重点县”称号。2009 年，建阳桔柚获国家原产地保护。2010 年，种植面积 692 公顷，其中，采摘面积 584 公顷，产量 1.05 万吨，占整个闽北桔柚种植面积的 3/4，产值 3 亿元。产品打入上海、厦门、福州等地以及麦德龙、沃尔玛等大型超市。

锥栗　建阳市是锥栗的发源地和主产区之一，全市主要优良品种有“黄榛”“油榛”“白露仔”“乌壳长芒”等。1993 年，全市锥栗产量 101 吨。市委、市政府重视支持锥栗生产，市锥栗产业领导小组成立，并相应成立乡、镇、村锥栗办及锥栗协会，实施锥栗丰产栽培技术示范项目。协会经常聘请锥栗专家到各乡镇村巡回讲课，把科学种养技术送到农民手上。同时，专家通过现场指导、热线服务等方式培训和指导农民。科技服务到位使建阳锥栗管理水平和产量提高。2000 年升至 1962 吨，2002 年种植面积 4533 公顷，2004 年 12 月建阳市获林业部正式命名为“中国锥栗之乡”。2005 年，建阳锥栗获福建省绿化办“无公害绿色农产

品”认证，“云谷山”牌商标获国家工商局注册。全市年产锥栗4865吨。至2008年，专家指导农民引种早熟良种“处暑红”及本地早、晚熟良种30万株，全市大部分低产栗园通过套种、补种得到改造，有效调整品种结构。早熟品种占种植面积比重由不到5%增加到20%左右，中晚熟品种搭配也逐步趋向合理；亩产从原来的30公斤提高到100公斤以上，每亩增收400元；种植面积增加到8333公顷，锥栗产业发展迅速。是年9月26日，建阳市委农村工作领导小组、建阳市锥栗产业领导小组主办建阳市首届锥栗节，进行锥栗擂台赛、锥栗冬季管理讲座、糖炒锥栗培训、品鉴锥栗、座谈如何做强做大建阳锥栗产业，200名榛农参加锥栗擂台赛活动。2010年，全市板栗产量9739吨，锥栗远销广东、江西、浙江、上海、江苏等地。

柑橘 建阳市主要品种有：早熟“温州蜜柑”“芦柑”“太田芦柑”“纽荷尔脐橙”“朋娜脐橙”“塔罗科血橙”“红玉血橙”“兴津温州蜜柑”“雪柑”“官溪蜜柚”“文旦柚”“山下红”“葡萄柚”等品种。2010年，全市有“芦柑”面积606公顷，产量10821.20吨；“温州蜜柑”面积853公顷，产量8799.30吨；其他橘类面积741公顷，总产9622.30万吨。

杨梅 小湖镇杨梅栽培历史悠久，小湖杨梅也称“大种杨梅”“大乌杨梅”，或称“回瑶仔”杨梅。“大乌”“二色”，以其肉厚汁多、核小、色泽鲜艳、酸甜可口、风味独特等特点而闻名。引进品种主要有东魁。2009年6月，小湖镇的杨梅种植户组建小湖大乌杨梅专业合作社。至2010年，全镇种植杨梅40公顷，其中，有267公顷开采，产量达2000吨。

荸荠 建阳的荸荠主要产区有童游、潭城、水吉等乡镇。水吉荸荠品种一般有紫红、深红、紫黑等。味甜、清凉、爽口、去腻、通便特点，是居民喜爱的当地水果之一，在南平市及省内有较好市场和知名度。1993年，水吉荸荠在建阳县内种植面积达60公顷，产量1100吨。1994年，全市种植78.20公顷，总产1490吨，亩产1270公斤。以后，种植面积和产量逐年下降，至2000年，全市产量稳定在千吨左右。经多年努力童游镇严墩村也推广种植水吉荸荠并获成功。2010年，全市种植52公顷，产量达 980吨。

梨 在建阳种植的历史很长，适宜种植的品种较多，主要分布于水吉、回龙、麻沙、莒口、将口、崇雒、潭城、童游等乡镇、街道。品种有黄花、青花、赤花、翠冠、新世纪、金水、幸水、丰水、筑水、新高、翠冠、清香等。适宜当地生态条件生产、外观美、内质好、耐贮运。2010年，全市有梨树面积166.70公顷，总产2000吨。

瓜类 建阳市食用瓜主要有西瓜、梨瓜和香瓜，其中，西瓜种植面积最大，产量最高。1994年，瓜类种植总面积899公顷，总产15675吨，每亩单产1163公斤，其中，种植西瓜771公顷，总产1.44万吨，每亩单产1248公斤。1997年，瓜类种植1335公顷，总产2.95万吨，每亩单产1471公斤，其中，西瓜种植面积1196公顷，总产2.68万吨，每亩单产1496公斤。2001年，瓜类种植1097公顷，总产2.14万吨，每亩单产1300公斤，其中，西瓜种植903公顷，总产1.82万吨，每亩单产1340公斤。2010年，瓜类种植1860公顷，总产3.53万吨，每亩单产1264公斤，其中，种植西瓜1635公顷，总产3.13万吨，每亩单产1265公斤。

建阳瓜子生产历史悠久，主要产区有徐市、童游、将口、水吉等乡镇，以大板瓜子最为出名。1994年，全市有瓜子田235.70公顷，总产127吨，单产36公斤。由于受外地瓜子价低的冲击，种植面积逐年下降，2010年，降至127.90公顷，产量163吨，亩产85公斤。

草莓 建阳市主栽品种为丰香草莓。2001年，种植面积为7.93公顷，总产量139吨，单产1168公斤。2005年，全市发展到41公顷，总产量613吨，单产997公斤。2010年，播种面积20.20公顷，总产量345吨，亩产1139公斤。

枇杷 主要有“解放钟”“早钟6号”“长红三号”等品种，仅为零散种植。

柿子 主要有“日本甜柿”等品种，仅为零散种植。

李 主要有芙蓉李，仅为零散种植。

若干年份建阳市水果种植情况表

表 9-2-3　单位：公顷、吨

年份	总面积（公顷）	采摘面积（公顷）	新植面积（公顷）	总产（吨）
1994 年	6308	3637	307	21172
1997 年	6220	4890	93	48852
1999 年	5697	4714	47	61687
2000 年	4949	3908	42	38783
2004 年	5134	3971	368	57420
2005 年	5692	4182	630	57401
2010 年	3774	4910	53	79700

五、蔬菜

1994 年，全市蔬菜播种面积 6582 公顷，总产量 10.32 万吨，每亩单产 1045 公斤。1995 年，实行“菜篮子工程”县长负责制。商业局设立菜篮子办公室，财政贸易委员会设立基地办，把潭城、童游、麻沙 3 个镇 6 个村 82 公顷蔬菜列入一线蔬菜基地保护范围，画线立桩。开征副食品价格调节基金，兑现副食品供应补贴和价外补贴款，有效平抑物价。随着农业内部结构的调整，粮食播种面积的下调，蔬菜生产成为建阳市一大支柱产业。至 1997 年，播种面积 8874 公顷，总产 15.33 万吨，每亩单产 1151 公斤。

2000 年，省级蔬菜直控基地有城关村 36 公顷、赤岸村 80 公顷、严墩村 39 公顷。乡（镇）政府及农业部门指导科技兴菜，引进新品种，推广大棚种植蔬菜、反季节蔬菜，年播种面积 8804 公顷，总产 17.24 万吨，每亩单产 1305 公斤。应对城市建设，蔬菜种植面积减少，建阳市建立 13 个乡镇的百亩蔬菜示范片 8 片 80 公顷，辐射带动 5667 公顷蔬菜面积。推广葡萄园套种蔬菜，冬闲田、山地果园种植蔬菜。葡萄收成后主要套种芥菜，全市面积达 866.70 公顷，亩产量达 4—5 吨，产值为 2000—3000 元；套种苦瓜和葫芦，亩产量达 5—6 吨，产值为 6000—10000 元。农民专业合作社，将富余的蔬菜及时销往外地。蔬菜加工企业根据加工产品需要，安排生产适销对路的蔬菜品种，每年与农户订单生产蔬菜面积达 3333—4000 公顷。

2005 年，播种面积 1.02 万公顷，总产 17.55 万吨，每亩单产 1145 公斤。2007 年，将口镇蔬菜协会与德利食品有限公司签订保价收购花菜 33.30 公顷的合同。水吉“兄弟食品”采取“公司 + 基地 + 农户”的模式带动水吉、漳墩村民种植蔬菜。年生产加工蔬菜 10 万吨以上，产值 1210 万元，产品通过无公害和 QS 认证，产品销往省内及上海、浙江、江西等地；德利食品有限公司，年生产加工蔬菜 15 万吨，产值 4600 万元，加工的“寿升”牌产品销往日本、欧洲及国内浙江、江苏、黑龙江等地。2010 年，播种蔬菜面积 1.10 万公顷，总产量 20.52 万吨，每亩单产 1239 公斤。

六、食用菌

建阳是南平市食用菌主产区，食用菌栽培规模、品种、数量、产量、产值均居南平之首。建阳人工栽培食用菌有蘑菇、香菇、黑木耳、白木耳、凤尾菇、茶薪菇、金针菇、竹荪、大球盖菇等 10 种。1993 年，全市生产各类食用菌 2895 吨。2000 年，全市生产各类食用菌 8162 吨。建阳耗木型食用菌生产快速发展，生产比重高达 69%，导致菌林矛盾加大。2004 年，香菇等耗木型食用菌生产量急剧缩减。为促进食用菌产业持续稳定发展，建阳市调整食用菌品种结构。推广茶薪菇、大球盖菇等草腐菌和非耗木型食用菌，鼓励菇农利用林产品加工下脚料、伐区剩余物、果树修剪枝条、老茶园改造的茶树枝干、毛竹林内散生杂木生产食用菌，推广谷壳代替部分木屑生产花菇技术，推广代用料栽培食用菌技术，推广沼气池、液化气灶，以减少薪柴的消耗量。2005 年，全市食用菌产量升至 9489 吨。2006 年，建阳市菇乃乃食品有限公司陆续注册“乃乃”“武夷结”“小菇子”等食用菌商标，并通过 QS 认证。2007 年 12 月，建阳市菇也食用菌专业合作社成立，合作社成员111名，带动农户1795个，主营产品为大球盖菇、竹荪、茶树菇等，开展各种食用菌加工销售，注册“菇也”商标，2008年、2009年连续2年获南平市政府评为市级龙头企业，2010年获南平市供销社评为示范专业合作社。2010年，产值达1000万元。2008年，建阳市天地菌业专业合作社投资120万元建立建阳市首家杏鲍菇工厂化生产线，产品投向上海、浙江以及闽北各县（市）市场，注册“天地一品”商标。2010年，农业部门在全市20个村选定200个食用菌生产示范户，并组织20位食用菌技术指导员到各村进行技术指导，设立2个食用菌生产示范基地。先后举办各类食用菌栽培技术培训班11期次，培训菇农500人次。年底，全市生产各类食用菌1.35亿袋，面积855公顷，产鲜品1535吨，干品1.11万吨。食用菌产值占农业总产值的20.50%，仅次于粮食，居农业各单项产业第二位。

香菇 1986年，建阳县开始进行代用料栽培香菇。1992年，香菇生产开始稳定并逐渐扩大规模。1997年，建阳市获全国食用菌协会评为全国23个香菇生产重点县之一。1999年规模最大，达4200万袋。2000年后，随着阔叶林资源的减少，香菇栽培的规模逐渐萎缩。2010年，全市生产香菇1150万袋，产干品4708吨。主要品种有水菇（“241-4”品种）、花菇（“135”品种）、地栽菇（“621”品种）。

竹荪 1990年，竹荪栽培技术由建顺开发有限公司吴少风等人在建阳县推广，为闽北地区首次推广，与国内竹荪推广基本同步。竹荪以竹木屑和谷壳为栽培原料，以大田畦栽方式栽培。1994年后，竹荪生产规模逐渐扩大。2002年，全市竹荪栽培面积达1070公顷，居全国之首，产量达800吨，产值4000万元，是最高峰，全市13个乡镇700农户进行竹荪生产。此后，由于价格波动和土地不能连作等原因，生产规模有所缩小。2010年，全市生产规模为540公顷，产干品1314吨。

毛木耳 1986年，小湖镇贵源村农民黄道福尝试以木屑为原料，以代料香菇的模式栽培毛木耳，在全国范围内首创毛木耳室外代料长袋栽培技术。此后，该技术在建阳迅速推广，并向周边县、市辐射。1993年，全县毛木耳生产量3000万袋，达最高峰。其后，生产规模随市场价格波动而增减。2004年，全市生产量400万袋，为最低值。2005年，毛木耳价格上扬，生产量有所回升。2010年，生产规模为860万袋，产干品3513吨。

银耳 20世纪70年代末，古田库区移民从古田引进袋料银耳栽培技术。此后，在古田移民村逐渐推广。当地农民曾尝试栽培，但因栽培习惯等方面的原因，未能普及。2010年，全市栽培规模为610万袋，产干品497吨。

茶树菇 1994年，建阳市食用菌总厂吴少风等从江西广昌县引进茶树菇种植技术。1996年，经试验栽培后开始推广。2010年，达2300万袋，产干品304吨，主要在莒口、童游、小湖等乡镇及社区栽培。建阳市茶树菇有室外阴棚栽培、室外层架栽培、温室周年栽培等3种栽培模式。其中以室外层架栽培规模最大。

大球盖菇 1994年，建阳市童游学区教师刘文凤，从三明真菌研究所引进并试验栽培大球盖菇。1998年，开始小面积推广，1999年后逐年扩大。2005年，全市栽培面积为34公顷。2010年，全市栽培面积为120公顷。

野生食用菌 建阳市野生菌类资源丰富。民间有采集野生食用菌出售的习惯，主要采集的品种有红菇、梨菇、黄乳菇、珊瑚菇（俗称“老鼠爪”“猫爪”）等。其中，红菇以干品出售，黄乳菇、珊瑚菇以鲜菇出售，梨菇则干鲜品皆有。还有采集牛肝菇和其他杂菇的习惯。

七、甘蔗

糖蔗 20世纪90年代中后期，建阳市糖蔗面积稳定在200—266.70公顷，总产量0.70万—1万吨。1995年，糖蔗播种面积287.80公顷，总产量1.08万吨，亩产2506公斤。随着市场开放，糖价下跌，建阳市糖蔗面积逐渐减少。2010年，糖蔗播种面积仅18.30公顷，总产量597吨，亩产2179公斤。主产区有童游、潭城、莒口、麻沙、水吉、小湖、将口等乡镇。

果蔗 建阳栽培果蔗历史悠久，主要有2个品种，即当地的青皮种和外地引入的红皮种。青皮种以徐市种最为有名，曾被省蔗麻研究所作为种质资源保存。1996年，种植面积487.30公顷，总产量1.62

万吨，单产2214公斤。此后，种植面积逐渐缩小。由于果蔗走俏水果市场，种蔗经济效益增加，2006年种植面积333.30公顷。每亩果蔗收入高的可达7500元以上，纯收入可达5500元，对农民增收和产业结构调整起着推动作用。为解决品种老化，产量低、质量差问题，先后引进“福果48、38、36、51”等4个果蔗新品种进行试种。2010年，播种面积152.90公顷，产量3912吨，亩产1706公斤。主要产区有徐市、童游、潭城、将口、麻沙、水吉等乡镇。

八、药材

1994年，全市种植药材180.20公顷。主要有厚朴、泽泻、白术、淮山、杜仲、鱼腥草、桔梗、茯苓、丹参、银杏、天麻、灵芝、黄梔子等十几种。1998年，全市种植药材增至510.80公顷。黄坑镇将厚朴确定为主要经济树种，加强科技服务引导，通过建立典型示范片、采取分期补助办法，与杉木混交种植加以推广；麻沙镇开始发展规模生产。2002年，全市种植400公顷，总产1万吨，产值1400万元。2004年开始，由于市医药公司改制，推广种植和收购药材力度减弱，除淮山种植和三爱药业推广的鱼腥草生产种植外其他品种药材种植萎缩。2005年，种植441.70公顷，产量1946吨。2010年，种植312.80公顷，产量1369吨。小湖镇引种鱼腥草成功后，发展迅速，成为三爱药厂的鱼腥草生产基地。小湖镇贵源村是建阳市鱼腥草生产第一个专业村。建阳市是全省最大的淮山生产基地。麻沙、莒口两镇是主产区。

九、花卉

建阳市花卉发展较早，但一直处于徘徊状态。2004年种植面积47.10公顷，2010年为73.10公顷。

十、黄花菜

1993年，书坊乡广植黄花菜，成为福建省最大黄花菜种植基地。2000年，全市推广种植24.30公顷，每亩单产鲜花蕾910—1105公斤，亩产值2002—2431元。2003年，扩大种植213.30公顷，每亩单产1000公斤，折干品200公斤，总产1120吨，亩纯收入1500元。主栽品种为湖南荆州花。书坊乡还办起日加工鲜花2500公斤的黄花菜加工厂，开发真空黄花菜小包装，并注册“武夷书林”牌黄花菜商标，产品销往福州、闽南、上海、浙江、广州等地。

1993—2010年建阳市部分经济作物种植情况表

表9-2-4　　单位：公顷、吨

年份	蔬菜面积（公顷）	蔬菜产量（吨）	莲子产量（吨）	园林水果产量（吨）	柑橘类产量（吨）	葡萄产量（吨）	茶叶产量（吨）	板栗产量（吨）	食用菌产量（吨）
1993年	5675	87914	1409	15787	10855	142	1162	101	2895
1994年	6582	103200	1519	21172	15471	212	1101	510	4700
1995年	7201	134040	1482	28276	20541	247	1153	102	7004
1996年	8574	154621	1496	31248	22808	297	1270	438	7665
1997年	8874	153263	1091	48852	29252	245	1316	636	7831
1998年	8252	151336	678	41962	28016	339	1354	1167	6895
1999年	8496	164057	742	61687	43273	436	1359	1280	6853
2000年	8804	172398	1362	37783	18677	495	1562	1962	8162
2001年	9317	168609	1441	21381	31866	—	1687	2497	7291
2002年	10051	174368	1562	53477	34244	1203	1849	3804	8149

续表 9-2-4

年份	蔬菜面积（公顷）	蔬菜产量（吨）	莲子产量（吨）	园林水果产量（吨）	柑橘类产量（吨）	葡萄产量（吨）	茶叶产量（吨）	板栗产量（吨）	食用菌产量（吨）
2003 年	10270	178927	1278	53224	30895	2882	1774	3727	干品 7928 鲜 644
2004 年	10133	175823	1065	57420	33405	4687	1899	4489	8914
2005 年	10220	175468	1124	57401	32552	4734	2027	4865	9489
2006 年	10652	184041	1181	85948	37327	5155	2000	5850	干品 9185 鲜 890
2007 年	10407	183851	1214	68721	40440	6924	2241	7576	干品 10054 鲜 958
2008 年	10615	193200	1233	75477	42709	9106	2357	8812	干品 10478 鲜 1489
2009 年	10791	199691	1301	80889	44818	10582	2546	9498	干品 10760 鲜 4552
2010 年	11041	205177	1250	79700	42968	10472	2699	9739	干品 11113 鲜 1535

第三章　农业技术

第一节　耕作制度

1994—2010 年，建阳市耕作制度栽培模式从粗放型向集约型发展，从低效益型向高效益发展，从单一传统型向多元多熟型发展，从连作型向套种型发展，从种植型向种养型发展。复种指数和经济效益得到较大的提高。

中稻—再生稻　1994 年，在中稻稻作区推广“中稻－再生稻”耕作制度，此项技术使每公顷稻田增产 3.75—4.50 吨稻谷。2005 年，“中稻—再生稻”栽培技术占中稻种植面积的 89.50%。2010 年，“中稻—再生稻”种植面积 96.30 公顷，“中稻—再生稻”栽培技术占中稻种植面积的 98.50%。

水旱轮作　1994—1996 年，其主要栽培模式有：稻—稻—油、稻—稻—紫云英等。1997—2005 年，栽培模式有：烟—稻、草莓—稻、稻—稻—菜、瓜—稻—菜、玉米—稻—菜、稻—稻等。2006—2010 年，栽培模式有：烟—稻、草莓—稻、稻—稻—菜、瓜—稻—菜、玉米—稻—菜、稻—稻等。此外还有稻—草栽培模式，长富 3 个牧场为确保饲料供应，以“公司＋基地＋农户”的管理模式，做好产前提供种子，产中无偿提供肥料、虫害防治、土壤改良等技术指导，产后保证收购价格和数量等服务，使稻—草栽培模式迅速推广。

稻萍鱼套养　1994 年，全市稻田养鱼面积 289.56 公顷。1998 年，坑塘式稻萍鱼面积 397.53 公顷。1997 年，在单、双季稻区推广“稻萍鱼”耕制改进技术，每公顷稻田增收 0.60—1.10 万元。2005 年，全市“稻萍鱼”耕作面积 563.25 公顷。2010 年，全市“稻萍鱼”耕作面积 389.65 公顷。

烟稻轮作　因连续种植烤烟及大量施用化肥，土壤肥力下降，营养失衡，结构破坏，气候异常，烟草病害有蔓延趋势。1997—2003 年，实行烟—稻轮作制度。2004 年，实行“以烟为主，均衡发展；用养结合，培肥地力；净化土壤，减少病害；以稻养烟，持续发展”的基本烟田保护方针，对连续种烟 3 年以上的地块，以种稻方式进行休耕。基本实行烟—稻和烟—稻—紫云英—稻—烟轮作的耕作制度。同时，主要烟区加强烟水配套和烟路配套等基础设施建设。2010 年，耕作制度不变。

第二节　良种推广

一、水稻良种

1994—1995 年主要推广“汕优 63”“汕优桂 32”“汕优桂 33”“汕优制西”“威优 77”等。1995 年之后，主要推广的品种有“II 优 125”“II 优辐 819”“特优 716”“汕优 70”“花优 63”“甬优 9 号”“天优华占”等；优质稻主要品种有“角优 9 号”“天优华占”“两优培九”“Y 两优 1 号”“丰两优 1 号”“甬优 6 号”等；“佳辐占”（可作早稻品种也可作再生稻良种）。杂交稻新品种“特优 175”“II 优 125”大面积示范推广项目获建阳市政府评 2005—2006 年度科技进步一等奖和南平市政府科技进步三等奖。1999 年起，随着水稻品种的优化、栽培技术的进步以及市场对优质稻米需求量的增加，主要推广米质优、产量高的杂交稻良种。早杂优组合品种有“福优 77”“南厦 060”“汕优 016”“特优 77”“汕优 8”，中、晚稻杂优组合品种有“花优 63”“两优 2186”“汕优明 86”“两优培九”“II 优辐 819”“特优 63”“特优 70”“特优 175”“II 优航 1 号”。引进的常规晚稻品种有“香稻”“滇瑞 502”“紫糯 4 号”“矮紫一号”“遗传工程稻 3 号”；“台湾三好米”“湘晚籼 10 号”“紫香糯”“中国香稻”“中香一号”“丰园香稻”；“美国茉莉香籼”“湘晚籼 5 号”“协优 9308”。2005 年，全市推广种植优质稻 9796.73 公顷，占水稻播种面积的 41.04%。杂交早稻良种种植面积占早稻种植面积的 92.57%，中稻、晚季杂交稻良种种植面积占 99.24%。

二、蔬菜良种

主要推广的品种有“抗热 37 莴苣笋”“难峰王莴苣笋”“萝卜王”“美国绿丹”“珍珠南瓜”“抗病 1 号”“强夏包菜”“庆研三号”“杂交绿宝小白菜”“东京胡萝卜”“早熟扁豆”“京葫三号”“高产 1 号”“汕豇 70 长豆角”“霞光西红柿”“改良夏帅”“诸丰 50”“节节多黄瓜”“挑战者黄瓜”“庆农花菜”“快丰优”“茭白 8 号”“绿秀 91-1”“飞桥莴苣 1 号”“板田七寸”“西园苦瓜”“闽茄 2 号”“南杂 1 号”“六月红等”“早生 615”“月月半”“龙城早”“碧玉苦瓜”“红妃苋菜”“永利 209 辣椒”“早青 109 辣椒”“陇椒五号辣椒”“801 韭菜”“五月早茭”“日本细雪水菜”“紫甘蓝”“毛节瓜”“野芹菜”“香心菜”“苦苣（荬）菜”。因菜地征用，市民喜爱的水南芥菜少见，秋葵（洋茄）受市民推崇。

三、玉米良种

主要推广的甜糯玉米良种有粤甜 3 号、闽糯 1 号、苏玉糯 5 号、万糯 1 号、都市丽人、上品等。青贮玉米主要有花单、中北青贮 410、奥玉青贮 5102、中农大青贮 67 等。

四、大豆良种

主要推广福豆 310、福豆 234 等，台豆 75、毛豆 2808 等。

五、马铃薯良种

主要推广：“克新 3 号”“紫花 851”“大西洋”“中薯 5 号”等。

六、甘薯良种

主要推广："金山25""福薯7—6""龙薯9号"等。

七、花生良种

主要推广："抗黄1号""泉花10""汕油21""粤油7号等。

八、莲子

主要推广："太空莲"等。

九、西瓜良种

主要推广："日本将军""绿霸王""台农八号""九号""京抗八、九、十号""黑老大""黑霸王""多利新红宝""益农特大""西农8号""西抗8号""地雷王""美国冠龙王""极早熟21天""黑猩猩""青龙宝"。

十、茶叶

主要推广："铁观音""大叶乌龙""小叶乌龙""黄淡""佛手""九龙大白茶""肉桂""台茶12、13号""黄观音""金观音""丹桂""白芽奇兰""八仙茶""福鼎大毫""元霄绿"。引进省外的优良品种有"龙井43""龙井长叶""乌牛早""银霜""浙农117""安吉白茶"。

十一、牧草

主要推广："杂交狼尾草""紫花苜蓿""菊苣""鸭茅""白三叶""皇竹草""苏丹草""聚合草""鲁梅克斯""羽叶决明""圆叶决明""杂交高粱""高丹草""籽粒苋"。2007年，引进推广"杂交象草""王草""南木一号"抗旱、抗病、抗寒能力强，适应各种土壤种植，易管理，既是造纸业的好原料，又是牛、羊、鱼、兔等家禽家畜的好饲料，可作为无公害绿色基肥，是护坡、防洪、防止水土流失的优良牧草。

第三节　水稻栽培技术

一、播种技术

1994年起，建阳市继续推广药剂浸种灭菌肥芽技术和种子胞衣技术。包衣的种子具有发芽整齐、出苗快，生长发育好的优点，能使水稻亩产量增加3%—5%。当年，种子胞衣技术推广面积560公顷。此后，推广面积逐年扩大。至1999年，推广面积占早稻播种面积的50%以上。2000年，建阳市获"全国农业技术推广服务中心'九五'种子包衣技术推广先进单位"。2000年后，种子经营市场化，允许个人经营种子，种子胞衣技术推广面积逐年下降。2004年，建阳市"水稻种子包衣综合技术"获农业部全国农牧渔业丰收奖二等奖。2010年，推广面积占早稻播种面积的86.84%。

二、培育壮秧

1994 年，全市在小拱架薄膜育秧的基础上，推广水稻旱地育秧，育秧方式比原来的湿润育秧播种期提前 3—7 天，一般在 3 月初即可播种，使早稻减缓高温逼熟而获高产优质，并为双季晚稻避开秋寒安全齐穗创造条件。2000 年，水稻旱地育秧 1.56 万公顷。2010 年，水稻旱地育秧 2.38 万公顷。2009 年，市农业局开展水稻超级稻“五新”（新品种、新技术、新机具、新肥料、新农药）集成推广示范项目，主攻单产，全面提升水稻综合生产能力。根据实际，推广“特优 180”等高产水稻新品种，烟后超级稻和水稻机插高产栽培技术等增产技术及水稻专用肥，苏云金杆菌、甲维盐等 8 种新农药。在 18 个村建立 31 个示范点，展示“五新”技术。

三、栽种技术

1994 年，推广水稻垄畦栽技术。既将稻田做成畦或垄，稻插畦或垄上，可改善土壤的通透性，促进土壤养分分解，保持水稻根系活力，防止早衰，采用这项技术可使低产田每公顷增产稻谷 0.75—1.13 吨，高的有 1.50 吨。特别适合烂泥田耕作，增产尤为显著。

1995 年，推广再生稻技术，既提早单季播种期，收割后，通过加工加肥，使其再生，由原来一季单季稻多收 2 季再生稻，因为其省工、省本的特点受农民欢迎，

1996 年，全市推广水稻软盘育秧抛栽技术，抛栽技术改变农民几千年来水稻插秧“脸朝黄土背朝天”现象。1 个纯劳力 1 天只能插秧 0.05 公顷左右，但能抛秧 0.33 公顷左右。抛秧返青快，分蘖多，有效穗多，亩增 50 公斤左右。既减轻劳动强度，且提高工效。

2005 年，再生稻种植面积 2986 公顷。2010 年，推广再生稻 3666.67 公顷，是种植再生稻户数最多、面积最大的年份。再生季成功面积达 0.27 万公顷以上，再生季平均亩产 212.30 公斤，两季平均亩产达 831 公斤，其中，示范片再生平均亩产 259.70 公斤，　两季平均亩产 950.90 公斤。

第四节　改土施肥

一、测土配方施肥

2000 年，建阳市开始推广测土配方施肥技术。2001 年，在书坊乡开展耕地养分调查。2006 年，建阳市列为省级测土配方施肥重点，开展测土配方施肥的一系列工作，利用 GPS 卫星定位仪和专家咨询系统开展电脑配方，投入资金 300 万元，采样 1000 个点，共取土样 4000 个，进行化验、分析 3 万项次，测定土壤氮、磷、钾、有机质、酸碱度以及中微量元素养分含量。根据土壤养分丰缺情况，提出配方施肥建议，编写印刷《建阳市测土配方施肥技术手册》6 万本，并做到全市每个农户有 1 张施肥建议卡。至 2007 年，全市普及推广测土配方施肥，面积 1.80 万公顷，占全市种植水稻面积的 92.65%。在推广测土配方施肥的同时，开展多种作物的“3414”（是指氮、磷、钾 3 个因素、4 个水平、14 个处理，小区随机排列）田间配方施肥正交试验，为完善测土配方施肥积累可靠的科学数据。2010 年，推广水稻测土配方施肥面积 2.40 万公顷，建立测土配方施肥示范片 58 个，示范面积 387 公顷，发放测土配方施肥技术手册 5 万册，193 个村测土配方施肥化验结果和施肥建议上墙，肥料科普小常识 1000 份。平均每亩增产 31.20 公斤，共增产粮食 1123.20 万公斤，平均每亩增收节支 58.86 元，共增收节支 2118.96 万元。至 2010 年，止累计推广测土配方施肥 8.31 万公顷，平均每亩增产稻谷 27.90 公斤，总增 3480.28 万公斤，每亩节支 46.30 元，共节支 5774.84 万元。

2010 年建阳市双季早稻不同土壤测土施肥配方情况表

表 9-3-1　　单位：斤 / 亩

土壤类型	肥料品种、施肥量			
	碳铵	尿素	过钙	氯化钾
乌泥田	55	10	25	20
黄底乌泥田	65	10	25	20
青底乌泥田	55	10	50	20
灰泥田	65	15	25	20
黄底灰泥田	70	15	25	20
青底灰泥田	65	15	25	22
沙底灰泥田	65	20	25	22
灰沙泥田	65	20	25	23
灰沙田	65	20	25	25
乌沙田	55	10	25	25
灰黄泥田	65	20	33	20
紫泥田	65	20	25	20

2010 年建阳市双季晚稻不同土壤测土施肥配方情况表

表 9-3-2　　单位：斤 / 亩

土壤类型	肥料品种、施肥量			
	碳铵	尿素	过钙	氯化钾
乌泥田	60	10	25	23
黄底乌泥田	70	10	25	25
青底乌泥田	60	10	30	25
灰泥田	70	15	25	20
黄底灰泥田	75	15	25	20
青底灰泥田	70	15	25	25
沙底灰泥田	70	20	25	25
灰沙泥田	70	20	25	25
灰沙田	70	20	25	25
乌沙田	60	15	25	25
灰黄泥田	70	20	30	25
紫泥田	70	20	25	25

2010 年建阳市单季晚稻不同土壤测土施肥配方情况表

表 9-3-3　　单位：斤 / 亩

土壤类型	肥料品种、施肥量			
	碳铵	尿素	过钙	氯化钾
乌泥田	55	15	25	25
黄底乌泥田	65	15	25	25
青底乌泥田	55	15	30	25
灰泥田	65	20	25	22
黄底灰泥田	70	20	25	22

续表 9-3-3

土壤类型	肥料品种、施肥量			
	碳铵	尿素	过钙	氯化钾
青底灰泥田	65	20	25	25
沙底灰泥田	65	22	25	25
灰沙泥田	65	22	25	25
灰沙田	65	25	25	25
乌沙田	60	20	25	25
灰黄泥田	65	25	30	25
紫泥田	65	25	25	25
浅脚烂泥田	70	20	50	20
深脚烂泥田	70	20	70	20
冷水田	70	20	60	20
锈水田	70	20	50	20
青泥田	60	20	40	20
黄泥田	80	20	60	25
黄泥骨	90	20	80	30
黄泥沙田	80	20	70	25
灰黄泥沙田	70	20	50	25
黄沙田	80	20	50	30
沙层田	70	20	25	30
白鳝泥田	70	20	50	25
白底田	65	20	60	25

说明：以上施肥用量因各地土壤肥力有差异

二、土壤综合改良

土壤主要有冬闲田种植紫云英、稻草回田、果茶园种绿肥，以及通过中低产田改造、农业综合开发等方式进行改良。

（一）冬闲田种紫云英　1994 年，种植面积 3564 公顷。1998 年，市土肥站推广在单季稻田紫云英一次播种多年利用技术，解决购种难、留种难的问题，但种植面积却难以恢复到历史水平，当年种植面积 2145 公顷。2005 年，种植面积 987 公顷。2010 年，种植面积 356 公顷。

（二）稻草回田　推广稻草回田始于 20 世纪 70 年代初。由于做法简便易行，且行之有效，农民乐于采用，并形成习惯，1994 年稻草回田面积 5698 公顷。2000 年，稻草回田面积 4583 公顷，特别是烟草部门对稻草回田进行宣传、奖励，推动稻草回田的落实。至 2010 年，稻草回田面积 3569 公顷。稻田土壤有机质不降反升。

（三）种植经济绿肥　从 1987 年开始推广种植经济绿肥。1994 年后，圆叶决明等绿肥在建阳市山地果园的推广面积逐年扩大。2000 年，开始推广生态果园模式，果园“果、草、牧”综合利用。2001 年，开始先后引进国内外优良绿肥、护坡草种植，主要品种有“杂交狼尾草”“象草”“印度豇豆”“印尼乌绿豆”“宽叶雀稗”“百喜草”“香根草”以及来自澳大利亚的“圆叶决明”“白三叶”“平托花生”“南非马唐”“黑麦草”等。2006 年，南平市农科所陈华俤等人，在童游街道渡头村承包百亩即将荒废的果园，建立建阳市最大的“牧草种苗培育基地”，分别从非洲、哥伦比亚等地引进“杂交象草”“王草”“南木一号”3 种优质牧草，2007 年总产量达 750 吨，亩年收入 1200 元。由于“杂交象草”“王草”“南木一号”抗旱、抗病、抗寒能力强，适应各种土壤种植，易管理受农民欢迎。2010 年，全市种植绿肥 668 公顷。

（四）中低产田改造 1986 年起，实施农业综合开发改造中低产田项目，进行土壤改良。1990 年起，农业技术推广部门主要推广绿肥（紫云英、红萍）、秸秆还田、客土改良措施。但推广效果不理想，由于长期使用化肥，土壤不同程度出现板结或持水持肥能力下降。1996 年开始，在旱地试验推广使用土壤改良剂，改善土壤结构，增强土壤保水保肥能力，至 2005 年，土壤改良剂未推广使用。同时通过石彻沟，做“V”形槽，修建引水渠、机耕路、防冲堤、拦河坝、电灌站等手段，改善排灌条件，降低地下水位，进行土壤改良。2006 年，实施书坊乡省级商品粮基地建设项目及小湖镇实施标准农田示范片建设项目，合计投资 408 万元，改造中低产田 480 公顷。2005—2010 年，全市实施土地整理、农业综合开发项目，累计改造中低产田、建设标准农田 3533 公顷。

三、烟田施肥

1997—1999 年，建阳市用生石灰或白云石粉提高土壤 pH 酸碱度，以达到生产优质烟叶要求。1998—1999 年，推行稻草溶田技术，至 2000 年全面推行，改善土壤结构，减少根茎病、花叶病发生。为确保种烟效益，病虫害测报站设立，对病虫害进行测报调查，做到早发现、早防治。建阳烟区主要的病虫害有花叶病、根茎病和病毒病。全市推广综合防治措施，指导烟农选择使用青枯灵、敌克松、托布津、全叶宝等农药，禁止使用钾氨磷、呋喃丹等农药。2002 年，实行“四个 100%”，即 100% 推广斯美地熏蒸育苗，100% 采用白云石灰改良土壤酸碱，100% 推广硝酸钾苗床除草剂，100% 使用热风循环烤房。2006 年，推广商品化育苗，以简化育苗程序；推广稻草溶田，以改善土壤结构；推广“圣农”有机肥，改善烟叶的外观和实在质量；实行掀膜培土，改善烟叶成熟程度。2009—2010 年，推广平衡施肥技术，实现控氮控碱；推广漂浮育苗技术，培育健全秧苗；推广病虫综合防治技术，全面监控病害；推广初花打顶技术，培育合理株型。

第五节　植保植检

一、病虫测报

1994 年，建立系统测报点，定期调查病虫发生情况，坚持系统调查与大面积普查、核查相结合。在回瑶中心点、水吉、徐市、莒口等地设立 6 盏测报灯，在黄坑、童游、潭城等地设立稻瘟病、稻飞虱、美洲斑潜蝇、田鼠及蔬菜、果树等主要作物系统测报点 10 个，1996 年，利用虫情自动测报灯取代原有的白炽诱虫灯和黑光诱虫灯进行病虫情预测预报。同时，各乡（镇）配病虫情调查员，及时掌握大田病虫情发生、发展趋势。2001 年起，利用计算机技术对病虫发生情况进行远距离交流和数据分析，市测报站根据各乡（镇）上报信息，进行综合分析，做出病虫害防治时间、选用药剂、施药方法等预报，并编印《病虫情况》，发至各乡（镇）、村，各乡镇根据预测预报，结合当地情况具体实施。同时，市农业部门及时与农业部植保总站、省站加强预报、信息联通，上下形成测报网络。

二、病虫草鼠害综合防治

1994 年，开始在全市推广运用农业、化学、生物、物理等防治技术。2005 年，承担全国农技推广中心重大病虫害综合治理示范片建设、超级稻示范田的病虫害统防统治任务，在麻沙江坝村建立核心示范点 153.33 公顷，辐射面积 0.53 万公顷，指导和培训农户在水稻全生育期全程应用水稻病虫综合防治技术。

关键技术到位率达到80%以上，综合防治效果达到90%，减少化学农药使用2次，危害损失控制在3%以内，综防区1/15平方纳米 平均农药投入、人工投入比常规防治区分别减少5.80元、50元，综防区比常规防治区新增产量58公斤，增效益141.60元，比空白区增效益183.50元。建阳市先后推广18%杀虫双撤滴剂、5%锐劲特、好劳力、爱苗等新农药防治水稻螟虫；推广大功臣、70%神枪手、10%吡虫啉、噻·杀可湿粉、阿克泰、金好年、艾美乐、啶虫脒等新农药防治稻飞虱，推广克瘟散、瘟必克等新农药防治稻瘟病；推广代森铵防治水稻纹枯病；推广龙克菌等新农药防治水稻细条病。推广WS-18型喷雾器提高喷药工效。2001年起，随着绿色食品、有机食品生产基地的建立，基地作物敌害防治主要使用植物源农药和生物防治措施。2005年，常用的植物源和生物农药有绿宝7.50%鱼藤酮乳油、0.30%苦参碱水剂、爱禾牌0.30%印楝素乳油和白僵菌871菌粉、苏云金杆菌“Bt”及核型多角体病毒等。生物防治措施有种苗植物检疫、茶果园养鸡治虫、天敌利用、振频式杀虫灯等，减少农药使用，提高防治效果，减少污染。2010年，推广高效无公害农药3吨。

蔬菜种植中，在严格禁止使用高毒、高残留农药的同时，要求把握安全间隔期采摘，从源头上控制蔬菜农药的残留状况，创制与落实无害化蔬菜生产责任人制度。对市场及基地主要蔬菜品种进行不定期随机抽样检测，发布蔬菜农药残留信息，确保市民吃上“放心菜”。

三、有害生物疫情普查

2002年，对全市有害生物疫情进行普查，查清建阳市农业有害生物种类，分布及危害情况。对重点作物，重大病虫进行监测，水稻“三虫两病”（稻飞虱、螟虫、稻纵卷叶螟+稻纹枯病、稻瘟病）等，定专人定点系统监测。2010年，对水稻、柑橘、甘薯等3种主要农作物的有害生物开展普查，拍摄危害症状及有害生物形态照片34张，为防灾减灾提供科学依据。

四、农作物农产品检疫

植物检疫工作由市农业局病虫测报站负责。1994年之前主要进行场地检疫。1995年，开始对茶叶、食用菌、各类苗木、稻种等主要农作物农产品进出加强检疫工作，防止外来检疫性有害生物和病虫害的传入和扩散。1999年，开出检疫证1500份。2004年，在各主要作物的感病期和显病期进行产地重点检疫，其中，柑橘产地检疫调查43公顷次，杂交水稻制种基地检疫调查15公顷次，水稻9333公顷、玉米667公顷、烤烟67公顷、茶叶160公顷、蔬菜200公顷，发现有检疫对象及时进行扑疫。2008年，全市病虫草鼠害共发生7.64万公顷次，防治面积共10.46万公顷次，挽回粮食损失45221.40吨，因病虫害造成的损失达4983.61吨，总体防治效果达86.30%。柑橘、蔬菜、茶叶等农作物病虫害发生面积2.61万公顷次，防治面积3.62万公顷次，挽回损失9873.40吨，仍损失1004.30吨，总体防治效果达89.50%。全市13个乡镇场均组织统一灭鼠，农田灭鼠面积7534公顷，示范户15416户，投放毒饵2.86万千克。2009年，推行“公共植保”和“绿色植保”，以防灾减灾为中心，开展统防统治，引进推广植保新技术、新农药，提高防治水平、防治效果、防治效益，减少用工、用药、污染。2010年，重大病虫鼠害防治面积占应防面积的95%以上、统防统治和绿色防控面积覆盖率达20%以上，粮食作物重大有害生物总体危害损失率控制在5%以内，经济作物重大有害生物危害损失率控制在10%以内，农区鼠害平均综合密度控制在3%以内。全年水稻各种病虫草鼠害共发生面积6.84万公顷，防治面积9.79万公顷，共挽回粮食损失4.05万吨。

第四章 养殖业

第一节 畜禽养殖

一、家畜饲养

猪 1994年以散养为主，全市出栏生猪8.58万头，年末存栏生猪10.59万头。1995年以前，主要饲养本地的品种，如“闽北花猪”“武夷黑猪”，通过与“中约克”杂交来提高生产性能。之后，带有太湖猪血统二元杂交仔猪的引入，生产性能大幅提升，建阳市逐渐开始饲养太湖母猪“大约克”“长白”“杜洛克”等品种。一些规模养殖场开始自己培育二元母猪（长白×太湖、大约克×太湖）。1998年，市农业局大规模从江苏调入太湖母猪分发给各乡镇农户饲养，通过与杜洛克杂交，生产三元仔猪。随着农村劳动力的转移和饲养成本的上升，农村生猪散养量逐年下降。2000年，全市出栏生猪11.32万头，年末存栏生猪10.71万头，是年开始饲养外三元商品猪，即长白与大约克杂交后再与杜洛克杂交的后代。2008年，清旺牧场在专家的指导下，实施“猪—沼—果—草”循环利用模式，初步实现循环高效利用。2010年，有生猪基地养猪专业户356户，完成峰光规模生猪养殖标准化建设，项目共投入资金127万元；全市出栏生猪 8.51万头，年末存栏生猪11.47万头。

牛 主要有水牛、黄牛、奶牛3种。水牛以闽东水牛和广丰水牛为主，1994年末，存栏6769头。1994—1996年，在各乡镇扶持肉牛养殖，从安徽等地大批调入杂交黄牛，扶持农户饲养，由于饲养管理以及品种的适应性等问题，没有推广成功。2000年末，存栏6559头。2002年，在徐市镇、莒口镇、水吉镇分别引进长富集团27牧场、28牧场、33牧场，各占地13.33公顷左右，建成饲养超千头的现代化奶牛养殖场，主要饲养荷斯坦奶牛。至2010年，3个牧场奶牛存栏达到4500头。鲜奶平均单产约8吨。为南方奶牛养殖较高水平。2010年末，存栏7441头。

羊 1994年末，山羊存栏541头。2000年，市农业局联合莒口镇畜牧兽医站从四川南江黄羊原种场引进南江黄羊356头。2001年，莒口镇南江黄羊繁育中心成立，向全市推广。2005年末，存栏2.49万头，出栏2.05万头。至2010年。山羊出栏1.73万头，年末存栏2.05万头。

二、家禽饲养

1994年，全市出栏115.93万羽，家禽期末存栏111.35万羽；禽蛋产量7221吨。2010年，出栏208.48万羽，存栏127.52万羽；禽蛋产量1.25万吨。

鸡 1995年后，建阳市开始出现肉鸡规模养殖，主要以当地土鸡和麻鸡为主，养殖方式以冬闲田养殖和山地、果园饲养为主。2000年，创办的小湖镇腾南养殖场，从事肉鸡饲养，平均存栏2万羽，年出栏15万羽肉鸡，主要销往浦城、建瓯、南平等地。黄坑镇新峰村村民揭恭兴创办“高山绿色生态养鸡场”。2003年，引进罗曼蛋鸡2万只，在水南村、麻沙林场等地饲养。2008年，向北京奥运村特供5000羽“高山竹林鸡”。规模蛋鸡饲养主要在麻沙镇，2008年改为饲养海兰褐3万羽。2010年，发展到4万羽，品种主要是海兰褐和部分海蓝灰。

鸭 建阳市是南平市传统养鸭大县，特别是后备母鸭饲养量大，质量好，远销江浙一带。1996年，市农业局从省农科院引进的肉鸭优良品种白羽半番鸭，由将口镇陈小文鸭场饲养，经多年的推广，发展到相邻的县市区。2005年，全市饲养26万羽，至2010年，全市饲养40万羽左右，形成一定规模。

鹅　1994年，主要饲养闽北白鹅，灰鹅饲养量较少。2000年后，从浙江的江山一带成规模调进浙东白鹅，闽北白鹅饲养量开始逐年减少，仅在南浦溪沿岸的水吉、回龙、漳墩等乡镇散养。2010年，全市饲养鹅12万羽。

三、畜禽疾病防治

（一）疾病种类

猪病主要有病毒性传染病有猪瘟、伪狂犬病、猪传染性胃肠炎和流行性腹泻、猪轮状病毒感染、乙型脑炎、细小病毒、猪呼吸道和繁殖障碍综合征（PRRS）、断奶后多系统衰竭综合征（PMWS）、猪呼吸病综合征（PRDC）。细菌性传染病有猪丹毒、猪肺疫、猪链球菌病、猪水肿病、仔猪黄白痢、猪萎缩性鼻炎、猪喘气病、猪放线杆菌胸膜肺炎、猪猝死症、沙门氏菌病。寄生虫病有弓形虫病、鞭虫病、蛔虫病。牛病主要有结核病和布鲁氏分枝杆菌病。

禽病主要有鸡新城疫、鸡法氏囊病、鸡减蛋综合征、番鸭细小病毒病、鸭瘟、鸡的慢呼（霉形体大肠杆菌综合征）、鸡球虫病、鸭疫里氏分枝杆菌病、鸭大肠杆菌病、禽霍乱、鸭病毒性肝炎、鸡白痢、鸡痘等传染病，以及蛔虫、绦虫、吸虫，住白虫等寄生虫病。

（二）防治

每年在春、秋防等集中进行的畜禽免疫。自2002年起，市农业局就开始组织兽医技术人员对长富集团3个奶牛场后开展奶牛结核病和布鲁氏分枝杆菌病的监测，对发现阳性牛进行无害化处理。同时，加强动物及动物产品检疫，全市共设置12个动物产地检疫申报点，22名动物检疫人员。2004年，市农业局开始筹建畜产品质量安全检测项目。2005年，招聘村级动物防疫员。猪瘟、口蹄疫、禽流感列入国家强制免疫病种后，各乡镇开始组织防疫队伍进行春秋2次集中免疫，同时，开展月免疫日制度，确保免疫密度达到国家要求。2008年，对高致病性蓝耳病（高热病）实行强制免疫病，通过及时到位的防疫免疫，确保了全市生猪、家禽和牲畜死亡率分别控制在5%、13%、1%以下，全年没有发生重大动物疫情。

2010年，完成麻沙、水吉等10个乡镇2009年度总投资90万元兽医站规范化建设，提升全市动物疫病防控水平。全市共免疫家禽禽流感200.98万羽、猪口蹄疫免疫14.69万头、猪瘟15.35万头、牛羊口蹄疫病免疫1.58万头、猪蓝耳病免疫13.23万头，各项免疫密度均达100%；投入3.40万元开展夏季消毒灭源工作，消毒55.30万平方米，消毒覆盖193个行政村、13个屠宰场、21个市场、59个规模畜禽养殖场；完成禽流感免疫监测296头份，猪口蹄疫监测228头份、猪瘟免疫监测228头份、鸡新城疫免疫监测129头份；完成奶牛结核病免疫监测4497头，布鲁氏杆菌病免疫监测3814头；加强免疫溯源管理，对规模养殖场和乡镇畜牧兽医负责人进行免疫标识管理培训，5家规模场自行在网上申报免疫情况，免疫家畜均有免疫标识。

第二节　水产养殖与捕捞

一、资源

（一）水域资源

建阳境内溪流纵横，崇阳溪、南浦溪、麻阳溪流域面积较大。由于水利水电开发，扩大和优化水域资源。全市可开发的水产水域面积2.19万公顷。建阳市稻田面积较大，稻田养殖面积达300公顷，2005年，稻田养殖370公顷。2008年稻田养殖面积达357公顷，2010年，稻田养殖393公顷。

（二）生物资源

浮游植物有绿藻类、蓝藻类、裸藻类、硅藻类、黄藻类、甲藻类、金藻类等。

蜉蝣动物有轮虫类、枝角类、桡足类、节足动物类等。

底栖动物主要有水生寡毛类的水蚯蚓、水生甲壳类的丰年虫、虾蟹类、软体动物的螺、蚌、蚬和水生昆虫幼虫等。

水生植物中挺水动植物有芦苇、莲、轮叶黑藻、茭白、孛荠、稗草等。

浮叶植物有菱、芡实等；漂浮植物有小浮萍、满江红、青萍、水浮莲等。

（三）鱼类品种资源

建阳市溪河水域鱼类品种有 15 个科 51 属 83 种，其中，鲤科 47 种，占 56.63%；鲍科 8 种，占 9.64%；脂科 5 种，占 6.02%；鳅科 4 种，占 4.82%。建阳市养殖的主要鱼类有草鱼、青鱼、鲢鱼、鳙鱼、三角鲂、异育银鲫、细鳞斜颌鲴、南方大口鲶、胡子鲶、倒刺鲃 、赤眼鳟、美国大口胭脂鱼、罗非鱼、淡水白鲳、巴西鲷、加州鲈鱼、鳗鲡、泥鳅、黄鳝及南美白对虾等。其他水产动物中两栖类有棘胸蛙、虎纹蛙、美国青蛙、牛蛙等；爬行类有龟、鳖等。

二、养殖

1994 年，建阳市推广池塘高产养殖技术，开展种草养鱼，推广鱼鸭混养，是年，全市养殖总面积 796.80 公顷，总产量 2867 吨，总产值 1786 万元。1994—1996 年，开始淡水养鳗，渔业总产值由 1991 年 554 万元提高到 1995 年的 5931 万元。生产商品鳗全部销往日本。1998 年，受亚洲金融危机和“6·22”特大洪涝灾害影响，养鳗业不景气，部分资金缺少的鳗场主弃场逃跑，造成较大经济损失和债务纠纷。

21 世纪初，全市推广“鱼—沼气”“鱼—果”“鱼—蔬菜”“鱼—猪”“鱼—鸭”等配套养殖模式；推广 80：20 养殖模式及小型水库精养高产技术，提高渔农经济效益。2000 年，市政府重新调整扶持特种水产发展的优惠政策，全市土池养鳗开始逐年增加，淡水养鳗业再次兴起，2004 年，养鳗业协会成立，鳗业管理逐步实行行业自律。出口鳗鱼实行登记报备制度，鳗鱼养殖控制用药频率，实行健康养殖和无公害养殖。鳗鲡养殖户达 20 家，养殖面积 231 公顷，产量 2705 吨，产值 10384 万元。2005 年，政府取消鳗鱼特产税，扶持鳗鱼生产，当年淡水养鳗产量高达 2935 吨。是年，全市养殖总面积 1784 公顷，总产量 9711 吨，总产值 20084 万元。2006—207 年，建阳市改造低产池塘 253 公顷，推广池塘高产综合养殖技术 66.67 公顷。2007 年，建阳农业部门努力优化渔业生产结构，推广翘嘴红鲌、倒刺鱼巴、加州鲈鱼、赤眼鳟、建鲤、彭泽鲫等优质高产品种养殖，满足市场对鱼类产品的多样化、多层次的需求；全市有鳗鱼养殖 20 家，养殖面积 249.30 公顷，产量 3295 吨，产值 15873 万元，产品以出口为主。2008 年，稻田养殖面积达 357 公顷，总产量 190 吨。同年，鳗鱼价格下降，压池现象严重。之后由于市场因素，养鳗场萎缩。2009—2010 年投资 720 万元，实施标准化池塘改造 115 公顷。标准化改造的池塘可使养殖效益提高 40% 以上。2010 年，全市淡水养殖总面积 965 公顷，总产量 8194 吨，总产值 23521 万元。

三、捕捞

1998 年，建阳市畜牧水产局建立麻阳溪、崇阳溪及南浦溪建阳河段水产增养殖保护区，对溪河人工增养殖开发作出具体管理规定。渔业部门组织在南浦溪放流中华绒螯蟹、扣蟹 530 万只，在南浦溪、崇阳溪、麻阳溪放流草鱼、鲢鱼、鳙鱼、鲤鱼、翘嘴红鲌、三角鲂等鱼苗、鱼种 737 万尾。2006 年 4 月，市政府同意南浦溪河段实行承包开发。同年 4 月，渔民共出资 20 万元，向该河段投放蟹苗 360 万只；徐市镇渔民个人出资，购买 5 万尾冬片鱼苗，在徐宸溪进行人工增殖放流。通过河段承包管理、人工放流等手段，市内自然水域渔业资源得到较好的恢复与发展。2008 年，向南浦溪放流中华绒毛蟹扣蟹 1600 万只，向崇阳溪放流草鱼苗 400 万尾；开放崇阳溪震前电站河段库区拦网养鱼 10.67 公顷；在雷公口库区开展拦网养殖虹鳟鱼 20 万尾；在麻阳溪西门电站库区新发展网箱养鱼 280 箱；引导近郊水库发展垂钓休闲渔业，提高综合效益。

2009年7月，为保护闽江上游水域生态系统和具有较高的经济价值和科学研究价值的水生生物资源，保持生物资源多样性，市畜牧水产局对麻阳溪黄墩电站至崇阳溪汇合处13公里河段，南浦溪回龙浒州至大湖电站25公里河段，崇阳溪芦上电站至宸前电站22公里河段设为溪河水产增养殖保护区。

2010年，在麻阳溪投放毛蟹苗1000万只，草鱼、鲢鱼等鱼苗100万尾；在崇阳溪、南浦溪的5个投放点，共投放大规格草鱼、鳙鱼、鲢鱼等鱼苗107万尾。

1992—2010年建阳市畜牧、水产生产情况表

表9-4-1　单位：只、吨、公顷

年份	牛期末年存栏（头）	生猪当年出栏（头）	生猪年末存栏（头）	羊年末存栏（头）	家禽当年出栏（只）	家禽期末存栏（只）	禽蛋产量（吨）	水产品养殖面积（公顷）	水产品产量（吨）
1992年	6905	77451	100897	500	815523	1053661	4913	546	1935
1993年	6923	76386	98920	400	916830	1084056	5112	674	2258
1994年	6769	85840	105899	541	1159259	1113463	7221	797	2867
1995年	6619	91776	96757	2621	1378156	1446444	8409	901	4623
1996年	7007	93050	92745	8391	1745249	1399158	8939	921	5173
1997年	7957	96654	95597	10069	2129203	1580048	11466	1077	5744
1998年	7909	106291	95931	11163	2186363	1630229	12170	1103	5963
1999年	7671	102372	95997	6155	2544799	1592806	13254	—	7039
2000年	6559	113163	107131	6167	2898353	1688408	14230	1311	8195
2001年	6064	122441	115408	6664	2990123	1705090	13567	1466	8630
2002年	5778	138370	129579	16994	3691265	1948467	14683	1575	9419
2003年	10046	147009	147286	18583	4023168	2315395	15147	—	10247
2004年	10163	154360	154730	21595	4220126	2481339	15627	116	10975
2005年	9877	169174	159328	24886	4408444	1897791	16553	1784	11362
2006年	10233	179998	158683	26447	4557009	2031337	17098	1864	12013
2007年	7181	76193	98538	17797	1888907	1126412	14094	1915	12893
2008年	7521	82468	1017111	8950	2004086	1194371	11684	933	7260
2009年	7630	83648	110027	20522	1993619	1231915	12087	—	7739
2010年	7441	85080	114686	20487	2084788	1275243	12518	965.30	8194

第五章　农业开发

第一节　基本农田建设

1986年起，实施省级商品粮基地建设、改造中低产田项目。2001年，开始实施国家农业综合开发改造中低产田项目建设和省级标准农田项目建设。1999—2005年，全市商品粮食基地建设总投资1762.05万元（主要由中央财政和省财政出资，地方配套部分），改造中低产田1752公顷。2006年，实施书坊乡省级商品粮基地建设项目，投资243万元，改造中低产田360公顷；在小湖镇实施标准农田示范片建设项目，投资165万元。合计投资408万元，改造中低产田480公顷。2006—2007年，在莒口镇东山片农业综合开发项目区总投资236.36万元，改造中低产田287公顷，建设沼气池212口，新建拦河坝2座，各种沟渠总长达18.80公里，机耕路长3.80公里，使当地农田水利设施更加完善配套，排灌条件大大增强，使53公顷农田得到灌溉，同时，改善66.70公顷农田灌溉，节水措施年可节约水量80万立方米，增加机耕面积153公顷，受益农户876户。2007—2008年，建阳市在崇雒乡实施的商品粮基地农业综合开发总投资273万元，改造中低产田333公顷，工程包括新建拦河坝1座，衬砌沟渠10.20公里，机耕路6.56公里，直接受益农户891户。2010年，完成2008年度莒口茶坃、社州财政支农资金土地整理项目，项目总投资495.78万元，平整土地147公顷；完成小湖镇马坑、尹宅村2009年度省商品粮基地县实施国家农业综合开发土地治理改造中低产田200公顷，项目总投资192万元。

通过中低产田改造使农田形成田成方、路相通、渠成网，旱涝保收，且适于机械化耕作。2005—2010年，投资8566万元实施“整县推进现代烟草农业试点县”建设，建设高标准（农）烟田1133公顷、土地整理545公顷。

第二节　节能环保

一、农村节能

1993年，市农业局能源办公室在农村推广沼气节能技术。1994年，实施农村能源综合基地建设。至1994年底，全市各项节能工作取得明显效益。1996年，建阳市获列为福建省农村能源综合建设县。至2000年，共投入建设资金200万元，形成年新增开发和节约能源9865万吨标准煤的能力。通过营造薪炭林体系，推广小型高效沼气池（新建农村户用沼气池 5.60万口）。2003年，建阳市向省委、省政府申报“沼气工程建设项目”试点县。2005—2010年，全市投资350万元，建设户用沼气池3.60万口。

二、农业环保

1990年起，农技部门在实施生产技术推广时，把保护土壤、防止水肥流失、防止农作物生产环境及其产品遭受污染作为重要工作内容。1994年，开始禁止使用有机氯农药，在水田中尽量不使用含氯化肥，推行多使用农家肥、绿肥少使用化肥，保护土壤微生物生存环境。1998年开始，在新建茶果园生产规划时，推广“帽、带、鞋”防止水土流失，路边、角地、行间、坎边、梯壁推行种植遮阴树，建好水源开辟蓄水池。至2010年，新建茶果园普遍推行环保新标准，种植业污染，畜牧、水产养殖业污染得到遏制。

第六章　管　理

第一节　机　构

1994年，建阳市与农业有关的主要机构有县委农委、农业局、畜牧水产局、茶叶局等4个委局；有农机站、农科所、食用菌办公室、园艺场、农业利用外资办公室等5个站办所；种子公司、种子管理站（1994年成立，与种子公司合署办公2块牌子、1套人员）、良种场、种畜草种场、综合农场、农业创汇办、南林茶场等7个企事业单位。2010年，建阳市与农业有关的主要机构有农村工作领导小组办公室、农业局、畜牧水产局等3个办局；有农机站、农科所、食用菌办公室、外资办、园艺场等5个站办所；还有种子公司、良种场、种畜草种场、综合农场、农业创汇办、南林茶场等7个企事业单位。

中共建阳市委农业委员会　1994年隶属于市委的工作部门，行政编制10人，内设办公室、生产股、政策法规股等股室。2002年，市政府进行新一轮机构改革，撤销农业委员会。

建阳市农业局　主管农业和有关农村工作的市政府工作部门，为正科级单位。1994—1997年，农业局机关内设综合办公室、政策法规股、科技教育股等3股室，行政编制13人。1997年，植物保护站更名为植保植检站，茶叶技术指导站成立。1997年，全局（含乡镇站办）有干部职工134名（机关行政编制10人、事业编制134人）。2002年，市政府进行新一轮机构改革，保留农业局，加挂“畜牧水产局”牌子，乡镇企业局并入农业局，对外挂牌。2005年，将农业局承担的乡镇企业管理的职能划入经济贸易局，并将挂在农业局的乡镇企业局改挂在经济贸易局。2005—2010年，市农业局机关内设办公室、渔政管理股、科教外经股、养殖业管理股、种植业管理股、政策法规股等6个股室；局本部有全额事业机构：局本部有全额事业机构：农业技术推广站、农业执法大队、农村经济经营管理站、土壤肥料技术推广站、植保植检站、经济作物技术推广站、种子管理站、茶叶技术指导站、食用菌办公室、畜牧兽医站、水产技术推广站、农业区划办公室等12个；有其他事业单位：农业科学教育站、农业广播电视学校建阳分校、农业信息中心、农业市场与经济信息工作办公室、“969155”农业服务热线、绿色食品管理办公室、农村环保能源站、动检所、渔政管理站等9个。全局120人，其中，在职员工61人，离退休59人。核定行政编制13人，事业编制61人，自收自支编制3人，差额拨款编制3人，其中，农技站7人，经管站6人，土肥站5人，植保站4人，经作站4人，执法大队6人，种子站8人，茶技站3人，区划办3人，食用菌办1人，兽医站3人，疫控中心4人，水技站3人，另有差额拨款3人。

建阳市茶叶管理局　1994年，行政编制10人，下设茶叶公司，人员12人。1997年11月，撤销市茶叶管理局，人、财、物并入市农业局，市茶叶技术指导站成立，为事业单位，核定全额拨款5名。原市茶叶公司的2名干部调整安排，另10名职工辞退，安置补偿费每年工龄补偿800元。

畜牧水产局　1994年，下设兽医站、水产站，局机关行政编制14人、乡镇专业技术人员25人。1997年6月，建阳市畜牧水产局合并到农业局，加挂畜牧水产局的牌子。1998年，《中华人民共和国动物防疫法》实施。1999年，动物防疫监督所成立，与畜牧兽医站实行2块牌子、1套人员。2000年，畜牧兽医站和农技推广站及农机管理站合并组建科特派工作站。2005年，招聘村级动物防疫员192人。2008年，撤销市畜牧兽医站、动物防疫监督所，组建建阳市动物疫病预防控制中心、建阳市动物卫生监督所、建阳市畜牧站，核定人员编制分别为4人、4人、3人；各乡镇重新组建畜牧兽医站，人员编制2—4人，均为财政全额核拨事业单位。

农业机械管理总站　1994年，农业机械管理站内设综合管理股、农机监理股、农机推广股、农机培训股等4个股室，有21人。2002年，更名为农业机械管理总站。2010年，内设综合管理股、农机监理股、农机推广股、农机培训股等股室，有21人。

农业科学研究所　1994年行政编制11人（7个干部，4个职工），均为财政全额核拨事业单位。内设办公室、生产股、财务室等3个股室。至2010年机构不变。

建阳市农业综合开发领导小组　1994—2001年，挂靠市农业委员会。2002—2004年，挂靠市财政局。2005年，建阳市农业综合开发办公室成立，为财政局下属事业单位。

第二节　农村经济体制改革

一、土地承包与流转

1993年开始，建阳市政府按照“依法、自愿、有偿”的原则，推进农村土地适度规模经营，提高农民土地承包收益。旨在通过优化配置农村土地资源和农村劳动力资源，实现农村土地有序流转、农民专业合作社建设以及现代农业规模经营“三个转子”一起转，促进现代农业发展，推动新农村建设。2008年，开始按照依法自愿有偿原则，允许农民以转包、出租、互换、股份合作等形式流转土地承包经营权，发展多种形式的适度规模经营。土地承包与流转有效遏制土地撂荒，改善农业基础设施。至2010年底，全市土地承包经营权流转面积4676.87公顷，占家庭承包耕地面积的16.66%，其中，转包面积1886.13公顷，占土地流转面积的40.33%；出租面积2173.80公顷，占46.48%；互换面积520.47公顷，占11.13%；转让面积72.47公顷，占1.55%；其他流转形式的土地面积24公顷，占0.51%。

二、调整经济结构

1994年起，建阳市以乡镇企业为主的二三产业在农村经济结构中的比重不断提高。乡镇企业开展多渠道、多形式的招商引资，引进并新上1批项目，增强乡镇企业总量规模和发展后劲，1996年底开始，建阳市逐步在乡镇企业实行改革，按照“一厂一策”办法筹集改革成本，实施企业改制。同一时期，深化农村各项改革，实施科教兴农和可持续发展战略，发挥资源优势，发展创汇创税农业。1998年，乡镇企业成为全市新的经济增长点，总产值为20.32亿元，比1993年增长125.30%，年均递增17.64%。

1998—2003年，全市新建高优农业示范基地160片，面积0.37万公顷，优质稻比重增加到82.50%。发展茶叶、竹业、果业、畜牧业等重点产业及特色农产品基地，引进长富集团创办3个奶牛场，新上隆圣食品、永龙食品等1批农产品加工龙头企业，发展水吉锻压件厂、麻沙亚亨蓄电池等1批骨干乡镇企业。2003年，乡镇企业实现产值20.70亿元。

2006年，全市农林牧渔业总产值比2003年增长20.60%，年均增速达6.40%；农民人均纯收入为2003年的1.35倍，年均增速达10.60%。烤烟、竹木、茶果等3大主导产业占农林牧渔总产值35.20%，比2003年提高19.50个百分点。发展规模以上农业龙头企业38家，比2003年增加20家，实现产值10.50亿元，比2003年增长45%。粮经作物种植比例调整到63:36。

2007—2010年，进一步优化农业结构，烤烟、竹木、茶果等3大特色农业，3大特色农业占农林牧渔总产值38.20%，提高3.50%；建立2个无公害、绿色、有机茶示范基地，茶叶产值达2.40亿元，同比增加226%。2010年，全市有规模农业龙头企业达62家。

三、农村工作机制创新

2003年，开始落实“南平机制”，实行“重心下移”，村党支部书记、科技特派员等下派队伍在基层相互融合，完善村级“八大员”（农业技术员、土地规划协管员、综治协管员、文化协管员、计生管理员、畜牧兽医员、林业员、公共卫生员）队伍，增强农村基层活力。推进集体林权制度改革，完善集体林经营体制，建立规范有序的林木所有权和林地使用权流转机制，明晰山林产权，调动非公有制经济造林、护林、营林积极性。

第三节 农村经济管理

一、财务管理

1994年，全市190个村有村级财会人员380人，其中，村会计190人、出纳190人。财务会计制度执行农业部、财政部制定的《村合作经济组织财务制度（试行）》（以下简称“财务制度”）、《企业会计制度（试行）》。从当年开始，市、乡2级经管站对村集体财务进行年度审计和村干部任期和离任经济责任审计、信访重点村和征地补偿费专项审计等审计工作。1997年，实行农业部、财政部修订定的《财务制度》《会计制度（试行）》。2001年开始，针对村集体征地补偿费进行专项审计。2002年，《福建省村集体管理条例》出台后，取消收费项目。规定审计经费列入农业部门行政管理经费，由同级财政安排。市人大组织有关人员对贯彻执行《中华人民共和国农民专业合作社法》情况进行专项执法检查。

2004年，全市190个村实行“村账托管”，取消村会计（村集体的会计账由村委会召开村民代表会议讨论通过，委托给各乡、镇、街道的 “会计服务中心”代理记账），各村只设1名出纳兼报账员，每月或每季（最长不超过3个月）报账1次，会计服务中心采用电算化记账后，编制财务公布表，并在《村务监督小组财务收支公布登记簿》上登记，交村务监督小组审核并公布。村级财务收支凭证均须经村级民主理财机构——村务监督小组审核、加盖“村务监督小组财务审核章”、监督小组组长签字并在《原始凭证审核记录簿》上作记录；支出凭证还要有经办人、证明人写明事由并签字。300元以内的由村主任直接审批；300—1000元，经村支书审核、主任审批；1000—10000元，须经村两委会议讨论通过，村支书审核，主任审批；1万元以上，须经村民代表会议讨论通过，村支书审核，主任审批。有关讨论村财开支的两委会议和村民代表会议，村务监督小组长必须列席会议，并在《村务监督小组重大经济事项讨论记录簿》上做好会议记录，记录入账联要与支出原始凭证一并入账。2008年11月，举办“全市农民专业合作社财务会计制度培训”，执行财政部制定的《村集体经济组织会计制度》。全市18个合作社和各乡镇会计核算中心42人参加学习。从当年5月份开始，在全市实行村集体财务1月1公开，至2010年不变。

二、生产管理

（一）合同管理

1994—1996年，市、乡两级经管站在管理承包合同时，对合同鉴证、调解和仲裁收取一定的管理费。1997—2002年，按照相关精神提高农业承包合同管理收费标准。2003年起，农村税费改革，取消农业承包合同管理收费项目。为加强村级农业承包合同的管理，市经管站设计《农业承包合同管理台账》，由村级报账员负责登记。台账的建立方便长期承包合同的查阅，杜绝合同不及时归档和合同书遗失的现象。至2010年，市农业承包合同管理面达95%。

（二）劳动力转移管理

2004年，市委、市政府农村剩余劳动力转移服务中心成立，对农民工的岗前培训实行“阳光工程”。经过“阳光工程”培训输出的劳动力2500个，经组织输出的劳动力1900个。2006年、2007年，分别转移劳动力5266个、5647个。至2010年，共转移农村富余劳动力2.66万个。

三、农村合作基金会整顿

1992年成立，基金会的资金主要来源于村集体闲置资金和农民的欠转贷资金，资金以短期、小额的形式全部投向农村、农业和农民。13个乡镇农村合作基金联合会以高于银行近1倍的存款利率吸收公众存款。1995年，为规范乡、村合作基金会的管理，市农业局成立建阳市农村合作基金会管理办公室，农村合作基金会迅速发展。农村合作基金会高息吸收公众存款，超过农民对资金的需求，基金会面临大量资金积压，出现严重亏损。大量资金沉淀。1999年，国务院要求对全国的农村合作基金会进行清理整顿，建阳市共有63个农村合作基金会，其中，乡级13个、村级50个，存、贷款余额均达2200万元。2000年12月，由各级财政担保，借给有兑付困难的各级基金会，用于兑付会员存款。建阳市共向财政借款1600万元，会员存款得以全额兑付。2000年12月31日，全市农村合作基金会关闭。

四、减轻农民负担

1996年6月，建阳市减轻农民负担清理领导小组成立，开始对农民负担工作进行监督。1997年7月，成立农民负担监督管理领导小组，下设办公室负责日常工作。13个乡（镇）、街道办事处成立相应机构。同年，对全市31个涉农收费单位呈送的82项收费，提供的111件文件进行清理和审核。1996年起，加大监管力度，抓规范化管理，全市没有出现村提留乡统筹费突破5%的村，没有出现违反中央规定的现象，面向农民的乱集资、乱收费、乱罚款和摊派现象得到遏制。1997—2002年，以“三个确保”（确保不出现村提留、乡统筹费突破5%，确保不出现违反中央规定出台加重农民负担项目现象，确保不因出现农民负担引发的恶性案件）为目标，强化农民负担监管。推行农民负担预决算、立项登记、统一票据、监督卡、财务公开和专项审计等制度，落实党、政一把手负责制和工作部门责任制，清理、审核涉农价格和收费，调处农民负担信访件，开展农民负担专项执法检查。全市实行预决算制度的乡（镇）、街道达100%，农民负担监督卡入户率达100%。

2003年10月开始，开展农村税费改革工作（税收），目标是达到省规定的农民总体减负60%以上要求。12月25日前，向农民预收的“三提五统”（村级三项提留和五项乡统筹。“三提五统”中村提留是村级集体经济组织按规定从农民生产收入中提取的用于村一级维持或扩大再生产、兴办公益事业和日常管理开支费用的总称。包括3项，即公积金、公益金和管理费。“五统”是指农民上交给乡镇一级政府的5项统筹。包括教育费附加、计划生育费、民兵训练费、乡村道路建设费和优抚费。）款全部清退完毕，同时转移支付补助全部到位。全部取消种粮耕地农业税。村级财务管理，全面推行“村账托管”。凡涉农税收、价格实行“公示制”，普遍实行中小学“一费制”，基本落实村级订阅报纸杂志“限额制”，全面落实涉及农民负担案（事）件责任“追究制”。制定《建阳市村级范围内一事一议筹资投劳管理办法》。建立偿债机制，逐步化解乡村债务。市委、市政府提出“不得新增债务，还债也是政绩”，并将偿债工作纳入乡（镇）财税目标责任制之中，作为领导干部年终考核的依据之一。2005年，全市农民免交乡统筹费达614万元，免交农业特产税535万元，免交村提留430万元，3项合计1579万元，人均减负64元。2006年，在此基础上，通过粮食直补政策使全市粮农直接受益300.43万元。农民还可得购农机具、油价等补贴，农民总体减负幅度为98%。2010年，落实中央和省政府强农惠农政策4项，补贴资金3396.23万元，其中农作物良种补贴657.52万元，种粮农民农资综合补贴2568.21万元，推广种植再生稻补助110万元晚稻增施肥促早熟防病虫补助60.50万元。资金通过“一折通”直接兑付到农民手中。

第四节　农机管理

一、农机培训

1994年，市农技站举办手扶拖拉机驾驶员培训班2期119人，培训运输车驾驶员290人，小型方向盘拖拉机驾驶员培训18人，手扶拖拉机手复训120人，摩托车手复训112人。2000年，全年共培训增驾拖拉机驾驶员共4期214人，复训拖拉机驾驶员320人，培训其他农机技术人员403人。2006年，全年培训驾驶员128人；先后组织32位农户在梁布农场做机插示范，使用2台机动插秧机，历时1个月，机插19.87公顷。2010年，在水吉、将口等乡镇举办3期共200人参加的联合收割机手、插秧机手、农机操作手培训班。

二、农机维修

1998年，全市年检维修网点104个，修理工初级工128人，中级工4人。农机销售点经过12月24日经营合格证考试，正式领证的有35个。2001年，全市有98个维修点，年审93个，年审率94.90%；经营销售点41个，年审39个，年审率95.12%；新办经营许可证5家，核定持有农机部门维修等级证书143人。2002年，全市有87个维修点，年审84个，年审率96.55%；经营销售点49个，年审42个，年审率85.71%，新办经营许可证5家。2005年开始，市农机站取消农机维修网点、农机产品销售网点120元/年的年检费、农业机械安全技术检验费40元/台及审验费、过户费。至2010年不变。

三、安全与监理

1994年，《福建省农业机械安全监理规定》出台，市农机站翻印《福建省农业机械安全监理规定》《道路事故处理办法》《法规选编》共2500本，通过安全学习日、年审、路检路查分发到驾驶员手中。全市共有57名农机监理员分3期参加省、地举办的农机监理员培训班，取得监理员证。1999年起，执行《福建省农业机械管理条例》。2005年，根据《中华人民共和国道路交通安全法》及其实施条例，市农机站与交警部门协商，完成“福建H”号牌农用运输车、拖拉机及《中华人民共和国农业机械驾驶证》准驾记录为“G、H、K”的驾驶人的文字档案和电子档案的移交工作。2010年，印发“平安农机”倡议书2000份，印制《农业机械宣传手册》1000本，发放《致全市农机手一封信》2500份。对全市使用6年以上的243台功能拖拉机，向社会发出注销报废公告。全面开展落实企业安全生产主体责任活动。建阳市拖拉机培训机构获评定为B级。市农机站获南平农机总站年度农机安全生产目标责任考评第二名。

第五节　农业科技服务

一、实用技术教育与培训

福建省农业广播电视学校建阳市分校于1981年创办，1992年，经福建省教育局主管部门评估，取得办学资格，成为成人中等专业学校，学历获省教委承认。先后开设农学、农经管理、畜牧兽医、水产养殖、财务会计、农产品贮藏与加工、农技推广、会计、统计与审计、高效农作物、高效果树、乡村综合管理等10个专业，至2010年，共培养学员497人。

农广校每年开展各类农业实用技术培训达万人以上。2007—2008年，承担农业部新型农民科技培训，在50个村建立50所新型农民科技培训学校，招收2023名基本学员，参加实用技术培训，组织高、中级专业技术人员编写《粮油作物栽培技术》《食用菌栽培技术》等15种实用技术手册，排版印刷5万本。2009—2010年，承担全国基层农技推广体系改革与建设示范县项目，选择水稻、茶叶、食用菌、葡萄、生猪等为主导产业，推选出5位首席专家，筛选出100名技术指导员，遴选1000个科技示范户，辐射带动2万户。2010年，在校生152人。

二、农业科技信息服务

2000年，成立农业科技信息服务中心，在闽北率先开通农业“110”热线服务电话。同年，由建阳市农办、农业局、林业局、科技局、科协、共青团、妇联、老区办、老促会等10家共办和13个乡（镇）、街道联办的建阳市老科技工作者协会“三农”服务团成立，开展服务“三农”服务。2001年，农业“110”热线服务电话更名为“969155”农业服务热线。2002年，建阳市农业信息网开通运行，挂靠省农业信息网。2005年9月，总投资750万元的农业检测检验中心建成，开展果蔬农残检测、土壤化验、动物产品检验、种子检测等。

2006年，农业局又投入资金75万元，建设土壤化验中心。2007年，为加强农业信息服务工作，并与省和南平市农业部门接轨，撤销原农业科技信息服务中心，建阳市农业信息中心和建阳市场与经济信息工作成立办公室。2008年，对农业信息网进行全面改版，并申请国际一级域名www.jyagri.com。同年，建阳市“三电”（电话、电视、电脑）合一项目获农业部立项。2009年，完成设备采购和升级改造后，农业局的“三电”合一软硬件水平位居全省县级农业系统前列。2010年4月，在全省率先安装和启用农业服务热线远程视频咨询系统，在8个乡镇安装8台触摸电脑和液晶电视，实现当地农民与全省农业专家远程视频咨询。至2010年，协会服务团引进日本黑番茄，引进吊瓜项目推广无臭养猪新技术，建立香榧项目示范点，协助组建蜂业生产合作社。每年开展科普赶墟、科技咨询20场次，接待农友2000人次，发放农业科技资料3000份。每年举办果树、水稻良种、病虫防治、茶叶等经济作物、土鸡饲养管理、林业等科技讲座10期。

第六节 水产养殖管理

2004年，进一步加强水产养殖病害测报工作，按片区设立测报点，培训测报员。2005年，由高级水产工程师周有明执笔编写《建阳市水产水域2005—2014年养殖规划》通过专家论证。12月，开展水产养殖污染源普查。

2007年，“崇阳溪鱼类资源调查与养护”项目设立，对崇阳溪主要经济鱼类产卵场进行调查，发现崇阳溪有4个产卵场，并对圆吻鲴、斑鳜、厚唇鱼产卵场环境、产卵时间、水文条件、生物学特性等进行观察探讨，提出崇阳溪鱼类产卵场保护措施。同年，进一步加强水产品质量安全监管力度，实施水产苗种生产许可证制度，苗种生产持证率达到100%。实施渔业养殖证管理制度，稳定水域滩涂养殖使用权和经营权。有序开展溪河人工放流增殖与捕捞，市渔业执法部门保护与开发并重，加大查处力度，严厉打击非法破坏渔业资源的行为，组建群众性护渔组织，同时，鼓励渔民通过合法途径进行开发和利用水域资源，促进渔民增收。

2008年9月，经培训合格的23名渔业护渔员持证上岗，参与建阳渔业资源的保护与管理。至2010年，全市办理水域滩涂养殖使用证129本，办证面积941.13公顷，占养殖面积的97.50%。建立无公害农产品产地认定与产品认证制度，建阳市小溪口水产养殖场等4个社、场获产地认定与产品认证。全市设6个测报点，测报面积70.90公顷，监测面积占养殖水面的7.30%。查出疾病11种，其中，病毒病1种、细菌病3种，真菌病1种，寄生虫病5种，病因不明1种。市、乡农业技术部门作好病害防治技术培训、指导，并聘请农民技术员开展传帮带，减少鱼病的发生和死亡率，挽回渔业经济损失600万元。

第七节 农业法制

1994—2002年，农业行政执法职责由农业局各业务职能站、办承担，共查处违法生产案件71起，铲除计划外制种54.40公顷，查处违法经济案件100起，扣压种子0.70万公斤，罚款没收人民币11万元。受理农民投诉案件70起，投诉农户5000户，责令赔偿农户损失50万元。2002年，建阳市农业执法大队成立。农业执法中注重普法宣传教育，日常执法检查与专项治理相结合。利用墟日在市区、重点乡镇开展“放心农资与农业科技下乡”活动，发放《中华人民共和国种子法》《中华人民共和国农产品质量安全法》《给农民朋友一封信》等宣传材料、张贴标语、接待群众咨询等。2003年，开展毒鼠强专项整治工作。2006年开展“放心农资下乡进村宣传周活动”，2007—2008年连续2年开展农产品质量安全专项整治，2010年开展农产品质量安全整治暨执法年活动。

2002—2010年，共利用墟日在市区、重点乡镇开展56场“放心农资与农业科技下乡”活动，发放《中华人民共和国种子法》《中华人民共和国农产品质量安全法》《给农民朋友一封信》等宣传材料3万份（册），标语310条，接待群众咨询1300人次；接受电话投诉1100次，接受群众咨询15000人次，接待来访群众2000人次，投诉农户3200户，调解涉农纠纷120起，农户获赔金额45.60万元，挽回经济损失108万元；开展农业执法专项大检查63次，共出动执法人员2882人次，检查市场530个次，检查农资生产经营单位2570个次，查处案件189件，为群众挽回经济损失115万元。检查农资1450吨，货值3690万元；开展标签抽查1760个，农资质量抽检171个。出动执法检查车辆331台次，出动执法人员2882人次，查处涉农案件189件（其中，农药案件83件，种子案件67件，肥料案件10件，兽药案件16件，饲料案件12件，其他案件1件），当场处罚案件101件。

第十篇 林 业

第十篇 林 业

1994—2000年，建阳市国有林业企业开展以建立现代企业制度为目标的改革，实行经营承包、租赁、股份合作等形式的改革，转换企业经营机制。木竹材流通逐步放开，以林农为经营主体的集体林权制度改革开始试点。2001—2010年，国有林业企业全员置换身份，林产加工企业完成私营化改造，森工企业实行股份制改革，自收自支事业单位实行企业化改革。集体林权制度改革全面推进，木竹流通市场完全放开，木竹税费大幅度下调。通过改革，逐步建立以私营企业为主体的林产加工体系和以林农为主体的集体林经营体制。

至2010年，通过加强林业管理，植树造林，全市林业用地26.15万公顷，占全市土地面积的80.36%。其中，有林地22.64万公顷，林地中有用材林11.59万公顷，竹林3.45万公顷，疏林地0.30万公顷。活立木蓄积量1869.33万立方米，竹林81.78万株。有林地蓄积量中用材林1095.48万立方米，全市人工林面积11.95万公顷，蓄积量843.65万立方米。森林覆盖率69.60%。

第一章 林业体制改革

第一节 山林权属

1994年，建阳市山林权属沿用1981—1983年划定的结果。1983年，林业“三定”（稳定山林权属、划定自留山和确定林业生产责任制）领导小组，在全县共查山定界27.67万公顷，确认国有林3.34万公顷、集体林24.33万公顷，划定自留山33694户18064公顷，户均0.54公顷，人均0.10公顷。自留山的山权归集体所有，由社员长期使用，不准出租、转让、典当、买卖和擅自建房等。林业“三定”还划定21个社办伐木场的经营区12641.93公顷，落实各种林业生产责任制。林业“三定”工作结束之际，县山林权发证办公室对“三定”结果全部办理登记发证手续，建立图、表、册配套的林权资料档案。

1981—1983年建阳县各种所有制山林权属定界落实情况表

表10-1-1　　单位：公顷

所有制形式权属类别	国　家	公　社	大　队	生产队	个　人	未　定
山　权	36347.40	1104.20	231149.20	—	—	354.30
林　权	32657.30	21812.20	183469	12972.90	146.70	394.30

2000年，再次为林业改革确立“三定”。调查核实1983年林业“三定”与清查区划的林种、林地、权属现状及其变动情况，并以“三定”权属为基础，对照二类清查小班，进行小班（小班是森林资源清查和经营利用的基本单位，在作业区内把立地条件、林分因子、采伐方式、经营措施相同和集材系统一致的林分划为1个小班。）档案材料的置换。对山林权属图置换，对照“三定”权属图与二类清查图，进行小班立卡认定工作。在此基础上，将“三定”权属图置换为二类清查区划图，使建阳市境内的山林

权属得以清晰。

至 2010 年，建阳市国有林 4.06 万公顷，集体所有林 11.63 万公顷，个人所有 9.36 万顷。

第二节 集体林经营体制改革

1998 年，建阳市林委在尊重林农意愿的前提下，启动集体林经营体制改革试点工作。林木产权改革按照“明晰产权，股份经营，产销见面，返利于民”和“五个有利于”（有利于保持党和国家活力、调动广大人民群众和社会各方面的积极性、主动性、创造性，有利于解放和发展社会生产力、推动经济社会全面发展，有利于维护和促进社会公平正义、实现全体人民共同富裕，有利于集中力量办大事、有效应对前进道路上的各种风险挑战，有利于维护民族团结、社会稳定、国家统一）的基本原则进行。

2003 年，启动以“明晰所有权，放活经营权，落实处置权、确保收益权”为主要内容的集体林权制度改革工作。当年，完成集体商品林改革面积达 15.58 万公顷；完成林权登记面积 1.33 万公顷，发（换）新证 100 本，面积 666.67 公顷。

2004 年，180 个村完成林权改革，占任务的 94%，其中开展“回头查”村 177 个；完成林改革面积 16.68 万公顷，占 97.50%；登记商品林面积 13.68 万公顷，占应登记面积 80%。全市 13 个乡镇（街道）都全面完成市政府年初下达的林改责任状任务，其中，8 个乡镇完成商品林登记面积 80% 以上，如期实现省政府确定的目标；登记生态林面积 4.80 万公顷，占应登记面积 78.10%；发换商品林新林权证面积 3.93 万公顷，占任务 23%。

2005 年，全市各乡镇（街道）应改革的集体林均列入林改范围。全市 190 个村中，基本完成林权改革的村 186 个，占任务的 98%；登记商品林面积 15.94 万公顷，占应登记面积 93.20%；登记生态林面积 5.80 万公顷，占应登记面积 93.90%；发换商品林新林权证 12.44 万公顷。

2006 年，设立建阳市林木、林地权属登记管理中心。全年发新林权证 2.53 万公顷，2238 本。

2008 年，市林权登记中心按照省政府的要求，启用全国统一式样新林权证。全市完成明晰产权 186 个村；累计完成集体林权整村发证 171 个村；完成新林权证的发放 4 万宗地，林权证本数达 2.30 万本，面积达 20.99 万公顷。其中，生态林 5.37 万公顷，商品林 15.61 万公顷，占任务 23.29 万公顷的 90%。

2009 年，全市累计完成整村制证 172 个村，占任务 190 个村的 90.50%，完成集体林权确权面积 22 万公顷，占任务 23.29 万公顷的 94.50%，完成 3.35 万宗地，林权证 2.22 万本，整村发证 135 个村。

2010 年，全市累计完成整村制证 181 个，占任务 190 个村的 95.30%，完成集体林权确权面积 22 万公顷，占任务 23.29 万公顷的 94.50%，整村发证 152 个村、11 个国有林业单位。集体商品林总面积 17.11 万公顷，完成集体商品林明晰产权 15.95 万公顷。集体商品林发证 5.26 户，3.34 万本，5.51 万宗地，15.17 万公顷。

第三节 木材经营改革

1995 年，建阳市政府出台《建阳市关于木材经营管理办法》，共 7 条 23 款，按该办法要求，全市木材经营体制进行重大改革，采取山上管紧，山下搞活和源头征收税金的办法，使木材经营体制顺应市场经济要求，促进林业经济发展。具体运作：严格凭证采伐，搞好资源评估，坚持公开招标，源头征收税金，伐前拨交，伐中监督，伐后检查验收，强化流通服务，坚持凭证运输，木材自行销售。

2000 年，建阳市实行严格凭证运输，木材自行销售。木材经营者取得木材生产经营权后，可以由木材采购站帮助检尺，开出木材检尺码单，换取木材税金费正式发票，到市林业办证处办理运输出口手续后，自行销售。在回龙乡马岚设立木材交易市场，木材可直接在市场内交易，凡运到浙江、江苏等地的木材，在市场内办理运输出口手续。木材经营体制改革从林业部门“一家收购”，过渡到由“林业部门统一管理”的一种新的经营机制。

2006年，在将口西岸建立闽北木材交易市场，凡进入该木材市场交易的木材，都可得到统一的一条龙全程服务，减少中间环节。

2008年，实行分车型核定薪材开具码单数量下限，理顺薪材码单使用管理。木材进仓需提供木材检疫证和经验讫的木材运输证（省外运入的木材，应提供经进入本省第一个林业检查站验讫的木材运输证；全省县外运入的木材，应提供经进入全县第一个林业检查站验讫的木材运输证）。企业进仓到材应与提供的运输证所记载的木材品名、规格、树材种、数量相符，不符的按相关规定处理。企业在运输木材过程中，应主动接受沿途林业检查站检查验讫。

2010年，《建阳市人民政府关于进一步扶持木竹加工企业发展的若干意见》施行，明确提出规范商品薪材管理，全市以采伐剩余物为主要原料生产中高密度纤维板的重点加工企业应与伐区业主签订商品薪材供销合同，鼓励并促进竹木资源就地加工增值，鼓励木竹原料流入，控制原料外流，确保企业原料供给的意见。

第四节 林业管理体制改革

一、林业管理机构改革

1992年前，建阳县林业局为政企合一的林业管理机构，既有林业行政管理职能，又管理着全市国有林业企业。1993年4月，建阳市林业总公司成立，实行林业总公司财政总承包，向半紧密型林业企业集团过渡。林业总公司成立后，与市林委实行2块牌子、1套人员，仍是政企合一的林业管理体制。2001年起，林业总公司所属各企业，先后分别改制，林产加工企业实施民营化改革，森工企业以场为单位进行改组、改造。2005年，林业总公司与市林业局分离，主要职能是负责国有林业资产的管理运营，市林业局则转变职能，主要行使林业行政管理职责，基本实现林业管理体制的政企分开。 2006—1010年，以采育场原建制为主体，推行减员增效，采育场改制，职工以置换身份的补偿金参股，组建的股份制企业。

二、林业服务体系改革

1994年6月，市森林资源资产评估事务所向全社会提供森林资源资产评估有偿服务。2002年前，建阳营林管理以行政管理为主，全市乡村集体造林规划设计、投资、施工等环节均主要由市林业局安排。随着集体林权制度改革逐步深入，乡村造林以民间投资为主，业主造林自主性增多，营林行政管理逐步弱化，林农造林积极性普遍提高，但造林质量下降明显。由于木竹采伐办证和木竹运输办证程序麻烦、手续严格，社会要求林业服务体系进行改革的呼声强烈。2002年，市林业局营林管理职能逐步向为造林业主提供各种技术指导服务为主，将抚育间伐、竹木采伐及补充主伐、规划设计及采伐办证权限下放至基层林业站。2002年10月，市木材检验中心成立，向全社会提供木竹检验检尺有偿服务。2006年5月，市林业服务中心成立，服务中心设林业行政办证、林权管理、森林资源评估规划、森林资源流转、投资融资、网络信息、科技法律咨询和人力资源培训等服务窗口，为林农和社会提供林产工业发展、山林规范流转、信息与科技咨询、林农投融资和林农便捷办证等一条龙服务，社会化服务体系初步形成。并一直延续至2010年。

第五节 国有林业企业改革

1994年底，建阳市7个国有林业采育场，原有职工买断工龄，以入股承包形式参与林产经营。是年，蕉溪采育场工会及职工共同投资成立建阳市五洋林贸股份有限公司，注册资金50万元，公司下办竹凉席厂。

1998年，以蕉溪采育场为试点，发展职工自营经济，转岗就业，组建19个内部职工家庭林场。家庭林场实行“自主经营、自负盈亏、自理投入与产出；以家庭为主，从事竹林垦复低改、采伐加工、护笋养竹”

的形式。家庭林场租赁经营期为 20 年。

1999 年起，市国有林业企业转换企业经营机制，将国有森林资源资产委托相关会计师事务所和资产评估事务所进行评估确认，剥离出非经营性资产、暂不出售的土地资产、闲置资产、用于政策性支出的经营性资产、负债类的经营性资产、流动资产损失等，经过企业资产评估及人员安置分流、制定企业章程等一系列流程，将评估确认的国有净资产股份按一定比例转让给董监事会成员，成立有限公司。

2001 年，《建阳市国有林业企业改革方案》出台，建阳外墩采育场成为全省林业改革第一家试点单位，成立混合所有制的有限责任公司（需具体说明）。2002 年，坤中采育场开始改革，成立混合所有制的有限责任公司。

2004 年，建阳市撤销水吉采购站与回龙采购站，组建成立建阳市绿盛林场；撤销莒口采购站与麻沙采购站，组建成立绿冠林场；撤销徐市采购站与将口采购站，组建成立建阳市绿鑫林场；黄坑采购站经改制成立绿强林场。2006 年，绿冠林场、绿强林场并入绿鑫林场经营。

2005 年，建阳 5 个国有林业采育场、2 个林场出资组建有限责任公司，森工企业改制全面完成。

2007 年，建阳溪东采育场创办东升木业；各林业发展有限公司联合出资组建建阳海林房地产有限公司及福建海林投资开发有限公司；盘活林业总公司闲置的资产，组建混合所有制的建阳市鲁班木业有限公司。

2009 年，建阳林业总公司与各林业发展有限公司共同出资参与闽北林产工贸园区项目建设，组建福建海林投资开发有限公司，承担开发“闽北木材及林产品市场”项目。

第六节　林业税金费改革

一、农林特产税

1994 年，建阳市实行国家新税制，特产税按生产环节和销售环节分别计征。生产环节按购进价（由财政核定），销售环节按销价计征，采购站收购木材同时征收两道农业特产税，第一道生产环节按购进价，第二道收购环节按购进价加“两金”（育林基金、更改资金）计征，税率 8.80%；化工厂收购松脂同时征收生产和收购环节两道特产税，合并按购进价的 11% 计征。

1996 年，生产间伐材检尺口径在 12 厘米以下（含 12 厘米）的农业特产税减征 50%，实行先征后退办法。2000 年 9 月起，毛竹计征价（元 / 根）从 6 元下调为 3 元，篙竹 6—7 寸为 4 根折 1 根毛竹，5 寸以下（含 5 寸）为 10 根折 1 根毛竹，竹笋每吨折 100 根毛竹。

2001 年，木材生产环节统一按计征价（杉木规格材每立方米 400 元，松杂木规格材每立方米 300 元；非规格、等外材按同树种规格材的半价）的 50% 的 8.80% 征收；木材收购环节按计征价的 8.80% 征收；中幼林间伐材检尺口径在 12 厘米以下（含 12 厘米）特产税继续执行减征 50% 的规定。

2003 年 1 月 1 日起，取消生产环节农业特产税，收购环节农业特产税统一定价调整为杉木规格材 550 元 / 立方米、松杂木规格材 420 元 / 立方米、杉木非规格材 280 元 / 立方米、松杂木非规格材 200 元 / 立方米，征收率为 8.80%，中幼林间伐材 12 厘米以下的减征 50%。

2004 年起，收购松脂产品免收特产税。

2005 年 1 月起，取消木材收购环节农业特产税，木竹材产品均免征特产税。

2009 年，《育林基金征收使用管理办法》规定，育林资金按照最高不超过林木产品销售收入的 10% 计征，有条件的地区可以将育林基金征收标准确定为零，建阳市暂缓征收。

二、流转税

1990 年，木竹材及加工产品执行工商流转税的税目有产品税、营业税和增值税。木材产品税，按收购价（或木材生产者含特产税销售价）加育林金和更改资金的10%征收；批发营业税，按经营企业的销售价减去收购价、产品税和育林基金、更改资金的差额的10%征收；零售营业税，按销售价3%征收。制材产品税按销价的3%征收；松香产品税按销价的10%征收；人造板产品征收增值税，按销价的14%计征。

1994年，执行新税制。除采购站收购木材，采育场销售木材，化工厂收购松脂原征收产品税均改征收购销环节特产税（见农林特产税）外，其他的木竹及加工品原征收产品税、营业税均改征收增值税。林业主要产品征收的增值税税率：木竹材、制材13%，人造板、松香17%。新增值税实行购进扣税法，即销项税额抵扣进项税额后为应纳增值税额。

1995年起，国有森工企业以林区三剩物和次小薪材为原料生产加工的综合利用产品增值税，即征即退。

2001年起，以三剩物和次小薪材为原料生产加工综合利用产品的增值税也即征即退。

至2010年，税制的计征税率、方法不变。

三、林业经费

（一）育林基金与更改资金

1994年，建阳市国营林业企、事业单位继续执行省定征收标准，按木材经营单位第一次销售价的20%（育林基金12%，更改资金8%）计征。其他的国有、集体或联营代销的木材经营（加工）单位，按核定的起征价，高于起征价的按实际销价，低于起征价的按起征价的20%计征。起征价：杉原木600元，松原木340元，杂原木中甲类540元、乙类270元、丙类240元。

1996年，执行《福建省中幼林间伐材税费管理办法》，间伐材农林育林基金减征30%。

2000年，根据《南平市政府关于全市统一规范木材生产经营税费征收项目及标准的通知》（南政〔2000〕字271号），对林业税费实行计征价制度，降低计征标准，税与费同价计征，各材种计征价为杉木规格材400元/立方米、松杂木规格材300元/立方米、杉木非规格材200元/立方米、松杂木非规格材150元/立方米。育林费按12%、维简费按8%征收。

2010年1月1日起，执行《福建省育林基金征收使用管理实施办法》，凡采伐林木的单位和个人按其林木产品销售收入的10%缴纳育林基金，国有林场、国有采育场按其林木产品销售收入的10%提取育林基金。同年，经建阳市政府批准，市财政局、林业局、物价局联合下发《关于建阳市木竹育林基金征收基价的通知》，建阳市木竹育林基金征收基价标准暂定：杉木不分原木、非规计征基价600元/立方米；松杂木不分原木、非规计征基价500元/立方米；薪材计征基价260元/吨；毛竹计征基价3.60元/根；珍稀树种及活立木按实际销价。征收率为10%。从2010年1月1日起执行。

（二）社会事业发展费

1994年，开征社会事业发展费，收费标准为林木产品销售收入的1‰。

2002年1月起，取消社会事业发展费。

（三）林业保护建设费

1994年，开征林业保护建设费，收费标准为每立方米木材5元，毛竹每百根5元。

2003年，根据财政部、国家发展改革委、国家林业局《关于全面清理整顿涉及木材生产经营收费项目的通知》和闽委办〔2003〕70号中共福建省委办公厅、省人民政府办公厅《关于印发省农村税费改革试点工作五个配套文件通知》精神，从当年11月起取消林业保护建设费。

（四）森林资源补偿费

1990年，征收森林资源补偿费，销售省外的木材，包括原木规格材、锯材（板方材）、非规格材、等外材、旧房木料，都要加征森林资源补偿费。征收标准按实际销售价，杉松以5%，杂木以3%计征。森林资源补偿费由省林业厅统一管理安排使用。

1996年下半年起，停止征收此费。

第二章　森林资源

第一节　面积蓄积

1994年，根据当年森林资源消长变化调查统计：全市林业用地26.33万公顷，占全市土地总面积80.98%，其中，有林地16.79万公顷，占林业用地面积63.77%。林地中有用材林13.53万公顷，占林地总面积的80.58%；竹林1.62万公顷，占有林地面积的6.66%；疏林地1.08万公顷，占林业用地的4.10%。全市活立木总蓄积量1170.35万立方米，其中，林地林分1096.28万立方米，占总蓄积量的96.67%；疏林地31.79万立方米，占2.71%；散生木42.27万立方米，占3.61%。竹林3820.27万株，有林地蓄积量中用材林187.91万立方米，占林分蓄积量17.14%。全市人工林面积44.18万公顷，蓄积量188.49万立方米，森林覆盖率53%。

1996年，建阳市开展第二次森林资源二类调查，调查显示，全市林业用地26.25万公顷，占全市土地总面积的80.70%。其中，有林地24.38万公顷，占林业用地面积92.90%；林地中有用材林14.94万公顷，占有林地总面积61.28%；竹林2.74万公顷，占有林地面积的11.25%，疏林地0.14万公顷，占林业用地的0.50%。全市活立木蓄积量1692.21万立方米，其中，林地林分1624.67万立方米，占蓄积总量的96.10%；疏林地2.51万立方米，占0.15%；散生木63.03万立方米，占3.72%。竹林63.02万株。有林地蓄积量中用材林1173.38万立方米，占林分蓄积量72.25%。全市人工林面积11.86万公顷，蓄积量659.38万立方米，森林覆盖率76%。

2000年，根据当年森林资源消长变化调查统计：全市林业用地26.26万公顷，占全市土地面积的80.75%，其中，有林地24.22万公顷，占林业用地面积92.25%；林地中有用材林13.27万公顷，占有林地总面积的54.81%；竹林2.88万公顷，占有林地面积的10.96%，疏林地0.14万公顷，占林业用地的0.53%。全市活立木蓄积量2022.18万立方米，其中，林地林分1958.63万立方米，占蓄积总量的96.86%；疏林地2.02万立方米，占0.001%；散生木59.53万立方米，占2.94%。竹林69.69万株。有林地蓄积量中用材林1263.09万立方米，占林分蓄积量64.49%。全市人工林面积185.32万公顷，蓄积量936.87万立方米。森林覆盖率72.50%。

2005年，根据当年森林资源消长变化调查统计：全市林业用地26.09万公顷，占全市土地面积的80.18%，其中，有林地23.60万公顷，占林业用地面积90.45%；林地中有用材林12.53万公顷，占有林地总面积的48.03%；竹林3.43万公顷，占有林地面积的14.55%，疏林地0.08万公顷，占林业用地的0.31%。全市活立木蓄积量2021.18万立方米，其中，林地林分1958.63万立方米，占蓄积总量的96.88%；疏林地2.02万立方米，占0.10%；散生木59.53万立方米，占2.94%。竹林79.29万株。有林地蓄积量中用材林1263.10万立方米，占林分蓄积量64.49%。全市人工林面积12.35万公顷，蓄积量61.56万立方米。森林覆盖率72.52%。

2010年，根据当年森林资源消长变化调查统计：全市林业用地26.15万公顷，占全市土地面积的80.36%，其中，有林地22.64万公顷，占林业用地面积86.56%；林地中有用材林11.59万公顷，占有林地总面积的51.21%；竹林3.45万公顷，占有林地面积的15.24%，疏林地0.30万公顷，占林业用地的1.15%。全市活立木蓄积量1837.72万立方米，其中林地林分1769.19万立方米，占蓄积总量的96.19%；疏林地9.75万立方米，占0.53%；散生木58.78万立方米，占3.20%。竹林81.78万株。有林地蓄积量中用材林1095.48万立方米，占林分蓄积量61.92%。全市人工林面积11.95万公顷，蓄积量843.65万立方米。森林覆盖率69.60%。

第二节 分布与结构

一、分布

1994年，麻沙、莒口、水吉、漳墩、童游等5个乡（镇）森林资源占有比重较大，其中，有森林面积占全市的48.08%，活立木蓄积量占全市的43.67%。常绿阔叶林主要分布在黄坑、回龙、小湖等3个乡（镇）；杉木分布全境，蓄积量达30万立方米的有水吉、童游、徐市、书坊、漳墩、小湖等6个乡（镇）和国有林场及采育场。竹林分布范围很广，面积在2000公顷以上的有黄坑、莒口、徐市、书坊、小湖等6个乡（镇），其中，黄坑镇最多，达5136公顷。

2000年，建阳市森林资源主要分布在麻沙、莒口、水吉、漳墩、书坊等5个乡（镇），活立木蓄积量647.23万立方米，占全市活立木蓄积总量的32%，其中，麻沙镇活立木蓄积量162.18万立方米，占全市的8%；黄坑镇森林覆盖率高达80%以上；潭城镇森林资源偏少，森林覆盖率仅在60%上下，活立木蓄积量在43.40万立方米，占全市蓄积量的2.15%。竹林主要分布在黄坑、莒口、徐市等3个乡（镇），竹林面积1.43万公顷，毛竹29.11万株，分别占全市竹林总面积和毛竹总株数的41.69%和41.77%。其中，黄坑镇毛竹林面积0.55万公顷，毛竹12.93万株，分别占全市毛竹林总面积和毛竹总株数的16%和18.56%。全市5个国有林业采育场和2个国有林场森林资源丰富，森林覆盖率在90%上下，林地面积2.19万公顷，占全市有林地总面积的8.40%，活立木蓄积量424.32万立方米，占全市总蓄积量的21.66%。

2005年，全市森林资源以麻沙、莒口、水吉、漳墩等4个乡（镇）及国有林场占有较大比重，其森林面积占全市的33.50%，活立木蓄积量占全市的26.50%。竹林主要分布在黄坑、莒口、徐市、书坊等4个乡（镇），其竹林面积占全市的48.74%，毛竹林株数占全市的41.75%。全市各乡镇及国有采育场的森林覆盖率均在80%以上。

2010年，全市森林资源以麻沙、莒口、水吉、漳墩等4个乡（镇）及国有林场占有较大比重，其森林面积占全市的43.79%，活立木蓄积量占全市的43.08%。竹林主要分布在黄坑、莒口、徐市、书坊、小湖等5个乡（镇），竹林面积占全市的57.44%，毛竹株数占全市的63.56%。全市各乡镇及国有采育场的森林覆盖率均在80%以上。

二、结构

1994年，全市有林地中，用材林13.53万公顷，占80.58%；防护林、特用林0.60万公顷，占3.60%；经济林1.02万公顷，占6.10%；竹林1.62万公顷，占9.65%。用材林中，杉木2.68万公顷，占19.81%；马尾松5.41万公顷，占39.98%；阔叶树5.44万公顷，占40.21%。在用材林中幼龄林3.49万公顷，占25.79%；中龄林5.80万公顷，占42.87%；近成过熟林4.24万公顷，占31.34%。

2000年，全市有林地中，用材林12.53万公顷，占53.10%；防护林、特用林6.34万公顷，占26.86%；经济林1.21万公顷，占5.13%；竹林3.43万公顷，占14.55%。用材林中，杉木7.09万公顷，占56.58%；马尾松4.33万公顷，占34.56%；阔叶树1.11万公顷，占8.86%。在用材林中幼龄林2.52万公顷，占20.11%；中龄林2.96万公顷，占23.62%；近成过熟林7.05万公顷，占56.27%。

2005年，全市有林地中，用材林12.53万公顷，占53.09%；防护林、特用林6.83万公顷，占28.94%；经济林1.21万公顷，占5.13%；竹林3.43万公顷，占14.53%。用材林中，杉木7.09万公顷，占56.58%；马尾松4.33万公顷，占34.56%；阔叶树1.11万公顷，占8.86%。在用材林中幼龄林2.52万公顷，占20.11%；中龄林2.96万公顷，占23.62%；近成过熟林7.05万公顷，占56.26%。

2010年，全市有林地中，用材林11.59万公顷，占43.97%；防护林、特用林7.02万公顷，占

26.63%；经济林 1.20 万公顷，占 4.55%；竹林 3.45 万公顷，占 13.09%。用材林中，杉木 6.53 万公顷，占 56.34%；马尾松 3.98 万公顷，占 34.34%；阔叶树 1.08 万公顷，占 9.32%。在用材林中幼龄林 2.22 万公顷，占 19.15%；中龄林 2.30 万公顷，占 19.85%；近成过熟林 7.07 万公顷，占 61%。

第三节 林木种类

2010 年，建阳市林木种类有用材林、经济林、庭园绿化林、竹林、珍稀树种。

用材林 建阳市针阔用材树种以壳斗科、樟树、金缕梅科、山茶科、杉与松等科（属）为主，300 种。主要有杉木、马尾松、樟树、楠木、红柯、木荷、拟赤杨（别名冬瓜胖）、檫树（别名假杉）、南酸枣（又称山枣）、青冈等。

经济林 主要有油茶、三年桐、千年桐、乌桕、竹柏、漆树、茶叶等油料、饮料树种；香樟、山苍子、玳玳（引种）、郁香野茉莉、月桂等香料树种；柑、橙、李、桃、柿、梅、柚、枇杷、杨梅、山楂等果树，板栗、锥栗、苦楮、米楮等淀粉果实树种。

庭园绿化林 主要有银杏、金钱松、柏木、小叶罗汉松、红豆杉、香榧、玉兰、深山含笑、楠木、樟木、南天竹、喜树、绣球、石榴、紫葳、结香、海桐、茶花、厚皮香、金丝桃、木槿、重阳木、叶下珠、山乌桕、石楠、蔷薇、山合欢、羊蹄甲、美丽胡枝子、花榈木、幌伞枫、枫香、垂柳、朴树、竹叶椒、苦楝、木威树、南酸枣、枫杨、树参、杜鹃、木樨、荚迷、泡桐、凌霄花、杜虹花、棕榈等。

竹林 主要有毛竹、苦竹、方竹、孝顺竹、凤尾竹、禄竹、佛肚竹、绿竹、花毛竹、桂竹、刚竹、人面竹、紫竹、水竹、实心竹、毛壳竹等。

珍稀树种 属于国家重点保护的珍稀树种有 19 种：钟萼木、香果树、杜仲、银杏、水松、观光木、天竺桂（以上属 2 级保护）；沉水樟、短萼黄连、八角莲、银钟树、黄山木兰、红豆杉、闽楠、半枫荷、银鹊树、南方铁杉、乐东拟单性木兰、天女木兰（以上属 3 级保护）。属省级保护的珍稀濒危树种有 23 种，如南方油杉、方竹、福建冬青、棣棠花、台湾林檎、鸦头梨、亮叶水青、三桠乌药、青钱柳、巴东栎等。

第四节 林副产品

2010 年，建阳市主要林副产品有山果、菌菇、野菜、药材及加工产品等 5 类。

山果类 主要有桃、李、梨、栗、柿、橘、橙、杏、杨梅、石榴与香橼等。

菌类 主要有香菇、蘑菇、草菇、松毛菇、梨菇等。

野菜类 主要有蕨菜、苦菜、野小竹笋等。

药材类 主要有山刺柏、桧香、辛夷、茶花、玉兰、厚朴、杜仲、术莲、白玉兰、南五味子、披针叶茴香、紫叶、瓜馥木、浙江桂、无银藤、香叶树、牛筋树、豹皮樟、大叶楠、红楠、新木橿子、秋牡丹。猴高铁、威灵仙、山木通、单叶铁、线莲、黄连、香榧、毛莨、石龙芮、八角莲、十大功劳、南天竹、木通、大血藤、木防已、青木香、半枝莲、虎耳草、老虎刺、何首乌、牛漆、海桐树、绞股蓝、黄瑞木、猕猴桃、毛冬瓜、大叶、三叶赤楠、秋枫、算盘子、白背叶、石岩枫、粗糠柴、白乌桕、石楠、光叶石楠、小叶石楠、石斑木、蔷薇、金樱子、合欢、云实、皂荚、木兰、胡枝子、花榈木、枫香、继木、亮叶华、朴树、构树、构刺、天仙果、无花果、珍珠莲、粗叶榕、薜荔果、竹叶榕、称星果、枳具、牯岭儿茶、香橡、山桔、九里香、椿花椒、米籽兰、香椿、无患子、钟萼木、蝴蝶果、野鸦椿、盐肤木、野漆树、黄杞、五加皮、树参、常青藤、隔山香、满山白、杜鹃、紫金牛、八爪金龙（百两斤）、杜茎山、山矾、女贞子、小蜡树、桂花、夹竹桃、雁来红、水杨梅、五叶金花、陆英、接骨木、荚迷、白术（栽培）、龙胆、桔梗、厚壳树、土党参、泡桐、凌霄花、梓树、野枇杷、石梓、天门冬、假万寿竹、紫萼、百合、七叶一枝花、黄精、建兰、金线兰、麦斛、大香附子、箬竹、刚竹、扁竹根等约百种。

加工类 主要有竹纸、竹被、竹丝、桐油、茶油、柏油、茶茗、山苍子、棕片、笋干、松脂以及有木炭、樟脑、松香等。

第三章 林木培育

第一节 采种育苗

一、种子调集

1994年，建阳境内迹地更新，对杉、松等苗木仍有大量需求，在缺口较大的情况下，多数杉、松种子都从外省调剂。

1994年调种：杉木265公斤、马尾松180公斤、木荷30公斤、桤木5公斤。

1995年调种：杉木200公斤、马尾松170公斤、木荷70公斤、桤木7.50公斤。

1996年调种：杉木225公斤、马尾松250公斤、桤木20公斤、木荷45公斤、楠木10公斤、枫香5公斤。

1997年调种：杉木175公斤、马尾松225公斤、木荷150公斤、火力楠20公斤、酸枣200公斤。

1998年调种：杉木150公斤、马尾松55公斤、木荷135公斤、拟赤杨8公斤、杜英40公斤、酸枣80公斤。

1999年调种：杉木155公斤、马尾松31.50公斤、木荷116公斤、桤木15公斤、酸枣350公斤、闽粤栲400斤、米老排35斤、拟赤杨10公斤、火力楠30公斤。

2000年调种：杉木126公斤、马尾松22.50公斤、木荷155.50公斤、酸枣600公斤、细柄阿丁枫8斤、檫树25公斤、杜英40公斤、米老排60公斤、闽粤栲200公斤。

2001年调种：杉木225公斤、马尾松65公斤、木荷10公斤、桤木7.50公斤、酸枣1200公斤、闽粤栲20公斤、拟赤杨8公斤、杜英100公斤、米老排50公斤。

2002年调种：杉木300公斤、马尾松100公斤、木荷100公斤、桤木9公斤、酸枣1600公斤、火力楠10公斤、枫香27公斤、杜英100公斤、米老排125公斤、深山含笑50公斤。

2003年调种：杉木400公斤、马尾松20公斤、木荷25公斤、米老排100公斤、枫香30公斤、酸枣1750公斤、樟树50公斤、杜英50公斤、深山含笑50公斤、观光木10公斤、火力楠22.50公斤。

2004年调种：杉木750公斤、马尾松45公斤、木荷80公斤、酸枣1600公斤、枫香7.50公斤、柳杉15公斤、杜英20公斤、观光木30公斤、深山含笑20公斤、米老排10公斤、乳源木莲200公斤。

2005年调种：杉木645公斤、木荷65公斤、酸枣680公斤、乳源木莲50公斤。

2006年调种：杉木810公斤、木荷50公斤、酸枣680公斤、观光木40公斤、马褂木25公斤。

2007年调种：杉木1150公斤、木荷60公斤、酸枣1400公斤、马褂木50公斤、桤木5公斤。

2008年调种：杉木1000公斤、木荷50公斤、酸枣1200公斤、枫香7.50公斤。

2009年调种：杉木600公斤、木荷50公斤、酸枣1600公斤、枫香10.50公斤、桤木7.50公斤。

2010年调种：杉木500公斤、木荷80公斤、酸枣1400公斤、枫香9公斤、千年桐500公斤。

二、贮藏管理

1989年起，建阳林委种苗站加强种子调拨的检验和检疫工作，严格执行“未经检验合格和签发林木良种证的种子不准调用”的规定，有效地保证育苗种子的质量，制止劣种进入育苗生产领域。

1993 年，县林委在莒口林业站建立可容近万公斤种子的仓库，且配有 500 平方米的晒种坪及其他附带设施，保证种子的妥善贮存。至 2010 年，方法一直沿用。

三、良种基地建设

1990 年，县林委与林业部和省林业厅联营，在莒口焦岚村建马尾松母树林基地，总面积 67 公顷。

2004 年，在红旗林业采育场新建深山含笑等阔叶树良种基地 78 公顷。

2005 年，在溪东林业采育场新建红楠等珍贵阔叶树良种基地 78 公顷。

2009 年，在外墩林业采育场新建杉木第三代无性系种子园 30 公顷。

2010 年，在绿盛林场新建油茶种苗繁育基地 19 公顷；对新建杉木 3 代种子园 30 公顷完成定砧、100% 的嫁接、整形、抚育、补植等工作。

四、林木种苗繁育

1996 年后，建阳市林业部门推行育苗体制创新与新技术应用，实行全面调整、合理布局、集约经营的办法：采取相应集中连片育苗，逐步形成规模集约化的育苗生产基地。全市只保留育苗面积达 0.67—1.33 公顷以上的城关、溪口、坤坊等 3 个基地并大力推广应用，以科学方法育苗，培育优壮苗木。严格认真筛选育苗人。选择懂科学、有技术、守合同、听指导、勤管理的育苗人，促使育苗更加专业化、技术化。广泛采用地膜覆盖育苗，并加大阔叶树种育苗面积。开展苗木生产动态监测。为大幅度提高 I 级苗率和合格率，种苗技术人员进行“杉木播种苗木生长过程动态研究”，掌握杉木播种苗生长规律，探索苗木地径、苗高、根系的生长特性，同时加强苗木质量管理。

2005 年，全市保存育苗面积 9.81 公顷，产合格苗 667.40 万株，其中，杉木苗 476.90 万株、木荷苗 46.50 万株、酸枣苗 14.30 万株、乳源木莲 14.70 万株、马尾松容器苗 115 万株。全年，红旗采育场深山含笑等阔叶树种良种基地建成母树林 27 公顷、种子园 13 公顷、子代测定林 12 公顷、种质收集区 8 公顷、示范林 15 公顷、条穗圃 3 公顷。

2006 年，完成大田育苗 13.07 公顷，其中，杉木 10.80 公顷、酸枣 1.13 公顷、木荷 0.67 公顷、观光木 0.27 公顷、马褂木 0.20 公顷。经大田育苗清点产合格苗 670.50 万株，其中杉木 597.70 万株、马尾松 7.50 万株、木荷苗 28.30 万株、酸枣苗 19.20 万株、马褂木 6.90 万株、观光木 10.90 万株。第一年培育邓恩桉，调用 2 公斤种子，出苗量达到 40 万株。在国有东风苗圃新建轻基质容器大棚 6 座，当年培育马尾松轻基质容器苗 45 万株。

2007 年，以 2 斤邓恩桉种子培育 40 万株容器苗，并从外地调回 60 万株桤木和木荷苗。

2008 年，在传统松、杉苗以及阔叶树种苗木培育的基础上，加大经济树种油桐等的苗木培育，并着手建立杉木第三代无性系种子园 30 公顷，新建林区道路 1700 米，维修林区道路 2000 米，管理房 85 平方米，烘干房 85 平方米，晒场 1000 平方米。

2010 年，全市规划内育苗，保存育苗面积 12.56 公顷，产合格苗 1028.53 万株，其中，杉木苗 605.10 万株（其中杉木容器苗 200 万袋）、阔叶树苗 189.20 万株（其中，木荷苗 66.60 万株、酸枣苗 69.60 万株、枫香苗 21.20 万株、油桐苗 31.80 万株）、油茶苗 27.83 万株、马尾松轻基质容器苗 206.40 万株。

1994—2010年建阳市社会性育苗面积情况表

表10-3-1　　单位：公顷

年份	面积	年份	面积	年份	面积
1994年	20.27	2000年	9.07	2006年	45.07
1995年	8.67	2001年	11.73	2007年	51.60
1996年	10	2002年	11.33	2008年	52.87
1997年	8.67	2003年	19	2009年	80.60
1998年	7.33	2004年	45.13	2010年	97.07
1999年	8.67	2005年	44.40		

第二节　植树造林

1995年，全市完成造林更新面积2109.87公顷，其中，宜林荒山面积6公顷，迹地面积1993.87公顷，营造工程林961.73公顷，补植110公顷。

1998，全市完成造林更新面积1777.40公顷，其中营造工程林1111.60公顷；营造防火林带400.20公里；沿河两岸栽种各种小径竹330.67公顷；毛竹抚育垦复6907.33公顷。

1999年，全市完成造林更新面积1575.07公顷，新建生态保护林工程4.40万公顷，其中，宜林荒山面积48.87公顷，迹地面积1526.20公顷。未成造102.47公顷，灌木林81.67公顷，疏林地51.47公顷。

2000年，全市完成造林更新面积1546.40公顷，其中，食用菌专用林326.67公顷，防火林带10.33公顷及绿色通道工程造林等。

2001年，全市完成造林更新面积1509.33公顷，其中，宜林荒山面积72.27公顷，迹地面积1437.07公顷，营造工程林720.80公顷。

2002年，全市完成造林更新面积1523.67公顷，其中，宜林荒山面积164.80公顷，迹地面积1760.87公顷，营造工程林1067.47公顷。

2003年，全市完成造林更新面积1525.67公顷，其中新造速生丰产工业原料林200公顷；4大基地建设全面完成，当地珍贵树种基地完成新造243.87公顷；大径材基地完成新造73.33公顷；工业原料林完成新造141.53公顷；毛竹丰产高效基地建设0.08万公顷；改造和新造锥栗林0.27万公顷。

2005年，全市完成造林更新面积2858.27公顷，其中，个私造林2211.40公顷，占造林总量的77.37%；营造防火林带204公里，推广种植邓恩桉200公顷。完成中幼林抚育面积7300公顷。在人工造林中，林业4大基地重点项目新造1174.07公顷，占任务的106.10%，其中，新造乡土珍贵树种110公顷，大径材基地89.13公顷，工业原料林892.33公顷。完成全民义务植树76万株。

2007年，全市完成造林更新面积3765.47公顷，其中，人工造林面积329.40公顷，人工迹地更新面积2416.20公顷，人工促进天然林更新684公顷，非规划林地造林335.87公顷，速生丰产林1903.40公顷，"丽森"工业原料林690公顷，生态公益林造林、补植93.27公顷。个、私及非公有制企业造林2940.93公顷，公有制企业造林824公顷。"四大基地"建设完成乡土珍稀树种造林100.67公顷，大径材基地建设380公顷，工业原料林基地1702公顷。完成全民义务植树76万株。

2008年，全市完成造林更新面积3958.73公顷，其中，人工造林面积291.07公顷，人工迹地更新面积3218.47公顷，人工促进天然更新320.73公顷，非规划林地造林158.47公顷，速生丰产林2345.13公顷，"一重山"造林绿化165.60公顷，生物防火林带180公里；针叶林2711.47公顷，阔叶林363.87公顷，针阔混交林899.33公顷。

2009年，全市共完成造林绿化总面积4297公顷，其中，人工造林面积173.53公顷，人工迹地更新面积3595.27公顷，人工促进天然更新374.40公顷，零星四旁植树（含非规划林地造林）153.80公顷；

完成速生丰产林 2153.80 公顷；完成绿色通道一重山造林绿化 406.53 公顷。

2010 年，全市共完成造林绿化总面积 4220.87 公顷，其中，人工造林面积 277.07 公顷，人工更新面积 3292 公顷，人工促进天然更新 174.60 公顷，低产低效林改造 403.13 公顷，零星四旁植树（含非规划林地造林）74.07 公顷。完成绿色屏障"二沿一环"造林绿化 686.67 公顷。完成全民义务植树 76.30 万株。

从 1991 年起，建阳开始实施世界银行贷款国家造林项目，全部项目协议规模 6000 公顷。至 2010 年，实际完成造林 7238 公顷。

1994—2010 年，全市低产林改造 1152 公顷。

第三节　林竹抚育

一、幼林抚育

1990—2010 年，建阳幼林抚育采取的主要方法：杉木、阔叶树造林，当年扩穴、培土、扶苗 1 次，全面锄草 2 次；第二年和第三年，每年全面锄草抚育 2 次；第四年后，根据幼林生长情况，每年安排 1 次劈草抚育，直至幼林郁闭。马尾松造林头 3 年，每年进行全面锄草 1 次；第四年全面劈草 1 次，并做好缺苗补植和杉木除萌工作。

1994—2010 年建阳市幼林抚育作业面积情况表

表 10-3-2　　单位：公顷

年份	面积	年份	面积	年份	面积
1994	2459.07	2000	5918.07	2006	7585.93
1995	6431.07	2001	6311.20	2007	12568.47
1996	7973.13	2002	6205.47	2008	10546.93
1997	7889.47	2003	6407	2009	11111.07
1998	7193.40	2004	6333.33	2010	14240.53
1999	6545.13	2005	7300		

二、竹林抚育

1994 年，建阳市竹山垦复作业面积达 2.43 万公顷。

1995 年起，建阳市实施省政府提出的建设丰产高效毛竹示范林基地工程，推广竹山施肥、新竹标号、竹山灌溉、病虫害防治等综合丰产配套措施。

2000 年，全市完成竹林抚育 1.29 万公顷，竹林标号 0.11 万公顷，竹山机耕道 133 公里，建立丰产基地 0.05 万公顷，建立毛竹高效样板片 5 片，建立竹山灌溉达 45 公顷。

2005 年，全市完成竹林抚育 1.67 万公顷，竹林标号 1.37 万公顷，竹山机耕道 292 公里，建立丰产基地 0.08 万公顷，建立毛竹高效样板片 12 片，建立竹山灌溉达 66.67 公顷。

2007 年，全市留养新竹 1732.90 万株，占计划的 176.80%，完成竹林抚育面积 1.75 万公顷，占计划的 131%，毛竹丰产基地建设 0.15 万公顷，占计划的 109.50%，新开竹山机耕道 347 公里，占计划的 347%，新建科技示范户 137 户，占计划的 137%。

2008 年，全市留养新竹 545.96 万株，完成竹林抚育面积 2.45 万公顷，其中，劈山 1.30 万公顷，锄草 0.74 万公顷，深翻 0.41 万公顷，施肥 0.68 万公顷，毛竹丰产林建设 0.14 万公顷，竹山机耕路建设 193 公里，新建科技示范户 51 户，完成灌溉示范点 8 个。

2009 年，全市留养新竹 1807 万株，完成竹林抚育面积 2.60 万公顷，其中，劈山 1.50 万公顷，锄草 0.71 万公顷，深翻 0.37 万公顷，施肥 0.42 万公顷。

2010 年，全市留养新竹 525 万株，完成竹林抚育面积 2.53 万公顷，其中，劈山 1.66 万公顷，锄草 0.59 万公顷，深翻 0.29 万公顷，施肥 0.33 万公顷，毛竹丰产基地建设 0.10 万公顷，新开竹山机耕道 150 公里，新建竹山灌溉水池 11 个。

第四节　封山育林

1995 年，全市封育面积 2333 公顷，为 1995—2010 年间最多。建阳市封育方式主要有：全封、半封、轮封。全封，封育期间禁止在封育区进行非抚育性的砍伐、打枝、放牧、割草、采挖等各种不利于林木生产繁育的人为活动。适用于边远山区、江河上游、水库集水区、水土流失严重地区和恢复植被较困难的宜封地。半封，属于季节性的封山育林，即春夏秋季封禁，冬季经林业部门批准，在林业技术干部或护林员监督指导下，在保护目的树种的前提下，结合人工促进措施定期开放，让当地群众进封区割草，适用有一定目的树种，生长良好，林木盖度较大的宜封地。轮封，根据当地群众生产、生活的实际需要，把具有封山育林条件的林地分区划片进行轮流封育，适用于当地群众生产、生活和燃料有实际困难的地方。封育对象主要有宜林荒山、疏林地、阔叶林、阔叶林采伐迹地、竹类、灌木林地等 6 个类型；封育类型主要有乔木型、灌木型、乔灌型和竹林型等 4 种类型。

1995—2010 年，全市封山育林面积达 17757 万公顷。

1995—2010 年建阳市封山育林情况表

表 10-3-3　　单位：公顷

年份	封育面积	年度投资	年份	封育面积	年度投资
1995	2333	12.31	2003	1668	12.51
1996	1756	12.89	2004	1700	12.75
1997	1440	13.26	2005	1686	12.64
1998	1868	14.01	2006	1674	12.55
1999	1804	13.53	2007	1682	12.61
2000	1736	13.02	2008	1608	12.06
2001	1708	12.81	2009	1636	12.79
2002	1680	12.60	2010	1673	12.86

第四章　森林保护

第一节　护林防火

一、组织机构与队伍

（一）护林防火机构

1994 年，建阳市森林防火指挥部拥有成员单位 18 个，成员 19 人。

2003 年，建阳市森林防火指挥中心成立。

2005 年，建阳市森林防火指挥部与建阳市林业局联合成立森林防火重点火险区综合治理项目建设领导小组。

至 2010 年，建阳市森林防火指挥部下设办公室，核定事业编制 3 人，办公地点设在林业局；各乡镇政府（街道办事处）设立指挥部，各国有林场设立领导小组。

（二）护林联防组织

1998 年，建阳森林防火指挥部组建半专业化建阳市森林消防队，总人数为 20 人。实行全天候待命，应急处置。

2000 年后，实行节假日期间值班，对建阳境内森林防火实行 1 日 1 报制度。

2007 年，建阳市林业局组建森林防火突击队。

（三）扑火队伍

1994 年，全市有国有林场职工为骨干的森林扑火应急分队 9 支 260 人，村级义务扑火队 192 支 3840 人。

2003 年，建阳市组织专业快速扑火突击队 62 人，其中，集中食宿 20 人，统一调度，随情出击。

2006 年，组建的半专业化建阳市森林消防队 20 人，2008 年为 77 人。

2008 年，建阳市防火办与武警大队基层中队、书坊乡、童游街道、将口镇、小湖镇、水吉镇、漳墩镇共同举办 7 期森林火灾预防与扑救知识培训班，武警部队新入伍战士和民兵应急分队队员 200 人参加培训。

2010 年，编制《森林火灾安全扑救知识》培训教材，为武警大队官兵、各乡镇（街道）武装部部长和基干民兵举办培训班，提升整体扑救能力和水平。

至 2010 年，全市有林业系统森林扑火队 12 支 217 人，乡镇协会 182 支 2408 人，武警部队 1 支 40 人，武装部 1 支 20 人，消防队 1 支 20 人。

二、防火措施

（一）防火责任制

1994 年，建阳继续实行森林防火工作行政领导负责制，市政府与各乡（镇）政府、街道办事处，市林委与各林业站、国有林业采育场分别签订森林防火责任状，行政主要领导为责任人。

2005 年起，根据《建阳市 2005 年森林防火目标管理责任状》，各责任单位实行森林防火风险抵押金制度。

2009 年，按照《建阳市 2006—2010 年森林防火目标管理责任状》，印发森林防火重点工作落实责任主体的通知，把森林防火的各项目标任务落实到乡镇分管领导、林业站长。

2010 年，修订《2006—2010 年森林防火工作目标管理责任状》内容，印发森林防火重点工作落实责任主体的通知文件，把森林防火的各项目标任务落实到乡镇（街道）主要领导、分管领导、林业站长，做到责任到人、措施到位。

（二）防火宣传

1994 年，继续利用广播、录像、专栏、宣传车、防火标志牌等各种形式宣传森林防火。

自 2000 年始，每天在建阳电视台天气预报中加入森林防火等级预报。

2005 年，建阳市森林防火指挥部印制《森林防火宣传手册》《扑救森林火灾典型伤亡案例分析与安全常识》《森林防火》VCD 光盘下发至各乡镇，为各单位做好森林防火宣传工作提供资料和教材；印制《给农民朋友的一封信》5 万份、《致全市中小学生家长一封信》4.50 万份、《贺春年画》5 万份；在 205 国道、南武路、水三线等重要交通要道沿线设立大幅宣传牌 23 面；在庵山等景区道上设小面宣传牌 100 面。

至 2010 年，全市设立大型永久性森林防火宣传碑牌 100 面，制作《森林防火条例》宣传画框 60 幅，每逢墟日，组织到乡镇墟场流动宣传；制作永久性防火宣传牌，分发到各个行政村悬挂；新制搪瓷公益防火宣传牌200面，分发到庵山、潭山森林公园和旅游景点、名胜古迹悬挂。提倡人人爱林护林，共享林区美景，构建和谐社会的美好愿景。每年的清明节，印制《进山扫墓须知》，倡导以献花和植树的方式祭奠故人，改变传统的点香、烧烛、放鞭炮的扫墓习惯，增强森林火灾的防范意识。

（三）用火管理

1994年，建阳境内继续执行野外用火审批制度，坚持凭证安全用火。

2005年，执行严格的操作规程，全面掌握农田分布的地点范围、可燃物特点和计划烧除的部位，并逐户登记造册。坚持“条件成熟一个，审批一个”的原则，点燃时必须遵守技术操作规程，做到时间、人员、防范措施“三落实”。同时，开通全市森林防火报警电话“12119”，以便全市森林火灾报警的需要。

2006—2010年，对《护林员主要职责》《森林扑火队伍安全规则》《森林防火值班制度》《森林防火村规民约》《建阳市森林火情报告制度》《建阳市老弱、痴呆、精神病人员监护管理制度》等做修订和规范，强化规范管理和制度建设，使高火险预警响应机制得到落实，森林火灾的预防管控和日常工作的整体水平提升，火源管理加强，防范效果提高。

（四）防火设施

1988—1994年，先后投资250万元用于瞭望网、通信网、隔离带网、预测预报网和扑火队专业化、扑火机具现代化等建设。

2005年，投入200.25万元，新增油锯8台、基地通信5台、车载台2台、手持对讲机40台、风力灭火机50台、GPS定位仪8台、灭火水枪54把、电脑计算机2台、传真机2台，摄像机、照相机各1架。

2010年，投入森林防火专用资金72万元，有防火瞭望台1座，无线电台7部，森林消防车1部，防火储备库1座，扑火机具4765台，防火林带2661公里。

附：森林火灾

1994—2010年，共发生森林火灾145起，其中，1994年4起，1995年6起，1996年13起，1997年5起，1998年3起，1999年0起，2000年14起，2001年1起，2002年3起，2003年30起，2004年21起，2005年3起，2006年2起，2007年11起，2008年19起，2009年4起，2010年6起。

第二节　病虫害防治

一、主要病虫害种类

1994—2000年，常见的主要森林害虫有松毛虫、竹蝗、竹毒蛾、松梢螟和黑翅土白蚁；常见的森林病害有马尾松叶枯病、马尾松赤枯病、杉木炭疽病、杉木叶枯病、湿地松褐斑病和苗木猝倒病等。

2001—2010年，在建阳境内爆发成灾的主要以马尾松毛虫和刚竹毒蛾为主。

二、防治机构

1988年，建阳市森林病虫防治检疫站成立，随后在全市设立600个调查样地（马尾松样地400个，毛竹样地200个），组织开展虫情调查和监测工作。

2004年，建阳市林业局出台《建阳市加强从省外调进松木包装及其制品检疫管理办法》，由森林病虫防治检疫站负责具体实施。

2005—2010年，市林业局实施省级“建阳市马尾松毛虫等森林病虫害检疫监测预警中心”项目和国家级“2005年国家松蚧虫预防工程建设”项目，并对森林病虫防治检疫站森林外查外防的绩效，每年都进行 1 次量化考评。

三、防治方式

天敌制约：根据 1980 年林区调查资料，建阳林区有森林害虫的天敌昆虫 6 目 18 科 74 种。这些昆虫多寄生于各种森林昆虫(或害虫)的幼虫或成虫中，对于森林害虫的滋生起制约作用，有利于自然生态平衡。除天敌昆虫以外，森林中的众多鸟类和其他野生动物也是制约森林害虫的天敌。

人工防治：以黑灯光诱杀松毛虫，以毒饵诱杀竹蝗。

生物防治：以白僵菌粉炮防治松毛虫或竹毒蛾。

化学防治：采用六六六烟雾剂或敌马牌烟雾剂防治松毛虫或竹蝗。

飞机防治：利用“运五型”飞机超低容量喷雾防治松毛虫。

林木检疫：对森林植物检疫对象进行疫情调查，做到林木的调运检疫和种苗产地检疫，防止危险性病虫的传播和蔓延。

四、防治措施

1994 年，防治虫害面积 2670 公顷，其中生物防治 2020 公顷，化学防治 64 公顷，预防性防治 586 公顷，防治率达 100%；生物防治效果 90%，化学防治效果 80%。

2003 年 4 月，建阳境内出现毛竹螨虫危害，市森林防疫站采取一系列措施防治：清除病枯株，减少虫源；加强阔叶树、杉木的保护，促进毛竹林混交；合理垦复、劈杂，提高抵抗叶螨危害的能力；调整合理的立竹度，改善竹林结构，提高竹林抗性；采用 40% 氧化乐果或 2.50% 溴氰菊酯或 50% 灭扫利等内吸性强的农药在毛竹竹竿基部注射。当年，建阳市越冬代马尾松毛虫大面积爆发成灾，中重度发生面积达 0.59 万公顷。全市共调运白僵菌和苏运金杆菌粉炮（粉剂）1.41 万公斤，烟雾剂 7950 公斤，安排到有关乡镇、场等各单位进行防治，防治面积 9584.60 公顷。

2005 年夏季释放捕食螨，每亩 1 公斤（10000 只），增加林内益螨数量，以螨治螨。

2008 年，发生主要森林病虫害为松毛虫、竹毒蛾和竹蝗，全市共发生 3022.33 公顷。发生率 1.22%，成灾率为 0。松毛虫发生 2449.20 公顷，竹毒蛾发生 378.53 公顷，竹蝗发生 64 公顷，板栗疫病发生 130.60 公顷。全市共调运白僵菌粉剂 2000 公斤，复合生物杀虫粉剂 4990 公斤，烟剂 300 公斤，安排到有关乡镇、场等各单位进行防治，防治作业面积 3280.07 公顷，有效地抑制松毛虫、竹毒蛾等虫害的为害和蔓延。全市有效防治总面积 3022.33 公顷，防治率 100%。

2010 年，全市共发生森林病虫害 2116.93 公顷，发生率 0.85%，其中，轻度发生 1486.80 公顷，中度发生 610.13 公顷，重度发生 20 公顷；有效防治面积 2116.93 公顷，有效防治率 100%；无公害防治面积 2116.93 公顷，无公害防治率 100%，其中，主要食叶害虫生物防治面积 2116.93 公顷，生物防治率 100%；监测累计面积 35.68 万公顷，监测率 99.14%，测报准确率 88.20%；调查大田育苗 6.67 公顷，其中，杉木 6.67 公顷、马尾松容器苗 190 万袋、杉木容器苗 400 万袋，种苗产地检疫率 100%；收取检疫费 43.34 万元，调运检疫率 100%。

第三节　动植物保护

一、生态林保护

1996 年，建阳市林业分类经营规划领导小组成立，开展森林分类经营区划工作，把大部分天然阔叶林划为生态公益林。

1997 年，下发《关于加强阔叶林采伐管理的通知》，制定阔叶树山场不准以承包买断青山采伐，凡阔叶树伐区强度不得超 25%（蓄积），伐后郁闭度保留 0.60 以上；择伐林木胸径需达 28 厘米以上；落实阔叶树伐区采伐监督责任人。

从 1998 年开始，按照规划，逐步落实到林班、小班，并严格禁止采伐生态公益林。

2000 年，制定《建阳市生态公益林区划界定工作实施方案》，规划生态公益林建设面积 7.13 万公顷，占林地的 27.20%。

2003 年，建阳市对境内的白塔山和庵山进行规划，并纳入重点保护范畴。具体实施为“三五七”（即用 3 至 5 年时间完成所有宜林荒山造林，7 年实现绿化）造林绿化工程、生物多样性保护工程、三溪沿岸护岸绿化工程、城乡绿化和绿色通道工程、景观资源开发利用工程。

2007 年，建阳市生态公益林面积 7.03 万公顷。有 66 个村完成生态公益林管护机制改革，其中，联户管护模式 9 个，面积 0.35 万公顷；专业管护模式 57 个村，面积 2.09 万公顷。

至 2010 年，建阳市生态公益林面积 7.03 万公顷。有 166 个村完成生态公益林管护机制改革，其中，联户管护模式 140 个，面积 4.89 万公顷；专业管护模式 26 个村，面积 0.59 万公顷，全部完成管护合同的签订。

二、野生动植物保护

1994 以来，建阳市林业部门与森林公安协同作战，对境内野生动植物进行保护，相继成立保护组织，采取保护与打击并举的方针。

2006 年 组成开展严厉打击破坏野生动物资源违法犯罪集中统一行动领导小组。

2008 年 10 月，建阳市林业局开展省第十八届保护野生动物宣传月活动。

2010 年，建阳市林业局严格按照有关规定，共审批 20 份猎捕证；7 家野生动物驯养繁殖及经营利用企业通过年审；春季开展野生动物保护专项打击行动，强化执法监督；通过开展爱鸟周及 10 月保护野生动物宣传月活动，营造人与自然和谐共处的环境和氛围，引导市民树立生态文明意识，保护野生动物资源。

三、古树名木保护

1996 年，建阳市林委开展对境内古树名木的保护普查，确定建阳市第一批古树名木。

2002 年，在第一批古树名木普查的基础上，再次开展普查并确定第二批古树名木清单。

2005 年，建阳市林业局与建阳市森林公安局共同划定国家重点保护珍贵树木在福建有分布的名录。建阳被列入国家一级保护的珍贵树木的有南方红豆杉、水松、伯乐树（钟萼木）、银杏、苏铁、四川苏铁、台湾苏铁。

2008 年，建阳市开始第三批（含一二批）古树名木挂牌保护试点工作。通过 7 个月时间的调查，较全面地查清建阳市古树名木资源、数量、种类、分布和生长状况。调查结果表明，全市有古树名木 23 科、35 属、40 种，总株数 2817 株，其中，散生 870 株，古树群 34 群，1947 株。2817 株古树中国家一级的有 146 株，国家二级的有 1430 株，国家三级的有 1241 株，其中国家一级保护的珍贵树木有 1595 株、闽楠 42 株、红豆树 11 株；福建省第一批地方重点保护珍贵树木有 3 种 64 株：江南油杉 8 株、油杉 51 株、柳杉 5 株。

2009 年，《建阳古树名木挂牌保护试点工作成果》通过省林业厅专家组的评审。评审会认为，该项成果切合建阳的实际情况，符合当前林政管理需要，为建阳古树名木保护构建较好的基础。

第四节　自然保护区

1979年，经国务院批准成立武夷山自然保护区。大自然保护区位于市境西北部的黄坑镇，东起望天堂，西至白沙岭，南起九峰山，北到先锋岭，与武夷山市、邵武市和光泽县毗邻，距建阳市中心80公里，为全市海拔最高的地段。辖区包括坳头、大坡2个行政村和长见、桂林、九峰等行政村的18个自然村，总面积为12942公顷，居民187户854人。保护区核心区面积5328公顷，实验区面积7416公顷，野生植物资源区内有维管束植物1800种，属国家级保护的珍稀濒危植物19种，其中，二级保护植物7种；三级保护植物12种；属省级保护的珍稀濒危植物23种。植被类型复杂，计有8种植被类型，30个群系，100个群落。大竹岚区内野生动物定名的有31个目、300个科，5000种。其中，罕见特有种有金斑喙凤蝶、宽尾凤蝶；鸟类234种，获列入国家保护的有白鹇、黄腹角雉、挂墩鸦雀等；两栖动物32种，爬行动物73种（其中蛇类56种），山溪鱼类34种，蜥蜴类15种；属特有珍稀动物有角怪（崇安髭蟾）、经甫雨蛙、武夷湍蛙、大鲵、尖吻蝮蛇、眼镜蛇、武夷厚唇鱼、丽蜥蜴等；脊椎动物有100种，国家保护的有猕猴、云豹、毛冠鹿、大灵猫、小灵猫等12种。其中华南虎、金钱豹、水獭于20世纪末绝迹。

1980年起，大竹岚开始规范化的管理保护工作。保护区分为核心区与实验区，开展特别保护：群落保护，如陈家坪细柄阿丁枫群落、泥洋紫竹群落、坳头罗汉竹群落；树种保护，如坳头钟萼木、银鹊树、黄山木兰、银杏、银钟树、乳源木莲、大坡青勾栲、檀梨、水松等；李家塘古树群保护，如勾栲、枫香、红楠、南方红豆杉等。物种保护分就地保护和迁地保护2种方式。

1980年9月，在自然保护区建阳境内的黄坑桂林村设立黄坑管理所，为科级管理机构，共有职员10人。辖区涉及黄坑4个行政村1个乡镇综合农场，区内有4个自然村。黄坑管理所主要职责为：宣传贯彻执行国家有关自然保护区的法律、法规和方针、政策。开展社区环境宣传教育和自然保护的相关科学普及活动。制定自然保护管理的制度，完善各项管理措施，保护自然资源和环境。组织辖区内森林资源和动植物资源调查，监测资源变化情况和环境状况。在保护的前提下，科学合理组织境内居民在实验区内开展毛竹生产经营，种养殖业和森林旅游业。

从1981年起，每年10月至翌年2月定为保护区“防险期”，加强防险期间的防护和宣传，设水泥宣传牌为防火宣传的永久性标志；根据农事特殊情况（如外来劳力入区高峰期等），到山场点，开展不定期的防火宣传；严格火源管理，实行野外用火审批制度，严禁带火种进山作业，经常性组织人员进山巡护；层层落实岗位责任制，实行奖惩制度。同时，加强防火基础设施建设。全年有人员轮流值班监测火险。森林火险期实行每日24小时轮流值班制，黄坑管理所和林业公安派出所人员做到有机配合，在宣传自然资源保护的同时，坚持以法治林，对外来劳力进山区从事林业生产的人员进行登记造册，严格管理，经常巡查。查处乱砍滥伐、乱捕猎、乱采集等不法行为，严厉打击毁林犯罪分子和违章人员。对区内木竹生产严格实行采伐监督制度，全面配备山场监督员，加强产前、产中、产后等3个环节的管理：产前注重资源调查法规的宣传和安全指导、技术培训；产中到各生产点督促；产后对山场和堆头进行检查验收，确保按限额采伐，保持森林资源的良性循环。为发挥全民管理作用，还选聘有一定林政管理能力，并经过严格培训的村民担任护林员，由保护区每月发给补贴工资，实行定人定片的目标管理。每月定期开会，汇报和布置保护管理工作。

2000年后，进入大竹岚保护区的观光旅游人流量大增，给保护区境内资源造成很大破坏。为此，对非科学考察的团队准入，保护区采取严格控制制度，仅限于居住在李家塘、坳头的居民可进出，对外来人员需凭相关手续方可进入。

第五章 林产开发与利用

第一节 竹木采伐运输

1990年后，国家对林产的重视更为加强，对大部分阔叶林地、生态涵养林地、溪河源头林地实行禁伐。建阳境内原各伐木场随即改为采育场，将原职工转换身份，变采伐为抚育。

1994年，全市林业公路12条，总长179.20千米。较主要的有5条，分别为麻沙——蕉溪公路，起于麻沙，途经黄坝洲农场、长坪、溪口道班、青洲、响古，止于蕉溪，与邵桐线交汇，长32.94千米，为山岭重丘四级（林业三级）公路；邵桐线，起于邵武故县十二弯，途经黄坑镇的龚家山、苦竹坪、蕉溪、三峡、广贤、塘头、桃历、黄坑、桂林、大王庙、坳头，止于桐木关，县境内40.33千米，为林业2级公路；井杭线。

起于小湖镇井后，途经鸿庇、下乾、上乾，止于漳墩镇杭头，长37.40千米；麻丁线，起于麻沙镇岔口，经新溪、书坊、塘头、岭根墙、红旗村，止于（丁厝）河溪，长21.40千米；马梁线；起于回龙乡马岚村，经下澄溪、茶畲，止于梁厝口，长6千米。当年，建阳市林业运输汽车48辆，年运材总量6万立方米。此后，随着经济体制的市场化转化，建阳境内的竹木加工企业逐渐增多，原竹木的外运越来越少。

1997年2月1日，建阳市开始执行福建省林业厅所启用的“福建省木材检尺码单”。

2001年，福建省立木树干材种出材率表在建阳市执行过程中，出现杉木小径级总出材率偏大，杉木、马尾松规格出材率偏低现象，为使出材率更切合实际，参照其他县市调整情况，经征求意见，确定建阳市立木树干材种出材率表，杉木、马尾松径级在44厘米以上及阔叶树立木树干材种出材率仍按建阳市立木树干材种出材率表执行。同年，建阳市林业局成立木材检验中心。2001年后，国家对原始林地进行有效控制与禁伐，此后，建阳进入全面的严格禁采时期。

自2002年12月底开始，建阳市林业局下属的7个采育场、综合林场、绿叶林场等9个单位，属于省厅规定的自检自设范围，其他单位和个人的木材检验工作全部纳入建阳市木材检验中心的检尺范围，以促进当地木材流通健康地发展。2002年，麻沙——蕉溪公路转为备战公路，由国家投入近千万元，建成8米宽水泥公路。

2005年7月，组建建阳市衡森木材检验服务中心，为建阳境内的森工企业提供木、竹检验、检量服务。同年，邵桐线经黄坑镇与邵武水北街共同修造为水泥路面。并直延续到黄坑的坳头村，直接达大竹岚自然保护区段。

2008年，随着横南铁路的通车及浦南高速公路的建成，竹木成品与半成品的运输更显繁忙，但都向个体及私有营运公司转移。

1994—2010年，建阳林区竹木集材使用方式基本沿用3种：人力集材使用肩驮、担筒方式；利用地势集材采用溜山、滑道方式；机械化集材采用胶轮手板车、索道方式。随着闽江上游建溪、麻阳溪等水利工程纷纷上马，溪流筑坝导致溪流不畅，竹木无法再走水运之路而渐渐停运。

第二节 竹木购销

一、竹材产销

1989—1994年，每年产销毛竹200万根，其中，外销50—70万根，市内加工利用130—150万根。

1996—2010 年，毛竹基本做到境内企业自行消化。1996 年，全市毛竹总产量 166.47 万根；1998 年，毛竹总产量 292.50 万根；1999 年，毛竹总产量 358.83 万根；2000 年，毛竹总产量 406 万根；2002 年，毛竹总产量 413 万根；2005 年，毛竹总产量 472.60 万根；2006 年，毛竹总产量 551.20 万根；2007 年，毛竹总产量 694 万根；2008 年，毛竹产量 883 万根；2009 年，毛竹总产量 909 万根；2010 年，毛竹总产量 986 万根。

二、木材产销

1995 年后，由于林业改革的深入，人工栽种杉木材多转为境内生产企业自行消化，建阳市总木材生产量也提升。随着经济建设的升温，松杂胶合板材的市场需求节节攀升，境内的松杂木采伐量也随之加大。

2000 年后，国家出台天然林保护政策后才得以放缓脚步。

2005 年，全市木材总产量为 33.52 万立方米，林业总产值达 13.02 亿元。

2007 年，木材总产量为 65.98 万立方米。分属各乡镇与林业局直属场。林业总产值达 18.20 亿元。

2008 年，由于控制采伐量，全市商品材生产量为 37.92 万立方米。但由于企业对产品进行的深加工，林业总产值达 23.70 亿元。

2009 年，木材生产完成 29.84 万立方米，木材销售 30.47 万立方米，与 2008 年度相比，有较大幅度的下降。建阳的林木产业化经过数年转向调整，其产品结构产生变化，朝着精加工方向发展。

2010 年，建阳市木材总产量为 28.92 万立方米，林业总产值达 45.80 亿元。

第三节　产品加工

一、竹木加工

（一）锯材

1989—1994 年，产锯材成材 1.93 万立方米，其中，枕木 0.41 万立方米、板材 1.52 万立方米。正常年份锯材合格率 85% 左右，1982 年最高，达 95.40%。历年出材率 66.50%—74.50% 之间，一二等品率 86% 以上。

2000 年后，由于原材料的日益宝贵与生产技术的提高，一些边角料也得到充分且合理的使用。

2010 年，产锯材成材 29.83 万立方米，锯材合格率为 89% 以上。

（二）人造板

1989—1994 年，建阳共产竹木胶合板 2.88 万立方米，创产值 6346.02 万元。

2000 年后，建阳境内的竹木胶合板产业发展速度更为迅猛，除原有厂壮大规模外，新的合伙制企业也不断产生，共同促进建阳竹木板材的产量与质量。闽北林产工贸园区的设立，为整体提升建阳板材业的发展注入新的活力。至 2005 年，人造板（中纤板、细木工板、水泥模板）产销分别为 14.49 万立方米和 1.43 万立方米。

2010 年，人造板（纤维板、细木工板、集成板、水泥模板）产销分别为 27.62 万立方米和 29.59 万立方米。

（三）木竹器具

1994 年，建阳市木竹器具大多由城镇集体企业和农村小企业生产，主要产品有木竹农具、器具、家具、纺织器材及竹藤制品等。

2000 年后，木制小家具类生产量逐年上升，完成 230 万件。2005 年，完成 530 万件，2007 年，完成 735 万件，2010 年，突破 820 万件。

二、林产化工

（一）松香、松节油和合成樟脑

1990年，建阳化工厂以生产合成樟脑及松节油为主打产品。后因管理不善等因素于2001年转卖个人。依然以生产合成樟脑与松节油为主。

2001年，溪东采育场在经营区0.53万公顷面积的松树林中，采脂生产的松木约2.40万株，年可采脂60吨，产值达16万元。

2003年，全市合成樟脑产量1421吨。

2005年，全市松油采集量为152吨，合成樟脑产销分别为5000吨和4200吨。

2007年，全市合成樟脑产销分别为5020吨和4980吨。

2008年，全市松节油采集量为237吨。

2010年，全市松油采集量为286吨，合成樟脑产量为1.62万吨。

（二）活性炭、甲醛和松焦油

1989—1994年，建阳累计生产活性炭0.30万吨。随后，因市场竞争激烈而停产。

2000年后，黄坑等地利用毛竹制品厂下角料生产活性炭，年产量在800吨左右。

2003年，与人工板材加工相配套的甲醛年产量1.52万吨。活性炭产量为1975吨。经过5年间的发展，

2008年，由于境内胶合板材量的提升，甲醛产量随之跟进。全市甲醛总产量为9.17万吨。

2010年，全市活性炭产量为2261吨；甲醛总产量为1.04万吨。

第六章 管 理

第一节 机 构

一、行政机构

（一）林业局

1989年，建阳县林业局改为建阳县林业委员会，并增设林业资金管理站、竹业科和种苗站，并成立利用世界银行贷款造林办公室和南平造纸营林总公司建阳分公司。1990年，增设林产化工科。1993年1月，改物资站为林业物资公司，6月建立林业工程公司。

1998年，建阳市林委内设机构有办公室、林政科、营林科、林业工业科、计划财务科、政工科。系统共有在册干部职工2219人，其中下属单位职工1697人。

2000年，根据建阳市机构改革办公室核定的林委机构及人员，林委行政机关职能部门由24个科室减为6个科室：政工科（党办）、办公室、林政科、计财科、营林科和林工科，核定人员21人。另外市政府挂靠林委的市绿化办、防火办、处纠办与林委机关合署办公的，暂时未解决编制。

2002年4月，根据建阳市编制委所制定的林委职数与职能，对林委机构设置做出相应的调整。建阳市林业委员会更名为建阳市林业局。为正科级政府林业部门。将原由市水土保持委员会办公室承担的在宜林地区植树、种草等生物措施防治水土流失的政府职能划入林业局。其下属机构作出相应调整，把林地调查、定级、评估的职能交市森林资源管理站。把制定林业科技发展规划、林业科研成果推广应用的职能交市林业科技中心。共设机构有办公室、财务股、政工股、林政股、产业股、营林股、资源站、森防站、

防火办、竹业股、科技中心、监察室、工会、项目办、处纠办、林改办、效能办、评估所。人员编制和领导职数（不含挂靠单位）行政编制为16名。其中，局长1名，副局长3名；党委书记1名；党委副书记兼纪检书记1名；股级领导职数9名。机关工勤人员按有关规定核定事业编制1名。此格局直延续到2010年。

（二）森林公安分局

1994年，建阳市林业公安分局设城关、水吉、麻沙、将口、回龙、黄坑、范桥7个林业派出所。公安分局实行林业主管部门与公安局的双重领导。全局干警31人。设分局局长、副局长、教导员、副教导员各1人，党支部书记由教导员兼任。

1999年，建阳市公安局林业分局更名为建阳市森林公安分局，城关、将口、黄坑、范桥、麻沙、回龙、水吉7个林业派出所更名为森林派出所。分局机关内设政工股、办公室、法制股、刑警队、治安股5个部门。

2004年，建阳市森林公安派出所机构编制核定为40名。森林公安派出所原有民警20人统一转为森林公安专项行政编制。

2005年底，建阳森林分局新增民警11名，民警总数达到43名，其中，基层所队民警人数达到37名，占分局民警总数的86.05%。

2008年，建阳市森林公安分局核定编制数为55人，下设7个森林派出所，实有在编在岗民警52人，主要负责建阳境内26.25万公顷林地面积的森林植被保护任务。

至2010年，建阳市公安局森林分局核定行政编制数55人，下设7个森林派出所，实有在编在岗民警53人。

二、事业单位

1994年，建阳市林委下属事业单位有17家：13个乡（镇）林业站和范桥国有林场，莒口国有苗圃、麻沙林业公路段、建阳林业招待所。

至2010年，建阳市林业局下属事业单位有：潭城、童游、将口、徐市、崇雒、莒口、麻沙、书坊、黄坑、水吉、小湖、回龙、漳墩13家林业站和营林技术指导站、林业规划设计队、林业科技中心、森林防火指挥部办公室、林业基金站、林业检查站、国有苗圃、国有林马坑经营所、森林病虫害防治检疫站、林木林地权属登记管理中心、林业执法大队等11家直属林业单位。

三、企业单位

1994年，建阳市林委下属企业单位有：溪东、大阐、红旗、蕉溪、外墩、桂林、坤中7家国有采育场，将口、徐市、莒口、麻沙、黄坑、水吉、回龙7家木材采购站和木材公司、建阳木材厂、建阳胶合板厂、建阳刨花板厂、建阳制氧厂、建阳市林委建筑材料厂、建阳市国有综合林场、建阳第二化工厂、建阳市林业汽车修理厂等23家。

至2010年，建阳市林业局下属企业单位有溪东、大阐、红旗、蕉溪、外墩、桂林、坤中7家国有采育场，综合、绿业、绿盛、绿鑫、试验、范桥6家林场。

第二节　资源管理

一、森林资源发展规划

1995年，建阳市林业部门组织开展生物多样性调查和区划工作，并编制《建阳市生物多样性保护工程规划》，确立保护小区108片，面积9908.88公顷，以保护全市野生动植物资源。

1998年，建阳市林委制定《建阳市封山育林总体规划》，对建阳市全境到2010年的封山育林做出中长期整体规划。

2003年，建阳市政府编制《建阳市天然林保护工程规划》，划定天然林面积8.53万公顷。

2008年，建阳市林业局对建阳境内的森林资源的长期可持续发展做出如下3年期规划：规划建设“海西林产工贸城（福建建阳）林业有害生物防控体系”项目、“福建省建阳市杉木第三代无性系种子园”项目、“木本粮油植物油桐良种基地”项目、规划实施“速生丰产林基地中幼林抚育”项目、“福建省建阳市酸枣等乡土阔叶树大径材培育”项目、“农业综合开发”项目。

2010年，建阳市政府规划建设“森林防火综合治理示范县”项目，总投资655万元，新建生物防火林带600千米。

二、林业规划

1994年，编制《建阳市1994—2010年林业发展中长期规划》。

1996年，建阳市成立“建阳市林业分类经营规划领导小组”，抽调19人，结合森林资源二类清查，开展森林分类经营区划工作，并结合建阳实际情况，制定《建阳市森林分类经营规划》，上报福建省林业厅，并从1998年开始，按照规划，逐步落实到林班、小班，并严格禁止采伐生态公益林。

2000年8月，根据森林分类为商品林和生态公益林2大类要求，建阳市林业局组织人员对生态公益林进行规划，并落实林班、大班、小班。全市生态公益林为7.13万公顷，占全市林业用地29.30%，商品林21.68万公顷，占70%，其中，非国有林、生态公益林6.27万公顷，占28.90%；商品林15.41万公顷，占71.10%。

2003年，建阳市林业局着手对境内的林地进行再次划分，确立建阳市林业4大商品林基地建设规划，其中，毛竹丰产高效基地1万公顷；“1232”乡土珍贵树种基地0.08万公顷（含珍贵用材树种333.33公顷，绿化大苗333.33公顷，中药材133.33公顷）；大径材基地5.67万公顷；工业原料林基地2.09万公顷（分造纸原料林基地0.93万公顷、竹浆原料林基地建设0.36万公顷、人造板原料林0.67万公顷、松脂原料林基地原料林0.13万公顷4个项目实施）。

三、林业区划

1983年，建阳县林业部门按照《福建省林业自然资源调查和林业区划技术方案》的要求，开展建阳林业区划工作，编写《建阳县林业区划报告》，将建阳划为西北部中低山武夷山自然保护区，中部低山高丘用材林、水土保持林、薪炭林区，西南部中低山毛竹林区，东部中低山、高丘用材林、水土保持林、经济林区。

2000年，建阳市林业部门按照“分类经营，分类指导，分区突破”的新思路，实施“全省森林分类经营试验市”方案，根据不同的地域特点，明确林业建设重点与发展目标，把全市林业战略布局划定为4个区划：

西北部区：涉及黄坑、麻沙2个镇13全村，2个采育场，面积4.71万公顷，主体是实施闽江上游的“天保工程”（天然林资源保护工程），重点是调减木材产量，建好公益林，转产分流人员。实施集约人工用材速生丰产林、高速毛竹林为主的商品林业基地建设，发展自然条件优势。

中部区：涉及麻沙、书坊、莒口、徐市、童游、将口、崇雒、潭城共8个乡镇86个村和3个国有采育场。面积12.30万公顷，主体是实施工业人工林为主的商品林建设。

东部区：以南浦溪流域为主，水吉、小湖、回龙、漳墩4个乡镇65个村、2个采育场，面积8.50万公顷，主体是实施集约中小径材用材林和锥栗、板栗为经济林。

西南部区：涉及书坊、徐市、莒口 3 个乡镇 7 个村，华家山毛竹采育场和大闸、外墩 2 个采育场。主体是实施集体毛竹林、用材林为主商品林建设。

四、森林资源管理体系

1994 年底，全市共有森林资源管理人员 200 人，主要负责资源监测、资源建档、档案管理、采伐管理等工作。

1995 年，建阳市共完成专项调查 230 片，蓄积 6.35 万立方米。

2000 年后，建阳市林业局直接服务于森林资源管理的部门有林业规划队 9 人，苗圃 4 人，经营所 6 人，林业科技中心 6 人，林业基金站 6 人，营林科、资源站各 8 人。相关部门分工协作，并采用先进的电脑系统进行山场资料存储与管理。

2005 年后，由于分工协作，资源共享，同时采用先进的 GBS 卫星定位系统对境内的山林进行监测，使建阳的森林资源管理走上以科技为先导的高科技时代辅助管理时代。

至 2010 年，建阳市森林资源管理体系建设进入全国先进行列。

第三节　林政管理

一、森林采伐管理

1994 年，实行森林采伐量与林业生产任务挂钩，凡对当年迹地未进行林地准备，或上年度迹地更新面积与需更新面积之比低于 60% 的单位，暂缓发放木、竹采伐证；凡上年度迹地更新率低于 85%—95% 的单位，减其当年采伐指标总量的 5%—20%；凡幼林抚育任务数低于 80% 的，核减采伐总量 5%；低于 60% 的，全额核减。当年，市林业规划队组织 48 人，分 11 个外业小组和 1 个检查组，对全市 12 个乡镇进行伐区调查设计，总片数为 676 片，总蓄积量为 18.50 万立方米。

1996 年，建阳市森林分类经营规划领导小组成立，抽调 19 人，结合二类森林资源清查，开展森林分类经营规划，制定《建阳市林业分类经营规划》（简称“规划”），上报福建省林业厅。

1998 年后，全面按照规划逐步实施。由于当时设有建立生态公益林补偿金制度，因此只能采取限伐和禁伐的措施。对阔叶林严格采取禁伐，对兼用林采取限制采伐措施。

2000 年，编制《“十五”森林经营方案》。规定“十五”期间的年采伐量按“十五”采伐限额编制所测算的合理年采伐量和确定的年采伐限额进行采伐。

2003 年，市林业规划队负责全市森林抚育、更新造林、森林主伐作业设计，为培育和利用森林资源提供作业服务等。

2004 年，建阳市林业局根据《南平市林业局关于开展用材林抚育间伐和低产林改造试点工作的通知》，委托各乡镇林业站核发抚育间伐采伐许可证，限于乡镇集体（个人）具备林地所有权的抚育间伐采伐许可证委托给乡镇林业站核发。同年，建阳市确立 4 大商品林基地建设规划，以坚持因地制宜，合理布局，突出重点，适地适树，分类经营，定向培育，并将其产业链延伸到产前产中产后的所有环节，超越传统意义的采伐。做到严把伐区调查设计关、采伐公开招标关以及木材下山关。

此一采伐管理方式被林业部门确定下来，沿用至 2010 年。

二、竹木运输管理

1994年，建阳木材运输管理实行采伐证与运输证相结合的办法，凭其采伐许可证和木材检尺码单由林委林政部门办理木材运输证。

2000年后，建阳市严格执行凭证运输制度，木材自行销售。

2006年8月后，对竹材及半成品、成品的运输管理予以放宽，省内运输实行绿色通道，林业检查站和其他林业行政执法机构不再对竹材及半成品、成品进行检查。但因外省仍有检查，故运输出省的竹材及半成品、成品，县级以上林业主管部门仍应给予办理出省木材运输证。

2008年，建阳市林业局为了规范木材运输管理，按车型核定木材运输办证数量下限，防止木材运输少办、漏办；为杜绝薪材少开多运现象，分车型核定薪材开具码单数量下限，理顺薪材码单使用管理。企业在运输木材过程中，应主动接受沿途林业检查站检查验讫。此规定沿用至2010年。

三、竹木加工管理

1994年起，建阳林业主管部门对境内木材加工管理的最主要方式即辖区内林产品加工企业进行合法化地发放木材加工许可证制度。

2002年，建阳市林业局、经贸局、乡（镇）企业管理局、工商行政管理局组成木材经营加工单位清理整顿协调工作组。至2003年6月，建阳市境内共有木材经营加工单位236家，其中，办证223家，未办证的13家。在223家有证的加工单位中，木材加工单位59家，毛竹加工单位164家。13家未办证的加工单位被取缔。在59家木材加工单位中，8家存在经营加工无合法来源木材的情况，由森林公安或林业站依法进行处罚。

2004年7月，建阳市林业局根据《中华人民共和国森林法》《福建省木材经营加工批准和监督办法》的规定，对在建阳境内新增竹木加工企业进行全面审核，并对境内木材经营加工的批准增设：加工场所不在乡镇所在地不批；没有税收、规模小浪费资源的粗加工不批；不符合产业发展方向的不批；原则上大的乡镇不超过10家，小的乡镇不超过5家的条件。

2005年，建阳市林业局制定相关的管理办法：对企业的木材进出仓实行监督。林业站和企业建立进出仓台账。一经发现加工企业有违反国家规定，非法采伐、毁坏、收购、加工、出售珍贵树木或者国家重点保护的其他植物及其制品的违法活动，当地森林公安派出所将进行立案查处。建立林工企业安全生产管理工作考核制度，以确保林工企业的生产安全。

2006年，为强化对规模林产企业的服务，建阳市林业局建立局领导与企业的直线联系制度，由局领导直接挂点境内大的林产企业。

2008年起，建阳境内的林产品加工企业根据《建阳市林业局关于加强林政资源管理的通知》的要求，凭木材运输证在5个工作日内到所在地林业站申报登记木材进出仓林政管理台账，由林业站盖章核销登记的进仓木材运输证。福建省外运入的木材，应向林业站提供经进入福建省第一个林业检查站验讫的木材运输证；福建省其他县外运入的木材，应提供经进入建阳市第一个林业检查站验讫的木材运输证；企业进仓到材应与提供的运输证所记载的木材品名、规格、树材种、数量相符；除运输证外企业还应提供木材检疫证以及林业站要求提供的相关材料到所在地林业站申报进仓验讫。

自2009年9月14日起，实施先检尺装车再办理运输证的程序。10月9日，停止先办证后检尺的程序，全面实施先检尺装车再办理运输证的程序。此规定沿用至2010年。

第四节　林业案件查处

1994年，全市共查处无证猎捕，违法经营、加工、运输野生动物及其产品的案件20起，查获没收白鹇40只、鹰类20只、蛇300条。

2000年，查处林业行政案件194起，提请逮捕27起57人，批准逮捕27起56人，移送起诉27起45人，直接起诉3起3人，摧毁团伙6个25人，林业行政处罚223人，治安处罚4人，为国家挽回损失179.70万元。

2001年，查处违反野生动物保护法律、法规规定的行政案件共4起，均为非法捕杀和非法贩卖。其中，国家二级76只（条），有眼镜王蛇4条，银环蛇8条，其他蛇类50条，虎纹蛙、石蛙60只。

2003年，查处各类森林案件178起，其中，刑事案件42起、治安案件4起、林业行政案件132起，处理打击违法犯罪人员334人，摧毁毁林犯罪团伙11个37人，收缴木材488立方米，收缴罚没款220万元，收缴林业经费28万元。

2005年，查处各类案件1129起，其中，立森林刑事案件75起（含重大、特大案件28起），破48起（含重特大案件15起），受理查处林政案件1006起、治安案件48起，打击处理各类违法犯罪人员1251人，其中抓获犯罪嫌疑人70人、治安拘留48人、林政处罚1133人；森林刑事案件报捕71人，批捕61人，不捕10人，起诉61人，摧毁毁林犯罪团伙5个26人，收缴木材3566立方米，收缴罚没款107万元，收缴林业费68万元。

2009年，开展专项打击涉林犯罪活动和不间断持续抓好“三基”（基层建设、基础工作和基本功训练）建设。通过“绿盾二号”“绿盾三号”等一系列专项活动。全年共立案查处各类涉林案件464起，查处行政案件372起，其中，林政案件356起，治安案件16起。

2010年，共立各类涉林案件376起，查破340起。立刑事案件106起，破案70起（重大案件立19起、破23起），抓获犯罪嫌疑人110人，其中，批捕在逃7人、刑拘在逃25人、起诉78人，打击犯罪团伙7个31人；查处行政案件270起，处理违法人员290人，收缴木材289.72立方米，罚没款39.09万元，没收违法所得 2.09万元；收缴并放生省一般保护野生动物画眉鸟32只，缴获捕鸟工具8套。

第五节　林权纠纷调处

一、县际纠纷调处

县际山林权属纠纷，主要由地区林业主管部门主持调解裁决。1989—1994年，共处理10起，其中，建阳与建瓯4起、与邵武3起，与松溪、浦城及武夷山各1起，总面积846.20公顷。

2007年，建阳市林业局从资源站、林改办、规划队、林业站抽调8人，组成调查组对山权为建阳市所有、政和石门采育场经营的山场进行调查核实。调查核实山权属建阳市、由石门采育场经营的面积为1652.86公顷。其中，山权属国有（建阳林业局）的面积为569.93公顷，山权属集体（漳墩镇苏元村）的面积为1082.93公顷。2010年，天然林面积460.20公顷，人工林面积1192.67公顷。区划界定为生态公益林面积248.60公顷，商品林面积1404.07公顷。建阳市林地面积26.25万公顷，区划界定生态公益林面积7.03万公顷，占林地面积的26.80%。

2008—2010年，处理县际纠纷5起，面积61.33公顷。

二、市内纠纷调处

市内山林纠纷调处，主要由市林业局林权办负责。

1989—1994年，共处理县内山林纠纷46起，总面积4010.93公顷。

1995—1999年，共处理县内山林纠纷3起，总面积321.47公顷。

2000—2004年，共处理县内山林纠纷5起，总面积68.47公顷。

2005 年，共接待各类来访 133 起 410 人次，调处面积 877 公顷。

2008 年，立案山林纠纷 20 起，调处 6 起。接待各类来访 56 起，326 人次。办结省、地、市转办信访件 31 件。

2009 年，立案山林纠纷 11 起，调处 5 起，面积 75.80 公顷。办结省、地、市信访件 26 件。

2010 年，市内纠纷 6 起，面积 245.87 公顷。调处 5 起，面积 82.80 公顷。接待林农、业主等咨询 56 起，315 人次。受理省、地、市信访件 22 件，办结 19 件。

第十一篇　水利　电力

第十一篇　水利　电力

1994 年起，建阳市加大水电站建设与改造、农田节水灌溉、山地水利工程、水库除险加固、河道清水工程、农村供水等工程建设力度。2000 年，开始实施农村电网改造。2005 年 7 月，通过省政府组织的电气化县验收。2005 年 9 月，城区供电从 35 千伏 /10 千伏级向 110 千伏 /10 千伏级转化，35 千伏农村供电网架更趋完善。2005 年 12 月，建阳市农村电力“两改一同价”（农村电力体制改革、农村电网改造，同网同价）工作通过省政府验收。35 千伏农村供电网络更趋完善。2005 年 7 月，通过省政府组织的电气化县验收。2005 年 9 月，城区供电从 35 千伏 /10 千伏级向 110 千伏 /10 千伏级转化。完成“十五”期间的水电农村电气化建设工作，全市村通电率达 100%，户通电率超 99%，用电保证率达 95% 以上，“以电代柴代气户”率达 39%，人均年用电量 685 千瓦时，各项指标均超过国家水利部颁发的农村水电电气化标准。

至 2010 年底，全市有水利工程 1487 处（座），其中，中型水库 1 座、小（一）型水库 8 座、小（二）型水库 37 座、重点引水工程 1327 处、提水工程 62 处、节水灌溉工程 36 处、山地水利工程 16 处。建成防洪堤岸 52 公里；闽江洪水预警报系统 1 站 3 点（1 个中继站：庵山站，3 个雨量点：建阳、麻沙、水吉）；水电站 118 座，总装机容量 12.70 万千瓦。全市有效灌溉面积 26040 公顷，占总耕地面积的 86.61%；保证灌溉面积 22926 公顷，占总耕地面积的 76.25%。有变电站 11 座。用电量达 41982 万千瓦时，其中，城乡居民生活用电 9829 万千瓦时，人均生活用电量为 286 千瓦时。

第一章　水利工程

第一节　引水工程

1994 年，建阳市引水灌溉工程有 886 处，有效灌溉面积 15487 公顷，保灌面积 13033 公顷，其中，灌溉万亩以上的引水工程有罗山引水工程 1 处；千亩以上至万亩的引水工程 33 处；灌溉千亩以下的引水工程 852 处，有效灌溉面积 11378 公顷，保灌面积 9897 公顷。1994—1997 年，建阳市引水工程以灌区续建配套及节水改造为主。1998—2000 年，省财政补助 182 万元，在全市实施初级水利化县建设，巩固和提高引水、提水工程标准。至 2000 年，新建回龙乡马岚村河埠引水、浒州村甘源引水、童游社区溪源村石井庙和牛头引水等 21 处灌溉千亩以下引水工程。

1999—2001 年，省财政补助 90 万元，实施龙吉中型引水灌区续建配套及节水改造项目。至 2005 年，新建麻沙镇江坊村的胡厝、小湖镇的贵源村、漳墩镇的桔坑村等 33 处灌溉千亩以下引水工程，

2005—2010 年，国家烟草总局委托福建省烟草总公司，在全市 13 个乡（镇）、124 个村、254 处实施引水、提水工程，灌区内烟田水利设施建设，累计投资 4806 万元。至 2010 年底，新建书坊乡贵溪水库渠道、小湖镇祝中渠道、将口镇周垅水库外引水等 63 处灌溉千亩以下引水工程。

2010 年，建阳市有引水工程 1003 处，效灌溉面积 17207 公顷，保灌面积 14481 公顷，其中，罗山引水工程，经多年持续巩固维护，有效灌溉面积、保灌面积 680 公顷；千亩以上至万亩的引水工程 33 处，

有效灌溉面积 3094 公顷，保灌面积 2764 公顷；灌溉千亩以下引水工程 969 处，有效灌溉面积 13433 公顷，保灌面积 11037 公顷。

第二节　蓄水工程

1994 年，建阳市有蓄水工程 65 座（处），其中小（一）型水库 8 座，小（二）型水库 33 座，小山塘及山地水利蓄水池 24 处。总库容 3721.50 万立方米，有效灌溉面积 3405.40 公顷，保灌面积 3091.70 公顷。当年开工建设雷公口中型水库，1998 年建成。至 2000 年，全市有小（一）型水库 8 座，小（二）型水 39 座。2010 年底，全市共有蓄水工程 71 座，其中，中型水库 1 座，小（一）型水库 8 座，小（二）型水库 39 座，蓄水库容 8952.50 万立方米，有效灌溉面积 3613.40 公顷，保灌面积 3231.70 公顷，保护水库下游人口 3.50 万人，保护水库下游农田 210 公顷。

中型水库　1994 年，开工建设雷公口中型水库，1998 年竣工，水库总库容 5231 万立方米，正常库容 4500 万立方米，有效库容 4157 万立方米。总投资 13000 万元，电站装机容量 1.20 万千瓦。

小（一）型水库　1994 年，全市有小（一）型水库 8 座，总库容 2823 万立方米，正常库容 2267.60 万立方米，有效库容 2165.50 万立方米，有效灌溉面积、保灌面积 2214.30 公顷。至 2010 年，情况不变。

小（二）型水库　1994 年，全市有小（二）型水库 33 处。总库容 621.86 万立方米，正常库容 540.74 万立方米，有效库容 525.63 万立方米，有效灌溉面积 975.06 公顷，保灌面积 726.70 公顷。至 2000 年，建成南金庵水库、后历垅水库、青山水库、芹口水库、上村垅水库、坤坊水库共 6 处。至 2010 年，全市共有小（二）型水库 39 座，总库容 733.89 万立方米，正常库容 631.04 万立方米，有效库容 610.72 万立方米，有效灌溉面积 1183.10 公顷，保灌面积 868 公顷。

山塘　1994 年，有山塘 24 处，总库容 155.60 万立方米，正常库容 139.75 万立方米，有效库容 131.43 万立方米，有效灌溉面积 216 公顷，保灌面积 149.30 公顷；有蓄水池 160 处，总容积 8000 立方米。2007 年新建山地水利蓄水池 30 个总容积 2000 立方米。至 2010 年，情况不变。

建阳市新建中型水库雷公口水库基本情况表

表 11-1-1　　单位：米、公里、公顷

流域水系	水库名称	地点	开工时间	集雨面积（平方公里）	总库容（万立方米）	坝型	坝高（米）	渠长（公里）	灌溉面积（公顷）		竣工时间
									有效	保灌	
麻阳溪	雷公口水库	黄坑镇	1994	101	5231	浆砌石拱坝	87.70	0	0（属发电水库）	0	1998 座

1994—2010 年建阳市新建小（二）型蓄水工程基本情况表

表 11-1-2　　单位：平方公里、万立方米、米、公里

流域水系	水库名称	地点	开工时间	集雨面积（平方公里）	总库容（万立方米）	坝型	坝高（米）	渠长（公里）	灌溉面积（公顷）		竣工时间
									有效	保灌	
麻阳溪	南金庵水库	莒口镇社州村	1993 年 7 月	0.58	16.10	石拱坝	19.70	4	320	320	1995 年 7 月
南浦溪	后历垅水库	水吉镇后井村	1993 年 12 月	2.20	38.44	均质土坝	22	3	800	800	1995 年 12 月
南浦溪	青山水库	小湖镇大湖村	1994 年 12 月	1.70	15.89	均质土坝	18.33	2.50	420	300	1995 年 12 月

表 11-1-2

流域水系	水库名称	地点	开工时间	集雨面积（平方公里）	总库容（万立方米）	坝型	坝高（米）	渠长（公里）	灌溉面积（公顷）		竣工时间
									有效	保灌	
崇阳溪	芹口水库	将口镇芹口村	1994 年 6 月	0.95	16.70	均质土坝	9.50	1	880	300	1996 年 6 月
书莒溪	上村垅水库	书坊乡钱塘村	1994 年 11 月	0.29	12.80	均质土坝	16.80	0.50	200	200	1996 年 11 月
南浦溪	坤坊水库	水吉镇坤坊村	1998 年 1 月	0.85	12.10	均质土坝	14	3	500	200	1999 年 1 月

第三节　提水工程

一、电灌站

1994 年，建阳市有电灌站 42 处，装机 42 台。总容量 880 千瓦，有效灌溉面积 650 公顷；至 2000 年有电灌站 55 处，装机 56 台。总容量 1080 千瓦，有效灌溉面积 780 公顷。至 2010 年，有电灌站 57 处，装机 58 台，总容量 1200 千瓦，有效灌溉面积 923 公顷。其中，装机容量 40 千瓦以上的较大电灌站有潭城街道回瑶村洪尾电灌站、回瑶村砖瓦厂电灌站、严墩村横占电灌站、回龙乡澄布村澄布电灌站、小湖镇农场电灌站、小湖镇小湖村樟树电灌站、水吉镇郑墩村电灌站 7 处电灌站。

二、水轮泵工程

1994 年，全市有各类型水轮泵站 24 座，有效灌溉面积 3182 公顷，保灌面积 3182 公顷。至 2000 年，有各类型水轮泵站 27 座，有效灌溉面积 3380 公顷，保灌面积 3380 公顷。至 2005 年，有各类型水轮泵站 29 座，有效灌溉面积 3600 公顷，保灌面积 3600 公顷。2009 年 1 月，建阳市建溪灌溉泵站更新改造项目由福建省发展和改革委员会与福建省水利厅批准立项。7 月，成立建阳市建溪泵站管理处，负责执行防洪、灌溉等纯公益性质事业工作。9 月，建阳市建溪灌溉泵站更新改造项目开工建设，至 2010 年共改造回龙、芦上、玉瑶、塔下、黄墩、中布、范墩坪、将口、大湖、严墩等 10 座泵站，总装机容量 6150 千瓦，设计总流量 11.54 立方米/秒，灌溉面积 2280 公顷，完成工程投资 1650 万元。至 2010 年底，全市拥有各类型水轮泵站 33 座，有效灌溉面积、保灌面积 4062 公顷，其中，60-6 型水轮泵站 24 座 101 台，有效灌溉面积、保灌面积 3952 公顷，电站装机 17340 千瓦，共投资 7794.70 万元；40 型水轮泵站 9 座 11 台，有效灌溉面积、保灌面积 110 公顷。

第四节　饮水工程

一、城区供水工程

1994 年，建阳城区市民饮用水除童游片区由童游自来水厂供给外，其他区域由市自来水公司提供服务，年供水量达到 505 万吨，供水普及率 88%。1996 年，扩建北门狮子山供水工程，于 1997 年竣工，日产净化水增加到 3 万吨，可供 85000 人日常生活用水。2005 年，城区供水工程拥有给水钢管总长 45 公里（最大管径 700 毫米），抽水动力 10 台 500 千瓦，泵房 3 座，供水普及率达 100%。至 2010 年，日产净化水 3 万吨，城区供水工程拥有给水钢管总长 71.64 公里（最大管径 700 毫米），抽水动力 15 台 1297 千瓦，泵房 2 座，供水普及率达 100%。

二、乡镇集镇供水工程

至2010年底，11个乡镇、2个街道办集镇除莒口镇、将口镇为打井供水外，11个乡镇、街道办均有自来水改工程。

书坊乡　2001年11月，书坊乡饮水工程被日本国驻广州领事馆列入利民工程，获赠款30万元，省水利厅补助10万元，工程总投资71.20万元。施工项目有组合式净水池土建、材料室、值班室、河边泵房土建、泵房至净水池管道、泵房设备、组合式净水池工艺管道配件、供水管网、消防设施等。2002年4月动工，12月底竣工。日供水量1400吨。至2010年，均可满足乡所在地4100人生活用水和消防供水需求。

黄坑镇　1994年前，完成第一期自来水工程，工程规模包括一体化净化池1座，300立方米蓄水池1座，直径200厘米铸铁管1250米、直径150厘米铸铁管1000米。利用五福洋水库右干渠水源，日供水量1000吨，受益人口3500人（含九峰及新峰村）。1996年，第二期工程动工，2000年1月竣工，从4000米远的徐源自然村引山涧水，工程总投资23万元，资金由镇财自筹，受益人口2380人。至2010年，均能满足集镇所在地人口生活饮用水需求。

崇雒乡　1986年，崇雒村自筹资金，打井用电抽水。2001年修建，但未经过滤，水质很差，水量少。2004年，投资54万元（上级水利部门补助23万元，乡财投资13万元，承包者投资18万元），从5千米外的五丰山石罗坑引来山涧水，在崇雒水库大坝边上建成一体化净水池，水头落差56米。输水管长3200米，配水管长3604米，2005年5月竣工。日供水量1200吨，受益508户、2650人。至2010年，均能满足集镇所在地人口生活饮用水需求。

小湖镇　小湖镇供水厂原建于1978年，日供水规模仅50吨。2010年，经市、镇2级水利工程技术人员勘测设计方案，水源从小湖镇葛墩溪引入。在葛墩溪下游新建混凝土重力坝取水，坝高3米，坝长19.30米，坝址以上集雨面积7.93平方千米；坝后建钢盘混凝土预沉池一座。采用GXZ型高效净水器，清水池容积400立方米。取水点至水厂输水干管总长2000米；配水主干管1000米，与原水厂主干管相连。至2010年，均可满足乡所在地人口生活用水需求。于2011年12月竣工，总投资120万元，日供水量1200吨，受益人口5188人。

水吉镇　1989年，水吉镇在青田村牛头垅山上建有1座简易自来水厂，因没有过滤净化设施，水质差。2003年，扩建反应沉淀池、改进过滤和投药等净化设施，总投资21万元，其中上级补助10万元。2010年投资40万元，从牛头岭新增一水源，日供水量1000吨，受益人口4500人。至2010年，由吉隆水电开发有限公司承包管理，可满足乡所在地人口生活饮用水需求。

回龙乡　1981年，回龙乡回龙村从2.85千米处将山涧水引入为生活饮用水，投资12万元，建有一体化净化系统的净水池，采用直径200厘米铸铁管为供水主管道。但水量供应不足，水质也不达标。2006年，回龙乡对自来水工程进行改造。投资17.71万元（其中，上级补助7万元，村自筹10.71万元），采用直径160毫米PVC管替代土渠引水，共铺设主管2850米。日供水量500吨，受益人口1443人，至2010年均可满足乡所在地人口生活饮用水需求。

麻沙镇　1958年，麻沙街建造1座自来水厂。1995年，麻沙自来水厂改制后由私人承包，承包期为30年。1999年，麻沙自来水厂与汽车修理厂的自来水厂合并，改称为麻沙镇自来水厂，实行统一管理、统一运行。至2010年，自来水厂共有水塔、水泵房2座，清水池2处，主管道用150毫米的铸铁管，总长3800米，入户镀锌管16000米。日供水量3500吨。除远离集镇分散的67户，338人引用压力泵抽井水外，集镇的机关、工厂、居民1605户6500人都用上自来水。

漳墩镇　始建于1980年，位于漳墩村的前溪岭，主要有取水引水坝、长600米的引水渠道、沉淀池和简易清水池。2000年，漳墩镇投入资金20万元，对自来水设施进行改造，新增一座钢筋砼无阀滤池和1座容积100吨的清水池，日供水能力500吨。至2010年，均可满足集镇2500人的饮用水需求。

徐市镇 1986年，徐市镇由徐市村村民出资出力筹建1座简易自来水厂。2004年，投资87万元对旧自来水厂进行改建：新建水塔1台、泵房1座、清水池1处，电机3台36千瓦，主管道用口径100—200毫米铸铁管，总长886米，日供水量350吨。至2010年，基本解决该集镇机关单位和居民生活的饮用水问题。

将口镇和莒口镇 将口镇和莒口镇2个集镇居民户自行装置压力抽水器，掘井取水，截至2010年，2集镇98%的居民户自行装置压力抽水器，掘井取水，解决饮用水问题。

三、农村供水工程

1994—2003年，建阳市农村饮水主要是依靠建制村自治组织和农民自行架设简易管道供水或打井取水，建设标准低，无净化设施，水量不能满足需求，水质不符合标准。2000—2003年，老区及水利部门补助2万元建设农村饮水工程。2004年起，省政府实施千万农民饮水改善工程。至2008年，共投资1566万元，（省、南平市给每个行政村补助4.50—7万元），完成饮水工程13个乡镇，146人行政村，受益人口9.80万人，所有供水工程由市水利局规划、设计、组织实施，水源水质由市卫生防疫站检测。其中，2004年完成44个村级供水工程，工程总投资434万元，受益总人口26400人。2005年，完成25个村级供水工程，工程总投资239.99万元，受益总人口17599人。2006年，全市建成村级供水工程31个，完成投资313.30万元，受益人口20707人。2007年，建成25个行政村饮水工程，完成投资281.60万元，受益人口18293人。2008年，建成村级供水工程21个村，完成投资297.50万元，受益人口15060人。

2008—2010年新增中央投资农村饮水安全工程建设项目（中央补助资金按规划内人口65—410元/人），完成11个乡镇，43个行政村70处饮水工程，12所学校饮水工程建设，受益人口2.77万人（其中，学校1.53万人），投资1308.80万元，其中，2008年完成17个行政村，受益人口11050人，完成投资232万元；2009年完成3个行政村，受益人口1581人，完成投资52.70万元；2010年完成23个行政村，12所学校，受益人口15094人，完成投资1024.10万元。至2010年底，全市农村饮水工程完成194个行政村饮水工程的建设与改造，受益人口19.24万人，占全市人口的69.10%。

第五节 防洪排涝工程

一、城区防洪排涝工程

1993年底，建阳县城区防洪规划报告完成。1996年2月，省水利厅批复《关于建阳市城区防洪规划报告的审查意见》，由建阳市政府根据国民经济建设的需要和市级财力的可能，分期建设并按基建程序办理。1997年3月，建阳市城区防洪工程建设指挥部成立，市长任总指挥，水电局局长、建委主任任副指挥。《建阳市城区防洪工程初步设计报告》由省水利管理技术服务中心编制完成。同年10月，省水利厅召开审查会会后作出批复。省计委批复《同意建设建阳市城区防洪工程》。1997年3月15日，启动建阳市城区防洪工程启动。2001年5月，成立建阳市建溪流域建阳段防洪工程建设有限责任公司负责城区防洪工程建设。至2001年底，共完成城区防洪堤21段，总长度15.54千米，总工程量109.32万立方米，其中，石方21.50万立方米，土方87.82万立方米。共投资4434.90万元（含堤身、拆迁、征地等），其中中央补助285万元，省级补助703万元，地、市级补助190万元，本市财政900万元，其他2356.90万元。保护面积6.23平方公里，保护人口7.50万人，保护耕地面积53.34公顷，保护工农业总产值达2亿元。二中防洪堤工程、塔山工业区防洪堤工程分别于2002年3月27日、2003年11月20日竣工。2009年12月，城区北门排涝站、二中排涝站建成。

北门江滨防洪堤 工程位于城区崇阳溪右岸，南起水东桥，北至五里樟桥，1996年2月动工，1997

年底工程竣工。全长 2.67 千米，堤顶为南武公路，堤顶高程 140.50—136.09 米，平均宽 1.50 米，挡墙为浆砌块石，涵洞 7 个，总投资 780 万元。

童游防洪堤　工程位于崇阳溪左岸，北起五里樟大桥，南至水东大桥。1998 年 10 月 8 日开工，1999 年 12 月 30 日完工。防洪堤全长 2344 米，堤顶高程 140.50—135 米，采用土堤护坡断面。主要工程量为土方开挖 12.12 万立方米，挡墙以浆砌块石 1.60 万立方米，干砌护坡 0.96 万立方米，砂砾石回填 4.14 万立方米，堤身土方填筑 11.60 万立方米，铺设土工布 1.97 万立方米。工程总价为 939.10 万元。

塔山工业区防洪堤　工程位于建溪右岸，北起工业区小区香料厂路口，南至游州小山头。2000 年 12 月 4 日开工，2003 年 11 月 20 日竣工，总长 880 米，设涵闸 1 座。设计采用土堤断面，堤顶宽度 4 米，迎水坡坡比 1:2，迎水面用干砌石护面，堤脚用 75 号水泥砂浆块石护脚，背水坡坡比 1:1.50，设计堤顶高程 134 米。工程总土石方 9.74 万立方米，其中石方 0.68 万立方米，工程总投资 300.85 万元。

二中防洪堤　工程也称“原水东防洪堤”，位于市区崇阳溪左岸，从水东桥至由源溪出口处。2001 年 9 月 28 日，工程开工。2002 年 3 月 27 日，工程竣工，堤长 432.20 米，堤高 8.20 米，结构质式浆砌挡墙。主要工程量为堤基沙砾开挖 4766 立方米，砂浆砌石 5077 立方米，砼堤身 1742 立方米，防浪墙砼 412 立方米，沙砾回填 20548 立方米。工程总造价 238.35 万元。

城区排涝工程　城区原有排涝站 2 座。2009 年 12 月，城区北门排涝站建成，工程投资 350 万元，装机 310 千瓦，安装 2 台 40ZLB-100 型轴流泵，配套电机 2×155 千瓦。2009 年 12 月，城区二中排涝站建成，工程投资 180 万元，装机 160 千瓦，安装 2 台 28ZLB-70 型轴流泵，配套电机 2×80 千瓦。排涝工程在汛期担负着拦蓄洪水、防灾减灾的作用。

二、乡镇（街道）村防洪工程

建阳市潭城、童游社区属城区范围内，其他各乡（镇）分别处于崇阳溪、南浦溪以及其干、支流的徐宸溪、漳溪等溪流的左右岸，并且距河岸较远或所处位置地势较高的地带，防洪设施以防冲堤为主，防洪堤为次。至 2005 年底，全市共建有防洪冲堤 40 处，总长 5063.54 米，保护耕地面积 323 公顷，保护人口 78430 人，保护面积 6.23 平方千米。总投资 5350.90 万元，其中国家补助 4434.90 万元。共有防洪堤 19 处，总长 5048 米，保护耕地 270 公顷，保护人口 3430 人，总投资 116 万元。

水吉桥头防洪堤　1993 年建设，1994 年竣工。位于水吉镇所在地南浦溪左岸，南起水吉镇郑墩村，北至水吉大桥。防洪堤设有涵洞 2 个，堤长 600 米，平均堤高 6 米，堤顶宽 2 米，浆砌块石挡墙，堤身土方填筑。总土石方 22800 立方米，其中石方 4800 立方米。总投资 76 万元。保护耕地面积 6.70 公顷，保护人口 3000 人。

徐市镇防洪堤　1993 年建设，1995 年竣工。沿徐宸溪两岸共修防洪堤 17 处，总长 44448 米，都是干砌石堤，保护 17 个自然村 90 户 430 人，耕地 263.30 公顷。这些防洪堤工程以保护农田为主，随河岸地形而建，堤线未成体系，防御洪水标准较低，只起防冲作用。

第六节　水土流失治理工程

1982 年 11 月，成立建阳县水土保持委员会，负责全市水土保持工程建设。1983—2005 年，共治理水土流失面积 32869.53 公顷，完成茶坊、将西河、彭墩、范田、荷源等 5 条小流域综合治理任务。2006 年，治理水土流失面积 1013 公顷，2007 年，全市治理水土流失面积 1260 公顷，2008 年，治理水土流失面积 1713 公顷，2009 年，全市治理水土流失面积 2547 公顷，2010 年，治理水土流失面积 980 公顷，完成漳墩杭下小流域综合治理任务。

第二章 防汛抗旱

第一节 防 汛

一、防汛组织准备

1989年，成立建阳县防汛抗旱指挥部。1993年，完成建阳县防汛办正规化、规范化、现代化的“三化”初级建设。1994年，建成由日本国无偿援助建设的闽江洪水预警报系统，在建阳市辖区内共设有8个雨量站点（即建阳县防汛办，庵山中继站，建阳、水吉、麻沙水位雨量站，黄坑、书坊、漳墩雨量遥测站）。站点收集的水情资料，自动传到指挥中心终端，为防汛抗旱决策提供可靠的依据；完成建阳市防汛无线电“三级”（县、乡、村）组网建设，配备中转机1台，台机2台，手持机20台。

1995年4月，县防汛抗旱指挥部更名为建阳市人民政府防汛抗旱指挥部。每年的汛前，鉴于人事变动，由市政府分管副市长任总指挥，水利局长，公安局长、武装部长等任副总指挥，其他成员由政府各有关部门领导组成。指挥部下设办公室，负责日常工作，办公室主要由水利局并兼。汛期，加强领导带班值班制度，及时上传下达和公布各项雨情、水情。各乡镇每年调整防汛机构，全市落实党政领导防汛责任制，加强防汛队伍建设，严肃防汛纪律，实行领导干部责任追究制。及时公布汛期行政领导、技术人员包库名单，实行24小时值班，保证防汛指挥网络畅通。组织汛前水库工程安全大检查，对存在安全隐患的工程，专门下文限期整改，市水利部门跟踪督促，确保水库工程安然度汛。在汛期，对小（二）型以上的水利工程，都实行领导包库、包站责任制，做到防汛工作事事有人抓。

1997年，在防汛车上配备车载移动电话1台，保证水库与防汛抢险车及指挥中心的联系。9月，省政府防汛抗旱指挥部办公室和南平市人民政府防汛抗旱指挥部在建阳召开防汛办“三化”建设成果鉴定会。在软件建设上，建阳市健全防汛指挥机构，充实防汛办人员。建立每年30万元特大防汛专项预算资金（占建阳市1996年度财政收入的3.01‰）；编制完成《建阳市防汛手册》《建阳市城区防洪预案》《建阳市防台风预案》及相关图表；建立完善各种规章制度，提高防汛指挥的科学性和可操作性。在硬件建设方面，配备微机、摄像机、录放机、救生器材和防汛汽车等。

1998年，市防汛办安装由中科图像部研发的卫星云图接收系统，在指挥中心可通过卫星云图接收系统观测到天气的变化趋势，为防汛提供科学的依据。6月22日，南浦溪发生洪灾，水吉水文站的水位尺被洪水冲走，水文站工作人员通过省预警中心自动采集到的水吉水文站水位数据，重新准确校定水位尺后继续进行测报。

2001年，完成防汛广域网。通过防汛广域网把预警系统各雨量、水位站点所采集的数据上传到服务器，经程序处理后，利用微机终端提取资料的系统。2003年，系统在防汛中发挥作用。为规范防汛工作，确保政令的准确、及时下达与信息的反馈，同时完善防汛电话微机录音系统建设。同年，配备海事卫星电话1台，由卫星传送信号，在特殊情况下，能保证信息的通畅。

2005年，位于市电力大厦2楼具有现代化防汛水平的防汛指挥中心建成并投入使用，按照省防汛指挥中心的规范要求布设线路，装修机房、会议室；添置液晶电脑4台，120英寸大屏幕显示器，投影仪，服务器；配备空调机、音响、不间断电源等。通过防汛信息网络平台，防汛人员可直接从互联网了解卫星云图及全省各地的雨情、水情、台风路径等。通过视频系统与省上及南平市防汛指挥中心会商汛情，基本建成“机构健全、管理规范、装备先进、指挥科学”的现代化防汛指挥体系，结束防汛只能通过电话等传递信息的历史。9月，设立建阳市堤防管理站，承担全市范围堤防、护岸等水工程建筑物的管理、保护；完成建阳市洪水预警报系统1期工程建设，共建成1个中心站（防汛办），4个雨量站（漳墩、回龙、莒口、徐市）及1个共享雨量站。

至2010年，市、乡二级均组织民兵为骨干的应急抢险小分队，其中，市100人，每个乡镇有20—30人。市防汛指挥部备有救生衣300件，玻璃钢冲锋舟4艘，橡皮艇2只，编织带6000只等防汛物资，为抗洪救灾工作提供物资保障。

二、防洪排涝工程

（一）防洪堤

建阳城区防洪堤总长17.19千米，分别是：麻阳溪左岸堤长2.27千米，右岸堤长2.06千米；崇阳溪左岸堤长3.28千米，右岸堤长2.98千米；由源溪右岸堤长1.29千米，建溪左岸堤长2.55千米，右岸堤长2.29千米。建成的城区防洪工程保护面积6.23平方千米，保护人口7.50万人，保护耕地53.33公顷，保护工农业总产值2.20亿元。

（二）排涝站

城区有排涝站2座，其中，城区北门排涝站，装机310千瓦，安装2台40ZLB-100型轴流泵，配套电机2×155千瓦；城区二中排涝站，装机160千瓦，安装2台28ZLB-70型轴流泵，配套电机2×80千瓦。

三、抗洪救灾

1998年6月14—22日，连续大到暴雨，降水量达900毫米以上，相当于全年降雨量的53%。14日，建阳市境内南浦溪洪水超危险水位4.60米，崇阳溪超危险水位2.50米，洪峰流量达6000立方米／秒。6月17日上午，洪水再次使205线、南武线、水杉线等公路全面中断。6月19日，第三次遭洪水袭击，6月22日再度遭受有记载以来最大洪水袭击，境内3条溪河全面暴涨，南浦溪洪峰水位达147.16米，超危险水位6.16米，水吉水文站被冲毁；崇阳溪洪峰水位135.35米，超危险水位4.35米；麻阳溪洪峰水位135.63米，超危险水位1.63米。全市受灾面积4.73万公顷，成灾面积3.27万公顷，受灾人口29.80万人，直接经济损失达11.93亿元。水利直接经济损失2.34亿元。全市修复水毁工程43处，投入劳动力9.80万工日，完成投资755万元。由于连日降雨，将口东田水库后坡严重塌方，灾情发生后，市防汛抗旱指挥部副指挥长邹泉生和将口镇副镇长伊泉成第一时间赶到现场，南平市委常委、市委秘书长邱正平，建阳市委书记何三保、市长郭建声、人大常委会主任童先照、市委副书记白炳义、市委常委武装部部长邹仁满、副市长黄雄、张仲甫等领导亲临现场，坐镇指挥。抢险人员分成后勤服务组、物资供应组、施工组，实行24小时冒雨轮班抢险。尽力打开放水管，开挖溢洪道，使用抽水设备，想尽办法降低水库水位，组织劳力用塑料薄膜对大坝覆盖，同时用麻袋和编织袋装土筑坝，增强大坝稳定性，经过2天2夜连续作战，才使水库脱离险情。全市共出动武警官兵、基干民兵、预备役部队、机关干部共800余人，在抢险中救出粮食5000吨，生产资料2000吨。

2005年6月17—22日，连续遭受特大暴雨袭击，并引发山洪暴发、山体滑坡等，造成堤坝决口、公路阻断、房屋倒塌、农作物被毁等，灾情十分严重。全市共有13个乡镇174个行政村9.52万人受灾，其中，损坏堤防375处18.30千米，决口132处8.60千米，损坏水闸46座，灌溉设施32座，冲毁塘坝293座，水利直接经济损失达5146万元。全市积极组织抗洪救灾，共修复水毁工程72处，完成投入劳动力8.20万工日，完成土石方90万立方米，完成投资1945万元。争取省级中央级水利水毁补助资金222万元。

2006年6月3—7日，连续遭受特大暴雨袭击，境内南浦溪、崇阳溪、麻阳溪3河的洪水肆虐而下，并引发山洪暴发、山体滑坡等，造成堤坝决口、公路阻断、房屋倒塌、农作物被毁，灾情严重。全市共有13个乡镇（街道）124个村（居委会）11.35万人受灾，直接经济损失达1.80亿元，其中，水利损失3580万元。全市整治修复水利水毁工程95处，累计修复水渠9.40千米，护岸5.60千米，塘坝30座，饮水工程4处，水轮泵3座，解决受灾影响面积0.48万公顷。

2010年6月13—20日，普降大到暴雨，6月20日凌晨3时5分城区最高水位达到135.44米，超警戒水位5.44米，比1998年“6·22”洪灾高出9厘米，且洪水达到峰值后持续时间长达9个小时，是百年一遇的特大洪灾。建阳市防汛抗旱指挥部立即启动防御特大洪水应急预案，迅速进入临战状态，多次召开防指成员会议和成员扩大会议，并按1998年特大洪水标准部署防汛抗洪工作。市委、市政府主要领导到指挥中心指导防汛抗洪工作。防汛总指挥坐镇指挥，从水雨情收集、分析会商到水库巡查、山洪地质灾害防御、低洼地带群众转移和水库调度等方面，进行全方位安排部署。为及时预警，市防汛抗旱指挥部密切监测天气的变化动态，组织技术专家进行分析会商，并通过防汛短信平台及时将水雨情信息向市防指成员，各乡镇、工业园区主要领导，分管领导、水利员、水库巡查员发布，累计发送短信30000余条。同时通过电视走字幕、广播提醒社会公众做好强降雨、洪水安全防范。市水利局在“6·20”洪灾前，根据降雨、入库流量和上游洪峰情况，统计核实全市48座水库蓄水情况，制定水库泄洪腾库方案，及时下达指令要求雷公口电站、牛头岭电站、震前电站、西门电站等水库全力开库泄洪，同时，通知各乡镇、街道对各类水库进行逐库全面调度，起到拦蓄洪水、削峰、错峰作用，有效缓解防洪压力。此次洪灾损毁、损坏堤防、水渠、护岸2248处，损毁损坏塘坝、水闸242座，全市急需抢险修复的水毁水利工程点多面广，修复难度大，完成水库除险加固3座，新增农田节水灌溉面积166.67公顷，修复水利水毁工程48处。总投资达 1225万元。

第二节 抗 旱

20世纪90年代中期，抗旱工作由市防汛抗旱指挥部统一领导，市水利局具体负责。在加强领导，发动群众，做好财物准备工作的基础上，主要采取利用现有水利工程，并开辟新水源、使用机械提水灌溉等，建设投工少、投资少、见效快的小型水利工程。发展喷灌、滴灌、管灌以及渠道防渗等节水型灌溉，使有限的水源发挥更大的作用。同时，实行水利管理责任制，由乡镇、街道统一领导，统一规划，统一分配机具，统一结算水费。

1991年，建阳县由于受到强大的太平洋副热带高压控制，形成的持续高温，降雨极少，发生夏旱和秋旱，是中华人民共和国成立以来发生旱情最严重的1年，4—7月降雨量365毫米，比历年同期减少642毫米，7月降雨量10.30毫米，7月26日最高气温达39.50度，是建阳县1971年以来日气温最高值，8月7日全县8座水库中有崇雒水库、后山水库干涸，其他6座小水库蓄水也只有478.60万立方米，只占总库容的31%，全县35座小型水库有27座干涸，至7月26日，全县受旱总面积达1.68万公顷，其中，水田受旱面积1.08万公顷，比特大干旱的1971年多0.05万公顷；双晚无水插秧0.32万公顷，插后受旱0.23万公顷，单晚受旱0.33万公顷，晒死绝收0.12万公顷。全县受旱万亩以上的有4个乡镇（崇雒、回龙、小湖、麻沙）。受旱0.13万公顷以上的乡镇有6个（童游、将口、徐市、水吉、漳墩、莒口）。全县189个行政村受旱严重的有79个行政村。旱情出现后，建阳县委、县政府、县防汛抗旱指挥部召开紧急会议部署抗灾工作，副县长何志坤在会上强调：要把抗旱救灾工作作为当前农村压倒一切的中心任务来抓，挂乡包村各部委局办采取三带办法（带钱、带人、带物）深入农村，停开一切与抗旱救灾无关的会议。全县投入抗旱资金165.15万元，其中抗旱救灾款140.90万元。投入抗旱柴油机209台，电动机31台，潜水泵355台。抢修水利801处，修渠道72处。在抗旱期间，县卫生局、各乡镇卫生院也迅速行动起来，组织巡回医疗队下村为民服务。县直各医疗卫生单位抽调各科主干医务人员组成东、西、中3片抗灾巡回医疗队分赴农村。其中在水吉镇陈地村义务医疗618人。

1994年后，继续由市财政局拨款，市气象局采购内装碘化银的炮弹，并负责保存及联系工作，在天气具备人工降雨条件时，由武装部组织民兵预备役发炮催雨，对解除旱情起到一定的作用。同时，完善抗旱工作预案，建立岗位责任制和设备管理制度，下拨抗旱资金，采取优先保证人畜饮水和农业用水等措施，支持各地抗旱减灾。

1995 年，建阳市成立市抗旱服务队，各乡镇街道配备机动车 13 辆、水泵 13 台、柴油机 13 台，抗旱设备固定资产 340 万元。1998 年起，帮助各乡（镇）购买水泵 13 台，将抗旱设备储放各乡（镇）管理，以增强机动能力。2004 年，新增水泵 3 台，配备人工增雨火箭炮 1 台，指定专人管理（人工增雨炮由气象局管理），人工增雨由原来的高炮发射改为火箭发射方式。

第三章　电力开发

第一节　水电站建设

境内溪流密布，水力资源十分丰富，南浦溪、崇阳溪从北向南贯穿，麻阳溪从西向东流过，其中，流域面积 50 平方千米以上的小溪流 19 条。全市水力资源理论蕴藏量达 26.33 万千瓦。可开发的水力资源约为 14 万千瓦。

1994 年，全市实际运行的小水电站有 86 座，装机总容量 33955 千瓦，全市发电量为 13885 千瓦时。其中，市属宸前水电站装机总容量 1.60 万千瓦，占全市总装机容量的 47.12%。1994—2010 年，对原有水电站加以扩建、技改的共 45 座，新建电站 29 座。至 2005 年底，建成投产的水电站共 102 座，机组 217 台，总装机 8.21 万千瓦；全市在建的水电工程共有 26 座机组 78 台，总装机 5.06 万千瓦（含技改），工程总投资 3.70 亿元，建成投产 8 座，新增装机 1.24 万千瓦，当年完成小水电工程投资 1.27 亿元。至 2010 年底，全市有水电站 115 座，装机总容量 119900 千瓦，其中，10000 千瓦以上水电站有宸前水电站、雷公口水库电站、牛头岭电站、黄塘甲电站等 4 座，500 千瓦以上 41 座。全市发电量达 52170 万千瓦时，为 1994 年的 3.76 倍，新增发电量为 38285 千瓦时。

宸前水电站　位于建溪上游崇阳溪上，建阳城关下游 16 公里的宸前村。1979 年工程动工，1983 年 11 月、12 月，1 号、2 号机组先后投产发电。1989 年 4 月，3 号机组投产发电。1993 年，4 号、5 号机组投产发电。总装机 16000 千瓦，年发电量 8500 万千瓦时，装机利用小时数为 5313 小时。主要工程由拦河坝、厂房、筏道、升压站等组成，为低水头径流开发河床式电站，坝址在亭村上游 500 米处，坝址以上游流域面积 5152 平方公里。总库容 1630 万立方米，正常水位的水面面积为 3300 万平方米，为日调节水库，调节库容 1150 万立方米，工程按 20 年一遇洪水设计，流量为 800 立方米 / 秒，按 200 年一遇校核，流量为 1.14 万立方米 / 秒。坝址多年平均流量为 197 立方米 / 秒，电站引用流量 188 立方米 / 秒，最大水头 12 米，最小水头 6.60 米，平均水头 11.20 米，保证率 90%，时出力为 3400 千瓦。

雷公口水库电站　电站是建阳市麻阳溪龙头水库电站，1994 年 7 月开工建设，1998 年 12 月建成投产，装机 12000 千瓦。大坝在黄坑镇大坡村雷公口处，厂址在新历村的下保自然村。电站坝高 88.30 米，工程总投资 13251.87 万元。水电站设计水头 87 米，年均发电量 3521 万千瓦时。坝址以上流域面积 101 平方千米，正常蓄水位 463 米，水库总库容 5231 万立方米，属年调节水库电站。

牛头岭电站　位于麻阳溪周墩河段，2002 年 4 月开工建设，2004 年 10 月投产，电站装机容量为 2×5000 千瓦，年均发电量 3787 万千瓦时，工程总投资 8690 万元。厂址位在麻沙镇长坪村牛头岭自然村，坝址上游集雨面积 491 平方公里，总库容为 640 万立方米。大坝为混凝土埋块石重力坝，最大坝高 26.60 米，坝长 122.50 米。

黄塘甲电站 位于小湖镇小湖村，属于南浦溪流域梯级开发的第五级电站。正常水位128米，坝址以上流域面积为3945平方千米，总库容3312万立方米。安装2台5500千瓦贯流式水轮发电机组（总装机11000千瓦），年平均发电量4306万千瓦时。2003年11月开工建设，2007年11月建成投产。总投资额为9043万元，电能的输出用一回110千伏线路经红湖电站联至童游变电站上省电网。

2010年建阳市装机容量500千瓦以上水电站建设情况表

表11-3-1 **单位：千瓦、万千瓦时**

电站名称	地 址	装机容量（千瓦）	年发电量（万千瓦时）	开工日期	竣工日期	附注
雷公口电站	黄坑镇大坡村	12000	3500	1994年4月	1998年3月	
黄墩电站	潭城黄墩村	1000	626	—	1972年	2006年1月开始改扩建为1000千瓦
西门电站	城区西门	3200	1400	—	1974年	2004年技改一台800千瓦的机变为1200千瓦
宸前电站	徐市镇宸前村	16000	8500	1979年12月	1983年12月	
芦上右岸电站	芦上村	980	344.50	—	1967年5月	2005年技改4×125＋3×160
华家山二级电站	芦上村	2500	1229	2003年5月	2005年9月	—
将口左岸电站	将口村	750	362	1999年3月	2002年10月	—
严墩电站	严墩村	500	200	1977年	1977年12月	—
董步电站	祝中村	720	428	2002年12月	—	—
白沙湾电站	祝中村	500	300	2002年12月	—	—
鸿湖电站	大湖村	1000	350	2003年2月	2005年12月	—
鸿庇电站（技改）	鸿庇村	960	423	2004年12月	2005年12月	—
新东鲁电站	东鲁村	640	254	2003年9月	2004年8月	—
玉瑶左岸电站	水吉玉瑶	2400	1174	2003年9月	2005年1月	—
塔下电站	水吉玉瑶	800	331	—	1978年	—
回龙电站	吴中村下游	2000	1200	—	1982年1月	—
高门二级电站	水吉塔下	640	250	2002年3月	2003年5月	—
浒洲电站	回龙浒洲	3780	1651	2003年9月	2006年5月	
白沙桥电站	漳墩白沙桥	500	150	—	1973年	2003年9月技改
郭村水电站	漳墩郭村	500	202	—	2005年11月	—
黄溪水电站	漳墩外屯	1890	708	2003年11月	2006年1月	—
老虎甲电站	漳墩老虎甲	500	225	2003年9月	2004年7月	—
龙井坑电站	崇雒龙井坑	1500	525	2003年9月	2006年4月	—
五福洋一级电站	黄坑新峰	800	300	1981年6月	1983年11月	—
五福洋三级电站	黄坑新峰	800	300	1988年	1990年7月	—
雷公口二级电站	黄坑镇坳头村	2000	582	2003年6月	2004年12月	—
塘头电站	黄坑塘头	1600	502	2003年7月	2004年8月	—
三峡电站	黄坑三峡	600	344	2002年9月	2003年9月	—
江边电站	黄坑三峡	1000	430	2003年10月	2004年12月	—

续表 11-3-1

电站名称	地　址	装机容量（千瓦）	年发电量（万千瓦时）	开工日期	竣工日期	附注
响古电站	黄坑响古村	2000	880	2003 年 9 月	2005 年 10 月	—
黄坝洲电站	黄坝洲	960	454	2003 年 3 月	2004 年 7 月	—
牛头岭电站	长坪村牛头岭	10000	3787	2002 年 4 月	2004 年 10 月	—
杜潭电站一级	麻沙镇杜潭村	5000	1746	2004 年 3 月	2006 年 7 月	—
江坝电站	麻沙镇杜潭村	1600	800	1979 年	1981 年	—
渡头电站	江坝村	1500	682.55	2003 年 10 月	2004 年 9 月	—
梁墩［金台］电站	渡头村	2000	772	2005 年 7 月	2005 年 12 月	—
石宇电站	金台村	2000	815	2003 年 12 月	2005 年 6 月	—
中布电站	莒口镇中布村	640	250	—	1984 年 1 月	—
华家山二级电站	华家山	800	240	2003 年 9 月	2004 年 11 月	—
龙门电站	莒口镇龙门村	2000	730	2004 年 12 月	2006 年 4 月	—
金洲水电站	莒口镇金山村	1500	3667	2004 年 6 月	2006 年 4 月	—
黄塘甲电站	小湖镇小湖村	11000	4306	2003 年 11 月	2007 年 11 月	—

第二节　供电设施建设

一、输电

（一）35 千伏输电线路

1994 年，35 千伏线路 11 条，直接参与建设黄雷公口水库发电站的建设，形成 11 个变电站与 10 个乡镇电力的联网。1994—2005 年，进行农城网建设，回龙、莒口、书坊变电站陆续投运，使全市电网 35 千伏输电线路条数与长度大为增加，35 千伏供电网络扩大和完善。8 个乡镇相继建成 8 个 35 千伏变电站和 1 个 110 千伏变电站，110 千伏城关变电站有 35 千伏出线 7 回，形成以城关变电站为中心的呈辐射状网架。至 2010 年底，共有 35 千伏线路 13 条 155.80 千米。

2010 年建阳市 35 千伏供电线路情况表

表 11-3-2　　单位：千米

名称	长度	导线型号	杆塔属	杆塔形式与基数	建成时间
宸前线	12	LGJ-120	铁和电杆	单塔 2 杆 41 基	1989 年 05 月
宸白线	8	LGJ-120	水类	单杆 23	1983 年 11 月
建白线	7	LGJ-120	水类	单杆 28	1983 年 11 月
宸徐线	5.50	LGJ-50	钢筋混凝土类	单塔 1 杆 23	1990 年 11 月
建吉线	27.50	LGJ-95	钢筋混凝土类	单塔 1 杆 96	1988 年 11 月
建湖线	17.50	LGJ-70	钢筋混凝土类	单塔 1 杆 54	1992 年 09 月
建江线	28	LGJ-95	水类	单杆 108	1984 年 12 月
江麻线	1.80	LGJ-70	水类	单杆 7	1984 年 12 月
江书线	13	LGJ-70	水类	双杆杆 42	2001 年 08 月
吉漳线	16.50	LGJ-70	水类	单杆 53	1992 年 12 月
硅厂线	2	LGJ-70	水类	单杆 5	2004 年 04 月
西门线	1.50	LGJ-70	水类	单杆 5	1984 年 12 月

续表 11-3-2

名称	长度	导线型号	杆塔属	杆塔形式与基数	建成时间
建将线	15.50	LGJ-95	水类	单杆 56	1993 年 11 月

（二）110 千伏输电线路

1993 年，建阳至武夷山 110 千伏童溪线投运。2008 年，开断进建阳 110 千伏南林变电站和 220 千伏南源变电站，形成童林线和源林线以及武夷山公司所管辖的南溪Ⅰ线。由建阳供电局管辖。

童城线 输电线路起自 220 千伏童游变电站，终至 110 千伏城关变电站，是建阳市首条 110 千伏电压等级的输电线路。1993 年 12 月，建成投运，由建阳市电力公司管辖。线路总长度为 5.29 千米，投资总额 138.50 万元。

城雷线 输电线路（后开断为 110 千伏麻城线和 110 千伏麻雷线）起自雷公口电站 110 千伏门型，止于城关 110 千伏变电站 110 千伏门型构架，是建阳城关变电站至黄坑雷公口电厂的输电线路。1998 年 9 月，建成投运，由建阳市电力公司管辖。线路全长 59.50 千米，线路总投资 839.56 万元。城雷线为单回路 110 千伏送电线路，属雷公口电站的送出工程。

童林线输电线路起自 220 千伏童游变电站，止于 110 千伏南林变电站，线路全长 15.61 千米，线路总投资 532.89 万元。

源林线该输电线路起自 220 千伏南源变电站，止于 110 千伏南林变电站。线路全长 33.42 千米，线路总投资 956.89 万元。

二、变电

（一）35 千伏变电站

江坝变电站 位于麻沙镇江坝村，属建阳供电有限公司管辖。1983 年 10 月开始土建施工。同年，开始进行电气设备安装。安装 S7 型主变压器 1 台，电压比 35/10.50 千伏，容量为 4000 千伏安（称 1 号主变）；35 千伏断路器为 DW6-35；10 千伏为 GG-1A 开关柜，断路器为 SN10-10 Ⅰ。1984 年 8 月，主变投入运行。2001 年，35 千伏书坊变电站投运，江坝变电站因没有供电负荷而变成 35 千伏开关站，站用电由江坝电站提供。2003 年，主变调整到徐市变电站使用。

黄坑变电站 位于黄坑九峰村溪边路，占地面积 1090 平方米，属建阳供电有限公司管辖。1983 年，开始土建施工，安装 S2 型主变压器 1 台，电压比 35/10.50 千伏，容量为 2000 千伏安（称 1 号主变）；35 千伏断路器为 DW6-35；10 千伏为 GG-1A 开关柜，断路器为 SN10-10 Ⅰ。1985 年 3 月，工程竣工投入运行，工程投资 155 万元。35 千伏为线路变压器组 1 回出线，10 千伏单母线 5 回出线。35 千伏出线与 35 千伏江坝变联络。10 千伏出线供黄坑镇的工农业、小水电送网及居民用户。1995 年，增加 10 千伏雷公口线，供雷公口电站施工用电。1996 年，增加 1 台 2000 千伏安主变，总容量为 4000 千伏安。2000 年，增加 10 千伏金宇、工业两回出线。2004 年 10 月，2 号主变增容为 5000 千伏安，增加 10 千伏光峡出线，以满足小水电上网需要。

水吉变电站 位于水吉镇水吉甲址，占地面积 2016 平方米，原属水吉镇电管站管理，农电“两改一同价”后，划归建阳市电力公司管理。1988 年，开始土建施工。同年，开始进行电气设备安装。安装 S6 型主变压器 1 台，电压比 35/10.50 千伏，容量为 2000 千伏安（称 1 号主变）；35 千伏断路器为 DW6-35；10 千伏为 GG-1A 开关柜，断路器为 SN10-10 Ⅰ。1989 年 6 月，工程竣工投入运行，工程投资 125 万元。35 千伏为线路变压器组 1 回出线，10 千伏单母线 6 回出线。35 千伏出线与 35 千伏城关变联络，10 千伏出线供水吉镇的工农业、小水电送网及居民用户。1993 年，增加 35 千伏吉漳线间隔，供漳墩 35 千伏变电站。1994 年，增加 1 台 5000 千伏安主变，总容量为 7000 千伏安，以满足水吉汽配厂及水吉铅锌矿等负荷增长的需要。2001 年，1 号主变增容为 5000 千伏安，全站总变电容量为 10000 千伏安。2002 年，增加 10 千伏园区线，供池中锻压件厂等企业。2005 年，增加 35 千伏吉龙线间隔，供回龙 35 千伏变电站。

徐市变电站　位于徐市镇冯山村，占地面积 2064 平方米，原属徐市镇电管所管理，农电“两改一同价”后，划归建阳市电力公司管理。变电站由徐市镇自主筹建，1989 年开始土建，同年，进行电气设备安装。安装 S2 型主变压器 1 台，电压比 35/10.50 千伏，容量为 1000 千伏安（称 1 号主变）；35 千伏断路器为 DW6-35；10 千伏为 GG-1A 开关柜，断路器为 SN10-10 Ⅰ。1990 年 4 月竣工投入运行，工程投资 110 万元。35 千伏为线路变压器组 1 回出线，10 千伏单母线 5 回出线。35 千伏出线与 35 千伏宸前电站联络，10 千伏出线供徐市镇的工农业及居民用户。2003 年，主变增容为 2000 千伏安，以满足用电增长的需要。

小湖变电站　位于建阳小湖镇小湖村，占地面积 1500 平方米，容量为 2000 千伏安。原属小湖镇电管所管理，农电“两改一同价”后，划归建阳市电力公司管理。1991 年，开始土建施工。同年，进行电气设备安装。安装 S7 型主变压器 1 台，电压比 35/10.50 千伏（称 1 号主变），35 千伏断路器为 DW6-35；10 千伏断路器为 LW3-10。1992 年 9 月投入运行，工程投资 135 万元。35 千伏单母线 1 回出线，10 千伏单母线 7 回出线。35 千伏出线与城关变联网，10 千伏出线与小湖的董步电站、马坑电站联，供铅锌矿及其他工农业居民用户。2009 年 5 月，技改、扩建 2 号主变投入运行容量 8000 千伏安，35 千伏线路 3 回路与城关变、水吉变、秦溪电站相连，10 千伏出线 7 回路，承担小湖镇电网的输配电任务。

将口变电站　位于将口镇将口中学右侧的山坡上，占地面积 2037.50 平方米，建筑面积 519.24 平方米，2006 年起归属于建阳供电局管辖。1992 年，开始土建施工。同年，进行电气化设备安装。安装 S7 型主变压器 1 台，电压比 35/10.50 千伏，容量为 4000 千伏安（称 1 号主变）；35 千伏断路器为 SW2-35；10 千伏断路器为 LW3-10。1993 年 11 月投入运行，工程投资 160 万元。35 千伏单母线 1 回出线、10 千伏单母线 7 回出线。35 千伏出线与城关变联，10 千伏出线与将口电站、崇雒右巨电站联，供将口萤石矿、将口和崇雒两乡镇其他工农业及居民用户。

漳墩变电站　位于漳墩镇漳墩村北大路左侧山坡上，占地面积 2000 平方米，原属漳墩镇电管站管理，农电“两改一同价”后，划归建阳市电力公司管理。1992 年 10 月，开始土建施工。同年，进行电气设备安装。安装 S9 型主变压器 1 台，电压比 35/10.50 千伏，容量为 2000 千伏安（称 1 号主变）；35 千伏断路器为 SW2-35；10 千伏断路器普 LW-3-10。1993 年底，工程竣工，1994 年 1 月投入运行，工程投资 135 万元。35 千伏单母线 1 回出线，10 千伏单母线 5 回出线。35 千伏出线与水吉变联，10 千伏出线与漳墩的白沙桥电站联，供全镇工农业及居民用户。2009 年 1 月，技改、扩建 2 号主变投入运行容量 6300 千伏安，35 吉漳线一回路与 110 千伏水吉变电站相联，10 千伏出线七回路，担着漳墩乡电网的输配电任务。

白茶埗变电站　位于城关镇水南村白茶布，占地面积 5250 平方米，属建阳供电有限公司管辖。1995 年，开始土建施工。同年，进行电气设备安装。安装 SZ7 型主变压器 1 台，电压比 35/10.50 千伏，容量为 10000 千伏安（称 1 号主变）；35 千伏断路器为 ZN6-35 手车式开关柜；10 千伏配电装置为 ZN21-12 的 GGX2-10 箱式开关柜。1996 年 10 月投入运行，工程投资 980 万元。35 千伏单母线 2 回出线，10 千伏单母线 6 回出线。35 千伏出线与城关变、宸前电站联络，10 千伏出线供味精厂、水东、绝缘厂、回瑶工农业及居民用户，通过童白线与童游变联，通过童白线及工业线与城关变联。2004 年，扩容改造，增加 1 台 10000 千伏安（城关主号 2 主变退役改装）（称 2 号主变）；35 千伏接线由单母线改为单母线分段；10 千伏接线由单母线改为单母线分段，增加 10 千伏出线六回（备用），2006 年 4 月，投入运行。

书坊变电站　位于书坊镇书坊村，占地面积 2400 平方米，属建阳供电有限公司管辖。属建阳市一期网改项目。2001 年，开始土建施工。同年进行电气设备安装。安装 S9 型主变压器 1 台，电压比 35/10.50 千伏，容量为 2000 千伏安（称 1 号主变）；35 千伏断路器为 LW16-35；10 千伏为 GG-1A 开关柜，断路器为 ZN21。同年底，工程竣工，11 月投入运行，工程投资 120 万元。35 千伏单母线 1 回出线，10 千伏单母线 4 回出线。35 千伏出线与江坝变联，10 千伏出线供书坊的工农业及居民用户。

回龙变电站　位于回龙乡西欧浦村，占地面积 2064 平方米，为建阳市电力公司 2004 年自主筹建的项目。由南平电力勘察设计所设计。2005年，开始土建施工。同年，进行电气设备安装。安装SZ9型主变压器1台，电压比35±3×2.50%/10.50千伏，容量为3150千伏安（称1号主变）；35千伏断路器为ZW7-40.50J；10千伏为GGX-2开关柜，断路器为ZN21-12。同年底，工程竣工，12月投入运行，工程投资520万元。35千伏单母线1回出线、备用2回，10千伏单母线分段5回出线、备用3回。35千伏出线与35千伏水吉变联络，10千伏出线供回龙乡的工农业及居民用户。

莒口变电站 位于建阳市莒口镇溪滨自然村。2006年1月，1号主变建成投产，2008年7月2号主变投入运行，总容量为10000千伏安，35千伏出线二路分别与110千伏城关变、110千伏麻沙变相联，10千伏出线九路。

（二）110千伏变电站

城关变电站位于城关西门外3公里，占地面积8210平方米，建筑面积1231.57平方米，是建阳市第一座110千伏变电站，属建阳供电有限公司管辖。1993年，进行升压扩容改造，将1号主变改为SFS9-31500/110，以110千伏童城线与220千伏童游变联。1998年，110千伏城雷线联入本站。2002年，对10千伏进行扩建，新增出线7回。2004年，进行扩容，新增SFS9-31500/110主变1台（2号主变）35千伏，10000千伏安主变调至35千伏白茶面变电站。主变容量为63兆伏安，110千伏出线2回，35千伏出线7回，10千伏出线14回。

麻沙变电站位于麻沙镇渡口村。2006年3月，1号主变投入运行，容量为31500千伏安；110千伏出线3路（麻沙线、麻城线、麻雷线），35千伏出线5路，10千伏出线11路。110千伏麻沙变电站投入运行，江坝变电站同时退役。

水吉变电站位于水吉镇三圣岩。2008年6月，1号主变投入运行，总容量为31500千伏安，110千伏出线一路与220千伏童游变相联，35千伏出线四路分别联至城关变、回龙变、漳墩变、小湖变，10千伏出线11路。与此同时，位于甲址的35千伏水吉变电站退役。

（三）220千伏变电站

1992年，220千伏童游变电站开工建设。1993年12月，投入运行。投运之初的童游变电站只是1座终端变电站，通过220千伏沙童线与电网单线相连。童游变电站首期建成有120兆伏安的主变1台 、220千伏线路1条，与南平沙溪口电站联络；110千伏线路3条、10千伏线路3条。1995年9月实现与建阳、建瓯、武夷山电网的110千伏联网。1997年7月，扩建220千伏Ⅰ段母线及安童Ⅰ路间隔，并于1998年2月投入运行。2000年7月，建成浦城及检溪线的备用间隔，正式投运。2002年9月，进行二期扩建工程，新增1台120兆伏安的主变压器。2003年3月22日建成投运，变电容量达到240兆伏安，解决了单台主变可能出现过载限荷的问题。2003—2005年，为避免“迎峰度夏”期间电网出现负荷“瓶颈”，先后投资1000余万元进行技改和大修。至2010年，童游变电站成为拥有主变压器2台，容量240兆伏安，220千伏出线2条，110千伏出线5条，10千伏出线7条的枢纽变电站。

三、配电

（一）城区配电网

1990年，建阳县城区配电网分城关片区、水南片区、童游片区、水东片区、北门片区，有10千伏馈线12回，长度69千米，0.40千伏馈线98千米，配变1281台，容量57695千伏安。1992年底，全县10千伏架空主干线872千米，全年用电量达9773万千瓦时。随着市场经济的快速发展，用电需求猛增，县电网与省网35千伏弱联无法满足电网用电需求。1993年12月，110千伏城关变工程竣工投运。1996年10月，白茶垳变电站建成投运，10千伏出线为塔下线641、童游线639、绝缘厂线637、味精厂线635、回瑶线633、白水线631，逐年增至6回，投入配网资金120万元。白茶垳变电站的投运，提高建阳城关互转供电能力，电能质量明显提高。2001年，投入配网资金160万元，新增10千伏水南线627、西桥线

632、北门线634、江滨线623、工业线622等五回线路，缓解日益增长的用电需求和低压运行状况。2002年，投入配网资金320万元对城关中心区中山路旧城扩建改造，此间对市中心10千伏—0.40千伏进行绝缘化、电缆化，更换导线增大配变容量，以适应商业及居民生活用电负荷的增长需求。2003年9月，投资配网改造资金184万元，对西桥新村、南洋新村、北门新村等新区进行城网改造。新增0.40千伏架空绝缘导线37.70千米，更换高耗能配变10台，容量3150千伏安。2004年，投入配网资金169.60万元，对桥南片区、中南街、义乌市场0.40千伏架空裸线绝缘化改造，更换高耗能配变10台（315千伏安），更换0.40千伏架空裸线为绝缘导线。至2005年，10千伏馈线21回，长度178千米，配变416台，容量31246千伏安。2010年情况不变。

（二）乡镇配电网

1988年以后，建阳12个乡镇相继与城关电网联网供电。原来各乡镇小水电自发、自供各自形成配电网络成为历史。城乡联网供电分为东片、西片、中片3个供电区。

东片供电区　（包含水吉、小湖、回龙和漳墩4个乡镇）　1988年9月，水吉35千伏变电站投入运行，与建阳城关变联接。除直接供全镇的生产生活用电外，通过10千伏连接回龙乡，1994年，扩大到漳墩镇，形成建阳东部片区供电网络。投运初期10千伏出线四回，分别为水吉线、大犁线、回龙线、磷肥厂线。1992年9月，小湖35千伏变建成投运后由35千伏建湖线与城关变联网。1994年1月，漳墩变投运后，由35千伏吉漳线受电，通过35千伏吉漳线至建吉线与城关变实现联网。

西片供电区　（莒口、麻沙、书坊和黄坑4个乡镇）1984年初，麻沙江坝变电站投入运行，通过35千伏麻阳线（现改为建江线）与城关联网，成为城关至西片供电网络中枢，先后架设10千伏江黄线、江麻线，造纸厂线和书坊线。2001年8月，新建35千伏书坊变投运后，35千伏江书线与建江线T接与城关联网。莒口镇的供电，在莒口开关站投入运行后 通过10千伏莒口线与城关变联网运行。

中部供电区　（包含将口、徐市和崇雒5个乡镇）1992年5月，徐市变通过35千伏徐宸线受电与城关变联网运行，结束由小水电自发自供的局面，10千伏馈线四回分别投向震前、溪尾、徐市、北岸。1993年11月将口变电站投运后由35千伏建将线与城关变并网运行，并向崇雒供电。潭城、童游中心部分为城区直供，边郊为小水电直供，与城网联网。

四、农村电网改造

2000年，开始实施农村电网改造，麻沙镇供电区除姚岭村外（由书坊电网供电）由邵武供电局负责进行农网改造，水吉、小湖、回龙、漳墩、将口、崇雒、莒口、书坊、徐市、潭城、童游（炮台山以南）、麻沙姚岭等，由建阳市电力公司负责进行农网改造，分别以城关变电站至水吉变电站、小湖变电站、漳墩变电站、将口变电站、徐市变电站、书坊变电站、莒口、回龙开关站为供电联网枢纽，而黄坑镇经省农网“两改一同价”领导小组批准，暂缓网改。2002年3月，麻沙供电区因管理需要，移交至建阳供电局。2005年9月，又移交至建阳市供电有限公司。至2010年底，建阳市10千伏农村配电线路共59条，线路总长1466.45千米，其中架空裸导线1432.35千米，绝缘导线33.30千米，电缆0.80千米；0.40千伏低压线路1071.44千米，其中绝缘导线27.67千米；用户总数达70249户。2010年，农村售电量达7765.90万千瓦时。

第三节　用电水平与结构

一、用电水平

1988年，全县用电总量为8239.50千瓦时。至2000年，用电总量达到13895万千瓦时，人均年用电量409千瓦时。2005年，建阳市迈入全国农村电气化县市后，全市总装机容量突破10万千瓦大关。当年用电总量达 23217 万千瓦时。至 2010 年，用电量达 41982 千瓦时。

二、用电构成

1988 年，工业用电 3378.21 千瓦时，占总用电量的 40%，工业总产值达 22964 万元，平均每千瓦时创工业产值 6.80 元；生活总用电 1648 万千瓦时；其他用电 3213.29 万千瓦时。2002 年，总用电量 15204 千瓦，其中，工业用电 8539 万千瓦时，占总用电量的 56.20%；农、林、牧、渔业用电 203 万千瓦时；交通运输、仓储邮电用电 775 万千瓦时；城乡居民生活用电 3682 万千瓦时，人均生活用电量 109 千瓦；其他用电 2005 万千瓦时。2005 年，全市总用电量为 23819 万千瓦，其中，工业用电 15896 万千瓦时，占总用电量的 66.70%；农、林、牧、渔业用电 241 万千瓦时；交通运输、仓储邮电用电 196 万千瓦时；城乡居民生活用电 5578 万千瓦时，人均生活用电量为 166 千瓦；其他用电 1908 万千瓦时。2010 年，全市用电量达 41982 万千瓦时，其中，工业用电 25329 万千瓦时，占总用电量的 60.30%；农、林、牧、渔业用电 465 万千瓦时；交通运输、仓储邮电用电 157 万千瓦时；城乡居民生活用电 9829 万千瓦时，人均生活用电量 286 千瓦；其他用电 6202 万千瓦时。

2002—2010 年建阳市部分社会用电及行业用电情况统计表

表 11-4-1　　**单位：万千瓦时**

年　份	全社会用电量合计（万千瓦时）	农林、牧、渔业（万千瓦时）	工业（万千瓦时）	建筑业（万千瓦时）	交通运输、仓储、邮政业（万千瓦时）	信息传输、计算机服务和软件业（万千瓦时）	商业、住宿和餐饮业（万千瓦时）	金融、房地产、商务及居民服务业（万千瓦时）	公共事业及管理组织（万千瓦时）	居民生活（万千瓦时）	城镇居民（万千瓦时）	乡村居民（万千瓦时）
2002 年	15201	203	8539	825	775	68	825	82	205	3682	2685	1177
2003 年	39974	182	7783	304	450	100	791	89	471	3827	2521	1306
2004 年	14787	274	10465	13	170	143	712	104	329	2577	2577	—
2005 年	23819	241	15896	58	196	306	600	167	777	5578	3645	1933
2006 年	27210	324	17862	255	150	461	987	252	1054	5865	3929	1936
2007 年	33299	538	19831	408	241	515	1763	437	1268	8298	5397	2901
2008 年	37063	706	22597	572	186	455	2290	333	1506	8418	4845	3573
2009 年	36056	492	21559	527	123	541	2502	258	1060	8994	5141	3853
2010 年	41982	465	25329	1617	157	612	2487	313	1173	9829	5571	4258

第四章　管　理

第一节　机构与队伍

一、机构

（一）行政机构

1994 年，建阳市水利电力局行政编制 6 名。全市 13 个乡（镇）的水利工作站有干部 12 人、全民合同制工人 27 人。2002 年 9 月，根据“三定”方案，撤销水利电力局，组建水利局（将水电行政管理职能划入经济贸易局），下设“一室三股”，即办公室、农村水利股、农村电气化股、水政水资源股，行政编制 6 名。2004 年 1 月，乡镇水利工作站人事下放乡镇管理。2010 年，根据“三定”方案，市水利局下设 1 室 3 股，即办公室、农村水利股、农村电气化股、水政水资源股，行政编制 7 名。全市 13 个乡（镇）街道水利工作站共有干部职工 37 人，其中干部 10 人。

（二）事业机构

1994 年，建阳市水利电力局下属水利水电技术队、水利水电管理站、防汛抗旱指挥部办公室、水利勘测设计室、水政管理站等 5 个事业单位。

1990 年成立水政水资源管理站。

1995 年，建阳市防汛抗旱指挥部办公室，更名为建阳市人民政府防汛抗旱指挥部。

1998 年，设立水政监察大队。

2002 年，根据“三定”方案，水土保持委员会办公室、乡镇水土保持管理站归属市水利局。2010 年乡镇水土保持管理站更名为乡镇水土保持监督站

2004 年 1 月，成立建阳市库区移民开发办公室。建阳市水利水电技术队更名为建阳市水利技术队，编制精简 10%，核定编制 31 名。建阳市水利水电管理站更名为建阳市水利管理站，编制精简 10%，为 9 名；2005 年 9 月，核减水利技术队事业编制 2 名，计 29 名；设立建阳市堤防管理站，承担全市范围堤防、护岸等水工程建筑物的管理、保护；市政府批准增加防汛办事业编制 2 名，共计 3 名。2009 年 9 月设立建溪泵站管理处，至 2010 年，建阳市水利局下属有水利技术队、水利管理站、防汛抗旱指挥部办公室、水土保持委员会办公室、乡镇水土保持监督站、堤防管理站、水政水资源管理站、水政监察大队等 9 个事业单位。

（三）企业机构

建阳市电力公司　建阳县电力公司于 1983 年 11 月成立，为国有企业，属建阳县水利电力局下属单位，管辖雷公口、宸前、西门、黄墩电站及全市电网和全市供、配电工作。2000 年，开展“两改一同价”工作。2001 年，市电力公司由南平供电局代管。2004 年，政府部门机构调整，市电力公司归市经济贸易局领导。至 2005 年 8 月改革重组。

建阳市供电公司　（2005 年 8 月至 2006 年 4 月）2005 年 8 月，建阳市电力公司发、供分开，成立供电公司和发电公司。供电方面属建阳市政府的财产，划入南平供电局，成立建阳市供电公司（以股份形式）。

建阳市发电公司　（2005 年 8 月至 2006 年 4 月）2005 年 8 月，建阳市电力公司发、供分开，发电方面属地方政府的资产，成立建阳市发电公司，由经贸局直接管理。由市经济贸易局副局长谢柏龄任董事长兼总经理，下辖宸前水力发电厂、西门电站、黄墩电站和雷公口电站。

建阳市供电责任有限公司　（2006 年 4 月至 2010 年 12 月）2006 年，电力体制改革执行厂、网分离政策。同年 4 月，成立建阳市供电责任有限公司，由姚晓芳任董事长、徐平双任总经理，归省电力责任有限公司直接领导。

建阳市发电责任有限公司　（2006 年 4 月至 2010 年 12 月）2006 年，电力体制改革执行厂、网分离政策。同年 4 月，成立建阳市发电责任有限公司，划归建阳市水利局管理，由市水利局副局长石应森任董事长兼总经理，下辖宸前水力发电厂、西门电站、黄墩电站和雷公口电站。

建阳市水泥制品厂　1994 年，建阳县水泥制品厂主要从事水泥电杆、水泥给排水管生产，有职工 134 人，2003 年 7 月，建阳市水泥制品厂被浙江宁波宏润电器有限公司兼并，全厂职工置换身份。

将龙水电开发有限公司　1998 年 9 月，将口镇政府与建阳市水利电力局签订《关于合作开发水电资源的协议书》，组建建阳市将龙水电开发有限公司。1999 年 4 月，公司正式接管将口镇政府集体所有的将口水轮泵站。2001 年 10 月，左岸电站第一台机组发电。2002 年 6 月，第二、第三台机组并网发电，同时，原右岸电站也由将龙水电开发有限公司统一管理。至 2010 年，总装机 1230 千瓦，年发电量 700 万千瓦时，为发电兼灌溉电站。其中，右岸电站水电装机 480 千瓦，泵站装有 60-6 水轮泵 3 台；左岸电站水电装机

750 千瓦，泵站装有 60-6 水轮泵 2 台（串联使用）、60-16 水轮泵 1 台。

潭龙水电工程建设有限公司 1996 年初，建阳市水利电力局组织各乡镇水利工作站、技术人员、专业施工班组等 12 位股东出资成立建阳市潭龙水利水电工程有限责任公司，注册资金为 50 万元，建阳市水利局出资 40 万元，占 80%；其他股东出资 10 万元，占 20%。公司主营水利水电工程建筑、农业中低产田改造、山地开发等。1998 年开始，企业实行经营管理承包制，中标者为经营承包管理者。2002 年，公司联合邵武、光泽水电工程公司，以南平市水利电力工程处为主体，申报水电施工总承包二级企业。2003 年，公司转型为南平水电工程处建阳工程部，隶属南平水电工程处下属子公司。后因经营不善。于 2005 年解散。

二、队伍

1994 年，全市水利系统有干部职工 85 人，其中，市一级管理人员 46 人，乡镇管理人员 39 人。市级管理人员中高级技术职称 3 人，中级技术职称 8 人，初级技术职称 18 人，技工 15 人；乡镇管理人员中初级技术职称 10 人，中级初级技工 15 人。至 2010 年底，全市水利系统有管理人员 70 人，其中市一级管理人员 40 人，乡镇管理人员 30 人。市级管理人员中高级技术职称 6 人，中级技术职称 16 人，初级技术职称 6 人，技工 12 人；乡镇管理人员中中级技术职称 6 人，初级技术职称 5 人，高级技工 5 人，中级初级技工 14 人。全市 192 个行政村都有主要村委 1—2 人，负责所属水利水电工程管理，各工程还有专职人员负责日常管理工作。

第二节 水利管理

一、管理体制改革

1994 年，市水利局负责组织、指导全市水利设施、水域及其岸线的管理与保护，负责防洪堤建设管理；在职责范围内对全市水利工程建设进行管理，组织建设、指导和管理具有控制性的重要水利工程，组织指导水库、水电站大坝的安全监管。小（一）型以上水利工程划归所在乡（镇）人民政府管理。小（二）型以下水利工程划归村民委员会管理。水利工程实行“谁投资、谁所有，谁收费、谁管理”，水利局加强行业管理与技术指导。2006 年度，全市完成改制小（二）型水库 39 座、水电站 63 座、乡村供水 16 处、机泵站工程 68 处，成立各种形式的村级农民供水协会 34 个、灌溉用水协会 1 个。至 2006 年，水利部门初步形成以建前、建中、建后“三项”管理办法为主要内容的水利建设管理体系。坚持“三结合”“五项制度”，即领导干部、施工单位、技术人员“三结合”和招投标制度、项目法人制、质量监理制、合同管理制、竣工验收制“五项制度”，并根据水利工程项目的分布情况建立局领导包片、股室挂村责任制，提高水利工程建设质量管理。同时，每年通过宣传、培训等形式，普及小型水利水电工程施工技术，增强水利水电工程施工队伍的整体素质，确保水利水电工程施工水平提高。

至 2010 年底，除市发电公司管理的雷公口水库外，小（二）型以上工程相继改制。蓄水工程 36 处、提水工程（含发电）39 处进行承包，采用股份制的有 15 处，租赁的 1 处，拍卖的 3 处。乡镇村供水工程，除麻沙镇自来水厂拍卖外，其他都进行承包。

二、工程管理

（一）渠道防渗

1990—2000 年，有玉瑶、回龙、中坊、大湖、塔下、将口等 6 处水轮泵渠道，共长 52 千米；水尾、周垅2处水库渠道，共45千米，香台、丁坑2处引水工程渠道防渗共长23公里。2007年，新增防渗渠道，可灌面积300公顷，清淤渠道80千米。2000—2010年，整修的工程有龙吉灌区渠道，可灌2833公顷。至2010年，渠道防渗共24处，总长305千米，其中，芦上、黄墩、范墩坪等3处水轮泵渠道，共长50千米；崇雒、周垅、五福洋、彭墩、后山、右巨、林后等8处水库渠道，共长105千米；东鲁、罗山引水工程等2处，共长30千米。

（二）水库除险加固

2000年，为确保水库安全运行，对全市各类型水库按有关标准进行安全鉴定，并对水库大坝注册登记。由省、南平市水利部门组织鉴定的有8处小（一）型水库，由市水利部门组织鉴定的有41处小（二）型水库。是年，完成各类型水库工程除险加固的有崇雒、樟柿、后井、青山、水尾、彭墩等9处，其中，水尾、彭墩、圣迹寺等5处水库大坝迎水坡铺设土工膜防渗。林后、孔山、后井等3处水库的土坝背水坡设导渗暗沟防渗。2001年，完成水库除险加固的有一类型水库范桥、塘头、钱塘等15处，二类型水库后井、新岭、孔山等8处，三类型水库安口、黄家店、陈坑、青山等16处；降级除名的2处。2002—2010年，完成除险加固的水库有陈坑、安口、九峰、右巨等24处。全市每年组织开展水利工程汛前安全大检查，如2008年全市共检查各类水利工程88处，针对童游新岭村贵口串子垅私建水库、水吉镇黄家店水库严重渗漏等问题发出整改通知书40份。

（三）防洪堤管理

1996年，市政府出台《建阳市城区防洪工程建设修建费及防洪保安资金征收、使用和管理暂行办法》1997—1999年，委托地方税务局、工商局、交通局、公安局代征维护费和防洪保安资金。2000年后，委托地方税务局征收。为加强防洪工程规范管理提供经费保障。2001年，市政府再次发出《建阳市城市规划区河道堤防工程维护管理费征收使用管理有关问题》通知。2005年9月，设立建阳市堤防管理站，承担全市范围堤防、护岸等水工程建筑物的管理、保护，管理站进行现场巡查、定桩划界确定保护范围，日常养护，开发利用堤防工程。2008年征收堤防管理费112.96万元。2010年，征收堤防管理费79万元、水土保持补偿费10万元。

三、灌溉管理

农业灌溉水利工程的管理模式采取租赁、承包方式，在确保大坝安全和下游灌溉用水前提下，承包者依托水库进行经营性生产获得利益，水库的维护管理更有保障，水库的效益得以正常发挥。2009年开始，为加强水利工程安全管理，对全市小（二）型以上水库及蓄水电站采取“准运”制度，实行一制、一查、一卡、一证的“四个一”管理模式，即落实行政领导，工程技术人员包库包站责任制；对水库进行汛前安全检查，并将检查结果录入电脑随时备查；将各蓄水工程的基础资料，存在问题、原因以及整改情况等有关信息印制在卡片上，做到一目了然，便于管理；对通过汛前安全检查合格的水利工程发给安全运行证，没有获得运行证的不得运行。重视和实行发电、用水的调节，力求做到：在满足农田灌溉用水的前提下，结合发电，农田灌溉用水不足时，适当调整灌溉制度，即保证重点作物用水，适当延长灌水时间，采用提早灌一部分田或推迟一部分田，减少灌水或改用轮灌，按农作物生长期不同需水量提供用水等措施，以保证农田用水。至2010年，市水利局、乡（镇）人民政府、村民委员会对水利工程管理各负其责，仍执行水利工程产权制度改革的管理模式，管理制度执行情况良好。

四、水政管理

（一）取水管理

1996年，市水电局依据《中华人民共和国水法》及《福建省取水管理办法》等有关法规，对全市取水单位、河道采砂等进行调查摸底，1996 年完成取水许可基础工作。1999 年 6 月 11 日，建阳市转发南平市政府下发的《关于认真做好水费征收工作的通知》，进一步明确水利工程水价收费按不同水利工程每年每亩 10—12.20 公斤原粮标准进行征收。2006 年，征收收取水资源费 59.36 万元，河道采砂管理费 25.20 万元，水土保持补偿费 6 万元。2008 年，全市共有 117 家取用水单位全面办理 2008—2012 年新版取水许可证，征收水资源费 142.80 万元、征收河道采砂管理费 26.28 万元、水土保持补偿费 7 万元；责令拆换新计量装置 8 家，核减停采地下、地表水企业 3 家。针对建阳市污水处理厂、武邵高速等涉河工程，提供相关服务，完善各项程序，督促施工企业按审批要求进行施工，保证环境及防洪安全。2009 年，征收各项规费 105.60 万元，其中，河道采砂管理费 19.40 万元，水资源费 76.20 万元，水土保持补偿费 10 万元。至 2010 年底，办理各类取水许可证 120 本，年取水量 234.79 亿立方米。2010 年，实际征收水资源费 171.21 万元。

（二）采沙管理

1990 年开始，实施河道采砂许可制度，规范河道采砂管理。1990—2003 年，采沙管理由乡（镇）水利工作站发采砂许可证，市水利局进行采沙范围监督。2004 年起，全市河道采砂许可采用公开挂牌竞价形式颁发采砂许可证。至 2010 年底，全市共有采砂船 123 条，主要分布在麻阳溪、崇阳溪、南浦溪河段。

（三）河道管理

1994 年开始，针对由于人口增长与经济发展，人为的与河争地现象时有发生；公路、铁路建设及房屋建筑弃土、弃渣大量倒入河岸，直接影响市内河道防洪安全等情况，进行 5 次较大规模的河道清障活动，清除土石方 20 万立方米，清理河道长 15 千米。2006 年 1—3 月，市水利局集中人力对全市入河排污口进行普查，开展市境内 3 大河流的水质监测工作；完成全市 19 处入河排污口的普查登记工作。同时，水利局还和南平市兴水水资源勘测中心签订技术服务合同，委托该中心为建阳市进行为期 1 年的入河排污口水质排污量监测，为此后入河排污管理提供重要依据。2007 年，疏浚河道长度 3 千米。城区绿水工程于 2008 年 12 月 1 日正式开工，2009 年 6 月 16 日，开始立坝蓄水试运行。

（四）水行政执法

1994 年开始，市水电局履行水行政主管部门职责，组织开展河道采砂专项整治行动，调处各类水事纠纷，化解水事矛盾，查处各类水事违法案件。2006 年，全市共查处无证开采河道砂石料点 26 处，下达责令停止水事违法行为及处罚通知书 20 份，处理水事纠纷 8 起，以“稳定和安全”为前提妥善处理因浦南高速公路建设而形成的河道采砂办证热。同时，按照“谁设障、谁弃渣、谁清除”的原则，依法对浦南高速公路就 2 处河道弃土点，采取补救措施，恢复原状，确保河道行洪安全。2009 年对全市 40 处采砂点巡查，下发汛期停采通知书 40 份，取缔无证开采点 3 处，调解采砂纠纷 15 起，处理群众来信及举报案件 21 起，办理 2009 年河道采砂许可证 45 本。2010 年，对全市 40 处采砂点进行全面巡查，巡查 44 次 198 人次，下发《责令停止水事违法行为通知书》38 份，其他停止采砂恢复河道原貌通知书 5 份，取缔非法采砂点 24 处，部分处理 5 处，其中，崇阳溪 11 处非法采砂点处理 6 处，剩余 5 处。

第三节　电力管理

一、电力经营管理改革

2000 年前，建阳市的电力主要是集体（或国有）方式的经营模式，电力行业主要的主管单位是水行政主管部门。市水利电力部门在对全市电力行业管理中，坚持以企业升级为动力，抓管理、上等级，全面整顿水电行业企业的各项规章制度，在经营的管理上，实行承包创利指标，内部实行承包经营、财务包干，明确各自的责、权、利。

2000—2010 年，在建或已建的水电站共 43 座，基本上是由集资、独资、引进外资等方式广泛筹集社会资金参股建设，新建小水电全部实行股份制开发建设和管理，形式为独资和股份制，都进行工商注册。企业成立股东会、董事会，企业的所有权和经营权分开。企业法人管理，结构完善，决策、执行、监督职责明确，制定了制衡、约束和激励机制，为现代企业管理模式。

至 2010 年，仍在运行的原乡镇集体所有制的 59 个电站，均采用承包制经营管理方式，业务主管局为建阳市水利局。

二、生产管理

在水电生产管理上，政府相应主管部门根据相关的管理要求，曾先后成立“创安办”“企业办”等部门机构，以企业安全生产为重点，规范全市各水电企业建立健全以“两票三制”（工作票、操作票，交接班制、设备定期轮换制、巡回检查制）为核心内容的各项制度和岗位责任制。使全市 100 千瓦以上的电站、35 千伏变电主变设备完好率达到 95% 以上，保证生产稳定安全的增长。特别是在 2002 年全市完成“两改一同价”后，农村电网管理得到进一步加强。农村用电管理走向规范化，全市各乡镇村供电都做到了“五统一”（统一电价、统一发票、统一抄表、统一核算、统一考核）“四到户”（收费到户、销售到户、抄表到户、服务到户）及“三公开”（电量公开、电价公开、电费公开）。至 2010 年，各水力发电单位大部分以公司的形式进行管理，各个公司（电站）按照水电行业的管理规范，基本上都成立以董事会管理下的经理负责制的现代企业管理方式，各发电厂站均配有厂长（站长）、副厂长（副站长）、车间主任（班长）、副班长等，机构完整。水力发电单位业务主管部门为市水利局。

三、农村水电工程清理整顿

2005 年 3 月起，水利局对全市水电工程进行清理整顿，把好工程建设项目水资源审查论证和初设审查论证关，确保流域水能合理开发利用；结合清查“四无”（无立项、无设计、无验收、无管理）电站工作，协助业主做好施工及工程质量监督管理，建立健全项目法人制度，使工程施工按规范进行；协调各有关职能部门，为水电业主搞好服务。全市 2002—2005 年建成、在建的水电站 41 座中，清理整顿 38 座，完工验收 8 座。2006—2007 年，水利局对小水电站开发继续进行全面的清理整顿，全市共清查新建的小水电站 38 座，查出违规电站 1 座，予以销号。同时，配合南平市水利局做好市内 2000 千瓦及以上新建小水电站的建设管理工作。

四、用电监察

1994 年，建阳市贯彻执行《中华人民共和国电力法》，开展用电普查和反窃电、反违章用电工作，对辖区内的电力用户进行周期巡回检查，查处窃电 3 起、违章 1 起，追补各项费用 1 起。1997—1999 年，用电矛盾趋于缓和，市有关部门开拓电力市场，寻找新用电增长点。2000 年，开展电力用户设备缺陷处理，加强用电普查。市供电局加大反窃电工作力度，对大部分配电变压器加装考核表，按月进行台变分析，对台变线损不正常的片区开展用电普查。加强对私营企业用电大户的跟踪检查，加大宣传、教育、打击力度，用电秩序明显好转。市供电局与市公安局成立市打击盗窃破坏电力设备窃电违法犯罪工作领导小组及电力公安联合办公室，全年查处违章用电。

第十二篇 工 业

第十二篇　工　业

1994年，建阳市推行“税利统算”的承包经营责任制和股份合作制试点，嫁接“三资”（中国境内设立的中外合资经营企业、中外合作经营企业、外资企业三类外商投资企业）企业管理方法，工业企业快速发展，工业总产值148200万元14.82亿元。1996年开始，先后完成企业租赁、兼并、分立和扩产技改等项改革工作。1998年，全市工业总产值19.50亿元，比1993年增长103.85%，年均递增15.31%。2003年，全市工业总产值21.52亿元，比1998年增长10.36%，年均增幅11.80%；其中规模以上工业产值12亿元，比1998年增长172%，年均增幅22.20%。2006年，全市工业总产值比2003年增长85%，新增规模以上工业企业46家，新增产值17.20亿元，上亿元企业发展到7家；规模工业总产值占全市工业比重提高了26.40个百分点。2010年，全市工业总产值达103.60亿元，规模以上工业企业138家，总产值95亿元，其中亿元企业达18家；福建省建阳武夷味精有限公司、福建青松股份有限公司、福建三爱药业有限公司、福建省亚亨动力科技集团有限公司等4家企业产值或销售收入超5亿元。青松股份成为闽北首家创业板上市企业。林产、机械、食品、化工、生物药业五大产业集群实现产值76.30亿元，占全市规模工业产值的81.20%。

1994年，建阳市形成纸、皂、酒3大产品和机械电子、饮料食品、纺织服装皮革、化工建材、竹木加工、矿业开发等六大支柱行业。经过10多年产业调整和发展，至2006年，形成机械、食品、林产、制药与化工、蓄电池五大产业集群，全年实现产值14.60亿元，增长40.60%，占全市工业总产值70%，拉动全市规模工业增长26.20个百分点。2010年，形成林产、机械、食品、化工、生物药业五大产业集群，实现产值76.30亿元，占全市规模工业产值的81.20%。

第一章　所有制结构

第一节　国有企业

1994年，全市有国有企业45家，产值65447万元，其中建阳化工厂产值2475.30万元，建阳制药厂产值3191.60万元，建阳油脂化工厂产值6001.50万元，福建压缩机总厂产值2500.20万元，建阳茶厂产值2750万元，建阳毛巾厂产值2770万元，建阳晨光服装厂产值2313.30万元，建阳造纸厂产值5500万元，建阳皮革厂产值1853万元，建阳服装厂产值1872万元。“九五”期间，由于体制原因及亚洲金融风暴影响，国企效益下滑，部分企业出现亏损。建阳加大国有企业股份合作制为重点的产权制度改革，尝试“国有民营”的经营方式，重点扶持酒厂、造纸厂、化工厂、胶合板厂等一批骨干龙头企业，集中力量抓好清水模板等重点技改项目；围绕清水模板项目组建股份合作制企业，对连年亏损和扭亏无望的企业宣布破产，对发展缓慢的企业采用联合、兼并、承包、租赁等方式；做好企业改制前资产评估和资产剥离工作，减轻企业负担，让企业轻装上阵，进一步提高企业经营自主权；妥善安置破产企业建阳茶厂的职工，对困难企业如建阳绝缘材料厂、建阳晨光服装厂采取租赁经营形式，分流职工，解决职工再就业问题。1999 年国有企业减至 27 家，产值 45881 万元，其中，造纸厂产值 8616 万元，建阳味精厂产值 7360 万元，建阳化工总厂产值 2782 万元，建阳夏利达酒业有限公司产值 2639 万元。“十五”期间，市政府抓企业机制转换、外引内联和技术改造，并出台扶持城市工业发展的优惠政策，组建工业企业担保公司，进一步深化完善企业产权制度改革，调整企业产权结构，实现企业产权多元化，逐步实现资本金“国退民进”。通过扩股、收购，兼并、联合等形式，吸收市内外资金和鼓励非国有经济参与国企改革，靠外力进行资产重组，以盘活存量优化增量；理顺企业内部各种关系，督促各种改革形式特别是股份合作制机制的完善到位，全市国有企业基本完成改制，至 2005 年仅剩 3 家国有企业。“十一五”期间全面完成国有企业改制工作，2010 年，全市规模以上国有企业 1 家，产值 838 万元。2010 年 12 月，完成建阳皮革厂改制解体工作。

第二节　集体企业

1994 年，全市集体企业 179 家，产值 3.08 亿元，其中，市属企业 24 家，产值 5539 万元；乡镇企业 155 家，产值 25244 万元。“九五”期间，全市推行企业所有制改革，集体所有制企业陆续采取股份制、联营、联合、兼并、租赁等方式进行改革。至 2000 年，基本完成集体企业改制，全市仅 2 家集体企业运转，产值 2943 万元。2010 年，有 5 家集体企业未改制；有 1 家规模以上工业的集体企业，产值为 2270 万元。

1990—2010 年建阳市集体企业情况表

表 12-1-1　　单位：家、万元

年份	企业数（家）	总产值万元（当年价）	年份	企业数（家）	总产值万元（当年价）
1990 年	161	11214	2001	2	3011
1991 年	167	11889	2002	2	3285
1992 年	172	16710	2003	2	1631
1993 年	180	29606	2004	2	1451
1994 年	181	32729	2005	2	1692
1995 年	173	33306	2006	1	1051
1996 年	190	38842	2007	1	1430
1997 年	161	37952	2008	1	2448
1998 年	144	40631	2009	1	2775
1999 年	—	—	2010	1	2270
2000 年	2	2943	—	—	—

说明：2000 年后的集体企业为规模以上工业的集体企业数据，总产值数据均为当年现价数

县属集体企业　1989 年，全县有独立核算县属集体企业 27 家，产值 3783 万元，占全县工业总产值的 13.46%，其中，规模较大的企业纺织器材厂、县二化厂等。

“八五”期间，县属集体企业稳步发展，全县有独立核算的县属集体企业 35 家，总产值达 6792 万元，其中产值千万元以上的企业有纺织器材厂、服装厂等。“九五”期间，由于体制机制及亚洲金融风暴等多种因素影响，县属企业效益出现下滑，部分企业出现亏损。市政府通过采取股份制、联营、联合、兼并、破产等方式，逐步推进二轻系统所属企业改制工作。2000 年，有规模以上工业的集体企业 2 家，产值 2943 万元。先后完成市属建阳市绝缘材料厂、建阳市第二化工厂租赁工作。至 2010 年，有建阳市家具厂、建阳市日用化学制品厂、建阳市羽绒厂、建阳市塑料厂、建阳市工艺美术厂等 5 家集体企业未改制。

乡镇企业　1994 年，市政府提出乡镇企业要实施“满天星”战略，增加经济总量，提高企业层次和效益。1995 年，全市有乡镇企业 146 家，产值 36336 万元。1996 年以后，由于体制机制等多方面原因，不少企

业出现效益下滑和亏损，乡镇企业进行大面积股份制改革，企业数仅剩9家，产值361万元。乡镇不再兴办企业，而是开辟工业开发区，以“内联外引”方式，通过“山海合作”吸引外来投资资金和项目，鼓励在职干部职工招商引资兴办企业，引进扶持外资企业、沿海民营企业等。此后，乡镇企业全面完成改制，至2010年，全市仅剩1家乡镇集体所有制企业，产值2270万元，更多的乡镇民营企业稳步发展。

第三节 个体和私营企业

1994年，全市个体私营企业3981家，产值43140万元，占全市工业总产值的30.70%。“九五”期间，推行个体私营企业的扶助与鼓励政策，个体、私营企业数量逐步减少，但企业规模扩大，产值效益都得到提高。2000年，全市规模以上私营企业6家，股份公司、有限责任公司9家，产值24669万元。“十五”期间，市政府抓企业机制转换、外引内联和技术改造，并出台扶持城市工业发展的优惠政策，组建工业企业担保公司，进一步深化完善企业产权制度改革，调整企业产权结构，实现企业产权多元化，逐步实现资本金“国退民进”。通过扩股、收购，兼并、联合等形式，吸收市内外资金和鼓励非国有经济参与国企改革，靠外力进行资产重组，以盘活存量优化增量；理顺企业内部各种关系，督促各种改革形式特别是股份合作制机制的完善到位，全市国有企业基本完成改制，至2005年仅剩3家国有企业。2005年，全市规模以上私营企业45家，产值98814万元；股份公司、有限责任公司9家，产值达56580万元。“十一五”期间，市政府贯彻落实加快民营经济发展的实施意见，鼓励扶持民营企业发展。推进工业园区、工业平台建设，集中力量培育机械、食品、林产、制药与化工、蓄电池五大产业集群，私营企业继续快速发展，企业进一步做大做强，规模工业产值年均增长达34%。2006年，福建省建阳市武夷味精有限公司、福建青松股份有限公司、福建三爱药业有限公司、建阳市双富龙强车辆制造有限公司、福建建阳丽阳人造板有限责任公司等5家企业年产值达亿元以上。2008年，全市规模以上私营企业90家，产值645578万元，股份公司、有限责任公司11家，产值182780万元；全市规模工业总产值增幅比南平市平均水平高出15.60个百分点；规模工业综合效益指数达到174.10，高于南平市平均水平8.40个百分点；规模工业产品销售率达94.40%，利税总额达3.90亿元，增长25.20%。2009年，福建省建阳市武夷味精有限公司、福建青松股份有限公司、福建三爱药业有限公司年产值达5亿元，实现建阳市“五南式”企业零的突破。至2010年，1批优势企业实现扩张，林产、机械、食品、化工、生物药业5大产业集群不断壮大，实现产值76.30亿元，占全市规模工业产值的81.20%。新增规模企业19家，全市有规模以上私营企业103家，产值645578万元，股份公司、有限责任公司11家，产值182780万元；全市亿元企业达18家，2009年3家“五南式”企业产值或销售收入继续超5亿元，福建省建阳亚亨蓄电池有限公司销售收入也超5亿元。青松股份成为闽北首家创业板上市企业，实现建阳市上市企业“零”的突破。

第四节 “三资”企业

外商独资企业 1994年，全市外商独资企业达17家，产值1690万元。“九五”期间，由于亚洲金融危机的影响，外资企业出现亏损，企业数量逐步减少。2000年，仅剩1家外商独资企业，产值3797万元。“十五”期间，建阳市出台一系列鼓励扶助政策。2005年，有6家规模以上外商独资企业，产值9464万元。“十一五”期间，外商独资企业得到较大发展，企业规模不断扩大，产值大幅提高。2010年，全市6家外商独投资企业，产值达73819万元。

中外合资、合作经营企业 1994年，全市有中外合资、合作企业4家，产值1276万元。“九五”期间，加大对“三资”企业的政策优惠力度。2000年，全市中外合资、合作企业达9家，产值3028万元。2005年，全市规模以上中外合资、合作企业有11家，产值28645万元。“十一五”期间，“三资”企业不再享有政策优惠，数量有所减少。2010年，全市有规模以上中外合资、合作企业5家，产值14727万元。

第二章　工业门类

第一节　食品工业

1993 年，全县有乡以上饮料制造企业 11 家，产值 6778.80 万元，其中，白酒制造企业 1 家，碳酸饮料制造企业 1 家，茶叶企业 8 家。“九五”期间，乡以上饮料企业数量陆续减少。1997 年，全市有乡及以上农副食品加工企业 19 家，产值 17365 万元；食品制造企业 15 家，产值 6925 万元。由于行业不景气，企业数量逐年减少，但企业规模稳步扩大。1998 年，全市有乡及以上农副食品加工企业 15 家。1999 年，农副产品加工企业减至 7 家。2000 年，全市有规模以上农副食品加工企业 7 家，产值 2066 万元；规模以上食品制造企业 2 家，产值 6792 万元；有规模以上饮料制造企业 2 家，产值 2032.90 万元。“十五”期间，食品加工业稳步发展，企业规模逐步扩大。2005 年，全市有规模以上农副食品加工企业 6 家，产值 8767 万元；规模以上食品加工企业增至 3 家，产值 21405 万元。规模以上饮料制造业企业减至 1 家，产值 705 万元。“十一五”期间，农副产品加工业发展迅猛，至 2010 年，全市规模以上农副食品加工企业 7 家，产值达 45994 万元；规模以上食品制造企业 4 家，产值 62226 万元；规模以上饮料制造企业增至 5 家，产值 18564 万元。

第二节　木材加工及林副制品业

1993 年，全县有木材加工及竹、藤、棕、草制品业企业 48 家，产值 7736 万元。5 年间，木材加工及竹、藤、棕、草制品业生产规模扩大。1998 年，全市规模以上木材加工及竹、藤、棕、草制品业企业 41 家，产值 12834 万元。亚洲金融危机期间，木材加工及竹、藤、棕、草制品业受到很大冲击，部分乡镇集体企业实行调整改制。2000 年，全市有规模以上木材加工及竹、藤、棕、草制品业企业 6 家，产值 4452 万元。“十五”期间，木材加工及竹、藤、棕、草制品业逐步恢复发展。2005 年，全市有规模以上木材加工及竹、藤、棕、草制品业企业 15 家，产值 24916 万元。“十一五”期间，木材加工及竹、藤、棕、草制品业快速发展，2010 年，全市木材加工及竹、藤、棕、草制品业企业增至 50 家，产值达 300891 万元，占全市工业总产值的 29.04%。

第三节　化学工业

1994 年，全市乡及以上化工企业 15 家。“九五”期间，由于企业自身体制机制原因及亚洲金融风暴影响，不少企业生产效益出现下滑，部分企业进行改制。2000 年，全市有规模以上化工企业 5 家，产值 3414 万元。“十五”期间，化工企业稳步发展。2005 年，全市有规模以上化工企业 5 家，产值 20647 万元。“十一五”期间，化工企业快速发展，至 2010 年，全市有化工企业 11 家，产值 90926 万元，其中，青松化工股份有限公司产值连续 2 年突破 5 亿元。

第四节　医药制造业

1994 年，全县医药企业有县制药厂 1 家。1997 年，产值 3410 万元。此后几年，产值效益下滑。2000 年，福建三爱药业股份有限公司收购市制药厂，当年产值3797万元。“十五”期间，三爱药业快速发展。2005年，产值达到24957万元。2010年，全市有福建三爱药业有限公司、福建和泉生物科技有限公司等2家医药制造企业，产值达5.64亿元。

第五节　有色金属冶炼及压延加工业

1998年，建阳市第一家有色金属冶炼及压延加工企业——福建省建阳市硬质合金厂在建阳市书坊工业小区建成投产，年产值395万元。“十五”期间，有色金属冶炼及压延加工业缓慢发展。2004年，全市有有色金属冶炼及压延加工企业2家，产值1973万元。“十一五”期间，有色金属冶炼及压延加工业发展步入快车道。2006年，全市唯一的有色金属冶炼及压延加工企业——建阳市硬质合金厂，产值达14213万元；此后几年间，产能不断扩大，至2010年，产值达到47002万元。

第六节　通用设备制造业

1994年，全县有通用设备制造企业2家。之后，通用设备制造企业稳步发展。1997年，全市通用设备制造企业达12家，产值2086万元。此后3年，由于亚洲金融风暴影响，企业发展受阻，效益下滑，2000年，全市规模以上通用设备制造企业减至2家，产值1655万元。“十五”期间，建阳通用设备制造业停步不前，2005年，全市规模以上通用设备制造企业仍为2家，产值2004万元。“十一五”期间，通用设备制造业逐步发展，2010年，全市规模以上通用设备制造业企业增至6家，产值3.47亿元。

第七节　交通运输设备制造业

1994年，全县有交通运输设备制造企业2家，其中，汽车制造业企业1家，汽车修理业企业1家。“九五”期间，交通运输设备制造业有所发展。1998年，全市交通设备制造业企业发展至7家，产值2837万元。此后，几年行业不景气，出现调整，“十五”期间，全市只有2家规模以上交通运输设备制造业企业。“十一五”期间，交通运输设备制造业迅猛发展。2008年，全市有规模以上交通运输设备制造业企业4家，产值47977万元。2010年，全市有规模以上交通运输设备制造业企业4家，产值增至51708万元。

第八节　电气机械及器材制造业

1994年，全县有乡及以上电气机械及器材制造企业5家，其中，绝缘制品企业1家，蓄电池制造企业3家，日用电器企业1家。此后几年，行业稳步发展。1997年，全市有乡及以上电气机械及器材制造企业7家，产值1867万元。亚洲金融风暴期间，电气机械及器材制造行业受打击，部分企业效益下滑，进行重组改制。2000年，全市有规模以上电气机械及器材制造企业2家，产值909万元。“十五”以后，电气机械及器材制造也迅速发展。2005年，全市有规模以上电气机械及器材制造企业6家，产值14440万元。2010年，全市有规模以上电气机械及器材制造企业发展至9家，产值增至8.77亿元。

第三章　工业园区

第一节　闽北产业集中区

2005年10月，经南平市政府批准设立闽北产业集中区。闽北产业集中区位于武夷山和建阳市之间，地处武夷新区的核心地带。2006年4月，福建闽北经济开发区经国家发改委审核确认为省级开发区，并列入福建省“十一五”规划重点建设工程。闽北产业集中区规划面积为112.06平方公里，由童游、将口、兴田3大组团组成。按照“一河两岸、三大组团、多轴发展”的空间发展结构，至2020年，规划建设为一座集产业、居住、行政、商业、金融、旅游、休闲为一体，人口36万人，GDP总量300亿元以上的生态中心城市、新兴产业基地。规划中，产业集中区将处在福建北部立体交通体系的枢纽中心，拥有航空、铁路、高速公路、高速铁路为一体的交通网络，北距武夷山机场26公里，横南铁路贯穿而过，浦南、武邵、宁武3条高速公路的在此汇聚，成为福建纵深推进海西建设的前锋。2010年，启动的童游组团由童游机械电子园和海西林产工贸城组成，重点发展机械电子、生物科技、食品加工、竹木加工、生产性服务、房地产业。园区按照“高起点规划、高标准建设、高效能管理”模式，累计投入资金20亿元，建成高等级的产业平台，配套设施齐全，各项功能完善的现代化工业园区。截至2010年底，共引进入园企业78家，合同总投资60.91亿元，注册资金9.84亿元，投产企业12家，初步形成竹木加工、机械制造、电子科技等3大产业群支柱的经济格局。

第二节　建阳海西工贸城

建阳市海西工贸城由海西林产工贸城（闽北林产工贸园区）和回瑶、塔山、上陈3个工业平台共4个部分组成。至2010年，海西工贸城累计完成基础设施投入3.20亿元，平整台地326.67公顷，入园企业32家，总注册资金10.60亿元。

海西林产工贸城　位于城北建阳市区6千米的南武路（南平至武夷山）南林段，总规划建设面积666.67公顷，总投资9亿元。是南平市政府规划、建阳市政府实施的重点工程，是省级开发区—闽北经济开发区产业集中区的1个重要组成部分，列入福建省“十一五”规划重点建设工程。工程分2期进行建设，分为生产加工、产品交易和商贸服务3个功能区。第一期规划面积333.33公顷，于2006年2月破土动工，至年底共投入1.20亿，推出台地326.67公顷，引入企业25家，基础工程及贸易区全面动工建设。截至2010年，完成基础设施建设等投资3.45亿元，实际开发400公顷，挖填土方1080万方，建设工贸城内道路25千米，完成建设排洪管道4.60千米，完成石砌挡墙2.20万方，布设路灯128盏，完成一二期自建厂房5.30万平方米，110千伏变电站工程和供水工程竣工投入运营使用，同时，推进园区环路、支路工程建设和支管铺设，建设4800平方米的写字楼，基本建成配套设施比较完善、服务功能相对齐全的工业园区；共引进签约企业60家，其中，涉及房地产、汽车4S店、建材市场、家居市场和移动中心等商贸企业21家，包含林产加工、生物科技、医药、服装及金属压延加工等工业企业39家。投产的企业有12家企业，完成规模工业产值8.40亿元，实现税收2600万元。根据《武夷新区总体规划》要求，市政府做好海西林产工贸城基础设施和建设项目与武夷新区的对接工作，主动融入武夷新区开发建设。

回瑶工业平台　位于城南4公里的南武路回瑶段，规划区域面积266.67公顷。2005年底，回瑶工业平台破土动工。首期开发面积53.27公顷，其中，工业用地41.80公顷，商住用地8.07公顷，道路、水域、防洪堤等用地 3.33 公顷。规划工业用地 41.80 公顷，至 2010 年全部售让完毕，共引进工业项目 10 个，入园企业共完成注册资金 1.90 亿元，总投资 3.96 亿元；入园企业投产 6 家，其他的佳顺油脂日化、诚大玻璃制品、奇全贸易、旺隆彩印包装有限公司等 4 家企业正在进行厂房等设施建设。

塔山工业平台 位于建阳市城南塔山下，是由南平市、建阳市 2 级政府共同投资的园区，规划面积 47.20 公顷，开发面积 33.33 公顷，其中，工业用地 22.87 公顷、商业用地 2.93 公顷、道路等占地 7.53 公顷。2001 年 7 月启动，2004 年基本建成，共挖填成土方 65 万立方米，修建防洪堤 1200 米、主干道（战备路）路面硬化 1600 米 ×12 米，支干道 400 米 ×9 米，配套建设水、电等工程。至 2010 年，入园的项目有汽车制造业，汽车、摩托车系列蓄电池，精细化工等行业企业 9 家，入住率达 100%。完成工业产值 46450 万元，上缴税收 915.22 万元。

上陈工业平台 位于建阳市城西 6 公里的严墩村，规划用地 62.65 公顷，于 2006 年 2 月动工建设，共征地 62.67 公顷，平整台地 14 片 62 公顷，完成土方工程 177 万方，完成主干道及次干道路基建设 2790 米，完成排水主管道建设 2584 米，完成平台主干道、北一路、南一路、中一路路面及排水管网工程建设。至 2010 年，入园的企业有机动车驾驶考试中心、武夷汽车制造和竹制品加工业等 8 个项目。

2010 年建阳市海西林产工贸城重点企业基本情况一览表

表 12-3-1　　单位：万元、公顷

序号	企业名称	总投资（万元）	注册资金（万元）	用地规模（公顷）	动工时间	投产时间	2010 年产值（万元）	坐落工业平台
1	建阳森岚木业有限公司	27660	8000	15.60	2006 年 8 月	2007 年 12 月	28010	南林工贸城
2	福建省建阳市鑫泉木业有限公司	15000	7200	7.67	2006 年 11 月	2008 年 11 月	30629	南林工贸城
3	福建六维实业有限公司	15000	6000	4.23	2007 年 6 月	2007 年 8 月	9925	南林工贸城
4	福建森海木业有限公司	5000	2000	4.67	2009 年 2 月	2010 年 2 月	3234	南林工贸城
5	福建省汇峰林业发展有限公司	16000	10000	10.67	2009 年 2 月	2010 年 8 月	4950	南林工贸城
6	福建亿诚竹制品制造有限公司	8500	8150	3.20	2009 年 10 月	2010 年 10 月	1686	南林工贸城
7	福建碧全家居用品有限公司	16000	10000	8	2009 年 10 月	—	—	南林工贸城
8	福建青松股份有限公司	9800	2200	10.67	2006 年 2 月	2008 年 2 月	48637	回瑶工业平台
9	福建省建阳朱子家酒业有限公司	2000	1000	1.35	2006 年 12 月	2008 年 12 月	—	回瑶工业平台
10	福建武夷汽车制造有限公司	—	—	4.13	—	—	27119	塔下工业平台
11	建阳万国电器有限公司	—	—	1.75	—	—	7557	塔下工业平台

第四章 重点企业与名优产品

第一节　重点企业选介

福建青松股份有限公司　前身是建阳化工总厂，1958年始建。2001年元月，建阳化工总厂改制为有限责任公司，更名为建阳市青松化工有限公司。公司成立伊始，年产值仅2000万元，产品单一，樟脑的年产量仅1000吨，在国内樟脑行业中排名落后。公司专注从事松节油深加工产品研发、生产和销售，历经多年的锐意进取，在激烈的竞争中脱颖而出，成为中国林产化学工业龙头企业之一，是中国最大的松节油深加工企业及全球最大的合成樟脑生产企业，成为福建省高新技术企业、省林业产业化龙头企业。产品65%出口到欧美、印巴、东南亚等地区、国家。2009年5月，更名为福建青松股份有限公司。2010年10月，公司在深圳证券交易所创业板上市，股票简称“青松股份”，股票代码“300132”，公司注册资金12060万元，工厂占地面积13538平方米，厂房建筑面积66000平方米。樟脑、冰片取得药品生产许可证和批准文号。

福建三爱药业有限公司　2000年元月，福建三爱药业有限公司登记注册，为股份制企业，注册资本2.91亿元，投资总额5.21亿元。厂部位于建阳市宝山路23号，总占地面积22.60公顷，总建筑面积63000平方米，是福建省1家集中西药研发、生产、销售于一体的知名企业。公司拥有中草药鱼腥草研究及标准化种植示范基地（省科技厅授牌），并拥有各种中西药品种，生产国药准字126种、9个剂型。公司设6个车间11条成药生产线、中药提纯、西药原料药合成分厂；工艺及设备达到国内先进水平，符合国家GMP管理规范，是福建省医药龙头企业。公司下属有三爱新药研发中心和医药贸易公司。三爱药业拥有完备的科研创新体系，并以“福建三爱科研中心”为主要依托，和中国科学院金属研究所、北京大学医学部等大学、医院等外部力量展开全方位合作。企业拥有1支包括高工、硕士、执业药师等在内的研发队伍，为三爱药业的可持续发展提供技术和新产品支持。2007年，福建三爱药业有限公司在香港联交所主板上市，即武夷国际药业（香港）有限公司（为福建三爱公司的全资控股公司）。

福建武夷味精有限公司　1976年创建，1996年10月，改制为股份制企业。是福建省农业产业化重点龙头企业。2010年，公司占地面积40公顷，有员工900人，其中，中高级专业技术和管理人员100人，在职科研教授5人，享受国家级津贴专家3人，博士生5人。公司发展成为以建阳红土地调味食品有限公司、建阳好与佳生物制肥有限公司、福建和泉生物科技有限公司等多个经营实体为一体的综合经营型集团企业。武夷牌味精主要有无盐味精、加盐味精、增鲜味精3个品种、26种规格，适应不同市场需求。同时，公司另有海鲜味精、鸡精、谷氨酸、水解蛋白、菌体蛋白、生物制肥等多种系列产品，均取得较高的市场占有率。2001年，公司通过ISO 9001国际质量体系及产品双认证。2002年，武夷味精获“福建省名牌产品”和“福建省著名商标”。2007年，扩建完成后，公司形成年产8万吨味精的福建省最大的味精企业，全年产量首次突破4万吨，品牌知名度名列同行业前茅。2009年，武夷味精获“中国驰名商标”。公司营销网络遍及全国23个省、市的市场，部分产品远销欧美及东南亚等国。效益连年翻番，产品屡获殊荣，销售日益扩大。2008年，武夷味精有限公司向生物科技行业迈进，4月，成立福建和泉生物科技有限公司，注册资金600万元。公司坐落于建阳市工业路201号，占地面积32公顷，新建生物制药及氨基酸2大项目。在“6·18”项目对接会上，又引进福建师范大学的年产500吨L－色氨酸项目，总投资6349万元。2008年11月，第一期年产1.50万千克的霉酚酸生产线建成投产并上市销售。至2010年，投资额达1800万元。

福建碧全家居用品有限公司　2009年7月，福建碧全家居用品有限公司投资2亿元，在建阳海西林产工贸城建设公司总部和生产基地，占地8公顷。系集工贸为一体的外向型企业，以终端竹木工艺品、实木家具为主要产品，可大量利用工贸城原有企业生产加工的中高密度纤维板、指接板、细木工板等原料，生产大型成套家具，引领建阳竹木加工产业升级，产品可销往北美、欧洲及东南亚等十几个国家和地区。项目建成投产后，年可实现产值2亿元。至2010年底，完成7栋钢构厂房的建设（建筑面积3.50万平方米），办公大楼（建筑面积为6016平方米）在内部装修中。完成固定资产投资8500万元，全面投产，有员工300人。年销售4000万元。

福建创四方电子有限公司　2006年12月，北京创四方电子有限公司在建阳成立福建创四方电子有限公司。是1家专业致力于各类小型精密电磁器件、霍尔传感器、AC-DC，DC-DC 模块电源和激光电源产品的开发、生产和销售及配套为一体的高新技术企业，拥有“BingZi 兵字”和“TransFar 创四方”两大自有品牌。企业占地面积4.27公顷，总投资6000万元，注册资金500万元。2009年7月，一期项目于正式投产，2010年，有职工240人，年销售4000万元。

福建武夷汽车制造有限公司　2001年10月，建阳市龙强运输机械制造有限公司和福建汽车改装厂组建成立福建武夷汽车制造有限公司，厂区面积5万平方米，建筑面积2万平方米，设有焊接车间、车架车间、车厢车间、涂装车间、总装车间和试车工段。全厂员工400人，其中，工程技术人员60人。公司主要生产“武夷”牌改装车、“双富”牌农用运输车、“龙强”牌变型运输机，拥有3大品牌120个车型品种，市场遍及福建、浙江、江苏、广东、广西、湖北、江西、安徽等省。企业通过ISO 9000质量管理体系和产品3C认证。2007年，公司实现工业总产值30366万元，销售收入29859万元。2010年，工业总产值1.80亿元，销售收入1.79亿元。

建阳森岚木业责任有限公司　2006年，由南平市林业局和建阳市政府共同引进，由浙江丽人木业集团投资兴建的中、高密度纤维板生产、销售企业。公司占地15.73公顷，总投资2.66亿元。引进德国辛北尔康普公司全套具有世界先进水平的第六代连续式平压自动化生产线。公司主要生产2—48毫米不同厚度产品，年生产能力20万立方米，年销售额4—5亿元，是南平市重点培育的“五南式”企业。公司产品广泛用于家具、装修、高档电子线路板、风扇叶、盒子板等。2010年，总产值2.80亿元，纳税1850万元。

福建省亚亨动力科技集团有限公司　1997年创建，是专业从事铅酸蓄电池生产的股份制企业。主要产品有电动自行车、汽车起动用免维护密闭蓄电池、N系列高能干荷电起动用蓄电池、UPS不间断电源用密封蓄电池。公司占地面积22.40公顷、建筑面积8万平方米，注册资本7000万元，固定资产1.10亿元，2010年，有员工1100人，其中工程技术人员32人。公司所生产的“亚亨”牌蓄电池为“全国驰名商标”。公司取得ISO 9001—2000质量管理体系认证、美国“UL”认证及欧共体“CE”认证和ISO 14001：2004环境管理体系认证，并获全国企业产品生产许可证、出口产品质量许可证及船用产品型式认可证书。根据市场需求开发64伏14安时、64伏18安时、48伏24安时3种新产品，同时，加大宣传力度，投巨资在CCTV-4、浙江卫视、广东卫视的天气预报栏目播出公司宣传广告。2010年，完成工业总产值超2亿元，上缴税收600万元。

福建省建阳市汽车锻压件厂　1996年创建，是专业生产汽车配件的股份制企业，企业占地面积14公顷、建筑面积7.60万平方米、固定资产5880万元，拥有锻造、冶炼、热处理、焊接等各种生产设备560台（套）。2002年12月，产品获ISO 9001：2000版国际质量体系认证证书。2010年，有职工650人，其中，中高级技术人员106人。企业主要产品有各种轻、中、重型汽车（含农用车）的汽车前轴（工字前轴、管型前轴）、后桥半轴，转向节等，其中前轴、转向节经国家汽车质量监督检验中心检测认定，达到优质等级产品，同时，153前轴达到东风德纳车桥有限公司一等品要求（疲劳寿命122.80万次未损坏）。企业产品主要销往浙江、广西、广东、湖南、湖北、贵州、河南、安徽、山东及本省的各车桥厂和经销商。

福建省建阳金石氟业有限公司　2001年10月19日，在南平工商局登记注册，2006年底前，由杭州金石实业有限公司控股经营，2007 年 1 月至 2010 年底由中化上海有限公司收购控股，隶属中国中化集团，是福建省大型氟化工原材料生产基地。2004 年、2005 年，公司先后通过 ISO 9001 质量管理体系和 ISO 14001 环境管理体系双认证。公司下属有大型萤石矿山、萤石浮选生产线、氢氟酸及工业氟化盐工厂，主要产品包括酸级萤石粉、萤石原矿、无水氟化氢、工业氢氟酸、氟硅酸、氟硼酸等，年产酸级萤石粉 5 万吨、萤石原矿 8 万吨、无水氟化氢 23000 吨。产品畅销全国 20 个省、市，并远销日本、美国、韩国及欧洲和东南亚地区。2007 年 9 月，金石氟业有限公司扩建 1.50 万吨 AHF 项目，于 2008 年 9 月建成投产。并沿氟化工产业链开发高附加值产品，为实施集团氟化工战略构建坚实的基础。2010 年，产值达到 1.60 亿元。

建阳海螺水泥有限公司　2000 年 6 月，安徽海螺水泥股份有限公司与建阳市新星集团合资成立建阳海螺水泥有限责任公司。公司位于建阳火车站北侧，占地 3.20 公顷。主要生产 PO42.50 级、PC32.50 级水泥。2001 年 3 月建成第一条 Φ3×9M 水泥粉磨系统，并投入生产。2005 年 9 月，第二条 Φ3×9M 水泥粉磨系统建成投产，年产 60 万吨。公司拥有 3 台包装机及 6 套散装水泥发散设备，日发运能力达 2000 吨以上，发散能力达到 100%，能满足各类工程使用需求。2007 年，公司通过 ISO 9000 质量管理体系认证及产品质量认证，2010 年产值 1.40 亿元。

建阳市鲁班木业有限公司　公司前身为创立于 1954 年的国有企业福建省建阳市胶合板厂。1999 年，企业实行改制，成立有限责任公司。公司占地面积 5 万平方米，专业从事建筑模板开发、生产和销售。公司拥有一套完整的胶合模板生产线，年产“鲁班”牌系列胶合模板 2 万立方米。2003 年，“鲁班”牌胶合模板获福建省优质产品，国家级新产品荣誉称号。2006 年，“鲁班”商标获评福建省“著名商标”，并入选福建省驰名商标。“鲁班”牌系列胶合模板畅销全国各地。2010 年，产值达 1.20 亿元。

福建省建阳万国电器有限公司　2001 年，福建省建阳万国电器有限公司成立，坐落于建阳市宝塔山工业园区，占地面积 6.67 公顷。公司隶属于福建省泉州万国发展有限公司，是其在建阳设立的子公司，也是山海协作重点企业。公司主要生产密封型铅酸蓄电池及蓄电池极板。建厂初期年产值不足 1000 万元。企业陆续投入 3000 万元完成一期工程技术改造，使机械化制造成为企业的主要生产力。自建厂开始致力于高起点、大规模的经营方针，引进极板制造到蓄电池组装等一系列生产设备，专业生产阀控密封式铅酸蓄电池、摩托车用铅酸蓄电池，广泛应用于 UPS、通信等领域备用电源和摩托车启动电源。市场网络遍布珠三角、长三角及中部地区。2010 年 2 月，企业投资 5000 万元进行扩建工程。

第二节　名牌产品

“龙翔”牌子午线轮胎成型机　建阳龙翔科技开发有限公司自主开发研制的轮胎成型机具有自动化程度高、操作便捷的特点，适用于大型矿区等特大型工程车辆及特种运输车辆使用。轮胎成型机系列中的全钢巨型工程子午线轮胎成型机具有较高的技术含量，其水平与引进的美国、日本及欧洲等先进国家的同类产品相当，在世界范围内具有强劲的竞争力。2010 年，“龙翔牌子午线轮胎成型机”获授“福建名牌产品”称号。

“铁驰马”牌汽车前轴　由福建省建阳市汽车锻压件厂生产。建阳市汽车锻压件厂创建于 1993 年，是专业生产汽车配件的股份制企业，拥有锻造、冶炼、金加工、热处理、焊接等各种生产设备 298 台（套）。主要产品有各种轻、中、重型汽车（含农用车）的前轴（工字前轴、管型前轴），后桥半轴，转向节，转向节臂等。2002 年 12 月，获 ISO9001：2000 版国际质量体系认证证书。2010 年，“铁驰马牌汽车前轴”被授予“福建名牌产品”称号。

“九曲”牌碳化钨　建阳市硬质合金厂是闽北首家生产硬质合金厂家，专业生产碳化钨、钨粉、钴粉、仲钨酸铵、硬质合金、矿山工具等异型产品。企业自主开发全套钨粉、碳化钨粉生产工艺，并建成全省最大的钨粉、碳化钨粉生产线，产品的纯度、平均粒度、粒度分布和显微结构等指标均达世界一流水平，成为多家大公司的主要供应商。2010 年，“九曲牌碳化钨”获授“福建名牌产品”称号。

“武夷”牌白酒　由福建省武夷酒业有限公司（原建阳酒厂）出品。公司酿酒历史悠久，技术力量雄厚，生产设备先进。武夷系列白酒有 30°　38°　42°　50°　52° 浓香型、武夷王酒、武夷秘酿、武夷特曲、武夷优质米烧及保健类黄酒等产品。其中，武夷特曲先后获“中国酒业金爵奖”“福建省轻工优秀产品和省消费者信得过产品”等称号。2009 年，“武夷”牌白酒获授“福建名牌产品”称号。

YA HENG 牌 12 伏 (6 伏) 电动助力车用密封铅酸蓄电池　福建亚亨动力科技集团有限公司是专业从事铅酸蓄电池生产的股份制企业。公司的主导产品中，企业密闭蓄电池系列 UPS 蓄电池系列，电动车及电动工具专用蓄电池系列均属国内蓄电池应用领域的前沿产品。特别是电动助力车用密封蓄电池系列产品技术含量高，质量稳定可靠。2007 年，12 伏（6 伏）电动助力车用密封铅酸蓄电池获授“福建名牌产品”称号。

“青松”牌合成樟脑　由福建青松股份有限公司出品。青松股份有限公司药用级樟脑、冰片生产线按照 GMP 标准建成生产，产品符合美国、德国、英国、日本等国家以及欧盟的药典标准，在高级别药典规格的樟脑上占有 50% 以上的市场份额。2006 年、2010 年“青松牌合成樟脑”分别获授“福建名牌产品”称号。

3A 牌香丹注射液、银翘颗粒　由福建三爱药业有限公司生产。其产品“3A”牌香丹注射液和“3A”牌银翘颗粒分别被被授予 2006 年、2007 年“福建名牌产品”称号。

武夷味精调味料　由集生产销售味精、鸡精、复合调味料为一体的集团企业——福建省建阳市武夷味精有限公司生产。2006 年、2008 年“武夷”牌味精、鸡精获“福建名牌产品”称号；2009 年武夷及图商标获中国工商总局商标局认定为“中国驰名商标”，“武夷”牌味精有普通味精、加盐味精、增鲜味精 3 个品种、100 种规格，适应不同市场需求。

2006—2010 年建阳市取得福建省名牌部分产品名单

表 12-4-1

年份	产品名称	企业名称
2006 年	武夷味精	福建省建阳市武夷味精有限公司
2007 年	青松牌合成樟脑	建阳市青松化工有限公司
	“3A”牌香丹注射液	福建省三爱药业股份有限公司
2008 年	“YA HENG”牌 12 伏（6 伏）电动助力车用密封铅酸蓄电池系列	福建省建阳亚亨蓄电池有限公司
	“3A”牌银翘颗粒	福建三爱药业有限公司
2009 年	武夷味精	福建省建阳市武夷味精有限公司
2010 年	“九曲 + 图形”牌碳化钨	福建省建阳市硬质合金厂
	“龙翔 + 图形”牌轮胎成型机	福建建阳龙翔科技开发有限公司
	“铁驰马 + 图形”牌汽车前轴	福建省建阳市汽车锻压件厂
	“武夷 + 图形”牌白酒	福建省武夷酒业有限公司
	“青松”牌合成樟脑	建阳市青松化工有限公司

建阳市历年度认定为驰著名商标企业一览表

表 12-4-2

企　业　名　称	商　标　名　称	注册号	类别	等级	时间
福建省建阳武夷味精有限公司	武夷及图	1947079	30	中国驰名	2009 年
福建省武夷酒业有限公司	武夷及图	128687	33	中国驰名	2001 年
福建三爱药业有限公司	3A	1428370	5	省著名	2003 年
福建青松股份有限公司	青松及图	187653	20	省著名	2005 年
建阳市鲁班木业有限公司	鲁班及图	673811	19	省著名	2005 年

续表 12-4-2

企　业　名　称	商　标　名　称	注册号	类别	等级	时间
福建建阳龙翔科技开发有限公司	龙翔及图	3308442	7	省著名	2006 年
建阳市楠木林葡萄专业合作社	楠木林	4253893	31	省著名	2007 年
福建省建阳市富林食品有限公司	林师傅	1957118	31	省著名	2007 年
福建省建阳亚享蓄电池有限公司	yaheng	1570154	9	省著名	2002 年
建阳春晖竹木业有限公司	孟宗竹	3802369	21	省著名	2008 年
何煜青（建阳安顺变压器配件厂）	fjyb	5211078	9	省著名	2008 年
福建省建阳朱子家酒业有限公司	云谷及图	1607579	33	省著名	2008 年
福建长风压缩机有限公司	长风及图	169693	7	省著名	2008 年
建阳市金鹿畜禽发展有限公司	建鹿	1563054	31	省著名	2008 年
福建省建阳市武夷电器有限公司	武夷及图	3514986	9	省著名	2009 年
福建省建阳市汽车锻压件厂	铁驰马	3093079	12	省著名	2009 年
福建省建阳市智信木业有限公司	建设	3702628	19	省著名	2009 年
福建省京泰茶业有限公司	京泰 jingtai	3219313	30	省著名	2009 年
福建省建阳市古汉城酒业有限公司	古汉城及图	1966056	33	省著名	2010 年
福建省建阳市武夷油脂化工有限公司	武夷及图	219901	3	省著名	2010 年
建阳义正机械制造有限公司	义正及图	4310166	7	省著名	2010 年

建阳市历年度认定为驰著名商标工业企业花名册

表 12-4-3

序号	企　业　名　称	企　业　地　址	商标名称	注册号	类别	备注	时间
1	福建省建阳武夷味精有限公司	建阳市工业路 201 号	武夷及图	1947079	30	驰、著名	2009 年
2	福建省武夷酒业有限公司	建阳市工业路 199 号	武夷及图	128687	33	驰、著名	2001 年
3	福建三爱药业有限公司	建阳市宝山路 23 号	3A	1428370	5	省著名	2003 年
4	福建青松股份有限公司	建阳回瑶工业园区内	青松及图	187653	20	省著名	2005 年
5	建阳市鲁班木业有限公司	建阳市火车站北侧	鲁班及图	673811	19	省著名	2005 年
6	福建建阳龙翔科技开发有限公司	建阳市塔下工业园区	龙翔及图	3308442	7	省著名	2006 年
7	福建省建阳市富林食品有限公司	建阳童游民主路 146 号	林师傅	1957118	31	省著名	2007 年
8	福建省建阳亚享蓄电池有限公司	建阳市麻沙尚书岭 9 号	yaheng	1570154	9	省著名	2002 年
9	建阳春晖竹木业有限公司	建阳市黄坑镇三峡村	孟宗竹	3802369	21	省著名	2008 年
10	何煜青（建阳安顺变压器配件厂）	建阳水吉人民路 172 号	fjyb	5211078	9	省著名	2008 年
11	福建省建阳朱子家酒业有限公司	建阳回瑶工业园区内	云谷及图	1607579	33	省著名	2008 年
12	福建长风压缩机有限公司	建阳市塔下工业园区	长风及图	169693	7	省著名	2008 年
13	建阳市金鹿畜禽发展有限公司	建阳市童游南林墩头	建鹿	1563054	31	省著名	2008 年
14	福建省建阳市武夷电器有限公司	建阳市蝙蝠山工业园区 1 号	武夷及图	3514986	9	省著名	2009 年
15	福建省建阳市汽车锻压件厂	建阳市水吉镇水欧路 48 号	铁驰马	3093079	12	省著名	2009 年
16	福建省建阳市智信木业有限公司	建阳市蝙蝠山工业园区	建设	3702628	19	省著名	2009 年
17	福建省京泰茶业有限公司	建阳市莒口镇茶布	京泰 jingtai	3219313	30	省著名	2009 年
18	福建省建阳市古汉城酒业有限公司	建阳市将口高新技术园区	古汉城及图	1966056	33	省著名	2010 年
19	福建省建阳市武夷油脂化工有限公司	建阳市宝山路 33 号	武夷及图	219901	3	省著名	2010 年
20	建阳义正机械制造有限公司	建阳市曼头山路 4 号	义正及图	4310166	7	省著名	2010 年

第五章 管 理

第一节 机 构

一、建阳市经济委员会

1989年，建阳市经济委员会下辖交通局、邮电局、二轻局、乡镇企业局4个局和1个计量所，直接主管全市工业企业。内设办公室、政治部、党委办公室、武装部、财务科、生产科、技改科，共有干部编制 22人。2002年，机构改革前，机关行政编制20人，勤务人员事业编制2人，其中，领导职数7人（含党委2人），内设人劳科（党办）、办公室、生产科、财务科、技进外经科、企管科、职教科，实有 22 人。2002年3月，机构改革，撤销经济委员会，并入市经济贸易局。

二、建阳市经济贸易局

2002年3月，建阳市经济委员会与建阳市财贸委员会合并，组建建阳市经济贸易局，负责协调、管理全市工业经济运行、国企改革及商贸流通工作。2005年，核定行政编制20人，其中，局长1人、党委书记1人、党委副书记1人、副局长4人，工勤事业编制2人。2006年，建阳市乡镇企业局并入市经济贸易局，市经济贸易局内设人事教育股（加挂监察室、系统工会牌子）、办公室（加挂武装部牌子）、经济运行股、技术进步发展股、企业综合股、贸易与服务业管理股、商品流通股，核定行政编制22人，工勤、事业编制4人。至2010年不变。

三、建阳市二轻工业总会

1989年，市二轻工业局行政编制6人，事业编制11人，设人秘股、生产股、计财股、合作指导股和二轻集体工业联社。1997年3月，撤销二轻工业局，成立建阳市二轻工业总会，为市政府直属事业单位，核定事业编制5人，实有人员4人。原直属管理的二轻集体联社保留，与二轻工业总会合署办公，实行两块牌子、一套人员。市二轻工业总会内设综合办公室、室内装饰行业管理办公室、二轻直属企业行业管理股、二轻联社集体资产及财会管理股。2010年，市二轻工业总会核定事业编制4人，领导职数2人，实有人员2人。

四、建阳市城镇集体工业联合社

2008年4月更名，负责研究和制定建阳二轻工业的发展规划，落实企业各项生产任务和经济技术指标；负责二轻系统人事、劳工及企业领导班子的考核、任免；负责建阳市工艺美术行业管理，职称评定等各项工作。2010年，核定事业编制4人。

第二节　国有工业经营及体制改革

1987年下半年，在国营企业中推行经营承包责任制。1991年，以治理整顿和深化改革为契机，在二轮承包的基础上，进一步落实企业经营自主权，落实厂长（经理）负责制，理顺企业领导体制，强化企业自我约束机制，集中力量进行结构调整。完善企业内部经济责任制，推广企业全员风险抵押制度、企业共保合同制度和企业内部银行核算制度，堵塞管理漏洞，强化企业基础管理工作，抓企业节能降耗，全面提高经济效益。

1992年，进一步落实《中华人民共和国企业法》，减少行政对企业经营的干预，把企业推向市场，县造纸厂、汽车后半轴厂、二轻系统实行“税利统算”总承包，压缩机厂实行劳动合同制和岗位技能工资制，橡胶机械股份公司推行管理规范化，经济技术开发公司移植“三资”企业管理模式。积累经验，逐步完善推广，推进企业经营机制的转换。

1993年，采取“一厂一策”的办法，突出重点，先后对造纸厂、酒厂、味精厂、汽车后半轴厂、化工厂、二轻系统实行“税利统算”的承包经营责任制。对经营不善、发展缓慢的企业实行兼并，对资不抵债的香料厂宣布破产。全县有23家企业实行全员劳动合同制，7家企业实行岗位技能工资制，8家企业实行工效挂钩分配制度。落实《全民所有制工业企业转换经营机制条例》，在做好亏损企业关、停、并、转的基础上，加快推进企业股份制步伐，全县推出2家国营企业和1/3的二轻企业、乡镇企业实行股份合作制试点，选择30家国营、集体企业进行利用外资嫁接改造或让外商承包租赁经营，推进企业“三项”（劳动，人事，分配）制度改革，推行和完善承包经营责任制。1994年，加大“国有民营”的步伐，在做好第一期5家企业的民营试点工作基础上，逐步扩大普及面。二轻企业大部分完成“社有民营”的改造工作。形成国有、集体、民营、三资、商办、森工、乡镇企业、个体私营企业齐头并进共同发展的大格局。1997年，加大股份合作制为重点的产权制度改革，23家改制企业中21家完成资产评估，18家完成资产剥离工作。同时，发展“山海合作、外引内联”，扩大对外开放。按照“立支柱、上规模、创名牌、争第一”的要求，以国内外市场为导向，建立现代企业管理机制，扶持培育支柱产业，抓一批龙头企业。2000年，围绕3年国企改革和脱困目标，加大结构调整和重组力度，抓企业机制转换，坚持一厂一策，因厂施策，抓好企业改革和管理工作，取得实质性成效。全市先后完成绝缘材料厂、皮革厂、胶合板厂、油化厂、二化厂、刨花板厂的租赁，制药厂的收购，燃料公司的兼并，酒厂白酒、啤酒2厂的分立和味精厂的扩产技改等项改革工作。推行厂长、经理公开招聘制、年薪制、年度和离任审计制，建立年终重奖等激励机制；加强厂务公开，强化内部管理，挖潜增效；强化市场意识，开拓产品市场，抢占市场份额。2006年，开展毛巾厂、油化厂、磨床厂等企业改革，逐个突破，基本完成全市国有工业企业改革的扫尾工作。

2010年，做强1批有竞争力的优势企业，扶持1批投资千万元以上的成长型企业，实现规模工业产值超百亿以上。推进和泉生物、碧全家居、亚亨动力、汽车锻压件等重点优势企业上市步伐。扶持六维实业、安顺变压器等10家企业年产值上亿元，在做大总量中延伸产业链、提升产业发展水平，推动生物医药、机械制造、竹木加工、食品加工等主导产业集群发展，注重产业整合、产业配套和产业环境建设。

第三节　安全管理

1993—1999年，建阳市全面推行安全生产目标管理责任制，每年初，市政府给各级各部门下达安全生产目标责任书。市安全生产委员会每年组织2次安全生产大检查，落实安全生产责任制执行情况，排查生产现场事故隐患。每年5月，结合“安全生产周”活动，宣传国家安全生产政策法规，组织各企业开展厂部、车间、班组“三级安全教育”，提高职工安全意识。市经济委员会等工业主管部门每年对所属企业组织3—4次检查。市劳动部门每年深到100家以上工业企业开展劳动安全监察。2000年后，企业继续坚持“安全第一、预防第一”的安全生产方针，设立专职安全办公室、安全监察科、消防队，充实、配备安全监督人员、消防队员和消防器材，制订安全生产经济责任制。2002 年，建阳市安全生产委员会办公室、建阳市劳动局安全监察股合并，成立建阳市安全生产监督管理局。同年 11 月，贯彻《中华人民共和国安全生产法》，企业安全生产工作纳入法制轨道。

第四节　产销管理

1990 年，建阳县企业基本上按国家计划进行生产，产品由国家设立的有关机构（二级站等）收购，产销管理相对单纯。1991 年，进一步健全供销责任制，落实各项销售政策和优惠措施，扩销压库。1993 年，在提升企业效益方面，抓外贸出口工作，重点抓竹木制品、化工及服装鞋箱、电子机械、茶叶等 6 大宗出口产品的生产和出口。“九五”期间，随着市场经济的发展，建阳市工业企业产销的管理也发生很大变化。工业产品营销以企业自主营销为主，不少企业成立销售公司，建立健全销售制度。省内外销售网络由企业自行组建，网点设置不尽相同。重点企业在主要销售地区设有办事处，但大部分企业同当地经销商合作，以总经销、代销等形式设置销售网点。同时，开拓国内外市场，促进企业的产销平衡。企业销售费用方面也进行改革，从过去实报实销，到销售费用提成承包，按产品销售总金额进行提成。企业销售人员根据市场对产品需求的变化及时反馈给企业，生产部门制定生产计划，开发适销对路的新产品，及时调整产品的结构，以适应市场需求。2000 年以后，随着企业改制的基本完成，规模企业均建立起现代企业营销网络，产品销售紧跟市场，产销更趋完善。

第五节　技术管理

1994—1999 年，全市继续加大技术进步步伐，引进国外先进技术、先进设备和先进的技术管理，提高企业技术管理和产品质量，增强产品市场竞争力。建立总工程师负责制，负责企业的技术管理，组织对重大技改扩建项目进行可行性研究，对新产品开发项目进行鉴定，负责技改项目和新产品开发项目的实施工作，对企业生产中的技术问题及时帮助解决，保证企业的生产正常运行。同时，建立健全技术资料管理制度。设立技术资料档案室，指定专人管理企业技术档案资料。抓好蝶阀生产线、磨床生产线项目建设，抓啤酒扩建 3 万吨，速溶茶、皮衣生产线、子午胎成型系列机、彩色行输出变压器项目建设。2000 年，在做好国有企业体制改革的基础上，加大政府对企业技改的政策引导和支持力度，有效推进产学研的结合，加快“五新”（新经济、新服务、新能源、新材料、新农业）项目的开发与应用，在开发 1 批新产品、打响 1 批品牌、培育 1 批名牌产品上下功夫。突出抓好味精、制药、造纸、工业硅、酒、水泥、毛巾、鞋制品等 1 批重点技改项目。从当年始，建阳市多家企业开始将先进的技术应用到企业的生产管理过程之中。加快引进人才步伐，企业除向外地引进部分急需的人才外，大量吸收大学毕业生到企业工作，增强企业技术力量，加强企业技术管理，同时注重对工程技术人员的培训和知识更新。

2010 年，支持现有企业技术改造和产能扩张，重点抓好龙翔科技、武夷味精、汽车锻压件等企业技改项目建设，加强自主创新，支持龙翔科技、亚亨动力、创四方电子等优势企业采取技术创新、联合兼并等措施，扩张企业规模，提升竞争实力。实施品牌战略，重点扶持青松股份、三爱药业、亚亨动力等 3 家企业争创中国驰名商标，宏旗电器、武夷油脂等 12 家企业争创省著名商标，长风压缩机、鲁班木业等 8 家企业争创省名牌产品。

第六节　企业财务管理

1994年起，建阳市工业企业财务管理逐步将2级核算管理扩大到三级核算管理（厂部、车间、班组），把成本目标分解到企业的基层，开展“双增双节”（增产节约、增收节支）活动。企业财务部门对生产的产品进行各种风险预测，对生产产品的各道工序进行成本核算，对销售部门实行财务包干，严把成本关，降低产品成本。用活用好流动资金，确保企业资金的畅通。在财务管理方面，建立企业财务年审制度。1997年，继续加大股份合作制为重点的产权制度改革，23家改制企业中21家完成资产评估，18家完成了资产剥离工作。建阳市工业企业每年由会计律师事务所和企业财务主管部门组织会计审计人员对企业的财务收支计划、财务的各项收支进行审查。复核会计凭证和账表、审核原始凭证。审计结束后，会计律师事务所向被审计的企业提交审计报告。2000年，部分企业建立税务代理制。税务部门指导企业财会人员正确、合理缴纳企业应征税金，保证国家税收入库，减轻企业负担。2005—2010年，正兴轮胎有限公司、中竹纸业有限公司等更多规模工业企业采用现代化财务管理方法，在原料采购、产品销售中，应用网上银行进行财务决算。

第十三篇 商贸 旅游

第十三篇 商贸 旅游

1994—2010年，建阳市商业、供销、粮食、烟草等国有商贸企业，深化体制改革，进行了改组、改造，鼓励兼并，规范破产，推动企业联合和重组，转换企业经营机制等改革措施。同时，鼓励发展私营商贸企业，推动了商业、服务业和旅游事业的发展和繁荣。兴建1批上规模的超市、上档次的宾馆；同时，加强景点景区建设，优化对外交往和旅游业的软环境。商贸网点、销售额都创历史新高。

在对外经济活动中，采取“请进来”“走出去”、改善投资环境、出台优惠政策等措施引进外资。1996—2010年，引进外资年平均增长率达332%；外贸出口平均年增长率达158%。同10个国家和地区建立经济、科技和文化等多方面的合作关系。外商投资以及相伴的技术、设备和市场的引进，促进传统产业的改造，对外开放已从资源加工型、劳动密集型向农业综合开发、商业旅游、新区开发等多层次、全方位、宽阔领域发展。仅2010年就引进项目54项，注册资金共计14.98亿元，其中，生产型项目注册资金3亿元的1个，服务型企业注册1亿元的1个；出口值达到13718万美元。

第一章 商 业

第一节 商贸体制

一、国有商业

(一)体制改革

1993年开始，建阳国有商业企业制度改革不断深化。以国有商业企业为基础组建为股份制企业，京阳有限公司成立，将网点延伸到北京。1994年，建阳市国有商业企业按照“产权国有、资产租赁、风险抵押、库存自理、资金自筹、经营自主、盈亏自负、照章纳税”的方式，开展体制改革，形成职工自筹资金、自主经营、自负盈亏、自我发展、自我约束的经营机制。饮食服务公司牵头成立行业协会。1995年，鼓励个体、私营工商户租赁、承包国有企业。门点遵照“五自”（自筹资金、自主经营、自缴税收、自负盈亏、自主分配）和“五不变”（隶属关系不变、固定资产与流动资金不变、现行财会制度不变、各种表格上报制度不变、离退休人员工资与福利待遇不变）的原则运作。国有商业企业改革用工制度，全面推行劳动合同制。6月，市百货公司与福州百货批发总公司共同出资成立福州百货（集团）闽北有限责任公司。1996年，开始对经营困难企业实行停业整顿。4月，市商业贸易股份有限公司实行破产，组建建阳市华兴贸易中心。1996—1997年，五交化公司、糖酒副食品公司、蔬菜食杂公司、京阳贸易总公司和食品畜牧良种场先后停止集体经营，门店向社会租赁，职工下岗自谋职业。1997年10月，成立市百货总公司，下设宏利商场、百货公司、福州百货（集团）闽北有限责任公司。1999年9月，市百货公司停止集体经营，门店向社会租赁，职工下岗自谋职业。2000年，深化国有内贸企业改革，调整国有流通资本布局，加快企业产权制度改革和劳动关系改革。2001年3月，鼓励所有职工以置换身份为主与原单位解除劳动合同，并由企业一次性发给经济补偿金。2004 年 12 月，医药公司门店向社会租赁，职工下岗自谋职业。1998 年开始实施企业重组，10 月，冷冻厂并入食品公司。2008 年 6 月，京阳、百货、糖酒副食品、蔬菜食杂、五交化、食品畜牧良种场、医药等公司先后完成改制工作。2002 年 12 月，糖酒副食品、蔬菜食杂等 2 个公司改制后并入百货公司；五交化、食品畜牧良种场改制后并入饮食服务公司。设百货公司留守处、医药公司留守处。至 2010 年，仅有饮食服务公司、食品公司、华兴贸易中心等 3 个企业未实行企业整体改制。

（二）主要国有商业企业

1994 年，建阳市商业局下辖 1 个商业总公司（1992 年成立）、9 个企业。国有商业有商业贸易股份公司、百货、五交化、食品、饮食服务、糖酒副食品、蔬菜食杂、食品畜牧良种场、京阳、医药（直属县财政贸易委员会）等 10 个公司。商办工业有百货服装厂、食品肉制品加工厂、县调味品厂（食品畜牧良种场所属企业）、食品畜牧良种场竹制品厂、食品屠宰场、冷冻厂。商业系统职工 1800 人。2000 年 12 月，市财贸委员会直属 9 个商贸企业有员工 1197 人。2005 年 12 月，市经济贸易局直属 6 个商贸企业有员工 737 人。至 2010 年，经济贸易局直属商贸企业 4 个，在册员工 446 人，仅饮食服务公司、食品公司在正常运作。

建阳市食品公司　1993 年，建阳县食品公司有 7 个乡镇食品站、1 个食品屠宰场、1 个肉制品加工厂，职工 221 人，年销售总额 1426.60 万元。有条件的乡镇食品站建立养猪基地。1995 年 8 月，在童游吉阳路建设食品公司肉联厂，占地面积 0.70 公顷。1996 年 5 月，投资 40 万元收购桥南农贸市场部分摊位。1996 年 7 月，屠宰场投入使用，集屠宰、加工、批发为一体，日可屠宰 400 头生猪。2000 年 5 月、2010 年 3 月，屠宰场进行 2 次技术改造，全面推行机械化屠宰，完善污水处理系统。2000 年 6 月，新建占地 642 平方米的生猪批发中心开业。2000 年，全年销售总额 1957.60 万元。2005 年，全年销售总额 1985.30 万元。2006 年，市食品公司实行改革，41 人解除劳动关系。2010 年，在册职工 139 人，全年销售总额 3368.50 万元。

建阳市饮食服务公司　1993 年，建阳县饮食服务公司有 22 个门店，主要经营餐饮、住宿、摄影、理发、洗浴、信托等，营业面积达 7756 平方米，职工 211 人，年销售总额 170 万元。1994 年，公司对建阳饭店改容扩建，更名为“建阳大饭店”，面积从 2000 平方米增加至 7600 平方米。1995 年，营业面积达 7510 平方米，职工 158 人，年销售总额 232 万元。1998 年，公司开始经营房地产，开发中山路“服装城”。1999—2001 年，开发中山广场，总建筑面积 13872 平方米。2000 年，全年销售总额 1268 万元，购置厦门振兴大厦写字楼 228 平方米。2004—2005 年，开发“双福楼”，建筑面积 4810 平方米。2005 年，公司营业面积达 7696 平方米，全年销售总额 1168 万元。2007 年 11 月，成立“惠民房地产开发有限公司”，经市政府授权开发建设廉租房。2009 年，公司成立“福建省建阳市惠民物业管理有限公司”。2010 年，公司有门点 25 个、营业面积达 7806 平方米，集体经营企业有建阳大饭店、金达宾馆、金源酒店，全年销售总额 947 万元。

建阳市商业贸易总公司　1992 年，县商业局成立商业贸易总公司，京阳贸易公司、冷冻厂为总公司的直属企业。1993 年，总公司利用商业局办公院内 240 平方米房产进行商业网点改造，建立经济实体。7 月，在福州成立“福州市华雄贸易发展公司”，实行自主经营、自负盈亏，经营五金交电、化工建材、针纺织品、日用百货、家电、服装鞋帽等。1997 年 3 月，机构改革，撤销商业贸易总公司，借用人员回原单位，其他正式职工安置到商贸企业。

建阳市百货公司　1993 年，建阳县百货公司有 7 个门店，营业面积达 4360 平方米，职工 249 人，经营日用百货、布匹、小五金、家电、文化用品等 1.40 万个品种。全年销售总额 2220 万元。1995 年，职工 255 人，年销售总额 1461 万元。是年，与福州百货批发总公司共同创办“福建省福州百货批发总公司闽北有限公司”。1996 年，与上海利华公司共同创办利华建阳公司，开展连锁经营，拓展闽北各市县市场，同时，对企业采取划小核算单位，切块承包。1997 年 12 月，宏利商场营业面积达 3200 平方米，除部分柜台集体经营外，其他柜台向社会租赁。1999 年 9 月，百货公司停止集体经营，门店向社会租赁，职工下岗自谋职业。2001 年 12 月，完成改制，112 人解除劳动关系，65 人留守。2010 年，市百货公司与蔬菜食杂公司合并，实行2块牌子、1套人员，管理及留守人员共有146人，管理国有商业门店 26个、营业面积5220平方米，全部向社会租赁。

建阳市蔬菜食杂公司 1993年，县蔬菜食杂公司有8个门店、2个批发部，1个加工厂，营业面积达2200平方米，职工106人，年销售总额68万元。1995年1月，门店向社会租赁承包，职工下岗自谋职业。1997年12月，停业整顿。2002年12月，改制并入百货公司，48人解除劳动关系，26人留守。

建阳市糖酒副食品公司 1993年，糖酒副食品公司有7个门店，营业面积3100平方米，职工118人，年销售总额450万元。采取门店租赁承包方式经营。1995年1月，门店向社会租赁承包，职工下岗自谋职业。1997年12月，停业整顿。2002年12月，糖酒副食品公司并入百货公司，单位撤销，49人解除劳动关系，23人留守。

建阳市五交化公司 1993年，五交化公司有1个商场、1个批发部，营业面积3234.35平方米，职工128人，经营五金、化工、电工、家电等5大类75.40万个品种，年销售总额730万元。1996年1月，停止集体经营，门店向社会租赁，职工下岗自谋职业。2002年12月，五交化改制并入百货公司，原单位撤销，72人解除劳动关系，32人留守。

建阳市商业贸易股份有限公司（华兴贸易中心） 1993年，商业贸易股份公司有10个门店，营业面积515.66平方米，职工126人，经营百货、五金、交电、化工、家电、副食品，采取以职工为主体租赁门店承包经营。1996年10月，商业贸易股份公司破产，职工、部分资产划入重新组建的建阳市华兴贸易中心。至2010年，华兴贸易中心65人留守，累计43人解除劳动关系。

京阳贸易公司 1993年，京阳贸易公司有员工21人，以北京大兴窗口为依托，经营闽北农副产品、工业产品。京阳商行下属1个批发部、1个零售部。1997年，京阳贸易总公司停业整顿。1999年9月，京阳贸易总公司被吊销营业执照，停止营业。2000年12月，建阳市财贸委员会对京阳公司人员进行改制，解除劳动关系7人。

建阳市食品良种场 1993年，良种场有员工101人，占地面积39216平方米，建有猪舍8296平方米、鸡舍6栋8236平方米。下属企业有建阳调味品厂、食品畜牧良种场、竹制品厂，年销售总额199.70万元。1994年，与省环保企业合资创办强龙瓷业有限公司。1998年，获省经贸委列入副食品生产直控基地。2000年，有职工87人。2002年，食品良种场并入饮服公司，采取1套人员、2块牌子的管理模式。同时，进行整体改制，68人解除劳动关系，17人留守。2007年5月，注销食品良种场，资产并入饮食服务公司管理。

冷冻厂 1993年，冷冻厂停止经营1年，厂区占地面积3.70万平方米，建筑面积6400平方米，28名职工中22人自谋职业。1998年10月，由食品公司兼并，28名职工及资产并入食品公司。

建阳市医药公司 1993年，县医药公司有6个门店，营业面积达2845.22平方米，职工231人，年销售总额885万元。1999年1月，医药公司建成铁井栏医药大楼，1楼为营业大厅，2楼办公，总面积达1494.48平方米。同年6月，铁井栏药店开业。2000年，医药公司有8个门店，营业面积达3056.22平方米，销售总额1820万元。由于医药行业开放经营，公司经济效益锐减。2004年12月，公司门店向社会租赁，职工下岗自谋职业。2008年6月，完成改制，126人解除劳动关系，5人留守。

二、集体商业

1993年，全市集体批发机构7家，网点39个，从业人员265人，批发销售额5223万元；集体零售机构20个，网点223个，从业人员797人，零售额2359万元。1995—1997年，发展较平稳。1995年，集体批发机构11家，网点53个，从业人员410人；批发销售额9633万元，集体零售机构21个，网点161个，从业人员738人，零售额2420.50万元。1997年，集体批发零售机构33个，网点238个，从业人员1120人，批发零售总额14258万元。1998年开始，集体商业企业逐年萎缩，各主管部门对企业进行改制。至2001年，集体商业企业消失。

三、个体私营商业

1993年，全市个体批发商业194户，从业人员246人，批发销售额174万元；个体零售商业3693户，从业人员4686人，零售额 218万元。个体餐饮业930户，从业人员1595人。1995年，发展个体工商企业，在政策上予以扶持。全市个体批发商业429家，从业人员776人；个体零售商业4850家，从业人员6265人，商品批发与零售额457.70万元。社会消费品零售总额51725.50万元，其中，个体经济占32658万元。个体商业随着市场经济的激烈竞争，优胜劣汰。1997年，非公有制商业不断发展，至2000年底，全市个体商业网点3387户，个体工商户4797户（其中私营企业173户），新发展1120户（其中私营企业45户），从业人员9604人，社会消费品零售总额84488万元，其中个体经济56841万元。2000—2005年，全市商业网点日趋扩大，个体私营经济迅速崛起，成为商业贸易市场的主体。2005年，社会消费品零售总额116809万元，其中批发零售贸易业消费品零售总额103623.70万元。2008年，全市个体批发零售户7020户、从业人员15822人（其中，批发业613家，从业人员1588人、个体零售商6408家，从业人员14234人）。2010年，社会消费品零售总额达236126万元，其中批发与零售贸易业消费品零售总额201731.40万元。

若干年份建阳市股份制、私营、个体商贸经营情况表

表13-1-1　　　　单位：户、个、人、万元

年份	批发贸易业				零售业				餐饮业			
	法人机构数（户）	网点数（个）	员工数（人）	商品销售总额（万元）	法人机构数（户）	网点数（个）	员工数（人）	商品销售总额（万元）	法人机构数（户）	网点数（个）	员工数（人）	零售总额（万元）
1993年	184	194	246	174	—	3693	4686	218	930	930	1595	—
1994年	2	128	256	212	1	4613	5868	366	1	1266	2144	—
1995年	18	429	776	29.80	1	4850	6265	427.90	1	1376	2386	—
1996年	—	412	618	105	1	5333	7134	105	—	1480	2618	—
1997年	—	258	406	1083	—	3362	4884	29827	—	778	1576	6144
1998年	—	—	—	3348	—	—	—	28927	—	—	—	—
1999年	3	224	351	—	5	2933	4218	—	2	707	1593	7239
2000年	3	168	271	22202.20	7	2493	3541	—	2	726	2230	7266
2001年	10	158	—	—	23	2647	3823	—	1	761	2384	—
2008年	613	—	1588	—	6408	—	14234	—	1002	—	5079	—

第二节　市场与网点

一、市区农贸市场与商业网点

（一）市场与网点建设

1994年，开始加强市场体系的培育和发展，新建义乌小商品城闽北交易中心、童游农贸市场综合大楼等1批具有一定规模的市场，为市区个体私营商业发展提供有利的条件。义乌小商品城闽北交易中心占地面积2.70公顷，市场内有工业街、温州街、国合街、希望街，有商铺400个。

1995年，投资405万元建设商业网点，网点建筑面积共2674平方米，商业网点建设逐步向上规模、上档次方向发展。在人民路与中山路口建设百货综合大楼，占地1500平方米，建筑面积1万平方米。11月，

建阳市闽北购物有限责任公司成立，在中山路85号与民主北路45号的位置开办闽北购物中心，有13个店面，1个仓库，880.40平方米，经营百货、五金交电、土特产品等。1997年12月，宏利商场建成营业，营业面积达3200平方米。

1998—2004年，累计投入资金9027万元，相继建成北门商贸城一二期工程，中山广场，电力大厦，广电大厦，花园大酒店，中山路步行街一期工程等1批各具特色的城市建设开发项目的工程；朱熹大道、童游江滨大道、西入城口水泥路等城市道路改造建设完成，推进各类市场迅速成长，商业网点建设不断加快。累计新建市场3.80万平方米，新增商业网点8.70万平方米，基本形成以西街、水南、童游3个农贸市场为主，北门旧货市场、蔬菜批发市场、粮食批发市场、汽车贸易市场等专业交易市场为辅的市场网络布局。2004年，黄花山路二期、三期改造建设及2005年火车站至海螺水泥公司、嘉禾路新华新村至二监路口段路面改造，加快周边商贸网点的建设；鹏宇佳苑、财富广场等房地产开发加快童游、桥南片区商业网点建设。2007年，童游宋慈路、东桥东路道路拓宽改造、朱熹大道、崇阳北路拓宽改造。2009年，嘉禾路改造，扩展商业网点。桥南京都大厦建成，引进永辉超市入驻。2010年，建阳打造商贸中心城市，胜德大酒店通过四星级酒店评审，集大型商场、超市、酒店、影院等功能于一体的金茂广场、御景湾五星级酒店相继开工建设，汽车城、建材城等商贸项目也在推进实施中。义乌街以商铺为基本单元，批零兼售。

（二）主要农贸市场

1993年，有西街农贸市场、童游农贸市场、桥南农贸市场，还有水东村部（工业路）附近简易市场、黄花山简易市场。1998年，火车站前金桥农贸市场建成营业。2000年，建成童游综合市场。2003年，建成水南农贸市场。2007年，建成阳光市场。至2010年，市区共有西街农贸市场、童游农贸市场、童游综合市场、桥南农贸市场、水南农贸市场、金桥农贸市场、阳光农贸市场等7个固定农贸市场及黄花山农贸市场、水东村农贸市场2个简易农贸市场。

西街农贸市场　1993年，市区有西街农贸市场，经营面积1800平方米，有摊位200个、店面25个。2005年，改造后设施更为完善。2007年，私人投资，在西街农贸市场西侧建设“阳光市场”，经营面积1900 平方米，有摊位126余个、店面10个。

童游农贸市场　1993年前，建童游农贸市场。2007年，对童游中心农贸市场改造后更名为“童游农产品交易市场”，占地3000平方米，有摊位130个、店面16个，市场年销售额达亿元。同年，开辟2楼引进“双好购物广场”，营业面积3000平方米。

童游综合市场　2000年，市食品公司租赁市供销社的童游供销大楼场地，投资开办市食品公司童游综合市场，经营面积1800平方米。2010年，由市定点屠宰办公室接管并引进“华榕超市”，超市经营面积为1230平方米。

桥南农贸市场　1993年前，有简易的桥南农贸市场。1996年，新建桥南农贸市场，有摊位120个、店面22个，其中，69个摊位属食品公司所有，其他摊位及店面为私人所有。

水南农贸市场　2003年10月，桥南农贸市场管理方租赁南平林业局建设的市场，开办水南农贸市场，经营面积800平方米，其中，店面40个。2008年，进行扩容改造，经营面积达1300平方米，其中店面32个。

（三）商业网点

专卖店　1993年后，市区专卖商场逐年增多。至2010年，全市有金银玉器专卖店（含打金店），通信（手机）店，自行车、电动车、摩托车行，家具专卖店，电器、服装等专营店各若干家。市区金银玉器、通信（手机）专卖主要在人民路及狮子巷、中山路、新西街及官武巷。人民路、中山路、新西街、中山广场、财富广场成为主营精品服装、鞋帽、化妆品、食品、电器的商业街。水南胜德古街为古玩等专卖市场。桥南财富广场有国美电器进驻。东桥东路（吉阳大道）主营电动车、摩托车的店面居多。崇阳北路（交战路）、朱熹大道旁主营汽车销售及售后服务的店面居多。家装、建材、水暖洁具、卫浴、灯饰等专卖店以嘉禾大道、宋慈路、民主北路居多。家具专卖店主要分布在崇阳北路（交战路）、嘉禾大道、民主北路。家纺专卖主要在中山路、民主北路。步行街附近及中山路有德克士、沙拉斯、韩美基、艳轩、体育频道、文龙飞、好客来等中、西式快餐。2010 年，一些专卖店还将连锁店开到乡镇。

批发市场 1993 年，城关村建设的北门批发部（在民主北路旁）经营户 40 家，主要经营副食品、小百货。2001 年拆迁。1994 年，潭山公园以北店面建成，入驻商户主要经营鞋袜、针纺织品。1995—1996 年，潭城镇下属的潭厦开发公司、城关村先后在民主北路（原南武路）旁开发建设 5 幢商用 2 层楼房，至 1997 年，建成北门批发市场，主要经营副食品、百货、土特产品等。1996 年 5 月，童游桥头综合大楼底层作为蔬菜批发市场开业，营业面积 800 平方米。因营业面积太小，存在占道经营现象。1997 年 9 月，城区墟日全部进入北门批发市场内经营。1997 年 11 月，建立北门水果批发市场；市蔬菜批发市场设在城区北门南武路旁，占地 2 公顷，钢架大棚面积 7500 平方米，日交易品种 30 个左右，交易量 30 吨以上；新增扩钢架大棚面积 7500 平方米及附近两旁的店面，墟市用于批发食用菌、土特产，批发各类食用菌、土特产，成为闽北食用菌、土特产主要集散地之一。1998 年，潭厦开发公司投资建成“果业批发市场”，占地 2300 平方米，建筑面积 2300 平方米，长年经营户 20 家，年批发各类水果以万吨计。2000 年，城关村开发建设“北门商贸中心”，共 8 幢楼房。2001 年，城关村北门批发部拆迁。2008 年，市政府拨出位于东桥东路的 0.70 公顷地块，由水南农贸市场管理方负责投资建设蔬菜（农副产品）交易市场，可容纳 80 余家批发商户经营。至 2010 年，北门批发市场主要经营副食品、百货、粮油、食用菌、土特产、文化用品、建材等。市区童游农贸市场、北门批发市场成为亿元市场。

零售网点 1993 年，市区人民路、中山路、西街、民主路、黄花山路为市民主要购物街道。市区零售网点 911 个，从业人员 1790 人，零售额 13944 万元。1994 年，义乌街批零兼售，经营品种主要有服装、布匹、鞋帽、饰品、钟表、床上用品、眼镜、小五金、美容美发用品等。1995 年，市区零售额 20494.20 万元。1997 年，市区有“宏利商场”“桥南百货商场”“佳惠”等大型购物中心（超市）4 家。1999 年，新增“老百姓”超市。2000 年，市区零售额 41187 万元。2001 年后，新增“ 新百姓”超市、“双好”超市、“好邻居”超市、“中兴商场”“正大电器”“昌盛百货”“三福百货”“旺福百货”“福美百货”等购物商场。2003 年，市区零售额 51953.70 万元。之后未统计市区零售额。2005 年，较大型百货超市有 6 家。2010 年，又增“国美电器”“山海土特产”“华榕超市”等较大型百货超市，全市大型超市有 7 家，中小百货商店 3900 家。

二、农村集贸市场与商业网点

（一）墟场

1994—2010 年，建阳市 13 个乡（镇）设有 24 个墟市点，每隔 5 天为 1 个墟日。每场集市贸易人流量千余人不等，主要经营农副产品及日用品，日交易额在万元以上。市区保留农历逢四、九为墟日的习惯，墟场以北门批发市场及附近为主，日交易额均在数万元以上。

（二）乡镇农贸市场

1993 年，全市乡镇农贸市场 33 个（其中，永久 9 个、简易 8 个、占道 16 个），占地 34145 平方米，建筑面积 3.36 万平方米，年成交量 6439 万元。1995 年，乡镇农贸市场 36 个（其中，永久 11 个、简易 9 个、占道 16 个），年成交量 1.89 亿元。2005 年，建阳市推进“万村千乡市场工程”建设，加大农贸市场改造力度，全市有乡镇农贸市场 37 个（其中，永久 21 个、简易 10 个、占道 6 个），年成交量 3.17 亿元。2010 年，全市有乡镇农贸市场 38 个（其中，永久 26 个、简易 11 个、占道 1 个），年成交量 3.91 亿元。

（三）商业网点

1994 年，农村商业网点，以供销社经营的门店为主，个人经营的门店分散、品种较少。2003 年开始，市供销社通过多种形式，改造传统经营网络，2005 年，麻沙供销社利用原有 600 平方米商场引进福州“双好”超市，书坊、回龙、漳墩供销社先后分别利用原门点或农贸市场引进建设日用消费品连锁超市。2008年、2009年、2010年供销社部门生活消费品零售总额分别为 7723万元、 9100万元、1.05亿元。2010年，培育发展“漳墩供销社 1+1 日用品配送中心”。同时，乡镇、村结合小城镇建设、美丽乡村建设，更加注重商业网点、街区建设，个体商业经营活跃。中心乡镇集建设培育1批文化休闲、娱乐、购物为一体的街区。

第三节　商品购销

一、食品

（一）蔬菜

1993年，建阳全年种植蔬菜5675公顷，年产蔬菜87914吨。市蔬菜公司有2个蔬菜批发部、7个蔬菜零售门店、1个蔬菜加工厂，经营面积2200平方米。零售门店分布于主要居民区域，由职工承包经营。各农贸市场也有菜农、个体户销售。春、秋淡季和节假日蔬菜公司收购部分白菜、萝卜等大众菜，调节市场。1995年，全市种植蔬菜7201公顷，产量13.40万吨。1995年1月，蔬菜公司所有门店向社会租赁承包，蔬菜价格完全转为市场调节。同年，建阳市实行“菜篮子工程”市长负责制，商业局设立“菜篮子办公室”，财政贸易委员会设立“基地办”。把潭城、童游、麻沙3个镇6个村82公顷蔬菜列入一线蔬菜基地保护范围。开征副食品价格调节基金，兑现副食品供应补贴和价外补贴款，有效平抑物价。2000年，省级蔬菜直控基地有城关村36公顷、赤岸村80公顷、严墩村39公顷。乡（镇）政府及农业部门指导科技兴菜，引进新品种，推广大棚种植，种植反季节蔬菜。2000年，种植蔬菜8804公顷，产量17.24万吨。2005年，种植蔬菜1.02万公顷，产量17.55万吨。2010年，种植蔬菜1.10万公顷，产量20.52万吨。上市蔬菜除本地产外，还从外地调进，市场供应充足。同年，政府鼓励村民种植蔬菜，推广葡萄地套种蔬菜等方法增加蔬菜的上市，水吉“兄弟食品”等加工企业采取公司加农户的模式带动村民种植蔬菜。

（二）肉食品　禽蛋　水产品

1993年，全市肉食品、禽蛋、水产品等供应主要由市场调节，以个体经营为主。全市生猪出栏7.64万头，年末生猪存栏9.89万头；出栏家禽91.68万只，鲜蛋5112吨；水产品养殖674公顷，水产品产量2258吨。1995年，全市生猪出栏9.18万头，年末生猪存栏9.68万头；上市家禽137.82万只，鲜蛋8409吨；水产品养殖901公顷，水产品产量4623吨。1995年，整顿肉食品市场秩序，食品公司对城区3大农贸市场肉价实行挂牌指导。2000年，全市生猪出栏11.32万头，年末生猪存栏10.71万头；上市家禽289.84万只，鲜蛋1.42万吨。2005年，全市生猪出栏16.92万头，年末生猪存栏15.93万头；上市家禽440.84万只，鲜蛋1.66万吨；水产品养殖119公顷，水产品产量1.14万吨。2010年，全市生猪出栏8.51万头，年末生猪存栏11.47万头；上市家禽208.48万只，鲜蛋1.25万吨；水产品养殖64公顷，水产品产量8194吨。市食品公司、食品良种场发挥国有基地场的作用。1995年，食品良种场年饲养母猪300头，提供仔猪1万头；蛋鸡5000只、肉鸡1.30万只；肉鸭1300只、蛋1.50万公斤。市食品公司在食品站养猪的同时，采取公司加农户方式发展养猪业，同年，饲养生猪3.11万头，出栏2.61万头。1996年，全市13个乡镇有11个实行生猪定点屠宰。生猪定点屠宰场由市食品公司负责统一经营、管理，农业部门负责对生猪检验、检疫，肉品销售进入市场。同年7月，实现半机械化屠宰，此后管理更加规范。2010年，生猪定点屠宰场再次升级改造，城区定点屠宰率100%，牛、羊定点屠宰率100%。政府鼓励村民发展养殖。2010年，清旺畜牧场、信勇畜牧场、恒大猪场等3家规模养殖场评为无公害生猪基地，年出栏生猪5.30万头。

（三）糖酒　饮品

1993年1月，糖酒副食品公司停止集体经营，门店向社会租赁。糖、酒、饮品全部由个私经营。1995年12月，成立“建阳市食糖批发中心”，负责全市食糖批发业务。至2010年，全市糖、酒、饮品种类繁多，市场上主要销售古井贡、四特、五粮醇、金六福、郎酒及建阳市产“武夷王”“武夷特曲”“武夷米烧”“古汉城”“云谷窖”“武夷留香”“考亭仙露”等品牌酒。市场也有五粮液和茅台等品牌的名贵白酒。葡萄酒以长城、张裕等品牌为主；啤酒以雪津、惠泉、金威、青岛及当地百惠、百益等品牌为主。饮品有可乐、雪碧、鲜橙多、椰汁、矿泉水等。奶制品主要有长富、蒙牛、伊利、光明等品牌。糖、酒、饮品批发主要在北门批发市场及品牌专卖店。

（四）食盐

1993 年，食盐由福建省盐业公司邵武分公司委托建阳县海产调味品公司转代批，实行加碘袋装供应市场。1998 年 1 月，食盐由福建省盐业公司南平分公司委托建阳市海产调味品公司转代批。2001 年 3 月，福建省盐业公司南平分公司建阳支公司成立，7 月营业。至此，2 家公司共同开展食盐批发业务。2005 年，批发小包装碘盐 1422 吨，食品加工用盐 1525 吨。2010 年，批发小包装碘盐 1406 吨，食品加工用盐 9706 吨。

二、工业日用品

（一）日用百货　1993 年，日用百货业务主要由市百货公司、供销社及民营商店经营，实行市场自由购销与调节。百货公司有 5 个商场、2 个百货批发部，经营面积达 4360 平方米，日用百货种类主要有鞋帽、化妆品、玩具、家居礼品等，年销售总额达 740 万元。1997 年 12 月，百货公司位于人民路与中山路交叉路口繁华地段的宏利商场建成开业，经营面积达 3200 平方米，实行部分柜台集体经营，部分柜台承包给个人经营。1999 年 7 月，百货公司经营的门店向社会租赁。1999 年 10 月，桥南商场租赁给私营企业开办“新百姓超市”。2003 年 5 月，宏利商场租赁给个人开办“百姓超市”，国有百货企业完全退出流通领域。2000 年，市区有较大型百货超市 4 家。2005 年，较大形百货超市有 6 家。2010 年，较大型百货超市有 7 家；中小百货商店 3900 家。

（二）纺织品　1993 年，纺织品主要由百货公司、综合公司、供销社经营，经营种类有布匹、针纺织品、成品衣裤、棉被、蚊帐等。纺织工业公司除经营纺织工业原材料外兼营针纺织品、成品衣裤。1995 年，桥南义乌市场建成开业后私营布匹、针纺织品剧增。随着成品服装的增多，布匹经营逐年减少。从 1999 年开始纺织品完全由个体经营。

（三）文化用品　1993 年，百货公司设文化用品专柜，以经营纸张、学生作业本、笔、电子计算器等为主；新华书店也有设文化用品专柜。1999 年 7 月，百货公司退出市场后，文化用品全部由个体经营。2010 年，全市有文化用品批发店 12 家，主要集中在北门批发市场。超市设文化用品柜，学校附近的零售、便利店也有兼营，零售店分布零散，约有百余家。

（四）家电 五金 化工品　1993 年，家电、五金、化工由五交化公司和百货公司经营为主，县钟表家电经销公司也有从事经营与修理。1995 年，家电类空调、微波炉、热水器开始大量供应市场。五金化工类商品主要集中在民主北路销售。2000 年，电脑与家电分开经营。2005 年以后，全市有数十家电脑销售专营店。家电及电脑等经营主要分布在中山路、人民路、民主路、宋慈路附近。自行车、摩托车专营店主要集中在东桥东路（吉阳大道）销售。2010 年，城区经营家电、五金、化工品商店有 700 家。

三、燃料

1993 年，建阳市燃料公司向城区家庭、餐饮业、企业供应蜂窝煤、无烟煤、焦炭、液化气。同时，建阳市液化气供应公司也向市场销售液化气。1994 年 1 月，燃料公司因缺乏储配设施，业务并入市液化气供应公司。1995 年，建阳市有液化气供应公司、潭祥液化气有限公司 2 家，用气登记户为 8018 户，每瓶售价 35—55 元。1998 年，天泉液化气公司成立。2001 年，液化气售价每瓶 51—56 元。2003 年，建阳市燃化储运有限公司成立运营。2004 年，液化气售价每瓶 62—70 元。2010 年，液化气销售企业有建阳市华成液化气供应有限公司、建阳市天泉液化气有限公司、建阳市燃化储运有限公司共 3 家。2010 年 5 月开始，液化气售价由市场调节，售价每瓶 102—110 元。

第四节 机 构

一、建阳市商业局（财政贸易委员会）

1994 年，市商业局内设办公室、劳工教育科、财务科、企业管理科。下辖商业总公司及商业贸易股份公司、百货、五交化、食品、饮食服务、糖酒副食品、蔬菜食杂、食品畜牧良种场、京阳等 9 个国有专业公司。1997 年 3 月，机构改革撤销市商业局，其行政职能移交给市财政贸易委员会。

二、建阳市财政贸易委员会

1997 年 8 月，市财政贸易委员会更名建阳市财贸委员会，内设办公室、市场流通科、行业管理科、企业管理科、财计金融科。市财政贸易委员会从原仅下辖医药公司增加到下辖 10 个国有专业公司。10 月，成立百货总公司，隶属市财贸委员会管理，总公司下设百货公司、宏利商厦、福州百货（集团）闽北有限责任公司等 3 个分公司。2001 年，市工商行政管理局与所办市场脱钩。市政府成立建阳市市场服务中心。主要负责童游农产品交易市场、西街农贸市场的管理。市场服务中心委托市财贸委员会归口管理。定点屠宰执法队伍从食品公司分离，成立建阳市牲畜定点屠宰办公室，由市场服务中心统一管理。至 2002 年 2 月，建阳市财贸委员会机构不变，有 9 个直属商贸企业。

三、建阳市经济贸易局

2002 年 3 月，市财贸委员会与经济委员会合并组建为建阳市经济贸易局，内设 8 个职能股（室）：办公室、经济运行股、技术进步协作股（山海协作办）、电力股、企业股、贸管股、商品流通股、党委办。行政编制 20 名、事业编制 2 名。2005 年，乡镇企业管理职能划入建阳市经济贸易局，加挂建阳市乡镇企业局牌子。行政编制 22 名、事业编制 2 名。下属有 6 个直属商贸企业。2008 年，建阳市经济贸易局内设：办公室、党委办、企业股（人教股）、经济运行股、乡镇企业股、工业发展促进股、资源电力股、山海协作办、商贸流通股（市流通助理办）、市场管理股（食品安全办、基地办）等 10 个职能股（室）。至 2010 年，机构不变。下属有 4 个直属商贸企业，仅饮食服务公司、食品公司在正常运作。

第二章 供销合作

第一节 体制改革

一、基层社承包经营责任制改革

1994—1995 年，建阳市供销合作联社（简称“市联社”）在部分基层社和门点实行“责任制、大包干、联销计酬计奖、租赁制”为主要形式的经营承包责任制。1996 年，麻沙供销社综合商场推广股份合作制新路子。之后，逐步改集镇综合商场承包经营为集体责任制经营。1999年，随着城乡市场的全面放开，各种承包经营责任制缺陷凸显，市联社在系统内实行“两联”销售，即在批发和大宗商品的经营上实行联购分销和分购联销模式，对零售门店实行交管理费独立经营模式。

二、企业体制改革

1996年开始，逐步改革供销社企业负责人的行政任命制，由企业出资者择优选举或招聘负责人，实行资本经营负责制，实行行政领导竞聘上岗。在条件成熟的10个直属企业中推行“三制”（企业法人聘任制、经理报酬年薪制、经营目标责任制），企业当年减亏明显，实现扭亏为盈；在基层社推行聘任制、领导负责制、差额选举制相结合，形成竞争上岗、能上能下的用人机制。

1997年，市联社实行领导离任审计制，逐步实行企业领导规范化程序化管理，企业中、上层领导实行聘任制的企业达65%，职工全面实行合同制；市联社所属的竹材人造板厂和储运公司实行股份合作制试点；土产日杂公司将日用杂品单独划分，成立日用杂品批发中心，实现减亏3万元；从储运公司抽调人员创办建阳市旧货交易商行，实现税利2.60万元；对效益差、扭亏无望的土产日杂公司、供销贸易中心、果品水产公司、竹胶板厂进行停业整顿。

1998年1月20日，成立建阳市供销社企业深化改革领导小组。选定土产日杂公司作为试点，实行“一停、二买、三带资、四股份、五管理”的改革（即在干部职工中实行停职离岗休息；鼓励干部职工以身份置换资产，1次性买断固定工身份；鼓励职工带资承包或带资自谋职业；重新组建建阳日杂股份公司，实行股份制管理）。全市供销系统中、上层行政领导全面实行聘任制。市联社下属基层社12个，直属企业12个，全系统共减员34人。

1999年，进一步深化和完善企业改革，实行“一企一策、因企施策、分类指导”改革措施，实施拍卖、出售、租赁、兼并、代管等形式，促进企业资产重组，以存量盘活增量，提高企业竞争力。1999年底，全系统净资产1927.67万元，供销系统直属企业26个，共减员157人。

2000年，全市基层供销社按照“社企分开，所有权与经营权分离”的原则，实行“开放办社”，12个基层社按照做好服务“三农”和参与农业产业化经营工作的任务要求进行全面改革。要求基层社紧紧围绕农业产业化经营这条主线，从单一的一买一卖中解脱出来，开展综合经营，搞好综合服务，成为农村综合性服务中心，重点抓好“一场、一院、一站、一店建设”（综合商场、庄稼医院、农产品采购站、经营服务网点），扩大经营，增强服务功能，加强完善农村综合服务体系建设。同年，市联社回收公司与市物资局再生利用公司共同组建建阳市物资利用有限公司，主营报废汽车回收和废旧物品回收业务；对农资公司进行改制，市联社占20%股份，农资公司职工占80%，共同组建建阳市兴隆农业生产资料股份有限公司，主要负责全市化肥的储备和供应；盐业公司、日杂批发中心合并改组为日杂海产品有限责任公司（经营鞭炮、盐业等专营产品）；除供销房地产开发公司、华家山竹木采育场暂保留原企业体制外，其余直属公司予以解体。供销房地产开发公司、华家山竹木采育场重点改革人事制度，对原有干部职工进行全员置换身份，与企业解除劳动关系，所需人员与企业签订劳动合同，建立新的劳动关系。

2001年，按照“三个有利于”标准、“一企一策”的原则，加大对供商企业的体制改革力度。供销社系统应改制企业资产总额5026.57万元，实际净资产为1603.74万元，应改制离退休职工722人。5月24日，市联社成立“建阳市供销社离退休人员管理中心”和“社有资产管理中心”，对改制后留守、退休人员和社有资产进行统一管理。至2002年底，先后对供销商贸中心、储运公司进行全员安置改革，解除劳动关系，全系统共减员755人。

2003年7月，市联社按照“组建中心社、兼并弱小社、培育骨干社”的思路，对12个基层社，按经济区域分东、中、西片，分别组建水吉、城关、麻沙3个中心社，其他乡镇供销社为分社。中心社聘用4人，分社聘用2人，主要负责改制后社有资产的营运和离退休人员的管理和服务，财物由中心社统一管理，分户核算。8月，市政府成立供销社企业改革工作指导小组。10月，市联社按照“分步骤，分阶段，因企制宜，逐步推进”的原则，对供销系统企业进行大规模的人事制度和体制改革。直属企业按照现代企业制度的要求，以产权制度改革为核心，通过拍卖、重组、合并等形式，关闭、撤销、出让5个（其中撤销盐业公司，人财物并入果品水产公司；撤销储运公司，人、财、物并入农资公司；撤销竹材人造板厂，人、财、物并入竹柴炭公司；撤销贸易中心，人、财、物并入土产日杂公司，出让供销房产公司），保留7个实行合署办公（保留果品水产公司、土产日杂公司、竹柴炭公司、农资公司、回收公司、建阳市供销社驻邵武办事处等牌子），各保留公司聘任1位经理负总责，财务执行1支笔，财务分户核算。当年，全市供销系统企业职工解除劳动关系313人。

2004年，华家山竹木采育场进行改革，全员置换身份，并一次性补偿，解除劳动关系，愿意返聘的签订返聘劳动合同。日用杂品批发中心实行责任制承包经营。至2005年底，建阳市供销系统在职职工171人，离退休人员691人。供销社改革基本完成，全供销系统解除劳动关系人员1034人，共支付经济补偿金1551万元，基本偿还债务，还清各种欠款1640万元，交付退休人员医疗保险费用500万元，妥善安置职工。

第二节　农业生产资料经营

1994年，建阳市联社农资公司和基层社主要负责全市农资商品（化肥、农药、农膜）组织、调运、储备、销售工作，实行“五统一”（统一计划、统一进货、统一调拨、统一定价、统一供应）经营，做到“五不准”（不准个人承包经营、不准转手倒卖、不准哄抬物价、不准转让营业执照、不准制售假冒伪劣农资产品），发挥市基联合、全省联网、连锁经营的优势，保持农资价格相对稳定和农业生产需要。全年供应各种化肥47414吨，农药568.30吨，农膜70.20吨，销售总值4353万元，实现利税86.95万元。开创历来供肥量最足，销售总值最大，化肥平均售价全区最低，创利税最高的成绩。

1996—1997年，市联社建立健全化肥、农药、农膜储备制度，全市农资供肥（药）点138个；恢复发展“庄稼医院”“植物诊所”，全市庄稼医院和基层植物诊所13个。指导农民科学用肥和合理用药，恢复墙报、电视讲座宣传农资使用技术，联系种粮大户，开展测土配方施肥，对症植保联防等技物结合、科技咨询服务等工作，提高农资供应中的科技服务含量。巩固和发展县乡村三级农资咨询服务网络，构建农业社会化服务体系。连续2年取得南平地区化肥销售第二名。

1998年8月，国务院取消国产化肥指令性生产计划和统配收购计划，由化肥生产和经营企业自主进行购销活动。市联社农资公司树立“四个观念”（市场经济观念、市场竞争观念、联合合作观念、服务取胜观念），适应市场竞争，转变经营方式。继续坚持“保量稳价”的原则，走县基联合、县乡联合、厂商联合的路子，开展以“庄稼医院”为重点的农资系列化服务，提高服务，巩固占领农资市场。成立建阳市农业生产资料公司水吉、漳墩、回龙、黄坑等4个经营部直管化肥营销，销售点达139个，全年完成化肥供应32809吨，农药374吨。

1999年，建阳市化肥继续由供销社农资部门经营，供销社在农资经营中的主渠道地位不变。市联社进行内部农资经营机构改革，采取停薪留职、企业内退、定编上岗等形式，分流富余人员27人；实行农药经营承包责任制，加强化肥经营，在各基层社设立农资经营部，签订“化肥等农资商品联合经营协议书”，由市农资公司统一经营管理，实现农资供应总量、份额、效益“三增长”，市场、价格、供应“三稳定”，政府、部门、农民“三满意”。全市供销系统完成农药销售400万元，市场占有份额由原来的45%上升到70%；销售各种化肥34164吨，销售总额3396万元，实现利润2.10万元。

2000年后，随着农资市场逐步放开，供销社对农资市场的调控、监管职能减弱，供销系统的农资专营公司也改制成为股份制企业。2001年10月1日，建阳市农业资料公司歇业改制。11月，由市联社控股，7名企业员工出资参股，组建建阳市兴隆农业生产资料股份有限公司，承担原农资公司的经营业务。

职工全员置换身份，与企业解除劳动关系，销售化肥2.13万吨，农药197.60吨，农膜15.70吨。2002年，全市供销系统设立5个化肥批发中心和86个销售网点，销售化肥2.16万吨，金额1710万元，市场占有率达80%以上。2003年，建阳市兴隆农业生产资料股份有限公司重组，增加股金，市联社入股20万元，占股份20%，公司设立配送中心7个，直接经销点56个，申请获批加入省“龙得宝”农资连锁经营县级配送中心网络。2003年，销售化肥2.66万吨，销售额1812万元。2004年，销售化肥3.90万吨，以建阳市兴隆农资有限公司为依托，扩建建阳市农资配送中心，主营化肥，兼营农药、农膜、中小农具及庄稼医院，开展信息服务等，开设13个配送分中心，13个农资超市，190个连锁店，建仓库9座，13个信息网络系统，庄稼医院、农业咨询为一体的综合服务站。2005年，市联社联合市经贸局推进“万村千乡市场工程”建设，建立县（市）级农资配送中心1个，乡（镇）级农资配送分店4个，累计建设农家店130个。同9月，市联社确定建阳市兴隆农资有限公司为建阳市化肥冬储企业。2006—2010年，全市供销系统开展放心农资下乡、农资科技示范推广、测土配方施肥等服务项目，拓宽连锁网点的覆盖面，提高配送率，建立完善农业社会服务体系。整合农资网点网络资源，打造农家店、加盟店和3个中心社农资超市、庄稼医院、信息中心（站）“三位一体”的为农服务窗口。到年底，全市整合改造、建设农资连锁配送中心1个，“龙得宝”农资超市4个，乡镇农资配送分店8个，4个农资超市，农资连锁经营网点154个，经营管理、专业技术和营销人员156人。形成以兴隆农资有限公司为龙头，基层社为依托，服务站和农资放心店为窗口的三级农资经营服务网络体系。2006—2010年，农业生产资料销售总额分别为4359万元、4430万元、4600万元、6681万元、6851万元。

第三节　生活资料经营

一、日用消费品

1994年6月6日，成立建阳县供销社经济发展总公司，主要经营百货和五交化等日用生活消费品批发，实行联办联营、合作承包的经营形式。向生产厂家和大型国营商业专业公司购进货品，再批给基层社，通过门市部专柜供应给农民。有的基层社分类设立批发部或综合批发部，由批发部统一组织进货，再调拨给零售部门或由代销店销售给农民。1995年2月起，生活消费品全面放开经营，建阳市供销社经济发展总公司初步形成经营竹制品、饲料、鲜果、家具、调味品等5大类骨干商品格局，但经济效益逐年下降。同年，市联社土产日杂公司销售总额97.51万元，收支对抵亏损30.90万元。

1996年8月，市联社将日用杂品经营从土产日杂公司中划出，成立建阳市日用杂品批发中心，主营日用杂品、烟花爆竹、棉麻及产品，兼营农副产品、生漆、建材、百货、五金交电等。通过转换经营方式，开展商品总代理、总经销和联购分销、连锁经营等业务。1997年，建阳市土产日杂公司销售总额25.38万元，收支对抵亏损20.36万元，收不敷出，停业整顿。

21世纪初，建阳市供销社经营生活资料的方式，主要是利用网点，在城区或中心集镇引进外资兴办大型超市，在人口较多的自然村创办农村综合服务社，为农民生产生活提供便捷服务。2003年始，市联社以供销社综合商场、生活消费品龙头企业为依托，以超市便利店、专卖店、村级综合服务站等为基础，开展连锁经营，物流配送，创新改造流通方式和经营业态，改造传统经营网络，构筑生活消费品经营服务网络。12月18日，投资700万元，利用童游商贸中心大楼一二层1000平方米楼房改建的建阳市供销社佳惠超市正式开业。2005年5月，麻沙供销社利用原有600平方米商场引进福州双好超市，总投资约100万元，建立“双好”超市麻沙分店，成为建阳市乡镇中规模最大的超市。书坊、回龙、漳墩供销社也先后分别利用原门点或农贸市场引进建设日用消费品连锁超市，莒口引进一家医药超市。2010年，改造建设农产品批发交易市场1个，成立“建阳市金虎农产品批发市场有限公司”，占地3.30公顷，批发市场内有8个店面、87个摊位，年交易量达6000万元。培育发展“漳墩供销社1+1日用品配送中心”，主营近2000种副食品、生活日用品等，辐射全镇24个行政村，62家个体户，并对全镇10个行政村地理位置好、经营规模较大、效益好的10家个体户组成连锁经营网络，实行定点配送，进一步促使供销社真正成为农村综合性服务的中心，农村社会化服务体系的骨干力量，促进农村流通现代化。2008年、2009年、2010年，全市供销系统生活消费品零售总额分别为7723万元、9100万元、1.05亿元。

二、农村图书发行

1995年，各基层社配合市新华书店开展“送书下乡”和“万村书库”工程活动。1995—2001年，建阳市12个基层供销社都设立图书门市部，同时，还采用走乡串村、赶集、摆摊等多种形式为新华书店在农村代销一般图书和中小学课本及辅导读物，是农村图书发行的主要力量。在农村图书发行中，供销社坚持向新华书店1条渠道进货，对一般图书进货做到“提倡健康的、抵制有害的、杜绝黄色的”。同时，做好年货（挂历、撕历、台历、年画等）的发行工作。2002年始，农村中小学课本及辅导读物发行统一由教育部门负责，一般图书由代销改为经销。各基层社图书门市部因无课本经营权而逐步停业。

三、烟花爆竹

1996年，建阳市以日用杂品公司为龙头，以基层社、购销站、代销点为依托，开展联购分销，开拓农村烟花爆竹市场，销售额达68万元。1999—2001年，全市供销系统烟花爆竹销售分别为22.80万元、50万元、60万元。2002—2005年，市联社按照现代企业制度，改造日用杂品批发中心，建立连锁店84家，构建统一管理、安全高效的烟花爆竹安全经营网络。2006年，组建建阳市烟花爆竹生产经营行业协会，改造烟花爆竹连锁经营网点15个。2007年，全市供销系统烟花爆竹固定零售点115个，烟花爆竹销售总额突破150万元。2008年8月11日，建阳市日用杂品批发中心联合烟花爆竹零售网点成立建阳市烟花爆竹流通行业管理协会，同年，投入20万元进行经营场所和仓储设施改造维修，通过北京安全技术中心评估，获得了“烟花爆竹经营（批发）许可证”。2010年，供销社烟花爆竹连锁经营网点84家。2008—2010年，销售总额达300万元、315万元、320万元。

第四节　废旧物资收购

1995年10月25日，建阳市物资回收公司收回经营报废企业业务，商品销售2.88万元，营业外收入5.46万元，亏损5.20万元。随着社会主义市场经济的发展，各类商品价格放开、市场开放和企业改革等错综复杂原因，建阳市物资回收公司一直处于亏损状态。2000年4月，经市政府批复同意，市联社回收公司与市物资局再生利用公司共同组建建阳市物资回收利用有限公司，各占50%股份，主营报废汽车、废旧纸、塑料、设备回收和旧货交易，兼营废旧物资串换的相关产品等业务。2000—2002年，完成购销废钢铁919吨、1014吨、635.50吨，废“三类”（按其化学性质可分为有机废物和无机废物；按其危险状况可分为有害废物和一般废物；按其形状可分为固体的和泥状）物资购销355.50吨、279.50吨、340吨，废有色金属购销351吨、575吨、827吨，报废汽车16辆、25辆、59辆，实现销售350万元、190万元、352万元，实现三年无亏损。

2003年9月8日，市联社牵头成立建阳市再生资源行业协会，吸纳全市回收行业经营户入会，加强行业自律、管理和维权，促进再生资源行业健康有序发展。2003—2004年，纵向向农村延伸经营，麻沙、水吉、黄坑等乡镇建立物资回收站点，发展经营网点24家。2005年，回收品种随社会生产生活消费品的增多而增长，达100种，依托再生资源回收行业协会，以报废汽车为抓手，以生产、生活废旧回收为重点，发展回收经营网点达30家，筹建报废汽车拆解场。全年完成购进497万元，购销废钢铁950吨，废纸800吨、废塑料200吨，收购报废汽车49辆。

2006年，全市13个乡镇都建立回收管理站，纳入公司经营网点增至50个，购进总额达500万元。2007年，建阳市物资回收利用有限公司对股份进行重组，实行法人和自然人并存，完善股东代表、董事会、监事会和经营层人员的架构。2008年8月，建阳市物资回收利用有限公司列入城市再生资源收回体系建设试点企业。到2010年，整合纳入公司再生资源经营网点增至50个，初步构建“由社区乡（镇）绿色回收站，市内再生资源回收中转，市郊再生资源集散交易市场”3个层次构成的再生资源回收体系，废旧物资回收逐渐从市区向城郊转移。2008—2010年，废旧物资购进总额为683万元、710万元、852万元。

第五节　农副产品购销

一、农副产品购销

1997年，供销社经济贸易发展总公司联合12个基层社组建农副产品购销集团公司，协调指导全市农副产品购销业务和分购联销工作，抓好农副产品基地和销售基地建设，拓展供销社农副产品经营。华家山竹木采育场采挖销售冬笋300吨，产值210万元，创利40万元；将口供销社建立鸭蛋基地，销售鸭蛋180吨，盈利4.65万元，发展橘子山园8公顷；回龙社发展千年桐31.67公顷，橘子园13.33公顷；水吉社发展荸果10.40公顷，生产荸果1.50万公斤，产值2万元，建设水吉榨菜生产基地，种植榨菜5.33公顷，创办社有企业水吉榨菜厂，加工榨菜产值达30万元，促进农副产品的经营和发展。

1998—2001年，市联社先后成立建阳市农副产品流通信息中心和乡镇信息站10个。流通信息中心与农业部“中国农业信息网”、全国供销总社“中佳经济信息网”联网，进行采编管理，开展农副产品信息开发利用，无偿为农户提供农产品上网发布信息服务，指导农产品购销。2002年3月，建阳市农副产品流通信息中心在朱熹大道中段设立办公场所，抽调人员，配备电脑，改善工作条件，充实工作能力。至2004年底，建成乡镇信息站13个，初步构筑建阳市农副产品信息服务网络，为农民提供及时、准确的供求信息、市场行情、种养技术、加工技术、新肥新药、种苗信息等，指导农民调整生产结构，发展“订单农业”、特色种养、农产品加工，实现增产增收，为调整种、养、植结构，发展生产，搞活购销发挥指导作用。2005年，城关中心社联合徐市蔬菜专业合作社与农民签订法国细刀豆和花菜种植合同，发展订单农业，参与农业产业化经营。2007年，参与“信福工程”建设，加强农产品信息网络建设，完善市、乡（镇）农村农副产品信息服务网络体系建设。2009—2010年，先后组建建阳市农副产品行业协会、建阳市农产品经纪人协会、建阳市果蔬行业协会、建阳市农副产品驻北京、上海经销办事处，市联社作为其业务主管单位。2010年，市联社联同市委组织部、市经贸局组织各乡镇、农民专业合作社信息员及部分种植、养殖、流通大户共33名，举办建阳市农村商务信息员培训班，指导其熟练掌握农副产品网上购销对接和农产品营销，树立农产品品牌推广意识。至2010年底，信息中心发布供求信息、市场分析预测、价格行情、农业科学技术等各类信息共4241条，共接受各类咨询（来人、来电、电邮）5439人次。

第六节　农业产业化经营

1999年开始，建阳市联社基层社围绕农业产业化经营这条主线，从单一的一买一卖中解脱出来，开展综合经营，搞好综合服务，建立农村综合性服务中心和村级综合服务站，办站形式上实行“三统一”（统一悬挂供销社社徽的招牌、统一代办营业执照、统一基层社管理），实行“四自”（自筹资金、自主经营、自负盈亏、自我发展），做到“五有”（有基层社与经营者共建协议、有服务承诺、有信息栏、有村民需求登记本、有村民意见本）。村级综合服务站主要负责化肥、农药供应销售，推广用药、用肥新技术，收集提供农产品信息和远程视频咨询服务。为加快供销改革，把兴办村级综合服务站与基层社改革有机结合，将农资供应连锁店、庄稼医院、农产品信息站进行整合，把综合服务站办成农民生产生活资料供应站、农副产品推销站、文化娱乐站、农业技术指导站、农村流通信息传播站。

2002 年，为推动开展农业产业化经营，建阳市第 1 家农民专业合作社—建阳市小湖马坑农业专业合作社成立。2002 年 8 月至 2007 年 6 月发展 6 家，成立协会 1 个。2003 年，供销系统领办创办 3 个专业合作社。2004 年，领办创办专业合作社 3 个，行业协会 2 个，搭建农村合作经济发展平台；2005 发展专业合作社 1 个。2006 年，领办创办专业合作社 3 个，组建 3 个行业协会。2007 年，市联社牵头成立建阳市农村合作经济组织联合会，制定章程，设立理事会。2007 年 7 月至 2008 年底，领办创办专业合作社 5 个，协会 28 个，获省级农产品行业协会和农民专业合作经济组织试点单位 4 个。

2008 年 4 月 24 日，召开建阳市农民专业合作社培训会，贯彻落实《中华人民共和国农民专业合作社法》，对农民专业合作社示范章程和农民专业合作社登记管理条例及相关扶持政策等内容进行析读。同年，建阳市联社供组建建阳市农产品流通驻北京办事处，武夷农家果蔬专业合作社借助办事处平台，在北京组建果蔬配送中心，把建阳橘柚（甜甜柚）、芦柑、金橘等名优特水果推向北京 80 家大型超市，并积极参展展销，为建阳水果推向大城市、大市场打下基础。至年底，全市新建村级综合服务站达 89 个，选择中、东、西片建立将口、水吉和麻沙供销社的“三农服务中心”3 个示范网点，为“三农”提供各种服务，供应化肥、农药，实行电脑联网、远程视频咨询服务、推广用药、用肥技术，提供农产品信息，收集当地农产品信息向县、市和省农产品信息中心传输，在网上发布，为农民提供更为便捷的服务，加强完善农村综合服务体系建设，全方位地为农民生产生活提供服务。2008—2010 年，市联社连续举办四届建阳市农民专业合作社经验交流会。

2009 年，农民专业合作社发展迅速，领办创办专业合作社 16 家，成立行业协会 2 个，注册商标 9 个。至 2010 年，全系统创办领办的专业合作社 16 个，成立行业协会 3 个，入社社员数 10334 人。成员出资额 7334.54 万元，带动农户 26675 户，带动农民增收 8580.50 万元；累计建立村级综合服务社 111 个，占全市行政村总数的 57.81%，延伸供销社为农服务阵地，初步形成专业服务在基层、综合服务在网点、全方位服务到农户的“三农”服务网络。创办领办的合作社注册商标 20 个、1 个地标、1 个省著名商标、2 个绿标、2 个闽北知名商标，发展 10 个南平市社示范点，2 个省社示范点、1 个省级示范点、1 个全国总社示范点，3 个“千社千品”合作社。农民专业合作社覆盖地域广，运作模式丰富，涵盖种植、养殖、加工、流通、服务等方面，初步形成“一村一品、一品一社、一社一业”的农业产业格局。

第七节 机 构

1994 年，建阳市供销合作联社为按照企业管理的集体经济实体。辖 17 个直属企业和 12 个基层供销社。经营服务网点 307 个。1995 年 5 月 22 日，市联社退出政府行政机构序列。1996 年 12 月 3 日，市联社列入事业单位，核定事业编制 26 名，内设办公室、人事教育科、财会审计科（社有资产管理办公室）、业务科（基社建设办公室、农资管理办公室）、检保科、党总支办公室等 6 个股室。1998 年，市联社下属基层社 12 个，直属企业 12 个。2000 年 9 月 22 日，市委组织部批准设立市联社社务会。2007 年 6 月 29 日，核定市联合社为市政府直属正科级事业单位，内设办公室（党委办公室）、人事监察股、合作经济股、财务审计股、资产管理股 5 个股室，事业编制 17 名，经费由市财政全额核拨。2008 年 2 月，市联社正式列入参照公务员法管理事业单位。至 2010 年，内设机构、编制不变。

第三章　粮食经营

第一节　经营体制

一、粮食购销制度改革

1994 年 1 月 1 日起，建阳市按照国务院和省政府关于“粮油购销体制改革意见”的精神，取消粮食定购任务，停止执行粮油定购“三挂钩”（种粮农民与粮食商业部门签订粮食定购合同后，实行供应平价化肥、柴油、发放预购定金挂钩）的奖售政策，粮油收购价格全面放开，实行市场议购，由企业与农户签订收购合同，或者通过市场收购。1995 年，粮食工作实行省、地、县分级负责制。实施“50 公斤定购粮在国家定购价基础上价外补贴 15 元、并奖售优质优价化肥 12.50 公斤（标量）和价外补贴款按照现行粮食销售管理体制及‘谁吃粮、谁负担’、由各级政府筹措”的政策。为稳定粮食收购，市政府制定印发了《建阳市关于加强粮食市场管理的规定》，规定在全市全年国家定购任务未完成以前，除当地国有各粮站组织收购外，其他任何单位和个人均不得插手农村粮食收购。农村贸工农一体化组织（饲养业用粮单位），可以收购本地粮食，但仅限于自用，不得转手倒卖。销区粮食批发企业到产区采购粮食，要到县以上粮食批发市场购买，不得到农村采购。在完成定购任务后，允许农民到集贸市场出售自产粮食，进行余缺调剂。

1996 年，国家大幅度提高粮食收购价。定购粮食收购实行早、晚谷 6:4 的比例。因粮价提高和收购政策的调整，使“买粮难”变成“卖粮难”局面，带来收难、调难、销难、储难、资金筹措难的一系列问题。在粮食经营上，按照省政府《关于粮食部门深化改革实行两线运行的通知》精神，从当年 1 月 1 日起，实行统一领导、两线运行、明确职责、分别核算、搞活经营，政策性业务和商业性经营分开。政策性单位是粮管站、粮库、粮转站、军供站（店），商业性单位是独立核算零售企业、加工企业、运输企业等。实行政策性业务和商业性经营财务分开，单独核算；转变观念，以粮为主，多种经营全面发展。

1997 年，执行省政府关于稳定耕地面积、稳定粮食播种面积、稳定粮食总量增长和定购任务不变，定购价格不变，价外补贴政策不变的“三稳定、三不变”及同时继续执行粮肥挂钩的政策。同时，省里不再统一安排原计划收购任务，由各县（市）根据当地总量平衡情况自行决定议购数量，并对当年度的省内地间定购粮调拨管理办法作调整。销区可采取“不调粮、给补贴”的办法，销区给予产区价外补贴，费用和差价补贴 25 元 /50 公斤，粮食由产区自行转化或直接向市场销售。这一办法调整后，调入方全部决定给差价补贴，不调实物，进一步加重全市仓容和亏损的双重压力。

1998 年，粮食经营实行“政企分开，中央和地方责任分开，储备和经营分开，新老财务账目分开，完善粮食价格机制”和“按保护价敞开收购农民余粮，顺价销售粮食，收购资金封闭运行和深化国有粮食企业改革”的“四分开、一完善”和“三项政策、一项改革”的重大措施。从当年开始，全市实行粮食批发准入制度，对从事粮食批发业务的单位和个人，由工商、粮食 2 家联合进行全面清理。1999 年 1 月 1 日起，建阳市粮食销售一律使用全国统一的“七联增值税专用发票”“粮食销售统一发票”，跨县（市）运销粮食，必须持有国有粮食收储企业或县（市）以上粮食交易批发市场带有随货同行联的增值税专用发票或粮食销售统一发票，否则，一律视为非法贩运。2000 年，新粮上市起，早籼稻退出保护价收购的范围，晚籼稻仍实行定购和保护价收购政策。定购价允许一定的上下浮动，实行价外补贴每 50 公斤 8 元，继续实行“三挂钩”政策。

2000年后，建阳市粮食部门在执行中央和省政府有关粮食直补、良种补贴、最低收购价等政策，做好粮食订单收购工作的同时，面对企业改革后人员少、收购网点少的情况，因地制宜建立“坐点收购、入户收购、预约收购”相结合的收购新机制，拓宽农村粮食收购网络，满足农户多种售粮需求。市粮食部门发挥国有粮食购销企业的主渠道作用，创新粮食收购方式，优化服务，每年收购当地产粮食4—6万吨。按照“购得进、销得出”的原则，确保收购入库的粮食全部在当年销售完毕。国有粮食购销企业加强与省内销区建立储备和购销伙伴关系，拓展国储、省储代储代购业务和粮食销售渠道，提升储备粮管理水平。

2001年10月，根据国务院《关于进一步深化粮食流通体制改革的意见》文件精神，建阳市粮食购销实行取消粮食定购、放开粮食购销价格、放开粮食市场的“三放开”办法。实行粮食市场经营多元化，凡具备一定条件的多种所有制多种经济成份的市场主体，经营资格审查，依法注册登记后，均可按国家规定从事粮食收购，销售和贩运等经营业务。全面放开粮食零售市场，常年放开粮食集贸市场，鼓励农民自产自销粮食。原粮运输不再实行运输凭证制度。2002开始，建阳市国有粮食购销企业先后与当地工业用粮企业、个体加工大户开展粮食购销联营合作，每年经营量达数万余吨，合同履约率100%。2002—2004年，市粮食局与市农业局每年联合召开1次“建阳市粮食产销供求信息发布会”，分析本地、省内相关地区粮食需求，进行市场前景预测，为农民生产提供粮食供需信息，对全市粮食生产恢复性增长起到指导促进作用。2004年起，福建省实行省储备粮订单收购对种粮农民给予直接补贴和良种补贴的办法，每50公斤补贴5元。2004年5月，国务院颁布《粮食流通管理条例》，规范对粮食经营者从事粮食收购、销售、储存、运输、加工等经营活动的管理要求，实行粮食收购许可制度。2005年，建阳市审核发放粮食收购资格28家。2006年起，实行粮食收购资格年审制度。2008年，建阳粮食工作3点经验：创新收购方式，主动上门服务；严格落实政策，认真规范收购；加强调查研究，做好收购服务，被省领导批示在全省粮食系统学习。2009年开始至2010年，全省储备粮订单直接补贴标准由5元/50公斤提高为10元/50公斤，并通过农户的“一折通”直接转付到售粮农户手中。

二、国有粮食企业改革

2000年8月开始，建阳市国有粮食企业改革采取“先购销企业、后经营性企业”“以购销企业改革经验引导带动经营性企业改革”的做法，分购销企业改革和经营性企业改革两大块进行。

国有粮食购销企业改革 2000年8—11月，根据企业实际，重新定岗设置保管、财务、管理3类204个岗位，通过竞争上岗，企业减员451人，减幅69%。2003年5月，全市国有粮食购销企业所有员工（除符合内退条件外）与企业解除劳动关系，完成企业员工从“单位人”到“社会人”的身份转换。6月，择优返聘109名职工与企业重新签订劳动合同，实行全员聘用。通过全员置换身份、竞争上岗、实行全员聘用3个阶段分步实施，粮食购销公司、储备库的655名职工先后与企业解除劳动关系。重新返聘109名职工，其中，粮食购销有限公司重新返聘83名职工、储备库重新返聘26名职工。至2010年底职工人数不变。

国有粮食经营性企业改革 2000年11月至2001年12月，建阳市粮食部门按照“坚持改革、稳中求进、一企一策、分类指导”的原则，借鉴购销企业改革成功做法，实行“成熟一个，实施改革一个”。14家国有粮食经营性企业的224名职工先后与企业解除劳动关系，其中，城区粮站47名、粮油运输公司25名、粮油批发市场6名、粮油贸易公司19名、城关粮食加工厂29名、7家乡镇粮食加工厂50名、饲料公司26名、粮油食品一厂22名。粮油贸易公司、城关粮食加工厂、粮油食品一厂实行全员置换身份后，返聘9人作为企业留守管理人员，负责企业的日常留守管理，至2010年维持此留守管理状态。2010年，建阳市粮食购销有限公司作为全国2万家国有粮食企业具有代表性的50家企业，成为“国有粮食企业改革和发展工作联系点”单位之一，由国家粮食局授牌。

国有粮食加工企业改革 1994年，全市粮办工业企业23个，其中，国有独立核算工业企业10个，集体独立核算工业企业2个，非独立核算站属集体企业11个，职工总数361人（其中国有184人）。主要粮食产品产量32335吨，国有粮食工业总产值（现行价）2043万元，实现利润38万元。1996年12月，城关粮油加工厂、饲料公司、食品一厂3家企业改制为股份合作制企业，分别更名为嘉乐粮油工贸股份有限公司、双富饲料股份公司、旺达粮油食品股份公司。1996年后，企业实行“利改税”“拨改贷”，优化资本结构调整，放活小企业，实行承包责任制，扩大企业自主权。同时，按照国家有关改革政策，企业深化改革、改组、改造，鼓励兼并，规范破产，推动企业联合和重组，转换企业经营机制。1999年后，随着粮食价格和粮食经营放开，乡（镇）、村和个体、私营粮食加工业迅速发展，国有粮食工业由于加工任务严重不足、设备利用率低、资金缺乏、企业负担重、产品档次低、品种单一等问题，缺乏市场竞争能力，没有发展后劲，企业亏损增加，基本处于全面停产停工的状况。2000年11月起，随着粮食流通体制和企业改革不断深化，全市粮食加工企业实行全员置换身份，除内退人员外，所有员工与企业解除劳动关系。2002年6月，建阳市饲料工业公司及7家乡镇加工厂等8家企业机构注销。2005年，13家集体所有制加工企业（含11家非独立核算站属集体企业）注销。全市国有、集体所有制粮食加工企业全部退出了“国有”和“集体”身份。同时，个体经营粮油工业迅速发展，社会粮油工业不分所有制和隶属关系，纳入粮食部门统计的范畴，全市粮油工业的产值、产量有很快的发展。2010年底，全市国有粮食加工企业1个（留守），生产经营停止运行，比1995年的23个减少22个，减幅95.60%，职工人数2人。

第二节 粮食购销

一、粮食收购

建阳市是国家和省级商品粮基地县（市），每年可向省内销区提供地产优质的商品稻谷6—9万吨。1995—1997年，粮食收购实行指令性计划。南平市每年下达建阳市粮食收购任务7.50万吨，其中，定购任务6.45万吨、计划收购任务1.05万吨。1995年，市粮食部门把定购粮收购作为中心任务来抓，通过落实政策，解决仓容不足，加强市场管理，防止粮食外流和开展“满意在粮站”优质服务等各种措施，在粮食收购连续“滑坡”的情况下，全年共收购6.90万吨，超额完成定购6.45万吨的任务。1996年，由于国家大幅度提高粮食收购价，闽北收购价又比邻省高，出现农民“卖粮难”的问题。市粮食部门千方百计解决农民“卖粮难”，全面完成南平市下达的7.50万吨的收购任务，全年粮食收购7.79万吨。1997年，执行省政府提出的定购任务、定购价格、价外补贴不变的“三不变”和按保护价敞开收购议价粮的政策，克服调销不畅、仓容爆满、企业亏损增加等困难，收购粮食8.32万吨，达到历史最高水平。当年夏粮收购期间由于气候异常，降雨时间长、降雨量大，全市早稻出现大量芽谷，有的芽谷率高达10%，市政府决定对全市芽谷按等外粮进行收购并顶抵定购任务，共收购芽谷4762吨，妥善解决芽谷问题，保护农民利益。1998—1999年，全市每年收购任务调减为6万吨，比原计划7.50万吨/年，减少1.50万吨，其中，定购粮收购任务从原来的6.45万吨/年减为5.40万吨/年，减少1.05万吨，计划收购任务则由原来的1.05万吨/年减为0.60万吨/年，减少0.45万吨。粮食部门在做好定购粮收购的同时，对农民出售的余粮做到不拒收，不限收，不打白条，保护农民种粮积极性和利益。

2000年，是粮食市场全面放开的第一年，南平市下达建阳的定购任务（晚籼稻）1.25万吨，全市共完成粮食收购1.92万吨。2001年，粮食实行“三放开”（取消粮食定购、粮食购销价格放开、粮食市场放开），国有粮食企业收购量锐减。2002—2003年，国有粮食购销企业转变经营观念，参与市场收购，通过创新收购组织形式、提高服务质量等有效措施，市场收购量有大幅回升。

2004年起，福建省实行各级储备粮订单收购政策，建阳市粮食部门收购量逐年增长，除全面完成储备粮订单收购任务外，还随行就市收购订单外粮食。2007年、2008年，收购6万吨，是粮食市场放开后收购量较多的年份。2010年，由于受物价通胀、气候异常等因素影响，市场收购量出现回落。

1994—2003 年建阳市国有粮食企业粮油收购情况表

表 13-3-1　　单位：吨

年份	粮食收购任务	其中		粮食实际收购	其中		计划收购	市场收购	食用油收购
		定购任务	计划收购任务		定购任务	其中公粮			
1994 年	75000	64500	10500	65929	64500	1429	10500	1119	190.80
1995 年	76150	65650	10500	69016	65081	5846	2916	1019	－17.10
1996 年	76150	65650	10500	77866	64500	5898	12252	1114	114
1997 年	84071	65323	18748	83248	64500	5708	—	18748	78.20
1998 年	60872	54000	6872	60873	54000	5706	6872	1	65
1999 年	57420	45800	11620	61198	49578	5361	11620	—	7.30
2000 年	12500	12500	—	19187	12754	506	6433	—	－1.20
2001 年	—	—	—	3865	—	196	—	3865	—
2002 年	—	—	—	10395	38	37	—	10357	0.90
2003 年	—	—	—	21808	122	—	—	21686	0.60

2004—2010 年建阳市国有粮食企业粮油收购情况表

表 13-3-2　　单位：吨

年份	储备粮订单任务	其中		粮食总购进	其中		食用油收购
		省级订单	本市县级订单		从生产者收购	从企业购进	
2004 年	21862	20000	1862	137385	42888	94497	0.40
2005 年	26000	24500	1500	141254	42348	98906	1
2006 年	26000	24500	1500	103382	58912	44470	1
2007 年	26000	24500	1500	162347	69131	93216	1
2008 年	33500	32000	1500	203709	62912	140797	111
2009 年	34000	32000	2000	192905	57085	135820	1
2010 年	34000	32000	2000	199369	39122	168867	1

二、粮油销售与供应

1993 年后，城镇居民口粮供应取消凭粮证供应，城镇居民口粮供应证作为档案予以保留。当年底，粮票停止流通和使用。但国家对粮食高度重视，以强化宏观调控为中心，按照总量平衡，分级管理的原则，为抑制市场粮价波动，国有粮店实行挂牌销售，规定挂牌价格。1994 年末到 1995 年初，受全国性粮食供求影响，由于粮价波动大，全市国有粮店出现群众抢购大米现象。1994 年 4 月开始，全市对城镇居民实行凭粮籍证供应办法，定量（每人每月 10 公斤）、定月（过月作废）供应口粮。1995 年 4 月至年底，实行换发城镇居民粮食供应证供应居民口粮办法。粮食部门改进供应办法，抓好粮食调运，组织足够的大米货源，抑制粮价上涨。1996 年，国家粮食定购价大幅度提高后，实行价改购销联动，销售大米挂牌价格也相应提高。由于挂牌价是标一大米，而市场销售是特等米和优质米，市场粮价又走低，挂牌价高于市场价，国有粮店标一大米滞销。1997—2000 年，市场粮价继续低迷，国家粮食无法实现顺价销售，国有粮店粮食销售不断萎缩，造成粮食大量压库。2001 年后，粮食销售全面放开，粮食经营转向个体民营，城镇居民销售进入市场化、社会化。是年 5 月起，取消“市镇居民粮食供应转移证明”，城镇居民在全国范围内迁移以及“农转非”，不再办理“市镇居民粮食供应转移证明”。2003 年 3 月后，受“非典”影响，发生市场抢购大米现象，粮价急骤上升。为应对粮食市场供应紧张，粮食部门采取及时充实库存，并日夜加班加工大米投放市场等措施，确保市场供应，很快地稳定市场。2004年后，市场粮食供应充裕，超市和商店大米供应趋向小包装、精包装、多品牌、优质系列化，满足各层次消费者需要。

（一）工商行业等用粮销售

1994—1997年，全市供应工业用粮、食品业用粮、饮食业等用粮8600吨，提供饲料加工业和商品猪基地饲料粮1460吨。1998年后，工商行业等用粮放开经营，由企业面向市场自行采购。

（二）政策性周转粮销售

1997—2000年，执行国家和省政府按保护价敞开收购农民余粮政策，4年间共收购粮食22.36万吨。因保护价高于市场价，不能实现顺价销售，造成至2000年末高价位政策性周转粮库存达4.02万吨。2001年2月，对1997—1999年国有粮食企业收购的库存保管超3年，品质逐渐陈化、不宜继续储存的粮食，实行“等量对冲、推陈储新”的销售政策。2001年，对冲销售1997年、1998年中晚稻谷16164吨。至2002年末，全市仍有政策性周转粮3.50万吨。粮食部门组织人员促销，至2003年4月，全面完成省下达的处理3.50万吨的政策性周转粮销售任务，实现周转粮零库存。

（三）粮食对口调拨

1994—1999年，省确定建阳市每年调给省内市外的对口调拨粮任务，实行1年定的指令性计划，品种早、晚稻按6:4比例。6年间共安排任务24.86万吨，实际调出实物13.94万吨，占任务的56.07%，其中，1994年1.66万吨，完成39.52%；1995年4.25万吨，完成90.40%；1996年2.78万吨，完成66.10%；1997年1.37万吨，完成32.50%；1998年2.10万吨，完成52.90%；1999年1.78万吨，完成49.70%。各年度调拨任务均未完成，主要是因调拨价高于市场价，调入单位不愿接收。1996年起，调入单位提出了“不调粮，给补贴”的办法，经省粮食专题协调会议商定，由调入单位给调出单位不分品种每50公斤计算补贴资金，1996年20元、1997年15元、1998—1999年双方自行协商，全市共执行48633吨。在执行中，调入方仍打折扣，未能完成，给调出方造成很大压力和困难。从2000年开始取消对口调拨。从1995年起至1997年，省在建阳市有待安排的省级对口调拨粮共5695吨，1995年695吨、1996—1997年每年2500吨。至2001年6月末，还有5131吨存放在建阳市，根据省财政厅、粮食局、农发行《关于销售处理省待安排机动粮的通知》文件精神，这批粮列入政策性周转粮。于2001年12月销售处理结束。

1994—2010年建阳市粮油销售数量表

表13-3-3　　　　单位：吨、万吨

年份	粮食销售（万吨）	食油销售（吨）	年份	粮食销售（万吨）	食油销售（吨）	年份	粮食销售（万吨）	食油销售（吨）
1994	7.69	141.20	2000	1.38	3.80	2006	10.89	1
1995	6.99	101.80	2001	0.34	3.60	2007	15.55	1.11
1996	7.28	124.50	2002	2.16	0.90	2008	18.20	1
1997	8.57	83.90	2003	1.35	0.60	2009	20.40	1
1998	5.93	63.80	2004	13	0.40	2010	19.80	—
1999	6.12	19.50	2005	14.40	1			

说明：从2004年以后销售数量包括与用粮企业开展购销联营的数量

三、粮食价格

1994—1999年，建阳市粮食价格实行“双轨”制。一方面，国家对定购粮收购价格实行定价，另一方面对城镇集贸市场大米销售价格和农村定购粮以外的粮食实行议购议销随行就市的政策。同时，实行定购粮收购价外的各种补贴和对口调拨粮价格。2001年后，粮食价格放开。2004—2010年起，国家实行粮食最低收购价政策。

国家定购粮收购价格和粮食最低收购价格 1994年，国家定购粮收购价格为早稻50元/50公斤，晚稻55元/50公斤，另外享受15元/50公斤的价外补贴及12.50公斤（标氮）的平价化肥奖售。计划外收购任务的粮食，采取随行就市确定收购价格。收购期间市场价平均早稻78元/50公斤、晚稻83元/50公斤。2001—2003年，早、中、晚稻市场收购价格均在50元/50公斤左右浮动。2003年下半年后，受全国粮食供求“拐点”理论的引导和“非典”疫情的冲击和影响，全市市场粮食收购价开始大幅上升。2003年末，最高价达到早稻88元/50公斤，晚稻93元/50公斤。2004年，全省最低收购价早稻70元/50公斤、晚稻72元/50公斤，储备粮订单另外享受直接补贴5元/50公斤（其中，订单粮直补4元/50公斤、良种补贴1元/50公斤）。建阳市国有粮食部门收购价早稻75元/50公斤、中晚稻75元/50公斤—77元/50公斤，均高于最低收购价。2009年，市场粮价震荡下滑，国家继续提高粮食最低收购价，早稻90元/50公斤、晚稻92元/50公斤，当年国有粮食企业按国家最低收购价敞开收购。2010年，国家再次提高粮食最低收购价早稻，国有粮食企业早稻按94元/50公斤、晚稻按100元/50公斤—110元/50公斤收购。

城镇居民销价和城乡集贸市场粮食价格 1995年初，建阳市国有粮店挂牌价为标一早米80元/50公斤、标一晚米94元/50公斤。6月，调整为标一早米95元/50公斤、标一早米104元/50公斤。城关、乡（镇）集贸市场大米平均价为标一早米120元/50公斤，标一晚米130元/50公斤。1998年，全市国家定购粮收购价格下调，但国有粮店城镇居民挂牌销价并未同步下调，主要原因是各地集贸市场大米市场价已先后下跌到早米70元/50公斤，晚米80元/50公斤，按定购价调低居民销价已没有实际意义。2001年后，全市粮价放开。2006年，市场晚米价格在120元/50公斤—130元/50公斤之间，2007年在130元/50公斤—135元/50公斤之间，2008年在135元/50公斤—150元/50公斤之间，2009年在140元/50公斤—145元/50公斤之间，2010年在150元/50公斤—180元/50公斤之间。

国家定购粮对口调拨价格 1994年，省内地间对口调拨粮价格按照国家定购粮早稻50元/50公斤、晚稻55元/50公斤，加上区间对口调拨经营费用14元/50公斤，价外补贴15元/50公斤计算，早稻调拨价格为79元/50公斤，晚稻为84元/50公斤。对口调拨粮交货地点为调出方最后发粮点的车（船）板前交货。随后几年的粮食对口调拨价格基本沿用上述办法结算。另外，当时公路运输不便，给外调粮带来了实际困难。从1996年开始，建阳市对口调拨粮还额外享受1.50元/50公斤运费补贴。调南平市区的对口调拨粮结算价比省内地间每50公斤低6元。2000—2010年取消对口调拨计划。

政策性周转粮销售价格 1994—1998年，国家粮食收购价大幅度提高，市场不能实现顺价销售，对口调拨粮无法调出，致使1996—2000年粮食因政策因素大量压库。至2002年3月末，全市政策性周转粮库存达35062吨，这批稻谷成本达到66.80元/50公斤。经省、南平市政府批准，从2002年6月起，由建阳市以42元/50公斤的价格包干进行销售处理，至2004年底全部销售完毕。

第三节 粮食储备

一、粮食储备制度

1992年，建阳市建立粮食储备制度。1995年，建阳市从当年度合理周转粮库存中划出部分粮食，作为建阳市本级地方储备粮。1997年和2008年，建阳市2次增加地方储备粮规模。2008年，新增食用油（小包装）储备。

二、粮食库存普查与清查

1994—2010年，每年4月和10月，全市组织春、秋2季粮食库存、粮食安全大普查和“四无”（无害虫、无变质、无鼠雀、无事故）粮仓鉴定评比工作，对全市范围内的国有及国有控股粮食企业（不含中央、省储备粮管理公司的直属库）库存的中央储备粮、地方储备粮及商品周转粮，做到“有仓必到，有粮必查，查必彻底，边查边改，不留隐患”。2001 年 4 月，根据全国清仓查库工作的统一部署，省粮食局、财政厅、技术质量监督局、农发行组成的省粮食清仓查库试点工作领导小组在建阳国家粮食储备库开展全省粮食清仓查库试点工作，对建阳国家粮食储备库的 236 吨稻谷进行实际检斤过秤、实仓测量、大容器测定及标准容器测定，并对 1999 年晚谷、1998 年晚谷和 1999 年早谷、1999 年早杂进行抽样检验和大容器测定，取得稻谷储藏容重的基础数据和相关资料。同月，按照国务院关于开展全国国有粮食企业粮食库存清仓查库精神，根据省政府交叉检查统一安排，省粮食库存清查组（宁化）对建阳市粮食购销企业 12 个收储站、1 个粮转站、1 个储备库的 200 座有储存粮食的仓库进行全面清查核实，清查以 2001 年 3 月 31 日为时点。经检查，全市库存粮食账实相符，达到“四无粮仓”标准。2002 年后，根据省粮食局的统一部署，每年 4 月和 10 月，全市均开展自下而上的春季、秋季粮油库存清查和安全普查。库存清查的时点，春季普查为当年的 3 月 31 日的库存数，秋季普查为当年 9 月 30 日库存数。通过清查，全市粮食账卡数和实物数全部一致，没有发生库存数量短少。2009 年 3 月，国家再次组织清仓查库。按照“有仓必到、有粮必查、有账必核、查必彻底”的原则，对全市范围内的库存粮食进行了准确的清查，经检查，建阳市粮食库存真实、品质良好，库存实物检查数与检查时点统计数相符。

1994—2010 年建阳市“四无”粮仓评定情况表

表 13-3-4　　单位：人、个、万吨

年份	查仓人数（人）	站（点）数（个）			占比（%）	仓容数（个）			占比（%）	粮油数（万吨）			占比（%）
		检查数	鉴定数	实现数		检查数	鉴定数	实现数		检查数	鉴定数	实现数	
1994 年	66	15	13	13	100	11.67	7.91	7.91	100	3.90	3.76	3.76	100
1995 年	61	17	13	13	100	11.23	9.01	9.01	100	6.79	6.12	6.12	100
1996 年	60	17	13	13	100	9.99	8.38	8.38	100	6.49	5.99	5.99	100
1997 年	45	15	13	13	100	10.14	9.43	9.43	100	6.18	5.90	5.90	100
1998 年	38	15	13	13	100	10.96	10.68	10.68	100	7.38	6.94	6.94	100
2002 年	59	14	14	14	100	9.01	8.98	8.98	100	5.08	5.08	5.08	100
2003 年	30	14	12	12	100	3.49	3.49	3.49	100	1.99	1.99	1.99	100
2004 年	34	14	12	12	100	5.02	5.02	5.02	100	3.73	3.73	3.73	100
2005 年	34	15	14	14	100	4.62	4.57	4.57	100	3.04	3.04	3.04	100
2006 年	34	15	11	11	100	1.26	1.26	1.26	100	6.21	6.21	6.21	100
2007 年	30	15	14	14	100	2.93	2.93	2.93	100	1.97	1.97	1.97	100
2008 年	31	13	13	13	100	2.34	2.34	2.34	100	1.86	1.86	1.86	100
2009 年	31	14	14	14	100	2.84	2.55	2.55	100	1.63	1.43	1.43	100
2010 年	30	13	3	3	100	1.35	0.25	0.25	100	0.92	0.16	0.16	100

三、粮库建设

1994 年末，建阳市粮食仓容 11.24 万吨，实际可使用仓容 8 万吨，储粮趋于饱和。1995 年，市政府抓住横南铁路建设的有利时机，争取立项建设粮食转运站，1999 年 12 月，建成投入营运。1996 年，定购粮收购价大幅度提高后，至 1997 年底全市粮食库存 96803 吨，达到历史最高，全市粮食仓库爆满。由于购销倒挂，无法顺价销售，又遭受百年一遇的特大洪灾，粮仓受到重大损坏。1998 年，夏粮入库时，全市出现“卖粮难”“储粮难”现象。针对这种情况，粮食部门，通过深挖仓容潜力，维修旧仓和简易搭盖、租用仓库，以解决当地因仓容不足出现的“两难”问题。同时，1995—1998年，先后向农业银行、农业发展银行贷款扩建粮库，贷款总额750万元，加快粮食转运站站台库建设。1998年6月，3座台库建成投入使用。2003年，建阳国家粮食储备库上报为建阳市中心粮库。粮食部门筹措专项资金336万元（其中上级下拨补助资金36万元），新建3座粮仓。2004年底投入使用，2005年通过省级验收。

四、粮食安全预警体系建设

2003年8月，为确保粮食市场稳定和社会安全，市政府下发《建阳市粮食安全预警应急方案（试行）》。至12月底，全市粮食安全预警体系初现雏形。2007年11月，下发《关于印发建阳市粮食应急预案的通知》。按照通知要求，建阳市建立粮食储备和粮食种子储备以及粮食风险基金制度；建立全市粮食安全预警系统，监控全市粮食安全状况（主要监控粮食供给与消费总量，粮食流通库存总量，粮食市场价格动态，储备粮情动态，粮食市场供应动态等5项），按照对粮食安全影响程度的不同，全市划分为紧张、紧急和特急3种粮食不安全预警类型；建立全市粮食安全应急系统，成立由市政府领导和有关18个部门组成的市政府粮食安全应急指挥部，领导、指挥和协调全市粮食安全工作，办公室设在市粮食局；全市确定建立骨干粮店4家（为国有独资，分别是建阳市东门粮店、北门粮店、黄花山粮店、西街粮店）、骨干粮食加工厂1家（为股份合作制企业，即建阳市富民米业有限公司）。2003年12月中旬，建阳市举行骨干粮店与骨干粮食加工厂企业授牌仪式，分别授予全省统一制作的“定点供应粮店”和“定点粮食加工企业”称号。2007年，新增东桥粮店为骨干粮店。至2010年上述情况基本不变。

第四节　粮食加工

一、碾米加工

1994年1月，徐市、小湖、将口、莒口、水吉、麻沙等6家乡镇粮食加工厂并入当地粮站管理，作为粮食加工车间，不对外开展业务。1995年1月，6家乡镇加工厂从当地粮站分离，恢复原企业管理办法，加上城关和黄坑粮食加工厂，全市共有8个国有碾米加工企业，大米年产量22045吨（其中开展代民代农加工大米506吨）。当年，因旧城改造，城关粮食加工厂从市区整体迁移到市郊东线3公里处，1996年底建成投入使用。1998年后，随着粮食流通体制深化改革，粮油工业企业体制、经营机制和管理发生了深刻变化，生产逐年滑坡，经济效益不断下降，企业由盈利转向亏损，包袱沉重，生存困难，基本处于停产状态。2001年6—12月，8家大米加工企业的79名职工全部与企业解除劳动关系。2002年6月，保留城关粮食加工厂，实行租赁经营；其他7家乡镇加工企业机构注销。1994—2002年，民营加工企业迅速发展。他们在加工工艺设备上有新突破，采用高新技术光电色选设备、真空包装，传统粮食加工产业逐渐向“专、新、特、精”方向发展。2003年11月，城关粮食加工厂改制成立建阳富民米业公司，是建阳市粮食购销公司与民营企业合资的股份合作制企业，集粮食、饲料、收储、加工、销售一体化，拥有抛光、色选、包装2条自动生产线，生产能力精米200吨/日，工艺设备先进合理，同年底，被建阳市政府确定为骨干粮食加工企业。2010年末，全市共有民营碾米加工企业18个，年产量6.35万吨，实现工业总产值22820万元，年末从业人数133人。

二、粮食复制品加工

1994年，全市粮食部门共有复制品厂14个，其中，国有企业1个，日生产能力20吨，年产量395吨；集体所有制企业13个（其中11家非独立核算站属集体企业）。1996年后，由于体制经营和管理等诸多因素，国有、集体粮食复制品企业生产经营陷入困境，年生产量越来越少，职工生活得不到保障，企业停产，撤并倒闭。至 2005 年，全市 14 个复制品厂企业机构先后注销。其间，个体、民营企业不断发展壮大。2000 年，建阳市粮食复制品一厂整体转让改制，成立建阳富林食品有限公司（民营），企业经营方向以出口为主，产品主要有“林师傅”粉干、面干等，年产值达2000 万元，主要销往欧美及东南亚等 30 个国家。2010 年，受欧美转基因限制影响，出口受挫，产量下滑，产值锐减至 1000 万元以下。

三、饲料工业企业

1994 年，全市国有饲料工业企业 1 个，职工 44 人，有中小型配混合饲料厂 1 个，年产量 7207 吨，产值 736 万元，实现利润 5 万元。1996 年后，民营饲料工业发展迅速，国有饲料工业生产销售量锐减，加上生产原料靠外地调入，成本高，经营管理弱化，资金困难等原因，市饲料工业公司经营困难，连年发生亏损，处于停产状态。2001 年 9 月，企业资不抵债，经主管局筹措改革资金，所有员工全部与企业解除劳动关系。2002 年 6 月，企业机构注销。2000 年后，建阳金鹿饲料有限公司、建阳华闽饲料有限公司、建阳闽泰饲料有限公司等民营股份饲料企业迅速发展。生产各类饲料、预混料。2010 年，全市共有饲料加工企业 5 家，总产量达 3.87 万吨，其中，金鹿饲料有限公司饲料年产量达 1.90 万吨，年产值 4802 万元，成为当地饲料的龙头企业。

第五节　机构队伍

一、机构

建阳市粮食局　1994 年，建阳市粮食局为正科级政府工作部门，是市政府成员单位和主管全市粮油商品流通和粮油储备工作的职能部门。内设人秘科、政工科、综合科、财统科、经贸部等 5 个科室，下辖粮食经济学会、职工思想政治工作研究会、粮食行业协会等 3 个社团组织。1996 年 1 月，内设科室调整，保留人秘科、财统科、经贸部，将综合科改设业务科，增设行政科、工业科，撤销政工科。1997 年，内设机构调整为 4 个，即办公室、财务统计科、粮油工业科、购销储运科。新成立建阳市粮食储备管理中心，为财政差额拨款的股级事业单位，主要用于安置粮食局机关分流人员，隶属市粮食局管理。2002 年机构改革后，建阳市粮食局是市政府主管全市粮油储备和粮油流通工作的正科级部门管理机构，内设办公室、财务审计股、综合业务股、行业管理股等 4 个机构，核定行政编制 6 名、工勤编制 1 名。2002 年 7 月，设立建阳市粮食局党委。2003 年起，增设党委办、监察室（由机关工作人员兼任）。2004 年，国务院颁布《粮食流通管理条例》，市粮食局新增加对全社会粮食流通行政管理、行业指导以及行政执法等职能。2007 年 6 月，经建阳市委编办批复同意，建阳市粮食局增设监督检查股，履行粮食市场监督检查职能。2010 年底，市粮食局机关行政人员（含工勤、退休人员）精减至 12 名，其中，核定行政编制 6 名、工勤编制 1 名，比 1995 年的 31 人减少 19 人，减员幅度达 61.30%。

粮食企业　1994 年，全市国有粮食企业 29 个。1996 年 6 月，新组建的建阳市粮油批发市场挂牌运营。1997 年 4 月，注册成立建阳市粮油购销集团公司，小湖、水吉、回龙、漳墩、童游、徐市、将口、崇雒、莒口、麻沙、黄坑、书坊等粮食管理站，建阳市晒口粮食转运站，建阳市城区粮食管理站，建阳国家粮食储备库等 15 个企业为公司紧密层成员。1999 年 7 月，成立“建阳市粮食购销有限公司”，同时，撤销“建阳市粮油购销集团公司”，撤销小湖、水吉、回龙、漳墩、童游、徐市、将口、崇雒、莒口、麻沙、黄坑、书坊等粮食管理站，建阳市晒口粮食转运站等 13 家独立法人机构，更名为“建阳市粮食购销有限公司 XX 粮食收储站”“建阳市粮食购销有限公司晒口粮食转运站”等划归“建阳市粮食购销有限公司”统一管理，作为公司的分支机构（二级法人），实行报账制。1999 年 12 月，成立“建阳市粮食购销有限公司童子山粮食转运站”，是建阳市粮食购销有限公司管理的二级法人机构。同时，撤销“建阳市粮食购销有限公司晒口粮食转运站”。2003年6月，撤销“建阳市粮食购销有限公司童子山粮食转运站”，上收省储备粮管理有限公司作为省库。2002年5月，撤销“建阳市饲料工业有限公司”，小湖、水吉、徐市、将口、莒口、麻沙、黄坑等8个粮食加工厂。2004年2月，新组建成立建阳市潭正粮油质量监督检验中心。2005年6月，中心获省“计量认证合格证书”和检验“授权证书”，填补建阳境内没有法定粮油质量检测机构的空白，2007年7月，更名为“建阳市粮油质量监督检验中心”。2005年11月，撤销“建阳市粮油食品一厂”，所属国有资产、离退休人员（含内退人员）归并建阳市粮食购销有限公司管理。2007年6月，将建阳市粮油运输公司（1984年下放的原地区粮食车队）更名为“建阳市潭正物质贸易公司”。

二、队伍

1994年，全市粮食系统职工总人数为1005人，其中，干部115人、工人890人。2000年和2003年的2轮粮食流通体制改革，粮食购销企业人员进一步精减。为解决基层收储站收购人手不足这一难题，2005年起，建阳市采取委托收购的办法，组织经过培训，有一定收购经验的“粮贩子”直接下乡上门收购粮食，发挥其人缘地缘优势。在实践中，建阳市建立完善粮食经纪人管理制度，坚持控制总量、实行目标管理，采取从业资格审批、强化从业技能培训、规范从业收购行为、加强监督检查力度、奖优罚劣等一系列管理办法。2007年，建阳市制定《建阳市粮食经纪人管理制度》，明确粮食收购经纪人的准入条件和收购规范。这一创新管理经验以《建阳：粮食经纪人队伍活而不乱，管理有“五个法宝”》为题刊登在全国发行的《粮油市场报》（2007年9月26日）上，在全国粮食同行中引起反响。2009年，建阳市在全省率先成立“粮食经纪人协会”。

2010年底，全市国有粮食企业6个（其中购销企业2个），比1995年的29家减少23家，减幅79.30%；企业在册职工150人（含企业返聘、内退人员），比1995年的1005人减少855人（其中解除劳动关系879人），减幅85%。1994年，全市国有粮食企业共有离退休人员221人，占在职职工总人数的21.99%。至2010年底，离退休人员增至320人，比1995年净增加99人，是在职职工总人数的2.13倍。

第四章 烟叶经营

第一节 烤烟收购

一、收购站点，设置

1993年，随着《中华人民共和国烟草专卖法》的实施，烟草部门根据国家下达的种植计划与烟农签订烟叶收购合同，在生产收购过程中，按合同种植计划收购。1997年，根据“相对集中，不宜过散，便于管理，符合流向，方便群众”的设点原则，结合建阳市实际情况，全市共设3个烤烟收购点，即漳墩收购点，水吉（回龙）收购点（流动），小湖（崇雒）收购点（流动）。1998年后，全市烟草种植面积大幅度增加，收购站点数量随之增加，并随着各乡（镇）烟叶种植的发展情况进行调整。2000年，市烟草公司先后在麻沙、莒口、将口、崇雒等4个乡镇建立烤烟收购站。2004年，设麻沙、莒口、将口、崇雒、回龙、漳墩6个烟草站点，负责全市6个乡镇52个行政村烟叶种植与收购。各烟草站进行电脑收购管理。1988—2005年，全市累计收购烟叶63183.81吨，其中，上等烟叶26979吨，占总量的42.48%，总产值累计63185万元。2006年，全市联网，推行烟叶生产户籍化管理。2008年，全市设12个收购站（麻沙、将口、莒口、城关、漳墩、回龙、小湖、崇雒、徐市、黄坑、书坊、水吉）。各烟草站把烤烟生产收购任务进行细化、量化考核，按责任区实行"六包"，即包宣传发动、包面积落实、包技术指导、包物资供应、包合同签订、包烟叶"预检"收购（指导烟农在家中分品种、分部位、按等级质量要求绑把，次日约时定量，在指定的收购站点交售烟叶）。

二、烤烟等级标准

1993—1995年，建阳市烤烟收购实行15级制（即中至中六、上至上五、青至青三、末级），1996年起，采用40级制标准收购，标样上墙，严格对样收购，不压等级。评级实行主评和副评分工制度，副评只分级不定级，主评可评级又定级的原则。对大把头、杂色绑把、把心掺杂、水分超限、霉变、活筋、异味、严重褪色等烟叶，一律拒绝收购。收购标准为下部柠檬黄1—4级，下部橘黄1—4级，中部柠檬黄1—3级，中部橘黄1—3级，上部柠檬黄1—4级，上部橘黄1—4级，上部红棕黄1—3级，完熟叶1—2级，中下部杂色1—2级，上部杂色1—3级，光滑叶1—2级，下部微带青2级，中部微带青3级，上部微带青2—3级。2000—2010年，执行国家烟草专卖局发布的烤烟42级制收购标准，在原40级制基础上增加2个等级，即中部橘黄4级和中部柠檬黄4级。

三、收购价格与奖售

（一）烤烟收购价格

1993年，建阳按照国家改革烟叶收购价格政策，收购环节取消生产扶持费，并入收购价格，根据优质优价的原则调整各等级收购价格，其中，中二、中三等级每50公斤烟叶价格分别为215元、160元。1996—1998年（40级制B2L）调为165元。1999年，中准级（下部橘黄二级代号X2F）每50公斤提高到410元，同时取消各种价格补贴。2001年，调整上等烟C1F、C2F，中等烟C3L、C4L、B2R、B2V，下等烟X3L的价格，每50公斤收购价格分别为885元、777元、572元、453元、470元、378元和248元。2002—2003年，烤烟收购价格基本维持2001年的水平。2004年，中下等烟收购价格调高10%。2005年，对中等级烟叶收购价格再次进行调整，再提价10%。2007年，各等级收购价格每50公斤提高20元。2008年，烟叶收购价格平均再提高20%，中准级由520提高到625元。2009年，烟叶各等级收购价格再次平均提高10%，中准级每50公斤提高至730元，烟叶价格实现3年连续调整。2010年，烟叶收购价格维持2009年水平不变。

（二）烤烟奖售

1994年，将生产扶持费改为奖励现金，并入收购价格。每50公斤中等级烤烟奖励标准：1994年，15级制为75元，40级制为60元；1998年中等级为90元。1999年后，取消省定奖励金政策，执行国家按类区划分的收购价格。价格实行两公开、一监督，不压价，不抬价。为提高烟农积极性，1999年，经南平市烟草局和建阳市政府研究决定，对收购的中上等烟叶给予价外专用化肥补贴，上等烟每公斤补贴2.10元（市烟办补0.70元，市烟草公司补1.40元），中等烟每公斤补1.10元（市烟办补0.40元，市烟草公司补0.70元）。价外专用化肥补贴部分等收购结束后统一兑现，有欠化肥款的要进行抵扣。2000年，市政府从特产税中拿出余额的8%返回给烟农，用于发展生产。2001年后，提高到10%返回给烟农。2003年，每交一担上等烟补贴40元给烟农。2006—2010年，为鼓励烟农科学种烟、种好烟，由烟草公司直接在烟用物资、烤房建设、烟叶生产适用新技术推广等方面对烟农给予扶持补贴，并由银行在烟叶生产资金贷款方面给予优惠利率。

四、烤烟收购市场管理

1994年起，建阳市烤烟收购实行“一证一卡一票一印”（合同证、售烟卡、售烟票、个人印章）和“一约三定”（约时，定点、定量、定部位）的收购模式，要求烟农必须在所属站点交售烟叶，严格执行烟草专卖法，严厉打击擅自收购、无证贩运烟叶等违法行为。1997—1998年，实行“现场预检制”，即在原有模式的基础上，增加售烟现场预检环节，只有经预检合格后才能发放售烟票，一定程度上提高烟叶初分等级纯度，改善现场收购秩序；1999年，开始在全市推行“入户预检制”和“一证（合同证）、“一卡”（收购卡）、“一单”（预检通知单）、“一票”（预检员在入户预检合格后发给烟农的售烟票）”和“一约三定”收购制度；2003年，在入户预检的基础上，又改革推行“封签预检制”和全面实行“一检四定”、“三证一卡一票”、按合同计划收购制度，其中，“一检四定”为预检、定时、定点、定量、定部位，“三证一卡一票”为身份证、预检合格证、种植收购合同证、烟农户籍IC卡（烟叶MIS系统）和售烟证，进一步规范和完善烟叶收购制度；2007年起，开始全面实行“原收原调、一打三扫”收购新模式，即对验级合格入库的烟叶扎包打码（“一打”，条码包含烟叶所属站点、品种、等级、重量等信息），烟叶原包从站点出库时扫码（“一扫”），调入南平烟叶总库时再次扫码（“二扫”），调拨给卷烟工业企业出库时进行第三次扫码（“三扫”），有效提高烟叶收购等级合格率和烟叶收购调拨效率。

1998年，市烟草专卖局同公安局、工商行政管理局、交警大队、税务局及各乡（镇）政府配合，抽调干部深入麻沙、莒口、黄坑、小湖、漳墩等乡（镇），开展打击烟贩专项斗争。2001年，市政府针对市内优质烟叶出现外流的现象，下发《关于维护烤烟收购秩序严禁烟叶外流的通告》和《关于严厉打击非法经营烟叶的通告》。市烟草局稽查大队利用宣传车，配合各乡（镇），到村、户，张贴标语，发放宣传单，宣传烟草专卖法律法规，增强烟农法制观念。同时，由市政法委牵头，抽调公、检、法、工商、交通、烟草干部组成联合执法队伍，成立打击烟贩违法犯罪活动专案组。2004—2006年，烟草局稽查大队没收不法分子擅自收购的烟叶分别为2270.30公斤、2187.85公斤、4256.60公斤，每年集中销毁。

第二节 卷烟销售

1994年，市烟草公司对全市卷烟调拨、购销实行统一经营、专卖。同年5月，烟草公司将“特供门市部”划归“九二八公司”管理，门市部流动资金不足可由九二八公司认购股款中拨入解决，门市部卷烟购销独立核算；10月，位于城区水南的“富健经营部”开始营业。全年卷烟销售7568件（又称箱，每箱250条）。1995年3月，建阳市配合全省专卖市场整顿，对城区北门卷烟市场进行清理整顿，以保证卷烟销售渠道畅通。全年卷烟销售9053箱。1996年2月，建阳烟草“商业网点管理股”正式成立并开始运作，其主要职能是商业网络的管理与服务工作，并负责各网点的行政事务、卷烟购销管理等项工作。1997年1月，为进一步促进卷烟销售工作，市烟草专卖局（公司）组织人员分组分批到水吉、麻沙、将口、小湖、莒口、徐市等13个乡镇巡回展销，开展送货上门服务活动。期间还在城区影院开展“特醇沉香”摸奖促销活动。全市卷烟销售7771箱。2000年3月至2005年底，实行全省统一批发价。2005年，卷烟销售11100箱。

2006年，市烟草专卖局制定“建阳市烟草公司‘一十百千万’零售终端建设工程实施方案”。加强对卷烟零售户的守法诚信宣传教育，提高零售户自觉执行明码标价意识。同时，开展卷烟零售客户的培训，向卷烟零售客户传授现代经营知识与技能，同卷烟零售客户交流学习，加强信息沟通，构筑和谐的经营环境，当年评选取出优秀诚信零售户10位，诚信示范街1条。全市卷烟销售11157箱。2009年，市烟草专卖局选择7名零售客户作为百合形象店，达到以点带面，以优带劣，全面提升全市终端形象水平的目的；建立120位消费者档案，并通过运用面向消费者营销体系，了解VIP消费者的消费动态，采取措施进行引导；每月开展流动服务、流动培训工作；对弱势群体进行每月紧俏烟倾斜投放。城、乡电子结算后台扣款工作进展顺利，方便零售客户，较好保证资金货款的安全。全市，卷烟销售12056箱。2010年，市烟草专卖局对百合卷烟形象店、示范终端户形象进行维护、改造与升级，修缮改造百合形象店 8 户，打造示范终端户 80 户；对零售户提供菜单式个性化服务；组织片区客户经理召开零售客户培训会 50 场，900 人次，提升客户品牌培育意识与素质能力。推行网上订货，优化 1+3 订货模式。当年，全市网上订货率达到 50% 左右，客户电子结算签约率达 98.71%。加强卷烟配送精细化管理，当年，卷烟配送共 54185 户次，送货 12292 箱，送货户率达 100%。送货行程共 63733 公里。全市卷烟销售 12352 箱。

1994—2010 年建阳市卷烟销售情况表

表 13-4-1　　单位：箱

年份	销售量单箱	年份	销售量单箱	年份	销售量单箱
1994	7568	1999	8841	2006	11157
1995	9053	2000	8750	2007	11531
1996	8054	2003	9236	2008	12046
1997	7771	2004	10560	2009	12056
1998	6265	2005	11100	2010	12352

第三节　专卖管理

一、专卖队伍建设

1994 年，市烟草专卖办由 3 人组成，设副主任 1 人。另招收 3 名临时工，负责市场检查和公路巡检。1996 年加强专卖队伍建设，加大专卖办案的人、财、物的投资力度，配备正式专卖人员 4 人，聘请 1 人，添置必要的办案工具，在查案、办案过程中，人员及车辆给予优先保证。1997 年，烟草专卖管理所属县市烟草专卖局延伸管理机构，隶属烟草专卖管理办公室，实施行政执法。每个烟草专卖管理所配备 2 名专卖管理员，兼任卷烟下伸批发或烟叶生产工作。1998 年，新增 1 名专卖协管员，专卖队伍充实至 8 人。

2001 年，根据《福建省烟草专卖机构“稽查队”更名的通知》将“建阳市烟草专卖稽查队”更名为“建阳市烟草专卖稽查大队”。2002 年，为加大卷烟市场的控管力度，经市公安局、市烟草专卖局共同研究决定，成立“建阳市卷烟打假缉私领导小组办公室”。通过加强双方的沟通与协作，形成打击合力。2003 年，专卖管理有 3 个基层专卖管理所（城关所、水吉所、麻沙所），1 个稽查队。城关所 5 人，管辖城区城郊及崇雒、将口、徐市 3 个乡镇；水吉所 4 人（外聘），管辖东片水吉、小湖、回龙、漳墩 4 个乡镇；麻沙所 4 人，管辖西片麻沙、莒口、书坊、黄坑 4 个乡镇。麻沙专卖所、水吉专卖所分别通过地区烟草专卖局“三星级”“四星所”验收。2005—2010 年，通过聘请公安、工商、法院、检察院的业务骨干和具备一定实践经验的专卖人员授课，提高专卖人员的法律理论知识水平、办案、营销、真假卷烟识别、计算机运用等综合能力和素质。实行“精所强队”的专卖管理模式，为保证市场能及时监管到位，实行一办一队三所制，专卖办负责计划部署落实专卖管理工作，稽查队、专卖所隶属专卖办。稽查队重点打击地下窝点和源头。专卖所强化服务职能，注重引导卷烟户守法经营、诚信经营。专卖办配 2 人，稽查大队 5 人，城区专卖所 5 人，水吉专卖所、麻沙专卖所各 3 人。

二、卷烟市场管理

1994 年，推行全市卷烟调拨、购销实行统一经营、专卖。1995 年起，开展“双无商店”（即无假冒、无走私卷烟）评比活动。1997 年，在全市范围内推行卷烟加贴专卖防伪标识销售，未贴标识的卷烟一律不得在市内销售。1998—2001 年，先后开展“百日打假”专项斗争和“三无”（无假烟、无走私烟、无乱渠道进货烟）达标活动，打击假冒商标卷烟、走私卷烟、非正规渠道进货卷烟，整顿卷烟市场流通秩序。以各专卖管理所为主力，实行分片负责和集中管理相结合的措施，对全市卷烟市场进行拉网式检查，规范卷烟市场流通秩序。2002—2005年，卷烟销售实行电话订货、自动喷码、网上配货、送货的“一库式”管理模式，专卖管理中推行到货确认制度。对全市卷烟零售网点进行整合，卷烟零售网点由1400家整合为1189家。同时，对卷烟市场保持常规检查和元旦、春节卷烟市场的检查整顿，建立规范的卷烟市场秩序。2009年，坚持“合法、公正、公平、公开、便民”的换证原则，严格把关，依法办理，灵活运作，使卷烟经营平稳过渡。当年，全市原有卷烟经营户1324户，准予换发1239户，不予换发85户，换证完成率100%。2010年，发放《办证服务手册》，与工商部门召开证照管理联席会，着重加强卷烟零售新户准入、登记事项变更、年检验照把关、无证无照户联合执法4个方面互动管理。成立取缔无证经营工作领导小组，烟草、工商联合执法，处罚无证经营10户，整顿17户，劝退43户，引导办证50户。

三、专卖执法缉查

1994年，市烟草专卖局查获84S翻盖阿诗玛27件假烟，1995年9月，查没假冒玉溪卷烟84S嘴红梅等1060条、“富健”烟5763条。1996年，市烟草专卖局查获假烟案10起，没收假冒龙岩、厦门地产烟计380.50件，连同建阳市工商局查获移交的370件，总计750.50件，集中在建阳市水东河滩销毁。同年，市烟草专卖局又先后会同昆明卷烟厂、玉溪卷烟厂、武夷山市烟草专卖局、邵武市烟草专卖局，销毁数批计1495条假冒卷烟。1998年，办结大小案件343起，查扣立案、处罚违法违章卷烟1848.30件。1999年9月，建阳市专卖缉查人员会同当地公安干警，在麻沙镇梁墩村查扣无标卷烟合计209件，价值37.60万元。市专卖缉查人员在当地公安机关的配合下，在205国道回龙路段，截获1批非法生产的名牌卷烟504件，标的值达182.70万元，涉案运输人员被依法刑拘。2002年，共查处各类违法案件99起，其中假冒烟案件34起，非法渠道进货卷烟案件56起，出动打假1200人次，印发各种专卖法律法规宣传材料5900份，查获假冒卷烟26.70件。2003年3月，市烟草专卖局检查人员会同徐市派出所干警，在当事人住所及店内查获40个非法生产卷烟品种计194条。按销售非法生产卷烟价值的35%（2526元）处以罚款，并将没收非法生产卷烟集中公开销毁。同时，烟草打假缉私人员在城关民主南路上垅4号仓库内查获假冒卷烟1487条。4月，市烟草专卖局检查人员在当事人某经营场所查获16条非法生产卷烟。2006年，稽查大队处理卷烟质量投诉76起、自查协查卷烟违规案件17起，其中，假冒卷烟案12起，案值114082元，无证运输案1起，案值21702元，非渠案4起，案值18443元。其中，查获售假窝点2个。2007年，共查处案件16起，其中，无证运输1起，销售非法渠道卷烟8起，销售非法生产卷烟6起，移送公安1起。2009年1月，稽查大队加强与公安、检、法部门联系，畅通合作渠道，跟踪涉嫌犯罪案件的处理，深化打击力度，在某经营户店铺内现场查获利群、南京、红梅、古田狼等卷烟8个品种914条，总案值达109425元。3月，一审判决1起案值78760元的假烟案，1名犯罪嫌疑人犯有非法经营罪，判刑1年缓刑2年，罚金3万元。此案成为南平地区首例以“非法经营罪”对假烟贩子进行惩处的案件。2010年，按照南平市局的部署，结合本辖区实际，先后开展“破冰”“百日会战”“重点区域整治”“打击假冒卷烟和规范烟草市场”等专项行动，共查获各类涉烟案件62起，涉案总额23.54万元，查获违法卷烟31.21件，上缴罚没款2.81万元。

第四节　机　构

1994年，建阳市烟草专卖局（公司）内设7个职能部门和1个分支机构：人秘股、计财股、业务股、烟草生产股、专卖管理办公室、批发部、曼头山卷烟仓库和特供门市部。漳墩、麻沙、黄坑3个烟叶技术辅导站，隶属烟叶生产股。1995年8月22日，麻沙镇、水吉镇分别设立“烟草专卖管理所”，为派出执法机构。1996 年，成立建阳市烟草公司商业网点管理股。1999 年 1 月，经南平市烟草公司批准成立建阳市烟草公司商业网点股。2000 年 3 月，建阳市烟草公司成立第三产业部。9 月，建阳市烟草专卖局漳墩管理所成立，隶属专卖办管理，负责对漳墩、回龙、水吉、小湖 4 个乡（镇）行政区域的专卖管理工作。2002 年，成立建阳市潭烟经营部，经营部人员据企业发展需要实行聘任制，工作范围主要是负责烟草公司所有房产的经营管理和开发利用，以及负责发展和管理第三产业项目。2004 年，建阳烟草公司成立客户服务中心，撤销建阳市烟草公司市场营销部、物流发展部及电访中心。客户服务中心下设 1 个营销组，1 个送货组，3 个连锁店。营销组分为 9 个营销片区，送货组分设 7 条送货线路，连锁店分别设在童游宋慈路、城区人民路、水南路。2006 年，建成将口标准化烟草站。2007 年，建成麻沙、将口、漳墩 3 个标准化烟草站。2008 年，建成城关、回龙、莒口 3 个标准化烟草站。2008—2010 年，全市共自建 9 个标准化烟草站（麻沙、将口、莒口、城关、回龙、小湖、崇雒、徐市、黄坑）。2010 年，建阳市烟草专卖局，内设 7 个职能部门，下设 12 个烟草站（其中 4 个标准烟草站）、2 个客服中心、3 个专卖管理所，共有员工 265 人，其中，管理类 31 人，非管理类 234 人。

第五章 服务业

第一节　餐饮业

一、网点 经营

1993 年，全县有各类餐饮业网点 945 个，员工人数 1694 人（其中，市区网点 219 个，员工 533 人；国有网点 14 个，员工 99 人），公办的主要有南平行署水南招待所、闽北宾馆、县人民政府招待所、县饮食服务公司的建阳饭店、车站饭店、大众饮食店及县林业局招待所等宾馆、招待所、饭馆内设的餐饮服务部门。城区公办的饮食场所有各招待所、宾馆、大饭店。小饮食店主要分布于小街小巷，经营小吃、快餐，面积小，设施简陋。全县餐饮业消费零售总额 2098 万元。营业面积 100 平方米以上的网点仅 3 个。个体餐饮业规模小，以经营家庭旅馆、小吃为主。1995 年，全市有各类餐饮业网点 1387 个，员工 2570 人（其中，国有网点 10 个，员工 184 人；个体网点 1376 个、员工 2386 人），餐饮业消费零售总额 3893 万元。1996 年，闽北林业宾馆营业。

2000 年，建阳市饮食业开始迅猛发展，大中型酒家、饭店、街边小炒店、麻辣烫、烧烤数量猛增，海鲜、川菜、火锅、鱼宴等南北名菜烩萃，各地风味小吃和当地小吃“水吉扁肉”（馄饨）、“包果”“锅边”“灯盏糕”“光饼”等遍布大街小巷。经营西式餐点的有沙拉斯、德克士、韩美基等。全市有各类餐饮业网点 1392 个，员工 2437 人（其中，国有网点 16 个，员工 207 人；个体网点 1376 个，员工 2230 人），餐饮业消费零售总额 7476 万元。2005 年，全市餐饮业消费零售总额 12887.70 万元。2008 年，个体餐饮户 845 户，从业人员 4270 人。2010 年，市区较大的餐饮酒店有市宾馆、建阳大饭店、花园酒店、胜德大酒店、富贵荣华、春晖等。全市餐饮业消费零售总额 34394.60 万元。

二、特产小吃

水吉扁肉　是建阳水吉镇传统小吃。扁肉是形状、制作过程与北方馄饨、闽南扁食相类似，但是口感、鲜味等大不相同的 1 种食物。水吉扁肉盛入碗里，皮子光滑、透亮，肉馅部分鼓胀、园滚、微带肉红，犹如漂浮的水母，晶莹剔透；放入口中皮子自然溶化；肉馅咬吃有弹性、鲜嫩、滑溜、香甜。

清明果 建阳本地又称“翁籽粿”，是在清明前后制作的一种食物，据说是用来祭奠先人的。清明前后是采摘清明草和野艾叶的好季节。清明草或野艾叶捣烂后连同汁液与糯米粉、早米粉按一定比例揉搓成粉团，然后加工成面皮，里面可包芋头丝，萝卜丝和腌菜。

蔡家肉饼 是建阳区麻沙镇的特产。清光绪年间，麻沙蔡家肉饼，驰名省内外，后人简称为“麻沙饼”。到麻沙做生意和商业贸易的广东、湖南、江西、浙江等省客人回家，必定带上“蔡家肉饼”作为礼品送人，当时外客流传着：“旅客到麻沙，带饼回老家，人人尝一口，都把拇指夸”。

麻滋粿 麻滋粿在建阳的历史无从追溯，至2010年，它仍以最原始的手工方式进行制作。先将蒸熟的糯米倒入石臼中，用大木槌捶打，捶打的过程中1人在旁翻动器皿中的糯米，以确保捶打均匀。不停的捶打翻动，直至成糯米黏稠状。之后，再用手捏出大小均匀的小团子，在黄豆粉、芝麻、白糖混合为一体的粉末上粘一下，一道糯香的麻滋粿便可上桌。麻滋粿是婚嫁、祝寿喜宴必不可少的餐前点。

锅边糊 锅边糊虽源起于福州，但早融入建阳人民生活之中。其做法是，用石磨将磨好的米浆均匀浇铁锅内边缘四周而成，待米浆煮熟、烘干，再将其铲成片状送入锅内沸水之中，并加以蛤蜊、香菇、虾皮、葱、黄花菜等配料，稍煮片刻即可。刚出锅的锅边糊白脆薄润，汤清不糊，食之细腻爽滑，清香可口。

炒锅底 是酒席宴请宾客，必不可少的菜肴，地道的地瓜粉蒸刨出的粉丝柔韧爽滑，配以各色山蔬，甜津的黄花菜、鲜脆的冬笋、馨香的香菇、韧香的豆干，还有用以增加香味及口感的五花肉以及点缀用的胡萝卜等，最后，洒上用于提色的黄豆酱油，缀上葱段，香喷喷、可口的炒锅底就完成。

水南芥菜 产于建阳区潭城镇水南村，故名。芥菜，为普通蔬菜，1年生草本植物，多生长于冬春季节，叶子表面多皱纹，叶脉显著，到处可见种植。此菜可煮食或炒食，或晾晒腌制成酸菜或咸菜食用。水南芥菜，主要特点是细纤维、易煮、易熟、味鲜爽、口感好。

徐市蕹菜 俗称水空心菜，是普通蕹菜的“祖先”，保留野生植物的原汁原味，其外形与普通蕹菜相似，但叶片更大且绿、杆更粗。嫩茎叶为普通蔬菜，叶片沸水煮捞后拌油、酱等调料食用滑润爽口，其茎有的绿中带紫，用酸辣炒食脆而开胃。

第二节 其他服务业

一、宾馆旅店业

1995年，市招待8号楼建成，成立建阳市宾馆。1996年后，新建闽北林业宾馆。1999年，饮食服务公司新建金达宾馆。2000年，建阳大饭店、建阳宾馆获国家旅游局评为“二星级酒店”。2003年6月，花园酒店开业，并于2005年获国家旅游局评为“三星级酒店”。2008年，全市个体住宿业157户、员工809人。2006年4月，胜德大酒店开业，于2010年，被国家旅游局评为“四星级酒店”。至2010年，市区有五家星级酒店。木材公司招待所、林业招待所、城关旅社、桥南旅社、河滨旅社、大众旅社等，共有床位600个。

二、理发、美容业

1993年，市饮食服务公司所属理发社（集体单位），在城区有4家理发店，个体小理发店若干家。之后，出现美容美发店，从单一理发发展到发型设计、染发、烫发、美发护发等服务项目。随着人们对美容、美体、养身的重视，美容店从简单的面部美容发展到美容美体，美容店（院）环境更为讲究。2008年，“哆来咪”“剪家班”“羽壹”等美容美发店还开起连锁店，实行多元化服务、规模经营，内部实行星级管理。2010年，美容美发协会有会员 58 家。

三、洗浴业

1993 年，市区经营洗浴门店有饮服公司的大众澡堂及 2 家个体经营澡堂。压缩机厂、蓄电池厂、毛巾厂等大企业有内部澡堂，可向社会开放。1995 年开始，洗浴业服务项目逐年增多，除洗浴外，还有桑拿、药浴、足浴、穴位推拿、洗头、按摩等服务项目。2010 年，全市有洗浴类服务场所 40 家。

四、照相业

1993 年，城区市饮服公司有 3 家照相馆，个体照相店数家，从业人员 40 人，有黑白、彩色相照。饮服公司虽有小型彩色扩印机，但彩色效果及成本不尽人意，大多送往外地冲扩。彩色照片逐步取代黑白照。1995 年，美乐相馆第一家引进日本电脑全自动流水线扩印机，生意火爆。1995 年开始，单一的照相演变为艺术照、婚纱照、摄影摄像综合服务。2000 年，市区有“博爱”“爱情海”等多家影楼。2005 年，新增“薇薇新娘”“喜多多”“钟爱一生”等婚纱摄影店。2010 年，新增“天长地久”等婚纱摄影店。一些婚庆公司也同时提供新婚摄影、录像制作等系列全套服务。

五、休闲娱乐业

1993 年，全县有 34 家舞厅、卡拉 OK 厅，15 家激光录像厅。1993 年后，发展为歌厅、KTV 包间。随着彩电进入家庭的增加，录像厅逐渐淡出人们的视野。KTV、夜总会、咖啡厅、茶楼的规模、装潢、设施越来越高档。2002 年，开始有网吧 39 家。2000 年，有 46 家舞厅、卡拉 OK 厅。2005 年，有舞厅、卡拉 OK 厅 20 家、网吧 40 家。至 2010 年，有“世纪”“巴黎之夜”“波士”“同一首歌”“外滩”“花园”“白金翰宫”等休闲娱乐场所 15 家、网吧 38 家。2010 年 10 月，建阳城区 28 家单体网吧业主连锁经营，成立福建创达网络有限公司。市区设 10 个直营网吧门点，统一管理，实行一卡制消费，统一上网时价，促进网吧行业健康有序发展。

第六章　旅　游

第一节　旅游资源

一、自然景观资源

建阳市地处武夷山脉南麓，位于闽北的中心，属中亚热带季风气候，自然资源景观较丰富，全市主要的自然资源景观：

白塔山　距建阳麻沙城区 60 千米，位于麻沙镇境内，为建阳与武夷山、邵武、江西铅山四县交界处，与双世遗武夷景区相邻。海拔 1553 米，山体傲岸秀丽、高入云霄。白塔山之名源于传说，曰山有黑白分层岩石，形如宝塔，夜发白光，故而得名。山巅有石特崎，黑白层分如浮屠，夜常有光，又名“天灯山”。白塔山原始森林植被保持完好是 1 座生态优美的天然珍稀动植物园，山上有棋盘岩、仙人床、飞来石、试心石、仙人洞、荡脚岩、猴子望月以及8个造型奇特的瀑布等20处景点，带有传奇色彩的龙济道院、古代摩崖石刻更为白塔山增添迷人色彩。

庵山 庵山因山中有庵而得名。位于建阳城区东面，距建阳市区约8公里，庵山最高处俗称“玉皇顶”，海拔1020米。孤峰独耸，环山似揖，四时风景不同。主要景点有灵泉寺、关刀峡、仙姑梳妆、青士迎宾、月景波光、鸳鸯柏树、白鹤仙母、龙坛等18景。灵泉寺始建于唐贞观年间。明万历年间（1573—1620年），邑人傅国珍修葺。清雍正十年（1732年），寺遭火焚。清乾隆三十年（1765年），邑人傅光裔、傅克钦倡捐重建。灵泉寺分3重大门，一重门留有宋代石刻对联1副：“到此山门近天阙，始知蓬莱有仙翁”；二门留有石刻横批“灵泉古迹”；三门留有石刻横批“涌泉胜境”。寺中供祀着三皇元君塑像。灵泉寺前后有千年柳杉六棵。景区有2000公顷天然亚热带阔叶林，名贵树种达百余种。此外还有黑熊、苏门羚、黄麂、云豹等原生动物，并有白鹇、黄腹角雉等200种鸟类。2009年获评为省级森林公园。

黄坑大竹岚 位于建阳市黄坑镇先锋岭西南侧，四面高山中间盆地，古代有出省官道横贯其间。建阳境内黄坑大竹岚一带19平方千米范围为武夷山自然保护区的核心部分。区内原始森林里有众多珍稀树种、名贵药材、珍禽奇兽，昆虫种类繁多，种群数量甚大，被誉为“昆虫世界”“蛇类王国”“鸟的乐园”“世界生物圈保护区”。历史上曾是人口稠密的村庄，解放战争时期人口大量外迁流散，余下数户在解放初期迁出合并于坳头村。境内观音坑、十八跳、斗米岭等遗址流传着美丽动人的神话。

油岩山 风景宜人，山路蜿蜒盘旋，满山竹林、树木青翠，半山腰上有个古色古香的红顶六角凉亭，靠着凉亭的边栏上，环顾四周极其幽雅，向山下俯视，纵横交错的梯田尽收眼底，山间不时可见 “怪石”，快到峰顶时，有1块奇岩，形态犹如1只威风的雪豹引颈向天歌，名曰“雪豹岩”，侧旁有1棵迎客松。站在油岩山的最高峰顶，视野开阔。

樟抱佛 建阳考亭璞石村有着丰富的自然景观。樟抱佛景观在璞石村村口的湖边，站在远处似乎看见一棵枝叶繁茂的老樟树，其实是2棵，一大一小，大的樟树巍峨挺立，要数人环抱，高30米。至2010年，有1012岁。小樟树260岁，依偎着大樟树，2树相间2米左右，根连着根，枝冠相叠，形似母子相依为命，历经千年风雨，共度沧桑岁月，因此当地人也把它叫作母子樟。古老的大樟树在树干2米处正中有1个似鹅蛋形的树洞，洞口很小。洞内有尊佛像，当地人称“将军爷”，有光源仅可见“将军爷”头像，眉目慈善，面带微笑，这就是樟抱佛奇观。

潭山公园 潭山公园始建于20世纪80年代，南临人民路，北临朱熹大道，山上绿树成荫，四季花开，是建阳市宝贵的闹市“大氧吧”。曲径通幽的园路旁砌有1道仿长城挡墙，当地人称为“登高山”或“小长城”。2009年，潭山公园改扩建工程启动，占地面积从13公顷扩建到100公顷，新增休闲步道3公里、2个出入园口和若干景观亭台楼。2010年以来，政府先后投入上亿元资金，对公园进行改扩建，并新建建阳城市规划展览馆。

建阳山水风光资源还有：华家山、回龙半天霄、西山、云谷山、五福溪、崇阳溪、南浦溪、麻阳溪、积墨池、崇雒双龙潭、金盘湖、考亭湖、龙井坑瀑布、龙湖山瀑布、大历溪瀑布。生物景观还有麻沙水南楠木林、白塔山蜂鸟栖息地。天象与气候景观有白塔山观日出、庵山观日出、白塔山佛光、白塔山云海。

二、人文景观资源

朱熹陵园 坐落于建阳市黄坑镇后塘村大村谷。是宋先贤朱子与夫人刘氏合葬之墓陵。陵墓位于丘埠隆起的高爽之处，周列水田，视野开阔，远眺墓陵，墓两旁山脉逶迤延伸如风吹罗带飘拂，相传是朱子自己生前选中的风水宝地。墓园共分3层，顶层为墓室，中为穹隆圆形墓堆，周围用小鹅卵石砌成。墓堆上立一石碑，上刻“宋先贤朱子、夫人刘氏墓”；2层为墓园，设有长方形石香炉、石供案各一，石烛一对；3层为长方形草坪，1987年，修建朱子墓道碑亭1座，朝圣者置身此地，怀古之情幽然而生。每年海内外朱氏后裔都要到朱子陵园来拜谒朱子先祖，以表慎终追远之情。朱子墓是全国第六批重点文物保护单位。

宋慈陵园 省级文物保护单位，位于建阳崇雒乡。宋慈陵园占地面积1000平方米，墓冢保存完整，为石砌圆形封土堆，直径约1.90米，高1.70米，坐西北朝东南。墓前立石碑1方，上书“宋慈惠父之墓”。目前宋慈纪念馆正在建设提升之中。

麻沙长坪游酢祠堂遗址 位于麻沙镇长坪富垅村，为宋代理学家、教育学家游酢讲学著述之所，北宋熙宁二年（1069年），游氏后裔创建祀唐入闽一世祖五丈公祠；南宋嘉熙二年（1238年），改建“豸山书院”。岁月流逝，书院主体建筑于近代之季倒塌，仅存砖砌大门及残墙。

建窑遗址 建窑是中国古代著名的窑场之一。窑址坐落在水吉镇后井、池中村。建窑因历史上属建州而得名，后因行政隶属关系的变化，又有“水吉窑”之称谓。建窑窑址分布在芦花坪、牛皮仑、大路后门和营长乾等处，方圆10里，窑址总面积12.60万平方米。建盏创烧于唐代，兴盛于两宋，元代趋于衰落以至停烧。建窑的杰出成就主要表现在其变幻莫测、绚丽多彩的釉色方面。代表性作品有黑釉兔毫纹、油滴、鹧鸪斑、曜变等。1989年12月至1992年7月，中国社会科学院等联合对大路后门等处窑址进行大规模发掘，考古队发掘清理晚唐五代至宋末元初的龙窑基址8座，其中，90SJY3长达135.60米，为国内已知最长的龙窑，亦堪称世界之最。1999年，建窑遗址考古发掘（1989—1992年）获评为“建国以来福建省十大考古发现”。2001年6月，经国务院批准公布为第六批全国重点文物保护单位。

多宝塔 位于距城区水南2.50千米的鲤鱼山，建于明万历三十年（1602年），为八角七层阁式宝塔，石砖木混合结构，每层八面佛龛内均雕有佛像，是建阳文化历史悠久的重要标志。清康熙二十三年（1684年）多宝塔毁于火。楼梯被烧毁，塔身遭雷击，残缺破损，1986年进行修建，周围兴建3座六角休息亭，使亭塔交映，景色佳丽。清凌凌的建溪水，绕着鲤鱼山缓缓东流。登塔顶四望，潭城景色尽收眼底。

潭城街道溪源村 距市区10千米，森林茂密，生物多样，植被保存完好，村里有10处明代古宅曲径通幽，古居砖雕，厅堂木刻雕花，明末的探花亭，清代的文魁堂等，村中的10处古井，涓涓流水，供游人寻幽、观赏。村后山，有一片14.67公顷的天然松树林，形成独特的松林听涛景观，步入林海仿佛置身于天然氧吧，让游人充分享受大自然的美景。

宝山清莲寺 坐落在建阳市城区风景秀丽的宝山北麓，面临潭城，背枕宝山，始建于唐朝，1991年底重建。全寺主体为佛殿四座，办公楼、斋堂、大寮、僧舍等共8座，清莲寺以滴水观音、弥勒殿、大雄宝殿、西方三圣殿、古佛殿、露天阿弥陀佛为主体，依着山势层层上升、构成完整的寺院建筑群，整座寺院以大雄宝殿为中轴线，布局合理，建筑严谨，雕梁画栋，金碧辉煌。清莲寺坐南朝北，周围古木参天，松竹青翠，远眺大潭山之朱子阁、宋慈亭，山峦起伏，层层叠嶂，俯望潭城，高楼林立，万家灯火，美不胜收。清莲寺有“昼迎千众拜，夜赏万灯明”之说。其首创闽北净宗道场，并形成“龙迎虎笑”“雄狮朝阳”“永觉苍生”“报恩塔”“经声遏云”“月色灯光”“亭阁书空”“竹影松涛”等景观。

水吉大觉寺 位于建阳市水吉镇市头村东南6千米的江埂佛山山间，原名大觉庵，又名大觉妙智寺、大觉禅院。相传始建于宋末元初，寺宇原为土木结构，大雄宝殿面阔五间，明万历四十五年（1617年），谢文翔重建。清代至民国期间，大觉寺有规模不等的修缮。“文化大革命”初期，大觉寺遭到严重破坏，寺内现仅存清康熙、光绪年间竖立的石刻碑记四方，分别记述寺院的历史源流、道场盛况、田地财产、禅师主持事迹，此外，尚存清光绪二十一年（1895年）冬住持僧志景铸大铁磬一尊。1994年以后，经大觉寺住持修文多方筹集资金，将水吉镇至寺庙公路分段修建为水泥路面。大觉寺以藏经阁藏经多闻名。原有藏书5000册，1995年9月8日，火灾烧毁藏经楼，焚毁经书等1批珍贵文化遗产，2010年，藏书300册。现寺院建筑面积有4000平方米。大觉寺法事诸多，其中以六月六晒经法事最大。

如是寺 距崇雒村东南7.50千米，坐落于建阳崇雒山高林密，峰峦深秀，山势巍峨的莲源山。如是寺，曾经晨钟暮鼓，法门大开，香火之盛，甲于闽中。寺庙建于唐代咸通年间（860—874年），原名崇福寺。元至正十九年（1359年）重建后，更名为如是教寺。供奉的是“如是老佛”。如是寺萧衰几废，兴建几起。明万历六年（1578年）院毁，九年（1581年）重建，清康熙三十九年（1700年）募修，清乾隆、道光年间重建，光绪二十二年（1896年）再修……2004年重修，2008年，如是寺又毁于烛火，后由现在的主持释泽喜法师募善款重建。如是祖殿坐西北朝东南，庙门白墙红瓦，两边各有1尊半蹲的石狮。庙宇重檐3层，脊背起翘，在青山的衬托之下格外庄严肃穆。现寺院总建筑面积2000平方米。寺院四周古树环抱，实为避暑休闲胜地。

隐峰寺 俗称吴山庵。位于水吉良源吴山莲花峰山麓，距建阳市区25千米，今汽车直通寺院山门，方便四方游客览胜。亦为县文物保护单位。隐峰寺始建于南宋绍兴三年（1133年）。宋元时期曾兴盛一时，下辖安庆、金斗、王元、回龙、西山、龙元……十八寺，有“小丛林”之称。清咸丰八年（1858年），毁于兵燹，现存建筑为清同治七年（1868年）重修。 隐峰寺有两道山门，第一山门正对寺前开阔地，百米之外即可望见，弟二道山门却转对左边的龙山，如此布局，令人生奇，据僧图诵（现住持长老）介绍说，隐峰寺左龙右虎以护寺，头道山门避虎山之煞，二道山门迎龙山之祥。整个寺院占地2000平方米。大殿雄伟庄严，房梁上方为斗拱组合，精密细致；综合了清代民间木雕、彩绘等艺术精华，令人叹而观止。

建阳市人文景观资源还有：麻沙新溪馒头山遗址、书坊豆芽丘遗址、莒口庵山老虎岗遗址、小湖官山岭遗址、将口民居群、书坊太阳山旧址、徐市上饶集中营旧址、建窑遗址、将口唐窑遗址、华家山窑、溪口碗窑、建阳书坊、老鹰岩太平天国古栈道、大潭城池、闽王城池、牛山、龙济道院、圆心寺、文昌庙、关帝庙、城隍庙、三圣庙、威怀庙、蔡氏大宗祠、塘楼贤山祠、西瓯徐氏祠、将口张氏祠、二程夫子祠、考亭启贤祠、麻沙忠烈祠、楠木厅、水南叠山祠、水吉普照塔、水吉联升塔、书坊古白塔、麻沙浮翠亭、仙楼山越王亭、西山古城、龙潭城、庐峰摩崖石刻、西山摩崖石刻、朱子画像石刻、中山广场、书林门、先锋岭瞭望台、考亭书院石牌坊、郑墩系列石雕、小湖塘楼石旗杆、西山真德秀牌坊、建阳将口古街、书坊古街、黄坑镇、考亭村、童游古民居、将口古民居、水吉徐氏宗祠、考亭书院、溪山书院、鳌峰书院、横渠书院、鹰山书院、同文书院、庐峰书院、云谷书院、潭溪书院、云庄书院、化龙书院、环峰书院、瑞樟书院、童游儒学、水吉扁肉店、祝夫人墓、蔡元定墓、朱塾墓、蔡炉墓、游匹墓、蔡发墓、漳墩白沙桥、拿坑十三石拱桥、黄坑太子岭石拱桥、建阳古渡口、雷公口水库、五福洋水库、辰前金盘湖、御史铁栏井、观音水月井、朱子汲古井、坳头农家度假村、考亭休闲度假区、红旗度假山庄、宋慈广场、市博物馆、市图书馆、市青少年宫、市游泳馆、市体育馆、书坊书林楼、考亭千亩葡萄园、考亭千亩桔柚示范基地、麻沙草莓示范基地。

三、旅游商品

仿古建盏 建盏（天目瓷），黑瓷代表。是中国宋代八大名瓷之一，宋时为皇室御用茶具，传世并藏于日本的4只国宝级建盏“曜变天目”是饮誉世界珍宝。至2010年，从事生产、销售仿古建盏较有规模的企业4家，家庭作坊不过7—8家，主要以生产工艺品为主，单个碗、盏类仿、复古制品居多，产品主要寄在古玩店、茶业、茶具店卖。建阳市胜德古街大潭古玩城数十家以摆卖建盏为主。仿建盏产业还处于低水平、粗放型阶段，产品类型单一，主要就是“兔毫盏”“油滴”等，以观赏性品种为主，日用性品种较少。“芦花坪”“贵稀堂”是较有名气的2个品牌。

工笔画 建阳是“中国书画艺术之乡”，深厚的文化积淀、浓郁的乡土气息哺育1朵民间艺术奇葩——建阳工笔画。建阳工笔画是在传统工笔画技术上融合民间绘画和西洋绘画技法而发展起来的，以闽北山区的风土人情为主题，以工笔画的技法表达朴素自然的情感，是心灵自由的写照，显示浓郁的乡土气息和田园风情。至2010年，有200件作品入选省级以上多种展览，许多作品流传到美国、日本、澳大利亚、丹麦等国家和中国香港、台湾地区。

第二节　旅游规划

一、旅游发展规划

1991 年，建阳市政府开展旅游资源的普调工作，制定旅游景点的开发规划。分“三线”（以朱子遗址为主线，黄坑拟态蛇园，大竹岚自然保护区为依托的旅游线路；从水吉大觉寺到吴山隐峰庵顺延至宋窑遗址的线路；以宋代大法医学家宋慈墓为中心，连接将口唐窑遗址的线路）开展普查，做好旅游资源的收集和整理工作，编印建阳导游手册。1992 年，由市政府牵头，市旅游局、建委、设计、文化等部门对全市各类旅游资源进行系统全面的勘查、整理、挖掘，并组织相关人士进行论证，较系统地制订全市旅游发展初步规划，其中“考亭书院”景点的规划设计由沈阳设计院设计。2003 年 4 月，建阳市与福建师大旅游研究所合作制定并出台《建阳市旅游发展规划纲要（2003—2020 年）》。2006 年，制定《建阳市国民经济和社会发展第十一个规划纲要》，进一步明确建阳市旅游业发展的具体实施目标和任务。2010 年，完成《白塔山森林公园总体规划（未评审）》。

二、专项规划

森林狩猎度假区建设规划　中国武夷（大历溪）森林狩猎度假区（位于建阳市小湖镇），2009 年，获得国家林业主管部门的行政许可，也是福建省第一家获得批准的森林狩猎场。2010 年，完成景区旅游规划和项目的可行性研究报告。狩猎度假区经营区总面积 1333.33 公顷，与庵山省级森林公园接壤。区域森林覆盖率高，动植物资源丰富，种群数量稳定。

考亭朱子文化园、朱子林建设规划　2010 年，完成黄坑朱子纪念馆的项目规划，开始启动考亭朱子文化园项目，规划面积 340 公顷，开展总体规划设计、论证和招选商工作。规划在建阳黄坑朱子墓所在地建设朱子林，建设面积 40 公顷，中心核心区 4 公顷，投资 1.20 亿元。工程拟分为三期建设，将建筑朱子墓道神碑、思源亭、思源泉、半亩方塘、祭拜亭、朱子祠堂、朱子广场、碑林、旅客服务中心等景点。届时，朱子林将成为中国唯一一处古朴优雅、适于后人缅怀的朱子陵园。2010 年 4 月，在建阳召开朱子林规划建设论证会，专家学者在详细了解建阳朱子林规划建设后，基本认同朱子林规划方案，认为建阳朱子墓是全国第六批文物保护单位，是朱子文化的集中代表体现。朱子林的建设高起点，高规划，景点分布合理，设计符合历史背景。朱子林与武夷山武夷精舍、五夫紫阳楼形成朱子文化旅游 1 条线，不仅弘扬祖国优秀文化传统，又可推动大武夷旅游文化产业发展。2010 年，建阳黄坑朱子生态旅游项目投资 1997 万元，进行朱子广场建设，完成黄坑街至朱子墓 2 千米公路硬化，生态农业开发 3.30 公顷，花卉种植 6.70 公顷，生态蛇园完成 0.70 公顷。完成四周围墙建设及湖上景观施工。

考亭旅游休闲度假区建设规划　考亭旅游休闲度假区位于潭城街道考亭村和璞石村，分为“印象·考亭卧龙湾”和“中国武夷（建阳）朱子文化旅游度假区”两项目。

第三节　景区开发建设

塔山公园　多宝塔坐落于建阳城南 2 千米鲤鱼山，始建于明万历三十年（1602 年），塔身为八角七层楼阁式石砖木混合结构，清康熙二十三年（1684 年），野火蔓及塔梯烧毁，后塔身又屡遭雷击，加之年久失修，在近代残败不堪。1988 年，省县 2 级政府拨资重修多宝塔，塔之周边新建息亭 3 座，1989 年 1 月 1 日竣工。2010 年，市政府斥资 500 万元，重修宝塔，塔身布设灯光夜景，建上山入口广场，增设道路及园林景观，对山体林分补植增绿。

宝山清莲寺 1990年完成重建选址，1991年底开始重建，至2007年总建筑面积达8514.30平方米，至2010年共投入上亿元资金。

白塔山森林公园 2004年，建阳市政府与深圳太广投资有限公司签订协议，开发白塔山森林公园，目标定位为国家级森林公园。截至2010年，投入2000万元，修铺景区内旅游公路、建设管理用房，购进水上游乐设施等。

潭山公园 1993—2007年，先后多次对潭山公园进行改扩建。2008年，启动潭山公园建园最大的改扩建工程，占地面积从13.30公顷扩建到100.70公顷，新增休闲步道3公里、2个出入园口和若干景观亭台楼。投入资金上亿元。

印象·考亭卧龙湾 项目由福建金汇投资有限公司投资建设，中国武夷（建阳）朱子文化旅游度假区由厦门兆千集团有限公司投资建设，建设目标定位为国家AAAA级以上旅游景区。卧龙湾旅游休闲度假区葡萄主题公园和绿道等建成并对游客开放。2010年，总投资10亿元的“印象考亭”1期项目全面动工。

朱子林文公祠 2010年10月23日上午，“朱子林—文公祠”奠基仪式在建阳市黄坑镇举行，来自海内外的朱氏宗亲以及专家学者300人参加奠基仪式。朱子林中心核心区规划建设的0.67公顷征地工作已完成，思源泉、朱子广场正在建设中。朱子林建设得到海内外朱氏宗亲的捐助。

A级景区方面 至2010年，有1家国家AAAA级旅游景区（建阳卧龙湾武夷花花世界），3家国家AAA级旅游景区（黄坑景区、麻沙镇楠木林景区和生态溪源景区）。

建阳（卧龙湾）武夷花花世界景区 坐落于“建盏之乡”“朱熹故里”的建阳考亭村，交通便利，距离建阳城区仅5公里，前身为“建阳区鑫开心家庭农场”，从果蔬采摘、园林苗圃、休闲农业园一步步转型提升，计划形成集生态观光、文化科普、康养度假、农耕体验、休闲娱乐为一体的综合性旅游景区。

麻沙楠木林景区 景区位于“闽北文化古镇”麻沙镇，坐拥“三山（灵岩山、象鼻山、老鼠山）一水（麻阳溪）”的优美环境，分为楠木风水林、水南古村、“楠木林”葡萄主题园、建本文化公园等几大区块，集生态科普、乡村休闲、水果采摘、文化体验等多种功能于一体。楠木林占地约百亩，是由近万棵大小不等的珍惜楠木构成的一片村中森林，也是国家级特种树生态保护林，更是难得一见的自然景观。此前已成为绝佳的影视基地，著名导演张纪中曾多次前来拍摄影片，先后成为《西游记》《碧血剑》《鹿鼎记》《倚天屠龙记》等多部电视剧的外景拍摄地。

生态溪源景区 景区位于建阳区潭城街道溪源村，历史悠久，风景秀丽，景色宜人，森林总面积1156.67公顷。该景区集历史文化、休闲农业、生态旅游为一体，设有休闲水车广场、吕氏宗祠、农家记忆园、探花亭、摩尔森林户外拓展项目、瓜果采摘项目等游乐项目，同时，应季节在村口种植大片的向日葵花海、油菜花、荷花等，打造田园风格的美景。

第四节 旅游市场

一、旅游宣传与推介

加大市场开拓的力度，以多种形式宣传当地独特的旅游资源。全面塑造“清新福建·书香建阳”旅游品牌形象，在省、市、区各级电视台及各类新媒体平台推送建阳旅游资讯；持续深化与移动、联通、电信3大运营商和“12306”短信平台合作，发送旅游宣传短信，形成多媒体联动、多平台整合、多渠道推广的旅游宣传格局。依托特色人文、自然资源着力打造1批精品旅游线路，与各大旅行社建立长期合作关系，刺激旅游市场。结合建本、建盏、朱熹、宋慈4大文化名片，重点推进考亭书院、建盏文化创意园等1批文旅结合项目建设，举办建窑·建盏（建阳）文化博览会、朱子文化研讨会等大型活动，以文促旅，以旅弘文，文化旅游和谐共进。

二、旅游线路开发

截至2010年，建阳市精品旅游线路主要有1日游1条和2日游2条：

自驾车1日游线路：潭城街道考亭村考亭书院—千年古樟树包佛像—潭城街道宝山清莲寺—水吉镇后井村建窑遗址—市头村大觉禅院。

2日游线路：黄坑镇坳头村大竹岚（武夷山自然保护区）—朱子林—麻沙镇溪头村白塔山森林公园—长坪村游酢故里—莒口镇上布村西山陵园—潭城街道考亭村考亭书院。潭城街道考亭村考亭书院—千年古樟树包佛像—宝山清莲寺—水吉镇后井村建窑遗址—市头村大觉禅院—将口镇将口村唐窑遗址—崇雒乡崇雒村宋慈陵园。

休闲度假游　线路安排：麻沙楠木林景区（含水上项目）—白塔山茶庄—武夷德懋堂度假区—白塔山旅游区—黄坑景区（响鼓水世界、三峡畲族风情园、朱子林、桂林乡村旅游特色村、十里长涧景观长廊、九龙山庄）。

文化研学游　线路安排：建阳（卧龙湾）武夷花花世界景区—考亭书院—观书园—建盏文化创意园—建盏文化旅游街区—建本展示馆—崇雒宋慈文化旅游区。

古窑探幽游　线路安排：水吉建窑遗址—建盏名家体验（星辉建盏、芦花坪建盏、柳溪堂）—建盏科教馆—建盏交流中心。

红色记忆游　线路安排：书林门—积墨池—书坊楠木厅—进德书堂书林雕版印刷陈列馆—清代白塔—太阳山革命历史纪念馆—革命烈士纪念园—拿坑十三拱桥。

三、旅游节

水吉拖石节、漳墩乌饭节、童游彭墩高照、迎神赛会、烛桥灯会、闽台美食节、朱子文化节、黄坑竹文化节、漳墩畲乡文化艺术节、考亭葡萄节 、市锥栗节、桔柚橘台赛等。

迎神赛会　水吉迎神赛会，从正月初一起，延续20日，且规模逐日升级，至正月二十一日，达到高潮。初一，从市头坊永灵庵“石矶灵侯”始，上午9点，由里人青壮年若干，打锣敲鼓，抬着神灵塑身沿街奔跑，各坊青壮年可以拦路抢夺，得手后可玩可藏，主坊人员需分头寻找，抢回后继续比赛，俗称“乐翁爹”。一直从白天赛至下半夜，至参赛人员筋疲力尽方才介绍。　初二夜，原安排江西会馆“许真君”参赛，因每次都发生斗殴事件，引起公愤而被除名。此后，每年初二夜无赛会。初三夜，由岐头坊“文昌帝君”首赛，一直延续到二十一日夜止，共20个夜晚和4个白天。参加赛会的神灵计有：石矶灵侯、文昌帝君和祖公老佛等7位。次数最多的是“石矶灵侯”，占去9个晚上和3个白天。赛会最隆重而壮面的是“祖公老佛”，当夜出动的有龙灯5至7条，鱼灯二至三群，彩台（俗称铁矶，每台上2个小孩化装成古代人物，由4人抬着游街）20台，锣鼓几十帮，直接参赛者有数百人之多，各乡来观灯的可达数千人之众。至此，水吉正月迎神赛会（俗称“观灯”）才告结束。

八月庙会——石矶祠庆活动　水吉“石矶祠”，始建于唐末，宋初改为“三侯庙”（俗称“大庙”），全庙占地近万平方米，内设3殿：正殿供蒋公（俗名“蒋源”，谓石矶爷，为抗击黄巢义军有功而受封）；右殿广惠侯（俗名“林必兴”，以舍生取义得赐）；左殿昭卫侯（俗名“张暹”，以正直无私，济民利物而封侯，俗称“阎王”）。相传八月十一日为封侯立庙日，是日方圆十一坊群众杀猪宰羊到庙祭祀，仪式隆重。一般年份，供桌都在数10桌之多，供品除全猪全羊外，还有三牲、福果、水果等摆在装饰好的长条供桌上，每张供桌由四人抬着进庙放在指定的地点。举行祭祀典礼后，以大锣、回避牌、西瓜锤、关刀、大斧等8对组成的仪仗队为先导，所有供桌随后，队伍长达一二百米，极为壮观，环游三街后回庙，整个祭祀活动才告结束。参加祭祀人们才分散到各设供户家中就餐。在庙会前夕还从外地请来剧团，从初十夜开台演戏至二十日。新中国成立后，利用“八月会”期，在八月十一至十三日举行物资交流会。

彭墩高照 彭墩高照，是一种“高照”纸灯，堪称建阳花灯之王。“高照”，取吉星高照之意，这种巨型纸灯，由12组灯箱和3组旋转顶灯相叠而成，形体似塔，高达4层楼房。据道光《建阳县志》记载，这种灯起源于明代，臻繁于清朝。乾隆年间人云：“纱灯惟苏州为最，纸灯甲于天下，则莫如建阳也。”这足见建阳花灯历史之悠久，工艺之精巧，气势之磅礴。游行表演时由24人同步操作，极为壮观。另外与之相互配合表演的还有16位少女手举32盏传统花钵灯载歌载舞，3支古老打击乐队和民乐队共80人。

黄坑烛桥 黄坑烛桥，也称作“烛桥龙灯”，是用烛光灯火连接成的1座灯虹彩桥，长240米。黄坑烛桥起源于宋朝初年，是嘉禾里（原黄坑地名）劳动人民勤劳智慧的结晶。早先，嘉禾里虽然有花灯、龙灯、马灯、船灯、狮子灯、花鼓灯等各种灯会庆祝春节和元宵，但烛桥灯则是人们心目中的吉祥灯，一年之成事，一载康泰，都寄托在烛桥盛会上。烛桥灯会是全镇最大的民间艺术活动，每个灯会都有会员百余人。烛桥以“板”为单位，板长2米，板上各固定3盏烛灯，板底各有1根1.50米的立柱便于操作。每年烛桥盛会时，每个会员都制作1板风格、工艺、尺寸相近的花篮子灯，由4节12组120板组成烛桥，加上龙头龙尾灯，一共365盏烛桥，象征着365天都平安祥和风调雨顺，五谷丰登六畜兴旺。灯内点点烛光，连接成1条长虹烛桥，恰似1条特长游龙。队伍行进时，有2面大钹锣开道，四门礼炮齐鸣，还有数10面彩旗迎风招展，数百上千个大寿桃沿途分发给观赏者及数百名烛桥操作表演者。倘若是在大操场上表演，数条长龙穿梭表演“万”“寿”等字样，更使人眼花缭乱，目不暇接。加之鼓乐喧天，礼炮轰鸣，倍感气势宏伟壮观。

中秋烧塔节 中秋烧塔节起源于元朝末年，是农民起义的信号。由于当时水灾连年、物价飞涨，人民流离失所、饥寒交迫，闽粤赣一带的当地人民为反抗元朝残暴统治者，与周边统一步调，八月十五这一天，在空旷地方用瓦片砌塔，燃烧猛火，作为行动信号，一齐动手，斩杀残暴统治者。从此，举火为号传衍至今，逐步演变成为流行于闽粤赣一带的民俗活动。烧塔时要用盐巴、茶叶、大米投入宝塔内燃烧，寓意着稻谷节节饱满，家里红红火火，也象征着亲朋好友平平安安，更代表劳动人民对丰收的1种向往和审美情趣。瓦塔形状有“圆形塔”“方形塔”“多角形塔”等，且各有其吉祥寓意，如圆形塔寓意为“中秋月圆人也圆”，一般有亲人旅外的人家多砌设圆形塔、方形塔状似田丘，成四方形，寓意四通八达；多角形塔寓意生财多道，生意兴隆。砌塔的工艺也相当讲究，有密封形，开窗形。开窗形的塔身上的“窗”有方形、菱形、梅花形等等，千姿百态，塔的顶端是开放式的，像大烟囱，其大小高低也不一而足，矮的有2米高，高的有四五米高的，直径从几十厘米到1米。为使塔身通风透气和造型美观，大的瓦塔常是2片瓦片合在一起按“品”字形架放。

漳墩乌饭节 农历“三月三”乌饭节，相传有600年的历史，是畲族人一年中最为热闹的节日。相传唐代畲族英雄雷万兴率畲民抗击官军围剿，粮食吃尽，以乌稔果充饥而军威大振，于三月三这天突围成功，最终取得胜利。畲民为纪念此事，将“三月三”设为畲族的传统节日，每年的这1天，畲民们举行相应的对歌仪式来庆祝，纪念畲族人民的民族英雄雷万兴。

第五节　机　构

1989年9月，建阳县旅游局成立，为建阳县政府旅游服务和管理的机构，确定为局（科）级行政机构。1997年6月，建阳市旅游局改为建阳市旅游事业局，为建阳市政府直属的正科级事业单位。内设办公室，编制数为4人。2006年1月《中华人民共和国公务员法》实施后，于2007年经重新申报和有关部门审批，建阳市旅游局确定为参照公务员法管理的正科级事业单位。编制数仍为4人。2003—2006年，建阳市旅游事业局实有人数3人。2007—2010年，实有人员5名。

第七章　对外及对台经贸

第一节　引进外资

1994年后，建阳市利用外资发展迅速，采取“请进来”“走出去”、改善投资环境、出台优惠政策等措施引进外资。“请进来”即邀请外商参加国家举办的厦门“9·8”洽谈会以及福州、武夷山等洽谈会。市政府先后编印8本《建阳投资指南》，介绍建阳概况，详细介绍优惠政策，投资导向，并现场签订中外合资企业、外商独资企业合同，全程1条龙服务办理审批手续，而且还单独布置展馆，展现出口产品，鼓励合资经营或合作经营。“走出去”，即市委、人大、政府、政协领导接受外商邀请，组织相关部门和重点企业人员组成团队，洽谈外贸出口产品，扩大出口贸易，吸引外资，创办“三资”企业，签订合同。1995年，引进外资210万美元。2000年，达到394万美元。

2001年后，随着海西工贸城等工业平台建设推进，吸引外资的力度进一步加强。2005年，《建阳投资指南》规定：在建阳市投资的外商除享受国务院、省政府及南平市有关鼓励外商投资优惠政策外，还可享受以下优惠政策：如投资农业、工业等生产性企业，经营期在10年以上的项目，从获利年起，前两年免征企业所得税，第三年至第五年减半征收所得税，第六至第十年缴纳所地税，县级政府分成返还50‰；投资农产品加工的高新技术产业或投资总额在500万美元以上（含500万美元）的生产项目，在企业经营头3年，其上缴增值税属地方留成部分，县级政府分成所得返还50‰；外商投资企业自行开发场地的，只征收土地补偿费和土地管理费，投产前一律免征土地使用费，投产2年后继续免缴，自第3年起按每年每平方米0.40元计收，投资在100万美元以上的，投资5年继续免缴土地使用费等6大项目11条优惠政策。当年，吸引外资达3431万美元，是2000年的9倍。“三资”企业共19家，注册资本达3000万美元，利用外资 5807万美元，上缴国家税务局增值税就达3327万元，占全市8740万元的38.01%；上缴地方税务局外贸出口的增值税1638万元，占全市2185万元的74.97%；上缴地方所得税129万元，占全市339万元的39%。

2006年9月，成立市人民政府统筹全市招商工作的招商局，并派出驻上海、温州、丽水、深圳、福州、厦门的6个招商联络组。至2007年底，全市共引进生产型项目19项，合同利用资金11.88亿元，开工建设9家，固定资产投资1.50亿元，注册资金2000万以上项目6个（其中注册资金6000万元以上项目4个）。

2008年初，为适应经济形势的变化，将温州、丽水两招商组合并为浙江招商组，全年共引进项目29项，总注册资金达1.08亿元，其中有总投资1.60亿元的和泉生物科技和总投资1亿元的汇峰林业。

2009年共引进93个（包括落地乡、镇）项目，在项目结构上有较大的改善，服务行业占一定比例，其中旅游行业的投资有较大的增长。

2010年4月，市委、市政府对招商局领导进行调整，暂撤浙江、深圳招商组。全年共引进项目54项，注册资金共计14.98亿元，其中，生产型项目注册资金3亿的1个，服务型企业注册1亿的1个。至当年底，建阳市同10个国家和地区建立经济、科技和文化等多方面的合作关系。外商投资以及相伴的技术、设备和市场的引进，促进传统产业的改造，对外开放从资源加工型、劳动密集型向农业综合开发、商业旅游、新区开发等多层次、全方位、宽阔领域发展。1996—2010年15年间，引进外资年平均增长率达332%。

第二节　外贸出口

1995 年，建阳市外贸出口为 554 万美元。市外贸公司是建阳组织对外贸易出口供货的专业公司。2000 年，出口值上升到 893 万美元，2005 年达到 2962 万美元。

至 2010 年，市外贸公司组织的出口商品有 19 类、50 个品种。主要大宗产品有松香、合成樟脑粉、纸盒板、人造革箱、软箱、皮鞋、结晶硅、机制纸、服装、羽绒服装、纺织品、雨伞、标准件、茶叶、香菇、白莲、清水笋、香料油、厘竹、竹制品等。外贸企业自营出口占全市外贸出口一半以上，商品出口 50 个国家和地区。销售市场以美国、日本、西欧和东南亚及港澳等国家和地区为主，其中白茶、合成樟脑、山苍子油、复印机纸、人造革箱、竹制品等品种在省内同类产品出口成交名列前茅，特别是格布箱，花纸伞，山苍子油等产品还多次荣获国家轻工部颁发的创汇“金龙腾飞”铜牌奖。为扩大出口创汇，建阳还成立对外来料加工装配服务公司，具有法人资格，主要承接对外来料加工，来样加工，来件装配等业务，并提供咨询服务，扩大外资出口范围，进一步促进对外向型经济的发展。

2010 年，出口值达到 10189 万美元。自 1996 年起，平均年增长率达 158%。

第三节　引进台资

1994 年，引进台资创办建阳市山豪竹制品有限公司，投资 60 万美元；引进台资创办建阳市建丰竹木工艺品有限公司，投资 80 万美元。

1997 年，台商颜美英到建阳投资 140 万元创办建阳统宙工艺品有限公司，生产树脂，竹木工艺品。

2001 年 7 月，中共建阳市委书记何三保随南平团赴台参加农业方面的考察活动，为进一步引进台资办企业做准备。

2003 年，台商吴瑞贤创办德利食品有限公司，游德忠任董事长（台胞，建阳市游酢研究会会长），总投资 1500 万元，主要生产竹笋和蔬菜罐头、脱水蔬菜等。2007 年，销售额达 2860 万元，给国家交税费 16 万元，利润达 120 万元，企业员工发展到 150 人。

2004 年，创办的智恒电子有限公司，为合资企业，台湾唐梦莉投资 12 万美元，产品畅销。是年，共引进台资项目 3 个，总投资 400 万元。

2007 年，由台湾蓝陈素琴投资兴办的群鹰竹木制品有限公司和群鹰食品有限公司企业效益显著。总销售额 330 万元，给国家交税费 16 万元，利润 30 万元，产品销往国内外。是年，能正常运转的台资企业有 5 家，其中，独资企业 3 家，合资企业 2 家。

2008 年，台湾张汉洲投资 1500 万美元，注册建阳麻沙岱峰山旅游开发有限公司，经营年限 50 年，注册资金 920 万美元。同年 6 月，台湾林民清投资 530 万美元于黄坑创办彩勤竹木工艺品有限公司，经营年限 50 年，注册资金 270 万美元。建阳市德利食品有限公司、群鹰竹木制品有限公司、群鹰食品有限公司和智恒电子有限公司等台商企业经营较好。

至 2010 年，共引进台资在建阳办企业共 12 家，批准经营年限 10—20 年不等。

第十四篇　综合经济管理

第十四篇 综合经济管理

1994年后，建阳市国民经济运行和社会事业发展指标从指令性计划转为指导性计划，主要是加强全市国民经济和社会发展中长期规划，经济增长方式逐步实现从粗放型向集约型转变，计划职能逐步实现向“研究战略、宏观调控、总量平衡、培育市场、协调服务”转变；加快结构调整，扩大投资规模，“十一五”时期，全社会固定资产投资79.80亿元，是“九五”时期的21.60倍，综合经济实力持续巩固。市统计局完成各类定期报表和人口、三产、基本单位、工业、农业、税源普查及各项抽查调查任务，为各级党政领导研究决策提供科学翔实的地情国力依据。物价管理以振兴经济为主线，采取“调、放、管”相结合改革思路，一手抓市场调节机制，一手抓抑制通货膨胀，逐步建立起以市场形成价格的体系；工商行政管理以繁荣市场为主线，培植市场载体、规范交易行为、打击假冒伪劣、保护合法经营，营造出公平交易、文明经商的良好氛围，推进知名、著名、驰名商标工作，福建省建阳武夷味精有限公司的“武夷WUYI及图”获国家工商总局新认定为驰名商标，实现驰名商标零的突破。审计工作在“严肃财经纪律、促进党风廉政”方面发挥作用，促进各种经济责任正确履行和社会经济健康发展，促进各级党政领导实施宏观经济调控与微观经济管理，提高行政绩效；质量技术监督部门依法加强计量、标准化和质量管理，推行国际通用标准体系，至2010年底，有16家企业获福建名牌称号，为地域产品实现社会化集约化生产，促进技术进步与创新，联结国内外市场打造坚实基础。药品监督方面，建阳市先后获南平市和福建省确定为农村药品“两网”（药品供应网络和药品监督网络）建设的试点和省级农村药品“两网”建设示范县（全省19个点之一）。市药监部门围绕农村药品“两网”建设，形成“四动”（政府大力推动，人大、政协促动，药监牵动，部门倾力联动）机制，推进农村药品“两网”建设的稳步发展。

第一章 发展计划

第一节 计划编制与实施

1994年，是建阳市国民经济和社会发展第八个五年计划（简称“八五”计划，其他五年计划亦相应简称“九五”“十五”“十一五”）实施的第四年，“八五”主要计划指标：到1995年实现国民生产总值（按1980年不变价）3.95亿元年均增长8.05%；工业生产总值（按1980年不变价）6.05亿元，年均增长10.77%；农业生产总值（按1980年不变价）1.98亿元，年均增长5.03%；粮食总产25万吨，年均增长1.43%；财政收入达到5500万元，年均增长6.08%；外贸出口7100万元，年均增长11.28%；实际利用外资100万美元，年均增长31.19%；社会消费的零售总额达4.50亿元，年均增长11.85%；固定资产投资0.54亿元，年均增长4.18%；城镇居民人均可支配收入达2320元，年均增长9.29%；农民人均纯收入年均增长8%；人口自然增长率控制在9‰以内，全县总人口不超过33.80万人。计划实施情况：到1995年底，全县实现国民生产总值13.20亿元，年均增长19.56%；完成年计划人均国民生产总值4021元，年均增长18.62%；工业生产总值17.33亿元，年均增长27.73%；粮食总产达25.89万吨，年均增长2.14%；

财政收入达 10583 万元，年均增长 20.91%；外贸出口达 2.35 亿元，年均增长 41.43%；社会消费的零售总额达 5.17 亿元，年均增长 18.16%；城镇居民人均可支配收入达 3588 元，年均增长 19.25%；农民人均纯收入 1885 元，年均增长 19.82%；人口自然增长率控制在 4.68‰。

“九五”（1996—2000 年）计划编制的指导思想是：坚持邓小平建设有中国特色的社会主义理论和党的基本路线，把握“抓住机遇、深化改革、扩大开放、促进发展、保持稳定”的全党全国工作大局，正确处理好改革、发展、稳定的关系，建阳市围绕加快实现“两个转变”和建阳“迅速崛起”的要求，进一步解放思想，奋力争先，突出重点，讲求实效。优化经济布局，调整经济结构，加强农业基础，培植支柱产业，突出“三基”建设，实行科教兴市，提高经济效益，促进国民经济持续、快速、健康发展和社会全面进步。主要计划指标：至 2000 年，国民生产总值 32.69 亿元，“九五”期间年平均增长 19.89%；人均国民生产总值 9475 元；三次产业结构为 33:46:21；农业总产值达 15.69 亿元，年均增长 15.20%；工业总产值达 48.41 亿元，年均增长 22.81%；财政收入达 2.64 亿元，年均增长 20.01%；全社会出口供货值达 6.65 亿元，年均增长 23.08%；实际利用外资 2100 万美元，年均增长 10.62%；全社会固定资产投资达 16 亿元；全社会消费品零售额 13 亿元，年均增长 20.20%；国民生产总值综合能耗下降 2%，科技进步对经济增长的贡献率每年提高 2%；人口自然增长率控制在 6‰以内，总人口数为 34.50 万人；城镇居民生活费收入达 10500 元，农民人均收入 4300 元；工业“三废”综合治理率达 62%，森林覆盖率 73%，城市绿化率 37%。计划实施情况：受特大自然灾害和亚洲金融风暴以及其他因素影响，主要预期经济目标与计划有一定差距，总体上计划执行不理想。2000 年，全市国内生产总值达 22.95 亿元，年均增长 5.91%，只完成“九五”计划的 70.10%；农业总产值 13.30 亿元，年均增长 4.07%，完成计划 84.80%；工业总产值 15.70 亿元年均增长 3.58%，完成计划 32.40%；财政收入 1.29 亿元，年均增长 4.01%，完成计划 49%；全社会固定资产投资 3.72 亿元，年均增长 14.13%，完成计划 23.30%；全社会出口供货值 5.20 亿元，年均增长 17.22%，完成计划 78.20%；实际利用外资 394 万美元，年均下降 20.85%，完成计划 18.80%；社会消费品零售额 8.45 亿元，年均增长 10.30%，完成计划 65%；城镇居民可支配收入 5668 元，年均增长 5.95%，完成计划 54%；农民人均纯收入 2685 元，年均增长 7.34%，完成计划 62.40%；人口自然增长率 5.19‰。

“十五”（2001—2005 年）计划编制的指导思想是：遵循“三个代表”的重要思想，以加快经济发展和提高人民生活水平为目标，以提高经济质量和效益为中心，以科技进步和深化改革为动力，加快经济结构调整步伐，围绕“大武夷”经济体系，发展“绿、旅、新”产业，加快现代工业发展和农业产业进程，促进经济社会全面进步。主要发展指标：至 2005 年实现生产总值 32.20 亿元，年均增长 7%；工业总产值 28.57 亿元，年均增长 12.69%；农业总产值 14.70 亿元，年均增长 2.02%；财政收入达 1.72 亿元，年均增长 6%；外贸出口总值达 8.40 亿元，年均增长 10%；固定资产投资 5.50 亿元，年均增长 8%；社会消费品零售额 1.20 亿元，年均增长 8%；城镇居民人均可支配收入 7230 元，年均增长 5%，农民人均纯收入达 3260 元，年均增长 3.96%，人口自然增长率控制在 8‰以内。计划实施情况：2005 年，实现生产总值 34.30 亿元，完成计划 106.50%，年均增长 10%，高于“十五”预期年均增长 7% 的计划目标，全面完成“十五”计划预期目标；工业总产值达 26.73 亿元，完成计划 93.60%，年均增长 20.70%；农林牧副渔总产值 18.60 亿元，年均增长 5.50%；财政收入达 1.78 亿元，完成计划 103.50%；实际利用外资 3431 万美元，年平均增长 54.20%，超过年平均增长 35.50% 的计划目标；社会消费的零零售总额 11.96 亿元，年平均增长 11.10%，超过年平均增长 8% 的计划目标；固定资产投资完成 16.65 亿元，年平均增长 29.90%，超过年平均增长 8% 的计划目标；城镇居民人均可支配收入 8617 元，年平均增长 10.10%，高于增长 5% 的计划目标，农民人均纯收入达 4015 元，年平均增长 8.40%，高于平均增长 3.96% 的计划目标；人口自然增长率控制在 7‰以内。

“十一五”（2005—2010 年）规划编制的指导思想是以邓小平理论和“三个代表”重要思想为指导，认真贯彻落实科学的发展观，坚持“五个统筹”（统筹城乡发展、统筹区域发展、统筹经济社会发展、统筹人与自然和谐发展、统筹国内发展和对外开放），以建设小康社会为目标，以福建省中心城市发展思路一武夷新区、南平市产业集中区建设为契机，实施项目带动战略，加快工业化、城镇化和农业产业化进程，加快体制、技术、管理创新；实施科教兴市，促进产业升级，培育发展产业集群，发展壮大民营经济，拓展外向化程度，培育特色农业产业，发展县域经济，走可持续发展的路子；继续发展“绿、旅、新”产业，做大做强经济总量，推进经济增长方式的根本性转变，全面增强综合经济实力；把提高人民生活水平为根本出发点和归宿，以人为本，构建和谐社会，促进全市经济建设的较快发展和社会事业全面进步。主要经济发展预期目标：2010 年，全市生产总值 58 亿元，年均增长 10%，人均生产总值 16534 元，财政总收入 2.78 亿元，其中，地方一般预算收入 1.58 亿元，年均增长 9.50%，三次产业的比重为 23.60:40.70:35.70，农民人均纯收入 5192 元，城镇居民人均可支配收入 12480 元，城镇恩格尔系数达 40%，城镇化水平达 48%，全社会固定资产投资年递增 15%，社会消费品零售总额年平均增长 11%，实际利用外资年平均增长 10%，人口自然增长率控制在 7‰以内，森林覆盖率达到 76%，城镇人均公共绿地面积达 8.50 平方米。规划实施情况：规划的各项任务提前完成。全市地区生产总值年均增长 15%，2010 年全市地区生产总值 78.55 亿元，比“十五”的 34.30 亿元翻一番多，人均地区生产总值达 25283 元；财政总收入年均增长 27.90%，2010 年，达 6.10 亿元，其中地方级财政收入达 4.20 亿元；全社会固定资产投资年均增长 37.20%，2010 年达 79.80 亿元。经济结构优化调整取得新成效。农业基础地位得到加强，城镇化、工业化步伐加快，服务业平稳发展，高新技术产业开始成长，三次产业结构由 2005 年的 33.90:30.70:35.40 调整为 2010 年的 24.10:43:32.90，2009 年，全市实现高新技术产品产值达 13.68 亿元，高新技术产值占全部工业总产值的比重由 2005 年的 7.80% 增加至 2009 年的 22.70%。2010 年，规模工业总产值达 95 亿元，年均增长 34%。城镇化率达 52%，比“十一五”规划城镇化率 48% 提高 4 个百分点。

第二节　宏观调控体制改革

1996 年，是“九五”计划的开头之年，建阳市“九五”时期经济体制改革的基本目标是按照国家改革发展的总体布局进行，即初步建立社会主义市场经济体制，宏观体制改革主要围绕着工业改革和农业改革进行。工业改革是在巩固和发展国有经济的同时，大力发展集体经济、个体私营经济、联营经济、股份制经济、外资经济等多种经济成分共同的发展格局，改革计划经济体制下的企业管理、产品开发等旧模式。1996 年开始，建阳市对 24 家国有、二轻集体企业进行以产权制度为重点的改革，企业联合、兼并、破产的改革全面开展。农业改革是引导农业经营向规模经营发展，推行农村股份合作制改革，加快乡镇企业股份合作制改革，发展“公司＋农户”经营模式。

“十五”时期，宏观调控体制改革是以加快结构调整为主线，全面提高农业、工业、服务业的水平和效益，合理调整生产力布局，推进城镇化进程，实现可持续发展。农业改革方面在稳定家庭承包制的前提下，积极推动农户专业化和规模化经营；工业改革以加快改组改造和结构优化为主线，以提高科技含量，增强市场竞争力为重点，组建企业集团，加强内引外联；同时加快发展旅游服务业、现代流通服务业。

“十一五”时期，体制机制改革取得新进展。国有企业和国有资产管理体制改革继续深化，非公有制经济发展环境进一步改善，中小企业的融资环境不断优化。政府引导企业开展多渠道融资，出台鼓励骨干企业改制上市扶持政策，支持骨干企业在国内外资本市场直接融资。加快推进农村信用社改制试点工作，解决农民的小额贷款创新机制，促进农村信用社服务向村级延伸。加快新型农村社会养老保险试点工作，保证农民老有所养。不断完善土地流转机制和林权改革，使资本、土地、劳动力等要素有序结合。深化“南平机制”创新，紧紧围绕促进农民增收和推进农村民主政治建设 2 大目标，深化“高位嫁接、重心下移、互动联动、一体动作”机制。加强村务公开、民主理财和村民廉政监督等一系列村级管理制度。进一步完善下派村支书制度、科技特派员制度、流通助理制度、金融助理制度、农村“六大员”制度，着力探索服务“三农”新机制。

第三节　固定资产投资

“八五”时期，建阳市全社会固定资产投资主要以全民所有制投资为主，城镇集体投资、农村集体投资、城乡私人住房投资占的比重较少。至1995年，全社会固定资产投资主要分全民基建、全民技改、城镇集体基建和技改、其他经济投资和城乡居民个人投资，按照“总量控制、结构优化、重点倾斜、兼顾一般”的原则，当年完成全社会固定资产投资1.92亿元。

“九五”期间，随着投资领域的延伸，固定资产包括农业、交通、能源、工业、科教文卫和城建环保等方面。城建为主的基础设施投资占主导地位，以童游新区开发、北门商贸开发、塔下工业区开发、雷公口水库电站、房地产及城市道路建设等1批重大项目成为投资的主力军。至2000年，全社会固定资产投资3.70亿元，年均增长14.13%。

“十五”期间，固定资产投资中农村固定资产投资较快增长，房地产投资开始增大，同时，增加高速公路投资，城市基础设施建设的投入也不断加大。至2005年，全社会固定资产投资16.70亿元，比2006年增长42.40%，5年年均增长29.90%。主要特点：农村固定资产投资高速增长，完成投资5.90亿元，增长110.30%，对全社会固定资产增长贡献率62.50%；浦南高速公路完成投资1.53亿元，拉动全社会固定资产投资增长13.10个0百分点；房地产投资完成1.28亿元，比增7.10%；城镇工矿区完成1.06亿元，增长36.50%。固定资产投资中500万元以上新上项目167个，增长40.30%。

“十一五”期间，固定资产投资进入跃升发展的阶段。至2010年，全社会固定资产投资79.80亿元，是2005年的4.80倍，是2000年的21.60倍，5年年均增长36.70%。城市基础设施建设突飞猛进，率先在闽北县（市）中建设沥青混凝土城市道路，完成人民路、民主路“白改黑”拓宽改造、朱熹大道二期路基建设，实施潭山公园改扩建、朱熹大道亲水平台二期工程、人民路、麻阳溪、崇阳溪两岸城市夜景工程、建成污水处理厂和开工建设垃圾发电厂，采取BT方式投资20亿元开发400公顷的西区生态城，总投资10亿元的“印象考亭”一期全面动工。高速公路实现零的突破，相继建成浦南和武邵两条高速公路，境内新增高速公路79公里，完成投资36亿元。开工建设境内第三条高速公路——宁武高速公路和第一条高速铁路——京福高铁合福段，完成峰福铁路电气化改造；建成赤岸大桥和童子山立交桥，完成嘉禾大道中路和北路的建设。

第四节　机　构

2002年11月，市计划委员会更名为市发展计划局，市物价委员会并入市发展计划局，对外加挂市物价局牌子；市国防动员委员会经济动员办公室挂靠市发展计划局。内设6个股室，即办公室、综合股、项目基建股（招投标管理办公室）、产业发展股、价格管理股、收费管理股。有行政编制11名，局长1名、副局长2名、党委书记1名、党委副书记兼纪委书记1名、股级职数6名。核定事业编制1名。

2005年6月，市发展计划局改组为市发展和改革局，对外挂市物价局牌子，内设机构和人员编制没有变动。市发展和改革局的主要职能：价格管理；招投标工作的指导、协调和管理；经济体制改革；协调、落实项目开发工作，协调指导推出科技含量高、对区域经济拉动大、能形成产业链的大项目；发展战略的研究及实施方案的提出、重点对接旅游生态经济区的发展战略、增强经济发展战略后劲的各项措施和对策；组织编制重大项目中长期规划，以及重点项目和重点前期项目的年度计划，指导、协调、检查重点在建项目；组织指导各类企业股份制改革，推动股份制企业资产重组，指导和协调企业股票上市工作。

第二章 统 计

第一节 统计制度

一、国民经济核算统计

1994 年，国民经济核算进入全面实施新国民经济核算体系（SNA），新核算体系由社会再生产核算表和经济循环账户 2 部分组成。只执行 1 套《国民生产总值统计报表制度》，从分配法、生产法和支出法三方面开展国民生产总值核算，并取消社会经济效益统计，开始执行季度报表制度。

2003 年，增加国民经济核算试算表。2005 年，开始执行国家统计局制定的国民经济行业分类新标准，并根据第一次和第二次经济普查结果，分别对 1993—2005 年和 2006—2009 年建阳地区生产总值数字进行修正。

2005 年起，执行国家统计局制定的国民经济行业分类新标准和《中国国民经济核算体系（2002）》。《中国国民经济核算体系（2002）》是新世纪我国国民经济核算体系发展史上 1 个新的里程碑， 具有划时代的意义。《中国国民经济核算体系（2002）》是对 1992 年国民经济核算体系进行全面修订和完善，包括基本框架、账户和核算表名称、机构部门账户、统计分类和主要统计指标等方面。新体系一方面使用国际通用的 SNA 体系，取消原来使用的 MPS 体系，增强核算体系的可操作性；另一方面产业部门分类进一步细化，为中外之间国民经济核算资料的交流与比较打下良好的基础。2010 年，根据新的国民经济核算体系对 1993—2009 年建阳地区生产总值数字进行修正。

二、农村社会经济统计

1994 年，在计算农业净产值的基础上，开始试算农业增加值；增加乡（镇）农村社会经济卡片。

2001 年，增加蔬菜及特种作物生产情况季报和农业龙头企业调查季报。

2004 年起，农业总产值计算由原来按不变价格计算改为按可比价格计算，开始采用农产品价格指数缩减法计算农业发展速度，并填报村基本情况表。

2005—2010 年，农村社会经济统计计算农林牧业总产值，计算农业增加值；建立乡、建制镇基本情况表。上报蔬菜及特种作物生产情况季报和农业龙头企业调查季报。农业总产值计算由原来按不变价格计算改为按可比价格计算，开始采用农产品价格指数缩减法计算农业发展速度，并填报村基本情况表。

三、工业统计

1995 年，工业统计范围由原来分乡及乡以上和乡以下 2 个部分改为分国有及年销售收入 500 万元以上非国有工业（简称“规模以上”）和年销售收入 500 万元以下工业（简称“规模以下”）2 个部分。

1996 年，工业定期统计报表所有产值指标均按第三次全国工业普查的新规定计算，即工业中间投入不含增值税的进项税额。

1999 年，规模以下工业统计采用抽样调查方法，规模以上工业统计仍采用企业直报、超级汇总的调查方法。

2001 年，增加工业企业水消费月报、规模以下工业抽样调查季报、工业能源购进消费量及库存半年报。

10 月，开展工业产品信息资源调查。

2004 年，工业总产值计算由原来按不变价格计算改为按可比价格计算，开始采用工业产品价格指数缩减法计算工业发展速度。对全市新增的规模以上工业企业实行至少 1 个季度的月报表“预报制度”。期间，由市统计局和经贸局联合核实确认符合规模以上企业标准后，再正式列入统计对象。

2005 年，工业统计范围分国有及年销售收入 500 万元以上非国有工业（简称“规模以上”）和年销售收入 500 万元以下工业（简称“规模以下”）2 个部分。

2005—2010 年，规模以下工业统计采用抽样调查方法，规模以上工业统计仍采用企业直报、超级汇总的调查方法。

2007—2010 年，调查范围调整为规模以上工业法人企业是指年主营业务收入 500 万元及以上的工业法人企业，将年主营业务收入不足 500 万的国有企业不再作为规模以上工业范围。

四、固定资产投资统计

1995 年 8 月，开展房地产快速调查。1996 年 7 月，开展 500 万元以上固定资产投资项目快速调查。

2002 年，固定资产投资统计制度包括基本建设投资、更新改造投资、城镇集体投资、其他投资、房地产开发投资、城镇和工矿区私人建房投资等内容。2003 年 3 月，开始实施农村规模以上固定资产投资统计报表制度。

2005 年，固定资产投资统计制度改为城镇投资、房地产开发投资、城镇和工矿区私人建房投资等内容，增加 50 万元以上 500 万元以下投资项目月报。

2006—2010 年，　固定资产投资统计制度改为城镇项目投资、城镇以下项目投资、高速公路投资和房地产开发投资等内容。

五、建筑业统计

1994—2001 年，随着建筑企业的发展，建筑业统计逐步从基本建设统计专业中分离，发展为独立的建筑业统计专业，并从部门统计逐步向全社会建筑业统计过渡。至 2001 年，综合报表制度由建筑业企业生产情况、建筑业企业房屋建筑工程生产情况、附营建筑业施工单位生产情况、建筑业企业财务状况等报表组成。

2002—2010 年，建筑业统计报表制度的实施范围为辖区内具有建筑业资质等级的所有独立核算建筑业企业，主要包括建筑企业生产情况、建筑业企业财务状况及劳务分包建筑企业生产经营情况等内容。

2005—2010 年，综合报表制度由建筑业企业生产情况、建筑业企业房屋建筑工程生产情况、附营建筑业施工单位生产情况、建筑业企业财务状况等报表组成。

六、批发零售贸易餐饮业统计

1994 年，批发零售贸易餐饮业统计范围扩展到乡（镇）企业和所有外资企业。

2001 年起，贸易餐饮业统计对限额以上企业实施全面统计，对限额以下贸易、餐饮业、个体户实施抽样调查。2002 年，批发零售贸易餐饮业统计主要包括以下内容：社会消费品零售额，限额以上批发零售贸易业（批发贸易业年销售收入 2000 万元以上，零售贸易业年销售收入 500 万元以上）商品购进、销售、库存总额，限额以上批发零售贸易、餐饮业（年营业收入 200 万元以上）销售情况等。

2005—2010 年，贸易餐饮业统计对限额以上企业实施全面统计，对限额以下贸易、餐饮业、个体户实施抽样调查。批发零售贸易餐饮业统计主要包括社会消费品零售额，限额以上批发零售贸易业（批发贸易业年销售收入 2000 万元以上，零售贸易业年销售收入 500 万元以上）商品购进、销售、库存总额，限额以上批发零售贸易、餐饮业（年营业收入 200 万元以上）销售情况等。

七、劳动统计

1993—1995 年，省统计局对劳动统计报表制度与指标体系进行全面改革，由专业统计改为行业统计，由集中布置改为分散布置，统计范围由“职工统计”扩大为“从业人员统计”。

2002 年，劳动统计报表制度实施范围是中央和地方国有、城镇集体及其他企业、事业和机关单位，分行业统计单位从业人员、劳动报酬以及单位从业人员变动等情况。

2005 年，劳动统计报表制度实施范围是中央和地方国有、城镇集体及其他企业、事业和机关单位，分行业统计单位从业人员、劳动报酬以及单位从业人员变动等情况。劳动统计增加单位从业人员参保情况统计指标。

2007 年，劳动统计报表制度实施范围是中央和地方各类企业（单位）的资料（不包括乡镇企业、私营单位和个体工商户）。

2010 年，劳动统计报表制度实施范围是中央和地方各类企业（单位）的资料（不包括乡镇企业、私营单位和个体工商户，但包括原来由国有、集体单位改制成的私营单位）。

八、科技统计

1995—1999 年，分别开展建筑业、邮电通讯业、卫生、商业等行业的科技活动调查。1993—2002 年，市及市以上农业企业、事业单位科技活动调查纳入全省统计年报制度。

2002 年，科技统计主要包括科技活动人员投入、科技活动经费投入与使用情况、科技活动项目情况、科技活动开发机构设置情况、高新技术产品调查。

2005 年起，科技统计主要包括科技活动人员投入、科技活动经费投入与使用情况、科技活动项目情况、科技活动开发机构设置情况、高新技术产品调查。为减少企业重复统计，规模以上工业企业科技活动统计报表随工业统计专业一起下发到全部规模以上工业企业，相关指标直接从工业统计报表中取得。

2007 年起，开展规模以上工业企业科技活动统计，设置统计表“规模以上工业企业科技项目一览表”“规模以上工业企业科技活动情况”。

九、其他专业统计

1994—2010 年，根据省统计局的要求，市统计局先后实施交通运输业统计，原材料、能源统计，对外经济统计，服务业统计等统计报表制度。交通运输业统计内容主要有民用车辆（船舶）拥有量、客货运输（吞吐）量和运输企业财务状况等。原材料、能源统计内容主要有原材料消费和库存、能源生产和消费等。

对外经济统计内容主要有进出口总额和利用外资等。服务业统计内容主要有服务业单位基本情况和财务状况等。

第二节　普查与专项调查

一、普查

（一）人口普查

2000 年，建阳市开展第五次全国人口普查，普查标准时点为 2000 年 11 月 1 日 0 时；普查对象为境内所有的常住人口；普查资料的调查年度为1999年11月1日0时至2000年10月31日24时。成立市、乡级普查领导机构，各乡镇、村配备普查指导员和普查员，组织业务培训，做好清查摸底和复查工作，人口普查任务完成。2010年，建阳市开展第六次全国人口普查普，普查标准时点为2010年11月1日0时；普查对象为建阳市境内所有的常住人口；普查资料的调查年度为2009年11月1日0时至2010年10月31日24时。成立市、乡级普查领导机构，配备1686名普查指导员和普查员，利用广播电视、标语、简报、1封信、会议等形式广泛宣传，组织业务培训共26场，普查小区划分规范，物资筹备及时，全面入户，克服困难，做好清查摸底和复查工作，人口普查任务完成。

（二）农业普查

1994年10月，根据国务院决定，建阳市进行第一次全国农业普查。普查对象为境内各种类型的农业生产经营单位、农村住户、乡镇企业、行政村和乡镇。普查标准时点为1996年12月31日24时，普查资料调查年度为1996年。市、乡2级均成立农业普查领导小组和办公室，聘用普查指导员和普查员，组织普查培训。通过农业普查，全面掌握全市农业基本情况。2006年，建阳市开展第二次全国农业普查。这次普查的标准时点为2006年12月31日，时期资料为2006年度。普查对象为建阳市境内的农村住户、城镇农业生产经营户、农业生产经营单位、村民委员会和乡镇人民政府。普查主要内容包括：农业生产条件、农业生产经营活动、农业土地利用、农村劳动力及就业、农村基础设施、农村社会服务、农村居民生活，以及乡镇、村民委员会和社区环境等方面的情况。建阳市二农普工作共划分202个普查区、768个普查小区，普查对象6万多户，市、乡2级均成立农业普查领导小组和办公室，共聘用986名普查指导员和普查员，清查培训合计8场次、正式普查15场次，农业普查采用全面调查的方法，对所有普查对象由普查员进行逐个查点和填报。

工业普查　1995年1月，根据国务院决定，建阳市进行第三次全国工业普查。普查对象为境内全部工业企业和附营工业单位。普查标准时点为1995年12月31日24时，普查资料调查年度为1995年。

基本单位普查　1996年1月，根据国务院决定，建阳市进行第一次全国基本单位普查。普查对象为境内所有的法人单位及法人单位所属的产业活动单位。普查标准时点为1996年12月31日24时，普查资料的调查年度为1996年。2001年2月，根据省政府办公厅的统一部署，建阳市开展基本单位清查工作，清查对象为境内所有的法人单位及其附属的产业活动单位。普查标准时点为2001年3月31日24时。同年6月，国家统计局等7个部门决定进行第二次全国基本单位普查。普查对象为境内除农户和个体工商户以外的所有法人单位和产业活动单位。普查标准时点为2001年12月31日，普查资料的调查年度为2001年。

经济普查　2004年，建阳市开展第一次全国经济普查。普查对象为境内从事第二产业、第三产业活动的全部法人单位、产业活动单位和个体经营户。普查标准时点为2004年12月31日24时，普查资料的调查年度为2004年。2008年，建阳市开展第二次全国经济普查。普查对象为境内从事第二产业、第三产业活动的全部法人单位、产业活动单位和个体经营户。普查标准时点为2008年12月31日24时，普查资料的调查年度为2008年。市、乡2级成立经济普查领导小组和办公室，工商、税务等部门紧切配合。发放1万张《致建阳市调查对象的一封信》，全市普查员、指导员521人培训 12 场次，培训1661人次，对全市进行地毯式清查，并与、部门资料进行比对，做好查遗补漏工作。这次普查全市二三产业共有法人单位2145个，个体经营户16461个。

税源普查　1997年12月，省政府决定进行全省税源普查。1998年2月，市政府成立税源普查领导小组。普查对象为境内具有纳税义务，实行独立核算的各类企业、事业单位。普查标准时点为1997年12月31日24时，普查资料的调查年度为1996年和1997年。

二、抽样调查

（一）农业调查

1995年1月，建阳市农业调查队开展春耕农用生产资料准备情况、农作物播种面积安排和早、中、晚三季稻谷产量调查。第三轮调查网点开始运行，抽中 10 个村 30 个组。2000 年 1 月，第四轮调查网点开始运行，实施省农村调查队重新制定的农作物播种面积调查方案，农产量调查抽中 10 个村，主要开展早、晚（中）两季稻谷产量调查。2005 年 1 月，第五轮调查网点开始运行，建阳农产量和农作物播种面积调查抽中 15 个村，其中，农产量主要开展春耕备耕情况和早、中、晚 3 季稻谷产量调查，农作物播种面积主要开展农作物播种面积实测和农作物播种面积安排调查，并在面积调查中首次运用卫星定位（GPS）技术。2006 年，农作物播种面积调查扩大为 20 个村，开展早、中、晚 3 季稻谷面积实测调查。

1995 年 1 月，开展乡村社会经济调查，第三轮调查网点开始运行，抽中 2 个乡 6 个村，1997 年 1 月，合并到农村住户的 7 个村，二三轮网点调查项目有：调查乡（镇）和调查村基本情况、农业社会化服务事业情况、乡村劳动力情况、农村固定资产投资状况和小城镇基本情况等。1999 年 12 月，第四轮调查网点开始运行，主要包括农村社区基本情况、农村固定资产投资和小城镇调查。农村固定资产投资调查抽中 2 个镇，7 个调查村和住户调查村相同，2003 年 7 月，根据南平市农村调查队的统一布置，农村固定资产投资调查增加 1 个镇 2 个村。2003 年起，取消农村社区基本情况调查。2005 年 1 月，第五轮调查网点开始运行，主要包括农户固定资产投资和小城镇调查。农户固定资产投资 7 个调查村和住户调查村相同。2010 年 12 月，第六轮调查网点开始运行，主要包括农户固定资产投资和小城镇调查。农户固定资产投资 7 个调查村和住户调查村相同。

2004 年 12 月至 2010 年 11 月，建阳市农村调查队负责农村住户抽样调查，2005 年，第五轮调查网点开始运行，抽中 11 个村 31 个组 110 户农村住户，其中，4 个村 12 个组 40 户住户是南平市农村调查队扩大点。农村住户调查项目有：农村住户所在村基本情况、农村居民家庭概况、家庭收入与支出情况、农村劳动力就业与流动情况等。农产品生产价格调查在省农村调查队抽中的农业生产经营单位和农村住户调查村部分住户中开展调查，集贸市场价格调查在省农村调查队抽中的农产品市场中开展调查。2010 年 12 月，第六轮调查网点开始运行，抽中 7 个村 7 个组 70 户农村住户。农村住户主要调查住户内容与第五轮网点基本相同，同时，在相同调查网点村开展农村固定资产投资抽样调查。

2005 年起，开展春耕农用生产资料准备情况、农作物播种面积安排和早、中、晚 3 季稻谷产量调查。2005 年 1 月，第五轮调查网点开始运行，建阳农产量和农作物播种面积调查抽中 15 个村，其中农产量主要开展春耕备耕情况和早、中、晚 3 季稻谷产量调查，农作物播种面积主要开展农作物播种面积实测和农作物播种面积安排调查，并在面积调查中首次运用卫星定位（GPS）技术。2006 年农作物播种面积调查扩大为 20 个村，开展早、中、晚 3 季稻谷面积实测调查。2007—2010 年农作物播种面积调查和稻谷产量调查方式与 2006 年相同。建阳市农业调查队农作物面积调查对建阳市农业农作物面积统计提供数据支持，早、中、晚 3 季的稻谷面积产量抽样调查结果反映出建阳市全区稻谷产量水平，对农业各相关单位提供真实可靠的基础数据。

（二）城镇住户调查

1984—2005 年，建阳市城市调查队负责城镇住户抽样调查，建阳城镇住户共进行 7 次网点轮换。七轮网点每次都是从 300 户大样本中，以收入为标志，按等距抽样原则，抽取 50 户经常性调查户。当年 11 月 21 日至 12 月 20 日，抽中的 50 户经常性调查户开始试记账。12 月 21 日，新网点正式运行，50 户经常性调查户开始正式记账。1996 年 11 月，从 1993 年第四轮网点的 300 户大样本中按等距抽样原则，抽取 50 户为经常性调查户。1996 年 12 月，第五轮网点正式运行。1999 年 8 月，采用居民户数为标志进行等距抽样，从城区 1 个街道 10 个居委会中选出，并绘制 1 次性调查。11 月，从城区 300 户大样本中，抽取 50 户为经常性调查样本。1999 年 12 月，第六轮网点正式运行。2003 年 9 月，在城区 1 个街道 10 个居委会中抽选 10 个调查小区，并绘制 10 个调查小区住户分布情况示意图。10 月，在每个小区，按等距抽样和右手原则抽选 30 户，共计 300 户为大样本，开展 1 次性调查。2003 年 12 月，第七轮网点正式运行。

2005 年，建阳城镇住户是第七次网点轮换的住户。七轮网点每次是从 300 户大样本中，以收入为标志，按等距抽样原则，抽取 50 户经常性调查户；当年 11 月 21 日至 12 月 20 日，抽中的 50 户经常性调查户开始试记账。12 月 21 日，新网点正式运行，50 户经常性调查户开始正式记账。

2006 年 12 月，第八轮网点正式运行；2010 年 12 月，第九轮网点正式运行。样本轮换所采用的抽样原则和调查制度与之前均相同。

（三）消费品价格调查

1994 年，居民生活费用价格指数改为居民消费价格指数，农业生产资料价格指数与商品零售价格指数实行分别编制。居民消费价格指数中商品分类由原来按食品、衣着、日用品、文化娱乐用品、快报杂志、医药、燃料 7 大类，改为按食品、衣着、家庭设备及用品、医疗保健、交通和通讯、娱乐教育和文化用品、居住、服务项目等 8 大类商品及服务项目价格。2000 年，开始采集定基价格，编制以 2000 年为固定基期的价格指数。2001 年，编制环比和定基价格指数，权数一定 5 年，计算 5 年。居民消费价格指数分为：食品、烟酒及饮料、衣着、家庭设备用品及维修服务费、医疗保健及个人用品、交通和通信、娱乐教育文化用品及服务、居住等 8 大类。2005 年，采集定基价格，编制以 2000 年和 2005 年为固定基期的价格指数。

2005 年在物价调查中，城市调查队采取定点、定时、定次、直接调查的“三定一直”调查方法。区别不同商品固定调查日期，巡回登记商品价格，对价格变动频繁的鲜鲜活商品进行重点调查，至少每 5 天调查 1 次，一般性商品每月 2—3 次或按旬调查；价格较稳定的房租、水电每月调查 1 次。2005—2010 年，采集定基价格，编制以 2005 年为固定基期的价格指数。2006 年，编制环比和定基价格指数，权数一定 5 年，计算 5 年。居民消费价格指数分为食品、烟酒及饮料、衣着、家庭设备用品及维修服务费、医疗保健及个人用品、交通和通信、娱乐教育文化用品及服务、居住等 8 大类。2010 年，采集定基价格，编制以 2005 年和 2010 年为固定基期的价格指数。

（四）工业品价格调查

2002 年，城市调查队开展工业品出厂价格调查，共选择 13 个工业企业，13 种工业品作为调查对象。采用重点调查和典型调查相结合的调查方法。重点调查将全部的国有工业企业和年销售收入 500 万元以上的非国有工业企业列为调查对象，采用主观选样的方法选择调查企业；典型调查是把年销售收入 500 万元以下的非国有工业企业列为调查对象，采用随机抽样的方法。2003—2010，工业企业调查数增至 42 个，工业品调查数增至 90 种。

2005—2010 年，工业品价格调查采用重点调查与典型调查相结合的调查方法。重点调查将全部国有企业和年销售收入 500 万元以上的非国有企业列为调查对象，采用主观选样的方法选择调查企业；典型调查是把年销售收入 500 万元以下的非国有企业作为抽样对象，采用随机抽样的调查方法。工业品价格调查实行月报，调查日期为调查月的 8 日和 18 日。

（五）限额以下贸易、餐饮业抽样调查

2003 年 5 月，开展限额以下贸易、餐饮业（批发贸易业销售收入 2000 万元以下，零售贸易业销售收入 500 万元以下，餐饮业营业收入 200 万元以下）抽样调查（大样本）。全市抽 10 个村（居）委会，3 个综合市场，2 个专业市场，1 个餐饮市场，2 个农村墟场，共 257 户个体户。调查由市统计局专业人员负责。6 月，限额以下贸易、餐饮业抽样调查转由市城市调查队负责，开展经常性（小样本）调查。抽 1 个居委会 30 户个体户，1 个综合市场 15 户个体户，共 45 户个体户。11 月，开展 1 次性（大样本）调查。全市抽 10 个村（居）委会，3 个综合市场，2 个专业市场，1 个餐饮市场，2 个农村墟场，共 257 户个体户。12 月，更换经常性调查小样本。抽 1 个居委会 30 户个体户，1 个综合市场 15 户个体户，共 45 户个体户。2004 年 5 月，开展 1 次性（大样本）调查。全市抽 10 个村（居）委会，3 个综合市场，2 个专业市场，1 个餐饮市场，2 个农村墟场，共 276 户个体户。6 月，更换经常性调查小样本。抽 1 个居委会 30 户个体户，1 个综合市场 15 户个体户，共 45 户个体户。11 月，开展 1 次性（大样本）调查。全市抽 10 个村（居）委会，3 个综合市场，1 个专业市场，1 个餐饮市场，2 个农村墟场，共 276 户个体户。2005 年 6 月，更换经常性调查小样本。抽 1 个居委会 30 户个体户，1 个综合市场 15 户个体户，共 45 户个体户；11 月，更换经常性调查小样本。抽中小型企业 8 个，其中，批发零售业 5 个，住宿餐饮业 3 个；个体户 50 户，其中，批发零售业 40 户、住宿餐饮业 10 户；共抽调查样本 58 个。

2005 年 6 月，更换经常性调查小样本。抽 1 个居委会 30 户个体户，1 个综合市场 15 户个体户，共 45 户个体户；11 月，更换经常性调查小样本。抽中小型企业 8 个，其中，批发零售业 5 个，住宿餐饮业 3 个；个体户 50 户，其中，批发零售业 40 户、住宿餐饮业 10 户；共抽调查样本 58 个。2009 年，更换经常性调查样本。样本数扩大为 82 个，其中中小型企业 8 个，个体户 74 户。

（六）规模以下工业抽样调查

1999 年，根据国家统计局的方案要求，开展以省为总体的规模以下工业抽样调查工作。2000 年，开展以设区市为总体的规模以下工业抽样调查工作。2001 年，开展以县为总体的规模以下工业抽样调查工作。规模以下工业数据实现抽样调查数据与全面统计数据的衔接，全市规模以下工业统计数据以抽样调查数据为法定数。

2005 年，调查范围为年产品销售收入 500 万元以下的非国有工业企业和全部个体经营工业单位。具体包括，调查年份年初在册的年产品销售收入 500 万元以下的非国有工业企业、全部个体经营工业单位以及当 年新建的年产品销售收入 500 万元以下的非国有工业企业和新增的全部个体经营工业单位。调查分为年报和季报两种。季报包括一季度报表、二季度报表和三季度报表，调查表分为基层表和综合表 2 种。

2007—2010 年定期报表，调查范围调整为年主营业务收入（产品销售收入）500 万元以下的工业企业和全部个体经营工业单位。具体包括，调查年份年初在册的年主营业务收入 500 万元以下的工业企业、全部个体经营工业单位以及当年新建的年主营业务收入 500 万元以下的工业企业和新增的全部个体经营工业单位。调查分为年报和季报 2 种。季报包括一季度报表、二季度报表和三季度报表，调查表分为基层表和综合表两种。

（七）人口变动抽样调查等

1989—2005 年，市统计局及城乡 2 支调查队主要开展人口变动抽样调查、小型工业企业技术开发抽样调查、电视节目收视率调查、农产品生产月度调查、劳动力就业调查、群众安全感调查、妇女儿童监测调查等；其他部门主要开展残疾人抽样调查、国内旅游抽样调查等。

2005—2010 年，市统计局及城乡两支调查队主要开展人口变动抽样调查、小型工业企业技术开发抽样调查、农产品生产月度调查、劳动力就业调查、群众安全感调查、妇女儿童监测调查等。

第三节　统计服务

一、资料与年鉴

从 1979 年开始，建阳统计局每年都整理编印历史和年度综合统计资料。1997 年，为弥补资料印刷经费不足，开始向有关单位按成本价销售统计年鉴。2005 年 3 月，市统计局开始编印《建阳统计月报》，主要提供给各级领导和经济管理部门使用，内容包括各部门、各专业月、季度统计数字。1982—2005 年，建阳各类普查办公室共整理编印普查资料 4 册。2004 起，统计年鉴版面由原 32 开统计资料的版面改为 16 开，内容涵盖全市及部门的主要统计资料，并附有统计指标解释。

2005—2010 年，每年 10 月收集整理上年度的所有指标数据并编印成书《建阳统计年鉴》，总印制 150 本。每本书 350 页左右，有上千指标和数万数据，是市统计局年度综合性资料。年鉴涵盖综合、国民经济核算、农林牧渔业、工业、建筑业、交通运输邮政业、贸易及服务业、固定资产投资及房地产开发业、就业与劳动情况、人民生活、财政金融、教育、文化、卫生、民政、司法、计生、城建等 11 个经济社会领域的重要指标。首页并附建阳当年的政府工作报告。

2005 年 3 月，市统计局开始规范编印《建阳统计月报》，每月下旬收集市统计局、南平市统计局和市直相关经济部门的上月指标数据编印成册，总印制 190 册，分发给市委市政府领导、市委及市直相关经济部门、13个乡镇街道做经济发展资料参考。

2006年起，市统计局每年4月编印《建阳年度统计摘要》，收集整理建阳市2007年度关于经济、社会、人文及民生等领域快报数据，总印制210册，分发给市委市政府领导、市直相关经济部门、13个乡镇街道，以便年鉴印制前也能及时了解全市国民经济和社会发展概况。

二、公报与信息

1994—2004年，建阳市统计公报的发布一般都定在每年2月下旬或3月上旬发布。随着经济的发展，建阳统计公报发布的内容也有所调整和扩充，发布形式由原来的统计部门向党政机关内部发布逐步改为由广播、报刊等媒体向社会公开发布。大型普查数据汇总结果出来后，各级普查办公室均要向社会发布普查公报。

2001年3月，八闽农网建阳市信息服务站成立。2003年，为规范信息编写和上报，市统计局专门印制《统计信息》。2005年，省企业调查队开始推行企业信息联络员制度，省企业调查队聘请市委办公室信息科的人员兼任信息联络员，统计信息工作进入1个新的发展时期。至年底，建阳统计部门在各级报刊发表的信息突破百条次大关，达169条次。

2005—2010年，建阳市统计公报一般都在每年3月公开发布。随着经济社会前行发展，日新月异的高速发展形势促使着建阳统计公报内容必须及时扩充并调整，发布形式也由原来的统计部门向党政机关内部发布逐步改为通过广播、报刊、电视等媒体向社会公开发布。大型普查数据汇总结果出来后，县级普查办公室及时向社会发布普查公报。

2005年起，市统计局专门印制《统计信息》，主要刊载专业人员编写的统计工作信息和社会经济信息。2006年，开始搭建建阳市统计局门户网站，创建统计工作信息、统计法律法规、每月经济数据、统计行业分析和统计考试公告等栏目，及时对外发布统计最新动态和建阳经济发展情况，信息网络化得到延伸至社会大众，不再局限在单位内部，至2010年，建阳市统计局门户网站发布563条各类统计信息，共编发《统计信息》193期。

三、统计分析

1994年，所有专业都实行撰写全市季度、年度经济运行情况分析。1995年起，对大多数专业都实行撰写全市月度、季度、年度经济运行情况分析。统计部门鼓励开展对全市经济运行、社会发展中的重点、难点、热点问题的跟踪调查，并组织专业人员调研，每年都有许多调研文章得到上级的肯定和采用。

21世纪初，统计工作强化服务意识，常规性开展月度、季度经济运行分析预测、对社会发展中的重点、难点、热点问题跟踪调查，及时准确提供有实际指导意义的统计呈阅件、分析、调研等文章。

2005—2010年，共撰写编发《建阳统计》163期，主要刊载专业人员编写的统计分析、整理的统计数字资料和绘制的统计图表。共撰写编发《统计呈阅件》25期，主要刊载统计部门向市领导呈阅的建阳经济运行动态。编发《建阳城市调查》和《建阳农村调查》98期，主要刊载城调队及农调队专业人员编写的统计调查分析报告。其中受到市委、市政府领导批示的有16篇。

四、统计书刊

1990年，创办《建阳统计工作》，主要刊载各阶段的统计工作动态。至2005年，共编发263期。

1995年2月，创办《统计呈阅件》，主要刊载统计部门向市领导呈阅的统计工作动态和建阳经济运行动态。至2005年，共编发33期。

1999年9月，编印《建阳五十年辉煌成就1949—1999》（图文本），收录全市有关部门和13个乡（镇、街道）反映建国50年来社会经济发展的图片和文章。

2002年4月，《建阳统计资料》改为《建阳统计》，主要刊载专业人员编写的统计分析、整理的统计数字资料和绘制的统计图表。至2005年，共编发1169期。8月，创办《建阳城市调查》和《建阳农村调查》，主要刊载专业人员编写的统计调查分析报告。至2005年，共编发138期。

2003年1月，创办《建阳统计信息》，主要刊载专业人员编写的统计工作信息和社会经济信息。至2005年，共编发93期。

2010年，市统计局将各种期刊整合成3种，即《建阳统计》《建阳调查》《统计呈阅件》。

第四节　统计监督

一、统计法制建设

1994年，市政府成立统计法执行情况大检查领导小组，开展统计执法大检查，对于检查中发现的问题，进行限期整改，对统计违法行为按情节轻重给予处理。

1995年、1997年，全市开展统计法执行情况大检查。1999年，市统计局组建统计执法检查队。

2002年，市统计局在办公室加挂政策法规股的牌子。同年，市统计局制定“有案即查”制度，统计执法检查工作开始步入经常化、制度化、规范化的轨道。

2004年，省统计局法规处对建阳市开展重点统计监督检查，重点检查工业、房地产业和固定资产投资3个专业的基础工作和数据质量，并检查水吉、麻沙2个镇贯彻、落实统计法规等情况。

2005年起，市统计局建立统计监督检查制度，至2010年，每年确定3—4个乡镇、街道和若干个专业开展重点统计监督检查活动，重点检查农业、工业、商贸、房地产业和固定资产投资、劳动工资等专业的基础工作和数据质量，对于检查中发现的问题，进行限期整改，对统计违法行为按情节轻重给予处理。

二、计划执行情况监督

2000年，市政府开展经济和社会发展绩效考评活动，由市统计局负责提供乡（镇）、街道和部门经济指标的考评数据工作，考评数据每季度公布1次，年终总评。通过开展乡（镇、街道）和部门创业竞赛考评，对各级各部门计划执行情况进行检查和监督；通过由市直有关部门参加的经济分析会对全市计划执行情况进行检查和监督。

2001年开始，建阳市执行每月召开1次经济形势统计分析会制度。会议召集由市人民政府办公室负责，建阳市人民政府办公室、统计局、发展和改革局3家共同主持，各有关经济部门参与，目的是分析研究建阳计划完成进度，揭示计划执行过程中存在的问题，以便各级党委和政府能及时采取措施，解决矛盾，促进各项任务的完成。月度经济分析材料由市统计局负责整理编写，季度分析材料由市发展和改革局负责整理编写。

2005年起，市政府开展经济和社会发展绩效考评活动，由市统计局负责提供乡（镇）、街道和部门经济指标的考评数据工作，考评数据每季度公布1次，年终总评。通过开展乡（镇、街道）和部门创业竞赛考评，对各级各部门计划执行情况进行检查和监督；通过由市直有关部门参加的经济分析会对全市计划执行情况进行检查和监督。

2005—2010年，建阳市执行每月召开1次经济形势统计分析会制度。会议召集由市人民政府办公室负责，建阳市人民政府办公室、统计局、发展和改革局3家共同主持，各有关经济部门参与，目的是分析研究建阳计划完成进度，揭示计划执行过程中存在的问题，以便各级党委和政府能及时采取措施，解决矛盾，促进各项任务的完成。月度经济分析材料由市统计局负责整理编写，季度分析材料由市发展和改革局负责整理编写。

第五节　机　构

1994 年 9 月，建阳市统计局和城市、农村 2 支调查队分别更名为建阳市统计局、建阳市城市社会经济调查队和建阳市农村社会经济调查队。

1997 年，按照“三定”方案的要求，市统计局内设机构调整为 1 室 2 科 1 站，即办公室、综合科、工贸科和计算站。

1998 年 9 月，建阳市城市社会经济调查队和建阳市农村社会经济调查队为依照国家公务员制度进行管理的副科级事业单位。建阳市城市社会经济调查队，省属事业编制 6 名，其中队长 1 名（副科级），副队长 1 名（正股级）。建阳市农村社会经济调查队，省属事业编制 4 名，其中队长 1 名（副科级），副队长 1 名（正股级）。

2003 年 1 月，市统计局内设机构改为办公室、监察室、综合统计股和经济统计股，并在办公室内设政策法规股。2 月，市城调队内设住户调查股和价格调查股，农调队内设综合股和业务股。

2004 年，建阳市人口普查办公室更名为建阳市普查中心，为隶属统计局管理的股级事业单位，核定人员编制 3 人。

2005—2010 年，建阳市统计局内设机构为办公室、监察室、综合统计股和经济统计股，并在办公室内设政策法规股。建阳市普查中心隶属统计局管理的股级事业单位，核定人员编制 3 人。

2010 年 3 月，按照“三定”方案的要求，建阳市城市社会经济调查队和建阳市农村社会经济调查队为建阳市统计局管理的市财政核拨副科级事业单位。建阳市城市社会经济调查队内设 2 个职能股室，即价格调查股和住户调查股，财政核拨事业编制 6 名，其中，队长 1 名，股级职数 3 名；建阳市农村社会经济调查队内设 1 个职能股室，即综合股，财政核拨事业编制 4 名，其中，队长 1 名，股级职数 2 名。

第三章　价格管理

第一节　管理体制

1994 年，市物价局按照有关要求，凡被列入监管范围的品种，其价格和服务收费标准的调整必须向市（县）物价委员会申报，属省、地管理的品种，由基层物价委员会转报省、地物价委员会批准执行；未向物价部门申报或未经有权机关批准，不准调整价格和服务收费标准。主要品种有：标一早晚籼米、标准面粉、一级花生油、菜籽油、含碘食盐、味精、一级酱油、一级白沙糖、全脂奶粉、洗衣粉、皂粉、肥皂、彩电、电冰箱、洗衣机、自行车、九曲酒、居民用蜂窝煤、居民用电、民用瓶装液化气、化肥、民用自来水；出租车票价、市内公交票价、市话通话费、学杂费、医院挂号费、床位费、托儿所收费、有线电视收费、公园景区门票、洗理费、电话号码选号费、照相等。

1998 年 5 月 11 日，开始实施《中华人民共和国价格法》，市政府价格主管部门依法对价格活动进行监督检查，对价格违法行为实施行政处罚。11 月，根据国务院决定，改进化肥价格管理方式，建立政府指导下市场形成价格的机制，化肥出厂价格由政府定价改为政府指导价，放开化肥零售价格。

2001 年 7 月，执行国家计划委员会颁布修订的中央定价目录，确定政府定价和政府指导价的定价范围，具体是：重要的中央储备物资、国家专营的烟叶、食盐和民用爆破器材、部分化肥、部分重要药品、教材、天然气、中央直属及跨省水利工程供水、电力、军品、重要交通运输、邮政基本业务、电信基本业务、重要专业服务。

2003年，执行省政府印发《福建省定价目录》（2003年版），确定政府定价和政府指导价的定价范围，即：重要的储备物资、国家专营的烟叶、食盐和民用爆破物品、部分化肥、部分重要药品、教材与中小学校服、城市供水、电力、军品、重要交通运输、邮政和电信业务、重要的专业公益性服务和经营性服务、部分房地产等。国家机关收费和其他行政事业性收费及原油、成品油价格按有关规定进行管理。

2010年3月，执行省政府修订印发的《福建省定价目录》（2010年版），定价项目为：重要商品、部分资源产品、重要公用事业、重要公益性服务、重要专业服务、房地产等共6大类44个大项，涵盖电力、工矿、医药、教育、文化、卫生、环保、运输等与国民经济发展和人民生活关系重大的各个行业。

第二节 价格调控

1996—1997年，出现物价快速上涨现象。建阳市政府按照省政府、南平市政府分别下达的1996年社会商品零售物价指数必须控制在9%以内的要求，及时调整价格调控方向，把扩大内需、促进价格总水平合理回升作为一项主要的工作任务。建立健全在市政府领导下的各单位部门密切配合、齐抓共管的控价目标责任制。通过市场监测、预警，为商品生产、流通、销售提供服务；做好副食品价格调节基金的征收、管理和使用工作；从严控制商品和服务价费上调，清理各种价外加价和乱收费，对群众反映强烈的乱涨价、乱收费问题坚决查处，抓好各项控价措施的落实。

2004年7月，省物价局、建省粮食局联合下发《关于发布对大米等粮食销售价格在过快上涨时实行价格干预预案的通知》，建阳市物价局会同建阳市粮食局开展加强对市场粮食价格的监测检查工作，加大对各大粮食加工厂的宣传教育，市场粮食供应充足，价格稳定。

2008年，市场物价上涨，根据上级主管部门精神，建阳市物价局及时制定《对部分重要商品及服务实行临时干预措施的实施方案》，对部分重要商品实行临时干预措施，落实调价备案制度，确定建阳市百姓超市菜篮子有限公司、建阳市童游夏氏粮食加工厂、建阳市北门啸凌副食品批发部为列入调价备案名单，对重要粮油副食品商品调价实行提前报物价局备案。9月份，依照上级规定，建阳市人民政府印发了《关于加强征收价格调节基金改善价格调控的通知》，通知中，将“副食品价格调节基金”更名为“价格调节基金”；明确价格调节基金的征收渠道和标准，及价格调节基金的使用管理和监督。

2010年“6·20”洪灾后，建阳市物价局贯彻落实《福建省物价局关于授权南平、三明、龙岩市县（区）政府实施建材价格干预措施的通知》和南平市物价局实施建材价格干预政策，强化灾后重建的建材价格干预工作，发放《建阳市物价局关于灾后重建建材价格的提醒告诫函》21份，对区域内建材市场价格进行价格干预，为全市灾后重建工作提供价格保障。

第三节 商品价格与收费

一、主要商品价格

（一）粮食价格

1994—1998年，市物价局按照有关要求，粮食列入监管范围。1998年，开始实施《中华人民共和国价格法》，市政府价格主管部门依法对粮食价格活动进行监督检查，对价格违法行为实施行政处罚。11月，建立政府指导下市场形成价格的机制，放开粮食价格。

1995—2000 年建阳市粮食价格标准情况表

表 14-3-1

<table>
<tr><th>序号</th><th>年份</th><th>文件名称</th><th colspan="6">价格标准</th></tr>
<tr><td rowspan="4">1</td><td rowspan="4">1995 年</td><td rowspan="4">《关于下达 95 年早稻、晚稻计划收购价格及其等级差价的通知》潭粮〔1995〕综字 71 号</td><td colspan="6">早稻中等价格每 50 公斤收购价为 78 元</td></tr>
<tr><td colspan="6">晚稻中等价格每 50 公斤收购价为 83 元</td></tr>
<tr><td colspan="6">早稻、晚稻等级差价差每 50 公斤为 1.80 元</td></tr>
<tr><td colspan="6">中籼稻属早籼稻品种的按早籼稻价格收购，属晚籼稻品种的按晚籼稻价格收购</td></tr>
<tr><td rowspan="3">2</td><td rowspan="3">1995 年</td><td rowspan="3">《关于调整粮食销售价格的通知》潭价〔1995〕055 号</td><td colspan="6">标二早籼米 0.80 元 /0.50 公斤</td></tr>
<tr><td colspan="6">标一早籼米 0.95 元 /0.50 公斤</td></tr>
<tr><td colspan="6">标二晚籼米 1.04 元 /0.50 公斤</td></tr>
<tr><td>3</td><td>1995 年</td><td>《关于袋装优质大米销售价格的批复》潭价〔1995〕045 号</td><td colspan="6">五公斤袋装优质大米每袋售价 14.50 元</td></tr>
<tr><td>4</td><td>1995 年</td><td>《关于调整议销标一晚籼米价格的通知》〔1995〕潭粮供字 16 号</td><td colspan="6">标一晚籼米每 50 公斤从 112 元调为 120 元</td></tr>
<tr><td>5</td><td>1998 年</td><td>《关于调整晚稻议价收购价格的通知》潭价〔1998〕094 号</td><td colspan="6">晚稻收购价 63 元 /50kg；外粮（晚谷）收购基准价调 59 元 /50kg</td></tr>
<tr><td rowspan="19">6</td><td rowspan="19">1998 年</td><td rowspan="19">《关于粮食收购质量标准等级价格的联合通知》潭价〔1998〕074 号</td><td colspan="2">出糙率等级最低指标</td><td>杂质</td><td>晚稻水分</td><td>色泽气味</td><td>每 50 公斤价格（元）</td></tr>
<tr><td>1</td><td>79%</td><td>1%</td><td>14%</td><td>正常</td><td>70.50（元）</td></tr>
<tr><td>2</td><td>77%</td><td>1%</td><td>14%</td><td>正常</td><td>68.50（元）</td></tr>
<tr><td>3</td><td>75%</td><td>1%</td><td>14%</td><td>正常</td><td>66.50（元）</td></tr>
<tr><td>4</td><td>73%</td><td>1%</td><td>14%</td><td>正常</td><td>64.50（元）</td></tr>
<tr><td>5</td><td>71%</td><td>1%</td><td>14%</td><td>正常</td><td>62.50（元）</td></tr>
<tr><td colspan="6">（国家标准表一）符合以上五个等级的定购粮，保留价外补贴 50 公斤 10 元（不含公粮、保护价粮）</td></tr>
<tr><td colspan="2">出糙率等级最低指标</td><td>杂质</td><td>晚稻水分</td><td>色泽气味</td><td>每 50 公斤价格（元）</td></tr>
<tr><td>1</td><td>79%</td><td>1%</td><td>14%</td><td>正常</td><td>69（元）</td></tr>
<tr><td>2</td><td>77%</td><td>1%</td><td>14%</td><td>正常</td><td>67（元）</td></tr>
<tr><td>3</td><td>75%</td><td>1%</td><td>14%</td><td>正常</td><td>65（元）</td></tr>
<tr><td>4</td><td>73%</td><td>1%</td><td>14%</td><td>正常</td><td>63（元）</td></tr>
<tr><td>5</td><td>71%</td><td>1%</td><td>14%</td><td>正常</td><td>61（元）</td></tr>
<tr><td colspan="6">（晚稻保护价标准表二）</td></tr>
<tr><td colspan="2">名称</td><td>超标原因</td><td>有关指标</td><td colspan="2">50 公斤扣价（基准价 61 元）</td></tr>
<tr><td colspan="2">超杂</td><td>杂质超标</td><td>见表一</td><td colspan="2">每超标 0.50% 扣 3 元</td></tr>
<tr><td colspan="2">高水分粮</td><td>水份超标</td><td>见表一</td><td colspan="2">每超标 0.50% 扣 4 元</td></tr>
<tr><td colspan="2">黄粒稻谷</td><td>黄粒米超标</td><td></td><td colspan="2">每超标 0.50% 扣 4 元</td></tr>
<tr><td colspan="6">（外粮晚谷收购价格表三）各项超标早稻，按各项扣价标准累计进行扣价处理，霉变、黄粒米超 2% 及掺假稻谷不能收购</td></tr>
</table>

续表 14-3-1

<table>
<tr><th>序号</th><th>年份</th><th>文件名称</th><th colspan="6">价格标准</th></tr>
<tr><td rowspan="17">7</td><td rowspan="17">1999 年</td><td rowspan="17">《关于粮食收购质量标准、等级、价格的通知》潭价〔1999〕045 号</td><td colspan="2">出糙率等级最低指标</td><td>杂质</td><td>早稻水分</td><td>色泽气味</td><td>每 50 公斤价格（元）</td></tr>
<tr><td>1</td><td>79%</td><td>1%</td><td>13.50%</td><td>正常</td><td>56（元）</td></tr>
<tr><td>2</td><td>77%</td><td>1%</td><td>13.50%</td><td>正常</td><td>54（元）</td></tr>
<tr><td>3</td><td>75%</td><td>1%</td><td>13.50%</td><td>正常</td><td>52（元）</td></tr>
<tr><td>4</td><td>73%</td><td>1%</td><td>13.50%</td><td>正常</td><td>50（元）</td></tr>
<tr><td>5</td><td>71%</td><td>1%</td><td>13.50%</td><td>正常</td><td>48（元）</td></tr>
<tr><td colspan="6">符合以上五个等级的定购粮，保留价外补贴 50 公斤 10 元（不含公粮、保护价粮）</td></tr>
<tr><td colspan="6">优质粮收购价格“佳禾早占”“南夏 060”“南优 1 号”为优质稻中等收购价格每 50 公斤 56 元等级差 50 公斤 2 元</td></tr>
<tr><td colspan="2">名称</td><td>超标原因</td><td>有关指标</td><td colspan="2">50 公斤扣价（基准价 48 元）</td></tr>
<tr><td colspan="2">超杂</td><td>杂质超标</td><td>见表一</td><td colspan="2">每超标 0.50% 扣 3 元</td></tr>
<tr><td colspan="2">高水分粮</td><td>水分超标</td><td>见表一</td><td colspan="2">每超标 0.50% 扣 4 元</td></tr>
<tr><td colspan="2">黄粒稻谷</td><td>黄粒米超标</td><td></td><td colspan="2">每超标 0.50% 扣 4 元</td></tr>
<tr><td colspan="6">各项超标早稻，按各项扣价标准累计进行扣价处理</td></tr>
<tr><td colspan="6">霉变、黄粒米超 2% 及掺假稻谷不能收购</td></tr>
<tr><td colspan="6">1998 年晚谷按 1999 年中等早稻保护价每 50 公斤 52 元收购</td></tr>
<tr><td colspan="6">新、陈混杂粮收购：质量符合表一标准的按等外粮每 50 公斤 46 元收购</td></tr>
<tr><td colspan="6">芽谷在 1%—5% 以内每 50 公斤 44 元；芽谷在 5%—10% 以内每 50 公斤 40 元；芽谷超过 10% 以上的不予收购</td></tr>
<tr><td>8</td><td>1999 年</td><td>《关于 1999 年晚籼稻收购价格的通知》潭价〔1999〕068 号</td><td colspan="6">每 50 公斤 57 元（中等质量）保留价外补贴 10 元 /50 公斤（不含公粮）</td></tr>
<tr><td rowspan="2">9</td><td rowspan="2">2000 年</td><td rowspan="2">《建阳市物价委员会 建阳市粮食局关于下达 2000 年中、晚籼稻定购价和保护价的通知》潭价〔2000〕59 号</td><td colspan="6">中籼稻收购价每 50 公斤（中等质量标准）定购价 52 元、保护价 52 元（等级差 2 元）</td></tr>
<tr><td colspan="6">晚籼稻收购价每 50 公斤（中等质量标准）定购价 54 元、保护价 54 元（等级差 2 元）</td></tr>
</table>

（二）主要农业生产资料价格

1994 年，市物价局按照有关要求，化肥等基本生产资料列入监管范围的品种，其价格和服务收费标准的调整必须向市（县）物价委员会申报，未向物价部门申报或未经有权机关批准，不准调整价格理费、电话号码选号费、照相等。1998 年 5 月，开始实施《中华人民共和国价格法》，市政府价格主管部门依法对价格活动进行监督检查。11 月，根据国务院决定，改进化肥价格管理方式，建立政府指导下市场形成价格的机制，化肥出厂价格由政府定价改为政府指导价，放开化肥零售价格。

1994—2000 年建阳市主要农业生产资料价格（收费）标准情况表

表 14-3-2

<table>
<tr><th>序号</th><th>年份</th><th>文件名称</th><th colspan="8">收费标准</th></tr>
<tr><td>1</td><td>1994</td><td>《关于调整氯化钾销售价格的通知》潭价〔94〕字 082 号</td><td colspan="8">销售价每吨 1402 元调为 1426 元，调拨价每吨 1324.90 元调为 1347.60 元</td></tr>
<tr><td>2</td><td>1994</td><td>《关于调整钙镁磷销售价格的通知》潭价〔94〕字 086 号</td><td colspan="8">销售价每吨 500 元调为 522 元，调拨价每吨 470 元调为 490.70 元</td></tr>
<tr><td rowspan="2">3</td><td rowspan="2">1995</td><td rowspan="2">《关于碳铵等小化肥销售价格有关问题的通知》潭价〔95〕字 084 号</td><td colspan="8">碳铵统一销售价每吨 690 元，调拨价每吨 649.50 元，其中含价格调节基金 15 元；冬种期间每吨让利 20 元销售价每吨 670 元，调拨价每吨 630.40 元，其中含价格调节基金 10 元</td></tr>
<tr><td colspan="8">过碳酸钙：统一销售价每吨 546 元，调拨价每吨 513.60 元，其中含价格调节基金 6 元；冬种期间每吨让利 10 元销售价每吨 536 元，调拨价每吨 503.80 元，不含价格调节基金</td></tr>
<tr><td>4</td><td>1995</td><td>《关于调整普钙出厂价格的通知》潭价〔1995〕089 号</td><td colspan="8">过磷酸钙（含 P12% ）出厂价每吨由 410 元调为 440 元（含价格调节基金 20 元）</td></tr>
<tr><td rowspan="5">5</td><td rowspan="5">1995</td><td rowspan="5">《关于杂交水稻种子销售价格的批复》潭价〔1995〕075 号</td><td colspan="8">“早杂威优 77”“汕优 77”每公斤 13.60 元</td></tr>
<tr><td colspan="8">“汕优制西”每公斤 17.60 元</td></tr>
<tr><td colspan="8">“汕优 63”每公斤 16.40 元</td></tr>
<tr><td colspan="8">“汕优桂 32”“Ⅱ优 63”“汕优 70”“V 优 70”等每公斤 15.60 元</td></tr>
<tr><td colspan="8">以上价格含价格调节基金每公斤 0.60 元，含风险基金每公斤 0.60 元</td></tr>
<tr><td rowspan="2">6</td><td rowspan="2">1995</td><td rowspan="2">《关于氯化钾销售价格的批复》潭价〔95〕061 号</td><td colspan="8">加拿大进口销售价每吨 1562 元，调拨价每吨 1488.60 元</td></tr>
<tr><td colspan="8">独联体进口销售价每吨按原价 1462 元</td></tr>
<tr><td rowspan="6">7</td><td rowspan="6">1995</td><td rowspan="6">《关于调整省管农药销售价格的通知》潭价〔1995〕057 号</td><td rowspan="2">品名</td><td rowspan="2">规格</td><td rowspan="2">单位</td><td rowspan="2">进货价</td><td colspan="2">现行价</td><td colspan="2">调后价</td></tr>
<tr><td>调拨价</td><td>零售价</td><td>调拨价</td><td>零售价</td></tr>
<tr><td>敌敌畏</td><td>含量 80%0.50 公斤瓶装</td><td>公斤</td><td>18.37</td><td>19.20</td><td>20.50</td><td>19.40</td><td>20.70</td></tr>
<tr><td>高效敌敌畏</td><td>含量 20%</td><td>公斤</td><td>16.98</td><td>—</td><td>—</td><td>18.00</td><td>19.20</td></tr>
<tr><td>甲胺磷</td><td>含量 50%0.50 公斤瓶装</td><td>公斤</td><td>18.47</td><td>18.30</td><td>19.30</td><td>19.50</td><td>20.80</td></tr>
<tr><td>乐果</td><td>含量 40%0.50 公斤瓶装</td><td>公斤</td><td>18.14</td><td>17.60</td><td>18.70</td><td>19.20</td><td>20.50</td></tr>
</table>

续表 14-3-2

序号	年份	文件名称	收费标准							
7	1995	《关于调整省管农药销售价格的通知》潭价〔1995〕057 号	杀虫双	含量 25%0.50 公斤瓶装	公斤	5.93	—	—	6.50	6.90
			井岗霉素	5 万单位	公斤	6.14	6	6.40	6.70	7.10
8	1995	《关于调整普钙销售价格的通知》潭价〔1995〕053 号	全市统一销售价每吨 480 元调为 510 元，调拨价每吨 451.40 元调为 479.40 元							
9	1995	《关于核定碳铵协议价的通知》潭价〔1995〕051 号	销售协议价每吨 608 元							
10	1995	《关于调整顺昌产尿素销售价格的通知》潭价〔1995〕050 号	全市统一销售价每吨 1800 元，调拨价每吨 1715.40 元							
11	1995	《关于调整进口氯化钾销售价格的通知》潭价〔1995〕046 号	全市统一销售价每吨 1426 元调为 1462 元，调拨价每吨 1347.60 元调为 1393.30 元							
12	1995	《关于调整进口复合肥等销售价格的通知》潭价〔1995〕044 号	进口复合肥（含氯）每吨销售价 2094 元调为 2542 元，调拨价每公斤由 1978.80 元调为 2422.50 元							
			国产复混肥（含 N10.50%、P9%、K6.50%）每吨销售价 1060 元调为 1126 元，调拨价每公斤由 1001.70 元调为 1064 元							
13	1995	《关于甲胺磷乳剂销售价格的通知》潭价〔1995〕043 号	每公斤销售价 17.60 元调为 19.30 元，调拨价每公斤由 16.50 元调为 18.30 元							
14	19955	《关于对过磷酸钙出厂价实行上浮的通知》潭价〔1995〕040 号	出厂价每吨 380 元的基础上上浮 8%，即每吨出厂价 410 元							
15	1995	《关于三明尿素销售价格的通知》潭价〔1995〕039 号	全市统一销售价每吨 1840 元，调拨价每吨 1753.50 元							

续表 14-3-2

序号	年份	文件名称	收费标准
16	1995	《关于调整乐果等农药销售价格的批复》潭价〔1995〕038 号	含量 40% 乐果乳剂每公斤零售价 17.60 元调为 18.70 元，调拨价每公斤由 16.50 元调为 17.60 元
			含量 80% 敌敌畏乳剂每公斤零售价 19.60 元调为 20.50 元，调拨价每公斤由 18.40 元调为 19.20 元
			含量 18% 杀虫双每公斤零售价 5.40 元调为 6 元，调拨价每公斤由 5 元调为 5.60 元
			含量 18% 高效杀虫双乳剂每公斤零售价 6.20 元调拨价每公斤 5.80 元
			含量 90% 敌百虫晶体每公斤零售价 11.15 元调为 13.60 元，调拨价每公斤由 10.33 元调为 12.70 元
17	1995	《关于相应调整碳铵销售价格的通知》潭价〔1995〕034 号	碳铵每吨由 540 元调为 578 元，调拨价每吨 508.20 元调为 544 元，（含加价额 10 元）
			钙镁磷每吨由 530 元调为 566 元，调拨价每吨 498.50 元调为 532.30 元，（含加价额 5 元）
18	1995	《关于 1995 年春耕进口尿素销售价格的通知》潭价〔1995〕029 号	核定我市进口尿素各供肥点统一销售价每吨 2260 元，市农资公司对各基层供销价调拨价每吨 2150 元
19	1995	《关于农膜销售价格的通知》潭价〔1995〕028 号	聚乙烯农膜每公斤 7.78 元，调拨价每公斤 7.51 元
			聚乙烯中膜每公斤 7.94 元，调拨价每公斤 7.66 元
			聚乙烯地膜每公斤 8.13 元，调拨价每公斤 7.85 元
20	1995	《关于省管农药销售价格的通知》潭价〔1995〕027 号	含量 40% 乐果乳剂每公斤 17.60 元，调拨价每公斤 16.50 元
			含量 80% 敌敌畏乳剂每公斤 19.60 元，调拨价每公斤 18.40 元
			含量 18% 杀虫双乳剂每公斤 5.40 元，调拨价每公斤 5 元
			含量 50% 甲胺磷乳剂每公斤 17.60 元，调拨价每公斤 16.50 元
			含量 2.50% 甲基 1605 粉剂每公斤 1.30 元，调拨价每公斤 1.20 元
			五万单位井岗霉素每公斤 6.40 元，调拨价每公斤 6 元
21	1995	《关于第二批外地调入种子销价的批复》潭价〔1995〕025 号	“协优 63”每公斤 30 元
			“汕优 63”每公斤 32 元
			“汕优桂 32.33”每公斤 31 元
			“Ⅱ优 63”每公斤 31 元
22	1995	《关于核定国产复混肥等销售价格的通知》潭价〔1995〕019 号	国产复混肥（含 N10.50% 、P9% 、K6.50%）：全县统一销售价每吨由 914 元调为 1060 元，调拨价每吨 863 元调为 1001.70 元
			过磷酸钙（含 P12% ）：全县统一销售价每吨由 465 元调为 480 元，调拨价每吨 437.30 元调为 451.40 元（含加价额 4 元）
23	1995	《关于调整普钙出厂价格的批复》潭价〔1995〕018 号	普通磷酸钙出厂价（含磷量 12%）每吨 365 元调为 380 元

续表 14-3-2

<table>
<tr><th>序号</th><th>年份</th><th>文件名称</th><th colspan="4">收费标准</th></tr>
<tr><td rowspan="2">24</td><td rowspan="2">1995</td><td rowspan="2">《关于核定杂交水稻种子销售价格的批复》潭价〔1995〕字010号</td><td colspan="4">早杂优24元/公斤（含0.80元/公斤风险储备金）</td></tr>
<tr><td colspan="4">晚杂优26.80元/公斤（含0.80元/公斤风险储备金）</td></tr>
<tr><td>25</td><td>1995</td><td>《关于调整普钙出厂价格的批复》潭价〔1995〕006号</td><td colspan="4">普通磷酸钙出厂价（含磷量12%）每吨345元调为365元</td></tr>
<tr><td rowspan="3">26</td><td rowspan="3">1997</td><td rowspan="3">《关于97年度杂交水稻种子收购价格的通知》潭价〔1997〕003号</td><td>品名</td><td>收购价（元/公斤）</td><td>品名</td><td>收购价（元/公斤）</td></tr>
<tr><td>“汕优63”
“福优63”</td><td>11.40</td><td>汕优77 汕优64 福优77</td><td>9.40</td></tr>
<tr><td>“Ⅱ优63”
“汕优70”
“汕优397”
“汕优桂32”</td><td>10.80</td><td>威优77</td><td>9</td></tr>
<tr><td>27</td><td>1997</td><td>《关于调整省产统配尿素价格的通知》潭价〔1997〕070号</td><td colspan="4">统配尿素全市统一零售价格调为1725元/吨</td></tr>
<tr><td>28</td><td>1997</td><td>《关于1605乳油销售价格的通知》潭价〔1997〕049号</td><td colspan="4">含量50%的1605乳油全市统一销售价格为每500克9.20元</td></tr>
<tr><td rowspan="3">29</td><td rowspan="3">1997</td><td rowspan="3">《关于调整敌敌畏等农药零售价格的通知》潭价〔1997〕036号</td><td colspan="4">含量80%敌敌畏每公斤零售价格调为24元</td></tr>
<tr><td colspan="4">含量18%杀虫双每公斤零售价格调为4.80元</td></tr>
<tr><td colspan="4">含量25%增效杀虫双每公斤零售价格调为4.90元</td></tr>
<tr><td>30</td><td>1997</td><td>《关于粮挂尿素零售价格及有关问题的通知》潭价〔1997〕035号</td><td colspan="4">核定我市粮挂尿素零售价格每吨为1850元（其中每吨含价格调节费10元）</td></tr>
<tr><td rowspan="2">31</td><td rowspan="2">1997</td><td rowspan="2">《关于调整敌百虫、乐果零售价格的批复》潭价〔1997〕024号</td><td colspan="4">敌百虫（含90%晶体）每公斤销售价格15.40元</td></tr>
<tr><td colspan="4">乐果乳剂（含量40%）每公斤销售价格17.80元</td></tr>
</table>

续表 14-3-2

<table>
<tr><th>序号</th><th>年份</th><th>文件名称</th><th colspan="5">收费标准</th></tr>
<tr><td rowspan="3">32</td><td rowspan="3">1997</td><td rowspan="3">《关于调整农用薄膜销售价格的批复》潭价〔1997〕010 号</td><td colspan="5">聚乙烯农膜每公斤 10.30 元</td></tr>
<tr><td colspan="5">聚乙烯中膜每公斤 10.40 元</td></tr>
<tr><td colspan="5">聚乙烯地膜每公斤 10.50 元</td></tr>
<tr><td rowspan="3">33</td><td rowspan="3">1997</td><td rowspan="3">《关于 1997 年小化肥销售价格的通知》潭价〔1997〕010 号</td><td colspan="5">碳铵 664 元 / 吨，（以上均含价格调节费 6 元 / 吨）</td></tr>
<tr><td colspan="5">过钙 574 元 / 吨，（以上均含价格调节费 6 元 / 吨）</td></tr>
<tr><td colspan="5">钙镁磷 632 元 / 吨（以上均含价格调节费 6 元 / 吨）</td></tr>
<tr><td rowspan="16">34</td><td rowspan="16">1997</td><td rowspan="16">《关于杂交水稻种子销售价格的批复》潭价〔1997〕003 号</td><td>品名</td><td>规格</td><td>单位</td><td>全市统一零售价</td><td>备注</td></tr>
<tr><td>早杂</td><td>“威优 77”</td><td>公斤</td><td>14.00</td><td rowspan="4">有订购的每市斤执行 6.50 元</td></tr>
<tr><td>早杂</td><td>“汕优 77”</td><td>公斤</td><td>14.00</td></tr>
<tr><td>早杂</td><td>“福优 77”</td><td>公斤</td><td>14.00</td></tr>
<tr><td>早杂</td><td>“汕优 64”</td><td>公斤</td><td>14.00</td></tr>
<tr><td>晚杂</td><td>“汕优桂 32”</td><td>公斤</td><td>16.00</td><td rowspan="11">—</td></tr>
<tr><td>晚杂</td><td>“汕优桂 33”</td><td>公斤</td><td>16.00</td></tr>
<tr><td>晚杂</td><td>“汕优 63”</td><td>公斤</td><td>16.00</td></tr>
<tr><td>晚杂</td><td>“威优 63”</td><td>公斤</td><td>16.00</td></tr>
<tr><td>晚杂</td><td>“福优 63”</td><td>公斤</td><td>16.00</td></tr>
<tr><td>晚杂</td><td>“D297 优 63”</td><td>公斤</td><td>16.00</td></tr>
<tr><td>晚杂</td><td>“威优 70”</td><td>公斤</td><td>17.00</td></tr>
<tr><td>晚杂</td><td>“汕优 70”</td><td>公斤</td><td>17.00</td></tr>
<tr><td>晚杂</td><td>“汕优制西”</td><td>公斤</td><td>17.00</td></tr>
<tr><td>晚杂</td><td>“汕优多系 1 号”</td><td>公斤</td><td>17.00</td></tr>
<tr><td>晚杂</td><td>“汕优 397”</td><td>公斤</td><td>17.00</td></tr>
<tr><td rowspan="3">35</td><td rowspan="3">1998</td><td rowspan="3">《关于一九九九年度种子零售价格的批复》潭价〔1998〕095 号</td><td colspan="5">早杂优 17.60 元 / 公斤</td></tr>
<tr><td colspan="5">晚杂优 21.20 元 / 公斤</td></tr>
<tr><td colspan="5">常规种子 2.40 元 / 公斤</td></tr>
</table>

续表 14-3-2

<table>
<tr><th>序号</th><th>年份</th><th>文件名称</th><th colspan="3">收费标准</th></tr>
<tr><td>36</td><td>1998</td><td>《关于调整进口氯化钾销售价格的批复》潭价（1998）044 号</td><td colspan="3">1630 元 / 吨（含价调费）</td></tr>
<tr><td>37</td><td>1998</td><td>《关于 98 年烟草专用化肥价格的批复》潭价（1998）026 号</td><td colspan="3">烟草专用化肥（含硫 N；P:K=9:9:22）每吨 2280 元；烟草专用化肥（含硝 N:K=10:30）每吨 2550 元</td></tr>
<tr><td rowspan="2">38</td><td rowspan="2">1998</td><td rowspan="2">《转发南平市物委关于核定 1998 年建阳市化肥零售价格的批复》潭价（1998）024 号</td><td colspan="3">地产小化肥：碳铵 650 元 / 吨，过磷酸钙 5720 元 / 吨，钙镁磷 6300 元 / 吨（以上均含价格调节费 60 元 / 吨）</td></tr>
<tr><td colspan="3">省统配尿素全市统一零售价：14650 元 / 吨</td></tr>
<tr><td rowspan="2">39</td><td rowspan="2">1998</td><td rowspan="2">《关于转发省物委关于 1997—1998 年度省种子公司不育系种子价格的批复》潭价（1998）010 号</td><td colspan="3">不育系种子收购价格每 0.50 公斤：“珍 A ”“v20A”“特 A”7.80 元“D297A”6.50 元，“福伊 A”10 元</td></tr>
<tr><td colspan="3">不育系种子省内零售价格每 0.50 公斤：“珍 A”8.50 元，“v20A”9 元，“特 A”13 元，“D297A”8 元，“福伊 A”15 元</td></tr>
<tr><td rowspan="12">40</td><td rowspan="12">1998</td><td rowspan="12">《关于九八年度种子销售价格的通知》潭价（1998）001 号</td><td>品种</td><td>单位</td><td>销价</td></tr>
<tr><td>“福优 77”</td><td>元 / 公斤</td><td>15.60</td></tr>
<tr><td>“汕优 77”</td><td>元 / 公斤</td><td>15.60</td></tr>
<tr><td>“威优 77”</td><td>元 / 公斤</td><td>15.60</td></tr>
<tr><td>“汕优 63”</td><td>元 / 公斤</td><td>16.60</td></tr>
<tr><td>“汕优 70”</td><td>元 / 公斤</td><td>17.60</td></tr>
<tr><td>“汕优桂 32”</td><td>元 / 公斤</td><td>16.60</td></tr>
<tr><td>“多系一号”</td><td>元 / 公斤</td><td>17.90</td></tr>
<tr><td>“汕优 397”</td><td>元 / 公斤</td><td>17.90</td></tr>
<tr><td>“冈优 22”</td><td>元 / 公斤</td><td>16.60</td></tr>
<tr><td>“Ⅱ优 63”</td><td>元 / 公斤</td><td>16.60</td></tr>
<tr><td>“南保早”</td><td>元 / 公斤</td><td>3</td></tr>
<tr><td>41</td><td>1999</td><td>《关于粮挂肥零售价格的通知》潭价（1999）032 号</td><td colspan="3">（三明尿素）1400 元 / 吨</td></tr>
<tr><td>42</td><td>2000</td><td>《关于我市 2000 年粮挂肥价格的通知》潭价（2000）038 号</td><td colspan="3">1240 元 / 吨</td></tr>
</table>

续表 14-3-2

序号	年份	文件名称	收费标准
43	2000	《关于 2000 年度水稻种子零售价格的批复》潭价（2000）002 号	早杂优 7 元 /500g（含风险金 0.30 元 /500 克）
			晚杂优 8.10 元 /500（含风险金 0.30 元 /500 克）
			常规种子 1 元 /500 克
44	2001	《关于 2001 年烟草专用化肥价格的批复》潭价（2001）010 号	三明专用肥：1780 元 / 吨
			希腊复合肥：2360 元 / 吨
			德国硫酸钾：2490 元 / 吨
			白钙镁矿粉：330 元 / 吨
			比利时硝酸钾：2870 元 / 吨
			氧化镁：590 元 / 吨
			硝酸铵：1260 元 / 吨
45	2001	《关于 2001 年度水稻种子零售价格的批复》潭价（2001）008 号	早杂优 6.50 元 /500 克
			晚杂优 7.50 元 /500 克
			优质品种 9.00 元 /500 克

（三）电价

1997 年，开展农村用电价格整顿工作，当年全市农村电价平均每千瓦时从 0.78 元降到 0.73 元，降幅为 6.40%。1998 年 9 月，建阳市物价委员会、水利电力局联合印发《关于设立农村电网线路改造更新费的通知》，设立农村电网线路改造更新费，专项用于农村电网低压线路改造更新。农村电网线路改造更新费的征收标准为每千瓦时 0.03 元，由各乡镇电管站（供电所）随电费一起收取，征收对象为除工业用电以外的各类用电。2000 年，建立城乡用电同价方案实施，推进农电体制改革，地方小水电的上网电价统一按 1999 年 4 月 1 日前的价格计算，具体标准：1982 年以前建设的，其上网电价最高不得超过 0.15 元 / 千瓦时，1983—1992 年建设的，其上网电价最高不得超过 0.20 元 / 千瓦时，1993 年以后建设的，其上网电价最高不得超过 0.30 元 / 千瓦时。2002 年，开展城乡用电同网同价工作，经省物价局批准，城乡用电同网同价后，建阳市综合销售电价为 0.42 元 / 千瓦时，城乡居民生活用电为 0.44 元 / 千瓦时。同年，省物价局对建阳市农网“两改一同价”工程竣工验收通过。2004 年 12 月，省物价局疏导建阳市电力公司电网电价矛盾，建阳市电网综合销售电价水平调整为 0.46 元 / 千瓦时，城乡居民生活用电价格水平保持不变为 0.44 元 / 千瓦时，原由地方政府自行越权出台的优惠电价政策按国家和省有关精神停止执行。2005 年 5 月，福建省物价局调整部分是售县城乡居民生活用电价格，建阳市电网城乡居民生活用电价格调整为 0.46 元 / 千瓦时。2009 年 3 月，根据省物价局、南平市物价局的统一部署，对水电发电企业地方电价进行调整，建阳市物价局对全市上地方网电网水电发电企业开展调查、摸底，对生产运行中 80 家水电发电企业成本重新进行测算、核实，并制定调整方案。此次水电发电企业上地方网电价总体调整幅度控制 0.02 元 / 千瓦时。

（四）自来水价格

1995 年 12 月，根据建阳市委《关于研究第三水厂建设问题的专题会议纪要》，建阳市物价委员会调整自来水价格及增容费标准，生活用水由每吨 0.30 元调整为 0.40 元；工业企业、国有商业、粮食、供销企业用水及宾馆招待所、行政事业单位办公用水每吨由 0.35 元调整为 0.45 元；营业性用水，每吨由

0.35元调整为0.70元；基建用水每吨由0.35元调整为0.50元；水价调节基金不分用水对象，每吨征收0.10元，建设基金不分用水对象，每吨征收0.20元，由建阳自来水厂代征水价调节基金和建设基金。自来水增容费按径流量每吨征收150元，独立户居民一次性征收600元，集体户居民一次性征收200元；但表径只限于15毫米，每增加5毫米加收200元。2002年1月1日起，根据财政部、国家经贸委、国家计委、审计署、监察部、国务院纠风办《关于公布第三批取消的各种基金（资金、附加、收费）的通知》，取消建阳自来水厂代征的水价调节基金、建设基金，废止自来水供水收取底度水费的做法，一律按实际用水量计收水费。2003年3月，按照上级部署和要求，根据建阳实际情况，对自来水价格进行适当调整。标准为：居民生活用水由每吨1元调为1.20元，工商企业用水由每吨1.10元调为1.30元，营业用水由每吨1.40调为1.60元。

（五）液化气价格

1995年，在建阳市液化气供应公司和潭祥液化气有限公司登记的液化气用户共有8018户，其中，3年期供应证用户6713户，5年期供应证用户1305户。1995年5月，建阳市物价委员会对民用瓶装液化气零售价格进行调整，3年期用户的供气价每瓶38元，5年期用户供气价每瓶40元，长期用户供气价每瓶45元，议价供气每瓶55元；原合同期限满后，不论3年、5年，均按长期供应价，不再交纳开户费；以后开户的均为长期户，每户交开户费400元，未交开户费和超定量购气的，执行议价；每户每年供气10瓶，不满10瓶的不补，超过10瓶的，按议价供应。1995年10月，再次调整民用瓶装液化气零售价格，对已收开户费的用户，零售价格每瓶45元；未开户的用户零售价格每瓶55元。1997年1月，议价供气价格由每瓶55元调整为60元。2002年12月，随着民用液化气使用的普及，建阳市物价局制定民用瓶装液化气城乡差价：即将口镇、莒口镇、徐市镇、小湖镇每瓶顺加1元，麻沙镇、水吉镇、崇雒乡每瓶顺加1.50元，漳墩镇、黄坑镇、回龙乡、书坊乡每瓶顺加2元。城区及乡（镇）政府所在地送气费一律为每瓶2元。2006年1月，对民用瓶装液化气城乡差价进行调整：将口镇、莒口镇、徐市镇、小湖镇每瓶顺加2元，麻沙镇、水吉镇、崇雒乡、漳墩镇、回龙乡、书坊乡每瓶顺加3元，黄坑镇每瓶顺加4元。2010年5月，根据省政府《关于印发福建省定价目录的通知》，民用瓶装液化气价格不再列入政府定价目录，进行指导价管理，建立市场主导的价格形成机制，瓶装液化气价格由政府定价与指导价转向市场调节价。

（六）其他

公益性公墓价格 2007年起，建阳市各乡（镇）建设农村公益性公墓相继投入使用，公墓销售价格各自为政，差别较大。经市政府同意，2009年1月，建阳市物价局印发《建阳市乡镇农村公益性公墓销售价格的通知》，对各乡（镇）公益性公墓的销售价格按规格分为4个档次，每个档次分为4个等级价位进行规范管理。单穴价格最低为900元，最高限制为9000元，双穴价格可在单穴价格基础上顺加10%。通过限制超标准高级公墓的建设数量，保证乡（镇）公墓的公益性，确保农村群众都能买得起，切实推动农村殡葬改革的进行。

出租车票价 1995年12月，建阳市物价委员会印发《关于重新核定出租车租金及实行明码标价的通知》，出租车票价：每人次1.50元，并对城区出租车（面的）的运行范围进行确定。超出运行范围，按里程计价，每车公里租价2元，于1996年1月1日起执行。2007年6月1日起，出租车（面的）运行票价不分时段最高运价为每人次2元，超出城区范围使用计价器计费，其计费为基价加车公里，基价里程为3公里，基价收费为4元，每车公里租价为1.10元。

城市公交车票价 2003年2月，对公交票价进行适当调整，乘车五个站以内的每人次由0.50元调整为0.60元，6个站以上的仍为每人次1元。2010年2月，建阳市物价局核定16路公交车线路（采用无人售票自动投币方式）全程票价1元／人次，空调开启期间（6月1日至9月30日）全程票价2元／人次，16路公交车始发站火车站，终点水岸名都。

医疗服务及药品价格管理 1996年8月，建阳市执行国家计委颁发《药品价格管理暂行办法》。2000年，推进医药价格管理体制改革，将1500种国家基本医疗保险药品纳入政府指导价管理范围，将医疗服务价格由政府定价改为政府指导价，对于提供基本医疗服务的非营利性医疗机构的收费，实行政府指导价管理。2000 年 1 月，执行福建省物价委员会、福建省财政厅、福省计划生育委员会对计划生育有关收费的规定，2003 年初，暴发非典型性肺炎疫情。4 月 29 日，市物价局转发省物价局《关于对部分中药材实行价格干预的紧急通知》，对防治非典型性肺炎中药处方所需的中药材价格干预：处方所需的中药材（含金银花、银花、白术、黄芪、沙参等）及其饮片、汤剂价格均实行限定最高差价率。中药材（原药）的批发价综合差率予以限制，不得超过 15%；中药饮片批发综合差率不得超过 35%；中药饮片零售综合差率不得超过 30%；加工中药汤剂的加工费不超过每袋（瓶）1 元。其他中药材及其饮片、汤剂价格参照以上作价办法执行，非营利性医疗机构药品价格以实际采购价为基础，顺加不超过 15% 的加价率作价。2004 年 5 月，执行《福建省医疗服务价格管理暂行办法》。2005 年 6 月，落实南平市出台实施新的医疗服务价格方案，印发了《南平市医疗机构医疗服务价格》。对一些能够真正体现医务人员技术劳务价值的医疗服务项目价格予以适当提高。2006 年 9 月，省物价局进一步加强福建省政府定价药品价格管理，按照《国家发改委定价药品目录》《福建省政府定价药品目录》，建阳市医疗机构和药品零售单位销售政府定价药品在政府价格主管部门公布核定的最高零售价格范围内（下浮不限，但不得上浮）销售。2010 年 8 月，按照省物价局、省财政厅重新核定的卫生监督防疫收费标准。

二、非商品收费

城市生活垃圾处理费和城市生活污水处理费 2005 年 1 月和 2006 年 4 月，建阳市物价局分别组织召开建阳市城市生活垃圾处理费收费标准听证会和建阳市城市生活污水处理费收费标准听证会，收费标准方案经建阳市政府同意，并报南平市物价局批复，建阳市城市生活垃圾处理费收费标准按每月每表 9 元／户收取，自 2008 年 1 月 1 日起执行。建阳市城市生活污水处理费收费标准按实际用水量每吨 0.80 元征收，分两阶段执行到位，第一阶段，生活污水处理厂建成前，按实际用水量 0.50 元／吨征收；第二阶段，2007 年 8 月污水处理厂建成投产后，按实际用水量 0.80 元／吨征收，于 2008 年 11 月 1 日执行。

中小学教育收费 2001 年，建阳市物价局印发《关于加强中小学教育收费管理的通知》，加强教育收费的管理，提高学校收费工作的透明度。2003 年，全面推行教育收费公示制度，建阳市物价局向各中学中心小学统一配置教育收费公示牌，进一步规范收费公示。2002 年春季开始，规范城市义务教育收费管理，即：小学每生每学期由 35—40 元调整到 65 元，初中每生每学期由 45—60 元调整到 95 元。城市义务教育收费代办费项目为课本费与簿籍费 2 项。严格执行借读费标准，借读费最高限额为：小学每生每学年由 500 元调整为 800 元，初中每生每学年由 1000 元调整为 1300 元。2002 年秋季入学开始，福建省对中小学课本和簿籍费实行限价管理，遏制学校的乱收费行为。普通高中从 1999 年试行缴费上学，高中借读费为每生每学年 1600 元。2004 年 4 月，规范普通高中收费管理，项目确定为学费、择校费、代办费、寄宿生住宿费。对看电影、体检和社会实践等代办费，学校可根据实际情况按照“一事一收、事毕结清、多退少补、不得盈利”的原则进行处理。分类提出一级、二级、三级达标学校和一般普通高中学校的收费标准。执行高中“择校生”3 限政策。普通高中择校费标准为：一级达标学校每生 18000 元，二级达标学校每生 12000 元，三级达标校每生 9000 元，学校收取择校费后，不得再向择校生收取学费。2004 年秋季学期开始，全省义务教育阶段公办学校全面实行“一费制”（每学期在严格核定杂费、课本费和作业本费标准的基础上，由学校每学期开学初一次性统一向学生收取的费用）收费办法，“一费制”中杂费收费分 3 类地区，建阳为二类县（市、区），收费标准：农村小学每学期为 80 元／生，初中为 110 元／生；城市小学为 120 元／生，初中为 160 元／生。收取课本费、作业本费属于代收费范围。2006 年，春季学期开始，全省农村公办中小学义务教育阶段学生全部免除学杂费，学校只能按照“一费制”规定收取课本费、作业本费 2 项代收项目和寄宿生住宿费，取消农村公办中小学义务教育阶段其他各项收费项目。2008 年 5 月，南平市物价局、财政局、教育局印发《关于调整南平市普通高中学费收费标准的通知》，从 2008

年秋季入学开始，普通高中学费收费：一级达标高中学校 900 元／生，二级达标高中学校 800 元／生，三级达标高中学校 700 元／生，未定级城区高中学校 650 元／生，未定级农村高中学校 400 元／生。2009 年 1 月 1 日，全省取消义务教育阶段借读费项目。2009 年春季学期开始，取消农村义务教育阶段寄宿生的住宿费，农村义务教育阶段学校除收取作业本费外，不得向学生收取其他任何费用。城市义务教育阶段的学校只能收取课本费、作业本费。

幼儿教育收费 2008 年，福建省物价局、福建省财政厅、福建省教育厅印发《福建省幼儿园收费管理暂行办法》，进一步规范幼儿园收费行为，保障受教育者和幼儿园的合法权益。2010 年 10 月，为进一步做好幼儿园保育教育费收费，规范幼儿园收费行为，省里规定按福建省示范性幼儿园、市级示范性幼儿园、县级示范性幼儿园、普通幼儿园四级分类管理收费。

1994—2010 年建阳市幼儿园收费标准表

表 14-3-3　　单位：元

<table>
<tr><th>序号</th><th>年份</th><th>文件名称</th><th colspan="7">收费标准</th></tr>
<tr><td rowspan="8">1</td><td rowspan="8">1995 年</td><td rowspan="8">《关于重申中小学、幼儿园收费标准的通知》潭教〔1995〕财字 001 号</td><td rowspan="2">类别</td><td rowspan="2">管理费</td><td rowspan="2">杂支费</td><td colspan="2">保教费</td><td colspan="2">合计</td></tr>
<tr><td>间托</td><td>日托</td><td>间托</td><td>日托</td></tr>
<tr><td>教育局直属园及驻潭办幼儿园</td><td>12</td><td>7</td><td>11</td><td>21</td><td>30</td><td>40</td></tr>
<tr><td>乡（镇）中心园及部分条件较好的单位幼儿园</td><td>8</td><td>5</td><td>10</td><td>15</td><td>23</td><td>28</td></tr>
<tr><td>城区小学附设学前班及部门厂矿、街道幼儿园</td><td>7</td><td>5</td><td>8</td><td>13</td><td>20</td><td>25</td></tr>
<tr><td>个体幼儿园</td><td>4</td><td>4</td><td>8</td><td>13</td><td>16</td><td>21</td></tr>
<tr><td>村级幼儿园（班）</td><td>3</td><td>3</td><td>5</td><td></td><td>12</td><td></td></tr>
<tr><td colspan="7">幼儿园（单位：元／每人每月）</td></tr>
<tr><td>2</td><td>1998 年</td><td>《关于同意市财贸中心幼儿园适当收取托儿保育费的批复》潭价〔1998〕060 号</td><td colspan="7">保育费每人 10 元／月试行一年</td></tr>
<tr><td>3</td><td>1998 年</td><td>《关于同意市政府机关幼儿园适当收取托儿保育费的批复》潭价〔1998〕050 号</td><td colspan="7">保育费每人 15 元／月试行一年</td></tr>
<tr><td>4</td><td>1998 年</td><td>《关于同意阳光幼儿园适当收取托儿保育费的批复》潭价〔1998〕049 号</td><td colspan="7">保育费每人 15 元／月试行一年</td></tr>
<tr><td>5</td><td>2000 年</td><td>《关于阳光幼儿园托儿保育费的批复》潭价〔2000〕011 号</td><td colspan="7">保育费每人 15 元／月</td></tr>
<tr><td>6</td><td>2001 年</td><td>《关于幼儿特色班收费标准的批复》潭价〔2001〕056 号</td><td colspan="7">每人 30 元／月</td></tr>
<tr><td>7</td><td>2001 年</td><td>《关于核定托儿班保育费标准的批复》潭价〔2001〕055 号</td><td colspan="7">市机关幼儿园增收托儿保育费 15 元／月</td></tr>
<tr><td>8</td><td>2002 年</td><td>《关于同意建阳市机关幼儿园收费标准上浮的批复》潭价〔2002〕055 号</td><td colspan="7">收费标准上浮 10%（即总上浮 30%）2002 年 9 月 1 日起试行一年</td></tr>
<tr><td>9</td><td>2002 年</td><td>《关于实验幼儿园继续办特色班收费标准的批复》潭价〔2002〕045 号</td><td colspan="7">每人 30 元／月</td></tr>
</table>

续表 14-3-3

序号	年份	文件名称	收费标准						
10	2003 年	《关于调整幼儿园收费标准的通知》潭教财（2003）11 号	类别	管理费	杂支费	保教费：保教未寄午	保教费：保教寄午	合计：寄午	合计：未寄午
			城区	30	50	40		120	150
			乡镇	12	18	23		53	64
			村	5	12	15		32	40
11	2004 年	《关于转发〈南平市物价局财政局教育局关于核定幼儿园收费标准的通知〉的通知》潭价（2004）049 号	类别	管理费	杂支费	保教费：保教未寄午	保教费：保教寄午	合计：寄午	合计：未寄午
			城区	30	50	40		120	150
			乡镇	15	25	30		70	85
			村	5	15	20		40	50
12	2005 年	《关于转发〈南平市物价局教育局关于幼儿园收费问题的补充通知〉的通知》潭价（2005）054 号	—						
13	2007 年	《关于同意建阳市机关幼儿园 2007 年秋季收费标准上浮的通知》潭价（2007）078 号	达到市级办园条件、收费标准上浮 15% 执行（即按市级优质园上浮幅度 35% 执行）此是最高标准						
14	2007 年	《关于转发〈福建省物价局、福建省财务厅、福建省教育厅关于印发《福建省幼儿园收费管理暂行办法》的通知〉的通知》潭价（2007）097 号	—						
15	2008 年	《关于同意市机关幼儿园 2008 年度继续执行上浮标准的复函》潭价（2008）007 号	《关于同意市机关幼儿园 2007 年秋季收费标准继续上浮的通知》潭价（2007）078 号						
16	2009 年	《关于核准建阳市第二幼儿园 2009 年秋季收费标准的通知》潭价（2009）058 号	管理费每人 40.50 元 / 月						
			杂支费每人 67.50 元 / 月						
			保教费未寄午制每人 54 元 / 月						
			保教费寄午制每人 94.50 元 / 月						
17	2009 年	《关于同意建阳市机关幼儿园 2009 年春季收费标准继续上浮的通知》潭价（2009）011 号	管理费每人 30 元 / 月　基础上浮 35% 每人 40.50 元 / 月						
			杂支费每人 50 元 / 月　基础上浮 35% 每人 67.50 元 / 月						
			保教费未寄午制每人 40 元 / 月　基础上浮 35% 每人 54 元 / 月						
			保教费寄午制每人 70 元 / 月　基础上浮 35% 每人 94.50 元 / 月						
18	2009 年	《关于核准建阳市机关幼儿园 2009 年秋季收费标准的通知》潭价（2009）059 号	管理费每人 40.50 元 / 月						
			杂支费每人 67.50 元 / 月						
			保教费未寄午制每人 54 元 / 月						
			保教费寄午制每人 94.50 元 / 月						
19	2010 年	《关于核准建阳市机关幼儿园 2010 年秋季收费标准的通知》潭价（2010）50 号	管理费每人 40.50 元 / 月						
			杂支费每人 67.50 元 / 月						
			保教费未寄午制每人 54 元 / 月						
			保教费寄午制每人 94.50 元 / 月						

第四节　价格监督检查

1996年初，针对社会反映强烈的学校乱收费问题，市物价部门先后检查21所中小学，查出违纪金额15.40万元。6月，省人大常委会颁布实施《福建省行政事业性收费管理条例》，对全省行政事业性单位的收费进一步规范管理。当年，建阳市按照上级统一部署，共清理整顿涉企涉农收费24.30万元。

1997年，针对药品价格和医疗服务收费秩序混乱现象，对南平第二医院、建阳市立医院的药品价格和医疗服务收费进行检查及建阳市医药公司的医药品价格进行专项检查，历时2个月，共查出违规金额225.77万元。

2000年，全市清理有关收费项目，对500个收费项目及批准文号进行复查、核实，并推行收费公开制度，接受社会监督。

2001年，配合市减负办，对涉农收费项目进行清理整顿。9月，制作涉农收费公示牌45个，发放到农村基层单位。同年，建阳市成为福建省物价局确定的全省8个价格监测县（市）之一，对主要副食品价格、农业生产资料价格、粮食购销价格、特色农副产品价格等35项商品价格监测。

2004年，建阳市物价局设立价格监测点，监测点有建阳市粮食购销公司、西街王承文店（农副产品）、潭城植物医院和建阳兴隆农资有限公司，并统一由福建省物价局授予“物价监测点”，商品监测品种达60种。

2005年，国家财政部、发改委公布取消103项行政审批收费项目，降低部分收费标准。全市取消相对应的行政事业性收费项目9项，降低收费标准3项。

2008年，根据财政部和国家发展和改革委员会《关于公布取消和停止征收100项行政事业性收费项目的通知》精神，建阳市取消和停止征收行政事业性收费项目有23项。

2009年6月，宁德、福州等地市场抢购食用盐现象蔓延到建阳，及时加强市区食用盐价格巡查，实行每天食用盐价格监测，协调有关单位保证货源供应和宣传政策，维护食用盐市场供应的稳定。发挥“12358”价格投诉举报平台和职工价格监督组织，开展日常价格监督检查。同年，根据财政部和国家发展和改革委员会《关于公布取消和停止征收100项行政事业性收费项目的通知》精神，停止和取消收费项目22项，其中减半收费5项，注销收费许可证41本。

2010年，福建省财政厅印发《关于免收全国中小学校舍安全工程建设有关收费的通》，明确了有关校安工程行政事业性收费和政府性基金的减免政策。全市免收相对应的行政事业性收费项目19项。

1999年至2010年间，价格投诉举报信访件有276件，2002年最多，有48件。

1996—2010年建阳市价格监督检查行业情况表

表14-3-4

年份	价格监督检查行业
1996年	粮食、农资、电价、照相业、交通、工商、民政、城建、林业、教育等行业
1997年	教育、土地、城建系统行政事业性收费
1998年	电力价格、农资价格、教育收费、医疗服务收费及药品价格
1999年	农资、石油、粮食、电力、交通、公安、交警、医药等单位，教育收费
2000年	石油、电力、交通、公安、消防等单位，教育收费、医疗服务收费及药品价格
2001年	道路客运票价、药品价格和医疗服务、电力价格、教育收费
2002年	道路客运票价、涉农价格与收费、药品价格和医疗服务收费、教育收费
2003年	道路客运票价、药品价格和医疗服务收费、涉农价格与收费、教育收费
2004年	道路客运票价、计生收费、涉农价格与收费、教育收费、药品价格和医疗服务收费、司法系统行政事业性收费
2005年	道路客运票价、农资价格、涉农价格与收费，环保、建设系统行政事业性收费

续表 14-3-4

年份	价格监督检查行业
2006 年	道路客运票价、药品价格和医疗服务收费、涉农价格与收费、电力价格
2007 年	道路客运票价、涉农价格与收费、医疗服务收费
2008 年	农资价格、药品价格和医疗服务收费、教育收费、道路客运票价、民用瓶装液化气零售价格
2009 年	道路客运票价、涉农价格和收费、教育收费
2010 年	成品油、国家基本药物、农机价格补贴、涉农价格与收费、通信服务收费、教育收费、广电收费

第五节　价格听证与价格认证

一、价格听证

2004 年，福建省物价局、南平市物价局先后公布价格听证目录。2004—2010 年，建阳市物价局先后组织价格听证项目有：民用瓶装液化气价格、教育“一费制”收费、电力价格调整、建制镇所在地自来水价格、城市生活污水处理费、城市生活垃圾处理费。

二、价格认证

2003 年 4 月，建阳市价格认证中心与建阳市公安局交警大队联合开展对道路交通事故损坏车辆、车载物、道路设施的价格鉴定。按照“服务司法、服务社会、服务政府、服务系统”的要求，建阳市价格认证中心先后开展律师事务所委托的纠纷财物价格鉴定、汽车贸易商行贷款车辆价值认证的委托、矿产资源价值认证的委托、群体性事件中损毁公私财物价值认证的委托等服务社会的价格认证，以及价格管理过程中调定价费标准可行性价格认证委托。

2004 年 7 月 1 日，建阳市价格认证中心获由国家发展和改革委员会颁发的价格鉴证机构资质证。2008 至 2010 年度，建阳市价格认证中心获福建省物价局授予“福建省规范化价格认证中心”的称号。

1996—2010 年价格认证中心业务情况统计表

表 14-3-5　单位：件、万元

项目 年份	价格鉴定总件数（件）	标的总金额（万元）	其中							
			刑事案件		非刑事案件		车物损		其他	
			件数（件）	标的金额（万元）	件数（件）	标的金额（万元）	件数（件）	标的金额（万元）	件数（件）	标的金额（万元）
1996 年	126	194.50	92	110.40	—	—	—	—	—	—
1997 年	101	122	101	122	—	—	—	—	—	—
1998 年	140	289.87	131	234.08	—	—	—	—	—	—
1999 年	158	209	158	209	—	—	—	—	—	—
2000 年	142	133	142	133	—	—	—	—	—	—
2001 年	130	400	105	200	20	198	—	—	—	—
2002 年	153	102	141	61	11	41	—	—	—	—
2003 年	137	106	122	88	15	18	—	—	—	—
2004 年	484	599	93	47	14	46	350	200	27	266
2005 年	380	821	125	65	13	94	226	216	16	446
2006 年	436	13230	251	195	12	210	154	80	19	12745
2007 年	258	345	175	111	—	—	—	—	—	—

续表 14-3-5

项目 / 年份	价格鉴定总件数（件）	标的总金额（万元）	其中							
			刑事案件		非刑事案件		车物损		其他	
			件数（件）	标的金额（万元）	件数（件）	标的金额（万元）	件数（件）	标的金额（万元）	件数（件）	标的金额（万元）
2008 年	282	359	217	253	11	72	39	34	15	—
2009 年	190	500	148	410	6	65	35	25	1	—
2010 年	195	270	163	200	8	48	24	21	1	—

第六节　价格服务

2005 年 9 月，开展“价格服务进万家”活动，建阳市对自来水价格、民用电价格、中小学学杂费等重要公益性商品价格和服务收费标准政策进一步宣传，要求相对应的执收单位对价格（收费）标准进行公示。活动主要示范点：在潭城街道西市社区设立“价格服务进社区”服务点，公示与社区居民生活密切相关的价费政策，如：居民生活用电、用水等基本价格；在农产品生产成本调查点设立“价格服务进农户”服务点，将价格服务和支农惠农政策直接送到农村，送到农民群众身边，完善涉农价费公示制度；在中小学校、幼儿园设立“价格服务进校园”服务点，促进学校（园）执行教育收费政策到位，在校园醒目位置，设置“价格服务进校园”专栏；在建阳市供电公司设立“价格服务进企业”服务点，构建政府价格主管部门与企业之间沟通的桥梁，帮助企业建立健全内部价格管理制度，增强企业遵守价格法律法规和政策的自觉性；在建阳市百姓超市设立“价格服务进商场”服务点，实现价格部门监督、经营者价格自律和社会监督三者有机结合，促进超市（商场）的商品价格明码标价落实到位；在建阳市立医院设立“价格服务进医院”服务点，督促医院建立健全对药品价格和医疗服务项目收费管理和公示。

第七节　机　构

1997 年，建阳市党政机构改革，开展“三定”工作，建阳市物价委员会为建阳市计划委员会管理的正局级机构，主管全市物价工作的职能部门。内设 3 个职能科室：办公室、价格管理科、收费管理科。行政编制 6 名，设主任、副主任 1 名，股级职数 3 名。

2002 年 11 月，建阳市党政机构改革，建阳市物价委员会并入建阳市发展计划局，对外加挂建阳市物价局牌子，原建阳市物价委员会的价格管理股、收费管理股列入建阳市发展计划局股室。12 月，成立建阳市价格认证中心，为股级事业单位，经费来源为财政全额核拨，人员编制核定事业编 3 名。

2005 年 6 月，建阳市党政机构改革，原建阳市发展计划局改组为建阳市发展和改革局，对外挂建阳市物价局牌子。

2008 年 7 月，建阳市物价检查所和建阳市成本调查队改为行政机构，原有事业编制改为行政编制，其中物价检查所行政编制为 7 名，成本调查队行政编制为 2 名，同时，建阳市物价检查所更名为建阳市物价局物价检查所，建阳市成本调查队更名为建阳市物价局成本调查队。

至 2010 年 12 月，建阳市物价局机构设置未变。

第四章　工商行政管理

第一节　市场监督管理

1994年，建阳市工商行政管理局共开展28个专项整治行动，检查整顿各类市场21个、市场经营主体1592户，查处各类违法违章案件128件，罚没金额16.38万元，捣毁制假售假窝点22个，查获销毁假冒伪劣物品18.60万元。

1995年，加强集贸市场监管，严厉打击“菜霸”“鱼霸”“肉霸”行为，全年查处市场违章违法经营1534起，罚没金额9870元。重点查处制售假冒伪劣药品、食品、化妆品等侵害消费者合法权益的违法行为，共捣毁制售假冒伪劣商品窝点5个，查处各类经济违章违法案件35起，罚没金额为20.30万元。

1996年，共查处市场各类违章违法案件415起，罚没金额为7420元。查处销毁病死猪肉、母猪肉1300公斤。是年，开展农资、食品、烟草等市场专项整治活动，共查处各类违章违法经济案件68件，罚没金额为20万元。

1997年，查处市场内短斤少两、哄抬物价等违章经营行为351起，罚没金额6410元；打击制售假冒伪劣商品，走私、坑农害农行为，共查处各类违章违法案件42件，罚没金额为12万元。

1998年，开展“让市场干净起来”活动，拨出专款20万元，维修和改造西街、童游农贸市场；抓好市场巡查制、督察制以及市场双向承诺制的落实，在市场内推行半净菜上市活动。加大打击非法收购粮食行为，全年共查处非法收购粮食案件21件，没收粮食7万公斤，罚没款15.50万元，暂停354家个体粮食加工厂的经营加工业务，遏制非法收购粮食行为。

1999年，在西街农贸市场推行摊位招投标、半净菜上市、定员定时巡查三项制度，继续开展“市场是我家，责任你、我、他”系列活动。开展“红盾打假护农”“百家企业维权”“粮食市场”等专项检查整治行动。全年共查处违法违章经营户426户，罚没金额14.55万元。

2000年，加大打假治劣力度，组建6支打假分队，捣毁制售假冒伪劣窝点10个，查获伪劣物品案值达62万元。全年共查处各类违法违章案件195件，罚没13.10万元，收缴和销毁假冒商标标识6.50万件。

2001年，开展“餐桌污染”整治，检查生产单位52件、经营户1320户次，没收被污染肉品350公斤、水产品830公斤，查办案件6起，罚没1.20万元。全年共查处各类违章违法案件332起，罚没入库22.42万元。

2002年，开展42个专项整治集中行动，检查整顿各类市场26个、市场经营主体2310户，查处各类违法违章案件288件，罚没金额30.71万元，捣毁制假售假窝点33个，查获销毁假冒伪劣物品34.50万元。

2003年，举行首批共建规范市场（超市）签约仪式和揭牌仪式，分别与百姓超市和西街市场业主签订共建规范市场（超市）协议书。开展打击“黑心棉”“毒鼠强”传销等39项专项整治活动，检查清理各类市场378个次，取缔无照经营180户，捣毁各类违法窝点37个。是年，共办理案件308件，入库罚没金额37.52万元。

2004年，开展校园周边环境整治，会同教育、卫生、公安、文化等有关部门，查获各种过期、不合格食品157瓶（袋）、淫秽盗版书刊4册，取缔无照经营9户，立案13件，罚没金额6.31万元。查处3起在校园内未经核准登记擅自变相设立互联网上网服务营业场所经营案，罚没金额5.75万元。全年办结案件267件，入库罚没金额50.74万元。

2005年，在整顿和规范市场经济秩序中将食品安全作为重中之重，提请市政府牵头组织召开卫生、质监、工商、经贸、治餐办等部门联席会议，并以政府名义下发食品安全监管专门性工作意见。全年开展联合检查13次，进一步规范豆制品、私宰生肉、冷冻食品等行业的经营行为。完善食品安全监管制度，建立健全食品索证索票制度，在全市各大市场、超市的冷冻食品、生肉、豆制品、水产品、汤鸭汤鸡、蔬菜等六类食品实施索证索票、信誉卡和进销货台账制度。在主要市场实行食品质量票证公示制度，完善“两承诺三规范”制度，西街市场等食品经营者都面向社会公开签订《食品经营承诺书》。全年查处各类违章违法案件397件，入库罚没金额50.65万元。

2006年，围绕食品安全监督管理重点，建立健全食品索证索票、厂场挂钩等23项制度。同时，发挥“商管系统”作用，共采集商品信息1.60万条，实现对食品安全的实时监控。是年，全市开展打击手机市场、保健品市场、机动车市场、租赁柜等各类专项检查268次、检查整顿市场392个次，取缔窝点26个，查处各类行政处罚案件250件，罚没入库85.02万元。

2007年，共立案查处房地产案件4件，罚没金额38.79万元。查获假冒洗发露468瓶，不合格汤鸭273公斤、“三无”（无生产日期、无质量合格证、无生产厂家）食品98包等等不合格产品。全年共办结各类违法案件294件，罚没入库100.74万元。

2008年，三鹿奶粉事件发生后，迅速组织开展乳制品市场专项检查，查封2008年8月6日前出厂的“三鹿”牌婴幼儿配方奶粉17.90公斤，查封124批次问题奶粉、液态奶424公斤，下架9月14日以前生产的各类奶制品和奶粉15615公斤，有效杜绝问题乳制品的危害。全年共办结各类违法案件334件，罚没入库110.54万元。

2009年，开展整顿卷烟零售无证无照经营行为，通过与烟草部门的通力配合，全市1290户卷烟零售经营户均已办照或通过验照，实现100%办照、100%证照相符、无证户100%取缔的工作目标。共查处各类案件244件，罚没入库金额93.75万元。

2010年“6·20”洪灾过后，加强对灾后市场监管，及时启动应急措施，开展蔬菜等各类食品检测244个品种、46个批次；监督受灾户下架或自行销毁不合格食品10.67公斤，价值199万元，不合格农资3.50万公斤，价值77万元。全年共查办各类违法违章案件175件，罚没入库72.22万元。

第二节　企业登记管理

1994年，全市共有企业50户，其中新设立企业11户。

1995年，贯彻《中华人民共和国公司法》，提高企业注册登记质量，全年新开办122户企业，其中有限公司26户。强化监督管理，规范企业行为，清理“三无”企业和毫无意义的挂靠企业，清理并注销挂靠企业76户，处罚不按规定参加年检和违反企业登记管理法规的企业124户。

1996年，以学习山东诸城企业改革工作为重点，加快以股份合作制为主要形式的企业产权制度的改革。在首批10家改革试点企业中，对企业在改制过程中的宣传发动、募股、法人治理结构的选举产生、章程的制定等各阶段工作给予指导。

1997年，按照“抓大放小，发展规模经济”的要求，引导、支持重点骨干或龙头企业走集团化、规模化发展的路子，支持小型企业深化改革转换经营机制，为全市24户股份制改制企业级办理重新登记注册等手续。上报南平市工商局核准登记注册的有89家，注册资本15950万元。

1998年，完善重点联系企业制度，重新确立夏利达酒业有限公司等20家企业为重点联系企业，并制定特殊优惠措施，建立“工作联系卡”。全年共新登记企业82户，其中，企业集团1户，新登记外商独资企业28户，注册资本为6066万元。

1999年，确定武夷味精有限等10家有影响、有特点的国有企业为重点联系企业，确定夏利达酒业有限公司等3户重点企业为“合同解忧工程”对象。为建阳造纸厂等困难企业减免国企改制注册登记费11.98万元。支持建筑企业，以资本为纽带组建新星建设集团，组建国有独资的粮食购销有限公司。

2000年，加强对引进重点项目企业帮扶力度，用足用活各项优惠政策帮助企业顺利落户建阳。浙江丽水人造板、龙岩喜鹊毛巾、安徽海螺水泥等重点项目落户建阳。同时，主动减免企业登记费用共2.60万元。全市新开办企业90户，其中新开办的“三资”企业6户，注册资本为516.27万美元。

2001年，确定市重点联系企业33户，帮助18家国有企业改制为私营企业。落实预约服务制度，首问责任制度，大力支持山海协作，支持工业园区建设，全年共新登记注册内资企业62户，新核准登记“三资”企业4户，注册资本168.56万美元。

2003年，对企业登记提供延时服务、预约服务、上门服务等“保姆式全程服务”。确定建阳市百姓菜篮子有限公司等10家重点联系企业。全年新登记企业259户，其中，私营企业173户、内资企业72户、外商投资企业14户。

2004年，实行重大项目代理服务制度，对新开办注册资金200万元以上工业企业、市政府确定的重点项目企业、免检企业等实施全程免费代理服务等。为91家企业提供相关优惠措施，为94户企业免收登记费和其他费用共13.71万元。全年全市新登记私营企业154户、内资企业30户、外商投资企业5户。

2005年，试行“先照后证承诺登记制”，实行1个窗口对外、集中办理制度和“一审一核”制度，企业提交资料齐全的当天予以办理完结，对不需要前置审批项目的授权由股长直接核准发照，全年共新登记各类企业200户，其中，委托乡区工商所为44户私营企业办理开业、变更登记。

2006年，为工业园区28户市重点引资企业的设立登记提供无偿代理服务，为103户工业企业减免注册登记费、公告费、会员费等共21.02万元。全市新登记企业153户，新增注册资本90968.32万元。2007年，全年新登记各类企业145户，新增注册资本112368.84万元。

2008年，为入驻园区的9户企业及时申报并核准冠省名的登记手续；按承诺为75户重点企业和入园企业提速办理注册登记事务。落实重点企业联系制度，将全市80家重点企业、税收增百万企业、入园企业列入主要帮扶对象。全年新登记各类企业126户，新增注册资本109888.20万元。

2009年，为企业提供优质、高效、便捷的登记服务，让企业多准入、多生存、多发展。支持困难企业存续发展，对72户未体现生产经营活动，但仍有生产经营意愿的企业予以通过年检；减轻企业负担，企业年检免于提交审计报告420户。全年共新办理注册登记企业202户，新增注册资本175516.80万元。

2010年，全市新登记发展企业405户，新增注册资本217452.66万元。为13户重点项目实行筹建登记，为8户担保公司办理增资登记，共增加注册资本1.23亿元，为11户具备条件的个体工商户转型登记为有限公司。辖区内共有内资企业2429余户，总注册资金1495965.88万元；外商投资企业60户，总注册资本13106.85万美元。

第三节　个体私营经济管理

1995年，新登记个体工商户2054户，私营企业77件。共验照个体工商户12674户，占应验照数13083户的96.80%，私营企业年检152家，占应检数的98.10%。

1996年，新发展个体私营经济2133户，其中私营企业67件。1997年，成立登记注册大厅，实行“一条龙”办照，简化手续，方便群众。全年新发展个体私营企业1335户，其中私营企业49户。

1998年，采取“五个一”(一会、一策、一挂、一口清、一条街)扶持个私经济持续、稳定、健康发展。“一会”即市委、市政府3月召开个体私营经济工作总结表彰会；“一策”是出台加快个体私营经济发展若干政策；“一挂”即联系市5套班子领导与25户私营企业挂点结对子；“一口清”服务，即印发办照须知600份；“一条街”开辟下岗职工1条街，免征1年工商管理费。全年新发展个体私营经济1088户，其中私营企业61户。

1999年，成立第三产业领导小组和办公室，制定鼓励发展第三产业有关政策规定，引导和支持个私企业参与国有企业改制、改组、改造，盘活国有资产，促使10户私营企业采取切块租赁等形式参与国有企业改革改制。全年新发展个体工商户952户，私营企业50户。

2000年，帮助14户个私企业承包、租赁、购买、兼并16家小型亏损国有企业。支持做好个体私营企业互动基金会的融资工作，使会员获贷款500万元。全年新发展个体私营经济1120户，其中私营企业45户。

2001年，严格落实“守法经营户保护制度”和“领导挂点个体私营企业”联系制度的落实到位，落实预约服务制度，首问责任制度，支持山海协作。新增私营企业70户，新增个体工商户672户。2002年，新登记个体工商户829户，私营企业112件。共验照个体工商户14206户，私营企业年检268家。

2003年，全市依法登记注册核准开业的个体工商户846户。至年底，实有个体工商户4087户，从业人员8260人，注册资金5431万元。按照年检验照的规定要求，全年办理歇业和验照的个体工商户3865户，个体验照率为85.05%。共查处无照经营338户，取缔无照经营180户，查处无照经营案件124件，罚没款12.55万元，补办营业执照223户。

2004年，全市新开业登记个体工商户814户。至年底，个体工商户4677户。全年取缔无照经营9户，立案13件，案值4.94万元，罚没金额6.31万元。净化校园周边环境，查处3起在校园内未经核准登记擅自变相设立互联网上网服务营业场所经营案，案值4.25万元，罚没金额5.75万元。

2005年，共登记个体工商户698户，全市实有个体工商户3606户，从业人员7380人，注册资金19153万元。委托乡区工商所为215户个体工商户就近办理开业、变更登记，共免收个体工商户管理费47.43万元。同时，组织开展取缔无照经营行为，共取缔无照经营户131户，罚没金额11.10万元。

2006年，新登记个体工商户369户，新增注册资本887.72万元。责令整改、补办营业执照679户，依法取缔105户，罚没入库20.02万元，补收管理费14.80万元，各主干道持照率达95%以上。

2007年，新登记个体工商户477户，其中，办理1户台湾同胞以个人名义登记的个体工商户，为3689户个体工商户办理年检验照工作。查处无照经营案件89件，罚没金额20.46万元。2008年，新登记个体工商户753户。共查处无照经营案件74件（其中查处黑网吧3户），罚没金额22.39万元。

2009年，新登记个体工商户1367户，办理卷烟零售营业执照634份。全市1290户卷烟经营户均办照或通过验照，实现100%办照、100%证照相符、无证户100%取缔的工作目标。取缔黑网吧6户，劝退关闭18家以农村信息服务站为名变相经营的黑网吧，配合市文体局查处网吧容留未成年人上网案件12起，罚款金额5.70万元。

2010年，新登记个体工商户1109户，个体工商户验照率92.63%。为11户具备条件的个体工商户转型登记为有限公司。帮助因城区人民路改扩施工受影响个体工商户减缴税收达20万元。“6·20”洪灾后，在注册大厅开通灾后重建绿色通道，为个体工商户直接申请补（换）营业执照32份，为64户经营主体减免各项费用8650元。全市共有个体工商户7465户，从业人员8634人，总注册资金62265.18万元；内资企业2429户，总注册资金1495965.88万元；外商投资企业60户，总注册资本13106.85万美元。

第四节　经济合同管理

1994年，受理行政调解案件96件，解决合同争议金额38万元。1995年，开展新颁布《中华人民共和国经济合同法》的宣传，开展“重合同、守信用”企业推荐评选，有44家企业被认定为“重合同、守信用”单位。加强对建设工程承包合同管理，全年共鉴证建设工程承包合同28份。严肃查处利用经济合同危害国家、企业、社会公共利益的行为，为企业追回拖欠企业款49万元。

1996年，帮助企业鉴证合同55份，金额7433万元，评选出“重合同，守信用”单位51家。与建委、计委、审计等部门加强对建设工程项目的执法监管，重点检查21家的43个项目，对存在的问题予以提示纠正。1997年，共鉴证各类经济合同607份，金额9113万元；为企业办理动产抵押贷款合同13份，贷款金额1676万元。

1998年，办理经济合同鉴证542份，鉴证金额7870万元，其中，抓好房屋租赁合同鉴证，共鉴证361分，鉴证金额162万元。介入建设工程项目招标行为监管，共参与建设工程招标投标活动19次。全市21家企业分别获授南平市、建阳市“重合同、守信用”单位，办理企业动产抵押物登记33分，贷款金额为4283万元。

1999年，成立宣讲队到各乡镇宣讲培训新修订《中华人民共和国合同法》，举办11期合同法培训班，参训人员700人。全年评选20户“重合同、守信用”企业；办理各类合同鉴证325份，办理企业动产抵押登记29份，专项检查建安合同22份，查办未鉴证合同案件3起。

2000年，加强对中介市场管理，先后组织26人参加南平市工商局举办的经纪人培训，全市19家中介机构的26名经纪人全部实现持证上岗。是年，共办理企业动产抵押登记22份，监督拍卖5次，检查建安合同41份，责令补办鉴证手续4份。

2001年，办理各类合同鉴证583份，合同鉴证金额17145万元；办理企业动产抵押登记17份，企业获贷款金额2356万元；受理行政调解案件103件，解决合同争议金额54万元；参与建设工程投标监管6场次；监督拍卖6场次。

2002年，受理各类合同鉴证340份，合同鉴证金额达13995.60万元；办理企业动产抵押物登记8件，抵押物价值2058万元，实现贷款金额1107.80万元；参与建设工程招投标活动11场次，建筑面积50394.90平方米，工程总造价2844万元；参与拍卖监管5场次，拍卖成交额达115万元。

2003年，受理企业动产抵押物登记7份，抵押物价值4685万元，贷款金额1952万元。对拍卖活动现场监拍3场次，拍卖标的房产、机器设备等，拍卖成交额22.90万元。根据《招投标法》等规定，介入建设工程招投标监管12场次，建筑面积7万平方米，工程总造价4560万元，建安合同全部实行经济合同示范文本制度。

2004年，为帮助解决麻沙农民淮山销售难、效益不佳的问题，引进福清客商创办中外合资建阳潭泉食品有限公司，并指导成立淮山协会。同时，建立信息服务平台，上网发布各类信息，供客商选择，是年全镇签订淮山种植合同333.33公顷，6000吨。指导莒口后备母鸭协会建立诚信体系，引导专业户讲信用、守合同，通过协会联系卖出鸭子的质量问题，在七天内由协会负责，让购买者放心。

2005年，受理企业动产抵押物登记48件，抵押物价值29349万元，企业获贷款金额12776.60万元。是年，发展“订单农业”，乡镇工商所全程参与“订单农业合同”的制定修改。组织成立7个农产品协会，培养100名农村经纪人，引进和扶持5家农产品深加工企业，并为农村剩余劳动力提供就业120人。

2006年，帮扶企业16家，指导签订农业订单合同9000余份，涉及标的金额5700万元、订单农户4356户。做好企业动产抵押登记工作，受理企业动产抵押登记85件，抵押物价值18034.60万元，企业获贷款金额7587万元。立案查处各类合同违法案件9件，总罚没金额24.75万元。

2007年，办理合同案件18件，罚没金额33.79万元。同时，为企业办理45笔动产抵押，抵押物价值38791.90万元，企业获贷款金额5257.50万元。2008年，办理动产抵押物登记34份，主债权金额为13552.66万元。加强对拍卖活动的拍前、拍后及拍卖现场进行监管，分别进行15次房产、汽车拍卖会监管，拍卖的标的为1202.90万元。全年共办理合同违法案件21件，案值14万元，罚款2.09万元。还加强对二手车的市场管理，对二手车市场所使用的合同文本进行规范。

2009年，开展格式合同条款专项整治，对供水、供电、物流等行业的合同文本进行规范。运用工商职能加强对农村经纪组织、经纪人工作指导培训，成立建阳市粮食经纪人协会。全年立案办结合同案件27件，罚没入库77100元；办理动产抵押登记36件，债权金额6785万元；进行拍卖监管20起，拍卖标的2961万元。

2010年，办理动产抵押登记户29份，为企业融资5794万元；拍卖报备、监督拍卖15起，成交额2151万元；立案查处合同违法行为案件19件，其中，利用不平等格式合同条款侵害消费者权益案件10件，经纪人违法案件8件，拍卖监管行政行为1件，罚没3.69万元。

第五节　商标广告管理

1994 年，为企业代理商标 9 件。1995 年，为企业代理商标注册 21 件。指导名优产品大王衬衫、三两香、九曲酒等及时办理注册商标。查处违法违章印制商标 7 件，查获假冒侵权商标标示 83540 张。审查电脑共计发放广告许可证 1120 个，清理户外广告牌匾 320 面，没收虚假广告宣传单 2.50 万张。

1996 年，支持和帮助企业搞好商标注册，提高商标注册代理工作水平，为企业代理商标 19 件，其中，变更续展 13 件，服务商标 2 件，商品商标 4 件。1997 年，代理商标注册 8 件，续展 3 件，并推进“名牌工程”建设，保护企业的合法利益。

1998 年，受理商标注册 9 件，其中，商标续展 2 件，商标转让 1 件，帮助百灵毛巾有限公司赴广西等地打假索赔，切实维护“百灵”商标的专用权。是年，共受理户外广告登记 157 件。

1999 年，为企业代理商标注册 13 件，转让 1 件，续展 1 件；推荐武夷特曲、武夷味精、三青矿泉到南平市评选知名商标。全年共受理 1 次性固定和非固定广告业务 247 次。

2000 年，动员指导企业办理注册商标 26 件，为 45 件商标办理续展手续，推荐夏利达酒业有限公司武夷牌白酒、市武夷味精有限公司“武夷”牌味味精争创省著名商标。清理拆除未经登记，擅自张贴发布的户外广告 8 万份，捣毁无照非法行医、性病广告窝点 3 个。

2001 年，共受理商标注册申请 21 件，其中，指导办理考亭牌葡萄、春园盛牌茶叶等 15 件农副产品商标注册申请。还推荐评选“武夷”牌味精、“武夷”牌系列白酒等 6 件注册商标为闽北知名商标。对 13 件广告经营单位进行广告经营资格检查，取消 3 家不具备经营资格的广告经营单位。

2002 年，在企业中建立打假维权网络，加强与南孚电池等知名、著名、驰名企业联合查假力度，查扣假冒南孚电池 3360 只。查获假冒“泰慕诗”牌成品服装 136 件，假冒商标标识 2300 个，外包装袋 1 万余个，案值 2.40 万元，罚没金额 1.10 万元。组织对各大药店、医疗机构及市区主要地段和公共场所的印刷品广告、布幅广告、电视广告、户外广告进行整治，共收缴销毁违法印刷品广告 5000 份，强制拆除违法布幅广告 36 条。是年，共立案查处各类广告违法案件 24 起，罚没金额 1.80 万元。

2003 年，全年新申请注册商标 41 件，全市拥有注册商标 203 件。推荐建阳市亚亨蓄电池有限公司的亚亨牌蓄电池申报福建省著名商标并获成功，申报闽北知名商标的企业从上年的 6 家增加到 20 家，有 17 件商标获评闽北知名商标。4 月，在抗击非典型肺炎疫情期间，开展医疗、药品广告专项清理，对全市药品经营店、医疗诊所等单位进行全面检查。

2004 年，新受理申请注册商标 34 件，推荐成功省著名商标 1 件、知名商标 17 件。逐步健全注册商标台账，建立销售驰名、著名、知名商标和特殊标识商品的经销商、代理商名单及商标印制企业、商标违章违法案件、商标验证档案资料数据库，纳入经济户口管理范畴。全年共立案查处商标侵权案件 41 件，罚没金额 4 万元。开展打击虚假广告和合同欺诈专项整治，查处违章违法广告案件 21 件。

2005 年，受理商标注册申请 35 件，指导企业申请注册防御商标 7 个、储备商标 32 个、绿色食品和有机食品商标 3 个、转让闲置商标 3 个。年底，有省著名商标 4 件，闽北知名商标 20 件。结合红盾行动，先后开展医疗广告、房地产广告、招生广告等专项行动，查办虚假违法广告案件 19 件。

2006 年，指导新申报商标注册 45 件，其中，农产品 26 件，青松化工和鲁班胶合板被评选为省著名商标。年底，全市有注册商标 320 件，其中，著名商标 6 件、知名商标 20 件。开展保护商标、音像文化制品等知识产权专项行动，重点打击假冒国际名牌商标，及假冒国内驰名商标的侵权行为，查处商标侵权案件 37 件，罚没金额 11.66 万元。加强对户外广告、印刷品广告的监管，共收缴各类印刷品广告 5360 份。

2007 年，新申办注册商标 42 件，其中，省著名商标 7 件、闽北知名商标 27 件。查处商标侵权 29 件，案值 12.74 万元，罚没入库 8.02 万元。有针对性地整治问题突出的虚假违法广告，建立快速反应和快速查处 2 个机制，全年共纠正违法违规广告 11 起，立案查处广告违法案件 15 件，罚没入库 2.28 万元。

2008年，指导建阳龙翔机械有限公司在境外34个国家注册，指导森岚木业有限公司办理“丽人”商标使用许可合同备案。办结商标侵权案件37件，罚没金额9.71万元，其中，组织开展奥运标志保护工作，查处侵犯奥运标志专用权案件18件，罚没金额7万元。不定时开展对新闻媒体的抽查检查工作，办结广告案件12件，罚没2.52万元。

2009年4月25日，福建省建阳武夷味精有限公司的“武夷WUYI及图”被国家工商总局新认定为驰名商标，实现驰名商标零的突破。麻沙镇“楠木林”葡萄合作社的“楠木林及图”商标获省工商局认定为省著名商标，成为首个农副产品获著名商标。全年查处销售侵犯注册商标专用权商品案件7件，罚没入库2.18万元。办结广告案件18件，罚没3.65万元。

2010年，受理商标注册申请25件，闲置商标转让2件，商标续展3件，全市有效注册商标总数达445件，其中农产品商标125件。开展地理标志证明商标申报推荐工作，将闽北水仙、漳墩白茶、小湖大乌杨梅列入发展规划中。查处商标违法案件16件，罚没金额5.99万元；共办理各类广告违法案件19件，罚没入库4.97万元。

第六节　经济监督检查

1994年，开展打击走私贩私和投机倒把活动，取缔走私黑市。查处走私贩私和投机倒把案件13件，查处物质计有彩电12台等，案值22万元。

1995年，开展各类专项检查，有计划、有侧重的开展“打假”工作。全年捣毁制售假冒伪劣商品窝点5个，查处假冒香烟4580条，假酒1600瓶，假农药60件，假化肥30吨等，总价值达75万元。与供销、农资部门联合对各乡镇农资经营单位进行全面检查整顿，查处一起倒卖化肥案件，查获化肥50吨，农药2600公斤。

1996年，开展打击走私贩私和投机倒把活动，取缔走私黑市。查处走私贩私和投机倒把案件25件，查处物质计有进口空调机2台，彩电32台等，案值52万元。1997年，以打假治劣、反商业欺诈为龙头，查处走私、假冒香烟、劣质服装、成品油等物品，总案值为85万元。

1998年，开展煤炭、农资、烟草、成品油等市场的专项整治活动，重点检查走私贩私、制售假冒伪劣商品、坑农害农案件。共查处违法违章销售煤炭130吨，查处倒卖化肥72吨，农用地膜1.20吨，查处走私烟260条，假冒卷烟7329条。

1999年，开展“反不正当竞争”等48次专项检查活动，查处不正当竞争案件8起，非法收购、贩运粮食案件12起，查获不符合安全的儿童气弹枪1500把等。

2000年，严厉打击非法传销，与公安部门联合行动，捣毁、取缔“华良消费联盟”“赛鲨力”等传销窝点13处，遣散传销人员250人。开展市场专项整治大行动10次，查获原煤50吨，化肥13吨，旧皮鞋4000双。

2001年，组织20次的打击传销和变相传销专项行动，捣毁传销授课点33处，遣散传销人员1000人，收缴各类传销物品1000件，移送16名传销骨干交由公安部门处理。在公用企业限制竞争专项整治中，查清市自来水公司强制用户接受其提供的水表维护服务的不公平竞争的违法事实，依法处以10万元行政处罚。

2002年，开展查处公用企业限制竞争工作，对建阳市盐业公司滥收费用及建阳市电力公司违法收取用户电表底费的行为，没收其违法所得12078.38元，并责令停止违法行为。查获吉林通化茂祥制药有限公司建阳营销代理向购药单位个人账外暗中以实物回扣的方式推销药品，依法予以罚款1万元。

2003年，打击非法传销取得实质性进展，查获一起借“销售蛇酒”名义从事非法传销案，现场查扣3本涉及传销的笔记本和1本收据等物品，遣返参与传销的外地青年28人。是年，落实开展专项整治39项，检查清理各类市场378个次，捣毁各类违法窝点37个。

2004年，组织开展16项24次专项执法行动，查获的违法物资主要有：不合格大米59.67吨、二氧化硫残留量超标笋干（丝）170公斤、各类不合格酒219瓶、各种奶粉、熟食等食品375袋、擅自拆解的废旧农用车发动机总成9台、假“梦特娇”、假“鳄鱼”T恤242件、假“满婷”系列产品145瓶、二手笔记本电脑1台等。

2005年，按照“2005红盾行动”要求，分阶段展开各类专项整治行动，先后组织开展24项31次专项整治行动，共检查各类经营主体1605户，捣毁制售假劣窝点9个。

2006年，开展各类专项检查268次、检查整顿市场392个次，取缔窝点26个。在开展商业贿赂专项整治中，共查处违法给付及收取超市进场费、违法收取房产评估中介费等商业贿赂案件3起，罚没款3.03万元。

2007年，开展各类专项整治行动18项，开展各类检查464次，检查整顿市场266个次，取缔违法经营窝点40个。做好“三虚一逃”（虚假材料、虚假注册资本、虚假出资，抽逃注册资本）案件查处的牵头及协调工作，共立案查处“三虚一逃”案件6起，罚没款3.15万元。

2008年，组织开展“两节”期间打击走私专项行动，立案查处1件，查获49条走私香烟。组织开展打击非法传销行动，取缔非法传销窝点4个，教育遣散传销人员59人。组织开展整治商业贿赂工作，查处商业贿赂案件1件，罚没金额1万元。2009年，捣毁传销窝点8个、移送公安刑拘4人、驱散传销人员237人、解救人员7人，传销活动得到有效遏制。

2010年，与公安机关联手打击传销活动，发放宣传材料539份，捣毁传销窝点6个，教育驱散传销人员186人次，移送公安机关处理2人、解救人员2人，接待1位来寻亲的外地群众。

第七节　消费者权益保护

1994年，开展“3·15”国际消费者权益日系列宣传活动，印发3000份宣传册，在农村设立13个宣传咨询点，引导安排电信、邮政、移动等公用企业事业单位，向消费者公开承诺服务项目、收费标准。在城区人民路开展打假维权、消费者满意1条街活动，与经营者签订维权协议书。全年共受理消费投诉168件，结案率为100%，为消费者挽回经济损失33.61万元。

1995年，共受理消费者投诉122起，其中，包括家电类30起，食品类23起，日用百货类55起等等，办结率100%，为消费者挽回经济损失16.26万元。1996年，在第10个“3·15”国际消费权益日活动中，发放《中华人民共和国消费者权益保护法》等宣传材料2000份。全年共受理消费者投诉136件，结案率100%，为消费者挽回经济损失8.47万元。

1997年，发挥个协和消委会的作用，开展“店店无假货，户户讲道德”活动，评选“信得过摊店”，培养良好的职业道德，不损害消费者利益。全年共受理消费者投诉127件，办结率100%，为消费者挽回经济损失24万元。

1998年，建立“110”社会联动网络，开头投诉传呼，建立完善《315服务台承诺制度》等7项制度。共受理投诉234件，为消费者挽回经济损失29.16万元。

1999年，围绕“一切为了农村消费者”“安全、健康、消费”的主题，开展系列宣传活动。在市区及中心集镇建立5个消费投诉服务岗。受理消费投诉案件181件，为消费者挽回经济损失18.50万元。

2001年，开展以“绿色消费”为主题的“3·15”系列宣传活动，印发“12315”消费投诉举报服务便民卡900份。全年受理消费投诉365件，结案率为99.80%，为消费者挽回经济损失60.70万元。

2003年，在全市1所学校、6个大集贸市场、3 个社区、1 家大型超市建立红盾维权联系点，按照“八个一”“两级制”“两定”的工作模式，形成以“12315”投诉台为中心，台、岗（所分局投诉岗）、点（红盾维权点联系）、站（相关部门联动站）为载体的上下联动、协作运转的维权网络。受理投诉463起，为消费者挽回经济损失30.58万元。

2004年，发布消费提示14次，提供分析报告4篇，组织维权点联络员集中培训2次，开展流动消费维权现场培训 16 场次。全年共受理投诉 235 起，为消费者挽回经济损失 6.32 万元，成功调解率 98.30%。

2005 年，接待群众来信来访和咨询 872 人次，受理消费者申诉 181 件，办结 178 件，终止调解 3 件，结案率 97.80%，为消费者挽回经济损失 25.91 万元，受理消费者举报 21 件，罚没款入库 7.34 万元。

2006 年，在 11 个农村俱乐部建立规范化的“12315”联络站，聘请 22 名村主干为消费维权监督员，举办农村“消费课堂”11 次，接受教育的农民群众达 3100 人次。全年共受理、分流消费者申诉 350 件，成功调解率 100%，为消费者挽回经济损失 48.35 万元。

2007 年，加强“12315”消费维权工作，市政府成立以分管副市长为组长，各职能部门负责人为成员的工作领导小组，组织召开联席会议，与质监、农业、农机等部门建立消费维权工作协作制度，形成消费维权体系，协作调解 13 起消费纠纷案件。在全市 13 个乡镇、街道办事处、215 个社区居委会、自治村、51 个大型商场、超市等各商业网点设立消费维权服务站点，覆盖全市的 12315 消费维权网络成型。全年共受理分流消费者申诉举报案件 339 件，办结 339 件，办结率 100%，为消费者挽回经济损失 27.62 万元。

2008 年，围绕“消费和责任”年主题，开展系列活动纪念“3·15”国际消费者权益日。全年共受理、分流消费者申诉 211 件，办结 211 件，办结率 100%，为消费者挽回经济损失 45.26 万元。是年，成立建阳市消委会人民调解委员会。

2009 年，按照福建省工商局“12315”消费维权示范站点的要求，制定示范站点建设工作的方案，在全市开展 12315 消费维权服务站点规范化建设活动。采取“一案一奖”“以奖代补”“评先评优”等举措，实行站点联络员工作津补贴与年度考核实绩挂钩、奖优罚劣，调动站点联络员消费维权的工作积极性。全年共受理、分流消费者申诉 245 件，办结率 97.96%，为消费者挽回经济损失 15.86 万元。

2010 年，围绕“消费与服务”主题，现场开展“《中华人民共和国食品安全法》百题千问公众答”有奖问答及食品检测等活动，期间共接受咨询服务 500 人次，受理消费投诉 6 起。建立“三级人民调解”消费维权机制，建立 1 个市级人民调解委员会，13 个乡镇（街道）人民调解小组，265 个行政村（社区、企业）调解室，基本实现消费维权组织“全覆盖”。组成建阳市消委会法律和专家顾问组，聘请 5 位专家，对重大疑难投诉案件帮助“会诊”，提升消费维权的工作效能。是年，共受理消费者申诉 303 件，调解成功率 82.10%，为消费者挽回经济损失 25.46 万元，加倍赔偿金额 1.37 万元。

第八节　机　构

1994 年 9 月，建阳县撤县建市，建阳县工商行政管理局改名为建阳市工商行政管理局。1995 年 1 月，增设消费者权益保护股并正式挂牌，原职能股改称职能科。全局共有 8 科 1 室，即人事教育科、市场管理科、经济检查科、企业登记管理科、个体私营经济管理科、经济合同管理科、商标广告管理科、消费者权益保护科及办公室。

1995 年，增设监察室。1996 年，设立经济检查队，并入经济检查科，科队一体。1997 年，成立 95315 消费者投诉台，隶属经济检查队。

1998 年，监察室更名为法制监察室，兼管法制工作。经济检查队更名为检查大队，脱离公平交易科，成为局直属机构。同年 12 月 21 日，实行省级以下工商行政管理机关垂直管理。

1999 年 3 月，全省“96315”消费者投诉服务台统一更名为“12315”消费者投诉服务台，隶属检查大队。同年，建阳市工商行政管理局完成机构、人员、资产移交工作，隶属关系由建阳市人民政府转变为福建省工商行政管理局，内设机构不变。

2001 年，全局机关内设 6 个股、室及 1 个直属机构，即办公室、法制股、监察室、行政执法股、注册管理股、人事教育股、检查大队。其中，将原财务装备、信息网络建设并入办公室，人事教育与党总支合署办公，法制监察室更名为监察室，为独立内设机构，法制股单独设置；将公平交易、市场监管、商标广告监管、合同监管及网络经济监督管理职能合并，设立行政执法股；将企业、外资企业和个体私营经济登记注册与日常监管职能合并，设立注册管理股；局直属机构检查大队与“12315”消费者投诉服务台合署办公。2002年，市工商局获确认为正科级机构。

2004年，增设局信息技术管理股，主要职能是负责信息化网络技术保障、应用和数据平台的安装、配置、安全等工作。2005年，增设12315消费者申诉举报服务中心，规格为正股级。至年底，全局有7个内设机构、2个直属机构：即办公室、人事教育股、监察室、法制股、行政执法股、注册管理股、信息技术管理股及12315消费者申诉举报服务中心、检查大队。

2006年3月，增设财务装备股。至年底有8个内设机构、2个直属机构。

2007年4月，行政执法股分设为公平交易消费者权益保护股、市场合同监督管理股、商标广告监督管理股。2008年底，全局有10个内设机构、2个直属机构，即办公室、人事教育股、监察室、法制股、财务装备股、注册管理股、信息技术管理股、市场合同监督管理股、公平交易消费者权益保护股、商标广告监督管理股及“12315”消费者申诉举报服务中心、检查大队。

至2010年，市工商局有编制98人（其中，行政编制93人，机关工勤编制5人）。局领导班子成员共5人（其中，局长1人，副局长3人，纪检组长1人）。内设11个股（室）、1个检查大队、2个协会（个私协会和消委会秘书处），有基层工商所5个，工商所人员共42人。全局建立党总支，共有7个党支部，5个工商所全部建立党支部，归属局党总支。

第五章 政府审计

第一节 财政审计

一、本级财政预算执行情况审计

1995年，开始对市本级财政预算执行情况进行审计，同时对相关二三级预算单位进行延伸审计。采取对预算单位进行“账户入手，下审一级”的审计方法，实行“同级审”与“上审下”相结合的审计制度，开展对财政地税等有关预算征收部门具体组织财政收入情况的审计；对地方金库履行金库监督职责，办理预算资金收纳，划分和报解，收入退库情况进行审计。至2010年，共审计113个单位（项目），查出违规违纪金额1737万元，应交财政352万元。

1996—2010年建阳市财政预算执行情况审计情况表

表14-5-1 单位：个、万元

项目 年度	审计单位（个）	违规行为金额（万元）	应交财政金额（万元）	已交财政（万元）
1996年	8	81	3	3
1997年	6	186	—	—
1998年	8	314	1	1
1999年	8	370	—	—
2000年	8	33	4	4
2001年	11	13	12	12
2002年	9	271	—	—

续表 14-5-1

项目 年度	审计单位（个）	违规行为金额（万元）	应交财政金额（万元）	已交财政（万元）
2003 年	8	72	24	24
2004 年	7	26	4	4
2005 年	7	14	3	3
2006 年	8	11	11	11
2007 年	7	22	22	22
2008 年	6	26	2	2
2009 年	6	295	265	265
2010 年	6	3	1	1
合计	113	1737	352	352

二、财政决算审计

1994 年，对乡镇财政决算审计，发现普遍存在预算外资金和自筹资金多渠道管理，呆账、死账数额较大，各项税费收入未及时上缴，挤占挪用公粮减免款等问题。在延伸乡镇各站、办、所、行政村审计时，发现麻沙镇一村书记挪用粮专资金，追回其个人拿走占用的 4000 元。

1998 年初，对市经委 1997 年度预算执行情况进行审计，查出该单位截留，挪用科技经费 8 万元，挤占挪用企业改革资金 18 万元。

2000 年，对 25 个拥有行政收费单位的预算专户存储及收费项目标准进行摸查，从抽取的 6 家收费项目多、金额大的单位查出有 4 个单位有坐支（是指单位用自己业务收入的现金直接支付业务支出的行为）收费现象，金额达 76.96 万元；有些单位未执行“行政收支两条线”的规定。

2001 年初，对 2000 年财政预算收支执行部分的审计，查出全市有 12 个乡镇为完成当年其他收入任务，采取借入各种资金垫交的方法，致使预算收入中其他收入虚收 164.50 万元，农业特产税收入虚收 238.60 万元。市地税局将完税证中的房屋税、土地使用税、印花税、教育附加费、集体企业所得税、城建税、以工建农资金、社会事业发展费等共计 82.48 万元，在税收汇总缴款书汇总入库时，进入个人所得税，税种混库导致市财政减少 10.11 万元，多提退手续费 10.98 万元。

2004 年，对将口、小湖等 5 个乡镇财政决算进行审计，查出违规金额 163 万元，管理不规范金额 72 万元。部份乡镇存在滞留税款、乱收费、挪用财政专项资金等违纪违规现象。

2009 年，对漳墩镇人民政府 2008 年度财政决算进行审计，发现虚列当年一般预算支出 138.27 万元，社会抚养费未严格执行“收支两条线”管理，在没有收费依据的情况下，向林木经营者收取防火费 24.50 万元，违反《福建省行政事业性收费管理条例》要求。此外还发现财务发票管理不规范等问题，要求其严格执行有关财务制度，规范财务管理，对以上问题予以纠正。

1995—2010 年，对乡镇财政决算累计审计单位 34 个，查出各类违规违纪金额 547 万元，应上缴财政 29 万元。

第二节　金融审计

1994 年，对县工行、农行、农村信用社进行审计，重点审计各支行执行中央金融整顿秩序情况。

1995 年，对中行、建行资产负债损益情况进行审计，纠正建行多列支营业费用 0.77 万元，多提小汽车折旧 3.30 万元；发现市中行挤占成本 1.40 万元等问题，补缴所得税 5.10 万元。

1997 年，对中保财险进行审计，在重点抽查理赔情况时，发现其虚列某单位保费收入及赔款支出

51.49万元等问题。

1998年，对工行的信贷资产质量和资产负债损益审计。对信贷资产质量审计发现问题：建阳百灵毛巾厂产品在市场难有销路，致使贷款1580万元，欠息108万元，难以收回；油化厂处瘫痪状态，贷款2060万元，欠息481万元，形成可疑贷款726万元，损失贷款7334万元；市投资企业公司1992—1994年相继贷款199万元用于在厦门投资、办厂、搞开发，造成亏损欠息38万元，贷款单位名存实亡，实际导致199万元贷款损失。对资产负债损益审计中发现问题：由该行宝银分公司预提，多提取手续费支出年末结余3.23万元，应予以收回，冲减营业成本；购置监控设备支出2.11万元，列入非常损失不妥，应纳入固定资产管理，并予以调减亏损；该行房贷部接受委托贷款处处收入36.82万元，应补交营业税2.95万元，补交税中税0.18万元；某单位退休人员养老金558.01万元在该行城关储蓄所以单位“退管会”户名开设活期储蓄账户，属违规行为，应办理离退休人员个人活期储蓄账户，以确保养老金的安全发放，防止被挪用。

2004—2010年，上级审计机关和相关部门未授权或委托市审计机关对金融机构进行审计。

第三节 行政事业审计

1994年，对公安局、城管中队、土地局等20个单位（项目）进行审计。发现的主要问题有专项资金超范围使用，挪用或长期占用各项专用资金；截留、转移、挪用各罚没款、巧立名目收取企业的赞助或捐赠等问题。

1995年，对11个有行政执法权、资金分配权的行政机关进行重点审计。查出市检察院、工商、公安等单位执法收缴罚没款 17.50万元未上缴，发现6个单位私设“小金库”，金额37.26万元。

1996年，对1996年初发行的两期民政福利彩票的收支情况进行审计。发现挪用福利基金15万元用于筹建办公宿舍楼，公款私存98979.07元；购奖品套开发票4155元；隐藏购买奖品差价26214元作为“小金库”等严重违法行为。对确认构成犯罪者，移送司法机关依法审理。

2001年，对普教经费使用情况进行审计，查出7所中小学校违规金额33万元。主要存在问题：将收入转工会账户，作为职工福利；“代办费”未及时清退，并长期挂账和改变用途。

2006年，对全市13个林业站的财务收支进行全面审计，审计发现13个林业站应缴未缴收入13.72万元，各种专项资金未下拨70.49万元，虚列收入20.26万元，代征税款未上缴19.73万元，专项资金改变用途30.93万元，违反控购1.71万元。8月，对市总工会1998年1月至2006年7月财务收支进行送达审计。审计发现市总工会未按《中华人民共和国房产税暂行条例》《中华人民共和国营业税暂行条例》及《中华人民共和国增值税暂行条例》等规定，对所出租的房屋未上交各种税费，要求应补交各种税费81302.72元。11月，对市中医院2006年度财务收支进行审计。审计发现医院存在违规收取医疗费用、违规提高药品购销差价率，少量品种药品价格加成率超过规定标准的现象。同月，对市城市建设管理监察大队进行2004—2005年度财务收支审计，发现招待费超过预算指标，在延伸城管弃土站中发现大队正式人员从弃土站中领取年终奖，预算外收入资金没有上缴财政等问题，要求加强管理，予以纠正。

2007年6月，对市环卫所2006年度财务收支审计，发现一些小工程款收款人没有提供发票，而是使用环卫所工资表支付，要求支付外单位维修、劳务款要按照发票管理办法执行。10月，对市新型农村合作医疗管理中心2006年度农村合作医疗基金及财务收支进行审计。审计发现市计生与人口局2006年度应筹集缴纳农村合作医疗基金6.27万元，但仍未上解市财政农村合作医疗基金专户。11月，对市广播电视事业局2006年度财务收支进行审计。发现年末账面体现负债及权益1927.31万元，其中，负债1816.68万元，所有权益110.63万元，审计中发现其挂账不清，网络公司所交企业所得税不实，应予以补缴各种税费。

2008年6月，对建阳林业检查站2007年度财政收支进行送达审计。审计发现该站购置一批办公设备共计10498元，在市会计核算中心未做相应的固定资产核算。在财务报表中列支市林业局“培训费”“纪念品费”，均不符合财政财务制度规定。

2009年底，对市电大工作站进行财务收支审计，发现在没有收费依据的情况下，向学生收取免修课程费4380元，违反《福建省行政事业性收费管理条例》，要求停收。此外还存在财务发票管理不规范，要求予以纠正。

1995—2010年，共审计行政事业单位276个，查处违规违纪金额1969万元。

第四节　企业审计

1994年，国企民营化改制，市审计局主要是对企业的资产、负债、损益情况进行审计。对企业的审计由单纯的承包经营责任审计，逐步过渡到企业财务收支真实审计，到国有企业领导班子任职经济责任审计。是年，企业审计侧重对地方财政影响较大的30个企业进行审计，发现的主要问题：虚盈实亏，隐瞒亏损，转移收入、占用国家资金等问题。如对麻沙造纸厂和食品厂进行资产、负债、损益审计，发现2厂隐瞒损失数额较大，麻沙造纸厂劳动服务公司及福利经营部占用厂固定资金和流动资金160.94万元。

1995年，对市制药厂的审计中，查出漏缴税费及违纪金额13.97万元，同时，发现厂长有贪污受贿嫌疑，为司法机关审理该案提供有关数据资料。1996年，为使企业改制进行，市审计局及所属审计师事务所接受7家企业的资产评估，评估资产总额达6408万元。

2001年2月，对市新星建设集团有限公司的控股经营现状和财务状况进行审计。查出该集团至2000年末虚增资产4263.18万元，虚增负债1783.53万元，虚增所有者权益2479.65万元，少计利润16.01万元，少缴所得税5.28万元。其中，下属单位1998—2000年，售房屋、销售店面及出售宅基地收入等计140.88万元，未按财务制度规定计入收入，而是挂在往来账上，偷漏国家税金8.10万元。同年初，对市交通运联公司1992年至1997年6月的财务账目进行审计。通过审计，为市纪委提供案件线索30条，确认公司原领导人有严重的经济问题。

2002年，对林业科技开发公司的资金、负债和损益进行审计，查出少计资产60.11万元，多计负债70.83万元，少计收入99.66万元，少计盈利119万元。对第二化工厂的审计，查出货物销售款没有入账，吉普车去向不明等几个问题。

2004年，对市外贸公司、华家山竹木采育场、绿感林场、市国有资产投资运营中心、市实验林场、市粮食购销公司等6家企业的资产、负债及损益真实性进行审计，查出资产不实，盈亏不实，少计税金等违纪违规金额95万元。同年，对市潭龙水利水电工程建设公司和南平市水利电力工程处建阳工程部经营状况进行审计。查出承包人应缴而未缴承包利润114万元，偷漏各种税费10.10万元，滥发奖金、请客送礼等支出79.62万元等重大经济犯罪事实。经审计查证后，由司法机关立案依法查处。

2006年9月，根据市政府要求，对市林业总公司胶合板厂锯制胶合清水模板项目工程建设资金，采取送达审计和就地审计的方式进行审计，对项目的立项、筹资、建设、试产及项目的后续管理进行审计。发现项目建设程序基本符合国家固定资产投资法规、制度，项目前期可行性研究深度不够，投资入股资产漏评，项目建设管理不太规范等问题。10月，对国有溪东林业采育场2005年资产、负债所有者权益进行审计，发现其挂账尚未处理，增值税及个人所得税尚未交清，要求加强列支管理工作，抓紧调帐，补交税款。

2007年起，随着建阳市工业园区建设展开，市审计局成立以副局长为组长的专门审计小组，采取事中与事后相结合的审计方式，定期对工业园区的财务收支情况和完工基建项目进行全面、长期的跟踪审计，即财务收支1季1审，基建项目逐一审计。通过审计监督及时纠正企业资金管理上的不足，健全企业财务制度。是年，对园区内的土建、土方工程项目审计8项，核减工程造价120万元。同年4月，对市自来水公司2006年度资产负债损益进行审计。发现公司经营效益良好，但场地出租费未计入单位财务账面、入账单据不合规。8月，对市场服务中心2005—2006年度财务收支进行送达审计。审计发现漏欠营业及附加税93749.94元；透支支付，报账单据不合规；管理失严，造成21430元损失。要求遵守和执行财政财务制度规定，强化财务管理，完善会计资料信息，真实反映企业财务收支状况。11月，对市食品公司2006年度资产负债损益进行审计，发现其入账招待费凭证不齐，把店面出租收入放入工会账户，形成账外账等问题。

2008年，对5个单位审计，查出管理不规范金额14万元，主要问题是作为会计凭证的附件资料不完善，未列成本费用虚增利润，要求被审计单位纠正。是年，完成工业园区审计项目（含2007年底在审2008年初完成的项目）25个，其中，基建审计22个，送审金额3879万元，核减工程款260.80万元，核减率达6.71%，同时免收工贸城审计费30万元。

2009年，继续对林产工贸园区、回瑶、上陈等工业园区进行跟踪审计，园区审计项目16个，核减工程造价142.13万元。

2010年10月，对全市9个乡镇（国有农场）2005年前发生的属其他公益性债务进行审计。认定核实，2005年前9个乡镇（国有农场）属其他公益性债务共发生19笔，累计金额3897651.19元，至2010年6月还债务2186367.19元，尚余19笔，累计金额1711284元。是年，对林产工贸园区，回瑶、上陈等工业园区进行跟踪审计，园区审计项目4个，核减工程造价39万元。

1995—2010年，市审计局共审计企业162个，查出违规违纪金额1233万元。

第五节　固定资产投资审计

1994年，重点对城建资金进行审计，发现漏收歉收城建资金11.50万。

1997年底，对市图书馆建设项目进行审计。项目由华夏房地产开发公司承建，决算报送总价为233.42万元，经核实实际决算总金额为217.08万元，核减16.33万元。

1998年底，对市立医院综合病房大楼建设项目进行审计。项目原报送决算总价1188.95万元，经核实，实际决算1123.01万元，净核减65.94万元。

1999年初，对县体育馆改建工程进行审计，核减金额292233元。

2004年，对建阳二中教学楼和学生宿舍楼工程竣工决算进行审计，查出并核减工程支出54.40万元，核减率达9.30%。2008年2月，对建阳二中学生食堂建设工程结算进行审计，核减工程造价190320元。

2009年、2010年，对全市中小学校舍安全工程进行跟踪审计。至2010年10月31日，全市累计筹措校安工程资金2861.62万元，进入“校舍安全工程资金专户”核算的资金有2669.62万元，尚有192万元没经过专户，在建工程14个，其中，6个办理开工报告，8个属未批准先开工，审计要求市教育局督促办理，建议统一对外招标监理单位，确保校舍工程安全。

1995—2010年，共审计单位（项目）34个，核减工程造价356万。

第六节　经济责任审计

2000年，对6位市直机关事业单位主要领导的离任进行审计。

2002年，对6个乡镇、26个市直部门1999—2001年3年任期的经济审计，查出6个乡镇财政周转金沉淀严重，逾期未回收周转金达110万元；5个乡镇累计虚列财政收入172万元；4个乡镇和8个市直单位虚列财政支出312万元；7个部门单位乱收费达438万元；2个乡镇和6个市直单位挪用财政周转金194万元；29个乡镇和市直单位死账、呆账形成潜在损失188万元；5个单位存在账外账37.20万元；7个单位偷税漏税22万元；2个单位违规购买控购商品13.90万元；8个单位预算外资金收入356万元，未按规定缴入财政专户；有16个单位固定资产有物无账或有账无物，部分单位以各种名义虚开税务发票报支请客送礼，领导干部违规报销手机、电话费等问题。

2004年，建阳实行领导干部任中和离任相结合的经济责任制的审计，对全市14位科级干部进行审计，查出违规金额217万元。

2005年，市审计局制定《关于开展领导干部任期经济责任审计的工作意见》，按照“逢离必审，三年审一遍”的要求，把届中审计与离任审计有机地结合起来，并完善规范经济责任审计报告格式及内容，审计程序、指标评价原则等，确定被审计干部述职报告的具体内容。全年共对13名领导班干部进行经济责任审计，查出违规金额46万元。

2006年，市、乡2级换届，市审计局对徐市、书坊等9个乡（镇）人民政府乡（镇）长和环保局、团市委等8个市直部门行政主要领导的进行经济责任审计，查出违纪违规和管理不规范金额530万元。

2007年，新修订《中华人民共和国审计法》实施，按照“积极稳妥、量力而行、提高质量、防范风险”和“重在管理，重在提高”的要求，对潭城、童游2个街道办事处领导干部经济责任审计，查出违规金额和管理不规范金额889万元。

2008年，对信访局、科技局、环保局等8个单位的领导干部经济责任审计，查出管理不规范金额115万元。

2009年，经济责任审计的重点是任中审计。市审计局对市林业局、国土资源局、卫生防疫站及莒口镇政府、童游街道办事处等5个单位和2乡镇（街道办事处）领导干部进行经济责任审计，其中，5位是任中审计。通过任中审计监督，及时发现一些问题，并督促整改，促进党风廉政建设。

2010年，对市公安局森林分局、统计局、劳动和社会保障局等7个单位和徐市镇政府、回龙乡政府两位领导干部进行经济责任审计。至是年底，累计对164个单位和164位经济责任人进行任期责任审计，查出违规行为金额1839万元。

第七节　专项审计

1996年，国家颁布《审计机关专项审计调查实施办法》后，市审计局重点对群众关心的各项社会保险基金和救灾捐赠款物等专项资金进行审计。是年，对世行贷款“农村卫生人力开发项目”进行审计。该项目预算总金额222.29万元，其中，世行贷款129.67万元，国内配套56.43万元，不可预算费36.19万元，审计认为市卫生Ⅳ项目办1993—1996年共培训医卫技人员354人，垫付资金45万元，其中，1996年垫付资金达17.40万元，按该项目最初承诺规定，培训资金，世行贷款应配套70%，计为315049.28元，而履行中实际只到位49670.85元，未到位资金265378.43元；地方财政应配套30%，计为135021.12元，实际是零到位。绝大部部的资金均由农村卫生人力开发项目点（即各乡、镇卫生院）自筹配足。

1997年，对世行贷款造林项目审计。世行贷款国家造林项目总体造林任务6000公顷，规划分布8个乡镇林场，56个行政村负责实施。至1996年，全市实际完成项目造林面积7238.80公顷，占任务的120.05%，全市造林项目1996年全面结束，转入幼林管护阶段。审计中共抽查将口、水吉2个项目点财务收支情况，发现费用列支较为合理，财务账目凭证整洁，总分类账余额与各明细账余额相符，至1997年末世界银行贷款造林项目各级应配套资金7204042.42元，全部到位。是年，还开展对利用世界银行贷款红壤开发项目审计。建阳市红壤1期开发项目1985年10月通过世行评估，1986年始从建阳地区外资办借入世行贷款。至1997年底，世行贷款累计提款993.97万元人民币，184.57万美元，特别提款权139.98万个。红壤1期项目在10个乡（镇）31个行政村实施，共建成42个项目场点，至1997年总投资累计2257.18万元，其中转贷本金1080.58万元，转贷利息1176.60万元。红壤1期开发项目大都是茶果业，投产后效益甚微，根本无力还本付息，究其原因是多方面的，有天灾的，也有人为的，有管理上的，也有市场不发育等问题。

2002年，对全市13个乡镇的计生办财务收支情况（1999年至2002年8月）进行专项审计。审计发现乡镇在执行社会抚养费“乡收市管，财政监督”制度时，违纪违规现象严重：以各种名义滥发奖金、补贴236万元，占同期总支出的16%；招待费支出70万元，占同期支出的7%，违规收取国家明令取消的人口基金，从而增加农民的负担；将应退还给计生对象的计生押金201.45万元，挪于购买汽车和基建；公款私存、借用达17.50万元；用“小发票”收费。对审计中查证的诸多问题向市委、市政府及有关司法机关递交题为《关于全市13个乡镇1999年至2002年8月止社会抚养费和计生经费审计调查结果综合报告》。

2003年，对土地开发专项资金、环境保护专项资金、中央级、省级森林生态效益补助资金的使用情况进行专项审计调查，共审计金额5686万元。使用过程中存在4个问题：土地开发项目未实行工程监理制度；部分项目未按《福建省耕地开发专项资金使用管理规定》实行报账制；违纪使用专项资金支付礼品费；中央级、省级森林生态效益补助资金运作迟缓，资金沉淀于市财政和林业部门，部分资金被挪作他用。

2006年11月，对市农村社会养老中心2005年1月至2006年10月农村社会养老保险基金进行审计。截至2006年11月30日，全市参保人员40470人，60周以上享受人员1076人，审计时段建阳农村社会养老保险基金总收入3679189.22元，总支出101179.90元，结余3578009.32元；经费总收入584770.67元，总支出598955.63元，2005年结余8662.50元，2006年超支22847.46元。

2007年4月，重点对全市社会保险基金进行专项审计。在对市机关事业单位社会保险管理中心2006年度社会保险基金及财务收支进行审计，发现因所需费用未列入财政预算而从保险基金专户中列入，要求其列入财政预算，不得从保险基金专户中列入。在对市财政局、地税局及各社保经办机构2006年度社会保险基金审计中，发现市财政局“五项社会保险基金”没有开设专用账户，地税局尚有一些企业社保基金未征缴完毕，社会劳动保险管理中心未将当年生育保险基金收支转入财政专户管理，市劳动就业管理中心未及时将向医保中心缴纳失业等人员医保费等问题，要求各部门单位予以及时纠正。对市社会劳动保险管理中心2006年度社会保险基金及财务收支进行审计，发现社会劳动保险管理中心未将当年生育保险基金收支余额36.30万元转入财政专户管理，要求加强对社会保险基金的收入及开支的管理，严格执行社会保险基金财政专户管理制度。对市医疗保险管理中心2006年社会保险基金及财务收支进行审计，全市参保单位472户，参保人数29729人，享受医疗保险人数29729人，要求加强对城镇医疗保险资金的征缴到位及开支合规合法性。

2008年，对市医疗保险管理中心2007年度医疗保险基金专项审计。审计发现：市医疗保险管理中心根据有关规定向各单位和个人收取48元／人的商业医疗保险费，2007年度，收入1227065元，支付市财产保险公司1044000元，当年结存未支付183065元，加上年末未支付297228元，至2007年末滚存结余480293元的商业医疗保险费未支付给有关保险公司。2008年1月转财险公司410784元，余额69509元。为确保缴费人员的医疗保险待遇，建议该中心应及时将收取的商业医疗保险费支付给有关保险公司。2007年12月，在“收入户存款”中直接支付建阳市妇幼保健院11月的门诊费5393.49元，不符合《社会保险基金财务制度》中第三章第十六条的有关规定，即收入户除向财政专户划转基金外，不得发生其他支付业务。“暂收医疗保险费——劳动服务公司医保事务代理”账户，2007年度，共收到建阳市新增人员上缴的医疗保险费654310.29元，全年均未分解增加医疗保险费收入，至2007年末仍然挂在往来账上。后经延伸至2008年，虽有分解部分，但到2008年8月31日止，仍有674527.70元未分解挂在往来账上。以上不符合《社会保险基金财务制度》中第七章第三十八条的有关规定，即暂收款项应定期清理，及时偿付。建议应及时分解，增加基金收入。

2008年5月，汶川发生特大地震，各界纷纷捐款捐物。市审计局根据省审计厅要求，组织力量对捐款捐物工作进行专项审计。于6月、7月、9月、12月对市民政局、红十字会、个私协、财政局、组织部建阳市2008年救灾资金进行跟踪审计，重点审计捐赠四川汶川大地震抗震救灾资金。至11月30日捐赠款收入723万元，其中，民政部门446.27万元，红十字会195.61万元，个私协1.22万元，市委组织部81.08万元。支出723万元，其中上交：中组部6.33万元，省组部74.75万元，省个私协会1.22万元，南平市民政局446.27万元，南平市红十字会194.43万元，建阳市红十字会直接开支托运救灾物到四川汶川大地震的灾区——绵阳的托运费1.18万元，无结存。捐赠物方面：折价物资款收入4.80万元（红十字会），转出4.80万元；直接托运到四川汶川大地震的灾区绵阳；未折价物资属衣被，其中，运往南平市民政局5件，直接托运到四川汶川大地震的灾区绵阳298箱，无结存。

2008年6月，对市库区移民开发局2006年度（下半年）、2007年度大中型水库移民后期扶持资金进行就地审计。审计发现发放给2006年7月1日以后出生的3名移民发放补助资金不符合规定，相关部门发放“移补”资金及扶持到村项目资金的拨付不够及时，致使一些人员无法按时领取“移补”资金，一些工程无法结算。要求移民开发局及相关部门要认真予以纠正，核实发放“移补”资金人员身份，后扶基金拨付、发放应严格按文件规定的时间内执行。是年，对建阳市2005—2007年度农业综合开发资金的分配、管理、使用进行审计。审计发现龙吉灌渠及麻沙土地整理项目资金171.57万元，2项工程实施2年，因资金未及时下拨，工程无法决算；市农发办违规发放“野外作业补贴款”；农发资金支出内容、单据、生产资料发放的真实性，自配套资金核算资料不严密不完整等问题。要求农发办应加强对农业综合开发资金使用的监督力度，改变只重拨款、疏忽管理现象，杜绝资金使用过程中存在的违纪违规问题。

2009年4月，市审计局会同市发改局、财政局、交通局对市政府还贷2级收费公路债务情况进行专项审计，审计到位资金26551万元，形成债务6146.72万元，累计还债2090.12万元。

2010年，市审计局组成3个审计组，重点对玉树地震抗震救灾资金物资、“6·13”救灾资金物资等项目进行跟踪审计。6月，对民政局、红十字会进行玉树地震抗震救灾资金物资跟踪审计，审计结果，到7月1日全市总收入30.19万元，其中，民政部门0.99万元、红十字会29.20万元，上解20.45万元，本市结存9.74万元。年底，对市财政局、民政局、红十字会“6·13”救灾资金和捐赠物资进行跟踪审计，审计结果至9月20日，全市财政性救灾资金收入1791.50万元、捐赠资金937.12万元，拨入物折价款53.89万元，捐赠物资折价110.53万元。审计中也发现救灾物资发放手续不齐，对尚未下拨的资金要求有关部门抓紧下发给灾民使用。

1995—2010年，累计对172个单位、52个项目（其中，署定项目16个、省定项目18个）进行专项审计，共审计资金72888万元，完成各类专项审计调查报告52份。

附：内部审计

1995—2005年，建阳审计局对221个机构组织，295人进行内部审计，查出损失浪费38万元，促进增收节支144万元，提出意见建议197条，纠正违纪金额260万元，建议给予行政处分2人。

第八节　机　构

1994年，建阳撤县建市，建阳县审计局改称建阳市审计局。

1997年，政府机构改革，核定审计局机关行政编制为14名，其中，局长1名，副局长2名，股级职数7名，另按规定核定机关后勤服务人员事业编制1名，1995年以前省审计厅下达的事业编制7名仍保留。下设六个职能科室：综合审计科、财政金融审计科、行政事业审计科、商粮贸审计科、工业交通审计科、固定资产投资审计科。

2003年，政府机构改革，核定审计局机关行政编制为12名，其中，局长1名，副局长2名，股级职数11名，另按规定机关工勤人员事业编制1名。对建阳审计局的职能进行调整，改科为股，将原6个职能股（科）改为7个，改综合审计科为办公室，增设任期经济责任审计股，7个股室分别为办公室、财政金融审计股、行政事业审计股、工业交通审计股、商粮贸审计股、固定资产投资审计股、任期经济责任审计股。

至2010年底，市审计局内设机构不变，实有人数12人，皆为行政编制。

第六章 质量技术监督

第一节 计量管理

一、计量标准

1994年前，建阳市基本建立长度、热学、力学等计量的量值传递系统，县标准计量所完成压力表、标准砝码、天平等项目的检定，完成加油机建标工作。1999年，完成对市电力公司电能表检定、市供电局电能表检定、市自来水公司水表检定的计量授权考核工作。2008年，建立电话计时计费检定装置和定量包装商品净含检验标准装置。至2010年，市质量计量检测所有计量标准8项：压力表标准装置、血压计检定装置、F1等级标准砝码装置、F2等级标准砝码装置、衡器检定标准装置、加油机检定装置、电话计费器检定装置、定量包装商品净含量检验装置。

二、计量器具管理

1994年，市质量计量和执法技术检测所建立加油机、天平砝码、电子秤、台案秤、血压计、压力表、定量包装计量检验等7项社会公用计量标准，授权自来水公司、电力公司开展水表、电表的计量检定和校准。对企、事业单位在用计量器具开展检定。

1998年，检定计量器具1500台件，受检率达90%。

2005年，创新检定工作的新思路，改等企业送检为主动上门为企业现场检定，共检定加油机140台件，压力表498块，血压计397台件，天平35台。

2007年，加强对新增检定项目（定量包装和电话计费器）计量考核工作，联合市卫生局、人口与计划生育局等单位，与南平市计量所合作，开展乡镇卫生院、计生办的“医用三源”检定工作，共检定X光机9台，B超机25台，心电图9台。

2008年，扩大检定项目和范围，开展电话计费器的检定工作和定量包装计量监督检查，对13个乡镇近千台在用的公用电话计时计费装置进行强制检定，保证电话计时计费器量值准确可靠。

2009年，实施“计量惠民”工程，及时组织开展集贸市场及基层医疗卫生机构计量器具“两免费”检定工作。免费检定8个农贸市场1394台件；免费检定全市13个乡镇、街道办事处中心卫生院、社区卫生服务站等15个医疗单位的210台件血压计。对5所公（私）立医院的血压计、压力表914台件全部实行半费检定。

2010年，共完成检定计量器具4786台件，同比2009年增长41%，其中，强检工作计量器具3470台件，同比增长29.50%，其中加油机458台次，电话计费器776台，天平砝码101台，压力表 874 台，血压计634台，台案秤111台，电子秤1378台，电子汽车衡34台，重力式装料秤16台。

三、计量监督

1994年，主要开展衡器检查，如市制杆秤、非定量砣称、绳纽称等。1997年，加强对定量包装商品量的监督检查。1998年，加强对眼镜配制场所、加油站等行业的计量器具的监管力度，对未按期进行周期强制检定的计量器具依法进行处理。

2000年，重点对流通领域的定量包装商品进行监督检查，共抽查20个经销商店40个品种的定量包装，对不合格产品予以整改、处罚，保护消费者的合法权益。2009年，市政府就进一步加强计量工作制定《关于加强计量工作的若干意见》。至2010年，实施“计量惠民”工程，及时组织开展集贸市场及基层医疗卫生机构计量器具“两免费”检定工作。强化节能减排工作力度，坚持服务与监管双管齐下，引导重点耗能企业建立完善计量检测体系。

第二节　质量监督

一、商品质量监督

1993—1996年，先后开展建材、农资日用消费品、电器等产品的打假行动。1997年，根据“三定”方案的要求，专门成立稽查股，负责打假工作。

1997年9月，全国第一个“质量宣传月”，建阳市召开实施《产品质量法》4周年座谈会，共受理消费者质量投诉12起，开展各种商品检查115批次，案值80万元。

1998年，开展“放心工程”活动，开展“百店千柜无假冒”和“放心店”活动宣传培训。全年共举办建材、化妆品、酒类、农机配件等7期培训班，来自各有关单位、企业、个体经营户等200人参加培训。

1999年，组织全局人员参加省行政执法考试。全年共检查生产经销企业198家，质量监督抽查95次，查处、销毁假冒伪劣产品标值305万元，立案70起。

2000年，共检查生产经销企业105家，质量监督抽查13次。开展“3C”“QS”发证工作，建立企业档案，进行动态管理。

2001年，按“福建省质量放心工程示范单位确定细则”要求进行严格考核，授予“佳惠超市”“建阳市健民药店”等7家商业企业“放心购物示范店”称号。

2004年，稽查打假突出建材、“地条钢”专项整治，共检查11家企业，没收“地条钢”42.44吨。2005年，共出动执法人员900人次，立案35起，结案35起，现场处罚23起，监督检查各类企业280家/次。

2010年，重点开展“双打”（打击侵犯知识产权和制售假冒伪劣商品）专项行动，以汽车配件、手机、家电、食品、保健品为重点产品，重点查处无证生产、制售假冒伪劣、以假充真、伪造或冒用质量标志与商品条码、无强制性产品认证等违法行为。

二、食品质量安全监督

2001年，严格食品市场“准入”，全市通过考核获得QS认证企业13家15个产品。

2005年，生产加工环节的食品生产监管职责划归质监部门，实行食品质量安全市场准入制度。成立建阳市食品生产加工业整顿工作领导小组，市政府分管副市长任组长，市质监局领导任副组长。2006年，开展食品生产加工小企业小作坊专项整治工作，对辖区内所有食品生产小企业小作坊是否取得卫生许可证、营业执照、生产许可证、生产经营食品种类及条件等基本情况进行调查，在此基础上，全面建立企业基本档案，实行动态监管。全年共巡查食品生产企业111家，两小企业37家。对生产条件差、达不到“准入”要求的以及未取得食品生产许可证的5家企业实施重点整治，对12家企业实施严密监管。

2007年，重点开展生产加工食品企业整治、食品小作坊专项整治和涉及人身健康和安全产品专项整治的3个专项，共出动执法人员460人次，执法车辆180台次。整治100%目标全面完成。

2008年，开展好乳制品质量安全专项清查工作。“三鹿奶粉事件”后，成立食品安全应急处置工作领导小组，组织全市食品企业召开食品质量安全专题会议，对食品企业进行1次责任意识、守法意识的教育，对各高危食品生产加工企业和小作坊以及其他相关企业进行检查，杜绝类似“三鹿奶粉事件”的发生。

2009年，以贯彻落实新颁布的《中华人民共和国食品安全法》为主线，强化食品安全监管的能力和机制建设。组织食品安全大检查，落实巡查制度，共出动执法人员220人次，共检查食品生产加工企业35家，小作坊18家；举办《福建省加工食品企业质量安全管理规范（试行）》培训会，在全省率先启动县级企业规范培训工作，开启食品安全监管工作的新阶段。

2010年，开展食品加工企业、小作坊巡查80家次，开展重点食品专项整治工作，基本遏制区域性、行业性食品安全问题，重点整治食品的复查合格率达到95%以上。开展乳品全面彻查销毁工作即问题乳粉专项整治工作。共出动执法人员73人次，乡镇协管员36人次，检查城乡面包、蛋糕加工店及糕点小作坊23家，抽检含乳原料11批次（其中烘焙专用原料粉9批次，炼乳2批次）。

第三节　名牌产品创建

2004年后，市质量技术监督局扶持企业创建名牌工作，帮助企业申报名牌产品，提高建阳产品的知名度和市场竞争力。

2009年，市委、市政府制定扶持重点工业企业发展措施，采取多种扶持奖励政策和措施，推进“质量兴市”工作。鼓励实施品牌战略，对获中国名牌产品、福建名牌产品的企业分别奖励25万元、5万元；鼓励实施技术标准战略，对获国家地理标志保护产品认定的企业（申报机构）给予5万元补助，对承担国家级、省级、市级农业标准化示范区建设的单位，每年分别给予1.50万元、1万元、0.50万元补助。

至2010年，全市获食品农产品认证企业共8家，无公害产品认证获证企业3家，有机产品认证获证企业1家，绿色食品认证获证企业2家，HACCP认证获证企业1家。

2005—2010年建阳市获福建名牌产品称号企业一览表

表14-6-1

年份	企业名称	产品名称
2005年	福建省建阳市武夷味精有限公司	武夷味精
2006年	建阳市青松化工有限公司	“青松”牌合成樟脑
	福建省三爱药业股份有限公司	“3A”牌香丹注射液
2007年	福建省建阳亚亨蓄电池有限公司	“YA HENG”牌12伏（6伏）电动助力车用密封铅酸蓄电池系列
	福建三爱药业有限公司	“3A”牌银翘颗粒
2008年	福建省建阳市武夷味精有限公司	“武夷味精”
2009年	福建省建阳市硬质合金厂	“九曲＋图形”牌碳化钨
	福建建阳龙翔科技开发有限公司	“龙翔＋图形”牌轮胎成型机
	福建省建阳市汽车锻压件厂	“铁驰马＋图形”牌汽车前轴
	福建省武夷酒业有限公司	“武夷＋图形”牌白酒
	建阳市青松化工有限公司	“青松”牌合成樟脑
2010年	福建亚亨动力科技集团有限公司	“YA HENG”牌12伏（6伏）电动助力车用密封铅酸蓄电池系列
	福建省建阳市武夷味精有限公司	“武夷+WU YI+图形”牌鸡精调味料
	福建省京泰茶业有限公司	“京泰+JING TAI”牌茉莉花茶

第四节　标准化管理

一、工业标准化

1997年，成立建阳市消灭无标生产领导小组，通过调查摸底，全市共有各类工业企业329个，完成317家企业617种产品的标准注册，于1998年9月通过验收，获福建省质监局授予“消灭无标生产县”称号。

1999年，指导8家企业制定9个企业标准，注册20家企业30个产品标准，审查10个企业26个品种的食品标签。2000年，为建阳武夷酒业有限公司等2家企业制定企业标准4个，注册13家企业13个产品标准，完成国际标准注册登记1家，指导企业开展质量认证1家。2004年，指导企业标准备案8家，注册5家企业5个产品标准，1家产品采用国际标准标志。

2006—2010年，全市共有 22家企业制定企业标准35个，并完成22家企业的标准备案35个。

二、农业标准化

农业标准化示范区　2004年，成立农业标准化工作领导小组，上报桔柚农业标准化示范区，申报1家茶叶无公害农产品标志。2008年，建阳橘柚农业标准化示范区制订发布实施《建阳市农业技术标准规范——建阳橘柚》。2009年，做好农业标准化示范区建设工作，形成在建的“两个国家级标（国家级建阳橘柚农业标准化生产示范区、国家级葡萄栽培标准化示范区）、2个省级（省级葡萄栽培农业标准化示范区、省级优质高产杂交水稻种子生产农业标准化示范区）、3个市级（市级建阳杨梅农业标准化示范区、市级建阳芥菜农业标准化示范区、市级建阳牧业污染综合治理与资源循环利用农业标准化示范区）”的梯级分布的农业标准化示范区建设体系。

地理标志产品保护　2004年，市质监局开展“建阳橘柚地理保护标志”产品申请工作。2005年，“建阳橘柚地理保护标志”产品申请获省质量技术监督局列入推荐目录。2007年，第二轮申报材料上报省质量技术监督局。2008年，完成前期申报工作。2009年，国家质检总局批准对建阳橘柚实施地理标志产品保护。2010年，市政府下达专项经费，成立建阳市地理标志产品保护管理工作办公室，指定专人负责管理，市政府常务会议研究通过《建阳橘柚地理标志产品保护管理暂行规定》。获准使用地理标志产品保护专用标志的企业达12家，累计使用专用标志10万枚。由建阳市质量技术监督局下属质量计量检测所主导起草的《地理标志产品　建阳橘柚》省地方标准通过专家审定，填补建阳橘柚在标准上的空白，为橘柚标准化种植提供技术支撑，“建阳建盏”申报国家地理标志产品保护工作现通过专家现场评审。

组织机构代码　1993年，成立建阳县代码工作领导小组，代码申办工作全面铺开。1997年，《福建省组织机构代码管理办法》发布实施后，代码工作的管理更加规范。2000年10月，实现全省代码“网上集中赋码，授权颁证”管理网络化，市质监局组织机构代码业务入驻行政服务中心，改善代码工作环境，提高办事效率，提升工作质量。

第五节　特种设备安全监察

2000年7月，特种设备安全监察职能从劳动部门划转到质量技术监督局。是年，加强对土锅炉、液化气钢瓶的管理和监察，发现使用土锅炉的用户，书面通知其停用、解体；对城区及10个乡镇25个液化气经销点及1处储罐站进行专项检查。加强企业特种设备操作人员的培训，共举办司炉工培训、液化石油气经销人员安全技术培训、压力容器操作人员培训等3个培训班，有130人参加培训。

2004年，组织全市化学危险品专项检查，起重机械专项检查，共检查82个单位，发出安全监察指令书31份，提出整改意见129条。2005年，加强乡镇街道特种设备安全协管员队伍建设，特种设备登记注册、检验、持证上岗和事故结案率均达到95%以上。2006年，做到杜绝特种设备死亡事故的发生，对查出的土制锅炉、压力容器整治率100%；各种土制起重设备整治率达90%以上；特种设备注册登记率100%，在用设备定检率90%以上，操作人员上岗持证率80%以上，事故结案率100%。

2007年，开展电梯安全大检查，检查电梯使用单位20家，发现安全隐患18处，下发安全监察指令书6份，进一步落实安全责任制。同时，向各电梯使用单位送达开展电梯日常维护保养质量安全的通知，确保电梯使用安全。同年8月，会同市经贸局、安监局、环保局在建阳市金石氟业有限公司进行1次“槽罐泄漏”的特种设突发事应急处置预案演练，落实和完善特种设备突发事故应急预案，落实安全监察责任制。2008年，建立电梯信号覆盖系统，与建阳市移动分公司达成协议，建立电梯信号覆盖系统，全市27台电梯全部通过手机移动信号检测。

2009年，安全监察改变监管理念，融入地方政府的大安全工作中，把特种设备的安全管理列入各乡镇（街道）的安全工作目标考核，扩大和延伸监管体系。开展落实企业安全生产主体责任活动，对全市企业安全生产状况进行级别评定，协助各主管部门、各乡镇政府（街道办事处）检查、指导、督促特种设备生产使用单位进行级别评定以及隐患排查整改工作。

2010年，出动车辆160车次，出动人员300人次，对化工、冶金、有色、电力、水利以及人员密集场所和隐患较多、管理薄弱的特种设备进行隐患排查。共检查单位80家，发现隐患50条，立案并结案2起；开展在用场（厂）内专用机动车辆专项普查清理整顿工作和气瓶充装站、检验站专项整治工作，出动车辆150车次，出动人员75人次。“6·20”洪灾后，立即对建阳市受灾电梯进行逐台排查，摸清情况，诊断问题。与省特检院负责机电类特种设备的抗灾抢险救援服务配合，制订可行的修复方案，争取以最快的时间修复设备，恢复使用。

第六节　机　构

1994年9月，建阳撤县建市，建阳县技术监督局改称建阳市技术监督局，设正、副局长各1人，内设办公室、质量标准股、稽查股、计量所，其中，行政编制4人，事业编制5人，共9人。1997年，按照机构改革“三定”方案，核定机关行政编制5人，其中，局长1人，副局长1人。2000年7月，市技术监督局更名为市质量技术监督局，实行省级以下垂直管理。局行政编制13人、工勤编制1人，所事业编制5人，内设办公室、质量综合管理股、监督稽查股、特种设备安全监察股。2010年，根据《关于福建省人民政府机构改革的实施意见》《福建省人民政府办公厅关于福建省质量技术监督局主要职责、内设机构和人员编制规定的通知》和《南平市质量技术监督局关于转发省局关于福建省质监系统设区市和县级局主要职责、内设机构和人员编制规定的通知》，设立质量技术监督局（正科级），加挂质量技术监督稽查大队，并为设区市质量技术监督局垂直管理机构，内设机构有办公室、质量综合管理股、监督（食品稽查股）、特种设备安全监察股，核定领导职数：局长1名、副局长2名、纪检组长1名，核定编制数：行政编制数13人，工勤编制数1人。

第七章 食品药品监督管理

第一节　药品购销监管

一、药品供应

2001年12月，市药品监督管理局组建时，建阳市零售药店有24家，有医院、卫生院、卫生所、计生服务所、厂矿（学校）医务室等医疗机构254家。

2003年初，鉴于涉药单位点多、面广、线长和监管力量不足的情况，市药监局同市医药公司协调，建立“直配制”药品供应模式。同时，为打破单一公司的垄断经营，培育健康的农村药品市场，把乡镇卫生院委托代购制作为药品配送的另1种补充形式，加强乡镇卫生院配送药品管理，规范乡镇卫生院为村卫生所统一配送药品行为，并在漳墩卫生院开展“乡镇卫生院委托代购制”的试点工作。

2006年1月，市医药公司改制等原因，因地制宜，利用医药资源优势，提出单一公司统一配送向多个公司共同配送的思路。扶持辖区内新成立的建阳市齐力医药有限公司（2009年9月重组变更为福建省福晟医药有限公司），并通过对外埠药品供应企业在建阳市的药品供应情况进行调查摸底，选择信誉较好、品种齐全、经营规范的浦城县武夷医药有限公司、龙泉市医药药材总公司、武夷山武夷医药有限公司、福建新力量医药有限公司、建瓯济生堂医药有限公司、邵武恒星医药有限公司等7家药品批发企业参与辖区药品配送。加强配送企业规范管理，按照“六个一”（有1块牌子、有1份协议书、有1张网络图、有1本台账、有1套制度、有1份药品供应配送记录）的标准，实现农村药品配送“多渠道”运行，农村药品配送率达100%。

2007年，为群众购药提供方便，采取措施支持和鼓励没有村卫生所（室）的村开办零售药店和乙类非处方药品销售网点（便民药柜）8个，以扩大药品零售网点的覆盖率。

至2010年5月，全市零售药店61家，分布在城区的32家，在乡镇的29家，4家是非处方药店。

二、药品监督网络

2003年6月，为实现药品监管工作的群防群治，营造全社会共同关心药监工作的氛围，以弥补监管人员不足的状况，市药监局依托计生管理网络在莒口镇开展农村药品监督网络的试点。8月，在全市全面推开农村药品监管网络工作。通过民主推荐、考试、考核、择优聘用的方式，聘请药品“三员”（药品监督员、药品监督协管员、村级药品监督信息员）167名，其中，药品监督员（由市直各单位及各界人士组成）27人，乡（镇、街道）药品监督协管员（由计生办和卫生院人员组成）39人，村级药品监督信息员（由计生管理员组成）101人。9月，成立市农村药品监管协调领导小组，由药监局、公安局、计生局、卫生局、工商局及各乡（镇、街道）分管领导组成，协调小组下设办公室，挂靠市药监局，负责具体日常事务。乡（镇、街道）设农村药品监管协调办公室（简称“两网”办），挂靠乡（镇、街道）计生办，负责具体日常事务，建立起长效管理机制。在网络的建设过程中，健全完善药品监管网络“三员”的职责、管理、学习、信息报告、案件协查等12项制度，按照省级示范县的标准和“八个有”（有机构、有人员、有职责、有制度、有场所、有活动、有作用、有奖惩），在莒口、将口、童游、徐市、水吉、麻沙、潭城、回龙、小湖进行重点建设，并按“六个一”（1套工作制度、1份《中国医药报》、1册中国食品药品监管专刊、1个学习宣传栏、1个活动记录本、1套档案盒）标准，在莒口、将口、童游、徐市、水吉等5个示范乡（镇、街道）建立协管员园地，市、镇（乡）、村3级药品监管网覆盖率达到100%。为畅通举报渠道，在全市零售药店设立举报监督牌、公开举报电话，拓宽案件信息来源渠道，确保监管工作不留死角和盲点。

2005年，药品监督“三员”队伍发展到251人。2007年1月，药品监督“三员”共有238人。2010年6月，从建阳市老年大学聘请 15名保健食品药品社区协管员。至2010年底，全市聘食品药品特邀监督员15名、协管员54名和信息员207名。

第二节 医疗器械质量监管

一、医疗器械生产企业监管

1996年，福建省建阳市南方卫生材料厂（原名建阳市南方棉签厂）成立，获准生产1类医疗器械，主要产品有一次性使用压舌板、医用棉签、一次性使用宫颈刮板、医用棉球。2000年9月，产品注册“玉女”牌商标。2001年3月，一次性使用压舌板和医用棉签获得省药品监督管理局批准的医疗器械注册证，一次性使用压舌板日生产能力6万片，医用棉签日生产能力100万支。2008年7月，1次性使用宫颈刮板和医用棉球获得医疗器械注册证。至2010年，由于技术改造，停止生产。

建阳市冠自然义齿配制有限公司成立于2004年，是1家生产2类口腔科材料的企业。2004年9月，企业获得省药品监督管理局批准的医疗器械生产企业许可证。2005年3月，主要产品金属烤瓷牙获医疗器械注册证。2009年3月到2010年间，由于企业产品注册证过期，申请再注册未获批准，一直处于停产状态。

建阳市药监局成立以后，制定《建阳市医疗器械生产企业生产规范》，根据《福建省医疗器械生产经营企业日常监督检查的工作要求》，除各种专项检查外，对辖区医疗器械生产企业每年开展2次以上的监督检查，并建立档案。

二、医疗器械经营企业监管

2001年底，建阳市有市医药公司下属的非法人医疗器械经营企业20家，经营一、二、三类医疗器械。

2002年起，在医疗器械经营企业中实行医疗器械经营企业监督管理情况记录卡制度，对企业实行档案化监管，将发证审批与日常监督和稽查工作结合。

2003年，开展医疗器械经营企业许可证年检，6家企业停止经营。2004年，9家企业新申办医疗器械经营企业许可证，核定的经营范围为一二类医疗器械，经营品种以体温计、血压计、医用脱脂棉、医有脱脂纱布、避孕套等产品为主。同年8月，国家食品药品监督管理局公布《医疗器械经营企业许可证管理办法》，包括以上产品在内的7类13个2类医疗器械不需申请医疗器械经营企业许可证，全市申办《医疗器械经营企业许可证》企业逐渐减少。

国家食品药品监督管理局规定，隐形眼镜经营企业从2006年1月1日起需持医疗器械经营企业许可证经营3类角膜接触镜及其护理用液。受南平市药监局委托，建阳市药监局自2005年9月开始受理企业申请并进行初审，至2010年底，共有5家企业提出申请并通过现场验收。

至2010年底，全市共有医疗器械经营企业17家，其中，法人企业2家，非法人企业15家。市药监局按要求完成非法人企业申办、换发、变更等上报材料的初审工作，并在10个工作日内完成非法人经营企业的现场审查和审查报告的上报工作。

三、医疗器械使用监管

2002年起，市药监局向市直医疗机构、各乡镇卫生院、村级卫生所、牙科诊所等各医疗器械使用单位发放《医疗器械质量验收记录》《一次性使用无菌医疗器械领用和销毁记录》《首次供货单位审批表》等各种表簿册，规范医疗器械的采购、验收、领用、销毁等行为。

2005年，市药监局与市卫生局联合制作《一次性使用无菌医疗器械用后毁形消毒程序图》和《一次性使用无菌医疗器械用后毁形消毒程序》牌匾各250个，发放到全市250家医疗机构，规范医疗机构使用医疗器械的行为。

第三节　特殊药品管理

2001年，建阳市药监局成立后，督促医疗机构的麻醉、精神药品库统一配备保险柜，门窗增设防盗设施；建立麻醉、1类精神药品采购、运输、验收、保管等12项制度；建立入库验收记录本、出库专用账册、逐日消耗登记册、处方专册登记本、空安瓿回收和销毁等各种记录本。对麻醉、精神药品的购入、储存、发放、调配、使用实行批号追踪管理。按照《麻醉药品管理办法》《精神药品管理办法》，对麻醉药品、一类精神药品实行“五专”（即专人、专账、专柜、专方、专册）管理；对2类精神药品、毒性药品实行“三专”管理（专账、专柜、专方）。同时，建立领导责任机制，市药监局、卫生局与各麻醉、1类精神药品使用单位签订《医疗机构麻醉、一类精神药品管理责任书》，明确领导为第一责任人，负总责。实行印鉴留存制度，对麻醉、精神药品的使用单位中具有麻醉药品处方权的执业医师实行亲笔签名印鉴留存备案（分别在药剂科、药监局、药房留存）。防止假冒医师签名开具“疾病证明书”、冒领麻醉药品现象的发生。实行审核、审批制度，由办理“麻醉专用卡”的人员，对医师开具的“诊断证明书”的真实性进行审核，即对医师资格、印鉴、病历、用药人及取药人的身份等进行核实无误后，办理“麻醉专用卡”；对麻醉药品针剂的使用还需报市药监局审批后，方可办理取药手续。

2002年，省药品监督管理局重新认定全省二类精神药品经营单位资格，建阳市医药公司铁井栏药店，经南平市药品监督管理局批准，成为南平市首批第二类精神药品零售企业。

2003年，省药品监督管理局调整麻醉药品和第一类精神药品经营单位，建阳市医药公司获确认麻醉药品和第一类精神药品经营资格，并负责建瓯市徐墩、吉阳、房道3个乡镇医疗机构的麻醉药品和第一类精神药品供应。

2005年11月，《麻醉药品和精神药品管理条例》颁布施行，市医药公司铁井栏药店不符合条例规定的经营资格，自然取消其第二类精神药品经营资格，同时癌症病人麻醉药品专用卡的发放工作由药监局移交卫生局。至2010年，根据《麻醉药品和精神药品管理条例》规定，药品监督部门负责医疗机构麻醉药品和精神药品购销、保管监督管理工作，医疗机构麻醉药品和精神药品的使用监管由卫生部门负责。

2006年4月，福建省建阳市齐力医药公司获得麻醉药品和第二类精神药品批发经营资格，此后公司重组变更为福晟医药公司，批发经营麻醉药品和第二类精神药品资格自然随之变更。9月，建阳市医药公司未获省食品药品监督管理局确定为从事麻醉药品和第一类精神药品批发企业，自此，辖区内无第一类精神药品供应单位。

第四节　行政执法

一、行政许可服务

2005年，零售药店审批权由设区市局下放到县级局。市药监局当年完成10家新开办药店药品经营许可证的现场验收、发证，31家零售药店许可项目的变更。

2007年，市药监局建立《事先约谈制度》，采取对新开办药店申请人进行事前约谈的做法，与申请人就新药店筹建注意事项、药学技术人员要求、药品有关知识等进行约谈，强化事前教育与市场经济前景预知。

2008年起，市药监局建立推行行评代表参与审查审批制度，在受理群众有意见的药店许可审批时，邀请市行评代表和药品商业企业协会代表参与现场检查验收和许可审批合议，主动接受外界监督，让群众、申请人和其他相对人都满意。

2005—2010年，建阳市共受理完成药品经营许可证（零售）验收发证30家，完成换证63家次，办理许可事项变更206家次。

二、药品市场管理

药品生产经营源头管理 2002年后，市药监局对三爱药业、青松股份（前身为青松化工）、和泉生物、福晟医药（前身为齐力医药）等企业开展重点帮扶，解决企业的实际困难。帮促指导建阳医药公司成功退市，完成改制。2007年6月起，向辖区内福建三爱药业公司派驻2名驻厂监督员，驻厂监督员做到“四要”（要文明监管，要沉稳巡查，要落实廉政，要保守秘密）、“四到位”（认识到位，规范到位，配合到位，监督到位），加强对高风险药品生产企业的监管。

零售药店规范化经营 从药品购进、储存、销售各环节入手，通过对药店认证现场检查和认证后跟踪检查，督促药店实施《药品经营质量管理规范》（简称“GSP”），规范化经营药品。2002年，跟踪检查23家，2003年跟踪检查10家，2004年跟踪检查16家，至2005年底，全市49家药店全部通过GSP认证。此后，根据要求每2年对药店进行1次跟踪检查。至2007年起，市药监局建立日常监管帮促日志，记录发现的问题和需要办理的事项，2008年制定实施《药品经营企业日常管理工作点评制度》，实行季度点评，采取分片区点评和集中点评相结合的方式进行，并在集中点评后，组织人员到日常监管中认为相对规范和较差的药品经营企业，进行现场观摩，交流好的做法，找出存在的不足，督促整改落实。到2010年底，全市61家药店全部通过GSP认证。

医疗机构药房药库规范化管理 2004年4月，开展药房（药库）评比工作，于8月对辖区内乡镇以上的医疗机构进行初评，评选市立医院等6家为先进药房（药库）、水吉中心卫生院等6家为合格药房（药库）、4家为不合格药房（药库）。2005年，进行复查，乡镇以上医疗机构均达合格以上标准。此后，每年联合市卫生局组织复查和评审检查，兼顾选择社会主义新农村建设的19个试点村卫生所（室），开展指导、帮扶，规范其软、硬件设施设备。至2010年，全市乡镇以上医疗机构和村卫生所190个药房药库中，6个评为先进，131个达到合格标准。

药品不良反应（简称“ADR”）监测报告 2004年，建立起覆盖到乡、村以及药品经营企业的药品不良反应监测与报告网络。2010年，建立乡镇卫生院以上医疗机构ADR监测直报网，同年，市药监局与卫生局联合，把这项工作列入各医疗机构年终考核项目中，定期通报监测工作情况。是年底，共收集上报药品不良反应912例。

违法广告整治 市药监局与工商局联合开展药品广告专项整治工作。2009年，建立药品（医疗器械、保健食品）电视广告监测台账，指定专人负责食品药品广告监测工作。至2010年底，现场督促药店撤销违法广告135个、移交工商部门违法广告18例，责令停播违法广告1例，对2个不规范药品广告的企业负责人进行约谈。

企业诚信体系建设 2004年，全市药械经营企业开展“药品质量诚信店”“消费者满意药店”和信用等级评定工作。建阳市医药公司铁井栏药店等3家药店被选为省级“药品质量诚信店”，建阳市水吉百姓大药房获南平市消费者评选为“消费者满意药店”。2005年开始，每年开展1次药品信用分类等级评定工作。2006 年度，辖区 45 家药械生产、经营企业（经营期限满 1 年）中评出守信企业 19 家、警示企业 18 家、失信企业 8 家。2010 年，评定 39 家“守信 A”企业，13 家“守信 B”企业，4 家“警示”企业。对诚信等级低的企业列入“黑名单”，实行重点监管。

药学技术人员管理　2005 年，建立起高、中、初级“药学技术人员库”，至 2005 年底，全市共有药学技术人员 232 人，其中，具有高级职称的人员 6 人，中级职称的人员 26 人，初级职称的人员 200 人。组织药师及质量管理人员 96 人次进行岗位能力考试，实行药师请销假制度和“黑名单”制度，对零售药店驻店药师实行 QQ 视频在线监督，对药学技术人员在岗履职情况采取现场检查和电话检查的方式进行监督检查。加强药学技术人员培养、继续教育工作。组织辖区药学从业人员 1225 人次参加岗前培训、药学技术人员 1176 人次参加继续教育学习。2006—2010 年，与江西中医学院联合在建阳设立药学大专班函授点，共招收 122 名学员参加函授班学习。

三、执法监督检查

2001 年，市药监局成立后，以开展药品安全专项整治监督检查为载体，严厉打击制售假劣药品行为，有效净化药品市场。根据上级部署，每年开展重大节假日、含麻黄碱药品、计生终止妊娠药品等各项药品安全专项监督检查。

2002 年，查处假劣药械案件 51 件，罚没入库 4.28 万元。2003 年，查处假劣药械案件 41 件，罚没入库 7.24 万元。2004 年，查处假劣药械案件 51 件，罚没入库 14.35 万元。2005 年，开展中药饮片专项整治等 8 个专项监督检查，检查涉药单位 1135 家次，共查处案件 16 件，罚没入库 15.77 万元，集中销毁假劣药械货值 9.37 万元，取缔无证经营药品户 2 家、医疗器械 1 家。2006 年，开展“齐二药”等 7 个药品安全专项整治，查处涉药案件 44 件，没收药品标值 2.23 万元，罚没入库 5.85 万元，取缔无证经营药械窝点 10 个。2007 年，开展“人血白蛋白”等 10 个药品安全专项整治，查处涉药案件 98 件，罚没入库 18.41 万元，集中销毁过期假劣药品 1800 批次，货值 11 万元。2008 年，开展兴奋剂专项治理等 10 个专项整治行动，查处涉药案件 45 件，罚没入库 21.80 万元。2009 年，开展防治甲型 H1N1 流感药械等 13 个专项监督检查，查处涉药案件 51 件，罚没入库 18.77 万元。2010 年，开展非药品冒充药品等 10 个专项监督检查，查处涉药案件 34 件，罚没入库 10.36 万元。

四、倡导合理用药

2002 年开始，开展普法宣传，在“3·15”国际消费者权益日、科技人才活动周、科技下乡、全国科普日等宣传活动期间，组织监管相对人开展培训教育，进行食品药品安全知识、法规的宣传工作。2010 年起，组织开展以家庭过期失效药品回收为主要内容的“关爱民生、有效用药”活动，通过媒体宣传、张贴宣传画报、发放宣传单和开展进社区、进农村、进学校及到老年大学宣传服务等多种形式，向公众宣传有效用药、合理用药、网络购药等知识；全市设立 17 个“过期药品回收点”，覆盖各乡镇、街道的主要区域，建立包括局执法人员、协管员、涉药单位负责人的过期药品考核、监督机制。过期药品回收、处置工作实施“全封闭”，防止过期药品二次流入市场，减少随意丢弃过期药品对环境的污染。至 2010 年底，回收过期药品 103 种，352 批次，货值 5000 元。回收的过期药品由市药监局统一销毁。

第五节　机　构

2001 年 12 月 5 日，建阳市药品监督管理局正式挂牌成立，为南平市药品监督管理局直属机构，正科级。主要职能是负责本行政区域内的药品（包括医疗器械）的研究、生产、流通、使用过程进行行政监督管理、技术监督管理和执法监督管理。新成立的建阳市药品监督管理局设局长 1 人、副局长 1 人、纪检组长 1 人，内设综合股、稽查股、药品安全监管股 3 个股室，编制 11 人。

2006 年 8 月，根据机构改革方案，称建阳市食品药品监督管理局，相应增加食品安全监管信息的收集、汇总、分析、整理、传递和综合发布职责。2008 年，食品方面职责相应明确为保健食品监管。2009 年 11 月，保健食品监管职责由卫生局转到食品药品监督管理局。2009 年职责划转后，建阳市食品药品监督管理局内设机构相应增加保健食品安全监管股，编制 13 人。

第十五篇　财政　税收

第十五篇　财政　税收

1994年，建阳市财政预算内收入合计5562万元，财政支出6629万元。财政管理实行“划分收支、核定基数、递增上交、超收分成、自求平衡”管理体制，财政收入实现稳步增长。1998年，财政收入超亿元，预算内收入达10727万元。此后至2005年，抓住收、支、管3个环节，深化财政改革，规范财政管理，收支大体平衡。2010年财政总收入完成61400万元，财政支出为92767万元。

1994年，实行分税制，建阳市分别组建国家税务局和地方税务局2套税务机构，加强税法宣传，严格发票管理，不断深化“征、管、查”三分离改革，探索纳税人信用评定和协税护税机制，税收持续稳定高幅增长。2010年，全市国税部门各项税收收入26052万元。地税各项税费收入47366.54万元，为建阳市经济建设提供可靠资金保证。

第一章　财　政

第一节　财政体制改革

一、农村税费改革

2003—2005年，按照省委、省政府的统一部署，建阳市全面推行农村税费改革试点工作，围绕“减轻、规范、稳定”6个字，采取“三个取消、一个逐步取消、两个调整、一项改革”（取消屠宰税，取消乡镇统筹款，取消教育集资等专门面向农民征收的行政事业性收费和政府性基金；用3年时间逐步减少直至全部取消统一规定的劳动积累工和义务工；调整农业税政策、调整农业特产税征收办法，规定新农业税税率上限为7%；改革村提留征收和使用办法，以农业税额的20%为上限征收农业附加税，替代原来的村提留）的措施推进农村税费改革。同时，坚持“多予、少取、放活”的方针，推进以乡镇机构、农村义务教育和县乡财政管理体制改革等为主要内容的农村综合改革。为确保乡镇机构运转和村级组织的正常运转，以及农村各项事业的发展，市财政对上级税改转移支付资金实行专户管理、专款专用。2003年，对全市13个乡镇（街道）190个行政村和556名村级干部实行定额补助；补助每村村级运转经费2000元。同时，对村级农技员、国土资源和规划建设协管员、计划生育协管员、乡村医生、综治协管员、文化协管员等农村“六大员”实行定额补助，逐步建立对村级“六大员”协调和管理的机制，促进社会主义新农村建设，并将乡镇（街道）机关工作人员工资纳入市财政国库统发。逐步将农村义务教育纳入市财政保障范围。将农村教师工资纳入市财政国库统发，保障农村教师工资的及时足额发放；保障农村中小学生均公用经费支出，建立健全济困助学机制，实行高校新生入学助学贷款贴息制度及对农村义务教育阶段“两免一补”（向农村义务教育阶段中小学生免费提供教科书、免除杂费，并给寄宿生补助一定的生活费）办法，逐步建立农村中小学校舍维修改造和农村教学设施投入的长效机制。对危改资金和学校布局调整等专项资金在教育行政部门开立专户，实行专户管理、专款专用。建立农村社会保障制度。对农村“五保户”实行每人每年1000元补助，并实行农村最低生活保障制度；出台《建阳市农村部分计划生育家庭奖励扶助制度的实施方案》。通过这些具体措施，当年，税费改革初见成效，农民人均负担从114元减少到21元，比税改前减负81%；

从2004年度起，农村中小学生均公用经费按小学人均10元／人、中学人均20元／人列入年度财政支出预算，另在农村税费改革转移支付专项资金中安排小学生均公用经费20元／人、中学生均公用经费30元／人；当年农民人均负担2.10元（农业税负担10%部分），比税改前减负98%；免征农业税及附加（含各农场）539.24万公斤。至2005年，全面免征农业税后，农民只负担为村内公益事业而进行的“一事一议”筹资筹劳费用。全市取消“五统筹、三提留”1950万元；取消面向农民的教育集资431万元；取消屠宰税24.50万元；从2005年起1次性免征农业税及附加（含各农场）599.16万公斤；取消除烟叶以外的农业特产税及附加948万元。是年，补助每村村级运转经费提高到7000元，人口在3000人以上的村，每村补助8000元；免教科书人数1130人，补助金额19.40万元；免杂费人数1130人，补助金额31.40万元；对全市338户计生家庭实施奖励扶助，补助金额达24.36万元，并由市财政专户直接转入受益人银行卡。

二、会计管理体制改革

2001年，成立建阳市会计核算中心。制定《关于本级行政、事业单位实行会计委派和会计集中核算的意见》。从2002年起，分2批将109个单位纳入集中核算：第一批从2002年1月开始将市委、市政府、人大、政协等80个单位纳入集中核算；第二批从同年7月份开始将公、检、法等29个单位纳入集中核算。

2002年1月，成立建阳市城区教育会计核算中心（隶属市教育局管理），对城区13个教育机构纳入核算中心集中核算。2004年，将乡镇中、小学共24个核算单位（基层单位203个）纳入市教育核算中心统一管理。至此全市38个教育机构（含师范附小）全部纳入核算中心管理。当年归并资金950万元，纠正4条不合理制度，剔除和退回不合理开支78笔，违规单据9.50万元。

2005—2010年，又陆续将95个单位纳入集中核算，至2010年共有单位204个，设立账套154个，取消户头261个，纠正 33 条不合理制度，剔除和退回不合理开支203笔，违规单据金额31.60万元。

三、国库统一支付工资改革

2000年7月开始，建阳市实行国库统一支付工资办法。分3批完成市委、政府、人大、政协、城区教育机构、公检法等66家1942人的国库统一支付工资工作。2001年1月，完成乡镇中心小学教师2800人的国库统一支付工资工作，6月，全面完成本级40个单位（含下属50家）1512人的国库统一支付工资工作。2004年，农村教师工资纳入市财政国库统一发放。2005年，全市13个乡镇（街道）行政事业人员工资实行市级国库统一发放。发放范围及对象为全额拨款单位的行政事业单位正式工作人员和乡镇（街道）委托的差额拨款单位正式工作人员，工资实行国库统发后，原有的县乡财政体制不变，国库统发的财力由市级财政先行垫付，年终统一结算。至2005年底，全市纳入国库统一支付工资的预算单位共有217个，其中，市本级165个，乡镇级52个；纳入国库统一支付工资的人数有7327人，其中，市本级6530人，乡镇级797人；平均每月国库统一支付工资额达745.80万元。

第二节　财政收入

一、预算内收入

1994年，实行分税制改革及国有企业利润分配制度改革，主要体现在：增值税为中央与地方共享税，其中75%入中央级金库，25%为地方收入；消费税100%入中央级金库，中央对地方建立相应的转移支付补助制度。同时，对国有企业进行利润分配改革，即从1994年起国有企业所得税税率从55%统一降到33%，对利润较小的企业分设27%和18%2档照顾税率。是年，建阳市财政预算内收入合计5562万元，其中，工商税收2042万元，农牧业税和耕地占用税类2028万元，国有企业收入379万元，专款收入99万元，其他收入1014万元。从收入结构看，税改后由于增值税75%和消费税100%入中央级金库，入县库和工商税收比1993年减少2570万元，减少55.70%；农牧业税入库2028万元，增长131.80%；其他收入大幅增长，实现入库1014万元，同比增长479.40%，其中罚没收入484万元，行政性收费30万元，国有土地使用权有偿出让收入265万元，其他杂项收入235万元。全年预算外收入515万元，上级补助收入4万元，上年结余314万元，收入合计833万元。

1994—1998年，全市财政收入实现稳步增长。1998年，财政预算内收入合计10727万元，年均增长17.80%，其中，工商税收4050万元，年均增长18.70%；农牧业税和耕地占用税类2017万元，与1994年持平；企业所得税收入223万元，年均减少17.67%；国有资产经营收益213万元，年均增长8.10%；企业经营亏损补贴7万元；罚没收入470万元，与1994年持平；行政性收费收入208万元，年均增长62.30%；土地有偿使用收入920万元，年均增长36.50%；专款收入278万元，年均增长29.50%；其他收入2355万元，年均增长77.90%。预算外收入：1995年完成728万元，上级补助收入19万元，1994年结余收入292万元，收入合计1044万元；1996年完成1281万元，上级补助收入17万元，1995年结余604万元，收入合计1902万元；1997年完成194万元，1996年结余372万元，收入合计862万元。

1999—2001年，财政预算内收入从10219万元降为7757万元。期间，财政收入出现负增长12.90%，其中，工商税收4593万元，年均增长7.50%；农牧业税和耕地占用税类1284万元，年均增长－16%；企业所得税收入495万元，年均增长46.10%；国有资产经营收益250万元，年均增长46.80%；罚没收入503万元，年均增长9.40%；行政性收费收入266万元，年均增长7.80%；专款收入310万元，年均增长9.80%；其他收入56万元，年均增长－84%。主要影响因素是“五小”工业在经营方式转型时，长期处于低谷，国税收入持续出现负增长；特产税因木材生产受资源保护，砍伐指标急剧下跌及木材税费政策变化等各种因素影响而锐减，致使全市财政收入情况不理想。同时市政府实事求是，从实际出发，采取务实的态度，及时组织财税有关部门进行税源调查，理清当年收入缺口及潜力所在，向人大及上级财政反映，对年初收入计划进行调减，挤压收入水份，此外，为扎实收入2000年核减其他收入1200万元，从而保证财政收入的质量，夯实财政收入。

2002—2005年，财政收入平稳增长。2002年所得税（含企业所得税和个人所得税），实行中央与地方五五分成，2003年所得税改为中央与地方六四分成。2005年农村税费改革，免征农业税，取消除烟叶外的农业特产税，农业税和农业特产税因政策大幅下降。2005年，全市财政预算内收入合计10222万元，2002—2005年期间年均增长7.90%，其中工商税收6437万元，年均增长19.80%；农牧业税和耕地占用税类731万元，年均增长员30.20%；企业所得税收入339万元，年均增长16%；国有资产经营收益574万元，年均增长53.10%；罚没收入913万元，年均增长员9.30%；行政性收费收入564万元，年均增长95.20%；专款收入576万元，年均增长33.30%；其他收入88万元，年均增长4.90%。期间财政收入结构体现在税性收入比重在逐年增大，2005年，地方级税性收入比重为73.44%。预算外财政专户资金：2002年收入7552万元，票款分离138个单位，票款分离金额累计达5692万元；2004年收入5972万元，2003年结余1093万元，收入合计7065万元；2005年收入5260万元，2004年结余603万元，收入合计5863万元。

2006—2010年，财政收入快速增长。2010年，财政总收入61400万元，年均增长28%。地方级财政收入42268万元，年均增长32.80%，其中，增值税收入3735万元，年均增长11.30%；营业税收入14558万元，年均增长42.40%；企业所得税收入3487万元，年均增长59.40%；其他工商各税10006万元，年均增长37.80%；教育附加收入1068万元，年均增长26.90%；耕占税及契税收入5182万元，年均增长60.40%；罚没收入1416万元，年均增长59.50%；行政性收费收入1925万元，年均增长27.80%。这一期间财政收入结构体现在税性收入比重在逐年增大，2010年税性收入比重达到87.46%，比2005年73.44%增加14.02个百分点。

2006年，财政总收入完成25550万元，比上年增长43.10%，其中，地方级收入15038万元，增长47.10%（税性收入11751万元，增长56.53%；非税收入3287万元，增长21.06%）。当年税性收入比重78.14%，比2005年增加4.70个百分点。预算外财政专户资金收入5482万元，2005年结余－169万元，收入合计5313万元。

2007年财政总收入完成35062万元，比2006年增长37.20%，其中，地方级收入21246万元，增长41.30%（税性收入17664万元，增长50.32%；非税收入3582万元，增长8.97%）。当年税性收入比重83.14%，比上年增加5个百分点。预算外财政专户资金收入5316万元，上级补助收入98万元，2006年结余74万元，收入合计5488万元。

2008年，财政总收入完成44600万元，比2007年增长27.20%。其中，地方级收入27125万元，增长27.70%（税性收入23419万元，增长32.58%；非税收入3706万元，增长3.46%）。当年税性收入比重86.34%，比2007年增加3.20个百分点。预算外财政专户资金收入4933万元，上级补助收入20万元，2007年结余417万元，收入合计5370万元。

2009年，财政总收入完成47825万元，比2008年增长7.23%，其中，地方级收入31217万元，增长15.09%（税性收入26943万元，增长15.04%；非税收入4274万元，增长15.32%）。当年税性收入比重86.31%，与2008年持平。预算外财政专户资金收入5597万元，上级补助收入30万元，2008年结余427万元，收入合计6054万元。

2010年，财政总收入完成61400万元，比2009年增长28.38%，其中，地方级收入42268万元，增长35.40%（税性收入36968万元，增长37.21%；非税收入5300万元，增长24%）。当年税性收入比重87.46%，比2009年增加1.15个百分点。预算外财政专户资金收入6221万元，上级补助收入383万元，2009年结余384万元，收入合计6988万元。

二、转移支付补助

1994年，建阳市税收返还收入203万元。1994年建阳撤县建市，根据省对县管理体制，县级市三税的增量实行“1、3、3”上解办法，即以1994年为基数，增加体制补助711万元，同时，地方级增值税40%（总收入的10%）、营业税30%、所得税30%，作上解。经计算当年“1、3、3”上解854万元，扣除体制补助711万元，实际上解143万元。1999年增加工资转移支付补助320万元，1次性转移支付补助80万元。2000年，一般转移支付补助400万元、奖励性转移支付补助53万元。

2001年，省对建阳市实行人均财力按9100元计算，不足部分以一般转移支付补足办法。当年转移支付补助2079万元，其中，一般转移支付补助2016万元，奖励性转移支付补助33万元，配套转移支付补助（税改工作经费）30万元。

2002年，实行所得税改革，所得税返还补助725万元；同时，将税收返还补助分解为税收返还补助2309万元，原体制补助—1637万元，一般转移支付补助1328万元。

2003年，原体制补助1637万元，改列原体制上解。消费税和增值税税收返还2309万元，所得税基数返还870万元，一般转移支付补助1560万元，农村税费改革转移支付补助1498万元。

2004年，消费税和增值税税收返还2309万元，所得税基数返还870万元，原体制上解3024万元，一般转移支付补助3128万元，农村税费改革转移支付补助1044万元，取消农业特产税降低农业税率转移支付补助932万元。

2005年，消费税和增值税税收返还2309万元，所得税基数返还870万元，原体制上解3024万元，一般转移支付补助3732万元（含增加工资转移支付补助604万元、农村税费改革转移支付补助1348万元），取消农业特产税降低农业税率转移支付补助1514万元，缓解县乡财政困难转移支付补助704万元。

2006年，消费税和增值税税收返还2309万元，所得税基数返还870万元，一般性转移支付补助3128万元，调整工资转移支付补助1469万元，农村税费改革转移支付补助1456万元，取消农业特产税降低农业税率转移支付补助1620万元，缓解县乡财政困难转移支付补助4989万元，农村义务教育补助收入476万元。原体制上解3024万元。

2007年，转移支付补助还返性收入3179万元，其中，消费税和增值税税收返还2309万元，所得税基数返还870万元，财力性转移支付补助17454万元，其中，一般性转移支付补助3128万元，调整工资转移支付补助2991万元，农村义务教育补助收入566万元，农村税费改革转移支付补助3287万元，缓解县乡财政困难转移支付补助4572万元（含2007年税性收入增长奖励1000万元，产粮大县奖励939万元，2006年消赤补助273万元），其他财力性转移支付补助收入2566万元，其中，城市低保转移支付补助255万元，新型农村合作医疗转移支付补助788万元，城镇居民基本医疗保险试点转移支付补助307万元，医改前关闭破产企业退休人员参加医疗保险转移支付补助1216万元。原体制上解3024万元。

2008年，转移支付补助还返性收入3179万元，其中，消费税和增值税税收返还2309万元，所得税基数返还870万元，财力性转移支付补助20162万元，其中，一般性转移支付补助3128万元，调整工资转移支付补助3313万元，农村义务教育补助收入795万元，农村税费改革转移支付补助3306万元，农村义务教育化债补助收入826万元，缓解县乡财政困难转移支付补助4709万元（含2008年税性收入增长奖励1000万元，产粮大县奖励939万元，2005年至2007年，税性收入增长奖励进基数629万元，2007年，消赤补助110万元）；其他财力性转移支付补助收入3879万元，其中，新型农村合作医疗转移支付补助1238万元，城镇居民基本医疗保险试点转移支付补助186万元，医改前关闭破产企业退休人员参加医疗保险转移支付补助378万元，县乡中小学教师津贴补贴转移支付补助1539万元，农村卫生院卫技人员补贴转移支付补助68万元，城市义务教育免学杂费转移支付补助189万元。原体制上解3024万元。

2009年，转移支付补助还返性收入3483万元，其中，消费税和增值税税收返还2309万元，所得税基数返还870万元，成品油价格和税费改革税收返还304万元，一般性转移支付收入19311万元，其中，均衡性转移支付补助3128万元，调整工资转移支付补助3313万元，农村税费改革转移支付补助2699万元，县级基本财力保障转移支付补助592万元，公共安全转移支付补助1984万元，教育转移支付补助2426万元（含城乡义务教育免学费和公用经费转移支付1556万元），其他一般性转移支付补助4827万元（含缓解县乡财政困难补助2031万元），2009年，税性收入增长奖励529万元。2005年至2008年，税收增长奖励额30%进基数929万元，产粮大县奖励939万元，专项转移支付收入20331万元。原体制上解3024万元。

2010年，转移支付补助还返性收入3483万元，其中，消费税和增值税税收返还2309万元，所得税基数返还870万元，成品油价格和税费改革税收返还304万元，一般性转移支付收入22583万元，其中，均衡性转移支付补助3128万元，调整工资转移支付补助3313万元，农村税费改革转移支付补助3057万元，县级基本财力保障转移支付补助1304万元，农林水转移支付补助438万元，公共安全转移支付补助1924万元，教育转移支付补助2681万元（含城乡义务教育免学费和公用经费转移支付998万元和增加县乡中小学教师津补贴补助1606万元），其他一般性转移支付补助6117万元（含缓解县乡财政困难补助2031万元）。2010年，税性收入增长奖励1000万元，2005—2009年，税收增长奖励额30%进基数1088万元，产粮大县奖励939万元，农村卫生院卫技人员补贴转移支付补助137万元，中央财政育林基金减收补助资金839万元，专项转移支付收入32143万元。原体制上解3024万元。

1994—2010年建阳市财政收支情况表

表15-1-1　　　　单位：万元

年度	财政收入				财政支出
	总收入	地方级收入	上划中央两税	上划中央所得税收入	
1994年	8601	5562	3039	—	6629

续表 15-1-1

年度	财政收入				财政支出
	总收入	地方级收入	上划中央两税	上划中央所得税收入	
1995 年	10583	7176	3407	—	8199
1996 年	12678	9162	3516	—	10230
1997 年	14393	10664	3729	—	11261
1998 年	14539	10727	3812	—	12743
1999 年	13504	10219	3285	—	12303
2000 年	12880	9172	3708	—	11667
2001 年	11819	7757	4062	—	12087
2002 年	13374	8146	4523	705	14809
2003 年	14798	8771	5155	872	16135
2004 年	15695	9034	5746	915	18394
2005 年	17857	10222	6675	960	19828
2006 年	25550	15038	9055	1457	27596
2007 年	35062	21246	10648	3168	39342
2008 年	44600	27125	13528	3947	52537
2009 年	47825	31217	11311	5297	64606
2010 年	61400	42268	11299	7833	92767

第三节　财政支出

1994—1996 年，建阳市财政支出共 25058 万元，年均支出 8353 万元。1994 年，预算外支出 431 万元，调入预算内弥补财政支出 110 万元，支出合计 541 万元。1995 年，预算外支出 493 万元，有价证券支出 5 万元，支出合计 498 万元。1996 年，预算外支出 1434 万元。1997 年预算外支出 545 万元。

1997 年开始，市财政支出预算进行较大的改革。主要是对各预算单位的公务费及车辆经费实行“零基预算”，打破原有基数加增长的预算方式，重新确定预算支出标准，即按预算单位的性质、职能共分五个标准。五套班子公务费每年 2000 元 / 人，车辆经费每年 3 万元 / 辆的标准预算；公检法司公务费每年 1200 元 / 人，车辆经费每年 1.60 万元 / 辆的标准预算；行政执法单位公务费每年 1000 元 / 人，每年车辆每年经费 1.20 万元 / 辆的标准预算；一般行政单位每年公务费 600 元 / 人，每年车辆经费 0.80 万元 / 辆的标准预算；股级事业单位每年公务费 300 元 / 人的标准预算。对于业务经费的预算安排，则根据各单位的实际业务情况兼顾财力可能，适当安排支出，实行 1 年 1 定（上述标准一直执行至 2006 年，2007 年对公务费标准进行调整：将原标准 2000 元 / 人、1200 元 / 人、1000 元 / 人、600 元 / 人、300 元 / 人，分别提高到 3000 元 / 人、2000 元 / 人、1500 元 / 人、1000 元 / 人、500 元 / 人）。

1997 年，执行新岗位津贴人均 100 元 / 月。1999 年，调整工资标准人均 120 元 / 月及增加补贴人均 60 元 / 月。3 年间财政支出共 36307 万元，年均支出 12102 万元。

2000 年，在公安局、法院、农业局、林业局、环保局、城管大队、国土局、防疫站、妇幼所、残疾人联合会等 10 家单位实行部门预算。部门预算包括收入预算和支出预算两部分（综合预算），采取“二上二下”的编制程序，即由部门编制综合预算建议数报财政部门（一上）；财政部门审核部门预算建议数，下达预算控制数（一下）；部门根据财政下达的预算建议数编制部门预算收支草案报财政部门（二上）；财政部门根据人民代表大会批准的本级预算批复下达部门综合预算（二下）。当年，全市财政支出为 11667 万元，较上年减少 636 万元，降低 5.17%，主要原因是土地有偿使用收支全额转入基金预算，造成财政支出相应减少。2001 年，财政支出为 12087 万元，较 2000 年增加 420 万元，主要是当年调整工资标准人均增资 100 元 / 月及省出台人均 80 元 / 月所致。

2001—2005 年，财政支出逐年稳步增长。2005 年，财政支出为 19828 万元，其中，企业挖潜改造资金支出 206 万元，科技 3 项费用支出 210 万元，农业支出 700 万元，林业支出 181 万元，水利和气象支出 446 万元，工交部门事业费 42 万元，流通部门事业费 18 万元，文体广播事业费 698 万元，教育支出 5150 万元，科学支出 35 万元，医疗卫生支出 1212 万元，其他部门事业费 1045 万元，抚恤和社会救济支出 1365 万元，行政事业离退休支出 3052 万元，社会保障补助支出 129 万元，国防支出 24 万元，行政管理费 2115 万元，武装警察部队支出 47 万元，公检法司支出 1401 万元，城市维护费 266 万元，政策性补贴支出 241 万元，支援不发达地区支出 81 万元，海域开发建设支出 3 万元，专项支出 623 万元，其他支出 538 万元。预算外支出：2004 年 545 万元，政府调剂资金 469 万元；2005 年 5544 万元，政府调剂资金 488 万元。

2006 年，财政支出为 27596 万元，比 2007 年增加 7768 万元，增长 39.18%。增支的主要因素：兑现国家出台的公务员工资改革及南平地区的 2 项地方津贴，教育支出增加支出 1700 万元（全面实施农村义务教育免收学杂费政策兑现），社会保障增加支出 1123 万元（主要是落实城乡居民最低生活保障），医疗卫生增加支出 1280 万元（落实农村新型合作医疗改革及农村初级卫生保障），农林水事务增加支出 700 万元，公共安全增加支出 630 万元。预算外支出 5130 万元，政府调剂资金 109 万元。

2007 年，财政支出为 39342 万元，比 2006 年增加 11746 万元，增长 42.56%，其中，教育支出增加支出 2553 万元，社会保障增加支出 1713 万元，医疗卫生增加支出 839 万元，农林水事务增加支出 2288 万元，公共安全增加支出 847 万元，城乡社区事务增加支出 569 万元。预算外支出 4967 万元，政府调剂资金 104 万元。

2008 年，财政支出为 52537 万元，比 2007 年增加 13195 万元，增长 33.54%，其中，教育支出增加支出 4342 万元，社会保障增加支出 500 万元，医疗卫生增加支出 2007 万元，农林水事务增加支出 1616 万元，公共安全增加支出 804 万元，环境保护增加支出 1577 万元（污水处理工程 1200 万元）。公务员规范津补贴（标准年人均 2.20 万元）增支 3000 万元。预算外支出 4756 万元，政府调剂资金 187 万元。

2009 年，财政支出为 64606 万元，比 2008 年增加 12069 万元，增长 22.97%，其中，教育支出增加支出 1823 万元（教育系统参照公务员规范津补贴），社会保障增加支出 3193 万元，农林水事务增加支出 4034 万元，公共安全增加支出 459 万元。预算外支出 5664 万元，政府调剂资金 6 万元。

2010 年，财政支出为 92767 万元，比 2009 年增加 28162 万元，增长 43.58%，其中，教育支出增加支出 4813 万元（农村中小学寄宿生宿舍建设及第三期危房改造工程 2337 万元），农林水事务增加支出 4634 万元，公共安全增加支出 1433 万元；科学技术增加支出 328 万元，医疗卫生增加支出 4697 万元（2986 万元用于新型农村合作医疗，市立医院病房大楼建设 2000 万元），环境保护增加支出 615 万元，城乡社区事务增加支出 6468 万元（城市建设 6000 万元）。预算外支出 5574 万元。

1994—2002 年建阳市财政支出情况表

表 15-1-2　　单位：万元

项 目	1994 年	1995 年	1996 年	1997 年	1998 年	1999 年	2000 年	2001 年	2002 年
公共财政支出合计	6629	8199	10230	11261	12743	12303	11667	12087	14809
基本建设支出	29	25	87	50	165	30	—	—	—
企业挖潜改造资金	224	120	94	133	98	154	79	10	—
简易建筑费	22	45	92	170	188	—	—	—	—
地质勘探费	—	—	—	—	—	—	20	20	—
科技三项费用	18	50	84	127	62	30	60	19	22
支援农村生产支出	358	796	589	451	508	409	468	441	491
农业综合开发支出	—	89	48	26	—	—	—	—	—

续表 15-1-2

项　目	1994年	1995年	1996年	1997年	1998年	1999年	2000年	2001年	2002年
农林水利气象等部门的事业费	307	428	457	547	563	513	566	595	529
工业交通等部门的事业费	52	37	41	38	47	18	15	11	28
商业部门事业费	—	—	5	20	17	18	17	15	19
文体广播事业费	100	142	218	286	350	363	352	353	356
教育事业费	2060	2091	2540	2721	2749	3067	3425	3494	4475
科学事业费	32	41	44	44	40	36	26	30	34
卫生经费	417	517	580	582	610	621	594	767	742
其他部门的事业费	273	321	400	387	381	311	362	490	861
抚恤和社会福利救济费	194	254	172	256	664	347	327	319	475
行政事业单位离退休经费	—	—	38	63	1112	1222	1470	1674	2229
社会保障补助支出	—	—	—	—	42	140	232	284	231
国防支出	16	11	13	23	32	20	21	24	22
行政管理费	931	1150	1176	1325	928	996	1235	1310	1624
外交外事支出	—	—	—	—	8	10	9	6	—
武装警察部队支出	—	—	32	59	47	42	45	49	53
公检法司支出	498	617	687	684	715	778	790	889	1261
城市维护费	119	157	221	334	330	243	189	214	217
政策性补贴支出	444	471	1487	1496	449	314	207	227	321
支援不发达地区支出	35	28	44	35	51	138	46	16	57
土地和海域开发建设支出	—	—	—	—	—	315	—	—	—
专项支出	117	160	194	—	339	370	296	403	355
其他支出	383	649	887	1404	2248	1798	816	427	407

2003—2006年建阳市财政支出情况表

表 15-1-3　　单位：万元

项　目	2003年	2004年	2005年	2006年
公共财政支出合计	16135	18394	19828	27596
企业挖潜改造资金	665	184	206	185
科技三项费用	225	206	210	355
农业支出	534	563	700	1146
林业支出	123	298	181	224
水利和气象支出	337	263	446	644
工业交通等部门的事业费	14	16	42	135
流通部门事业费	20	17	18	17
文体广播事业费	531	635	698	863
教育支出	4523	5248	5150	6816
科学支出	28	34	35	76
医疗卫生支出	543	942	1212	2488
其他部门的事业费	926	961	1045	1402
抚恤和社会福利救济费	647	1175	1365	1505
行政事业单位离退休经费	2489	2871	3052	3769
社会保障补助支出	92	103	129	395
国防支出	69	25	24	15

续表 15–1–3

项　目	2003 年	2004 年	2005 年	2006 年
行政管理费	1881	1985	2115	2768
外交外事支出	5	13	—	4
武装警察部队支出	63	57	47	66
公检法司支出	1231	1271	1401	2015
城市维护费	235	246	266	331
政策性补贴支出	219	257	241	298
支援不发达地区支出	3	43	81	37
海域开发建设和场地使用费支出	3	2	3	2
专项支出	367	363	623	928
其他支出	362	616	538	1112

2007—2010 年建阳市财政支出情况表

表 15–1–4　　单位：万元

项　目	2007 年	2008 年	2009 年	2010 年
公共财政支出合计	39342	52537	64606	92767
一般公共服务	6453	8824	9082	11050
国防	36	132	142	217
公共安全	3028	3832	4291	5724
教育	9902	14244	16067	20880
科学技术	549	735	722	1050
文化体育与传媒	279	397	608	709
社会保障和就业	7382	7883	11076	11034
医疗卫生	3327	5334	4783	9480
环境保护	338	1915	1732	2347
城乡社会事务	900	887	1118	7586
农林水事务	4419	6035	10069	14703
交通运输	249	284	619	785
资源勘探电力信息等事务	—	—	298	838
商业服务业等事务	—	—	—	1735
国土资源气象等事务	—	—	—	1139
住房保障支出	—	—	—	1349
粮油物资储备管理事务	—	—	1028	403
工业商业金融等事务	1362	814	—	—
其他支出	1118	1221	2971	1738

第四节　财政管理

一、机构

1994 年 11 月，建阳市财政局内设机构由股改为科，设立 10 个科：人秘科、监督科、农财科、农税科、工财科、会管科、商财科、预算科、事业科、综合科。1996 年成立南平建阳会计师事务所，为隶属建阳市财政局管理的自收自支事业单位。1997 年，增设农税稽查队，同年，成立建阳市国有资产管理局，为隶属建阳市财政局管理的副局级机构，内设行政事业资源股、企业股及综合股等3个股室。1999年，撤销南平建阳会计师事务所，同时，成立建阳立信有限责任会计师事务所，并与市财政局脱钩。2000年成立建阳市票据管理所。2001年成立建阳市会计核算中心。2002年，国有资产管理局撤销，其职能分解到市财政局。同年，成立建阳市城区教育会计核算中心，隶属市教育局管理。

2003年，根据机构改革要求，建阳市财政局内设机构由科改为股，设立办公室、农业股、农税股、预算股、综合股、会计股、行政事业股、国库股、经济建设股、社会保障股、企业股等11个股室。同时挂靠4个单位：建阳市人民政府控制社会集团购买力办公室，建阳市人民政府采购委员会办公室，建阳市人民政府农业综合开发领导小组办公室和建阳市人民政府国有资产管理委员会办公室。同年9月，成立建阳市农业综合开发办公室，为隶属市财政局的独立核算事业单位。

2004年，建阳市城区教育会计核算中心更名为建阳市教育会计核算中心；票据管理所及核算中心均为隶属市财政局的独立核算事业单位。

2009年3月，市财政局撤销“农税股”，改设“农村综合改革股”，同时，加挂“建阳市农村综合改革小组办公室”牌子，人员编制相应划转。同时，为加强财政监督管理工作，市财政局从原合并在局办公室职责内的财政监督职能划出，单独设立“监督检查股”机构1个，为股级单位。至2010年，市财政局内设机构不变。

二、财税改革

1994年，进行分税制的财政体制改革、税制度改革、国有企业利润分配制度改革。这些改革均在1月1日出台。分税制财政体制改革实行全国统一的分税制财政体制。国有企业所得税率统一降到33%，对利润较小的企业分设27%和18%2档照顾税率。改革后企业总体负担没有增加、税后利润大部分留给企业。

1997年，从年初起市财政局就对各乡镇财政收入的包干、考核任务2项指标进行核定，掌握各乡镇的增长幅度问题，以市政府名义用责任状的形式下达了包干、考核2项指标和奖励办法。对当年新增长点的烟、食用菌的特产税分别单列进行考核，激励各乡镇组织财政收入积极性。在落实责任制的同时，也对市本级的“四委三局”（经委、林委、农委、财委及土地局、环保局、审计局）下达了财政收入目标责任制，保障任务完成。同时，在徐市镇进行分税制改革的试点工作，按照“划分收支范围，核定收支基数，定额缴补，自求平衡”的财政管理体制，为1998年在全市乡镇铺开分税制改革摸索经验。实施财政部颁发的《事业单位财务规则》，组织市属事业单位财务培训，共办培训班3期、培训人数达200人。

1998年，全面推进乡镇分税制。按照事权与财权相结合的原则，从1月1日起，对全市乡镇实行“划分收支、分税共享、核定基数、定额缴补、自求平衡”的分税制财政管理体制。乡镇领导及部门在实施执行中更加重视财税工作。

2001年，市财政局基本完成国库统一发放工资的改革任务。到上半年止，建阳市财政全额拨款的行政事业单位，分5批次实施国库统一支付工资，单位有93个，共6198人。加强财务管理、改革会计管理体制。做好会计委派和会计集中核算的前期准备工作，制定《关于本级财政、事业单位实行会计委派和会计集中核算的意见》，确定第一批实行单位80家。

2002年，根据中央实行所得税收入分享改革的决定，结合省对县（市）体制微调，市财政局做好各项数字测算核对工作。对乡镇体制进行微调，出台对乡镇体制的工资性转移支付和困难乡镇最低财力保障转移支付政策，全年共补助乡镇366万元。完善会计核算工作，分2批将109个单位纳入集中核算，第一批从1月1日开始，将市委办、政府办等80个单位纳入集中核算，第二批从7月1日开始，将公、检、法等29个单位纳入集中核算。实行会计集中核算后，取消156个银行户头，归并资金1178万元，纠正8条不合规制度，剔除和退回不合理开支156笔，违规单据金额24万元；参与支持国企改革工作。配合有关部门做好粮食、供销、森工等企业下岗分流、减负增效工作。为支持全市粮食购销市场改革，及时拨付粮食储备利息和补贴、拨付处理周转粮食差价和历年挂账利息等各项专项资金全年共计784万元。

2003年，开始农村税费改革工作。贯彻执行中央提出的“减轻、规范、稳定”的原则，全面落实农村税费改革试点工作。农民负担由改革前的人均114.80元，降低为改革后的21.60元，减负率达81.20%。全市按省确定的“五保户”有590户，每户每年得到1000元的财政补助，使“五保户”的生活得到基本的保障。根据省转移支付办法，按同一口径采取统一规范、公开透明的原则，确定市乡镇（街道）的税费改革转移支付办法，把省税费改革转移支付补助资金795万元，全额分配到乡镇和义务教育事业经费上，为农村税费改革工作提供必要的财力保障，确保全市农村税费改革试点工作推进。逐步完善对乡镇的转移对付制度。帮助乡镇逐步摆脱财政困难，提高乡镇的最低保障财力转移支付标准。完成潭城、童游2个镇改街的财政体制调整，采取经费包干加完成任务奖励的办法，理顺2个街道的财政体制，基本保障2个街道的社区工作开展的经费供给。

2004年，市财政局以深化农村税费改革为契机，推进综合配套改革。改革乡镇机构，改革农村教育体制，改革县乡财政体制，保证农村税费改革目标的实现。规范行政许可收费管理。结合清理行政许可事项，对建阳市行政许可收费单位进行全面清理登记。累计清理并理顺建阳市60个单位的行政许可制度，按照《中华人民共和国行政许可法》规定审批行政许可收费项目。

2006年，市财政局围绕构建符合市场经济要求的公共财政体制，进一步深化财政改革。全面深化农村税费改革，服务建设社会主义新农村。推进工资制度改革，完善公务员收入分配秩序。协调有关部门，落实2006年，农村新型合作医疗的试点工作。做好全市重点工业企业享受增值税优惠政策返还兑现工作，对能享受的单位严格把关，2006年共上报13户企业，应返还金额81万元，返还金额81万元，全部落实兑现到位。

2007年，市财政局强化预算支出管理，全面实行部门细化预算。按规定的供给标准，实行定员定额编制办法，预算编制坚持透明原则，做到公正、公开；改革对一般预算单位由财政代编预算的办法，建立部门预算制度；加强和完善会计集中核算管理，加强制度建设，规范操作程序。

2008年，按照市政府正式批转建阳市财政局关于贯彻落实“乡财县管”工作实施方案，2008年，在书坊乡、崇雒乡、徐市镇试行“乡财县管的财政预算管理方式试点工作”。

2009年，在烟业扶持见成效后，全市各级财政部门继续实行烟税返还乡镇扶持政策，使乡镇在新农村建设中有一定的机动财力支持。

2010年，全市财政部门深化部门预算制度改革，完善部门预算编制办法，提高预算编制的科学性、公平性和公正性；巩固和扩大政府收支分类改革成果；完善政府采购运行机制，提高政府采购率；加大国库管理改革的力度，配合搞好有关税收制度的改革；完善会计集中核算制度改革；推进“乡财县管”的财政预算管理方式试点工作。

三、预算外资金管理

1995年，建阳市纳入财政管理的预算外资金有69户，比1994年增加19户，全年专储金额累计达到1755万元，履行资金所有权归原单位，使用时必须报计划，由财政审批，按规定给予核拨，从宏观上加强对市预算外资金的管理。

1997年8月，市政府印发《建阳市预处外资金管理暂行规定》，明确指出预算外资金必须全部缴入财政专户，实行收支2条线管理。对收费使用的票据和支出范围以及违规的处理都做明确的规定。规定各单位应按一定的比例上缴市政府调节基金，即全额拨款单位集中15%、差额预算单位集中10%、自收自支单位集中5%。实施该规定后预算外资金解缴财政专户情况有好转，1997年，缴入财政专户的预算外资金4189万元，较1996年增加1555万元。

2000年5月，制定建阳市直行政事业性收费“票款分离”实施办法。“票款分离”采取部门开票、银行收款、财政统管的管理体制。办法规定实施的范围、收费项目和执收单位的编码管理、收费票据的管理、银行代收网点的确定等，进一步规范预算外资金的管理，至年底“票款分离”收费金额为1634万元。相应提高政府统筹比例，其中，全额拨款单位20%，差额预算单位15%，自收自支单位10%。2001年，组织安排好预算外资金的“票款分离”改革，重点清理单位银行账户，据统计，全市清理银行账户669个，其中，取消账户305个，预算外资金管理秩序得到较大改善。2002年7月，全额拨款单位预算外资金统筹比例提高到35%，其中5%为医疗保险统筹。

2005年，预算外收入为6956万元，其中，一般预算外资金收入4689万元，主要有教育部门收入3381万元，卫生部门收入180万元，建设部门收入292万元，公安部门收入232万元，交通部门收入82万元；专项预算外资金收入2037万元，其中，通行费收入1051万元，城市基础设施配套费214万元，政府专项收入535万元，工业发展基金237万元，其他230万元。

2006—2010年，继续强化和规范预算外资金“收支两条线”管理，全面实施预算外“票款分离”。

四、预算管理

1994年，在确保两税（增值税、消费税）增长的同时，特别注意抓易于流失的农业特产税、个体私营企业税收，个人收入所得税、土地使用税等管征。为加强源头控制，逐步建立源头征税制度，在全市49个村设立代征点，聘请村级代征员49人，委托47个单位代证，还建立7个纳税申报站，既方便群众，又基本堵塞住偷税漏税现象。

1995年，建阳市财政收入首次突破亿元大关。4月，在城乡开展较大规模的宣传、贯彻《中华人民共和国税收征管法》，增加纳税单位（人）的税法观念，表扬纳税大户，推动依法纳税的自觉性，欠税、偷税现象有所减少，各种税收入库不同程度的比1994年明显增加。实行财政收入任务指标层层分解，建立明确的财政收入责任目标，当年，市领导分别与乡镇和财税三局领导签订贴税收入目标责任状，财税3家又与各基层所签订收入目标责任状，并制定奖励完成收入目标激局机制，同时，对责任人分别交纳不同数额的风险金，增强完成目标责任感，至年底，全市13个乡镇都完成收入目标任务，为建阳市首次实现财政收入超亿元做出贡献。

1997年，全市各级财政部门贯彻执行《中华人民共和国预算法》，依法理财，全年财政收支严格按年初人大通过的预算执行，年末根据预算执行情况，新增财力报市人大批准追加支出预算。坚持财政收支平衡，不打赤字预算，维护《中华人民共和国预算法》的严肃性。坚持“压缩一般、保证重点”的原则，适度从紧安排支出加强对支农资金的管理，做到专款专用，发挥资金效益。

1998年，加强各项政资金使用的管理。做到按预算、按事业进度拨付资金，既保证各项事业发展的需要，又防止资金的浪费。对会议费长期坚持市长“一支笔”审批制度。

2001年，市财政局加强农税稽查和管理工作，不定期开展农税稽查，对大宗竹木产品进行源头监督，及时查缴漏征、少征税款，全年共稽查12个单位，追缴入库403万元。对全市5个乡（镇）财政体制进行了微调，相应核减农税收入基数，把原由各乡（镇）财政征管的国营采育场、林场等林业生产单位，改由市财政局直接征收管理。

2002年，继续实行部门细化预算，严格按规定的供给标准，实行定员定额编制单位公用经费。预算编制坚持透明原则，做到公平、公正、公开。按规定时间批复预算，严格预算执行，规范预算追加程序。按照“保吃饭”的原则，压缩一般性支出，确保工资发放和行政机关运转的低水平保障。实行国库统一支付工资改革，保证全市行政事业单位工作人员及时足额领到工资。

2005年，市财政局按市委、市政府规定的供给标准，实行定员定额编制办行法，同时，严格按照标准的预算安排支出，加强支出管理。在预算支出管理方面，加强和完善会计集中核算管理。市、乡（镇）2级核算中心加强制度建设，规范操作程序，对各单位报销单据的合理性、合法性和规范性进行审核，如有违反财经纪律的行为，及时给予揭露和制止，保证会计资料的合法和完整。

2010年，各级财政部门根据部门综合预算编制改革的要求，完善预算编制方法，全面实行部门细化预算，严格按照预算安排支出。

五、财政监督

1997年，市财税部门开展农业特产税稽查工作，稽查队共查出偷漏税130万元。清查“小金库”，组织开展财务大检查，控制社会集团购买力，对违控购买予以处罚。

1998年，加强世行贷款3项资金的监督管理，强化风险意识。开始筹集红壤还贷、卫生还贷风险基金。

2001年，贯彻《中华人民共和国会计法》，开展执行情况的检查。以发放自查表形式对497家单位进行全面自查，在自查基础上，抽调25名专业人员，组成7个检查组，对11个单位进行重点检查；进一步加强收费票据的管理。制定收费票据管理制度。收费票据的领用统一实行准购证制度，由单位出具有权机关批准的文件、收费许可证副本级收费单位介绍信领取准购证，凭准购证购买票据。对票据的核销采用“核旧领新”与年检核销相结合的办法。

2002年，加强对财政性资金投融资工程建设项目工程概、预算的审核。市财政局全年共审查基本建设项目工程概、预算20项，审核竣工决算并批复的项目工程16项，投资总额1827.70万元，通过审核核减投资78.30万元，核减率4.30%；加强支农资金管理，对工程项目实行“公开、公平、公正”的投标制度，并聘请工程监督员，建立资金项目跟踪反馈制度。

2004年，根据省财政厅和南平市财政局《关于开展单位内部会计控制制度建设情况检查的通知》精神，市财政局按照分发350份自查表格，并组织1支由4位会计师组成的检查小组，重点抽查粮食系统的3个单位，对发现的一些问题及时给予指出，限期整改。为确保农业项目资金专款专用，对农业综合开发项目、财政扶持粮食生产项目、生态公益林保护建设项目、财政扶持专项等资金严格实现县级报账制管理，保证资金使用安全和及时到位。

2005年，加强对财政性资金工程建设项目概算和预决算的审核，送审项目11项，投资总额4119万元，核减资金381万元，核减率为9.20%。2008年，送审项目达58项，投资总额8892万元，核减资金278万元，核减率为3.10%。同年，加强财政监督力度，做好财政收入和支出的日常监督，及时发现和纠正财政管理和财政运行中存在的问题，堵塞漏洞。

2009年，开展法制宣传教育活动和加强行政执法监督，提高工作人员的法律素质和法制意识，同时，结合民主评议政风行风及机关效能建设，强化服务意识。

2010年，市财政局在加强预算执行管理，强化预算约束力的基础上，加大对重大财政政策执行过程的监督力度，监督涉及群众切身利益的财政资金使用情况。开展财政专项资金使用情况检查，提高资金使用效益。完善国有土地出让权收支管理，严格按照政府收支分类科目核算国有土地使用权出让收支。

六、国有资产管理

1998年，全市完成产权登记工作，企事业单位登记年检119户，行政事业单位产权登记108户，增强行政企事业单位的国有资产产权意识。做好资产评估立项、确认工作，逐步规范国有资产出售、抵押货歉等产权变动的审批、评估制度。全年共审批办理17个单位的抵押贷款资产评告立项工作，评估前资产价值2723.34万元，评估确认价值为3724.72万元，增值1001.38万元。

2006年，市财政部门完成建阳市林业工程公司的改制和出让工作，并完善2005年改制的7家国有采育场和新成立的股份有限公司的财务核算工作。

2007年，加强国有资产管理，成立“建阳市行政事业单位非经营性资产转经营性资产管理中心”，将行政事业单位“非转经”资产进行统一经营管理，防止国有资产的流失，以确保国有资产的保值增值。

强化政府债务管理。

七、政府采购

2001 年，开展政府采购工作，对小车等 12 大类货物实行集中采购，出台《建阳市医疗机构药品采购暂行规定的通知》，规范药品采购行为。

2003 年，委托南平市政府采购中心采购货物 38 批，采购额 362 万元，节约资金 9 万元，批准单位自行采购 2 批，采购金额 48 万元，定点加油 124 万元，实施公务用车统一保险改革。

2004 年，扩大政府采购规模，健全政府采购制度，提高政府采购效率。委托南平政府采购 96 批次，采购计划 531 万元，成交 521 万元，节约 10 万元。

2005 年，委托南平市政府采购中心采购货物 120 批，采购计划 565 万元，成交 555 万元，节约资金 10 万元。

2008 年，委托南平市政府采购中心采购货物 78 批，采购计划 951 万元，成交 909 万元，节约资金 42 万元。

2009 年，委托建阳市政府采购中心采购货物 62 批，采购计划 653.19 万元，成交 605.89 万元，节约资金 47.30 万元。

第二章 税 收

第一节　国　税

一、税收收入

1994 年，实行分税制后，建阳市国税局征收的税种为消费税；海关代征的增值税、消费税、直接对台贸易调节税；企业所得税（中央企业所得税，铁道部门、各银行总行、各保险总公司、外资银行、地方银行及非银行金融企业所得税）；证券交易税（未开征前暂征收印花税）；外资投资企业所得税和外国企业所得税及地方附加；海洋石油资源开发的各项税收；出口产品退税；个体户和集贸市场的增值税和消费税；中央税和共享滞纳补税罚款收入；铁道部门、金融保险业的营业税、城市维护建设税和教育附加；储蓄存款利息所得税；车辆购置税；燃油税。

1994—2010 年，建阳市国税局坚持以组织收入为中心，开展税源调查、税源监控和税源分析工作，充分掌握税源发展变化趋势，科学分解税收计划，层层落实组织收入责任制，挖掘税收潜力，培植新的税收增长点，抓均衡入库，强化纳税申报审核，全面清查漏征漏管户，加大征管力度，提高税款申报入库率，清缴欠税，堵塞税收漏洞，促进各项税收及时足额入库，各年税收收入与全市经济发展相适应。1994 年，全市国税部门各项税收收入 4581 万元。2005 年，税收收入首次突破亿元大关，2010 年达 2.60 亿元。至 2010 年，除个别年份外，税收逐年增加。

1995—2010 年建阳市国税收入情况表

表 15-2-1　　单位：万元

年份	税收收入	年份	税收收入
1995 年	4895	2003 年	7717.76

续表 15-2-1

年份	税收收入	年份	税收收入
1996 年	5009	2004 年	8638
1997 年	5097	2005 年	10477
1998 年	5177	2006 年	13940
1999 年	4532	2007 年	18119.02
2000 年	5417	2008 年	20906.55
2001 年	6013.40	2009 年	20302
2002 年	6710.30	2010 年	26052

二、税务管理

（一）机构

1994 年 8 月，税务系统分设国家税务局、地方税务局。工作人员分流：国税 88 人，地税 72 人。建阳市国家税务局内设办公室、税收政策管理股、计划财务股、征收管理股（含发票管理站）、人事教育股、监察室、税务检察室、直属单位稽查分局（副科级）。下设 14 个税务所，分别是直征所、城关所、童游所、水吉所、漳墩所、小湖所、将口所、徐市所、麻沙所、黄坑所、莒口所、书坊所、回龙所、崇雒所。

1995 年，直征所撤销，成立城区分局。

1997 年，撤销税务检察室。同年，对国税机构进行改革，建阳市国家税务局内设办公室、人事教育科、监察室、计划财务科、税政征管科、计算机信息中心。保留稽查分局和城区分局，并按经济区划设置 5 个征收分局和 1 个所：即将口分局（辖将口、崇雒）、童游分局（辖童游、小湖）、水吉分局（辖水吉、回龙、漳墩）、麻沙分局（辖麻沙、莒口、书坊）、黄坑分局（辖黄坑）、徐市税务所（辖徐市）。以上内设科室、分局为副科级单位，税务所为正股级单位。

2001 年，对国税机构再次进行改革，建阳市国家税务局撤销人事教育科、税政征管科、监察室、将口分局、童游分局、徐市税务所、城区分局，设置人事监察科、税政科、征管法规科、征收局、管理局。

2003 年，征收局更名为计划征收局，计划财务科更名为财务管理科，管理局更名为潭城分局。

2004 年，计划征收局改为计划征收科。撤销人事监察科，设置人事教育科、监察室。同年 11 月，税政科更名为税政法规科，征收法规科更名为征收管理科。

2005 年，车辆购置税由交通部门代征改为国税部门直接征收。同年，设立福建省建阳市国家税务局车辆购置税征收管理办公室。10 月，税政法规科更名为综合业务科，潭城分局、麻沙分局、水吉分局、黄坑分局分别更名为潭城税务分局、麻沙税务分局、水吉税务分局、黄坑税务分局。

2008 年，设立建阳市国家税务局开发区税务分局。

2009 年，福建省建阳市国家税务局内设机构 8 个，级别为正股级，分别是：办公室、政策法规科、税政科、收入核算科、纳税服务科（办税服务厅）、征收管理科、人事教育科、监察室；暂时保留财务科。至 2010 年不变。

（二）税收征管

1994 年，市国税局成立后，规范和完善纳税人自行申报纳税制度，规范各类税务申报和纳税的表、证、书等税务格式和内容，健全和完善纳税人户管档案资料，设立资料室，完善归集、调阅等有关制度。采取措施提高纳税自觉申报率、如实申报率和按时入库率，建立电脑语音自动催报系统，对不按时申报的业户实行电话催报。

1998 年起，逐步开设税款预储账户，实行分类管理。建立税收服务体系，建立多功能办税服务大厅，把城区辖区的纳税户统一到办税服务大厅办理有关税收事宜，实行集中征收。根据业务需要建立税务登记、发票发售、申报征收、政策咨询、资料发售、税务文书管理、票证开具及办理其他税务事宜等征收管理服务窗口。各乡镇分局设立办税服务厅，未设分局的农村，实行巡回征收、税务代理、委托代征。局本部机构成立计算机信息中心，负责全局计算机管理和调配，软件的引进和开发，税收信息的采集、处理贮存和硬件的维护。实现城乡联网，使计算机网络覆盖到征收管理的全过程，从税务登记、发票发售、税款的申报征收、会统报表、稽查选案、机关办公现代化等实行电脑管理。施行《增值税防伪税控系统管理办法》。运用数字密码和电子信息存储技术，强化专用发票的防伪功能，实现对增值税一般纳税人税源监控的计算机管理系统。

2001 年 1 月 1 日，启用加油站税控初始化。加油站每次加油时，以加油机显示的数据与顾客进行结算。税控装置记录的加油数据作为税务机关进行税收监控的依据，按实征收。5 月，实施《中华人民共和国税收征收管理法》（简称"新征管法"）正式实施。市国税局设立专业性征收局、管理局、稽查局，基本实现了征管机构的职能转换。具体内容是征收局主要承担城区及将口镇、徐市镇、小湖镇、崇雒乡四乡镇集中征收任务，并承担部分其他专业职能，即受理申报、金税工程的防伪认证、税款征收、现场咨询服务、税收系统、票证管理、发票发售、逾期加收滞纳金和收缴补税罚款以及征管质量考核相关工作等。管理局主要承担城区及将口、徐市、小湖、崇雒 4 乡镇的税收管理职能，并承担部分其他专业职能。即：税务登记和认定管理、核定申报方式和纳税定额、发票管理、减免抵缓退税审核报批、落实税收计划、重点税源管理、零散税收管理、催报催缴、逾期催缴、纳税评估、一般税务违法违章行为的行政处理和行政处罚、日常管理中的管理性核查、宣传培训和咨询辅导等。稽查局主要承担稽查职能，并承担部分其他专业职能，即稽查选案、税务稽查、行政处罚、税收保金和强制执行、重大违章违法案件处理、违章教育辅导，催报催缴中的补税款催缴，案件审理。

7 月，实施金税工程，遏制伪造、虚开、套开增值税专用发票等涉税违法犯罪案件的蔓延。

2010 年，根据省国税局关于推进征管方式变革优化纳税服务试点工作的部署，建阳市国税局开展征管方式变革工作：将 5 个税务分局重新划分职责功能，其中调整出 1 个分局（黄坑税务分局）负责全市纳税人户籍管理和个体工商户及企业"双定户"的税收管理，实现纳税人户籍巡查的统一化和"双定户"管理的规范化；在推行新的征管方式变革试点工作中，按照建立"团队管户、分类管事"的基层税务分局职责体系要求，在基层分局除设综合管理组外还设立纳税评估组，并赋予包括负责纳税评估、退税审核、税款结算和清算等工作职责，同时，在市局征管科设专业纳税评估组；简化办税程序，拓展办税服务厅功能；采取"1+2"（市局 1 个主办税服务厅，麻沙、水吉各 1 个办税服务厅）办税服务厅模式，设立综合服务和发票管理 2 类窗口；将常用的 147 项涉税业务分为即办事项 68 项、非即办事项 79 项，同时，又将 79 项非即办事项中的 36 项作为业务科室（科政科、征管科）直审直办事项；非即办事项按"窗口受理、内部流转、限时办结、窗口出件"的要求由办税服务厅窗口受理。当年征管方式变革新流程正式运行以来，办税服务厅接待纳税人 1.80 万人次，其中，非即办涉税事项 1.48 万项，减少办税时限 1.93 万个小时，

（三）发票管理

1994 年 1 月 1 日，市国税局开始使用增值税专用发票。首批印制的专用发票每种规格暂分为 10 万元版和万元版面额，票头统一冠"福建省增值税专用发票"，字轨号码由省局统一按印刷厂和发票顺序号排列，第二联和第三联用防伪专用纸，不套印底纹，票头套印"福建省税务局发票监制章"。建阳市税务局批印"农产品收购业务专用发票"每份 4 联，作为从事农产品加工的增值税一般纳税人企业的抵扣凭证。1994 年 10 月，成立建阳市国家税务局发票管理站。

自 1995 年起，市国税局按照省局统一要求，将增值税专用发票上的地区简称、制版年度、批次、版本的语言文字、几联发票、发票的金额版本号等改用 10 位代码表示。具体表示方法：第 1—4 位代表各地市，第 5—6 两位代表制版年度，第 7 位代表批次（分别用 1、2、3、4……表示），第 8 位代表版本的语言文字（分别用 1、2、3、4 代表中文、中英文、藏汉文、维汉文）第 9 位代表几联发票（分别用 4、7 表示 4 联、7 联）第 10 位代表发票的金额版本号（分别用 1、2、3、4 表示万元版、十万元版、百万元版、千万元版，用"0"表示电脑发票）。

2000 年 1 月 1 日起，全市增值税一般纳税人从事机动车（应征消费税的机动车和旧机动车除外）零售业务使用税控系统开具机动车销售统一发票。使用税控系统开具机动车销售统一发票的企业（以下称机动车零售企业）。同时，启用增值税防伪税控系统，防伪税控系统是运用数字密码和电子信息存储技术，强化专用发票的防伪功能，实现对增值税一般纳税人税源监控的计算机管理系统。

2002 年 1 月 1 日起，要求全市企业按照规定，须通过税控系统开具销售额在万元以上的增值税专用发票（简称“专用发票”），同时，统一废止手写万元版专用发票。并从 4 月 1 日起，规定手写万元版专用发票不得作为增值税扣税凭证；对所有加油站实施按实征收，并按税控装置和税控加油机记录的数据进行税源监控。加油站在申报纳税的同时，必须报送税控装置和税控加油机记录的数据。严禁私自改动、拆卸、损毁税控装置或税控加油机。市内所有加油站税控装置安装完毕或更换使用税控加油机，并由税务机关或税务机关委托的单位实施税控初始化。

2003 年 6 月 1 日，全市推广应用增值税防伪税控主机共享服务系统，由税务机关和税务代理机构使用增值税防伪税控主机共享服务系统为其开具增值税专用发票。

2005 年 8 月 1 日，全市使用同套增值税防伪税控系统同时开具增值税专用发票、增值税普通发票和废旧物资发票等（此种开票方式简称“一机多票”）。2006 年 6 月中旬，开始统一推行增值税防伪税控一机多票系统（简称“一机多票系统”）。

2006 年 8 月 1 日，市国税部门在对从事机动车零售业务的纳税人（包括销售摩托车）收取款项时，开具新式电脑版机动车销售统一发票。10 月 1 日，规定机动车销售统一发票注册登记联一律加盖开票单位印章。

2007 年 1 月 1 日，全市启用货运发票税控系统，使用税控系统开具货运发票；增值税一般纳税人购进或销售货物，取得的作为增值税扣税凭证的货运发票，应通过货运发票税控系统开具的新版货运发票。纳税人取得的 2007 年 1 月 1 日以后开具的旧版货运发票，不再作为增值税扣税凭证抵扣进项税额。纳税人取得的 2006 年 12 月 31 日以前开具的旧版货运发票暂继续作为增值税扣税凭证，纳税人应在开具之日起 90 天后的第一个纳税申报期结束以前申报抵扣进项税额。自 2009 年 1 月 1 日，全市开始实施增值税一般纳税人从事机动车（应征消费税的机动车和旧机动车除外）零售业务使用税控系统开具机动车销售统一发票。

（四）税务稽查

1994 年，税务分设国税、地税后，设立建阳市国家税务局稽查分局，负责本市偷税、抗税、骗税、逃避追缴欠税以及为纳税人扣缴义务人提供银行账户、发票、证明或者其他方便导致税收流失的案件；负责税务代理的管理，建立健全税务稽查工作规程，税务稽查对象的选案分析制度、举报案件查处制度，税务违章处罚制度和统一规范的税务稽查表、证、书等。同时辅之以对偷逃税行为进行处罚办法。1995 年 7 月，成立建阳市国家税务局行政复议委员会。1997 年 2 月，成立建阳市国家税务局听证委员会。

至 2010 年，建阳市国税局共查处税款、罚款、滞纳金合计 2000 万元。

（五）综合治税

2003 年 7 月，市国税局推行电话申报和银行划缴。同时开展纳税评估工作。

2004 年，市国税局 CTAIS 运行，通过登记率、申报率、入库率、滞纳金加收率、处罚率、欠税增减率，对其运行质量进行考核。

2005 年 6 月，市国税局全面推进税收科学化精细化管理，成立税收科学化精细化管理工作领导小组，建立市局、分局、税收管理员级巡查户籍监控制度，建立“稽查建议制度”，挂点联系制度，实行发票有奖举报制度，建立企业税负预警责任追究制度，建立管理员下户联系册制度。

2006 年，完成税收征管信息系统 CtaisV1.0 向 CTAISVer2.0 的升级。金税工程信息化水平提升。

2007 年，建立由市委书记、市长主持召开的国税、地税、财政“三长”收入分析会和市局组织的局领导、计征科长、分局长的收入分析例会，实现税收分析的 3 个转变，即由注重计划执行情况分析向更加注重收入质量分析的转变，由一般性的增减原因分析向更加注重较深层次的税收与经济关系分析转变，由注重任务完成情况分析向更加注重税收征管质量分析转变。

2008年，进一步完善“一站式”服务工作制度，制定《一站式服务工作制度》，对服务项目、程序及环节、承办部门、承诺时限、即办与非即办事项等进行详细的规定，细化办税项目，梳理办税流程、向社会做出集“公开办税、服务承诺和首问负责制”于一体的“即办、限时”等服务承诺。在证件、资料齐全的前提下，对税务登记、发票购领、小规模纳税人纳税申报、“双定户”停业、代开发票、开具出口专用缴款书等涉税事项，在办税服务厅1次性办结。

2009年，建阳国税率先在全区推行“同城通办”税收业务，2009年3月，推出“POS机现金缴税业务”，减少纳税人去银行排队缴纳税款的程序，方便纳税人，缩短办税时间。5月，在南平地区率先开展受理“同城通办”业务，将税务登记、申报征收、报税认证、发票领购、代开发票、税务咨询、换开完税证明、部分违章处罚等8项涉税事项纳入“同城通办”业务范围，使纳税人在办理相关涉税事项时，可以不受所辖分局，所属乡镇的限制，就近到国税办税服务大厅办理。

第二节　地　税

一、税费收入

1994年起，建阳市地方税务局负责征收的税费有营业税、个人所得税、土地增值税、城建税、车船税、房产税、屠宰税、资源税、土地使用税、印花税、耕地占用税、烟叶税、契税、投资方向调节税、防洪基金、基本养老保险基金、失业保险基金、残疾人保障金、医疗保险费、工伤保险费、工会经费、生育保险费、地方教育费附加、教育费附加、以工建农基金、基础设施建设附加费、社会事业发展费、文化事业建设费。市地方税务局按照依法治税、均衡入库的指导思想，落实计划、开展税源调查、收入分析调度，连年超额完成收入任务。1994—2010年，累计实现各项收入19.97亿元，其中税收收入15.05亿元。2006年，各项收入首次突破亿元，2007年税收收入首次突破亿元。

1994—2010年建阳市地税收入情况表

表15-2-2　　单位：万元、%

年度	各项收入（万元）	同期比增(%)	税收收入（万元）	同期比增(%)
1994年	2133.79	—	1878.40	—
1995年	2640.64	23.75	2320.40	23.53
1996年	3084.42	16.81	2814.54	21.30
1997年	3640.66	18.03	3274.96	16.36
1998年	3883.84	6.68	3501.42	6.91
1999年	3950.58	1.72	3633.90	3.78
2000年	4176.78	5.73	3826.29	5.29
2001年	6753.70	61.70	4075.81	6.50
2002年	6668	-1.27	4220	3.50
2003年	6884	3.24	4647.09	10.10
2004年	7532.52	9.41	5209.82	12.10
2005年	9620.41	27.72	5729.69	10
2006年	14684.86	52.60	9551.01	66.70
2007年	20537.32	39.90	14761.86	54.60
2008年	25348.73	23.40	19179.70	29.90
2009年	30781.12	21.40	23931.30	24.80

续表 15-2-2

年度	各项收入（万元）	同期比增 (%)	税收收入（万元）	同期比增 (%)
2010 年	47366.54	53.90	37974	58.70

二、税务管理

（一）机构

1994 年 8 月，税务系统分设国家税务局、地方税务局。建阳市地方税务局内设办公室、税政管理股、计划财务股、人事教育股、监察股、稽征股（分局）。下设 14 个税务所，分别是建阳市地方税务局直接征收所、城关税务所、童游税务所、将口税务所、崇雒税务所、徐市税务所、莒口税务所、麻沙税务所、书坊税务所、黄坑税务所、水吉税务所、回龙税务所、小湖税务所、漳墩税务所。

1995 年 2 月，设立建阳市地方税务局稽征分局（副科级）。

1995 年 9 月，设立建阳市地方税务局稽查分局、建阳市地方税务局征收管理股、建阳市地方税务局监察室。

1996 年，稽查分局内设综合股、检查股、审理股；征收分局内设综合股、征收股。

1997 年，设立建阳市税务代理事务所。

1998 年，建阳市地方税务局设 7 个股室，即办公室、税政征管股、计划财务股、稽查管理股、信息技术股、人事教育股、监察室。建阳市地方税务局童游税务所改为建阳市地方税务局童游分局。

1999 年，建阳市税务局稽查分局更名为建阳市地方税务局稽查局。

2001 年，撤销建阳市地方税务局水吉税务所，设立建阳市地方税务局水吉分局。

2007 年，增设建阳市地方税务局规费征收管理科。

至 2010 年，地税内设及下属机构不变。

（二）申报征收

1994 年机构分设前，纳税申报实行“先报后缴”，在法定的纳税申报期内，由纳税人自行填写纳税申报表，直接向税务机关申报，由税务机关初审后，填制税务缴款书，纳税人持缴款书到开户银行交纳。现金交税的，由税务机关开具完税证，直接征收，汇总报解。1995 年，开始推行纳税“自核自缴”为基础的申报制度，全面实行固定纳税户自行申报，推行纳税人“自核自缴”，同年 12 月，建阳市地方税务局成立市区办税服务厅。至 1997 年，市区固定业户自行申报达到 100%，农村所达到 95%。2000 年，全市建立纳税申报制度。纳税申报制度建立后，对不按期申报和不据实申报的，依法处理。计算机运用由数据汇总到征管数据的采集、监控、分析和辅助决策。2003 年，对建阳市服务娱乐业纳税户推行使用有奖定额发票。2004 年 1 月，开始使用电脑开票并逐步取消手工开票。同年 5 月，建阳市地方税务局实行定期定额户银税一体化申报，12 月，征管软件与国库横向联网，依托计算机网络，改变手工操作方式，信息共享。2004 年 1 月 30 日起，建立税务公告制度。2007 年 11 月，开通“银税通”POS 机电子缴税，停止用现金缴纳税款。2008 年，根据福建省地方税务局、南平市地方税务局的要求和部署，开始推广纳税网上申报。2009 年 3 月，建阳市地方税务局整合资源，将全市各分局（除麻沙分局外）统一集中至建阳市区新综合办公楼办公，设置全市办税服务大厅，纳税人可到建阳市办税服务厅或麻沙分局办税服务厅任一窗口办理全市任意乡镇、街道的涉税事项，实现“同城通办”。2009 年 10 月起，在全市旅店、住宿业推行计算机开票系统。2010 年，开通网上办税服务厅，纳税人通过网上办税服务厅就可以进行纳税申报、政策咨询、服务评价。

（三）征管改革

1994 年前，对纳税户管理主要依靠税收专管员制度，征、管、查三权集于 1 人。1994 年，随着税制改革和国、地税机构分设，税收管理体制和征收模式改革进入新阶段。1997 年，适应新的税收征管形势，取消专管员制度，实现“管护制”向“管事制”的职能转换，推行征、管、查三分离的集中征收改革，推行纳税申报制度，纳税人上门申报纳税，税务机关集中征收，重点稽查。专管员逐渐退出征管舞台。将税收专管员的征管查职能分离之后，对纳税人的管理从以打击促管理变成了以服务促管理。2005年，推行税收管理员制度。税收管理员在基层税务机关及其税源管理部门的管理下，贯彻落实税收法律、法规和各项税收政策，按照管户责任，依法对分管的纳税人、扣缴义务人（以下简称纳税人）申报缴纳税款的行为及其相关事项实施直接监管和服务。实现税收管理从执法打击型到管理服务型的转变。在实行税收管理员制度过程中，建阳市地方税务局以税收管理员为载体、以计算机系统为依托，追踪和记载个体户的资本规模、生产经营、发票管理、税款缴欠、管户异动等动态信息。实行“定期巡查制度”，掌控新开业户、关停业户、隐蔽业户、流失业户的税源变化情况。为落实“有税尽收，无税禁收”的税收新理念打下基础。经过10年的探索，在全市范围内推行纳税申报基础上的集中征收，实行征收、管理和稽查的分工和合作。

（三）税源管理

1994年后，市地税局开展税源预测，由各分局管理员下户摸清企业动向，上报来年税收预测，拟定重点税源，对重点税源实行监控。2007年后，随着闽北经济开发区，海西林产工贸园区的建设发展，大批企业入驻建阳，建阳地税局将年纳税50万元以上企业确定为市级重点税源企业，利用“人机结合”的方式对税源进行管理，计算机系统重点监控税源数据，开展重点税源监控情况分析，发布税源预警信息。2010年，随着经济发展，税源管理逐步向专业化推进。对建安房地产企业、广告业、金融保险业重点税源，安排业务骨干，专人专岗管理；一般税源属地划片管理，加强税基管理和日常监控评估。

（四）税务稽查

1994年机构分设后，设立建阳市地方税务局稽征队（后更名为稽查局），建立税务稽查制度。在以后的10年里，建阳市地方税务局建立健全税务稽查工作规程，税务稽查对象分析选择制度，案例分析制度，稽查建议制度，稽查制约制度、举报案件查处制度，税务违章处罚制度和统一规范的税务稽查表、证、书等。在普遍实行纳税申报和税务代理制度后，税务机关的主要力量转向日常的、重点的税务稽查，使之形成征收、管理、稽查三位一体的税收征管格局，同时辅之以对偷逃税行为进行重罚的办法。1994—2010年，建阳市地方税务局共查处税款、罚款、滞纳金合计3058.60万元。

（五）税收执法

建阳市地方税务局执行2001年5月1日国家颁布的新的《中华人民共和国税收征收管理法》，及2002年10月15日，颁布新的《中华人民共和国税收征管法实施细则》，把依法治税作为税收工作的基本准则和立足点，采取措施提高税收执法水平，逐步建立起以集体审议、复审、复查、责任追究为主要内容的税收执法运行机制和执法监督体系。2006年，建阳市地方税务局推行督察员制度，每个分局选出1名业务突出干部担任分局督察员，监督分局各项执法工作。2008年5月，依据《中华人民共和国政府信息公开条例》，建阳市地方税务局对政府信息进行公开。

（六）纳税服务

从1994年机构分设后，建阳市地方税务局按照上级局的要求，相继推出服务承诺制、一次性告知制、首问责任制、限时办结制、文明用语规范。自2009年3月，综合办税服务厅成立后，建阳市地方税务局按照国家税务总局关于《办税服务厅管理办法（试行）》的通知，加强办税服务厅规范化建设，统一内部标识，区分功能区，增加便民服务设施。推出“通岗全能”服务，办税服务厅任何1个综合窗口均可办理所有的涉税、涉费业务。同时，建阳市地方税务局开展办税服务厅人员的岗位技能培训，提高征收员综合素质。

（七）税收优惠

1994—2010年，建阳市地方税务局按照国家税务总局要求，落实各项税收优惠政策，在地方经济发展、下岗职工再就业、退伍军人就业、抗灾救灾等方面落实优惠政策减免税款1.33亿元。

（八）综合治税

建阳市地方税务局依靠各级党委、政府，汇报执行税收政策、法规和工作中存在的问题，提出解决办法，争取各级党委、政府的支持和各部门的协作配合。1997年以来，建阳市地方税务与银行、工商、公安、劳动、房管等部门加强配合，建立健全协税护税网络。2003年，市国税局、市地税局、市公安局建立打击涉税违法犯罪协作联动机制，规范税务、公安联席会议制度，完善信息传递、联席会议、线索协查等工作机制，统一规范涉税案件移送程序和手续。联合开展打击发票违法犯罪专项整治活动。2007年，建阳市地方税务局与建阳市房管所协作，纳税人在进行二手房交易时，先到地税部门进行纳税申报，地税部门按照有关税收政策进行征、免审核后再开具不动产发票，纳税人凭完税凭证和不动产发票到房产管理部门办理房产转让手续。2008年，制定《建阳市地方税务局花岗岩、建筑用石资源税征收管理暂行办法》，委托建阳市公安局治安大队在办理审批采石塘口爆破炸药环节，按照炸药的用量测算爆破岩石的立方量代扣代缴资源税。2008年8月，依据《福建省地方税款委托代征管理办法》制定《建阳市地方税务局关于清理委托代征单位的实施意见》对83户委托代征单位进行清理整顿，共清理71户委托代征户，认定有效的委托代征户为12户并与这12户代征单位重新签订委托代征协议，发放代征证书。

（九）税收宣传

自1995年起，建阳市地方税务局利用每年4月份的“税收宣传月”开展税法宣传辅导，同时，通过各种媒体和印发宣传小册子开展宣传；对各类企业法人代表和财务人员开展培训学习，组织各种形式的税收宣传活动，普及税法知识增强公民的纳税意识。2006年，使用群发短信开展税收宣传。2009年，开通“12366”电话热线，接受纳税人的税收咨询。2010年，成立税收服务志愿者队伍，定期到企业开展税收宣传活动。

第十六篇 金融业

第十六篇　金融业

1994年，全市共有金融机构99家，其中，国有专业银行分支机构网点56家，市农村信用合作联社分支机构网点27家，城市信用社分支机构网点1家，邮政储蓄分支机构网点14家，保险分支机构1家，即中国人民保险公司建阳支公司，经营财产保险和人寿保险。通过金融体制改革，调整金融机构和网点，加强管理，银行业拓展存贷款和中间业务，保险业增加保险品种。2010年，全市有银行机构网点50家，保险支公司5家，年末存款余额840015万元，贷款余额218167万元，共有单位银行结算账户2644个，其中，基本账户1867个，一般存款账户322个，专用存款账户372个，临时存款账户83个；个人银行结算账户746056个，其中，支票837户，借记卡146252户，信用卡291户，其他598676户。财产保险收入3920.05万元。人寿保费收入9194.77万元。

第一章 银行业

第一节　货　币

一、货币发行

1999年10月1日，中国人民银行建阳市支行（简称“市人行”）行使货币发行职能，组织辖区商业银行、信用社发行第五套新版人民币，向公众宣传介绍第五套人民币的发行时间、面额、图案、式样、规格、主色调、主要特征等，组织发行100元、50元、20元、10元、5元、1元、5角、1角8种面额的第五套人民币。

二、纪念币发行

1994年起，市人行按照上级行部署，通过各商业银行、信用社向社会发行各类纪念币。当年限量发行希望工程纪念币。1995年，限量发行第43届世界乒乓球锦标赛、中国珍稀野生动物金丝猴纪念币。1996年，限量发行朱德110周年诞辰、中国珍稀野生动物华南虎、中国珍稀野生动物白鳍豚纪念币。1997年，限量发行庆祝中华人民共和国香港特别行政区成立纪念币。1998年，限量发行周恩来100周年诞辰、中国珍稀野生动物朱鹮、中国珍稀野生动物丹顶鹤、中国珍稀野生动物褐马鸡、中国珍稀野生动物扬子鳄、刘少奇100周年诞辰纪念币。1999年，限量发行中国珍稀野生动物金斑喙凤蝶、中国珍稀野生动物中华鲟、中国人民政治协商会议成立50周年、中华人民共和国成立50周年、庆祝中华人民共和国澳门特别行政区成立纪念币，并首次限量发行面值50元的建国50周年纪念钞。2000年，限量发行纪念敦煌藏经洞发行100周年、迎接新世纪纪念币，并首次发行面值100元的“迎接新世纪”塑料纪念钞。2001年，限量发行西藏和平解放50周年、辛亥革命90周年纪念币。2002年，限量发行世界文化遗产万里长城、世界文化遗产秦始皇陵及兵马俑坑纪念币。2003 年，限量发行 2003 年贺岁币（羊币）与中国宝岛台湾——朝天宫、中国宝岛台湾——赤嵌楼、曲阜孔庙、孔林、孔府、明清故宫纪念币。2004 年，限量发行 2004 年贺岁币（猴年）与中国宝岛台湾）——鹅銮鼻、中国宝岛台湾——日月潭、邓小平 100 周年诞辰、人民代表大会成立 50 周年、苏州古典园林、周口店北京人遗址纪念币。2005 年，限量发行贺岁纪念币（鸡年）、丽江古城、青城山与都江堰、陈云诞辰 100 周年、中国宝岛台湾——敬字亭纪念币。2006 年，限量发行贺岁纪念币（狗年）、世界文化遗产——龙门石窟、 世界文化遗产——颐和园纪念币。2007 年，限量发行贺岁纪念币（猪年）。2007 年，限量发行贺岁纪念币（鼠年）。2008 年，限量发行贺岁纪念币（牛年）。2009 年，限量发行贺岁纪念币（虎年）、“和”字币、 环境保护系列纪念币。2010 年，限量发行贺岁纪念币（兔年）、上海世界博览会纪念币。

三、货币、残币回收

2000 年 1 月 1 日，执行中国人民银行总行通知，全市商业银行网点开始兑换回收面额 1 角、2 角、5 角、1 元、2 元、5 元、10 元等 7 种面额券的第三套人民币；同年 7 月 1 日，停止流通第三套人民币。2003 年起，根据中国人民银行总行《关于深入开展残损人民币回收销毁工作的通知》，市人行严格执行残损人民币兑换办法和《不宜流通人民币标准》，加大各商业银行残损人民币回笼力度，提高市场人民币的整洁度，并执行 “残损币集中销毁”规定，将残损币全部送上级行销毁点集中销毁。

第二节　存　款

1994 年，建阳市各银行、信用社先后实行储蓄所上机联网，实现全城通存通兑。1996 年，向商业银行转型发展后，全市各银行、信用社相继建立健全存款考核机制，加大资金组织力度，并推进电子化建设，改进服务手段，促进存款稳步增长。各银行纷纷开通 ATM 机（自动柜员机），在全市各大超市、宾馆增设 POS 机。1997 年，市工行、建行、中行、农行先后实现全省或全国主要大城市储蓄联网，并于 2001 年实现全国储蓄大联网。

受存款统计制度调整的影响，全市金融机构各时期存款统计的项目有所不同。

1994—1997 年建阳市各项存款余额一览表

表 16-1-1　单位：万元

年份	各项存款合计	企业存款	地方财政性存款	城乡储蓄存款	农村集体存款
1994 年	73146	14682	2476	52121	3883
1995 年	92293	18187	2497	67283	4239
1996 年	111087	21122	2292	83407	3956
1997 年	123264	21160	2428	95919	3716

1998—2002 年建阳市各项存款余额一览表

表 16-1-2　单位：万元

年份	各项存款合计	企业存款	财政存款	机关团体存款	储蓄存款	农业存款
1998 年	135539	22102	872	2733	106250	3196
1999 年	138939	20036	1290	2951	111245	3283
2000 年	144353	19079	1128	3740	115888	4000
2001 年	157382	19546	612	3173	127532	4697
2002 年	184668	21352	666	6802	147061	5397

2003—2010年建阳市各项存款余额一览表

表 16-1-3 单位：万元

年份	各项存款合计	企事业单位存款	储蓄存款	其他存款
2003年	218167	29170	171045	18101
2004年	241379	35602	183988	21969
2005年	302710	40764	218175	43950
2006年	386413	73071	257924	55395
2007年	420658	83639	261928	75089
2008年	485983	85598	312644	87735
2009年	631457	140102	379848	111395
2010年	840015	193275	420064	225955

第三节 贷 款

1994年起，全市各银行业金融机构加大信贷投放力度，满足社会建设、生产、消费等方面的资金需求，促进地方经济的发展。1996年《贷款通则》颁发，全市各银行依法建立健全审贷分离制度，集体审批制度，实行抵押担保贷款，确保贷款的安全性、流动性、效益性。1998年，贷款业务实行5级分类管理，评定企业信用等级。2010年，全市银行按政策要求建立新的信贷管理体制，根据经济增长速度和流动性比率、动态拨备率、存贷比等指标来指导信贷投放。

1994—2010年建阳市各项贷款余额情况表

表 16-1-4 单位：万元

年份	各项贷款合计	短期贷款	中长期贷款	其他贷款
1994年	63612	54600	8900	112
1995年	70276	59154	10367	755
1996年	84203	68284	14413	1506
1997年	92814	75461	16635	718
1998年	94792	72523	21790	479
1999年	96555	75047	21214	294
2000年	82113	64534	17579	0
2001年	79367	52758	26460	149
2002年	87269	52405	34368	496
2003年	102311	56687	45287	337
2004年	120754	67969	51651	1134
2005年	129416	72585	55471	1360
2006年	167648	93347	72299	2002
2007年	224568	116375	105326	2867
2008年	283393	153700	126805	2888
2009年	418278	242726	164957	10595
2010年	561412	282571	268351	10490

第四节　外　汇

1994年，全市仅有中国银行建阳市支行1家银行办理外汇业务。1996年，工行、农行、建行等银行业金融机构陆续开办外币储蓄业务。之后，各银行业金融机构扩大外汇业务品种，开办外币存贷款、外币兑换、国际结算业务等。2007年，市工行向森岚木业有限公司发放外汇贷款计1081万美元，支持企业进口先进设备。2008年、2009年、2010年，先后发放外汇贷款1041万美元、774万美元、717万美元。至2010年，全市经营外汇业务的银行业金融机构有工行、农行、中行、建行、兴行、邮政储蓄银行6家，为全市外向型经济服务。

1994—2010年建阳市外汇存款余额情况表

表16-1-5　　单位：万美元

年份	各项存款合计	单位存款	储蓄存款
1994年	154	—	154
1995年	187	—	187
1996年	211	—	211
1997年	225	—	225
1998年	249	—	249
1999年	307	—	307
2000年	387	—	387
2001年	391	—	391
2002年	412	—	412
2003年	438	2	436
2004年	330	2	321
2005年	314	9	285
2006年	345	83	249
2007年	289	92	193
2008年	239	60	177
2009年	497	82	414
2010年	919	139	770

第五节　代理业务

一、国债代理

1994年，国库券发行逐步由行政手段向市场经济转变，实行由各银行承购包销办法。由于国库券利率高于银行存款利率，国库券热销，发行任务完成情况较好。1994—2010年，全市共发行国库券9506万元，兑付6315万元。

二、代理财政金库

1994年10月1日起，市人行履行国家金库工作职责，对国税、地税、财政税收进行分别核算，分别对账，做好国家预算收纳、报解、入库工作。2004年，税库横向联网上线，实现税库行的信息资源共享，

2005 年以后，国库内部往来系统开通，以保障国库资金的安全快捷。

三、其他代理业务

1996 年，商业银行转型发展后，全市各银行积极拓展业务范围，除办理代发工资、代收水电费外，开办代理证券业务、代理保险业务等代理业务，以增加业务收入。

第六节 管 理

一、金融监管

1994 年，市人行采取现场稽核、非现场监管、金融机构的市场准入与退出的审批管理、主要负责人任职资格审查、账户管理、贷款证、利率管理等一系列手段，加强对金融机构和金融业务的监管。1998 年，根据改革精神，市人行不再行使对证券经营机构及保险业的监督管理。2004 年 4 月，银监会建阳办事处设立之后，金融机构市场准入与退出的审批管理、机构主要负责人任职资格审查等部分监管职能由银监会建阳办事处承担。市人行强化执行货币政策的职责，由实施金融监管转换为维护辖内的金融稳定职能，增加负责金融机构反洗钱工作和管理信贷征信业两项职能。

二、货币管理

1994—2010 年，市人行履行人民币管理职责，做好发行基金供应及调拨工作，确保市场现金供应充足。共投放货币 1214167 万元，回笼货币 1176852 万元，净投放 37314 万元。在做好辖区货币发行与现金供应的基础上，针对建瓯、武夷山、浦城 3 地人行发行库相继撤并，需到人行建阳市支行调拨款，而金融机构现金调拨款项交接存在较大风险隐患的问题，经过反复调查研究、多方沟通与协商和精心筹备，人行建阳支行建立建阳、建瓯、武夷山和浦城 4 县（市）跨区域货币发行流通管理联席会议制度，对撤库后跨区域货币调拨管理进行探索。通过开辟核算便捷通道，明确业务操作规程，完善现金调拨业务制度，直接办理异地调拨业务等举措，解决建瓯、武夷山、浦城 3 地金融机构现金调拨、货币券别结构配置和残损币回收等方面难题，共建 4 县（市）人民币流通环境。同时，持续做好反假人民币工作，采取金融机构、钱币协会及公安部门等联合组成反假货币宣传队的形式，开展形式多样的反假宣传，提高社会群众反假能力。加强假币收缴业务现场检查，维护人民币信誉，拓展义务反假货币工作站范围，推进农村乡镇反假货币宣传网络建设，维护人民币流通秩序，保护社会群众的合法利益。

1994—2010 年建阳市现金投放回笼情况表

表 16-1-6 单位：万元

年份	现金投放	现金回笼	投放（＋）、回笼（－）
1994 年	15270	14848	422
1995 年	17467	17368	99
1996 年	24956	25289	-334
1997 年	29568	29394	174
1998 年	44963	44905	58
1999 年	46562	45625	937
2000 年	50934	49975	959

续表 16-1-6

年份	现金投放	现金回笼	投放（+）、回笼（-）
2001 年	48703	48172	531
2002 年	58653	57771	882
2003 年	67317	67363	-46
2004 年	77882	78541	-659
2005 年	100259	98657	1602
2006 年	125216	125191	25
2007 年	126765	124640	2125
2008 年	121232	111613	9619
2009 年	116015	104889	11126
2010 年	142405	132611	9794
合计	1214167	1176852	37314

三、反洗钱

2000 年，市人行开始加强反洗钱的监督与管理，建立金融机构反洗钱工作联系制度，组织开展反洗钱宣传。2003 年，市人行成立反洗钱工作领导小组，并在营业部和信统股设立人民币、外币反洗钱岗位。2005 年，市人行制定“建阳市金融系统反洗钱公约”，召开商业银行领导和涉外企业领导参加的专题会议，签订反洗钱公约；组织辖内银行机构，在市区开展反洗钱专项宣传活动，发放宣传单 3000 份，接受群众咨询近 1000 人次。2006 年，市人行组织召开建阳市反洗钱工作联席会议，市政府办、公安局、工商局、监察局、国税局、地税局等 8 家单位分管领导和联络员参加会议。

四、金银管理

1995 年，市人行执行人民银行福建省分行《关于落实国务院办公厅（关于取缔自发黄金市场，加强黄金产品管理的通知）的通知》，对全市国有企业、事业单位和城乡集体经济组织的黄金收入与支出，实行统购统配，严禁黄金私下交易和走私贩私活动。1996 年，执行《福建省金银饰品（制品）零售市场管理暂行办法》，市人行加强与工商部门、个体协会配合，做好个体银匠的日常管理和技术等级鉴定工作。2000 年，市人行协同工商、物价等部门加强对金银配售，加工市场与价格的监管。同年 6 月，根据人民银行总行的“基层人行不再履行金银管理职能”的通知，市人行把原由其保管的金牌和银牌集中送人行南平市中心支库保管。

五、结算管理

1994 年，市人行建立银行结算联席会制度，加强辖区内的结算管理和同城票据交换管理。1996 年，在市金融系统推行单联式支票，并全面清理和取消“委托收款、提前收款”结算方式，只限供水、供电、邮电、社保使用。1998 年，全市电子联行天地对接和同城票据清算系统正式运行，实现客户与商业银行，商业银行与中央银行支付信息电子传输和自动清算。2000 年 11 月 13 日，电子联行业务到县正式并网通汇成功，进一步延伸电子联行往来渠道，减少资金转汇的环节。2005 年 3 月，实现大额支付系统覆盖全市各金融机构。同年 11 月，小额支付系统上线运行，其中，大额支付系统资金清算全额实时清算，不到 1 分钟即可到账，实现全国跨行支付清算的每日资金零在途，加速资金周转。

六、账户管理

1994年，市人行加强银行账户管理，定期进行检查，严格控制和监管公款私存，建立每笔20万元现金收付查询和实时监控制度，单位100万元、个人20万元转账支付须提前1天预约，并设立登记本。2000年，市人行建立账户管理电子化档案，补充1988年、1989年度资料。2003年，市人行严格账户开户审批程序，防止多头开户；每年组织检查清理、清除不合手续账户。2005年4月15日，全国联网的账户管理系统开始运行，在全市范围内开展账户清理核实工作（核实措施、安排、效果等要记述）。至2010年12月31日，全市共有单位银行结算账户2644个，其中，基本账户1867个，一般存款账户322个，专用存款账户372个，临时存款账户83个；个人银行结算账户746056个，其中，支票837个，借记卡146252个，信用卡291个，其他598676个。

第二章 保险业

第一节 财产保险

一、保险种类

1994年，中国人民保险公司建阳支公司先后开办企业财产保险、机动车辆保险、机动车辆第三者责任保险、家庭财产保险、自行车盗取保险、货物运输保险、森林保险、驾驶员意外伤害保险、乘客意外伤害保险等险种。1996—2010年，中保财产保险有限公司建阳支公司开办雇主责任险、生猪保险、种植养殖保险、人身意外伤害保险、公众责任保险、产品责任保险、餐饮业责任保险、金锁家财保险、购房抵押贷款保险、执法人员团体综合保险、律师职业保险、计算机责任保险、校（园）方责任保险、旅行社责任保险等，保险品种日益丰富。

二、保费收入及理赔

1994—2010年，中国人民保险公司建阳支公司、中保财产保险有限公司建阳支公司保费收入共35005.47万元，赔付金额共23269.21万元。

1994—2010年人保财保建阳支公司业务情况表

表16-2-1 单位：万元

年份	保费收入	赔付金额	年份	保费收入	赔付金额
1994年	1411.22	776.17	2003年	1620	914
1995年	1327	782.94	2004年	2454.70	1308.80
1996年	1162.80	726.31	2005年	2472.82	1789.70
1997年	1308.44	791.10	2006年	2736.17	1407.52
1998年	1044.99	1730.68	2007年	3287.43	1841.76
1999年	1046.66	456.23	2008年	3649.38	2251.50
2000年	1226.91	726.33	2009年	3406.82	2869.97
2001年	1429.90	641.19	2010年	3920.05	3614.70
2002年	1500.18	640.31	—	—	—

附：重大财产保险理赔案

案例一　2003年1月24日晚9时，临近春节，建阳市潭城镇友谊巷发生火灾，造成7户民宅被烧毁，灾情发生后，人保财险建阳支公司即派理赔人员赶赴现场查勘。经查，在受灾的7户人家中，有2户参加保险公司的家庭财产保险，其中，1户房屋及室内财产投保6.50万元，交保费150元，另1户房屋投保5万元，交保费250元。为了让受灾保户能及时重建家园，在损失情况基本核定后，公司经理池仕贵即于翌日下午2时带队，将1.50万元的保险预付赔款送到了保户手中，解决他们的燃眉之急。

案例二　2005年12月22日21时，建阳市水吉福利厂因电气线路短路引燃可燃物引起火灾，造成砖木结构厂房及机器设备、库存木柄被烧毁。接到被保险人的报案，人财保财险股建阳支公司理赔人员立即连夜赶赴现场，第一时间与人保财险南平分公司的理赔人员，会同审计方面的专家一起通过现场查勘、对企财损失情况进行分析，初步确定理赔谈判方案。同月27日，公安消防大队作出火灾原因认定后，在2天内保险公司将此次保险事故赔付款28.49万元交给建阳市水吉福利厂会计的手上，以解工厂救灾善后、恢复再生产之急。

案例三　2008年7月20日16时57分，位于建阳市麻沙镇的建阳市碧全工艺品有限公司的成型、组装、油漆3个车间突发大火，经极力抢救，仍造成车间及车间内机器设备、半成品、辅料等被大火烧毁，损失严重，后聘请上海大洋保险公估有限公司评估，确定本次事故保险损失金额为118.63万元，公司确认后如数赔付。

案例四　2010年3月5日傍晚至6日凌晨，受大暴雨及冰雹的垄击，造成小湖、徐市、莒口、潭城四个乡镇的11个村庄1292户农户生活陷入困境，其中，部分村庄的房屋尽损，人保财险建阳支公司迅速组织开展查勘定损工作。至3月9日，赔付工作基本结束，共赔付金额59.81万元，赔款全部打入市民政局账户，由民政部门负责赔付到每家每户。

案例五　2010年6月19日，暴雨引发洪灾，造成地处低洼地带的建阳市金虎贸易有限公司仓库遭洪水入侵，仓库内的酒类、食杂日用品损失严重，经泛华保险公估有限公司福建省分公司进行评估，确定损失金额为63.50万元，公司及时赔付。此次洪灾也造成福建青松股份有限公司原材料、半成品、松节油等损失共计52.68万元，公司也及时赔付，使受损企业恢复正常的生产秩序。

第二节　人身保险

一、保险种类

1994年，中国人民保险公司建阳支公司先后开办简易人身保险、团体人身保险、养老金保险、独子两全保险、独生子女保险、村干部保险、计划生育保险、义务兵保险等险种。1996年，中国人民保险公司建阳支公司分设为中保财产保险有限公司建阳支公司和中保人寿保险有限公司建阳支公司后，人身保险业务由中国人寿建阳支公司经营。1997年，中国人寿建阳支公司引入个人代理寿险营销机制（寿险营销员制），开办88鸿利、99鸿福、少儿教育金、鸿寿养老金等个人寿险险种。1998年，支公司开办重大疾病、66鸿运、中保人寿卡新险种，人寿保险险种实行利差返还。1999年，开办国寿康宁、英才少儿、福瑞两全、福馨两全、如意两全、个人养老金、简易人生、安居定期、各种附加险、中国人寿卡等险种。2000年，支公司开办国寿99鸿福两全保险、团体年金、关爱女性疾病、观光景点人生意外伤害保险等险种。2001年后，开办国寿鸿运少儿两全保险（分红型），国寿鸿寿年金保险（分红型）、国寿团体补充医疗保险等险种。

二、保费收入及理赔

2001—2010年，中国人寿保险股份有限公司建阳市支公司人身保险保费收入65615.10万元、理赔金额3580.27万元。

1996—2010年中国人寿建阳市支公司业务情况表

表16-2-2 单位：万元

年份	保费收入	赔付金额	年份	保费收入	赔付金额
1996年	460	52	2004年	5350	217.17
1997年	931	70	2005年	5713	279.20
1998年	1122	91	2006年	6040	335.43
1999年	1233	98	2007年	6530.67	284.30
2000年	1443	526	2008年	8993.64	398.50
2001年	1707	127.55	2009年	8750.32	404.70
2002年	3141	103.22	2010年	9194.77	443
2003年	5005.70	150.20			

附：重大人身保险理赔案

案例一 被保险人是建阳外国语学校学生，2006年9月1日由现所在学校统一向中国人寿建阳支公司）投保《国寿学生平安保险》，且连年续保。2007年5月10日，学生在放学时不慎跌倒，左脚伤肿，医院诊断患骨肉瘤，先后5次入住福建医科大学附属第一医院治疗，花去医疗费9.09万元，巨额的费用对于本不富裕的家庭来说无疑是雪上加霜。公司接到报案后，立即展开调查，在核实事故属保险责任范围后，迅速结案处理。2007年8月2日，将4.50万元理赔款送到学生家长手里。

案例二 被保险人系建阳市麻沙镇溪头村人，2007年7月23日，由其雇主作为投保人向中国人寿建阳支公司投保《人身意外伤害综合保险》1份。2008年5月14日，被保险人在建阳麻沙镇溪头村杭上柴刀岗进行伐木作业时，不慎被木头压伤死亡。接到报案后，公司理赔人员立即展开调查，证实被保险人在伐木过程中因意外身故情况属实。2008年6月5日，中国人寿建阳支公司代表将6万元理赔款送到死者受益人手中。

案例三 被保险人于2008年8月26日向中国人寿建阳支公司投保2份《人身意外伤害综合保险》，交保费200元。被保险人是家庭唯一的经济支柱，务农之余，在自家门前菜地搭棚养鹅。时逢春寒，便在鹅棚里烧炭为鹅苗取暖。2009年3月16日，被保险人因一氧化碳中毒死亡。办理人寿卡业务的营销员得知此事后，随即向中国人寿建阳支公司报案。公司理赔人员立即赶往现场进行勘察取证。在客户提供的理赔材料齐全后，公司按照理赔程序，3天内就将就将16万元理赔款送至被保险人父母手中。

案例四 2010年6月19日，中国人寿建阳支公司理赔人员接到警校幼儿园老师电话报案，告知有1学生在“6·19”特大洪灾中被洪水冲走，理赔人员接到电话后立即查询客户信息确定为公司承保学生，但学生家长尚未报案。理赔人员马上与学生家长取得联系，并得知同时被洪水冲走的还有1名小女孩，经查是爱民小学1年级学生。2人在建阳上水南文化馆附近玩耍时，突遭暴涨洪水冲走，踪迹无寻。理赔人员密切关注案情的发展情况，直至6月24日才找到2人的尸体，尸体火化后家长均未向人寿建阳支公司提出理赔申请。本着特事特办，手续从简的原则，根据现有收集的情况，理赔人员采取送款上门的服务方式将赔款支付给学生家长。

第三章 机 构

第一节　金融管理机构

一、中国人民银行建阳市支行

中国人民银行建阳市支行为中国人民银行的派出机构，行使执行国家货币政策、维护辖区金融稳定和提供金融服务三方面职能。至 2010 年底，支行内设股室有办公室、信贷调统股、保卫股、营业室，全行在职员工 32 人。

二、中国银行业监督管理委员会南平监管分局建阳办事处

2003 年，中国银行业监督管理委员会南平监管分局建阳办事处成立，从市人行划分 4 人到建阳监管办事处，2004 年 4 月对外挂牌，南平银监分局建阳办事处主要职责是：对银行业金融机构实施现场和非现场监管等。至 2010 年底，南平银监分局建阳办事处在职员工 3 人。

第二节　银行机构

一、中国农业发展银行建阳市支行

1997 年 4 月 12 日，中国农业发展银行建阳市支行挂牌，人员从原农业银行建阳市支行分离，主要承担原农行建阳市支行农业政策性业务。2010 年，内设 2 部 1 室：客户部、会计部、办公室，干部员工有 14 人。

二、中国工商银行股份有限公司建阳支行

2005 年 10 月 28 日，中国工商银行建阳市支行经国务院批准，由国有独资商业银行改制为国家控股的股份制商业银行。至 2010 年底，有 3 个营业网点，内设 4 个部：综合管理部、业务部、客户部、个金部，干部职工有 61 人。

三、中国农业银行股份有限公司建阳市支行

1996 年 10 月，农行建阳市支行与农村信用社脱钩。1997 年 3 月，农业政策性业务从农行分离出去。至 2010 年底，内设 5 个职能部门：综合管理部、风险管理部、运营财会部、公司业务部、个人金融部，营业网点为 6 个，职工 117 人。

四、中国银行股份有限公司南平建阳支行

2000 年 6 月，中国银行股份有限公司南平建阳支行经中国人民银行批准撤销。2008 年 8 月，中国银

行在建阳重新设置机构。至2010年底，中行建阳支行内设2个职能部门：综合管理部、业务部，营业网点为1个，职工18人。

五、中国建设银行股份有限公司建阳支行

2004年9月，中国建设银行股份有限公司建阳支行由国有独资商业银行改制为国家控股的股份制商业银行。2010年末，建行建阳支行营业网点3个，内设3个部门：办公室（安全保卫部）、客户部、营业部，员工63人。

六、建阳市农村信用合作联社

1996年6月，建阳区农村信用合作联社与农行脱钩，农行不再行使管理信用联社职责，而由人民银行直接管理信用联社。2000年6月底，建阳城市信用社并入农村信用社。

2004年11月启动改革试点。按照“明晰产权关系，强化约束机制，增强服务功能，国家适当扶持，地方政府负责”的改革要求，2005年底，完成清产核资、票据申请、筹建申请各个阶段的任务目标，改革后，隶属福建省政府管理，成立福建省农村信用联社，南平设立省信用联社办事处，对辖区内的信用社实施管理。建阳市农村信用合作联社赋有管理和经营双重职责，对城乡农村信用社负有领导和管理的职责。至2010年底，全辖有城乡营业网点18个，内设7个部门：综合部、业务发展部、计划财务部、监察稽核部、风险合规部、互联网银行部、安全保卫部，员工207人。

七、中国邮政储蓄银行股份有限公司南平市建阳支行

1998年，中国邮政储蓄银行股份有限公司建阳支行由于国家政策调整，邮、电分营，邮政储蓄业务归属邮政局。2005年9月21日，国家政策再次调整，邮政储蓄存款分5年逐步从人民银行转出，邮政储蓄逐步向邮政储蓄银行过渡。2008年5月，成立中国邮政储蓄银行股份有限公司建阳支行。至2010年底，营业网点18个，内设2个部门：综合管理部、综合业务部，员工35人。

第三节　保险机构

一、中国人民保险公司建阳支公司

1994年，中国人民保险公司建阳支公司经营财产保险和人寿保险。1996年，中国人民保险公司建阳支公司分设为中保财产保险有限公司建阳支公司和中保人寿保险有限公司建阳支公司。

二、人保财险建阳支公司

1996年，从中国人民保险公司建阳支公司分设中保财产保险有限公司建阳支公司。2010年，公司设综合部、车商部、理赔部、电子商务部、非车险部和出单分中心，在册员工30人。

三、中国人寿保险公司建阳支公司

1996年，从中国人民保险公司建阳支公司分设中保人寿保险有限公司建阳支公司。2010年，公司设

办公室、个险销售部、银保保险部、团体保险部和客户服务中心，在册员工 22 人。

四、中国太平洋财产保险公司建阳支公司

2003 年 4 月，中国太平洋财产保险公司建阳支公司成立，经营财产保险业务。2010 年，公司设综合部、业务部、理赔部，在册员工 7 人。

五、中华联合财产保险公司建阳支公司

2007 年 11 月，中华联合财产保险公司建阳支公司成立，经营财产保险业务。2010 年，公司设综合部、营销部、理赔部，在册员工 6 人。

六、中国平安人寿保险公司建阳支公司

2009 年 6 月，中国平安人寿保险公司建阳支公司成立，经营人寿保险业务。2010 年，公司设客户服务部、域拓管理部，在册员工 5 人。

第十七篇　中国共产党

第十七篇　中国共产党

1994—2010年，建阳市各级党组织和广大党员，在中共建阳市委领导下，加强基层组织建设，发展党员，改善干部队伍结构，引进人才，结合各个时期中心工作任务和重大活动，开展理论教育和宣传活动，推进公民道德教育和精神文明建设活动，统战系统团结各民主党派和工商联积极建言献策，推动多党合作和政治协商。政法系统开展维稳工作。同时，市纪委加强党风廉政建设，改进党内政治生态。党的领导加强。期间，先后召开建阳市第九、第十、第十一次代表大会，作出一系列发展经济和社会事业的重大决策，为建阳市全面推进海峡西岸经济区绿色腹地经贸强市建设指明方向。至2010年，全市共有党员18618人，全市共有潭城街道党工委、童游街道党工委、市直党工委、教育局工委、非公企业工委、驻上海工委、海西林产工贸城工委等7个工委，党委27个，总支22个，支部678个。

第一章　代表大会

第一节　中国共产党建阳市第九次代表大会

1998年11月28—29日，中国共产党建阳市第九次代表大会召开，会议正式代表245人，到会代表237人。大会审议通过何三保代表中共建阳市第八届委员会所作的《抓住机遇，加快发展，努力开创我市新一轮创业新局面》的工作报告和李兵所作的纪检工作报告。选举产生中共建阳市第九届委员会，选举产生中共建阳市纪律检查委员会。

第二节　中国共产党建阳市第十次代表大会

2003年10月29—31日，中国共产党建阳市第十次代表大会召开，会议正式代表263人，到会代表252人。大会审议通过郭建声代表中共建阳市第九届委员会所作的《坚持与时俱进，加快发展步伐，努力开创建阳全面建设小康社会新局面》的工作报告和卫国所作的纪检工作报告。选举产生中共建阳市第十届委员会，选举产生中共建阳市纪律检查委员会。

第三节　中国共产党建阳市第十一次代表大会

2006年6月28日至6月30日，中国共产党建阳市第十一次代表大会召开，出席会议正式代表271人，因病因事请假4名，到会代表267人，特邀来宾127人。大会审议通过刘山鹰代表中共建阳市第十届委员会所作的《抢抓机遇、加快发展、全面推进海峡西岸经济区绿色腹地经贸强市建设》的工作报告和陈仕佳所作的《全面履行党章赋予职责、扎实推进反腐倡廉工作、为建设海峡西岸经济区绿色腹地的经贸强市提供纪律保证》纪检工作报告。选举产生中共建阳市第十一届委员会，选举产生中共建阳市纪律检查委员会。

第二章 组织机构

第一节　市 委

一、市委会组成与领导人

1993年11月29日，中国共产党建阳县第八次代表大会选举产生中共建阳县第八届委员会委员30人、候补委员5人。县委第一次全会选举刘昌霖为县委书记，周意、胡祖林、刘银生为县委副书记。

1998年11月29日，中国共产党建阳市第九次代表大会选举产生中共建阳市第九届委员会委员31人、候补委员4人。市委第一次全会选举何三保为市委书记，郭建声、葛晓华、武勇、庄永辉为市委副书记。

2003年10月31日，中国共产党建阳市第十次代表大会选举产生中共建阳市第十届委员会委员36人、候补委员5人。市委第一次全会选举郭建声为市委书记，葛晓华、卫国、马建东、李兵为市委副书记。

2006年6月30日，中国共产党建阳市第十一次代表大会选举产生中共建阳市第十一届委员会委员34人、候补委员5人。市委第一次全会选举刘山鹰为市委书记，葛晓华、符水俊、李兵为市委副书记。

1994—2010年建阳市委书记、副书记、常委名表

表17-2-1

职 务	姓 名	性 别	籍 贯	任职时间
市委书记	刘昌霖	男	福建福州	1993年11月至1995年8月
	何三保	男	福建邵武	1995年8月至2001年6月
	郭建声	男	山西沁县	2001年6月至2005年8月
	刘山鹰	男	福建安溪	2005年9月至2009年5月
	葛晓华	男	福建建瓯	2009年4月起
市委副书记	胡祖林	男	福建延平	1993年11月至1997年03月
	周　意	男	福建延平	1993年11月至1994年12月
	刘银生	男	福建建阳	1993年11月至1995年12月
	陈诗博	男	福建南安	1994年7月至1995年10月
	郭建声	男	山西沁县	1994年12月至2001年06月
	翁伯奇	男	福建福州	1995年7月至1997年7月
	白炳义	男	福建建阳	1996年3月至2001年8月
	张淑云	女	山东	1996年3月至1998年10月
	庄永辉	男	福建莆田	1996年2月至2000年8月
	张兆民	男	福建邵武	1997年3月至1997年5月
	武　勇	男	山西壶关	1997年11月至2001年8月
	葛晓华	男	福建建瓯	1998年10月至2009年5月
	卫　国	男	山西沁县	2001年4月至2005年9月
	马建东	男	山东茌平	2001年7月至2007年2月
	柳贵清	男	福建屏南	2001年8月至2001年11月
	李　兵	男	山东淄博	2001年4月至2007年11月

续表 17-2-1

职务	姓名	性别	籍贯	任职时间
市委副书记	阎建华	男	山东	2001 年 11 月至 2003 年 10 月
	符水俊	男	福建延平	2006 年 1 月至 2009 年 7 月
	朱其勇	男	福建建瓯	2009 年 12 月起
	袁仁旺	男	福建武夷山	2009 年 5 月起
	胡宗礼	男	福建南平	2009 年 6 月起
市委常委	刘昌霖	男	福建福州	1993 年 11 月至 1995 年 8 月
	周　意	男	福建延平	1993 年 11 月至 1994 年 12 月
	胡祖林	男	福建延平	1993 年 11 月至 1997 年 3 月
	刘银生	男	福建建阳	1993 年 11 月至 1995 年 12 月
	郭建声	男	山西沁县	1993 年 11 月至 2005 年 8 月
	白炳义	男	福建建阳	1993 年 11 月至 2001 年 8 月
	张国雄	男	福建建阳	1993 年 11 月至 1996 年 3 月
	廖卫民	男	福建	1993 年 11 月至 2001 年 8 月
	武　勇	男	山西壶关	1993 年 11 月至 2001 年 8 月
	张兆民	男	福建邵武	1994 年 4 月至 1997 年 5 月
	陈诗博	男	福建南安	1994 年 7 月至 1995 年 10 月
	胡书仁	男	福建延平	1995 年 1 月至 1997 年 5 月
	翁伯奇	男	福建福州	1995 年 7 月至 1997 年 7 月
	何三保	男	福建邵武	1995 年 8 月至 2001 年 6 月
	牛相盛	男	福建	1995 年 7 月至 1998 年 10 月
	张淑云	女	山东	1996 年 3 月至 1998 年 10 月
	庄永辉	男	福建莆田	1996 年 2 月至 2000 年 8 月
	许晓青	男	福建建瓯	1996 年 3 月至 1998 年 4 月
	邹仁满	男	福建延平	1996 年 3 月至 2001 年 7 月 2001 年 9 月起
	余建坤	男	福建浦城	1997 年 11 月至 2001 年 4 月
	余玉平	男	福建古田	1998 年 10 月至 2002 年 3 月
	王国治	男	福建建阳	1998 年 10 月至 2003 年 10 月
	李　兵	男	山东淄博	1998 年 10 月至 2001 年 4 月
	葛晓华	男	福建建瓯	1998 年 10 月起
	周　伟	男	福建政和	1998 年 10 月至 2000 年 1 月
	卫　国	男	山西沁县	2001 年 4 月至 2005 年 9 月
	马建东	男	山东茌平	2001 年 7 月至 2007 年 2 月
	柳贵清	男	福建屏南	2001 年 8 月至 2001 年 11 月
	阎建华	男	山东	2001 年 11 月至 2003 年 10 月
	黄开清	男	福建永泰	2001 年 7 月至 2005 年 7 月
	朱其勇	男	福建建瓯	2002 年 3 月至 2009 年 11 月
	黄　肃	男	福建福州	2002 年 5 月至 2009 年 7 月
	麻　超	男	湖南凤凰	2002 年 5 月至 2002 年 11 月
	廖献平	女	福建顺昌	2002 年 7 月至 2004 年 9 月
	林贻彬	男	福建建阳	2003 年 1 月起
	何光松	男	福建福清	2003 年 10 月至 2006 年 6 月

续表 17-2-1

职务	姓名	性别	籍贯	任职时间
市委常委	张　颖	女	福建闽清	2003 年 10 月起
	刘山鹰	男	福建安溪	2005 年 9 月至 2009 年 5 月
	江志勇	男	福建武夷山	2005 年 9 月至 2009 年 12 月
	林承杞	男	福建连江	2005 年 7 月至 2006 年 6 月
	宋延林	男	广西浦北	2005 年 8 月至 2005 年 12 月
	符水俊	男	福建延平	2006 年 1 月至 2009 年 7 月
	陈仕佳	男	福建延平	2006 年 06 月起
	郑惠平	男	福建浦城	2006 年 6 月至 2008 年 10 月
	朱　凯	男	江西德安	2009 年 4 月起
	袁仁旺	男	福建武夷山	2009 年 5 月起
	胡宗礼	男	福建延平	2009 年 6 月起
	许　诚	男	福建政和	2009 年 11 月起
	丁贵生	男	福建松溪	2009 年 12 月起

二、工作机构

1994 年，中共建阳市委有市委办公室、组织部、宣传部、统一战线工作部、政法委员会、政策研究室、对台（台湾）工作办公室、党建工作领导小组办公室、精神文明建设领导小组办公室、机要局、社会治安综合治理委员会办公室、农村工作部、老干部局、报道组 14 个市委工作机构和党史研究室、党校 2 个直属市委管理的事业单位。1997 年 3 月，根据建阳市党政机构改革方案，市委工作机构调整为：市委办公室（加挂政策研究室、机要局牌子、台湾工作办公室与其合署）、组织部、宣传部、统一战线工作部、政法委员会（社会治安综合治理委员会办公室与其合署）、市直机关工作委员会。2002 年，市委工作部门有：市委办公室（政策研究室、机要局、保密委员会办公室、保密局）、组织部、宣传部、统一战线工作部、政法委员会（社会治安综合治理委员会办公室、610 办公室与其合署）、机构编制委员会办公室、市直机关工作委员会、台湾工作办公室；部门管理机构有 3 个：精神文明建设办公室、信访局、老干部局；议事协调机构有 1 个：农村工作领导小组办公室；事业单位有 2 个：党校、党史研究室。

第二节　市纪委

一、市纪委组成与领导人

1994 年 10 月，市纪委配常委 10 名，其中，书记 1 名，副书记 4 名；1 名副书记兼监察局局长、1 名常委兼监察局副局长。至 1998 年 10 月，郭建声、牛相盛先后任书记。

1998 年 11 月 29 日，中国共产党建阳市第九次代表大会选举产生中共建阳市纪律检查委员会委员 15 人。第一次全体会议选举李兵为书记。

2003 年 10 月 31 日，中国共产党建阳市第十次代表大会选举产生中共建阳市纪律检查委员会委员 19 人。第一次全体会议选举卫国为书记。

2006 年 6 月 30 日，中国共产党建阳市第十一次代表大会选举产生中共建阳市纪律检查委员会委员 23 人。第一次全体会议选举陈仕佳为书记。

至 2010 年，中共建阳市纪律检查委员会配常委 9 名（含书记 1 名，副书记 2 名，其中 1 名副书记兼任监察局局长）；市监察局局长由市纪委副书记兼任，党员副局长由市纪委常委兼任。

1994—2010 年建阳市纪委书记名表

表 17-2-2

姓 名	性 别	籍 贯	任职时间
郭建声	男	山西省沁县	1994.10 至 1995.5
牛相盛	男	山东省济南	1995.5 至 1998.10
李 兵	男	山东省淄博	1998.10 至 2001.4
卫 国	男	山西省沁县	2001.4 至 2006.7
陈仕佳	男	南平樟湖板	2006.7 至 2010.12

二、工作机构

1994 年，市纪委与监察局合署，下设办公室、纪检监察一室、纪检监察二室、案件审理室、信访室、执法监察室、宣传教育室、党风廉政室。

2010 年 3 月，中共建阳市纪律检查委员会、建阳市监察局增加农村党风廉政建设工作室、干部管理室、监察综合室、案件监督管理室 4 个内设机构，均为副科级，同时增加 4 个副科级领导职数。

至 2010 年底，全市共有 30 个基层纪检监察机关（含纪委、纪工委、纪检组），设专职书记（组长）、副书记、监察室主任、委员若干名，配备专兼职纪检干部 223 人。全市 683 个党支部均有纪检委员。

第三章 重大决策

第一节 政治决策

1994 年 2—6 月，县委决定全市党政机关集中学习《邓小平文选》第三卷，各级部门结合实际具体情况，制定学习计划，认真执行，兴起学习高潮，促进建阳“两个文明”建设登上新台阶。

1998 年 2 月，根据全国统一部署，市委决定开展“深入‘三讲’（讲学习、讲政治、讲正气）教育，整顿机关作风”活动。

1999 年 6 月，在黄坑镇开展政务公开试点工作，取得阶段性成效后，总结经验，下半年起在各乡镇全面推行政务公开工作。

2000 年 4—6 月，开展“三讲”教育活动，12 月，开展学习贯彻中共党的十五届五中全会精神万人宣讲活动和“三讲”集中教育“回头看”活动。市 5 套班子成员结合“回头看”活动，开展宣讲中共党的十五届五中全会精神驻村调研活动。

2001 年 2 月，结合建阳市实际情况，制定《中共建阳市委关于在全市农村开展“三个代表”重要思想学习教育活动的实施方案》，提出用 2 年时间有计划有步骤开展各项学习教育活动。同年 9 月，为贯彻南平市委、市政府提出的“激活基层细胞、夯实发展基础、营造创业环境、构筑起飞平台”的工作思路，结合建阳实际，市委制定《关于下派干部“六位一体”工作实施方案》。

2002 年 4 月，市委制定《建阳市党风廉政建设责任制考评标准》，深化党建工作。

2003 年 6 月，市委制定《关于贯彻落实省委〈关于建立和完善反腐倡廉工作“六个机制”的若干规定（试行）〉的实施办法》，开展反腐倡廉工作“六个机制”（思想教育机制、制度规范机制、监督制约机制、查 案惩处机制、干部保护机制和廉政责任机制）活动。

2004 年 4 月，为深化“南平机制”和“三级联创”（县、乡镇和村三级联合创建活动）活动，加强机关效能建设和农村基层组织建设，市委决定在全市开展和市直部门单位、条管单位与下派村“签收联创、互动发展”活动。

2005 年 2 月，市委下发《关于开展保持共产党员先进性教育活动实施方案的通知》，决定开展保持共产党员先进性教育活动。3 月，《建阳市党务公开工作实施的意见》出台。

2006 年 3 月，市委制定《关于贯彻落实＜建立健全教育、制度、监督并重的惩治和预防腐败体系实施纲要＞的实施意见》。9 月，制定《关于贯彻落实＜建立健全教育、制度、监督并重的惩治和预防腐败体系实施纲要＞的实施意见》的分工方案。

同年 9 月，市委制定《关于推进海西区绿色腹地经贸强市社会主义新农村建设的实施意见》，提出建设社会主义新农村，要以建设社会主义和谐农村为目标，以农民增收、农业增效、农村发展为主题。

2007 年 4 月，制定《中共建阳市委常委会工作规则》。同月，结合开展“创和谐村两委班子，建绿色腹地新农村”活动，制定《关于建立农村干部“教育、监督、激励”三位一体管理机制的意见》。同月，制定《关于进一步加强干部队伍作风建设的实施意见》，在全市开展“干部作风建设年”活动。

2008 年 8 月，为贯彻落实中共党的十七大精神，拓宽党员联系和服务群众的渠道，建立和完善保持共产党员先进性长效机制，市委制定《关于在全市推行党员服务承诺制的实施意见》，在全市推行党员服务承诺制。

2009 年 3 月，建阳市作为全省第二、第三批开展深入学习实践科学发展观活动的对象，市委制定《建阳市开展深入学习实践科学发展观活动实施方案》，提出要以“科学发展、四求先行”为主题，以“海西应先行、闽北当前锋、建阳要跃升”为实践载体，组织广大党员特别是各级领导班子和党员领导干部紧紧围绕党员干部受教育、科学发展上水平、人民群众得实惠，解放思想、实事求是、改革创新，切实增强贯彻落实科学发展观的自觉性和坚定性。

2010 年 11 月，为深化政府及乡镇机构改革，在市委领导下，制定《建阳市人民政府机构改革方案》和《建阳市乡镇机构改革方案》，提出从 2011 年初开始，用半年时间完成机构改革。

第二节　经济决策

1994 年 9 月 28 日至 10 月 2 日，市委领导依托设市庆典举办城乡商品展销会，开展经贸洽谈活动。

1996 年 1 月，市委提出《建阳市国民经济和社会发展“九五”计划与 2010 年规划的建议》，提出要确实转变经济增长方式，合理确定生产力布局，优化产业结构，全面提高国民经济的整体素质和效益，使社会生产力有大的发展，实施“一中心、两区域”的经济发展格局，把建阳建成繁荣、稳定、文明、开放的农工贸游全面发展的新兴城市。

1997 年 9 月，市委制定《关于后四年经济发展的意见》，提出“九五”后 4 年经济发展意见，肯定建阳经济发展路子，结合建阳的实际和客观条件，提出走加快资源开发转化的路子。突出“九五”规划重点，强化政策措施，促进“九五”规划目标的落实，抢抓机遇，加快发展。

1998 年 3 月，市委结合开展“98 项目开发年”活动，提出活动具体目标，全市筛选推出 100 个以上项目，其中，有一定规模的符合市场经济的大项目 20 个，并达到预可研程度。当年市级项目储备库项目更新率达 60%—70%。各乡（镇）、市直主要经济主管部门上报 5 个以上项目且不断滚动发展。

2005 年 12 月，市委提出《建阳市国民经济和社会发展第十一个五年规划的建议》，提出在优化结构、提高效益和降低消耗的基础上，力争 2007 年全市国内生产总值、2008 年人均国内生产总值比 2000 年翻一番。打造“一个核心，两个增长轴线”的发展格局，形成“三路并进、整体发展”的态势，把建阳建设成为闽北产业集中区接受长三角等发达地区产业转移重要承接地、闽北中部崛起新的经济增长极的重要组成部分、闽北大武夷旅游的后花园、闽北重要交通枢纽和商贸、三产区域中心。

2006 年 6 月，中共建阳市第十一次代表大会提出，要抢抓机遇、加快发展，全面推进海峡西岸经济区绿色腹地经贸强市建设，努力把建阳建成闽北经济开发区接受长三角等沿海发达地区产业转移的主要承接地，闽北“一点一线”中部崛起新的经济增长极的重要组成部分，闽北重要交通枢纽，大武夷旅游的后花园和闽北商贸、第三产业的区域中心。

2007 年 9 月，结合“十一五”规划，市委制定《加快建阳市第三产业发展的实施意见》，加快建阳市第三产业发展，全面推进建阳经济结构战略性调整，

2008 年 2 月，市委制定《关于加强农业基础建设进一步促进农业发展农民增收的意见》，对全市农业工作提出部署和要求。

2008 年 5 月，市委发出《关于进一步完善扶持重点企业发展政策的通知》，要求开展“扶持企业税收增百万”活动更加合理、规范，提高企业参与的积极性，

2009 年 7 月，市委发出《关于扶持重点工业企业发展的通知》，优化投资环境，突出工业，突破工业，加快海西绿色腹地经贸强市建设步伐，增强经济综合实力。

2010 年 12 月，市委提出《建阳市国民经济和社会发展第十二个五年规划的建议》，提出要力争在“十二五”末，地区生产总值比 2010 年翻一番以上，年均增长水平超过南平市水平，经济总量占全区的比重逐步提高；力争财政总收入比 2010 年翻一番，经济发展步入投资带动、创新驱动、内生增长并重的轨道。努力把建阳建成经济社会全面繁荣，产业结构、经济结构优化，市场竞争力和综合实力显著增强，开放文明和谐，生态环境优美，社会事业全面发展，公共服务和公共安全体系完善，城乡居民收入水平和生活质量提高的海西绿色腹地现代化经济强市。

第三节　社会事业决策

1994 年 1—9 月，县委围绕“9·28”撤县设市庆典活动开展筹备工作。3 月，县委开展征集市标、市徽活动。4 月，县委、县政府决定成立建市筹备委员会，确保建市庆典暨经贸活动顺利开展。8 月，决定开展“大战四十天，治理脏乱差，以优美环境迎接建市庆典”活动。

1995 年 3 月，市委下发《建阳市爱国主义教育“丹心工程”实施意见》（简称“意见”）。意见要求从《邓小平文选》（一、二、三）卷学习教育；闽北和建阳历史和传统文化教育；联系国情、省情、市情抓好党的基本路线教育；“和平统一、一国两制”方针政策教育；社会主义民主和法制教育 5 个方面进行爱国主义教育。

1997 年 2 月，市委决定在各级干部开展“讲学习、讲政治、讲正气”教育活动，突出学习邓小平建设有中国特色社会主义理论，为迎接中共党的十五大营造氛围。

2002 年 7 月，市委制定《关于 2002 年群众性精神文明建设工作的意见》，提出为全面实施建设“用高科技武装的工业发达、商贸繁荣、城市化程度高的可持续发展的闽北重要城市”战略目标营造人文环境。

2003 年 11 月，市委印发《2003—2005 年建阳市乡（镇、街道）党政领导精神文明建设工作责任书》，抓好精神文明建设各项工作的落实。

2004 年 8 月，市委制定《关于创建“平安建阳”的实施意见》，决定从 2004 年至 2008 年底，在全市开展创建“平安建阳”活动。

2007 年 2 月，市委制定《关于 2007 年建阳市精神文明建设工作的意见》，对全市精神文明建设工作提出部署和要求。

2009 年 8 月，市委制定《建阳市市区夜景工程实施方案》，提出通过分阶段实施的办法，建立以市区崇阳溪、麻阳溪两岸建（构）筑物为主，以城市主干道和 4 个出入城口方向特色广场为辅的夜景亮化系统。营造一个风格统一、富有特色、层次分明、动静结合、错落有致的市区夜景景观。

2009 年 11 月，市委制定《关于深化“平安建阳”建设的实施意见》，决定 2009—2013 年在全市开展深化“平安建阳”建设活动。

2010年5月，市委制定《建阳市城乡绿化一体化“四绿”工程实施方案（2010—2012年）》，强调以“弘扬生态文明，共建绿色海西”为主题，以“全社会办林业、全民搞绿化”为方针，以实施绿色城市、绿色村镇、绿色通道、绿色屏障“四绿”工程为重点，开展植树造林活动，加快城乡绿化一体化进程，把建阳建设成绿水青山、人与自然和谐、经济社会可持续发展的“生态优美的海西绿色腹地”。10月，在市委领导下，建阳市编制《建阳市教育事业“十二五”发展规划》，满足人民群众对教育的需求，推动建阳教育全面协调可持续发展；12月，制定出台《建阳市城市总体规划（2009—2030）》。提出把建阳建设成为海峡西岸经济区绿色腹地的先进制造业基地和山水宜居城市。

第四章　纪检监察

第一节　党风廉政建设

1994年，建立对市2层领导班子及党员领导干部党风党纪考核制度，中共建阳县委批转县纪委、县组织部《关于建立对市二层领导班子及党员干部党风党纪考核制度的意见》的通知，提出参照国纪委对党政机关县处级以上领导干部提出廉洁自律的2个“五条规定”（1. 不准经商办企业；不准从事有偿的中介活动；不准利用职权为配偶、子女和亲友经商办企业提供任何优惠条件。2. 不准在各类经济实体中兼职（包括名誉职务），个别经批准兼职的，不得领取任何报酬；不准到下属单位和其他企事业单位报销应由个人支付的各种费用。3. 不准买卖股票。4. 不准在公务活动中接受礼金和各种有价证券；不准接受下属单位和其他企事业单位赠送的信用卡，也不准把本单位用公款办理的信用卡归个人使用。5. 不准用公款获取各种形式的俱乐部会员资格，也不准用公款参与高消费的娱乐活动），建立考核监督机制，使之制度化、经常化。1996年，市纪委针对群众来信来访反映领导干部问题，实行领导干部预约谈话制度。1998年，将廉政约谈制度延伸至基层党委，并在全市范围内建立健全党员领导干部廉政约谈制度。

2001年，建阳市纪委、监察局在建阳市工商银行开设“510”廉政账户，允许领导干部以不记名方式退回现金和有价证券、支付凭证等，视为主动拒礼拒贿行为。至年底共收缴21515元。2008年，建阳市纪委、监察局为市委、市政府起草《建阳市党员领导干部廉洁从政“七不准”》：不准利用本人及家庭成员婚丧嫁娶大操大办，挥霍浪费，借机聚敛财物；不准非公务活动用公款相互宴请、利用公款外出旅游和参加高消费娱乐活动；不准利用职务之便，以公事名义向企事业单位搞摊派或拉赞助；不准违反规定收送“红包”和有价证券；不准自己、配偶、子女和身边工作人员，在本人履行公权力所涉及的部门领域内投资入股或进行其他营利活动；不准以任何形式参与赌博或变相赌博；不准超编配车和公车私用，规范党员领导干部的从政行为。建立警示教育基地4个，并安排省二监在押犯人对广大党员干部进行现身说法。同年，以转变机关干部作风、服务方便人民群众为出发点，在莒口镇试行“为民办事全程代理制”，2009年，在全市13个乡镇（街道）全面铺开。2010年，结合《中国共产党党员领导干部廉洁从政若干准则》的各项要求，市委、市政府制定出台《建阳市机关工作人员行政问责暂行规定》，先后有27名党员干部因不作为、乱作为或作为不力被问责。同年10月，“建阳市行政服务中心暨建阳市为民办事全程代理中心”揭牌成立。

第二节　违纪案件查处

1989年起，市纪检监察机关把查处违纪违规案件作为从严治党、惩治腐败的重要手段，以查办党政机关、行政执法机关、司法机关、经济管理部门和科级以上干部的案件为重点，查处党员干部贪污、贿赂、挪用公款、失职渎职等方面的问题。至2010年，共查处各类违纪案件1091件1107人，其中，受党纪处分1068人，开除党籍355人，留党察看142人，撤销党内职务31人，严重警告203人，警告295人，取消预备党员资格9人；受政纪处分72人，开除16人，撤职12人，降级2人，记大过7人，记过10人，警告25人。

1989年起，建阳市纪委、监察局围绕市委、市政府中心工作，拓宽信访举报渠道，加大信访举报案件办理力度，加强信访信息综合反映能力，求真务实，以群众观点全面履职，为深入推进反腐倡廉建设服务。至2010年，共受理群众信访举报1508件次，其中，业务内举报1046件次。

1989—2010年建阳市纪委来信来访和查处案件情况表

表17-4-1 单位：件、人

年份	来信来访数（件）	业务数（件）	立案数（件）	立案人数（人）	其中经济类数（件）	大要案数（件）	受党政纪处分人数（人）	其中被开除党籍人数（人）
1989	183	132	49	53	11	7	53	11
1990	153	127	43	42	7	3	37	9
1991	112	56	48	48	11	5	41	10
1992	135	76	40	41	5	1	41	4
1993	174	66	40	41	12	1	38	2
1994	169	82	55	57	15	6	52	13
1995	217	131	61	63	17	6	59	17
1996	192	163	50	52	13	7	51	26
1997	138	79	43	43	10	5	43	8
1998	146	87	49	49	15	3	48	6
1999	165	103	50	52	12	5	47	7
2000	171	153	45	47	9	7	44	11
2001	137	98	55	55	16	9	55	20
2002	194	162	51	53	10	5	52	24
2003	187	143	50	51	18	6	51	22
2004	161	121	50	49	11	7	49	22
2005	218	155	56	55	16	11	54	10
2006	235	138	57	59	17	5	58	16
2007	216	143	58	60	14	8	60	24
2008	133	78	58	59	9	6	59	30
2009	166	123	58	59	13	15	59	31
2010	192	145	58	56	11	6	56	32
合计	3794	2561	1124	1144	272	134	1107	355

第三节 纠正行风

1994年，市纪检、监察部门开展“三清一刹”［清理乱收费、用公款变相出国（境）旅游、党政机关及其工作人员利用职权无偿占用企业的钱物，狠刹部门和行业突出的不正之风］纠风治理。对生产自救扶持款8万元和救济款32.48万元等发放情况进行督查；对《中华人民共和国统计法》和《中华人民共和国药品管理法》贯彻实施情况进行检查，抽查医药站8个、医药店22个，村级卫生所193个，查出不合格药品72种，劣药77种；清理党政部门及其工作人员无偿占有企业财物，查实并归还企业交通工具7辆，通信设备16件，声像器材1件，其他物品6件。1995年，狠刹公路“三乱”（乱设卡、乱罚款、乱收费）、中小学乱收费和向农民乱收费三股不正之风。撤除公路站卡25个，取缔非法停车场1处，查处违纪单位3个，收缴违纪款2.48万元；查出学校乱收费8所4项，退还5.10万元；清理乡镇财务及小金库，查出违纪单位18个62.37万元，收缴财政33.08万元。1997年，首次提出“标本兼治、纠建并举”和加强行风建设创建文明行业的要求，制止纠正违规行为33起，查处违法违规金额20.80万元，纠正退还12.80万元。1998年，重点抓好减轻农民和企业负担工作，核减2个乡镇提留标准，减轻农民负担49.39万元，退还农民售粮代扣的统筹18.90万元；与物委等部门配合，落实企业收费登记制度，制止乱收费、乱罚款、乱摊派、乱检查。清理有预算外资金的单位56个，缴入财政专户200.40万元。1999年，发放农民负担监督卡5.70万份，调减负担174.22万元；调整电价，减轻农民负担348.87万元。做好企业减负，取消乱收费项目11项，降低13项收费标准。2001年，重点抓好纠正医药购销中的不正之风和减轻农民负担工作，取缔无证行医18家，没收药品器械5.50万元，取缔卖药地摊13家，做好药品集中招标采购。专项治理教育乱收费，查处8所中小学校，退还代办费5.40万元。治理公路“三乱”工作，撤除7个财税申报站。2004年，将历来沿用的“纠正部门和行业不正之风”的提法改为“切实纠正损害群众利益的不正之风”，同时，将过去对部门和行业提出任务改为对各级党委和政府的要求，明确纠风工作责任主体。2004—2010年，通过纠风工作，共取缔无证行医11家，非法义诊4家，监督专项资金4.32亿元，废止违规或不合理涉企行政事业收费文件22个，取消收费项目19个，查处各类中介案件11起，罚没金额5.37万元，征集群众意见和建议1900条，解决或提出整改措施480条。

第四节　专项监督检查

1994年，建阳市成立“公路先行”工程专项监察小组，由市纪委、监察局牵头对工程从土地征用、工程承包、资金的筹措使用、工程质量进行专项检查，发出不合格项目整改通知书30份，提出监察建议15条，发现并纠正不符规定开支4.50万元。

1997年，重点对使用公款购买移动电话和公费安装住宅电话情况进行监督检查，检查乡镇13个，市直部门74个，共清理出公款购买移动电话268部，收缴108部；公款安装住宅电话713部，上缴住宅电话折价款25万元。

1999年，成立建阳市粮食流通体制改革情况执法监察领导小组及其办公室（设于市纪委执法监察室），参与粮食流通体制改革工作的监督。全年共立案查处非法收购粮食案件44起，没收粮食213吨，罚没款34万元。

2003年，重点整治开具虚假发票公款报销行为，建立由市纪委、监察局牵头，经贸局、公安局、财政局、审计局等部门共同参与的联席会议制度，查处开具虚假发票5笔90万元。2004年8月起，市监察局推行财政票据清理和票据改革试点工作，选择20家单位作为试点部门，共清理核销各类票据11万余本。

2005年9月，市纪委、监察局重点开展清理纠正国家机关工作人员和国有企业负责人投资入股煤矿和非煤矿山的专项监察，监督检查单位105个，清理并纠正投资入股采砂场1人。

2006年5月，成立建阳市治理商业贿赂领导小组，办公室挂靠市监察局，办公室主任由监察局副局长林建盛兼任。全年共立商业贿赂案件19件，涉案单位16个，涉案人员19人，涉案金额92.34万元。

2007年，建阳市纪委、监察局、农业局、组织部、财政局、民政局6部门共同下发《关于在全市实行乡（镇）村公有资产监管制度的实施意见》，对农村“三资”（资金、资产、资源）进行重点监管，13个乡镇（街道）成立“监管中心”，建立公有资产管理制度。

2008年1月，成立招投标交易中心，全市的工程建设项目、产权交易和公共资源配置等进入中心进行交易。4月，成立建阳市招投标交易工作领导小组，办公室设于市纪委执法监察室，办公室主任由市监察局局长兼任，负责日常招投标交易的全程监督；汶川大地震后，市纪委、监察局加强对抗震救灾资金、物资的监管，共审计资金718.98万元，监督发放物资304箱。开展规范行政权力运行试点工作，确定市林业局、文体局、建设局等10个部门为试点单位，并于11月在42个职能部门全面推行。共清理行政职权610项，制作各类流程图220项，形成制度818项，清理确定行政自由裁量权1854项。

2010年2月，建阳市招投标交易中心更名为建阳市公共资源交易中心，将原有的工程招投标、政府采购、产权交易和土地出让等交易机构进行整合，集中同一平台完成各类公共资源的交易操作，中心依托市物资总公司进行日常管理，市纪委、监察局委派专人全程监督中心的运行，缩小权力寻租空间，规范市场交易行为，降低政府行政成本。据统计，1989—2010年，建阳市纪检部门共开展专项监督检查355项次，检查单位1666个，发现问题411个，下达监察决定书49份，监察建议书76份，制止纠正违纪违规行为312起，查出违规违纪金额238.23万元，纠正并退还违法违纪金额58.70万元，为国家和集体避免及挽回经济损失9161.74万元；发现案件线索35个，立案处理28个，移送党纪处分10人；参与建设工程项目招投标监督535个，节约资金3542.04万元；参与安全事故调查处理22起；监督土地使用权出让53宗，增加收入13858.11万元；参与产权交易监督104次，增加收入248.77万元；开展治理商业贿赂专项监督检查工作，立案36起，涉案单位32，涉案人员36人，涉案金额188.37万元，查出“小金库”违纪违规金额255.04万元。

第五节　机关效能建设

一、工作机制

2000年5月，建阳市成立以市长为组长的机关效能建设领导小组。小组下设办公室和市机关效能投诉中心，逐步建立机关效能“八项制度”（首问责任制、限时办结制、服务承诺制、政务公开制、否定报备制、效能考评制、效能责任追究制、监督反馈制）和政务公开“五项制度”（责任制度、审议制度、评议制度、反馈制度、备案制度），并完善工作职责、履行办事承诺、优化办事流程。

2000—2010年，市效能办配合全市中心工作开展系列活动：2001—2002年，开展“向官僚主义开战”活动；2003年，开展“效能八闽行”活动；2004年围绕“突出工业、突破工业”主题，开展“优化发展环境和效能建设回头看”活动；2005年，开展“克服和防止中梗阻和小吏大权”活动；2006年，推行“领导公开承诺制”“服务企业税收增百万双挂点制”等活动，23家职能部门领导通过有线电视公开承诺、与企业签订服务协议书等形式，对重点企业实行对口全程跟踪服务；2007年，配合开展“机关作风建设年”活动和组织“税收百万企业评职能部门”系列活动，推行“效能项目官员挂点制”；2008年，开展基层站所效能建设暨评选“服务发展最佳科室”和“群众不满意科室”活动，52个基层站所（科室）申报参与创建活动；与市委宣传部联合开展弘扬“五种精神”（弘扬与时俱进、永葆先进的时代精神；敢于负责、勇于争先的开拓精神；勤奋工作、奋发有为的敬业精神；宣传弘扬心系群众、为民谋利的务实精神；公道正派、廉洁奉公的自律精神），创建“五型”（学习型、创新型、服务型、创业型、清正型）机关主题活动；2009年，继续在市直部门开展创建“服务发展最佳科室”活动，制定出台《2009年度市直机关评选“服务发展最佳科室”和“群众不满意科室”工作方案》，将33个执纪执法职能部门的服务窗口、为民办实事的责任科室以及面向企业、面对群众的科室列为参评对象；9月，组织开展“行政提速，效能增效”主题活动；2010年，以开展“机关效能建设十周年纪念”活动为契机，突出服务企业发展，继续开展创建“服务发展最佳科室”和评选“群众不满意科室”活动，24个职能部门一把手、39个基层股（室）负责人采取在全市大会上公开服务承诺，在政府网站、政务公开栏、有线电视台公示部门服务承诺书等形式，接受企业群众监督。

二、绩效管理和效能考评

从2002年开始，市效能办对64个市直机关单位（含13个经济部门）进行年终效能考评，至2007年，共有 92 个市直机关单位获列为绩效考评对象。2007 年 9 月，制定出台《建阳市机关工作人员效能责任追究暂行办法补充规定》，将效能建设工作与绩效评估工作有机结合，促进全市绩效考评工作。效能办荣获 2007 年度市直机关（第八组）创业竞赛第一名。

2008 年，参与市政府绩效评估工作方案制定工作，将效能项目官员挂点联系制与全市的绩效评估工作相对接，实行监察、效能、党政两办联合巡查机制，定期或不定期对全市 13 个乡镇（街道）及 96 个部门的绩效评估工作进行业务指导和查访核验。2008 年，效能办获 2008 年度市直机关（第八组）创业竞赛第一名。

2009 年，按照市委、市政府关于《建阳市 2009 年度市直部门绩效管理暨创业竞赛工作方案》文件精神，继续深化政府绩效管理工作，建立健全各项制度体系，制定下发《建阳市效能建设领导小组关于推行行政效能问责制度的通知》及《建阳市效能办、行评办关于进一步加强常态化明察暗访的通知》等文件，推动绩效管理工作持续深入。

2010 年，强化绩效问责，持续推进绩效管理。对前 4 名绩效工作先进乡镇（街道）的进行表彰和奖励，对未进入前 4 名的乡镇（街道）名次比 2019 年提升 2 位以上或连续 2 年都提升 1 位的也给予奖励；排在末位的按规定予以问责。对 80 个市直部门和单位（含垂管单位）开展绩效管理或效能考评，2 个序列分别取前 5 名和前 8 名确定为绩效管理或效能考评先进单位，给予表彰和奖励，位列末位的则按规定给予相应处理。通过考评，促进机关作风转变，提高机关办事效率和服务意识。

三、效能投诉

从2000年设立市机关效能投诉中心开始，建阳市即将效能投诉作为强化机关效能监督的手段，围绕“为发展服务、为群众服务”的宗旨，做到“投诉有门、受理有效、督查到位、结果反馈”，维护企业和广大群众的切身利益。至 2007 年止，共受理各类效能投诉 728 件，效能告诫 33 人，其中移送纪检监察机关处理 1 人。

2008 年，向社会公布“5838111”投诉电话，开通“968168”效能投诉平台，设定 1 部专门电话 24 小时接受企业群众诉求，全年共受理投诉 50 件，办结率 100%。开展“一诉一整改”等专项检查活动 11 次，发出督查整改通知书 9 份，通报批评 3 人，诫勉教育、谈话 6 人次。2009 年，建立投诉件办理结果反馈制度和全力实施效能投诉联联席会制度，全年受理效能投诉件 45 件，办结率 100%。2010 年，加大效能投诉件的办理力度，受理群众来电、来信、来访投诉 39 件（未含即时解决的企业、群众咨询了解反映问题 82 件），办结 39 件，办结率为 100%。

四、效能督查

2004—2005 年，市效能办开展《中华人民共和国行政许可法》贯彻情况督查活动。2006—2007 年，配合开展加强基层站所效能建设的“十佳股所”评选活动、整治“小吏大权”活动和评选“服务发展最佳科室”和“群众不满意科室”活动，进行机关作风和专项效能督查，督查内容包括各乡镇（街道）殡葬改革、烟田基础设施建设、产品质量和食品安全专项整治、高致病禽流感，重大动物疫情防治等工作，先后下发效能通报 68 次，发出整改督办通知单 90 余份，效能告诫 33 人，诫勉教育 126 人，同时推出效能建设约谈制，全年约谈 28 人次。

2008 年，会同两办督查室开展“推进依法行政、提高办事效率”“推行阳光政务、加强政务公开”等专项督查，参与森林防火、防御台风、食品卫生、环保专项行动、安全生产、高速公路资本金筹措、重大建设工程项目弃土处理、市重点项目建设等专项督查，全年组织机关作风、依法行政等专项督查 20 次，配合参与部门专题督查 8 次，发出督查整改通知书 25 份，通报批评 20 人，诫勉教育 24 人，效能告诫3人；2008年开始，开展全市规范行政权力运行试点工作，确定市林业局、建设局等10个部门为试点单位， 10个试点单位共清理报备行政职权498项，制定项目运行流程图129项，细化行政处罚项目649项，形成各类效能建设、行政执法等制度、规则307项。同年11月中旬，全市规范行政权力运行动员大会，在全市部署规范行政权力运行工作召开；实行建阳市服务企业否定报备（报批）等制度和规范市直机关单位到市重点企业进行检查的制度。

2009年，围绕各部门规范行政行为、推行办事公开、提高办事效率等方面开展督查和专项督查，参与森林防火、环境综合整治、春运交通安全、会议会风督查等督查活动。同年9月，与市信访局联合开展信访专项督查。11月配合市纪委对全市2009年度省、南平市重点项目进行专项督查，全年开展机关作风专项督查29人次，发出察访核验整改通知书23份，效能告诫4人，对主要领导进行效能约谈9人次；规范受理相关部门入企检查报批报备54批次。

2010年，调整聘请10位市效能监督员，全年开展机关作风专项督查7次，发放整改通知书11份，领导效能约谈15人次，通报批评单位18个，效能告诫、停职待岗等处理11人；抓好中心村镇、生态林业工作、重点建设资金统筹、优化发展环境治安整治、优先发展教育、安全生产专项整治、食品安全等7项专项督查；开展重点企业（项目）建设、整治“两违”“水电管控”、为民办实事项目落实、部门规范行政行为等10项效能专项督查，发放专项督查通报9份。清理规范行政职权1108项，制作各类流程图249项，形成制度1125项，对2503项行政处罚项目进行细化。落实机关单位到规模企业检查报批报备制度，全年收受相关部门入企检查报批报备17家9批次。是年，开展“治庸治懒、提能增效、狠抓落实”为主题的活动。

五、市行政服务中心建设

2003年7月，在市供电公司2楼成立市行政服务中心，国税、地税、工商、质监等14个部门人员入驻办公。

2006年10月，按照“窗口为群众服务，机关为窗口服务”要求，重新整合市行政服务中心并搬迁至市林业服务中心1楼，与市效能办合署办公。建设、质监、发改、环保、林业等7个单位窗口人员进驻市行政服务中心工作，另设立市国税、地税、工商3个“分中心”。各窗口设置办事指南和服务流程，制定六项服务承诺，采取“集中办公、一个窗口收件、工业企业收件代办、全程服务”的运行模式，为各类企业和投资者提供行政审批、办理证照等服务。

2008年，推行“一个漏斗对内，一个窗口对外”“开放式办公、一站式服务”运行机制，实行服务内容、审批程序、审批依据、申报材料、办理时限、收费标准“六公开”及承诺办理、限时办结等制度，全年为企业办理各类事项378件，办结率100%。

2009年，市政府制定下发《关于加强市行政服务中心建设的实施意见》，建立项目审批部门联席会议制度。市委印发《关于实行为民办事全程代理制度的工作意见》，在全市13个乡镇（街道）推行“为民办实事全程代理制度”。各乡镇（街道）设立为民办事全程代理受理中心，各村（居）设立为民办事全程代理受理点，为群众提供证照办理、科技信息、外出务工等免费代理服务，建立起 “镇村联动、部门协作、分类代理、专人承办、限时办结”的为民办事全程代理工作机制，实现群众办事“小事不出村，大事不出镇”的目标。

2010年4月，市政府投入120万元改建市行政服务中心、市为民办事全程代理中心。2010年10月14日，建阳市作为南平10县市中第一家集“行政审批、资源管理、公共服务、电子监察”为一体的功能完善的行政服务中心正式揭牌运行，中心实行2块牌子、1套人员运作模式，使用面积900平方米，配备文印、照相、LED大屏幕、监督台、电子触摸屏等便民设备。入驻中心单位共有17个，全程服务分中心14个，中心设置“全程代理”服务窗口对13个乡镇（街道）全程代理服务中心及11个因业务量少、不需设立单独窗口部门的审批事项进行受理，实现入驻事项200个。至年底，中心实现审批3490件次，中心全程代理窗口受理审批（许可）申报代理256件。

六、政务公开

2002年，市效能办为贯彻《福建省政务公开暂行办法》，落实政务公开“五项制度”，编制下发全市政务公开目录，在市政府政务公开栏每季度公开1次。乡（镇）公开重点为：农村税费改革政策、征地补偿及分配方案、财务收支、集体债权债务，救灾救济、优抚等各类专项资金、财政转移支付资金使用、木材采伐指标安排等情况；市直行政机关公开的重点为：本地区城乡发展规划、财政预决算报告、重大项目审批和实施、行政许可事项、税费减免政策、大额资金使用、大宗物品政府采购、征地拆迁和经营性土地使用权出让、矿产资源开发和利用、政府工程招标投标；干部选拔任用，行政机关主要领导干部勤政廉政情况；突发性公共事件的预报、发生和处理情况；学校、医院以及水、电、气、公交方面办事收费、办事程序、办事时限等政务、村务、院务、校务、厂务等，方便群众办事，接受群众监督。2005年起，政务公开得到丰富和创新，逐步增加政府政务网公开、电子政务公开等形式，并进行听证会、专家咨询会、论证会等民主决策机制的有效尝试。

2007年，确定黄坑镇、回龙乡、市国税局、市环保局等单位为全市政务公开示范单位，6月14日，在回龙乡召开全市“政务公开”现场会。

2008年，配合开展供水价格、土地规划等听证会3场，同年10月，组织13个乡镇（街道）及27个政府部门开展政务公开暨信息公开专项培训。

2009年，把关系群众切身利益的问题、社会关注的热点问题以及容易滋生不正之风的重要环节作为政务公开的重点，公开领域从办事结果逐步向办事决策和办事程序深化。全年开展政务公开专项督查5次，发出整改通知书7份，9个乡镇（单位）被通报批评。

2010年，落实责任、审议、评议、反馈、备案等5项制度要求，全年开展政务公开专项督查4次，对30多个乡镇（街道）及单位提出整改要求。在市政府公开栏公开每季1次全年共18个版面，公开项目涵盖用地审批、农村居民最低生活保障金发放、救灾救济资金发放、行政执法处罚、企业减免税情况等。

七、宣传及研讨

2000—2007年，市效能办撰写调研文章12篇，编发《建阳市机关效能建设工作简报》260期，向省、南平市报送效能建设信息200条，其中，省《机关效能简报》采用14条、南平市《机关效能简报》采用58条，《浅谈行政过错追究存在的问题与对策》论文分获南平市三等奖和省二等奖。

2008年，《建阳市加大效能责任追究力度》《建阳市推行乡镇机关干部工作承诺月报告制度》获省效能简报采用；《建阳市加强机关作风督查》《建阳市开展“听企业说句话”优化软环境专项活动》《建阳市：硬措施优化软环境》获南平市效能简报采用；《建阳市推行效能项目官员挂点制》《建阳三早举措促效能建设》《建阳建立“效能日记”制度》等7篇文章获《中国纪检监察报》采用。同年，省效能办领导到建阳调研机关服务“海西”信息点工作；厦门市行政学院副院长卓越到建阳调研绩效管理工作；全区效能办主任工作会议、绩效评估工作调研座谈会在建阳召开。

2009年，编发《效能建设工作简报》14期，其中，《突出绩效管理，强化效能建设，为加快经济发展提供坚强作风保证》1文刊于全国《绩效管理》杂志，《建阳市“四办”工作法促机关效能提升》等2篇稿件获省效能简报采用，《建阳市政府部门采取措施帮扶企业渡难关》《建阳市多渠道开展行政权力运行监督工作》《建阳市“三围绕”强化效能督查工作》等13篇稿件获南平市效能简报采用。

2010年，以效能建设开展10周年为契机，组织开展效能建设理论征文及宣传展板活动，先后征集各部门各类优秀理论经验文章13篇，制作效能建设10年成果展板16块。参加全省机关效能建设工作会议，其中，《积极实施绩效管理、着力提高行政效能》获省深化机关效能建设，构建服务型政府理论研讨会暨福建省机关效能建设10周年经验交流会收入《实践经验选编》。

第五章 组织工作

第一节 党员发展与教育

1994年全市共有党员12675人。1996年，市直机关党员总数525名，正式党员513名，预备党员12名，新发展党员27名，年龄结构：25岁以下6名，26—35岁106名，36—45岁137名，46—55岁101名，56—60岁64名，61岁以上111名。学历结构为：大专以上198名，中专96名，高中86名，初中118名，小学27名。1998年，在全市企业党组织中开展学“学南纺、创五好”活动，活动分5个阶段，历时5个月。开展党员电教活动，市直机关企事业党组织8个党委及16个党总支，251个支部，共设电教播放点145个，配备各专兼职电教导播员8人，播放点兼职播放员140人，党员电教以定期、定点集中播放收看为主。对1995—1997年入党的新党员进行培训，市直共举办6期共482人参加培训。开展学习《中国共产党党和国家机关基层组织工作条例》和省委《实施意见》。1999年，举办支部书记业务培训班，市直机关、企事业党组织的106名支部书记参加培训。

2000年，市委制定《中国共产党党和国家基层组织工作条例》实施意见，开展“学南纺精神、创五好支部、树机关新风”活动，历时3个月，从支部抓起，从党员抓起，进行“五查五比”。2001年，开展农村“三个代表”重要思想学习教育活动，市直各党委参加学习，学习历时5个月。2004年，党委书记培训班举办，学习“三个代表”重要思想、机关党建业务。2005年，开展“先进性教育”活动，市直机关154个党支部3023人参加。2009年，开展深入学习实践科学发展观活动实施方案，历时半年。

至2010年，全市共有党员18618人，其中，市直机关党员5377名，新发展党员86名，党工委直属党员1455名，预备党员13名，新发展党员14名。学历结构：研究生9名，本科399名，大专414名，中专215名，高中174名，初中及以下244名。

第二节 基层组织建设

1994年，全市共有基层（含省地属单位）党委24个，党组6个，总支34个，党支部653个，其中，乡镇党委13个，行政村党支部190个。

1996年，市直党工委直属33个党支部，1997年，撤销台侨办党支部和经济体制改革委员会党支部。1998年，成立电信局党总支部，邮政局、老区办、民政局离退休、个体私营企业协会、综合林场、交通运输管理所、龙翔机械电器有限公司、雷公口水库电站管理处水电开发总公司党支部；撤销邮电局总支，工商业联合会、投资企业公司党支部；茶厂党支部更名为茶厂社区党支部，福建省建阳建筑工程有限公司党总支更名为建阳市新星建设（集团）有限公司党总支。在市直机关开展“党建工作先进单位”评选表彰活动，每2年进行1次，首次评选为1999年6月。同时，开展“深入三讲教育，整顿机关作风”活动，整顿内容包括政治方向、组织纪律、服务态度、办事效率、工作机制、廉政建设等6个方面。1999年，成立检察院党总支部，老龄办、新星建设集团新区建设开发公司、阳光幼儿园、广播电视大学工作站党支部；撤销检察院、竹材人造板厂、冷冻厂、福建压缩机总厂机电党支部；人民政府招待所更名为建阳宾馆党支部。

2000年，成立工商行政管理局党总支，编办、再生胶厂、盛和清水模板有限公司、中银（建阳）蓄电池有限公司、国有资产投资运营中心、妇幼保健所、雷公口水力发电厂党支部；撤销工商局党支部；百灵毛巾有限公司党支部更名为武夷毛巾有限公司党支部。是年，市直机关党组织开展党建论文调研工作，并评选出18篇优秀调研文章编辑成册。

2001年，先后成立地方税务局党总支，市场服务中心、三利鞋业有限公司、辉达鞋厂党支部；撤销福建蓄电池厂、新星建设集团有限公司党总支，丽阳人造板有限责任公司党支部；制药厂党支部更名为福建省三爱药业股份有限公司党支部。当年在市直机关党组织开展“向官僚主义开战，切实转变机关作风”活动。

2002年，成立经贸局、农业局、教育局、卫生局、交通局、粮食局、供销合作社7个党委，林委党委更名为林业局党委，建委党委更名为建设局党委，计委党委更名为发展计划局党委，撤销经委、财委、农委、宣传系统直属机关党委。成立第二中学党总支，药监局、外事办、文体局、国土局、公安局经济犯罪侦查大队、农业局离退休、木材检验服务中心党支部；撤销刨花板厂、种子公司党支部；纪律检查委员会党支部更名为市纪委市监察局党支部，科学技术委员会党支部更名为科学技术局党支部，市委精神文明建设领导小组办公室党支部更名为市委精神文明建设指导委员会办公室党支部，农委党支部更名为市委农村工作领导小组办公室党支部，计委委员会党支部更名为发展计划局机关党支部，物价委员会党支部更名为物价局党支部。当年，开展了“理想、信念、作风”主题教育活动。

2003—2004年，潭城镇党委、童游镇党委分别变更为潭城街道党工委、童游街道党工委，2003年，成立潭城街道北门社区党支部、潭城街道桥南社区党支部、潭城街道兴建社区党支部、潭城街道西市社区党支部、潭城街道黄花山社区党支部、潭城街道宝山社区党支部、潭城街道永安社区党支部、潭城街道西桥社区党支部、潭城街道南阳社区党支部、潭城街道西门社区党支部、潭城街道中南社区党支部、童游街道营前社区党支部、童游街道水东社区居委会、童游街道静园社区党支部、童游街道富林社区党支部、童游街道曼头山社区党支部等16个城市社区党支部，成立药监局、住房资金管理中心、建设工程质量监督站、武夷文化武术学校党支部、林业局机关离退休党支部；撤销第二化工厂、晒口粮食转运站党支部。2004年，成立效能办、规划局、外国语学校、万国电器有限公司、供销合作社直属企业第一、二、三党支部；撤销水泥制品厂、经济技术协作办公室、协作办、龙磐水泥有限公司、竹柴炭公司、土产日杂公司、果品水产公司、盐业公司、储运公司、农资公司、供销贸易中心党支部；福建省储备粮管理有限公司建瓯直属库建阳分库党支部更名为福建省储备粮管理有限公司建阳直属库党支部。2004年，在市直机关离退休党支部、党员中开展“创先争优”活动，开展建设“学习型党组织”活动，20个先进学习型党组织受到表彰，开展“牵手联创、互动发展”和“单位挂钩社区、干部轮流驻会”活动，开展“好实事”活动。

2005年，潭城街道徐墩村党支部升格为徐墩村党总支，中南社区升格为社区党总支；先后成立发电有限责任公司总支，公路通行费征收站、福建长风压缩机有限公司党支部；撤销林业招待所、木材公司、盛和清水模板有限公司、汽车修理厂、运输服务公司、交通企业发展公司、公共交通公司、燃料公司、罐头食品厂、中银蓄电池有限公司党支部；南平市汽车运输总公司建阳公司总支更名为福建武夷交通股份有限公司建阳分公司党总支，水电局党支部更名为水利局党支部，电力公司党总支更名为福建省建阳市供电有限公司党总支部。同年，市委批转党工委关于市直机关党建工作责任制的暂行规定。开展“为民、务实、清廉”主题教育活动。

2006年，先后成立财政局党总支，招商局、林业试验林场、衡森木材检验服务中心、潭山森林调查涉及服务中心、西门电站、龙翔科技开发有限公司、团市委第二党支部；撤销教育局党委，林业工程公司、绿冠林场、绿强林场党支部。全市共有11个乡（镇）党委、2个街道党工委，乡（镇）、街道共有8个党总支、190个建制村党组织。是年，在全市各级党组织开展了“三级联创”活动，市委办转发组织部和党工委《关于认真开展全市机关党的建设“三级联创”活动的实施意见》。开展社会主义荣辱观学习教育活动。

2007 年，先后成立人大机关老干部、潭正物资贸易公司党支部；撤销粮油贸易公司、粮油运输公司、羽绒服装厂，林业公路段、建阳监狱 4 大队 3 中队党支部，人大办党支部更名为人大机关党支部。全市共有 11 个乡（镇）党委、2 个街道党工委，乡（镇）、街道共有 8 个党总支、193 个建制村党组织。乡镇社区、村党支部分别增加 3 个。在市直党组织中开展“两服务一提高”活动，即挂村服务、挂企服务、提高服务发展的能力。开展廉政文化“进机关”创建活动。

2008 年，先后成立工商局城郊工商所党支部，撤销三利鞋业、气象设备厂党支部，木材厂善后办党支部更名为林业局离退休人员管理中心党支部。全市有 1 个企业党委、6 个党总支、179 个党支部。市直机关有 70 个党支部。在机关党组织开展“服务发展当先锋”主题教育实践活动。收缴“特殊党费”用于支援抗震救灾。

2009—2010 年，先后成立司法局党总支，检察院离退休党支部，地税局第六、七、八党支部，供电公司营销第二、第三党支部；撤销丽阳人造板有限责任公司、南平市住房公积金管理中心建阳管理部、南平市公路通行费建阳征收管理所党支部；撤销供电有限公司党总支部、建阳市青松化工有限公司党支部更名为福建青松股份有限公司党支部。在全市基层党组织开展“创先争优”活动，以创建先进基层党组织、争当优秀共产党员为主要内容。至 2010 年，全市共有潭城街道党工委、童游街道党工委、市直党工委、教育局工委、非公企业工委、驻上海工委、海西林产工贸城工委等 7 个工委，党委 27 个，总支 22 个，支部 678 个。其中，市直单位有党工委 1 个，党委 15 个，总支 12 个，支部 264 个；11 个乡（镇）、2 个街道党工委共有 8 个党总支、193 个建制村党组织；有 3 个企业党委、4 个党总支、185 个党支部，全市非公有制企业有 56 个党支部。

1994—2010 建阳市基层组织建设情况表

表 17-5-1 **单位：个**

类别 年份	组织设置				党员总数	其中			
	工委	党委	总支	支部	党员数	男	女	正式	预备
1994 年	—	24	34	653	12675	10962	1713	12132	543
1995 年	—	24	34	656	13234	11403	1831	12566	668
1996 年	—	24	35	661	13954	11975	1979	13057	897
1997 年	—	24	35	667	14629	12456	2173	13792	837
1998 年	1	23	35	667	15146	12833	2313	14307	839
1999 年	1	24	36	667	15490	13063	2427	14864	626
2000 年	1	24	37	674	15879	13360	2519	15098	781
2001 年	1	24	37	669	16268	13632	2636	15481	787
2002 年	1	27	28	670	16563	13855	2708	16128	435
2003 年	3	25	23	648	16804	13986	2818	16399	405
2004 年	3	25	20	652	17069	14183	2886	16532	537
2005 年	3	25	20	645	17263	14288	2975	16677	586
2006 年	4	24	22	655	17518	14465	3053	16957	561
2007 年	5	23	21	665	17789	14631	3158	17361	428
2008 年	6	25	22	669	18072	14806	3266	17631	441
2009 年	7	25	23	674	18336	14909	3427	17903	433
2010 年	7	27	22	678	18618	15012	3606	18125	493

第三节　领导班子建设

1994年9月，建阳县撤县设市，中共建阳县委下发《关于建阳县撤县设市机构和领导班子成员任职改称的决定》《关于建阳县撤县设市后乡镇机构和领导班子成员任职改称的决定》，对撤县建市后单位领导班子任职改称作出规定。1996年2月，建阳市委下发《关于重申干部调配组织纪律规定的通知》，重申干部调配的纪律规定。7月，全市进行乡镇领导班子换届选举工作，建阳市委下发《中共建阳市委关于做好1996年乡镇党委、纪委换届工作的通知》《中共建阳市委转发市乡镇换届选举工作领导小组关于1996年乡镇人民代表大会换届选举工作实施意见的通知》，对调整配备领导班子提出要求。1999年2月，建阳市进行乡镇领导班子换届选举工作，调整配备领导班子。同时，建阳市委制定出台《中共建阳市委关于建立向组织推荐任用领导干部责任制的通知》，对推荐资格条件、推荐形式、纪律与责任提出明确要求。2000年3月，中共建阳市委、建阳市人民政府下发《中共建阳市委、建阳市人民政府关于整顿机关作风的实施意见》，在市直党、政、群团机关，人大、政协机关，法院、检察院机关，乡镇机关的领导干部要带头开展以“政治方向、组织纪律、服务态度、办事效率、工作机制、廉政建设”为内容的整顿机关作风活动。4月，建阳市委“三讲”领导小组下发《关于在领导干部中开展“学习江总书记讲话、驻村调查研究”活动的通知》，要求各单位领导班子成员做好驻村调研工作。5月，建阳市委下发《中共建阳市委办公室、建阳市人民政府办公室关于组织开展机关干部住村进企活动的通知》，市5套班子领导，市直机关副科级以上干部参加活动。6月，建阳市委办下发《中共建阳市委办公室、建阳市人民政府办公室关于建立三级领导贴近群众下访约谈制度的通知》，要求市、乡（镇）、村3级领导每月开展1次领导接待日活动、不定期开展领导约谈活动、结合住村进企入户调研进行领导下访活动。2002年，建阳市进行乡镇领导班子换届选举工作，调整配备领导班子。2006年上半年，建阳市进行乡镇领导班子换届选举工作，调整配备领导班子，任期改为1届5年。

第四节　干部工作

一、干部选拔任用

1997年4月、1999年12月、2003年2月和2006年9月，市委组织部先后下发《关于推荐建阳市管后备干部的通知》，分别推荐后备干部312名、279名、324名和283名，共计1198名。

2000年1月，中共建阳市委印发《关于建立科级干部任前公示制的暂行规定等三项制度》的通知（潭委〔2000〕综字03号），建立科级干部任前公示制、向市委推荐干部责任制、干部考核工作责任制等3项制度。3月，建阳市委办公室下发《中共建阳市委办公室、建阳市人民政府办公室关于在市直机关机构改革人员定岗中实行竞争上岗的实施意见》，文件规定实行竞争上岗的范围对象主要是市直机关内设机构的股级职位，按照设置职位、制定方案、公布方案、组织报名、资格审查、竞职测评、民主测评、组织考察、确定人选、决定任命、后续管理等程序进行。4月，中共建阳市委出台《中共建阳市委关于建阳市党政领导干部任职试用期实施办法（试行）的通知》，作为深化干部人事制度改革的一项具体措施，文件明确实施办法的适用范围、任职试用期的时间和待遇、试用期满的考核和任用、免职、申诉等有关要求。同时出台《中共建阳市委关于在创业竞赛中考察选拔干部的实施意见》。7月，出台《中共建阳市委、建阳市人民政府关于选派机关行政事业单位干部担任项目官员的意见》，具体规定干部选派的条件、项目官员职责、管理办法等要求。旨在培养、造就一批懂经济、会管理的高素质人才，增强建阳经济发展后劲。

2004年4—6月，建阳市公开选拔科级领导干部，其中，建设局副局长1名、城乡规划局副局长1名、交通局副局长1名。经过报名、资格审查、笔试、面试、组织考察、决定任用等程序，建设局副局长1名、城乡规划局副局长1名。选拔按照《公告》规定“若报考选拔某一职位符合条件的人数不到10人，则取消该职位的公开选拔”，取消交通局副局长职位的公开选拔。

2009年11月至2010年3月，建阳市开展从优秀村主干中考试录用乡镇机关公务员和招聘乡镇事业编制人员工作，录用3名干部。2010年6月，建阳市开展公开选拔副科级领导干部工作，共开考水利局副局长等10个职位。

二、教育培训

1995—2000年，按照建阳市干部培训教育规划5年规划要求，采取先抓骨干、后抓一般、逐级培训的方法，突出抓好副局级以上干部和农村支部书记的骨干培训，依托市委党校集中办主体班。1995年培训村级干部2348人次。1996年，市委中心组坚持每季1次（每次2—3天）的中心组学习制度。市委党校举办副科级干部理论培训3期，培训129人；组织部选调5名处级干部，30名局级干部分别参加省委、南平市委党校举办的各种班次学习；及时举办乡镇纪委书记、组工干部、宣传委员、统战委员、科技副乡镇长、农业、乡镇企业副乡镇长的政治业务培训。选送各级各类领导干部进行理论和业务培训。市直4个干训基地分别举办青干培训班5期，轮训青年干部267人次。抽调安排5名干部参加南平市委党校组织干部培训班，安排3名企业干部参加厂长、经理班，3名非党干部参加“非中共党员干部班”培训学习。抓住乡镇换届时机，对102名年轻干部进行全面考核。举办青年干部英语培训和考试工作，全市共有1086名青年干部参考。1998年，组织广大党员干部学习邓小平理论。抽调4名县处级干部参加省行政干校和南平市委党校的邓小平理论培训的学习。抽调参加南平市委党校中青年干部班、妇干班和非中共党员领导干部的学习培训共16人。市委党校开办副局级以上干部邓小平理论轮训班2期，轮训390人；开办新上岗副局级干部党校学历班2期参加93人；副局级干部理论进修班1期，参训49人。组织2次365人参加的计算机1级B类培训考试。村级干部接受邓小平理论和其他业务培训2348人次。1999年，6名县处级干部参加省行政干校和南平市委党校的邓小平理论的培训学习。安排42人参加南平行政干校和南平市委党校学习。在市委党校开办2期副局级以上干部和入党积极分子培训班13期，参训690人；播放电教片29片、4100场，受教育党员人数达11000人。2000年重在做好“三讲”教育。完成上级调训干部25人，组织2期 “中共十五届五中全会”精神学习班，举办副局级干部学历班和进修班各1期。与科、农、林等部门联合建立科技片库，围绕“一村一品”供片播放科技片23部，收看党员群众达6万多人次，有90%以上农村党员掌握1门以上的农村实用技术。组织收看《红包贿赂毁了他》，复制下发《胡长清案件警示录》《广东湛江特大走私受贿案》等教育片20片，全市共播放442场，受教育党员达1.50万人次。播放《潭城党建》12期、党建新闻50条，专题片12部。全年共举办党员骨干培训班26期，参训1500人次。以支部为单位，组织“三个代表”和“两思”专题学习教育活动。市委中心组举办学习教育活动2次，基层党委中心组举办学习活动25次，各支部开展学习会200场次，累计参加学习的党员5000人。

2001—2005年，按照《建阳市2001—2005年干部教育培训规划》，面向基层、服务农村、适应流通，教育内容包括市场经济、现代科技知识、领导管理知识、法律知识、计算机网络技术和WTO基本知识等。2001年，完成上级调训干部54人，组织市委、市政府、人大分管领导，乡镇党委书记、乡镇长、乡镇人大主席共40人参加省、南平市组织的《福建省乡镇建设纲要》培训。举办市管后备干部青干学习班，组织127位乡镇副职领导参加《福建省乡镇建设纲要》学习班。组织、指导和督促基层党组织举办各类培训班46期，拨出培训经费20万元，培训党员1.50万人次。利用电教手段，播放人物事迹片12部200场，播放农村科技片28部，收看党员群众12万人次。2002年，组织科局级领导干部参加南平市委党校和我市市委党校的进修班、学历班的学习培训，开办后备干部进修班；依托市委党校或基层党校对广大党员和村级领导干部的学习培训。完善基层党委中心组学习理论制度和干部脱产进修培训制度，建立健全干部培训档案、跟班督学、点名调训、持证上岗、考核考试、定期通报等方面的制度和规定。2003 年，组织中共党的十六大精神和“三个代表”重要思想，以及《党政领导干部选拔任用工作条例》《党政领导干部选拔任用监督检查办法（试行）》及福建省委制定印发的《建立选人用人公正机制的若干意见（试行）》的学习。选送领导干部参加学习培训。全年先后选送 20 名县处级领导干部和乡镇主要领导参加南平市举办的 5 个班次十六大精神研修班学习、选送 24 人参加省委、南平市委党校举办的 13 个班次的主体班、短期班学习，在市委党校举办“建阳市第三期青年干部培训学历班”，调训 50 人。2004 年，举办“流动党校”驻点培训班 2 期，探索举办“学时累计制”进修班。举办村支书、社区支书培训班各 1 期。同年，第四季度开始在全市开展保持共产党员先进性教育活动，确定书坊太阳山为革命传统教育基地，加强党员的革命传统教育。2005 年，创办 4 个乡镇“流动党校”，培训 240 人。市直党工委举办“学时累计制”培训班 1 期 50 人，举办先进性教育骨干培训班、社区党组织书记培训班、非公企业党组织书记培训班。建立健全干部培训师资库。组织开展以实践“三个代表”重要思想为主要内容的保持共产党员先进性教育活动，对 1/3 以上的村主干和村两委干部进行 7 天集中培训。

2006—2010 年，发挥党校远程教育网络功能，开展在线学习，建立健全干部培训师资库。完善电教网点，健全完善“导选制”“电教超市”“电教圩场”“凉亭电教”等具有地方特色的播放收看机制。把“三个代表”重要思想、科学发展观、构建社会主义和谐社会、加强党的执政能力建设和加强党的先进性建设等理论成果以及海峡西岸经济区建设有关理论知识作为培训重点，加强岗位业务知识、更新知识和领导能力的培训，继续办好乡镇“流动党校”。抓好对先进性教育骨干、社区党组织书记和非公企业党组织书记等人员的培训，结合新农村建设，做好新一届村干部的培训工作，选送处级领导和乡镇党、政、人领导到省、南平市党校参加培训。市处级领导带头到挂点乡镇讲课。各乡镇、各部门开展理论学习活动和专题学习培训活动，全市党员干部群众受训覆盖面达到 100%。发挥市委党校作为培训主阵地的作用，以党政领导干部为重点，围绕全市中心工作、重点工作、社会热点问题等，组织做好多种形式的专题培训班以及最后 5 个乡镇（街道）的“流动党校”培训工作，落实中央提出 5 年 1 轮训最后 1 年干部培训目标。全年共举办主体班 7 期，培训各级各类干部 282 人；选送 42 名干部参加上级培训；完成事业单位专业技术人员、企业管理人员培训 198 人；举办各类专题讲座 6 期，培训干部 2000 人次；通过多层次、多形式、多渠道的培训，全面提高各级各类干部的综合素质。2003—2007 年第一轮大规模培训干部任务基本完成，5 年来，建阳市委党校共举办培训班 23 期，培训各级各类干部 885 人；为上级党校、行政学院、干校选送干部 146 名；举办各类专题讲座和培训班 57 期，培训干部 1.50 万人次。

2008 年 10 月，全市基层党员干部现代远程教育终端在书坊乡贵溪村正式启动开通。通过该系统，基层党员干部能轻松浏览、观看到有关党建教育、新农村建设、农业科技、医疗卫生等电教节目。至 2010 年 7 月，党员干部远程教育平台全面覆盖全市乡镇（街道）、村（居）。

2010 年 8 月，在建阳龙翔科技开发有限公司成立闽北首家非公企业党员教育培训基地，分批组织非公企业家、经营管理人员、党务工作者、党员、入党积极分子到基地接受教育培训。同年 9 月，开通建阳市党员手机信息平台，及时发送上级重要决策部署，以利于党员干部随时随地学。

中共建阳市委党校 1994—2010 年，共计培训青年干部 10 批次 558 人 ；培训科级干部 26 期 1532 人；培训村主干部 14 期 3926 人；开展流动党校 22 期，培训党员 3442 人；组织培训各类短期班 32 期，培训 3652 人。

三、交流下派

2000 年，建阳市委贯彻南平市委的统一部署的“南平机制”，选派第一批下派村党支部书记 57 人，其中南平下派 2 名。同年 9 月，市委、市政府制定下发《关于加强对下派村支书管理和培训工作的意见》，制定下派村支书“五个一”帮扶情况一览表，明确下派村支书由市委组织部牵头，与乡镇（街道）党（工）委、派出单位共同管理。市委组织部负责管理、考察、检查和协调工作，乡镇（街道）党（工）委负责日常工作，派出单位负责帮扶工作、协助做好跟踪考察。2001年9月，市委、市政府下发《关于下派干部“六位一体”工作实施方案的通知》，以下派村为基点，把乡镇（街道）挂点领导、下派村支书、下派科技特派员、下派乡镇长（街道办事处主任）助理、派出单位领导及工作人员和乡土人才有机结合起来，形成整体合力。2002年6月，针对南武路沿线的秋冬农业开发，市委重点选派7名党员干部到圳头、壕墩、回瑶、水尾、新村、西岸、横塘担任党支部书记，俗称“一点五批”下派干部。同年7月，市委组织部下发《关于进一步加强下派干部管理工作的意见》。提出“完善有关制度，严肃下派纪律；明确工作职责，加强动态管理；提升服务意识，关心下派干部；及时总结经验，宣传下派典型”等要求。

2003年6月，选派第二轮下派村支书55人，其中，省派2人，南平下派2人。2004年，市委、市政府下发《关于在全市开展“牵手联创、互动发展”活动的通知》，77个部门（单位）与下派村开展挂村帮扶和互动发展，制定下发“牵手联创、互动发展”考评办法及量化考评表。同年4月，有6位下派村支书获市委、市政府评为优秀下派村支书。2006年，按照省委的统一部署和南平市委提出的“长期坚持、重在抓实，不断完善、重在实效，有所创新、重在联动”的要求，市委组织实施第三轮下派村支书工作，选派第三轮下派村支书52人，其中，省派2人，南平下派2人。同年2月，有15位下派村支书获市委、市政府评为优秀下派村支书。同年6月，建阳市有1名下派村支书立南平市委、市政府二等功，1位下派村支书立三等功，7位下派村支书受到嘉奖。2009年，选派第四轮下派村支书57人，其中，省派4名，南平下派2名，下派担任新农村建设试点村党支部第一书记的7人。同年12月，建阳市获南平市委、市政府创新“南平机制”先进单位2个，获实践“南平机制”突出贡献者和先进个人2人，并记二等功，获实践“南平机制”先进个人7人，并记三等功。在第三轮下派村支书中，立南平市委、市政府二等功1人、三等功2人、嘉奖8人。

2004年至2010年，先后有10位省专家服务团成员到建阳挂职，其中，担任市委常委1人，担任副市长8人，担任武夷味精有限公司副总经理1人。市委每年开展市管拔尖人才慰问座谈活动和困难人才送温暖活动。

第五节　人才工作

1990—1993年，建阳县先后分3批选拔县管拔尖人才共14名，每人每月津贴20元。1997年，选拔第四批市管拔尖人才8名，其中，继续确认3人，每人每月津贴40元。2006年2月，选拔第五批市管拔尖人才8名，每人每月津贴100元。有2人获南平市委、市政府命名为第六批（南平）市管拔尖人才。同年，建阳市人民政府评选表彰首批“建阳名师”10人，每人每月津贴300元。2007年，建阳市人民政府评选表彰第二批“建阳名师”10人，每人每月津贴300元。2008年，调整充实市委人才工作领导小组，设立人才办。组织开展对全市人才队伍的摸底调查，建立党政人才、专业技术人才、企业经营管理人才、技能人才、农村实用人才和社会工作人才的“六支人才队伍”基本信息库。建立副高以上专业技术人才基本信息库。同年，建阳市教育局评选首批学科带头人64名，其中，中小学幼儿园教师40名，“建阳名师”20名，省地学科带头人4名。2009年，组织第五批市管拔尖人才外出考察学习。同年4月，建阳市4人获南平市委、市政府命名为第七批市管优秀人才，其中，建阳一中副校长、物理奥赛导师邱守雄获评福建省第二届杰出人民教师。2010年，调整充实市委人才工作领导小组，分设党政人才、专业技术人才、企业经营管理人才、技能人才、农村实用人才和社会工作人才“六支人才队伍”工作组。2004年至2010年，先后有10位省专家服务团成员到建阳挂职，其中，担任市委常委1人，担任副市长8人，担任武夷味精有限公司副总经理1人。市委每年开展市管拔尖人才慰问座谈活动和困难人才送温暖活动。

第六章　宣传工作

第一节　理论教育

1994年，开展以学习《邓小平文选》第三卷、改革政策、江泽民考察福建提出的“增创新优势、更上一层楼”指示精神、四中全会精神等一系列理论学习和宣传活动。全市共组织各种形式理论学习培训班300场次，下基层辅导30场次。

1995年，县委理论学习中心组开展中国特色社会主义理论、《人民日报》4篇评论员文章、法律知识、孔繁森事迹、对外经济知识等专题的学习和讨论。聘请地委讲师团、市业余讲师团及经济部门专家作专题辅导报告。各乡镇党委、市直各党委学习中心组相继建立健全学习制度。市农委、林委、财委、建委、政府办等举办以中特理论、市场经济、党建为主要学习内容的青年干部培训班。下基层辅导、授课30场次。

1996年，进一步贯彻落实中共党的十四届四中全会提出的“用三年时间，完成在全体党员中有计划、有步骤地开展《邓小平同志建设有中国特色社会主义理论学习纲要》和《中国共产党章程》的学习活动”的任务。在全市开展解放思想大讨论活动，在建阳报、广播电台开辟《我为建阳崛起献良策》专栏，在建阳报电视台开辟《更新观念大家谈》专栏（题），组织“解放思想巡回宣讲团”开展宣讲活动，举办企业厂长、经理“解放思想、转换机制、发展经济”学习研讨班。

1997年，实施《理论武装拓展计划》。开展深切缅怀邓小平同志悼念活动，收看电视文献纪录片《邓小平》。在全市开展“讲学习、讲政治、讲正气”党性、党风教育活动，开展“学理论、创优势、促发展”活动。

1998年，全年市委理论学习中心组集中学习7次，举办2期副科以上干部邓小平理论学习班，举办各种层次的培训班、报告会、讲座60场次，召开加快市乡企业和个私经济发展主题理论研讨会，收集调研文章40篇。

1999年，市委理论学习中心组开设《城市建设规划》《民主集中制》《农村法制建设》《加入世贸组织对建阳山区经济的影响及应对措施》等专题讲座。全年举办党委宣传委员理论及业务培训班、揭批邪教、马克思辩证唯物主义和历史唯物主义理论骨干培训班等各层次培训班8期。做好基层党员教育“五项系列活动”（福建省从1993、1994年分别开始每年组织1次全省党教调研和基层党课教案的评比活动，1995年在基层开展建立党教联系点活动，1997年建立起基层党组织领导带头讲党课制度，1998年又把基层党校建设纳入工作重点），全年共收到优秀党教调研论文、优秀党课教案各13篇，领导调研文章20篇。

2000年，市委理论学习中心组围绕“学习高州讲话和‘三个代表’，激活基层经济细胞”“党风廉政警示教育”“十五届五中全会精神”等4个专题，开展学习研讨活动。在乡镇开展“激活农村经济细胞”宣传活动。组织中共党的十五届五中全会万人宣讲活动。推荐童游镇徐墩村支部书记范恒盛为农民党员学科技标兵。

2001年，深入开展“七一”讲话和中共党的十五届六中全会精神的学习、宣传活动，聘请福建师大党委副书记、教授郑传芳做学习“七一”讲话的大型辅导报告会，先后举办“讲话”精神宣讲骨干、下派支部书记、宣传委员等培训班3期，组织百人宣讲团奔赴22个基层党委开展宣讲活动，全年共举办较大规模的理论宣讲报告会25场，受众4000人。建阳电视台推出“贯彻六中全会精神，加强思想作风建设”理论专题宣传片共5个专题10辑，结合开展“民情夜访”活动拍摄电视理论专题片选送南平市委宣传部并推荐至省上展播。

2002年，邀请总后勤部副师职创作员、作家王宏甲，南平市科协副主席、锥栗专家詹夷生等专家学者为中心组做专题辅导。在各类媒体的建阳新闻上开设“工业立市，加快发展”专栏，创办“学习实践三个代表”电视理论专题栏目，制作和刊播“烟农眼中的三个代表”“家园”等优秀电视理论专题片。组织“建阳市十六大精神宣讲团”“建阳市宣传贯彻十六大采风团”“文艺团”“送书团”“服务团”等5个团推动中共党的十六大精神学习宣传。“民情夜访”经验做法在《福建日报》《宣传半月刊》等报刊推介。

2003年，市委理论学习中心组开展学习谷文昌精神、《“三个代表”重要思想学习纲要》“七一”重要讲话、中共党的十六届三中全会精神等学习活动。在《建阳新闻》开设“三个代表”重要思想学习信箱专栏，组织干群参加“学习党的十六大”“学习新党章”等理论知识竞赛5场。组织策划制作《画说“三个代表”》理论宣传画册，创作电视理论专题片《支点》，组织“小康建阳论坛”等全市性理论研讨会3场，在《福建理论学习》等各级各类刊物上发表文章8篇。

2004年，邀请省委党校教授林建等为市委中心组成员作专题辅导，收集中心组成员30篇优秀理论文章编印成集。论文《从儒家“仁政”到执政为民》获省“郑培民、谷文昌精神研讨会”二等奖，3篇论文在南平市“纪念邓小平诞辰100周年理论研讨会”上获奖。10篇在《福建通讯》《福建日报》《福建省委党校学报》等报刊上发表。

2005年，全年先后邀请省青年政治学院教授王章煌、中国社科院经济所博士陆满平、留德博士左凤山等专家学者作“十六届五中全会精神”“中小企业发展壮大的对策”“中小企业融资上市三论”等专题讲座。成立市委形势教育报告团。组织印发《画说全面小康》画册3000册，开展“读小康书、走小康道”学习实践活动。市委理论中心组成员撰写理论文章10篇在《福建理论学习》等刊物上发表。

2006年，围绕中共党的十六届六全会精神、树立和落实科学发展观、社会主义荣辱观、《江泽民文选》、省第八次党代会精神、南平市委三次全会精神等重大主题开展学习。邀请省委党校教授凌厚锋、省团校教授王章煌等专家为中心组作专题讲座。在市工商局、市国税局的局域网试行“网络讲堂”制度，童游街道“三带三促”（带感情、带政策、带项目，促农民增收、促晋星创建、促和谐稳定）理论进基层有关经验做法，在南平市委宣传部《情况通报》刊发。围绕“评五星、知荣辱、促和谐”践行社会主义荣辱观活动，制作电视理论专题片《五星的效应》。聘请教授左凤山到建阳为广大企业主做策划指导。

2007年，“建阳潭山市民讲坛”举办，这一做法先后在《光明日报》《福建日报》《宣传思想工作》《情况通报》上刊登推介。编印彩色折页《画说八荣八耻》发放到基层，《今日建阳》设立《学习之友》《十七大报告解读》专栏，编印《建阳市党的十七大精神学习宣讲提纲》5万份分发基层；举办台湾籍的左凤山博士的大型报告会；出台《关于在全市开展建设学习型机关活动》文件，邀请著名建阳藉作家王宏甲举行《大商之道》报告会、新加坡籍博士沈洪顺到建阳做以“企业文化改造与领导层管理”为主题的专题讲座、南平市委讲师团团长副教授陶金辉到建阳为市委理论学习中心组作专题辅导讲座。是年，开展处级、科局级领导理论调研，全市在国家、省、市各级报刊、内刊上发表的理论文章50篇，30篇经验性文章在《中国统战》《八闽快讯》《宣传思想工作》《情况通报》《闽北纵横》《闽北快讯》上刊发。

2008年，持续推进“潭山市民讲坛”，在规范化、常态化和互动性、大众化上下功夫，全市新设西门社区、马坑村等10个“潭山市民讲坛”村（居）分坛，开办“新教育风暴”“GDP对国民经济的影响和作用”“廊桥文化”“闽北方言”“十七届三中全会惠民政策”等各类讲座50场，邀请中国社会科学院经济研究所研究员钱津、解放军总参谋部大校范中文作“中国当前经济发展形势”、网络保密技术等主题报告；建立健全中心组学习巡听和旁听制度，组织“百村百讲”活动，市委宣传部机关党建“三级联创”工作做法入选《全省党委宣传部党建三级联创活动经验交流汇编》，获南平市直机关党工委2008年课题调研三等奖。

2009年，确定首批16个理论进基层示范点，以“十个有”（有容纳30人以上的场所、有统一形象标识、有讲座所需的电教设备、有专门的工作制度、有全年计划安排、有全年工作总结、有报告或讲座的意见反馈表、有宣讲新闻报道、有讲课讲稿或课件、每年有举办3场以上理论讲座）新要求推动讲坛建设，“潭山市民讲坛”获省委宣传部确定为福建省首批、南平市唯一的省级理论进基层示范点，在全省理论工作会议作经验交流。

2010年，市委理论学习中心组邀请全国著名的策划专家、剑桥国际咨询与发展公司（伦敦）执行董事郑俊琰（阿正）、建瓯市委书记卓立筑、省委党校教授李新生等作《极端策划和建阳如何成为旅游经济的新支点》《公共事件：我们面临的新挑战》等多个集中性专题学习。省委宣传部、社科联确定“潭山市民讲坛”为南平市唯一、全省首批省级社会科学普及基地。在《今日建阳》和建阳宣传网等宣传平台，设立创先争优、武夷新区、原中央苏区等主题的形势和政策宣传栏目。

2006—2010年，市委理论学习中心组组织学习30次，开展各类理论宣讲400场次，理论文章在中央、省、市级以上刊物60篇，20篇理论调研文章获奖。5年共邀请国家一级作家王宏甲、省委党校教授凌厚锋、省团校王章煌教授等10位专家为中心组作专题讲座，邀请教授左凤山、诗人蒋夷牧等20位专家学者到建阳举办社科普及讲座。

第二节　重大宣传活动

1994年，围绕地委行署提出的奋斗目标和市委、市政府确定的经济战略，以“为撤县建市建功立业”为主线，突出开展经济宣传。树立种粮大户徐承云、“公司＋农户”经营典型李贵生等先进典型。撤县建市庆典期间，举办首届文化艺术节。

1995年，开展纪念抗日战争和世界反法西斯战争胜利50周年、中国工农红军长征胜利60周年爱国主义宣传教育活动。宣传《中华人民共和国国旗法》，实施“丹心工程”，在全市开展“爱国、立志、成长”读书、征文等活动。翻录《孔繁森事迹报告会》录像带，分发到各党委、部门组织观看学习。配合各部门开展普法、综治、税法、保护妇女权益、土地法、劳动法、计生等宣传工作。围绕加强宏观调控、抑制通货膨胀、强化农业基础地位、深化国企改革等开展宣传。

1996年，配合城区环境整治，做好引圩入场工作，市委宣传部组织编写城市管理歌谣及各种宣传传单、标语，组织宣传车上街，在报刊、电视台开辟专版、专栏等，引导城市管理规范化。紧扣中心宣传主流，重点做好建阳市委、市政府的重头戏“农村奔小康”的宣传，在水吉镇召开小康宣传现场会，编写“小康五字诀”、小康宣传标语、致全市农村干群公开信以及各类宣传传单；组织奔小康新闻采写团，开辟专版、专栏进行深度报道；组织中小学生携带材料入户宣讲；举办奔小康图片展，组织“颂党恩，奔小康”文艺晚会等，全方位把小康宣传的调子喊响、气氛造浓，小康宣传的经验在南平市小康宣传研讨会上作专题交流，得到省委、南平市委领导和省、市小康办的高度评价。

1997年，以庆祝香港回归祖国为契机，开展爱国主义宣传教育，激发爱国热情、振奋民族精神。纪念中国人民解放军建军70周年的宣传报道工作，弘扬人民解放军光荣传统。做迎接中共党的十五大召开和学习贯彻落实中共党的十五大精神的宣传，展示全市改革开放以来的伟大成就，围绕经济建设中心，配合各项重点建设工程，开展经济宣传；紧扣“农村奔小康，城市双文明”的总体思路，开展“小康工程”和“文明潭城”宣传；以深化改革为重点，集中宣传企业改制经验；结合“外商投资企业服务”活动，组织“山海协作”招商引资宣传。

1998年，围绕市委、市政府工作中心，把握舆论导向，加强对工业、农业、乡镇企业、重点工程建设等方面的宣传力度，宣传“工业技改促效益”“寻找新的经济增长点”、农业特色经济、雷公口电站、道路建设等重点工程建设成就。树立勇救落水者的少年英雄刘小红，抗洪先进人物白旺泉、王富财等一批典型。开展“三下乡”活动，为农民送戏，写对联300幅，拍照片100张，印发科技致富信息材料2000份。

2000年，市委宣传部围绕中心工作，突出经济宣传主旋律，开辟专题专栏专版等，对全市的农业、国有、民营企业、个私经济进行全方位、多层次的宣传。开辟《以“三讲”促提高，抓“三讲”见成效》《“三讲”整改见成效》等专题专栏，推动“三讲”教育、“三个代表”教育等宣传营造舆论氛围。举办“崇尚科学文明，反对愚昧迷信”大型图片展，受众上万人。配合计生、创卫、党建、人口普查、科普、征兵、税法、人大代表选举等工作，开展系列宣传活动。下发第五次全国人口普查宣传单5万份，印制宣传材料1万册、宣传小折页5万张，及时准确的报道党和政府的有关政策和要求、普查工作中的先进个人和成功经验以及群众认真配合普查的典型事例。开展创卫生城市的宣传，分发“居民卫生行为规范”传单5000余张、《干部、居民卫生知识》小册子3000册，设置固定宣传栏、悬挂标语等。

2001年，围绕中心工作，提升宣传层次。成立重点宣传策划组，重点抓好“结构调整促发展”、秋冬农业开发和国企改革等专题宣传，召集有关部门进行专题研讨，到基层调研，广播、电视、报纸协同配合，全程运作，形成声势和效应。开辟《党旗飘扬》《光辉历程》专栏、专题宣传中国共产党建党80周年的光荣历史和辉煌成就，以及建阳的历史巨变，宣传优秀共产党员和先进党组织的典型事迹。

开展支持北京申奥活动、“崇尚科学、反对邪教”的宣传，推出1批下派村支部书记的典型和推出了方金妹、郑小明、谢福鑫等1批农村“三个代表”学习教育活动的先进典型。开展争创党建先进县（市）、精神文明、普法、国防教育、征兵、环保等方面的宣传。开展“三下乡”活动，组织12家单位到农村基层发放宣传挂图近百幅和放电教片上百场次，赠送知识手册、刊物等3000册、文艺演出30场。

2002年，宣传创业竞赛涌现的1批明星企业家、种养大户、科技带头人等先进榜样，深入剖析、追踪报道方金妹、陈金兰、陈小文等各类先进典型。做好“立四榜树榜样”（成才榜、能人榜、好榜样、功德榜）“巾帼建功”“优秀下派干部”“十星级农户”等评先推优活动的宣传。组成宣传中共党的十六大送书服务团和2支服务“三农”送书大篷车车队，以最优惠的价格向农民售书8000册。充实“三下乡”队伍，成立综合服务团，发放中共党的十六大精神宣传单、科技服务小册子，播放电教片等活动60场。紧扣创业竞赛主线，围绕经济工作重点战役、农业结构战略调整，工业做大规模、发展壮大民营经济，进行重点宣传策划，在《闽北日报·建阳新闻》推出“谋划2002”“凝心聚力、乘势而上”“创业竞赛述评”等专题系列报道260篇。编订并刷写数百条创业竞赛标语，营造浓烈的创业竞赛氛围。开展十六大精神的学习宣传活动，突出成就宣传，营造向上有为的社会氛围，推出“喜迎十六大、再创新业绩”“奋进的五年”等板块栏目，推出经济结构转型、培育壮大龙头企业、工业强市、童游新区城市建设、创新农村工作机制等成就宣传，形成宣传热潮。

2003年，做好对内舆论引导工作，建立舆论宣传“半月谈”制度，加强对重大舆论宣传活动的组织策划。打好防治非典攻坚战，在《闽北日报·建阳新闻》连续推出《关爱生命、抗击非典》专版6期，有线电视台开设专栏，印发防治宣传材料30万份，发放《画说防治非典》宣传牌300册，制作张挂宣传标语近千条。迎接市第十次党代会召开，举办“喜庆党代会五年成就”摄影展，在报纸、电视开设专栏、专版，在重要路段悬挂空气球和宣传标语，为党代会的胜利召开营造氛围。开展人大、政协换届选举，精神文明创建，双拥模范城创建等方面的宣传，推出全省优秀共产党员郑兰英、全省再就业标兵陈金兰等先进典型。引导建立农民“四校”（文化技术学校、文明公民学校、人口学校、业余党校），开展科技、普法等宣传，此举获南平市委宣传部的推广并在中宣部《宣传工作》和省《文明大观》刊登经验交流。开展“五进社区”（道德进社区、科教进社区、文化进社区、法律进社区、卫生进社区）活动，举办科普展览、计生法知识竞赛、环保少儿书画展等活动。举办“三下乡”23场，受众4.60万人。开展“文化广场主题月”活动，举办首届社区文化艺术节和首届葡萄艺术节。

2004年，合力开展国防教育、经济普查、平安建阳、科技、计生、环保、抗击艾滋病等宣传活动，围绕撤县建市10周年等重大节庆日，开展“月月新”文化广场主题月活动。做好中共党的十六届四中全会、建设海峡西岸经济区等专题宣传，在建阳电视新闻、《今日建阳》上开设“聚焦潭阳”等专题专栏，在主干道新设跨街固定的大型中心宣传牌，营造社会发展氛围。

2005年，加强对重要宣传战役和阶段性中心宣传的统一部署，服务建阳建设海峡西岸经济区绿色腹地经贸强市。组织“融入绿色腹地，打造经贸强市”大型采访活动，在《建阳新闻》《今日建阳》开设《优化投资环境，融入绿色腹地，建设经贸强市》《创业竞赛现场》等16个专题与专栏，刊发稿件2000篇。在市区主干道、乡镇设立大型跨街时政宣传标语广告20面，改变时政宣传“程序化、公式化”现象。加强对突发性应急事件的宣传引导能力，“6·17”特大洪灾期间，启动抗洪救灾工作宣传预案，在电视台发布实时汛情雨情通报，在图文电视频道开设抗洪救灾专版，协调采用通信手段向用户实时发布雨情汛情警报等短信息，增加电视新闻的档期和播出量，起到立体的防御洪灾宣传效应。市委宣传部印发相关文件，与纪委、人武部、计生局、等部门单位共同做好廉政文化、国防教育、计生宣教等宣传工作。通过举办“婚育新风”书画展、发放计生宣传年画、在村俱乐部设立“计生服务角”等形式，加大宣传力度，使建阳市获评全国婚育新风进万家活动先进单位。推出江水旺、余永丽、“969155”农业服务热线等先进典型。与市文明委、社区办联合下发《关于在全市社区广泛开展“评五星、树新风”思想道德建设实践活动的意见》，召开现场观摩会，推广好经验、好做法，推进“评五星、树新风”活动开展。组织实施企业文化“三大工程”（素质工程、形象工程、服务工程），开展“创业在建阳”活动，在有线电视台组织开展30家企业形象展播。

2006年，市委宣传部组织协调“喜迎党代会”“人大换届选举”“党的先进性教育”“征兵工作”“计生宣传”“科普教育”“清理违法用地”等社会宣传系列活动，形成“大宣传、大合力”的格局。开展纪念中国工农红军长征胜利70周年活动，有关单位通过走访慰问老红军及红军遗属、召开座谈会、举办晚会、诗歌朗诵、演讲比赛、主题征文、书画大赛等多种形式进行革命传统教育。与相关部门联办“平安歌曲大家唱”大型歌会、重阳节社区老年秧歌舞比赛等数10场专场活动。为提升市本级媒体的影响力，将市委、市政府内刊《今日建阳》由半月刊改办为周二报，赠阅量由原来的1000份扩大到5000份，并组织开展“读报用报”活动。“建阳宣传网”与“建阳先锋网”成功并网后重新改版，坚持每个工作日更新信息，共发布信息3200条，图片800幅，每天点击率近千人次。市广电局“建阳新闻”在每周3档节目的基础上，增加1档“每周要闻”节目。荣辱观宣传启动仪式举行，编制《画说“八荣八耻”——建阳市社会主义荣辱观教育图解》彩色宣传画册。围绕全市“扶持企业税收增百万”活动，宣传部、经贸局、工商联等五个部门联合举行“创业在建阳”宣传启动仪式，使“议创业、谋发展”成为群众的热点话题。

2007年，坚持团结稳定鼓劲、正面宣传为主的方针，突出发展与和谐2个主题，强化“三项举措”，营造良好的社会发展氛围。在市本级媒体上开设《永葆先进性，喜迎十七大》《贯彻十七大精神，不断跃升创佳绩》《学习贯彻十七大，跃升发展新农村》等专题专栏，组织“建设新农村，发展新建阳”、“非公企业党旗红”等系列宣传报道，报道中共党的十六大以来建阳市经济、政治、文化、社会建设和党的建设取得的巨大成就和当前的大好形势，突出报道“科学发展、共建和谐”的主题。组织“突出工业、突破工业”系列报道，开辟《创业竞赛综述》《创业现场》专题专栏，突出对“海西林产工贸城”进行宣传推介和报道全市重大经贸文化活动。按照“大宣传、大联合、出精品”的工作要求，市委宣传部加大与司法局、科技局、纪检会、计生局等部门的合作，开展“廉政文化‘六进’（ 进机关、进社区、进家庭、进学校、进企业、进农村）创建活动”“法律‘六进’活动”等10个各类专题的宣传活动。推出全国模范教师邱守雄、关爱留守儿童的付妈妈、水稻育种专家江文清、葫芦雕刻女艺人张桂英等典型人物。牵头组织13家单位联合开展“‘全球通’杯2006年度建阳（首届）十大经济人物”评选活动。举办“树婚育新风，建文明家庭”为主题的新型生育文化宣传月活动中。协办由中央电视台经济频道、福建电视台经济生活频道等单位共同举办的以“诚信·和谐”为主题的“3·15”国际消费者权益保护日大型电视直播活动。协办由团省委、省文化厅、省农业厅、福建电视台公共频道共同主办的长达两个半小时的“海西新农村大篷车”巡回服务大型电视直播活动。

2008年，市委宣传部与市纪委、人武部、土地局、供电局、科技局等相关部门开展廉政文化“六进”“加强农村基层党风廉政宣传教育”、双拥宣传、第八个“全民国防教育日”“国土资源法律知识宣传教育”“节能宣传周”“科技·人才活动周”等10场大型宣传活动。11月10日，市委宣传部与福建省广播影视集团共同主办“荧屏连万家”文化下乡大型电视直播活动。

2009年，市委宣传部加强社会热点引导，分阶段组织策划好全市“学习实践科学发展观活动”宣传，建立专题网站，报纸、电视台开设相关专栏、专题。组织开展交通安全宣传教育工程、科普、国防教育日、冬季征兵等专题宣传活动，交通安全宣传教育工程中培育的农村、社区、学校、企业等4个示范点得到南平联合检查组的肯定，期间，3个示范点被推荐为省级交通安全宣传教育工程示范点。推出付桃花、沙漠舟等先进典型。推出人民调解员“以奖代补”制度、“为民办事全程代理”制、回龙乡村务监督委员会等工作典型。完善新闻宣传工作机制，通过“请下来，联起来，推出去，管起来”等办法，加强高位推介，着力营造“大宣传”氛围。在“纪念改革开放30年成就宣传活动”中，相继开展电视专题片展播、改革开放30年成就展、“潭山春正浓——唱响改革开放30年”歌咏比赛、“改革开放30周年”美术书法摄影展和制作“纪念改革开放30周年明信片”等系列活动。以中华人民共和国成立60周年和海西战略实施5周年等为宣传重点，围绕建阳建设闽北新兴发展区域和定为中央苏区县等大局，结合结构调整、产业升级、拉动内需、扩大出口、财税扶持等中央和省市出台的新政策、新精神，加大宣传解读力度。突出反映攻坚克难保增长的新举措、新态势和新突破，重点报道建阳工业增长、城市建设、民间投资、重点项目建设、城镇新增就业等方面保持增长的新态势和新突破，营造“政企合力保增长、全力以赴促发展”的氛围。紧跟市委、市政府中心工作的思路和节奏，运用各种新闻宣传平台，持续办好“科学发展、四求先行”等品牌栏目，重点打好建阳市“两会”（人民代表大会、政治协商会）、 创建第十届省级文明城市、创建省级双拥模范城、中央苏区县的确定、聚焦城市建设等10个重大重点项目的宣传。

2010年，围绕服务全局、服务中心工作的原则，加强新闻策划，强化舆论引导，为建阳连续4年蝉联“福建省县域经济发展10佳县（市）”营造强大的舆论氛围，有效提升建阳城市知名度。着眼推动科学发展、跨越发展，精心组织转变发展方式、“打好五大战役”（重点项目建设战役、新增长区域发展战役、城市建设战役、小城镇改革发展战役、民生工程战役）、城市建设和“创先争优”等中心宣传，报纸、广播电视和网络媒体协同作战，凝聚全市上下致力跨越发展的力量。出台《关于建立新闻发言人制度进一步做好新闻发布工作的意见》，对新闻发言人的设置、任职条件、主要职责、管理方式等做出明确规定，确定首批30家设立新闻发言人的单位，在公安等部门举办2场大型新闻发布会。制定下发《建阳市突发事件新闻宣传应急预案》，对突发公共事件，坚持及时准确、公开透明、有序开放、有效管理、正确引导的原则，加强和改进突发事件的新闻报道和舆论引导工作。紧紧围绕以人为本的民本思想，市委宣传部与政法委等相关部门密切合作，在主要新闻媒体开展“普法宣传”“文明城市全民共建、美好家园你我共享”“校园安全”“整治非法用地和违法建设”“小农水重点县建设”“廉政文化‘六进’活动”“创建省级双拥模范城”、科普宣传等10个专题宣传活动，宣传民生工程建设上的举措和成效，获推荐为福建省科普宣传工作先进单位。开展庆典系列宣传文化活动，提升建阳对外影响力。“6·20”特大洪灾后，精心组织“万众一心、众志成城”摄影图片展、书法展等，开展庆“八一”慰问人民子弟兵文艺演出和抗洪救灾诗歌朗诵比赛等，发挥文化安抚人心、凝聚民心的作用。

第三节　境外宣传

1994年，建阳撤县建市，编印大型画册《建阳》录制电视专题片《崛起的城市——建阳》和《建阳欢迎您》导游录音带，编写出版反映建阳历史和现状的综合书籍《大潭书》《建阳县志》等。在《人民日报》《福建日报》《闽北日报》和香港《大公报》组织专报，全面介绍建阳的人文景观、资源优势、投资环境、优惠政策以及市场前景。

1995年，通过《投资指南》《建阳画册》，电视片《崛起的建阳》等外宣品，介绍建阳的人文地理，资源优势，投资环境和优惠政策，展示建阳的市场发展前景，吸引外资，推动经济发展。做好建阳境内以宋代文化遗址为主的文化旅游线上各网点保护和建设，做好接待海内外乡亲祭拜和观光旅游工作，通过举办朱熹、蔡元定、游酢等学术研究会和各种祭祀活动，加强对外宣传，提高建阳知名度。

1996年，中共建阳市委重新调整建阳市委对外宣传小组成员。

1997年，市委宣传部与有关部门一道完成“投资指南”“建阳市旅游图”的制作。

1998年，编辑制作16集电视专题系列片《改革开放话建设》。通过有线电视台开辟《振兴山区经济》《小康之路》《来自重点工程的消息》《改革开放话建阳》《社会广角》等10个宣传栏目。

1999年，在《人民画报》上刊登“朱熹故里——建阳市”画报专版，制作“建阳风光”明信片，配合东南电视台《闽北两地情》和《记者行动》栏目，做好“朱子晚年在建阳”和“白鹭又回到建阳”的拍摄工作。

2000年，举办“朱子逝世800周年祭典”活动。

2001年，抓住建阳一中60周年校庆这一契机，开展全方位多角度对外宣传攻势，做到校庆搭台、经贸唱戏，推介建阳，展示改革与发展新貌。

2002年，《建阳“十必访”暖人心》（中央新政策出台时必访，上级下达的中心工作必访，各种重要的节日必访，农村季节转换必访，推广新科技新品种必访，发生重大灾情疫情必访，发生重大治安案件必访，村民集体上访必访，所挂村、企业遇到困难时必访，村民在生产生活中遇到困难时必访）1文被全国学教办刊发，《察民情、知民意、解民忧、促民富》《立足“三性”彰显实效》《民情夜访暖人心》等理论文章先后在《宣传半刊》《福建理论学习》省级业务刊物上刊载，电视理论片《利益捆绑出效益》也在福建电视台刊播。

2003年，制作《建窑》《建阳风光》电话磁卡、《朱熹故里》VCD光盘等外宣品，全面展示建阳的新成就、新风貌、新形象。由市文体局副局长、副研究员谢道华编著《中国古陶瓷标本丛书·建窑》分册，对建窑这座中国古代名窑及其产品类型、器物特征、鉴赏要素、产品外销、建盏与宋代饮茶习俗等进行比较全面、系统的阐述。

2004年，葡萄协会、超莱地毯等6个外宣联系点设立，组织制作《建阳撤县建市十周年邮政明信片》等外宣品，接待日、美等国的文化考古参观团多批次，组团参加省第五届工笔画展及研讨会、南平市欢迎澳大利亚访问团美术作品展等。

2005年，对外宣传和网络管理股成立，创办“建阳宣传网”，策划出版展示建阳人文历史、经济发展等的《建阳建县1800年纪念》邮册，在《福建画报》推出“建阳工业”“外国语学校”等系列报道，在省电视台《发现档案》栏目推出《大宋提刑官——宋慈》5期连续报道，接待日本、美国、中国台湾等地文化考古参观团10年批次，指导麻沙、黄坑、书坊等乡镇制作VCD宣传片，《日本老人冢本幸司的福建情》组图获全省对外好新闻三等奖，《建阳外宣巧借名人促经贸》一文在《开放与传播》杂志上刊发。

2006年，制作“纪念宋慈诞辰820周年电话卡”、建阳山水明信片。省电视台公共频道“全景西岸”专栏中推出“建阳电视宣传周”系列报道，破解文化建设“四难”（看书难、看戏难、看电影难、收听收看广播电视难）推进乡风文明和农村经济合作组织建设的“体验新农村”专题片在省综合频道《新闻启示录》及东南卫视《东南新闻眼》等栏目中专题播出。制作电视理论专题片《曜变》，录制“公民道德标兵风采”专题片。在《欧洲华人报》推出《“风起云涌掀热潮，海西腹地谱新篇”——海西林产城一镶嵌在福建省建阳市林海中的一颗璀璨明珠》宣传专版，在《福建画报》《海峡旅游》《八闽侨声》等对外杂志上大幅刊出《太阳山下的色彩——建阳书坊乡贵溪村走笔》《建阳：先贤朱子，风飘风带》《神奇的“千年树人”》《侨领实业家传媒人——访意大利福建海外华人华侨工商总会会长、欧洲华人报社社长林朱庆》等文，图文并茂地展示建阳的历史人文。组织工笔画作品60幅在澳大利亚展出，作品《情满青山》《初晴》《暗香》入选全国第六届工笔画展。

2007年，制作《朱熹诞辰878周年邮册》《建阳旅游明信片》等对外宣传品。

2008年，在欧洲中文主流媒体《欧洲华人报》刊发推介建阳市文明乡镇的宣传专版《黄坑：林海竹涛中的璀璨明珠》《潭城：雄风崛起于美丽的绿色腹地》，展示海峡西岸经济区绿色腹地经贸强市的发展风貌与前景，扩大闽北、建阳在欧洲华人世界的影响。同年，《人民日报》海外版登出《朱熹故里着力打造园林城市》一文，中央电视台海外中心《走遍中国——南平》系列纪录片栏目组，到建阳拍摄《建窑秘考》纪录片，福建海峡卫视《海峡名祠》摄制组抵潭拍摄朱熹墓，考亭书院遗址等具有中国古代历史文化特色的画面，节目分2集在海峡卫视与东森电视台同步播出，扩大朱子故里——建阳对外的知名度。

2009年，《福建画报》强势推出《千年古邑，书香建阳》一文，向国外读者展示千年古邑建阳市的历史文化。

2010年，编辑出版《诗意建阳——城市建设宣传画册》和设计发行“建阳城市建设掠影外宣明信片”，制作“城市建设专题片”及“中国建阳招商指南”等外宣品。与香港大公报、侨报合作，推出《福建法医鼻祖故里寻宋慈后裔》文章。洪灾期间，推荐《洪灾处处水城，诺亚方舟救人》《福建建阳企业副总暴雨救出九旬老汉》等多篇外宣稿件，在美国《看中国》时报、《中国日报》中英文版、《大公报》、《澳门日报》《澳门商报》等对外媒体刊出。反映建阳城市建设的经验文章《如椽大笔桧就大潭色彩——建阳市城市建设走笔》在欧洲华文主流媒体《欧洲联合时报》刊登。在省电视台综合频道《发现档案》推出《福建名窑、建窑》专集。以朱子诞辰880周年为契机拓展与朱熹后裔、游酢、蔡元定等海外宗亲联谊活动，世界朱氏联合会会长朱茂男和世界柯蔡宗亲总会理事长蔡裕彰带领来自台港及海内外朱氏游氏后裔660人到建阳参加朱子880周年诞辰，重走“朱子之路”朱子林文公祠堂奠基开工仪式以及游酢陵园落成典礼等活动。促成建阳西门小学与台湾新竹县大坪小学两岸校际友好交流活动举行。韩国成均馆大学校、东亚细亚学术院研究教授文学博士朴桂花等，到书坊就古代刻书史、刻书名家进行学术性考察论证。抓住建阳籍意大利侨领林朱庆牵头创办意大利首家华文电视台——欧洲华文电视台的有利时机，与其形成对外宣传建阳的合作关系。

第七章　统战工作

第一节　推进多党合作与政治协商

1994年，中共建阳市委继续加强对民主党派工作的指导，贯彻民主党派工作方针政策，帮助筹建中国民主同盟建阳市委员会、中国农工民主党建阳市委员会，民盟建阳支部和农工党建阳支部先后于1994年10月28日和1995年12月8日成立。1996年，市委统战部专题向市委汇报党派工作2次，获市委、市政府的重视和支持，为2个民主党派派拨活动经费1.40万元，解决办公室1间。1998年12月8日和12月29日，中国农工民主党建阳市委员会和中国民主同盟建阳市委员会先后正式成立。推动各民主党派加强自身建设，建立健全各种规章制度，协调有关部门帮助他们解决经费困难和工作问题。推荐能够与共产党合作的中青年优秀知识分子，参加民革、民建、民盟和农工民主党等民主党派组织，壮大充实民主党派组织。民盟市委员会下设一中、二中、中专、初教、黄花山、机关6个支部，各支部由主委、组织委员、宣传委员组成领导班子。农工党市委会下设南平市第二医院支部、市立医院支部、综合支部。

1999年，为帮助民主党派发挥参政议政职能，促成市委研究同意给2个民主党派市委会各配备1名专职干部，同意从市政协大楼中调剂和安排两间办公室给2个民主党派办公，同意拨给2个民主党派开办费2000元。2003年，在市委组织部统一安排下，民盟市委会、农工党市委会各配备1名专职干部，促成市政府出台文件，明确教育局、文化局、环保局、经委、建委与民盟，卫计局、土地局、科委、计生委与农工党对口联系，为民主党派履行参政党职能创造条件。组织民主党派成员针对社会上热点、难点问题到基层开展调研活动，协助组织召开春节茶话会、中秋茶话会等各种类型的党外人士协商会、情况通报会，为民主党派人士履行参政党职能创造条件。推动2个民主党派市委会开展系列“三下乡”和捐资助学活动。2005年，市委统战部联合农工党建阳市委会与南平市卫生局、闽北卫校实施“卫生支农”项目，选择省级贫困乡镇漳墩镇，将漳墩镇卫生院定为农工党市委会定点帮扶的乡镇卫生院，并与卫生院达成协议，用3年时间帮助卫生院培养6名卫技人员。

至2010年，农工民主党建阳市委会共开展支教活动8次，义诊活动23场次。民盟和农工党2个民主党派在市“两会”上，共提交团体提案23份，个人提案115份。

第二节　党外人士统战工作

1994年，建阳市委、人大、政府、政协等领导与党外人士交友重新调整，市委专门下达文件，规范化交友制度。市委统战部与组织部、宣传部联合下发《关于我市非中共党员后备干部队伍建设的几点意见》，并增补、安排4名非党副局级干部。同时，邀请党外人士参加各界人士通报会、经济和反腐纠风工作情况通报会等各类协商会、座谈会、通报会，鼓励他们为建阳的经济发展、社会进步和远景规划建言献策。

1995年，全市13个乡镇138名领导与233名党外人士结交朋友，普遍做到“六定”，即定人联系、定期调整、定期谈心、定期家访、定期反馈、定期座谈。1996年，市委统战部先后代市委起草《中共建阳市委关于进一步加强与民主党派、无党派人士合作与协商的意见》和《中共建阳市委会关于市六套班子党员领导与党外人士联系交友的通知》，建立健全交友联系制度、监督员制度和教育督导员制度。

1999年，在全市换届工作中，在市委统战部的推荐下，13个乡镇街道有8个乡、镇安排非党干部任副乡、镇长，1位任正职，在林委、建委、农委、外经委、监察局、司法局、统计局、财政局、外资办、总工会、工商联等部门选配非党副职。

2008年，统战部会同组织部确定14名党外后备干部。2009年，建立非中共、大专以上学历党外后备干部库36人。

第三节　港澳台及华侨统战工作

1994年，建阳市有华侨、华人、归侨、侨眷、去台人员、台胞台属10535人，市统战部门通过书信、接待等形式，加强与 三胞”（台湾同胞、港澳同胞、海外侨胞）以及工商社团的联谊交往，重点结交一批经济上有较强实力的经济界人士，接待来自美国、澳大利亚、意大利、印度尼西亚、马来西亚等国家地区回建阳探亲、旅游和考察的华侨，华人，以及中国香港、台湾地区回建阳探亲、旅游和考察的港澳台同胞。每年举办“中秋联欢会”“春节茶话会”等活动，在圣诞、元旦、春节期间，向海内外寄贺卡，对重点户逐个登门拜访，慰问，加强联络，增进友情。同时，发挥台联、侨联、黄埔同学会等统战团体的优势和作用，做好回台湾定居台胞的行前思想工作，为他们排忧解难，解决就业、升学、寻亲困难。召开黄埔建校70周年座谈会。协同政协三胞联谊会对三资企业进行视察、调查，了解他们生产经营、管理情况和存在问题，并及时向市委市政府报告，帮助企业解决困难。在台侨属中开展“五个一”（1封信宣传建阳、帮助引进1个项目、推销1种产品、介绍1条信息、引进1个人才或1项技术）和当好“三大员”（宣传员、招商员、信息员）活动。每年定期开展“送温暖、献爱心”活动，帮助解决归侨低保待遇问题，协调华侨的房产纠纷、华侨户籍等问题。关注贫难归侨，从各方面给予扶持，帮助贫难归侨侨眷解决实际问题，给他们送去慰问金、慰问品。5月，成立“建阳市游酢学术研究会”，加强与台湾游氏后裔的联络。7月，组织人员和资金进行修复“游匹公墓”“豸山书院”和公路，出版《游酢故里》丛书，向海内外游氏后裔输送3000册。

1995年，建阳市蔡氏宗亲联谊会和建阳市游酢研究会与台湾蔡氏、游氏后裔开展一系列的联络交流工作。通过联络交流活动的开展，先后筹措资金200万元，在莒口、麻沙等地兴建1批具有历史文化内涵的旅游景点。10月，市委统战部与市侨联联合召开学习《中华人民共和国合同法归侨侨眷权益保护法》座谈会，市委副书记郭建生到会并讲话。同月，建阳籍2名南侨机工辜文德、黄炎宋受到中国侨联的表彰。同年，市侨联名誉主席、香港同胞何光庆捐资10万元，建设麻沙中心小学综合教学楼。同年，水吉侨胞周远亮捐资1万元，用于改善水吉镇市头小学的教学环境。

1997年，在市委统战部和归侨组织鼓励支持下，归侨郑其旋引进捐资助学“希望工程”资金4万元，使130位失学儿童重返校园。

1999年，全市党政机关、各乡（镇） 企事业单位征订《中国台湾问题》800本。7月29日，市委统战部召开各界人士座谈会，揭批李登辉“两国论”。利用市委党校这个阵地，把中央对台方针政策的学习纳入学员教程中，把《中国台湾问题》干部读本作为教材。同年，新加坡归侨余祖金发动海外亲属筹资10万元在建阳创办“侨鑫小学”并通过教育部门的验收和认可。学校建成后，历年学校免费招收36名下岗职工子女和特困生入学，侨眷游德忠送去价值3500元的课外读物，侨联常委黄寒柏也为学校送去20套新课桌椅。

2002年，旅居意大利的华侨林朱庆捐资1000欧元（折合人民币10000元）为家乡黄坑镇新历村修建水泥路。

2005年，市侨联分别参加省侨联青委会组团访金门，南平侨联组团访问马来西亚，拜访当地的华侨社团组织，结交新朋友。在出访马来西亚时，克服困难，想方设法联系马来西亚建阳公会，并与之建立密切联系。同年，市委统战部编纂《建阳在外名人录》，把国内外建阳籍或在建阳出生、成长以及曾经在建阳生活、工作后移居外地的，在学术专业上有一定造诣、政治上有一定地位、社会上有一定名望、经济上有一定实力并热心为建阳经济和社会事业发展出谋献策人士的信息收录成册。加强与他们的沟通和联系，发挥他们的优势，牵线搭桥、招商引资，为全市经济和社会各项事业的发展服务。

2006年，市委统战部组织台胞、台属学习《反分裂国家法》和中共中央总书记胡锦涛提出的在新形势下发展两岸关系的4点意见，以及全省对台工作会议精神和南平市台办主任会议精神，并印发学习宣传材料100多份。同年，在侨人口增长较快的黄坑镇成立侨联。依托胜德大酒店成立华侨联谊中心，为归侨侨眷、海外华人华侨和留学生提供联络和联谊的活动场所。

2007年2月，市侨联获省侨联获评为南平市首个“侨友之家”，黄坑镇按时召开第二次归侨侨眷代表大会，加强基层侨联班子。5月28日至6月8日，市委统战部应旅意福建华人华侨同乡总会和旅法福建同乡会的邀请，组团赴意大利、法国访问，主要考察当地华人华侨社团的发展情况，宣传推介建阳市发展情况以及招商引资项目，通过考察交流，加强与华人华侨联系和了解，增进亲情乡谊。市侨联引导意大利华侨胡志悦捐资9万元为麻沙周家村兴建公益设施，解决周家群众多年来未能解决的吃水难问题和村庄周边环境卫生；意大利20位华人华侨共同捐资1.18万欧元（折合12万元人民币）用于黄坑镇新历村窑厂至张家自然村水泥道路硬化工程；莒口镇柬埔寨华侨3人捐资11万元人民币兴建莒口镇焦岚村到吴墩、岩头自然村的水泥路；东山意大利华侨6人捐资11万元兴建东山村的3千米水泥路。新西兰华侨陈日馨、陈日云捐资5000元人民币修缮徐市镇溪尾村桥亭自然村的水毁桥梁。10月中旬，市委统战部推动民间社团举办纪念蔡氏开基1110周年暨蔡氏大宗谱发谱大会，扩大海内外蔡氏宗亲的联谊，重点做好建阳 “蔡元定文化”这个“文缘”宣传。

2008年，市委统战系统组织建阳蔡氏宗亲联谊会和建阳市游酢研究会联络台胞清明回潭祭祖。华侨捐资50万元建设新农村，其中，广东骏马纺织慈善基金会捐资25万元建设南槎民族小学（希望小学），结对2个大学生助学0.96万元；台胞郑崇华设立“郑政谋奖助学金”，奖励大学生20名4万元。台胞张金满捐资10万元扩建杭头小学。组织台侨界为汶川地震捐款3.68万元。新西兰华侨陈日馨、陈日云捐资5000元人民币拓修漳墩镇桔坑村泔阳自然村道。

2009年，市委统战部门开展两岸同胞“扫墓祭祖”；筹集60万元在水南塑立蔡元定雕像，台北曹仲植基金会向建阳市捐赠总价3.15万元的83辆轮椅。开展涉台教育5场。8月18日，在市委统战部指导下，建阳市第五次归侨侨眷代表大会召开，选举产生第五届建阳市归国华侨联合会委员会。9月，莒口镇16位华侨侨眷捐资3.15万元完善莒口镇“侨心公园”的绿化、休闲配套设施等建设；华侨侨眷捐资5万元参与黄坑镇塘头村大桥建设。11月，莒口镇籍侨眷6人捐资11.50万元修建东山村村部至小学的水泥道路。

2010年5月1日，邀请香港同胞参加“蔡元定雕像奠基仪式”。8月，市侨联被省侨联列为首个“侨情信息调研基地”。“6•20”洪灾期间，侨界捐款233.60万元，厦门台商捐款17万元；市侨联名誉主席、旅匈华侨黄火妹向“6•20”洪灾重镇将口镇芹口村捐赠1000件价值40000元的新衣物；新西兰华侨罗月玲女士捐资1.20万人民币修复“6•20”洪灾受损的漳墩镇桔坑村泔阳自然村道。同年，“郑政谋奖助学金”奖、助学4万元。开展“涉台教育进社区”3场次，受教880人次。组织黄坑、潭城2个乡镇（街道）到台湾南投县参加两岸特色乡镇交流大会。邀请台湾朱氏后裔参加黄坑镇“朱子林—文公祠”开工仪式。蔡氏宗联谊会赴台参加“世界柯蔡宗亲总会十六届一次会员代表大会暨垦亲大会”。举行涉台交流文物西山陵园揭牌仪式。

1994—2010年，市侨联、侨办共计接待海外到建阳探亲、旅游、投资的华侨、华人百余批，人数达到千余人次。

第四节 民族宗教工作

一、宗教

1994年，市委统战部继续宣传党的宗教政策，组织宗教团体负责人和各寺庙、堂点负责人进行学习活动。在保护支持合法正当宗教活动的同时，配合公安的等有关部门打击制止各种利用宗教进行的非法违法活动，使宗教活动逐步纳入依法管理的轨道。学习宣传、贯彻落实国务院颁布的《宗教活动场所管理条例》和《中华人民共和国境外国人宗教活动管理规定》，帮助解决西桥北路14号属于基督教两会的房产和租金问题。

1996年，提请市委、市政府研究宗教工作2次，成立建阳市宗教管理领导小组，市委副书记任组长；起草《关于开展专项治理凯建庙宇工作的实施意见》和《建阳市人民政府关于加强宗教活动管理，制止滥建庙宇和封建迷信活动的通告》，编印宗教改革提纲160份，召开全市机关干部大会，传达贯彻全省宗教工作会议精神，举办一期统战委员学习贯彻宗教政策培训班。

1998年，省天主教教务委员会派范哲敏神父主持建阳市天主教教务。市委常委会研究决定，同意成立天主教爱国会，恢复天主教爱国会活动。9月19日上午，举行新基督教堂奠基庆典。12月15日下午，召开建阳市天主教爱国会成立大会。

1999年，根据国务院颁布的《宗教活动场所管理条例》，对全市合法登记的宗教活动场所进行换证，对14所宗教活动场所进行重新登记。5月8日，支持佛教协会在城关宝山清莲寺举办“庆祝建国五十周年和迎接澳门回归祖国祈福法会”，同时，还邀请建阳百余名文化界人士举行颂祖国诗词吟诵和书画展活动。9月22日，市基督教安国会在城关基督教堂举行“庆国庆50周年和迎澳门回归演讲晚会”。

2004年，落实省专项治理滥建寺观教堂、露天宗教造像和民间信仰活动场所工作会议精神，建阳市成立由市委副书记李兵担任组长，市委常委、政法委书记何光松，市委常委、统战部部长邹仁满担任副组长的市专项治理乱滥建工作领导小组，并设立专项治理工作办公室，迅速传达贯彻省专项治理乱滥建寺观教堂、露天宗教造像和民间信仰活动场所会议精神。3月3日，在全市统战工作会议召开，对各乡镇（街道）做好专项理工作作出具体安排。全市共拆除4座，改为他用5座宗教场所，全面完成治理工作。市宗教局与乡镇（街道）签订基层宗教工作目标责任状，乡镇与村级组织也签订责任书，并明确各行政村有1名村干部负责做宗教工作，从而使市、乡、村3级宗教工作得到加强，工作网络逐步完善，各项责任落到实处，以形成基层日常宗教工作有人抓、有人管的局面，防止乱滥建寺观教堂的问题再现。

2005年，市委统战部及时处理麻沙灵岩寺住持去世后引发的矛盾，稳定寺内人员的情绪；制止徐市教堂非法组织非宗教信徒夏令营活动和上街游街活动；配合公安国保大队取缔将口镇火爬山基督教地下非法聚会，教育并驱散了非法聚会人员200人。

2008年，开展“和谐宗教场”创建活动，确定城关基督教堂、宝山清莲寺、城关北门太保庙3个活动场所为创健“和谐宗教场所活动”示范场所。6月，市基督教第五次代表大会召开，选举新一届两会班子成员；发动宗教人士为汶川地震灾区捐款1.33万元。

2009年，市民宗局与乡镇（街道）、乡镇（街道）与村签订《民族宗教工作目标考评责任书》。划拨水南加油站附近2800平方米地给天主教爱国会建教堂。宗教界人士捐款16.15万元用于慈善事业，如慰问困难老人、资助贫困大学生等。

2010年，市宗教界为玉树地震、建阳冰雹灾区捐款4.60万元，为“6·20”洪灾捐款10.12万元。12月，建阳市基督教爱国会获全国“创建和谐寺观教学先进单位”称号，市民宗局获省政府评为“民族团结进步先进集体”。

二、民族

2002年，少数民族工作划入统战工作范围。为做好少数民族工作，市委统战部对全市少数民族做调查摸底，了解到全市少数民族6000人，主要是畲族、回族、高山族、满族等民族，其中，畲族占绝大多数，主要分布在漳墩、黄坑、徐市、麻沙、书坊等乡镇50个自然村，漳墩堆后、陈元，黄坑三峡等获认定少数民族村。5月，市委统战部根据市人大要求将徐市南槎村定为少数民族村的议案，3次派人走访该村调查核实，5个自然村、10个村民小组、共306户1488人，其中，少数民族有110户451人，占全村总人口的30.30%，按照少数民族村认定办法，核定徐市南槎村为少数民族村。同时，还完成参加高考少数民族贫困生的情况摸底工作。12月23日，组织全市4个民族村的支部书记，所在乡镇分管领导，8个帮扶市直单位召开民族村帮扶会议，会议下发《关于做好对口帮扶少数民族村工作的通知》，明确帮扶时间、帮扶任务、帮扶形式、帮扶制度、帮扶项目及帮扶反馈制度等。

2003年，市委统战部争取到对少数民族村的“造福工程”项目资金，共搬迁21户117人，其中，少数民族14户69人；促成市委召集相关单位为南槎民族村过村公路柏油路面筹集缺口工程款14万元；争取30万少数民族学校建设款，并争取贫困学生补助款共计1.20万元。联系各界帮助支助贫困学生，其中，市基督教爱国会捐资1000元，修量法师捐资3万元，支助少数民族贫困大学生；联系1名澳籍华人捐资4000元，支助20名少数民族小学生：联系南平二院妇产科支助南槎民族小学贫困学生陈丽萍完成义务教育。部领导及干部到4个民族村开展经济发展与小康霆设情况调研，开展少数民族干部、专业技术人员调查摸底。

2005年，市委统战部与教育局联合下文，认定漳墩镇碓后小学、陈元小学，黄坑镇三峡小学，徐市镇南槎小学为民族小学。同时，与教育局、招生办研究决定，全市少数民族考生自当年起，在普通高中招生时，可享受加分照顾，对少数民族初中毕业生，按升学考试总分加10分录取，以提高中学中少数民族学生的比例。向上级部门争取工程项目，申请各类资金89.53万元用于漳墩镇碓后民族村水泥路面硬化建设、徐市镇南槎民族村自来水工程建设、漳墩民族中学学生宿舍楼和食堂建设，“造福工程”等。牵头南平市第二医院的医疗专家到南槎民族村为群众开展义诊，促进少数民族贫困村发展。

2006年，争取到美国哈岗信望爱基金会捐助款25万元，为漳墩民族中学修建实验大楼，并于2007年8月11日交付使用。

2008年，将徐市镇南槎民族村搬入新村的77名少数民族村民列入“造福工程”，每人补助2800元。

另外，争取省委统战部救灾款 5 万元；为漳墩陈元村争取 15 万元建设安全卫生饮用水项目。

2009 年，市委统战部争取 24 万元，建设陈元、南槎村及漳墩民族中学、碓后民族村开展“畲族三月三”活动。

2010 年，帮助碓后民族村向市水利局争取村卫生饮用水项目，并争取资金建设村文化室。徐市镇南槎民族村民族小学建设和民族连心桥建设两项工程在上级各有关部门大力支持下均竣工。10 月，市委统战部获省政府授予的“全省民族团结进步模范集体”称号。

2003—2010 年，市委统战部共争取民族工作专项经费 297.56 万元。

第八章　精神文明建设

第一节　公民道德教育

1995—2001 年，建阳市开展以爱国主义为核心内容的团结统一、爱好和平、勤劳勇敢、自强不息的民族精神系列宣教活动。召开相关座谈会、举办晚会及诗歌朗诵、演讲、主题征文、书画大赛等 450 场次。在 1996 年抗洪抢险、2001 年抗击非典和 2010 年建阳特大洪灾中，全市人民万众一心，踊跃为灾区人民捐款捐物。2001 年，市委制定《关于贯彻〈公民道德建设实施纲要〉的意见》，以“五爱”（爱祖国、爱人民、爱劳动、爱科学、爱社会主义）为基本要求，以“三德”（社会公德、职业道德和家庭美德）为主要内容，倡导“爱国守法、明礼诚信、团结友善、勤俭自强、敬业奉献”的公民道德建设基本规范，组织 320 场次学习讲座、专题调研、编印读本、专题宣讲、知识竞赛、征文比赛、演讲比赛、开辟专栏、刊播公益广告及全市贯彻《公民道德建设纲要》文艺调演等活动。

2002—2003 年，修订完善建阳文明公约、市民守则、乡规民约和各行各业的服务规范、岗位守则。2004 年始，以诚实守信教育、文明守法经营、增强信用意识、打击假冒伪劣、规范市场秩序为主要内容，开展创建“百店千柜无假货”“无假货示范街”“打假维权、消费者满意街”“购物放心街”等“诚信建阳”建设活动。2005 年，在新百姓超市开设“爱心超市”，是年，共向城区低保困难群众、优抚对象发放爱心购物卡 2400 张，提供价值 100 万元的物品。2006 年，将社会主义荣辱观、《文明市民守则》、建阳精神等具有时代意义的内容，确定为进行思想道德教育宣传实践的重点，组织道德建设文艺专场巡回演出 40 多场次，开展“做文明建阳人”大讨论，推动“讲文明、树新风”主题活动开展。启动 25 项在社会讲社会公德、在单位讲职业道德、在家庭讲家庭美德的“道德新风与你同行”公民道德实施工程。2007 年始，以“我们的节日”主题活动为抓手，以春节、清明、中秋、端午、重阳等传统节日为契机，组织开展“情暖建阳、文明关爱”等各项道德主题实践活动，全市各级文明单位开展“爱心捐助”、结对济困帮扶活动，扶持下岗失业职工就业，资助贫困学生入学。

2008 年，建阳市志愿服务活动协调小组成立，制定《2009—2020 年建阳市志愿服务规划》，全市各文明单位以讲文明树新风为主线，开展扶老助残、文体娱乐、环境秩序、平安健康等志愿服务活动。2009—2010 年，开展两届南平道德模范评选活动，评选出南平市两届道德模范 4 名；助人为乐、见义勇为、诚实守信、敬业奉献、孝老爱亲等“好人”102 名，其中，付桃花为感动福建 10 大人物候选人，2010 年 6 月，入选中国好人榜。

至 2010 年，全市共命名表彰 916 家“拥军示范店”“星级文明商店”“重合同守信用单位”“无假货商店”和“文明杯”质量奖企业等先进典型；全市各级文明单位开展的“爱心捐助”、结对济困帮扶活动，扶持下岗失业职工就业，资助贫困学生入学，活动共捐助资金、财物计 180 万元。

第二节　未成年人思想道德建设

1995—2002 年，逐步建立健全学校、家庭、社会齐抓共管的长效工作机制，共创办家长学校 208 所，其中，示范性家长学校有 16 所。每年定期召开家长学校示范校经验交流会，家长参学率达 80% 以上。

2003 年，贯彻落实《中共中央、国务院关于加强和改进未成年人思想道德建设的若干意见》的精神，明确全市 30 个相关部门职责分工，推进各职能部门职责落实。2004 年 8 月，组建“建阳市未成年人思想道德建设办公室”，定编 2 人，挂靠市委文明办。2005 年，组织编写《法医学鼻祖—宋慈》等旨在引导学生爱祖国爱家乡的校本课程、教师指导用书 34 套。2006 年，重点加强未成年人心理健康辅导站规范化建设，各中小学依托本校与校外心理辅导机构全面开展未成年人心理辅导。

2006—2010 年，各级文明单位积极捐资助学，结对帮扶留守儿童、进城务工困难人员子女 1560 人次，总金额 46 万元。2008—2010 年，开展 36 次净化文化网络市场、取缔学校周边的游商小贩和非法出版物经营点集中行动。

第三节　文明创建活动

文明城市创建　1995 年，市委提出加大市政设施建设力度，实施城市环境优化工程的总体规划，至 2010 年，围绕建设廉洁高效的政务环境、公平公正的法治环境、规范守信的市场环境、健康向上的人文环境、安居乐业的生活环境、可持续发展的生态环境，制定 40 项城市管理规定、通告和办法，开展 76 场次市容与环境卫生综合整治行动。期间，1998 年获 1996—1997 年度福建省卫生城市称号。2000—2005 年，建阳市连续 2 届评为“南平市文明城市”。2004 年，建立完善环卫管理体制，落实“门前三包”制度，交通主干道和主要街道实行全日保洁。2007 年，推行城市管理项目官员制度，组建城市管理劝导员队伍。2006—2008 年，评为福建省创建文明城市工作先进城市。2009—2010 年，评为福建省文明城市提名城市。

文明村（镇）创建　1998 年，各乡镇（村）普遍开展“立四榜（成才榜、功德榜、好榜样和能人榜）、树榜样”“文化中心户”“十星级”农户评选、“六提倡六反对”（提倡崇尚科学、反对封建迷信；提倡健康娱乐、反对聚众赌博；提倡婚姻自由、反对买卖婚姻；提倡村邻和睦、反对宗族纠纷；提倡艰苦创业、反对铺张浪费；提倡少生优生，反对计划外生育）及“文明新风进厅堂”系列活动。2000—2010 年，广泛开展创建“卫生乡镇”“卫生村”活动。2006 年，制定建阳市社会主义新农村建设结对共建机制。2007 年，全面开展图书进村带科技、网络进村带信息、协会进村带市场、普法进村带权益、项目进村带发展、活动进村带活力的“六进六带”活动。黄坑镇 2003—2005 年度获评为全国创建文明村镇工作先进村镇，2006—2010 年度获评为全国文明村镇。

文明单位创建　1995 年开始，落实南平市《文明单位创建和管理办法》，制定考评实施细则，强化文明单位创建工作的日常管理和动态管理。2002 年，组织文明单位开展联谊、交流、观摩和考察活动。2006 年，重视非公企业精神文明建设工作，推进企业包括非公企业的企业文化建设和精神文明建设，引导企业从精神文化、制度文化、物质文化等方面加强整合。围绕市委、市政府关于“优化投资环境，服务企业发展”的精神，组织实施企业文化建设“三大工程”（素质、形象、服务工程），开展“创业在建阳”系列活动，在建阳有线电视台上展播企业文化建设成果。2006—2008 年，全市共有 27 个单位申报省级文明单位，50 个单位申报南平市级文明单位、41 个单位申报建阳市级文明单位。2009—2011 年，在全市各级各类文明单位开展“共建带创”村（居）活动。各级文明单位做好自身文明创建的同时“共建带创”一个乡镇、村（居），共建双方按照“五共”（共育“四有新人”、共促经济发展、共树文明新风、共创安全稳定、共建优美环境）要求开展“共建带创”。该届期，黄坑镇、将口镇申报全国文明村镇；麻沙、莒口、书坊3个乡镇申报省级文明村镇；23个单位申报省级文明单位；一中、二中、实小申报省级文明学校、西市、西门、富林3个社区申报省级文明社区。60个单位申报南平市级文明单位，51个单位申报建阳市级文明单位。

文明行业创建　1995年起，建阳市各行业及示范窗口按照省上创建文明行业活动要求，围绕市委、市政府中心工作，参与开展“诚实守信”和人民路“无假货一条街”创建活动。建立以公安“110”报警服务台为龙头，以卫生“120”急救中心、交警“122”事故报警台、工商“12315”消费者投诉中心、司法“148”法律咨询服务中心和民政、邮政、电力、电信服务中心以及自来水、市政维护服务队等为骨干的28家单位参加的“110”社会服务联动系统。2002—2006年，市地税局、国税局、农业局先后推出“告知卡”服务、“一站式服务”“969155”服务“三农”热线等。2010年，建立全市文明行业创建工作联席会议制度，在“创文明创业、建满意窗口”竞赛社会测评中，全市公共服务类、行政执法类各行业和4家示范窗口的群众满意率均达到了90%以上。

文明社区创建　2002年，潭城、童游撤镇建街后，全市16个社区全面完成各项组建整合、共驻共建工作。2004年，制定《关于在全市社区广泛开展“评五星、树新风”思想道德建设实践活动的意见》，在各社区深入开展“评五星、树新风”活动。2005年起，开展科教、文体、法律、卫生、环保、涉台“六进社区”活动。2008年，组建社区志愿者队伍，定期为社区居民开展各项志愿服务。2010年，推行“为民办事全程代理制”，在规定时间内无偿为群众提供一站式全程代理服务。至2010年，全市建成16个社区爱心捐助站、4个社区读书室，众多宣传栏（阅报栏）、20个社区文体活动中心和老年活动中心。

文明学校创建　1995年起，参与创建活动的各中、小学在坚持标准，保证质量，解决制约争创工作的突出问题上下功夫，弘扬健康的校园文化，加强各自的特色建设和文化建设。2006年，制定《建阳市文明学校管理办法》，以提升师生文明素质为核心，提高学校管理水平为重点，办人民满意的学校为根本目标，落实管理制度，注重创建过程，提升全市各中、小学文明创建工作的整体水平。

军警民共建　1997—2010年，市委、市政府共拨款100万元，支持驻潭部队和武警官兵搞好基础设施、训练设施、文化设施和菜篮子工程建设，帮助驻潭部队和武警官兵改善战备、训练、工作和生活条件，推进双拥工作和共建工作。2000—2010年，驻潭部队和武警官兵投入2000个劳动日200台次车辆机械，支援全市10个重点工程建设和社会公益事业建设，参加数10起抢险救灾，抢救90名遇险群众，为两个文明建设做出巨大贡献。

1995—2010年建阳市各级文明单位创建情况表

表17-8-1　　单位：个

年份	省级文明单位（学校、村镇）	地级文明单位（学校、村镇）	市级文明单位（学校、村镇）
1995—1996年度	14	50	106
1997—1999年度	17	56	108
2000—2002年度	21	63	116
2003—2005年度	22	64	118
2006—2008年度	25	66	111
2009—2010年度	25	71	117

第九章 政法工作

第一节 组织队伍建设

1991年，中共建阳县委调整和加强县委政法委员会，设书记1名，副书记4名(其中，专职、兼职各2名。兼职副书记由政府分管副县长、县公安局局长兼任)。1991年4月15日，根据中共中央、全国人大常委会、国务院《关于加强社会治安综合治理的决定》精神，成立建阳县社会治安综合治理委员会及其办公室（办公室简称“综治办”），与县委政法委合署办公。各乡、镇、街道相应成立社会治安综合治理委员会及其办公室，配备专职人员。1992年开始，在各乡镇、街道设置负责综治工作的副书记或副乡（镇）长、副主任。为弘扬见义勇为精神，1992年，县综治委成立建阳县社会治安见义勇为奖励基金会，设在县综治办。2002年，此基金会移交市公安局管理。1992—1993年，加强政法队伍的教育管理，开展“清理不合适做政法人员”工作。1993年，纠正执法不严和严禁乱收费。1994年，开展政法队伍教育整顿活动。1995—1998年，政法系统先后组织开展“建功立业”“敬业爱岗”“为民树形象”学习漳州“110”、争创人民满意单位和争当人民满意政法干警等一系列内强素质，外树形象教育活动。

1997年，建阳市综治委成立6个专门工作领导小组及其办公室，分别是刑满释放解除劳教安置帮教工作协调小组，办公室设在司法局；矛盾纠纷排查调处领导小组，办公室设在司法局；流动人口管理领导小组，办公室设在公安局；预防青少年违法犯罪工作领导小组，办公室设在共青团市委；学校及周边治安综合治理工作领导小组，办公室设在教育局；铁路护路联防领导小组，办公室设在市综治办。1997—2004年，上述6个专门工作领导小组及其办公室各项业务工作均依托市综治委指导各项业务行政主管部门开展。2003年，为维护国家安全和政治稳定，市委成立国家安全工作领导小组，办公室依托在市公安局国保大队。2004年，为贯彻落实省委、省政府关于建设“平安福建”的部署，市委成立建设“平安建阳”领导小组及其办公室，办公室设在市委政法委办公室，成员从公安、检察、法院、司法、民政五部门抽调组成。2005年起，铁路护路联防领导小组办公室设有专职人员。

1997—2010年，市委政法委机关（含市综治办）行政编制为7名（其中综治办2名）。其中，书记1名，副书记2名，综治办主任1名（可由副书记兼任）；股级领导职数3名（含综治办副主任）。另有事业编制1名。政法队伍先后开展“整顿执法队伍，规范执法行为”“高举旗帜、爱岗敬业、公正廉洁、文明执法”等系列主题教育活动。

第二节 社会治安综合治理

1991年，建阳县委、县政府制定下发《建阳县1991—1995年社会治安综合治理规划》，批转县综治委制定的年度综治工作考评意见，对社会治安综合治理工作实行领导责任制，建阳市（县）的社会治安综合治理始于1991年。是年，根据中央的要求，建阳县成立社会治安综合治理委员会及其办公室，对社会治安进行综合治理，并制定具体的工作规划。开展清理“民间标会”活动，制止曾一度泛滥的“民间标会”行为。

从1992年开始，县委、县政府每年与各乡、镇、街道党政主要领导签订综治责任书，将社会治安管理具体目标列于责任书内，主要目标包含辖区政治稳定，社会稳定，治安安宁，当地群众安全感较高，对治安满意率要达90%。为促进责任目标落实，每年年终都要对责任书中所列目标进行考评，对责任目标完成好者予以表彰，对符合社会治安综合治理1票否决的坚决予以否决。是年，开展反盗窃专项斗争，抓获盗窃团伙7个成员34名。1993年，开展围歼“车匪路霸”专项斗争，共擒获“车匪路霸”团伙8个，成员32名。

1994年，在全市农村开展“严打、治乱”斗争，重点打击严重影响治安的地痞村霸、车匪路霸、盗伐林木、拐卖人口、非法携带管制刀具、重大盗窃等违法犯罪分子，共查获犯罪团伙9个，抓获犯罪嫌疑人75名。1996年4月16日至9月30日，按照中央、省的统一部署，开展 “严打”斗争，其主要目标是“打现行，破积案，摧团伙，抓逃犯，缴黑枪”。历时5个月，共破获刑事案件433起，抓获犯罪嫌疑人567名，摧毁犯罪团伙43个，擒获团伙成员117名，取缔邪教组织9个，收缴清查枪支2214支，刀具219件，赃款赃物33万元，共有42名违法人员被处劳教，317名犯罪嫌疑人被判刑，其中，11名被处死刑，治安秩序迅速改善。建阳市委、市政府获福建省“严打”斗争先进县（市），白炳义、许晓青、许群瑜、林满山、李来宝、叶南共6人获评省 “严打”斗争先进个人，11人获评南平市“严打”斗争先进个人。通过此次“严打”，至2000年，建阳保持连续多年治安平稳态势。

2001—2003年，开展新一轮“严打”斗争，重点对象是黑恶势力犯罪、严重暴力犯罪、涉枪涉爆犯罪、多发性侵财犯罪。共破获刑事案件1397起，抓获各类犯罪嫌疑人1365名，其中逃犯215名；打掉犯罪团伙118个，成员369人，其中恶势力团伙8个成员45人。在此期间，市综治委、政法委相继牵头组织整治水吉镇、徐市镇林区治安秩序，取缔8家非法经营木材的个体私企，开展整治霸占村公路客运经营的“路霸”、霸占农贸菜市场经营的“菜霸”、霸占河道采砂的“砂霸”和垄断液化气经营的“气霸”等行动，规范乡村客运、农贸市场、河道采砂、液化气等经营秩序，整治城乡中小学校园及周边治安环境，实现中小学校园周围200米内无游戏厅、娱乐场所和网吧，为学校教书育人营造良好环境。2004年3月至2008年12月，根据福建省委、省政府关于建设“平安福建”的部署，建阳市开展建设“平安建阳”活动，主要目标是通过加强综合治理，落实平安措施，构建团结和谐的政治环境，安全稳定的治安环境、公平竞争的经济环境、公正高效的法制环境和安居乐业的生活环境。2008年6月，福建省委省政府授予建阳市全省“平安县（市）”称号。

第三节　基层工作

1991年开始，各乡镇、街道成立社会治安综合治理委员会及其办公室。各自治村建立治保会、调解会，乡、村2级的综治构架基本形成。随后，在较大型的企业厂矿设立综治联络员。2005年，在市直机关13个党委序列成立社会治安综合治理委员会，至此，从乡村到机关、厂矿企业普遍建立健全综治机构。

2000年，莒口镇为及早预防和及时化解乡村矛盾纠纷，建立维护农村社会稳定的预警机制，2001年，成立社会稳定预警中心，随后，市委、市政府在全市推广这一做法，各乡镇、街道均成立维稳中心，着重预防和调处农村各类矛盾纠纷。同时，城区法律服务中心和城关派出所协作，由法律服务中心派驻律师到派出所，着重调处轻微伤害案件，市综治委总结推广这一做法，建立律师进入派出所协作公安民警依法调处民事纠纷的制度。同年，开始在城乡开展治防防控体系建设，市综治委制定《建阳市治安防控体系建设三年规划》，计划用3年时间在城乡建立1个由公安力量为骨干，依托群防群治力量，结合物防和技防的比较严密的治安防控体系，分步实施。是年4月，在城区成立1支由14名队员组成的夜间治安巡逻队。在此基础上，2002年，市委政法委与人武部联合成立由22名队员组成的民兵应急分队治安巡逻排，担负城区的夜间巡逻。各乡镇在集镇所在地均成立夜间治安巡逻队。市保安公司在城区设立技防服务中心，为商家店铺提供防盗窃报警服务。市综治办与潭城、童游两街道联合在城区住宅区开展物防建设，共为2438户居民住宅安装防盗门。城区和黄坑、麻沙等乡镇建立视频监控系统，初步形成全市治安防控体系。2004年，在各乡镇街道原社会稳定中心的基础上，整合乡镇综治力量，将综治办、司法所、信访办、民政办、法律服务所等机构整合到一起，合署办公，一体运作，成立综治服务中心，对矛盾纠纷联调联办。依托市信访局，成立建阳市信访服务中心，建立信访官员制度。至2005年，市里有信访服务中心，乡镇街道有综治服务中心，村有治保会、调解会。从2006年开始，村设置综治协管员。市、乡、村3级维稳平台和网络基本建成。2009年，市委市政府作出决定：乡镇综治办主任统一由党委副书记担任，增强综治协调力量；在童游片区组建民兵治安巡逻队，完善城区防控力量。2010年，强化各级综治组织领导力量，市、乡两级综治委主任、第一副主任都由同级党政主要领导担任；市综治委各专门工作领导小组组长都由副处以上分管领导担任；市综治办正副主任按规定职级配齐配强，主任由政法委书记兼任。

第四节　创安活动

1991年起，市综治委在金融财贸系统开展创建“安全合格单位”活动，建立健全和规范企事业单位的安全防范工作。1994年，在农村开展“四联三防两全”活动，“四联”即警民联防、村级联防、十户联防、边界联防；“三防”即建立市、乡、村3道治安防线；“两全”即全方位、全天候防范。同时，开展“防范、管理、育人”3大工程建设。1996年，在全市机关企业事业单位开展“创安”活动。1996—1997年在城区居委会开展安全文明片区创建活动，在居委会落实“一区两会”（警务区，治保会、调委会）工作；在金融系统开展“金汤工程”建设，重点做好金融单位的人防、物防、技防工作。2001年，开展创建“综治合格单位”活动。把全市中小学校列为治安特别管护区，为中小学配设综治副校长或兼职校警。2002年，在社区开展创建“文明安全小区”“文明安全楼院”活动，落实小区、楼院的安全防范措施。同年，在城乡开展治安防控体系建设活动，市区成立民兵治安巡逻排，乡镇成立夜间治安巡逻队，为居民住宅安装防盗设施，为商家店铺安装防盗报警装置，城乡治安防控体系基本形成。

2004年开始，开展“平安建阳”创建活动。建立创建载体，开展创建“平安乡镇、平安村居、平安社区、平安单位、平安校园、平安企业、平安中心户、平安家庭”等系列创建活动，在铁路、公路沿线开展创建“平安铁路”、平安大道、绿色安全长廊等创建活动。2009年，根据省委、省政府的部署，开展为期5年的“平安先行建阳”创建活动。全市社会政治稳定、治安安宁、百姓安居乐业。

第十章 其他党务工作

第一节　党校工作

一、机构沿革

1994年，中共建阳市委党校内设教务科、基层党校教研室、办公室，核定编制数23人，实际在编教职工17人，其中，行政干部9人，教师4人，工勤人员4人，校址位于登高山麓。1999年，党校内设函授站、教务科、基层党校教研室、办公室。2010年，机构改革，党校内设办公室、教务科、函授站，实际在编教职工总数为12人，其中，行政编制人员8人，专业技术编制1人，工勤人员编制3人。学校拥有综合楼、学员宿舍楼、图书馆，形成较完善的培训轮训党政干部阵地。1994—2010年，党校共举办各类培训班48期，培训、轮训党政干部和理论骨干2641人。教研人员完成各类论文85篇，其中，市级以上课题51项，市级以上报刊发表18篇，参加市级以上理论研讨会100人次。2006年，获省委党校授予全省先进基层党校；2010年，获建阳市委、市政府授予“第十届（2006—2008年度）文明单位”的称号。

二、理论教育

1994年，市委党校加强对基层党校的业务指导，年初制定《基层党校94年工作计划》，重点突出全年培训内容及完善各项管理制度。同年，举办4期副局级干部研讨班、新上任副股级和基层党校理论教育培训班、农村党支部书记培训班，轮训学员共401人次。培训班采取理论联系实际的方法，强调把学习基本理论同学习中共党的十一届三中全会以来的路线、方针、政策结合，贯彻中共中央《关于新形势下加强党校工作意见》的精神，坚持把培养忠于马克思主义、德才兼备的领导干部作为党校的首要任务。1998年，根据《中共中央关于在全党深入学习邓小平理论的通知》要求，市委党校在各类培训班中把系统学习邓小平理论，用邓小平理论武装各级干部头脑作为重点培训内容。进入21世纪，以“三个代表”重要思想为主线，2001年，结合开展“三个代表”重要思想教育活动，注重加强领导干部理论学习培训，深化“三个代表”重要思想学习。2004年，市委党校组织教师编撰教材《中国特色社会主义理论读本》。2005年，为贯彻落实中央、省、南平市干部教育精神，创新干部培训机制、扩大培训对象，连续3年举办流动党校，对乡镇机关及站办所、中小学教师开展进修培训，共培训学员624人次。2005—2006年，在全市党员干部中开展保持共产党员先进性教育活动，共培训学员986人次。2007年，在各类培训班中贯彻落实科学发展观，推动科学发展，促进社会和谐等内容。2010年，贯彻落实科学发展观，在各类培训班中结合武夷新区建设开展如何实现建阳科学发展、跨越发展等主题，全年共计培训学员785人次。

三、学历教育

1994年，市委党校创办党校函授站，开设中央党校函授党政管理、经济管理两2个专业大专函授班，共招收51名建阳县学员。开办好考前辅导班，学员入学后强化教学班的管理、组织教学实施，做好后勤保障。1995年，又招收行政管理专业班招收学员19名。2000年，党校开设中央党校本科班及省委党校函授大专班，共招收学员127人。2007年，举办农村经济管理大专班及中央党校法律函授本科班，招收农村经济管理大专班学员29人、本科学员26人。1994—2010年，毕业大专班、本科班学员共773人。

四、干部培训

1994年起，为提高农村党支部书记的思想理论素质、政策水平和实际工作能力，市委党校坚持每年一调训的制度，每年均举办村（居）支部书记培训班，开设党的基本知识、党的基本路线、党的指导思想以及农村经济建设、常用法律等课程。1996年，举办首期村主干后备干部培训班，60人参加。2001年，为贯彻2000年召开的全国党校工作会议精神，加大培训力度，举办第一期（青干班）。至2010年，共举办5期青干班，轮训干部250人次；同时，举办22期副科级干部进修班，983人次参训。青干班和副科级干部进修班，时间跨度长，开设课程多，理论联系实际，深入调研，学以致用，为市委选拔任用干部建立人才库。

五、入党积极分子培训

1994年起，为使入党积极分子在入党前，能很好地学习党的基本知识、党的历史、马克思主义基本理论和党的路线、方针、政策，真正做到思想上入党，市委党校每年均与市直机关各党委联合举办入党积极分子培训班，每期3—5天，至2010年，共举办15期，培训轮训入党积极分子1200人，经考试合格，所有学员均领到结业证书。

第二节　信访工作

一、来信来访

1990年，信访局受理群众来信来访899件次，要求解决分田、农转非、就业、困难补助等最多，其次，揭发控告、申诉、纠纷等。1993年，信访总量达1335件次，比1989年度上升63.20%。集体上访人数大幅上升。反映问题主要有农村责任田调整引发的纠纷、企业下岗和退休职工要求解决生活出路和待遇问题、部分行政村出售青山引起的纠纷等。

1996年，全市办信接访工作主要是化解企业改制中部分职工下岗分流、养老保险及生活费等问题；下岗职工生活困难等问题；农村责任田延包、责任山调整、山林权属纠纷等问题和少数基层干部以权谋私、违纪违规问题；市政、市场、交通和社会治安等管理问题。1998年，全市办信接访工作主要化解特困企业职工和离退休人员工资、生活费和社保金被拖欠问题，下岗职工再就业困难问题；企业退休干部待遇问题；农村土地延包历史遗留争议问题、山林权属纠纷问题；旧城改造和房屋拆迁引发的安置补偿问题；少数基层干部以权谋私问题，农村村财管理、基金会和乱砍滥伐林木等问题。是年，群众信访量达到历史最高位，信访总量比上年增31.40%，来访批数和人数分别同比增长44.20%和48.90%。2002年，重点处理二轻三联纸箱厂改制职工上访问题和麻沙毛店、七宝村林业纠纷等集体上访问题。

2005—2006年，群众来信来访再度大幅上升，其原因高速公路征地引发上访。如将口村、南台村、考亭村、新建村的村民反映征地补偿等问题；林改中的问题引发上访，如莒口镇马伏村、将口镇松柏村、小湖镇贵源村、水吉大梨村和崇雒横源村村民集体上访反映的山林纠纷问题：城市开发中违章建设引发集体上访，如景河花园、中山广场原电影院附近住户的上访问题；困难企业要求解决改制、社保、医保及生活费等问题。如水吉的瓷厂、磷肥厂和皮革厂、印刷厂等困难企业退休老职工多次集体上访要求解决医保。2007年，市信访局共办理群众来信来访2367件次，与2006年同比下降25.70%，但仍在高位徘徊，尤其越级访、进京上访形势严峻，比较突出的问题有涉农涉林纠纷、土地征用、环境污染、城市违规建房乱搭盖、企业改制职工医保、社保等问题。

2008年，信访总量下降20%。但越级集体访、进京个访时有发生，比较突出的问题有城市违规建房乱搭盖整治、土地征用、涉农涉林纠纷、医患纠纷、环境污染、企业改制职工医、社保等问题。此外，各类民生问题、劳资纠纷、消费者维权问题也呈上升趋势。1990—2010年，共受理群众信访42274件次。

二、市领导接访日

从1992年5月始，定每月15日为县领导接待群众来访日。是日，县（市）6套班子领导轮流参加接访活动，接待日中，做到6有：有接待日安排表，有领导亮牌接待，有固定的场所，有接访登记、批办单，有每月一期接待简报，有约访、回访制度。同时，各乡（镇）、街道和公安局、法院、检察院、建设局、卫生局等职能部门相继建立起领导接待日制度。1992—2010年，市领导接待来访群众1098批428人次，年均办结率93.65%。

三、信访管理

1996年起，建阳市信访部门实施国务院颁发的《信访条例》和《福建省实施＜信访条例＞办法》。2002年，市委、市政府先后下发一系列加强信访制度建设的文件，先实行信访责任追究制，明确各乡镇、市直各部门行政一把手为信访工作第一责任人，分管领导为信访工作直接责任人，切实做到“守土有责，保一方平安”；建立信访目标责任制考评，并与责任制奖挂钩，信访工作纳入各乡镇各部门的双文明建设及社会治安综合治理的考评范围。此外还建立健全信访排查、挂牌督办等一系列工作新机制。各乡镇建立社会预警机制，信访网络健全，信访排查能力增强，许多问题在基层得到妥善解决。

2005年，随着国务院《信访条例》的颁布实施，建立信访广场，扩大信访局新的办公地点，改善办公条件，《信访条例》、工作流程及接访工作人员名单等公布上墙，方便群众信访。

2006年起，完善信访工作目标责任制考评，对责任单位实行分类管理。每个责任单位分别上缴4000—6000元责任金作为年度考评奖励使用。2007年5月，建立信访服务中心。信访服务中心以信访局为依托，由信访局干部和信访官员组成，下设农村、城区、涉法、督办4个组，集中在中心办公，各组分别按照各自的职责范围，对口接待、处置、督办群众来信来访。是年，市委、市政府将项目开发机制延伸至信访工作，选派懂政策、法规，有相应专业知识和善于做群众工作的年轻干部任信访项目“官员”。针对全市信访重点问题，组建农村、城区、涉法信访服务组，进驻信访局开展工作，信访项目“官员”每届任期1年，按年轮换。

2008年，市委、政府全面部署，加强财力、抽调人力、安排做好奥运会期间信访工作，市委常委会先后6次专题研究信访工作，多次组织开展疑难信访问题、进京非正常访问题和重大矛盾纠纷的逐案化解落实工作，各乡镇党委、政府，街道党工委、办事处多次召开班子会研究部署信访工作，是年，信访总量下降20%。

至2010年，共抽调轮换信访项目官员5批23名。与此同时，健全信访工作网络，形成市、乡镇（街道）、村（居）3级联动工作格局。市本级建立人民来访接待调处中心。实行“一个窗口接访、一站式服务”的受理来访模式；乡镇（街道）相应设立群众来访接待调处中心，与矛盾纠纷调处中心或预警中心合署办公，将信访接待调处与矛盾纠纷调处融为一体，整合力量，增强接待调处功能；村（居）分别设立信访接待室，指定1名支委作为信访接待室的负责人和信访信息员，各村民小组指定1名负责人作为信访信息员，负责信访接待调处的上下联动和信访信息的报送。

第三节　保密工作

1994年8月，贯彻省委《关于贯彻中发〔1993年〕14号文件进一步加强保密工作的通知》，县政府转发省委和南平市委有关保密工作的文件。同年8月24日，县政府印发国家保密局《关系国家安全和利益的定义群》的通知。1995年4月27日，市政府办转发南平市保密局《关于“二五”普法保密法制宣传教育验收总结的通知》，要求各乡镇和市直各机关自查，制定相应措施。

1996年5月23日，建阳市保密委员会办公室成立。1997年5月29日，市委办、政府办发出《关于市直机关各部门文件制发加强安全保密与管理的通知》加强市直机关文件制发的安全保密与管理工作。2002年成立“建阳市国家保密局”。2006年7月31日，市委办转发省委保密委《关于认真学习贯彻省委书记卢展工重要批示的通知》，全市各部门组织学习，强化“国家秘密高于一切，保密责任重于泰山”的理念，建立起有效的保密责任机制和保密工作运作的规范程序。2007年7月4日，市委办转发南平市保密委《关于开展涉密载体保密管理情况专项检查的通知》，确保全市各项工作中的国家秘密安全，在全市范围内开展涉密载体保密管理情况专项检查。至2010年，未发生泄密事件。

第四节　政策研究工作

1994年起，市委政策研究室（简称“市委政研室”）围绕市委中心工作，开展政策调研和政治体制改革各项工作，密切与特约研究员及有关部门的联系，制定编审及通联工作有关制度。1997年8月，市委政研室与市委办合并，职能归市委办。1994—2010年，市委政研室根据市委工作要点和省、地（南平市）提出的重点课题调研方案要求，每年围绕全市政治、经济、文化发展做好调查研究工作，先后编写《加强农村组织建设的思考》《重心下移，一线工作，以人为本，破解“三农”难题》《加快山区集体林产制度改革工作的思考》《加速推进建阳市农业产业化进程的研究》《开拓创新抓机遇，推进龙头企业发展壮大》《农业利用外资土壤一期开发现状分析与对策》等一系列优秀调研文章，刊发《政研通讯》，为市委决策起到重要的参谋作用。

第五节　老干部工作

一、落实政治待遇

学习考察　1982年起，为使老干部退下来后能继续了解党的路线、方针、政策，关心党和国家的大事，市（县）里凡重要会议、报告和有关重大社会活动都邀请离休干部参加，并每半年向老干部通报1次工作情况；各部门和单位都能结合实际，制定离退休干部看文件、参加重要会议和听重要报告的制度和办法，保证他们能享受到同级在职干部的政治待遇；为开阔老干部视野，让他们及时了解各地四化建设的大好形势，市（县）老干部局经常组织老干部到北京、杭州、苏州、南昌、庐山和福州、厦门等省内外城市及建阳开发区和乡镇、街道，进行工业、农业、商业、文化教育事业等方面的参观考察，了解现代化建设的进展，以便为之献计献策。

优待服务　20世纪80年代初，建阳县粮食、商业、供销、卫生、文化、交通、烟草、物资局、县招待所等部门，根据业务范围和行业特点，从部分主副食品供应、看病、文化娱乐、乘车、住宿安排等方面对离休干部作出相应的优待规定，为离休干部的日常生活提供方便。1983年起，离休干部可免费乘坐城区公交车。1984年5月，为解决离休干部乘车难问题，县委县政府在小车较少的情况下，给县老干部局配备小轿车1辆，供离休干部看病、开会和急事使用。1987年，再拨给1辆工具车，以缓和离休干部用车的紧张状况。各有车的离休干部所在单位，对离休干部看病和其他特殊情况下的用车也都予以及时安排。2008年5月，因1983年购买的轿车报废，市委老干部局重新购买配置新的专用轿车。

住房保障　1982年起，为解决离退休干部住房困难，县里和各单位坚持“大分散、小集中”的原则，采取建公房，修旧房及自建公助等办法，解决老干部的住房问题，具体的做法有：新建离休干部宿舍。1982—1986年，县财政共拨款64万元，修建2座老干部宿舍，分别位于西街江滨巷和西桥新村，共有住宅42套；1998年，在西街原老干部宿舍邻近再修建1座老干部宿舍，共有住宅24套；其他单位新建职工住宅首先考虑照顾安排老干部，如林业、商业、经委、粮食等部门即采取这种方法；对于单位住房比较紧张，调房有困难者，先改善老干部的现有住房条件，待有适合房子后再调剂；自建和修旧房的离休干部按规定发给建房费和修房补助费。从1984年起就以本单位解决为主，省地拨给一点、县财政补贴一点的办法，对25户住房有特殊困难的老干部给予补助。据统计，除上级拨款1.30万元以外，县财政和有关单位共拿出3.10万元，用于解决这部分老同志的住房困难。

2006年，市里着手解决老干部住房工龄补贴问题，通过逐一核实离休干部住房情况、工龄、职务等相关资料，摸清老干部所在单位及主管部门的住房基金情况，测算房改所需资金，采取多方筹资、分类解决的方法，兑付61位老干部一次性住房工龄补贴76.70万元。

二、落实生活待遇

工资待遇　1982年，根据国务院规定，对于1921年7月1日到1949年9月30日间各个时期参加革命工作的老干部离休后，除原工资照发外，对于1937年7月6日以前参加革命工作的老干部，每年增发2个月的工资，作为生活补贴；1937年7月7日到1942年12月31日参加革命工作的老干部，每年增发一个半月的工资；1943年1月1日到1945年9月2日参加革命工作的老干部，每年增发1个月的工资。建阳符合离职休养的老干部353人，到1986年办理离职休养手续192人，其中，抗日战争时期入伍的58人，解放战争时期入伍的136人。1997年，经省委省政府研究决定，企业离休干部正常调整离休费和增加生活补贴，均比照当地机关同类人员的有关规定执行。1999年，建立市属困难企业离休干部“两费”（离休干部离休费和医药费）保障机制，企业负担的“两费”实行“集中收缴，统一支付”的管理办法，将困难企业离休干部“两费”，纳入保障机制，按时足额发给离休干部。同时，根据企业的困难程度，逐年调整市财政对困难企业“两费”的拨补比例。2000年起，由于离休干部大多进入高龄期和高发病期，不宜再大批量组织外出参观考察和休养，调整为每年1次性发给离休干部健康休养补助费，让老干部自己掌握。2003年，市委专题研究决定，凡有离休干部的企业出现改制、兼并、破产者，由市老干部局介入，预留离休干部“两费”10年，纳入“两费”保障机制统筹。2008年，离休干部健康休养补助费调整为：地厅级每人每年600元，县处级每人每年500元，县处以下每人每年400元。当年，全市享受地厅级待遇的离休干部2人、县处级待遇53人、县处以下待遇62人，共计发放健康休养补助费5.25万元。2010年，全市共有51名困难企业离休干部，由财政承担“两费”130万元。

医疗待遇　1984年，县政府为改善离休干部的医疗条件，缓解老干部看病难的问题，拨款12.30万元用于县立医院修建老干部病房，共设病床29张。1982—2000年，每年组织部分离休干部到省内外健康疗养。全市离休干部医疗费按规定实行实报实销，定期开展离休干部健康体检活动，并建立健康档案。

2001年，根据市《关于市属困难企业“5·12”退休干部医药费纳入保障机制的通知》，将“市属困难企业”的10名“5·12”退休干部的医药费纳入保障机制。2002年9月，修订市离休干部医疗实施办法，定点医院由原来的建阳市立医院、中医院增加南平市第二医院。同时，解决乡镇离休干部就诊、转院、经费问题，使乡镇离休干部小病可以在乡镇卫生院就诊，大病定点在市立医院就诊。

2006年6月，市委组织部、老干部局、财政、人事、劳动社保、卫生6部门联合出台《建阳市离休、“5·12”人员医疗费用节约奖励暂行办法》，规定各年龄段老干部的医疗费标准和奖励比例，并将奖励金纳入财政预算；提高纳入“两费”保障机制的企业离休干部、“5·12”退休干部医疗统筹费；重新核定医院的医疗费用基数和超支承担比例；提高异地安置离休干部医疗经费。2010年，离休干部医疗费用节约奖励金21.06万元，有40位离休干部和19位“5·12”退休干部分别领到175—4900元不等的奖励金。

遗属生活补助　1996年，对机关、企事业无工作的离休干部遗属的定期定额生活补助费，由原每人每月120元调整到每人每月200元，2008年，调整到每人每月500元。

三、组织文体活动

从20世纪80年代开始，市委老干部局每年组织老干部开展象棋、门球、钓鱼、登山、拳功操等比赛活动。为充实老干部活动内容，1986年，县里在原有1个老干部活动室的基础上，又拨款1万元，在2栋离休干部宿舍楼内设2个老干部活动室。室内设有阅览室、棋艺室、健身房。配置各种书刊、报纸、健身器材、娱乐用品等。水吉镇、二轻局、粮食局、林业局、县供销社及县酒厂等单位，也因陋就简办起离退休干部活动室，为老同志活动创造良好的条件。

1991年11月，创办县老年大学，设2个班，学员160人。老年大学校务委员会由市委副书记黄炳文任校长兼主任。县政府拨出2000元开办费。2007年，老年大学将学员逐步覆盖到全市离退休干部职工及

60周岁以上社会老人，学员增至400人。2009年，建阳市老年大学获福建省老干部局、省老龄委办公室、福建老年大学联合授予第二批省级老年大学示范校。至2010年，学校开设有计算机、太极拳、音乐、越剧、医疗保健、书法、摄影、意笔山水、形体舞蹈、乐理与五线谱、二胡共11门课程，2个教学点，拥有学员500名。

四、发挥余热

老干部离休后仍在为“四化”建设服务，根据自己的兴趣和特长，为振兴建阳经济，继续贡献自己的余热。他们或参加关工委、老科协、老体协工作，或担任市委督查员、市政府顾问、市纪委督察员。他们经常到学校给青少年讲革命斗争史，进行革命传统教育；帮助企业培养技术人才；配合党的中心工作，参加落实地下党政策；有的老干部常年担任关工委相关职务，为青少年一代的健康成长作出重要贡献。2010年，市关工委报告团到全市各处进行德育、法制、家教、心理、保健等报告66场，受教育达1.82万人次；市老科技工作者协会农业分会，组织会员124人次、下乡参加科普赶集31场；举办和应邀授课讲座、培训班共35期，接受培训和教育的农户、基层企业职工共2000人；为农户开展现场指导和科普赶集的咨询600人（户），接受电话咨询1300次。

建阳市部分离休干部获得南平市级以上荣誉一览表

表17-10-1

年份	姓名	原工作单位及职务	荣誉称号	授予机关
1991年	张永胜	市委统战部副部长	优秀共产党员	南平地委
1992年	望朝聘	县二轻局副局长	老有所为先进个人	南平地区老龄委
1994年	张启飞	大阐采育场干部	育苗奖先进个人	省委宣传部、省教委、团省委、省妇联
1995年	张永胜	市委统战部副部长	基层活动年积极分子	省老体协
1999年	史昭南	市科协主席	全省离休干部先进个人	省委组织部、省委老干部局
2005年	史昭南	市科协主席	南平市老干部先进个人	南平市委
2005年	李乃明	市人大常委会主任	全省老干部先进个人	省委组织部、省委老干部局
2005年	姚学用	市人大常委会副主任	南平市老干部先进个人	南平市委

第六节　机构编制工作

1994—1997年，在市委领导下，建阳市进行党政机构改革。1996年9月，《建阳市党政机构改革方案》经中共南平市委、南平市人民政府批准后，新的党政机构开始运行。此次机构改革后，建阳市党政机构共设36个，其中，市委工作机构6个，市政府工作机构30个。部委办局管理机构5个，议事协调机构2个。建阳市13个乡镇，根据乡镇分类标准，一类乡镇11个，二类乡镇2个。乡镇党政工作机构根据省上规定，一类乡镇设置5—6个综合性办公室，二类乡镇设置4—5个综合性办公室。

1997年4月，为适应事业单位改革，成立建阳市事业单位法人登记中心，隶属市编委办管理的事业单位，核定事业编制1名，负责全市事业单位法人登记管理工作。5月，市政府办印发《建阳市机构编制委员会办公室职能配置、内设机构和人员编制方案》，建阳市机构编制委员会办公室与建阳市人事局合署办公。

1998年7月1日起，全市机关和事业单位实行核编制度。要求申请使用编制的单位填报《机关、事业单位申请使用编制审批表》，经市编委办审核同意后，再按人事管理权限分别向组织、人事、教育部门办理调动手续。8月，建阳市机构编制委员会更名为中共建阳市委机构编制委员会，下设办公室，为市委序列常设的办事机构，同时，加挂市人民政府机构编制管理办公室的牌子，规格为正科（局）级。

2000 年 12 月，中共建阳市委机构编制委员会办公室加挂建阳市事业单位登记管理局牌子。

2001 年起，开始颁发由全国统一制定的事业单位法人证书，做好全市事业单位法人重新登记、换证工作。

2001—2002 年，针对建阳市党政机关存在部门职能交叉、关系不顺，一些单位的内设机构过细，人员编制结构不合理等问题，进行建阳市党政机构改革。机构调整后，市委工作部门 9 个，部门管理机构 3 个，议事协调办事机构 1 个。市政府设工作部门 24 个，部门管理机构 3 个，议事协调办事机构 2 个，其他机构 3 个。建阳市 13 个乡镇，其中，一类乡镇 11 个，二类乡镇 2 个。乡镇党政工作机构根据省上规定，一类乡镇设置 5 个综合性办公室，二类乡镇设置 4 个综合性办公室。

2002 年 7 月，中共建阳市委办、建阳市政府办印发《中共建阳市委机构编制委员会办公室职能配置、内设机构和人员编制规定》，保留中共建阳市委机构编制委员会办公室，同时，加挂建阳市人民政府机构编制办公室、建阳市机关事业单位登记管理局牌子，为市委机构编制委员会常设办事机构，既是市委工作部门，又是市政府的工作机构，负责全市行政管理体制、机构改革和机构编制工作，为正科级。

2005 年的机构改革涉改的机构变动不多，主要是为转变职能、理顺关系，调整政府部分机构职能。

2005 年 6 月，中共建阳市委办、建阳市政府办印发《中共建阳市委机构编制委员会办公室职能配置、内设机构和人员编制规定》，将原挂在市政府办公室的经济体制改革委员会办公室牵头的行政审批制度改革的职能划入市委编办。

2005 年 9 月，建阳市事业单位法人登记中心更名为建阳市事业单位登记管理局，增加财政核拨事业编制 1 名。更名后，市事业单位登记管理局财政核拨事业编制共 2 名，人员参照国家公务员制度管理。同时，不再使用建阳市机关事业单位登记管理局牌子和印章。

2006 年 9 月，建阳市事业单位登记管理局机构规格确认为副科级事业单位。

2010 年，建阳市事业单位登记管理局完成 295 家事业单位的年检、变更工作。

第十八篇　人民代表大会

第十八篇　人民代表大会

1994—2011年，建阳市人民代表大会历经第十一、十二、十三、十四届，分别选举人大代表285名、185名、183名、182名。第十一届人民代表大会共举行会议5次，通过决议、决定26项；第十二届人民代表大会共举行会议6次，通过决议、决定28项；第十三届人民代表大会共举行会议3次，通过决议、决定18项；第十四届人民代表大会共举行会次5次，通过决议、决定27项。市人大常委会在人大闭会期间，组织代表开展视察、调查研究、执法检查，办理人大代表议案、建议，并加强信访工作，指导乡镇人大工作。至2011年，全市乡、镇均设人民代表大会。

第一章　人大代表

第一节　代表选举与构成

一、第十一届人民代表大会代表

根据全县1992年底人口数，省人大常委会确定建阳县第十一届人民代表大会代表名额289名。1993年9月成立县选举委员会，按各乡镇人口数和工作需要，将代表名额分解到各乡镇、县直机关委口和驻军部队，选举日确定为1993年11月25日。全县总人口 323731人，实有选民218732人，参加投票选民199043人，参选率达91%。选举产生第十一届人民代表大会代表285名（暂留机动4名），其中，工人、农民175名，占61.40%；干部93名，占32.63%；知识分子8名，占2.81%；少数民族、台侨属、宗教、驻军等代表9名，占3.16%。妇女65名，占22.81%；非中共党员97名，占34.04%。

二、第十二届人民代表大会代表

根据全市1997年底人口数，省人大常委会确定建阳市第十二届人民代表大会代表名额188名。1998年8月成立市选举委员会，按各乡镇人口数和工作需要，将代表名额分解到各乡镇、市直机关和驻军部队。选举日确定为1998年12月6日。全市总人口333395人，实有选民232031人，参加投票选民221358人，参选率达95.40%。选举产生第十二届人民代表大会代表185名（暂留机动3名），其中，工人、农民104名，占56.22%；干部65名，占35.14%；知识分子14名，占7.57%；少数民族、台侨属、宗教、驻军等代表2名，占1.08%。妇女46名，占24.86%；非中共党员70名，占37.84%。

三、第十三届人民代表大会代表

根据全市2002年底人口数，省人大常委会确定建阳市第十三届人民代表大会代表名额188名。2003年

8 月成立市选举委员会，按各乡镇、街道人口数和工作需要，将代表名额分解到各乡镇、街道、市直机关和驻军部队。选举日确定为 2003 年 11 月 20 日。全市总人口 337157 人，实有选民 229224 人，参加投票选民 211680 人，参选率达 92.35%。选举产生第十三届人民代表大会代表 183 名（暂留机动 5 名），其中，工人 16 名，占 8.74%；农民 87 名，占 47.54%；干部 66 名，占 36.07%；知识分子 12 名，占 6.56%；少数民族、台侨属、宗教、驻军等代表 2 名，占 1.09%。妇女 49 名，占 26.78%；非中共党员 71 名，占 38.80%。

四、第十四届人民代表大会代表

根据全市 2005 年底人口数，省人大常委会确定建阳市第十四届人民代表大会代表名额 188 名。2006 年 9 月成立市选举委员会，按各乡镇、街道人口数和工作需要，将代表名额分解到各乡镇、街道和驻军部队。选举日确定为 2006 年 12 月 6 日。全市总人口 335949 人，实有选民 250475 人，参加投票选民 228797 人，参选率达 91.35%。选举产生市第十四届人民代表大会代表 182 名（暂留机动 6 名），其中，工人 13 名，占 7.14%；农民 87 名，占 47.80%；干部 62 名，占 34.07%；知识分子 18 名，占 9.89%；少数民族、台侨属、宗教、驻军等代表 2 名，占 1.10%。妇女 46 名，占 25.27%；非中共党员 69 名，占 37.91%。

第二节　代表工作

1993 年起，历届市人大常委会都在每届代表选举产生后和届中分批组织代表培训，学习《中华人民共和国宪法》《中华人民共和国地方各级人民代表大会和地方各级人民政府组织法》《中华人民共和国全国人民代表大会和地方各级人民代表大会代表法》，以及人民代表大会制度知识，安排优秀代表介绍履职经验，交流当好人大代表的体会，提高代表的法律水平和执行职务的能力。1995 年，组织农村各级人大代表开展“学富、促富、赛富、带头奔小康”活动，1997 年，全市 709 名农村各级人大代表中有 1/3 的代表成为小康示范户，有 2/3 的代表达到小康生活水平，同时带动周边群众勤劳致富。2002 年，发动代表积极投身创业竞赛，为创业竞赛做贡献，促进地方经济建设、改革开放和社会稳定。2004 年起，组织开展人大代表向选民述职活动，接受选民评议和监督，促进代表不辱使命、认真履职。做好建阳市全国、省和南平市人大代表人选的推荐工作。为建阳市的全国、省和南平市人大代表收集、整理议案、建议、批评和意见，做好各级人大代表参加人代会、开展各项代表活动的组织和服务工作。做好到建阳考察、调研的全国、省和南平市人大代表的服务工作。

第十一届人大代表按照乡（镇）行政区划和市直机关委、口组建 17 个代表小组，第十二、十三届人大代表按照乡（镇）、街道行政区划和市直机关组建 15 个代表小组，第十四届人大代表按照乡（镇）、街道行政区划组建 14 个代表小组。建立代表履职登记制度，发放履职手册，记录执行代表职务情况，促使代表履行职务。建立常委会组成人员联系代表小组、联系代表制度，实行定点挂钩参加代表小组活动，深入基层约访、走访代表，听取和征求代表意见，接待和处理代表来信来访。为代表订阅人大报刊，寄送学习资料，通报市人大常委会、市政府、市法院、市检察院工作情况，便于代表参政履职。组织代表参加执法检查和考察调查，邀请部分代表列席常委会会议。保障维护代表权益，发放不脱产代表参加代表活动误工补贴。司法机关报批对涉嫌犯罪代表采取强制措施，均召开常委会会议审议，通过后暂停涉嫌犯罪代表执行职务；对司法机关决定解除强制措施的代表，予以恢复执行代表职务。建立“代表活动日”制度，规定双月 25 日为市人大代表活动日，组织代表学习党和国家的方针政策、法律法规，开展考察调查、评议工作、走访选民等活动。开展“创先进代表小组和争当优秀人大代表”活动，第十一届人大常委会表彰市先进人大代表小组 18 个、优秀人大代表 152 名。第十二届人大常委会表彰市先进人大代表小组 8 个、优秀人大代表 82 名。第十三届人大常委会表彰市先进人大代表小组 5 个、优秀人大代表 36 名。第十四届人大常委会表彰市先进人大代表小组 8 个、优秀人大代表 58 名。

第二章 人民代表大会会议

第一节 第十一届人民代表大会会议

1994年1月至1999年1月，第十一届人民代表大会共举行会议5次，审议议程38项，听取大会报告37个，审阅书面报告5个，通过决议、决定26项，选举建阳市国家机关领导人员和出席南平市第一届人民代表大会代表。

第一次会议 1994年1月12—15日召开，出席代表283人。会议听取和审议代县长周意所作的政府工作报告；听取和审议县财政局局长黄金贵受县人民政府委托所作的关于建阳县1991—1993年财政决算和1994年财政预算（草案）的报告；听取和审议县人大常委会代主任曾国田所作的建阳县第十届人大常委会工作报告；听取和审议县人民法院院长陈宣通所作的建阳县人民法院工作报告；听取和审议县人民检察院检察长杨仁忠所作的建阳县人民检察院工作报告；并作出相应的决议。选举曾国田为建阳县第十一届人大常委会主任，梁润林、周松青、周进财、林启镇为副主任，廖卫民等13人为委员；选举周意为建阳县人民政府县长，张兆民、陈诗博、刘淑妹、谢子贤、潘兆祥、方航安为副县长；陈宣通为建阳县人民法院院长；杨仁忠为建阳县人民检察院检察长。会议作出关于继续坚持“代表活动日”制度的决定和关于继续开展“创先进代表小组和争当优秀人民代表”活动的决定。

第二次会议 1995年1月6—8日召开，出席代表282人。会议听取和审议市长周意所作的政府工作报告；听取和审议市财政局局长黄金贵受市人民政府委托所作的关于建阳市1994年财政决算和1995年财政预算（草案）的报告；听取和审议市人大常委会主任曾国田所作的建阳市人大常委会工作报告；听取和审议市人民法院院长陈宣通所作的建阳市人民法院工作报告；听取和审议市人民检察院检察长杨仁忠所作的建阳市人民检察院工作报告；并作出相应的决议。会议决定接受周意辞去建阳市人民政府市长职务的请求，选举胡祖林为建阳市人民政府市长；选举丁克俭等42人为出席南平市第一届人民代表大会代表。会议作出关于组织农村各级人大代表深入开展“学富、促富、赛富、带头奔小康”活动的决定。

第三次会议 1996年3月30日至4月1日召开，出席代表280人。会议听取和审议市长胡祖林关于建阳市国民经济和社会发展“九五”计划和2010年远景目标纲要的报告；审查建阳市国民经济和社会发展“九五”计划和2010年远景目标纲要（草案）；听取和审议市财政局局长黄金贵受市人民政府委托所作的关于建阳市1995年财政决算和1996年财政预算（草案）的报告；听取和审议市人大常委会主任曾国田所作的建阳市人大常委会工作报告；听取和审议市人民法院院长陈宣通所作的建阳市人民法院工作报告；听取和审议市人民检察院检察长杨仁忠所作的建阳市人民检察院工作报告；并作出相应的决议。会议决定接受曾国田辞去建阳市人大常委会主任职务的请求，选举童先照为建阳市第十一届人大常委会主任，张国雄为副主任。

第四次会议 1997年3月11—13日召开，出席代表286人。会议决定接受胡祖林辞去建阳市人民政府市长职务的请求；接受陈宣通辞去建阳市人民法院院长职务的请求；接受杨仁忠辞去建阳市人民检察院检察长职务的请求。选举郭建声为建阳市人民政府市长；陈金顺为建阳市人民法院院长；范兴余为建阳市人民检察院检察长。会议听取和审议郭建声市长所作的政府工作报告；听取和审议市财政局局长詹增华受市人民政府委托所作的关于建阳市1996年财政决算和1997年财政预算（草案）的报告；听取和审议市人大常委会主任童先照所作的建阳市人大常委会工作报告；听取和审议市人民法院院长陈金顺所作的建阳市人民法院工作报告；听取和审议市人民检察院检察长范兴余所作的建阳市人民检察院工作报告；并作出相应的决议。市人民政府副市长刘淑妹、谢子贤、张仲甫、黄新铭、黄雄、黄勤楼在会上向全体代表作述职报告。

第五次会议 1998年3月4—6日召开，出席代表282人。会议听取和审议市长郭建声所作的政府工作报告；听取和审议市财政局局长詹增华受市人民政府委托所作的关于建阳1997年财政预算执行情况和1998年财政预算（草案）的报告；听取和审议市人大常委会主任童先照所作的建阳市人大常委会工作报告；听取和审议市人民法院院长陈金顺所作的建阳市人民法院工作报告；听取和审议市人民检察院检察长范兴余所作的建阳市人民检察院工作报告；并作出相应的决议。

第二节 第十二届人民代表大会会议

自1999年1月至2004年1月，第十二届人民代表大会共举行会议6次，审议议程33项，听取大会报告36个，审阅书面报告10个，通过决议、决定28项，选举建阳市国家机关领导人员和出席南平市第二届人民代表大会代表。

第一次会议 1999年1月17—19日召开，出席代表184人。会议听取和审议市长郭建声所作的政府工作报告；听取和审议市财政局局长詹增华受市人民政府委托所作的关于建阳1998年财政预算执行情况和1999年财政预算（草案）的报告；听取和审议市人大常委会主任童先照所作的建阳市第十一届人大常委会工作报告；听取和审议市人民法院副院长魏万进所作的建阳市人民法院工作报告；听取和审议市人民检察院检察长范兴余所作的建阳市人民检察院工作报告；并作出相应的决议。选举白炳义为建阳市第十二届人大常委会主任，周进财、张国雄、牛相盛、甘秀华为副主任，余玉平等13人为委员；选举郭建声为建阳市人民政府市长，余建坤、刘淑妹、黄雄、柳贵清、谢续华、刘明香为副市长；魏万进为建阳市人民法院院长，范兴余为建阳市人民检察院检察长。会议作出关于继续实行“代表活动日”制度的决定和关于继续开展“创先进代表小组和争当优秀人民代表”活动的决定。

第二次会议 2000年3月8—10日召开，出席代表177人。会议听取和审议市长郭建声所作的政府工作报告；听取和审议市财政局局长詹增华受市人民政府委托所作的关于建阳市1999年财政预算执行情况和2000年财政预算（草案）的报告；听取和审议市人大常委会主任白炳义所作的建阳市人大常委会工作报告；听取和审议市人民法院院长魏万进所作的建阳市人民法院工作报告；听取和审议市人民检察院检察长范兴余所作的建阳市人民检察院工作报告；并作出相应的决议。补选2人为建阳市第十二届人大常委会委员。

第三次会议 2001年3月28—30日召开，出席代表168人。会议听取和审议市长郭建声所作的政府工作报告；听取市计划委员会主任郭建力关于制定建阳市国民经济和社会发展第十个五年计划纲要草案的说明；讨论和审查建阳市国民经济和社会发展“十五”计划和2010年远景目标纲要（草案）；听取和审议市财政局局长詹增华受市人民政府委托所作的关于建阳市2000年财政预算执行情况和2001年财政预算（草案）的报告；听取和审议市人大常委会主任白炳义所作的建阳市人大常委会工作报告；听取和审议市人民法院院长魏万进所作的建阳市人民法院工作报告；听取和审议市人民检察院检察长范兴余所作的建阳市人民检察院工作报告；并作出相应的决议。会议选举王保全等37人为出席南平市第二届人民代表大会代表。

第四次会议 2001年8月20—21日召开，出席代表 185人。会议补选葛晓华为建阳市人民政府市长，林贻彬、李宪为副市长。

第五次会议 2002年3月27—29日召开，出席代表185人。会议听取和审议市长葛晓华所作的政府工作报告；听取和审议市财政局局长詹增华受市人民政府委托所作的关于建阳市2001年财政预算执行情况和2002年财政预算（草案）的报告；听取和审议市人大常委会主任白炳义所作的建阳市人大常委会工作报告；听取和审议市人民法院院长魏万进所作的建阳市人民法院工作报告；听取和审议市人民检察院检察长范兴余所作的建阳市人民检察院工作报告；并作出相应的决议。会议决定接受范兴余辞去建阳市人民检察院检察长职务；补选刘柏涛为建阳市第十二届人大常委会副主任，李少峰为建阳市人民检察院检察长。

第六次会议 2003年3月11—13日召开，出席代表184人。会议听取和审议市长葛晓华所作的政府工作报告；听取和审议市财政局局长詹增华受市人民政府委托所作的关于建阳市2002年财政预算执行情况和2003年财政预算（草案）的报告；听取和审议市人大常委会主任白炳义所作的建阳市人大常委会工作报告；听取和审议市人民法院院长魏万进所作的建阳市人民法院工作报告；听取和审议市人民检察院检察长李少峰所作的建阳市人民检察院工作报告；并作出相应的决议。

第三节 第十三届人民代表大会会议

自2004年1月至2007年1月，第十三届人民代表大会共举行会议3次，审议议程18项，听取大会报告13个，审阅书面报告8个，通过决议、决定18项，选举建阳市国家机关领导人员。

第一次会议 2004年1月12—14日召开，出席代表180人。会议听取和审议市长葛晓华所作的政府工作报告；听取和审议市财政局局长詹增华受市人民政府委托所作的关于建阳市2003年财政预算执行情况和2004年财政预算（草案）的报告；听取和审议市人大常委会主任白炳义所作的建阳市第十二届人大常委会工作报告；听取和审议市人民法院代院长陈云所作的建阳市人民法院工作报告；听取和审议市人民检察院检察长李少峰所作的建阳市人民检察院工作报告；并作出相应的决议。选举白炳义为建阳市第十三届人大常委会主任，牛相盛、王国治、甘秀华、刘柏涛为副主任，郑恒春等12人为委员；选举葛晓华为建阳市人民政府市长，黄肃、廖献平、冯振秀、崔继军、林贻彬、李宪、刘韬、刘寒为副市长；陈云为建阳市人民法院院长；李少峰为建阳市人民检察院检察长。会议作出关于实行“代表活动日”制度的决定和关于开展“创先进代表小组和争当优秀人大代表”活动的决定。

第二次会议 2005年3月9—11日召开，出席代表182人。会议听取和审议市长葛晓华所作的政府工作报告；审议市财政局局长詹增华受市人民政府委托提出的关于建阳市2004年财政预算执行情况和2005年财政预算（草案）的报告；听取和审议市人大常委会主任白炳义所作的建阳市人大常委会工作报告；听取和审议市人民法院院长陈云所作的建阳市人民法院工作报告；听取和审议市人民检察院检察长李少峰所作的建阳市人民检察院工作报告；并作出相应的决议。会议作出关于促进海峡西岸经济区绿色腹地中的经贸强市建设的决定。

第三次会议 2006年3月1—2日召开，出席代表 181人。会议听取和审议市长葛晓华所作的政府工作报告；审查建阳市国民经济和社会发展第十一个五年规划纲要（草案）；审议市财政局局长詹增华受市人民政府委托提出的关于建阳市2005年财政预算执行情况和2006年财政预算（草案）的报告；听取和审议市人大常委会主任白炳义所作的建阳市人大常委会工作报告；听取和审议市人民法院院长陈云所作的建阳市人民法院工作报告；听取和审议市人民检察院检察长李少峰所作的建阳市人民检察院工作报告；并作出相应的决议。

第四节 第十四届人民代表大会会议

自2007年1月至2011年12月，第十四届人民代表大会共举行会次5次，审议议程30项，听取大会报告20个，审阅书面报告12个，通过决议、决定27项，选举建阳市国家机关领导人员和出席南平市第三届人民代表大会代表。

第一次会议 2007年1月17—19日召开，出席代表179人。会议听取和审议市长葛晓华所作的政府工作报告；审议市财政局局长詹增华受市人民政府委托提出的关于建阳市2006年财政预算执行情况和

2007 年财政预算（草案）的报告；听取和审议市人大常委会主任白炳义所作的建阳市第十三届人大常委会工作报告；听取和审议市人民法院院长陈云所作的建阳市人民法院工作报告；听取和审议市人民检察院检察长李少峰所作的建阳市人民检察院工作报告；并作出相应的决议。选举马建东为建阳市第十四届人大常委会主任，王国治、甘秀华、刘柏涛、张绍敏为副主任，王佳玫等 15 人为委员；选举葛晓华为建阳市人民政府市长，黄肃、崔继军、林贻彬、李宪、施曷宝、刘寒为副市长；陈云为建阳市人民法院院长；李少峰为建阳市人民检察院检察长。选举马建东等 39 人为出席南平市第三届人民代表大会代表。

第二次会议　2008 年 2 月 27—28 日召开，出席代表 169 人。会议听取和审议市长葛晓华所作的政府工作报告；审议关于建阳市“十一五”规划和该届政府任期目标调整；审议市财政局局长詹增华受市人民政府委托提出的关于建阳市 2007 年预算执行情况和 2008 年预算（草案）的报告；听取和审议市人大常委会主任马建东所作的建阳市人大常委会工作报告；听取和审议市人民法院院长陈云所作的建阳市人民法院工作报告；听取和审议市人民检察院副检察长周树泉所作的建阳市人民检察院工作报告；并作出相应的决议。会议补选徐斌为建阳市人民检察院检察长。

第三次会议　2009 年 3 月 3—4 日召开，出席代表 169 人。会议听取和审议市长葛晓华所作的政府工作报告；审议市财政局局长詹增华受市人民政府委托提出的关于建阳市 2008 年预算执行情况和 2009 年预算（草案）的报告；听取和审议市人大常委会主任马建东所作的建阳市人大常委会工作报告；听取和审议市人民法院院长陈云所作的建阳市人民法院工作报告；听取和审议市人民检察院检察长徐斌所作的建阳市人民检察院工作报告；并作出相应的决议。

第四次会议　2009 年 12 月 30—31 日召开，出席代表 176 人。会议听取和审议代市长袁仁旺所作的政府工作报告；审议市发展和改革局局长王光荣受市人民政府委托提出的关于建阳市 2010 年国民经济和社会发展计划（草案）的报告；审议市财政局局长詹增华受市人民政府委托提出的关于建阳市 2009 年预算执行情况和 2010 年预算（草案）的报告；听取和审议市人大常委会主任马建东所作的建阳市人大常委会工作报告；听取和审议市人民法院院长陈云所作的建阳市人民法院工作报告；听取和审议市人民检察院检察长徐斌所作的建阳市人民检察院工作报告；并作出相应的决议。补选袁仁旺为建阳市人民政府市长、张行书为建阳市第十四届人大常委会副主任。

第五次会议　2011 年 1 月 6—7 日召开，出席代表 180 人。会议听取和审议市长袁仁旺所作的政府工作报告；审议市发展和改革局局长王光荣受市人民政府委托提出的关于建阳市 2010 年国民经济和社会发展计划执行情况、“十二五”规划纲要说明及 2011 年计划（草案）的报告；审议市财政局局长詹增华受市人民政府委托提出的关于建阳市 2010 年预算执行情况和 2011 年预算（草案）的报告；听取和审议市人大常委会主任马建东所作的建阳市人大常委会工作报告；听取和审议市人民法院院长陈云所作的建阳市人民法院工作报告；听取和审议市人民检察院检察长徐斌所作的建阳市人民检察院工作报告；并作出相应的决议。

第三章　组织机构

第一节　常委会组成

经省人大常委会确定，建阳市第十一届、十二届、十三届人大常委会组成人员名额 19 名。2004 年 10 月 27 日，十届全国人大常委会第十二次会议修正后的地方组织法，将县级人大常委会组成人员名额由 11—23 人，调增为 15—27 人。2006 年，市人民代表大会换届，省人大常委会确定建阳市第十四届人大常委会组成人员名额23名。

第十一届人大常委会 第十一届人大常委会于1994年1月14日选举产生，组成人员18人（暂缺1人），其中，主任1人，副主任4人，委员13人。组成人员中：驻会12人，占66.67%；兼职6人，占33.33%；中共党员14人，占77.78%；非中共党员4人，占22.22%；妇女3人，占16.67%。平均年龄49.80岁，其中40岁以下3人，占16.67%；41—50岁4人，占22.22%；51—60岁11人，占61.11%。文化程度：大专以上7人，占38.89%；高中、中专7人，占38.89%。第十一届人大常委会共举行会议31次，审议议程 169项。举办法制讲座18次。

第十二届人大常委会 第十二届人大常委会于1999年1月19日选举产生，组成人员18人（暂缺1人），其中，主任1人，副主任4人，委员13人。组成人员中：驻会12人，占66.67%；兼职6人，占33.33%。中共党员15人，占83.33%；非中共党员3人，占16.67%；妇女6人，占33.33%；平均年龄47.30岁，其中40岁以下2人，占11.11%；41—50岁8人，占44.44%；51—60岁8人，占44.44%。文化程度：大专以上11人，占61.11%；高中、中专6人，占33.33%。第十二届人大常委会共举行会议36次，审议议程175 项。举办法制讲座24次。

第十三届人大常委会 第十三届人大常委会于2004年1月14日选举产生，组成人员17人（暂缺2人），其中，主任1人，副主任4人，委员12人。组成人员中：驻会12人，占70.59%；兼职5人，占29.41%；中共党员14人，占82.35%；非中共党员3人，占17.65%；妇女5人，占29.41%。平均年龄48.50岁，其中40岁以下1人，占5.88%；41—50岁9人，占52.94%；51—60岁7人，占41.18%。文化程度：大专以上14人，占82.35%；高中、中专3人，占17.65%。第十三届人大常委会共举行会议19次，审议议程93项。举办法制讲座20次。

第十四届人大常委会 第十四届人大常委会于2007年1月19日选举产生，组成人员20人（暂缺3人），其中，主任1人，副主任4人，委员15人。组成人员中：驻会12人，占60%；兼职8人，占40%；中共党员16人，占80%；非中共党员4人，占20%；妇女6人，占30%。平均年龄46.20岁，其中40岁以下3人，占15%；41—50岁13人，占65%；51—60岁4人，占20%。文化程度：大专以上18人，占90%；高中、中专2人，占10%。第十四届人大常委会共举行会议32次，审议议程153项；举办法制

建阳市第十一届至第十四届人大常委会主任、副主任名表

表18-3-1

届次	姓名	性别	籍贯	职务	党派	任职时间
第十一届	曾国田	男	福建崇安	主任	共产党	1994.1至1996.4
	童先照	男	福建松溪	主任	共产党	1996.4至1999.1
	梁润林	男	福建建阳	副主任	共产党	1994.1至1999.1
	周松青	男	福建浦城	副主任	共产党	1994.1至1999.1
	周进财	男	福建建阳	副主任	共产党	1994.1至1999.1
	林启镇	男	福建莆田	副主任	无	1994.1至1999.1
	张国雄	男	福建建阳	副主任	共产党	1996.4至1999.1
第十二届	白炳义	男	福建建阳	主任	共产党	1999.1至2004.1
	周进财	男	福建建阳	副主任	共产党	1999.1至2004.1
	张国雄	男	福建建阳	副主任	共产党	1999.1至2004.1
	牛相盛	男	山东济南	副主任	共产党	1999.1至2004.1
	甘秀华	女	福建屏南	副主任	无	1999.1至2004.1
	刘柏涛	男	江西吉水	副主任	共产党	2002.3至2004.1

续表 18-3-1

届次	姓名	性别	籍贯	职务	党派	任职时间
第十三届	白炳义	男	福建建阳	主任	共产党	2004.1 至 2007.1
	牛相盛	男	山东济南	副主任	共产党	2004.1 至 2007.1
	王国治	男	福建建阳	副主任	共产党	2004.1 至 2007.1
	甘秀华	女	福建屏南	副主任	无	2004.1 至 2007.1
	刘柏涛	男	江西吉水	副主任	共产党	2004.1 至 2007.1
第十四届	马建东	男	山东茌平	主任	共产党	2007.1 起
	王国治	男	福建建阳	副主任	共产党	2007.1 起
	甘秀华	女	福建屏南	副主任	无	2007.1 起
	刘柏涛	男	江西吉水	副主任	共产党	2007.1 起
	张绍敏	男	福建建瓯	副主任	共产党	2007.1 至 2009.7
	张行书	男	福建建阳	副主任	共产党	2009.12 起

讲座 22 次。

第二节　常委会机构

一、代表资格审查委员会

历届市人大常委会均设代表资格审查委员会，由主任委员 1 人、副主任委员 1 人、委员 3—7 人组成。其组成人选，由人大常委会主任会议从人大常委会组成人员中提名，经人大常委会会议通过。其主要职责是：审查本届增选和补选的市人大代表的代表资格，以及下一届新当选的市人大代表的代表资格是否有效。代表资格审查委员会的任期至下一届人大常委会选举产生为止。

二、妇女儿童工作组

1994 年 6 月，根据省人大常委会关于市（地）、县（区）人大常委会设立妇女儿童工作机构的通知精神，建阳市第十一届人大常委会第三次会议通过设立人大常委会妇女儿童工作组，由部分人大常委会组成人员及热心妇女儿童工作的社会代表人物组成。其主要职责是：为市人大常委会审议有关妇女儿童方面的规范性文件和议案进行研究，提出意见；根据市人大常委会工作要求，对有关妇女儿童法律法规实施情况进行检查监督；组织市人大代表视察调查研究妇女儿童权益保障工作情况和存在问题，并提出建议。妇女儿童工作组设在市人大常委会法制工作委员会（后改名内务司法委员会），日常工作由市人大常委会法制工作委员会（内务司法委员会）负责办理。

三、市人大常委会办事、工作、派出机构

第十一、十二届人大常委会设立办公室、法制工作委员会、农村经济工作委员会、财政经济工作委员会、教育科学文化卫生工作委员会、代表联络工作委员会。办公室设立秘书股、行政股、信访股。1999 年 4 月，核定行政编制 25 名，事业编制 4 名。常委会主任、副主任若干名，科级领导职数 13 名，股级职数 3 名。2003 年 1 月，设立市人大常委会潭城街道工作委员会、童游街道工作委员会，为市人大常委会派出机构。2003 年 9 月，核定行政编制 22 名，事业编制 3 名。常委会主任、副主任若干名，科级领导职数 13 名，股级职数 3 名。2004 年 1 月，第十三届市人大常委会办事、工作机构更名为办公室、财政经济委员会、

内务司法委员会、农村经济委员会、教育科学文化卫生委员会、人事代表联络委员会。2006 年 7 月，增设市人大常委会城乡建设环境保护委员会，核定科级职数 2 名。2009 年 9 月第十四届人大常委会办公室信访股升格为市人大常委会信访室，为副科级工作机构。

第四章 常委会工作

第一节 行使决定权

一、第十一届人大常委会讨论、决定重大事项

第十一届人大常委会讨论、决定重大事项 35 项，其中，政法方面 13 项，财政经济方面 3 项，教科文卫方面 2 项，城建环保方面 5 项，人大工作和其他方面 12 项。

（一）政法方面

1994 年 6 月 14 日，第三次会议作出关于成立建阳县人大常委会妇女儿童工作组的决定、关于同意成立建阳市潭城镇书坊乡检察室的批复。

1994 年 9 月 12 日，第五次会议作出关于撤县设市后本级人民代表大会届数顺延的决定、本级地方国家机关改称的决定、本级地方国家机关组成人员和工作人员任职改称的决定。

1995 年 5 月 26 日，第九次会议作出关于撤销市茶厂等检察室的批复。

1995 年 12 月 13 日，第十二次会议作出关于《建阳市征兵工作奖惩实施办法（草案）》的批复。

1996 年 7 月 11 日，第十六次会议作出关于在全市公民中继续深入开展法制宣传教育的决议。

1998 年 1 月 15 日，第二十五次会议作出关于推行执法责任制和错案、执法过错责任追究制的决定。

1998 年 10 月 27 日，第三十次会议作出关于依法治市的决议、关于批准《建阳市人民法院关于实施依法治市决议的方案》的决议、关于批准《建阳市人民检察院关于实施依法治市决议的方案》的决议。

1998 年 7 月 28 日，第二十八次会议作出关于同意撤销建阳市乡镇检察室的批复。

（二）财政经济方面

1994 年 6 月 14 日，第三次会议作出关于进一步加强“菜篮子”工程建设的决议。

1996 年 11 月 11 日，第十八次会议作出关于同意追加 1996 年支出预算的决定。

1997 年 7 月 14 日，第三十二次会议作出关于批准《建阳市预算外资金管理暂行规定》的决定。

（三）教科文卫方面

1995 年 9 月 22 日，第十一次会议作出关于贯彻实施《中华人民共和国教育法》的决定。

1997 年 1 月 14 日，第十九次会议作出关于推行农村合作医疗保健制的决议。

（四）城建环保方面

1995 年 5 月 25 日，第九次会议作出关于上报《建阳市环境规划》的批复。

1996 年 9 月 9 日，第十七次会议作出关于同意市锯制胶合清水模板厂选址定点的决定。

1997 年 1 月 15 日，第十九次会议作出关于同意《建阳市城市总体规划〈局部调整〉》方案的决定。

1997 年 11 月 25 日第二十四次会议作出关于批准《关于设立建阳市区饮用水地表水源保护区的通告》的决定。

1998 年 1 月 15 日，第二十五次会议作出关于同意《建阳市考亭风景旅游度假区总体规划及部分详细

规划》的批复。

（五）人大工作和其他方面

1994 年 12 月 22—23 日第七次会议、1998 年 2 月 20 日第二十六次会议、1999 年 1 月 7 日第三十一次会议分别作出关于召开市十一届人大二次、五次会议和市十二届人大一次会议的决定。

1996 年 2 月 8 日第十三次会议、1998 年 2 月 20 日第二十六次会议分别作出关于表彰建阳市 1995 年度、1997 年度先进代表小组和优秀人民代表的决定。

1996 年 7 月 12 日，第十六次会议作出关于乡镇人民代表换届选举时间的决定。

1997 年 1 月 14 日，第十九次会议作出关于述职评议工作的暂行规定。

1997 年 4 月 3 日，第二十次会议作出关于表彰办理大会议案和人大代表建议先进单位和先进个人的决定。

1996 年 2 月 9 日，第十三次会议、1997 年 3 月 4 日第二十次会议、1998 年 1 月 15 日第二十五次会议分别作出关于暂停陈财院、詹瑞铭和周亚林、黄森林执行代表职务的决定。

1997 年 6 月 16 日，第二十二次会议作出关于终止熊建瑞人大代表资格的决定。

二、第十二届人大常委会讨论、决定重大事项

第十二届人大常委会讨论、决定重大事项 45 项，其中，政法方面 3 项，财政经济方面 8 项，城建环保方面 3 项，人大工作和其他方面 31 项。

（一）政法方面

1999 年 8 月 11 日，第五次会议作出关于批转《建阳市人民政府关于依法行政的实施规划》的决议。

2000 年 10 月 8 日，第十三次会议作出关于建立司法机关重大案件报告制度的决定。

2001 年 8 月 7 日，第十八次会议作出关于进一步开展法制宣传教育的决议。

（二）财政经济方面

1999 年 3 月 26 日第二次会议、2000 年 8 月 5 日第十一次会议、2001 年 8 月 7 日第十八次会议、2002 年 7 月 26 日第二十四次会议、2003 年 8 月 6 日第三十四次会议分别作出关于批准 1998 年、1999 年、2000 年、2001 年、2002 年建阳市财政总决算的决定。

1999 年 12 月 20 日第七次会议、2001 年 8 月 7 日第十八次会议、2002 年 10 月 30 日第二十七次会议分别作出关于批准调整 1999 年、2001 年、2002 年财政收支预算的决议。

（三）城建环保方面

2001 年 8 月 7 日，第十八次会议作出关于禁止在城区防洪堤沿河一侧建设建筑物构筑物的决定。

2003 年 1 月 6 日，第二十九次会议作出关于同意调整水东 40 米大道红线的决定。

2003 年 8 月 6 日，第三十四次会议作出关于批准《建阳市国家级生态示范区建设总体规划》的决定。

（四）人大工作和其他方面

2000 年 1 月 20 日第七次会议、2001 年 3 月 14 日第十六次会议、2001 年 8 月 7 日第十八次会议、2002 年 2 月 5 日第二十一次会议、2003 年 2 月 26 日第二十一次会议、2003 年 12 月 24 日第三十六次会议分别作出关于召开市十二届人大二次、三次、四次、五次、六次会议和市十三届人大一次会议的决定。

2000 年 1 月 20 日，第七次会议作出关于表彰 1999 年乡镇人大换届选举先进单件的决定。

1999 年 3 月 21 日，第二次会议、2003 年 3 月 17 日第三十次会议分别作出关于表彰人大代表议案和建议办理工作先进单位和先进个人的决定。

2001 年 3 月 14 日第十六次会议、2003 年 2 月 28 日第三十次会议分别作出关于表彰建阳市 1999—2000 年度、2001—2002 年度先进代表小组和优秀人大代表的决定。

1999 年 1 月 21 日，第一次会议作出关于授予建阳市公安局交通警察大队“人民满意交警队”荣誉称号的决定。2000 年 1 月 18 日第七次会议作出关于授予建阳市公安局将口等 5 个派出所（分局）和市人民

法院麻沙法庭“人民满意”称号的决定。2001年2月21日，第十五次会议作出关于授予建阳市公安局麻沙分局水吉森林派出所等10个派出所（分局）“人民满意”称号的决定。2003年6月27日，第三十二次会议作出关于授予建阳市公安局交警大队水吉中队和市运输管理所“人民满意”称号的决定、关于对建阳市公安局莒口派出所和森林分局城关森林派出所予以限期整改处理的决定、关于撤销建阳市公安局森林分局水吉森林派出所“人民满意派出所”称号的决定。

1999年12月4日，第七次会议作出关于授予日本友人中山忠治和中山鹤为建阳荣誉市民称号的决定。

1999年11月26日，第六次会议作出关于接受王祖南等辞去市人大代表职务请求的决定。

2000年2月28日，第八次会议作出关于接受余玉平、叶清勇辞去建阳市十二届人大常委会委员职务请求的决定。

1999年3月31日，第二次会议作出关于确认许可对刘雅兰实行逮捕的决定。1999年8月11日，第四次会议作出关于恢复刘雅兰执行代表职务的决定。2000年7月26日，第十一次会议作出关于暂停周宝明执行代表职务的决定。2000年11月29日，第十四次会议作出暂停杨贵明执行代表职务的决定。2003年9月19日，第三十四次会议作出关于暂停江新兴执行代表职务的决定。

2002年8月14日，第二十五次会议作出关于同意撤销潭城镇、童游镇，设立潭城童游2个街道办事处方案的决定。2003年1月3日，第二十九次会议作出关于设立建阳市人大常委会潭城、童游街道工作委员会的决定。

1999年9月23日，第五次会议作出关于建阳市乡（镇）人民代表大会代表名额的决定、关于设立乡（镇）选举委员会的决定、关于乡级人民代表大会换届选举时间的决定。2002年9月24日，第二十六次会议作出关于设立乡（镇）选举委员会的决定。

三、第十三届人大常委会讨论、决定重大事项

第十三届人大常委会共讨论、决定重大事项21项，其中，政法方面1项，财政经济方面5项，城建环保方面1项，人大工作和其他方面14项。

（一）政法方面

2006年12月24日，第十九次会议作出关于加强法制宣传教育的决议。

（二）财政经济方面

2004年8月18日第五次会议、2005年6月3日第十次会议、2006年7月31日第十六次会议分别作出关于批准2003年、2004年、2005年建阳市财政总决算的决定。

2004年10月28日第六次会议、2006年12月21日第十九次会议分别作出关于批准调整2004年、2006年财政预算的决议。

（三）城建环保方面

2004年12月15日，第七次会议作出关于批准《关于设立建阳市区生活饮用水地表源保护区的通告》的决定。

（四）人大工作和其他方面

2005年2月21日第八次会议、2006年1月20日第十四次会议、2006年12月28日，第十九次会议分别作出关于召开市十三届人大二次、三次会议和市十四届人大一次会议的决定。

2004年1月18日，第一次会议作出关于设立办事机构和工作机构的决定。2006年7月31日，第十七次会议作出关于设立城乡建设环境保护委员会的决定。

2004年1月18日，第一次会议作出关于修改《建阳市人民代表大会常务委员会关于人事任免规定》的决定。

2006年1月24日，第十四次会议作出关于表彰建阳市2004—2005年度先进代表小组和优秀人大代

表的决定。

2006年3月8日，第十五次会议作出关于表彰人大代表议案和建议办理工作先进单位和先进个人的决定。

2006年6月1日，第十六次会议作出关于表彰2004—2005年度人大宣传工作先进单位和先进个人的决定。

2006年5月31日，第十六次会议作出关于授予建阳市公安消防大队“人民满意消防大队”称号的决定。

2004年8月18日，第五次会议作出关于暂停汤勇明执行代表职务的决定。2006年7月16日，第十七次会议作出关于确认许可对赖长贵采取强制措施并暂停执行代表职务的决定。2006年12月25日，第十九次会议作出关于恢复赖长贵执行代表职务的决定。

2006年9月26日，第十八次会议作出关于设立乡（镇）选举委员会和乡（镇）及街道选举办事处的决定。

四、第十四届人大常委会讨论、决定重大事项

第十四届人大常委会讨论、决定重大事项46项。其中，政法方面3项，财政经济方面12项，城建环保方面1项，人大工作和其他方面30项。

（一）政法方面

2008年3月25日第七次会议、2011年3月30日第二十八次会议分别作出关于设立、调整建阳市十四届人大常委会妇女儿童工作组成员的决定。

2011年11月24日第三十二次会议作出关于加强法制宣传教育的决议。

（二）财政经济方面

2007年8月30日第三次会议、2008年8月29日第十次会议、2009年8月28日第十八次会议、2010年7月28日第二十四次会议、2011年7月28日第三十次会议分别作出关于批准2006年、2007年、2008年、2009年、2010年决算的决议。

2007年10月16日，第四次会议作出关于同意对闽北林产工贸园区垫款建设童游南林防洪堤工程项目财政补贴的决议。

2008年12月26日，第十二次会议作出关于批准2008年预算超收追加支出方案的决议、关于同意对建阳市城市建设投资有限公司贷款建设建阳市污水处理工程项目财政补贴的决议。

2009年7月7日，第十七次会议作出关于批准建阳市2009年地方政府债券转贷收入和支出预算调整方案的决议。

2009年12月10日，第二十次会议作出关于批准2009年政府性基金超收追加支出预算方案的决议。

2010年11月23日，第二十六次会议作出关于批准2010年预算超收、地方政府债券转贷资金追加支出预算方案的决议。

2011年11月24日，第三十二次会议作出关于批准2011年预算超收、地方政府债券转贷资金追加支出预算方案的决议。

（三）城建环保方面

2011年11月24日，第三十二次会议作出关于批准《建阳市生态市建设总体规划（纲要）的决议》。

（四）人大工作及其他方面

2008年1月8日第六次会议、2009年2月18日第十三次会议、2009年12月10日第二十次会议、2010年12月31日第二十七次会议、2011年11月25日第三十二次会议分别作出关于召开市十四届人大二次、三次、四次、五次会议和市十五届人大一次会议的决定。

2009年2月18日第十三次会议、2010年12月31日第二十七次会议分别作出关于表彰建阳市2007—2008年度、2009—2010年度先进代表小组和优秀人大代表的决定，2007—2008年度、2009—2010年度代表好建议和办理代表建议先进单位的决定，2007—2008年度、2009—2010年度人大宣传工作先进

单位和先进个人的决定。

2009 年 6 月 11 日第十六次会议、2011 年 3 月 30 日第二十八次会议分别作出关于在供电部门和市工商局开展创建“人民满意单位”评议活动的决定。

2009 年 10 月 27 日，第十九次会议作出关于授予建阳供电局、建阳市供电有限公司“人民满意供电单位”称号的决定。

2010 年 9 月 28 日，第二十五次会议作出关于保留市交警大队等“人民满意单位”称号的决定、关于撤销建阳市麻沙人民法庭“人民满意法庭”称号的决定。

2011 年 11 月 25 日，第三十二次会议作出关于收回建阳供电局“人民满意供电单位”称号的决定。

2008 年 1 月 8 日第六次会议、2009 年 5 月 12 日第十五次会议、2009 年 7 月 7 日第十七次会议、2010 年 5 月 26 日第二十三次会议、2011 年 3 月 30 日第二十八次会议、2011 年 7 月 19 日第三十次会议分别作出同意接受李少峰、葛晓华、张绍敏、陈文斌、徐应发、张行书辞呈的决定。2009 年 5 月 12 日，第十五次会议作出关于袁仁旺为建阳市人民政府代理市长的决定。

2007 年 3 月 15 日第一次会议、2007 年 5 月 16 日第二次会议、2008 年 3 月 25 日第七次会议、2008 年 12 月 26 日第十二次会议分别作出关于确认许可对徐向明、刘勇、黄学军、汪涛采取强制措施的决定。

2011 年 9 月 23 日，第三十一次会议作出关于建阳市市、乡 2 级人民代表大会代表换届选举时间的决定。

2011 年 11 月 25 日，第三十二次会议作出关于接受市、乡选举委员会组成人员中获确定为正式代表候选人辞职的决定。

第二节　行使监督权

一、听取和审议工作报告

第十一届人大常委会会议，听取和审议市人民政府及其职能部门、市人民法院、市人民检察院，有关依法治市、普法工作、社会治安综合治理、国有企业转换经营机制、“三资”企业、预算外资金管理、发展农业六大产业、菜篮子工程、物价工作、卫生医疗机构和农村合作医疗、扶贫工作、文化市场管理、广播电视工作、园林、企业职工群众生活解困、民政工作、农村合作资金管理、城市总体规划局部调整、国家生态示范区建设规划、考亭风景旅游度假区整体规划部分详细规划等工作报告 122 项次，并对有关工作事项作出审议意见 12 件。

第十二届人大常委会会议，听取和审议市人民政府及其职能部门、市人民法院、市人民检察院，有关行政执法责任制试点工作、普法工作、新一轮土地承包、农村集体林经营体制改革、合理配置教育资源、全面推进素质教育、外经外贸工作、审计工作、国家级生态示范区建设总体规划、生态农业建设规划、“扫黄打非”活动、实施妇女儿童发展纲要、农业结构调整、社区建设、城区环境卫生、城镇职工基本医疗保险、整顿和规范市场经营秩序、金融工作、农村信贷等工作报告 126 项次，并对有关工作事项作出审议意见 10 件。

第十三届人大常委会会议，听取和审议市人民政府及其职能部门、市人民法院、市人民检察院，有关设立市区生活饮用水地表水源保护区、城区市容和环境卫生、社区建设、农业综合开发、妇女儿童发展纲要实施情况、义务教育工作、法制宣传工作、推进海西区绿色腹地经贸强市建设等工作报告 50 项次，作出审议意见 2 件。

第十四届人大常委会会议，听取和审议市人民政府及其职能部门、市人民法院、市人民检察院，有关林业体制改革、药品管理、重点项目建设、农村医疗保障、劳动就业和民生保障、法律援助、职业病防治、普法工作、预算执行、审计工作、落实惠民政策、广播电视设施保护、生态公益林管护、计划执行情况、社会主义新农村建设、农村水利建设、城市总体规划修编、林业发展情况、麻阳溪流域水环境综合整治、金融部门服务地方经济发展、增值税转型、市场监管、物价监管、高水平高质量普及九年义务教育工作、创建国家人口和计划生育优质服务先进工作、保障性住房建设、海西林产工贸园区建设、抗洪救灾恢复生产重建家园、生态市建设总体规划纲要、新型农村社会养老保险、西区生态城拆迁安置、农村土地流转、法院执行工作、行政审判、林业审判、检察院自侦工作、驻所检察、林业检察，以及贯彻宽严相济刑事政策情况等工作报告 102 项次，并对有关工作事项作出审议意见 42 件。

二、执法检查

第十一届人大常委会期间，组织代表对《中华人民共和国环境保护法》《中华人民共和国农业法》《中华人民共和国反不正当竞争法》《中华人民共和国消费者权益保护法》《中华人民共和国产品质量法》《全国人大常委会关于惩治生产、销售伪劣商品的犯罪的决定》《中华人民共和国森林法》《中华人民共和国野生动物保护法》《中华人民共和国土地管理法》《中华人民共和国水土保持法》《噪声污染防治条例》《中华人民共和国教育法》《中华人民共和国行政处罚法》《中华人民共和国妇女权益保护法》《福建省计划生育条例》《专业技术人员继续教育条例》等 18 部次法律法规实施情况开展执法检查。

第十二届人大常委会期间，组织代表对《中华人民共和国城市规划法》《中华人民共和国食品卫生法》《公共场所卫生管理条例》《中华人民共和国森林法》《福建省森林条例》《中华人民共和国土地管理法》《中华人民共和国档案法》《中华人民共和国药品管理法》《中华人民共和国建筑法》《中华人民共和国乡镇企业法》《中华人民共和国公路法》《中华人民共和国残疾人保障法》《中华人民共和国村民委员会组织法》《中华人民共和国工会法》《中华人民共和国种子法》《中华人民共和国预防未成年人犯罪法》《中华人民共和国矿产资源法》《中华人民共和国税收征管法》《中华人民共和国行政诉讼法》《中华人民共和国行政复议法》《中华人民共和国行政处罚法》《中华人民共和国教育法》《中华人民共和国义务教育法》《中华人民共和国代表法》《中华人民共和国农业技术推广法》《中华人民共和国科学技术进步法》《中华人民共和国促进科技成果转化法》《中华人民共和国人口与计划生育法》《福建省人口与计划生育条例》《村级财务管理条例》《中华人民共和国防洪法》《中华人民共和国妇女权益保障法》《中华人民共和国母婴保健法》《互联网上网服务营业场所管理条例》等 54 部次法律法规实施情况开展执法检查。

第十三届人大常委会期间，组织代表对《中华人民共和国动物防疫法》《重大动物疫情应急条例》《中华人民共和国城市规划法》《中华人民共和国行政许可法》《中华人民共和国职业病防治法》《中华人民共和国食品卫生法》《中华人民共和国工会法》《中华人民共和国劳动法》《中华人民共和国土地管理法》《中华人民共和国文物保护法》《中华人民共和国未成年人保护法》《中华人民共和国预防未成年人犯罪法》《中华人民共和国药品管理法》《中华人民共和国环境保护法》《中华人民共和国水污染防治法》《中华人民共和国义务教育法》《中华人民共和国老年人权益保障法》《中华人民共和国烟草专卖法》《互联网上网服务营业场所管理条例》《农业机械管理条例》《农业生态环境保护条例》等 39 部次法律法规实施情况开展执法检查。

第十四届人大常委会期间。组织代表对《中华人民共和国药品管理法》《法律援助条例》《中华人民共和国农产品质量安全法》《中华人民共和国劳动法》《中华人民共和国职业病防治法》《福建省职业病防治条例》《中华人民共和国未成年人保护法》《中华人民共和国农民专业合作社法》《中华人民共和国劳动合同法》《中华人民共和国就业促进法》《中华人民共和国劳动争议调解仲裁法》《劳动合同法实施条例》《福建省广播电视设施保护条例》《中华人民共和国环境影响评价法》《森林防火条例》《中华人民共和国道路交通安全法》《互联网上网服务营业场所管理条例》《中华人民共和国农村土地承包法》《中华人民共和国妇女权益保障法》《福建省实施〈妇女权益保障法〉办法》等 22 部次法律法规实施情况开展执法检查。

对检查中发现的问题，及时向上级人大或市委提出书面建议报告和督促有关部门整改。

三、考察和调查研究

第十一届人大常委会期间，组织代表对村级卫生工作、“菜篮子”工程建设、扶贫工作、城市规划管理、民政工作、小康工作、农村合作医疗保健、企业股份合作制改革、农村合作基金管理、计划生育等工作情况开展考察和调查研究。

第十二届人大常委会期间，组织代表对水毁校舍新建工程、科教兴农、土地出让金收缴、合理配置教育资源、全面推进素质教育及城区初中招生改革、新一轮土地延包、计划生育工作、农民外出务工、农业结构调整、集体林经营体制改革、农村卫生院（所）建设、城区环境卫生等工作情况开展考察和调查研究。

第十三届人大常委会期间，组织代表对《中华人民共和国行政许可法》实施前准备工作、农村劳动力转移就业、村级财务管理、农村客运安全、依法治市工作、集体林权制度改革、春耕备耕和农资市场规范经营、农业综合开发、农村经济工作、平安建设“110社会联动”、重点工程项目建设、社会主义新农村建设等工作情况开展了考察和调查研究。

第十四人大常委会期间，组织代表对深化林业体制改革、农村经济工作、新型农村合作医疗、重点项目建设、公安工作、农村小型水利建设、“五五”普法情况、自侦案件工作、林业刑事案件专项工作、农业机械化、生态公益林管护、国民经济和社会发展“十一五”规划中期及年度计划实施情况、社会主义新农村建设、行政审判工作、驻所检察工作、贯彻落实宽严相济刑事政策工作、林业发展工作、麻阳溪流域水环境综合整治等工作情况开展考察和调查研究。

四、规范性文件备案审查

市人大常委会贯彻实施《福建省权力机关、行政机关规范性文件管理办法》《关于规范性文件备案审查条例》，对市人民政府报送备案的规范性文件，从实体合法性、必要性，报备程序和时限上进行审查。第十一届人大常委会期间，审查市人民政府报送备案的规范性文件168份。第十二届人大常委会期间，审查市人民政府报送备案的规范性文件152份。第十三届人大常委会期间，审查市人民政府报送备案的规范性文件18份。第十四届人大常委会期间，审查市人民政府报送的规范性文件126 份。对个别与现行法律相违背、标题和条款不适当的规范性文件提出撤销、修改的意见和建议。如2008年针对有关职能部门作出的《关于规范超标电动自行车、电瓶车管理的通告》，存在规避报送备案审查，通告内容与现行法律相违背等问题，责成市政府依法撤销该通告。

五、评议工作

1997年1月14日，第十一届人大常委会第十九次会议审议通过《关于述职评议工作的暂行规定》。通过开展评议，促进行政和司法部门依法行政、公正司法，贯彻落实党的路线、方针、政策和人大的决定、决议，改进工作作风，提高服务质量和工作实效。

第十一届人大常委会期间，开展清除地方和部门保护主义专题评议。对市司法局、卫生局、商业局、环保局、土地管理局、工商行政管理局、林委、科委、交通局、粮食局、农业局、乡镇企业局、文化局、计生委、水电局、民政局、教育局、劳动局、经委、外经委等20位局长、主任，市人民法院3位副院长、市人民检察院3位副检察长进行述职评议，分别对述职人员作出述职评议意见，要求和督促述职人员制订和落实整改措施。

第十二届人大常委会期间，对市卫生局、建委进行工作评议和作出工作评议意见，要求其制订和落实整改措施。分别对市公安局交警大队、市公安局、市人民法院麻沙人民法庭、市运输管理所创建“人民满意单位”活动进行评议，决定授予市公安局交警大队“人民满意交警大队”称号、授予交警大队水吉中队“人民满意交警中队”称号，授予市公安局将口、莒口、书坊、黄坑、水吉、麻沙、漳墩、小湖、崇雒、回龙等10个派出所（分局），森林公安分局麻沙、范桥、水吉、回龙、城关等5个森林派出所“人民满意派出所”称号，授予市人民法院麻沙人民法庭“人民满意法庭”称号，授予市运输管理所“人民满意运管所”称号。对“人民满意单位”实行动态管理，每2年复评1次。2003年6月26—27日，第十二届人大常委会第三十二次会议决定对市公安局莒口派出所和森林分局城关森林派出所予以限期整改处理，决定撤销市公安局森林分局水吉森林派出所“人民满意派出所”称号。

第十三届人大常委会期间，对市公安消防大队创建“人民满意消防大队”活动进行评议，决定授予市公安消防大队“人民满意消防大队”称号。

第十四届人大常委会期间，对供电部门创建“人民满意供电单位”活动进行评议，决定授予建阳供电局、建阳市供电有限公司“人民满意供电单位”称号。对“人民满意单位”进行复评，决定保留市交警大队、市消防大队、市公安局童游、将口、莒口、麻沙、书坊、黄坑、小湖、水吉、回龙派出所，城关、回龙、范桥、麻沙森林派出所“人民满意单位”称号，决定撤销建阳市麻沙人民法庭“人民满意法庭”称号。2011年11月鉴于建阳供电局注销，决定收回建阳供电局“人民满意供电单位”称号。

六、个案监督

1998年7月，第十一届人大常委会针对一名公安刑警在执勤中，将童游水尾一村民误认为嫌疑人，开枪击伤其右腿，向市公安局发出《关于抓紧查处枪伤村民事件的通知》，进行个案监督。市公安局在规定期限内对该案进行查处，决定停止该刑警执行职务，给予行政记过处分，赔偿受害人有关费用，并通报全局教育全体干警。1999年1月，第十二届人大常委会研究办理黄坑镇塘头村村民信访件，决定对市人民检察院不起诉被告人强奸少女案进行个案监督。市人民检察院抓紧复查，撤销潭检不诉（1998）15号对该被告人不起诉决定，批准公安机关对该被告人进行逮捕。2000年10月8日，第十二届人大常委会第十三次会议根据南平市人大常委会《关于监督司法机关具体案件的暂行规定》，作出《关于建立司法机关重大案件报告制度的决定》。第十二届人大常委会期间，共收到市公安局报送材料173件484条；市人民检察院报送材料85件；市法院报送材料45件。

第三节　行使任免权

历届市人大常委会坚持党管干部的原则，依法行使人事任免权。对拟任人员实行任前法律测试和在常委会上作供职发言，常委会审议后采用无记名投票（2008年8月后采用电子表决器）表决，经常委会组成人员过半数表决通过后，由主任颁发任命书。主任会议对任命人员集体谈话，增强国家机关工作人员的法制观念和公仆意识。

第十一届人大常委会接受市人大常委会委员辞职1人，补选南平市一届人大代表3人。任免地方国家机关工作人员279人次，其中，1994年1月至9月，政府副县长任4人次、免2人次。1994年10月至1999年1月，政府副市长任7人次、免8人次。人大机关工作人员任12人次、免10人次。政府委、办、局主任、局长任66人次、免41人次、撤职1人。法院审判人员任66人次、免31人次。检察院检察人员任25人次、免6人次。

第十二届人大常委会接受市长辞职1人、决定代理市长1人。接受市法院院长辞职1人、决定代理院长1人。接受市人大常委会委员辞职2人。任免地方国家机关工作人员229人次，其中，政府副市长任7人次、免6人次。人大机关工作人员任16人次、免5人次。政府委、办、局主任、局长任51人次、免 15 人次。法院审判人员任 52 人次、免 47 人次、撤职 2 人。检察院检察人员任 17 人次、免 11 人次。

第十三届人大常委会补选南平市二届人大代表 1 人。任免地方国家机关工作人员 122 人次，其中，政府副市长任 3 人次、免 4 人次。人大机关工作人员任 16 人次、免 4 人次。政府委、办、局主任、局长任 42 人次、免 15 人次。法院审判人员任 23 人次、免 10 人次。检察院检察人员任 5 人次。

第十四届人大常委会接受市长辞职 1 人、决定代理市长 1 人。接受市人大常委会副主任辞职 2 人、委员辞职 2 人。补选南平市三届人大代表 3 人。任免地方国家机关工作人员 175 人次，其中，政府副市长任 5 人次、免 5 人次。人大机关工作人员任 24 人次、免 11 人次。政府委、办、局主任、局长任 44 人次、免 15 人次。法院审判人员任 46 人次、免 12 人次。检察院检察人员任 7 人次、免 6 人次。

第四节 代表议案与建议办理

代表提出的议案先由大会议案审查委员会审查（2005 年市十三届人大二次会议后由大会秘书处审查），作出是否列入大会议程的意见，再由主席团决定是否列入大会议程。代表提出的议案、建议、批评和意见，由市人大常委会人事代表联络委会同市政府办公室交有关部门组织研究办理，并答复提议案、建议、批评和意见的代表。市人大常委会重视做好代表议案、建议、批评和意见的办理工作，坚持对办理工作进行跟踪督查，安排主任会议、常委会会议分别听取市人大常委会工作机构和市人民政府关于代表议案、建议办理情况的报告。常委会通过审议，对办理工作提出意见、建议，代表对办理结果不满意的，要求承办单位重新办理。市人大常委会将代表议案、建议办理情况形成综合报告，在下一次人大会议上印发全体代表。

第十一届人民代表大会召开五次会议共收到代表提出的议案 172 件，建议、批评和意见 939 件。经大会主席团审议通过，《关于加强依法治市的议案》《关于加强农业基础地位，强化科技服务功能的议案》等 9 件议案提交大会表决列为大会议案，其他 163 件议案作为建议处理。合计 1111 件议案建议经整理分类，提交政府各有关职能部门办理。各部门办理议案、建议共投入资金 1633.63 万元。代表议案、建议办结答复后，代表评议满意占 45.82%，基本满意占 51.06%。

第十二届人民代表大会召开六次会议共收到代表提出的议案 125 件，建议、批评和意见 1049 件。经大会主席团审议通过，《关于进一步加强和推进农村民主法制建设的议案》《关于加大国家级生态示范区的宣传力度，发挥国家级生态示范区优势的议案》等 8 件议案提交大会表决列为大会议案，其他 117 件议案作为建议处理。合计 1174 件议案建议经整理分类，提交政府各有关职能部门办理，各部门办理议案、建议共投入资金 605.36 万元。代表议案、建议办结答复后，代表评议满意占 52.74%，基本满意占 41.86%。

第十三届人民代表大会召开 3 次会议共收到代表提出的议案 60 件，建议、批评和意见 775 件。经大会主席团审议通过，《关于扎实推进平安建设，努力建设“平安建阳”的议案》《关于切实加强对水利资源开发管理的议案》等 5 件议案提交大会表决列为大会议案，其他 55 件议案作为建议处理。闭会期间收到代表建议 45 件，合计 880 件议案建议经整理分类，提交政府各有关职能部门办理，各部门办理议案、建议共投入资金 262.53 万元。代表议案、建议办结答复后，代表评议满意 531 件，占 60.34%；基本满意 334 件，占 37.95%。

第十四届人民代表大会召开五次会议共收到代表提出的议案 28 件，建议、批评和意见 967 件。经大会主席团审议通过，《关于加强麻阳溪流域水资源保护的议案》提交大会表决列为大会议案，其他 27 件议案作为建议处理。闭会期间，收到代表建议 23 件，合计 1018 件议案建议（其中市人大常委会确定重点建议 19 件）经整理分类，提交政府各有关职能部门办理，各部门办理议案、建议共投入资金 9501.54 万元。代表议案、建议办结答复后，经征求代表反馈意见，满意 757 件，占 74.36%；基本满意 260 件，占 25.54%。

第五节　信访工作

历届市人大常委会重视信访工作，根据《福建省人大信访工作条例》，建立健全信访登记、领导批阅、转办、交办、催办、督办、办结反馈和复信，以及归档等规章制度。建立信访工作机构，配备专职人员，具体负责信访的办理和落实。对信访中涉及法律和经济建设、廉政建设等方面的问题，常委会领导作出批示，督促有关部门办理，及时反馈。对关系群众生产、生活的重大问题，常委会加强综合分析和督查督办，及时对访情进行通报，密切与党委政府及公检法信访部门沟通联系，促进信访问题的解决。1998 年夏，省人大代表沈国良来访，反映特大洪灾后，水东村有近百米路段因下水道被冲塌受堵，致使道路长期积水，滋生蚊蝇，影响附近数千名居民、学生的正常生活和职工的生产。人大常委会接访后，即组织市建委和水东附近 6 家单位，召开现场办公会议，研究制定解决问题方案，1 周内疏通和修整下水道和路面。1999 年 1 月，徐市镇盖溪村村民集体信访，反映该村 22 公顷人工林低价承包给包工头间伐，而包工头肆意乱砍滥伐，造成集体经济损失，要求督查违反《中华人民共和国森林法》的行为和责任人。市人大常委会批转市森林公安分局查处。经实地侦查，在 5 日内即将 2 名犯罪嫌疑人刑事拘留，群众和集体经济利益得到保护。2003 年夏季，麻沙镇出现多批次较大规模的群众上访事件，常委会组织人员到麻沙镇，经 2 个月的调研，调解各类矛盾，查清基层一些干部和不法人员的违法违纪问题。2004 年初，水吉镇大梨村村民集体来访，反映市法院在该村部办公楼的拍卖过程中违反法律程序。常委会领导接访后，及时召集市法院、市信用联社和大梨村的市人大代表、村委会主任，协调解决，使市法院认识到拍卖程序存在不规范的问题，撤销〔1998〕潭吉经初字第 19 号民事裁定书，作出〔2004〕潭民初字第 04 号民事裁定书，纠正侵犯公民权利的行为。2009 年夏，针对群众来信来访反映童游城乡接合部存在社会治安不佳、电动车被盗现象时有发生、群众报案出警不及时等问题进行专题调研，形成调研报告交政府有关部门研究处理，促成市民兵应急分队治安巡逻排从 2009 年 9 月起，把巡逻范围延伸到童游片区，并于 2010 年 1 月启动工贸园区治安巡逻，增强群众安全感。

第十一届人大常委会期间，共接待受理群众来信来访 1574 件，其中，来信 1420 件，来访 154 批 1221 人次。第十二届人大常委会期间，共接待和受理群众来信来访 2135 件，其中，来信 945 件，来访 1190 批 3950 人次。第十三届人大常委会期间，共接待受理群众来信来访 1002 件，其中，来信 364 件，来访 638 批 1989 人次，其中督办重点信访 13 件次。第十四届人大常委会期间，共接待受理群众来信来访 1596 件，其中，来信 774 件，来访 822 批 2050 人次。

第六节　指导乡镇人大工作

一、建立联系乡镇人大主席团制度

市人大常委会建立常委会组成人员联系乡镇人大主席团和市人大代表小组制度，常委会组成人员参加和指导所联系的乡镇人大主席团组织的代表小组活动，指导乡镇人大主席团建立完善各项工作制度，如开展创先进代表小组争当优秀人大代表活动，逢双月 25 日的代表活动日活动，农村各级代表学富、促富、赛富，带头奔小康的“三富一奔”活动，开展代表评议基层站、办、所工作等活动，发挥代表模范带头作用。

二、培训乡镇人大干部

组织乡镇人大主席和秘书参加南平市人大培训班，人大宣传工作培训班举办。安排乡镇人大主席列席市人大常委会会议，参加市人大常委会组织的执法检查、视察调研、评议工作等活动。为乡镇人大订阅人大报刊，分发人大工作资料，促进乡镇人大工作人员政治素质和工作水平的提高。

三、指导乡镇人大换届选举和召开人代会

市人大通过培训乡镇人大换届选举骨干、组织人大换届选举指导工作组等方式，市、乡两级人大换届选举，以及 1996 年、1999 年、2002 年乡级人大换届选举成功。指导乡镇召开人代会，着重指导乡镇人大主席团做好选举工作和财政预决算审查工作。

四、建立健全代表议政室

1997 年 8 月起指导各乡镇、村代表议政室建设，基本做到村村有代表议政室，代表议政室做到“五有、四簿、三册、二刊”（有牌子、有场所、有环境布置和必要设施、有联系选民范围、有学习议事制度；学习议事考察记录簿、联系选民登记簿、为民办实事好事记录簿、来信来访登记簿；法律法规手册、代表手册、点名册；《人民政坛》《南平人大》），为代表参政履职提供场所和便利。

五、乡镇人大主席联席会议召开

定期召开乡镇人大主席联席会议，总结交流推广乡镇人大工作经验，研讨新时期乡镇人大工作的新方法、新途径，促进乡镇人大主席团工作上新台阶。如市人大常委会通过召开乡镇人大主席联席会，总结推广小湖镇“4+2”（省、南平市、建阳市、镇代表 + 村、户代表）代表联系制度，将口镇代表工作“五个平台”（代表培训、活动、联系、知政、监督平台）、黄坑镇代表参与信访工作等代表活动先进经验，保证各级代表闭会期间履职活动扎实有效，促进地方经济建设、改革开放和社会稳定。

第五章　乡（镇）人民代表大会

第一节　代表选举和构成

1993 年，县乡两级人大换届选举。实有选民 218732 人，参加投票选民 199043 人，参选率达 91%。选举产生乡镇新一届人大代表 966 名，其中，工人、农民 686 名，占 71.01%；干部 164 名，占 16.98%；知识分子 26 名，占 2.69%；少数民族、台侨属、宗教等代表 90 名，占 9.32%。妇女 226 名，占 23.40%；非中共党员 444 名，占 45.96%。

1996 年，乡镇人大第一次单独换届选举。实有选民 194455 人，参加投票选民 177537 人，参选率达 91.30%。选举产生新一届乡镇人大代表 720 名，其中，工人 19 名，占 2.64%；农民 558 名，占 77.50%；干部 109 名，占 15.14%；知识分子 12 名，占 1.67%；少数民族、台侨属、宗教等代表 22 名，占 3.06%。妇女 169 名，占 23.47%；非中共党员 295 名，占 40.97%。

1999 年，乡镇人大换届选举。实有选民 201629 人，参加投票选民 194827 人，参选率达 96.63%。选举产生新一届乡镇人大代表 721 名，其中，工人 17 名，占 2.36%；农民 542 名，占 75.17%；干部 127 名，占 17.61%；知识分子 19 名，占 2.64%；少数民族、台侨属、宗教等代表 16 名，占 2.22%。妇女 168 名，

占 23.30%；非中共党员 291 名，占 40.36%。

2002 年，乡镇人大换届选举。实有选民 171641 人，参加投票选民 154678 人，参选率达 90.12%。选举产生新一届乡镇人大代表 609 名，其中，工人 19 名，占 3.12%；农民 464 名，占 76.19%；干部 75 名，占 12.32%；知识分子 19 名，占 3.12%；少数民族、台侨属、宗教等代表 32 名，占 5.25%。妇女 146 名，占 23.97%；非中共党员 259 名，占 42.53%。

2006 年，县乡两级人大换届选举。实有选民 250475 人，参加投票选举 228797 人，参选率达 91.35%。选举产生新一届乡镇人大代表 605 名，其中，工人 18 名，占 2.98%；农民 464 名，占 76.70%；干部 73 名，占 12.07%；知识分子 24 名，占 3.97%；少数民族、台侨属、宗教等代表 26 名，占 4.30%。妇女 138 名，占 22.81%；非中共党员 255 名，占 42.15%。

第二节　乡（镇）人大主席团

1994—2011 年，建阳市乡（镇）人民代表大会举行会议时，从代表中选举产生主席团，由主席团主持会议，并负责召集下一次的本级人民代表大会会议。乡（镇）人民代表大会设主席 1 人，主席团成员 5—9 人，任期同本届人民代表大会任期相同。乡（镇）人民代表大会闭会期间，乡（镇）人大主席团每 2 个月召开 1 次会议，根据福建省人大常委会《关于乡、镇人民代表大会主席团工作的暂行规定》开展工作。乡（镇）人大主席团下设办公室，配备办公室主任或秘书 1 人，协助乡（镇）人大主席办理大会闭会后的日常工作。

第三节　代表活动

1994—2011 年，建阳市乡镇人大代表除在本级人民代表大会期间参加会议活动外，闭会期间乡镇人大代表依法组成代表小组，分工联系选民，了解社情民意，反映群众的意见和要求，协助本级人民政府推行工作。乡镇人大代表小组坚持每月活动 1 次，代表活动主要有培训学习、持证考察、述职评议、创先争优等。

培训学习　通过集中培训、专题辅导、法制讲座、以会代训、代表小组学习、组织代表外出参观、取经等方式提高代表素质和履职能力。乡镇人大主席团举办法制讲座，组织代表学习《中华人民共和国农业法》《中华人民共和国森林法》等法律知识，学习党的路线、方针、政策，通报市委、人大、政府工作部署等。1996—1998 年莒口镇人大主席团 3 次组织人大代表到建瓯市芝城镇、政和县熊山镇、浙江省乐清市雁荡镇学习村务公开、民主理财、述职评议和闭会期间代表开展活动的经验。徐市镇人大主席团组织代表到顺昌县埔上镇学习小径竹种植经验，到建瓯房道镇学习毛竹管理经验。开阔代表眼界，推动经济建设和促进代表工作的开展。

持证考察　乡镇人大主席团每年围绕法律法规的实施，各时期中心工作中群众普遍关心的“热点、难点”问题，组织代表开展考察调查活动，了解新情况，研究新问题，参政议政。黄坑、水吉、回龙等乡镇人大代表，持证考察义务教育、粮食收购等工作，书坊乡、麻沙镇人大主席团组织人大代表，开展跨选区视察乡镇企业活动，学习兄弟乡镇发展企业招商引资的经验，并对环境保护、劳工保护方面提出建议和意见。

述职评议　自 1992 年起，各乡镇人大主席团组织代表对本级政府所属站、办、所的工作开展评议活动，全市共组织市、乡（镇）两级代表 878 人次，先后对 64 个与群众生产生活关系密切的粮站、工商所、税务所、公安派出所、土地所、村建所提评议意见和建议 142 条，促进基层所站工作人员依法行政、勤政廉政建设，提高服务质量和工作实效。自 2004 年起，组织开展代表向选民报告履职情况的述职活动，接受选民的评议与监督。

创先争优　组织开展“创先进代表小组争当优秀人大代表”活动，激励代表在做好本职工作的同时，宣传党的方针政策，遵守国家的法律法规，密切联系选民，反映社情民意，积极参政议政，支持和协助政府推行工作，发挥模范带头作用。涌现出 1 批先进代表小组和优秀人大代表，对促进两个文明建设和民主法制建设，加快社会主义新农村建设步伐，起到作用。

第十九篇　人民政府

第十九篇　人民政府

1994—2010 年，建阳市政府致力于 3 次产业协调发展。调整优化农业经济结构，加大国有企业改革力度，加快交通、水利、电力、通信等基础设施建设步伐，发展科教文卫等社会事业，完善社会保障机制。同时，精简办事机构，加强自身建设，实现经济社会全面协调可持续发展。先后获全国商品粮生产基地县、全国造林绿化先进县、全国体育先进县、全国生态示范区、全国书画艺术之乡、中国锥栗之乡、全国计生优质服务先进县（市）、第四届全省科普先进市等国家级称号及多项省级称号，2009 年，获中央党史研究室确认为原中央苏区县。2010 年，实现地区生产总值 75.70 亿元，规模以上工业总产值 94 亿元，农林牧渔业总产值 29.80 亿元；财政总收入 6.10 亿元；地方级财政收入 4.20 亿元；城镇居民人均可支配收入 16690 元；农民人均纯收入 7070 元。各项基础设施不断完善，社会保障事业全面发展，人民安居乐业，社会繁荣稳定。

第一章　政府组成

第一节　领导成员

1994 年起，建阳市（县）先后历经第十一届、第十二届、第十三届、第十四届政府。各届市（县）政府市长（县长）、副市长（副县长）由市人民代表大会选举产生。在市（县）委领导下，实行市长（县长）负责制，对市（县）人民代表大会及其常务委员会负责并报告工作，同时，对南平市人民政府负责并报告工作。市长任市委副书记，常务副市长参加市委常委会。至 2010 年底，建阳市市长计有 5 人次，副市长计有 33 人次。

1994 年 1 月，县第十一届人民代表大会第一次会议选举县长 1 名、副县长 6 名。1999 年 1 月，市第十二届人民代表大会第一次会议选举郭建声为建阳市市长。2004 年 1 月，市第十二届人民代表大会第一次会议选举葛晓华为建阳市市长、选举产生副市长 6 名。2007 年 1 月，市第十三届人民代表大会第一次会议选举葛晓华为建阳市市长、选举产生副市长 6 名。2010 年 1 月，补选袁仁旺为建阳市市长。

1994—2010 年建阳市人民政府市长、副市长名表

表 19-1-1

职务	姓名	性别	籍贯	任职时间	附注
市长	周　意	男	福建福州	1994.8 至 1995.1	—
	胡祖林	男	福建南平	1995.1 至 1997.3	—
	郭建声	男	福建建阳	1997.3 至 2001.8	—
	葛晓华	男	福建建瓯	2001.8 至 2009.5	—
	袁仁旺	男	福建武夷山	2009.5	2009 年 5 月至 2010 年 1 月任代市长

续表 19-1-1

职务	姓名	性别	籍贯	任职时间	附注
副市长	张兆民	男	福建邵武	1993.9 至 1997.4	常务副市长
	陈诗博	男	福建浦城	1994.1 至 1994.8	—
	刘淑妹	女	福建建阳	1993.7 至 2003.10	—
	谢子贤	男	福建建阳	1994.1 至 1999.1	—
	潘兆祥	男	福建崇安	1991.4 至 1994.6	科技副县长
	方航安	男	福建闽侯	1993.1 至 1994.12	—
	白炳义	男	福建建阳	1994.7 至 1996.2	—
	刘秀梅	女	福建古田	1994.6 至 1996.5	—
	杨廷生	男	福建建瓯	1994.3 至 1996.8	—
	黄伟庆	男	福建建瓯	1996.7 至 1998.7	—
	黄勤楼	男	福建闽清	1995.3 至 1998.7	—
	张仲埔	男	福建浦城	1994.8 至 1998.10	—
	李　兵	男	福建南平	2001.4 至 2003.10	常务副市长
	崔继军	男	福建浦城	2001.5 至 2004.10 2006.6 至 2010	—
	余建坤	男	福建浦城	1997.11 至 2001.4	常务副市长
	柳贵清	男	福建屏南	1998.10 至 2001.8	—
	黄　雄	男	福建建瓯	1996.3 至 2001.8	—
	黄新铭	男	江西南城	1996.3 至 1999.1	—
	刘明香	男	福建长乐	1998.8 至 2001.12	科技副市长
	谢续华	男	福建建瓯	1999.1 至 2002.6	科技副市长
	黄　肃	男	福建福州	2002.6 至 2009.8	常务副市长
	林贻彬	男	福建建阳	2001.8	2009 年 8 月起任常务副市长
	李　宪	男	福建莆田	2001.8 至 2011.12	—
	廖献平	女	福建顺昌	2002.8 至 2004.10	—
	冯振秀	女	福建福清	2002.10 至 2004.12	—
	刘　寒	女	浙江宁波	2003.10	—
	施曷宝	男	福建建阳	2004.11 至 2012.1	—
	陈建业	男	福建建瓯	2004.12 至 2008.1	—
	刘　韬	男	福建福州	2003.1 至 2006.1	—
	吴远彬	男	福建惠安	2007.5 至 2010.7	科技副市长
	陈松声	男	福建福清	2007.11 至 2009.12	挂职
	张绍敏	男	福建建瓯	2009.8	—
	蓝贺胜	男	福建福清	2010.3	科技副市长

第二节　工作机构

1994 年，市政府下设机构有办公室、外事办、老区办、退休办、外资办、高科技园区办、体改委、计委、经委、农委、财委、科委、外经委、建委、林委、体委、计生委、编委、物委、地方志编纂委员会、信访局、公安局、司法局、人事局、档案局、民政局、劳动局、统计局、物资局、环境保护局、农业局、畜牧水产局、水电局、企业局、茶叶局、二轻局、交通局、邮电局、财政局、审计局、技术监督局、地方税务局、国家税务局、工商局、商业局、粮食局、烟草局、教育局、文化局、广播电视局、卫生局、旅游局、监察局、宗教局、土地局、经济研究中心、教育督导室、电大工作站、保险公司、人行、农行、工行、建行、中行、供销社、农机站，残联、防疫站，农科所、良种场，计 6 个办、14 个委、35 个局和 15 个直属单位，共 70 个单位。

1997 年，按照“精简、统一、效能”的机构改革原则，新增、合并和调整部分机构。组建市经济委员会、市国有资产管理局（由财政局管理的副科级机构）、市矿产资源管理局。市畜牧水产局并入市农业局（保留市畜牧水产局牌子）；市机构编制委员会办公室与市人事局合署办公；市政府侨务办公室与市政府办公室合署；市革命老根据地建设委员会办公室与扶贫领导小组办公室合署，更名为老区扶贫工作领导小组办公室；市经济技术协作办公室并入市计划委员会。市委台湾工作办公室对外挂市台湾事务办公室、市政府办公室加挂经济体制改革委员会牌子、广播电视局和市农业外资办改为市政府直属的科级事业单位、市信访局调整为归口市政府办公室管理的副科级机构、市旅游局改为旅游事业局、市二轻局改为二轻工业总会。其他机构保留不变。

2002 年，市政府进行新一轮机构改革，保留办公室，加挂经济体制改革委员会办公室、法制办公室牌子，计划委员会更名为发展计划局，物价委员会并入发展计划局，对外加挂物价局牌子，国防动员委员会经济动员办公室设在发展计划局；撤销经济委员会、财贸委员会，组建经济贸易局；撤销文化局、体育运动委员会，组建文化体育局；撤销土地管理局、矿产资源管理局，组建国土资源局；撤销国有资产管理局，其职能并入财政局；撤销水利电力局，组建水利局，将水电行政管理职能划入经济贸易局；撤销劳动局，组建劳动与社会保障局；撤销农业委员会；林业委员会更名为林业局；科学技术委员会更名为科学技术局；计划生育委员会更名为计划生育局；对外经济贸易委员会更名为对外贸易经济合作局；建设委员会更名为建设局，组建城乡规划局，与建设局合署；保留农业局，加挂畜牧水产局牌子，乡镇企业局并入农业局，对外挂牌；保留交通局，国防动员委员会交通战备办公室设在交通局；保留民政局，老龄工作委员会办公室、支援前线办公室设在民政局；保留公安局、监察局（与市纪委机关合署办公）、司法局、人事局、教育局、审计局、卫生局、环境保护局、统计局。保留粮食局，为正科级，由经济贸易局管理。撤销外事办公室、侨务办公室，组建外事侨务办公室，为正科级，由市政府办公室管理。设立安全生产监督管理局，并作为安全生产委员会的办事机构，为副科级，由经济贸易局管理。设立人民防空办公室，既是市政府人民防空工作的主管部门，又是国防动员委员会的常设办事机构。保留老区扶贫工作领导小组办公室。保留旅游局，为正科级事业局。机构调整后，市政府工作部门 24 个（监察局列入政府工作部门序列，不计入政府机构个数），部门管理机构 3 个，议事协调办事机构 2 个。2005 年，市发展计划局更名为市发展和改革局，市计划生育局更名为人口和计划生育局，不再保留挂在政府办的经济体制改革委员会办公室牌子；将农业局承担的乡镇企业管理的职能划入经济贸易局，并将挂在农业局的乡镇企业局改挂在经济贸易局。

至 2010 年底，市政府组成机构有市政府办公室、发展和改革局、经济贸易局、教育局、公安局、监察局、民政局、司法局、财政局、人事局、劳动和社会保障局、交通局、人口和计划生育局、卫生局、审计局、农业局、林业局、水利局、国土资源局、建设局、城乡规划局（与建设局合署）、科学技术局、文化体育局、环境保护局、统计局、对外贸易经济合作局、粮食局、外事侨务办公室、地方志编纂委员会、安全生产监督管理局、人民防空办公室、老区扶贫工作领导小组办公室。直属事业机构有经济研究中心、广播电视局、旅游局、教育督导室、档案局、供销合作社联合社、二轻工业总会、农业机械管理总站、农业科学研究所。

第三节　乡（镇）人民政府

1994 年，经国务院批准，建阳撤县建市（县级市），下辖 10 个镇、3 个乡、190 个自治村、14 个居委会及 3 个国有农场。13 个乡（镇）各设乡（镇）长 1 名，副乡（镇）长若干名。下设机构有办公室、经济联合委员会（负责领导农、工、商业等经济工作）、财政所、农技推广站、畜牧兽医站、农机站、水利管理站、广播站、文化站、电影放映队、卫生院等机构，另配计划生育、民政、司法等助理员和其他专兼职干部。市属机构派驻的机构有公安派出所、税务所、工商管理所、农业银行营业所、邮电所、粮站、供销社、林业站、学区等，部分乡（镇）还设立人民法庭等机构。2002 年 11 月，撤销潭城镇、童游镇，设立潭城街道、童游街道。2002 年，乡（镇）政府机构改革，根据乡镇规模，将原有办事机构整合设置为党政综合办公室、科技特派员工作站、乡村文化工作站、流通与信息工作站、生态保护工作站、计生服务所等。

至2010年底，全市共设立2个街道，8个镇、3个乡，辖194个村民委员会和22个居民委员会。各乡（镇）人民政府设乡（镇）长1名，副乡（镇）长若干名。下设工作机构有办公室、民政办、司法办、计生办、文化站、财政所、经济联合委员会、农机站、水利站、乡村建设站、经管站、农技站、畜牧兽医站等。市属机关派驻的机构有：公安派出所、国土资源所、林业站、卫生院、供销合作社、粮站、广播电视站、邮政所、信用合作社、中学、中心小学。部分乡（镇）还设有法庭、林业派出所、农业银行营业部、电信营业点等机构。

第二章　重要会议

第一节　市政府全体会议

1994 年，市政府全体会议由市人民政府全体成员组成，市长或市长委托常务副市长召集，一般每季度召开 1 次，或视工作需要，经市人民政府常务会议决定后召开。会议主要任务是贯彻上级重要指示、决定；决定和部署市政府的重要工作；按照法律法规规定需要由市政府全体会议决定的重大事项；通报市内外形势，协调各工作部门的工作；讨论其他需要市政府全体会议讨论的事项。根据工作需要，可召开扩大会议，请市直有关单位的负责人、乡（镇）长、街道办事处主任列席。会议的组织、记录工作由市政府办公室负责。至 2010 年，市政府全体会议的各项制度不变。

第二节　市政府常务会议

市政府常务会议作为市政府集体议事决策性会议，一般由市政府主要领导主持召开，原则上采取每月例会制，特殊情况需要临时加开的，由市政府主要领导决定并召集。会议的组织、记录工作由市政府办公室负责，并编印会议纪要。

1994 年，县政府召开 5 次常务会议，传达地区召开的反腐败工作、经济体制改革、五项温暖工程、旅游工作、扶贫工作、扶建工作、省及地财政工作等会议精神，总结通报政府第一季度工作，安排政府第二季度工作，研究全县房改资金使用管理实施办法等问题。

1995 年，市政府召开 5 次常务会议，研究确定推广使用散装水泥、工业用粮、公费医疗费出超、木材生产缓慢和经营管理、扶持粮食大县经济发展贷款项目安排、在童游农贸市场开设蔬菜批发市场、重新编制《建阳市政区图》、成立残疾人劳动服务站、扶持粮棉大县经济发展贷款项目安排、企业职工工伤保险、崇雒乡公路维修养护、第三水厂建设、水价和电价调整及实行丰枯电价、建立蔬菜保护区、冬储化肥和建阳造纸厂流动资金贷款、嘉禾大道征地、日化厂与标准件厂实施破产、残疾人就业安置、开征城市绿化费、旅游厕所和垃圾中转站建设以及 1996 年为民办实事项目等工作。

1996 年，市政府召开 3 次常务会议，研究确定《关于建阳市国民经济和社会发展“九五”计划和

2010年远景目标纲要报告》、下阶段各项工作的安排、依法治市实施方案、人大议案办理等工作。

1997年，市政府召开3次常务会议，研究确定当前工作、全市财政收入情况、建阳市城区居民最低生活保障费的暂行规定等工作。

1998年，市政府召开2次常务会议研究确定《建阳市城镇集资建房管理实施细则（试行）》《建阳市对出售后的公有住宅进入市场管理的暂行规定》、市政府规范性文件清理工作、出台建阳市农村居民最低生活费规定等工作。

1999—2001年，市政府召开2次常务会议，研究确定《建阳市人民政府规则》、城区国有土地招标拍卖、医疗保险扩面及企业退休人员社会管理、招商引资奖励、市乡财政体制微调、失业保险金收缴发放管理、中山广场项目税费减免、城区防洪堤建设、复退军人安置办法、建阳市矿产资源开发利用暂行规定、公费医疗包干超支款处理、人民路严管街建设等工作。

2002年，市政府召开2次常务会议，研究确定建阳市工业园区发展暂行规定、防洪堤建设和归口管理、加强殡改工作、福建省汽车工业集团建阳汽车半轴厂实行整体转让、徐市镇南槎村申报少数民族村、行政审批制度改革、清理2001年底以前市政府制定颁发的规范性文件、申报亚洲银行二期贷款、教育工作、《建阳市人民政府工作规则》、城区国有土地招标拍卖房改工作、医疗保险扩面及企业退休人员社会化管理问题、中山广场项目税费减免、城区防洪堤建设、教育工作、城镇复退军人安置办法、矿产资源开发利用暂行规定、公费医疗包干超支款处理问题、人民路严管街、农村税费等工作。

2003年，市政府召开2次常务会议，研究确定童游新区土地收储、五里樟至白茶坊和麻沙至蕉溪公路工程建设、新星集团租用北门绿地建设花园大酒店门前停车场、城市生活垃圾处理场建设、全市审批制度改革事项、《建阳市国家级生态示范区建设总体规划》《建阳市医疗废物处置实施方案》、师范附小经济适用房建设、政府公务用车保险实行统一承保、西街和童游农贸市场收益权转让、汽车改装厂改制、汽车半轴厂出售等有关工作。

2004—2008年，市政府召开4次常务会议，研究确定氟化工深加工项目建设、第二实验幼儿园教育用地划拨、市政府驻厦招商办房产购置、市社区办工作职能移交、林业工程公司改制、城市污水处理厂选址建设、林产工贸园建设、2006年事业单位人员招考、建阳市工程招投标管理暂行规定、建阳市河道采砂管理暂行规定、建阳市非煤矿山企业安全生产风险抵押金管理规定、城区防洪堤建设申请国债资金、市医药公司改制、国有企业未房改职工住房出售、行政审批项目审查、城市医疗救助、城镇复退军人安置、城镇居民最低生活保障、供销合作联社机构“三定”方案、农村户用沼气池建设、动物检疫费征管、城市生活污水处理项目、城市经济适用住房和城镇最低收入家庭廉租住房管理、困难乡镇转移支付补助标准、住房货币化补偿政策、市直单位福利奖金发放标准、确认麻沙镇毛店村为少数民族村、徐市镇唐科村为老区村、南林茶叶基地农工拆迁安置、建阳市慈善总会筹建、城市污水处理厂和城市生活垃圾焚烧发电厂建设、水资源费征收、农村卫生经费、乡镇土地收储挂牌收益分配、城市低收入困难家庭保障住房等工作。

2009年，市政府召开2次常务会议，对防空警报试鸣日、加强民兵完成多样化任务能力建设、2009年医药卫生体制改革实施方案、限制生产和使用实心黏土砖、住宅专项维修资金使用与监管、2009年廉租房专项补助资金使用、苗圃园林绿化苗木搬迁费补偿方案、出租汽车“面的”更新 “轿的”实施方案等问题进行研究。

2010年，市政府召开4次常务会议，对妇女儿童发展工作、徐斌同志见义勇为行为表彰、漳墩镇纳入“乡财县管”财政体制范围、小湖镇良种场改制为村民委员会、宁武高速公路沿线国有林地征地补偿分成、农村五保供养资金筹集、市环保局办公用房及店面房产处置、原建阳油脂化工厂“武夷”注册商标及机器设备转让、授予建阳市工商局“集体三等功”、加快建阳茶叶产业发展的实施意见、建阳橘柚地理标志产品保护管理暂行规定、建阳市城乡绿化一体化“四绿”工程实施方案、鼓励个体工商户转型升级为企业的实施意见、申报蔡氏大宗祠等四处涉台文物点为第六批市级文物保护单位、建阳晨星针织厂和无线电厂等企业改制、建阳市供电公司副董事长和监事人员调整、民主路改造工程强电下地项目、无力参保的县及以上集体所有制企业退休人员老年生活保障金发放、鹏宇佳苑房地产项目地下配电房迁移改造、许强等四人见义勇为行为表彰、市环保局办公用房及店面定向转让、提高城市居民最低生活保障线、增加城镇职工医保配套基金预算、新农保试点市级财政资金拨付、商品住宅首次专项维修资金缴存标准及管理办法、建阳市专利奖励办法、推行药品零差率制度、70周岁以上老年人免费乘坐公交车、调整建阳市征收土地使用税土地等级划分标准、建阳市国有资产监管工作方案、新农村建设及灾后重建建设用地耕地占用税减免等有关问题进行研究。

第三节　市长办公会议

市长办公会议根据工作需要不定期召开。主要是通报情况和研究市人民政府日常工作中的重要问题。会议的组织、记录工作由市政府办公室负责，并编印会议纪要。

1994年，市长办公会议专题研究的议题有：金鹿集团项目用地、桥南小学、县影剧院项目建设方案、清理纠纷3项、童游大道征地、撤县建市报批、市容整顿、调整电价、建设林业开发区、公费医疗改革意见、县越剧团编制改革、城区招生、社会商品零售额统计、计生流动人口站编制、《建阳房改资金使用管理暂行办法》、粮食市场管理、蔬菜基地建设与管理、创汇中心贷款、部门乡镇征收采伐管理费、教育附加费征收、开征城镇人口增容费、配备防火专职人员、雷公口水库电站建设、提高厂长（经理）工资待遇、义乌小商品城优惠政策、预算外资金管理、食品公司网点建设等工作。

1995—1997年，市长办公会议专题研究的议题有：整治建阳城区沿河两边弃土、垃圾、修整崇将公路铺设沥青路面、交通、国税、医药公司大楼等工程建设的有关扶持政策、室内装饰行业管理等工作。

1998年，市长办公会议研究议题有：出台建阳市水利建设基金筹集和使用管理实施意见、饮食住宿等服务行业排污费征收管理暂行规定、建立麻阳溪、崇阳溪及南浦溪建阳河段水产增养殖保护区、溪河人工增养殖开发管理规定、对口支援四川省万县市天城区高粱镇、市投资企业公司和鹭阳公司改革、市立医院病房综合大楼建设、童游镇政府原址与新区开发处建设童游镇政府综合楼事、住房制度改革等工作。

1999—2000年，市长办公会议专题研究的内容：市财政工作、医疗保险、统计工作、国有粮食企业体制改革减员方案等工作。

2001年，市长办公会议专题研究农村税费改革、行政事业单位参加医保市财政承担费用办法、离休人员公费医疗管理办法、新星集团管理、加快塔下工业园建设、进一步规范市政府市长办公会议制度、市本级行政和事业单位实行会计集中核算制度、城市防洪工程建设、种子公司种子经营许可证办理、农业行政执法大队机构设置、乡镇卫生院补助经费归市卫生局统一管理和新星集团企业重组等工作。

2002—2004年，市长办公会议专题研究的内容：新一届市政府领导工作分工和加强班子建设、当年为民办实事项目、加强当前森林防火、城镇职工基本医疗保险工作、经济技术开发公司改制、部分国有采育场改革、华厦综合楼的产权处置、亚行贷款项目建设的立项申请、农村供水工程建设配套资金补助、村级农民技术员选聘、教育系统工作人员参加机关社保、新学年中小学教师聘用及进城招考方案、市林业建筑工程公司改制、机关事业单位工作人员差旅费标准调整、干部工资政策、市经济技术开发公司改制等、省级以上退休劳动模范医疗补助、市林业建筑工程公司改制、实施城乡居民最低生活保障制度、开展新型农村合作医疗保险试点工作、政府公房产权出让、市行政事业单位住房分配货币化实施意见、环保部门实行收支2条线管理后经费安排和高中阶段教育收费统筹比例调整等工作。

2005—2006年，市长办公会议专题研究市妇幼保健院、市检察院、南平农校楼房建设、水电开发建设管理职能调整、提高农村独生子女及二女节育家庭最低生活保障标准、设立经贸系统企业改制遗留问题处置办事处、城市污水处理收费听证等、《建阳市人民政府工作规则》、审查市规范性文件及其他政策措施清理工作意见、筹建市林业综合办公楼及上收乡镇林业站、城镇土地级别和基准地价调整、建立工业发展基金、加强市属企业国有产权转让及交易管理、落实2006年南平市委、市政府为民办实事项目、滕文泉见义勇为行为、农村沼气建设、加强殡葬改革、市新型农村合作医疗管理中心、免费婚前医学检查、城市房地产开发项目土地使用权登记发证、潭城、童游街道办事处社区工作人员医疗保险和社会养老保险、选派部分农村中学教师到武夷文化武术学校任教、停止高中教育收费统筹、提高乡镇（街道）水利工作站事业编制全民合同工工资定额补助标准、确认重点工业项目、提高住房公积金财政配套比例、城市社区工作、加强村级卫生队伍建设和管理、确认曾贵兴和曾贵富兄弟见义勇为行为、兑现行政事业单位住房分配货币化、经济适用房建设管理、清理建筑领域工程款拖欠及市国土资源管理体制改革等工作。

2007—2010 年，市长办公会议研究主要议题有确定调整建阳市新型农村合作医疗有关政策、统筹城乡教育发展、当年农村教师招聘和选调部分农村教师进城区学校任教及 2008 年度优秀教师、优秀教育工作者表彰、黄辉等 3 人见义勇为行为表彰、省“双高普九”校舍危房改造专项复查迎检、兽医管理体制改革、新增市级储备粮油规模、城区排涝站工程建设、城市生活污水垃圾处理费征收、建阳市绿鑫林场林木资产转让、建阳亚亨蓄电池有限公司及贯天际实业有限公司企业厂房房产证办理、新型农村合作医疗、城镇职工医保和居民医保部分政策调整和毛巾厂企业改制等工作。

第四节　市政府专题会议

市政府专题会议由市长或副市长按照工作分工，视工作需要，召集有关部门研究、协调，处理具体业务工作。会议的组织、记录工作由市政府办公室负责，并编印会议纪要。

1994 年，会议就民用合成燃料厂搬迁、县招待所宾馆工程建设、管理体制接待范围、邮电收费、民用合成燃料厂搬迁补偿、农业综合开发、县电力调度大楼、广播电视中心和中医院规划定点、村（居）委会换届选举工作、“五项温暖工程”建阳县通信建设、落实厂长（经理）岗位标准工资及年终一次性奖励实施办法、加快老区书坊乡道路建设、水吉 2 所中学合并、乡镇用电计划及征收“雷公口水库电站建设基金”、土地出让金征收管理、麻阳溪水质和城区自来水供应、义乌中国小商品城闽北交易中心市场开业和管理、国有资产评估登记工作、童游新区 35 米斜通道和城关供销社地段自拆自建等问题进行研究。

1995 年，会议就新建桥南农贸市场、市皮革厂油库迁建恢复、宋慈路开发建设、国家福（杭）贵成光缆通信建阳段工程建设、水西桥头拆迁安置、吉阳路建设资金及两侧开发、童游农贸市场综合大楼、童游新区排水方案、宋慈路城关供销路段建设、拓宽中山路及南侧旧城改造、加快园丁工程建设、医药市场整顿、教育“四费”征收、加强主要食品副食品价格监控管理、加快宋慈路旧城改造建设步伐、北门蔬菜基地水沟油污染、设立闽北产品大世界常年展销和落实电价改革等问题进行研究。

1996 年，会议就“春供”、城区居民生活用气紧张、进一步扶持个体私营经济发展、百货公司、新华书店综合大楼建设、深化供销合作社改革工作、发展玉米生产、林业经济工作、公路“先行工程”一期工程建设、205 国道建设征用建阳监狱部分土地、上水南路拓宽改造南平市公安干校拆迁、加强童游片区环境整治、防洪工程修建费征收、新建小湖卫生院综合楼、音像市场管理工作、三峡公告称库区移民对口支援工作、新建专用肥厂、嘉禾大厦转让、市立医院病号综合大楼建造、建阳城市规划方案和北门江滨大道征地及建设等工作进行研究。

1997 年，会议就供销社童游供销大厦建设、全市企业解困工作、市鑫穗磷肥有限公司生产用电价格、建设崇将公路、开采书坊乡石墨矿项目、粮食、医药大楼工程建设、市直医疗单位药品经营管理、童游卫生院拆迁遗留问题、雷公口水库电站输电线路架设、“福建省中尺度灾害性天气预警系统建阳支中心”建设、整修莒华公路、福建建阳日潭娱乐中心建设项目、粮食站台库工程建设、加强城市堤防工程江滨大道建设、市物资局机构改革、北门农副产品批发市场至狮子山路段公路修建改造、厦门开元区闽北加工区“三县市”河间二号厂房续建工程、城区 7 个重点工程建设、竹柴炭公司综合大楼工程建设、市农业局机构改革、天津市橡塑机械联合有限公司兼并建阳市橡胶机械厂和农业局外墩作业区（位于麻沙镇）水坝修复、房改衔接工作等问题进行研究。

1998年，会议就房改补交款管理、火车站粮食储备库线路架设、建阳市水环境功能区划分方案、市宾馆1号楼、政府西侧办公楼拆迁改建问题、协调松脂生产问题、安全生产工作、朱子文化旅游节活动筹备工作、设立“下岗职工再就业一条街”、全国山区开发示范县建设、教师工资足额及时发放问题、山区综合开发项目申报、确保西向客运畅通、南武路沿线发展莲子生产、市食品公司定点屠宰代征税款、建阳市区域内“120”急救电话及卫生资源合理规划、童游新区铁路专用线货站通道征地、水产增养殖场保护区、再就业工作、清理整顿液化气市场、服装城公共通道经过王子江住宅、恢复灾后水利水电工作、扶持受灾种粮大户恢复生产、协调市鑫穗磷肥有限公司生产用电价格、1998年师范类大中专毕业生就业工作、铁路专用线货站通道建设、成立新星（集团）有限公司、小城镇户籍改革试点工作、童游防洪堤工程建设、归还世界银行贷款红壤一期项目欠款、宝山市场等旧城改造建设项目、童游卫生院搬迁、北门新增市场扶持政策专题、农村课本教材经营、房改售房款和集资补交款使用、林委外墩采育场企业改革等问题进行研究。

1999年，会议就建筑地材砂石料税收征管、个人建房税收征管、林委下属采购站改革、红壤一期项目还贷、化肥流通改革、征收就业调节费、公费医疗制度改革过渡期间建阳市公费医疗管理、麻黄公路三期工程建设、麻沙至书坊油路建设、建阳市工业优惠政策、做好福利彩票发行销售工作、乡（镇）、村消赤减债、莒华公路养护、建阳市粮食流通体制改革、购有住房和经济适用房住房上市出售、工商行政管理体制改革、创卫工作、建阳市杉松木特产税计征、南武路改造工程、农村电价整顿工作、机关幼儿园拆迁工程、石油液化气市场管理、宋慈路道路建设、市立医院、市中医院编制和童游前进支路改造工程等问题进行研究。

2000—2002年，会议就明珠纸业有限公司污染补偿、市担保中心及国有改制企业留守机构、市城防工程与农业综合开发工程建设所需石料供应问题、南入城口路灯及宝塔山夜景工程、市总工会童游农产品批发市场二楼百货城、“南武路”建阳段沿线一重山及沿河两岸绿化工作、潭城镇西市街社区服务中心综合大楼建设、工业园区规划设计、长富公司在建阳市兴办奶牛场、小（二）型水库除险加固、当前房改工作中存在问题、建立建阳市建材交易市场、外屯至中布公路工程遗留问题、化工总厂合资经营、市卫生进修学校搬迁、土地出让金入库问题、北门旧市场拆迁工作、市法院置换新建办公大楼、市场服务中心移交、机关事业和农村社会保险机构移交、生猪定点屠宰工作、市政建设和部分企业土地、房产过户、完善大工业管理体系、建阳市林政管理有关工作、书坊至新溪交通战备公路、童游卫生院宿舍拆迁、进一步清理整顿农村合作基金会、北门粮油批发市场交易综合大楼建设、液化气总站土地规划、商品粮基地建设、组建塔山工业园区开发（有限）公司、强市场周边自产自销市场管理、人民路严管街建设、中山路步行街改造项目、二中门口防洪堤工程建设、部分国有改制企业银行债务、研究乡镇电站担保责任履行问题、整修新岭至张元公路、城市路灯建设维护、城区防洪工程建设、加强森林资源保护、转让南平市中级人民法院建阳旧址和创建“严管街”经费投入等问题进行研究。

2003年，会议就城区客运停车点监管、农村以电代燃料项目实施工作、当前全市防治非典型肺炎、朝阳路部分地段改造项目、消防大队服务受理大厅综合楼改建、莒口镇茶垆至华家山路段公路维护、将口新建电站开发、重历、陈地老区村通讯工程建设、市政府小礼堂改造工程、中山路二期工程地段土地收储、童游街道营前社区服务中心综合大楼建设、建阳市省级农业综合开发项目建设、保康、康信零售药店医保定点、西桥新村农贸超市建设、麻沙至蕉溪公路工程电杆迁移与林地征用、入闽通道兴田—震前公路水东大桥至白茶布段路基设计标高问题、医疗废物处置、武夷酒业公司土地、房产过户和园区部分土地归属、乡镇中小学生周末返家往校乘车安全、市科技大楼、科技馆产权分配和上水南防洪堤地块出让等有关问题进行研究。

2004年，会议就中山路的原电影院地段土地收储、工业平台建设、河道采砂专项整治工作、全市生猪定点屠宰收费、“治理餐桌污染”工作、蓄电池企业职业病危害防治工作、电力走廊清理、回龙35千伏变电站建设、水电资源有偿出让和小水电电量上网、国有林业企业改制工作、加快城市开发建设、塔山工业平台回瑶段、加快全市中小学危房改造工作、白茶坾工业平台、自来水管道及排水设施建设、西门小学北面登高山护坡重建、办好2004年尼日利亚地毯技术国际培训班、碧全等企业土地、房产过户、加强市政基础设施建设迎接省“畅通工程”及全省精神文明城市评比检查、解决建设领域拖欠工程款、加强农村学生周末乘车安全工作、新办工业项目上缴税收市、乡（镇、街道）分税、企业退休人员社会化管理、下岗失业人员小额贷款、浦南高速公路（建阳段）动工建设前期工作、建阳市电力公司体制改革、建阳二中校门和南平二院门诊暨急救中心大楼建设、已建水电开发项目电量上网、白塔山旅游风景区开发、兴田至震前交战公路水东段建设拆迁户安置遗留问题、麻阳溪流域水资源开发利用、城市（中心镇）消防规划编制评审、黄坑镇农村电网实行“两改一同价”等问题进行研究。

2005年，会议就万隆药业公司职工医疗保险、解决兴田至震前交战公路水东段建设拆迁户安置遗留问题、西门小学北面登高山地质灾害治理工作、天嘉广场房地产权属登记办证、防范重特大安全事故、市公安交警大队拟建驾驶员考训场、童游新区嘉禾大道南段南平市农校土地置换工作、项目开发、建阳夏利达酒业有限公司偿还建阳工商银行债务、拍卖出让原福建压缩机总厂厂区土地、经济适用房建设有关遗留问题、莒口35千伏变电站建设、低微碳铬铁合金项目供电问题兴田至宸前交战公路水东段建设拆迁户安置遗留问题、水东桥头两端交通灯控指挥系统设置“新纪名城”开发建设中有关地质灾害防治问题、组建建阳供电公司、研究绝缘材料厂职工医疗保险、市皮革厂危房紧急处置紧急避险、加强水利资源开发管理、清理建设领域工程款拖欠问题、浦南高速公路建阳段征地拆迁建设、木竹加工产业发展工作、长风压缩机有限公司融资、加强闽江流域水环境保护、化工厂职工宿舍楼灾后重建问题、汇思人力资源有限公司在建阳办学、收储童游新区回拨地、矿业权出让价款征收使用管理、市妇幼保健院新建设门诊综合楼、浦南高速公路建阳段征迁补偿费用管理与拨付、长风压缩机公司搬迁、乡镇干部工资国库统一发放工作、公交站点建设、烤烟生产信贷工作和全市蓄电池产业职业病防治等问题进行研究。

2006年，会议就城区公交线路延伸至回瑶、将口、塔山工业园区路灯建设维护、博物馆综合楼建设、抗震救灾应急工作、青松化工有限公司土地收储、加强和完善全市小水电开发管理、调整城市基础设施配套费征收标准、工业平台土地出让、“110”社会联动、预防道路交通事故、治理非法买卖土地及违章建设、林区公路养护管理体制改革、城区街路巷地名标志设置工作、胜德狮子山庄地质灾害治理、整治违法排污企业、省道富下线武夷山至邵武公路路面改造工程建阳段沿线乡镇筹资建设、回龙乡高门、白洋、半天霄村通讯和有线电视联网工程建设、胜德文化城违章建设问题研究处理、加强银铅锌生产企业监管工作、富下线武夷山至邵武公路建阳段及水麻线建阳城关至江坊路口路面改造工程建设、黄花山新建路地质灾害治理有关问题、城市新水源规划建设、闽北职业技术学院护坡整改、加快乡镇垃圾处理场建设、童游街道办事处井头垅及水井窠长期暂住人员落户、灾后食品卫生安全、原蓄电池厂非破产财产划拨、全市城镇职工基本医疗保险、驻军部队道路保障、南武路建阳段绿化工程等问题进行研究。

2007年，会议就新型农村合作医疗工作运行情况、确定建阳市新一批“飞地企业”及相关政策、加强市牲畜定点屠宰管理工作、市初级水利化县达标验收、小湖镇鸿湖电站上网供电问题、查处无证无照经营、市农产品加工业治乱减负、加强“12315”消费维权工作、创建诚信一条街、下岗失业人员小额担保贷款、我市交战路拆迁户安置、竹木加工企业税费征收、创建平安畅通县区、外贸服装企业出口退税、委托代征原木税款、“十一五” 国防公路建设项目前期工作、组建建阳市城市建设投资有限公司、乡村防洪排涝工程建设、增加计生卫技人员和工作经费、经济适用房建设和城区防洪排涝工程建设城市路网改造项目等问题进行研究。

2008年，会议就加强免费婚前医学检查、市医药公司企业改制、驻外招商工作、潭城街道办事处城关旅社地块旧城改造、防范重特大安全事故、建阳看守所及武警中队搬迁、整顿全市农村客运市场、加快农村中小学危房改造、LED夜景工程电费支出、城市生活污水处理厂项目建设、经营性房地产开发项目管理、西入城口地块挂牌出让、全市农村公路建设、加强节能工作、橘柚标准化示范区建设工作开展超标准助力车电动三轮车专项整治工作、城区道路交通护栏建设及广告经营有关问题、朱熹大道改造工程和农村一户一宅及拆迁户建房对象补办房地产手续等有关问题进行研究。

2009 年，会议就春运工作、将塔山大桥、五里樟大桥移交南平市公路局建阳分局管理、打击违法添加非食用物质和滥用食品添加剂整治工作、防范重特大安全事故、省道富下线建阳段及县道水麻线建阳至江坊段公路改建工程筹资工作、延长回瑶岩石塘口开采时间、减轻企业负担、北门江滨快速通道等城建重点项目建设、市立医院病房大楼筹建工作、胜德文化城工程项目、取缔莒口金矿区内非法采矿、潭山公园扩建、建阳杨梅、芥菜市级标准化示范区建设工作、整顿和规范我市农村客运市场、清理整治城市规划区内非法用地和违法建设、环城公路一期工程项目建设、毛巾厂、瓷厂等 5 个企业改制、市医疗保险经办机构整合、重点流域水环境综合整治、国有资产变现收入统筹使用、重点工业企业污水处理费缴交、蓄电池企业职业病防治、城市建设项目用款计划、饮用水水源保护区综合整治、将口水自动监测站房建设、乡村防洪排涝工程建设、重金属污染企业整治工作、黄坑镇“朱子林”文化旅游项目建设、全市关闭破产企业退休人员和困难企业职工参加城镇职工基本医疗保险等问题进行研究。

2010 年，会议就和泉生物科技有限公司新厂区选址及拟征地、廉租房保障工作、2009 年度小型农田水利重点县项目建设、城市路灯建设、防范重特大安全事故工作、建阳市建筑设计院体制改革、农村改厕工作、建阳市职教中心人防工程建设、新百姓超市出租经营专柜、建立预防与整治违法违规建设联动工作机制、市区夜景工程、蓄电池企业职业病防治、廉租房建设与住房保障工作、全市医改后关闭破产企业退休人员和困难企业职工参加医保问题、“印象·考亭”道路拓宽等前期工程建设、潭山公园迁坟、中小学生乘车安全、三合一场所消防安全整治、体育场暨青少年校外体育活动中心建设、人民路民主路道路改造工程、人民路拓宽改造、海西林产工贸城土方工程招投标、各乡镇（街道）飞地企业税收分成、麻沙集镇广场、崇阳南路炮台山至白茶垆入城口路灯建设、加强河道采砂监管工作、校园及周边安全工作、残疾人就业保障金征收、新型农村社会养老保险试点、麻阳溪休闲步道建设、浦南高速建阳新村互通口绿化用地征迁工作、闽北卫校新校区征迁扫尾与道路用地征迁、工业用地挂牌和土地收储、被征地农民参加企业职工基本养老保险政府补助资金管理、京福高速铁路（建阳段）建设开办临时采石场、民主路道路改造工程、芹口村灾后重建点公共配套设施建设、省道 303 线五里樟桥头至转水部公路改建工程、城市亮化工程、融资平台贷款清查整改和闽北卫校新校区一期工程建设等工作进行专题研究。1994—2010 年，累计召开市政府专题会议 495 次。

第三章　施政纪略

第一节　第十一届人民政府

1994—1998 年，建阳市第十一届人民政府以撤县建市为契机，实施新一轮创业，坚持以经济建设为中心，从建阳实际出发，不失时机地推进各方面的改革，解决或缓解经济和社会发展中一些深层次问题和矛盾，注重改革力度、发展速度和社会承受能力的协调统一，实现稳中求进；按市场经济规律办事，顺应市场需求，合理配置资源，挖掘自身优势和潜力，国民经济保持较快发展；坚持在集中力量进行经济建设的同时，加强精神文明建设，物质文明和精神文明、经济建设和民主法制、改革开放，和打击犯罪、惩治腐败齐头并进，取得经济和社会的协调、健康、快速发展；改善经济发展环境，树立服务意识，提高人民生活水平。

发展国民经济　完成“八五”计划，经济运行实现稳中有进，1998 年，全市国内生产总值达 15.65 亿元（1990 年不变价，下同），比 1993 年增长 83%，年均递增 12.85%；全市财政收入完成 1.45 亿元，比 1993 年增长 133.42%，年均递增 18.48%；全社会固定资产投资总额达 2.70 亿元，比 1993 年增长 276.62%，年均递增 30.37%。1994—1998 年五年累计完成 10.68 亿元，相当于 1979—1998 年 20 年总额的 70%。

调整产业结构 探索以农业产业化为重点的现代农业发展路子，深化农村各项改革，实施科教兴农和可持续发展战略，发挥当地资源优势，发展创汇创税农业，初步形成农林牧副渔全面发展，二、三产业齐头并进的发展格局。1998 年，全市农业总产值实现 8.64 亿元，比 1993 年增长 66.15%，年均递增 10.69%。粮食生产连续 4 年超历史，1998 年，虽遭百年不遇的特大洪灾，粮食总产量仍达 23.65 万吨；山地资源得到开发利用，5 年累计造林更新 1.01 万公顷；农业内部产业结构得到较大调整，农业 6 大主导产业壮大且逐步形成一定的发展规模。以乡镇企业为主的二、三产业在农村经济结构中的比重不断提高。乡镇企业开展多渠道、多形式的招商引资，引进并新上 1 批项目，增强乡镇企业总量规模和发展后劲，1998 年，乡镇企业成为全市新的经济增长点，总产值完成 20.32 亿元，比 1993 年增长 125.30%，年均递增 17.64%。

深化工业改革 市政府围绕“两个转变”，探索以建立社会主义市场经济体制为目标的现代企业发展路子，办好企业改革、改造、改组和企业管理，逐步提高企业效益。1998 年，全市工业总产值完成 18.85 亿元，比 1993 年增长 103.85%，年均递增 15.31%。特别是 1996 年起，国有企业以产权制度改革为突破口，进行大改革。全市 26 家国有、集体企业进行较为规范的股份合作制改革，全市改制企业职工入股数为 4359 人，募股金额超过 2000 万元。实施兼并、股份制、引资嫁接改造、拍卖等其他改革形式，先后对香料厂、标准件厂、茶厂实施破产。至 1998 年，改制企业经转换经营机制，初步显示优势和活力。开展各项增收节支活动和“管理效益年”活动，建立健全管理制度，精减压缩管理人员，减少开支，提高企业管理质量和生产效益。加大技改投入，调整产品结构，积极抢占市场，逐步走上内涵扩大再生产的路子，5 年间全市累计完成工业技改投入 2.96 亿元，实现总量、效益的同步增长，酒业、味精、胶合板等一批重点骨干企业和特色拳头产品取得快速发展。推进国有企业下岗职工再就业工程，至 1998 年底，社会、企业共分流安置下岗职工 2807 人，安置率 69%。

扩大对外开放 市政府以外引内联、山海协作为重点，开展“外商投资企业年”活动，加大招商引资力度，多渠道、多形式地组织参加各类、各地的招商和洽谈活动，1994—1998 年，全市累计合同利用外资 7885 万美元。实际到资 5398 万美元，利用市外资金 3.85 亿元，分别比 1993 年增长 15.90 和 20.90 倍，初步形成全方位、多层次、宽领域的开放格局。外贸出口克服东南亚金融风波和市场波动等各种不利因素的影响，开拓国内外市场，增强市场竞争能力，扩大外贸出口总量，1998 年，全市全社会出口供货总值完成 4.03 亿元，比 1993 年增长 3.48 倍，年均递增 34.96%，超过同期国内生产总值增幅；其中，工贸出口完成 3.73 亿元，比 1993 年增长 22 倍。

突出城市建设 城市建设坚持基础设施先行，做到整体规划，分步实施，逐步完善，全面推进。建筑行业从原有纯投资型向投资与资本经营型转变，成为全市一大经济支柱产业和新经济增长点，实现城市建设与经济发展同步推进的态势。5 年间共投资 1400 万元兴建日供水 3 万吨的自来水厂，改善市区饮用水水质；投资 1.26 亿元改造 205 国道、南武路和水杉线，总长 100 千米；配合省和南平市完成横南铁路建阳段建设；拓宽改造民主路、上水南路、吉阳路、宋慈路和嘉禾大道，新增公共绿地 4.20 万平方米，建成南北入城口及民主路绿地，绿化覆盖率由 1993 年的 29.70% 提高到 1998 年的 34%，人均公共绿地 7.10 平方米；开通 5 条市区公交线路，新建 6 个公交停靠站，新建 2 个垃圾中转站和 1 批公厕，方便群众生活；旧城改造 5 年累计拆迁总面积 25 万平方米，新建居民住宅 45 万平方米，新建安居房 232 套，改善城区居民居住条件和生活环境。相继建成 1 批形象工程，如市立医院病房综合大楼、室内体育馆、宏利商场、新华书店、图书馆、粮食大厦、医药大厦、中行大厦等。建成装机容量 1.20 万千瓦的雷公口水库电站和 2.20 千米长的北门防洪堤路及朱熹大道。围绕农村奔小康加快村镇建设，完成回龙至漳墩、将口至崇雒、长坪至黄坑、莒口至茶埇、徐墩至小湖、震前至大阐 6 条通乡公路柏油路面建设。加快造福工程、小康工程建设进程，共有7000户农户建新房，4000户农户建沼气池，较大改善农村群众的生活环境。

繁荣城乡市场　市政府以增加财政收入为核心，的全面推进内贸改革，先后完成国、地税分设和市、乡两级财政分税制。加强商业网点建设，逐步完善流通网络，先后建成建阳义乌中国小商品城、闽北农副产品交易批发市场、水果批发市场、粮食批发市场和南平市最大的畜禽屠宰场、设施最先进的百货宏利商场等。建立“商品流通信息中心”，充实各级流通队伍，保证市场有效供给，繁荣活跃城乡经济。1998年，全社会消费品零售总额达7.56亿元，比1993年增长1.63倍，年均递增21.37%，商品零售价格指数99%，实现控价目标；个私经济较快发展，至1998年末，全市个体工商户8663户，私营企业254家，1998年实现税收2790万元，分别比1993年增长37.57%、2.57倍和3.67倍。精心组织扶贫攻坚奔小康战役，人民生活水平稳步提高，1998年，城镇居民人均可支配收入5420元，比1993年增长1.28倍，年均递增18%；农民人均纯收入2728元，比1993年增长1.42倍，年均递增19%；人均居住面积，城镇增加到8.60平方米，农村增加到20.10平方米；农村1007户特困户摆脱贫困，11个乡镇和全市85%的农户迈进小康。全市范围内建立城市、农村居民最低生活保障制度，保证低收入居民、困难职工和特困家庭的基本生活。

推进社会事业进步　市政府坚持实施科技兴市战略，科技工作面向经济建设主战场。做好科技成果转化与推广应用，加强科技示范体系建设，5年间共推广科技成果162项，开发新产品145项，获各级科技进步奖70项。逐步落实优先发展教育的战略决策，顺利通过1996年的省“两基”验收和1997年、1998年的2次跟踪检查，巩固和提高“两基”成果，改善办学条件，提高办学质量，5年共新增学校教学用房7.42万平方米。加强医疗保健和基础设施建设，改善医疗卫生条件，11个乡镇完成业务用房、专业设备、技术人员的卫生“三配套”建设。1996年，市防疫站达省“县（市）级一等防疫站”标准。1997年，市立医院顺利通过“二甲”医院评审、计划生育经过省级考核验收进入全省先进县市行列。。1998年，卫生初保获“全国先进县（市）”称号。计划生育坚持“三不变”（计划生育基本国策不会变、党政一把手总责制度不变、既定的人口控制目标不变），落实“三为主”（宣传教育为主、避孕为主、经常性工作为主），计划生育率达97%，比1993年提高5.86%；文化工作获评省级先进县（市）。五年间先后举办2届“全民健身节”。广播电视完成城乡有线电视微波大联网，广播电视覆盖率分别提高到85%和90%以上。坚持可持续发展战略，加强城市环境、闽江流域水环境综合整治和土地执法工作，加快生态示范区建设，环境质量和土地利用率逐年提高。以加强市民思想建设为核心，以创建文明城市为目标，组织实施精神文明建设规划，开展爱国主义教育、职业道德、社会公德、家庭美德为主要内容的思想道德教育和以文明城市、文明行业、安全片区、文明村镇为主要内容的创建、共建活动，先后获省委、省政府授予创建文明城市竞赛活动“优胜城市”和“一级达标城市”称号。

民主法制建设　市政府坚持依法治市，加强执法检查与监督，推行行政执法责任制试点和错案、执法过错责任追究制工作，做到依法行政；开展“三五”普法教育，加大法制宣传力度。维护稳定，及时化解和消除影响稳定的各种因素。强化社会治安综合治理，开展“严打”斗争和专项治理，防范和打击各种刑事犯罪和经济犯罪活动，5年间共查破摧毁违法犯罪团伙222个，破获刑事案件1833起；查处治安案件2061起；立案侦查经济犯罪案件1403件。及时分析掌握社会动态和群众心态，提高信访工作质量，改进信访工作方式，将问题解决在萌芽状态，避免矛盾激化；安全生产、宗教、勘界等项工作的展开；民兵、预备役工作成绩显著，市人武部连续5年获省、南平市全面建设先进单位称号。

推进政府机构改革　推行国家公务员制度工作，逐步转变政府职能，初步建立国家公务员制度。以“内增素质、外树形象”为主题，开展评选“文明机关、文明行业、人民满意的公务员”“好公仆”等一系列加强行风建设的活动；加强勤政廉政建设，纠正行业不正之风、减轻农民和企业负担。开展反腐倡廉活动，清理公款安装移动和住宅电话，加强对预算外资金的管理，依法查办一批大案要案，惩处一批腐败分子。加强同人大代表、政协委员的联系，广泛听取各方面的意见，自觉接受人大的法律监督和政协的民主监督，坚持定期向人大常委会报告工作制度，重视工青妇的桥梁纽带作用，认真办理人大代表建议（议案）和政协提案，配合做好人民代表、政协委员对政府工作的视察和评议工作，保证政府工作始终置身于党的领导和人大、政协及广大群众的监督之下。

第二节 第十二届人民政府

1998—2003年，建阳市第十二届人民政府以加快发展为第一要务，以创业竞赛为动力，以奋发有为的精神状态和求真务实的工作作风，解放思想，抢抓机遇，拼搏进取，开拓创新，推动国民经济和各项社会事业的持续、快速、健康发展。

发展国民经济 5年间，建阳市全面提高县域经济竞争力、效益、收入等3大指标，2003年，全市国内生产总值29.40亿元，比1998年增长43.40%，年均增幅7.50%；三大产业增加值分别比1998年增长12.70%、102.10%和43.30%，其结构由1998年40.80:22.30:36.90调整为32.60:30.50:36.90；全市财政总收入1.48亿元，其中，地方级财政收入8771万元；城镇居民人均可支配收入7032元，比1998年增长37.70%，年均增幅6.60%；农民人均纯收入3276元，比1998年增长24.80%，年均增幅4.50%。全市农林牧渔业总产值14.60亿元，比1998年增长16.70%，年均增幅3.10%；全社会工业总产值21.50亿元，比1998年增长75.10%，年均增幅11.80%；其中，规模以上工业产值12亿元，比1998年增长172%，年均增幅22.20%；全年旅游接待总人数增长25.50%，旅游总收入增长21.60%，直接创汇增长率165%，分别比1998年翻两番。全社会固定资产投资11亿元，比1998年增长186.60%，年均增幅23.40%；合同利用外资2803万美元，比增30.70%；实际利用外资2523万美元，比1998年增长560%，年均增幅45.90%；外贸出口1500万美元；山海协作实际利用市外资金3.20亿元，近2年平均增幅151%；全社会消费品零售总额9.50亿元，比1998年增长49.20%，年均增幅8.30%。5年间，全市得到上级财政支农支出补助7511万元。返拨土地出让金3240万元，支持工业商贸国有企业改制和城市公益项目建设。解决铁路股票200万元的回收，偿还红壤还贷和卫生世行还贷633万元。偿还清理基金国债借款1049万元，归还先行工程贷款本息和工程欠款2924万元。落实农业税、契税减免，减免农业税累计1306万元。得到省上转移支付补助累计5901万元，上级财政各种专项经费补助1.37亿元。2002年，获“福建经济发展十佳县市”称号。

落实工业立市战略 市政府集中精力国企改革和项目开发，探索出以嫁接改造和招商引资并举的工业发展新路。5年间，完成全市43家原国有企业改革任务，改制面超过95%，三爱药业、明珠纸业等1大批改造后的企业，不仅完成脱困目标，且生产规模和技术含量均得到扩张。规模以上工业企业连续2年实现增幅超30%以上，位居南平市前列，全市年产值上千万元的企业22家，实缴税金超百万元的企业14家，基本形成以武夷味精、三爱药业、丽阳人造板等企业为主导的食品加工、制药、蓄电池、竹木加工、机械制造5大产业簇群。率先在南平市兴建市级工业平台，塔山、白茶坋和童游蝙蝠山3大工业小区初显规模，基本建成塔山工业平台一期工程和构筑起南武线环保、科技型工业走廊的雏形。日武沿线工业投资开发筑起南武线环保、科技型工业走廊的雏形，带动了调整农业结构，活跃农村经济。全市新建高优农业示范基地160片，面积3666.67公顷，优质稻比重增加到82.50%。发展茶叶、竹业、果业、畜牧业等重点产业及特色农产品基地，计建阳橘柚466.67公顷、葡萄279.87公顷、锥栗7333.33公顷、药材1933.33公顷、毛竹高产示范基地3333.33公顷、奶牛4282头、肉羊2万只，禽蛋、水果常年产量分别为1.50万吨和5.20万吨；形成1000万袋食用菌、1万公顷大田蔬菜、733.33公顷烤烟、268公顷黄花菜、63万只后备母鸭、200公顷土池养鳗种养殖规模。引进长富集团创办3个奶牛场，新上隆圣食品、永龙食品等1批农产品加工龙头企业，发展水吉锻压件厂、麻沙亚亨蓄电池等1批骨干乡镇企业，2003年，乡镇企业实现产值20.70亿元。

促进项目开发 市政府坚持以招商引资作为扩大开放的突破口，以外引内联、山海协作为重点，先后参加“5·16”武洽会（武夷山投资洽谈会）、“9·8”经贸洽谈会（中国国际投资贸易洽谈会）等招商活动，常年小规模外出招商，成效显著，全市累计批准成立外商投资企业42家，合同利用外资7513万美元，实际到资5953万美元，平均每年引进外资1190万美元。开拓国内外市场，扩大出口总量，全市累计出口 4880 万美元。5 年间，全市共新上项目 654 个，累计完成投资 18.50 亿元，三爱药业、武夷味精、海螺水泥、佳士自动化、氢氟酸等 1 批重点生产性项目建成投产，拉动全市经济总量的增长。

活跃城乡市场　5 年间，基本完成粮食、供销及内贸企业改革，在全省率先实现粮食企业扭亏为盈。个体私营、民营经济蓬勃发展，全市新上私营企业 542 家，个私经济税收从 1998 年的 2550 万元提高到 2003 年 3976 万元。加强各类市场和商业网点建设，共新建市场 3.80 万平方米，新增商业网点 8.70 万平方米，基本形成以西街、水南、童游 3 个农贸市场为主，北门旧货市场、蔬菜批发市场、粮食批发市场、汽车贸易市场等专业交易市场为辅的市场网络布局；建成葡萄协会、米业协会、鸭业协会、蔬菜协会等各种流通实体。整顿和规范市场经济秩序，推进菜篮子工程建设，完善劳动和社会保障体系，累计发放失业保险金 2200 万元，基本养老金 1.50 亿元；发放各类救灾款 1401 万元，最低生活保障金 325 万元，近万名下岗失业人员通过各种渠道实现再就业。加快农村扶贫开发与小康建设步伐，落实三峡移民安置工作，加强老区和少数民族自治村“五通”（ 通水、通电、通路、通信、通排水）建设，完成“造福工程”396 户 1850 人，实行农村最低生活保障 4417 户 11252 人，基本解决贫困人口温饱问题。

推进基础设施建设　市政府实施旧城拆迁改造和新区开发建设，配套实施城市交通、供水、园林绿化和安居工程等一系列重大城市基础设施建设，累计投入资金 9027 万元，相继建成北门商贸城一、二期工程、中山广场、电力大厦、广电大厦、花园大酒店、中山路步行街一期工程等一批各具特色的城市建设开发项目；建设完成朱熹大道、童游江滨大道、西入城口水泥路等城市道路改造，新增城市道路面积 17 万平方米；新建垃圾中转站 2 座，新增城市公共绿地面积 52 公顷；投资 1200 万元的狮子山水厂竣工并投入使用，城市日供水综合能力达到 5 万吨。完善城乡基础设施，童游变电站 2＃主变投入使用，如期完成农村电网改造工程，城乡用电同网同价；广播电视实现村村通，全面完成市乡（镇）光缆联网工程建设；累计投入农村水利设施建设资金 1.10 亿元，新增灌溉面积 416.20 公顷，除险加固水库 28 座；新建和改建城镇公路 23 条，完成水泥路面建设 64 千米，柏油路 109 千米，有序推进麻沙至蕉溪、宸前至兴田交战公路等 1 批重点在建工程，穿越全境的浦南高速公路通过国家立项，并于 2005 年动工。

发展各项社会事业　开展各项精神文明创建活动，贯彻落实《公民道德建设实施纲要》《福建省城市社区工作纲要》和《福建省乡镇工作纲要》，社区建设全面启动，潭城、童游街道正式挂牌成立。落实科技特派员制度。5 年间共推广科技成果 176 项，新产品开发项目 121 项，发展民营科技企业 60 家，建成重点科技示范村 36 个，重点科技示范户 195 户，科技入户率达到 76%，培养 1 批乡土拔尖人才。教育事业在创新中稳步发展，教育质量逐年提高，建阳一中获授福建省普通中学一级达标学校；完善教育基础设施建设，共投入资金 7681 万元，新建、扩建校舍面积 8 万平方米，修复校舍面积 27 万平方米；撤点并校取得阶段性成果，教育资源进一步优化，教育“两基”成果得到巩固和提高。文体事业稳步发展，市图书馆晋升为国家一级馆，建窑遗址获国务院列入第五批全国重点文物保护单位；举办纪念朱子逝世 800 周年庆典和首届闽台游酢文化研讨会活动。控制人口总量，人口出生率、自然增长率持续下降，人口结构进一步趋于合理，人口素质明显提高。城乡医疗卫生事业进一步发展，三级卫生网络建设得到加强。出台实施《建阳市生态示范区建设总体规划》，城乡环境综合整治不断深化，“一控双达标”成果得到巩固提高。“双拥”共建工作取得新进展。建阳市先后获全国造林绿化百佳市、国家级生态示范市、全省精神文明建设一级达标城市、全省文化先进市、省级卫生城市等称号。

依推进法治市　开展普法教育活动，获全省普法先进市称号；深化基层民主法制和民主政治建设，《中华人民共和国村民委员会组织法》等农村法律、法规得到贯彻落实，村民自治水平提高，农民负担依法减轻；全面开展行政执法责任制检查，坚持依法行政，进一步规范执法行为。以开展严打整治斗争为契机，严厉打击“六合彩”非法活动和“法轮功”邪教组织活动，防范和打击各种违法犯罪行为，5 年间，共破获刑事案件 3173 起，打掉犯罪团伙 217 个，查处治安案件 5427 起。贯彻实施《中华人民共和国安全生产法》，落实安全生产责任制，开展安全生产专项整治，无重大安全生产事故发生。为民实事办 200 项，做好群众来信来访工作，维护社会安定稳定。

政府建设 全面完成新一轮政府机构改革，政府机构、行政编制、乡镇事业单位精简率分别达到20%、27%和33%；理顺市乡财政体制，实行乡镇财力最低保障制度，夯实乡镇财政基础；严格“收支两条线”管理，规范行政事业性收费；严格规范性文件的审查、清理和备案制度，共取消审批项目165项，简化审批122项，废止各类不符合市场经济、WTO规则的规范性文件和其他行政措施408份以及与法律、法规和政策不适应或时效已过或不适应形势发展的规范性文件160份；制定并执行《建阳市人民政府工作规则》，规范政府的行为；推进政务公开工作，主动接受社会监督；抓好机关效能建设，广泛开展机关绩效考评，机关服务质量和工作效率明显提高；强化廉政建设，增强领导干部廉洁自律意识。同时，加强同人大代表、政协委员的联系，重视工青妇的桥梁纽带作用，广泛听取各方面的意见、建议，自觉接受人大的监督和政协的民主监督，坚持定期向人大常委会报告工作制度，办理人大代表建议（议案）和政协提案，共办理人大议案、批评建议案1164件，政协委员提案委员458件，办复率100%，满意率90%以上。

第三节　第十三届人民政府

2003—2006年，建阳市第十三届人民政府把加快发展作为第一要务，主动融入海峡西岸经济区绿色腹地建设，进一步解放思想，抢抓机遇，开拓进取，求实创新，推动经济社会的持续、快速、健康发展，全面完成各年度工作计划及“十五”规划确定的各项目标任务，实现“十一五”良好开局。

发展经济 市政府实施工业强市、特色农业立市、商贸服务业兴市战略，坚持突出工业、突破工业，组织项目开发，注重特色农业发展，推进城乡建设，加快产业发展步伐，优化经济结构，提升县域经济竞争力。2006年，全市完成生产总值39.30亿元，增长13.50%；财政总收入2.55亿元，增长43.10%；地方级财政收入1.50亿元，增长47.10%；分别比2003年增长0.38、0.83、0.90倍，年均增速分别达11.40%、22.40%和23.90%。实现农林牧渔业总产值19.70亿元，增长5%；规模以上工业产值29.30亿元，增长36.70%；全社会固定资产投资23.30亿元，增长45%；城镇居民人均可支配收入9618元，增长13.30%；农民人均纯收入4404元，增长9.70%；城镇登记失业率降至5%，人口自然增长率控制在7‰以内。

发展农业 市政府将“三农”工作摆在全局工作的首位，加强农业基础地位。2006年，全市农林牧渔业总产值比2003年增长20.60%，年均增速达6.40%；农民人均纯收入为2003年的1.35倍，年均增速达10.60%。农业结构进一步调整优化，特色农业产业不断发展，烤烟、竹木、茶果等3大主导产业占农林牧渔总产值35.20%，比2003年提高19.50个百分点。笋竹业实现翻番目标；烤烟生产实现种植面积、产量、观念3个突破，种植面积从2003年706.67公顷发展到2006年1333.33公顷；2005年，建阳市获林业部正式命名为“中国锥栗之乡”；建阳桔柚、葡萄产业发展迅速，连续举办3届闽北葡萄产业活动周和建阳市葡萄节活动。农业产业化经营步伐加快，发展规模以上农业龙头企业38家，比2003年增加20家，实现产值10.50亿元，比2003年增长45%。农产品品牌经营取得突破性进展，“玉女”牌建阳桔柚通过国家绿色食品A级标识论证，“楠木林”葡萄获第4届中国优质葡萄擂台赛金奖，并获推介为2008年北京奥运会专用水果，“云谷山”白露仔优质品种锥栗打响江、浙、粤等地市场。农村流通组织化、市场化程度提高，成立一批如莒口后备母鸭协会、将口鸭业协会、童游葡萄协会等具有一定影响力的农村生产流通组织。农村各项基础设施不断完善，3年间共建设改造农村公路343.60千米，建成乡村供水点104个，改善6.60万人饮水条件，改造中低产田、建设标准农田2333.33公顷。

发展工业 市政府坚持以工业化带动农业和第三产业发展，在发展中提高工业经济比重。2006年全社会工业总产值比2003年增长85%，占GDP的比重比2003年提高10%。3年间全市新增规模以上工业企业46家，新增产值17.20亿元，上亿元企业发展到7家；规模工业总产值增长1.16倍，年均增速达到29.40%；规模工业总产值占全社会工业比重提高26.40%。加快培育产业集群，林产加工、机械制造、食品加工、医药化工、服装加工等5大产业集群初具规模，2006年产值达24.80亿元，占规模工业比重84.80%。开展扶持企业纳税增百万活动，通过市领导挂点扶持、市直部门负责人挂项目服务“双挂双扶”

工作机制，实现企业增效、财政增收目标。2006 年，全市 62 家企业参加扶持企业纳税增百万活动，完成税收 1.18 亿元，增加市财政收入 4900 万元，占地方级财政收入的 33%。塔下、白茶坊等工业平台基本建成，回瑶、严墩工业平台全面开工建设；海西林产工贸城建设投入资金 1.20 亿元，推出台地 326.67 公顷，引入企业 25 家，园区供水、供电、弱电管网、主干道等各项基础工程及贸易服务区全面动工建设。

项目投资　市政府坚持以招商引资作为项目开发的突破口，完善项目开发、招商引资工作机制，主动对接沿海发达地区生产要素优化重组和产业转移，组团参加各项招商推介活动。2006 年，全市实际利用外资达 4300 万美元，是 2003 年的 1.70 倍，年均增速达 19.50%，实现 3 年翻番的目标；全社会固定资产投资是 2003 年的 2.20 倍，年均增速达 31.50%。3 年间，累计实现山海协作利用市外资金实际到资 19 亿元；新批外商投资企业 46 家，利用外资 1.30 亿美元；完成固定资产投资 51.60 亿元；7 个项目列入省、南平市重点建设项目，完成投资 3.40 亿元，实施浦南高速公路建阳段、武夷味精 5 万吨扩产等 1 大批基础设施建设、企业技改项目。金石氟业与世界 500 强企业中化上海公司合作开发氢氟酸深加工项目正式签订合同，总投资达 4 亿元；浙江丽人集团投资 3.60 亿元年产 20 万立方米高密度纤维板生产项目正式落户海西林产工贸城动工建设。共投入资金 5610 万元，实施水东交战路、五里樟桥头上游赤岸段防洪堤、嘉禾路南段贯通工程等 1 批市政基础设施建设项目，提升城市形象。

改革体制机制　市政府继续深化农村工作机制，落实“南平机制”实现“重心下移”，村党支部书记、科技特派员等 5 支下派队伍在基层相互融合，不断完善村级“八大员”（农业技术员、土地规划协管员、综治协管员、文化协管员、计生管理员、畜牧兽医员、林业员、公共卫生员）队伍，增强农村基层活力。推进集体林权制度改革，完善集体林经营体制，建立规范有序的林木所有权和林地使用权流转机制，明晰山林产权 15.73 万公顷，调动非公有制经济造林护林营林积极性。完成新 1 轮政府机构改革，政府机构、行政编制、乡镇事业单位精简率分别达到 20%、27% 和 33%。理顺市乡财政体制，在书坊乡实行乡财市管试点，推行部门综合预算，实行乡镇财力最低保障制度，乡镇行政事业单位干部工资进入国库统一发放，夯实乡镇发展基础。严格执行“收支两条线”管理，规范行政事业性收费。严格规范性文件的审查、清理和备案制度，对 27 个部门 299 项审批项目进行清理。坚持优化发展环境，加强机关效能建设，认真落实扶商、亲商、敬商的具体措施。3 年间，对外贸易势头良好，社会需求扩张，外贸出口累计达 1.10 亿美元。2006 年，全市社会消费品零售总额达 13.80 亿元，比 2003 年增长 46.30%，年均增速达 13.50%。

推进民生与社会事业　逐步建立健全就业和再就业工作责任制，完善社会保障制度。3 年间，累计新增城镇就业 8081 人，下岗失业人员实现再就业 6002 人。截至 2006 年底，全市企业养老保险、失业保险、医疗保险、工伤保险参保人数分别达 1.91 万人、1.89 万人、2.90 万人和 1.10 万人；城镇 4127 名困难职工、农村 10296 名困难群众享受最低生活保障。落实各项支农惠民政策。3.20 万名农村贫困学生享受“两免一补”，403 名农村计生户得到奖励扶助；为 171 对适婚青年提供免费婚前医学检查；全面启动新型农村医疗试点工作，20.60 万名农户参加，占农村人口数的 85%；全部免征农业税及其附加和除烟叶外的所有农业特产税，累计减轻农民负担 4028 万元；实行粮食最低收购价、种粮直补、粮种补贴等措施。改善城市人居生活环境，投入资金 1360 万元，新建、改建城市道路面积 13.70 万平方米，新增城区路灯 7 条 8.80 千米，新增城区至将口、回瑶工业小区公交车线路，新增城市园林绿地面积 3.80 万平方米、公共绿地面积 1 万平方米，建成区绿化覆盖率达到 41%；投入 6.40 亿元，新建新纪名城、金座大厦、纳泰广场等 1 批各具特色的房地产项目，提供商品房屋面积 43 万平方米。累计投入资金 1605 万元，新建、改造校舍面积 3.80 万平方米。朱子墓获国务院列入第六批全国重点文物保护单位，纪念建县 1800 年的文史巨著《建阳大典》出版发行。人口总量得到有效控制，人口素质提高，获省级计生一类先进县（市）和省级计生优质服务县（市）称号。加强城乡三级卫生网络建设，完成 7 所农村卫生院建设改造，市疾病预防控制中心、“120”急救中心建成投入使用。164 个村实现有线电视光缆并网，用户达 4 万户。开发推广新产品新技术 75 项，发展民营科技企业 17 家。落实上级出台的各项干部增资政策。加强社区工作，增加人员编制、提高工资待遇、落实办公经费。深化城乡环境综合整治，巩固提高“一控双达标”成果。自觉接受人大及其常委会监督，重视和支持政协履行政治协商、民主监督和参政议政的职能。3年间，共办理市人大重要议案5件、建议875件；市政协提案269件，满意率均达99%以上。加强同民主党派、工商联、无党派人士和各人民团体的联系，虚心听取各界人士的建议意见。依法行政，坚持重大行政决策听证制度，加强政务公开。强化监察、审计职能，廉政建设和反腐败工作取得新进展。群众性精神文明创建活动取得实效，涌现出一批英模典型。基本完成“四五”普法目标，加强基层民主自治，开展“平安建阳”建设，强化社会治安综合治理，推进治安防控体系建设，打击各种违法犯罪力度，群众对社会治安的满意率不断提高。重视群众来信来访工作。落实安全生产责任制，加强对食品、药品、饮食卫生、危险化学品和交通安全等监管。“双拥”和军警民共建活动；国防动员、民兵预备役、人防建设；民族宗教、妇女儿童、老龄、残疾人等工作均取得新成效。

第四节　第十四届人民政府

2006—2011年，建阳市第十四届人民政府，把加快发展作为第一要务，主动融入海峡西岸经济区绿色腹地建设，进一步解放思想，抢抓机遇，开拓进取，求实创新，推动经济社会的持续、快速、健康发展，全面完成各年度工作计划及“十一五”规划确定的各项目标任务，实现“十二五”良好开局。

发展国民经济　5年间，全市经济呈现“结构优化、增速加快”的良好态势。GDP年均增长15%，增幅连续4年位居南平市前列，总量比2006年翻一番。财政总收入和地方级财政收入均为2006年的3倍，从2009年南平市第五位分别跃居到第二位和第三位。三次产业结构调整为24:45:31，二产比重提升12个百分点，规模工业总产值比2006年翻两番。建阳市创业竞赛和绩效考评工作都保持在南平各县（市、区）前列，曾连续4年蝉联福建省县域经济发展“十佳县市”。经济实力从闽北第二方阵进入第一方阵。

重大项目投资　完善项目工作机制，2011年，实施“五大战役”重点项目130个，总投资288.40亿元，完成投资42.80亿元，其中，26个省、南平市重点项目完成投资10.20亿元，全社会固定资产投资比2006年翻两番。5年间，全市累计引进千万元以上生产型项目582个，实施省、南平市重点项目118个，累计完成固定资产投资332亿元，策划实施海西工贸城、西区生态城、印象考亭等1批重大项目，发展后劲增强。

发展工农贸　增强工业支撑作用，工业增加值年均递增23.50%，工业对经济增长的贡献率达40%，工业上缴税收占全市税收的47%。2011年全市规模工业比2006年增加52家达133家，亿元企业达33家，武夷味精、青松股份、三爱药业、亚亨动力成长为产值超5亿元的“新五南式”企业，青松股份成为闽北首家创业板上市企业。海西工贸城完成“七通一平”（通给水、通排水、通电、通信、通路、通燃气、通热力以及场地平整）346.67公顷，入驻企业39家，2011年实现工业产值8.40亿元。稳固农业基础，提升农业效益，建阳市获中国优质果品基地重点县、全国现代烟草农业整县推进示范县、省现代茶叶基地示范县。加快推进农业产业化，农业龙头企业比2006年增加32家达73家。发展第三产业，加快建设商贸物流、文化旅游和现代服务业，胜德山庄获评四星级酒店，御景湾五星级酒店封顶，金茂广场4万平方米纯商业购物中心2013年开业。

推进基础设施建设　5年间，改善一批基础设施，浦南、武邵高速公路建成通车，宁武高速公路2012年竣工，完成峰福铁路电气化改造，京福高铁建阳段建设，浦建龙梅快铁、武夷国际新机场前期工作等进展迅速。新建110千伏变电站4座，扩建35千伏变电站3座。相继建成北门、二中排涝站和城区防洪堤、建溪泵站更新改造项目。日处理1.50万吨城市污水处理厂1期投入运行，日处理600吨垃圾焚烧发电厂完成主体工程，取水口上移项目2012年竣工。累计改造农村公路783公里，市通外县、市通乡、乡通村公路全部实现硬化；完成中低产田改造2533.33公顷、土地整理1066.67公顷、建设标准农田933.33公顷；完成水库除险加固20座，建成村级供水工程219处，受益人口11万人。

城乡建设　确定城市“北接西拓”战略，完成城市总体规划修编，规划区面积拓展到50平方千米。5年间，累计实施城建重点项目128个，新建和拓宽改造城市主干道24.30千米，新增城市公园200公顷、公共绿地6公顷、公厕8座、停车场1.20万平方米。完善城区路网建设，新建崇阳溪、林后、将口大桥和童子山立交桥，完成朱熹大道、螃蜞路、黄花山路拓宽改造，贯通延伸嘉禾大道，人民路、民主路、朱熹大道二期、东桥东路等城市主干道实现管网下地和“白改黑”。打造山水园林城市，新建宋慈广场、潭山公园、塔山公园、滨江公园、中央苏区园、麻阳溪南岸休闲步道、朱熹大道亲水平台等景观，实施城市夜景、水景工程和人民路立面改造。加大旧城改造力度，完成城市征地拆迁257.93公顷，规划建设水东片区、城东毛巾厂宿舍、中南街等7个棚改项目，相继建设“大潭映象”“美墅·温哥华”等一批精品住宅小区。加快村镇建设步伐，水吉、麻沙分别获列为省、南平市小城镇建设试点乡镇，黄坑、麻沙等乡镇实施一批景观整治提升项目，全市城镇化水平达52%。做强集镇、做大中心村，河坝、长坪、九龙等19个中心村建设加快推进，芹口、新村等灾后集中重建点成为中心村建设的榜样。

协调推动社会事业发展　5年间，社会事业明显进步。建阳市获中央党史研究室确认为原中央苏区县。通过省政府“双高普九”评估验收，教育“两项督导”获省政府评为优秀。累计实施35个中小学校安工程和14所标准化学校建设，消除危房6.30万平方米，新建校舍5.80万平方米。实施科教兴市战略，建阳市获评全国科普示范市。人口与计生事业不断发展，建阳市连续4年获评为全国计划生育优质服务先进单位。城乡卫生事业加快发展，实施市、乡、村三级医疗机构标准化建设，市立医院120急救指挥中心大楼、妇幼保健院门诊综合楼、童游社区卫生服务中心相继投入使用，100%乡镇达到农村初级卫生保健标准，75%的村级医疗机构完成药房规范化建设，实现村村有卫生所。文化广播体育事业繁荣发展，建成农家书屋135个，城乡体育健身点86个，实现乡乡有文化中心（站）。获评“中国民间文化艺术之乡”。全市100%的乡镇、96%的建制村实现广播电视光缆联网。实施“四绿工程”（绿色城市、绿色村镇、绿色通道、绿色屏障为重点的城乡绿化一体化工程），2011年，完成造林绿化1.11万公顷。实施重点流域水环境综合治理，水质功能达标率和城市饮用水源达标率均为100%，生态环境质量居全省前列。“双拥”工作获评“省级双拥模范城先进市”。

改善民生措施　2011年，城乡居民收入均比2006年翻一番。5年间，市委、市政府确定的76项为民办实事项目全部实施到位。全面落实种粮补贴、农资补贴、家电补贴等惠农政策，全部兑现上级出台的各项增资政策。实行森林、水稻、农村住房等政策性农业保险。基本形成多层次的社会保障救助体系，城乡低保应保尽保，新型城乡居民医疗保险、社会养老保险基本实现全覆盖。就业体系更加完善，5年间，累计新增城镇就业1.46万人，转移农村富余劳动力2.66万人。开通城区至麻沙、书坊、莒口、徐市、将口5条公交线路，城乡70周岁以上老年人在市区免费乘坐公交车。廉租住房配租配售完成564户，2011年，在建保障性住房2563套。

政府建设　市政府主动接受人大的法律监督、政协的民主监督和群众、媒体的社会监督，密切与各民主党派、工商联、工会、共青团和妇联等人民群众团体的联系，听取各界人士的意见和建议，累计办理市人大代表建议589件、市政协委员提案413件。深化依法治市和依法行政，全面开展普法工作，规范实施政务信息公开，推行重大行政决策听证制度。加强机关效能建设，完成市、乡政府机构改革，全面推行为民办事全程代理制，严格行政问责制，行政效率和服务水平提高。创建“平安建阳”，强化安全监管，社会更加和谐稳定。加强审计、监察工作力度，强化国有资产监管，廉政建设和反腐败工作取得新进展。

第四章 综合政务

第一节 法制工作

1994年起，市政府法制办公室（简称“法制办”）负责政府行政法制工作，对市政府各部门的行政法制工作统筹规划、组织协调、具体指导、监督检查，为政府决策和处理日常事务提供法律咨询服务。建立规范性文件备案登记制度、规范性文件报备机制和定期清理机制。

2000年起，建阳市开始行政审批制度改革，至2004年共取消审批项目165项，简化审批122项。2004—2006年，建阳市进行第5批行政审批制度改革，对27个部门299项审批项目进行清理。

2003年至2010年底，累计出台规范性文件 113件，先后组织3次大规模规范性文件清理工作。根据《福建省行政执法资格认证与执法证件管理办法》规定，先后组织1324名市直行政执法单位行政执法人员参加全省行政执法资格考试，有886人获全省行政执法资格证。先后处理各类复议案件35件，经复议审查，依法作出维持决定30件，撤销2件，不予受理3件。

第二节 专题调研

1994年起，市政府就加快经济发展、促进农民增收，推动农业农村经济发展，繁荣商贸流通，推进城市建设，加快产业集聚，深化各项改革和维护社会稳定，做好旅游资源开发等专题进行重点调研。至2010年底，累计编发《研究报告》65期。部分调研材料得到领导的高度重视，如水吉镇农村流通 “五位一体”工作机制的调查与思考、旅游经济发展战略、地方税的增长潜力和措施、推进建阳新区建设、矿产业——山区经济发展1个重要的增长点、建设现代农业示范园区、农业种植业结构调整思路与对策、城市管理现状等研究报告，为领导科学决策起到重要的参谋助手作用。

第三节 电子政务与信息

一、电子政务

2002年2月起，建阳市政务信息网（“数字福建”）与省、南平市纵向联接并投入使用。与省政府办公厅之间的政务信息及部分公文的传输依托“数字福建”的福建省政府办公业务资源网进行；与南平市政府间的信息及公文传输通过政务网使用南平市政务协同办公系统应用平台进行。市政府办及大部分市直部门与省政府网站——“中国福建”建立链接，建成内部局域网。同年，6月开通基于“数字福建”宽带政务视频会议系统。12月，编制《福建省政务信息网建阳市横向接入网一期工程实施方案》通过省数字办审核，委托市电信公司利用现有电信网络和中心机房进行运作，确定建阳市政务信息网首批横向接入单位34个。

2008年4月，建成建阳市政府网，对在互联网上的“建阳市政府网”网站（http://www.jyszfw.gov.cn）运行实施全面的维护和管理。开设走进建阳、政务之窗、信息公开、网上办事、民众参与、专题专栏、政务论坛等7大板块。下设建阳概况、领导信息、政策法规、办事指南、市长信箱等60个栏目，及时更新建阳新闻、市政府文件等内容。开设市长信箱用于市民咨询投诉和便于市长掌握社情民意。

至2010年底，福建省政务信息网建阳市横向接入网1期工程完成中心机房改造建设和13个乡镇（街道）、80 个单位的横向接入工作，并启动政务网横向接入 2 期工作。

二、政务信息

1994 年起，市政府坚持“服从经济建设、服务领导决策、提高信息质量”的工作方针，加强政务信息队伍建设、健全网络和制度建设，挖掘信息资源，以 13 个乡（镇）、街道为面，以市政府成员单位为线，形成 1 个立体畅通的信息网络。按照“新、要、快、实”的要求，围绕党委、政府的工作中心，结合当地实际，收集、采编、上报大量有价值的信息。多次获全省政务信息先进单位称号。至 2010 年底，累计编发《政务信息》690 期，获省政府办公厅《今日要讯》采用 360 条，《闽北要讯》采用 890 条，省政府领导批示 35 条。

第四节　政务公开

2000 年，市政府在全市推行政务公开制度，至 2003 年 4 月，政务公开制度基本完善。公示的内容有政府及其部门的年度工作目标及执行情况；年度财政预算及执行情况；上级政府及部门下拨专项经费及使用情况；债权债务情况；国有、集体资产转让、拍卖等情况；乡（镇）、街道及市直部门管理的集体企业及其经济实体承包、租赁、拍卖等情况；工程项目招投标及社会公益事业建设情况；工作人员招聘、提拔、评先、奖励前的公示；群众关心的其他事项；领导干部廉洁自律情况；机关和单位内部财务收支情况；招待费、差旅费、电话费、车辆使用费的开支情况；干部提拔、交流、竞聘、入党、奖惩等事项。以建立政务公开栏、上墙公开为主要形式，还通过会议、广播、电视、便民手册、电子触摸屏、网络等形式公开。公开的时间与公开的内容相适应，时间间隔不超过 3 个月；阶段性工作逐段公开；临时性工作随时公开。政务公开设立群众意见箱，接受群众监督；设立反馈意见栏，及时向社会反馈；将每期公开的内容及时建档，对公示中的违法、违纪行为追究相关人员的责任。至 2010 年，政务公开制度不变。

第五节　政务督查

1994—1999 年，市政府督查工作主要通过机关工作人员（包括市政府领导）下基层、召开各类会议、督办人大代表建议（议案）和政协委员提案等形式来落实。2000 年始，市政府成立督查室，主要负责督促检查和协调市政府各项重大决策、重要工作部署的办理、落实情况；负责市长办公会议、常务会议、专题会议议定事项、政务公开以及上级领导和建阳市领导有关批示的督促办理及落实反馈工作；负责协调省、市人大代表建议、政协委员提案的交接、分解、督办工作；负责编写《政务督查》及办公室起草的有关文稿校对、审核和公文格式把关等工作。至 2010 年底，市政府督查室共督办人大代表建议（议案）3828 件、政协委员提案 3432 件，办复率达 100%；开展专项督查 245 次；督办领导批示件 1561 件；编发《政务督查》刊物 397 期。

第二十篇　政治协商会议

第二十篇　政治协商会议

1994—2010 年，建阳市政协历经 4 届。市政协在中共建阳市委领导下，团结全市人民和各民主党派、社会团体、爱国人士，结成最广泛的爱国统一战线，发扬合作共事、广交朋友和自我教育优良传统，积极履行政治协商、民主监督、参政议政职能，市政协每年举行 1 次全体会议，并列席市（县）人民代表大会，共商建阳大事要事，每年不定期邀请市政府或职能部门领导向主席会议、常务会议、全体委员会议通报市情、听取意见。每届市政协都组织委员开展调研、视察，了解和反映民情，不少调研结果形成提案为促进建阳改革开放和社会主义现代化建设发挥重要作用。

第一章　政协委员

第一节　委员产生与构成

建阳市政协委员经全市各民主党派、人民团体、无党派人士协商推荐名单，报送中共建阳市委统战部确定建议名单，再推荐给市政协大会协商确定。

政协建阳市第九届委员会有委员 218 人，届中因工作调动、病逝等原因不再担任委员的有 26 人，实有委员 192 人。政协建阳市第十届委员会有委员 188 人，届中因工作调动等原因不再担任委员的有 9 人，实有委员 179 人，其中，中国共产党党员 31 人，非中国共产党党员 147 人，妇女 29 人，学历：小学 4 人，初中 15 人，中专 31，大学 32 人，研究生 1 人，职称：摄影师 1 人，研究员 3 人，工程师 20 人，教师 20 人，特一级厨师 1 人，演员 1 人，经济师 7 人，医师 12 人，记者 1 人。界别：工青妇代表 7 人，工商联 15 人，教育界 10 人，经济界 13 人，科技界 10 人，民主党派 7 人，农林界 11 人，少数民族 4 人，台侨界 9 人，特邀代表 7 人，文体艺术界 4 人，新闻界 2 人，医药卫生界 4 人，宗教界 2 人，中共代表 7 人。

政协建阳市第十一届委员会有委员 178 人，届中因工作调动、违纪、病逝等原因不再担任委员的有 5 人，实有委员 173 人，其中，中国共产党党员 54 人，非中国共产党党员 119，妇女 35 人，学历：大学 8 人，大专 12 人，高中 7 人，中专 4 人，初中 4 人。职称：教师 24 人，研究员 2 人，医师 13 人，工程师 13 人，经济会计师 10 人，文体 4 人，技师 4 人，农艺师 2 人，助工 1 人，助师 1 人，文管员 1 人。界别：工青妇代表 1 人，教育界 13 人，少数民族 2 人，医药界 1 人，工商联 3 人，经济界 1 人，农林界 2 人，台侨界 1 人，特邀代表 7 人，文体界 1 人，医药卫生 7 人，中共代表 2 人，宗教界 2 人。

政协建阳市第十二届委员会有委员 191 人，届中因工作调动、违纪等原因不再担任委员的有 7 人，实有委员 184 人，其中，中国共产党党员 68 人，非中国共产党党员 116 人，妇女 32 人，学历：大学 57 人，研究生 5 人，高中 41 人，中专 19 人，初中 6 人。职称：教师 11 人，研究员 2 人，医师 11，工程师 9 人，经济会计师 12 人，文体 4 人，技师 3 人，农艺师 6 人，助工 2 人，助师 1 人，管员 1 人。界别：工青妇代表 1 人，工商联 18 人，教育界 11 人，经济界 6 人，科技界 3 人，民主党派 5 人，农林界 3 人，少数民族 2 人，台侨界 2 人，特邀代表 1 人，文体艺术界 1 人，医药卫生 2 人，新闻界 2 人，宗教界 2 人。

第二节　委员界别

政协建阳市第九届委员会有中共代表、工人代表、农民代表、青年代表、妇女代表、少数民族界、工商界、经济界、科技界、教育界、文体界、新闻界、医务界、社科界、老区界、台胞台属、侨界、港澳界、宗教界、特邀界共20个界别，

政协建阳市第十届委员会有中国共产党党员9人、民主党派7人、工青妇代表7人、工商联15人、经济界13人、农林界11人、科技界10人、教育界10人、医药卫生界4人、新闻界2人、文体艺术界4人、台侨界9人、台胞、少数民族4人、宗教界人共15个界别和特邀7人。

政协建阳市第十一届委员会有中国共产党党员2人、民主党派3人、工青妇代表3人、工商联9人、经济界4人、农林界8人、科技界5人、教育界12人、医药卫生界6人、新闻界1人、文体艺术界2人、台侨界6人、台胞、少数民族3人、宗教界2人共15个界别和特邀7人。

政协建阳市第十二届委员会有中国共产党党员2人、民主党派5人、工青妇代表1人、工商联18人、经济界6人、农林界3人、科技界3人、教育界11人、医药卫生界1人、新闻界1人、文体艺术界1人、台侨界2人、台胞、少数民族2人、宗教界2人、特邀4人等16个界别。

第二章　组织机构

第一节　领导成员

建阳市政协第九届至第十二届的第一次会议成立常务委员会（简称“市政协常委会”），市政协常委会由主席、副主席、秘书长和常务委员（简称“常委”）组成。由主席、副主席、秘书长组成主席会议，处理常务委员会的重要日常工作。常务委员会由地方委员会主席、副主席、秘书长和常务委员组成，其候选人由参加各该地方委员会的各党派、团体、各民族和各界人士协商提名，经全体会议选举产生。

建阳市政协九至十二届领导成员一览表

表20-2-1

届　别	主席	副主席	秘书长	常务委员会委员人数
第九届（1994.1至1999.1）	何志坤	林添寿、汤文伦、黄永寿、林健康、陈则仙	刘　建	33人，届中因故辞职6人，实有27人
第十届（1999.1至2004.1）	邱运财	廖卫民、谢子贤、谢天模、黄永寿（2001年3月因工作调动辞职）	刘　建	30人，届中因故辞职3人，实有27人
第十一届（2004.1至2007.1）	邱运财	刘淑妹、谢天模、黄永寿、张绍敏	甘建华	28人
第十二届（2007.1至2011.2）	邱运财	刘淑妹、孙秀华、杨志平、陈宗财（2008年2月增补）	甘建华	28人，届中增补3人。实有31人

政协建阳市第十届领导成员名表

表 20-2-2

序号	姓名	性别	民族	籍贯	出生年月	是否党派	文化程度	职称	界别
主席		—							
1	邱运财	男	汉	建阳	1950.10	党员	中专	小学高级教师	中共代表
副主席		—							
1	廖卫民	男	汉	泰宁	1944.7	—	大学	—	中共代表
2	谢子贤	男	汉	建阳	1943.11	党员	大学	工程师	中共代表
3	谢天模	男	汉	莆田	1947.11	—	高中	工程师	特邀代表
4	黄永寿	男	高山	台湾	1955.9	党员	研究生	高级经济师	中共代表
秘书长		—							
1	刘　建	男	汉	建阳	1945.1	党员	—	小学高级教师	中共代表

政协建阳市第十一届领导成员一览表

表 20-2-3

序号	姓名	性别	民族	籍贯	出生年月	是否党派	文化程度	职称	界别
主席		—							
1	邱运财	男	汉	建阳	1950.10	党员	中专	小学高级教师	中共代表
副主席		—							
1	刘淑妹	女	汉	建阳	1958.1	党员	中专	—	中共代表
2	张绍敏	男	汉	建瓯	1958.1	党员	中专	—	中共代表
3	谢天模	男	汉	莆田	1947.11	—	高中	工程师	特邀代表
4	黄永寿	男	高山	台湾	1955.9	党员	研究生	高级经济师	中共代表
秘书长		—							
1	刘　建	男	汉	建阳	1945.1	党员	—	小学高级教师	中共代表

政协建阳市第十二届领导成员一览表

表 20-2-4

序号	姓名	性别	民族	籍贯	出生年月	是否党派	文化程度	职称	界别
主席		—							
1	邱运财	男	汉	建阳	1950.10	党员	中专	小学高级教师	中共代表
副主席		—							
1	刘淑妹	女	汉	建阳	1951.10	党员	中专	—	民主党派
2	孙秀华	男	汉	莆田	1956.10	党员	大学	—	—
3	杨志平	男	汉	建阳	1963.10	—	大学	—	教育界
4	陈宗财	男	汉	建阳	1961.7	党员	本科	—	农林
秘书长		—							
1	刘　建	男	汉	建阳	1945.1	党员	—	小学高级教师	中共代表

第二节 常委会机构

一、专门委员会

政协第六届建阳县委员会工作机构，设置 3 个委员会，10 个工作组。

委员会：提案工作委员会、学习委员会、文史资料委员会，委员会下设办公室。

工作组：科技工作组、工交工作组、农林水工作组、教育工作组、文艺工作组、工商工作组、医务工作组、统一祖国工作组、宗教工作组、妇幼工作组。

政协第七届建阳县委员会工作机构设置3个专门委员会，8个工作组。

专门委员会：提案工作委员会、学习委员会、文史资料委员会。

工作组：科技工作组、教育工作组、医务工作组、文体工作组、工商工作组、统一祖国工作组、妇幼工作组、宗教工作组。

政协第八届建阳县委员会专门工作机构设置8个专门委员会：提案工作委员会、学习委员会、文史委员会、经济科技委员会、教育文化委员会、医药卫生体育委员会、社会和法制委员会、“三胞”联谊委员会。

政协第九、十、十一届建阳市（县）委员会工作机构设置9个专门委员会：提案委员会、学习委员会、文史委员会、经济科技委员会、教育委员会、医药卫生委员会、文化体育委员会、社会和法制委员会、“三胞”联谊委员会。

政协第十二届建阳市委员会工作机构设置8个专门委员会：提案委员会、学习文史委员会、经济科技委员会、教育委员会、医药卫生委员会、文化体育委员会、社会和法制委员会、民族宗教港澳台侨委员会。2008年9月，按照《中共南平市委编办关于县（市、区）政协机关机构设置的通知》，市政协由8个专门委员会改为提案、经济科技、文教卫体和文史资料、社会法制和民族宗教4个委员会，为专职机构。

二、政协联络组

1986年，建阳市政协开始在乡镇成立政协联络组，是全省较早成立联络组的县。联络组组长主要由乡镇（街道）党委副书5个部门（单位）成立联络组，1999年撤销部门（单位）联络组。至2010年，共有110人先后担任过联络组长。

三、工作机构

1994年，市政协机关内设3办4科，即建阳市政协办公室（下设秘书科、提案科、行政科、文史办）、联络办公室、经济科技办公室。1999年4月，根据《政协建阳市委员会机关机构改革方案》规定，市政协联络办公室更名为提案法制办公室。至2010年不变。

第三章　政协会议

第一节　全体委员会议

一、第八届委员会全体会议

政协第八届委员会（1991年1月至1994年1月）共召开3次全体会议。

第三次全体会议　1993年3月23日至25日召开。县政协第八届委员会全体委员184名，中共建阳县委、人大、政府、纪委、人武部和原政协的主要领导应邀出席大会开幕式，会议特邀政协各乡镇联络组长、政协老委员联谊会全体会员列席会议。县政协主席周清霓致开幕词，中共南平地委委员、建阳县委书记张阿奆参加会议并讲话。与会委员听取和审议县政协副主席林添寿所作的常委会工作报告，县政协副主席林健康所作的2次会议以来提案工作报告和3次会议提案审查报告。会上表彰1992年医卫体委员会等11个先进集体和黄永寿等89名优秀个人。委员们列席县十届人大四次会议，听取和讨论县长刘昌霖所作的政府工作报告。大会期间，县教育局、文化局、广播电视局分别向委员们通报当年各自工作情况。会上对这些部门工作进行对口协商。会议通过政治决议、常委会工作报告决议和提案审查报告决议。

二、第九届委员会全体会议

政协第九届委员会（1994年1月至1999年1月），共召开5次全体会议。

第一次全体会议 1994年1月5—9日召开。193名政协委员出席会议，会议邀请在建阳的省政协委员，县政协历届主席、副主席，县直各部、委、办主要领导，政协各乡镇联络组长，政协老委员联谊会理事列席。县委、县人大、县政府、县纪委等领导出席会议开幕式。南平地委委员、地委纪委书记赵守明，省政协南平地区工委联络处主任沈耀元，地委统战部副部长周杰光等到会致贺词。县政协主席周清霓致开幕词，中共建阳县委书记刘昌霖在大会上讲话。与会委员听取和审议副主席林添寿作的第八届委员会常务委员会工作报告，副主席林健康作的八届一次会议以来的提案工作报告和九届一次会议的提案审查报告；列席县人大会议听取并讨论建阳县代县长周意的政府工作报告。大会选举政协第九届建阳县委员会主席、副主席、秘书长、常务委员。会上通过大会政治决议。

第二次全体会议 1995年1月4—7日召开。176名政协委员出席，中共建阳市委、市人大、市政府、市纪委、市人武部的领导及政协历届离任主席、副主席应邀出席开幕大会。会议特邀在建阳的省政协委员、各乡镇联络组组长列席会议。市政协主席何志坤致大会开幕词，中共建阳市委书记刘昌霖在大会讲话。与会委员听取并审议市政协副主席林添寿作的九届一次会议以来的常务委员会工作报告，市政协副主席林健康所作的九届一次会议以来的提案工作报告和九届二次会议的提案审查报告。全体委员列席市第十一届人大第二次会议，听取和讨论市政府工作报告等。会议通过大会政治决议。

第三次全体会议 1996年3月29—31日召开。185名政协委员出席，会议特邀在建阳的省政协委员、南平市政协委员，政协各乡镇联络组组长列席。南平市政协、中共建阳市委、市人大、市政府、市纪委、市人武部的领导及政协历届离任主席、副主席、秘书长等应邀出席大会开幕式。会议期间，委员们听取和审议市政协副主席林健康所作的九届二次会议以来提案工作情况报告和九届三次会议提案审查报告。全体委员列席市人大十一届三次会议，听取和讨论市长胡祖林所作的《关于建阳市国民经济和社会发展“九五”计划和2010年远景目标纲要的报告》、市财政局局长黄金贵作的财政预决算报告。

第四次全体会议 1997年3月10—12日召开。192名政协委员出席，会议特邀在建阳的省政协委员、南平市政协委员、政协各乡镇联络组组长列席，非市政协委员的市直机关部、委、办、局行政正职领导或主持工作的行政副职领导也列席到会并参加小组讨论。市委、市人大、市政府的领导和原市政协离退休老同志也出席开幕式。中共建阳市委书记何三保在会上讲话。全体委员们听取和审议市政协副主席林添寿代表常委会所作的工作报告，市政协副主席林健康代表市政协提案委员会所作的提案工作情况报告及关于九届四次会议提案审查情况的报告。全体委员列席市人大十一届四次会议，听取并讨论市长郭建声所作的政府工作报告和其他报告。大会通过会议政治决议。

第五次全体会议 1998年3月3—5日举行。192名政协委员出席会议，邀请在建阳的省、南平市政协委员，各民主党派、工商联负责人，台联、侨联、科协负责人，政协乡镇联络组长列席会议。市委、市人大、市政府、市纪委、市人武部领导参加会议开幕式，并参加小组讨论。非市政协委员的市直机关部、委、办、局行政正职领导或主持工作的行政副职领导列席会议开幕式，并参加小组讨论。市委书记何三保在会上讲话。会议听取并审议市政协副主席林添寿代表市九届政协常委会所作的工作报告，市政协副主席林健康所作的提案办理情况报告及市政协九届五次会议提案审查报告。委员们列席市人大十一届五次会议，听取并讨论市长郭建声所作的政府工作报告及其他报告。通过会议政治决议，对上述报告表示赞同，市委副书记张淑云在闭幕会上讲话。

三、第十届全体会议

政协第十届委员会（1999年1月至2004年1月），共召开5次全体会议。

第一次全体会议　1999年1月15—18日召开，169名政协委员会委员出席会议，邀请在建阳的省、南平市政协委员，各民主党派、工商联负责人，台联、侨联、科协负责人，政协乡镇联络组长列席会议。市委、市人大、市政府、市纪委、市人武部领导班子成员，市政协原主席、副主席，老委员联谊会正副会长参加会议开幕式，并参加小组讨论。市直各有关单位负责人列席会议开幕式，并参加小组讨论。市政协主席何志坤致开幕词。南平市政协副主席黄良旺、南平市统战部副部长周杰光到会指导并致贺词。中共建阳市委书记何三保在会上讲话。会议听取并审议市政协副主席黄永寿代表政协第九届建阳市委员会常务委员会所作的工作报告，市政协副主席廖卫民所作的九届一次会议以来提案工作报告及关于十届一次会议提案审查情况报告。会议选举产生政协建阳市第十届委员会主席、副主席、秘书长和常务委员。与会委员列席市十二届人大一次会议，听取并讨论市长郭建声所作的《政府工作报告》。会议通过政治决议。市委副书记武勇在闭幕会上讲话。

第二次全体会议　2000年3月7—9日召开，172名政协委员出席会议，邀请在建阳的省、南平市政协委员，各民主党派、工商联负责人，台联、侨联、科协负责人，政协乡镇联络组长列席会议。市委、市人大、市政府、市纪委、市人武部领导班子成员，市政协原主席、副主席，老委员联谊会正副会长、干事长、理事参加会议开幕式，并参加小组讨论，市直各部、委、办、局党委、总支，支部书记或副职领导列席会议开幕式，并参加小组讨论。大会之前举行新增委员座谈会和大会预备会，中共建阳市政协副主席、市委统战部长谢子贤在预备会上作委员变动、增补情况的说明；市政协主席邱运财作关于开好十届二次会议的讲话。中共建阳市委书记何三保在开幕式上讲话。会议听取并审议邱运财代表政协建阳市第十届委员会常务委员会所作的市政协常务委员会工作报告。听取市政协副主席廖卫民所作的十届一次会议以来的提案工作情况报告和市政协十届二次会议提案审查报告。与会委员列席市十二届人大二次会议，听取并讨论市长郭建声所作的《政府工作报告》市财政局局长詹增华所作的《市财政1999年预算执行情况和2000年预算草案的报告》。会议2人为政协第十届建阳市委员会常务委员会委员。民盟代表委员王世淳作《加强环境整治把我市建成生态示范区》、农工党代表委员刘通作《力争把旅游业培育成我市支柱产业》、工商联代表委员王耀辉作《如何解决政府对非公有制经济优惠政策不到位的建议》、经济科技委员会苏尔敏委员作《营造宽松环境促进私企发展》、社会法制委员会委员赵秋生作《关于当前打架斗殴及伤害类案件上升的原因与对策》、教育委员会委员陈泽民作《为全面推进素质教育创造宽松的环境》、委员倪庆福作《台湾是中国领导不可分割的一部分》的发言。会议通过会议政治决议。中共建阳市委副书记武勇在闭幕会上作讲话。

第三次全体会议　2001年3月27—29日举行，174名政协委员出席会议，邀请在建阳的省、南平市政协委员，各民主党派、工商联负责人，台联、侨联、科协负责人，市政协离退休主席、副主席、政协助理调研员、政协“三办”负责人、政协乡镇联络组长、老委员联谊会正副会长、干事长、理事列席会议。市委、市人大、市政府、市纪委、市人武部领导班子成员参加会议。特邀市直各部、委、办、局行政正职领导或主持工作的行政副职领导列席会议开幕式，并参加小组讨论。会前举行新增补委员座谈会和大会预备会，副主席谢子贤在预备会上作增补委员情况说明，主席邱运财作开好会议的讲话。市委副书记、市长郭建声在开幕式上讲话。副主席谢子贤代表市十届政协常委会作常委会工作报告，副主席廖卫民代表市十届政协常委会作《关于十届二次会议以来提案工作情况的报告》及代表提案委员会作《十届三次会议提案初步审查情况报告》。与会委员列席市十二届人大三次会议，听取并协商郭建声市长所作《政府工作报告》以及市法院、市检察院工作报告。会上，王世淳代表民盟建阳市委员会作《关于我市城建、城管、环卫和园林工作的几点建议》、陈则仙代表农工党建阳市委员会作《发展社会主义市场经济与精神文明的思考》、王耀辉代表工商联作《大力发展非公有制经济，促进我市经济快速发展》、李元丰作《营造宽松环境振兴建阳经济》、吴有恒作《增强服务意识，加快农村林业发展步伐》、吴瑞东作《对建阳市农业结构调整的几点看法》的发言。会议分别作出会议政治决议和关于常委会工作报告决议。全体会员经讨论，一致赞同市长郭建声所作的政府工作报告和《建阳市国民经济和社会发展第十个五年计划纲要》及《建阳市 2000 年财政预算执行情况和 2001 年财政预算草案的报告》。中共建阳市委副书记武勇在会上讲话。

第四次全体会议 2002 年 3 月 25—28 日举行，179 名政协第九届建阳市委员会委员出席会议，在建阳的省、南平市政协委员，各民主党派、工商联负责人，台联、侨联、科协负责人，市政协离退休主席、副主席、政协助理调研员、政协“三办”负责人、政协乡镇联络组长、老委员联谊会正副会长、干事长、理事列席会议。市委、市人大、市政府、市纪委、市人武部领导班子成员参加会议。市直各部、委、办、局行政正职领导或主持工作的行政副职领导列席会议开幕式，并参加小组讨论。委员们审议通过市政协副主席谢天模代表市政协常委会所作的常委会工作报告，市政副主席廖卫民代表市政协常委会所作的市政协十届三会议以来提案工作情况的报告及代表市政协提案委员会所作的十届四次会议提案审查情况报告。会议选举第十届建阳市委员会秘书长。会议通过常委会工作报告决议和大会政治决议并作出建阳市政协关于开展“奉献新建阳，迎接十六大”活动的决定。全体委员列席建阳市第十二届人民代表大会第五次会议、听取并协商讨论市长葛晓华所作的政府工作报告，市财政预决算报告以及法院工作报告、检察院工作报告。会议举行大会发言，陈震代表民盟建阳市委员会作《我市基础教育中若干问题的建议》、陈则仙代表农工党建阳市委员会作《按照“三个代表”要求反映社情民意》、王耀辉代表建阳市工商联作《营造更好的投资环境促进我市非公有经济的快速发展》、吴瑞东作《我市农业结构调整必须做好的两大基础工作》、王文烈作《有关发展建阳工业的建议》发言。会上表彰 2000—2001 年度优秀提案和提案承办先进单位、先进个人的决定。中共建阳市委副书记阎建华在闭幕会上讲话。

第五次全体会议 2003 年 3 月 9—12 日举行，178 名政协委员出席，在潭的省、南平市政协委员，各民主党派、工商联和人民团体负责人（其中，包括民盟、农工党、商会、台盟、台联、侨联、工会、共青团、妇联、科协、文联等单位），政协各乡镇联络组组长，历届政协主席、副主席、老委员联谊会会长、副会长、干事长。政协机关离退休科局级干部和政协机关非委员科局级干部应邀参加会议。市委、市人大、市政府、市纪委、市人武部领导班子成员，各部、委、办、局主要领导出席开幕大会并下组听取委员讨论。市委书记郭建声在开幕式上讲话。会上，委员们审议通过市政协副主席谢子贤代表市政协常委会所作的常务委员会工作报告；会议听取并审议市政协副主席廖卫民代表政协常务委员会所作的关于政协建阳市第十届委员会关于十届四次会议以来提案工作情况的报告和本次会议提案审查情况报告。大会发言的主题有陈震代表民盟建阳市委所作《营造良好的外部环境，促进非公经济发展》、刘通代表农工党建阳市委所作《开展建立新型农村合作医疗制度的试点工作》；王耀辉代表工商联所作《寓教育引导服务之中，促进非公经济健康快速发展》的发言；华建生代表市政协经济科技委员会所作《推进农业结构调整步伐，加快发展我市茶叶生产》、祁志斌作《实施可持续发展战略，加快国家级生态示范区建设步伐》。市政协主席邱运财闭幕会上作题为《与时俱进开拓创新努力开创政协工作新局面》的讲话。中共建阳市委副书记阎建华在闭幕会上讲话。全体委员列席建阳市第十二届人民代表大会第六次会议，听取并协商讨论市政府工作报告、市财政预决算报告以及两院工作报告。

四、第十一届全体会议

政协建阳市第十一届委员会（2004 年 1 月至 2007 年 1 月），共召开 3 次全体会议。

第一次全体会议　2004 年 1 月 10—13 日举行，172 名政协委员参加会议。应邀出席会议的有市委、市人大、市政府、市纪委、市人武部领导班子成员。列席会议的有在建阳的省、南平市政协委员，历任市（县）政协主席、副主席，老委员联谊会正、副会长、干事长，各民主党派、工商联负责人，台联、侨联负责人，政协各乡镇联络组长，市直各部、委、办、局主要领导。南平市政协副主席陈学松代表南平市政协到会致辞，中共建阳市委书记郭建声代表中共建阳市委到会祝贺并讲话；市委副书记的李兵在会上讲话。大会听取并讨论通过十届市政协常务委员会工作报告和提案工作报告，选举产生政协第十一届建阳市委员会主席、副主席、秘书长和常务委员，全体委员列席建阳市第十三届人民代表大会第一次会议，听取并讨论《政府工作报告》和其他报告。

第二次全体会议　2005 年 3 月 8—10 日举行，173 名政协第十一届建阳市委员会全体委员参加会议。应邀出席会议的有市委、市人大、市政府、市纪委、市人武部领导班子成员。列席会议的有在建阳的省、南平市政协委员，历任市政协主席、副主席，老委员联谊会正、副会长、干事长，各民主党派、工商联负责人，台联、侨联负责人，政协各乡镇联络组长，市直各部、委、办、局主要领导。中共建阳市委书记郭建声到会祝贺并讲话。大会听取并讨论通过市政协主席邱运财所作的政协建阳市十一届委员会常务委员会工作报告、市政协副主席刘淑妹所作的政协建阳市十一届委员会第一次会议以来提案工作情况的报告及十一届二次会议提案审查情况报告。政协委员列席建阳市第十三届人民代表大会第二次会议，听取并讨论市长葛晓华所作的政府工作报告和市人民法院、人民检察院工作报告，讨论市 2004 年财政预算执行情况和 2005 年财政预算草案的报告。市委联系政协的领导在会讲话。大会发言主题有常委王耀辉代表市工商联作《关于注重提高我市企业产品质量品牌意识的建议》、常委陈震代表民盟建阳市委员会作《关于优化教育外部环境促进我市基础教育发展的建议》、委员李元丰代表市政协经济科技委作《关于建阳经贸发展步伐促进建阳经贸强市建设的建阳与对策》、常委刘通代表农工党建阳市委员会作《关于加强村级药品安全的建议》、常委翁国旺代表经济科技委员会作《关于做大做强我市林业的建议》、委员林发祥代表市政协社会法制委作《关于加强对农村客运安全管理的建议》。此外，还有文体委的《关于强化长效管理机制提升卫生城市品位的建议》和《关于树立科学发展观着力凸显先进文化在建设海峡西岸经济区绿色腹地经贸强市重要作用的建议》、教育委的《关于做大做强建阳高中教育的建议》、“三胞”委的《关于营造宽松投资环境促进对台经济发展的建议》、经济科技委的《关于促进果业发展的建议》、文史委的《关于提升人文理念造福千秋万代的建议》等 6 篇文章在会上交流。

第三次全体会议　2006 年 2 月 28 日至 3 月 2 日在建阳举行，173 名政协第十一届建阳市委员会全体委员参加会议。应邀出席会议的有市委、市人大、市政府、市纪委、市人武部领导班子成员。列席会议的有在建阳的省、南平市政协委员；历任市政协主席、副主席；老委员联谊会正、副会长、干事长；各民主党派、工商联负责人；台联、侨联负责人；政协各乡镇联络组长；市直各部、委、办、局主要领导。大会听取并讨论通过市政协主席邱运财所作的政协建阳市十一届委员会常务委员会工作报告和副主席刘淑妹所作的政协建阳市十一届委员会第二次会议以来提案工作情况的报告及十一届三次会议提案初步审查情况报告；列席建阳市第十三届人民代表大会第三次会议，听取并讨论市政府工作报告和市人民法院、人民检察院工作报告，讨论市“十一五”规划纲要、市 2005 年财政预算执行情况和 2006 年财政预算草案的报告。委员们围绕落实政府工作报告和“十一五”规划的目标任务提出许多建设性的意见和建议。在大会上发言的有：常委陈震代表民盟建阳市委员会作《深化中等职业教育改革促进我市经济发展》、常委叶福平代表农工党建阳市委员会作《深化农村卫生体制改革促进农村卫生事业发展》、委员华建生代表经济科技委员会作《快速促进建阳经济新发展的建议》、委员李加林代表文史委员会作《关于重视保护开发朱熹、宋慈等历史、文化遗产促进建阳旅游和经济发展的建议》。会议表彰优秀提案和提案办理先进单位、提案办理先进工作者。中共建阳市委书记刘山鹰在闭幕会上讲话。

五、第十二届全体会议

至2010年，政协建阳市第十二届委员会共召开2次全体会议。

第一次全体会议 2007年1月15—18日举行，176名政协委员参加会议。应邀出席会议的市委、市人大、市政府、市纪委、市人武部领导班子成员。在建阳的省、南平市政协委员，历任市政协主席、副主席，老委员联谊会正、副会长、干事长，各民主党派、工商联负责人，台联、侨联负责人，政协各乡镇联络组长，市直各部、委、办、局主要领导列席会议。大会之前进行新委员培训和举行预备会。在预备会上，市委常委、统战部长邹仁满作换届情况报告，通过大会主席团和秘书长名单。南平市政协副主席陈慧珠代表南平市政协到会致辞。中共市委书记刘山鹰代表中共建阳市委在会上讲话。市委副书记李兵在开幕式上致词。大会听取并讨论通过市政协主席邱运财作的政协第十一届建阳市委员会常务委员会工作报告和副主席刘淑妹作的十一届政协三年来提案工作情况报告及十二届一次会议提案初步审查情况报告。会议选举产生政协第十二届建阳市委员会主席、副主席、秘书长和常务委员会委员。全体委员列席建阳市第十四届人民代表大会第一次会议，听取讨论市长葛晓华作的政府工作报告和市人民法院工作报告、市检察院工作报告，审议和讨论市财政工作报告。

第二次全体会议 2008年2月25—28日召开，176名政协委员参加会议。应邀出席会议的有市委、市人大、市政府、市纪委、市人武部领导班子成员。在建阳的省、南平市政协委员，历任市政协主席、副主席，老委员联谊会正、副会长、干事长，各民主党派、工商联负责人，台联、侨联负责人，政协各乡镇联络组长，市直各部、委、办、局党委（支部）书记列席会议。大会听取讨论市政协主席邱运财所作的政协第十二届建阳市委员会常务委员会工作报告，听取讨论市政协副主席孙秀华代表政协常委会所作的十二届一次会议以来提案工作情况报告，政协提案委员会主任白贵华代表政协提案委员会作十二届二次会议提案审查情况报告。委员们列席市十四届人大二次会议，听取讨论市长葛晓华作的市政府工作报告，听取讨论市人民法院工作报告和市检察院工作报告，审阅和讨论市财政工作报告。会议增补陈宗财为政协第十二届建阳市委员会副主席。市委书记刘山鹰在闭幕会上讲话。会上，还举行政协提案交接仪式，市长葛晓华接受政协提案。

第二节 常务委员会会议

一、第九届委员会常务会议

1994年1月12日，九届一次常委会议召开。主席何志坤向与会常委通报新一届主席、副主席、秘书长分工情况；会议决定成立学习委员会、提案委员会、经济科技委员会、医药卫生委员会、教育委员会、社会法制委员会、“三胞”联谊委员会、文化体育委员会、文史资料委员会9个专门委员会，会议还通过9个专门委员会的人事安排。

1994年3月25日，九届二次常委会议召开。会议传达全国政协八届二次会议精神，学习《中国人民政治协商会议章程》（修正案）。

1994年4月30日，九届三次常委会议召开。主席何志坤传达省政协七届二次会议的概况和主要精神，学习新修订的政协章程。根据省“两会”精神，结合建阳实际提出举办新委员培训班和深入开展农业基础设施视察调查工作。

1994年7月20日，九届四次常委会议召开。主席何志坤受县政府委托，通报上半年县政府工作，并对上半年县政协工作作了小结，县委常委、纪委书记郭建声通报全县上半年反腐败工作情况。

1994年9月15日，九届五次常委会议召开。讨论并通过潭协会字1994年第13号文件精神，关于撤县设市后政协委员会届数顺延的决定。

1994年12月23日，九届六次常委会议召开。主席何志坤通报市政协九届二次会议筹备情况；审议通过政协第九届建阳市委员会第三次会议议程和日程（草案）、《政协第九届建阳市委员会第三次会议以来常务委员会工作报告》和《政协第九届建阳市委员会三次会议以来提案工作情况报告》；听取并讨论《市政府工作报告（草案）》。

1995年3月3日，九届七次常委会议召开。学习中共中央总书记江泽民在春节茶话会上的讲话，传达南平市政协一届一次常委会议精神，研究通过市政协1995年工作要点。

1995年4月26日，九届八次常委（扩大）会议召开。主席何志坤传达省政协七届三次会议精神；会议讨论有关建阳政协成立40周年庆祝活动及召开“五一”国际劳动节座谈会的有关事宜；研究《委员风采》采编对象。

1995年10月6日，九届九次常委会议召开。组织常委学习中共南平市委《关于加强政协工作的若干意见》和南平市人民政府《关于加强与政协协商联系的规定》2个文件精神。

1995年11月29日，九届十次常委会议召开。会议传达贯彻全省县（市、区）政协工作经验座谈会和中共南平市委政协工作会议精神。

1995年12月29日，九届十一次常委(扩大)会议召开。听取市计划委员会副主任罗建平对建阳市“九五”计划的说明。协商讨论《中共建阳市委关于建阳市国民经济和社会发展“九五”计划和2010年规划的建议》。

1996年3月7日，九届十二次常委会议召开。主席何志坤通报市政协九届三次会议筹备情况；审议通过《建阳市政协九届三次会议以来常务委员会工作报告》；通过增补10人为建阳市九届政协委员。

1996年4月29日，九届十三次常委会议召开。市政协主席何志坤传达省政协九届四次会议精神，讨论了1996年各专门委员会的工作计划。

1996年9月24日，九届十四次常委会议召开。主席何志坤传达贯彻南平市、县（市、区）政协第四次主席联席会议精神，就如何进一步发挥政协委员民主监督职能，灵活运用民主监督的“八个结合”与“十种形式”细谈自己的认识和体会。

1996年11月8日，九届十五次常委会议召开。市政协主席何志坤传达贯彻中共十四届六中全会精神和省政委六届三次全会精神。与会常委结合部门、单位的实际问题，就当前群众普遍关心、反映强烈，有关精神文明建设中的社会公德、职业道德、家庭美德等方面问题展开讨论。

1997年1月24日，九届十六次常委会议召开。讨论市政协九届三次会议以来常委会工作报告；协商讨论市政协九届四次会议有关事项。通过增补6人为九届政协委员。

1997年4月15日，九届十七次常委会议召开。主席何志坤传达贯彻省政协七届五次会议和南平市政协一届三次会议精神。与会常委针对建阳实际情况进行讨论。

1997年9月26日，九届十八次常委会召开。学习中共党的十五大精神，畅谈学习的心得和体会。

1997年12月26日，九届十九次常委会议召开。学习贯彻中共党的十五大和南平市第六次市、县（区）政协主席联席会议精神。会议讨论、研究市政协九届五次全委会筹备工作并决定在全委会开幕式上委员带头唱国歌。

1998年2月20日，九届二十次常委会议召开。主席何志坤就省政协八届一次会议中对七届省政协五年取得的8个方面成绩、8条基本经验、1998年工作8点意见以及有关精神等进行传达。会议还审议九届市政协常委会工作报告，对即将召开的市政协九届五次会议的有关事宜进行讨论。

1998年4月28日，九届二十一次常委会议召开。主席何志坤传达贯彻了南平市政协一届五次会议精神。会议针对如何加快发展建阳市非公有制经济以及做好下岗职工再就业工作等进行讨论。

1998年9月8日，九届二十二次常委会议召开。市政协主席何志坤传达《中共中央关于在全党深入学习邓小平理论的通知》精神以及省政协、南平市政协实施意见等。市政协副主席汤文伦就市政协换届工作中的指导思想、委员数量、界别、委员的基本要求和具体的做法向常委作说明。

1998 年 12 月 9 日，九届二十三次常委会议召开。主席何志坤传达南平市县（市、区）政协主席联席会议精神。市委调研员周锡林代表市委就委员换届工作作安排。市委统战部长、市政协副主席汤文伦对新一届市政协的届别、委员总数、常委数量、推荐比例等提出意见。

1998 年 12 月 24 日，九届二十四次常委会议召开。市政协新任党组书记邱运财主持会议。市委副书记武勇出席会议。会议就《常委会工作报告（草案）》进行讨论。

二、第十届委员会常务会议

1999 年 2 月 5 日，十届一次常委会议召开。主席邱运财传达贯彻 1 月 25 日在福州召开的省政协八届二次会议的有关精神；通报市十届政协主席的分工情况；研究确定市政协工作机构设置为 9 个专门委员会。会议确定各专门委员会主任、副主任人选；协商讨论市政协 1999 年的工作意见。

1999 年 6 月 22 日，十届二次常委（扩大）会议召开。副主席廖卫民传达八届省政协常委会第七次会议精神。主席邱运财总结通报 1999 年上半年市政协的工作，对市政协 1999 年下半年工作提出要求。

1999 年 10 月 28 日，十届三次常委（扩大）会议召开。主席邱运财传达全省政协工作会议精神，汇报当月 20 日市委书记何三保主持召开市委常委会，专题研究政协工作的情况，讨论下一阶段的工作方案。

2000 年 2 月 25 日，十届四次常委（扩大）会议召开。协商讨论《市政府工作报告》，副市长余建坤到会听取讨论。与会人员讨论《中国人民政治协商会议第十届建阳市委员会常务委员会工作报告》（草案）。讨论市政协二次会议议程、日程安排以及审议通过增补市政协委员等事宜。

2000 年 3 月 9 日，十届五次常委会议召开，听取大会各小组对《政协第十届建阳市委员会常务委员会工作报告》《政府工作报告》讨论意见；听取增补市十届政协常委会委员候选人酝酿情况汇报；确定提交大会选举的常务委员会委员候选人名单；协商通过监票人名单。

2000 年 7 月 10 日，十届六次常委会议召开。主席邱运财传达南平市政协工作会议精神，还向与会的常委通报市政协班子和班子成员开展“三讲”教育的做法、成效和整改的主要措施，讨论市博物馆的选址等问题。

2000 年 7 月 27 日，十届七次常委会议召开。贯彻落实省委、南平市委政协工作会议精神，以及市委、市政府、市纪委、监察局分别形成的《中共建阳市委关于进一步加强人民政协工作的决定》《建阳市人民政府关于进一步支持政协工作和加强与政协协商联系的意见》《中共建阳市纪委、建阳市监察局关于支持配合人民政协开展民主监督的实施意见》等 3 份文件的讨论稿进行讨论，提出看法和修改意见。

2000 年 8 月 15 日，十届八次常委会议召开。邱运财宣读 3 份关于政协机关人事任免文件。安排各专委会下半年的工作。

2001 年 3 月 19 日，十届九次常委会议召开。市委常委、市政府常务副市长余建坤到会作关于《市政府工作报告》的起草说明；市计委主任郭建力到会作《关于建阳市国民经济和社会发展“十五”计划纲要》的起草说明；市财政局局长詹增华到会作关于《市财政预决算报告》的起草说明。分别听取关于十届三次会议筹备情况及常委会工作报告的起草说明、提案工作报告的起草说明。会议审议通过十届三次会议议程草案、日程、政协第十届建阳市委员会常务委员会工作报告和报告人、关于政协十届二次会议以来提案工作情况的报告和报告人、政协常委会组成人员变动情况和新增补的十届委员会委员名单。

2001 年 7 月 25 日，十届十次常委会议召开。会议听取市公安局副局长吴世平关于建阳市贯彻国务院“严打”整治工作情况的通报；主席邱运财传达南平市政协二届一次会议有关精神，通报市政协上半年的工作情况和部署下半年的工作。

2001 年 12 月 21 日，十届十一次常委会议召开。副书记市委阎建华市检察院院长范兴余、市法院院长魏万进应邀参加会议。会议听取两院 2001 年的工作情况通报；通过市政协机关人事安排：主席邱运财报告2001年以来常委会工作情况。

2002年2月25日，十届十二次常委会议召开，听取《市政府工作报告（讨论稿）》和《市财政预决算报告（讨论稿）》起草情况的说明，听取《政协建阳市第十届委员会常务委员会工作报告（讨论稿）》的起草说明和十届四次会议筹备情况的说明，听取关于《政协十届三次会议以来提案工作情况的报告（讨论稿）》的起草说明。会议审议并原则通过上述4个报告；审议并通过市政协十届四次会议的时间、议程、日程安排、委员编组名单、十届委员会秘书长候选人建议名单和选举办法，通过新增补的市十届政协委员名单和十届四次会议提案截止时间等。市委副书记阎建华在会上讲话并向与会人员通报全市2002年1—2月工业发展情况。

2002年8月16日，十届十三次常委（扩大）会议召开。市环保局局长祁志斌通报生态示范区建设、“一控双达标”成果巩固、城市环境质量等方面情况，市劳动和社会保障局副局长邵红通报全市在加强社会保障工作，做好“两个确保”以及扩大城镇就业，完善市场就业机制等方面的情况；市卫生局副局长龚建民通报提升医疗卫生服务质量，整顿规范医药市场秩序的情况。会议通过市政协办公室及部分专门委员会的人事任免。

2002年12月6日，十届十四次常委（扩大）会议召开。主席邱运财就主席会议确定3个调研课题的用意、目的向与会常委作简要说明。市政协秘书长、办公室主任甘建华，经技科技办主任华建生、提案法制办主任张晓虹分别就《建阳市城市规划深化工作调研报告》《建阳市政协关于茶叶生产情况的调查报告》及《建阳市农业和农村经济发展竞赛工作调研报告》的形成和报告内容向到会常委作阐述。会议原则通过3份调研报告，以政协建议案的形式报送市委、市政府。

2003年2月24日，十届十五次常委会议召开，听取市政府《关于政府工作报告起草说明》，市财政局《关于市财政预决算报告起草说明》；听取《关于政协常委会工作报告的起草说明》及全会筹备情况说明和《十届四次会议以来提案工作情况起草说明》。

2003年10月26日，十届十六次常委会议召开。会议讨论建阳市第十次党代会工作报告。市长葛晓华到会通报市班子人事变动情况说明。会议还审议《政协换届人事安排意见》。

2003年12月25日，十届十七次常委会议召开。会议通过《关于召开中国人民政治协商会议第十一届建阳市委员会一次会议的决定》；通过政协第十届建阳市委员会一次会议议程（草案）；听取市委统战部长、市政协副主席谢子贤作《政协第十一届建阳市委员会参加单位和委员名额和人选名单草案说明》；讨论并通过政协第十一届委员会委员名单；通过政协第十届建阳市委常务委员会工作报告，推举报告人；通过政协第十届建阳市委员会五年来提案工作情况的报告，推举报告人；听取《市政府工作报告起草说明》，讨论《市政府工作报告》。

三、第十一届委员会常务会议

2004年3月28日，十一届一次常委会议召开。会议宣布新一届市政协领导班子分工；会议通过《政协第十一届建阳市委员会常务委员会关于设置专门委员会的决定》，决定设置学习、提案、文史、经济科技、教育、医药卫生、社会法制、文化体育、“三胞”九9个专门委员会，作为组织委员进行经常性活动的工作机构。会议通过各专门委员会主任、副主任名单。主席邱运财在会上讲话。

2004年6月28日，十一届二次常委会议召开。中共建阳市委常委、常务副市长黄肃到会通报上半年政府工作情况。常委们听取市政协秘书长甘建华关于政协章程修正案的学习辅导报告；到会常委还对《政协第十一届建阳市委员会关于政协委员履行职能和参加活动的暂行规定》进行讨论。市政协十一届二次会议原则通过这一暂行规定。

2004年11月24日，十一届三次常委会议召开。中共建阳市委副书记、市纪委书记卫国到会通报当年全市党风廉政建设和反腐败工作情况。主席邱运财传达省政协工作会议精神。会议通过增补6人为政协第十一届建阳市委员会委员。

2005年2月22日，十一届四次常委会议召开。市委常委、常务副市长黄肃作《关于市政府工作报告》起草说明；秘书长甘建华作关于政协第十一届建阳市委员会第二次会议筹备情况的说明和《政协第十一届建阳市委员会常务委员会工作报告》起草说明，提案法制办主任张晓虹作关于《十一届一次会议以来提案工作情况报告》起草说明。会议对3个工作报告进行讨论。通过关于召开政协第十一届建阳市委员会第二次会议的决定，通过会议议程、日程（草案），推举《政协第十一届建阳市委员会常务委员会工作报告》《十一届一次会议以来提案工作情况报告》报告人。

2005年5月24日，十一届五次常委会议召开。副市长刘寒到会通报市政府1—4月经济社会情况。与会常委就全市经济运行情况进行讨论。秘书长甘建华向与会常委传达中共福建省委《关于进一步加强新时期人民政协工作的决定》的文件精神。

2005年8月22日，十一届六次常委会议召开。主席邱运财传达南平市政协工作会议精神，市发展与改革局副局长叶智民作《建阳市国民经济和社会发展“十一”规划纲要》简称“规划纲要”起草说明。常委们对规划纲要进行讨论。

2006年2月13日，十一届七次常委会议召开。会议通过《关于召开政协第十一届建阳市委员会第三次会议的决定》；通过政协第十一届建阳市委员会第三次会议议程和日程〔草案〕；通过表彰优秀委员、优秀提案、提案办理先进单位、提案办理先进工作者的决定。

2006年12月1日，十一届八次常委（扩大）会议召开。市纪委书记陈仕佳向与会常委通报市纪委是年党风廉政建设和反腐败工作情况；会议听取市林业局关于建阳庵山申报省级森林公园的情况及可行性报告的起草情况。秘书长甘建华传达省第八次党代会精神，并受市委、市政府委托通报市委、市政府2006年的主要工作；主席邱运财在会议上作总结性发言。

2006年12月27日，十一届九次常委会议召开。会议讨论通过《关于召开政协第十二届建阳市委员会第一次会议的决定》《政协第十一届建阳市委员会常务委员会工作报告》《政协第十一届建阳市委员会常务委员会关于十一届三次会议以来提案工作情况的报告》、政协第十二届建阳市委员会第一次会议日程、议程等有关文件。市委常委、统战部部长邹仁满就政协第十二届建阳市委员会委员的产生情况作简要说明。副市长崔继军受市委、市政府委托，就政府工作报告的起草情况作说明，并听取与会常委的意见。

四、第十二届委员会常务会议

2007年1月17日，十二届一次常委会议召开。会议宣布新一届市政协领导班子分工；通过《政协第十二届建阳市委员各专门委员会组成名单》，决定设置学习文史、提案、经济科技、教育、医药卫生、社会法制、文化体育、民族宗教港澳台侨8个专门委员会。会议通过了各专门委员会主任、副主任名单。

2007年7月5日，十二届二次常委会议召开。市政府副市长吴远彬通报市政府当年上半年工作；市政协主席邱运财回顾政协半年工作，并传达南平市“两会”精神；学习总书记胡锦涛在中央省部级领导干部进修班上的讲话。

2007年11月27日，十二届三次常委会议召开。会议传达学习中共党的十七大会议精神，并邀请市海西林产工贸城管委会、环保局通报工作情况；会议通过李勇、张心煜因工作变动辞去委员职务的决定；通过欧定泉因违法撤销委员职务等事宜。

2008年1月25日，十二届四次常委会议召开。市委常委、常务副市长黄肃就通报2007年度提案办理情况和对政府工作报告起草情况作说明，并听取与会常委的意见。大会通过增补陈宗财为政协第十二届建阳市委员会委员的决定。会议还讨论通过《关于召开政协第十二届建阳市委员会第二次会议的决定》《政协第十二届建阳市委员会常务委员会工作报告（草案）》《政协第十二届建阳市委员会常务委员会关于十二届一次会议以来提案工作情况的报告》和政协第十二届建阳市委员会第二次会议日程、议程等有关内容。

2008年2月26日，十二届五次常委会议召开。听取大会各小组召集人汇报酝酿增补副主席候选人情况，确定陈宗财为十二届增补副主席候选人，会议还讨论通过《政协第十二届建阳市委员会委员暂行管理办法（试行）》。

2008年8月20日，十二届六次常委会议召开。市委常委、市政府常务副市长黄肃代表市政府向市政协通报2008年上半年政府工作情况，并听取与会人员的讨论发言。主席邱运财在会上传达政协第三届南平市委员会第十三次主席联席会议精神。秘书长甘建华传达福建省政协理论研究会成立大会暨第一次政协理论研讨会议精神。会议审议通过《建阳市政协关于发挥界别作用的意见》和市政协内设机构的设置方案，决定设置“一办四委”，即市政协办公室，提案委员会、经济科技委员会、文教卫体和文史资料委员会、社会法制和民族宗教委员会。会议审议通过政协第十二届建阳市委员会委员名额调整方案，委员名额由180名调整为185名。因工作变动，会议同意3人辞去委员职务；同意增补12位委员。主席邱运财向各位常委通报政协当年履行3项职能、推进和谐社会建设及政协机关自身建设情况。

第三节 主席会议

建阳市政协主席会议一般每月召开1次，必要时临时增开，尤其是每季度1次的常委会议召开前，必先召开主席会议，决定常务委员会召开的日期、议程，审议提交常务会议的文件。主席会议还审议以政协名义向本级党委、人大常务会、人民政府提出的重要建议案，讨论决定委员视察、调研、参观等重要活动。

1994年1月10日，九届一次主席会议召开。会议宣布县政协领导分工，讨论通过县政协专门工作机构设置，决定采取政协“三办”联系专门委员会工作机制。

1999年2月3日，十届一次主席（扩大）会议召开。主席邱运财，副主席廖卫民、谢子贤、谢天模，调研员何志坤，助理调研员林添，秘书长刘建及三办负责人出席会议。会上，邱运财传达贯彻1月25日在福州召开的省政协八届二次会议的有关精神。协商讨论十届市政协领导的分工、十届市政协专门委员会的设立以及各专门委员会主任、副主任的初步人选等。会议确定，市政协十届委员会设提案、教育、学习、经济科技、社会法制、医卫、文体、“三胞”、文史9个专门委员会，并对各专门委员会主任、副主任人选作初步安排，会议最后还就市政协1999年工作如何结合实际贯彻省政协八届二次会议精神作协商讨论。

2001年3月9日，十届十二次主席（扩大）会议召开。主席邱运财，副主席廖为民、谢子贤、谢天模，助理调研员林添寿参加会议。会议听取办公室副主任甘建华关于十届市政协三次会议筹备情况及常委会工作报告的起草说明；听取提案法制办主任阎德平关于提案工作情况报告的起草说明。会议决定于本月19日召开十届市政协常委会第九次会议，审议十届市政协三次会议有关情况。

2002年11月19日，十届二十四次主席（扩大）会议召开。全体班子成员参加会议，机关办班主任列席会议，主席邱运财主持会议。会议研究安排11月、12月的工作。会议再一次听取政协“三办”主任关于城市规划、茶叶生产和创业竞赛3个课题调研情况的汇报，并决定3个调研报告提交市政协第十四次常委会讨论通过。会议听取提案法制办主任张晓虹关于十届四次会议立案的102件提案的办理意见。下午，市政协机关党支部组织党员学习中共党的十六大报告精神。会议决定分别召开农村委员分片座谈会和第八次政协乡镇联络组长会议。

2004年1月13日，十一届二次主席会议召开。主席邱运财，副主席刘淑妹、谢天模、黄永寿、张绍敏，副处级调研员廖卫民，秘书长甘建华等新一届市政协班子成员参加会议，邱运财主持会议。会议研究确定重点提案。

2007年1月17日，十二届一次主席会议召开。新当选的政协主席邱运财，副主席刘淑妹、孙秀华、杨志平，秘书长甘建华参加会议。邱运财主持会议。会议听取提案审查委员会关于政协第十届建阳市委员会第一次会议提案情况汇报，研究确定本次会议的重点提案，并对重点提案进行督办分工。

第四章 主要活动

第一节 协商议政

1994—2010年，建阳市政协主要协商制度有政协全委会协商、常委会专题协商、主席会议重点协商、专委会对口协商。在这些协商的基础上，建立议政会制度，邀请各民主党派、人民团体和各界人士参加，听取全市经济发展、社会进步、文明建设、党风廉政建设等重大问题的通报，进而协商讨论。市政府与市政协建立联席会议制度，互相通报情况，协商讨论问题，增进共识。市政府各职能部门加强与政协各专委会及相应办公室的联系与协商。市政协在全会召开之前，组织各民主党派、工商联、工青妇及市政府有关职能部门负责人，就各自部门的工作重点、难点，需要政协出谋献策的问题召开提案征集协商座谈会。

2002年，根据《中共福建省委办公厅关于组织2002年深化四个专题调研活动的通知》，市政协对“加强诚信社会环境建设问题”进行调研。召开由市政府办、宣传部、工商、经贸、外经贸、劳动和社会保障以及银行、税务、法院经济庭和部分乡镇等部门的领导参加的座谈会。针对当前社会上的诚信问题，提出加大宣传教育力度、倡导诚实守信的职业道德标准和提高社会信用意识、健全社会化的监管和信用体系等方面的意见和建议。政协建议、党政采纳、政协参与、协助落实的新模式。市政协建议市政府工作报告和市财政预决算报告在召开“两会”前，先经市政协常委会协商讨论，得到市政府采纳，为市政协参政议政提供条件。市政协通过对全市创业竞赛工作的调研，发现在创业竞赛活动中存在统计数字虚浮现象，向市委、市政府提出关注创业竞赛效绩考评的建议。引起市委、市政府重视，遂召开工作会议并由“五办”及组织部、效能办、统计局、审计局等单位分2组进行核查考评，保证创业竞赛考评的真实性，促进创业竞赛活动的务实开展。

第二节 民主监督

1994—2010年，市政协发挥人民政协民主监督的作用。发动委员写好提案，针对各种提案主动加强与市政府及有关部门的联系。

2002年，印发《关于提高建阳市政协提案质量的工作意见的通知》，提出以“狠抓质量，突出重点，跟踪落实，讲求实效”为重点，采取全面交办、跟踪督办、现场办理、主席和副主席重点办等措施，加大提案办理力度，落实民主监督职能。同年，印发《政协建阳市委员会关于认真做好反映社情民意工作的意见》，要求政协委员注意广泛听取群众的呼声和意见，及时发现和反映一些苗头性和倾向性的问题，编写成信息向国家、省、南平市政协报送，帮助党政领导及时了解基础动向和群众意愿，提供决策依据，

2003年起，市政协通过组织检查、视察、组织委员参与评议，对党的思想、组织和作风建设，尤其是对群众普遍关心的热点、难点、重点问题主动进行民主监督。选派委员参与建阳市纪检、公安、检察院、法院、环保、土地、教育、卫生等部门组织的检查、评议；参加南平市委对建阳党政班子廉政责任制、效能建设考评；参加上级部门对法院、检察院、工商等单位的行风效能建设考评；与人大联合开展执法检查等。先后有二三十位政协委员受聘为市直有关部门的廉政建设监督员、行风建设监督员、人民法院

陪审员等，直接参与各类监督、检查，发挥政协的民主监督作用。

第三节　提案工作

政协第八届建阳县委员会3年共提出提案277件，经提案委员会审查立案267件，占提案总数的96.39%，其中，有关加快建阳县经济建设发展的123件，占立案总数的46.07%；科技、教育、文化、卫生体育事业方面的75件，占立案总数的28.09%；能源、交通、物价、城镇与乡村建设方面的22件，占立案总数的8.24%；统战、宗教、政法、劳动人事方面46件，17.23%；其他方面1件，占立案总数的0.37%。

政协第九届建阳市委员会5年间共收到提案505件，经提案委员会审查立案457件，占提案总数的90.90%，其中，有关经济建设方面的292件，占提案总数的57.82%；有关宣传、教育、科技、文化、卫生、体育等精神文明建设方面的132件，占提案总数的26.14%；有关统战、政协、宗教、政法、劳动人事的49件，占提案总数的9.70%；其他方面的32件，占提案总数的6.34%。

政协第十届建阳市委员会5年间共收到提案479件，经提案委员会审查立案471件，占提案总数的98.33%，其中，农林水方面64件，占提案数的13.36%；城建环保方面117件，占提案数的24.43%；财贸方面40件，占提案数的8.35%；工业、交通、方面50件，占提案数的10.44%；科教文卫体方面91件，占提案数的19%；精神文明、社会法治方面61件，占提案数的12.73%；劳动人事及其他方面56件，占提案数的11.69%。

政协第十一届建阳市委员会3年间共收到提案280件，根据《提案工作条例》有关规定，提案委员会对收到的提案进行审查，共立案269件，占提案总数的96.70%，所涉及的内容可分为：经济建设方面的提案124件，占立案总数的46.10%；有关政法、劳动人事方面的提案有40件，占立案总数的14.87%；有关社会各项事业105件，占立案总数的39.03%。

政协建阳市十二届委员会5年间共收到提案446件，提案委员会对收到的提案进行审查，共立案436件，占提案总数的97.76%，所涉及的内容可分为：经济建设方面的提案110件，占立案总数的25.23%；科教文卫体方面84件，占立案数的19.27%；城乡建设与管理方面的126件，占立案总数的28.90%；有关政法、劳动人事社保等方面的提案有116件，占立案总数的26.61%。

第四节　视察调研

政协第八届建阳县委员会期间，政协委员特别关注困难企业和商品质量的问题，1991—1993年，市政协常委会先后组织委员对全县改革开放和两个文明建设进行较大规模的视察、调查活动11次，参加的委员有180人次，如对特困企业、国营工业企业经营机制转换情况的视察与调查、茶叶生产调查、供销社农副产品流通主渠道作用、社会治安综合治理、农村儿童计划免疫及常见病预防、“三资”企业存在困难问题、九年义务教育情况和教育督导工作的视察调查等，委员们不仅在宏观上对国营工业企业如何增强活力、提高效益，如何加强农业、全面振兴农村经济出谋划策，而且对进一步改善企业外部环境和加强内部管理方面提出具体建议。对加强全县竹山资源管理、理顺茶叶生产经营体制、减轻农民负担、发挥供销社的主渠道作用等问题出主意、想办法，促进社会主义精神文明建设，为经济建设创造良好的社会政治环境。

1994年6月3—4日，市政协常委会组织委员27人，并特邀宣传、教育、财政、莒口镇等领导组成考察团考察县教师进修学校，对影响达标报批的4个问题（学校人员编制、领导配备、基建教学楼、毗邻莒口印塑厂通道穿学校而过问题）进行视察，经研究提出具体建议并形成视察报告，引起市政府和教育主管部门的高度重视。11月3日，组织部分委员及有关部门负责人共17人，在市政协主席何志坤带领下对水东综合园艺总场进行视察调研。1995年5月下旬，组织委员对作物种子工作情况进行考察调研。

1996年1月16日，组织委员对个体私营经济进行考察调研。1996年5月13—15日，市人大常委会、市政协常委会联合组织对农村科技工作情况的考察调研。1997年5月中旬，市政协常委会组织部分常委、委员并邀请市政府有关职能部门领导，对全市茶果产业进行为期2天的考察调研。1998年8月18日，市政协医卫体委组织委员并邀请市公安局、卫生局、妇幼保健所的领导到水吉考察调研《中华人民共和国母婴保健法》贯彻实施情况。

1994年1月—1999年1月，政协第九届建阳县（市）委员会期间，政协注重发挥全市政协人才优势，针对教育卫生、农村科技、作物种子、茶果生产和个体私营经济发展等社会热点、难点问题开展考察调研。五年间由市政协常委会组织考察调研活动共计29次，形成考察调查报告26份，提出意见建议90条。许多意见和建议为市委、市政府所重视并采纳。

1999年3月，政协法制委员会8人，考察水吉、童游社会治安综合治理工作。9月，政协医卫委员会与卫生局、防疫站等单位领导一同考察学校食堂的食品卫生状况。政协教育委员会视察童游镇溪口寄宿制小学。11月，政协经济科技委员会考察个体私营企业、政协社会法制委员会视察长见村依法治村、政协教育委员会考察建阳商校。2000年6月，市人大、市政协对全市中、小学校落实总书记江泽民关于教育问题的讲话精神，到一中、二中、三中和实验小学视察学生“减负”工作。12月，市政协教育委员会先后考察建阳师范和建阳一中。2001年5月，市政协社会法制委员会考察市城关天主教活动场所、莒口圣迹寺、考亭圆心寺、宝山清莲寺和城关基督教堂。6月，根据市委部署，市政协组织建阳市各民主党派、工商联负责人、部分政协委员及有关方面行家、专家12人，对塔山工业园区的规划、投资、建设、发展等有关情况进行考察论证。8月，市政协医药卫生委员会组织委员考察黄坑、麻沙、漳墩、水吉等乡镇的供水卫生、11月考察了解氢氟酸厂选址问题。2002年1月，市政协教育委员会视察建阳一中争创《福建省普通中学一级达标学校》情况。2月，市政协社会法制委到市火车站、一中、知苑小区和西市街文明安全片区，对铁路治安联防和片区安全防范等问题进行调查。3月，根据市委、市政府的意见，市政协组织部分委员就建阳工业发展情况及存在的困难和问题，到明珠纸业有限公司、丽阳人造板有限责任公司、万国电器有限公司、武夷酒业有限公司、武夷味精有限公司、青松化工有限公司及福建压缩机总厂等7家不同类型的企业进行考察。6月，根据市民反映的水东桥下侧桥体架设通讯管道存在安全隐患的问题，市政协邀请市交通局、建设局、安办、电信局、移动公司、联通公司等部门的领导及部分政协委员对水东桥进行专题考察。7月，市政协经科委组织部分委员考察新城竹木制品厂、富林食品有限公司、龙强机械制造有限公司和三爱药业股份有限公司。2003年4月，市政协经科委组织部分委员并邀请有关部门领导，考察部分私营企业的扩建、改建工地现场，到市房管处考察有关房屋产权登记办理服务情况。

1999年1月至2004年1月，政协第十届建阳市委员会期间，政协注重商品经济的发展、社会治安综合治理、农村土地的延包和依法治村、教育质量和民族宗教等工作，围绕这些工作开展考察调研。配合省、南平市政协开展农业结构调整、项目开发、精神文明建设、医疗卫生、诚信建设、环境保护、防洪减灾、创业竞赛、农民工问题、农业产业化经营与农民增收等问题进行考察调研24次，提出意见与建议100条；组织委员对全市工业、个私企业发展、天然林保护、土地延包、职业病防治、城市建设、茶叶生产、竹业开发、职工再就业、民族村小康建设及民间信仰场所、教育、社会治安、创业竞赛、土地房地产办理情况等课题进行考察调研活动33次，形成常委会建议案、调查报告、呈阅件31份，提出意见与建议120条，部分意见与建议为政府及有关部门采纳。

2004年3月，市政协医药委视察医药市场管理。考察组考察市区5所药店和南平二院、市立医院，以及部分农村卫生院。4月，组织市政协部分委员，并邀请规划、土地、建设等部门领导，考察市步行街二期工程建设工作。8月，市政协组织部分委员实地察看城区、水南、童游3片区的城市综合整治并召开专题座谈会12月，市政协教育专委会考察市区幼儿园。12月，组织部分教育界委员视察西门小学山体滑坡情况。9月，学习委部分委员到书坊考察古民居。12月，市政协考察童游农贸市场改建工程的建设情况，要求市场服务中心要加强管理，做好元旦和春节的供应工作。12月，市政协组织在潭的南平市政协委员，调研建阳市工业发展情况。

政协第十一届建阳市委员会期间（2004 年 1 月至 2007 年 1 月），政协以专委会为依托，以课题为纽带，各专委会和政协乡镇联络组认真制定年度工作计划，开展视察调研活动。先后组织十一届政协委员对全市医药市场、职业教育、就业与社会保障、步行街二期工程、工业园区建设、科技人员运行机制情况、农村客运安全、国有林业采育场经营环境、提高建阳市民素质、税费改革后农村义务教育情况、西门小学山体滑坡治理、文化体育工作、林业资源保护利用、加快二中发展、初中招生工作、火车站金桥小区建设、城市管理等课题进行视察调研活动，形成常委会建议案、调研报告、呈阅件 17 篇，提出意见与建议 90 条。

政协第十二届建阳市委员会期间（2007 年 1 月至 2010 年），市政协坚持以关注民生，致力发展为前提，发挥政协智力优势，组织委员围绕事关全市改革发展稳定的重大事项开展调查研究，建言立论。除配合省、南平市政协在建阳开展的加快生物产业发展、农家书屋工程建设、闽北农业合作组织发展和农用地流转情况等 19 个专题的考察调研外，就全市新农村中心村建设、民办学校发展、社区卫生服务、饮用水资源、少数民族民间文化保护、保障性安居房建设、农村道路交通安全及百岁老人健康情况等 20 个重点调研课题的调研，形成调研报告 20 篇，提出意见建议 100 条。其中不少意见建议得到市委、市政府的重视。如针对城市用水问题，加强麻阳溪水源的保护的建议，专门成立麻阳溪流域农村环境连片整治领导小组，对沿河环境进行整治，保护水源；针对道路安全问题，加强农村道路养护的建议，市政府出台《建阳市农村公路管理规定》和《建阳市农村公路养护管理暂行规定》，每年配套 100 万元资金用于公路养护。

第五节　文史资料工作

1982 年，建阳县政协开始编辑文史资料。至 2011 年，共编印《建阳文史资料》21 辑，图片、照片除外，共计 376.50 万字，合计刊印 5 万册，除在全市发行外，还与全国 21 个省、市、自治区的 200 个单位建立资料交换、赠阅关系。《建阳文史资料》内容包括建阳历史变迁，解放前后有关农业、工业、商业、文教、交通、水电，医药、宗教及华侨的概况及发展情况、建阳革命史（包括革命烈士传略、历史名人传略）、民国以来建阳大事纪要、文物及风景、土特产介绍等。

1995—2011 年，市政协文史办编辑出版《税赋非常档案》《大潭书》《建阳大典》等一批地情文献。《税赋非常档案》收集历代契税、田赋完粮凭证、印花税票、工商税、特种税和各种附加费的原始凭证及有关税收文本，弥补县志资料的不足，为研究清代以来地方税种、税目的产生、发展、变化及地方税收制度变更提供第一手资料。文史委成员的邮品先后获纪念邓小平诞辰一百周年福建省集邮展览会银奖、全国首届集邮文献暨文献集邮展览会银奖。《大潭书》曾作为建阳撤县建市的献礼精品之一，《法医鼻祖宋慈》为全国法医年会重要交流材料，《建阳大典》为建阳对外交流发挥重要作用。

第六节　联谊活动

20 世纪 80—90 年代，建阳政协对生活困难的归侨、侨属给予适当补助，并解决归侨、侨属中的部分待业青年的就业问题。由于重视做好“三胞”工作，广泛团结一切爱国力量，调动海外人士及其在国内亲属的积极性。

1990—2000 年，先后接待全国绝大部分省、市、自治区的来宾，以及福建省各县、市、区和南平各县（市）的数百批客人。长期保持与上海宝山区、江西景德镇市、江苏仪征市、浙江金华市、萧山区、丽水市和福建省 10 个市县政协联系。多次组织常委、委员、乡镇联络组长、老委员联谊会成员到省内外学习考察，交流情况，密切联系，吸取经验，解放思想，促进政协工作。

1998 年 8 月 21—23 日，市政协牵头邀请曾在建阳插队的 130 名知识青年，参加建阳市“98 桑梓情——建阳知青第二故乡行”活动。期间，知青还返回到崇雒、漳墩等 13 个乡镇探亲访友，看望当年的老房东、生产队长、村民，并与他们共叙情怀，知青每到1处都受到村民的热烈欢迎。活动期间，知青们共捐款16.90万元支持建阳的经济发展，以实际行动回报第二故乡。

2005年6月，联合国农业生态首席顾问、美国著名农业生态学家、夏威夷大学原校长、教授罗纳德·毛考察市外资办生态果园示范基地，对美国脐橙在建阳市种植情况进行研究，提出生态果园中存在的问题，介绍美国先进的种植和管理技术，为建阳生态果园建设提供宝贵的经验。

从20世纪80年代起至2010年，建阳政协先后召开30次“三胞”座谈会，贯彻并重申党对台胞和往台人员家属的一系列政策，如一视同仁，平等相待，保护其通信、通电、台汇、侨汇等自由来往的政策，解除他们的思想顾虑。同时，分析和肯定台胞、归侨、侨属、往台人员家属以及海外侨胞在祖国“四化”建设和争取早日实现祖国统一大业中所起的作用，纠正过去因极“左”路线的干扰破坏，把一切有亲属在台湾和海外的人扣上所谓“台湾关系”“海外关系”“复杂的政治关系”的帽子等错误倾向，鼓励他们向台湾和海外亲友积极宣传党的路线、方针和政策，宣传祖国的大好形势和“四化”建设的宏伟目标，宣传《告台湾同胞书》的精神和争取台湾回归祖国的大政方针。做好归侨、侨属的物资供应等等，使他们感受到祖国的温暖。先后与统战部、台办、侨联等单位一起接待探亲访问的华侨、华人和港澳同胞，对回乡探亲和去港会亲的朋友，并通过小型座谈、便宴或参观、访问，赠送录像带、风景图片等方式，介绍家乡建设、生产发展及群众生活等情况，加强联谊，解除顾虑，互通情况，促进了解。同时，请回乡探亲的同胞帮助带书信、照片等到台湾寻找亲人，进而扩大联系，让其能在海外和台湾介绍家乡建设的真实情况，促进民间往来和“三通”（通邮、通航、通商）的发展。

第二十一篇　民主党派　人民团体

第二十一篇 民主党派 人民团体

建阳市有民盟、农工党 2 个民主党派和工商业联合会地方组织，在中共建阳市（县）委领导下，加强自身建设，积极参政议政，发挥各自优势，开展支教义诊、招商引资、服务非公企业和慈善事业，在建阳市经济和社会事业发展中作出重要贡献。

建阳市工会、共青团、妇联、科协、文联、侨联、残联等群众团体，在维护人民群众权益、宣传教育、帮助弱势群体、领导开展建功立业活动、实施再就业工程，推进社会公平正义、普及科技知识、开展文体活动、团结海内外乡亲支援建设等方面作大量工作，为建阳市经济发展和社会稳定发挥作用。

第一章 民主党派

第一节 中国民主同盟

一、组织

1990 年 1 月，中国民主同盟福建省委会建阳临时小组成立，谢天林任组长。1992 年 2 月，中国民主同盟建阳小组成立，林祥明任组长。1994 年 11 月 25 日，中国民主同盟建阳支部成立，盟员 27 人，林祥明任支部主任委员。1998 年 12 月 29 日，民盟建阳市委员会成立，陈震任盟内主任委员，王文烈、黎林森任盟内副主任委员

1998 年 12 月 29 日，民盟建阳市第一次全体盟员大会召开，正式成立民盟建阳市委员会，陈震任主任委员。

2004 年 12 月 29 日，民盟建阳市第二次全体盟员大会召开，选举陈震为主任委员。2009 年 3 月 13 日，民盟建阳市委会召开第二届全委会第八次会议，会上民盟建阳市委会同意陈震辞职的决定，民盟南平市委会同意召开届中调整会议的批复，选举杨志平任民盟建阳市委会主任委员。

2009 年 12 月 31 日，民盟建阳市委会三次全体盟员大会召开，杨志平任主任委员。

至 2010 年，全市盟员总数 70 人，平均年龄 48 岁。其中，文化、教育界盟员 56 人，占盟员总数的 80%。盟员中有南平市政协常委 1 人、委员 2 人，建阳市政协副主席 1 人、委员 10 人，建阳市人大常委 1 人。

二、主要活动

1994 年，民盟建阳支部成立后，发动盟员积极参政议政，发挥盟员专业优势，开展支教义诊活动。

从 1996 年开始，建阳市盟员就开始在市政协会议上提交提案。从 1998 年开始，每年的市政协全体会议，市民盟委员会和盟员都有提案或建议。1996—2010 年，民盟市委和盟员共有政协提案或建议 83 项。

2004 年，盟市委组织一中、二中部分盟员教师到漳墩民族中学开展支教活动。2005 年，盟市委会组

织二中支部盟员中的优秀教师到徐市中学开展支教活动；盟员黎林森在老年大学为学员开设健康讲座，在高考前夕，为高三考生进行心理健康讲座和咨询。2006 年，盟市委组织初教支部赴南林小学帮扶支教；2007 年，市委会组织盟内名师到麻沙中学为高三考生进行考前指导。2008 年，组织结合民族宣传月活动，组织盟内教师到漳墩民族中学进行英语专项支教活动。2009 年，组织盟内的骨干南平第二医院部分盟员医生等 12 人到建阳崇雒乡开展义诊活动。

建阳市盟员在各自专业领域、工作岗位和盟内活动中，都取得优异成绩，并受到表彰。盟员黎林森长年致力于高血压研究，参与卫生部发表的国家 863 课题“高血压与脂质代谢”获得国家专项经费 4 万元；研究成果先后获评南平市科委“先进成果奖”，个人先后获南平市卫生系统“先进工作者”、省科协“先进科技工作者”称号。教育系统盟员冯红星获评“第二届全国中小学优秀外语教师”、刘桂英的论文《探究语文美学与阅读》在《中学语文》杂志上发表并被《中国人民大学党报》转载、叶玲红撰写的论文《谈美术教学中多媒体的应用》获省普教室三等奖。盟员沈玉茹获省第三届优秀中青年演员比赛铜奖，还先后获评“九五”期间文艺创作先进个人、获南平市首届文化艺术节优秀演员二等奖。盟员夏子健获南平市政府颁发的五一劳动奖章、兰行远获评南平市 2010 年劳动模范以及昌吉州民族团结先进模范个人。吴长俊获南平市“优秀盟员”称号。

第二节　中国农工民主党

一、组织

1995 年 12 月，中国农工民主党建阳市委员会成立，其前身是农工党建阳市支部委员会，隶属农工党南平市委员会，由陈则仙任支部主委，建阳支部成立前，建阳的农工党党员分属原属农工党南平市、邵武市和武夷山市委员会，成立时共 8 名党员，其中，高级职称 5 人，分布 7 个单位，下设南平二院小组、市立医院小组、综合小组。

1998 年 12 月 8 日，农工党建阳市第一次党员大会召开，正式成立农工党建阳市委员会，选举陈则仙为主任委员。下设南平市第二医院支部、市立医院支部、综合支部。

2004 年 12 月 28 日，农工党建阳市第二次党员大会召开，选举刘通为主任委员。2005 年 7 月 30 日，各支部换届，并增设退休支部。2006 年 10 月 21 日，农工党建阳市委会党员大会召开。会上宣读农工党建阳市委会同意刘通辞职的决定以及农工党南平市委会同意召开届中调整会议的批复。选举叶福平任农工党建阳市委会主委。

2009 年 12 月 27 日，农工党建阳市第三次党员大会召开，选举叶福平为主任委员。下设支部不变。

二、主要活动

1995 年，农工党建阳市委会成立后，发动成员参政议政，发挥成员医务专业优势，开展义诊活动。

从 1996 年开始，建阳市农工党成员就开始在市政协会议上提交提案。从 1998 年开始，每年的市政协全体会议，农工党市委会和成员都有提案或建议。1996—2010 年，民盟市委和盟员共有政协提案或建议 55 项。农工党建阳市委会的政协提案《开展建立新型农村合作医务制度试点工作》获农工党省委会评为 2003 年重点提案并受到奖励。

1996 年 6 月，市委会与潭城镇政协联络组联合开展义诊活动。11 月，结合开展第八届国际科学与和平周活动，组织党员开展义诊，并获农工党中央授予“优秀活动奖”。从 2000 年开始，每年国际科学与和平周，市委会都组织医务人员到市区及各乡镇开展义诊和送医送药活动，并发放挂图、宣传材料等。

建阳市农工党成员在各自专业领域、工作岗位活动中，都取得优异成绩，并受到表彰。刘通获农工党全国社会服务突出贡献奖；林德健获农工党中央授予的“抗震救灾先进个人”称号；袁晓英获农工党省委会授予的“优秀党务工作者”称号；钟春丽获农工党省委会授予的“社会服务先进个人”称号，农工党南平市委会授予的“优秀党员”称号；陈则仙获农工党省委会授予的“先进个人”称号；杨军、杨万林、乔万林获农工党南平市委会授予的“优秀党员”称号；卓明英、杨军、陈伟科研成果先后获南平市科技进步三等奖；徐立发、刘通、宋汉祥、陈则仙、袁晓英、郑乃英获农工党南平市委会表彰为抗“非典”先进个人；南平市卫生局表彰乔建萍为先进工作者，袁晓英为优秀护士。农工党建阳市立医院支部获农工党省委会授予“先进党支部”称号。

第二章 人民团体

第一节 工 会

一、组织机构

（一）市（县）总工会

1. 代表大会

县工会第十三次代表大会 1993年10月21—22日在召开，正式代表200名，特邀和列席代表25名。大会审议和批准施祖森代表县总工会第十二届委员会所作的题为《团结和动员全县职工，振奋精神，开拓进取，为加快建阳发展建功立业》的工作报告；审议和批准县总工会第十二届委员会财务工作报告和经费审查委员会工作报告；通过有关决议。选举产生由21名委员组成的县总工会第十三届委员会，选举施祖森为总工会主席，选出由5名委员组成的工会经费审查委员会。

市工会第十四次代表大会 1998年11月17—18日召开，正式代表200名、特邀和列席代表60名。大会审议通过王佳玫代表市总工会第十三届委员会所作的题为《求实创新，开拓进取，团结动员全市职工为实现建阳跨世纪目标而努力奋斗》的工作报告；审议通过市总工会第十三届委员会财务工作报告和经费审查委员会工作报告；表彰20名优秀工会工作者、20名优秀工会积极分子和10名热心支持工会工作的党政领导干部；选举产生由23名委员组成的市总工会第十四届委员会，选举王佳玫为主席，选出由7名委员组成的市总工会第十四届经费审查委员会。2002年4月，召开市总工会第十四届全体委员会议，补选中共建阳市委常委邹仁满为市总工会第十四届委员会委员、常委、主席，补选市总工会第十四届委员会主席王佳玫为常务副主席。

市工会第十五次代表大会 2003年11月19—20日召开，正式代表160名，特邀和列席代表80名。大会审议通过邹仁满代表市总工会第十四届委员会所作的题为《深入贯彻“三个代表”重要思想，认真履行工会工作职能，团结动员全市职工为全面建设小康社会建功立业》的工作报告，审议通过市总工会第十四届委员会财务工作报告和经费审查委员会工作报告；表彰20名优秀工会工作者、20名优秀工会积极分子和10名热心支持工会工作的党政领导干部。选举产生由20名委员（暂缺1名）组成的市总工会第十五届委员会，选举邹仁满为主席，选举产生由7名委员组成的经费审查委员会。

市工会第十六次代表大会 2008年9月25—26日召开，正式代表160名、特邀代表48名。大会审议和批准邹仁满代表市总工会第十五届委员会所作的题为《围绕全市工作大局，全面履行工会职能，团结动员广大职工为建阳又好又快发展而努力奋斗》的工作报告；审议和批准市总工会第十五届经费审查工作报告和财务工作报告；表彰建阳市工人先锋号10个、优秀工会工作者20人、优秀工会积极分子22

人和热心支持工会工作党政领导干部10人。选举产生由21位委员组成的建阳市总工会第十六届委员会。选举邹仁满为市总工会主席，选举产生由7名委员组成的经费审查委员会。

2. 内设机构

1991年，建阳县总工会内设办公室、组织部、宣传教育部、生产福利部、财务实业部和女职工部，下设工人文化宫和职工业余学校2个事业单位。

1997年，机构改革，内设办公室、组织宣教部（挂靠女职工部）、生产福利部（挂靠职工技术协会办公室、劳动模范协会办公室）和财务实业部（挂靠经费审查委员会办公室）。

2002年，内设机构调整为办公室（挂靠财务室、经费审查办公室）、组织宣教部（女职工部）、生产福利部（挂靠职工技术协会办公室、劳动模范协会办公室）。2007年8月，市总办公室加挂经费审查委员会办公室牌子，增设财务部、女职工部。

至2010年，内设机构为办公室、经审办公室、财务部、女职工部、组织宣教部、生产福利部（挂靠职工技术协会办公室、劳动模范协会办公室），下设事业单位不变。

（二）乡镇、系统工会

1991年，全市有经委、二轻、交通、城建、商业、供销、粮食、林业、农业、水利、教育、卫生、文化、乡镇企业、县直机关行政事业单位、省地属单位共15个系统工会。

1997年2月，全市13个乡镇分别成立机关和经联委工会委员会。其后，对全市系统和乡镇工会进行分立、撤并、调整和更名。至1998年，全市共有经委、二轻、交通、建委、财委、金融、外经、供销、粮食、林业、农委、水电、文化、教育、卫生、政法、乡镇企业、乡镇机关、市直机关单位、省地属单位20个系统（产业）工会，大中专院校工会联合会1个，省二监、公路分局、邮电工会3个直属工会，合计24个市总工会直管工会。

1998年底，邮政分营，1999年初分设邮政、电信工会。2000年，重新组建财贸系统工会。1999—2002年，先后成立乡镇（街道）工会联合会13个，以及建阳市个体私营企业工会联合会、市直机关工会工委，撤销市直机关单位和乡镇机关系统工会。

2002年，由于机构改革，经委与财贸系统工会合并组成经贸系统工会，建委因分设建设和规划2个局，更名为建设系统工会，金融系统工会因上级金融工会撤销而停止活动，农委因更名为市委农办而并入市直机关工会工委，水电因水利和电力分离更名为水利系统工会，乡镇企业系统工会因该局撤销而撤销，设立直属市工商局工会。至2003年，全市共有经贸、二轻、交通、建设、林业、水利、粮食、供销、政法、文化、教育、卫生、个私、外经14个系统工会，邮政、电信、公路、监狱、工商、汽运公司6个省地驻潭单位工会，潭城街道、童游街道、徐市镇、将口镇、崇雒乡、黄坑镇、麻沙镇、莒口镇、书坊乡、水吉镇、小湖镇、漳墩镇、回龙乡13个乡镇（街道）工会联合会，市直机关工会工委，驻潭大中专院校工会联合会，合计35个市总工会直管工会。同年年底，撤销市外经系统工会，增设立广电系统工会。2004年底，撤销市水利系统工会，建阳市汽运公司工会因企业改制更名为建阳武夷汽运分公司工会并划归南平市武夷汽运总公司工会直管。2009年5月，新成立建阳市海西林产工贸城工会联合会。

至2010年，全市共有经贸、二轻、交通、建设、林业、粮食、供销、政法、教育、卫生、个私、广电和海西林产工贸城13个系统（产业）工会，邮政、电信、公路、监狱、工商5个省地属驻潭单位工会，驻潭大中专院校工会联合会，市直机关工会工委，潭城街道、童游街道、徐市镇、将口镇、崇雒乡、黄坑镇、麻沙镇、莒口镇、书坊乡、水吉镇、小湖镇、漳墩镇和回龙乡13个乡镇（街道）工会联合会，合计33个市总工会直管工会。

（三）基层工会建设

1991—1993年，县总工会重点加强机关和乡镇企业组建工会工作，使全县基层工会组织从302个增至332个，会员37343人。同时，贯彻《中华全国总工会关于继续深入开展建设职工之家活动的决定》精神，推进各级各类职工之家建设，至1993年，全县建有合格“职工之家”215个，县级先进“职工之家”108

个，县级模范“职工之家”70个，县级模范“职工小家”99个，地级模范“职工之家”8个，省级模范“职工之家”6个。1994—1998年，市总工会在乡镇和“三资”组建工会95个。1996年12月，建阳市总工会获全国总工会“全国新经济组织工会工作先进单位”称号。1998年，全市有省级模范“职工之家”13个、“职工小家”5个，地级先进“职工之家”21个、“职工小家”11个，市（县）合格“职工之家”238个、达76.20%，合格“职工小家”532个、达82%；先进“职工之家”132个，模范“职工之家”89个。

1998—2003年，加大非公有制经济组织工会组建力度。全市新组建非公有制企业工会342家，扣除消亡的企业工会数，至2003年底，全市有基层工会535家，会员33370人。

2004年，以“党建带工建”，抓好新建个私企业、“三资”企业和社区工会组建工作，建立社区工会16家、非公有制企业工会69家，发展新会员2067人。对消亡和改制的企业工会数和职工数进行核实、剔除，全市共有机关、企事业等基层工会702家，会员27325名。2005年底，全市共有机关、企事业等基层工会767个，会员29270人；有2个基层工会获评为省级模范“职工之家”，1个基层工会获评为省级“模范职工小家”，有1位企业负责人获省总评为“职工之友”，各有2家基层工会分别评为南平市“先进职工之家”和“先进职工小家”，2家企业获评为南平市“爱职工先进企业”，2位企业负责人获评为南平市“爱员工的优秀厂长经理”，2位职工获评为“南平市优秀员工”；4位党政领导获评为“南平市热心支持工会工作的党政领导干部”。

2006年，突出抓好个私企业和乡镇企业等非公有制企业工会组建工作，帮助农民工加入工会组织，当年新组建非公有制企业工会60家，新发展会员2750人。开展基层工会组织大调查，对1个法人代表注册多家企业、停产、关闭、消亡企业的工会进行核实，减除基层工会317个、会员1297人。

2007年，开展“企业工会建设年”活动，新组建基层工会53家，新发展会员3209名；全市共有基层工会503家、会员31288人。同年，以全市15家非公有制企业工会为示范单位，开展“双爱双评”（企业爱员工、员工爱企业）活动，评选“爱企业的优秀员工”36人、“爱员工的优秀厂长（经理）”11人，推荐表彰南平市先进“职工之家（小家）”4个，省级模范“职工之家”1个，推进合格、先进、模范“职工之家”的创建，加强企业文化建设。

2008年，开展“进园区、进企业、抓基层、打基础”活动，新建基层工会58家、发展会员2618人。2009年，开展“基层工会活力年”活动，新组建基层工会43家、发展会员2000人，组建出租车公司工会2家。按照南平市总工会《关于开展建设职工之家25周年纪念活动的通知》要求，全市基层工会围绕学习实践科学发展观的学习调研，结合工会工作重点，开展建设职工之家25周年纪念征文和调研活动，撰写建家理论和调研文章3篇，撰写和征集“纪念职工之家建设25周年”征文9篇，推荐表彰省级模范“职工之家”2个。

截至2010年底，全市共有工会组织1017个（工会委员会670家），会员40588人，其中，行政机关工会委员会95家，会员3065人；事业单位工会委员会107家，会员6670人；企业工会委员会468家，会员28469人；企业及经济法人单位分工会71个，会员1166人；工会小组276个，会员1218人。推进“双措并举、二次覆盖”（“双措并举”是指根据区域或行业特点、将区域内或同行业的小企业工会组织起来，组建成区域性、行业性基层工会联合会，同时，推进工会干部管理体制改革，通过社会化公开招聘等方式，建设1支不锡企业贸院验职业化工会干部队伍；“二次覆盖”是指所署企业工会对本企业会员和职工覆盖的同时，工会联合会实现对所联合企业王会和职工的再际覆盖，这也是全国总工会部署开展的一项重要工作）工作，建立健全乡镇（街道）、村（社区）、企业的“小三级”（是指由街镇、开发区总工会，区域性、行业性工会联合会和企业工会、联合工会所构成的三级基层工会组织体系）。工会组织网络，全市共建本级合格“职工之家”576个、先进“职工之家”296个，其中，南平市级先进“职工之家”40个、“职工小家”33家；省级模范“职工之家”32个、“职工小家”12个，全国模范“职工小家”1个；省和南平市“双爱双评”先进单位13个；有16位企业经营者获评为“爱职工的好厂长（经理）”，13位职工获评为“爱企业的好职工”。

2006—2010年，通过开展“企业工会建设年”和“基层工会活力年”活动，在会员25人以上的415

家工会组织进行法人资格登记、领证402家，其中制作、领取代码证2家；发挥建阳龙翔科技开发有限公司工会“党工共建”示范作用，带动336家非公企业工会规范化建设。在健全完善286家机关、事业单位和公有制企业工会组织的同时，发挥潭城街道西市、西门2个社区工会在指导辖区工会、服务流动会员方面的典型示范作用，实施“工会进村、进社区”工程，推动20个社区、82个村工会联合会规范化建设水平的提高。

二、主要活动

（一）维护职工合法权益

1991—1993年，县总工会共接待职工来访186人次，来信173件；有92个基层工会建立劳动争议调解委员会，受理劳动争议案件83件，达成协议25件。同时，进一步贯彻全总颁发的工会劳动保护“三个条例”，全县89家企业工会、124个车间分工会、513个工会小组建立劳动保护监督检查机构，配备专兼职监督检查员；举办劳动保护安全生产培训班218期、培训10275人次，配合公安局、经委等部门开展企业“创安”活动，创建安全生产合格班组258个；参与全县安全生产大检查4次，查出事故隐患230处，提出整改措施269条，按照“事故原因分析不清不放过，事故责任者和群众没有受到教育不放过，没有采取切实可行的防范措施不放过”的原则，调查处理工伤事故。工会组织在参与企业改革、推行企业承包经营责任制中，代表职工说话，反映职工群众的意愿和要求，争取职工的利益。1994年起，参加企业的“三同时”（劳动条件和安全卫生设施与主体工程同时设计、同时施工、同时投产使用）会审验收。

1994—1998年，各级工会组织协助企事业单位建立健全劳动保护、安全生产等各项制度和三级劳保监督网络，全市有189家企业、252个车间、862个工会小组建立工会劳动保护监督检查机构，配备专兼职监督检查员，创建安全生产合格班组408个；参与对69项新建、扩建厂房、车间的“三同时”审批和验收，参加全市性安全生产大检查12次，查出事故隐患611处，提出整改措施932条，其中，重大整改措施方案76项，并督促其限期整改；配合有关部门按照“三不放过”（在调查、处理事故时，必须坚持事故原因不请不放过、事故责任者和群众接受教育不放过、没有采取切实可行的防范措施不放过）原则对16起工伤事故进行调查处理。建立各级劳动争议调委会196个，受理各种劳动争议62件，调解成功达成协议51件；受理职工来信来访176件，办结172件，办结率达97.70%。

1999—2003年，每年组织16个行业、100家企业、370个班组、7000名职工参加五届“安康杯”安全生产竞赛活动，建立健全安全生产等项制度和三级劳保监督网络;参与对83项新建、扩建厂房、车间的“三同时”审批和验收；参与安监等部门进行全市性安全生产大检查23次，查出事故隐患109项，提出整改措施179条，按照“四不放过”（是指事故原因未查清不放过、责任人员未处理不放过、责任人和群众未受教育不放过、整改措施未落实不放过）原则参与查处安全事故18起，配合抓好安全整治。全市共受理职工群众反映下岗生活困难情况和企业改制改革过程中的经济补偿金、社会保障等方面问题的来信来访119件次，其中，来访81批次，来信38件次，涉及职工1262人次。依托市职工法律援助中心，为职工提供法律咨询服务566人次，代写法律文书55件、代理诉讼47件。参与劳动等部门清理企业拖欠职工（农民工）工资和劳动争议仲裁活动，为232名职工（农民工）追讨回所欠工资、医疗费、保险费和押金等50多万元。各级工会还根据上级和建阳市有关企业改革的精神，落实以职代会为载体的厂务公开制度，共参与林业、商贸、经委等9个系统的86家国有、集体企业实行置换或减员分流、解除劳动关系，共涉及职工8200人，除部分职工实行内部退养外，解除劳动关系的职工达8000人。

2000年，成立市职工法律援助中心，配备专兼职法律工作者9人，在市司法局和法律服务中心业务指导下开展职工法律援助工作；当年4月，建阳市总工会获省总工会评为“1995—1999年度福建省工会信访工作先进单位”。

2004—2005年，市总工会接待处理职工来信来访30件、223人次，依托市职工法律援助中心（市职工法律援助部）为职工提供法律咨询、诉讼19件、187人次，其中，有12件、121人次通过法律手段得到解决，免费援助9件、减免收费1万元；为1349名职工（农民工）追讨回所欠工资、医疗费、保险费、困难补助款等87.50万元。继续组织150家企业、19个行业、1.30万名职工开展以“掌握安全生产知识，争做遵章守纪职工”为主题的“安康杯”安全生产竞赛活动。参与安监等部门进行10次全市性安全生产大检查，查出事故隐患153项，提出整改措施177条，配合抓好安全整治工作；按照“事故原因未查清不放过，事故责任人未受到处理不放过，事故责任人和周围群众没有受到教育不放过，事故制订切实可行的整改措施没有落实不放过”的原则参与查处安全事故9起。推行事故隐患和职业危害监控法、安全检查提示卡、有毒有害化学物质信息卡、危险源点警示卡等“一法三卡”6家，维护职工的生命健康权。参与9家国有企业的改制改革工作，维护职工的劳动权利、经济利益、民主政治权益。市总工会获省总工会评为“2000—2004年度福建省工会法律工作先进单位”和“2000—2005年度全省工会信访工作先进单位”。

2006—2010年，依托职工帮扶中心和职工法律援助部，共接待、处理职工群众反映生活困难情况、劳资纠纷和社会保障以及企业改制改革过程中的经济补偿金等方面问题的来电来信来访的信访件231件次、360多人次；为职工提供法律咨询1369人次，代写法律文书303份；无偿提供职工法律援助案件101件、减免收费11.75万元。全市新推行“一法三卡”企业23家；共参与查处安全事故10起，参与全市性安全生产大检查25次，排查安全隐患265处，提出整改措施436条。参与市经贸、二轻、林业、供销等系统的23家国有、集体企业的改制工作，共涉及职工3216人，通过工会帮助，有2018名职工解除劳动关系，发放经济补偿金4181.42万元，包括支付职工补偿金、还银行贷款、企业各项欠款和补缴养老、医疗、失业保险金等在内的企业改制总费用达13996.10万元。

2006年，有4家企业获南平市“安康杯”竞赛先进单位；2007年，有1家企业评为省级先进单位，3家企业评为南平市级先进单位，1个生产班组评为南平市级先进班组；2008年，有4个企业和班组获评为南平市级“安康杯”竞赛先进单位和班组，1人获评优秀组织个人；2009年，有1家企业获评省级“安康杯”安全生产竞赛活动先进单位，4家企业及班组获评南平市级先进单位；2010年，有5家企业获评为省和南平市“安康杯”竞赛先进单位。2008年、2009年、2010年市总工会连续3年获“2009年度南平市‘安康杯’竞赛优秀组织奖”。

（二）组织技术创新和劳动竞赛活动

1991—1993年，建阳县各级工会相继开展以“双创”（企业创最佳经济效益、非生产性单位创最优质服务质量）为主要内容的“双增双节”（增产节约、增收节支）和合理化建议等劳动竞赛活动，县总工会连续3年获地区工会双增双节、合理化建议和劳动竞赛组织奖第二名。

1994—1998年，全市平均每年有230家企事业、职工2万人次参加劳动竞赛，其中，参加岗位练兵和技术革新活动8120人次；提合理化建议37.50万人次98万条，采纳2.13万条；实施1.02万条，创经济价值5131万元，完成技术革新、技术开发和技术攻关139项。

1999—2003年，全市实施“经济技术创新工程”的企业126家，职工21496人次参加446场次的各种岗位练兵和技术比赛，推广新技术、技术攻关19项，创优质产品、优质工程21项，创较大经济成果15项；有2家企业获评为“南平市经济技术创新工程先进单位”，5位职工获“南平市经济技术创新能手”称号，10名职工获评“南平市职工计算机知识普及应用比赛能手”；27720人次参与“双增双节”活动，增收节支1573.50万元；提合理化建议23069条、采纳12162条、实施5609条，增创效益1336万元。

2004年，开展“争创学习型班组、争做知识型职工”活动，有69家企业实施“经济技术创新工程”，创优质产品、优质工程9项，创较大经济成果5项，技术攻关、推广新技术21项；有3239人次参与“双增双节”，增收节支623万元；提合理化建议2230条、增创效益380万元。开展“技能月”活动，组织3213人次参加62场次的各种岗位练兵，组织785名职工参加21场职业技能比赛；举办1期46人参加的“创造学”新知识新技术培训班，有376名职工参加各类技能培训，取证41人；建立完善全市技能人才档案资料库，将35名高级人才、208名中级人才、1076名各类专业技术人员分类归档建库。“创争”活动取得初步成效，获南平市“经济技术创新示范岗”5个、“经济技术创新能手”10名；市网页制作代表队在南平市职工职业技能竞赛中获得团体第二名，市总工会获优秀组织奖。

2005年，全市有83家企业开展“经济技术创新工程”活动，组织1613人次参加21场次的各种岗位练兵、技术比赛，创优质产品、优质工程4项，创较大经济成果3项，技术攻关、推广新技术21项；创建创新示范岗5个，培养选树创新能手10个；有6239人次参与“双增双节”，提合理化建议9251条，增创效益823万元。组织30家企业开展创建“工人先锋号”活动，提高行业服务水平，2个单位获“南平市职业道德先进单位”，2名职工获“南平市十佳职业道德标兵”，市文化馆职工胡迈儿获“福建省首届职工艺术家”称号。

2006—2010年，在广大职工中开展经济技术创新和创建“创新型班组、创新型企业”活动，开展以创建“工人先锋号”为品牌的劳动竞赛，组织342家企业实施“经济技术创新工程”，有26415人次参与“双增双节”，提合理化建议30433条，增创效益3300万元；组织3929人次参加84场次的各种技术比赛和岗位练兵活动，技术攻关、推广新技术81项；连年组织创新成果发明人参加“‘6•18’海峡两岸职工创新成果展”，其中，杂交水稻新组合“Ⅱ优辐819”选育及应用、巨型工程轮胎成型机等宽错贴供料装置3项获金奖，获银奖2项、铜奖1项，达成对接签约1项；巨型工程轮胎成型机获“福建省职工优秀技术创新成果三等奖”，建阳龙翔科技开发有限公司获福建省“当好主力军，建功‘十一五’，和谐奔小康”劳动竞赛先进集体。命名“建阳市工人先锋号”48个、成立“建阳市工人先锋号服务队”12支，26个企业班组获“南平市工人先锋号”称号，5个企业班组获“福建省工人先锋号”称号。市总工会获南平市总工会评为“海峡两岸职工自主创新成果展”优秀组织奖和建阳市2009年度市直机关（第六组）创业竞赛第二名。

（三）开展职工教育与文体活动

1. 主题教育和职工素质工程

1991—1993年，县总工会组织职工开展基本国情、基本路线的“两基”教育和以爱党、爱国、爱社会主义为主题“三热爱”教育，举办培训班38期、培训理论骨干2786人；建立职工读书小组295个、举办读书演讲比赛和知识竞赛147场、受教育职工1.10万人次，有1个单位评为“全省职工读书活动先进集体”、2名职工分获全国和全省“自学成才奖”、2名职工获“省职工读书积极分子奖”。

1994—1996年，先后组织678个班组、8664名职工参加《全国班组社会主义市场经济知识竞赛》，共举办6期培训班、培训462人、选送30人参加全总、省总举办《中华人民共和国劳动法》培训班学习。1997年，举办学习中共党的十五大精神培训班和“庆五一、迎回归”演讲比赛活动。1998年，选送6位基层工会骨干参加现南平市总举办的“邓小平理论培训班”学习，组织205个班组、3000名职工参加全总组织的《全国班组职工学十五大报告百题竞答赛》活动。1999年，组织9个系统、4660人参加《全国班组职工学习邓小平理论知识》竞赛答题等活动。

2002—2003年，全面开展新《中华人民共和国工会法》（简称“工会法”）学习普及活动，举办有36个代表队参加的工会法知识竞赛，选送7人参加省总和南平市总举办的工会法培训学习，市总干部到系统（产业）和基层企业工会举办《工会法》讲座26场、辅导学习600人，各基层组织会员学习5000人次。贯彻《福建省实施〈中华人民共和国工会法〉》办法的精神，印发《福建省实施〈中华人民共和国工会法〉》办法小册子2500本发至基层。组织105个班组、1500名职工参加“全国职工学习中共十六大精神”知识竞赛，市总工会获全总“全国职工学习党的十六大精神系列活动答题竞赛三等奖”。

2004年，选送30位新任工会主席参加省总工会举办的工会业务知识培训班学习。举办工会和劳动法律法规讲座5场、辅导学习150名职工。市总工会与市安全生产监督管理局等6个部门联合举办安全生产知识竞赛活动，明珠纸业有限公司代表队获第一名。同年9月，市总工会制作《职业中毒与预防知识》、《粉尘与尘肺防治知识》和《预防铅中毒卫生知识》等3种职业病防治法宣传材料3000份，发至23家相关企业，帮助职工掌握职业病防范的基本常识。2005 年 11 月，1 人获“全国工会系统‘四五’普法先进个人”。

2006—2010 年，以开展“创建学习型组织、争做知识型职工”活动为载体，实施职工素质工程。成立以市总工会常务副主席为组长的全市工会系统“五五”普法领导小组，连年都与宣传、司法等部门开展“12·4”全国法制宣传日活动，提高法律知识普及面，增强职工依法维权的能力，2010 年 12 月，市总工会获“全国工会系统‘五五’普法先进单位”。

2. 职工文体活动

1991 年，在中国共产党建党 70 周年之际开展的“主力军心声”音乐创作演唱活动。1994 年，联合卫生和建设系统举办的“护士杯”和“建设杯”卡拉 OK 大奖赛。1995 年开展的以迎接“全国体育先进县复查”为主要内容的各类体育比赛和活动。1996—1999 年，先后开展的迎接香港回归读书演讲比赛和“爱建阳，爱中华”职工演讲比赛、“劳动者之光”文艺晚会和庆祝中华人民共和国 50 周年、迎接澳门回归祖国活动。2000 年，参与开展创建“行业文明窗口”、树立“十佳职业道德标兵”等精神文明创建活动。2001 年，开展“全市万名职工支持北京申办 2008 年奥运会”职工广播体操比赛活动。

2002—2006 年，先后举办全市非公有制企业职工运动会、职工卡拉 OK 比赛，“劳动者之歌”摄影展、漫画展、书法展和组织职工参加纪念中华全国总工会成立 80 周年知识竞赛等。

2006—2010 年期间，着重强化工会的“文化之家”建设。以加强企业文化、职工文化建设为目标，以“职工之家”为阵地，指导各级工会组织职工开展健康跑、举行文艺晚会、卡拉 OK 赛、拔河、跳绳、球类和棋类比赛等一些社会影响面较大的职工文化体育娱乐活动 650 场次，丰富职工精神文化生活。开展“职工书屋”布点规划和建设，建设“职工书屋”6 家，潭城街道西市社区评为 2008 年度全国“职工书屋”示范点，建阳龙翔科技开发有限公司评为“第三批省级‘职工书屋’示范点”，1 人评为全国工会优秀“职工书屋”建设者。1991—2010 年，市总工会及其工人文化宫利用三八国际妇女节、五一国际劳动节、国庆、元旦等主要节日以及重大纪念日，通过组织知识竞赛、演讲比赛、卡拉 OK 演唱赛、文艺演出、趣味游园等文化娱乐活动，体育运动会及单项球赛、棋牌赛和健美健身操赛等体育活动，带动基层工会开展形式多样、健康向上的文体活动，推动企业文化建设，丰富职工精神文化生活。

（四）实施“再就业工程”

1994—1998 年，市总工会单独或联合举办缝纫、电脑等技术技能培训班 32 期，培训下岗职工 2152 人，其中 781 人重新上岗或转岗就业；收集用工信息 3200 条，接待求职登记 2326 人次，介绍安排 210 名下岗职工再就业，向境外输出劳务 75 人。1999—2003 年，依托职工校和职介所共举办计算机、烹饪等培训班 39 期，为 2489 名下岗职工提供再就业技术服务，介绍 830 人就业。2004—2005 年，实施再就业行动计划，工会电脑学校培训下岗职工、失业人员 526 名，其中免费培训困难职工 260 名；接待求职登记 368 人，免费介绍下岗职工、失业人员 176 人再就业。2006—2010 年，持续实施再就业行动计划，每年都与劳动等有关部门联合举办“就业援助”大型招聘会活动，为下岗失业人员再就业、农村劳动力转移和海西林产工贸城被征地农民就业提供服务。围绕劳动力市场需求，投入经费 25 万元，自办、联办家政服务员、电脑、电工、化工、机械、烹饪、服装制作和竹木加工等职业技能培训班 36 期，培训下岗失业人员、农民工 2652 人，参加培训人员 85% 以上实现就业。参与举办企业用工招聘会 13 场次，组织下岗失业人员和农民工 2.94 万人次参加 21347 个工作岗位的应聘，达成用工意向 9566 人；评出 5 名自强自立的再就业模范为“创业星”，以先进典型教育激发职工群众的就业创业热情。

（五）推进企业民主管理

1. 职工参与民主决策

1991—1995 年，建阳各级工会组织贯彻落实党的全心全意依靠工人阶级的根本指导方针，发挥桥梁纽带和参谋助手作用，拓宽工会组织和代表职工参政议政的渠道，参加各级改革和发展的工作领导机构，参与各项改革和发展措施的制定，从源头上维护职工群众的合法权益。

1996 年，市总工会参与讨论和制定《建阳市“九五”计划和 2010 年远景目标规划》，提出的“企业要开展职工岗位练兵、技术比赛、双增双节和合理化建议等主人翁建功立业劳动竞赛活动”和“继续办好全国职工教育示范点—市职工业余学校”等5条建议被市委、市政府采纳。1997年起，市委建立常委会议每年听取工会工作汇报并研究工会重大事项和问题制度，市政府建立每年召开1次与市总工会联席会议制度，总工会领导干部担任市委委员、人大常委、政协常委也成为惯例。2002年4月起，市总工会开始由市委常委兼任主席。2003年，提请市委党校将《中华人民共和国工会法》《中华人民共和国劳动法》等法律法规和业务基本知识作为领导干部培训必修课程。

2007年，与劳动、公安等部门联合开展“整治非法用工打击违法犯罪专项行动”，组织查处乡村小砖窑、小矿山、小作坊和个私企业、家庭作坊等用工单位的违法违规用工行为；到服装、建筑等行业的12家企业，对其劳动合同签订、工资支付、工作时间和参加社保等劳动用工情况进行检查指导。2008年，先后2次配合市人大到26家企业和5个机关事业用人单位开展贯彻实施《中华人民共和国劳动合同法》等法律法规的执法检查，对涉及职工权益问题提出整改意见和措施，依法维权到基层。2010年，市总工会牵头开展和谐企业创建活动，形成部门配合、企业主体、职工参与的和谐企业创建工作格局，在企业中构建和谐劳动关系、和谐环境关系及和谐社会关系。

2. 建立职代会、厂务公开和集体合同制度

1991—1994年，全县有243家企事业单位建立健全职代会制度，职工代表4176人、参加培训17062人次，有47个基层单位实行民主选举领导干部。有160家企业建立“3级民主管理制度”（完善民主管理制度，实行村务、厂务公开，支持村民、职工参与管理），其中，有73家实施，建立3级民主管理制度、民主决策程序制度、分配公开制度、干部廉洁制度、干部联系群众制度、民主评议干部制度、职工教育培训制度和共保合同制度，7大民主管理制度。

1995—1998年，全市国有、集体、乡镇企业和部分新经济组织、事业单位，基本建立决策民主程序制度、分配公开制度、干部廉洁制度、干部联系群众制度、民主评议干部制度和职工教育培训制度等7项制度；有212家企事业单位建立职代会。推行厂级、车间（科室）、班组“三级民主管理制度”的单位有150个、达98%；职工提案250件，审议企业决策方案等260多件；有129个企事业单位开展民主评议干部工作，评议干部6108人次。签订集体合同92家，推行平等协商、签订集体合同工作在全区评比中获三等奖。

1999—2004年，非公有制企业推行平等协商集体合同制度180家，建制率达45.20%；其中，推行工资平等协商90家，达到建制率19.40%。非公有制企业建立职代会242家，建制率达52.20%；实行厂务公开制度153家，建制率达33%。建阳市厂务公开工作成绩居南平市10个县（市、区）之首。获评南平市“推行厂务公开工作先进单位”。2005年，建阳市有3个单位获评南平市“推行厂务公开工作先进单位”，3人获评南平市“推行厂务公开工作先进个人”。

2006—2010年，以职代会为载体的厂务公开工作取得成效。建阳武夷味精有限公司获“南平市厂务公开民主管理示范单位”，建阳武夷磨床制造有限公司、建阳市自来水公司获“南平市推行厂务公开民主管理先进单位”，刘元璋、罗宜勇、张美荣、王艳萍4位工会干部获评“南平市厂务公开民主管理先进个人”。

（六）实施“送温暖”工程

1990年起，总工会安排专项资金在元旦、春节期间开展慰问特困职工、困难劳模和退休工会主席活动。1992年组织各级工会开展“进万家门，知万家情，解万家难，暖万家心”的送温暖活动。1991—1993年，共慰问基层单位155个、困难职工3283人次，发放补助款18.33万元。1994—1998年，拨出专款24万元、筹集募捐资金31.59万元，共计55.59万元，慰问312家企事业单位的特困、受灾、伤残职工9406人（户）次，先进模范196人次，离退休干部职工1582人次。

1999—2003年，各级工会建立困难职工档案1396户，配合民政部门将650户特困职工家庭、1490人纳入“低保”。市总工会和有关基层工会自筹资金39.60万元，把慰问金送到1900户特困职工、困难劳模、因公致残职工和因公死亡职工遗属家中。全市共慰问困难企业125家、特困职工7786户次，发放

慰问金 274.49 万元（政府筹集 172.53 万元、工会 39.60 万元、其他方面 62.36 万元）。1999 年，获“全省工会保障工作先进集体”，2002 年，获“全国工会送温暖工程先进单位”。2004—2005 年，元旦、春节期间在市总工会开通“市长热线”电话，接听困难职工打来的热线电话 62 个，并做好核实、反馈和慰问工作。和有关基层工会自筹资金 18.06 万元，慰问特困职工、困难劳模、因公致残职工和因公死亡职工遗属 900 户。全市共慰问困难企业 112 家、特困职工 3231 户次，发放慰问金 94.76 万元。

2000 年 8 月起，开展“金秋助学”活动，至 2005 年，市总工会本级共为 198 名特困职工子女上大学发放助学金 20.06 万元；基层工会筹集“育才助学金”39.63 万元，资助 523 名特困职工子女上学，并联系企业主和社会人士直接挂钩帮扶困难职工子女。2007 年，开通职工帮扶电话和市长热线“5826113”，全天候接待职工来电来访来信；对 1120 户困难职工进行调查核实、实行网络化动态管理，规范建设市总工会困难帮扶中心，做好经常性的帮扶工作。2006—2010 年，共筹资 104.37 万元慰问困难职工和劳模 1972 户次，为 100 名困难职工子女上大学颁发金秋助学金 10.89 万元，慰问受灾企业职工 575 户次、发放救灾款 15.08 万元，动员广大职工向四川地震灾区捐款 110 万元。

（七）劳动模范管理

2004 年，推动出台并贯彻执行市政府《关于建阳市省级以上退休劳动模范医疗补助专项资金使用管理规定》，落实全市省级以上退休劳动模范医疗补助待遇。2005 年 4 月，召开市劳动模范表彰大会，表彰 10 位第二届建阳市劳模，代全总、省总发放省级以上劳模慰问金 3 万元。

2006—2010 年，全市获全国“五一劳动奖章”1 人，省劳模和省部级先进工作者 5 人，省“五一劳动奖章”5 人，南平市劳模和“五一劳动奖章”29 人、“五一劳动奖状”9 个单位（班组）。协助市政府为省级以上退休劳模发放津贴 23 万元，开展劳模帮扶慰问活动，为生活困难和受灾的劳模发放省级以上劳模慰问金和退休生活补助费 106 人次 28.70 万元。健全劳模计算机网络管理系统，做好劳模的动态管理服务工作。

1950—2010 年，全市有全国劳模 4 人、省部级劳模和先进工作者 62 人、南平市劳模 41 人、建阳市劳模 30 人；获全国“五一劳动奖章”5 人、省“五一劳动奖章”39 人、南平市“五一劳动奖章”20 人、建阳市“五一劳动奖章”400 人；获南平市“五一劳动奖状”单位和班组 9 个、建阳市“五一劳动奖状”12 个。

第二节 共产主义青年团

一、组织机构

（一）团市委

1. 代表大会

1994 年 5 月 24 日，建阳市第十二次团代会召开，到会代表 205 名，大会讨论并审议共青团建阳市委书记倪毅仁代表第十一届委员会所作的题为《团结奋斗，再创新业，作出无愧于伟大时代的青春奉献》的工作报告，选举产生共青团建阳市第十二届委员会，委员 30 名，候补委员 5 名，常委 7 名，书记倪毅仁。

1997 年 7 月，建阳市第十三次团代会召开，到会代表 192 名，会议讨论并审议共青团建阳市委书记周永和代表第十二届委员会所作的题为《团结奋斗，为实现新一轮创业目标献青春》的工作报告，选举产生共青团建阳市第十三届委员会，委员 28 名，常委 7 名，书记周永和。

1999 年 12 月 15 日，建阳市第十四次团代会召开，到会代表 156 名，会议讨论并审议共青团建阳市委副书记姚丽铭代表第十三届委员会所作的题为《高举伟大旗帜，肩负历史使命，为实现建阳在新世纪的腾飞而努力奋斗》的工作报告，选举产生第十四届委员会，委员 26 名，候补委员 13 名，常委 6 名，副书记姚丽铭（书记暂缺）。

2003 年 2 月 26 日，建阳市第十五次团代会召开，到会代表 155 名，会议讨论并审议共青团建阳市委副书记姚丽铭代表第十四届委员会所作的题为《与时俱进负使命，拼搏竞赛亮风采，团结带领建阳青年为全面建设小康社会而努力奋斗》的工作报告，选举产生第十五届委员会，委员 27 名，候补委员 13 名，常委 7 名，书记姚丽铭。

2009 年 8 月 19 日，建阳市第十六次团代会召开，到会代表 127 名，会议讨论并审议共青团建阳市委副书记罗荣珍代表第十五届委员会所作的题为《坚持科学发展　再谱青春华章　为加快海西区绿色腹地经贸强市建设再立新功》的工作报告，选举产生第十六届委员会，委员 21 名，候补委员 9 名，常委 7 名，书记罗荣珍。

2. 内设机构

1994 年，团市委内设组织部、宣传部、学少部、统战部、权益部、办公室，编制 6 人，设书记、副书记各 1 人。1994 年，成立建阳市创建青年文明号活动组委会。1995 年，成立建阳市青年志愿者协会。2010 年，成立建阳市青年企业家协会。至 2010 年底，团市委内设办公室、组宣部、学少部（青工部、权益部）3 个部（室），编制 5 人。

（二）基层团组织

1994 年，全市有 13 个乡（镇）团委，6 个中学团委，11 个企事业单位团委，19 个团总支，527 个团支部，有共青团员 15068 人。2010 年底，全市有 11 个乡（镇）团委，2 个街道团工委，8 个中学团委，11 个机关企事业单位团委，56 个团总支，627 个团支部。全市 35 周岁以下青年 107206 人，其中共青团员 19337 人。

1994—2010 年建阳市共青团组织发展情况表

表 21-2-1　　单位：个

年份	团委数（个）	团总支数（个）	团支部数（个）	团员数（人）
1994 年	30	19	527	15068
1995 年	30	19	528	15921
1996 年	30	23	533	16145
1997 年	30	22	533	16309
1998 年	30	27	556	16412
1999 年	30	28	556	16508
2000 年	30	31	571	16647
2001 年	30	33	577	16978
2002 年	30	33	577	17256
2003 年	30	36	586	17343
2004 年	30	39	587	17412
2005 年	30	39	587	17811
2006 年	30	43	587	18903
2007 年	30	56	620	18952
2008 年	31	56	627	18969
2009 年	32	56	627	19241
2010 年	32	56	627	19337

二、主要活动

（一）青少年思想政治教育活动

1994 年，团市委从建阳的实际情况出发，坚持用丰富多彩的活动教育引导青少年，如“3·5 学雷锋活动”、清明节祭扫烈士陵园、参观革命纪念馆、“18岁成人宣誓仪式”“纪念一二·九学生运动”等系列活动，并在全市各级团组织开展学习《邓小平文选》第三卷活动，引导团员青年进一步解放思想，为本市两个文明建设做贡献。12月，组织全市团干部55人到省团校参加为期8天的培训，旨在提高他们的业务素质。1995年，以实施《爱国主义教育实施纲要》为契机，确定书坊太阳山原福建省委旧址和市烈士墓等1批青少年革命传统教育基地，其中前者确定为省级革命传统教育基地。1996年，在市登高山烈士纪念碑前举行青少年18岁成人和入团宣誓仪式；配合“严打”工作，开展“六个一”活动（开一次宣传“严打”斗争和法制建设重要性的团员青少年大会；听1次青少年犯罪案例分析；看1部“严打”斗争实况录像；印发1批与青少年密切相关的法律法规并组织学习；建立1支青年志愿者治安巡逻队；开展“一助一”帮教后进青年转化活动）。1997年，开展“三讲四提高”（即讲学习、讲政治、讲正气；提高领导干部素质、提高党组织战斗力、提高人民公仆意识、提高精神文明水平）的学习活动，引导青年树立正确的人生观、价值观，增强广大团员青年的历史责任感、使命感和奉献意识。1998年，团市委组织广大团员青年学习邓小平理论和中共党的十五大精神，全市各级团组织举办各种培训班240场（次），培训团员青年7350人。其中，由团市委组织举办的有“建阳市青少年讲文明、树新风事迹报告会”和“纪念一二·九爱国运动建阳青年文艺演出”。2000年3月，组织3000名青少年参加建阳青少年盼祖国早日统一大型签名活动。5月，组织建阳市18岁成人宣誓仪式。12月，组织纪念“一二·九”运动65周年，为中华复兴而学习的主题活动。

2001年，在全市团员青年开展深入学习贯彻“三个代表”重要思想活动。当年2月开展“反对邪教、破除迷信”和“校园拒绝邪教”万人签名活动；5月，开展“红领巾爱党”活动。2002年，以建团80周年为契机，围绕“永远跟党走”这一主题开展青少年思想教育工作。4月30日，在市体育馆举行纪念中国共产主义青年团建团80周年暨表彰大会。2003年，开展“寻雷锋足迹，扬志愿精神”团队日活动、祭扫烈士陵园、“众志成城，抗击非典”等主题教育活动。2004年，组织全市中小学生参观革命旧址，祭扫烈士陵园；“六一”国际儿童节期间，组织开展青少年“敬老、爱老、助老”和“远离网吧”等主题活动。2005年，开展“永远跟党走，作为在海西”的主题教育活动，邀请南平专家作“戒除网瘾、成功家教”的主题报告。2006年，开展“知荣明耻，从我做起”主题教育活动和自编小报比赛活动。清明节组织团员青年1000人到革命烈士陵园、革命遗址缅怀革命烈士，接受革命传统教育；2007年，开展关爱“留守儿童”活动，在学校团队组织中开展反邪教警示教育活动，成立建阳市法律援助中心未成年人援助站，举办福建省第26期少先队辅导员建阳培训班。举办全国少年儿童书信写作选拔赛、贺卡制作大赛、美术书法大赛等活动，提升少年儿童的综合素质。2008年，开展以“五个一”（开好1次主题队会、资助1批贫困留守儿童、开展1封家书比赛、举办1场主题文艺演出、组织1批“手拉手”夏令营）为主要内容的关爱留守儿童爱心行动。开展“与留守儿童手拉手，心连心”赠送《中国少年报》活动，共为全市“留守儿童”赠送150份《中国少年报》。清明节组织青少年祭扫烈士墓，缅怀革命烈士，并参观建阳市革命纪念馆，接受革命传统教育。2009年，以少先队建队60周年的契机，围绕少先队基础建设规范年的主线，抓好少先队队伍建设和品牌活动的开展。广泛开展社会主义荣辱观教育、“民族精神代代传”等主题教育活动，深化“雏鹰争章”［争先类 先锋章 自理章 爱心章（手拉手）保健章 民族章 社会章 友爱章 安全章 自护章 队务章 环保章 公益章 创优类 表达章 巧手章 阅读章 写作章 国防章 交往章 等］“校园文化节”“手拉手”养成道德好习惯等活动。2010年，结合青春建功新农村“号村结对”活动，开展青年文明号帮扶结对村团支部规范化建设活动，全市南平市级以上青年文明号单位为结对村团支部购置新桌子、书橱和团务知识方面的书籍等，推动结对村团支部建设。

（二）带领团员青年投身经济建设

1994年，团市委广泛开展农村青年实用技术培训，帮助农村青年提高致富能力，各乡镇和部分村级团组织也都先后通过自办、联办等形式，组织开展实用技术培训，全年共办班83期，培训4800人次。同年，评出市级“青年星火带头人”23名，小湖马坑村徐承云当选福建省第二届“十杰青年”。团市委在将口、书坊、黄坑等地开展青年股份制试点工作，至年底，全市成立各类青年股份合作体 11 家。工矿企业，继续开展岗位练兵、技术比武、青工创“五小”（小发明、小革新、小改造、小设计、小建议）和“双增双节”等活动。市橡胶机械厂选两项“五小”成果分省级二、三等奖。

1995 年，在农村开展“科技进我家，致富奔小康”系列活动，制定农村青年“星火带头人”5 年推进计划；在工矿企业中开展“爱岗创优献青春、奋力实现双过半”活动。为促进农村改革、经济发展和产业开发，为企业产值、利税实现双过半做出贡献。

1996 年，团市委根据农村产业开发举办 9 个课题的培训，培训基层团干 302 人，同时，邀请专家下乡开设讲座和入户指导；在企业开展“创建青年文明号，争当青年岗位能手”活动；配合市委、市政府工作中心工作组织动员企业团员青年支持和参与改制工作。

1997 年，团市委共举办农村实用技术培训班 64 期，培训农村青年 2042 人，组织 76 名青年参加农函大的培训；组织 67 个村团支部参与小径竹开发，种植面积 104.67 公顷。

1998 年，全市各级团组织举办各类实用技术培训班 114 期，培训农村青年 3500 人，组织全市 82 名青年参加农函大培训；开展下岗青工创业行动，举办电脑、家电、机动车辆维修、美容美发培训班 5 期，培训下岗职工 129 人；团市委在青少年宫成立“青年服务中心”，为下岗青工提供中介信息，推荐就业。在农村开展“服务万村脱贫致富奔小康行动”，宣传“两秧”（水稻旱育稀植、抛秧）技术，提高科学种田水平。

1999 年，全市各级团组织共举办各类实用技术培训班 90 期，培训农村青年 2000 人次，培养青年星火带头人 205 人，在书坊等 5 个乡镇开展“建阳农村青年现状调查”。在城区开展以“创业、创造、创新 —— 青春献建阳”为主题的创业活动，通过技能培训帮助下岗青工增强再就业本领。围绕企业技术创新工程，组织青年技术人员以市场为导向，开展“开发 1 项新产品，创造 1 项新工艺，推广 1 项新技术，转化 1 项新成果”活动，提高创新能力。

2000 年，团市委在麻沙镇、漳墩镇成立一批共青团农业示范基地，在团员青年中开展第五次人口普查活动，全市 13 个乡镇团干 90% 到人普工作第一线。

2001 年，团市委在企业开展“创造新业绩，向党的生日献礼”活动，开展形式多样的专业技能比赛；在农村围绕“农民增产增收”开展系列活动，举办各类实用技术培训班，7 月，邀请福建林学院教授到将口镇为农民讲授毛竹丰产知识，拓新科学致富之路。

2002 年，在开展青年文明号、青年岗位能手、青年致富能手、星火带头人、服务万村奔小康等活动，邀请市农业专家到麻沙留田芭蕉芋基地进行现场指导。开拓农村共青团示范基地，将口镇团委建立的草莓和大棚蔬菜基地取得良好的经济利益和社会效益。在工矿企业中深化青年岗位技能比武活动，宾馆、银行、邮政等部门举办点钞、电脑输入、珠算等技能比赛。同年 3 月，团市委和市委组织部、宣传部共同举行第二届“建阳市十大杰出青年”的评选活动，10 名优秀青年获“建阳市十大杰出青年”表彰。

2003 年，团市委在潭城、麻沙、将口 3 个乡镇举办数百名青年农民参加的乡土人才培训班。4 月，组织一批农村青年参加南平团市委举办的乡土人才培训班。5 月，在全市范围内开展“共青团城乡互动百千万工程”，将口镇团委与省测绘局团委结成“1＋1”结对关系，市广电局团支部等 12 个城区团组织与童游街道徐墩村团支部等 12 个农村团支部结成互动对子；潭城街道溪源村团支部等 3 个农村团支部与南平市城区团组织结成互动对子。在招商引资方面，团市委为将口镇引进 1 家建材设备厂，年底投资 150 万元投入生产。

2004 年，团市委开展“牵手联创、互动发展”活动，与水吉镇民主村结成对子，并向上级争取 1.50 万元资金帮助建立“青年科技示范基地”，种植蔬菜 0.66 公顷。各级团组织投入大量人力、财力成立水吉大棚蔬菜、潭城黄花菜示范基地、书坊药材种植基地等有一定影响力的农村青年示范基地。在水吉、小湖、回龙 3 个乡镇举办乡土人才培训班，400 名青年农民接受培训；在城区开展就业和创业服务活动，300 名青年通过培训找到新的工作岗位。是年，团市委引进 1 家投资额 100 万元的大型超市。

2005 年，团市委围绕农业和农村经济结构调整，引导农村青年增收成才，各级团组织共举办 26 期培训班，培训1000人次；与涉农部门开展科技下乡6次，直接服务群众达6000人次。广大农村团员青年响应市委、市政府的号召，种植烟叶。书坊乡书坊村团支部书记陆亨宝不仅自己带头种植了4.67公顷，还在资金和技术上帮助和带动其他村民。是年，团市委推荐1名国家级农村青年致富带头人，1名省十佳青年农民和2名省级农村青年创业致富带头人。

2006年，全面开展“青春建功新农村”行动，开展“奋进在海西，青年突击队竞赛活动”。各乡镇（街道）成立烟叶种植、文化宣传、抢险救灾等青年突击队23支，其中，溪东林业采育场青年突击队在抗洪救灾中，为保护人民群众的生命和财产做出突出贡献。团市委配合党群口招商组完成固定资产投资2000万元以上生产型企业落地建阳开工的招商任务。组织实施“彩虹工程”，团委与当地用工企业联系，收集用工需求信息，帮助5000名农村剩余劳动力实现转移就业，1000名农村青年成功创业。实施互动联动百千万工程，团市委先后为下派挂点村和烟叶挂点村争取资金1.10万元，在新农村示范点成立省级农村创业致富示范基地——烤烟示范基地。

2007年，加强非公企业团建工作，在全市49家规模以上的非公有制企业中成立团组织，扩大团组织的覆盖面。开展农村青年乡土人才培训活动，采取录像、田间指导、板报等形式进行科普宣传，参与农村青年劳动力转移工作，为用人企业招聘人员。实施“共青团城乡互助百千万工程”，有 15个乡镇团组织与省、南平市、建阳市级团组织结成“1+1”对子关系，互动发展。考亭葡萄种植项目获省农村青年创业致富示范项目。武夷味精的武夷环保突击队获评省先进青年突击队。

2008年，开展“YBC中国青年创业国际计划”（为创业青年提供3—5万元的无息贷款），成立建阳市“YBC”服务站，开展“YBC”的宣传、推广、咨询和项目申报工作，帮助青年创业。开展青春建功新农村“号村结对”互动联动活动。28个南平市级以上的青年文明号集体与市团建示范乡镇——黄坑镇的9个村结成“多助一”的对子关系。为9个结对村建立9个“共青号农家书屋”，送去有关新农村建设等方面的书籍8100册。

2009年，开展基层团建创新竞赛活动和各类主题实践活动，探索活跃基层团工作的有效载体和途径，利用信息网络开展团的工作。建立覆盖各乡镇团委、市直机关团组织的QQ群和“博客”交流平台。当年起，省财政统一核拨给每个村团支部书记每月100元的津贴，解决村团支部书记待遇问题，提高村团支部书记的积极性。开展“团建示范乡镇”创建活动，开展青年突击队竞赛、青年文明号创建活动，利用“非公团建示范企业”发挥示范带动作用，开展农村“诚信青年”评选活动，为“诚信青年”提供贷款优惠。在龙翔科技开发有限公司、武夷味精有限公司建立共青团“青年就业创业见习基地”，缓解大中专毕业生的就业压力，为企业搭建选人用人的平台。

2010年，持续开展创业青年小额贷款和农村“诚信青年”评选活动，做好青年就业创业见习基地建设。与有关部门联合举办13期农村青年乡土人才培训班，累计培训1202人次。在将口镇文化大楼成立燎原行动工作站，以推动农村青年创业就业和发展乡村青年文化以及发展社会公益事业，逐步形成“基层团委+燎原工作站+青年中心”的新型基层组织网络。

（三）青少年维权活动

1995年起，团市委宣传贯彻《中华人民共和国未成年人保护法》和《中华人民共和国预防未成年人犯罪法》。2007年，联合法院开展“青少年模拟法庭”等系列活动，增强广大青少年的维权意识。开展“青春自护——远离网瘾、争做阳光少年”活动，引导广大青少年正确、文明健康上网，公开向社会招聘网吧义务监督员，不定期对全市各网吧进行检查，推进“青少年安全放心网吧”活动。通过创建“青少年维权岗”活动，帮助未成年人解决法律困难、维护他们的权益不受侵害。2008年，以“五五”普法为契机，通过举办法制报告、法律咨询、邀请失足青少年现身说法等形式，开展“法律服务六进活动”，“崇尚科学、反对邪教”警示教育等活动，将有关的法律、法规宣传普及到学校、社区、农村及每一个家庭；进一步增强青少年“学法、懂法、用法”的自觉性，提高法律素质。2009年，配合人大执法检查组开展《中华人民共和国未成年人保护法》执法检查活动，到将口、漳墩、教育局等单位检查了解《中华人民共和国未成年人保护法》的贯彻落实情况。2010年，联合市司法局、关工委、公安局、法院、检察院等单位在学校、乡镇（街道）、社区、监狱开展法制专题报告、观看法制影视片、预防犯罪图片展、青少年模拟法庭等形式多样的法制宣传教育活动，寓教于乐，增强青少年法制观念，从源头上遏制和减少青少年违法犯罪。

（四）青年志愿者行动

1995年6月，建阳市青年志愿者协会成立。2007年开始，实施“注册志愿者”制度，各级团组织组织青年志愿者参与助老扶贫济困、抗洪救灾、社会服务、保护母亲河行动等社会公益活动，展示青年志愿者“奉献、友爱、互助、进步”的良好风貌。在重大的节假日经常上街入户下乡到福利院开展利民、便民服务活动。在建阳市迎接省级卫生城市，省级文明城市检查活动中表现突出，完成市里交办的各项任务，为迎检工作做出积极的贡献。

到2010年年底，全市拥有青年志愿者服务队200支6000人，其中，注册志愿者2460人。共有36名大学生志愿者分别到各乡镇（街道）开展为期2年的志愿服务。

（五）“青年文明号”活动

1994年，开展的“青年文明号”活动，其主题是“让青年文明号走进千家万户”，以窗口行业为重点，以“青年文明号服务卡”为载体，在全市20个行业系统开展创建“青年文明号”活动。至2006年底，全市拥有国家级青年文明号2家，省级青年文明号13家，南平市级青年文明号13家，建阳市级青年文明号50家，并涌现出省级“十佳青年文明号”中国人民保险公司建阳支公司、“省级青年文明号五连冠单位”建阳国税城区分局服务大厅和“南平市级青年文明号五连冠单位”建阳工行城关储蓄所等优秀文明号集体。2007年，开展深化青年文明号活动，开展青年文明号优质服务示范月活动，对没有达到要求的单位，坚决予以摘牌处理。2008年，持续开展青年文明号广场宣传服务月活动，在中山广场开展公益宣传，展现青年风采。2009年，全市各级青年文明号单位广泛开展技能比武，青年文明号助万家，青年文明号信用建设示范月等形式多样的活动，截至2010年，全市共有2个国家级青年文明号单位，14个省级青年文明号单位。15个南平市级青年文明号单位，33个建阳市级青年文明号单位。

（六）“希望工程”活动

1995—2010年，共青团建阳市委通过多方努力争取资金，开展各项与希望工程有关的公益活动，2000年的“希望工程伴我行”活动和“首届希望工程受助生素质教育成果展”、2005年的“希望工程走进下派村”活动、2006年的“希望工程圆梦行动”，2008年制作“希望工程圆梦行动”专题片，向福州商会、上海商会的爱心人士募捐等。2010年开始的“爱心储蓄”活动，倡导学生将压岁钱存入银行，定期1年，1年后，取本留息，利息捐入建阳团市委希望工程专户。通过上述活动，共筹集资金1491060元，资助1111名小学生、335名中学生和266名考上大学的应届高中毕业生就学。争取80万元援建3所“希望小学”——书坊乡太阳山希望小学、漳墩外元希望小学和水吉农行希望小学。水吉农行希望小学获农行提供的每年1.80万元的奖学金。

（七）青少年文体活动

1994—2010年，建阳市各级团组织倡导健康向上的业余文化。以市青少年宫作为青少年重要活动阵地，共举办美术、书法、器乐等培训45期，开办各种兴趣班10个，共培训学员1万人次，学员作品多次获国家级、省级、南平级表彰，取得良好的社会效益、经济效益和人才效益。2001年，获省乙级青少年宫（甲级空缺），为全省获评的唯一山区县级青少年宫。团市委先后组织“电业杯”建阳新青年形象大赛，建团80周年文艺会演，庆“六一”大型少年儿童器乐会演，“海尔杯”青年少年游泳比赛，“电力杯”青年歌手赛，“箭竹杯”5人制足球赛及速度轮滑大赛，“龙翔杯”青年登山大赛，“金叶杯”青年趣味运动会，五四青春歌会等各式各样的文化体育竞赛活动，丰富团员青年的业余文化生活。

附：建阳市少年先锋队

一、组织机构

1994年，建阳市32所学校全部建立少先队大队，配备少先队大队总辅导员。同时，吸纳1批专业志愿者和热心少先队工作的老干部、老教师等人士担任志愿辅导员。健全少先队大队、中队、小队组织，完善入队手续，规范全市少先队工作。2010年，全市共建立少先队大队66个、中队636个，配备总辅导员32人、中队辅导员636人，少先队队员21952人。至2010年底，全市有21个少先队组织和173人获全国、省、南平市各类少先队表彰。

二、主要活动

1994—1996年，全市各中小学继续广泛开展“学雷锋、赖宁，做四有新人”“中国少年雏鹰行动”“五自”（自学、自理、自护、自强、自律）“手拉手互助”“雏鹰假日小队”等活动，加强少年儿童的思想品德教育，促进少年儿童健康成长。实验小学少先队大队部与西藏林芝地区米林县丹娘乡学校的次旺小朋友手拉手结成帮扶对子，并邀请次旺到建阳做客。师范附小与建瓯聋哑学校举行手拉手活动，麻沙新溪小学四（1）小队坚持8年照顾本村1位孤寡盲人。每年清明节，各级少先队组织少先队员到烈士陵园举行爱国主义教育主题队日活动。1997年，建阳市首届少年军校举办，此后每年都有200名青少年参加活动，接受国防教育，参加军事化的训练。1998年，组织实施《中国少年雏鹰行动“雏鹰奖章实施细则”》，开展“雏鹰争章”活动。2000年6月，在漳墩外元希望小学举行“希望工程伴我行”活动，举办首届“希望工程受助生素质教育成果展”，10月，在市潭山公园广场举行“新世纪我能行”少先队大队委竞选活动现场观摩会。2002年，选送7篇论文参加南平少先队工作论文竞赛，有3篇获三等奖。2004年，选送论文中有9篇分获南平市一、二、三等奖，2篇论文分别获省二、三等奖。2006年，选派15名优秀少先队辅导员参加南平市“人保财险杯”少先队辅导员培训及风采大赛，4人获奖。

2003年2月25日，少先队建阳市第二次代表大会召开，到会代表100人，会议讨论并审议第一届少工委所作的《与时俱进 开拓进取 让星星火炬在潭阳大地代代相传》的工作报告，选举产生少先队建阳市第二届工作委员会委员17人。

2007年8月，福建省第26期少先队辅导员培训班在建阳举办，全市有94名少先队工作者参加培训。2009年，以少先队建队60周年为契机，围绕少先队基础建设规范年的主线，抓好少先队队伍建设和品牌活动的开展。2010年，结合学习贯彻总书记胡锦涛贺信精神，在少年儿童中广泛开展争当“四好少年”活动，引导他们从小养成良好道德行为习惯，培养热爱党和社会主义祖国的感情。

第三节 妇女联合会

一、组织机构

（一）市妇联

1. 代表大会

建阳市第十次妇女代表大会 1998年11月19—20日召开，正式代表230人、列席代表15人、特邀代表15人，合计260人。会议听取、审议并通过洪菊兰代表市妇联第九届委员会所作的工作报告；表彰1998年度先进妇女组织、优秀妇女干部、巾帼文明岗、巾帼建功先进个人。选举产生组成的建阳市妇联第十届执行委员会，委员25名，常委9名，黄滨当选为主席。

建阳市第十一次妇女代表大会　2003年11月26日召开，正式代表200人、列席代表30人，合计230人。会议听取、审议并通过黄滨代表市妇联第十届委员会所作的工作报告。选举产生建阳市妇联第十一届执行委员会，委员25名，常委9名，黄滨当选为主席。

建阳市第十二次妇女代表大会　2008年11月26日召开，正式代表160人、列席代表20人，合计180人。会议听取并审议黄萍代表市妇联第十一届执行委员会所做工作报告；选举产生建阳市妇联第十二届执行委员会，委员25名、常委9名，黄萍当选为主席。

内设机构：1994年，建阳市妇女联合会内设办公室、宣传部、儿少部、城乡部，市妇女儿童工作委员会办公室挂靠市妇联。市妇联机关行政编制6名，其中，主席1名、副主席1名，股级职数4名。2002年，第二次机构改革后，行政编制5名，其中，主席1名、副主席1名，股级职数3名。挂靠单位：市妇女儿童工作委员会办公室。至2010年不变。

（二）基层妇女组织

1994年，全市13个乡镇均有完善的乡镇妇联建制，有190个行政村村村妇女代表会成立。1998年，开始在建阳市机关、企事业单位组建妇委会。

2000年潭城、童游镇建制改为街道建制，潭城、童游镇妇联改为街道妇联。

至2010年，全市有市直机关、建阳市法院、建阳市检察院、建阳第二监狱、工商局、民政局、公安局、物资局、福建龙翔科技有限公司、福建省金汇投资有限公司共10个妇委会，有13个乡镇（街道）妇联，194个行政村都成立妇代会。

二、主要活动

（一）宣传教育活动

每年“三八”国际妇女节，市妇联组织召开纪念表彰大会，表彰上年度的“双学双比”先进个人、“巾帼建功”先进个人等，对先进事迹进行宣传报道，发挥先进的模范带头作用，开展“三八”法律宣传周活动，组织司法、计生、妇幼等相关部门上街开展法律咨询和宣传，普及《中华人民共和国妇女权益保障法》《中华人民共和国婚姻法》《中华人民共和国母婴保健法》《中华人民共和国未成年人保护法》等法律法规。每年6月26日国际禁毒日期间，与市公安局联合开展以“吸毒与艾滋病”为主题的禁毒宣传活动。

1994年，市妇联与市委宣传部联合举办关于开展学习中共党的十四届三中全会精神、《邓小平文选》第三卷、妇女交通安全知识竞赛的通知，共组织21支队63名妇女参赛，与市交警大队举办《妇女交通安全法规》知识培训班及知识竞赛，组织代表队参加南平《妇女交通安全法规》知识竞赛，获全区一等奖。1995年，组织妇女收看孔繁森先进事迹报告。全国优秀女企业家、厦门经济特区盛达机电设备进出口公司总经理傅泰慧来建阳作《成长之路》事迹报告，对广大妇女进行爱国主义、集体主义和“四有四自”（有理想、有道德、有文化、有纪律。自尊、自信、自立、自强）教育。1997年，市妇联与市委统战部联合召开“庆三领先、迎回归”（庆“三八”国际妇女节，迎香港回归）座谈会。与有关单位配合举办城区中小学“迎香港回归”读书知识竞赛。1998年，组织妇女学习中共党的十五大和十五届三中全会、中国妇女八大精神，出专栏66期，广播稿182篇，有线电视字幕87版，标语420幅，编印宣传材料2000份。1999年，组织开展“庆三八、颂祖国”歌咏晚会和《祖国、妇女、进步与发展》征文活动。

2000—2001年，市妇联将“三个代表”重要思想学习教育和“三讲”活动结合，增强妇联机关服务观念和勤政廉政意识，一改以往坐机关、开会、发文、收汇报、写总结的工作方式，树立走出机关，到基层，帮助基层解决实际困难，为妇女群众办实事的求真务实、勤政廉政的良好风气。先后聘请农艺专家2次送技术下乡指导黄坑镇妇女解决种植春玉米的技术难题；向省妇联争取小额贷款28万元，解决150户贫困户生产资金的困难；驻村倾听妇女群众的呼声，帮助她们出点子，寻找致富门路。2002年，在农村开展“三个代表学习教育回访复查月”活动，提高服务实效。2003年，印发《关于组织全市妇女认真学习贯彻党的十六大精神的通知》，在全市广大妇女中掀起学习宣传中共党的十六大精神热潮。2004 年，与市人大妇女儿童工作组联合在市中山广场举办纪念“三八”国际劳动妇女节 94 周年广场文化活动和“三八”妇女维权周活动，与市委组织部联合召开市下派女支书、“派嫂”座谈会，强化服务意识和奉献意识。2005 年，与市人大、团市委、和计生、教育、妇幼保健院等部门联合举办庆“六一”关爱女孩广场文化活动；召开建阳市领导干部配偶警示教育大会。组织科级以上领导配偶 108 人参加会议。

2006—2007 年，“三八”国际妇女节期间，组织巾帼志愿者在中山广场举行维权周活动，重点宣传《中华人民共和国妇女权益保障法》并开展家教、法律、计生和药品知识咨询；在“三下乡”活动中，发放法制宣传资料 2500 份，咨询妇女达 1365 人次；在省劳改第二监狱开展禁毒宣传活动。2008 年，以迎奥运、展风采为主题，广泛开展妇女儿童系列文化活动，在南平市率先成立建阳市妇女拥军协会，以妇女拥军协会为平台，做好拥军工作，营造军爱民民拥军的良好氛围，为创建省级双拥城市做贡献。2009 年“六一”国际儿童节期间，市妇联结合“两纲”（妇女发展纲要、儿童发展纲要），组织开展“提高五岁以下儿童保健服务能力”的宣传咨询活动，2010 年，举办“时代巾帼·光荣使命”巾帼风采展示演出。在建阳电视台、《今日建阳》报和政府公开栏开辟妇女宣传专版、专栏。

（二）“双学双比”竞赛活动

1989 年，响应全国妇联的号召，建阳县妇联组织全县农村妇女开展以“学文化、学技术，比成绩、比贡献”为主要内容的“双学双比”竞赛活动，通过形式多样的教育培训渠道，提高农村妇女的科技文化素质。1994—2010 年，全市妇联系统共举办各类实用技术培训班 310 期，培训妇女 2.30 万人次；结合科普宣传月、“三下乡”等活动组织科技人员下乡开展科技咨询 68 场次，发放科技资料 13.60 万份，全市共有 1719 名妇女取得农函大毕业证书、136 名妇女取得农广校毕业证书，南平农校毕业女学员 15 人，绿色证书获得者 634 人，女农民技术员 554 人，女经纪人 130 名，致富女能手 1.20 万人，建立各类巾帼科技协会 20 个、巾帼科技示范村 15 个、示范基地 10 个。举办农村妇女富余劳动力转移培训班 220 期，培训农村富余女劳动力 1.50 万人次，转移 1.20 万人。共向省妇联、省农办扶贫机构争取农村妇女小额信贷扶贫款 429 万元，扶持妇女 680 人发展种养业。有 298 名妇女获评建阳市“双学双比”先进女能手，30 个单位获评“双学双比”先进单位，16 个单位获评建阳市“双学双比”竞赛活动先进协调单位。

（三）“巾帼建功”活动

1991 年 8 月，县妇联响应全国和省妇联发起的《关于在城镇妇女中开展做“四有”“四自”的女性，为“八五”计划建功立业竞赛活动》的号召，把“巾帼建功”活动与岗位练兵、技术培训、各种劳动竞赛、“岗位学雷锋，行业树新风”等活动结合起来，在城镇妇女中开展“巾帼建功”活动，参赛女职工 12800 人，参赛率 80%。

1992—1994 年，“巾帼建功”活动突出鼓励城镇各条战线妇女岗位建功、岗位成才、争创一流工作成绩。教育系统女教师开展“优秀教案、优质课”园丁杯赛，卫生系统女职工开展“温暖在医院、满意在科室”的天使杯赛，在个私企业中开展“诚实守信，服务第一”的职业道德竞赛，市林委系统开展“绿化杯”竞赛等等。广大女职工提高专业素质，提合理化建议，为企业创效益，经委系统有 1989 名女工参加主人翁杯竞赛，提合理化建议 1088 条，采纳 723 条，创效益 68.58 万元，增收节支 86.39 万元。

1995—1997 年，开展“巾帼创业行动”，各级妇联组织通过召开供需见面会、开辟下岗女工一条街、举办技能培训班、创办家政服务公司等形式为下岗女工创造再就业机会。鼓励部分下岗女工发展第三产业，重新走上服务社会自强自立之路。商业系统 228 位离岗女工在第三产业中大显身手。五交化女职工王瑞兰到京城办茶庄，百货公司黄伟华办起五交化店，副食品公司郑丽丽成为厦门合资企业部门经理；市、乡、村 3 级妇女干部 215 名联系 2000 名贫困妇女，开展“一帮十”巾帼扶贫手拉手活动，脱贫率 83.57%，有 36 户进入小康行列。各级妇联救助贫困母亲 50 户，为贫困妇女提供资金 3.50 万元。

1998 年，“三八”国际妇女节期间，市妇联举办“爱岗敬业、文明服务”事迹报告会，有 4 个先进单位代表和 7 名优秀女性作事迹报告，激励各行业妇女在平凡岗位上建功立业。

1999—2000 年，开展“巾帼助困志愿者行动”。全市建立巾帼扶贫联系点 15 个，联系 204 户。市公安局妇委会发动全体干警开展“一日助”活动，帮助下岗女工排忧解难。市妇联组织企业家、女个体户与 10 户特困女工结对子，扶持资金 1.30 万元，帮助她们解决困难。2001 年，实施“巾帼社区服务工程”，重点抓好潭城镇永安街的“家政服务中心”，举办家政服务培训班，安置 36 名下岗女工从事保姆、清洁工等工作。

2002—2005 年“巾帼建功”重在开展牵手联创，扶贫帮困。市乡（镇）街道妇联建立巾帼扶贫联系点 14 个，联系户 240 户，回龙、莒口、书坊 3 个乡镇建立女子帮耕队 6 支，在农忙季节为贫困户、缺劳力户帮耕代插，帮种烤烟、药材。2006 年，全市各级“巾帼文明岗”开展“知荣辱　献爱心”活动，发挥“巾帼文明岗”示范带头作用。

2007 起，“巾帼建功”在城镇重在提高岗位技能和培养敬业精神，根据各自行业和部门特点，开展岗位练兵和岗位明星评比活动；在农村开展“岗村、委村、企村”结对，开展为农村妇女送文明、送知识、送服务、送信息、送温暖和资金扶持的“五送一扶”活动，形成城乡互动，统筹发展，共同进步的妇女发展新格局。2009 年，市妇联选树创四方电子有限公司作为“福建省妇女就业基地”，安顺变压器厂作为“南平市女大学生创业实践基地”；在全市新培树创建典型 4 个，并动员各成员单位在资金、技术、项目、信息等方面给予倾斜。书坊贵溪村获授省“巾帼示范村”、水吉镇仁山村葡萄种植基地获授省“巾帼示范基地”。全市共有各级巾帼文明岗 63 个，和妇委会结成对子 15 个。

2010 年“6•20”特大洪灾后，全市巾帼志愿者在市妇联的组织下投入抗洪救灾和生产自救中。清除污泥，开展卫生防疫；慰问赴潭救灾官兵，送去食品与衣物，为部队官兵清洗衣服、送姜汤；到灾民安置点慰问妇女、儿童，送去慰问品和慰问金。至年底，全市共获全国先进个人 1 人、获省先进 2 人、南平表彰 8 人，共有 100 名妇女获评建阳市“巾帼建功”先进个人。全市共有各级巾帼文明岗 17 个，其中国家级 1 个；省级巾帼文明岗 9 个；南平市级 2 个；建阳市级 5 个。

（四）建设和谐家庭活动

1994 年，开展“六提倡、六反对”（提倡崇尚科学，反对封建迷信，提倡健康娱乐，反对聚众赌博，提倡婚姻自由，反对买卖婚姻，提倡村邻和睦，反对宗族纠纷，提倡艰苦创业，反对铺张浪费，提倡少生优生，反对计划外生育）活动，春节前，市妇联向全市妇女发出开展移风易俗的通知，发挥妇女禁赌会的作用，要求母亲管好儿子、妻子管好丈夫，禁赌 27 场，劝赌 162 人。开展“家家爱建阳，人人兴中华”主题教育活动，组织论文研讨活动，35 篇论文参评，童游镇选送的《奉献精神感人心》等 3 篇论文获一等奖。开展“国际家庭年”活动，与市文明办联合开展评选表彰“五好”家庭活动，表彰 50 户“五好”家庭标兵户；召开 “家庭文化建设”理论研讨会，评选表彰 6 篇“家庭文化建设”论文。编写《巾帼风采录》。

1996 年，市妇联组织“四有”“四自”（有理想、有道德、有文化、有纪律，自尊、自信、自立、自强）新女性演讲比赛，参赛的 17 名选手来自各全市各条战线，她们之中有养路工、清洁工、教师、护士、农艺师、检察官和农村劳动致富能手等，通过比赛，展现新女性的风采，激发广大建阳女性积极上进的奋斗精神。

1997 年，在全市开展“五好文明家庭”创建活动，印发《文明家庭》手册 5000 份，同时，在潭城城关村、童游静园小区搞创建工作试点。组织妇女开展学习《中国传统道德》《新编增广贤文》《道德箴言》等，5000 名家长参加读书竞赛活动。

1999 年，开展“学格言、用格言”活动，共发放《家庭美德格言》小册子 2240 册，11 月底，市妇联组织代表队参加南平市妇联举办的《家庭美德格言》读书知识竞赛活动获二等奖。在“千禧龙年”来临之际，市妇联组织 5 对新人参加南平市妇联举办的“武夷情世纪婚典”。

2000 年，开展情系西部，共享母爱助西扶贫行动，共获捐款 5000 元，为西藏自治区部缺水贫困家庭奉献爱心。发动家庭成员开展反腐倡廉，春节期间组织市直机关部分局长夫人争当“廉内助”座谈会，10 月，配合市委、市纪委在全市副处级以上党员领导干部配偶中开展评选“廉内助”，共评选出“廉内助”6 名。

2001年，市妇联向城乡家庭推荐《写给世纪父母》读本2264册。2002年，与市纪委联合下发《关于开展家庭助廉教育工作的实施意见》，与市综治办、团市委、公安局、司法局、广电局联合下发《关于在全市开展“平安家庭”创建活动的意见》，打开创建“平安建阳”的序幕。

2004年，联合市纪委、市监察局联合发出给全市副科级以上领导干部亲属的1封信，要求领导干部亲属为配偶的清正廉洁和家庭的平安幸福，为倡导反腐倡廉新风，责无旁贷做好反腐倡廉工作。

2006年，将和谐家庭建设作为新时期文明家庭创建的主题，深化“平安家庭”“家庭助廉”“文明家庭”“学习型家庭”“节约型家庭”“绿色家庭”等活动。至2007年，全市总户数91740户评选出“平安家庭”户86714户，覆盖率达94.50%；“平安家庭”示范村（社区）176个，覆盖率达92.60%；“平安家庭”示范乡镇（街道）10个，覆盖率达77%；“平安家庭”示范户8690户，并全部授牌和挂牌。同年，表彰300户“平安家庭”示范户、30个“平安社区（村）”；表彰市级“五好文明家庭”300户。确立13个村为市“美德在农家”示范村，2个村为南平级示范村，建立“巾帼文化中心户”56户，其中，省级1个，南平级6户。以潭城街道西市社区、新建社区、宝山社区为社区廉政文化进家庭的示范点，组织开展“清风进我家”家庭助廉知识问答，发放问卷500份，签订“共筑廉政家园”承诺书等活动。

2009年，各级妇联深化特色家庭创建活动，以家庭稳定促社会和谐，平安家庭、“五好文明家庭”等创建工作亮点凸显。潭城街道结合社区的潭山市民讲坛，开展家庭知识讲座；莒口镇第一个在行政村设立“平安家庭”创建办公室；徐市镇开展涉案家庭救助，加强对流动人口子女及留守儿童的教育救助和失足青少年、释解人员的帮教。“三八”国际妇女节期间，全市表彰500户平安家庭和500户“五好文明家庭”，选送的“爱心妈妈”付桃花获评“感动闽北十大人物”，西桥社区居民陈华煌获评全国“五好文明家庭”户。

2008--2010年，以弘扬和谐精神、培育文明新风为目标，以拓展群众性和谐创建活动为载体，按照中国妇女十大提出的开展“和谐家庭创建行动”的要求，广泛开展家庭建设创评活动。

（五）开展“春蕾计划”活动

1995年，发动各乡镇妇联、市直机关妇委会、联谊会共为失学、辍学女童捐款2022.30元。

1998年，建阳市广泛发动全社会为贫困女童献爱心、送温暖活动，省、南平市、建阳市3级妇联共筹资1.90万元，资助56名贫困失学、辍学重返校园。

1999年4月，发动各乡镇妇联、各委口女工委员长员开展爱心献春蕾活动，市妇联带头组织各口女工负责人和各乡镇妇联干部上街义卖“沧浪”牌洗洁巾56箱，资助18名特困女童入学，全年新资助春蕾女童47名。5月28日，选送3名春蕾妇童到延城与资助她们的阿姨见面。

2004年，收到春蕾助学款19550元，在原有基础上新资助贫困女童65人，其中女大学生2名。选送4名优秀贫困女生到福州阳光国际学校免费就读高中；市长葛晓华在收到麻沙中学高一年段特困女学生应晓珍的求助信，通过市妇联了解到她家的实际困难，当即从市财政拿出4000元，划入市妇联“春蕾计划”账户，为应晓珍解决高一下学期至高中毕业所需的学习费用，让她感受到党和政府的温暖。

2005年，新资助春蕾女童40名。选送11名春蕾女童到福州科技信息学校、南平技校、南平农校就读；有1位贫困女大学生得到社会热心人士资助。

2006年，共资助“春蕾女童”27名。市妇联争取到省儿童基金会资助款2万元，资助回龙、徐市、小湖等乡镇的5名贫困女生上大学，市公安局交警大队、市直机关妇工委、建阳奇英包装有限公司等单位和热心人士，资助义务教育特困女童20名，金额3000元，非义务教育7人，金额1.90万元。

2007年，共联系资助小学“春蕾女童”8名，贫困女大学生19名；为春蕾生联系报考免交学费、食宿费的福建工贸学校，做好宣传、组织报名工作，有1名女生进入福建工贸学校学习。

2008年，春蕾计划助学活动共获得资助金61260元，获资助的春蕾女大学生34名。8月，市妇联在政府第一会议室举办“春蕾计划”助学款发放仪式暨座谈会，建阳市政府办、建阳市福州商会会长陈建平、建阳市上海商会、厦门商会、建阳商会、武夷钰荣拓展房地产开发公司、社会爱心人士等资助方代表向

11名春蕾女童代表发放3.92万元助学金。春蕾女童代表向社会各界爱心人士代表赠送表达感谢之情的爱心卡。

2009年，市妇联收到社会各界春蕾助学款3万元，资助春蕾女大学生26名。

2010年，继续实施“春蕾计划”，对贫困女童进行调查摸底，尤其是因“6·22”洪灾而致贫的春蕾女大学生的摸底工作，建立“春蕾计划”待助女童档案。全市有71名春蕾女大学生得到资助，资助金额达25万元。

第四节　科学技术协会

一、组织机构

一、市科协

（一）代表大会

2004年10月15日，建阳市科学技术协会（简称“市科协”）召开第五次代表大会，出席会议代表128人，特邀代表50人。会议听取、审议并通过甘秀华代表市科协第四届委员会所作的工作报告；会议号召全市科技工作者与时俱进，开拓创新，为市经济建设和社会事业发展贡献力量。会上，市委、市政府表彰科普工作先进集体11个、先进个人28人。大会选举产生市科协第五届委员会，委员35人，其中常委11人。甘秀华任主席。

2010年9月17日，市科协召开第六次代表大会，出席会议代表144名，特邀代表50名。会议听取、审议并通过甘秀华代表市科协第五届委员会所作的工作报告大会，会议表彰科普工作先进集体16个、先进个人33人。选举产生市科协第六届委员会，委员33名，其中常委11名。甘秀华任主席，

（二）内设机构

1994年，市科协内设办公室、福建省农村致富技术函授大学建阳市分校（简称“农函大”）、科技咨询服务中心，设行政编制5名。1998年，增加工勤事业编制1名。2002年10月至2010年，内设机构未变，行政编制4名，设主席1名、副主席2名，股级职工1名，核定机关工勤人员编制1名。

（二）基层科技组织

1994年，全市有城区市属学会（协会、研究会）16个，企业科协4个（蓄电池厂科协、压缩机总厂科协、造纸厂科协和汽车改装厂科协）；13个乡（镇）均设科协，配专（兼）职工作人员各1人；有农村专业技术研究会15个，会员676人。1995年后，因经济体制改革，企业科协先后撤销。

1997年，全市162个村建立科普分会，会员1081人，农村专业技术研究会15个，会员576人；城区市属学会（协会、研究会）16个，共有会员1210人。2002年9月，成立药学会、福建武夷味精有限公司科协。2004年，成立建阳市老科学技术工作者协会。

2010年，福建建阳龙翔科技有限公司和建阳市发电有限责任公司2家企业科协成立。至年底，全市共计有市医学会、林学会、水利电力学会、机械工程学会、药学会等17个学会（协会），会员2847人；3家企业科协，共有会员428人；13个乡镇（街道）科协配兼职工作人员1名，有农村专业技术协会6个，会员802人。

二、主要活动

1990年起，市科协在企业科协中开展中国科协提出的“讲理想、比贡献”（简称“讲·比”）活动。1995年11月6—12日，市科协开展首届“科技宣传周（科技人才活动周）”活动，由市科协牵头组织，

全市乡镇科协，各相关部门单位，各学会、协会的科技工作者共同参与宣传活动。科协组织带领科技工作者在城区和各乡镇开展科技咨询、科普宣传，分发科技资料和科技图书。1996年，市压缩机总厂科协获省科协、省计委、省经贸委、省人事厅、省财政厅授予福建省企事业“‘讲·比’竞赛活动先进集体”称号。

1999年10月，建阳市科技馆竣工。科技馆共6层，总建筑面积2476平方米。科普展厅1000平方米，用地面积512平方米，总投资160万元。馆内设学术交流讲座厅、教室、青少年科普活动室、科技阅览室等。建馆后主要举办实用技术培训和青少年校外活动。同年，黄坑大竹岚生物科普教育基地和童游生态果园科普教育基地建立。2001年，生态果园科普教育基地被省委宣传部、省科协正式命名为“福建省科普教育基地”。

2002年10月，市科协组建科普志愿者队伍，成员220名，来自各乡（镇）街道科协、学会（协会）、企业科协和教育、科技、卫生、环保、气象等部门。2004年12月，建阳市科协、建阳市教育局联合承办“福建省第三届青少年电脑机器人竞赛”。

2005年起，市科协开展创建“福建省科普先进乡镇”活动，建阳市小湖镇、水吉镇先后获省科协命名为“福建省科普先进乡镇”。2006—2010年，市科协开展创建福建省科普先进县（市、区）活动，建阳市先后获省科协命名为“福建省第二届科普先进市”和“福建省第四届科普先进市”。

2007年，建阳市科协组织开展由中科协启动的“农村科普惠农兴村计划和社区科普益民计划”活动，后称“基层科普行动计划”项目，即对先进的农村专业技术协会、科普示范基地、科普带头人和科普示范社区实行资金奖补，并规定资金使用范围。凡获得全国先进单位获奖补资金20万元、个人为5万元；省级为5万元（不含科普示范社区）和1万元。

2009年，建阳市成立创建全国科普示范市活动领导小组，由市长任组长，成员由15家单位负责人组成，由市科协牵头组织开展创建活动。同年，成立以副市长为组长，科协主席、市政府办副主任为副组长，市委组织部、宣传部等15家成员单位的全民科学素质工作领导小组，领导小组下设办公室，挂靠市科协，协调全市全民科学素质工作。全市科技人才活动周活动改由市科技局牵头组织。市科协转为牵头组织开展“全国科普日”活动，每年确定宣传主题，召集市全民科学素质领导小组成员单位在每年的9月第二周举行，市科协组织科技工作者和科普志愿者在城区和到各乡镇开展科技咨询、科普宣传，分发科普资料和科技图书，并形成长效化，逐步发展为科协的活动品牌。9月，建阳市潭城街道西门社区和兴建社区获“福建省科普示范社区”的命名。

2010年，市科协与市委宣传部、市环保局、教育局联合举办“环保杯”青少年科幻画大赛，城区10所中小学、幼儿园共计196名绘画爱好者参与比赛。6月，市农业机械作业协会获“全国科普惠农兴村先进单位”。9月，科技馆成立青少年科学工作室，与市教育联合下文，让城区小学生分批到工作室进行科技活动。11月，建阳市创建全国科普示范市活动通过中科协创建活动检查小组的验收。至年底，市科技馆青少年科学工作室共接待12批600名学生参与科技体验活动；建阳市获“农村科普惠农兴村计划”活动省级表彰的先进单位有：市葡萄协会、市良种繁育场、市农业开发示范场、水吉镇仁山村“闽北葡萄产业示范基地”，先进个人有莒口镇畜牧兽医站李荣正，市葡萄协会会长范恒盛。

1994—2010年，建阳市科技局每年均派遣科普宣传队下乡，到各乡镇所在地利用赶集机会在圩场进行科学技术的宣传，内容有农业生产技术、卫生常识等，还分发各种科技图书资料；市科协在建阳市科技大楼1楼门口设科普宣传栏，每月出刊1期，内容有工农业生产知识、科技知识、卫生常识等。每年均邀请学有专长的工程师、农艺师、主治医师以上的科技工作者举办科技讲座。市科协主办的《建阳科普》，每月出刊一期，每期印发2000份，内容刊登建阳及国内外工、农、医等重大科技活动信息。

（二）技术培训

1994年起，市科协开展农函大培训工作，每年在乡（镇）召集600—800名农民，组织农业、林业、水利等专家为农民讲授农村实用技术，成绩合格者发给农函大毕业证，为农村培养专业技术人才。2006年后，市科协不再为农函大学员发放毕业证书。2007年，农民实用技术培训工作逐步由科协、农业、劳动等相关部门单位共同承担。市科协开始为省科协下属福建科技职业技术学校招收初三毕业学生，免收学费。到2010年，培训农村实用技术人才7000人次，发放资料3万册；为福建科技职业技术学校招收初三毕业生24名。

（三）实施“金桥工程”

1993年起，建阳市实施中国科协发起的“架起科技金桥，服务经济建设”工程（简称“金桥工程”），成立“金桥工程”协调领导小组。年立项54个，其中，“6-CQA系列船舶起动铅酸蓄电池”项目获南平市科协优秀项目奖，“香菇新苗株241-4栽培”等6个项目获推荐参加全省评比。1997年，完成项目34项，8个项目推荐省、南平市参加优秀项目评比，省科协对其中5个优秀项目进行表彰。1994—1998年，共计完成178个项目，获南平市表彰优秀项目33个，省级表彰项目11个。1999年后，“金桥工程”重点转为在企业中建立“院士专家工作站”，为企业和院士专家之间架金桥，服务经济建设。

（四）学术交流

1994年，市科协“横南铁路开通后对建阳市经济发展影响及其对策”学术研讨会举办，全市学会、协会科技人员参与研讨，共发表对策论文12篇，交流讨论学术论文82篇。1997年，全市科技人员发表学术交流论文106篇，其中，国家级15篇、省级48篇；1998年，全市科技人员发表交流论文116篇，国家级6篇，省级48篇。1994—2010年，市科协所属的学会、协会、研究会、企业科协共举办各种学术交流研讨会268场，撰写论文在省级以上刊物发表和交流592篇。

第五节　归国华侨联合会

一、组织机构

1984年8月22日，建阳县第一次归侨侨眷代表大会召开，出席会议代表55名，会议审议通过工作报告。选举产生第一届建阳市归国华侨联合会（简称“侨联”）委员会，由7位委员组成，郑忠祥任市侨联主席。当年，市侨联定为科局级单位，行政编制2名，设专职主席1名。

1991年9月19日，建阳县第二次归侨侨眷代表大会召开，出席会议代表63名，会议审议通过戴风顺代表第一届市侨联作的工作报告。选举产生第二届建阳市归国华侨联合会委员会，由16位委员组成，郑忠祥任任市侨联主席。

1996年7月30日，建阳市第三次归侨侨眷代表大会召开，出席会议代表65名，会议审议通过戴风顺代表第二届市侨联作的工作报告。选举产生第三届建阳市归国华侨联合会委员会，由15位委员组成，颜丽都任市侨联主席。2001年8月，黄坑镇归国华侨联合会成立，2003年3月，成立建阳市归国华侨联合会青年委员会，2004年6月，成立建阳市侨联华侨联谊中心。

2004年8月3日，建阳市第四次归侨侨眷代表大会召开，出席会议代表68名，会议审议通过颜丽都代表第三届市侨联作的工作报告。选举产生第四届建阳市归国华侨联合会委员会，由23位委员组成，滕爱兰任市侨联主席。2005年9月，莒口镇归国华侨联合会成立，2008年8月，成立莒口镇长埂村归国华侨联合会。

2009年8月18日，建阳市第五次归侨侨眷代表大会召开，出席会议代表98名，会议审议通过滕爱兰代表第四届市侨联作的工作报告。选举产生第五届建阳市归国华侨联合会委员会，由25位委员组成，滕爱兰任市侨联主席。

二、主要活动

1995年，市侨联名誉主席、香港同胞何光庆捐资10万元建设麻沙中心小学综合教学楼。水吉侨胞周远亮捐资1万元改善水吉镇市头小学的教学环境。1995年，为纪念抗日战争和反法西斯战争胜利50周年，市侨联对“南侨机工”辜文德、黄炎宋2位老人进行慰问表彰（全省仅存8名，建阳有2名）；建阳有线电视台在“《百姓访谈》栏目中对2位老人的事迹进行专题报道。

1996年，市侨联发挥归侨侨眷、港澳眷属信息多、渠道广的优势，为劳动力输出牵线搭桥，将全市38名待业青年输送到沿海外资及合资企业工作，为待业青年和农村剩余劳动力开辟新的就业途径。

1997年4月，市侨联主席颜丽都应邀到邵武市侨联开展联谊活动，2市侨联结成友好关系。同年，归侨郑其旋引导新加坡侨亲为“希望工程”捐款40万元，帮助130位失学儿童重返校园。

1998年8月，市侨联在南平市侨联的支持下，向南平“侨心基金”争取2个名额，每年资助市西门小学和崇雒乡横源小学2位贫困优秀女生上学，直到高中毕业。

1999年，侨联帮助“南侨机工”黄炎宋等退休归侨落实每月60元的归侨生活津贴费。同年，新加坡归侨余祖金发动海外亲属筹资10万元在建阳创办侨鑫小学，并通过教育部门的验收和认可。侨眷游德忠送去价值3500元的课外读物，侨联常委黄寒柏也为学校送去20套新课桌椅。从当年开始，学校免费招收36名下岗职工子女和特困生入学。

2000年底，侨联会同全市涉侨部门开展以新侨民为主的第一次侨情普查工作，查清新侨民基本情况，为做好侨联工作奠定基础。

2002年，旅居意大利的华侨林朱庆捐资1000欧元（折合人民币1万元）为家乡黄坑镇新历村修建水泥路。

2003年春夏之交“非典”期间，市侨资企业福建三爱药业有限公司捐赠价值1000万元药品、福建胜德企业集团公司捐赠价值200万元鱼腥草药剂，支持抗击“非典”。

2004年，市侨联针对福建汽车改装厂和建阳货运公司等国有企业改制后，8名退休职工每月60元生活费补贴被终止的问题。多次协调有关企业负责人和部门领导，向他们宣传党的侨务政策，并向市有关领导汇报，请求妥善解决，市委常委以潭委〔2005〕常委纪要01号作出常委会专题会议纪要，要求归侨所在各企事业单位在企业改制时，将归侨每月60元的生活补贴作为专项资金预留下来，以确保归侨权益得到保障，解决他们的后顾之忧。同年7月，建阳市侨联副主席何光成获国务院侨办、中国侨联评为“归侨侨眷先进个人”。

2005年1月，省侨联副主席杨峥嵘等在南平市侨联领导的陪同下，到建阳慰问贫困归侨并送去慰问金。同时，走访“南侨机工”黄炎宋。春节前后，市侨联利用春节期间海外归来人员多的机会，做好联络联谊工作。市侨联领导会见并宴请美籍华人美国长乐工会副主席游建南，留日博士后、日本三洋化工株式会社高级工程师朱宏，留美博士、美国芝加哥德保罗大学高级软件工程师、软件设计师刘宏明，摩托罗拉全球公司高层管理人员白茹等海归人员，向他们介绍建阳市的侨情市情，高度赞誉他们在国内外事业的发展，并鼓励他们继续关心家乡的发展和侨联事业，成为家乡与海外之间沟通联络的使者和桥梁纽带，多为家乡发展招商引资、牵线搭桥，出谋献策。4月11—15日，市侨联主席滕爱兰随省侨联青年委员会组团到金门参加为期1周的参观考察。4月26—28日，滕爱兰等7人到石狮市侨联开展考察联谊、招商引资活动，两地侨联互相介绍各自的侨情市情，同时走访部分侨资企业。是年，市侨联开展“文化交流年”活动，支持海外华文教育事业，针对海外华文教材不足和师资严重缺乏的现状，先后多次帮助侨胞创办的海外华文培训中心在国内购买华文课程教本、读本和VCD音像教材，并向培训中心输出有经验的华文教师，以利提高教学质量，促进海外华文教育事业的发展。同年8月，为纪念抗日战争胜利60周年，弘扬爱国华侨回国抗战的爱国主义精神，市侨联联合市委报道组对建阳唯一健在的86岁的“南侨机工”黄炎宋进行专访，听他讲述60年前亲历缅滇公路“生死运输线”上的抗战故事，在《闽北日报》上专版报道。8月22—23日，旅意福建华人华侨同乡总会会长胡建兵、常务副会长陈天明等访问建阳，市委副书记李兵、侨联主席滕爱兰会见胡建兵等，就旅意福建华人华侨同乡总会如何更好地为福建家乡经济发展招商引资，进一步维护海外华人华侨权益、提高福建华人华侨在海外地位和声望，以及国内如何解放思想，更好地为海外华人华侨服务等问题进行交谈。9月9日，侨联青年委员会委员等7人前往邵武市侨联开展联谊活动，受到邵武市委统战部、市侨联和侨界企业家的欢迎和接待。两地侨联与邵武市的侨资企业代表进行座谈，还参观邵武市的2个侨资企业和工业园区。

2006年1月4日，市侨联主席滕爱兰出访马来西亚参加砂捞越南平公会成立及第一届理事会就职庆典，并访问位于马来西亚槟州有近百年历史的槟城建阳公会，双方约定在短期内将组团互访。6月1日—2日，市侨联主席滕爱兰等5人赴惠安县侨联开展联谊活动，双方互相介绍侨情、交流侨联工作，参观福建腾茂轻工有限公司等4家侨资企业和部分乡镇侨联。侨联组团赴惠安等沿海地区开展考察联谊和招商引资活动，带上建阳市招商项目，向沿海侨资企业介绍建阳发展前景和引资项目。8月，市侨联主席滕爱兰与意大利华侨林朱庆的共同策划，在《欧洲华人报》《欧洲侨报》同时开设为专题、专版，宣传报道建阳林产工贸园区的投资环境和招商引资政策，扩大建阳在当地华界的影响和知名度。

2007年2月，福建省侨联命名建阳市侨联为首批全省侨联系统“侨友之家”称号，成为全南平市唯一获此殊荣的侨联组织。5月28日至6月8日，应旅意福建华人侨同乡总会和旅法福建同乡会的邀请，侨联主席滕爱兰等4人到意大利、法国进行为期10天的访问，开展项目洽谈，探讨可行性项目合作事宜，考察华人华侨社团的发展情况，通过考察交流，加强与旅意、旅法华人华侨联系和了解、增进亲情乡谊。7月，在第八次全国归侨侨眷代表大会上，建阳市黄坑镇侨联获“全国侨联系统先进基层组织”称号，是南平市唯一获此殊荣的基层侨联组织。同年，三爱药业有限公司和福建建阳龙翔科技开发有限公司入选首批50家省级“侨联服务联系点”挂牌企业，是南平市仅有2家入选的侨资企业。8月9日，由建阳籍华侨——旅意福建华人华侨同乡总会永久名誉会长、欧洲华人报社执行社长林朱庆先生带队，《欧洲华人报》、凤凰卫视采访团等4人访问建阳，对建阳市进行专题宣传报道。市委常委、统战部长邹仁满，市委常委、宣传部部长张颖，侨联主席滕爱兰等接待采访团，介绍建阳的历史文化、经济和社会发展等方面情况，重点介绍闽北经济开发区和海西林产工贸园区的招商政策及建阳市食品加工、机械制造、医药化工、竹木加工、服装加工等重点发展产业，陪同考察闽北产业集中区、海西林产工贸园区及入园企业建阳森岚木业有限公司等。12月27日，《欧洲华人报》再次推出《“风起云涌掀热潮　海西腹地谱新篇”——海西林产城镶嵌在福建省建阳市林海中的一颗璀璨明珠》宣传专版，从资源优势、优惠政策、发展前景、招商引资等方面，全方位、立体式展示建阳的发展风貌与前景，扩大建阳在欧洲华人世界的影响。

2009年4月，市侨联先后2次在《欧洲华人报》《欧洲侨报》和凤凰卫视推出专版《雄风崛起于美丽的绿色腹地——走进福建建阳市潭城街道》《林海竹涛中的璀璨明珠——福建省建阳市黄坑镇巡礼》以及建阳市食品加工、机械制造、医药化工、竹木加工、服装加工等5大重点产业宣传，扩大建阳在欧洲华人界和侨界的影响。

2010年4月，省侨联副主席谢小建、省社科院华侨华人研究所副所长林勇等，在南平市和建阳市有关领导的陪同下，到黄坑镇苦竹坪村，开展《新归侨与海西经济区建设》课题和侨联工作调研。8月，建阳市侨联获省侨联授予侨情信息调研基地，这是省侨联确立的第一家侨情信息调研基地。同月，南平市侨联副主席兼秘书长黄庆联专程侨资企业福建三爱药业有限公司，为其在闽北“6•14”特大洪灾、“6•20”特大洪灾中先后捐款共400万元用于救灾和灾后重建的善举授奖牌。建阳龙翔科技发展有限公司向公司受灾员工捐款11万元，公司董事长戴造成个人捐款1万元支持灾区。据不完全统计，全市侨界共向“6•20”洪灾捐款175万元。同月，中国侨联在北京举办“第十届海外侨界高新技术人才为国服务暨第三届新侨创新成果交流会”上，建阳市侨资企业福建龙翔科技开发有限公司获中国侨界贡献奖之创新成果奖（福建省3项创新成果奖之一）。公司董事长兼总经理戴造成出席交流会。10月，建阳市侨界政协委员在政协领导的带领下到市重点侨镇—莒口镇开展基层侨联工作和侨情调研活动。是年，市侨联开展纪念《中华人民共和国归侨侨眷权益保护法》颁布20周年系列活动，利用市图文电视频道流动播放涉侨法律法规1个月；在市政府政务公开栏开设侨法宣传专栏；到侨属比较集中的南阳社区、宝山社区、黄坑镇的苦竹坪村、新历村和莒口镇的长埂村张贴侨法宣传专栏并发放《侨务法律法规选》《涉侨主要法律法规及规范性文件汇编》400 本；组织归侨侨眷、侨联委员和各乡镇统战委员参加侨法知识竞赛；在市中山广场开展“侨爱工程—送温暖医疗队”义诊、涉外法律咨询和发放涉侨法律法规文件活动。

自 2006 年起，建阳市侨联多方争取资金，帮助乡村改善基础设施。

2006—2010 年市侨联争取的捐赠情况表

表 21-2-2 单位：万元

年份	项目	捐资金额	捐资者
2006年	麻沙镇长坪村修建水毁道路	3 万元	上级部门
	书坊乡花园岭村小流域治理	5 万元	上级部门
2007年	麻沙镇周家村兴建自来水工程和公共厕所	9 万元	意大利华侨胡志悦
	新历村窑厂至张家自然村水泥道路硬化工程	12 万元	意大利林朱庆等 20 位华人华侨
	兴建莒口镇焦岚村到吴墩、岩头自然村的水泥路	11 万元	莒口镇東埔寨华侨陈宝林等 3 人
	兴建东山村的 3 公里水泥路	11 万元	东山意大利华侨何光华等 6 人
	修缮徐市镇溪尾村桥亭自然村的水毁桥梁	0.50 万元	新西兰华侨陈日馨、陈日云
	资助水吉镇玉瑶村贫困侨眷学生叶秋霞直至完成大学四年学业	每学年 0.30 万元	南非华侨高裕良
2008年	建设建阳市徐市镇南槎村“骏马希望小学”	25 万元	广东骏马纺织慈善基金会
	资助漳墩镇桔坑村侨界贫困大学生汤忠婷直至完成大学四年学业	每学年 0.46 万元	意大利华侨杨玉兰
	资助回龙乡澄埠村侨界贫困大学生暨珍，直至完成大学四年学业	0.50 万元	意大利华侨项全淡
	拓修漳墩镇桔坑村泔阳自然村道	0.50 万元	新西兰华侨陈日馨、陈日云
	修建徐市镇溪尾村村部	10 万元	福建三爱药业有限公司
2009年	完善莒口镇“侨心公园”的绿化、休闲配套设施等建设	3.15 万元	莒口镇杨金标等 16 位华侨侨眷
	修建莒口镇东山村村部至小学的水泥道路	11.50 万元	莒口镇籍华侨侨眷周冬兰等 6 人
	资助麻沙镇界首村陈祎娇完成初中学业	3 年的学费	爱心人士
	参与黄坑镇唐头村大桥建设	5 万元	徐国锋、徐斌华、董宗理等华侨侨眷
2010年	向“6·20”洪灾重镇将口镇芹口村捐赠衣物	价值 4 万元	旅匈华侨黄火妹
	修复漳墩镇桔坑村泔阳自然村“6·20”洪灾受损道路	1.20 万元	新西兰华侨罗月玲
	资助麻沙镇界首村陈祎娇完成高中学业	3 年的学费及每月 200 元生活补助	爱心人士黄桂荣
	向母校黄坑镇新历小学捐赠电脑一台	价值 0.40 万元	黄坑籍意大利华侨董希威

第六节 工商业联合会

一、组织机构

1994 年，建阳县撤县建市，建阳县工商业联合会（商会）更名为建阳市工商业联合会，下设 1 个基层商会，即水吉商会。1995 年 12 月，成立童游商会。1996 年 12 月 13 日成立黄坑商会。

1997 年 5 月 28 日，第七次建阳市工商业联合会（商会）会员代表大会召开，大会选举产生第七届执行委员会，委员 28 位。党组书记赵宪，会长王耀辉。同年 7 月，成立建阳市机砖行业协会。1998 年 5 月，成立麻沙商会。1999 年 11 月，成立建阳市第一个异地商会——上海商会。2001 年 12 月 28 日，建阳市温州商会成立。

2002 年 6 月 26 日，第八次建阳市工商业联合会（商会）会员代表大会召开，大会选举产生第八届执行委员会。委员 40 位。党组书记陈接旺，会长王耀辉。2005 年 11 月，建阳市竹木协会成立。2006 年 5

月 13 日，成立建阳市水力发电行业协会。

2006 年 8 月 9 日，第九次建阳市工商业联合会（商会）会员代表大会召开，大会选举产生第九届执行委员会，委员 65 位。党组书记陈接旺，会长柯维龙。同年 9 月，建阳市厦门商会成立。2007 年 5 月，成立建阳市纺织服装行业协会。2008 年 5 月，建阳市福州商会成立。2008 年 11 月，成立建阳市北京商会。2010 年 1 月，建阳市广州商会成立。至 2010 年，全市会员企业 537 家，基本上全市大的各行业的企业都加入了商会；有 4 个基层商会，1 个区域商会，6 个异地商会（北京、上海、福州、厦门、广东、天津），共有会员 691 人。

二、主要活动

（一）参政议政

1997 年，市工商联对 5 个乡镇 20 多家企业调研 1 个月，写成《建阳市个私企业发展状况及几点建议》呈报南平市委统战部和建阳市委、市政府。1998 年，共有 32 名个私经济代表人士获市委、市政府聘为行风评议员。1999 年，写成《个私经济要发展，环境宽松是关键》调研报告获列为建阳市加快乡镇企业和个私经济发展理论研讨会交流材料。2000 年，在建阳市政协十届十二次会议作题为《如何解决政府对个体私营经济优惠政策不到位》的大会发言，呼吁政府改善对非公经济的软环境。2000 年 4 月 25 日，在市工商联的建议下，建阳市扶持个体私营企业经理座谈会召开。

2001 年，在建阳市政协会上，工商联政协委员代表市工商联作题为《大力发展非公有制经济，促进我市经济快速发展》的大会发言。9 月，市工商联撰写《建阳市非公有制经济发展缓慢的原因及建议》调研报告。2002 年，会长王耀辉在南平市人大二届二次会议提出《扶持培育龙头企业，切实增加农民收入》的议案被大会作为二号议案，副会长张清祥建阳市政协会议上提出的《关于建立生态公益林补偿机制》的提案获建阳市政协评为优秀提案。

2002 年至 2006 年，商会会员共撰写提案 46 个，议案 19 件，涉及民营经济发展、农业、环境整治等热点焦点问题。2006 年，会员中共有 1 名省人大代表，6 名南平市人大代表，9 名建阳市人大代表，4 名南平市政协委员，9 名南平市工商联常执委，37 名建阳市政协委员。

2007—2009 年，市工商联会员在南平、建阳 2 级的“两会”中共提出 42 条提案 25 议案。其中，获评建阳市级 3 条重点提案，1 条优秀提案，2 条重点议案，3 条好建议。有 4 名人大代表获评为 2007—2008 年度建阳市优秀人大代表。2008 年，建阳市工商联所提出的团体提案获评为建阳政协优秀提案，2009 年，工商联的《建阳市非公有制经济的现状、存在问题及建议》团体提案获列为重点提案；商会 3 年共完成 9 篇调研文章，有 2 篇获省、市工商联选用。

（二）服务经济建设

1997 年，市工商联向市委、市政府呈报《关于新一轮创业工作意见报告》，提出引导非公有制经济开展第二轮创业的建议。同年，组织会员参加省工商联组织的山海协作项目考察洽谈活动达成 1 项协议。1998 年组织会员参加福州“9·8”国际招商月活动达成协议 6 份，金额 100 万元。1998 年 8 月下旬，组织会员参加“9·8”建阳市经贸展销会，销售商品金额 2 万元，获建阳市委、市政府评为一等奖。1999 年 1—9 月，组织会员参加各种贸洽会共 4 次。2000 年 7 月，组织 8 个企业参加“7·28”武夷经贸。2001 年，帮助市总工会组建民营企业工会 321 个。

2002 年起，市工商联重点抓招商引资工作，2002—2006 年共协助政府引进项目 28 个，总投资 3.10 亿元人民币，组织会员参加各种贸洽会、展销会 12 场次，成交金额 2.10 亿元。2002 年 10 月 14 日，邀请分管副市长在市工商联召开流通专题会议，推动建阳市农产品流通。2006 年 5 月起，发动会员参加社会主义新农村建设，会员企业共出资 150 万元支持新农村建设。2007 年 5 月，开展“民企挂百村”活动，建阳三爱药业有限公司 1 次捐资 10 万元资助徐市溪尾村建村部。2007 年 3 月，参与建阳首届十大经济人物评选工作，评选出首届十大经济人物10名，其中商会会员企业占8名。2007年，有17家会员企业参加建阳市企业税收增百万活动，占总数48.60%。

（三）服务会员活动

1995年11月8日，市工商联成立建阳市个体私营企业互助会。1997年，与建阳市电视台联合摄制我市个私经济发展情况电视专集。1997年敬老节，组织老会员40人开展"看建阳变化"活动。1998年7月13日，发动会员为34位"6·22"洪灾受灾会员捐款1.81万元。从1998年起，每年举办会员联欢晚会、建军节军民座谈会、体育友谊赛、采街活动等各种文体活动。1999年5月28日，建阳市商会大楼建成，结束建阳市商会无会址历史。与电视台联合摄制12期建阳市个私经济发展专辑。是年，市个体私营企业互助会为个私企业贷款2400万元。

2000年5月，市工商联与市广电局联合举办"民营经济在建阳"新闻系列报道。2000年7月13日，成立建阳市佳源担保有限公司，为企业担保贷款近千万元；与有关单位协调，帮助三利鞋业公司解决南武路边花圃拦住公司大门难难题。11月起，举办商会会员经济理论培训班，历时10个月，培训会员企业管理人员和个私企业主达数百人次。2001年，"民营经济在建阳"新闻系列报道续办6期。先后在2001年、2002年3月与市劳动局联合举办私营企业主劳动法律法规学习培训班、新税法培训班，为企业会计和业主讲授劳动法律法规和新税法。

2002年7月，市工商联促成市政府召开2次专题会议为会员建阳市窑陶瓷研究所解决购买厂房历史难题。协助社保部门做好原工商业者退休人员基本养老金调整工作。

2004年4月，市工商联推出"崛起中的建阳私企"宣传活动，介绍14家有代表性的会员企业情况，提高民营企业社会知名度。5月，组建建阳市民兴担保有限公司，为13家会员企业提供贷款342万元。

2005年4月，市工商联举办税企座谈会，搭建私营企业与税务部门交流平台。5月，开展"走访百家民营企业"活动，对会员企业走访调查。8—11月，在建阳有线电视台《建阳新闻》节目中开办"创业在建阳"专栏，宣传全市非公有制企业典型。

2009年5月，建阳市工商联组织19名企业会员代表前往台湾地区进行为期1周的访问考察，了解境外企业的先进技术、经营管理、企业的最新发展动向和有关投资政策，搭建起了建阳企业与境外企业界沟通互动的平台，提升企业开展自主创新的意识。

（四）社会公益和福利事业活动

1998年4月、1999年6月，市工商联先后与市劳动局、总工会联合举办烹饪、美容美发、服装裁剪等下岗职工培训班，培训下岗工人400人。1999年，发动会员为贫困母亲献爱心，捐款4120元。

2002年5月，在全会开展"百城联动儿童慈善一日捐"活动，号召会员帮助贫困失学儿童，共收到捐款5560元，成为全市第一个开展一日捐活动单位，其中三利鞋业有限公司董事长梁玉行个人捐款2000元。2002—2006年，建阳市商会资助贫困生53名金额达14万元。

2003年，组织会员为抗击非典捐款捐物，累计捐款1200万元，仅三爱药业有限公司就捐物捐款价值1174万元，获卫生部授予"抗击非典"荣誉证书。2004年下半年至2007年，麻沙商会共资助特困学生12人次15000元，

2005年、2006年春节建阳市温州商会连续2年坚持慰问孤寡特困老人40人次。2007年"六一"国际儿童节期间，会员企业捐资20万元为学校购置学习用品。

2008年5月20日，组织大型向汶川灾区集体捐款仪式，当日，共收到会员企业捐款人民币31.40万元。据不完全统计，全市非公企业通过各种渠道向灾区人民捐款243.40万元，捐物300万元。

2010年的"6·20"特大洪灾中，市工商联号召企业抗灾救灾，并发扬互助友爱精神，向社会捐款捐物达929.93万元，其中，三爱药业捐款402万元，青松股份有限公司捐款120万元。同年，"金秋助学"活动中，全市共有18个非公企业和个人资助108名学生，总金额达19万元，成为社会助学主力。

（五）自身建设

1996—1998年，市工商联共组织机关干部、常执委、乡镇非公有制经济代表人士学习中共党的十四届六中全会、十五大精神等90场，发放《新时期工商联性质、地位、任务和作用》宣传材料及《工商业联合会章程》800份。1997年9月，翻印200份中共南平市委、市政府《关于进一步加快个体私营经济的若干规定》到会员手中，组织常执委共同探讨如何发展我市个体私营经济。2000年6月，在全会开展“致富思源，富而思进”教育活动，引导会员致富后回报社会，会员为 童游街道新岭村捐款7300元。2001年7月，组织商会机关干部开展“三个代表”重要思想学习，提高机关干部政治思想素质。2003年5月，发出诚信活动倡议书，倡议会员树立诚信意识。2004年3月，开展“关爱员工、实现双赢”活动，引导民营企业依法办事，保障员工合法权益，实现企业与员工共同发展。2006年8月，先后组织会员企业参加“南平质量管理先进民营企业”和“南平市明星民营企业”评选，有11名会员企业获奖。2006年1月，广泛宣传《非公经济36条》，激发民营企业创业激情。2009年4月，将全国、省、南平市有关鼓励和支持非公有制经济发展的政策、文件和税收规定收集汇编成《非公有制经济文件汇编》（应对金融危机专辑）一书，并印发至商会常执委、各基层商会及部分会员。

1995—2010年，市工商联先后获建阳市委、市政府授予的年度社会发展工作先进单位，年度服务基层先进单位、文明单位等称号，2次获年度市直机关（第七组）创业竞赛第二名；获南平市技术监督局、南平市工商联授予的年度民营企业技术监督工作先进单位称号，南平市工商联系统年度创业竞赛活动一等奖，南平市工商联系统年度创业竞赛先进集体；获福建省人事厅、福建省工商联授予“2004—2006年度全省工商联系统先进集体”称号。

第二十二篇 军事

第二十二篇　军　事

20 世纪 90 年代初，建阳市驻军、县（市）人武部、民兵预备役、武警部队按照上级军事部门部署，在不断提高官兵、职工政治觉悟的同时，从实战出发，组织开展各种军事训练，使战备值班、战备执勤、战备秩序走上规范化轨道。同时，市人武部作为兵役机关，承担每年的征兵工作，接受政府征兵领导小组领导，并根据当年征集兵员的政策、规定，把好兵员年龄、文化程度、身体条件和政治审查关，按质按量完成征兵任务。

1993—2010 年，市（县）人武部先后对民兵进行 4 次较大整组，压缩民兵数量，调整民兵编组，促进民兵“三落实”。推动民兵建设。民兵队伍由数量型向质量型转变，由单一的步兵向多技术兵种发展，由重点在农村向国道和重点地区转移，基本上做到“平战结合、建用一致”。

全市制定和完善国防动员计划；制定全市交通战备应急保障方案，组织必要的训练和演练，为战时快速动员奠定良好的基础。在人防基础建设上，把人防工程与城市建设结合起来；在交通战备与支前动员上，要重点抓好 205 国道和麻交、建阳防洪堤路 2 条交通战略公路的配套建设，做好国防交通专业保障队伍的组织，至 2010 年，建阳市先后投资 40 万元用于维护、新建国防教育基地，共有国防教育基地 14 处。同时，驻建阳部队和民兵预备役人员投入地方建设，广泛开展军民共建活动，为建阳的社会稳定、经济发展、人民安居乐业做出重要贡献，多次受到上级机关的表彰。

第一章　机构驻军

第一节　军事机构

一、市（县）武装部

1986 年 6 月 30 日，建阳县人民武装部归地方建制，为副县级单位，实行地方与军队双重领导，下设办公室、军事科、政工科。编制为：干部 16 名，职工 8 名。

1996 年 4 月，依照中央军委《关于县（市、区）人民武装部归收军队建制通知》的规定，建阳市人民武装部于由地方编制改为军队编制序列，享受部队供给及其他待遇，由副团级升格为正团级。编制 20 名，其中干部 11 名、职工 9 名。人员集体重新入伍。2004 年初，撤销副部长编制，同年底，恢复副部长编制，同时市人武部干部编制改为 8 名，职工仍为 9 名。2005 年，编制 17 名，至 2010 年不变。

二、基层武装部

1989—2010 年，建阳市下设 14 个基层武装部，即：潭城街道武装部、童游街道武装部、麻沙镇武装部、莒口镇武装部、书坊乡武装部、黄坑镇武装部、徐市镇武装部、将口镇武装部、崇雒乡武装部、水吉镇武装部、小湖镇武装部、漳墩镇武装部、回龙乡武装部、林业局武装部，同为副科级单位。设部长1人（副部长1人），干事1—2人。接受市武装部和同级党委的领导。具体负责兵源征集、新兵输送、民兵预备役人员军事业务技能训练、政治思想教育。协同当地政府与派出所负责属地治安、抢险等工作。同时，管理各村民兵（营）连。

第二节　驻　军

一、武警南平市支队建阳二大队

1970年，南平军分区搬迁至建阳。1983年，将其所部改编中国人民武装警察部队建阳支队。下设政治部、参谋部、后勤部、办公室等，建阳设直属二大队。1990年，支队随建阳行署迁到南平，保留直属二大队，更名为中国人民武装警察部队南平地区支队建阳县二大队。1992年，武警二大队落实新编制，改称为中国人民武装警察部队南平市支队建阳二大队，直至2010年。

二、96714部队

2003年，由原驻防地迁至建阳境内，修建战备公路，将原有公路进行拓宽改造，并铺设水泥路面。2006年，拓宽改造公路，铺设水泥路面，既服务战备需要，也方便当地运输与出行，支持地方经济建设。

第二章　兵　役

第一节　工作机构

一、兵役征集机构

1986年6月30日，县武装部改地方建制。由县政府与武装部共同组建建阳县兵役征集办公室。至2010年，建阳的兵役征集概由政府、武装部及各相关职能部门领导组成征兵工作领导小组，由政府分管领导或政府第一领导人担任组长，武装部部长、政委担任副组长。征兵办公室由同级公安、卫生、民政、交通、财政、宣传、纪检、粮食等相关部门领导组成，市级征兵办公室下设秘书、宣传、政审、体检、后勤组，具体承办征兵日常事务。办公地点设在市武装部内。

市、乡（镇）征兵办公室主任由同级武装部部长担任。村（居）民委员会的征兵工作由所在党支部、村（居）民委员会统一领导，由民兵营（连）长具体办理征兵工作。

二、兵役征集监督机构

征兵工作执法领导小组　2000年，建阳市征兵工作执法领导小组成立。成员由市人武部、市纪律检查委员会、市法院、市检察院、市公安局、市政府办公室等相关部门领导组成。其主要职能是加强对应征公民拒绝、逃避征兵体格检查和征集的处罚力度，查处征兵工作过程中违规违纪行为。市征兵办和监察局对外公开举报电话和举报箱，以增强征兵工作的透明度，纠正征兵工作中的不正之风，保障市征兵工作的顺利完成。

征兵工作临时党支部 2000 年起，建阳市每年在征兵期间，组建征兵工作临时党支部。实行以党支部为核心，使其对征兵的各项工作起指导、协调作用；在政审、体检、兵员确定过程中起监督作用。

第二节 征兵宣传

1989 年起，建阳市（县）征兵工作立足于“早筹划、早部署、早协调”，协调地方相关部门，成立由军地双方业务部门领导为主要成员的征兵宣传工作领导小组，针对每年征兵政策的变化，研究制定详细宣传计划，明确指导思想、宣传内容、宣传阶段和宣传重点，并以通知的形式下发征兵工作宣传方案到乡镇执行。结合市“征兵宣传车”下乡宣传征兵工作政策。2005 年起，市征兵办协调地方电视台插播征兵信息、滚动播出政策规定和优待办法。2008 年，在公交车站台 LED 电子宣传栏定时播出征兵政策和征兵宣传口号；在征兵办公室开通征兵工作咨询热线电话；在政府宣传网络上开辟“国防在线”教育阵地，宣传国防法规和政策规定，对群众关注的有关问题进行详细解答。2010 年，市征兵宣传车跑遍全市 2/3 的山村，指导乡镇武装部悬挂横幅，张贴宣传标语，布置宣传栏等。

第三节 兵役登记

1989 年起，每年 8 月对 18—22 周岁的男性公民发出兵役登记通知书，适龄青年持《兵役登记证书》到所在乡（镇、街道）人武部进行登记。基层武装部视情将兵役登记人员确定为预征、缓征、免征 3 类，并发给兵役登记证书。每年 10 月前后，成立市（县）征兵领导小组，组长由市（县）长担任，副组长由联系武装工作的分管副市（县）长、市（县）人武部领导担任，成员由市（县）委、市（县）政府、宣传、公安、民政、卫生、教育、军事科、政工科、后勤科等相关人员组成。各乡（镇、街道）也成立相应领导小组，成员由乡（镇）长、武装部长、宣传委员、派出所所长、卫生院长组成，领导小组在市人武部军事科设办公室，由市（县）人武部副部长负责征兵日常业务工作。1998 年，在全市开设兵役站 236 个。

2000 年起，城市、厂矿企业事单位青年职工按要求控制在兵员征集总数的 15% 左右。2005 年，全市适龄青年参加初检人数 1052 人，初检淘汰 525 人，参加市检数 527 人。2006 年起，总参动员部下发兵役登记管理软件；此后至 2010 年，每年 7 月，市人武部都组织基层武装部将所属辖区内适龄青年的有关信息录入系统，完善兵役登记的科技化的管理手段，提高兵役登记的质量，保证兵员管理的规范化、制度化。

第四节 兵员征集

自 1980 年始，市（县）人武部每年均在南平市（地区）征兵工作会议后，择机召开建阳市征兵工作会议，将南平市（地区）征兵办公室赋予的征兵任务指标按各乡（镇、街道）的征兵任务数及人口比例分配到基层。基层武装部设兵役登记站，实行封闭式体检，按乡（镇、街道）初检，市检、复检的程序对每名合格兵员组织不少于 3 次以上的体检，确保将优秀的地方青年输送到部队。2007 年，市征兵办公室获福建省人民政府征兵办公室评为“2007 年度征兵工作先进单位”。

第三章　民兵 预备役

第一节　组织建设

1989年开始，每年3—5月进行建阳民兵整组工作。县人武部在私营企业、“三资”企业、股份制企业、集体企业试编若干民兵班，在村（居）委会、厂、矿等单位成立民兵连（营）组织，负责辖区内的民兵工作。1990年6月，建阳县第六届民兵代表大会召开。1993年，民兵整组后，全县190个村的民兵营（连）长均进入村“两委”。1997年，南平军分区会同建阳市人武部抓整组试点，3月9日，在市人武部召开现场会，进一步统一标准和做法。军分区严格按照民兵组建范围、编组原则、发展规划等，抓民兵组织调整。

2002—2004年，建阳民兵共组建8种专业队伍。2003年，根据上级的统一部署，完成城市民兵工作调整改革，形成以专业技术分队为主体，以保畅通分队、应急分队为重点，形成具有较高科技含量、专业种类比较齐全的城市民兵组织结构。同时，为适应产业结构调整，将民兵组织向新兴的第三产业拓展。根据民兵执行任务的需要，坚持条块结合的原则，按照城市人口、兵员潜力、组训能力和经济、科技发展状况进行调整，加大民兵对口专业分队建设，逐步实现以步兵分队为主向以专业技术分队为主的转变。2004年，全市在民兵整组中调整相关队伍，及时完成上级赋予“对二炮民兵对口专业分队建设”的试点任务。

1989—2010年，市人武部建立退伍军人服预备役的管理工作制度，核对每年退伍军人和转业干部情况，对调入、调出、死亡、超龄者进行补登或注销，准确掌握退伍军人、转业干部及各类专业兵种的数量、质量，以备战争兵员动员之需。

第二节　政治教育

1994年，市人武部延续以往做法，对民兵预备役人员进行民兵性质、优良传统、爱国主义、革命英雄主义、形势战备和政策法制等教育。各乡（村）组织民兵参加教育活动，以俱乐部为文化主阵地，利用广播、宣传栏、幻灯、标语、宣传车等宣传工具，在民兵整组、征兵训练及重大节日中，开展主题鲜明、灵活多样，寓教于乐的思想教育。同时，坚持民兵营长一月一会制度，总结工作，部署任务，及时发现和解决问题，发挥其在基层各支部、村委中的作用。坚持对基干民兵、民兵干部、预备役人员的季课教育，2001年起，市人武部以南平军分区政治部编写的《民兵政治教育》13课为蓝本，以本部配发的教育光盘为辅助材料，针对民兵亦兵亦民、相对分散特点，结合民兵整组、集中训练、综合演练和重大节日之时机，采取集中授课、有线电视、分点分片教育等形式，落实民兵政治思想季教育。2005年后，市人武部先后组织干部为城建大队、商贸旅游学校等共建单位开展讲传统、讲国防、讲“三个代表”重要思想的宣讲教育活动。

第三节　军事训练

1990年，建阳县武装部在对全县民兵总兵力进行合理布局后，制定出《建阳县反空降、防暴乱作战预案》，在全面启动境内各区域各兵种兵力以控制局面的同时，并由麻沙、莒口、黄坑与邵武相邻3地实行联勤。同年，县武装部制定、落实《应急分队维护社会治安行动预案》《建阳县扑灭森林火灾预案》和《建阳县防空袭作战预案》。1991年起，县武装部成立专门的集训领导机构，每年组织全市的专武干部、民兵营（连）长、民兵应急分队、新入队基干民兵等人员集训，主要内容为：国防后备力量建设论述、形势战备、革命英雄主义教育、政治纪律教育、国防法规教育、民兵性质、依法履行兵役义务等。2004年，根据南平市政府文件精神，农村民兵、预备役训练统筹经费改由中央财政转移支付，农村农业人口不再负担农村民兵、预备役训练经费；城市民兵、预备役训练经费仍实行全市统筹，按合理负担的原则，分两个标准征收。凡是建阳市财政供养人口，中央和省条管驻潭行政单位（含石油、烟草、金融保险、电力、通信、邮政等）每人每年20元；其他企事业单位在岗人员每人每年6元。由市财政设立国防基金专门账户，专户存储，专款专用。主要用于城市民兵、预备役工作、民兵、预备役训练场地整修、民兵、预备役训练误工补贴、伙食费等城市民兵、预备役建设开支。

2007年7月，市人武部组织训练尖子参加军分区比武竞赛活动，获总评成绩第二名。2009年，组织现役干部参加军分区按纲施训普考和尖子比武，获军分区评为“2009年度军事训练先进单位”。2010年，组织民兵应急分队40名骨干进行防暴训练，聘请建阳武警2名士官进行专业教学。

第四章 国防动员与教育

第一节 国防动员

1996年2月14日，根据国务院、中央军委和福建省、南平市有关文件精神，为加强全市国防动员工作的领导，经中共建阳市委、市人民政府、市人武部研究决定，成立建阳市国防动员委员会（简称国动委）。委员会第一主任由市委书记担任，主任由市委副书记、市政府市长担任，副主任由市人武部部长和政委担任。委员由市计委、市人武部政工科、市人武部后勤科、市委办、市政府办、市委组织部、市委宣传部、市农委、经委、教育局、建委、体委、人事局、财政局、公安局、民政局、卫生局、交通局、劳动局、邮电局、总工会、团市委、市妇联等23个单位24位领导担任。下设1个秘书组（市人武部内）、8个办公室（人民武装动员办、综合办、政治动员办、经济动员办、科技动员办、交通战备办、支前办、国际动员基金办）。建阳市国防动员委员会与市人民武装委员会实行1个机构、2块牌子。原设的市人民防空委员会，市交通战备领导小组，市支前委员会即自行撤销。原担任上述机构委员的所在部门领导，根据工作需要，列席市国防委员会的有关会议。各乡（镇）也设置国防动员委员会和相应的办事机构。

2002年，建阳市国防动员委员会经济动员办公室上报2个平战结合、军民结合项目，即建阳书坊到新溪8.60千米的交通战略公路，项目总投资980万元；兴田至震前交通战略公路，长40.09千米，二级水泥路，总投资9025万元。

2003年5—7月，市国防动员委员会组织各职能办公室和有关部门，对全市国防动员潜力进行综合调查和统计核对，并对全市国防动员潜力在未来军事斗争的作用及影响进行分析评估。对建阳所处的闽北区域位置、地形特点、交通状况、物资储备作出分析。制定和完善“十五”经济动员计划；在人防基础建设上，把人防工程与城市建设结合起来；在交通战备与支前动员上，要重点抓好205国道和麻交、建阳防洪堤路2条交通战略公路的配套建设，做好国防交通专业保障队伍的组织，制定全市交通战备应急保障方案，组织必要的训练和演练，为战时快速动员奠定良好的基础。

2005年4月，因市国防动员委员会部分成员人事变动，市委、市政府、市人武部研究决定对国动委及其办事机构成员进行调整。8 个办事机构名称不变，其成员除人民防空办成员不变外，其他 7 个均作调整：综合办，设在市人武部军事科，实行军地合署办公，主任由市政府办主任兼任，专职副主任由市人武部军事科科长担任；人民武装动员办，设在军事科，主任由市人武部副部长兼军事科长担任；政治动员办设在人武部政工科和市委宣传部，主任由市人武部政工科长担任，副主任由市委宣传部副部长兼任；经济动员办设在市发展计划局，主任由局长兼任；交通战备办设在交通局，主任由局长兼任；支前办设在市民政局，主任由局长担任；科技办设在科学技术局，主任由局长兼任。开展潜力调查，调查结果显示，全市支持战争潜力的主要工农业产品增加。工业产品主要有纺织服装、鞋帽制造业，年产值 15657 万元，比 1994 年 2707 万元增长 5.78 倍；食品制造业年产值 23380 万元，比 1994 年 2275 万元增长 10.28 倍；医药制造业年产值 25317 万元，比 1994 年 3192 万元增长 7.93 倍；饮料制造业年产值 4252 万元。新产品从无到有，2005 年，罐头产量 3953 吨，白酒产量 1409 千升，汽车产量 347 辆，生产能力 4500 辆，载重汽车 347 辆，生产能力 4500 辆。水泥 26 万吨，生产能力 30 万吨。农业产品主要有粮食作物总产量 18 万吨，油料总产量 0.16 万吨，蔬菜瓜果总产量 20.36 万吨。畜牧业产品主要有水牛 140 吨，羊 195 吨，猪 11866 吨，家禽 5003 吨。

2008 年 3 月，市长葛晓华获福建省委、省政府、省军区评为“武委会好主任”。同年 7 月，获南京军区评为“武委会好主任”。至 2010 年，市国防动员委员会经济动员办公室共组建 4 个组：组织兵员动员组，组织预备役部队调服现役，搞好应急分队动员扩编和兵员补充，全市首批兵员动员 962 人，按 10% 的机动数征集，由武装动员办公室按照兵员动员方案组织实施；组织运力保障组，全市可征集的民用车辆 10449 辆，保障部队和作战物资的输送；组建支前保障组，下设物资给养、油料供应、技术维修和卫生勤务 4 个分队；技术维修保障组，征用辖区内汽车维修厂（站）的设备和人员，开设定点技术维修站 3 个共 30 人（机修工 5 人，电工 2 人，钣金工 3 人），机动技术维修队 1 个共 15 人（机修工 7 人、电工 4 人、钣金工 4 人），为入闽部队提供技术保障。

第二节　国防教育

一、国防教育机构

1988 年 6 月 13 日，中共建阳县委下达《关于在全县开展全民国防教育的决定》。8 月，建立县、乡两级国防教育领导机构，以县、乡主要领导担任领导小组组长，县、乡武装、宣传、司法、工、青、妇等有关部门领导为小组成员，并由县委宣传部、县人武部 2 家联合设立办公室，开展正常业务工作，制定县开展国防教育 3 年规划。1989 年，建立并完善武委会 1 年 2 次的国防教育制度。1991 年 5 月，调整建阳县全民国防教育领导小组。组长由县委书记担任，副组长由分管副县长、宣传部长、人武部政委等 3 人担任，由宣传、司法、共青团、妇联等部门领导 13 人为小组成员，办公室设在县人武部，并制定领导小组、办公室工作职责。1994 年 3 月撤县建市后，市全民国防教育领导小组随之调整。2003 年 2 月，建阳市国动员委员会下设政治动员办公室，其后，国防教育领导工作由政治动员办公室担任至 2010 年。

二、国防教育活动

1988 年初，县人武部着手开始全民国防教育。6 月中旬，全县各乡（镇）人民政府依照要求完成制定国防教育计划。以乡镇为单位，以《中华人民共和国国防教育法》为依据，主要面对青少年学生进行有计划、有组织的国防教育活动，其内容包括国防理论、国防历史、国防基础知识；国防法律法规；国际国内形势；爱国主义、党和军队的光荣传统。同年，经建阳县武装部提议，将每年的“八一”前后一周列为“国防教育周”，开展军民共建、拥军优属、参观革命遗址、瞻仰革命烈士墓、举行报告会、座谈会、放映爱国题材电影、组织军事夏令营、举办国防知识竞赛等活动。

1989年，建阳开始国防教育的基础设施建设，建立相对应的国防宣传教育基地。同时，利用图书馆、文化馆、青少年宫、革命烈士陵园及农村俱乐部等永久的教育场所进行国防宣传教育。建立、完善国防教育网络。各乡（镇）利用乡镇文化中心、乡党校等建立国防教育教学室，配合教学人员开设国防教育课，建立教学制度，逐步建立和完善国防教育的系统网络。3月，县人武部依据《福建省全民国防教育大纲》要求，结合建阳实际，制定《建阳县全民国防教育大纲》，大纲共分总则、组织、内容、时间、形式、制度、评比、经费、教育9章30条，对全民国防教育做出具体的规定。此后，按照“教育大纲”要求，有重点、分层次地开展经常性的国防教育，引导人民群众居安思危，树立“天下兴亡，匹夫有责”的理念，将尚武爱军教育与尊重军人，爱护军人，关心、支持军队和后备力量建设相结合。共印发国防教育宣传材料2.88万份，并对全县7000名基干民兵进行国防常识理论考试。

1990年起，通过市有线电视台和广播电台设立国防教育之窗，利用征兵、重大节日、国防宣传日等加大对《中华人民共和国国防法》《中华人民共和国兵役法》等国防法规的宣传教育力度；结合国防教育日和纪念抗战胜利60周年活动，与政府有关部门协调，在部队和地方宣传栏张贴国防知识和有关法律法规，在交通路口悬挂国防理论和法制法规横幅。在北门草坪等醒目位置设置永久性国防教育宣传牌；利用宣传车宣传国防法规开展国防教育；利用国防教育基地组织学校和政府有关部门人员进行参观教育；结合每年“八一”中国人民解放军建军节，市人武部及时组织市五套班子领导和乡镇党政领导过军事日活动。

2000年起，每年9月中旬建阳市人武部都始终坚持在“国防教育日”，开展插放爱国教育影片、悬挂横幅、举办国防讲座、拉防空警报等配合活动而未中断过。

2002—2004年，建阳市人武部先后受到南京军区、福建省军区国防教育办表彰。2008年9月，建阳市人武部在中山广场举办第八个“全民国防教育日”宣传周启动仪式，启动仪式上，人武部政委还向驻地8所大中专院校和城区中学赠送国防教育信息系统光碟。仪式结束后，人武部还组织播放国防教育宣传片和爱国主义影片，在政府橱窗举办国防教育图片展，在市委党校科级干部培训班和各大中专院校举办国防知识讲座，组织机关有关部门和学校参观国防教育基地等活动。

三、国防教育基地建设

1990年，建阳县人武部在民兵预备役训练中心内增设国防园，作为国防教育基地，主要面向民兵预备役队伍开展教育，以加强民兵预备役人员的国防意识。至2010年，建阳市先后投资40万元用于维护、新建国防教育基地，共有国防教育基地14处，即登高山烈士陵园；革命老区太阳山展览馆；建阳革命历史陈列馆（2004年建）；昆虫世界、蛇类王国大竹岚自然保护区；在抢险救灾中英勇献身的教师冯细珠烈士墓（1983年建）；为抢救落水儿童牺牲的教师肖安全烈士墓（1965年建）；黄继光式的战斗英雄吕慕祥烈士墓；建阳市苏维埃政府第一主席邱有贵烈士墓；宋代8大名窑之一建窑遗址；南宋教育家、哲学家朱子墓；著名法医鼻祖宋慈墓（1959年维护）；漳墩革命老区革命纪念碑亭（2003年建）；上饶集中营南迁徐市旧址（2004年建）和竹溪（鸡）垅革命根据地纪念室。其中南平市命名的有登高山烈士陵园、革命老区太阳山展览馆和建阳革命历史陈列馆。

第五章　人民防空

第一节　人防机构

1994年3月，建阳撤县建市，县人民防空领导小组办公室更名为建阳市人民防空办公室。1996年5月，建阳市人民武装部收归军队建制，建阳市人民防空办公室移交建阳市人民政府管理。

2002年4月机构改革，30日，市人民防空办定为市国防动员委员会的常设办事机构，同时，又是市政府人民防空工作的议事协调机构，为正科级。7月，建阳市人民防空办公室机构核定行政编制2名，其中，主任1名、股级领导职数1名。

第二节　人防工程

一、人防工程建设

21世纪起，建阳市人防工程建设坚持“长期准备、重点建设、平战结合”的方针，严格按照“与经济建设相协调发展、与城市建设相结合”的原则，把人防工程建设纳入社会经济发展总体规划，与城市规划同步建设，同步发展。

至2010年，全市人防地下工程也呈现多元化发展趋势，形成人防工程单建、附建共存，人员掩蔽部、物资储备库、地下救护站并进，社会投资和政府自主投资互补的多种形式的人防工程体系，平战开发也从单一的停车库，走向地下商场，地下仓储等多元化发展进程。

二、防空地下室易地建设费征收

2002年11月，建阳市开始征收防空地下室易地建设费，至2010年12月，所收资金全部进入市财政人防专项账户。人防易地建设费管理使用严格执行人防专款专用规定，所收资金全部用于自建人防地下工程建设和平时人防工程、防空警报，人防通信设施的维护维修。

第三节　防空警报

一、防空警报建设

1998年3月，防空警报首次使用卧式电动防空警报器。

2003年9月和2008年6月，分别投资16万元和13.50万元，新装防空电声警报终端器及中央控制器。2010年“6•20”洪灾，警报点受暴雨袭击房屋倒塌，警报器损坏而拆除。建阳市人防办在加强防空警报建设的同时，高度重视防空警报的开发利用，在遵循反空袭防空通信警报网络建设的基础上，把防空报警与防灾报警、防震报警相结合，变单一的防空报警为防空又防灾的综合性、多警种的报警体系。

至2010年底，全市共有防空警报器6台，各警报点点面结合、布局合理，形成城区防空警报网络，城区音响覆盖率达到92%以上，基本起到应急防空报警作用。

二、防空警报演练

2008年12月9日，经市政府研究决定，首次举行防空警报试鸣演练活动。建阳实验小学、西门小学、桥南小学、师范附小及部分驻建阳中专学校学生参加防空疏散演练。

2009年9月30日，经建阳市人民政府常务会议决定，为纪念1949年5月11日建阳解放日，确定每年5月11日为全市防空警报试鸣日。此后，每年5月11日，建阳市人防办组织开展防空警报试鸣演练，部分中小学校学生及社区居民参与防空疏散演练。

第四节　人防教育

2000年起，建阳市从人防宣传教育工作坚持以人防法律法规为依据，以普及人防知识为基本，以提高全民人防观念和国防意识为目标，把人防宣传向社区、学校、机关、企业、网络推进，营造全社会关心、支持人防事业的氛围。通过利用广播电视、图板墙报、信息报道、网络阵地和人防杂志等载体加强人防宣传；利用国防教育日、法制宣传日、人防警报试鸣日等重大纪念日，开展人防知识巡展和人防演练活动；利用上街“摆摊设点”设立咨询台，向群众发放《防空防灾常识手册》和人防宣传单，解答人防政策、推广人防知识；抓实中小学校人防宣传教育，以《人民防空中小学生读本》为内容，在部分中小学校开展人防教育试点工作，推进人防宣传教育进课堂，上讲台。

2008—2010年，开展群众性人防宣传咨询活动12次，办宣传墙报14期，接受人防咨询230人次。在各街道社区设立《中华人民共和国人民防空法》宣传墙报12期，发放人防宣传单800份，向市教育局配发《人民防空中小学生读本》500本，在驻潭中专学校及全市中小学校中开展人防知识宣讲，受教育学生4000人次。

2002—2010年建阳市人防工作获表彰情况表

表22-5-1

受表彰单位	年份	荣誉称号	授予机关
人防办	2002.3	人防工作先进单位	南平市人防办
人防办	2003.3	人民防空动员先进单位	南平市国动委 南平市人防办
人防办	2004.3	人防工程结建工作先进单位	南平市人防办
人防办	2005.3	人防工作先进单位	南平市国动委
人防办	2006.3	人防工作先进单位	南平市人防办
人防办	2008.1	2007年度人防工程建设先进单位	南平市人防办
人防办	2010.3	2008—2009年度人防工作先进单位	南平市人防办
人防办	2010.10	中国人民防空创立60周年人防知识竞赛三等奖	南平市人防办
傅德彪	2005.3	全省人民防空工作先进个人	福建省国动委
傅德彪	2006.3	全市人民防空工作先进个人	南平市人防办
谢泽浩	2007.4	南平市人民防空 宣传教育先进个人	南平市政府
谢宜飞	2008.1	2007年度人防工作先进个人	南平市人防办
邵建林	2010.10	福建省人防系统先进工作者	省人防办、省公务员局、省人力资源开发办公室
葛晓华	2010.11	关心人防事业好市长	南京军区国防 动员委员会

第六章　拥政爱民

第一节　支持地方建设

一、支援重点工程建设

1993年，响应“绿化闽北”的号召，建阳市民兵以村为单位，在崇阳溪、黄麻溪、南浦溪3大主流两岸参与植树植竹的“沿岸绿色工程”建设共完成沿岸绿化面积2.87万公顷。在“基础工程”与“先行工程”中，民兵直接参与总长840千米的乡村公路网络建设。

1995年3月16日，根据南平军分区政治部发出《关于组织和发动民兵、预备役部队迅速投入“先行工程”建设的通知》，建阳市组织民兵、预备役高炮营，参加205国道扩建、横南铁路等工程建设。

2003年，某部进驻建阳，建阳境内开始改建战备公路，总里程84千米。2003—2010年，全市共先后组织民兵支援205国道及横南铁路等重点工程建设。

二、支援农田水利基本建设

1993年，建阳市人武系统围绕“服从经济建设大局、适应国防建设需要”，组织全市民兵参与兴修水利千余人次。

1998年建阳市遭遇“6·22”特大洪灾，市人武部先后组织民兵完成耕地恢复666.67公顷，抢修临时堤防180处、渠道142处。

2003年，建阳市遭遇罕见旱灾，35度以上高温48天，建阳预备役高炮营官兵共发射增雨炮弹百余枚缓解旱情。

2005年，全市民兵共投入200个劳动日参加水利工程建设以及整修乡村公路等。

2010年，建阳市遭遇“6·22”特大洪灾，市人武部组织本部和民兵预备人员参加抗洪救灾和灾后重建，先后组织民兵720人次，参加道路抢修和堤坝加固任务。

三、参加植树造林

1992年3月11日，县人武部组织民兵到塔山公园、五里亭开展义务植树、抚育补植活动。1993年，各乡镇人武部组织基层民兵植树造林666.67公顷。1998年，组织官兵参加植树1.20万棵。2001年3月，建阳市沿河两岸各村民兵组织开展义务种植小径竹达153.33公顷。2005年春，武警、消防等驻军与当地民兵一道，在考亭、庵山两风景地种植柏树等各类名贵树种2100株。2010年3月中旬，市人武部机关和民兵应急分队人员共30人，配合市政府开展植树造林活动，在庵山风景路公路两侧种植桂花树400株。

第二节　抢险救灾

1992年7月，全县民兵参与抗洪抢险，疏散群众800人。1991年6—7月间，建阳出现旱灾，县人武部组织民兵300人次投入抗旱第一线，并组织高炮民兵人工降雨突击队，在徐市、水吉、童游、将口等乡镇实放碘化银炮弹1000枚，以缓解当地旱情。1993年，建阳遭遇秋旱，市人武部组织民兵100人协同相关部门共发射碘化银增雨弹200枚。

1998年6月12日，建阳市发生“6·22”特大洪灾，市人武部以乡镇人武部和各民兵营（连）为单位迅速组织民兵预备役人员组成支民兵突击队，奔赴抗洪救灾第一线，转移解救受困群众2.40万人，抢运物资800吨，家畜禽3万头（只），清理、抢救经济作物400公顷。洪灾过后，专武干部和广大民兵开展与千户灾民结对帮扶活动，机关干部职工主动捐赠衣物200件，现金5万元。同年8月27日，水吉镇玉瑶村1名村民因故引起重大森林火灾，120名民兵扑救7小时终将大火扑灭。

2002年1月12日，一辆车号为闽H－40730装载12吨甲醛的汽车，在距建阳市区13千米时，槽罐突然发生泄漏，情况危急。市消防官兵闻警出动，经4小时奋战终将险情排除，避免人员伤亡。2003年，建阳高炮组织预备役官兵实施人工增雨作业，发射炮弹200枚支持地方抗旱工作。同年4月29日傍晚，1辆从江西广丰至厦门的客车经205国道建阳小湖路段时，因道路弯道过大、车速过快、驾驶员处置不当而坠入十几米的河中，造成8名乘客当场死亡。武警南平2大队6中队经报支队批准后，派出20名官兵赶赴事故现场展开救援，经3小时奋战，共抢救遇难乘客13人。

2005年6月，特大洪灾使通往麻沙镇竹洲村石宇自然村的电灌站的2条高压电线折断，全村58户200人面临断水威胁，价值16万元烤烟面临浸烂。市人武部组织部分干部、职工和民兵应急分队5名队员冒着大雨，协助供电局职工抢修好2条断落在水中的高压线。在实施抢救作业过程中，由于采沙船下的暗流引力过大，瞬间将冲锋舟吸进去，造成翻舟，市人武部长林承杞、市直武装部部长江水旺、民兵应急分队排长符兴本等3人掉入河中。林承杞和民兵应急分队排长符兴本先后在下游被救上，民兵应急分队指导员、市直武装部部长江水旺却不幸牺牲。事后，江水旺获省政府追认为革命烈士。

2006年6月3—7日，将口镇山尾、松柏等村出现罕见强暴雨袭击，发生山体滑坡，镇武装部紧急召集镇民兵进行大会战，共转移安置村民3000人。

2008年，市人武部先后组织民兵应急分队完成扑灭山火、抗击冰雪等任务。

2010年6月中旬，建阳市普降大雨，给当地人民群众生命财产带来巨大损失，市人武部组织本级和民兵预备役人员积极参与抗灾救灾活动，先后转移群众775人次、清理淤泥垃圾1216.50立方米、组织巡逻警戒742人次。6月19日下午，崇雒乡横源村1老人被洪水围困，消防官兵从20千米外火速驰援，将老人成功救出；同日，建阳城区水南桥下1名青年男子被洪水围困，大队出动消防车和5名官兵赶到营救；20日上午，南洋新村1产妇临盆大出血，建阳消防强渡洪水生死救援。6月21日，建阳市区洪水潮退，到处淤泥积水，垃圾成堆，满目疮痍。消防官兵来不及休整就马上投入到灾后重建、恢复生产的战斗行动中。此次洪灾，建阳消防共接警14次，出动车辆15车次、人员100人次，抢救洪水围困群众6名，疏散群众32名，清洗街道26公里，清理厂房7500平方米，清除淤泥297立方米，挽救财产损失727万元。

第三节　军警民共建

一、守护重要目标

1992年，建阳县人武部成立民兵夜间巡逻中队，对城区开展护厂、护矿、护街、护路、巡逻值班、执勤维护社会治安。至2010年，共配合公安部门巡逻、维护社会治安2000人次。在建阳城区多次遭受洪水灾害时，配合卫生部门做好公共场所检疫、消毒。

二、校园安全保卫

2010年5月，为适应校园安保形势需要，建阳市人武部抽调民兵应急分队和各乡（镇、街道）民兵预备役人员250人，全面担负全市17所中学、18所小学和15所幼儿园校园安保任务，先后组织650人次担负校园警戒执勤，350人次校园周边巡逻。执行任务期间，配合学校及公安、教育等行政部门，规范学校警卫执勤、净化学校周边治安环境、规范入学放学秩序，增强家长、学生的安全感。

三、协作打击刑事犯罪

1990年5月，建阳县人武部组织民兵协助当地公安机关开展“南海行动”的严打斗争，抓获违法犯罪嫌疑人43人，摧毁犯罪团伙2个，抓获犯罪团伙成员19人。1991年5月，驻建阳武警2大队派出兵力30人次协助公安机关开展打击“车匪路霸”专项斗争活动，抓获80人，摧毁犯罪团伙13个。1993年2月23日晚，建阳武警配合武夷山公安干警、武警和治安积极分子，经过4昼夜的围捕，共抓获5名犯罪嫌疑人，并缴获单管猎枪1支、自制砂枪3支、子弹36发。

1999年7月，在开展全国性的“严厉打击刑事犯罪”专项行动（又称第三次“严打”斗争）中，武警建阳2大队共派出兵力70人次，配合公安机关统一行动，协助抓获违法犯罪在逃人员50名，破获各类刑事案件30起。2001年5月31日，建阳市1名男青年携炸药、鸟铳，绑架1名9岁男孩作为人质，企图勒索6万元。武警二大队大队长陈东辉带领20名官兵，与公安干警配合开展解救行动，男青年终弃人而逃，参战官兵未耗1弹成功解救人质，并缴获鸟铳1支，子弹6发，管制刀具1把。2003年1月1日，徐市镇大田村1位村民因砍伐毛竹林与同父异母的兄弟发生纠纷，一怒之下持杀猪刀、利钩砍伤其兄，后又持刀砍伤无辜群众数10人，武警二大队派出10名官兵前往抓捕，将其抓获并缴获砍刀1把。同年4月24日，支队派出17名官兵抓捕建阳“4·24”绑架案4名犯罪嫌疑人，11中队班长官杰、7中队班长胡桂平在实施口头警告无效后，果断射击，分别击中1名犯罪嫌疑人的右腹和1名犯罪嫌疑人的右臀部，抓获3名犯罪嫌疑人。10时，另1犯罪嫌疑人也在建阳抓获。2007年，市民兵应急分队主动配合公安部门维护社会治安，抓获犯罪嫌疑人150人，其中，还抓获1名公安部A级通缉犯，挽回经济损失100万元。2008—2010年，市民兵夜间治安巡逻排发挥作用参与“平安建阳”建设，每年都协助公安部门查获各类案件，抓获各类犯罪嫌疑人百起，被人民群众誉为“安全保护神”。

四、协助处置突发事件

2003年8月26日上午10时，建阳市回龙乡坤中村部分村民在6名闹事骨干分子的煽动下，冲进坤中村伐木厂殴打工人、打砸机器、哄抢木材，7名工人被打，部分机器被毁，15立方米木材被抢。武警建阳二大队派出官兵赶往出事现场，将6名闹事分子抓获，平息事态。2004年2月3日，南平武警支队派出31名官兵，配合建阳市公安局处置“11·19”建阳市麻沙镇群众非法打砸范桥林场事件，抓捕6名闹事首要分子。

2003—2010年间，市、乡2级民兵应急分队共查获入室盗窃、盗窃摩托车及电瓶车、非法携带管制刀具、损坏公私财物、打架斗殴以及吸食毒品等案件570起，抓获违法犯罪嫌疑人700人。参加市各类急、难、险、重任务4200人次。

第二十三篇 政法

第二十三篇 政 法

第一章 公 安

1994—2010年，建阳市公安机关践行“忠诚、为民、廉洁、积极、主动、有为”的闽北公安精神活动，以严打为中心，以“打黑除恶”和“命案侦破”为龙头，依法严厉打击杀人、爆炸、抢劫、投毒等严重暴力犯罪和多发性侵财犯罪，加强治安管理，依法开展户口、出入境、交通、消防、森林、监所等管理。1996年，组建公安“110”报警服务台。2002年，完成市公安局域网建设，完善警令发布、网上办理案件、办理户口的便捷工作程序，各部门、各警种的警务、勤务制度进一步规范。2006年，开通“110”“120”“119”三台合一指挥系统。至2010年，建阳市公安局先后有2人受公安部表彰、11人受省厅表彰、205人立功受奖。

第一节 机构队伍

一、机构

1994年，建阳县公安局内设办公室、政工科、政治保卫科、经济文化保卫科、治安科、户政科、法制科、预审科和刑警大队。下设10个乡（镇）公安派出所及3个公安分局。1997年6月27日，根据《建阳市人民政府办公室关于印发建阳市公安局职能配置、内设机构和人员编制方案的通知》，市公安局内设2个大队（刑警、巡警大队）、3个所（看守所、拘役所、治安拘留所）、3个分局、10个派出所（不含交警大队、林业公安分局）。1998年，设立行政科和警务督察队。1999年，成立机要通信科、计算机安全监察科，实行“两块牌子，一套人马”。同年，市公安局林业分局更名为市公安局森林分局，城关、将口、黄坑、范桥、麻沙、回龙、水吉7个林业派出所更名为森林派出所。

2000年，成立经济犯罪侦查大队，同时撤销经济文化保卫科，将其职能并入治安大队。2004年10月，核定市森林公安行政编制55人（含林场派出所）。2010年1月，根据公安部《关于县级公安机关机构设置的指导意见》，撤销巡警大队，将原巡警大队承担的接出警任务移交城关、童游派出所。同时，对机关科室职能进行调整：法制科改为大队，增加信访职能；撤销网络安全监察科、户政科，治安大队增加网络安全监察、户政管理职能；办公室改为指挥中心，增加机要通信职能；增设禁毒大队。改革后，内设机构整合为指挥中心（与办公室合署）、政工室、法制大队（信访并入）、警务保障室、国内安全保卫大队、刑事侦查大队、治安管理大队、交通管理大队8个必设机构和经济侦查大队、出入境管理大队、禁毒大队3个选设机构。

二、队伍与基层所建设

1993年，市公安局行政编制157名（含10名工勤人员，不含交警大队、林业公安分局）。全体人民警察首次授衔，共授予59名警督警衔、85名警司警衔和3名警员警衔。此后，警衔随个人职级、工龄逐步晋升。同年，“规范化”派出所创建活动，至1995年，全市12个派出所均达到省级“达标”派出所标准。1996—1998年，把巩固“创优”工作作为年度派出所工作重点，探索推进派出所勤务制度和工作机制改革。市区派出所实行1区1警，农村派出所实行警务分片包干制。1997年，市公安局行政编制195名（不含交警大队、林业公安分局）。其中，局长1名，政委1名，副局长3名，副政委1名，专职纪检书记1名，科室、分局、所、队领导股级职数77名。行政编制数中，含10名机关后勤服务的工勤人员编制。自1998年起持续对派出所的年度考评。1999年，开展“争创人民满意单位”活动，水吉分局、将口派出所、黄坑派出所、莒口派出所、书坊派出所获建阳市人大授予的“人民满意派出所”称号。此后几年内，全市13个派出所全部获“人民满意派出所”称号。

2000年起，市森林公安分局全面加强执法主体、执法制度、执法管理、执法场所和执法信息化建设，通过采取加强执法监督，举办法制培训等措施，转变执法观念，带动森林公安队伍建设的正规化和专业化；新建、改建将口、水吉、麻沙、回龙、范桥5个森林派出所的综合办公楼，

2002年起，开展争创等级派出所活动。至2003年，麻沙、莒口2个派出所（分局）获省公安厅评为二级所，崇雒、书坊、城关等5个派出所获南平市公安局评为三级派出所。2004年，麻沙分局获公安部评为“一级公安派出所”。2006—2009年，全市共完成47个社区和农村警务室建设，其中，社区警务室12个、农村警务室35个。并按照“三规范、五统一”（一是规范案（事）件初期处置。二是规范材料询问。三是规范案件归档装订。统一解决强指导，统一思想强意识，统一任务强责任，统一步履强作用，统一激励强活力）的要求，统一设计制作警务室标志牌、警务室公示宣传牌、警民联系箱、接待群众时间安排栏等硬件设施。

至2010年，市公安局行政编制民警289名。其中，副处级1人，科级59人（含副科）。本科文化程度71人，大专文化程度141人。一级警督12人、二级警督41人、三级警督126人，一级警司21人、二级警司33人、三级警司17人，警员23人、职工16人。

第二节 巡警与“110”警务

一、巡警勤务

1994年1月，为应对社会治安出现的新问题，市公安局成立巡逻警察大队。内设城关中队（一中队）、桥南中队（二中队）、童游中队（三中队）和防暴机动中队，均为副股级机构。在受理刑事、治安案（事）件报警的同时，为遇到急、难、险、重等情况的群众提供应急救援和帮助，提出并践行“有警必接、有险必救、有难必帮、有求必应”（简称“四有四必”）。2010年1月，根据上级公安机关“三警合一”的要求，市公安局撤销巡警大队，将巡警按出警任务下放至派出所。

二、“110”警务

1996年，建阳市公安局开通“110”报警服务台。建阳市“110”报警服务台成立后，体现打击犯罪、维护稳定和服务群众、展示形象职能，加大对“警力路面投放率、巡逻盘查率、治安案件查处率、报警刑事案件现场抓获率”指标量化，改变被动出、处警状况。1997年1月8日下午，省公安厅副厅长陈由诚对建阳巡警工作给予很高评价，并为建阳巡警题词留念。1998年8月，建阳市政府发布通告，由公安、邮电、工商、卫生、供电、供水等与群众生产生活密切相关的部门建立联动机制，初步形成政府牵头，部门参与，“110”为龙头，多行业单位统一协调，密切配合的110社会服务联动机制。

2000年，“110”报警服务台正式受理群众电话投诉，增加公安机关接受人民群众监督窗口。其受理投诉工作职责是接受电话投诉；及时指令或转交有关职能部门或下级公安机关办理投诉；对投诉办理情

况进行督办；对下级公安机关110报警服务台受理投诉工作进行检查；定期将受理投诉情况上报本级公安机关领导，并通报有关部门。2006年9月，正式实现“110”“119”“122”三台合一，实行“一台对外，统一接警，统一指挥，一级处警”的工作模式，进一步完善接报警系统、指挥调度系统、计算机局域网系统、计算机辅助查询系统、数字录音系统、电话用户资料传送系统、技防报警等系统。至2010年，建阳市联动单位共有工商、广电、环保、消防等25家。

第三节　治安管理与安全保卫

一、禁赌禁毒禁娼

1994年1至6月，在全市开展“扫黄、打丑”专项斗争，共查处播放淫秽录像厅10家；收缴淫秽录像带26盒等；查处卖淫嫖娼案件7起，抓获卖淫妇女5人、嫖客7人、容留卖淫1人；清理检查城区发廊114家、拆除暗室、“房中房”24家，拆毁按摩床17张。

20世纪90年代末，受境外高额利润的影响，吸贩毒现象由沿海向内陆转移，许多外省贩毒分子将建阳作为中转站，向周边县市辐射，全市出现吸贩毒现象。1999年5月19日至7月中旬，市公安局开展“反毒品专项斗争”首次统一行动，摧毁1个贩毒窝点，抓获吸（贩）毒人员15人、制卖鸦片膏4人，其中刑事拘留5人、强行戒毒12人，缴获海洛因26.85克、“西施康定”10粒、鸦片膏9公斤、罂粟果汁10公斤、毒资1860元以及吸毒工具等1批物品。

2002年以来，针对“六合彩”赌博在本市蔓延的趋势，连续3年开展打击“六合彩”赌博专项行动。2002—2004年，全市共捣毁非法“六合彩”活动窝点129个，查处案件354起1225人，收缴非法“六合彩”资料30万余份。收缴电脑、复印机、打印机等物品。通过连续打击，“六合彩”活动在建阳得到遏制。

2008年7月9日，摧毁一起贩毒犯罪团伙，共抓获涉案人员11名，缴获毒品海洛因37.30克、毒资30余万元、汽车2辆、刀具9把及部分其他作案工具。2009年12月1日，抓获7名以贵州省正安县人为主的贩毒团伙。抓获犯罪嫌疑人7人，查获毒品海洛因1292.20克，吸、贩毒工具一批。此为中华人民共和国成立后建阳市破获的最大的1起贩卖毒品案。

2010年3月28日，在市区步行街查处1起以经营游戏机为幌子暗中从事赌博机进行赌博的案件，当场抓获12人，扣押店内大型游戏赌博机35台，涉案金额近百万元。

二、特种行业、公共场所管理

1993—2000年，建阳市公安局对特种行业、公共场所管理实行“谁主管，谁负责”的治安承包责任制，完善安全防范措施，健全规章制度，采取综合治理与群防群治相结合的方法，改变管理中重打不重防的单一管理做法，对公共场所治安秩序实行经常性管理与阶段性整顿相结合，实行与业主签订治安责任状，严格查禁色情服务。根据国家《废旧业金属收购治安管理办法》规定，市公安局把旧货、废旧收购行业纳入特种行业管理范围，规范废旧金属市场治安管理。建立废旧金属收购、登记、检验、销售制度。把好发证、收购、进货、查验4道关，堵塞销赃渠道，取缔无证非法经营，保障废旧收购站的正常合法经营。同时印章刻字业进入登记、审批规范管理。1996年，针对音像制品混乱的局面，开展以治乱为重点，对音像制品进行整顿，对市区10家录像带、VCD带、光盘出租、出售点进行突出清查，收缴各种非法出租、出售的黄色录像带200盒、VCD带100盒。

2002年11月，首批40家条件较好的旅馆业完成治安信息系统建设，全年共查处无证经营、违规经营场所12家。对全市769名特种行业从业人员进行年检、培训。2003年，在南平市第一个成立废旧行业协会，促进行业治安管理。对废旧业进行治安等级评定，至2004年共评出一级场所7家，二级24家，三级 18 家。2005 年 3 月起，在全市范围内启动印章管理信息系统，凡申请刻制公章（含内设机构章）都必须制作带有印章编码的印章。2006 年，以贯彻新修订的《娱乐场所管理条例》为契机，全面提升娱乐场所管理水平。严厉打击利用娱乐场所进行吸毒贩毒、卖淫嫖娼、传播淫秽物品等行为，共查处卖淫嫖娼案件 24 起，吸毒贩毒案件 25 起。2010 年，以社会管理创新工作为契机，在全市 132 家旅馆和留宿洗浴按摩场所全部安装旅馆业信息系统（其中安装第二代身份证识别仪 96 家），39 家机动车修理业安装治安信息系统，提高监控能力，服务治安管理工作。

三、枪支、刀具、民爆物品管理

1993 年 8 月，市公安局会同市物资局下发《关于对民用爆破器材实行专营的通知》，要求民用爆破器材实行统一归口管理。1996 年，全市登记危险物品管理单位 49 家，其中爆炸物品管理单位 32 家。对 217 名爆破员、爆破器材押运员、安全员、保管员分片进行培训；开展安全检查，取缔非法生产、销售民用爆炸物品点，整改隐患，收缴违章炸药、雷管、导火索。1998 年 6 月，根据公安部《关于开展民用爆炸物品安全大检查加强农村“三小”（人员规模、资产规模、经营规模比较小的生产企业）企业民用爆破器材管理工作的通知》精神，会同市劳动、物资等部门，开展以规范民用爆炸物品安全管理的清理整顿工作，整改各类隐患 84 处，收缴一批炸药、导火索。1999 年 3 月，公安机关组织对全市民爆单位的证照、安全条件、从业人员等方面进行资格审查，建立统一的审查档案。在民爆单位建立“五专”（炸药存放有专门库房、雷管存放有专门保险柜、有专人进出库保管、有使用和领退专门制度和完善防火、防盗、防雷及报警装置建设）制度。2005 年，创新民爆业管理模式，促成平安爆破服务公司的成立，把爆破业务进行市场化运作，杜绝和防范爆炸事故（案件）的发生。

2002 年起，市公安机关结合各个时期的专项行动，开展治爆缉枪工作。2010 年 3 月 1 日至 12 月 31 日，开展治爆缉枪专项行动。经检查全市共有民爆物品销售、使用单位 18 家，烟花爆竹批发企业 1 家，烟花爆竹销售网点 84 家。发现安全隐患 36 处，发出隐患督查通知书 14 份，提出整改意见 36 条，落实整改 36 条，整改率 100%。查处涉枪涉爆涉刀案件 33 起，查处人员 33 人，刑拘 4 人，警告 3 人，罚款 4 人，治安拘留 18 人，其他处理 4 人；收缴各类枪支 9 支，子弹 38 发，管制刀具 14 把，烟花爆竹 291 件。是年，在全市民爆仓库全部建立视频监控系统和“110”报警联网系统，实现远程 24 小时即时监控，民爆库房实现远程监控动态化管理。

四、信息网络安全管理

1990—2000 年，全市网吧初具规模，公安机关对网吧进行发证、检查、督促。2002 年，针对网吧的实际情况，在全市范围内开展互联网有害信息专项清理整顿工作，依法取缔无证经营网吧 3 家，查扣电脑 35 台，令 6 家网吧进行整改，同年 10 月 31 日，全市的 38 家网吧全部完成“过滤王”网吧安全管理软件的安装任务。2005 年 9 月，在省厅、南平市局网络安全监察部门的指导下，协助山西省太原市公安局网安支队抓获公安部督办的色情网络案件，抓获 2 名首犯。2005—2010 年，公安机关利用网络技术为中心工作服务，共抓获上网逃犯 80 余名。

五、治安防控体系建设

1993—2000 年，全市公安机关积极参与社会治安防控体系建设，开展“平安社区”“平安村”“平安乡镇”以及“平安大道”等基层安全创建活动。2002 年，在市综治委的支持下，13 个乡镇均成立夜间治安巡逻队，配合当地公安分局、派出所开展夜间安全防范工作。2002—2003 年，全市全面启动“金汤工程”建设，共投入安防资金1.70亿元。工商银行、建设银行、中国银行、农业银行和各股份制银行实现防弹玻璃安装率、电视监控设施安装率、“110”报警联网率、金库电视监控安装率均达100%。2000年起，公安机关开展创建规范化治保会建设，治保会规范化建设取得显著成效，至2008年，规范化治保会达187个，占全市209个治保会的89.50%。完成城市视频监控系统建设。同时，全市93家旅馆、11家娱乐服务场所全部纳入信息管理系统，实现全市金融网点与“110”接警中心联网，增强公安机关对社会面的控制能力。

六、校园治安

1993年，针对本县不少地区中小学生违法犯罪较突出情况和作案成员低龄化特点，坚持“打、防、管、建、教”并举，把加强在校学生的法制教育和建立学校防范网络作为工作重点。在全市45 所中、小学开展警民共建文明校活动。2002—2004年，公安机关在打击各类违法犯罪活动的同时，指派民警定期到学校，督促指导中小学校落实内部保卫措施；派驻民警担任法制副校长或法制辅导员，协助学校开展法制教育。2005年6月，公安部出台维护校园及周边治安秩序八条措施，市公安局组织民警深入校园开展安全检查260人次，新增派法制副校长、法制辅导员13人，消防部门组织对学校开展消防检查3次，及时排查整改一批治安隐患；交警部门设立绿色通道9条，设立安全标志52个，信号灯3个，开办交通安全讲座15期，图片展25场。2010年，探索建立校园安防新机制，全市56所学校全部安装视频监控系统，并实现与公安机关联网。在学校周边检查、查扣违章驾驶机动车56辆，摸排高危人群治安管控人员136人。全市90所中小学幼儿园共配备保安132人，成立保卫机构73个，保卫人员347人，保安配备率达100%；同时配备辣椒水132瓶、橡皮警棍132支、钢叉114支等防护器材。

七、重大安保工作

1993—1996年，市公安局政治保卫部门围绕“稳定压倒一切，服务经济建设”这一中心，注重发现、随时掌握群众反映的“热点”问题和引发群体性事件的苗头，收集情报信息供市委、市政府决策。加强隐蔽战线和反敌特“心战”工作，抵制敌对势力的破坏渗透活动。1997年，密切关注把握香港回归和中共十五大会议召开期间，以及邓小平逝世时期的社会动态，掌握重点人员、特定对象的上访情况，做好疏导工作。1998—2005年，针对国有企业改革转制，企业关、停、并、转，下岗工人增多以及城建拆迁、土地征用、林权发证等引发的问题，政治保卫部门到亏损企业，协同有关部门开展不安定因素的排查，掌握上访人员、重点对象的活动情况，做好疏导工作，防止矛盾激化。2016—2007年，中共党的十七代表大会安全保卫工作，全面化解各类矛盾纠纷。2006—2010年，结合中共党的十七大、北京奥运会、中华人民共和国成立60周年、上海世博安保等安全保卫工作，进一步摸排不稳定因素，强化反恐工作力度，全力协助政府做好群体性事件处置工作。

第四节　刑事侦查

1990年8月，集中力量在全县重点地区开展打击取缔邪教“呼喊派”复辟活动的统一行动。对7个邪教“呼喊派”聚会点同时统一进行冲击，当场收审1名为首分子，登记骨干成员9人及信徒138人。收缴各种经书26册、诗歌48册、手抄本43本等1批文稿。1992年12月12日，会同县宗教局及“三自爱国会”有关人员对城区一非法聚会点进行冲击，查处参与者61人，当场收缴圣歌61张、经书11本等违法书稿。

1993—1995年，开展围歼“车匪路霸”专项斗争，先后摧毁抢劫团伙2个，击毙1人，抓获车匪11名，破获车匪路霸抢劫案件12起，缴获赃款合计人民币1万元，外币15万元，破获特大抢劫案件3起，基本扫清建阳市境内交通要道上的车匪路霸案件积案。1996年，开展严打整治专项行动，捕获够劳教以上的各类刑事犯罪人员319名，抓获省公安厅挂牌督办的8名犯罪嫌疑人；协助外省、区抓获重大在逃犯罪嫌疑人12名；促使65名批捕和负案在逃犯罪嫌疑人投案自首。摧毁各类犯罪团伙35个，成员39人。破获各类刑事案件364起；破获南平市公安局挂牌督办的要案4起。收缴各类非法枪支39支、管制刀具65件，缴获赃款、赃物折值30万元。1997年，市公安机关设立刑警大队经济中队，负责侦办破坏社会主义市场经济秩序犯罪。1998年10月16日，在横南铁路建阳童游隧道内发现1具无头尸体。10月22日下午，在水吉镇黄西溪村将1名该案犯罪嫌疑人擒获归案。

1999年1月8日，市公安局破获"1•5"亚美桑拿中心特大绑架撕票案件，抓获3名犯罪嫌疑人。同年7—9月，开展3个月的追逃专项斗争，全市共抓获本地上网注册逃犯157名，未上网3名，其中，省公安督捕逃犯2名，南平市公安局督捕逃犯2名；抓获外地上网逃犯3名；协助外地公安机关抓获逃犯6名，其中，公安部督捕逃犯1名，广东省公安厅督捕逃犯2名。百名民警捕获逃犯达80名，超额完成追逃任务数。是年，市公安局贯彻执行中央取缔邪教组织的指令，共传唤教育163人（次），其中，骨干4人，收缴宣传挂图61张、VCD片44张、录像音带432盒、光盘113片、书籍567本、学习资料147份、横幅旗7面、挂面、像面84张、徽章17枚、镜框2幅、杂志1本。

2001年，市公安局经济犯罪侦查大队成立，配合工商、税务、技术监督和烟草专卖等部门联手打击偷税、漏税、制假贩假、走私等经济犯罪活动，侦破企事业单位贪污、挪用、盗窃公款和侵犯企业利益的犯罪案件以及打击假币等专项行动。

2005年起，开展命案侦破专项行动。4月8日，在福州仓山区抓获1名省厅督捕命案在逃犯罪嫌疑人。11月15日，将潜逃13年的1名命案在逃犯罪嫌疑人缉拿归案。

2006年3月24日，经过严密布控，在建阳市城区新星歌舞厅抓获涉2名嫌浙江衢州恶性杀人碎尸案的公安部B级督捕在逃犯罪嫌疑人。5月12日凌晨2时许，在建阳市将口镇横塘村村边水田中抓获1名公安部A级督捕在逃犯罪嫌疑人，破获公安部督办的系列跨省抢劫杀害出租车司机案件。同时带破12起抢劫、盗窃案件。2007年8月31日，市公安机关在书坊乡饶坝村抓获邵武"8•13"特大杀人案、公安部A级通缉逃犯的犯罪嫌疑人，协助邵武公安机关破获"8•13"特大杀人案。2007年，破获1起虚假信息诈骗案件，抓获3名犯罪嫌疑人，缴获大量用于诈骗的笔记本电脑、群发机、手机、GSM接入固定器等作案工具及赃款3万元。7月25日，莒口镇焦岚村路口发生1起公用电信设施被破坏案，间接损失1000万元。公安部将此案列入部级挂牌督办案件。9月21日，将潜回家中的1名犯罪嫌疑人抓获，破获此案。2009年，在光泽火车站抓获1名建阳"9•3"盗窃金利来珠宝行案件的犯罪嫌疑人，在广州市天河区天鹅花园抓获另1名犯罪嫌疑人，破获建阳西街金利来珠宝行盗窃案，带破2008年9月28日武夷山金鹏首饰商行盗窃案。2010年，破获迷信诈骗团伙案件，抓获涉嫌迷信诈骗的团伙骨干成员4人，涉案价值15万元。

2001—2010年，市公安局经济犯罪侦查大队共破获各类经济犯罪案件112起，为国家和集体挽回经济损失1429万元。

第五节　户政管理

一、户口管理

1995年，建阳市公安局按照福建省公安厅要求，开展农村户口城市化、规范化管理，统一户口簿、门牌和村级户口底册，全市基本实现"一户一簿一员一册"目标。1997年至1998年10月底，水吉镇确定为全省小城镇户籍改革试点，共办理小城镇常住户口235户505人。2009年，按照"一元化"户籍制度改革的总要求，开通省内网上迁移户口。共办理户口省内、省外迁入落户3512人，办理省内、省外迁出3367人。2010年，开展第六次人口普查户口整顿工作。全年共解决往年出生超计划生育孩子落户2962人，死亡注销户口2289人。开展入户核对，登记人户分离5975人。

二、暂住人口管理

1993—2000年，为掌握辖区治安和人口信息，凡跨省市、跨居住地的外流人口，全部由公安部门实行登记管理，并收取管理费。2001年，全市取消暂住人口管理收费。4月，公安机关按照省政府的要求，将流动人口和房屋出租工作纳入统一管理，列入为民办实事项目，建立“一户一档”资料。2009年1月，取消暂住证工本费。2010年，与市计生部门合作成立建阳市流动人口服务管理站，将市区2个派出所的流动人口管理站与市计生流动人口管理站合并。2010年，共登记暂住人口14785人；房屋出租987户；查获非法传销35起，遣送非法传销人员710名，解救受骗在校大学生2名。抓获犯罪嫌疑人19名，其中，网上逃犯5名。协助破案91起。

三、居民身份证的使用和管理

1999年10月起，公安机关开始为全市33万居民编制18位数码的公民身份号码，至2000年8月，提前完成全市集中编码工作。同时，陆续为年满16周岁申领居民身份证和补领、换领证件公民制发18位号码的居民身份证。

2004年1月1日起，根据国务院有关换发第二代居民身份证的精神，做好换发“二代证”的各项准备工作。至2010年底，全市完成换发33万张二代身份证的任务。

第六节　出入境及往来港澳台管理

20世纪90年代初，出入境及往来港澳台管理工作由县公安机关政保部门负责，增挂外事科牌子。1993年，出入境管理接待工作注重优化投资环境，为发展外向型经济服务，加强对涉外宾馆、饭店和接待单位有关涉外知识、法律法规、安全防范等宣传教育，确保外商安全，防止涉外案件发生。1997年，外事科更名为出入境管理科。2002年开始，实施法定不准出境及往来港澳台人员和国家工作人员通报备案制度。2004年1月起，实行护照按需申领制度。2005年，将非法入境、非法居留、非法婚姻的7名越南妇女遣送回越南。2006年，开展以“破大案、抓蛇头、断线路”为主要内容的“天山”专项行动。12月11日，涉嫌组织他人偷越国境罪的洪某主动到公安机关投案自首。2004—2010年，建阳出入境及往来港澳台共为建阳市公民办理护照13030本，办理往来港澳地区14462人次，往来台湾地区2574人次。境外人员及港澳台同胞临时到闽3673人次，共为办理各类出入境证件及往来港澳台签注258件次。

第七节　消防管理

一、消防宣传

1990年开始，建阳公安消防大队开展消防宣传“五进”（进农村、进社区、进企业、进学校、进家庭）活动，发动各企、事业单位和街道及农村，定期与不定期在辖区开展消防安全、法律法规知识的宣传教育。每年在“119”消防宣传日期间与移动、交通等部门举办大型消防安全宣传咨询活动，分发各类消防安全知识宣传材料，在辖区各主要路口悬挂大幅宣传标语。组织学校师生、场所及企事业单位从业人员和消防控制室操作人员开展消防安全知识培训和灭火疏散逃生演练。

2005年9月，建阳公安消防大队建立消防教育基地，11月，建阳市委宣传部将之设为科普教育基地。2008年11月，组建一支5600人的消防志愿者服务队。2009年，开展构筑社会消防安全“防火墙”工程活动。

二、消防监督

1998年9月至2009年4月，建阳公安消防大队依据《中华人民共和国消防法》对建筑工程、室内装饰装修工程、公共娱乐场所新建、改建、扩建项目进行审核、验收和开业前消防安全检查，从设计、施工到竣工验收等各个环节全面加强消防监督检查，严格执行消防技术法规，消除火灾隐患。并依法评估确定辖区内的消防安全重点单位，明确消防安全重点单位法定消防安全职责。

2009年5月1日，新《中华人民共和国消防法》颁布后，建阳公安消防大队按照监管职责在开展建筑工程审核、建筑工程验收、开业前消防安全检查的同时，持续到商场、市场、医院、学校、KTV等人员密集场所和高层地下建筑、“三合一”场所等地开展消防安全监督检查，对发现的火灾隐患依法责令场所负责人整改，并提请市政府对重大火灾隐患单位进行挂牌督办。

1994—2010年，建阳公安消防大队共检查场所6528家，督促整改3598处火灾隐患，提请市政府挂牌督办11家重大火灾隐患单位，使建阳市消防安全环境持续好转。

三、设施与装备

1994年起，市区在旧城改造、道路扩建中，严格按照规划新建或改建供水管网，保证消防供水的水压和水量，在道路两侧设置市政消火栓，供消防使用，2004年，建阳公安消防大队办公大楼建成并于11月投入使用。至2010年，建阳公安消防大队先后添置1辆消防抢险救援车、1辆泡沫车以及执勤装备、战斗员个人防护装备等基本灭火器材装备，使消防员个人防护装备达到100%、特种防护装备配备率达到50%，特勤装备配备率达到60%。在农村消防设施建设方面，童游街道童游村基本完成消防规划的消防基础设施建设。黄坑镇室外消火栓增至23个。麻沙和水吉镇先后斥资数万元添置市政消火栓，购置手抬机动泵、水枪、消防斧、战斗服、消防靴等灭火救援器材装备，小湖镇结合实际完成消防规划的编制工作。截至2010年，全市拥有市政消火栓201个。

四、灭火抢险

灭火救援　2005年10月13日子夜，建阳市莒口镇富森木板厂的锅炉因高温发生火灾，随时有爆炸的危险。接到报警后消防大队立即出动水罐车和指挥车赶赴现场，经1个小时奋战，大火扑灭，避免火灾造成的人员伤亡。2007年10月29日凌晨，位于建阳马伏村的农业科学研究所内一锯末加工厂突然起火，消防大队接警后迅速出动消防水罐车和火场指挥车，13名消防官兵奋战6个小时将火灾扑灭。2008年2月28日，童游小学比邻瓜子厂突发火灾，消防大队出动3辆战斗车和1辆指挥车，20名消防官兵赶赴现场。经3个小时的奋战，扑灭大火，保护周围居民区和学校的安全。2009年4月1日，城区西街1居民房发生火灾，房内被困人员生死未卜，接到报警后大队迅速出动3辆消防车和23名官兵奔赴救灾，官兵们发现起火的部位在5楼的1户临街住宅，滚滚浓烟伴着火苗正不断往窗外窜，房屋内有2名人员被困，在水枪的掩护下，现场指挥员带领2名战士进入火场成功将2名被困人员营救出火场并送上急救车，确保被困人员的生命安全。1994—2010年期间，消防大队出动警力3542人次，车辆708台次，扑救火灾202起，挽回经济损失3000万元。

抢险救援　2008年5月21日18时31分，1辆牌号为浙AL9786载有13吨浓硫酸的货车在建阳开往邵武的途中，因驾驶员处置不当，导致车体侧翻在路边，造成罐体内浓硫酸泄漏，消防大队立即出动1

辆指挥车、1辆特勤车、12名官兵到现场处置。消防官兵经过20小时的奋战，泄漏险情被排除。2008年6月6日8时12分，南平麻沙造纸厂一氯气罐发生泄漏险情，建阳消防大队立即出动1辆指挥车和2辆消防车、12名官兵到现场。经过消防官兵1小时鏖战，险情被排除。1994—2010年期间，消防大队出动警力984人次，车辆276台次，参加社会抢险救援132次，抢救遇险人员86人。

社会救助 2006年5月30日18点7分，建阳市西桥新村1户人钥匙反锁在家，室内还用煤气在煮东西，情况十分危险。消防大队接报后迅速出动1辆战斗车和6名战士前往处置，不到10分钟险情排除。2008年3月3日20时13分，建阳1男子不慎坠入15米深的河滩，消防大队接到报警赶到达现场后发现，受伤男子坠落在离路面15米，深的河滩上，身负重伤，生命垂危。经过消防官兵20分钟的救援后，伤员获救。1994—2010年期间，消防大队出动警力1130人次，车辆293台次，参加社会抢险救援142次，抢救遇险人员41人。

第八节 道路交通管理

1994—2010年建阳市火灾情况表

表23-1-1 单位：起、人、万元

年份	发生火灾（起）	死亡（人）	受伤（人）	直接经济损失（万元）
1994年	11	—	1	32.20
1995年	10	—	—	24.18
1996年	14	3	4	35.79
1997年	14	1	3	61.29
1998年	8	—	1	39.99
1999年	22	—	1	99.75
2000年	15	—	—	273.33
2001年	10	1	2	156.18
2002年	15	—	2	70.51
2003年	18	—	2	84.75
2004年	11	—	1	94.90
2005年	11	—	—	50.05
2006年	13	—	—	2.60
2007年	9	2	—	34.82
2008年	7	—	—	23.36
2009年	7	—	—	71.62
2010年	7	—	—	41.80
合计	202	7	17	1197.12

一、交通秩序管理

1993年起，公安交管部门针对不同季节与安监、交通等部门联合开展交通安全多项整治行动，组织警力在事故多发路段设卡路检，对往来车辆进行严格检查，纠正违章行为，预防交通事故，疏导道路畅通。1996年，设立“122”报警服务台，受理和处置交通事故、解决群众求助、救援故障车辆等任务。1998年9月开通“绿色通道”，在学生上学、放学高峰期间，由交警指挥车辆通行，并护送学生安全过马路。

2000年起，推进平安大道创建工作。建立健全农村交通治安5级管理防范网络，在辖区实现以警护民，以民辅警，以线（道路）带面（农村），以面保线的多方位立体交通治安防控网络。2002年起，开始“畅通工程”建设，先后投入资金30万元，在市区增设184面交通标志牌，施划2543平方米交通标线，清理占道摊点1160处，拆除违章建筑1940平方米，解决突出问题。获省政府评为3等良好管理水平。2005—2006年，开展农村派出所协管道路交通管理工作，维护农村交通秩序。2008年，开展“燃油助力车”机动车涉牌涉证专项整治工作、小型汽车类产品外挂拖拉机等专项整治。2009—2010年，持续开展打击酒驾专项整治。

二、交通事故预防和宣传

（一）交通事故预防

20世纪90年代初期起，公安交管部门建立执勤民警“定路段、定人员、定时间、定任务、定责任，包路段安全畅通”的“五定一包”责任制。2000—2005年，交警部门以“降事故，保安全、保畅通”为目标，贯彻落实以整顿驾驶员队伍、整顿路面行车秩序、整顿交通运输企业为主要内容的“五整顿”与加强责任制、加强宣传教育、加强执法检查为内容的“三加强”措施，逐步建立完善交通事故预防工作机制。2006—2010年，按照“勤务跟着流向走，警力随着流量调，岗位根据事故设”的基本思路，科学调整警力部署和执勤时间，实行重点区域、重点路段、重点时段“弹性勤务制度”，解决交通拥堵等问题。

（二）交通安全宣传

1990—2005年，交通安全宣传工作建立社会化工作机制。在全社会开展创建交通安全村、交通安全学校、交通安全企业、交通安全社区和交通安全宣传“五进”活动。2010年，实施“文明交通行动计划”，与市电影公司联手，以“千场电影进农村”为载体开展道路交通安全宣传，走遍全市265个行政村，放映电影300场，期间，插播《敲响安全警钟》《生命的花季》等交通安全宣传专题片1210场次，展出交通宣传图板1.30万块，发放交通宣传教育资料4万份。

三、交通事故处理

1990—2002年，公安交管部门处理交通事故采取分段处理方法，即接警民警接警后，对事故进行调查取证，出具责任认定后，对交通事故责任人，按事故性质、情节、后果、责任程度，除按协商的数额责令赔偿外，分别给予教育、警告、扣留车辆、扣证、吊销驾驶证和行政拘留等处罚。对触犯刑法者移交司法部门处理。从1995年起，按照《福建省道路交通事故处理办法》对交通事故进行处理。从2003年起，交通事故处理采取“谁接警、谁主办、谁负责”的办法，由接警民警对该起事故进行调查取证，出具责任认定，直至事故调解完毕。2004年，贯彻实施《中华人民共和国道路交通安全法》，凡涉及人员死亡的交通事故，采取公开认定的方法认定事故责任，即召集双方当事人对事故情况进行通报分析，公开责任认定程序、条款和依据。2009年，公安交警部门对事实清楚，当事人双方无争议，仅造成财产损失、无人员伤亡的交通事故，按照《福建省道路交通事故自行协商和简易程序处理办法（试行）》，当事人可以自行协商。

四、车辆和驾驶员管理

（一）车辆管理

1993年开始，公安交管部门负责辖区内摩托车挂牌登记业务。1994年，全市机动车辆统一启用“九二式”牌证。2008年，投资150万元开通建阳首条中、小型汽车安全技术检测线，除20座以上的大型客车、警用车、特检车和危化物品运输车尚不能检验以外，其他车辆均可接受委托检验。2009—2010年，根据《机动车登记规定》（公安部令第102号），除进口车、校车、中型以上客车、危险化品运输车以外的车型登记业务全部下放到交警大队车管所。

（二）驾驶员管理

1993年开始，公安交管部门负责对驾驶员的考核、教育、培训，核发驾驶证和审验工作。驾驶员经培训、考核，成绩合格，才可取得机动车驾驶证。持非营运小型汽车以下驾驶证的每2年审验1次，其他均为每年审验1次。2004年5月1日起，持小型汽车以下驾驶证的每6年审验1次（换证审验），其他均为每年提交1次身体条件证明（含持c证以下、年龄超过60岁者）。

第九节　监所管理

1993年，治安拘留所凭办案单位出具的《治安处罚拘留通知书》收押被拘留人员，拘留期限为1—5天。1人有2种以上违反治安管理行为的分别裁决，合并执行。合并执行拘留期不得超过20天，期满解除拘留。拘留所实行24小时双人值班巡视制度，发现问题及时处理，确保监所安全。对被拘留人员实行严格的出、入所检查规定，控制违禁品进入。定期对监区和号房进行安全检查。对每个被拘留人员建立个人信息档案，严格遵守保密制度。拘留所按照规定，允许被拘留人员的亲属每周会见1—2次，每次会见不超过3人。依法保障被拘留人员的通信自由。当年起，市看守所相继开展“百日安全”竞赛和打击“牢头狱霸”等专项斗争，并于1997年开展创建等级化看守所工作，按照监所管理要求，实行依法、科学、人性化管理，对在押人员一律平等相待，不打骂体罚、不虐待、不侮辱人格。为每个号房订阅1份报纸和法律知识书籍，为在押人员创造学习和改造的好环境。在生活上注重饮食卫生，保证吃饱、睡好。所内设有医疗室，随时为人犯看病，按时给监室消毒、防暑降温。管教民警对在押人员落实“三包”（包管理、包教育、包感化）管理制度和“四知”（知基本情况、知主要案情、知思想动态、知主要社会关系）管理要求，实行24小时跟踪管理。2006年，市看守所因洪灾集体搬迁到南平市拘留所；2007年，看守所从南平搬迁到武夷山；2008年，从武夷山搬迁至建阳曼头山建阳监狱附近。2008—2010年，把维护监管秩序、保证监管安全、保障在押人员合法权益作为工作重点。1990—2010年，看守所关押和改造人犯7500人，从未发生越狱脱逃、自杀死亡和疾病传染等责任事故。

第十节　森林公安

1994年起，市森林分局坚持把严厉打击破坏森林资源违法犯罪活动和上级公安机关部署的各类专项行动相结合，从严、从重、从速查处各类破坏森林资源和非法猎捕野生动物案件，同时，建立预防破坏森林资源长效机制，在未成立森林派出所的乡镇，设立警务室，警力下沉，辖区民警主动下到各自辖区工作；加强与各友邻县（市）森林公安机关的协同合作，签订联防协作机制，起到共同防范、协同打击的效果；向广大人民群众寻访维护林区治安稳定的建议和意见，建立群防群治网络，及时调处纠纷，将林权矛盾纠纷化解在萌芽状态，确保林区治安大局稳定。1998年—2010年，森林分局共查处各类森林案件3366起（刑事案件516起，治安案件111起，林政案件2739起），提请逮捕422人、批捕393人，移送起诉740人，破获犯罪团伙71个，团伙成员291人，为国家挽回经济损失2146.20万元。

第十一节　公安法制

一、法制业务培训

1993—1995年，举办《中华人民共和国国家赔偿法》《中华人民共和国人民警察法》等各种类型的法制教育培训班9期，受训人数560人次。对全市基层股所队长轮训2—3遍。全体民警经过培训取得省公安厅统一颁发的岗位培训合格证。1996年，法治大队全面开展严打整治工作，获南平市公安局嘉奖，并开展大清理、大整顿收容审查工作；1996—1998年，法制工作连续3年进入南平市各县（市、区）前3名。2006年，开展《中华人民共和国治安管理处罚法》、新《公安机关办理行政案件程序规定》等法律法规培训。组织民警认真学习，正确把握《中华人民共和国治安管理处罚法》、新《公安机关办理行政案件程序规定》的基本内容和精神实质。2010年，举办警综系统应用培训班5期。5月，全体民警通过省厅组织的“警综执法”和“综查”两系统的考试。实现“信息网上走、案件网上办、台账网上建、绩效网上考”的目标。

二、执法办案与监督

1993年1月，建阳县公安局下发《关于治安管理处罚案件移交法制部门审核把关的通知》，全市公安机关法制部门落实对治安案件审核把关的职责。1998年3月1日，下发《关于实行建阳市公安机关错案和执法过错责任追究暂行规定（试行）的通知》，要求各业务部门（包括林业公安、交警、消防大队）落实建阳市公安机关错案和执法过错责任追究制度。2000年，全面开展执法质量考核评估工作。2003年，市公安局建立案件追踪制、点评制等1整套执法制度，加强对每1起案件全过程的审核把关，从源头上有效地防止执法问题的出现。同年，基层办案单位法制员案件审核制度建立。2006年，民警个人执法考评档案建立和完善，对每位办案民警办结的刑事、行政案件予以“卷卷考评”，对存在的问题列出提纲、发回整改，并将考评情况登记，形成档案。2008年，推进网上执法办案工作，促进公安法制工作向规范化、信息化发展。2010年，制定《重大案件及时汇报制度》《集体研究案件制度》《案件互评互查工作制度》《执法过错责任追究规定》《关于警综执法办案系统应用工作的若干规定》等20项执法工作制度，进一步规范公安执法。

三、信访工作

2005年，按照《公安机关信访工作规定》，建阳市公安局开展开门接访服务群众活动。2006年，建立健全信访工作长效机制，将“局长接待日”由原来的每月2次改为每周1次，确定每周一为局主要领导信访接待日，当年共受理群众信访53件，查结50件，查结率为94.34%。2008年，落实每月2次的“局长信访接待日”制度，实现与群众零距离接触。2009年，开展“信访积案化解年”活动，妥善化解信访积案，逐步消化问题积累，减少反复上访、缠访、闹访和非正常上访的发生。共接待受理群众咨询116批214人次，处理初信初访23件。2010年，全部完成中央政法委、省公安厅、南平市委政法委交办或督办的8起信访化解任务。同时处理市公安局往年的28起信访积案，成功息访22起。

第二章 检 察

1994—2010年，建阳市人民检察院进一步加强队伍建设，改革人事制度和检务制度，围绕改革开放和经济发展，履行检察职能，依法打击严重刑事犯罪活动，依法查办经济和职务犯罪，加强法律监督，维护公平正义，为振兴建阳经济创造良好的法制环境。先后3次获“福建省人民检察院文明接待室”称号、“省级先进档案室”“五好检察院”和省级“优秀青少年维权岗”等称号；获省检察院“林区治安专项整治先进单位”、省检察机关评为纪检监察工作先进集体和南平市级第九届、第十届“文明单位。2008—2010年度，获评为全省检察机关先进集体。

第一节 机构队伍

1994年，市检察院内设刑事检察科、反贪污贿赂局、法纪检察科、控告申诉检察科、举报中心、监所检察科、林业检察科、法律政策研究室、办公室、政工科、民事行政检察科共11个科室。在编51人，其中，检察长1名、副检察长2名。1995年，在编60人，其中，检察长1名、副检察长2名。1997年，刑事检察科调整为审查批捕科、审查起诉科。2003年，市检察院政法行政编制66人，领导职数9名（检察长1名，副检察长3名，纪检组长、政治处主任、办公室主任、反贪污贿赂局局长及教导员各1名）；机关工勤人员核定事业编制6名。同年，增设行政装备科、职务犯罪预防科、司法警察大队、监察科。撤销法律政策研究室，控告申诉检察科内设举报中心和刑事赔偿办公室。政工科更名为政治处，审查批捕科更名为侦查监督科，审查起诉科更名为公诉科，法纪检察科更名为渎职侵权检察科。办公室、政治处、反贪污贿赂局为副科级编制。内设机构14个，实际在编65人。2006年，渎职侵权检察科更名为反渎职侵权局。2009年，市检察院政法行政编制72名。同年，市检察院派驻建阳监狱检察室改由南平市人民检察院派驻。2010年，市检察院内设机构不变，领导职数11名（检察长1名，副检察长3名，纪检组长1名，专职检察委员会委员2名，政治处主任、办公室主任、反贪污贿赂局局长、反贪污贿赂局教导员各1名）。在编70人（干部66人、工勤人员4人）。

第二节 检察制度改革

一、人事制度改革

1994年起，市检察院贯彻最高人民检察院《关于加强基层检察院建设的意见》，加快检察改革步伐，优化队伍结构，1995年3月15日向社会公开招考干警7人。同年，市检察院为保证办案质量，制定《办案责任制》《错案追究责任制》，实行错案追究责任制。1998年，贯彻《中华人民共和国检察官法》，初任检察官实行考入任免制，首次评定检察官等级，检察官中4级高级检察官5人，1级检察官5人，2级检察官13人，3级检察官12人，4级检察官17人，5级检察官2人。1999年，中层领导竞争上岗、一般干警“双向选择”，培养一专多能、复合型干警。实行末位淘汰制。开展主诉检察官选任工作。对1名不宜留在重要部门的2层正职予以易岗调整，对1名不能胜任工作的2层正职，报经有关部门予以免职处理。开展主诉检察官选任工作。依法任命8位经全国初任检察官资格考试合格的书记员为助理检察员。

2000年，实行中层领导竞争上岗、一般干警“双向选择”，拟任的13个中层领导职位中，2位科长让位、4位副科长落选、6位一般干警脱颖而出。2001年，助理检察员实行全国司法考入任免制，当年市检察院1人通过司法考试任命为助理检察员。2006年，新任二层正职实行暂任制。

二、检务制度改革

1991年，县检察院先后设立童游镇、徐市乡、将口镇、崇雒乡、莒口镇、麻沙镇、黄坑镇、水吉镇、小湖乡、回龙乡、漳墩镇、县供销社、县粮食局、县税务局、县企业局、中国农业农业银行建阳支行、县茶厂等17个检察室。1994年，增设潭城镇、书坊乡2个检察室，检察室主任由检察院在职检察员兼任。1996年，增设建阳市范桥林场检察室。因检察室的设置不能发挥检察职能作用，1995—1998年，根据最高人民检察院的通知精神，陆续撤销7个企事业单位检察室及13个乡镇检察室。1998年，庭审方式由纠问式转为控辩式。1999年，实行检务公开。2000年，建立定期向人大报告制度，接受社会监督。2001年，深化检务公开，制定《关于建立重大案件报告制度的实施方案》，主动接受监督。2002年，实行检务督察制，纪检部门对不捕、不诉、取保候审和要求抗诉而不抗诉等案件进行审查并进行公示，对执法办案环节加强监督。2003年，根据被告人的认罪态度，实行普通程序简化审。同年，公诉部门对删减事实、改变定性及拟不起诉的自侦案件，设立人民监督员制度，对证据有瑕疵的案件，推行诉辩交易制度。2005年，实行行贿档案查询。同年，根据最高人民检察院的规定，自侦案件实行全程同步录音录像制度，市检察院根据实际于2007年开始执行。2008年，公诉科对未成年人刑事案件试行附条件不起诉制度。2010年，根据上级院的规定，实行职务犯罪案件逮捕权上提一级决定。

第三节　刑事检察

一、审查批捕

1994年，参与“整治农村社会治安综合治理”专项斗争，重点打击重大恶性暴力型犯罪，称霸乡里的流氓犯罪，以及车匪路霸等团伙犯罪，批捕涉嫌故意杀人、流氓、抢劫、伤害犯罪嫌疑人315人。1996年，配合公安机关开展以“打现行、破积案、摧团伙、抓逃犯、缴黑枪”为主要内容的严打斗争，“严打”期间共批捕刑事案件128件260人。1997年，针对公安机关超期羁押违反诉讼程序发出《纠正违法通知书》1份。同年，《中华人民共和国刑事诉讼法》修改后，审查批捕职能单列。1998年，结合全国政法机关队伍教育整顿活动，对1997年以来批捕案件复查183件。完善“提前介入”重特大案件制度，提前介入重特大案件43件。提前介入18人涉嫌故意伤害、窝藏、强迫交易、寻衅滋事犯罪一案，批捕17人、不捕1人、增捕5人。2000年，配合公安机关开展“打拐”“清理基金会”等专项行动和打击邪教非法活动，批捕1起挪用基金会资金案，1起复制、宣扬邪教内容出版物案。2001年，批捕15人涉嫌非法买卖、制造爆炸物品一案，针对办案中发现的“农村捕鱼业中买卖雷管、非法制造炸药炸鱼现象普遍存在等问题”，向当地有关部门发出检察建议，要求对捕鱼者加大监管、教育和打击违法犯罪力度，同时，配合公安机关开展治爆专项行动，协同有关部门在全市范围内动员非法存有爆炸物品的渔民主动上缴爆炸物品。2003年，积极争创省级优秀“青少年维权岗”，到6所中学为4600名学生上法制课，与130名教师进行法制教育座谈，与教育局、文体局、关工委等职能部门协作，构筑社会防范体系。同年5月27日，以妨碍公务犯罪批捕涉嫌“4·15”聚众围攻殴打公安干警抓“六合彩”赌博案件的10名犯罪嫌疑人。2004年，以开展“打击制售假冒伪劣商品、侵犯知识产权犯罪立案监督专项行动”为中心，全面加强立案监督工作，对国税局、地税局、质监局、工商局等6家行政执法单位办理的135件行政处罚案件进行执法检查，向公安机关移送案件线索7件。同年6月14日，侦监部门对1名进京闹访国家司法部人员以涉嫌聚众扰乱社会秩序犯罪、妨碍公务犯罪批准逮捕。是年，建阳市人民检察院获省级优秀“青少年维权岗”称号。2005年，以开展打击通信、电力设备犯罪立案监督专项行动为重点，对2003年至2005年6月电信、电力等基础设施遭盗窃、破坏等情况进行调查了解，向公安机关移送案件线索28件。2009年，贯彻宽严相济刑事政策，对未成的人犯罪、主观恶性小的初犯、偶犯和轻微犯罪案件根据案件慎用逮捕措施，可捕可不捕的不捕，无逮捕必要不捕24人，依法不捕未成年犯罪嫌疑人6人。强化不捕案件的监督，落实不捕案件说理制度，向侦查机关发出《不予批准逮捕案件说理意见书》36份。2010年，按照最高人民检察院的规定，执行职务犯罪案件审查逮捕权上提一级改革的要求，向上级侦查监督部门报请决定逮捕职务犯罪案件5件5人。

1994—2010年，市检察院共受理提请逮捕案件3141件5308人，审查后，批准和决定逮捕2812件4533人，不捕630人，增捕198人，立案监督103件。

1994—2010 年建阳市检察院审查批捕案件情况表

表 23-2-1　　单位：件、人

年 份	受 案	批准或决定逮捕	不 捕	增 捕	立案监督
1994 年	191 件 471 人	178 件 428 人	4 件 21 人	28 人	—
1995 年	180 件 323 人	154 件 242 人	26 人	18 人	—
1996 年	240 件 495 人	204 件 398 人	36 人	10	—
1997 年	173 件 299 人	142 件 224 人	27 件 68 人	11 人	2 件
1998 年	178 件 344 人	154 件 283 人	61 人	17 人	6 件
1999 年	170 件 320 人	152 件 269 人	51 人	4 人	6 件 8 人
2000 年	205 件 339 人	193 件 298 人	14 件 41 人	12 人	16 件 24 人
2001 年	210 件 333 人	198 件 302 人	12 件 31 人	10 人	4 件
2002 年	205 件 336 人	195 件 311 人	10 件 25 人	4	7 件
2003 年	172 件 272 人	152 件 241 人	31 人	16 人	4 件
2004 年	189 件 287 人	171 件 256 人	18 件 31 人	8	12 件
2005 年	165 件 239 人	129 件 196 人	26 件 43 人	7	11 件
2006 年	181 件 260 人	163 件 228 人	18 件 32 人	6 人	7 件
2007 年	176 件 246 人	164 件 222 人	12 件 24 人	13 人	6 件
2008 年	173 件 269 人	148 件 232 人	25 件 37 人	9 人	6 件
2009 年	189 件 272 人	188 件 227 人	31 件 45 人	9 人	7 件
2010 年	144 件 203 人	127 件 176 人	17 件 27 人	16 人	9 件

二、审查起诉

1995 年，市检察院检察长杨仁忠出庭公诉市房管所所长受贿案。1997 年，《中华人民共和国刑事诉讼法》修改后，审查起诉职能单列。1999 年，实行干部人事管理制度末位淘汰改革，起诉科科长因不胜任工作被免职。2000 年，推行主诉检察官办案责任制，市检察院 2 位检察官通过全省统一的理论考试与能力测试取得首次主诉检察官任职资格。同年，实行检务公开，向被害人、证人等发放《权利义务告知书》。同年，选派 1 名检察官参加中央“4·20”专案检察组查办厦门远华特大走私案，获省检察院记功嘉奖和中央“4·20”专案工作组的表彰。2003 年，实施简易程序、普通程序简化审。实施人民监督员制度，对拟作不起诉的 1 件案件提交人民监督员评议监督。2004 年，制定《关于审理案件中适用简易程序、被告人认罪案件简化审、庭前证据交换、不起诉案件公开审查制度和未成年案件公诉方式改革的规定》，对各项规定的条件范围、如何应用等作出明确细化的规定。对证据有重大瑕疵、被告人认罪的案件，实行诉辩交易，控、辩双方达成协议后由控方建议法院从轻处理案件 1 件 1 人。推行诉讼改革，对 1 起故意伤害案召开不起诉案件听证会，邀请不被起诉人、受害人、人民监督员、公安办案人员等参加。2008 年，对未成年人刑事案件试行附条件不起诉制度。2010 年，围绕 3 项重点工作，探索刑事和解、量刑建议等工作机制，加大释法说理宣传，减少社会矛盾。

1994—2010 年，市检察院共受理移送审查起诉、免诉刑事案件 3910 件 6091 人。审查后移送法院起诉 3232 件 4834 人，免予起诉、不起诉 328 人。依法提出抗诉案件 21 件 29 人。

1994—2010 年建阳市检察院审查起诉案件情况表

表 23-2-2　　单位：件、人

年份	受案（免诉、起诉）	移送法院审判	免诉、不起诉	提出抗诉
1994 年	220 件 439 人	163 件 309 人	免诉 20 件 55 人	—
1995 年	199 件 282 人	137 件 191 人	免诉 67 人、不起诉 1 人	—

续表 23-2-2

年份	受案（免诉、起诉）	移送法院审判	免诉、不起诉	提出抗诉
1996 年	349 件 523 人	271 件 397 人	免诉 69 人、不起诉 2 人	—
1997 年	185 件 278 人	138 件 194 人	12 件 12 人	2 件 2 人
1998 年	169 件 249 人	134 件 195 人	6 件 7 人	1 件 1 人
1999 年	251 件 405 人	201 件 305 人	2 件 2 人	2 件 2 人
2000 年	241 件 359 人	200 件 281 人	10 件 13 人	7 件 12 人
2001 年	247 件 385 人	197 件 286 人	18 件 27 人	2 件 3 人
2002 年	239 件 373 人	216 件 337 人	10 件 11 人	3 件 3 人
2003 年	229 件 349 人	205 件 308 人	6 件 12 人	1 件 1 人
2004 年	220 件 320 人	191 件 276 人	8 件 9 人	1 件 2 人
2005 年	205 件 312 人	177 件 251 人	5 人	—
2006 年	235 件 357 人	208 件 309 人	4 人	1 件 2 人
2007 年	223 件 331 人	190 件 285 人	5 件 6 人	1 件 1 人
2008 年	215 件 348 人	206 件 293 人	9 人	—
2009 年	261 件 420 人	210 件 316 人	7 件 8 人	—
2010 年	222 件 361 人	188 件 301 人	5 件 9 人	—

第四节　经济犯罪案件检察

1994 年，查办建阳市农业银行行长、信贷股长、联社主任等 12 名以贷谋私的受贿窝案，省二监医院院长利用职便为犯人保外就医出具假疾病证明从中受贿要案等 1 批有影响的案件，共立案 31 件 35 人，其中，“三机关一部门”（党政机关、行政执法机关、司法机关和经济管理部门）案件 18 件，通过办案共为国家集体追缴赃款挽回损失 46 万元。1995—1996 年，以查处企业转换经营机制过程中的经济犯罪为重点，在电力公司、制药厂、交通工程公司、压缩机总厂、刨花板厂、粮站等挖出一批“蛀虫”。共立案 69 件 79 人，为国家和集体挽回直接经济损失 193 万元。1997 年，加强与纪检、监察部门配合协作，形成查办案件合力，立案 26 件 29 人，“三机关一部门”案件 9 件 10 人。查办原市民政局局长利用职便挪用救灾、救济款 19 万元的案件，并通过安插“内线”的侦查方式，一举侦破交通运管所征收站 5 人为首、涉嫌 20 人、违法犯罪金额达 4 万元的行政执法人员贪污窝案。

1998 年，改变重实体轻程序，重打击犯罪轻保障人权的思想，严格按照高检院“九条卡死”（严禁超越管辖范围办案；严禁对证人采取任何强制措施；立案前不得对犯罪嫌疑人采取强制措施；严禁超期羁押；不得把检察院的讯问室当成羁押室，讯问一般应在看守所进行，必须在检察院讯问室进行的，要严格执行还押制度；不得违反规定使用技术侦查手段；凡在办案中搞刑讯逼供的，先停职，再处理；因玩忽职守、非法拘禁、违法办案等致人死亡的，除依法依纪追究直接责任人员外；对于领导失职渎职的一律给予撤职处分；严禁截留、挪用、私分扣押款物）的规定查办自侦案件。立案 8 件 9 人，抓获 2 名在逃职务犯罪嫌疑人。在卫生系统侦破 3 起利用中小学生体检、防疫进行贪污、挪用公款的窝案。

2000 年，预防犯罪网络建立，选择卫生局、建行、建委等 8 家开展预防试点工作，针对教育系统查处的 5 件受贿窝案，发出检察建议，促进学校公开收费。调研论文《建阳市教育系统受贿窝窜案的特点、原因及对策》获南平市委政法委《政法简报》采用和转发。2001 年，参加麻沙造纸厂联合调查组，查处包括该厂厂长、副厂长等人贿赂窝案，立案 3 件 4 人。2002 年，查办建阳市立医院、南平市第二医院 140 名医生、药师涉案金额达 60 万元的药品回扣窝案，从中立案 4 人。2003 年，立案侦查建阳市森林公安分局 1 名副科级干部伙同干警贪污、受贿 20 万元大案。2004 年，以查办窝案、窜案为重点，立案查处交通系统 7 人受贿窝案，涉案金额高达 100 万元。设立警务区，全面落实办案安全责任制，纪检监察随同办案。同年，建阳市成立以市委副书记为组长的预防职务犯罪工作领导小组，检察机关与金融、税务、工商、林业等部门确定联席会议制度建立预防犯罪网络。同年，发出检察建议4份，提出整改意见20条，帮助建章立制6项。2005年，实行侦查一体化。2006年，在查办上级院指定管辖一案中一举查获福建省对外经济服务贸易有限公司总经理、副总经理、财务部负责人等贪污窝案4件7人，涉及处级干部5人，涉案金额高达1000万元，案值之大，涉及处级干部之多，为历年之最（2008年，5人被判实刑，最高被判有期徒刑18年）。同年，追回在逃职务犯罪嫌疑人7人，追回赃款500万元。2007—2010年，以案带案查办职务犯罪，重点查处新农村建设中侵害群众利益的涉农职务犯罪，共立案31件64人，其中征地补偿领域涉农职务犯罪6件39人，挽回经济损失700万元。2009年，侦查指挥中心成立，建立侦查人才库。

1994—2010年，市检察院共受理各类经济案件线索610件，经初查，立案侦查涉嫌贪污、贿赂、挪用公款等职务犯罪案件243件304人，其中，贪污69件102人，贿赂126件134人，挪用公款31件39人，其他17件29人。侦查终结，移送起诉158件209人，免予起诉、不起诉53件59人，为国家、集体挽回经济损失1996万元。

1994—2010年建阳市经济案件检察情况表

表23-2-3　　单位：件、万元

年份	受理举报线索（件）	立案数	5万以上案件（件）	涉案金额（万元）	科级以上干部（人）	追赃或挽回损失（万元）
1994	65	31件35人	2	—	5	46.38
1995	54	39件45人	6	183.50	3	153
1996	47	30件34人	3	100	—	140
1997	37	26件29人	6	100	—	70
1998	72	8件9人	3	60	2	33.80
1999	63	9件9人	4	45.50	—	59.95
2000	14	8件9人	1	22	—	16
2001	32	9件10人	5	96	—	50
2002	24	10件12人	3	96	—	86
2003	27	8件8人	3	52	1	47
2004	19	12件14人	8	131	2	128.39
2005	19	6件7人	4	62	2	30
2006	43	16件19人	10	1100	9	400
2007	26	7件25人	7	114	1	359.69
2008	10	7件7人	4	42	—	70
2009	36	10件15人	7	170	—	176
2010	22	7件17人	5	133	2	130

注：含处级7人

第五节 法纪犯罪案件检察

1994年，重点查处徇私舞弊、非法拘禁、刑讯逼供、玩忽职守、重大责任事故等案件，受理案件线索12件，经初查立案4件7人，查处中国银行建阳支行行长等3人玩忽职守造成国家318万元重大经济损失的特大案件，经办案追缴赃款和挽回经济损失75.80万元，解救人质3起4人。1995年，按照高检院关于查办党政部门、执法部门的“五类”（徇私舞弊、刑讯逼供、非法拘禁、玩忽职守、重大责任事故）案件的要求，受理案件线索23件，经初查立案5件5人。将查处徇私舞弊案件作为重中之重，初查此类线索 8 件，立案 1 件，纠正、督促公安部门依法办案 2 件 4 人。经办案共追缴赃款和挽回经济损失 13.10 万元，及时解救人质 3 件 3 人。1996 年，受理徇私舞弊案件线索 6 件，经初查立案 3 件 3 人。经办案追缴赃款 9 万元，为企事业单位挽回经济损失 32.50 万元，及时解救人质 3 件 3 人。1997 年，受理案件线索 13 件，经初查立案 3 件 5 人，促使公安机关纠正违法处理刑事案件 1 件 1 人，追缴赃款 27264 元，为企业单位挽回经济损失 5.40 万元，及时解救人质 2 件 2 人。1998 年，受理案件线索 11 件，经查均不构成犯罪未立案。根据新刑法规定，法纪案件罪名增多，但受主体限制，管辖范围缩小，案件越来越依靠侦查人员自行发现。1999 年，受理案件线索 10 件，经查均不构成犯罪，针对办案中发现的问题向有关单位发出检察建议 3 份。2000 年，受理案件线索 5 件 7 人，立案枉法裁判案 1 件 1 人，协助上级院查办市法院副院长贾某枉法裁判及受贿案。

2001 年，受理案件线索 6 件，经初查均不构成犯罪。就办案中发现的问题向建阳地税发出《检察建议》1 份，引起建阳及地方党委政府及地税领导重视，市长郭建声专门作批示，副市长刘淑妹主持召开由人大、政府办、纪委、政法委、检察院、财政局、国税局、地税局及黄坑镇党政领导参加的会议，共同研究协调黄坑镇竹加工业的税收问题并形成《建阳市人民政府备忘录》。2002 年，受理案件线索 10 件，经初查立案 2 件。2003 年，受理案件线索 7 件，经初查立案 3 件 3 人。2004 年，开展“严肃查办国家机关工作人员利用职权侵犯公民民主权利犯罪案件”和“开展集中查处破坏和扰乱社会主义市场经济秩序的渎职犯罪”专项活动，受理案件线索 4 件，立案 2 件 3 人。2005—2006 年，加强与执法执纪部门合作，拓展渎职犯罪案源，集中力量，突出打击重点，立案 5 件 5 人。2007—2010 年，受理案件线索 10 件，立案 4 件 5 人。

1994—2010 年，市检察院共受理渎职侵权案件 136 件，立案 36 件 44 人，其中，移送起诉 28 件 32 人，免予起诉、不起诉 6 件 9 人。

第六节　控告申诉检察

1994 年，坚持每月 2 次检察长接待日，下乡镇开展检察长巡回接待日活动，共受理控告申诉信访 173 件，立案复查不服免诉刑事申诉案件 1 件，立案侦查重婚案件 1 件 2 人。推出“预约接待举报”举措，受理举报线索 141 件，为反贪、法纪、监所部门提供案件线索 83 件。制定《奖励举报有功人员暂行办法（试行）》，当年奖励举报有功人员 3 人。1995 年，会同南平市检察院在潭城镇开展“两级院检察长接待日活动”，再次获评全省检察系统“文明接待室”。1997 年，规范举报工作，建立健全初查、侦查档案。同年，通过检查评比，再次获省院授予的“文明接待室”称号。1999 年，实行检务公开，向社会公开推行多项便民举报申诉制度，开展“举报宣传周”“举报宣传月”活动，全年共开展检察长接待日 48 次，接待举报 62 人次，到乡镇及重点厂矿开展举报座谈、宣传 12 次，发放举报宣传、检务公开等资料 3800 多份，提供法律咨询 116 次，落实兑现奖励举报有功人员 5 名。2000 年，连续第四次获“福建省人民检察院文明接待室”的称号。2001 年，获南平市政法委评为“人民满意政法单位”。2002—2006 年，建立并全面推行《控告申诉首办责任制》，对市检察院管辖的控告申诉件，在移送、办理、回复各个环节，实行全程跟踪，做到去向分明、责任明确。2008 年，抓好涉检上访工作，成功息诉中共中央政法委、高检院交办的水吉镇 1 位村民不服不立案决定的涉检上访案件。2009 年，开通“12309”举报电话，建立涉检信访预警评估机制，拟制涉检信访息诉预案，推行责任查究制度，维护涉检上访人的合法权益。2010 年，按照上级的部署开展“清理涉检信访积案”专项活动和“百万案件评查”，对 2009 年底前尚未息诉罢访的所有的涉检来信来访积案进行清理排查，通过阅卷、座谈，调查等方式对 5 起自侦案件承办人的执法思想、案件事实认定、法律程序、法律适用、实体处理、法律文书以及涉及的扣押款项等问题进行重点检查。

1994—2010 年，市检察院受理控告申诉信访 1598 件，办理刑事申诉案件 32 件、刑事赔偿案件 8 件、上级院及人大交办件 23 件、重婚案件 3 件；受理举报线索 1421 件，其中，管辖范围内举报线索 812 件，初查 84 件，奖励举报有功人员 11 人。

第七节 民事行政检察

1994 年，民事行政检察科成立，办理省检察院交办民事行政案件 1 件。1995 年，受理不服人民法院判决、裁定的民事申诉案件 8 件，立案 1 件，提请上级检察院抗诉 1 件。1996 年，受理 5 件，立案审结 2 件，提请抗诉 1 件，向法院提出检察建议 1 份。主动走访各律师事务所、信访局、法院以及乡镇司法办，寻找和发现案源。1997 年，受理 14 件，立案 6 件，提请抗诉 4 件，建议上级检察院提请抗诉 1 件，书面建议法院自行纠正 1 件，不予立案 6 件，法院再审 3 件，改判 2 件。1998 年，受理 12 件，立案 7 件，提请抗诉 3 件，建议上级检察院提请抗诉 3 件，书面建议再审 1 件，所有建议全部被上级检察院采纳，法院再审 4 件，作出判决改判 4 件。立案数、提抗数、改判率均名列南平市检察机关民行检察部门前茅。1999 年，受理 5 件，立案 2 件，诉讼标的 26 万元，提请抗诉 2 件。2000 年，受理 6 件，立案 4 件，提请抗诉 3 件，建议法院重审 1 件被采纳。2001 年，受理 5 件，立案 4 件，提请抗诉 4 件，全部获上级检察院采纳。2002 年，受理 16 件，立案 7 件，提请抗诉 6 件，均获上级检察院采纳，执行和解 1 件。2003 年，受理 11 件，立案 4 件，提请抗诉 1 件，3 件建议法院再审获采纳。2004 年，受理 8 件，立案 4 件，提请抗诉 3 件，建议提请抗诉 1 件，法院再审后改判 1 件，发出检察建议 3 份。经市检察院提请抗诉的书坊乡书坊村委会林木招投标一案，法院再审后改判，村委会因此挽回经济损失 9 万元，村民特地送来“明察秋毫伸正义，为民维权解纠纷”的锦旗表示感谢。2005 年，受理 4 件，立案 3 件，对法院民事执行案件监督 1 件。2006 年，受理 8 件，立案 6 件，不立案 2 件，执行和解 1 件。提请抗诉 3 件，建议提请抗诉 2 件，全部被上级检察院采纳。加强对审判机关民行审判诉讼活动和行政机关行政行为公正性进行监督，共发《检察建议》5 份。2007 年，受理 3 件，立案 3 件，建议提请抗诉 3 件，全部获上级检察院采纳。2008 年，受理 7 件，立案 2 件，建议人民法院再审 1 件，执行和解 1 件，执行检察建议 2 件，对不符合抗诉条件的，从办案程序、认定事实、适用法律等方面向当事人耐心解释，做好服判息诉工作，维护司法权威。2009 年，受理 5 件，立案 3 件，全部被人民法院和上级检察院采纳。2010 年，受理 9 件，立案 2 件，建议提请抗诉 1 件，提出再审检察建议 2 件，通过办案为债权人挽回 40 万元经济损失。

1994—2010 年，共受理不服人民法院判决、裁定的民事行政申诉案件 127 件，通过审查立案 60 件，建议提请抗诉、提请抗诉 47 件，被上级检察院采纳 28 件，向法院发出检察建议再审 11 件，法院改判 7 件。

第八节 林业检察

1998 年，省委机构编制委员会办公室 148 号文批准设立林业检察科，其主要职责是负责林业刑事案件检察工作，受理并承办林业公安机关提请的林业刑事案件的审查批捕、审查起诉、出庭支持公诉、提请抗诉和依法履行法律监督等。1999 年，市检察院开展为期 3 个月的破坏森林资源违法犯罪专项“严打”斗争及“追逃”斗争，获评南平市严打专项斗争先进单位。2001 年，获省检察院评为“林区治安专项整治先进单位”和 1 人获“先进个人”奖励。同年，与坤中采育场签订《法律帮助协议》，为林业企业长期提供无偿法律援助，召开座谈会 3 次，为采育场周边村民及管理人员上法制课 2 场，提供法律咨询 15 次，查办侵犯企业利益的毁林案件 4 件 10 人，为企业挽回损失 20 万元。2002 年，针对盗伐林木、单位滥伐林木案件多的情况，到林区开展调研，到采育场、乡镇林场、林业站召开“预防单位毁林犯罪专题讲座”3 场，建立整治工作联系点 12 个，向有关单位发《检察建议》9 份。2003 年，批捕 1 起 3 人利用假汇票诈骗 300 万元的票据诈骗案。2005 年，针对林区盗伐、侵占林地严重问题，参加林区治安综合整治活动，对问题突出的乡镇集中力量进行 3 个月的重点整治，破获 1 批积案，抓获 3 名犯罪嫌疑人，动员6名案犯投案自首，批捕4件5人，使林区治安混乱局面得以扭转。开展打击“非法收购、运输、加工、出售国家重点保护植物及制品”专项行动，向群众发放3000份涉及法律、法规及保护植物内容的宣传单。2007年，贯彻“宽严相济”刑事政策，取保候审46人，不捕直诉7人。建议法院从轻减轻处罚23件42人，建议法院适用简易程序审理46件62人、普通程序简化审审理4件6人。2010年，针对盗、伐林木毁林案件严峻的形势，通过加大追赃力度、建议受害单位提起刑事附带民事诉讼、建议林业主管部门建立盗伐林木违法犯罪行为人档案，以加重犯罪成本，加大打击力度，共追缴涉林赃款40万元，为受害单位挽回直接经济损失2.20万元。配合市政府、林业主管部门做好9起非法侵占林地案当事人的矛盾化解工作。

1994—2010年，共受理提请批捕林业刑事案件564件1037人。经审查，批捕462件843人，不批捕93件197人，追捕62人。共受理移送审查起诉林业刑事案772件1183人。经审查，起诉671件1044人，决定免予起诉、不起诉78人，追诉27人2单位，追免诉5人，依法提请抗诉2件2人，批捕准确率、有罪判决率均达100%。

1994—2010年建阳市林业检察案件审查批捕、起诉情况表

表23-2-4　　单位：件、人

年份	受理审查批捕	批准逮捕	不捕	受理审查免诉、起诉	移送法院审判	免诉、不起诉
1994年	19件36人	16件40人	3件6人	14件23人	8件11人	3件7人
1995年	25件57人	20件45人	1件11人	25件29人	12件18人	1件11人
1996年	22件33人	12件18人	7件10人	29件44人	20件27人	10件23人
1997年	14件28人	8件19人	6件9人	13件24人	9件19人	1件1人
1998年	23件33人	18件29人	4件6人	23件31人	16件22人	3件5人
1999年	28件61人	24件49人	4件12人	43件69人	39件64人	1件1人
2000年	32件68人	30件63人	2件5人	32件52人	28件48人	—
2001年	27件68人	25件62人	2件6人	39件74人	35件69人	—
2002年	54件129人	53件115人	1件14人	64件114人	59件111人	1件1人
2003年	35件68人	30件54人	4件11人	65件104人	57件91人	2件3人
2004年	47件75人	43件62人	4件13人	59件75人	55件68人	1件3人
2005年	35件51人	32件42人	3件9人	52件67人	43件55人	5件6人
2006年	44件73人	35件60人	9件13人	53件85人	45件71人	6件9人
2007年	46件76人	41件62人	5件14人	68件107人	65件107人	4件4人
2008年	48件85人	32件54人	16件31人	73件110人	72件107人	1件1人
2009年	37件48人	18件24人	19件24人	53件76人	51件71人	—
2010年	28件48人	25件45人	3件3人	67件99人	57件85人	3件3人

第九节　监所检察

1994年始，市检察院监所检察以稳定监管场所秩序为重点，实行规范化管理，强化收押、释放、羁押、管教、执行5个环节的监督。坚持2人驻所、驻监办公。同年，对超期羁押、违法释放等情况提出纠正意见96人次，对35名不符合呈报减刑假释罪犯提出纠正。立案查处监管干部渎职犯罪3件3人，办理监管部门移送重新犯罪案件5件6人，对监外执行的71名“五种人”（被判处管制、缓刑、剥夺政治权利、假释以及保外就医的罪犯）的改造进行回访考察。1995年，纠正不按规定交付劳改15人，纠正看守所向免诉、免刑、缓刑人员乱收费问题。立案查处监管司法人员、执法武警渎职犯罪4件5人（科级4人），并协助侦破省二监（建阳监狱）1名原政委受贿案。配合监管部门开展安全防范检查消除隐患17起，与罪犯所在地的乡镇厂矿、居委会、村委会签订帮教协议25份。1996年，立案查办监管改造场所干警徇私舞弊、玩忽职守和受贿等犯罪案件3件3人，受理罪犯及家属控告申诉14件。1998年，对全市13个乡镇91名监外执行罪犯进行回访考察。2000年11月8日，南平市中级人民法院在建阳监狱公开审理14名罪犯的减刑，市检察院驻监检察人员对减刑的罪犯进行详细调查，当庭发表7名罪犯减刑幅度过大的意见。2001年，5名涉嫌故意杀人罪而长期超期羁押的嫌疑人（精神病人）在上级院、高检院领导的高度关注和市检察院的直接监督下，送往精神病院强制治疗。开展狱内“严打”整治专项斗争，动员在押人员检举揭发、立功悔过，有9名罪犯检举各类案件线索18条。2003年，配合监管场所做好“非典”的防治工作，保证监区疫情不扩散，监区秩序稳定。2004年，从重从快办理服刑犯故意杀害监狱中队长一案。开展“双加强、双保障”（加强监管执法、加强法律监督，保障刑事诉讼进行、保障在押人员合法权益示范单位）创建活动，建立“约谈驻所检察官”制度，设立举报箱，创建看守所所长、驻所检察室主任每月接待日活动，共收到举报信38件，接待来访人员80人次，建议看守所开设在押人员阅览室。开展减刑、假释、保外就医专项检查，对2002—2004年间的2387名减刑犯、12名保外就医人员进行全面的摸底、建档和检查。查办1名监管人员利用职务便利受贿案。2008年，对决定暂予监外执行的159名罪犯建立个人信息档案及对口分析资料，纠正脱管、漏管罪犯21名。向看守所发出要求加强号房管理检察建议1份，纠正3起违法收押。2009年，根据上级院的规定，撤销市检察院派驻建阳监狱检察室。2010年，注意在监督中发现执法不严、司法不公背后的职务犯罪线索，依法查办司法工作人员职务犯罪案件1件。

1994—2010年，共对监管部门各类安全隐患、存在问题及侵犯被监管人员合法权益等提出纠正意见435人次，发出检察建议55份，发出纠正违法通知书27份，对248名不符合呈报减刑假释的罪犯提出纠正。受理罪犯及家属控告申诉18件、检举各类案件线索66条。保障罪犯合法权益不受侵犯，立案查处监管干部渎职、职务犯罪案件11件12人。办理监管部门移送重新犯罪案件73件77人，批捕1人，起诉78人（含追诉1人）。对监外执行的“五种人”改造进行回访考察250人次，纠正脱管、漏管38人，纠正并监督5名保外就医条件消失的罪犯收监。

第三章 法 院

1999年初，实行审判机制、审判方式和人事管理制度3项改革，改变过去凡需判决结案的案件必须提交审判委员会讨论决定的做法。1989—2010年，市法院共受理各类案件34754件，审结34663件，结案率99.74%。先后获国家级表彰1次，省级表彰的先进单位29次、先进个人29人次。

第一节 机构队伍

一、机 构

1989年1月，县法院内设办公室、政工科、刑事审判庭、刑事审判第二庭、民事庭、经济庭、林业庭、行政庭、下设城区人民法庭、水吉人民法庭、麻沙人民法庭、黄坑人民法庭、回龙人民法庭5个基层人民法庭；同年12月，增设告诉申诉庭。1992年3月，增设研究室。1993年1月，增设司法警察队。同年，撤销黄坑人民法庭与回龙人民法庭。1997年，司法警察队更名法警大队。1998年5月，设立房地产审判庭。1999年3月，设立书记员室，隶属于告申庭。2003年5月，建阳市人民法院机构改革，内设：办公室、立案庭、刑事审判第一庭、民事审判第一庭、民事审判第二庭、行政审判庭、审判监督庭、执行局、司法行政装备管理科、林业庭、政治处、纪检组、监察室、司法警察大队、麻沙人民法庭、水吉人民法庭。

二、队　伍

1989 年 1 月，县法院人员编制 63 名（含林业审判庭林委编制 4 名），实配 59 名。其中，院长 1 名、副院长 3 名，庭、室、科正职领导 14 名、副职领导 24 名，审判员 17 名、助理审判员 13 名、书记员 21 名、司法警察 4 名、职工 4 名；具有大专以上学历 33 名，占干警总数的 55.93%。1991 － 1995 年，共增编 9 名。2003 年 7 月，核定编制 85 名，其中，行政编制 78 名、机关工勤人员事业编制 7 名。在 78 人行政编制中，中央政法专项行政编制 74 名、林业审判行政编制 4 名。核定领导职数 5 名：其中，院长 1 名、副院长 3 名、纪检组长 1 名。内设机构领导职数 5 名：政治处主任、办公室主任、执行局局长、司法警察大队大队长及教导员各 1 名；纪检组长、政治处主任由本院副院长级领导担任。2004 年，基层人民法庭庭长的审判员职级确定为正科级，副庭长的审判员为副科级。市法院内设机构担任正职的为副科级。至 2008 年底，市法院的人员编制数为 87 名，实配 72 名，其中，院长 1 名、副院长 3 名、纪检组长 1 名、政治处主任 1 名，庭、室、科、队正职领导 13 名、副职领导 12 名，审判员 13 名、助理审判员 1 名、书记员 13 名、司法警察 7 名、网络管理员 1 名、未定职 4 名、职工 7 名；具有大专以上学历 68 名，占全院干警数的 94.44%，其中，大学本科学历 61 名，占全院干警数的 84.72%。

1999 年 11 月 11 日，市法院审判人员首次评定法官等级。其中，3 级高级法官 1 人、4 级高级法官 2 人、1 级法官 8 人、2 级法官 6 人、3 级法官 14 人、4 级法官 10 人、5 级法官 2 人。至 2010 年底，市法院有 4 级高级法官 14 人、1 级法官 17 人、2 级法官 1 人、3 级法官 1 人、4 级法官 3 人。

第二节　审判制度改革

一、审判组织形式改革

1996 年 3 月，建阳市法院在审理第一审刑事案件中，改变以往由审判员 1 人、人民陪审员 2 人组成合议庭进行案件审理的做法，除由审判员 1 人独任审判适用简易程序的案件外，采取由审判员 3 人或者由审判员和人民陪审员合计 3 人组成合议庭审理，合议庭进行评议时，若意见分歧，则按多数人的意见作出决定，对少数人的意见写入笔录后由合议庭的组成人员逐一签名备案。

2005 年 4 月，市法院制定《人民陪审员参加审判活动具体实施细则》，对人民陪审员陪审、教育、培训、考核、管理和奖励作出具体规定。同年 4 月，市人大常委会首次举行人民陪审员任命仪式，任命市人民法院人民陪审员 10 人，其中女性 4 人。2008 年，任命 10 人，其中女性 7 人。

二、审判方式改革

1991 年 4 月，实施新《中华人民共和国民事诉讼法》，人民法院民事审判方式尤其是民事案件的调查取证有较大的转变，强化当事人的举证责任，法院只有在当事人确实无法取得证据，并向人民法院申请后，人民法院才根据职责向有关单位或部门调取证据，变注重调查取证为坐堂办案。1993 年，法院改变以往开庭审理前的调查程序，实行“直接开庭”，法官不主动调查，原、被告的主张和证据都在开庭时的法庭调查阶段展开，采取“谁主张、谁举证”的诉辩式庭审方式，强调法官居中裁判。1996 年 3 月，按照修正后的《中华人民共和国刑事诉讼法》的规定，将过去由法官出示证据的作法，改成由公诉人、辩护人向法庭出示证据，有利于法官作出客观、公正地判断。刑事案件设立简易程序，对适用简易程序审理的刑事案件实行独任审判制，即由审判员 1 人审理，书记员担任记录。对简易程序审理的刑事案件，人民检察院可以不派员出庭，审判不受法庭调查程序、法庭辩论程序及被告人最后陈述等普通程序环节阶段限制。同时规定，适用简易程序审理案件应当在受理后 20 天内审结。2001 年 10 月，市设立速裁法庭，对简易民事案件在立案后即进行裁判送达，做到快审快结。

第三节　刑事审判

1994—1999年，共审结各类刑事案件1208件1825人。2000年起，市法院贯彻落实《刑法修正案（一）》至《刑法修正案（四）》，注重整顿和规范市场经济秩序工作，突出重点，从重从快打击犯罪，准确适用法律和政策，促进“整规”的深入开展。2000—2005年，市法院共审结1507件2247人，惩处1批破坏市场经济秩序的犯罪。在审理1起票据诈骗案中，3名被告人持伪造票据金额达140万元，通过建阳的企业诈骗银行贷款，市法院依法分别判处3人6—8年不等的有期徒刑，并各处罚金5万元。对1起社会关注的3名犯罪嫌疑人非法经营卷烟案，市法院经过开庭审理和细理证据，准确适用法律和烟草专卖的相关政策，认定3名被告人构成非法经营罪，分别判处有期徒刑及拘役，并均处罚金。

2006年，市法院进一步提高适用简易程序审理刑事案件，共审结刑事案件185件248人，其中适用简易程序审结113件142人，占比61.08%。2007—2008年，分别审结刑事案件257件400人、270件465人。2009年，市法院坚持宽严相济的刑事政策，妥善审理各类刑事案件，共审结刑事案件194件296人。其中，对故意伤害、贩卖毒品、强奸、抢劫、盗窃等严重危害社会治安的刑事犯罪坚决依法严惩，审结该类犯罪57件116人。在从严惩处的同时，落实从宽的刑事政策，体现当严则严、当宽则宽、宽严相济、罚当其罪，共判处缓刑、管制、单处罚金、免刑共143人，占判决总人数的48.30%。

2010年，审结各类刑事案件190件309人，其中，判处10年以上有期徒刑的5人，3年以上不满10年有期徒刑52人，3年以下有期徒刑、拘役、缓刑、管制、单处罚金252人。

第四节　民事审判

1989年，建阳县法院共受理各类民事案件554件，审结526件，审结率94.95%；调解398件，调解率75.67%；审结离婚案件95件，占17.15%；债务案件184件，占33.21%。1990年，县法院受理各类民事案件536件，审结520件，调解结案411件，审结婚姻家庭纠纷案件256件，债务纠纷案件237件，防止矛盾激化39件，防止凶杀等恶性案件19件。1991年4月，新的民事诉讼法施行，人民法院进行1场民事审判方式改革。新民诉法对民事案件的调查取证工作方面作出较大的转变，民诉法强化当事人的举证责任，法院只有在当事人确实无法取得证据，并向人民法院申请后，人民法院才根据职责向有关单位或部门去调取证据，变注重调查取证为坐堂办案。是年，直接开庭审判民事纠纷案件537件，其中当庭调解结案395件，调解率73.56%。1992—1995年，审结各类民事纠纷案件1682件，结案标的683.75万元，其中，婚姻家庭纠纷案件713件，债务纠纷案件641件，损害赔偿纠纷案件97件，房地产纠纷案件86件。1996—1998年，审结各类民事纠纷案件1925件，结案标的1538.20万元。审结婚姻家庭纠纷案件579件、债务纠纷案件126件。

1999—2000年，共审结涉军的民事纠纷案件9件。2001—2002年，审结各类民事纠纷案件1344件，结案标的2557.07万元，审结婚姻家庭纠纷案件489件、债务纠纷案件449件、损害赔偿纠纷案件141件。2000年1月30日，市法院“维护军人合法权益合议庭”正式挂牌成立，依托于民事审判庭，专门审判涉及军人、军属的民事纠纷案件，对涉及军人、军属的民事纠纷案件实行“三优先”，即优先立案、优先审判、优先执行。2003年初，出台《案件繁简分流操作规程》和《关于加强对调解组织的指导和法院诉讼调解工作的实施意见》。

2004年初，为维护农民工的合法权益，在民事审判第一庭内设立维护农民工合法权益合议庭。是年，审结农民工劳务工资纠纷案件16件。

2006年，实行繁简分流，加强前置调解功效，“调解速裁庭”，针对简易程序类型的案件进行第二档的分流，探索民事诉讼速裁和审判程序的构建，是年，新收301件，结案294件，结案率97.67%。结案中以判决方式结案133件，以调解及撤诉方式结案168件，调解率57.14%。“调解速裁法庭”共审结案件97件，其中，调解结案的78件，调解率达80.41%。民一庭的维军审判工作获省军区政治部授予“维护国防利益和军人军属合法权益”先进集体；麻沙法庭获全省“优秀法庭”和“省青年文明号”称号。

2007—2010年，建立案件自查制度及预案制。案件自查制度是指每位法官在每月结案中抽取1—2个案件进行自查和互查，再交由审监庭评查，并将审监庭评查结果中存在的问题在庭务会上反馈，使主审人及其他审判人员认识到存在问题并从中吸取教训，加以补正，确保案件质量提高；预案制度是指：在个案审理过程中，针对当事双方对抗激烈，及容易情绪激动，引发矛盾和妨碍诉讼的案件，及时向分管院长汇报后，制订预案，取得相关部门配合，以达到防微杜渐的功效的预案制度。4年间，共受理2053件，审结2019件，审结率为98.34%。

第五节 经济审判

1989年，县法院共受理经济纠纷案件133件，审结127件，结案标的273.61万元，调解和撤诉81件，占63.78%。1990年，受理各类经济纠纷案件120件，审结117件，结案标的128.84万元，其中，购销合同纠纷案件23件，借款合同纠纷案件35件。1991—1994年，审结购销合同纠纷案件157件，占4年结案数552件的28.44%。1998年5月，设立房地产审判庭，专门审理与房地产相关案件。1995—1998年，审结借款合同纠纷案件423件，占4年结案数920件的45.98%。

1999年初，实行审判机制改革，设置6个固定合议庭，其中经济纠纷案件由第三合议庭审判。是年，审结各类经济纠纷案件222件。2003年7月，撤销经济审判庭，设置民事审判第二庭，经济合同纠纷案件由民事审判第二庭审判，是年共审结各类经济纠纷案件213件，结案标的1035.65万元。市法院坚持把维护金融安全，化解金融风险，作为民商事审判的重要任务，依法及时审结金融借贷纠纷案件65件，标的额达869.42万元。

2004—2006年，市法院加大调解力度，采取庭前调解防止主体错误，庭中调解防止遗漏当事人，庭后调解防止代理人越权代理调解的调解方法，3年共受理各类经济纠纷678件，调处经济纠纷标的额7.25亿元。

2007—2010年，市法院在经济审判工作中，坚持“能调则调，当判则判，调判结合，以调为主”的原则，注重做好调解息诉工作，发挥庭审的调解功能。开展“阳光审判”活动，构建实现司法公正和社会正义的平台，克服地方保护，优化建阳经济环境，平等保护外地企业在建阳的合法权益。2008年6月25日8时许，受到震灾波及的地处成都市的华西能源工业股份有限公司1名副总经理到建阳市人民法院民二庭的办公室，请求庭前调解建阳武夷味精有限公司起诉的解除买卖合同纠纷一案，办案法官当即召唤味精公司负责人到庭，促进和解。4年间，共审结各类经济纠纷1166件。

第六节 行政审判

1989年，县法院审结行政诉讼案件4件，非诉行政强制执行29件，其中，维持行政机关处理或处罚决定的23件，占79.31%；变更2件，占6.90%；撤诉的4件，占13.79%。1990年10月1日，施行《中华人民共和国行政诉讼法》，强化行政机关的举证责任，市法院着重围绕《中华人民共和国行政诉讼法》的实施学习，利用广播、墙报、宣传栏、上法制课、印发学习材料等形式，宣传《中华人民共和国行政诉讼法》，聘请70名行政司法联络员，并举办培训班，是年，受理并审结行政诉讼案7件，办理行政机关申请强制执行的案件13件。1991—1992年共审结行政案件22件，办理行政机关申请强制执行的案件22件。

1992 年，县法院创办《行政司法联络信息》庭刊。1993—1997 年，受理行政诉讼案件 36 件，其中，维持行政机关处理 27 件，改变撤销行政机关处理决定 2 件，撤诉 7 件，办理行政机关申请强制执行的案件 756 件。1998 年，受理行政诉讼案件 46 件，居南平市基层法院之首，受到福建省高级人民法院、南平市中级人民法院表彰。是年，办理行政机关申请强制执行案件 24 件。1999 年，受理行政诉讼案件 5 件，非诉行政执行案件 428 件。在执行破产企业、原建阳市蓄电池厂生活区 27 户职工宿舍使用人阻碍拆迁，拒绝腾退所住宿舍一案中，行政庭干警向被执行人耐心的作政策、法律宣传工作，为下岗职工排忧解难，使 27 户住户均主动腾房。2000—2003 年，共审结行政诉讼案件 75 件，办理行政机关申请强制执行的案件 328 件。已结的行政诉讼案件中，维持行政机关行政处罚决定 38 件、撤销行政机关行政处罚决定和行政机关改变原行政处罚决定 17 件，原告主动撤诉 20 件。

2004—2006 年，市法院坚持关注民生和维护依法行政行为权威性并重，引导当事人正确行使行政诉权，做好当事人的情绪稳定工作，增进群众与行政机关之间的理解与信任，3 年间，受理行政诉讼案件 22 件。2005 年，审结 1 起不服建阳市国土资源局颁发的土地使用权案，40 名原告系建阳市麻沙镇木器厂职工，1993 年 9 月，建阳市麻沙镇人民政府麻沙经济委会决定对麻沙木器厂实行改制，同年年底，40 名原告与经济联合委员会达成解除劳动关系协议并领取补偿金，1994 年 3 月底，麻沙镇木器厂将厂房设备交由麻沙镇经济联合委员会管理，1996 年 4 月，请建阳市国土资源局申请土地使用权变更，1996 年 7 月，建阳市国有资源局依照法定程序，将建阳麻沙木器厂名下的土地使用权变更为第三人名下，同时，向第三人颁发了土地使用权证。2001 年起，原告多次向有关部门反映要求返还厂房、设备，并上访到福建省人民政府，皆无果，遂于 2005 年 12 月 21 日向市法院提起行政诉讼，请求撤销被告向第三人颁发的土地使用权证。建阳市人民法院受理后，依法组成合议庭开庭审理，经审理原告不符诉讼主体资格。市法院做好原告工作，以原告撤诉结案。

2007 年，共审理行政诉讼案件 9 件，非诉审查行政执行案件 208 件，执结 151 件。4 月，行政庭法官谢郁被省院与省计生委授予社会抚养费征收工作先进个人。

2008—2010 年，市法院共审结各类行政诉讼案件 51 件，依法对行政主体申请强制执行的非诉行政执行案件 637 件进行审查，执结 246 件。

第七节　林业审判

一、惩治林业犯罪

1994—1998 年，在全市范围内开展林业刑事“严打”专项斗争活动，共审结盗伐、滥伐林木犯罪案件 65 件 176 人，其中，判处有期徒刑 135 人，判处拘役、缓刑 41 人。2 名被告人超强度采伐木材 1111 立方米，盗伐木材 910 立方米，数量巨大，市法院分别以盗伐林木罪从重处刑 10 年和 7 年。

2002 年初，实行刑事案件审判方式改革，对被告人认罪的实行刑事案件简化审，原应适用普通程序审理的案件，简化审理程序。2001—2004 年，审理各类林业刑事案件 215 件 264 人。

2005—2007 年，以开展“社会主义法治理念”教育活动为契机，执行“宽严相济”的刑事政策，按照“罪刑法定”“罪刑相适应”原则，依法严厉惩处各类刑事犯罪。注重根据当地治安形势的特点，开展打击犯罪活动。其间，小湖镇盗伐、滥伐犯罪猖獗，组织分工严密，当地群众多次上访，曾为新闻媒体曝光。为有效遏制当地盗伐、滥伐犯罪案件，维护林区治安稳定，市法院在审理此类案件时，加快案件审理进度，保证不在审判环节贻误战机。依法对 1 批犯罪嫌疑人，分别判处 1—7 年的有期徒刑。对具有法定从轻、减轻和免除处罚情节的，依法从轻、减轻或者免除处罚，对不具有法定从轻情节，但是犯罪情节轻微、主观恶性不大等社会危害性不大的犯罪，从轻处罚，给犯罪人悔过自新的机会。在处理群体性案件时，注重与有关部门协调，严格按照法律和有关政策的规定进行处理，如 3 名被告人聚众扰乱社会秩序案，2

名被告人妨害公务案，均因群体性闹事而案发，在建阳影响大，反映强烈，在处理时对组织，指挥、策划、积极参与者予以坚决打击；对一般参与者，予以从轻或者减轻、免除处罚。3 年共审结刑事案件 119 件。

2008—2010 年，市法院继续坚持“宽严相济”的刑事政策，依法严厉惩处破坏森林资源、林区社会主义市场经济秩序的犯罪，同时，对具有法定从轻、减轻和免除处罚情节的，或不具有法定从轻情节，但是犯罪情节轻微、主观恶性不大等社会危害性不大的犯罪，从轻处罚。同时，开展“法官进林区”活动，在分管院长的带领下，走访乡镇（街道）、行政村和林业采育场、国有林场，在“法官进林区”活动中发放问卷调查，全面了解当前全市林业纠纷的主要矛盾及林区企业及林农的需求。3 年共受理林业刑事案件 177 件 207 人，其中，盗伐 61 件 110 人，滥伐 33 件 40 人，非法采伐国家重点保护植物 12 件 37 人，非法运输国家重点保护植物 8 件 12 人。

二、调处林业纠纷

1993—1996 年，受理上述各类案件 56 件，全部审结，其中，林业民事纠纷案件 31 件，林业经济纠纷案件 23 件，林业行政案件 1 件，林业非诉执行案件 1 件。1997—2000 年，受理林业纠纷案件 87 件，全部审结。2001—2003 年，开展为林业企业清欠专项活动，共为林业企业追回欠款 865 万元。2005—2007 年，全面贯彻“能调则调，当判则判，调判结合”的审判原则，对于经调解确实无法达成协议的，及时判决。在审理原告建阳市水吉镇吴中村 50 户村民诉被告吴中村民委员会林木承包合同纠纷一案时，因考虑到本案涉及多方利益，且与之情况相同的合同村里还有多份，从有利于社会稳定的大局出发，召集有关部门多次调解，从而化解矛盾，防止村民集体上访，经评议，依法作出判决，双方当事人均表示服判。3 年间，共受理民事案件 19 件，全部审结。2008—2010 年，受理林业纠纷 83 件，审结 80 件。

第八节　立案与审判监督

一、立案

1994 年，开始全面实行规范立案，至 1998 年，共立各类案件 9319 件。1999 年初，实行审判机制改革，立案室改称立案组，1999—2000 年审查立案 5272 件。2001 年，实行案件繁简分流，加大民事审判干警培训力度，规范法庭联络工作，是年，受理各类案件 2980 件。2002 年初，在立案庭内设导诉员，指导当事人诉讼，提供诉讼服务指南及诉讼风险提示等，立各类案件 1668 件。2003—2005 年，共受理各类案件 4701 件，审、执结 4491 件，调处经济纠纷标的额 8287.20 万元。2006 年，对所有案件都及时输入电脑管理，共立案 1524 件。2007—2008 年，共受理各类案件 3524 件，诉讼标的额 9771.36 万元。2009 年，共受理各类案件 2247 件，民商事案件、执行案件较 2008 年有大幅度上升，分别增长 26.57% 和 26.37%，全部案件在法定审限内审结，结案率 98.71%，审判一线法官人均办案从 2007 年的 54 件上升为 66 件，最高结案达 136 件。2009—2010 年，共受理各类案件 4299 件，当年立案 4123 件，立案率达 95.90%。

二、审判监督

1991—1994 年，受理各类申诉再审案件 18 件，审结 18 件，其中，刑事申诉再审案件 12 件 20 人，维持原判 9 件 16 人，减轻刑罚 1 件 1 人，免除刑罚 1 件 2 人，其他 1 件 1 人。行政申诉再审案件 1 件，撤回起诉。1995 年，审结各类申诉再审案件 3 件，其中，刑事申诉再审案件 2 件，经济纠纷申诉再审案件 1 件。1999 年 3 月，设立书记员室，隶属于告诉申诉庭。2001—2004 年，受理各类申诉再审案件 21 件，审结 21 件。2003 年，法院机构改革后单独成立审判监督庭，主要工作职责是：审判上级人民法院发回重审的案件；审判建阳市人民检察院按照审判监督程序对本院各类生效裁判撤出抗诉的案件；审判依照审判监督程序进行再审的各类案件；审查处理申诉案；负责对各类诉讼案件要求延长审限进行审查，提出意见报院长审批；对临近审限的案件督办；负责组织对案件质量进行评查，并起草案件质量综合评析报告。2004 年—2007 受理各类申诉再审案件 35 件，审结 33 件。2008—2010 年受理各类申诉再审案件 38 件，审结 38 件。

第九节 案件执行

1994—1998 年，开展执行大会战，对拒不履行还款义务的被执行人给予新闻曝光，并于 1995 年对执行力量进行调整，执行人员由 4 人增至 11 人，1997 年，制定和完善被执行人申报财产制度、执行合议制度，案件中止（终结）审批制度、适用强制措施审批制度等，5 年共受理各类执行案件 3115 件，执结 2948 件，执结标的 6874.50 万元。

1999 年，开展执行年活动，采取公开拍卖、新闻曝光、集中拘留、集中拍卖、集中兑现等措施，加强执行。是年，执结 1098 件，执结标的 3477.23 万元，有 2 人因拒不履行还款义务、阻碍执行职务而被司法拘留。2001—2002 年，对辖区乡镇的基金会案件进行摸底，逐件登记造表，共执结涉基金会案件 564 件，标的额 745.23 万元。

2003 年 7 月，根据法院机构改革意见，执行庭升格为执行局，是年，共执结各类执行案件 274 件，执结标的额 2041.92 万元。2005 年，共受理执行案件 325 件，执结 320 件，案件执结率 98.46%，执结标的额 1893.43 万元。2006 年 7 月，乡镇法庭审判的案件执行工作也统一由执行局负责执行，乡镇法庭不再承担案件的强制执行工作，并开始开展积案清理专项活动，实行执行分权、目标考核、期限警示、执行主体变更等改革，是年，共受理执行案件 241 件，执结 238 件，执结标的额 2.61 亿元，执行到位率 100%，执结率 98.76%。

2007 年，清理历史积案 625 件，逐步探索建立执行威慑机制，先后出台被执行人财产强制申报、信息披露、悬赏执行和执行联络员等制度，对有履行能力仍拒不履行生效裁判的被执行人，依法采取拘留、罚款等强制措施，受理执行案件 356 件，执结 368 件（含积案 44 件），执结标的 1071 万元，执行标的到位率 99.46%。2008 年，收案 292 件，标的 1771.63 万元，执结 291 件，到位 1725.53 万元。2009 年，受理执行案 369 件（旧存 1 件），执结 370 件，执行金额 1864.30 万元，对有履行能力或者有部分履行能力拒不履行的被执行人使用强制措施 8 人次，发挥涵盖全市各乡镇的 48 位执行联络员的信息渠道。

2010 年，共收案 418 件，执结 418 件，收案标的 4309.35 万元，执结标的 3428.52 万元，采取强制执行措施结案的有 129 件，占 30.86%；以和解方式结案 45 件，占 10.76%；执行阶段自动履行案件 171 件，占 40.90%；终结生效法律文书案件 10 件，占 2.39%；以其他方式结案 63 件，占 15.07%；清理历年各类积案有财产案件 151 件。2010 年 10 月，中共福建省委政法委员会、福建省高级人民法院授予建阳市人民法院“全省集中清理执行积案活动先进集体”的称号。

第四章 司法行政

1994—2010 年，建阳市司法行政部门按照国家部署，先后开展“二五”“三五”“四五”“五五”普法宣传教育活动，制定普法计划和方案。同时，加强人民调解组织基层法律所建设，建成“148”法律服务联动指挥中心、法律援助中心。至 2010 年，全市共建立各级调委会 234 个，调解员总数 910 人，基本形成覆盖全市的调解网络；共调解纠纷 20759 件；全市基层司法所开展法律宣传 1961 场次，受教育人数累计 49.96 万次，民事代理 971 件，代写法律文书 2154 件，解答法律咨询 16085 人次；防止民转刑 45 件，防止非正常死亡 12 人，为当事人避免和挽回经济损失 610.49 万元；市公证处共办理各类公证 18275 件，其中，大陆 5009 件，涉外 11275 件，涉台 1991 件；2 家律师事务所办理案件 5151 件，代写法律文书 3283 份，解答法律咨询 14893 人次，为当事人避免和挽回经济损失 8988.80 万元。

第一节　机构队伍

一、行政机构与队伍

1994 年，建阳市司法局行政编制人员 34 名，其中，局机关 20 名，基层司法助理员 14 名；事业编制 9 名，其中，公证处 4 名，律师事务所 5 名，全局共有行政事业编制 43 名。局领导职数 2 人。司法局内设职能股室 5 个：办公室、宣传教育股、公证律师管理股、基层工作股、劳改劳教工作管理股。司法助理员的编制在司法局，但是工资人员等关系由乡镇管理，司法局只负责业务指导。

2002 年 9 月，建阳市政府下发《关于建阳市司法职能配置内设机构和人员编制规定》的通知，建阳市司法局设立：办公室、政工股、宣教股、公证律师管理股、基层工作股；机关行政编制为 18 名（含行政编制工勤人员 2 名），其中，局长 1 名，副局长 2 名，股级职数 10 名，乡镇司法助理员 14 名，股级职数 13 名，同时，设立“148”法律服务联动指挥中心、法律援助中心，编制人员由现有编制人员中调整解决。

2002 年 12 月，省委机构编制委员会办公室《关于重新核定全省乡镇街道司法助理员司法专项编制的通知》和省委组织部、省人事厅、省司法厅《关于全省乡镇街道司法助理员配备有关事项的通知》文件批复，同意建阳市司法局在各乡镇成立司法所，并为司法局派出机构，实行市司法局和乡镇双重领导，以司法局为主的管理体制，根据南平市编办重新核定各司法所专项行政编制。童游、麻沙、水吉各 2 人，小湖、漳墩、莒口、黄坑、回龙、将口、书坊、徐市、崇雒、潭城各 1 人。司法所长的任命由司法局提名，经考核并征得当地党委政府同意后由司法局按干部管理权限审批。

2003 年，全市 13 个乡镇（街道）司法站（办）全部收编司法局。至 2006 年，全市 13 个司法所任命 11 位司法助理员为司法所所长。与此同时，在新一轮机构改革中，司法局新增管理司法鉴定、仲裁登记、司法考试、法律援助、“148”法律服务和监督指导企业法律顾问六项职能。6 月，根据省委组织部、省委政法委、省委编办、省人事厅、省司法厅 5 家联合行文通知精神，基层司法所可配备副科级司法所所长。自 2006 年 12 月至 2010 年 12 月，全局 10 名司法助理员享受副科级待遇。其中 9 名副科级所长中有 7 名是从司法助理员岗位上提拔，有 2 名系参加 2010 年建阳市首次公开推选科级干部考试录用，另有 1 名在乡镇挂职。

二、事业机构与队伍

1997 年，根据司法部《律师事务所名称管理办法》的有关规定，经建阳市机构编制委员会同意，建阳市律师事务所更名为南平心至律师事务所，建阳市第二律师事务所更名为南平大潭律师事务所。2009 年 8 月，建阳市公证处、福建建阳大潭律师事务所、福建建阳心至律师事务所 3 个事业单位，根据《建阳市事业单位岗位设置管理实施意见（试行）的通知》精神，正式实施岗位聘用制。11 月 16 日，根据市编办《关于增加建阳市基层司法所政法专项行政编制的通知》，司法所增加政法专项行政编制 10 名，增编后全市司法所政法专项行政编制为 26 名，全局共有政法专项编制 44 名。2010 年 12 月 31 日，市编办下发《关于核定建阳市医患纠纷调解处理中心事业编制的通知》，医患纠纷调解处理中心事业设编制 2 名，加上公证处继续保持全额拨款事业编制 4 名，大潭律师事务所和心至律师事务所自收自支事业编制分别为2名和3名，建阳司法行政系统事业编制共11名。

第二节　普法宣传

一、“二五”普法

1991—1995年，为全国第二个五年普法规划。“二五”普法的重点对象是领导干部、司法行政机关和政府行政机关的执法人员、大中小学校在校学生。普法主要内容以学习宣传《中华人民共和国宪法》（简称“宪法”，其他有关国家法律亦省去“中华人民共和国”）为核心，以专业法为重点。1995年4月，市普法领导小组下发《关于“二五”普法检查验收有关事项的通知》。为做好“二五”普法总结验收工作，市政府拨专款2.50万元。市普法验收工作在市委、政府和市人大的领导、监督下，在全市抽调20名工作人员，组成5个验收小组，分3个片2条线，由市领导带队，对全市13个乡（镇）、3个农场、14个委口和南平市政府驻潭办事处进行全面检查验收。验收中共召开座谈会20场，参加座谈的干部职工151人；组织综合测试，应试干部职工220人，成绩均在良好以上；查看13所中小学的法制教育情况；检查了解各乡（镇）、委口领导班子成员遵纪守法和依法办事、依法行政情况；未发现领导班子成员有严重违法乱纪行为。“二五”普法五年间，由市里直接组织的培训班6期，培训法制宣传骨干680人次。各乡（镇）、委口举办的培训班140期，培训宣传骨干9540人次。市委普法办与市广播电台、有线电视台联合开办“民主与法制园地”节目，开展以案释法、法律知识问答、咨询等，共宣传《中华人民共和国宪法》《中华人民共和国行政诉讼法》《中华人民共和国义务教育法》《中华人民共和国农业法》《中华人民共和国森林法》《中华人民共和国税法》等法律法规52个。办广播专题节目635次，播放稿件1987篇。组织全市性的法律咨询活动22场次。参加咨询活动的法律工作者250人次，解答群众咨询的法律问题、热点、难点问题820条，出动宣传车221辆次，法律知识竞赛40场次，举行普法测试41次，参赛人员达13.70万人次。为解决“二五”普法教材问题，在市委、人大政府的重视和各部门支持下，市委普法办、司法局组织编印《法律选编》第三、四集计28500册，收编1990年以来国家颁布的法律法规49个；编印《宪法讲话》和《法制建设若干问题讲话》2本书810套，供副局级以上领导干部学习。购置其他普法读本67种17170册，确保普法学习之需。各乡（镇）、委、口、主管局等还自编自印和购置大量法制宣传资料、宣传提纲、法制教育录像带。据不完全统计，“二五”普法期间，全市投入普法的资金达55.66万元，仅市政府直接投入的资金就达10万元。1996年8月，市委、市政府召开“二五”普法总结表彰暨“三五”普法动员大会，会上表彰“二五”普法工作中的31个先进单位和86个先进工作者。

二、“三五”普法

普法教育　1996—2000年，是全国第三个普法规划。1996年7月，市委、政府批转市法制宣传领导小组《关于在全市公民中实施法制宣传教育第三个五年规划的报告》，市人民政府向市人大提请审议通过《关于在全市公民中实施法制宣传教育第三个五年规划》的议案。9月，建阳市成立“三五”普法宣讲团，广泛开展“三五”普法宣传活动，12月，市法制宣传领导小组下发《1996年全市法制宣传工作要点》。1997年，贯彻落实党中央、国务院做好法制宣传教育的精神，市委、市政府根据人事变动情况，及时调整充实法制宣传领导小组成员及其办事机构。各乡（镇）、委口也普遍调整充实法制宣传领导小组，办事机构建立，指定专人负责，在组织上为实施“三五”普法规划提供组织保证。市委、市政府针对原机关党委兼管45个部门普法工作难度大的实际情况，批转市法制宣传领导小组《关于市直机关单位“三五”普法工作实行按口分级管理的意见》的通知，将市直机关所属的101个部门、单位划成14个口和4个直属单位进行归口管理，指定主管部门和责任单位，明确委口的职责和管理范围，防止和克服市直机关普法工作因单位分散，职责不明，难以落实的状况。至1997年底，市、乡（镇）2级拥有骨干180人的法制宣讲队伍。

1998年2月，市法制宣传领导小组办公室与市司法局共同编辑发行《法律选编》五、六集，收集1995年以来国家新颁布和经修改后重新颁布的法律法规56个，供干部群众在“三五”普法和依法治市学习使用。1999年，市关工委和司法局联合以问卷的形式，对将口镇西岸村79户的143位14至28周岁青年（其中出外打工和读书的33人）进行1次学法用法抽样调查。西岸村新中国成立后50年间未发生刑事案件。“三五”普法期间，全市普法教育以学法用法为主线，以依法治理为重点，全面实现三个转变，从以往的“重经济轻法制”转变到既重经济又重法制；从只注重干部业务素质的培养而忽视法律素质的提高，转变到既注重业务素质的培养，也注重法律素质的提高；从以往单纯依靠行政手段管理，转变到学会运用法律手段、经济手段、行政手段相结合的管理。“三五”普法期间突出管好重点对象的学法。组织征订《社会主义法制建设基本知识》《五法二例》531册发至副科级以上领导干部和各委口、乡镇，开办全市副科以上领导干部培训班2期。5年中市司法局共组织对全市副科以上干部进行3次共689人次统一学法测试。组织林委、建委、卫生局、土地局、技术监督局、工商局等行政责任试点单位骨干参加南平市首期依法治市理论培训班学习。由市关心下一代工作委员会和教育局组成法制宣传报告团，从1997年至2000年，到全市中小学校开展普法讲课190场，受教育的师生、家长达5.10万人次。全市各中小学建校外辅导员组织170个，占全市195所中小学总数的86.70%，其中，建立分站43个，校外辅导员工作小组127个，聘任老干部为校外辅导员430人。

“三五”普法期间，宣讲团在全市城乡进行《中华人民共和国宪法》《中华人民共和国刑法》《中华人民共和国行政处罚法》《中华人民共和国行政诉讼法》《中华人民共和国经济法》《中华人民共和国劳动法》《中华人民共和国担保法》《中华人民共和国审计法》《中华人民共和国城市房地产管理法》《中华人民共和国治安管理处罚条例》等法律法规辅导20场，受教育人数达2000人次。到农村、社区、企业、学校以及机关单位上法制课30场，宣讲与群众生产、生活密切相关的法律、法规60部，受教育人数达1.50万人次。

三、“四五”普法

2001—2005年，“四五”普法工作重点对象是领导干部、司法和行政执法人员、青少年以及企业经营管理人员。2001年11月，市人大常委会作出《关于进一步开展法制宣传的决议》，市委、市政府批转《建阳市第四个五年法制宣传规划》。“四五”普法期间，紧紧围绕“一个目标、二大任务、三项重点”（目标：“四五”普法开局之年的目标；任务：法律法规的宣传教育和“严打”整治斗争的法制宣传；重点：公务员学法用法、青少年法制教育、外来人口法制教育）开展普法活动。2002年5月，市依法治市领导小组办公室向有关单位印发《企业经营管理者学法用法制度》《建阳市青少年学法用法制度》。12月，市委组织部、市委宣传部、市司法局联合下文，向各乡镇（街道）党委、政府，市直各单位下发《关于进一步加强领导干部学法用法工作的实施意见》和《建阳市国家公务员学法用法制度》。2003年2月23日，按照全省统一安排，建阳市首次举办公务员法律考试。全市有参加考试公务员316人，其中副科局级领导占20%。2003年，围绕做好领导干部学法用法和公务员学法摸底、加强中小学法制宣传教育、外来人口管理与教育相结合、防治非典型肺炎法制宣传工作，全市共宣传各类法律、法规24部，接受法律宣传教育人数达18万；举办法制培训班23期，培训骨干100人；宣讲法律知识30场次；法律知识竞赛12场次；上街开展法律咨询50场次。2006年，市委、市政府表彰“四五”普法工作中的42个先进集体和45个先进个人。

四、“五五”普法

2006—2010年，“五五”普法在以往普法的基础上，突出内容和形式的创新。2006年3月，市依法治市领导小组办公室下发《建阳市2006年普法依法治理工作要点》。10月，市委、市政府转发市委宣传部、市司法局《关于全市开展法制宣传教育的第五个五年规划》的通知。市人大常委会听取“五五”普法规划前期工作情况汇报，12月，作出《关于加强法制宣传教育的决议》。2007年4月，市委宣传部、市司法局、市依法治市办联合下文，向各乡镇（街道），市直各单位下发《关于加强企业经营管理人员学法用法工作的实施意见》。市委宣传部创办“潭山市民讲坛”活动，讲坛整合社会资源，突出“按需点题”，实行主坛和分坛相结合的运作方式，形成“潭山讲坛大家办、办好讲坛为大家”齐抓共管的良好工作格局，拓宽社会科学法律宣传普及工作的平台，促进市民综合素质的提高。2007年8月，市委组织部、市委宣传部、市司法局、市依法治市办联合向各乡镇（街道）和市直各单位下发《关于进一步加强领导干部学法用法提高依法行政能力的意见》，把法律素质和依法行政能力作为领导干部考核的重要内容和领导干部任免、晋升、奖惩的依据之一。11月24日，由中央电视台社会与法频道、福建省法制宣传领导小组、建阳市委、政法委、福建电视台《与法同行》栏目主办，建阳市司法局协办，在建阳市中山广场举办“法律服务你”大型法律咨询和法律宣传活动及文艺活动，福建电视台《与法同行》栏目进行现场采访和全程录制，活动内容在中央电视台社会与法频道和福建电视台《与法同行》栏目播出。2008年，市人大组织“五五”普法规划中期检查领导小组。2010年6月8日，南平市“五五”普法检查验收组莅临建阳对“五五”普法依法治理工作进行检查验收，肯定建阳市加强与高端媒体合作开展普法宣传的创新做法。

第三节　依法治市

1996年10月，建阳开展依法治市工作，市委、市政府成立由市委书记任组长，副书记任常务副组长，人大常委会、政府、政协等市直有关部门领导共29人组成的依法治市领导小组，领导小组办公室设在市政府办，办公室主任由分管副县长兼任。

1998年8月，中共建阳市第八届委员会第十一次全体会议通过《中共建阳市委关于依法治市的决定》，提出依法治市的指导思想和基本目标、主要任务、具体措施。要求深化法制教育，增强全社会法律意识；加强规范管理，完善地方性规章制度；严格依法行政，提高行政执法水平；坚持公正司法，做到法律面前人人平等；改善法律服务，优化社会法制环境；健全监督机制，确保法律有效实施。10月，建阳市第十一届人民代表大会常务委员会第三十次会议审议、通过《中共建阳市委关于依法治市的决定》《建阳市人民法院关于实施依法治市决议的方案》。

1999年7月，建阳市召开依法治市领导小组成员全体会议，动员部署依法治市工作。会议传达全省学法用法依法治县经验交流会议精神，讨论通过《建阳市依法治市领导小组工作职责》《依法治市领导小组议事规则》和《依法治市领导小组办公室工作职责》，确定黄坑镇、回龙乡和市地方税务局、夏利达酒业有限公司等8个单位为市依法治理试点单位。9月，建阳市召开依法治市工作动员大会，对依法治市工作进行再动员、再部署。10月，建阳市依法治市领导小组向各乡（镇）印发《建阳市依法治村工作实施方案》和《建阳市依法治村考评标准（试行）》。

2000年4月，市依法治市领导小组办公室印发《建阳市2000年普法、依法治市工作意见任务分解》。是年7月，建阳市依法治村工作在全省依法治县经验交流会上作典型发言。自2000年下半年开始，依法治村由2个试点村向190个行政村全面铺开。

2001年9月，市委、市政府调整充实市依法治市领导小组。12月，市依法治市领导小组印发《建阳市依法治市领导小组工作职责、议事规则和依法治市办工作职责》。

2002年1月，市依法治市领导小组印发《建阳市2002年度依法治市工作意见》。全市开展适应WTO

进程清理政策法规性文件工作。

2002年6月，市依法治市领导小组办公室组织选送市委宣传部、市司法局、市公安局、市教育局、市经贸局、市林业局、市农业局、市卫生局等单位骨干参加南平市依法行政知识培训。

2004年3月，市依法治市领导小组向各乡镇（街道）党委、人民政府、依法治理领导小组、市直各单位下发《2004年建阳市依法治市工作要点》。12月，市依法治市领导小组下发《关于2004—2008年依法治市五年规划》。

2005年，市依法治市领导小组先后制定和印发《建阳市2005年依法治市工作要点》《关于建立普法依法治理工作活动联系点制度的通知》，决定（市普法依法治理领导小组成员中处级以上领导分别挂点13个乡镇(街道)，领导小组其他成员负责本单位普法依法治理联系点工作)；印发《建阳市机关部门“四五”普法依法治理工作检查考核办法》《建阳市依法治市领导小组及其办公室的主要工作制度和职责》。7月，市司法局制定《关于开展法律服务进社区进乡村进校园活动的意见》。“法律服务三进”内容主要包括律师、公证、法律援助、基层法律服务和“12348”进社区、进乡村、进校园开展法律服务活动。同时，开展建阳市“四五”普法依法治理工作检查验收工作。在市委、市政府和市人大的领导监督下，全市抽调15人，组成5个验收小组，分3个片2条线，由市领导带队，对全市13个乡（镇）、27个市直部门单位开展自2001年起开展的“四五”普法和依法治理工作进行全面检查验收。2006年3月，市依法治市领导小组办公室印发《建阳市2006年普法依法治理工作要点》，要求安排做好“四五”普法表彰和“五五”普法动员部署工作，抓住普法重点，发挥大众媒体的作用，全面推进依法治理。6月，在全市农村开展“法律进农家”活动。10月，市委、市政府调整充实市依法治市领导小组。市委书记任组长，市委副书记、市长任第一副组长，市委副书记、市委政法委书记任常务副组长，成员由市直部门和单位的19位领导组成。领导小组办公室设在市司法局。

2007年3月，市依法治市领导小组办公室印发《2007年建阳市依法治市工作要点》。10月24日，建阳市人大常委会副主任牛相盛、王国治和人大常委会内司委、市妇联、团市委负责人到建阳市司法局检查《法律援助条例》贯彻情况。

2008年6月10日至12日，市人大常委会副主任王国治率检查组对全市“五五”普法工作进行中期检查。重点检查组织领导和机构建设；领导干部、公务员、青少年、企业经营管理人员、农民等重点普法对象学法用法和开展法律“六进”活动、依法治理工作及保障措施落实情况等。9月22—24日，南平市司法局公证工作检查组7人，到建阳对公证处检查贯彻落实《公证法》情况，并重点检查2007年1月1日至2008年5月31日期间办结的公证书质量。

2009年，市依法治市领导小组办公室先后印发《建阳市2009年依法治市工作要点》《关于在全市农村村级组织换届选举中进一步加强法制宣传教育的通知》《建阳市关于开展“法治建阳”创建工作的意见》《建阳市2009—2013年依法治市五年规划》的通知。

2010年3月30日，南平“3·23”事件发生后，建阳市司法局及时制定《关于创建平安和谐校园环境的工作方案》，从加强法制宣传和矛盾纠纷排查两方面入手，对创建平安和谐校园环境工作提制定具体措施。7月，市司法局、市依法治市领导小组办公室印发《关于在灾后重建工作中加强法制宣传教育的实施意见》。11月18日，中共党的十七届中央委员、全国人大内司委副主任委员吴双战等4人，在省人大常委会、南平市人大常委会等领导的陪同下到建阳市视察调研“五五”普法和《中华人民共和国禁毒法》实施情况。省、南平市和建阳市党委、政府、人大、公安局、司法局等单位的领导和相关部门的干部和省、南平市、建阳市3级人大代表40人参加会议。

第四节　人民调解

一、调解组织

2003年起，全市共建立各级调委会226个，增设乡（镇、街道）一级的人民调委会。开展为期3年的人民调委会规范化建设，全市调委会贯彻“调防结合、以防为主、多种手段、协同作战”的方针，按照要求，抓调委会建设，各级调委会逐步实现规范化。全市在村（居）民中实行“十户联防”，把人民调解的触角到户。全市共选配人民调解员935人，其中，调委会主任226名，调委会委员565名，其他调解员144名，调解员中高中以上文化程度321人。到2005年底建阳市90%以上调委会即205个调委会达到规范化标准。2006年起，根据形势发展的需要不断充实各级调委会，到2010年全市共建立各级调委会234个。其中，村居调委会214个，乡镇街道调委会13个，企事业调委会3个，社会团体和其他组织调委会4个。调解员总数910人，其中，村（居）调委会委员749人；乡镇（街道）调委会调解员118人，企事业单位调委会调解员20人；社会团体和其他组织调委会调解员23人，基本形成覆盖全市的调解网络。

二、调解工作

1995—2000年，建阳市基层纠纷调解数每年基本在1000件以内。2000年后，人民调解年均数额均超过1000件。

2007年，黄坑镇人民调解委员会实行“以奖代补”的办法，解决以往人民调解工作中的瓶颈问题，调动基层调解员的工作积极性。2008年3月，黄坑司法所长徐伯飞在南平市司法行政工作会议上介绍黄坑镇人民调解“以奖代补”经验。南平市委、市政府两办内部刊物《闽北快讯》（42期交流版）和3月24日《内部情况通报》（第7期）上分别转载徐伯飞的工作经验，南平市电视台为此制作专题宣传片，在南平法制宣传栏目上播放7天。2008年4月11日，建阳市委、市政府，在黄坑镇召开现场会，全面推广黄坑镇人民调解“以奖代补”工作机制，进一步规范工作目标、任务和要求，而后在全市13个乡镇（街道）推行。4月起，在全市推广黄坑镇人民调解“以奖代补”经验的同时，各司法所也定期或不定期召开调解主任、综治协管员、治保主任会议，实行以会代训、汇报典型纠纷调处情况，进行经验交流，提高基层调解人员工作能力和调解效率。2010年，黄坑镇人民调解委员会又推出人大代表参与人民调解工作，收到良好的效果。1995—2010年，共调解纠纷20759件，其中，2008—2010的3年中调解纠纷5150件，调解成功5001件，调解成功率为97.10%。

1995—2010年建阳市纠纷调解情况一览表

表23-4-1　　　　单位：件

年份	调解纠纷	年份	调解纠纷
1995	951	2003	1032
1996	939	2004	1137
1997	1065	2005	1707
1998	985	2006	1598
1999	840	2007	2131
2000	775	2008	1534
2001	1192	2009	1770
2002	1257	2010	1846

三、医患纠纷调解

2008年10月29日，市政府下发《关于成立建阳市医疗纠纷引发突发事件应急协调领导小组的通知》，正式成立医疗纠纷引发突发事件应急协调领导小组，组长为市政府副市长。2009年9月28日，建阳市医患纠纷调解工作领导小组及医患纠纷调解处理中心成立，地址设在市信访局内。同年10月，建阳市综治委专门下发《关于开展医患纠纷人民调解工作的意见》，明确定位医患纠纷调解处理中心以独立的第三方角色居中调解，不隶属于卫生行政部门和任何医疗卫生单位，由市财政提供经费保障。同时，建阳市医患纠纷专家咨询库成立，共收录131名专家。至年底，中心累计调处医患纠纷7起，申请赔付180万元，经调处后赔付30.10万元。2010年1月，市政府将建阳市医患调处中心经费列入财政预算，暂定经费5万元，从而保障中心日常工作的正常开展。5月，建阳市医疗纠纷调处的综治考评总分获南平市各县市（区）第一名。2010年12月底，中心全年累计调处医患纠纷23起，申请赔付459.10万元，实际赔付103.22万元。

第五节　安置帮教

1995—1997年，经调查摸底，建阳市刑释人员为648人，解教29人，回原单位安置315人，过渡性安置25人，自谋职业259人，未就业78人。

1997年，建阳市成立刑满释放、解除劳教人员安置帮教工作协调领导小组，下设办公室，依托司法局，各个镇成立刑满释放、解除劳教人员安置帮教工作机构，依托司法所，并制订刑满释放、解除劳教人员安置帮教工作协调领导小组工作职责、制度，以及协调领导小组办公室工作职责、制度。全市形成市、乡（镇、街道）、村（居）各级安置帮教网络，即市、乡（镇、街道）有协调领导小组及办公室、村（居）有帮教小组，全市共建立帮教小组598个。

1998—2006年，建阳市刑释人数为1179人，解教人数为179人，安置1278人，帮教1119人。2006年，安置帮教协调领导小组的工作任务主要突出“一个完善”（完善工作制度和工作职责）、“二抓”（抓因人员变动的机构调整，抓公安、劳动、民政、工商、妇联、共青团等帮教成员单位的协调发挥作用）三健全（健全机构、健全制度和健全责任制），把安置帮教工作落到实处。根据南平市刑释解教人员安置帮教协调小组办公室文件精神和省安教办《关于做好2006年刑释解教人员安置帮教工作对象集中排查清理工作的通知》精神，对刑释解教对象进行集中排查清理工作。开展技能培训工作。利用市科技人员以举办瓜果、食用菌等科技培训的机会，适时与村委会帮教工作人员联系，通知各村刑释解教人员参加香菇种植栽培、农作物病虫防治、烤烟种植、竹荪高产栽培、葡萄种植等技术管理和技术技能培训学习，提高他们的生存生活能力。全市累计接收刑释解教人员184人，其中，刑满释放人员161名，解除劳教23名，全部落实责任田地，没有1人重新犯罪，脱管失控率为零。

2007年1月底，由司法局和徐市镇人大牵头，由司法所、综治办、关工委等部门组成帮教队到武夷山监狱和建阳监狱对犯人开展帮教活动。工作人员给他们带去法律书籍、学习资料、生活用品以及家乡人民致失足人员的1封信，召开座谈会和个别谈心，激励他们安心改造，争取早日回归社会。2—5月，开展刑释解教人员调查摸底专项活动的职责分工，明确各职能部门的任务。印制刑释解教人员基本情况登记卡1000份分发给司法所。在调查摸底专项活动中，建阳市各乡（镇、街道）在对刑释解教人员逐一登记造册的基础上，按照工作的要求，严格区别不同对象，分门别类，梳理登记，逐人完整建立管理档案，做到1人1卡，1人1档。市劳动与社会保障局到二监为48位即将刑满释放的人员进行劳动技能培训。使这些服刑人员在回归社会之前就有一技之长，解除他们的后顾之忧，减少重新犯罪的发生。

2008年3月初，市司法局联系市科委在各乡（镇、街道）共举办100期农业实用技术培训班，培训内容有烤烟、葡萄、板栗、毛竹、水稻、茶叶等种植技术，以及农作物病虫防治、畜禽养殖、竹荪高产栽培管理、中药材与杉木套种科学管理等。据统计，有70人次刑释解教人员参加各种实用技术培训班。

12月，各司法所统一使用《全国刑满释放解除劳教人员安置帮教工作管理软件》，做好刑释解教人员信息管理系统维护工作，及时、准确录入刑释解教人员信息。全市累计接收刑释解教人员248人，其中，刑满释放人员220名，解除劳教28名，全部落实责任田地，只有1人重新犯罪。为确保刑释解教人员的家庭人均收入低于当地最低生活保障标准、符合低保条件的家庭享受到低保，经各司法所调查摸底，并与民政办联系，为2003—2008年间4位符合低保和生活困难的回归人员落实低保救济政策。

2009年1月15日，徐市镇人大主席团组织徐市镇关工委、综治办、司法所等部门人员，到武夷山监狱、福建省建阳监狱，对28名服刑人员进行帮教，并送去价值1750元的生活日用品。是年，制定并实施《建阳市关于开展刑释解教人员排查回访专项活动的实施方案》，在全系统内开展对特困刑释解教人员生存现状和当地救助的现行政策、措施、办法、效果，以及救助中存在的问题、原因和对策的调研活动。全市刑释解教人员122人，其中，刑释103人，解教19人，安置110人，安置率90.20%，帮教率100%，无脱管失控和重新违法犯罪。

2010年6月，完成辖区服刑教人员基本信息核查。9月，为做好广州亚运会期间的安全和稳定工作，开展福建籍在粤社区服刑人员和刑释解教人员专项排查活动。10月起，执行月综述和月报表每月上报制度，规范安置帮教工作管理。辖区内刑释解教人员135人，其中，刑释115人，解教20人，安置130人，安置率达96.30%，重新违法犯罪率控制在零。

第六节　社区矫正

2010年8—12月，根据福建省和南平市关于试行社区矫正工作的实施方案的精神，建阳市司法局与市公安局、检察院、法院等相关部门密切配合，初步统计管制、缓刑、暂予监外执行、假释、剥夺政治权利终身等5种社区矫正对象计305名。12月28日，中共建阳市委办公室、建阳市人民政府办公室向各乡镇（街道），市直有关单位转发《市委政法委、市法院、市检察院、市公安局、市司法局〈关于在全市试行社区矫正工作的实施细则〉的通知》。30日，召开建阳市社区矫正工作会议。市社区矫正工作领导小组成员、各乡镇综治副书记、派出所所长和司法所所长60人参加会议。会议由副市长崔继军主持，会上确定在黄坑、漳墩、崇雒、莒口等4个乡镇先行试行社区矫正工作。成为在南平10县（市、区）中除延平区司法局试点之后率先启动社区矫正工作的县（市）。

第七节　法律援助

2000年8月28日，设立建阳市法律援助中心，属市司法局内设机构。市法律援助中心自成立起。坚持把法律援助作为推进民生幸福工程、实现社会公平正义的重要途径，不断扩大法律援助惠及面，提高法律援助质量。

2002年，《福建省法律援助条例》颁布实施，市法律援助中心正式挂牌运作。2003年11月，成立建阳监狱法律援助站。组织全市公证、律师、法律服务工作者贯彻《法律援助条例》和《福建省法律援助条例》，搭建党和政府与人民群众血肉相连的连心桥，落实“贫者必援、弱者必帮、残者必助”的承诺，发挥法律援助在保障公平正义、化解社会矛盾的重要作用。同时，注意根据法律援助对象的需求，采取上门、上户法律援助的便民措施，开展创建“便民服务示范窗口”，使法律援助贴近群众，温暖百姓。按照“应援必援”的要求，重点做好未成年人、残疾人、老年人、妇女、农民、农民工、下岗失业工人等社会群体的法律援助，保障困难群众的合法利益。

2005年7月，先后成立建阳市妇女法律援助站和建阳市职工法律援助部。8月，建阳市残疾人法律援助站成立。2006年4月，全市13个乡镇街道成立法律援助站。7月，老年人法律援助站成立。至此，全市基本形成法律援助机构网络。

2007年9月，市法律援助中心在将口镇举办1期乡镇（街道）援助工作站人员业务培训班，各乡镇（街道）司法所所长、援助站工作人员、法律工作者共 21 人参加培训，主要培训内容为《福建省乡镇（街道）法律援助工作站管理办法》。市法援中心开展农村法法律援助工作调研，撰写《对我市农村法律援助工作的思考与对策》一文。2008 年，全市有 8 个乡镇、2 个街道、143 个行政村和 20 个社区居委会及 1 个良种场各设立法律援助联络员。

2010 年，全市 193 个行政村，22 个居委会均设有 1 名法律援助联络员。

2002—2010 年，全市共办理法律援助案件 492 件，其中，民事案件 401 件，刑事案件 89 件，行政诉讼 2 件，接受援助总人数 566 人，接待咨询总人数 2613 人。

2002—2010 年建阳市法律援助案件办理一览表

表 23-4-2　　　　单位：件、人

年份	援助案件总数（件）	其中			接受援助总人数（人）	接待咨询总人数（人）
		民事案件（件）	刑事案件（件）	行政诉讼（件）		
2002 年	25	12	13	—	30	181
2003 年	33	18	14	1	41	78
2004 年	48	32	16	—	101	352
2005 年	78	66	12	—	80	482
2006 年	75	67	8	—	79	501
2007 年	99	85	13	1	145	791
2008 年	107	73	34	—	129	702
2009 年	160	136	24	—	164	653
2010 年	126	107	18	1	128	467
合计	751	596	152	2	897	4207

第八节　基层司法

一、行政组织

1995 年起，建阳市基层司法行政工作坚持贯彻“巩固、提高、完善、发展”8 字方针，各项工作取得进一步的发展。2002 年后，根据上级关于加强基层司法行政组织规范化的总体要求和部署，推进司法所改编建所和规范化建设，至 2003 年完成全市 13 个乡（镇、街道）司法所改编建所工作。明确司法所作为司法局的派出机构，实行司法局和乡（镇、街道）双重领导，并以司法局管理为主的领导体制。除改编司法助理员 8 人外，又通过公务员考试录用 5 名司法助理员。到 2010 年 12 月，全市司法助理员 18 名，任命 8 名副科级司法所所长。

2010 年 1 月起，根据福建省司法厅关于转发《〈福建省公务员局　福建省人力资源开发办公室　福建省财政厅转发人力资源和社会保障部财政部关于调整司法助理员岗位津贴标准的通知〉的通知》中关于“在司法助理员岗位上任职 10 年以下的给予 150 元 / 月特岗津贴；10 年以上的每年增加 10 元到 300 元 / 月为止”的通知精神，司法助理员特岗津贴全部按标准足额发到司法助理员手中。

2 月，根据司法部和福建省司法厅有关加强司法所规范化建设文件的精神，建阳市司法局与南平市司法局签订《2010 年司法所业务用房建设责任状》，确定完成第 1 批黄坑、回龙、将口、童游、小湖等 5 个司法所业务用房和麻沙司法所示范用房建设任务。4 月，建阳市委召开基层司法所业务用房建设专题会议，成立由胡宗礼副书记为组长，市政府副市长崔继军为副组长，市委办、司法局、财政局、国土资源局、建设局、环保局、规划局、消防大队等单位领导为成员的建阳市基层司法所建设工作领导小组，会议同意除省、南平市对基层司法所建设给予补助的资金外，建阳市财政给予每个基层司法所建设补助资金 10 万元。

要求各有关部门从各自工作职能出发，对基层司法所建设给予优先办理相关手续，减免相关费用等支持；基层司法所建设可采取新建、划拨、购置等方式，加强与各乡（镇）政府、街道办事处的磋商与联系，结合实际，拟定可行的建设方案。当年，司法局启动司法所业务用房建设项目9个。其中，新建5个（麻沙、小湖、回龙、崇雒、水吉），购置4个（黄坑、书坊、童游、将口），超额完成2010年南平市司法局下达任务的50%。9个司法所建筑总面积为3089.27平方米，其中，新建2087.44平方米，购置1001.83平方米；建筑总投资为394万元，其中，新建234万元，购置160万元；9个司法所平均343.25平方米，超过上级要求的司法所面积达180平方米的基本要求。13个司法所在规范化达标活动中，全部完成1部电话、1台电脑、1部传真机、1部数码相机、1辆摩托车的“五个一工程”建设任务。

二、基层法律服务

1995年起，建阳市贯彻“实事求是、因地制宜、不搞一刀切，多种形式并存”的基层法律服务机构改革思路，逐步使法律服务所真正成为自律性的法律服务实体。6月，城区成立“中心法律服务所”，与其他法律服务所共同履行法律服务业务。2000年，根据上级部署，符合条件的法律工作者参加全国法律服务工作者执业资格统一考试考核，解决在职从业人员的资格认定问题。2001年，撤并设立潭城、水吉、麻沙3个中心法律服务所及其所属的法律服务接待站，保留莒口法律服务所和市中心法律服务所，进一步加强对法律服务所的规范管理和指导。2004年，市中心法律服务所更名为“148”法律服务所，开始派驻法律服务工作者到市交警大队协助调处因交通事故引发的纠纷。

2006--2010年，全市有“148”和潭城、水吉、麻沙、莒口等5个法律服务所。潭城法律服务所所辖潭城、童游、将口、徐市、崇雒等6个司法所；水吉法律服务所所辖小湖、水吉、回龙、漳墩等5个司法所；麻沙司法所所辖麻沙、书坊、黄坑等3个司法所。

2010年，全市到基层司法所担任法律顾问107家，比1994年增加76家。1994—2010年，全市基层司法所开展法律宣传1961场次，受教育人数累计49.96万次；民事代理971件；代写法律文书2154件；解答法律咨询16085人次；防止民转刑45件；防止非正常死亡12人；为当事人避免和挽回经济损失610.49万元。“148”法律服务所从2004年起，至2010年共调解各类纠纷1404件，其中，交通事故纠纷1344件，占纠纷总数95.70%；代理法律援助案件211件，受援助243人；为当事人挽回经济损失241.50万元；免收法律服务代理费27.80万元。

1994-2010年建阳市基层法律服务所服务一览表

表23-4-3 单位：万人、场次

年份	担任法律顾问（家）	法律宣传		民事代理（件）	代写法律文书（份）	解答法律咨询（人）	防止民转刑（件）	防止非正常死亡（人）	避免和挽回经济损失（万元）
		次数（场次）	受教育人数（万人）						
1994年	31	278	6.51	63	185	1031	4	—	23
1995年	56	197	3.44	61	151	1242	4	1	2.88
1996年	46	169	5.10	24	99	763	5	—	1.30
1997年	51	124	1.64	36	137	631	7	5	0.50
1998年	25	107	6.68	32	46	513	2	—	—
1999年	28	8	1.65	—	10	46	1	—	—
2000年	38	78	2.47	70	141	289	5	1	31.19
2001年	17	167	1.86	90	152	624	—	—	—
2002年	4	45	0.51	44	109	282	1	—	0.50
2003年	14	10	0.24	10	7	184	1	1	—
2004年	82	131	2.89	100	141	1472	4	—	145.67

续表 23-4-3

年份	担任法律顾问(家)	法律宣传		民事代理(件)	代写法律文书(份)	解答法律咨询(人)	防止民转刑(件)	防止非正常死亡(人)	避免和挽回经济损失(万元)
		次数(场次)	受教育人数(万人)						
2005 年	28	37	1.52	48	112	736	—	—	4.60
2006 年	33	32	2.68	59	136	428	—	—	—
2007 年	40	94	3.01	110	127	1471	—	—	4.71
2008 年	76	174	3.90	93	188	2015	1	4	88.54
2009 年	46	83	3.05	55	170	1952	4	—	44.70
2010 年	107	227	2.81	76	243	2406	6	—	262.90
合计	676	1961	49.96	971	2154	16085	45	12	610.49

2004—2010 年建阳市“148”法律服务所人员派驻市交警大队工作情况表

表 23-4-4　单位：件、人、万元

年份	调解纠纷(件)	其中交通事故纠纷(件)	代理法律援助(件)	受援助人数(人)	挽回经济损失(万元)	免收法律服务代理费(万元)
2004 年	135	121	8	10	18	2.5
2005 年	205	175	11	30	27.60	3.20
2006 年	145	136	15	15	21	3
2007 年	145	138	15	15	25	3.50
2008 年	188	188	20	23	35	4
2009 年	273	273	90	97	84.90	5.60
2010 年	313	313	52	53	30	6
合计	1404	1344	211	243	241.50	27.80

第九节　公证事务

1994 年，建阳市公证处属行政单位，人员编制为政法专项行政编制，共 4 名。1996 年机构改革，建阳市公证处由行政单位改为事业单位，在编人员均改为事业编制，属财政全额拨款，为独立的事业法人。涉外公证随着建阳市外出劳务的增多，需求越来越大。有办理探亲、定居和劳务需求的出生公证、未受刑事处分公证和亲属关系公证。涉及的国家主要有意大利、西班牙、日本、新加坡等；涉台公证主要是随着大陆和台湾的民事往来增多，特别是大陆女子嫁往台湾需办理结婚公证、未受刑事处分公证，亲属关系公证等才能办理台湾探亲和定居，所以涉台公证呈日益增长之势。国内公证主要有房屋继承、赠予，林业承包合同、招、投标；委托书，声明书以及少量的经济合同公证，其中房屋继承、委托书、声明书类公证也有不断增长的趋势。

2006 年 3 月起，执行《中华人民共和国公证法》的颁布实施以及司法部新出台的《公证程序规则》《公证机构执业管理办法》《公证员执业管理办法》等一系列公证相关法律法规，公证联络员、特邀员先后取消，公证处经发展成为享有独立事业法人地位，由公证员依法独立办理公证，独立承担民事法律责任，不受其他组织和个人干涉。

2010 年，市公证处在职人员 3 人，公证员 3 名，其中，3 级、4 级公证员各 1 名，退休返聘人员 1 名，辅助人员 3 名。自当年开始，建阳市经济公证实现零的突破，先后参与对水东片区拆迁户做好提存公证和市住房保障工作领导小组举行的“惠民花苑”首期廉租保障房摇号公证。

1994—2010 年，建阳市公证处共办理各类公证 18275 件，2006—2010 年，累计为符合条件的当事人提供无偿法律援助公证 21 件。

第十节 律师事务

1994 年，建阳市有南平心至律师事务所、南平大潭律师事务所，属自收自支，独立核算，自主经营，自负盈亏，具有法人资格的事业单位，司法局为业务主管部门。业务范围包括民事案件代理、刑事案件辩护、行政案件代理、各类案件的二审或再审的代理、各类申诉案件的代理、办理非诉讼法律事务、代写各类法律文书，接受政府机关、企事业单位或个人的聘请担任法律顾问等。2 所从成立始就制定规范的规章制度，建立健全案件管理制度，注重律师职业道德、执业纪律教育及评查制度、“一案一卡”制度、法律事务请示报告及重大疑难案件集体讨论制度，在承接各类业务时要求律师实行统一收案、统一收费，并办理收案审批手续，杜绝乱收费；在案件结案后，承办律师应按照结案制度的要求，将案卷整理归档，交事务所保存。

2000 年 6 月，根据省司法厅下发的有关律师事务所名称管理办法文件的精神，南平大潭律师事务所更名为“福建建阳大潭律师事务所”，南平心至律师事务所更名为“福建建阳心至律师事务所”。2007 年 7 月，心至律师事务所获南平市司法局定为“创文明行业、建和谐海西”示范点的律师事务所。

1994—2010 年，2 家律师事务所办理案件 5151 件，代写法律文书 3283 份，解答法律咨询 14893 人次，为当事人避免和挽回经济损失 8988.80 万元。

1994—2010 年建阳市大潭、心至两家律师事务所主要业务一览表

表 23-4-5　　单位：家、件、人次、万元

年份	担任法律顾问（家）	办理案件（件）	其中					代写法律文书（份）	解答法律咨询（人次）	避免和挽回经济损失（万元）
			刑事（件）	民事代理（件）	经济代理（件）	行政诉讼	非诉讼法律事务（件）			
1994 年	71	267	144	96	21	—	6	113	468	2.30
1995 年	72	253	110	101	36	3	2	75	738	134.30
1996 年	68	403	245	121	30	4	3	61	724	152
1997 年	62	327	137	145	39	4	2	47	722	301.40
1998 年	68	364	120	192	45	2	5	115	803	636.30
1999 年	62	42	25	15	2	—	—	17	112	41.30
2000 年	59	403	126	225	37	8	7	176	737	434.90
2001 年	51	421	169	225	16	7	4	290	746	479.90
2002 年	49	310	128	80	85	16	1	214	726	296.40
2003 年	46	334	87	185	30	19	13	254	898	834.60
2004 年	39	275	76	171	9	13	6	186	2184	426.30
2005 年	41	265	82	169	9	4	1	229	1113	822.40
2006 年	40	262	53	195	6	4	4	258	1461	409.30
2007 年	49	310	72	206	26	3	3	324	984	711.20
2008 年	46	282	51	202	14	10	5	295	1104	645.80
2009 年	57	292	68	203	8	10	3	320	619	908.80
2010 年	58	341	69	194	63	13	2	309	754	1751.60

第二十四篇 民政 扶贫

第二十四篇　民政 扶贫

1994年—2010年，建阳市民政部门履行维护民利、解决民生、落实民权的各项职责，为政府分忧，为百姓解决实际困难和问题。全市下拨救灾款3150.87万元，优待抚恤款510.80万元，城乡居民最低生活保障费7309.15万元。落实中央有关老区扶贫的政策。为全市66个革命老区村和57个老区基点村在教育、医疗卫生、农业生产方面予以扶持帮助。1996—1997年，提前完成农村小康示范工程。2001年，完成与周边8县市518.89千米的勘界任务。2007年，全市全面推行火葬制度，乡镇兴建公墓园。开展双拥模范城创建活动，2009年，获评省级双拥模范城称号。2010年，动工兴建太阳山革命历史纪念园；完善养老服务网络。2003—2010年，开展第一、二轮省、市扶贫开发重点村的扶贫工作。

第一章　拥军 优抚

第一节　拥军优属

1994年起，每逢"八一"中国人民解放军建军节、春节等重大节日，建阳市委、市政府领导深入驻军，召开军政座谈会，开展烈军属走访慰问活动，向烈军属、革命残疾军人赠送慰问品，表彰烈军属中的先进代表。春节、元旦期间，市、乡镇、村都开展拥军优属活动。市、乡镇党政机关在城、乡召开慰问大会或座谈会，召集烈军属和革命"五老"参加茶话会，会上市、镇领导向烈军属和"五老"（在革命战争年代为革命做出重大贡献的老地下党员、老游击队员、老接头户、老交通员、老苏区乡干部）拜年、祝福，并向他们通报建阳经济建设、精神文明建设和文化教育等事业的成就。平时组织共青团、民兵、妇联、少先队等为烈军属做好事，对有困难军烈属进行帮扶资助。

1996年，贯彻福建省八届人大通过的《福建省拥军优属的若干规定》精神，将拥军优属的宣传教育纳入爱国主义教育、全民国防教育和法治宣传教育规划，做好城镇退伍义务兵和专业义务兵的分配接收工作，保证他们能顺利就业。

1998年"6·22"特大洪灾期间，部队某部进驻水吉镇和小湖镇大湖村等重大洪患区抗洪抢险救灾，建阳市政府和水吉、小湖2镇政府合力保证部队官兵的饮食供给和住所的安置，不时到慰问救灾官兵，并安排医务人员为伤病战士提供及时医疗服务。

2007年4月，成立建阳市双拥工作领导小组，下设办公室，在全市开展拥军优属、拥政爱民活动（即"双拥"活动）。各乡镇、街道、居民、村民委员会纷纷和驻军结成"共建对子"，一同开展学雷锋、做好事活动，相互帮助，解除困难，密切军民关系，增强军民感情。2008年，建阳市获评"南平市双拥合格市（县）"，2009年5月，获"福建省级双拥模范城"称号。

第二节　褒　扬

1991年，兴建建阳太阳山革命历史纪念馆，位于书坊乡南门丁厝村西南，占地面积200平方米。2001年翻修。全馆分为党组织的建立、根据地的斗争、省委在太阳山、第三次反围剿、曙光在前迎解放、老区人民在前进6个部分，内设有革命文物实物展及领导人题词等。

2004年7月，建阳监狱工作人员李木盛因公牺牲。2005年6月，建阳市直机关党工委干部江水旺在抗洪救灾中英勇牺牲。2人先后获福建省人民政府授予的烈士称号，并按政策规定为其家属落实相关抚恤待遇。

2009年5月，中央党史研究室认定建阳为中央苏区县。为纪念历史上建阳老区县革命斗争的光辉业绩，2010年，兴建太阳山革命历史纪念园，占地面积1.33公顷。纪念园包括烈士陵园（1983年兴建，占地面积600平方米）、纪念牌、纪念馆、九级叠水台阶、拱桥、牌坊、活动广场等，总投资400万元。纪念园集红色纪念、群众教育、观光旅游于一体，是闽北重要的爱国主义教育基地、廉政教育基地、党员教育基地、国防教育基地。

第二章 安 置

第一节　复退军人安置

2002年，市政府改革退役士兵安置办法，规定2001年以后入伍的城镇退役士兵，原则上采取1次性发放安置补助金办法。其标准为退伍城镇义务兵每人1万元（超期服役的1.20万元），转业士官每人2.50万元。2003年，安置补助金发放标准为城镇退役士兵每人1万元，一期退役士官每人1.20万元，二期退役士官每人1.50万元，三期以上转业士官每人2.50万元。1994—2001年，建阳市委、市政府根据国家有关安置政策，对于城镇退伍军人采取指令性计划安置，按安置对象技术专长或其父母所在单位用工情况，全部安排工作。对于农村义务兵则遵循的“从哪里来，回哪里去”原则，除助其解决生活的困难外，注重荐才、用才、培训、扶持生产、兴办经济实体等工作，8年间推荐、使用农村军地两用人才300人。

第二节　移民安置

2003年起，根据省移民局和南平市政府决定，建阳市接收安置三峡库区农民外迁移民132人（其中1人属城镇居民随迁人口）。市政府在民政局设立建阳市三峡库区农民外迁移民接收安置工作领导小组办公室（属临时机构），由民政局局长任办公室主任，副局长任常务副主任，重庆市万州区天城小周镇和高梁镇分别委派党委副书记和副镇长到建阳市民政局挂职，共同配合做好三峡库区外迁移民安置点的选址、建房等各项工作，至2004年8月16日，接收安置工作完成。外迁移民分别安置于潭城和童游2个街道以及徐市、将口、水吉、小湖4个镇。

2003—2004 年建阳市三峡库区移民接收安置情况表

表 24-3-1　　单位：户、人

安置乡镇（街道）	安置户数（户）	安置人数（人）	安置地点	备注
潭城街道	7	29	回瑶村、桥南村	—
童游街道	7	21	南林村	随迁城镇居民 1 人
徐市镇	5	30	宸前村	—
将口镇	6	20	将口村	—
水吉镇	5	20	营头村	—
小湖镇	3	12	小湖村	—

第三章　社会救济

第一节　灾害救济

1998 年，建阳市先后遭受“6·14”“6·22”特大暴雨洪灾，造成道路中断，山体滑坡，民房倒塌，农作物受淹等严重灾害，受灾 12244 户 36784 人，其中重灾 3135 户 13570 人。倒塌民房 2917 幢 17586 间，损坏房屋 9976 间，因灾死亡 14 人，致伤 132 人。农作物成灾 21580 公顷、绝收 15473 公顷，直接经济损失 11.93 亿元。灾情发生后，市民政局及时下拨救灾款 642.85 万元，下拨大米、棉被、衣服等大量的救灾物资，组织灾民搬迁。集中建新村 22 个安置 1007 户 5047 人；零散建房 2128 户，修复受损民房 28516 间。

2003 年夏，建阳市出现历史上罕见的持续高温干旱，造成 27650 户 100663 人次受灾。成灾 14250 户 57304 人，重灾 865 户 2897 人，造成直接经济损失 9422.40 万元。市民政局及时下拨灾款 54 万元救济灾民；市委、市政府发动群众投入生产自救，同时，号召社会各界捐赠灾款，协助抗旱，共收捐赠款 17.92 万元，缓解旱灾之虞。

2006 年 6 月上旬，暴雨导致麻阳溪和崇阳溪水位猛涨，山洪暴发，山体滑坡。全市 13 个乡镇（街道）168 个村（居委会）都不同程度地遭受洪涝和地质灾害，受灾 33779 户 135420 人，成灾人口 108658 人，因灾倒塌房屋 109 户 353 间，损坏房屋 15496 间，因灾死亡 1 人，紧急疏散转移安置人员 25778 人。农作物受灾 11827 公顷，直接经济损失 9865 万元。17 日，全市境内再次普降暴雨，将口镇的杨香、石维、回潭、胡巷、南台 5 个村受灾尤为严重，经济作物成灾 247 公顷，民房进水 397 幢，房屋倒塌 23 幢，墙体倒塌 62 堵。灾情发生后，市民政局立即启动处置自然灾害紧急情况救助工作预案和防洪抢险救灾预案，到灾区核查灾情，指导抗洪救灾工作。同时，紧急调运大米 9 吨，棉被 150 床，衣服 685 件（套），及时解决灾民的吃、喝、穿、住难题。市民政局共下拨各类救灾款 330.80 万元，救济大米 40.55 吨，棉被 533 床，绒衣 95 件，衣服 1200 件（套）。市委、市政府倡导全市开展“献爱心”活动，共收到捐赠款 8.53 万元和部分棉被、衣服等，使受灾民众安度危机。

2010 年 6 月 19 日，建阳遭受 50 年一遇的洪灾，受灾人口 14.60 万人，紧急转移安置人口 36010 人，农作物受灾面积 5233 公顷，倒塌居民住房 1420 间，损坏房屋 3191 间，直接经济损失 53499 万元。灾情发生后，市民政局立即派员到灾区核查灾情，指导抗洪救灾工作。全年共下拨各类救灾款 710.49 万元，被、毯 2103 床、衣物 2512 件（套）、帐篷 92 顶、大米 35.50 吨、方便面 582 箱以及手电、蜡烛、应急灯、蚊香等物，使紧急转移安置的灾民的生产生活不受影响。

1994—2010 年，全市共下拨自然灾害救灾款 3807.36 万元。其中，1994 年 73 万元，1995 年 71.30 万元，1996 年 50.49 万元，1997 年 97.20 万元，1998 年 642.85 万元，1999 年 217.75 万元，2000 年 106.45 万元，

2001年55.84万元，2002年89万元，2003年54万元，2004年81万元，2005年224.50万元，2006年330.80万元，2007年164.50万元，2008年127.70万元，2009年710.49万元，2010年710.49万元。

第二节　困难救济

1994年，全市困难救济398人，14.98万元，其中，精简退职人员204人，13.28万元；临时性社会救济194人，1.70万元。至2010年，因陆续亡故等原因，全市得到困难救济的精简退职人员只有108人，总金额39.87万元；享受临时性社会救济270人，总金额5.01万元。

1994—2010年建阳市社会困难救济情况表

表24-3-2　单位：人、万元

年份	40%精减退职人员救济		临时性社会救济	
	享受人数（人）	发放金额（万元）	享受人数（人）	发放金额（万元）
1994年	204	13.28	194	1.70
1995年	208	13.55	198	1.75
1996年	198	12.89	208	1.68
1997年	194	12.78	215	1.77
1998年	189	12.63	218	1.94
1999年	186	12.54	224	2.01
2000年	183	12.34	228	2.07
2001年	179	12.46	235	2.16
2002年	173	12.54	238	2.26
2003年	167	20.85	237	2.27
2004年	155	19.99	239	3.33
2005年	145	18.22	267	4.30
2006年	144	33.12	358	3.58
2007年	137	32.88	262	2.20
2008年	130	39.24	321	1.62
2009年	115	42.48	580	4.81
2010年	108	39.87	270	5.01

第三节　最低生活保障

一、城市居民最低生活保障

1997年12月起，施行《建阳市城区居民最低生活保障费的暂行规定》。具体做法是由本人申请、居委会评审上报，民政部门核定发证。要求做到保障标准、保障对象、救济金额“三公开”。对保障对象实行动态管理，每年评定1次，保障对象如有增减的，及时逐级上报，需增加的，经民政局审核后，由下一季度起实行；对生活好转、收入增加，或死亡的，次月注销名单，停发保障金。1997—2010年，全市共发放城市居民最低生活保障金3103.28万元。

1997—2010 年建阳市城市居民最低生活保障情况表

表 24-3-3 单元：人、户、万元

年份	户数（户）	人数（人）	保障线（元）	人均月补助（元）	年发放保障金（万元）
1997 年	27	58	120	28	1.95
1998 年	29	63	120	28	2.12
1999 年	93	167	156	38	7.62
2000 年	114	210	156	38	9.58
2001 年	1879	4509	156	38	205.60
2002 年	1987	4570	156	38	208.40
2003 年	1941	4463	156	38	203.35
2004 年	1857	4464	156	38	203.37
2005 年	1746	3958	156	40	189.84
2006 年	1839	4120	156	53	261.48
2007 年	1803	3719	170	70	308.52
2008 年	1830	3576	170	102	437.89
2009 年	1812	3398	170	102	424.44
2010 年	1863	3441	240	155	639.12

二、农村居民最低生活保障

1997 年 11 月，建阳市政府发布《建阳市农村居民最低生活保障费暂行规定》，规定从 1997 年 12 月 1 日开始实施。具体做法为对农村居民享受低保对象实行动态管理，每年评定 1 次，保障对象如有需要增减，须及时逐级审核上报，经市民政局审核后，由下 1 季度实行发放；对收入增加、生活好转或死亡的应填报注销表，于次月注销名单，停发保障金。

1999 年，建阳开始对农村居民实行最低生活保障制度。1999—2003 年，农村居民享受最低生活保障的户数、人数、金额较少：逐年户数为 28 户、82 户、47 户、103 户和 165 户，人口分别为 92 人、96 人、63 人、141 人和 227 人，发放金额分别为 3.58 万元、3.85 万元、2.24 万元、3.31 万元及 3.77 万元。

2004 年起，将全市“五保”供养人员全部列入享受农村低保对象，户数、人数和金额因之剧增：2004—2010 年，户数分别为 418 户、4446 户、4562 户、4653 户、4497 户、4191 户和 4298 户，人数分别为 9842 人、10279 人、10296 人、10270 人、10114 人、9411 人和 9398 人，金额分别为 391.92 万元、398.60 万元、405.69 万元、664.84 万元、734.04 万元、754.82 万元和 859.49 万元。

1999—2010 年，共发放农村居民享受的最低生活保障金 4205.97 万元。

第四章 福利事业

第一节 供养收养

一、供养

1994 年，建阳市根据不同类型老年人的实际需求，逐步建成以政府兴办的养老服务机构为示范、以民办养老服务机构为骨干、以社区养老服务为依托、以居家供养为基础的养老服务网络。全市有建阳市福利院一家，乡镇级敬老院6所，村级敬老院12所。敬老院主要供，两类人员：一是“三无”人员，即无法定抚养人、无劳动能力、无生活来源的老弱孤寡人员；一是“五保”老人，即保吃、穿、住、医、葬的老人；供养方式：集中供养，此为主要供养方式。即将上述两类人员集中到养老院里，选择比较热心公益、有责任心的村民担任保育员，负责老人的饮食起居，有的还提供下棋、打牌等娱乐消遣场所、器具；分散供养，即由和这些孤寡老人平时相处较为融洽，又愿意收留他们的近亲、邻居收留养护，并给予一定报酬。

2010年，全市6个社区全面度推进居家养老服务工作，组建服务站班子，培养管理人员队伍和助老服务队伍，查清辖区老年队伍及其需求，落实相关服务场所，建立服务制度，制定服务方案，印发《致老年人一封信》和《服务手册》等宣传资料数千份，以及办宣传栏、开工作协调会等。最终组建专兼职管理人员队伍6支36人；组建专兼职助老服务员队伍6支51人（其中专职助老服务员13人）；组建志愿者服务队11支106人。建老年人活动室6个，老年学校6所，社区卫生服务站6个，设置求助热线电话6部，整合为老服务资源43个，建日间照料室6个，床位15张。

至2010年底，全市各种所有制形式的养老服务机构共有：官办福利院1家，民办养老机构3家，乡镇级、村级敬老院各有8所，总占地面积45500平方米，建筑面积22200平方米。总床位790张（每千名老人约23张），入住老人348人。

建阳市福利院　1985年建，院址在童游前进路。2010年，市福利院占地5774平方米，建筑面积3476平方米；楼房8栋，床位100个；收费标准：床位费200元，伙食费300元，护理费400—500元，其他费用300元。住院情况：公费住院，1994年21人。其后收养人数变化不大，1995年、1996年各21人，1997年20人。1998—2000年各18人，2001—2003年各16人，2004—2005年各15人，2006年14人，2007—2010年分别为15人、14人、11人和9人。

1998年起，开始收养自费的退休孤老和家庭无人照料的老人，开初数年人数有限：1998、1999年各1 人，2000年3人，2001年1人；2002年激增至16人；2003年至2010年逐年分别为18人、14人、17人、20人、10人、16人、20人及26人。

黄坑镇敬老院　1993年立项，1995年建成投入使用。全院投入资金30万元；占地面积1375平方米，建筑面积2200平方米；核定床位34床，入住11人；运营模式公办。

徐市镇敬老院　2007年立项；投入资金95万元，其中，省级付50万元，市级5万元，镇40万元；占地面积1015平方米，建筑面积763.39平方米；核定床位34床；运营模式公办。投入使用。

漳墩镇敬老院　2007年立项；投入资金30.60万元，其中，省级付25万元，市级5.60万元；占地500平方米，使用面积360平方米；核定床位20床；运营模式公办。投入使用。

水吉镇敬老院　2007年立项；占地面积1015平方米，建筑面积763.39平方米；核定床位50个，运营模式公办。

麻沙镇敬老院　2008年立项；占地608.60平方米，建筑面积760平方米；核定床位42床；运营模式公建民营。投入使用。

将口镇敬老院　2009年立项；占地3529平方米，建筑面积2202平方米；床位100床，入住67人；运营模式公建民营。

二、收养领养

1994年，市民政部门收养无家可归、无生活来源、无法定义务抚养人的孤儿和弃婴35人，由政府提供经费，分散抚养，是年支付收养费5.90万元。1995年，市民政局依法开展收养登记工作。1995—2000年，年收养人数均在32—35人之间、支付收养费最多年份增至6.50万元。2000—2006年收养人数增至40—48人之间，年支付收养费增至6.40—8万元。2007—2010年，每年收养数均为44人，支付收养费分别为 10 万、10 万、11.40 万和 12.70 万元。

1994—2010 年，国内先后共领养 16 批建阳孤儿、弃婴，最少的 5 人，最多的 37 人，共计 191 人；国外家庭共领养 10 批 16 人，另有 3 人送 sos 儿童村；全市收养登记总数为 591 件。

1994—2010 年建阳市收养登记情况表

表 24-4-1 单位：件

年份	收养数	年份	收养数
1994 年	35	2003 年	43
1995 年	35	2004 年	46
1996 年	35	2005 年	48
1997 年	34	2006 年	48
1998 年	34	2007 年	15
1999 年	32	2008 年	18
2000 年	34	2009 年	26
2001 年	40	2010 年	26
2002 年	42	—	—

第二节　残疾人康复与就业

1992 年 3 月 16 日，县政府颁发《对残疾人实行优惠政策的规定》，内容惠及残疾人就业、教育、减免税收等方面。3 月，在西门小学设立启明学校，开展对弱智儿童的教育工作，配备 9 名特教老师，残疾儿童少年教育纳入普及九年义务教育体系。

1993 年 3 月 11 日，县委办，县府办联合发出《关于进一步做好残疾人工作的意见》。3 月 20 日，县政府发出《关于做好机关、团体、企事业单位残疾人就业情况调查的通知》，6 月 8 日，县政府颁发《“八五”期间残疾人劳动就业规定》。此后，适时拟定“九五”“十五”“十一五”残疾人事业发展纲要和相应的配套措施。当年起，市残联结合“全国助残日”“国际残疾人日”开展《中华人民共和国残疾人保障法》《残疾人就业条例》等政策法规宣传活动和为残疾人献爱心活动，市领导走访慰问残疾人，市残联给残疾人学生送去慰问品和学习用品，向残疾人发放辅助器具等此后，各类助残活动日趋经常化；公共媒体积极宣传残疾人事业，营造有利于残疾人发展的舆论氛围；社会各界广泛开展扶残助残活动，理解、尊重、关心帮助残疾人的社会氛围逐渐形成。

每年市电视台播出残疾人工作新闻都在 10 条以上，南平电视台每年播出 5 条以上，中央、省、市各类新闻杂志报到采用残疾人工作信息年均达到 20 篇以上，及时反映建阳市残疾人工作状况；西门小学特教班每年均举行特奥运动会和文艺汇报演出，特教班选送的书法、剪纸作品多次获全国、全省一等奖；先后选送残疾人杨慎龙、谢贵方、胡荣炜、杜文广等参加省、南平市残疾人运动会，在田径、跳高、跳远、乒乓球项目上共获金牌 1 枚、银牌 6 枚，铜牌 4 枚；在省四届残运会上胡荣炜获男子 A 级 100 米 决赛第一名，跳远、二级跳 2 个第二名。杜文广在南平市首届残疾人乒乓球赛中获一等奖。在市残联指导下，全市各类残疾人按比例在各类机关、团体、企事业单位和经济组织按比例安排残疾人就业、创办福利企业集中安置残疾人就业；推荐残疾人异地就业，组织残疾人到经济发达地区的福利企业就业；鼓励残疾人自主就业，从事个体经营或自谋就业。建阳市福利企业（含福利性质）有：福建省建阳荣鑫精细化工有限公司、福建建阳市杜氏铸造有限公司、福建兴达印务有限公司、福建省建阳市硬质合金厂、水吉镇福利厂。

2001 年，市残联在市法律服务所设立“残疾人法律援助站”，指定 3 名法律工作者专门为残疾人提供法律服务。至 2010 年，共为残疾人提供法律服务 1000 人次，法律援助 500 件。

2006年，市协助开展全国第二次残疾人抽样调查，据统计，4月1日零时，建阳市有各类残疾人25389人，（其中，视力残疾4088人；听力残疾7040人；言语残疾310人；肢体残疾5730人；智力残疾2194人；精神残疾1871人，多重残疾4156人）。残疾人占总人口比例为7.50%。

1989—2010年，在市残联的组织下，全市累计实施小儿麻痹症矫治手术158例，白内障免费手术792例，为低视力患者配用助视器82只，培训家长45人；为50名聋儿配发助听器，聋儿语言听力训练79人，聋儿家长培训55人；智力残疾儿童训练95人，家长培训95人；肢体残疾康复训练95人，免费安装假肢100人，为残疾人发教辅助用具2000件。与台北高仲植慈善会联合开展捐赠轮椅1000辆。先后在全市13个乡镇街道开展社区康复服务活动，进行残疾人数量状况，康复需求等调查，形成较完备的工作资料。健全完善镇、村二级残疾人工作网络，全市共建立康复指导站（室）214个，确定康复指导人员248名。全市在启明小学就读残疾学生52人，在校就读残疾学生365人，盲、聋、弱智儿童少年入学率分别达到95%、97%和96%。残联服务社累计发放小额信贷资金126万次，使237名残疾人得到市残联残疾人劳动服务社的资金支持，从事种养、家电维修等。全市有3000名贫困残疾人纳入最低生活保障范围。教育、卫生、民政、工商、税务、妇联、团委等单位为残疾人提供助学资金、减免税费、管理费、学杂费和医疗费等。全市共设立助残志愿意者联络站33个，注册志愿意者1948人。城市道路、建筑物无障碍建设日趋完善，残疾人参与社会生活的环境逐步改善。

第三节　福利彩票

1992年，建阳县开始发行福利奖券。1995年，市民政部门采取大奖组、大场面、大声势的销售办法，集中11月8日和13日2天时间，销售福利彩票286万元，筹集社会福利公益金40万元。2001年，开始销售“刮刮乐”型福利彩票。2003年，销售彩票10万元。2005年，销售彩票200万元，积累福利公益金15万元。2006—2009年，全市共销售彩票995万元。2010年，全市共设投注点（站）21个，工作人员26人，共销售彩票292.70万元，筹集福利公益金24.30万元，福利彩票开始成为全市社会福利公益金筹集的重要渠道。

第五章　基层自治组织建设

第一节　村民委员会建设

1994年，建阳市有190个村民委员会。潭城办8个：城关、桥南、考亭、严墩、周墩、黄墩、回瑶和溪源；童游12个：童游、赤岸、水东、溪口、彭墩、新岭、东泽、水尾、徐墩、七姑、新村和南林；将口镇13个：石维、杨香、回潭、胡巷、新建、松柏、横塘、南台、西岸、山尾、芹口、东田和将口；崇雒乡6个：崇雒、横源、上社、上洋、后畲和右巨；徐市镇16个：溪尾、壕墩、徐市、北岸、宸前、圳头、林墩、范墩、大田、大阐、盖溪、黄坑、唐科、五峰、条岭和南槎；莒口镇16个：莒口、湖桥、焦岚、长埂、东山、后山、马伏、石庵、上坊、中坊、茶坊、策口、社洲、东徐、金山和河坝；麻沙镇22个：麻沙、水南、梁墩、竹洲、留田、吕屯、华溪、江坝、重历、扁溪、新溪、长坪、新坪、七宝、毛店、永兴、杜潭、溪头、界首、交溪、墩头和江坊；书坊乡7个：书坊、水北、饶坝、钱塘、花园岭、贵溪和松坑；黄坑镇11个：九峰、新峰、塘头、三峡、苦竹坪、新历、鹅峰、桂林、长见、大坡和坳头；水吉镇28个：郑墩、营头、青田、吴中、玉瑶、池中、七里岚、渡船头、后井、南岭、良源、南山、叶中、陈地、仓尾、辛溪坪、大梨、双溪、黄西溪、留中、仁山、安口、黄家店、后巷、市头、和平、建设和民主；漳墩镇24个：外屯、漳墩、竹口、龙安、焦坑、姜地、赖屯、前溪、杭下、松源、陈源、杭头、堆后、上墘、康屯、苏源、周历、桔坑、外源、沙堤、严川、凤凰、枫坑和北孟坑；回龙乡12个：为回龙、浒洲、马岚、坪洲、澄埠、均中、白沙、垄下、高门、白洋、半天霄和西瓯浦；小湖镇15个：葛墩、秦溪、马坑、黄地、小湖、贵源、大湖、塘楼、尹宅、美溪、东鲁、鸿庇、祝中、井后和下墘。村民小组1632个，此后除1995年降为1580个外，其他年份都保持在1600个。

1997年，举行第六届村民委员会换届选举，遵照《中华人民共和国村民委员会组织法》，实行民主选举，严格按照法定程序进行操作，尊重选民意愿，保障选民的选举权利，保证选民按照自己的意愿实现自己的民主权利。

2001年，全国人大常委会内务司法委员会主任侯宗宾带领村民委员会组织法执行检查祖，在福建省、南平市有关领导的陪同下。来建阳市检查《中华人民共和国村民委员会组织法》贯彻落实情况，市委书记郭建声向执法检查组作《建阳市关于认真贯彻中华人民共和国村民组织法》的工作汇报。

2007年1月，新增麻沙镇的大白村、书坊乡的罗家堆村和水吉镇的坤坊村，共193个村民委员会，2008、2009年保持193个不变。2009年，在村委会换届选举中，实行设岗定位、妇女专职专选试点工作。2010年3月，新增小湖镇的董步村，共194个村民委员会。

1994—2009年历届村委会选举简况：

总户数 第六届（1997年）、第七届（2000年）、第八届（2003年）、第九届（2006年）总户数分别为55888户、57175户、55712户、61062户和62406户。

总人数 历届分别为261825人、238946人、239541人、249377人和25590人。

选民总数 历届分别为166982人、17267 9人、175771人、192135人和206839人。

参加投票选民数 历届分别为122663人、147094人、146603人、142117人和148485人。

参选率 历数届分别为82.25%、83.54%、81.90%、85.20%和81.63%。

一次性投票成功村 历届分别为112个、139个、138个、153个和148个。

村委主任情况 历届连选连任数，分别为43人、61人、65人、62人、和50人；党员村主任数分别为113人、99人、98人、77人和69人；女性村主任分别为2人、2人、0、1人和2人；村主任平均年龄分别为36岁、36.60岁、37.20岁、38.60岁和37.60岁。

各村委会成立后，不定时开展评选优秀村委会主任的活动。1995年国家民政部授予小湖镇下墘村委会主任陈瑞旺“全国优秀村主任”称号。1996年，省民政厅授予将口镇回潭村村主任彭长林“福建省优秀村主任”称号。

第二节　社区居民委员会建设

1994年，潭城镇有5个街道居民委员，分别是中南街道居委会、西市街道居委会、桥南街道居委会、西市街道居委会和永安街道居委会；童游有营前街道居委会；麻沙镇、水吉镇、童游乡、徐市乡、将口乡、莒口乡、黄坑乡、小湖乡、漳墩乡（当年区划名）各有1个居委会，乡镇计有9个居委会。2002年底增加水东居委会。2002年9月，贯彻中共中央办公厅和福建省委关于加强城市社区建设的精神，建阳市委、市政府制定《城市社区建设纲要》，城市社区建设工作领导小组成立，下设领导小组办公室，市民政局协同市社区办对市区原有的7个街道居委会进行调查摸底，本着便于管理、便于服务、便于自治、便于发展的原则，统筹安排，将城区按块划分成16个社区居民委员会。2003年4月，将潭城街道原有的桥南、西市、永安、中南、西桥5个居民委员会整合划分，设置新增兴建、黄花山、宝山、南阳、北门、西门6个社区居委会，共11个社区居委会；将童游街道原有的营前、水东2个居委会整合划分，设置新增静园、富林、曼头山3个社区居委会，共5个社区居委会。2004年6月，将上述麻沙等9个乡镇居民委员会改

建为社区居民委员会，

建阳市历届居委会的选举，采用居民代表参加投票选举居委会成员。2009 年起，居委会换届选举实行全体有选举权的居民参加投票选举。

社区居委会第六至第十届换届选举的若干数据：

应换届居委会数：第六至第十届，分别为 13 个、13 个、13 个、22 个及 22 个；

选举产生的主任：主任数分别为 13 人、11 人、10 人、22 人及 22 人，其中，女性分别为 10 人、9 人、8 人、19 人及 14 人，党员数分别为 12 人、8 人、1 5 人、20 人及 22 人，平均年龄分别为 38.30 岁、39 岁、39 岁、43.10 岁及 42.30 岁；大专以上学历人数分别为 5 人、4 人、9 人、12 人及 19 人。

第六章 社会事务管理

第一节　婚姻登记

1994 年，各乡镇婚姻登记手续由乡镇民政办负责办理，城区潭城、童游的婚姻登记手续由潭城、童游两个街道登记办理。2002 年起，涉港、澳结婚登记，集中到南平市民政局办理，建阳市不再办理此类结婚登记。2004 年 10 月起，贯彻国务院《婚姻登记条例》，将全市 11 个乡镇的婚姻登记收归市民政局统一办理。2008 年 10 月起，全市婚姻登记实现全省在线登记，实行电脑信息化管理。

1994—2010 年建阳市婚姻登记情况表

表 24-6-1　　单位：年、对

年份	结婚登记	离婚登记	涉港澳婚姻登记	复婚登记	补发结婚、离婚证书
1994	2397	54	7	—	—
1995	2421	76	9	—	—
1996	2460	115	10	—	—
1997	2330	123	12	—	—
1998	3176	163	10	—	—
1999	1782	162	4	—	—
2000	2563	207	4	—	—
2001	2470	192	8	—	—
2002	2152	206	3	9	—
2003	2375	223	7	—	—
2004	2370	300	—	—	149
2005	2355	372	—	—	108
2006	2960	400	—	—	150
2007	3266	482	—	—	189
2008	3177	499	—	19	360
2009	3367	588	—	75	393
2010	3771	637	—	98	559

第二节　地名管理

一、地名标志

1994—2000年，市政府持续对全市街、路、巷标志和门牌进行整顿。共设置门牌35841块，街、路牌4672块，巷牌722块，村标71块，村牌192块，市区街、巷更名13条。在205、316等国道有关镇村路口两侧设置地名标志牌。

2000年，贯彻国家民政部、交通部、工商行政管理局、质量技术监督局联合发布《关于在全国城市设置地名标志的通知》的精神，开始对地名标志设置进行经论证筹划。2004年，市政府发布《建阳市设置标准地名标志实施方案》，在城区主干道上设置一级灯箱式街、路地名标志牌96块，在次干道上设置二级单杆式街路地名标志牌43块，在巷、弄设置地名标志牌144块。制作、安装总费用计80万元。市民政局引进泉州玉米田广告传播有限公司投资承建制作，以换取地名标志牌的广告经营权。

2010年，开展乡镇村标准地名标志设置工作。根据上级部门关于地名管理要“坚持财政投入与市场运作相结合、公益服务与有偿服务相结合、政府服务与民间服务相结合的运作机制”的精神，建阳市将地名设标的建设、经营开发权在合同期内转让给福建环球文化艺术传播有限公司，完成部分乡镇及村级地名标牌的设置工作。

二、地名更新

2006年初，市地名办公室对建阳城区所有的街、路、巷、弄进行全面调查，本着“符合习惯，照顾历史，体现规划，好找好记”的原则，在广泛征求各方意见和反复论证的基础上，做出决定：原有的56条街、路、巷的名称予以保留，8条道路名称进行更改命名，57条街、路、巷、弄进行新的命名，4月29日，经建阳市人民政府批准后发布实施。

2008年，新命名的小弄，采用新的量化编排法进行编号命名，如人民路592弄，是根据从人民路的起点、亦即建设银行前的民主北路中间，丈量至终点西门小学的小弄口，长为592米，遂命名此路弄为“人民路592弄”。

2006年建阳城区保留原命名的地名一览表

表24-6-2

序号	街路巷名称	街、路、巷的起止
1	民主南路	水南大桥南桥头至水南加油站
2	黄花山路	民主南路汽车站对面至西门电站水坝
3	上水南路	民主南路园丁楼至水西桥南桥头
4	西桥南路	水西桥南桥头三岔路口至黄花山路
5	下水南路	民主南路义乌市场路口至林业公安分局宿舍
6	宝山路	黄溪路水南农贸市场至宝山清莲寺
7	新建路	西桥南路市体育馆对面至黄花山桂花山庄
8	西桥西路	水西桥南桥头三岔路口至西桥新村、西门电站坝下
9	黄溪路	上水南路（公安干校）至西桥南路
10	民主北路	水南大桥北桥头（中医院）至北门花园酒店
11	人民路	民主北路（建设银行）至西门牌坊（原蓄电池厂）
12	西门外	西门三岔路口（原蓄电池厂门口）至西门电站考亭路口
13	西　街	民主北路至西桥北路

续表 24-6-2

序号	街路巷名称	街、路、巷的起止
14	西桥北路	水西桥北桥头（电力大厦）至市林业局
15	狮子街	人民路（市财政局门口）至江滨巷
16	螃蜞路	朱熹大道至西门外（原蓄电池厂门口）
17	中山路	江滨巷（公厕）至北门潭山公园门口
18	东门路	中山路三中门口至水东渡口
19	横　街	中山路至民主北路（中医院对面）
20	棋盘街	中山路至民主北路（工人俱乐部对面）
21	东桥东路	水东大桥东桥头至市殡仪馆岔路口
22	宋慈路	童游农贸市场门口三角路口至富林南山下
23	前进路	童游宋慈路（烟草公司）至嘉禾北路
24	下马亭路	东桥东路二中后门至居民区
25	富民路	崇阳北路至火车路（尚未建成）
26	站前路	火车站前至狮子山加油站
27	自由路	崇阳北路至前进路
28	工业路	崇阳南路至味精厂
29	幸福巷	民主南路（汽车站对面）至居民区（死胡同）
30	官人巷	上水南路（新百姓超市后面）至闽北林业宾馆
31	潭子巷	上水南路（老干局对面）至西桥南路
32	透田巷	下水南路至民主南路
33	华光巷	下水南路至居民区
34	塔　巷	下水南路至居民区（死胡同）
35	溪　巷	下水南路至崇阳溪边
36	友谊巷	水南大桥北桥头至民主北路
37	糕条子巷	民主北路（工人俱乐部旁）至友谊巷
38	井　巷	中山路至居民区（死胡同）
39	书院巷	西街至麻阳河边
40	江滨巷	水南大桥北桥头至西街菜市场接小西门
41	小西门	西街农贸市场至麻阳溪边
42	溪边巷	人民路至麻阳溪边
43	官武巷	人民路（市宾馆对面）至西街
44	青石巷	人民路（市政府对面）至西街
45	狮子巷	人民路（新华书店旁）至中山广场后面
46	双井巷	中山路至市妇幼所接胜利巷
47	盐仓巷	中山路（邮电大楼）至民主北路
48	胜利巷	人民路（市政府旁）至中山广场接狮子巷
49	学坊巷	宋慈路（烟草公司门口）至自由路
50	蔡厝巷	自由路至学坊巷
51	井巷（童游）	民主路至自由路
52	虞厝巷	前进路至自由路
53	陈厝巷	民主路至居民区
54	施厝巷	民主路至居民区
55	龙尾巷	民主路至富林新区
56	赵家巷	嘉禾北路安居三号楼路口至农田

2006 年建阳城区更改命名的地名一览表

表 24-6-3

序号	街路巷名称	原名称	街、路、巷的起止
1	中山北路	民主北路	潭山公园门口向北经北门批发市场至狮子山自来水厂
2	嘉禾北路	嘉禾路	嘉禾路中段圆盘向北至赤岸村
3	嘉禾南路	嘉禾路	嘉禾路中段圆盘向南至农校（在建）
4	崇阳北路	崇阳路	水东大桥东头沿崇阳溪北上至五里樟大桥接站前路
5	崇阳南路	水东路	水东大桥东头沿崇阳溪南下至塔山大桥
6	昌盛路	吉阳路	东桥东路殡仪馆叉路口至罐头厂
7	朱熹大道	江滨大道	北门花园酒店至狮子山（佳士自动化科技有限公司）
8	童游民主路	民主路	崇阳北路（同安路口）过前进路、嘉禾南路至富林

建阳市地名更新中新命名部分一览表

表 24-6-4

序号	街路巷名称	街、路、巷的起止
1	东桥西路	水东大桥西头泮水楼向西过中山路至中山广场后
2	北门新街	螃蜞路原公交公司宿舍至北门太保庙
3	太保路	中山北路至太保庙
4	考亭路	西门电站岔路口至考亭村
5	英才路	黄花山路（外国语学校门口）至原军分区
6	安平路	黄花山路（干休所）至预备役高炮二团
7	同安路	崇阳北路过宋慈路至二监老干部宿舍
8	小　桥	崇阳南路（原小桥头）沿小溪而上至罐头厂
9	共青路	水东工业路（原东湖路口）至水东新村居民区
10	富兴路	嘉禾南路至富林粉干厂
11	华泰路	嘉禾南路至富林新村居民区
12	新华路	吉阳公路至南平农校校区
13	仁和巷	西桥北路（电力大厦）沿麻阳溪边上至居民区
14	人民路 592 弄	人民路西门小学旁至小学后面居民区
15	人民路 701 弄	人民路至麻阳溪接仁和巷
16	人民路 749 弄	人民路至麻阳溪边
17	西桥北路 177 弄	西桥北路（原先教堂）至西门居民区
18	考亭路 796 弄	考亭路至麻阳溪
19	考亭路 918 弄	考亭路至麻阳溪
20	麻阳巷	西桥西路（原西桥粮站）沿麻阳溪上至西门电站坝下
21	西桥西路 936 号巷	西桥西路至黄花山路（进修学院路口）
22	西桥西路 600 号巷	西桥西路至原行署外墙
23	西桥西路 540 号巷	西桥西路至西华园（原行署外墙）
24	西桥西路 872 号巷	西桥西路至黄花山路
25	西桥西路 806 号巷	西桥西路至体校区
26	西桥西路 756 号巷	西桥西路至田径场外墙
27	西桥西路 706 号巷	西桥西路至体校区
28	西桥西路 640 号巷	西桥西路至田径场接黄花山路
29	西桥西路 606 号巷	西桥西路至兴建社区（原行署外墙）

续表 24-6-4

序号	街路巷名称	街、路、巷的起止
30	西桥西路 891 号巷	西桥西路至麻阳巷
31	西桥西路 817 号巷	西桥西路至麻阳巷
32	西桥西路 739 号巷	西桥西路至麻阳巷
33	西桥西路 663 号巷	西桥西路至麻阳巷
34	西桥西路 597 号巷	西桥西路至麻阳巷
35	西桥西路 523 号巷	西桥西路至麻阳巷
36	西桥西路 439 号巷	西桥西路至麻阳巷
37	宝山巷	宝山路 47 号至原药厂宿舍区（死胡同）
38	民主巷	民主南路压缩机厂宿舍巷口至油化厂接宝山路
39	永乐巷	人民路二轻大厦接东门街（金达宾馆楼下）
40	新　巷	江滨巷至西街菜市场后面居民区（死胡同）
41	彩虹巷	狮子街财政局对面至官武巷
42	青石巷 53 弄	青石巷至居民区（死胡同）
43	书院巷 13 弄	书院巷至西街
44	中山路 556 弄	中山路至民主北路
45	中山路 358 弄	中山路至盐仓巷 62 弄
46	中山路 336 弄	中山路至天嘉巷
47	中山路 629 弄	中山路至登高山边（实验幼儿园）
48	中山路 543 弄	中山路至东桥西路
49	中山路 403 弄	中山路至狮子巷
50	中山路 381 弄	中山路至狮子巷
51	天嘉巷	人民路（粮食局大楼）至中山路 336 弄
52	盐仓巷 62 弄	盐仓巷至中山路 385 弄
53	盐仓巷 84 弄	盐仓巷至中山路 385 弄
54	狮子巷 79 弄	狮子巷至建阳宾馆围墙外
55	仁安巷	黄花山路（城区分局）至刑警大队（死胡同）
56	静园巷	东桥东路至静园居民住宅小区
57	水东巷	水东渡口至水东苗圃围墙

2009—2010 年建阳城区新命名的地名

表 24-6-5

01	龙翔路	南起白茶铺交战路三岔路口起，向北经塔山坡顶向下至民主南路终点和建溪南路起点（至水岸名都）三岔路口止。全长 1600 米，宽 10 米，南北走向）
02	建阳海西工贸城	海西林产工贸城，四至为：东至崇阳溪，西至浦南高速，南至文武学校，北至崇阳溪，区域总面积为 386.67 公顷
	崇阳路 “武新路”	工贸城原建设初期使用的商贸路命名为“崇阳北路”（长 1418 米、宽 58 米），“崇阳中路”（长 721 米、宽 58 米）与“崇阳南路”（长 1300 米、宽 40 米）（2011 年 7 月 6 日更名为“武新路”长 3439 米）
	朝阳路	原工贸路命名为“朝阳西路”（长 356 米、宽 25 米），“朝阳中路”（长 1040 米、宽 25 米）与“朝阳东路”（长 669 米、宽 25 米）
	兴阳路	原过境路（长 3029 米、宽 25 米）

续表 24-6-5

03	兴达路	建阳海西工贸城。北二路西段，起于三禾路、六维路交会路口，止至东一环路丁字形路口
	六维路	北二段东路，起于崇阳北路路口，止至三禾路、兴达路交会路口
	鑫泉南路	北一路，起于崇阳北路路口，止至三禾路南段丁字形路口，
	鑫泉西路	东三环北段，起于六维路丁字形路口，止至朝阳中路、宝鼎路交会路口
	汇峰路	西二环，起于兴阳路、美德路交会路口，止至朝阳西路中段十字形路口
	宝鼎路	东三环南段，起于朝阳中路鑫泉西路交汇路口，止至美德路东段十字形路口
	美德路	南二路，起于崇阳中路南端路口，止至兴阳路汇峰路交会路口
	碧全路	南一路，起于崇阳中路中段十字路口，止至兴阳路、西一环路交会路口
	三爱路	东二环南段，起于朝阳中路、三禾路交会路口，止至兴阳路南段Y字形路口
	三禾路	东二环北段，起于兴阳路北段丁字形路口，止至朝阳中路中段十字路口

第三节　勘　界

1996年底，建阳市全面启动勘界工作，勘界办公室成立，地点设在市民政局。由民政牵头，从林业、水利、土地等部门抽调具有较强业务水平的人员，负责日常勘界工作。首先选择建阳与浦城的交界地段开展勘界试点，尔后全面开展工作。至2001年，全面完成与周边8个县（市）共518.89千米的勘界任务。2002年2月，获福建省人事厅、福建省民政厅授予的全省“勘界工作先进集体”的称号。

2007年，完成第一轮的省县两级行政区域界线联合检查。

建阳市与周边县（市）三交点勘定表

表 24-6-6

序号	名　称	代　号	三交点所处位置	界桩	确定时间
1	建阳—顺昌—邵武	218184	建阳市莒口镇华家山采育场 顺昌县仁寿镇桂溪村 邵武市拿口镇池下村	1	1997.11.29
2	建阳—建瓯—顺昌	218384	建阳市徐市镇南槎村 建瓯市吉职镇张坑村 顺昌县仁寿镇江墩村	1	1997.10.8
3	建阳—松溪—浦城	222484	建阳市漳墩镇严川村 松溪县花桥乡塘边村 浦城县濠村乡后濠村	1	1996.9.16
4	建阳—浦城—武夷山	228284	建阳市回龙乡高门村 浦城县石坡镇村溪村 武夷山市五夫镇澄溪村	1	1996.9.17
5	建阳—光泽—邵武	238184	建阳市黄坑镇大坡村 光泽县司前乡何家村 邵武市水北镇龙湖村	1	2001.1.8
6	建阳—光泽—武夷山	238284	建阳市黄坑镇坳头村 光泽县司前乡西口村 武夷山市星村镇桐木村	1	1998.8.4
7	建阳—松溪—政和	242984	建阳市漳墩镇凤凰村 松溪县郑墩镇青山村 政和县东平镇西表村	1	1997.10.27
8	建阳—政和—建瓯	298384	建阳市漳墩镇苏源村 政和县石门伐木场 建瓯市川石乡小岭村	1	1999.9.24

建阳市与周边县（市）边界线勘定表

表 24-6-7

序号	界线名称	代号	界线长度	埋设界桩	勘定时间	省政府批文号
1	顺昌—建阳线	2184	28.50	1	2001.9.24	闽政〔2001〕文308号
2	浦城—建阳线	2284	44.33	2	2000.3.29	闽政〔2001〕文185号
3	光泽—建阳线	2384	28.30	0	2001.9.20	闽政〔2001〕文308号
4	松溪—建阳线	2484	19.84	2	2000.7.24	闽政〔2001〕文146号
5	政和—建阳线	2984	51.27	1	2001.9.27	闽政〔2001〕文308号
6	邵武—建阳线	8184	83.50	4	2001.9.11	闽政〔2001〕文308号
7	武夷山—建阳线	8284	154.64	6	2001.9.21	闽政〔2001〕文308号
8	建瓯—建阳线	8384	116.22	4	2001.9.24	闽政〔2001〕文308号

第四节　老龄事务

一、敬老助老活动

1994年，春节和老年节，市党政有关领导发表向全市老年人致节日祝贺的广播电视讲话，组成慰问团到城乡福利院慰问孤寡老人和高寿老人。1997年，开展“百村老人生活状况调查”。1999年，给全市3500名60岁以上老年人颁发南平市老年人优待证，为他们在乘车、看病、购物、游览公园和上公厕等方面提供优惠、优先服务；从1月开始对全市100周岁的老年人每月发给100元的长寿营养补贴。2001年，老龄委开展“访贫问苦”活动，慰问40名特困老人。2002年，开展特困老人调查，摸清全市936名特困老人情况，并慰问百岁老人和特困老人26人。2003年，开展“一访四查”（走访老年人家庭，查老年人的吃、穿、住、医）活动，配合协助福建电视台《长命百岁》栏目组拍摄百岁老人的专题片。2004年，老年节期间，市老龄办联系城区各家医院，落实对3位百岁老人的定期免费体检和上门巡诊。2004—2005年，贯彻《福建省优待老年人若干规定》的精神，为全市符合条件的老年人发放福建省老年人优待证14000本。2006年，建阳供电、移动通信等部门和单位联合赞助市老龄委的老年节慰问老年人活动，全市共慰问90周岁以上老人和特困老人456人。2007年，老年健康长寿研究会成立，11月，组织50对金婚、银婚夫妇参加“武夷山首届中国老年文化旅游节的开幕式暨2008对金婚、银婚夫妇走进武夷山活动”。2010年，建阳发生“6・20”洪灾，各地优先做好老年人的安置工作，确保受灾老年人的吃、睡、饮水和治病。是年，全市慰问特困老人360名，总金额72000元；慰问百岁老人6名，总金额19200元。全市农村28542名老年人中，参加农村合作医疗27971人。至年底，全市共发放福建省老年优待证26500本。

二、法律宣传与援助

1994—1995年，对《福建省老年人保护条例》（简称“条例”）进行宣传和普及。市委号召共产党员、共青团员、国家干部、职工带头当尊老敬老养老的楷模，认真实施条例，把“敬老工程”落到实处。1996年12月，市委批转市老龄委《关于宣传贯彻〈中华人民共和国老年人权益保障法〉意见》，要求全市学习、宣传并结合实际贯彻执行。1997年宣传、贯彻、执行《中华人民共和国老年人权益保障法》，7月举办《中华人民共和国老年人权益保障法》培训班，印发《中华人民共和国老年人权益保障法》布告3000份、单行本4000册，张贴宣传标语5600张，刊登黑板报48期。1998年4月，市委分管领导召开专题会议，解决部分特困企业离退休干部“两费”拖欠问题。3—9月，开展农村老年人状况调查。当年8月，市人大法制委到麻沙、童游、小湖3个乡镇和长坪、溪口、小湖3个村进行《中华人民共和国老年人权益保障法》检查。2000年9月，全市《中华人民共和国老年人权益保障法》知识竞赛举办。2001年，学习江泽民“三个代表”重要思想，举办老年人座谈会，批判“法轮功”邪教组织。2002年12月，对漳墩、水吉、崇雒、将口、徐市进行《中华人民共和国老年人权益保障法》执法检查。2003年，开展老年维权工作问卷调查，撰写《建阳市农村养老保险问题典型调查报告》。2004年，开展农村“五保供养”问题专题调研。2005年起，贯彻落实《福建省优待老年人若干规定》精神，2006年8月，成立老年人法律援助站，及时为困难老年人提供法律援助，市老龄委副主任周松青带队对回龙、童游和书坊等乡镇街道进行《中华人民共和国老年人权益保障法》执法检查。在纪念《中华人民共和国老年人权益保障法》颁布实施10周年之际，发放《中华人民共和国老年人权益保障法》《福建省优待老年人若干规定》等法律宣传资料，现场解答有关老年法律、法规方面的咨询。2009年，全市有300位困难老人得到市民政、老龄部门及社会各界的救助，救助金额达6万元。2007—2010年，各级组织利用各种方式，广泛宣传贯彻《中华人民共和国老年人权益保障法》和《福建省老年人保护条例》。市人大开展《中华人民共和国老年人权益保障法》执法检查1次，市老龄委举办《中华人民共和国老年人权益保障法》知识竞赛2场，市、乡2级举办法律咨询72场，发放法律单行本3000份，法院受理涉老案件12起（全结案），各级组织受理涉老纠纷162起，调处135起。市老龄办接待老年来访12批56人次、受理老年来信8件（均妥善处置）；为老年人提供法律帮助和法律服务共80起。及时、无偿、优先为老年人侵权事件提供法律援助，尽量使老年人的权益免遭侵犯。

三、老年文化教育

1994年，建阳市老年大学为“讲座式”教学综合班，招生对象主要是离休干部。2000年起，水吉、将口、徐市、麻沙、莒口、黄坑等乡镇先后开办老年学校，为“讲座式”综合班，授课内容为老年保健、书画、形势教育等，学员主要是离退休老干部及集镇的部分社会老人。其他乡镇老年教育多与离退休党支部的学习活动结合进行。

2008年春季起，市老年大学扩大招生范围，面向全市离退休干部、职工和社会老人。办学形式从原来“讲座式”综合班转变为“学制式”专业班，设计算机、绘画、书法、舞蹈、音乐、二胡、太极拳和医疗保健等10多门课程，教学管理规范、教学条件优越，师资队伍稳定，使学员学习兴趣浓厚，教学效果显著。

2009年12月，建阳市老年大学获省委老干部局、省老龄委办公室、福建老年大学授予“省级示范校”称号。至2010年底，建阳全市有县（市）级老年大学1所、乡镇级老年学校6所、村（居）级老年学校42所，教室总面积3800平方米，学员总数1800人。

四、老年娱乐场所建设

1994年9月，市老年人活动中心落成。中心占地0.30公顷，建筑面积1800平方米，总造价130万元。中心内设舞厅、电教室、健身房、阅览室、球类室、棋牌室、书画室、教室和室内外2个门球场。1995年3月，正式对外开放。此后。市老龄委数次筹资添置健身活动器材，使其成为老年人喜爱的娱乐休闲的好去处。各乡镇也创造条件加强老年活动场所的建设。小湖镇投资8万元修建老年活动中心和森林公园，为老人营造1个集休闲、娱乐、锻炼为一体的好环境；水吉镇投资近万元添置投影机、摄像机等；将口村在当地企业家的支持下，建立村老年活动室，为300位老人提供活动和娱乐场所。2008—2009年，市、乡2级老龄委对全市32个村的老年资源进行整合，构建以老年协会为载体、老年活动室为依托、老年学校为平台的“三位一体”的老年文体活动阵地。麻沙长坪村等10家老年活动室经整修后，达到功能齐全、制度规范、活动经常。至2010年底，全市共有老年活动中心县级2个，乡镇级11个，村（居）级62个，总面积8000平方米。

第五节　民间组织管理

1994年，建阳有书法、绘画协会（当时称兴趣小组）民间组织。1998年10月25日，国务院发布《社会团体登记管理条例》《民办非企业单位登记管理暂行条例》，规定“非企业”不能以追求营利为目的；不能从事经济领域的活动，只能从事公益性、服务性的社会活动。建阳市民办非企业单位主要有教育、卫生、文化、科技、劳动、民政、体育、法律服务等。即民办的各类学校、幼儿园、培训中心（学校）、医院、诊所、文艺馆、博物馆、俱乐部、科研所、福利院、老年公寓、法律服务中心、职业介绍所等。建阳市民间组织迅速发展。1999年，建阳市注册登记的民间社团16家。

2000年后，建阳市民间组织和民办非企业单位发展迅速。至2010年，注册登记的民间组织增至126家。其中，以协会命名的多达98家，其性质以联谊、沟通为主要目的，其中活动较活跃、参加人数较多的有建阳市棋类协会、建阳市集邮协会、建阳市钓鱼协会、建阳市茶业协会、建阳市乒乓球协会、建阳市旅游协会等。以研究探讨为目的的各类学会、研究会，计有11家，活动较多的有建阳市蔡氏九儒学术研究会、游酢研究会、江夏黄氏源流研究会、老年书画研究会、建阳医学会等。宗教组织有建阳市天主教爱国会和建阳基督教三自爱国委员会。乡镇、村庄的民间组织较活跃的有：书坊乡、莒口镇、漳墩镇、徐市镇、水吉镇等有“森林保护与林业发展协会”；童游镇的溪口、彭墩、水尾、新岭、东泽村等村，小湖镇的小湖、东鲁、井后、鸿庇、美溪等村，书坊乡的钱塘、松坑、花园岭、贵溪和水北等村均成立“供水工程用水户协会”。建阳市共有各类民办非企业单位14个，其中，教育7个、劳动类2个、文化类2个、民政类2个、卫生类1个。

2010年建阳市民办非企业单位名录表

表24-6-8

序号	单位名称	审批成立时间	注册登记号	业务主管单位	主要业务活动
1	建阳市沐恩幼儿园	2002.04.01	350784010001	市教育局	幼教
2	建阳金曙光幼儿园	2010.10.15	350784010004	市教育局	教　育
3	建阳市西桥幼儿园	2002.04.01	350784010005	市教育局	幼教
4	建阳市网际职业技能培训中心	2002.08.20	350784010008	市劳动和社会保障局	电脑培训
5	福建省建阳外国语学校	2004.07.01	350784010009	市教育局	中教
6	建阳市众艺电脑职业技能培训中心	2005.03.17	350784010010	市劳动和社会保障局	电脑培训
7	建阳市武夷朱子书画社	2010.01.07	350784010011	市文联	书画
8	福建武夷学校	2005.07.15	350784010012	市教育局	小学、初中教育
9	建阳中山医院	2006.05.09	350784010013	市卫生局	医疗
10	建阳市潭山艺术馆	2007.02.08	350784010015	市文联	文化
11	建阳市玖玖敬老院	2007.02.16	350784010016	市民政局	敬老院（民政）
12	建阳市汇思中等职业学校	2008.01.09	350784010017	市教育局	中等职业教育
13	建阳市幸福老年公寓	2008.06.17	350784010018	市民政局	老年公寓（民政）
14	建阳纽思达小新星英语培训学校	2010.05.13	350784010019	市教育局	教　育

第六节　殡葬管理

1994 年，乡村居民火葬观念较城区居民淡薄，死亡火化占绝大多数的是城区居民，全市火化遗体 1187 具。1995 年，城区近郊的童游 78 个自然村列为火化区。开展专项治理乱建乱葬坟墓工作，对全市“三沿两区”（沿公路、铁路、河道和城市规划区、风景区）乱建的坟墓进行清理。1997 年，贯彻国务院发布的殡改令，推进火葬，改革土葬。投资 70 万元对殡仪馆的设施和环境进行改造。1998 年，建阳市殡仪馆经民政部评为国家三级馆。2007 年，乡镇推行全面火葬制度，兴建公墓园区。之后除少数民族土葬、火葬自便外，汉族居民一律实行火葬。

1994—2010 年建阳市遗体火化情况表

表 24-6-9　　单位：具、年

年　份	遗体火化数（具）	年　份	遗体火化数（具）
1994	1187	2003	1969
1995	1194	2004	1256
1996	1091	2005	1658
1997	926	2006	1571
1998	804	2007	1615
1999	701	2008	1720
2000	803	2009	1632
2001	802	2010	1827
2002	1037	—	—

第七章　老区建设

第一节　老区分布

建阳是闽北革命老根据地之一，根据地主要分为 2 块：原水吉县管辖的漳墩、回龙和下㘵等地，由中共水吉特区委管辖，属建（吉）、松、政根据地，归建松政特委领导；建阳的回潭、将口、麻沙、黄坑与书坊等地，属闽北根据地中共建阳特别支部，属中共建阳县委领导。

2009 年 5 月 16 日，中共中央党史研究室办公室“认定建阳市 20 世纪 30 年代初期曾属中央苏区闽赣省管辖区域，当时属于中央苏区范围”。

2010 年，建阳革命老区分布在 10 个乡（镇），占乡（镇）数的 77%，其中，老区乡（镇）5 个，即黄坑、书坊、漳墩、麻沙、将口。老区建制村 66 个，老区自然村 284 个，老区基点村 57 个。

第二节　老区扶持

一、基础设施建设

1994 年起，建阳市落实老区村扶建措施。强化党委领导，政府负责，党政齐抓共管，部门通力协作、各负其责的领导体制和工作机制。在安排项目上突出重点，确保“老区优先，重点倾斜”。1999年，贯彻省政府关于“在今明2年内基本解决老区基点行政村的‘五通’（通水、通电、通路、通电视、通电话）问题”的精神，并将之列入2000年主办的实事。市财政预算每年均安排好老区建设的配套资金，随着财力的增长逐年有所提高。至2010年，通往老区行政村道路全部硬化；老区行政村安全卫生自来水工程改造全部完成；所有农户实现通电；20户以上老区自然村实现广播电视村村通，加强对老区行政村农村卫生所规范建设。

二、扶持老区“烟基建设”

1993年开始，部分乡镇开始利用稻田种植烤烟。2005年，建阳市成立烟草生产基础设施建设领导小组，并聘请农业等相关部门的工程技术人员，负责烟田建设项目的管理和实施。2005—2008年，在全市36个老区村投入建设资金1886万元，建成项目155个，其中，田间道路56条，55319.40米，水渠59条，49483米，水坝16座，简易桥梁233.50米，防洪堤5处。至2010年，56个老区建制村种植烟草，种植面积1107公顷，为老区村民带来可观的收入，也给建阳市带来800万元的税收收入。

三、农田水利建设

1994—2010年，全市老区农田水利建设主要抓下面几个项目：中小流域综合治理、水库除险加固、灌区节水改造、水土保持治理、小型农田水利重点县项目。水利建设总投资4亿元，建设项目570个。建阳市是福建省小型农田水利重点县之一，从2009年起，农田水利工程涉及全市13个乡镇、189个行政村，建设内容为小型水源工程更新改造184座（处），其中，塘坝4座，引水堰172座，水灌站6座，雨水集蓄2处，渠道改造衬砌301条，长度257.20千米。是年，春季水利项目总投资3687.60万元，多数惠及老区村。

四、支持老区教育

市、镇（乡）2级领导重视老区乡村义务教育，1994年至2010年，每年调拨资金扶持老区的教育事业，使老区基点村大多设立初级小学，适龄儿童100%入学。学校设施设备齐全，师资良好，教师安心山村教书育人，政府、学校关心“五老”后代的成长，开展“真情助学”活动，对“五老”直系后代中因家庭困难原因而失学、辍学的少年儿童实施资助，帮助他们重返学校，完成学业。

第三节　“五老”服务

一、“五老”认定

1994年，全市认定中华人民共和国成立前参加革命的老游击队员、老交通员、老接头员、老党员、老苏区干部365人。此后，因补充认定和有的去世，数据有所变动。至2010年，全市共有革命“五老” 119人。

二、生活补助

1994年，“五老”生活补助，每人每月10—30元，遗属15元。2008年，按省定五老生活定补标准，无依无靠的每月补助265元，有依无靠的每月补助170元，有依有靠的每月补助115元。“五老”遗属享受每月 40—100 元的补助。2010 年，全市 119 名“五老”人员享受每月 400 元的定补，31 名“五老”遗属享受每月 200 元的定补。

三、医疗救助

2006 年起，实施“五老”的医疗补助工作。“五老”人员医疗补助标准每人每年 600 元。建立医疗补助基金，减轻“五老”的看病负担。落实“五老”人员医疗待遇，为“五老”人员设立个人门诊账户，按每人每年补助资金 600 元的 30% 拨入其个人门诊账户（180 元），剩余资金全部归入革命“五老”人员医疗补助资金，作为大病医疗补助资金。2008 年，凭“五老证”和医疗优惠卡就医，免挂号费，优先就医，住院费免收 50%，检查费免收 30%。治疗费免收 10%。市立医院不定期组织医疗队下乡，为“五老”巡回义诊、体检；乡镇卫生院对辖区内长期卧床不起的“五老”人员，组织医务人员上门义诊，不收出诊费。

四、慰问

1994—2010 年，建阳市、乡（镇）两级领导都有在春节、重阳等重大节日慰问“五老”的惯例。2007 年 1 月，福建省省长黄小晶来建阳慰问建阳老区革命“五老”。2009 年，福建老促会领导专程来建阳慰问“五老”；年初，建阳市委、市政府、人大、政协等的领导成员率组织部、民政局、老区办等有关领导深入 45 个村，对革命“五老”等送去慰问金和春节祝福。

1994—2010 年建阳市革命“五老”人员暨遗属统计表

表 24-7-1　　单位：人、元

年份	老游击队人数（人）	老交通员人数（人）	老接头人数（人）	老党员人数（人）	老苏区干部人数（人）	定补人数（人）	定补金额（元）	遗属人数（人）	遗属补助金额（元）
1994 年	53	13	271	9	19	365	10—30	—	15
1995 年	51	12	263	9	18	353	10—30	—	—
1996 年	49	11	251	8	17	336	50—65	—	—
1997 年	46	11	243	8	16	324	60—100	—	—
1998 年	43	9	213	7	16	288	60—100	—	—
1999 年	40	9	201	7	15	272	60—100	—	—
2000 年	35	7	189	7	13	251	60—100	—	—
2001 年	30	7	177	7	13	234	80—130	—	—
2002 年	26	7	161	5	11	210	100—130	—	—
2003 年	20	6	141	4	8	179	100—130	—	—
2004 年	18	6	130	3	6	163	100—130	—	—
2005 年	17	5	127	3	5	157	100—130	—	—
2006 年	16	5	126	3	5	155	170—260	29	80—130
2007 年	15	5	121	3	4	148	180—260	36	80—130
2008 年	13	4	110	3	4	134	260	33	130
2009 年	11	3	108	2	4	128	300	38	150
2010 年	10	3	101	2	3	119	400	31	200

第八章 扶贫与小康工程

第一节　扶贫开发

一、贫困户建档

1994—2004年，建阳市农村扶贫工作尚未对贫困户建档立卡。2005年起，根据南平市农办《关于落实农村贫困和低收入人口建档立卡工作的通知》要求，通过调查摸底、公示申报，至2010年，确认全市有6258名贫困人口和11800名低收入人口，同时，进行建档立卡，做到户有卡、村有册、乡有簿、市有微机档案。

二、扶持贫困村

1994年，建阳市实施扶贫攻坚奔小康战役，贫困地区农民生活逐步改善。至1998年，农民人均纯收入达2728元，比1993年增长1.42倍，年均递增19%；人均居住面积，农村增加到20.10平方米；农村1007户特困户摆脱贫困，11个乡镇和全市85%的农户迈进小康。全市建立农村最低生活保障制度，保证低收入和特困家庭的基本生活。建阳市将16个村财收入3万元以下的村列入市级贫困村，具体有：书坊乡的书坊村、松坑村、花园岭村、钱塘村、水北村、饶坝村、良种场；麻沙镇的梁墩村和留中村；小湖镇的美溪村和黄地村；徐市镇的壕墩村；童游街道的新岭村；崇雒乡的上社村；将口镇的西岸村和石维村。市委和政府通过采取各乡镇主要领导亲自挂点，市有关部门挂村，党员、干部挂户的工作方法，贫困村面貌得到较大改善。

1999—2003年，农村扶贫开发与小康建设步伐加快，落实三峡移民安置工作，加强老区和少数民族自治村“五通”（通水、通电、通路、通信、通排水）建设，完成“造福工程”396户1850人，实行农村最低生活保障4417户11252人，基本解决贫困人口温饱问题。

2003—2006年，建阳市不断完善社会保障制度。截至2006年底，农村10296名困难群众享受最低生活保障，落实各项支农惠民政策。3.20万名农村贫困学生享受“两免一补”403名农村计生户得到奖励扶助；为171对适婚青年提供免费婚前医学检查；全面启动新型农村医疗试点工作，20.60万名农户参加，占农村人口数的85%；全部免征农业税及其附加和除烟叶外的所有农业特产税，累计减轻农民负担4028万元；实行粮食最低收购价、种粮直补、粮种补贴等措施。

三、扶持扶贫开发工作重点村

2003年，小湖镇马坑村、塘楼村列入第一轮省定扶贫开发工作重点村，小湖镇秦溪、大湖、祝中和崇雒乡右巨、上洋5个村列入南平市级扶贫开发工作重点村。福建农林大学领导、专家和教授多次到马坑村调研指导扶贫工作，传授实用技术，举办农村实用技术培训班3期，调整农业产业结构，发展农业生产，种植葡萄、脐、橘柚、杨梅94公顷，毛竹147公顷，烟叶15公顷，莲子、锥栗33公顷、牧草20公顷。投资12万元完成马坑至云历自然村水泥路硬化1千米，投资4万元新开毛竹山机耕路8千米，投资2万元新建公厕2座，投资10万元修建1个篮球场，完善村里计算机室、图书室、俱乐部和老人活动中心等，2006年，马坑村人均年收入3800元，村财收入20万元。省文化厅挂钩帮扶塘楼村，投资45.50万元，实施全村街道水泥硬化工程；种植烤烟13公顷，修缮塘楼小学，整修东鲁水渠，偿还村部旧账，2006年底，塘楼村实现人均收入2318元。南平市委组织部等1批单位挂钩帮扶美溪等5个村，通过基础设施建设、项目引进和专业技术传授等帮扶措施，扶贫开发工作发展较好。2006年底，2个省级扶贫开发重点村和4个南平市级扶贫开发重点村（除崇雒乡右巨村）均脱贫。2006年，崇雒乡右巨村和漳墩镇松源村列入第二轮省级扶贫开发工作重点村，分别由中石化福建省分公司和福建省农林大学派驻下派书记挂钩帮扶。

2007年，建阳市将南槎村、枫坑村、北盂坑村、均中村、陈地村、墩头村、美溪村、水北村、上洋村和上社村等10个村列入市级扶贫重点村。

四、建立农村社会保障体系

2007年，农村低保标准从1000元提高至1200元。推进被征地农民养老保险制度。推广新型农村合作医疗，参合率达98.20%。全面落实农村义务教育“两免一补”制度，2.30万名农村学生享受免学杂费597.20万元。为全市8845位符合大中型水库移民后期扶持政策的移民发放扶持资金538万元。同时，加大扶贫培训力度，增强贫困群众脱贫致富的能力，加大产业扶持力度，稳定增加贫困群众收入，培育“公司+基地+农户”的扶贫产业发展机制。2008—2010年未新增贫困村。至2010年，全市农民人均纯收入7066元，是1995年1884元的3.75倍，年均增长9.21%。种粮补贴、农资补贴、家电补贴等惠民支农政策全面落实。实行森林、水稻、农村住房等政策性农业保险，多层次的社会保障救助体系基本形成。

第二节　造福工程

1994年，实施“造福工程”建设，有组织地将居住在生活条件极端恶劣、零星分散的边远偏僻自然村的农户搬迁到基础设施条件较好的行政村或集镇附近。“造福工程”搬迁每个人口由省、南平市补助资金300元，市补助100元。1997年，每人补助500元。2002—2005年，每人补助1000元。同时，优先安排建房户的自用木材指标，并享受免征建房用地的耕地占用税、契税、征地管理费、农业税、新菜地开发基金、墙体材料专项基金和散装水泥专项资金等优惠政策。1994—2010年，建阳市“造福工程”惠及全市11个乡镇、街道，70个行政村，77个自然村，共搬迁1755户10667人，争取各级财政补助资金1227.16万元，其中，省、南平市财政补助1150.69万元，市财政补助76.47万元。

第三节　小康工程

1995年底，省政府确定建阳为全省30个农村小康建设示范县（市、区）之一。建阳各乡（镇）、村按照 “增加农民收入、提升生活质量”的要求，开展农村奔小康建设。

1996年1月，建阳市农村小康工作领导小组成立，由省农科院下派建阳挂职的县委副书记翁伯奇任组长；领导小组下设农村小康建设办公室，挂靠在农委，租用党校办公室独立运作。各乡（镇）、村成立相应机构。建立市领导挂点乡（镇）、各部门包村、抽调干部驻村、层层签订目标责任状、制定《农村奔小康考核奖励办法》，并列入单位双文明评比重要内容、每月召开小康建设进展现场会等工作机制。全市严格执行福建省农村小康建设评价指标体系。按照县（市、区）级、乡（镇）级、村级和户级共四级的具体量化指标，开展农村小康建设。2月起，全市组织区、乡（镇）2级的土地、建设、规划等部门人员，对190个行政村进行全面的规划设计，3月，完成对全部190村的摸底工作，并分别比对小康标准查找差距，明确“关键是收入、重点是生活条件”的问题，制定“一村一策”，提出“砖瓦房、水泥路、自来水、电器化、三千元”的奋斗目标。重点抓好粮食、笋竹、食用菌、养殖、茶果、烟叶六大支柱产业，打好烤烟、竹业开发、茶果园低产改造、发展食用菌和引进资金五大战役。4月，完成“六图一书”（位置及周围关系示意图、工程地质示意图、现状图、土地使用规划图、各项专业规划图、近期建设规划图，规划说明书）的设计，此后进行改旧建新工作。除鼓励农民家庭改善添置如电器化等生活设施外，改善人居环境，开展修路、改水、改厕、畜禽圈养等村容村貌整治。建阳在农村小康建设中，首倡“小康生态村”建设的理念，即运用生态学理论开展的小康村建设，主要做法是：结合改厕、改圈，以沼气为纽带，以发展家庭立体种养业为依托，促进庭院、村落的物质、能量的良性循环，形成“养猪—沼气—果菜”的循环体系。建阳首批规划建设的小康生态村有20个，共建成投入使用的沼气池达427口，得益于各项优惠政策的支持，这些村的建设明显快于其他村，基本建立起经济发展、生活富裕、环境优美、资源节约、高效低耗、良性循环、持续发展的农村建设模式，起到突出的示范作用。10月，全省小康生态村建设与村容村貌整治现场会在建阳召开。对建阳改旧建新工作给予肯定。至年底，全市农民人均纯收入2485元，增长31.90%；平均村财收入20.32万元，增长50%；共铺设村庄水泥路150条，总长达374900米；整治搬迁垃圾池541处；整修公厕235个；建造家庭厕所1397个。彻底消除农村“脏、乱、差”现象，完善农村水、路、电、讯等配套设施建设和搞好农村社会治安综合治理，使村容村貌焕然一新。共投入资金1700万元，对134个村开展旧房装修改造，参与整修整改5120户，粉刷屋外土墙10.57万平方米；启动新房建设的村有137个，其中，有42个村在规划区内连片建新房，共动工建设新房2884幢，当年竣工1615幢，建筑总面积27.11万平方米。

1997年1月，建阳190个村申请验收，经各乡（镇）验收确认：全市共有4.42万户农户、153个村达到“基本实现小康村”。3月，11个乡（镇）申请验收，经市小康办验收确认，11个乡（镇）均达到“基本实现小康乡（镇）”，并报请南平市对建阳进行小康达标验收复查。4月，经南平市农村小康工作领导小组验收、复查确认：建阳小康进程综合得分92.30分，在16个省定小康评价指标中，有13个达到或超过小康标准，且84.62%的乡（镇）、80.05%的村和81.30%的农户达到省定小康标准，获正式批复确认建阳为“基本实现小康县（市、区）”。提前3年基本实现小康的目标。

第九章　机构　社团

第一节　机　构

一、市（县）民政局

1995年至2002年8月，民政局行政编制15人，其中，局长1人，副局长2人。2002年9月，党政机构改革时，确定市民政局机关（含双拥办、支前办）行政编制为10人，其中，局长1人，副局长2人，股级领导职数6人，机关工勤人员事业编制1人。2010年，民政局内设办公室、救灾救济股、社会团体登记管理办公室、优抚安置办、社会福利和社会事务股、基层政权和区划地名股、计财股，下辖或挂靠单位有老龄办、双拥支前办、军休服务站、社区办。

二、市（县）老龄工作委员会

1990年9月，建阳县老龄工作委员会成立，老龄工作委员会下设老龄工作委员会办公室，正科级机构，归属党群口。1991年6月，核定行政编制2名。1994年，建阳撤县建市，更名为建阳市老龄工作委员会。2002年，老龄委办公室成为市民政局挂靠单位，主任由民政局长兼任，编制仍为2名，其中，专职副主任（副科级）1人，股级领导职数1人。建阳市（县）老龄工作委员会主任由市政府副市长担任，副主任由市人大常委会及民政、老干、劳动3个门负责人担任，委员由18个成员单位的负责人组成。

三、市政府残疾人工作委员会

1993年3月31日，建阳县残疾人事业协调领导小组成立，由县长任组长，分管副县长任副组长，成员为15个有关单位的主要领导。1995年5月31日，更名为建阳市人民政府残疾人工作协调委员会，成员单位增至20个。2006年11月6日，更名为建阳市人民政府残疾人工作委员会，成员单位增至33个。其主要工作职责是综合协调全市残疾人事业的方针、政策、规划的制定和实施工作，协调解决残疾人工作中的重大问题。建阳市人民政府残疾人工作委员会的日常工作由市残联承担。

第二节　社　团

一、市残联

1989年8月9日，经建阳县政府批准，组建建阳县残疾人联合会（简称“县残疾联”），为副科级事业单位，由县民政局代管。残联设执行理事会办事机构，核定事业编制3名，经费列入县财政单列预算。12月22日，建阳县残疾人联合会第一次代表大会召开，到会代表64名（其中残疾人代表35名），会议审议通过工作报告，选举产生由27人组成的建阳县残联第一届主席团，选举黄金山为主席团主席，推举阮文流为执行理事会理事长。1994年9月，建阳撤县建市，建阳县残疾人联合会更名建阳市残疾人联合会。

1995年8月30日，建阳市残疾人联合会第二次代表大会召开，到会代表90名（其中残疾人代表49名），会议审议通过工作报告，大会选举产生由59人组成的建阳市残联第二届主席团。选举刘淑妹为主席团主席，推举魏华为执行理事会理事长。1999年6月5日，由刘世军接任理事长。2002年2月1日，建阳市残联由副科级单位升格为正科级单列机构，核定行政编制2名。

2002年12月12—31日，建阳市残疾人联合会第三次代表大会召开，到会代表97名，其中，正式代表83名（残疾人代表45名）、特邀代表9名、列席代表5名。大会听取理事长叶上权代表第二届执行理事会所作的《认真贯彻中共党的十六大会议精神和“三个代表”重要思想，推动残疾人事业再上新台阶》工作报告，选举产生由47名组成的建阳市残联第三届主席团，选举林贻彬为主席团主席，推举叶上权为执行理事会理事长。

2007年12月3日至4日，建阳市残联第四次代表大会召开。各乡镇分管残疾人工作的领导和有关部门负责人、残疾人先进人物和残疾人工作者以及残疾人的亲友共83名为正式代表。市残联理事长叶上权向大会作了题为《认真贯彻党的十七大精神和科学发展观，进一步推进残疾人事业全面发展》的报告，大会选举产生新一届主席团和理事会。选举林贻彬为残联主席，叶上权为执行理事会理事长。聘请市委书记刘山鹰、市长葛晓华为名誉主席。

至2010年，建阳市在各类残疾人中分别建立肢残人、聋人、盲人协会和智力残疾人、精神残疾人亲友会5个残疾人专门协会。

二、乡镇（街道）残疾人联合会

1990年5月，市内有7个乡镇成立残疾人协会。1991年6月，6个乡镇相继成立残疾人协会。1998年11月，乡镇残疾人协会更名为乡镇残疾人联合会。根据《中国残疾人联合会章程》规定，乡镇残联每届任期3年，由乡镇党委或政府任命1名专（兼）职理事长负责残联的日常工作。

第二十五篇　人力资源与社会保障

第二十五篇 人力资源与社会保障

1994—2010年，建阳市人事与劳动部门按照建立与社会主义市场经济体制相配套的人力资源管理体系要求，在贯彻《国家公务员暂行条例》和《中华人民共和国公务员法》中，逐步建立并规范专业技术人员职务（职称）评聘制度、人才（人员）流动管理制度、公务员（干部）考录晋升制度、干部职工工资管理制度实现对国家公务员的科学管理，保障国家公务员的优化、廉洁和行政效能的提高。各级政府和劳动社会保障部门改革劳动制度，扩大城乡居民的劳动就业，实施扶持就业工程，开通城乡劳动力市场。在企业推行劳动合同制，推动各项职工社会保障制度的建立，提供民生保障，科学合理、全面完善的各项职工社会保障体系基本建立。

第一章 人 事

第一节 干部管理

一、干部录用

1994年7月，南平地区人事局、中级人民法院、检察院南平分院下达给建阳法院、检察院系统补充工作人员12名（其中，法院4名、检察院8名）指标。补充对象和来源为从应届普通政法专业毕业生和专业党政群机关适合从事政法工作的在职干部、取得大专以上学历适合从事政法工作在职全民所有制工人，年龄35周岁以下。根据《国家公务员录用暂行规定》，采用面向社会、公开考试、严格考核、择优录取的方式。通过报名资格审查、笔试、面试、体检、考核，最后经南平地区人事局审批，如额录用。

1995年1月，根据中共福建省委组织部、省人事厅《关于做好在机关干部岗位上的工人分流工作的通知》精神，在党政机关机构改革期间，鼓励机关在干部岗位的工人能分流出机关到企业和自收自支、差额拨款的事业单位工作，录用条件为40周岁以下，1991年底前，机关在编且仍在干部岗位上工作、高中毕业以上文化的全民所有制工人。参加全省统一的考试，考试分数线不低于120分且联系好工作单位经报南平人事局审批可吸收录用为干部。共14人分流录干。10月，省公安高等专科学校、省劳改警学校、福建体院4名应届毕业生，参加全省公务员资格考试，经南平市人事局审批，安排市公安局工作。

1996年10月，建阳市执行《福建省录用国家公务员面试暂行办法》。1997年，全省首次面向社会公开招考录用国家公务员。统一时间报名、统一时间考试、统一时间面试，笔试分为公共科目和专业科目两种。全市共有6个政府行政机关面向社会公开招考，拟录用公务员16名，通过笔试、面试、考核最后录用国家公务员12名。

2001年5月，根据中共福建省委组织部、省人事局《关于从乡镇（街道）计生办聘用制干部和“以工代干”计生办主任中考试录用公务员的通知》的精神，录用范围和对象为1987年后至1993年9月30前由省计划、统一考试并经（市）政府人事部门批准的聘用制干部年龄在45岁以下，一直在计生岗位工作在编在岗13名计生专干为国家公务员。

2006年9月，按照福建省公务员登记工作实施办法，建阳市启动全市政府行政机关公务员的登记工作。其对象为依法履行公职，纳入国家行政编制、由国家财政负担工资福利且在编在职的除工勤人员以外的人员，对新录用还在试用期内，纪检、监察机关、司法机关立案审查以及1997年以后违反《国家公务员暂行条例》有关规定进入机关的人员，行政机关的聘用干部，2007年6月30日，未回机关人员暂缓登记和不予登记。公务员登记工作在1个月时间内全部完成，全市政府部门参加公务员登记的行政机关共37个，实有人数586人，办理公务员登记576人。其中，不予登记10人（不予登记中包含试用期未满5人）。

从2006年起，省委组织部、省人事厅、团省委等部门联合组织实施以高校毕业生到农村基层从事支教、支农、支医、扶贫的工作，建阳市也从2006年开始接收到农村基层从事支教、支农、支医、扶贫工作的"三支一扶"高校毕业生工作，服务期限2年，生活费每月1200元，2010年后提高到1400元，由福建省高校毕业生"三支一扶"工作协调管理办公室发放，建阳市公务员局负责毕业生的考核工作，服务期满合格者由福建省高校毕业生"三支一扶"工作协调管理办公室颁发福建省高校毕业生服务基层项目证书，对在校期间的国家助学贷款本息由市财政按每年2000元代为偿还。同时，按照福建省高校毕业生"三支一扶"工作协调管理办公室文件规定，对服务期满考核合格、乡镇同意接收安排事业单位者，经建阳市人事领导小组研究，给予安排。

2007年，对事业事业单位工作人员实行公开招聘考试，招考计划上报并经南平市人事局审批后，由建阳市人事局组织笔试、面试和体检。

2008年开始，事业单位公开招聘工作人员招聘计划上报经南平公务员局审批后，公开招聘的报名和笔试由南平市公务员局负责，建阳市人事局只负责进入面试考生的面试和体检工作。2009年，南平市的事业单位的招考实行网络报名。从2007年起至2010年，建阳市事业单位公开招聘入编人员全部由建阳市人事人才公共服务中心办理招聘和代理手续。2007—2010年，共招聘事业单位工作人员125名，招聘中小学教师84名。

2007—2010年，建阳市政府部门共有39个事业单位经福建省人事厅审批列为"参公管理"，共有124人符合规定文件规定登记为参照公务员法管理事业单位工作人员。其中，有10名属于招聘干部和2006年以前违规进入"参公管理"单位的人员，在参加全省组织的考试和考核后，2007年也按规定予以登记。

2010年3月，根椐省公务员局、省人力资源开发办办公室、省卫生厅《关于做好实施基本药物制度改革的基层医疗卫生机构编外人员考核聘用有关工作的通知》，建阳市属规范实施基本药物制度改革的第二批县（市、区），为做好基层医疗卫生机构编外人员考核聘用工作，建阳市专门成立建阳市基层医疗卫生机构编外人员考核聘用工作领导小组，组长由副市长刘寒担任，副组长分别由市公务员局局长倪毅仁、市委编制办公室主任刘义良、市卫生局长江磐基、市监察局副局长彭宝金担任，下设办公室，办公室成员由市卫生局、市公务员局、市委编办人员组成。市卫生局制定建阳市卫生院编外人员考核聘用方案，考核对象的聘用年限、学历、执业资格和专业技术任职资格等，经审查把关，确定符合条件的人选2次通过考核聘用工作领导小组核对、审查。大专以上学历的确定8名列入考核，中专学历由于人数多，采用笔试的方法，按从高分到低分择优确定16名。建阳市公务员局和卫生局组织对确定的对象进行全面的考核，考核内容包括民主测评和政治素质、工作实绩、业务技术、医德医风等，考核合格者经考核聘用工作领导小组审查后进入体检，经公示后共考核聘用大专岗位8人，中专岗位16名。

1997—2010年，全市共为政府行政机关录用国家公务员151人，参照公务员法管理事业单位工作人员19人。

2007—2010 年建阳市录用公务员情况表

表 25-1-1　　单位：人

年份	录用公务员人数		录用参照公务员人数	
	春季	秋季	春季	秋季
2007	—	9	—	—
2008	—	5	—	—
2009	9	6	5	2
2010	10	14	12	7
合计	19	34	17	9

2007—2010 年建阳市接收“三支一扶”高校毕业生和安置情况表

表 25-1-2　　单位：人

年份	接收人数	服务期满人数	安置事业人数	报考公务员、事业单位人数	自主择业人数	乡镇留用人数	离岗人数
2007	5	5	1	2	1	1	—
2008	5	5	1	2	—	2	—
2009	7	4	4	—	—	—	3
2010	4	—	—	—	—	—	—

2007—2010 年建阳市事业单位招聘人员情况表

表 25-1-3　　单位：人

年份	公开招聘事业人数		公开招聘教师人数	
	上半年	下半年	上半年	下半年
2007	20	—	44	—
2008	—	34	21	—
2009	23	—	14	—
2010	43	20	20	—
合计	86	54	99	—

二、干部调配

1991 年 5 月，为控制山区人才的流失，县委组织部规定：副科级以上干部拔尖人才和高级职称人员调离，由组织部提交县委常委会议研究审定，中级职称人员报组织部同意。2005 年，中级职称的人员调出又转为由市人事局审批。

1997 年起，国家行政机关政府部门新增科员以下人员，需参加全省公务员考试录用方能进政府行政机关。企、事业单位干部不能再调入政府行政机关。外县（市）政府机关人员调动也只限于在政府机关公务员之间调动。

1998 年，根据精简、统一、效能的原则进行国家第七次机构改革。精简幅度达 20%。机构改革后，对事业单位人员进入进行严格控制，缺编的事业单位只允许在财政拨款与财政拨款、差额拨款与差额拨款、自收自支与自收自支单位之间进行人员调动，新进人员实行严格控制。

2007—2010 年，建阳市重视军转干部安置工作，对被安置人员，尊重个人意愿，采用个人联系单位和组织落实单位相结合的办法落实军转干部工作。期间，建阳市政府部门共安置军队转业干部 4 名，均在机关行政单位；接收自主择业军转干部 1 名，并为其办理医疗保险；安置随军家属 2 名。同时，按季度为企业军转干部发放困难生活补助。2007—2010年，建阳市共为企业军转干部发放困难生活补助384570元，发放企业军转干部医疗补助费37400元。

三、干部培训

（一）公务员初任培训

1997—2010年，建阳市凡新录用的国家公务员均参加南平市行政干校组织的为期15天的公务员初任培训，共培训198人。培训内容为政治理论、公务员应用写作、公务员基本知识与行为规范、公务员法律行政管理学、电子政务和保密知识6门课程。

（二）公务员教程培训

1996年，建阳市国家机关工作人员根据上级文件规定先后接受必修课培训，参加培训1000人，先后培训公文写作、行政管理学、法基与行政法、社会调研、行为规范、宏观经济管理、公务员制度教程等7门课程，国家机关工作人员的培训课程是否合格，作为1997—1998年度公务员过渡必备条件之一。凡未完成规定的培训课程的工作人员暂缓过渡或不予以过渡。2002—2003年的《依法行政》培训，参加培训考试1200人；2004—2005年的《中华人民共和国行政许可法》培训，参加培训考试1300人；2006年开展的《中华人民共和国公务员法》的培训，参加培训考试1400人。2010年的《保密知识与职业道德、政府信息公开》的培训，参加培训人数1200。2010年开始，公务员培训采取网络教育培训方式。公务员培训教程是国家规定对公务员的强制性培训内容，每位公务员培训考试的成绩是否合格作为公务员考核、晋升的重要依据之一。

四、干部档案管理

2005年6月，建阳市人事局设立干部档案管理办公室，建阳市委组织部向市人事局移交市直行政机关科级以下干部、全市企、事业单位（不含党群系统）科级以下干部人事档案3873份（不含教育系统）。至2012年6月，市公务员局管理干部档案3970份。

第二节　专业技术人员管理

1994年，建阳市实行专业技术职务聘任制。专业技术职务共有29个系列（专业），每个系列（专业）分为高级、中级和初级，其中，高级又分为正高级和副高级，初级又分为助理级和员级。根据中共建阳市委办公室、建阳市人民政府办公室《关于印发〈建阳市事业单位岗位设置管理实施意见（试行）〉的通知》（潭委办〔2009〕04号）的精神，建阳市事业单位岗位设置管理工作全面启动。做好各类职称确认、评审、资格考试报名审核工作以及各类职称证书的发放工作。全市专业职称共有5145人，其中，高级376人，中级2831人。

第三节　人才工作

建阳市人事局在南平市人事局人才市场管理办公室的指导下，开展人才流动和管理人才市场工作，并承办市直单位引进人才和智力引进工作，指导全市引智项目的组织申报，执行监察及效果评估工作。负责全市企事业单位委托办理聘用人员人事代理、流动人员人事关系接转手续及流动档案的寄存、移交管理工作。2007年开始，按照南平市的要求，建阳市事业单位公开招聘入编人员全部由建阳市人事人才公共服务中心办理招聘和代理手续。2010年6月，成立建阳市将口镇实用人才站。至2010年6月，保管大中专学毕业生档案2756份（人），人事代理档案951份，每年办理人事咨询、查阅、档案传递、保险等业务2000项次。

第四节　工资福利

一、工资

1995—2005年，建阳市国家机关公务员每2年晋升1次职务工资。1997—2003年，先后共进行5次工资调整。

2006年7月1日起，全市机关公务员实行工资制度改革，事业单位工作人员实行收入分配制度改革。这次工改以《公务员工资制度改革方案》和《事业单位工作人员收入分配改革实施意见》为指导性文件。机关与事业单位的薪酬制度区别较大：机关实行国家统一的职务与级别相结合的公务员工资制度，完善机关工人岗位技术等级（岗位）工资制和津贴补贴制度，健全工资水平正常增长机制，实行年终一次性奖金。取消原有的基础工资和工龄工资。机关工资制度适用于按照公务员制度管理和经批准参照公务员制度管理的单位中的在册正式工作人员；事业单位实行岗位绩效工资制度。岗位绩效工资由岗位工资、薪级工资、绩效工资和津贴补贴4部分组成，其中，岗位工资和薪级工资为基本工资。国家对事业单位绩效工资分配进行总量调控和政策指导。事业单位在核定的绩效工资总量内，按照规范的程序和要求，自主分配。事业单位实行绩效工资后，取消现行年终岗位聘任次性奖金，将1个月基本工资的额度以及地区附加津贴纳入绩效工资。工改后全市月增资共计185.80万元。

2008年1月开始，实行津贴补贴的起步水平标准，规范全市机关在职和离退休人员的津贴补贴：在职人员的津贴补贴项目，统一归并设立为生活补贴和工作性津贴；离休人员的津贴补贴项目，统一归并为离休生活性补贴；退休（职）人员的津贴补贴项目，统一归并设立为退休（职）生活性补贴。强调各部门原有自行设立的各种津贴补贴项目一律予以取消，今后不准自行设立津贴补贴项目。共规范机关（含参公）人员1651人，规范后全市机关工作人员的津贴补贴水平为每人每年20163元。

2009年1月起，根据福建省事业单位工作人员收入分配制度改革实施意见的精神和中央关于中央积极稳妥推进事业单位绩效工资的总体要求，建阳市分3步先后对全市中小学校等事业单位、公共卫生与基层医疗卫生事业单位和其他事业单位实施绩效工资。

1995—2005年建阳市职务工资晋升情况表

表25-1-4

晋升职务工资年度	晋升人数（人）	人均月增资额（元）	执行时间	文件依据
1995	6115	21.56	1995.10	人薪发〔1995〕150号 闽人薪〔1996〕6号 南人薪〔1996〕09号
1997	6365	25	1997.10	
1999	7460	25	1999.10	
2001	6577	34	2001.10	
2003	6225	35	2003.10	
2005	5729	37	2005.10	

1997—2003 年建阳市工资标准调整情况表

表 25-1-5　　单位：人、元

工资调标时间	参加调标人数（人）	人均月增资额（元）	执行时间	文件依据
1997.7	6374	20	1997.7.1	闽人发〔1997〕159 号 闽政〔1999〕23 号 闽人发明电〔1999〕02 号 闽人发〔2001〕46 号 闽人发〔2001〕143 号 闽政〔2003〕21 号 闽人发〔2003〕141 号
1999.7	7976	120	1999.7.1	
2001.1	7566	120	2001.1.1	
2001.10	7566	80	2001.10.1	
2003.7	7230	50	2003.7.1	

2006 年建阳市工资制度改革情况表

表 25-1-6　　单位：人、元

实行工资制度	参加工改人数	人均月增资额（元）	执行时间	文件依据
机关	1359	295.84	2006.7.1	闽政〔20066〕40 号
事业	4586	302.32	2006.7.1	

2009 年建阳市事业单位实施绩效工资情况表

表 25-1-7　　单位：人、元

实施批次	实施对象	人数（人）	年人均水平（元）	执行时间	文件依据
第一批	中小学校等事业单位	3158	18060	2009.1	潭政人〔2009〕35 号
第二批	公共卫生与基层医疗卫生事业单位	391	18218	2009.10	潭政办〔2010〕103 号
第三批	其他事业单位	1239	17601	2010.1	潭政人〔2010〕33 号

二、福利

1994—2010 年，建阳市离退休人员的福利包括：每年 1 次的过节费、文明奖，高龄补贴（70 岁以上人员 100/ 月，80 岁以上人员 200/ 月），以及去世时候享受的抚恤待遇（丧葬费、一次性抚恤金、一次性困难补助），除此之外离休人员还享受交通费、医疗费、健康休养费、特需费、高龄护理费、生活不能自理护理费、每年增发 1 次性生活补贴等。2007—2010 年，丧葬费由 2450 元提高到 5250 元，抚恤费由 20000 元提高到 25000 元，1 次性困难补助费由 2100 元提高到 4500 元，遗属每月补助费由 240 元提高到 375 元。

第五节　离退休人员待遇

1994 年底，全市共有机关、事业单位退休干部 1100 人，退休职工 213 人，退职人员 37 人。

至 2010 年 12 月底，退休干部为 2223 人，退休职工 1044 人，退职人员 26 人。

从 2007 年至 2010 年 12 月底，机关事业单位退休人数变化呈如下特点：职务高的人数增多。县处级干部由 26 人增加至 29 人；局（科）级干部由 358 人，增加至 412 人（其中正局级 226 人）；中、高级专业技术退休人员增多，退休高级专业技术人员由原来 167 人，增加至 186 人（其中主任医师 9 人），退休中级专业技术人员由 769 人增加至 875 人；机关、事业单位退休职工人数增加。机关、事业单位退休职工由原来 765 人增加至 1044 人。

2007—2010 年，机关、事业单位退休人员的退休费总额由每月 1500 元增加到 2100 元，平均每年增幅 10% 以上。其中，具有中、高级专业技术职务的中、小学教师和医护人员，增幅在 15% 以上。

2009 年 12 月起，对年满 70 岁的退休人员由每人每月发给 50 元高龄补贴提高到 100 元，年满 80 岁者增至 200 元。对年满 70 岁生活完全不能自理的退休人员护理费，从每人每月 70 元提高到 180 元。

第六节　机　构

一、市人事局

1994 年，撤县建市后，建阳县人事局更名为建阳市人事局。

1997 年，建阳市人事局职能有所变动，其主要职责是综合管理国家公务员、专业技术人员和职员，管理机关、事业单位工勤人员，推行和完善国家公务员制度，推进事业单位人事制度改革。2002 年 7 月，市人事局进行职能调整，将原由市劳动局承担的市直机关、事业单位工勤人员的招聘及管理工作划入人事部门管理：将机关、事业单位社会保险管理职能交由市劳动和社会保障局承担；将企业干部的退休归口市劳动和社会保障局审批。2005 年 6 月起，承接市委组织部移交的市直行政机关科级以下干部、全市企、事业单位（不含党群系统）科级以下干部人事档案管理职责。

2010 年，市人事局内设 5 个职能股室：办公室、专业技术人员管理股、考核奖惩培训股、考试考录和流动调配股、工资福利股等职能股室。

二、建阳市退休干部管理办公室

建阳市退休干部管理办公室其前身为建阳县退休干部管理办公室，成立于 1987 年 9 月 10 日，隶属于建阳县人事局，原为股级单位，暂定行政编制 2 名。1990 年 5 月 9 日，县编制委批文增加行政编制 1 名，共有行政编制 3 名。1990 年 12 月 13 日，经南平地区编制委员会批准，县退休办升格为副局（科）级机构，挂靠建阳县人事局。1994 年 10 月，随撤县建市更名为建阳市退休干部管理办公室。1997 年 12 月机构改革时，市编制委员会办公室将建阳市退休办定为副局（科）级财政核拨事业单位，挂靠建阳市人事局，编制仍为 3 名。

第二章　劳动与社会保障

第一节　劳动就业

1994 年，建阳市结合转换国有企业经营机制，建立适应市场经济发展要求的劳动管理体制，改革劳动制度，广开就业门路，更多地吸纳城镇劳动力就业，逐步形成劳动力市场，鼓励和引导农村剩余劳动力逐步向非农产业转移有序流动。发展多种就业形式，运用经济手段调节就业结构，全民所有制企业转换经营机制，面向社会自行招收录用职工，实行劳动合同化管理，形成用人单位和劳动者双向选择，合理流动的就业机制。市劳动服务公司配合相关部门做好企业职工分流安置和农村富余劳动力流动就业工作，1995 年，安置就业城镇人员 2253 人，组织输出劳动力就业 7068 人，其中，省外 2462 人，境外就业 64 人。

1998 年，贯彻中央提出“劳动者自主择业、市场调节就业、政府促进就业”的方针，明确建立市场导向的就业机制，建阳市劳动就业服务机构对失业人员进行登记，为劳动者提供劳动就业岗位，让劳动者有选择职业的自由，用人单位通过市场来选择企业所需要的劳动者，建立公共就业服务制度，完善就业服务体系。职业介绍机构为劳动者提供就业信息、职业技能培训和就业、创业指导，组织劳务输出，强化再就业，确保下岗职工 60% 实现再就业的目标任务。6 月，为解决下岗职工的基本生活保障和再就业问题，实施“再就业工程”，建阳瓷厂、皮革厂、水泥厂、罐头食品厂等企业陆续建立再就业服务中心，3 年期限内对国有企业下岗职工基本生活费采取“三三制”即由财政预算安排、企业负担、社会筹集（主要由失业保险基金中调剂）办法解决。建立“三条保障线”制度，下岗职工通过企业再就业服务中心保障其基本生活，享受失业保险 2 年后仍未就业者，按规定享受城市居民最低生活保障待遇。对下岗职工从事社区居民服务业的，3 年内免征营业税、个人所得税以及行政性收费。进再就业培训中心下岗职工可减免 20%—100% 学费。同时，推行保障性就业政策，增加就业岗位，鼓励用人单位吸纳下岗职工就业，实行按比例就业机制，促进进入再就业服务中心的下岗职工 60% 实现再就业。

2001 年，在全市组织开展再就业援助行动，将就业困难及生活困难的下岗职工和失业人员列为重点援助对象。市劳动就业服务机构在市劳动力中心市场设立专门窗口，提供劳动保障事务代理，为下岗职工开展失业登记、社会保障接续、职业指导、职业介绍、推荐培训的“一条龙”再就业服务；对就业特别困难的人员，开展专项就业服务，对出再就业中心的下岗职工基本生活保障与失业保险相衔接，使下岗职工协议期满出中心后的生活能够继续得到保障。为拓展就业门路，缓解就业压力，实现各种形式的再就业，发展社区非正规劳动组织，由街道、社区居委会以及其他社会力量组织的，为安置下岗职工和失业人员再就业，在社区范围内开展便民利民服务项目又暂未进行工商、税务登记的劳动组织形式。在水南义乌市场开辟“再就业一条街”，为下岗人员提供自谋职业摊位，税务部门减免税，工商部门减免行政性收费，城市建设规划部门，免收各项城建、城管的行政事业性收费。举办社区居民服务、家政服务、驻社区机关和企事业单位社会化服务等便民利民的社区非正规劳动组织，兴办便民利民的社区服务业，结合社区居民生活服务，开发社区就业岗位，实现社区充分就业。

2002 年，为缓解劳动力供求矛盾和就业结构矛盾，增加就业岗位，扩大就业渠道，市劳动部门鼓励劳动者自谋职业、自主创业，依托社区推行各种形式的灵活就业。对尚未具备工商注册，以合法劳动获得劳动报酬，月劳动收入达到最低工资标准的多种就业方式，视同就业灵活就业。对其主要是在社区服务领导以及从事个体劳动领域的社区从业者，通过放宽政策，加大扶持力度，鼓励和帮助下岗失业人员实现灵活就业，社会保险经办机构专设代收代缴窗口，把城镇灵活就业人员同样纳入城镇职工养老、医疗保险。通过广开社区就业门路，拓展灵活就业渠道，促进灵活就业对就业工作的积极作用。9 月起，贯彻中央进一步做好下岗失业人员再就业工作的通知，落实促进再就业扶持政策，对下岗失业人员从事个体经营的，凭再就业优惠证，3 年内免征营业税、建设税、教育附加和所得税，免收各项行政事业性收费。加大再就业资金的投入，实行小额贷款贴息，社会保险补助和职业介绍、再就业培训补贴等优惠政策。对就业困难的“4050”（男年满 50 周岁，女年满 40 周岁）大龄下岗失业人员，提供即时就业岗位援助，并鼓励用人单位招聘这些重点援助对象就业，按其每招用 1 人，以最低工资标准 50% 和缴纳社会保险费的 50% 的标准，由再就业资金给用人单位工资性补贴和社会保险补助费。11 月起，加快就业制度改革步伐，建立街道社区就业服务体系，市劳动就业服务机构为劳动者通过多种形式实现就业提供全方位服务。

2005 年 11 月起，重点解决体制转轨遗留的下岗失业人员再就业和重组改制关闭破产企业职工安置，完善和落实再就业政策，使原来的再就业政策得到“延续、扩展、调整和充实”，鼓励自谋职业和自主创业，开发公益性岗位，开展灵活就业，完善公共就业服务，帮扶困难群众再就业，增强就业的稳定性，对从事个体经营资金不足的，提供 2 万元的小额担保贴息贷款。发展服务型企业和劳动密集型企业，对提供就业岗位和吸纳下岗失业人员再就业的企业给予政策扶持。

到 2006 年底，建阳市 48 家国有企业和 19 户集体所有制企业进行改制、重组或关闭，解除关系下岗失业的职工累计达到11168人。2007年8月起，贯彻《中华人民共和国就业促进法》，通过规范人力资源市场，完善就业服务，加强职业教育和培训，提供就业援助等措施，创造就业条件，扩大就业。实行创业促就业支持政策，鼓励自谋职业和自主创业，及时帮助“零就业家庭”和就业困难人员就业。

2009—2010年，面对国际金融危机对企业的影响，通过保就业、保增长、保稳定，帮助困难企业渡过难关，允许困难企业最长不超过6个月缓缴社会保险费；实行阶段性降低医疗、工伤、生育、失业保险的保险费率，使用失业保险基金支付社会保险补贴和岗位补贴，帮助困难企业稳定就业岗位。鼓励困难企业通过开展职工在岗培训，由就业专项资金予以适当支持等方式，稳定职工队伍。

2003—2010年建阳市劳动力就业情况表

表25-2-1 单位：人

年份	城镇登记失业率（%）	城镇新增就业人员（人）	下岗失业人员再就业人数（人）	其中城镇就业困难对象再就业（人）	新增农村劳动力转移人数（人）
2003	6.00	3131	1374	272	1374
2004	5.90	2960	1809	487	3913
2005	5.60	2563	2176	461	5827
2006	4.86	2635	1743	1264	5266
2007	3.38	3016	1792	765	5647
2008	3.89	2743	1503	622	5216
2009	3.59	2816	1452	583	5248
2010	3.54	2763	1458	593	5582

第二节 技能培训与鉴定

一、职业技能培训

1994—1997年，为适应社会主义市场经济发展的需要，建阳市劳动部门面向劳动力市场开展职业技能培训，强化就业前培训和转业转岗培训，对接受培训的人员进行职业知识和实际技能的培养与训练，增强劳动者的就业能力和工作能力，并将职业培训与促进就业相结合。通过就业政策引导用人单位优先录用经过职业技能培训并取得职业资格证书的人员就业。建阳市就业训练中心以市场需求为导向，依托社会办学力量，确定培训项目，制定培训计划，先后与建阳驻潭各职业院校强强联手建立7个培训基地，利用他们的设施和师资力量，使培训的从业人员，初步掌握一种实际操作技能，经过教学和实习操作的训练，具备初步的劳动技术业务水平，为农村劳动力转移就业和下岗失业人员再就业打下基础。

1998年以来，针对下岗失业人员面临着再就业的严峻局面，市职业培训机构组织再就业培训，对下岗失业人员进行转业转岗训练，开展职业指导，为他们提供职业需求信息和介绍求职方法，提供政策咨询服务。对有谋求职业意向的下岗职工开展创业能力培训，使他们熟悉相关政策规定，了解开业或创办企业必备的知识和程序，掌握经营管理办法，指导他们制订可行的创业方案，提高适应市场的创业能力。经过培训的下岗失业人员再就业率达到60%以上。

1999年，建阳市职业中专、中等技术学校等部门对未升学的初、高中毕业生进行劳动预备制培训，委托各类办学机构为新成长的后备人员在就业前接受1至3年的职业培训和职业教育，主要围绕培育就业创业能力，开设符合就业需求的培训专业，如劳动密集型的加工业，服务业等行业、产业的需要的适用人才。使新生劳动力取得相应的职业资格或掌握一定的职业技能后，在国家政策指导和帮助下，通过劳动力市场实现就业。

2000—2010年，市职业培训机构与市委农办、市妇联等部门，结合“阳光工程”和妇女就业培训与林业、农业等部门在各乡镇、街道开展农村劳动力开发转移的技能培训。期间，建阳市开展农村劳动力转移培训达 2.10 万人。

二、职业技能鉴定

1995 年，建阳市职业技能鉴定站成立，以培训初、中级职业技能水平和非技术岗位的劳动者为主要任务，按照“先培训后就业、先培训后上岗”的原则，组织失业人员、从业人员以及各类职业技术学校和社会培训机构的毕（结）业人员，进行通用工种初、中级职业技术等级的考核鉴定，对培训考核合格的劳动者，发给职业资格证书。鉴定机构还针对妇女、下岗失业再就业、农民工等不同人员，开设专场培训鉴定，如家政服务、酒店宾馆服务员、烹饪、美容美发、电脑操作适应性强的培训鉴定。

2001 年，建阳电力工程安装公司要求员工持证上岗，市培训机构开展维修电工培训鉴定，使 21 人获职业资格证书，顺利上岗。

2002 年，与建阳汽车锻压件厂联手，利用晚上业余时间为该厂车工、铸工等 9 个工种 120 人进行理论和技能的培训，对培训合格的 86 名工人进行专业技能鉴定。

2003 年，市职业培训机构与建阳电信局联办电信、电缆、天线电装接工等工种的培训与鉴定，与万国电器、宏旗电器、胶合板厂、啤酒厂等 8 家企业联办熟练工、普通工的培训与鉴定。利用企业自身设施和技术，对员工开展初级技能、专业技能及在岗技能提升等各项培训和相关的技能鉴定。2009 年，举办机械加工等 11 个工种的职业技能培训 2123 人，1400 人通过技能鉴定取证，培训合格者推荐就业。2010 年，举办职业技能培训 33 期，培训 2389 人，1450 人通过技能鉴定取证获推荐就业。

1994—2010 年建阳市职业培训、技能鉴定情况表

表 25-2-2　　**单位：期、人**

年份	职业培训		技能鉴定人数（人）
	期数（期）	人数（人）	
1994 年	21	212	0
1995 年	23	523	0
1996 年	25	650	151
1997 年	21	631	83
1998 年	19	712	104
1999 年	34	2647	106
2000 年	19	486	112
2001 年	29	1795	139
2002 年	28	1314	207
2003 年	35	2003	1120
2004 年	36	2006	1200
2005 年	35	2003	1270
2006 年	34	2066	1163
2007 年	35	2056	1210
2008 年	30	2069	1400
2009 年	28	2123	1400
2010 年	33	2389	1450

第三节　劳动监察与仲裁

一、劳动监察

1994年，建阳市贯彻实施《福建省劳动监察暂行规定》。翌年，市劳动局设立劳动监察室，市劳动监察大队成立，具体负责劳动保障监察工作，配备专、兼职劳动监察员行使劳动监察权。劳动保障监察人员依照《劳动监察规程》采取日常巡查、举报专查、重点抽查、专项检查相结合的方式，联合相关部门，每年春季开展整顿规范劳动力市场秩序专项检查，打击非法职业中介和欺诈行为，规范劳动力市场秩序；夏季开展整治非法用工，打击非法使用童工等违法行为，依法督促用人单位签订劳动合同；秋冬季开展农民工工资支付情况专项执法检查，解决劳动者尤其是广大农民工工资报酬等权益保护问题。劳动监察部门开展日常视检巡查，主动到用人单位了解和掌握《中华人民共和国劳动法》实施情况，帮助用人单位正确理解和执行劳动保障法律法规，减少用人单位违规侵害劳动者合法权益的发生，预防和化解劳动纠纷。实行劳动监察与群众监督相结合，公布投诉、举报电话，掌握企业劳动关系动态。立案受理严重违反劳动法规行为的案件，组织监察检查，调查取证，必要时向用人单位或劳动者下达《劳动监察询问通知书》《劳动监察指令书》《劳动监察整改意见书》等，及时纠正和处理劳动纠纷。对需要用人单位履行义务的案件，劳动行政主管部门作出行政处理决定；对用人单位严重违反劳动法律法规的行为，劳动保障行政部门作出行政处罚决定，及时处置劳动保障违法事件。

1996年，建立劳动用工年检工作制度，对用人单位遵守劳动法律、法规的情况，每年开展1次企业用工年审，重点是用人单位制定劳动管理规章制度、签订劳动合同、履行劳动合同、工资支付和遵守社会保险规定等情况进行监督检查。劳动监察机构审查各单位的年检材料，对存在违法行为的责令限期改正，督促企业进行自查自纠，提高企业劳动管理水平。

1999年起，实行用工单位劳动规章制度的报备工作，用人单位依照《中华人民共和国劳动法》规定制订的企业劳动规章制度报送劳动行政部门备案，劳动监察机构负责用人单位报备的规章制度及其制定的程序是否符合法律法规的规定，发现其违反劳动法者，责令其限期改正，以预防劳动用工违法行为的发生。

进入21世纪，农村富余劳动力外出进入建筑行业务工，建筑企业拖欠克扣农民工工资现象时有发生，直接影响社会的稳定。自2003年起，每到岁末年初，劳动保障行政部门会同建筑行业主管部门，通过劳动用工年检和日常巡查，集中联合开展农民工工资支付情况专项检查，及时发现和纠正拖欠克扣农民工工资行为。对因建筑企业拖欠工资而引起农民工集体上访等突发性事件，及时介入处理，做好疏导工作，责令企业支付所拖欠的工资。2008年，市政府为解决因企业拖欠劳动者工资造成临时生活困难，建筑领域农民工工资保证金制度建立，新建项目的建筑企业（后延伸到交通、水利水电等行业）均需按中标价的2%缴存农民工工资保证金，对企业应付而未支付给劳动者的工资，可从工资保证金中先予应急垫付，确保劳动者工资不被拖欠，避免因工资被无故拖欠，给劳动者造成生活困难，维护劳动者合法劳动报酬权益。

2009年8月，市劳动保障部门执行劳动用工备案管理制度，设立劳动用工备案报备窗口，全面建立以劳动合同管理为主要内容的劳动用工数据库。用人单位招用并依法形成劳动关系的职工，由用工单位向劳动保障行政部门办理劳动用工登记备案手续，提供用人单位信息、职工信息、双方劳动关系信息，建立劳动关系基础台账和劳动用工信息基础数据库，推进劳动合同签订，实现对各类用人单位劳动用工及劳动合同制度实施情况的动态管理，促进劳动用工规范有序发展。有304户用人单位，报备用工12413人，分别占全市企业总户数的62%和总职工数的60%。

9月，劳动保障监察实行网络化、网格化管理，将监察执法关口和重心下移，通过基层劳动保障工作平台，建立覆盖到城乡的劳动监察执示网络，以乡镇（街道）实际管辖地域划分网格，全市共分成13个网格单位，依托劳动保障监察机构专职监察员，乡镇（街道）兼职监察员和社区（村）劳动保障法律监督员3级队伍，实行“分片包干、责任到人”，对网格内的所有用人单位进行信息采集和劳动用工的动态监控，掌握用人单位与劳动者签订劳动合同、工资支付、缴纳社会保险和遵守其他劳动保障法律法规的情况，及时发现和化解劳动纠纷，依法纠正和查处劳动保障违法行为，预防和处置突发群体性事件。

二、劳动争议仲裁

1993年，建阳市劳动争议仲裁委员会由劳动保障部门、工会组织和经济管理部门组成3方机制，下设劳动争议办事机构，负责劳动争议案件受理的日常工作，实行仲裁员、仲裁庭制度，专职的仲裁员由仲裁委从劳动行政部门专门从事劳动争议处理工作的人员中聘任，兼职仲裁员一般从仲裁委组成部门的人员中聘请。企业设立劳动争议调解委员会，负责调解本企业发生的劳动争议纠纷。企业与职工因执行国家劳动保障法律法规规定发生的劳动纠纷，先行调解，调解达不成协议的，仲裁庭在查明事实的基础上，仲裁委及时裁决；当事人对仲裁裁决不服的，可向人民法院起诉。对发生法律效力的调解书或裁决书，逾期不履行的，可以申请人民法院强制执行。基本上确立劳动争议“协商、调解、一裁二审”的处理机制。

2008年5月，实施《中华人民共和国劳动争议调解仲裁法》，贯彻“预防为主、基层为主、调解为主”的方针，发生劳动争议以调解为主，调裁结合。劳动者可以与用人单位协商，也可以请工会或第三方共同与用人单位进行协商，再达成和解协议。劳动者选择申请仲裁的，仲裁庭作出仲裁前也先行调解，引导当事人双方尽量地通过协商和调解解决劳动争议。

2010年，建阳市仲裁委收到案件25件，立案受理22件，其中，裁决结案4件，调解结案和其他处理18件，调解率达到81.82%。全市13个乡（镇）、街道全部建立基层调解组织，并设相关调解工作人员。完善解决劳动争议处理周期长的问题。对简易、明确、诉求金额不大的部分案件，实行 “一裁终局”。对农民工申诉的劳动争议案件，简化程序，加快审理，涉及劳动报酬、工伤待遇的优先审理，保障农民工的劳动权益。

第四节　社会保险

一、养老保险

（一）机关事业单位人员养老保险

1994年6月，成立建阳县机关事业单位社会保险公司（其后随撤县建市更名为建阳市机关事业单位社会保险公司），1994年12月，建立机关事业单位工作人员退休养老保险制度，负责全县机关事业单位在职与离退休（职）人员养老保险基金的筹集、给付、管理工作。采取县（市）级统筹的方式，建立基本养老保险与单位补充养老保险、个人储存积累式养老保险相结合的社会保险制度，实行国家、单位、个人共同负担，单位按工资总额的25%，个人按本人工资额的2%缴纳保险费。教育系统在2005年整体纳入参保。

2001年3月，建阳市机关事业单位社会保险管理中心由人事部门管理，整体移交划转劳动保障部门管理。至2010年底，共有280个单位的4434人参保。

1994—2010年，全市机关事业单位社会保险基金总收入25246.37万元，支出23430.65万元。

1994—2010 年建阳市机关事业单位社会保险情况表

表 25-2-3 单位：个、人、万元

年份	参保单位（个）	参保人数（人）	基金收入（万元）	支付离退休人数（人）	基金支出（万元）
1994	5	12	13.13	0	0
1995	124	677	106.94	16	8.17
1996	183	841	128.37	22	11.99
1997	188	877	149.52	24	19.67
1998	193	1540	277.39	310	262.56
1999	197	1608	367.72	316	293.33
2000	200	1629	390.11	343	347.74
2001	201	1700	572.34	357	546.01
2002	212	2029	676.35	468	564.78
2003	260	1899	713.66	523	586.72
2004	269	1860	748.71	555	691.02
2005	279	4952	2586.35	1604	2239.26
2006	257	4695	3075.52	1525	2494.04
2007	272	4623	2759.82	1594	3107.98
2008	272	4546	3367.11	1628	3198.49
2009	272	4491	4375.14	1674	4260.96
2010	280	4434	4938.19	1733	4797.93

（二）企业职工基本养老保险

1994 年，国有企业职工基本养老保险缴费满 10 年的按月发给养老金。基本养老金由社会性养老金和缴费性养老金两部分组成。社会性养老金以缴费满 15 年以上按全省上 1 年职工月平均工资的 25%；缴费满 10—15 年的按 20% 计发。缴费性养老金以缴费每满 1 年发给职工本人指数化月平均缴费工资的平均值为基数，缴费每满 1 年发给 1%。企业缴费由 19% 调为 21%，职工个人缴费由 2% 调为 4%。

1996 年 1 月起，原来由人民保险公司承办的集体所有制企业职工养老保险业务，移交劳动部门所属的社会保险机构负责经办，实现养老保险“广覆盖、四统一”（“广覆盖”：将基本养老保险的实施范围扩大到城镇各类企业，包括国有企业、集体企业、私营企业、外商企业、联营企业、股份制企业。将基本养老保险的实施范围扩大到城镇各类企业的劳动者，包括原有的国企员工、劳动合同制职工、订立劳动合同的临时工以及各类企业的离退休人员。将基本养老保险实施范围逐步扩大到城镇个体工商户及其职工。将基本养老保险实施范围逐步扩大到城镇私营企业，有条件的地方可以扩大到自由职业者。“四统一”：逐步对城镇各类所有制企业和经济成分费基本养老保险实行统一制度、统一标准、统一管理和统一调剂使用基金）。集体企业职工养老保险费按职工工资总额的 25%（其中职工个人按 4%）向社保缴纳养老保险费。养老保险范围将城镇个体工商户、私营企业主，自由职业者等非工薪收入者纳入统筹，按 25% 缴费。养老保险实行社会统筹与个人账户相结合，企业职工养老保险个人账户按职工本人缴费基数的 11% 记入；城镇个体工商户等非工薪收入者按其缴费率的 14% 记入个人账户。基本养老金由社会性养老金、缴费性养老金、个人账户养老金组成，个人账户养老金以本人账户储存额除以 120 计数。

1997 年 12 月起，执行《福建省城镇企业职工基本养老保险条例》，将运营 10 年的企业养老保险形成统一立法，统一管理。将城镇各类企业，城镇个体劳动者全部纳入基本养老保险范围。企业按其全部职工工资总额的 20% 缴纳基本养老保险费，从 1998 年起每 2 年降低 1 个百分点，直至 18%；职工个人按其工资额的 5% 缴纳，从 1998 年起每 2 年提高 1 个百分点，直至 8%。城镇个体劳动者按 25% 缴纳养老保险费。职工基本养老保险个人账户按职工本人缴费基数的 11% 建立。参保人员退休时缴费年限累计满 15

年的按月发给基本养老金额，基本养老金由基础养老金和个人账户养老金组成。基础养老金以全省上一年度职工平均工资的 20% 计发，个人账户养老金以本人收户储存额除以 120 计发。

2000 年 1 月起，国有农垦企业建阳市综合农场职工纳入城镇职工基本养老保险，进一步扩大养老保险覆盖范围，保障农垦企业离退休职工基本生活，纳入时参保人员以所在地（市）上一年度职工月平均缴费工资 50% 为补缴基数，按 18% 为缴费比例，在职职工 1 次性补缴从 1989 年起至参加基本养老保险前工作年限的保费，退休人员 1 次性补缴 10 年的养老保险费。补缴保费后原全民固定职工 1988 年底前符合国家规定的连续工龄视同缴费年限。

2001 年 1 月起，企业职工养老保险费统一由地方税务机关征收；企业离退休人员基本养老金实行社会性发放，在商业银行或邮电储蓄机构为离退休人员建立基本养老金账户，按月将应付养老金划入离退休人员基本养老金账户，保证离退休人员能够按时领取养老金，推进企业退休人员实现管理服务的社会化。

2006 年 1 月起，个人账户划入由缴费额的 11% 调整为 8%，全部由个人缴费组成，单位缴费不再划入个人账户。

2010 年 1 月起，将因破产导致无力参加养老保险的集体所有制企业建阳市标准件厂 27 位退休职工纳入老年生活保障范围，按建阳市城镇居民月最低生活保障标准按月发给老年生活保障金。是年，全市参加养老保险 24620 人，征缴养老保险金 6500 万元；发给离退休职工 9895 人养老金总额 12740 万元。

（三）农村居民养老保险

1994—2010 年建阳市企业职工基本养老保险情况表

表 25-2-4 单位：人、万元

年份	参保人数（人）	基金征缴（万元）	离退休人数（人）	基金支出（万元）
1994	21341	1341	4780	1094
1995	20917	1973	4944	1650
1996	23567	2220	6001	1840
1997	22881	1762	6230	2190
1998	16537	1536	5458	2007
1999	13792	1708	5860	2319
2000	13580	2036	6272	2669
2001	11945	2009	6517	2867
2002	13960	1923	6760	3759
2003	12928	1677	7020	3861
2004	12618	1618	7371	4200
2005	18900	3102	7762	4895
2006	19731	4061	8115	6157
2007	20895	4600	8536	7081
2008	24503	4800	8956	8950
2009	24153	5385	9435	10660
2010	24620	6500	9895	12740

1992 年 1 月，民政部发布《县级农村社会养老保险基本方案（试行）》，逐步建立农村社会养老保险制度，农保以个人缴费为主，集体补助为辅，国家政策扶持，政府组织引导农民自愿参加。自 1992 年 12 月开始，由民政部门农村社保经办机构办理，以县级为基本核算单位，实行基金预筹，储备积累，建立个人账户，个人缴费和集体补助全部记入个人名下，属于个人所有。农村养老保险主要以农村计生对象、村干部、农村义务兵等人员为主。参保人员根据自身的经济负担承受能力，自行确定缴费数额，选择按月（或季、

半年、年）缴纳保费，也可以趸缴。养老金领取标准主要取决于个人缴费多少，积累时间的长短和基金收益，体现自我保障为主，互助互济为辅的原则。2001 年 1 月起，农村养老保险机构由民政部门整体移交划归劳动保障部门管理。

2010 年 10 月，建阳市政府开展新型农村养老保险试点工作，印发《新型农村社会养老保险实施办法》，建立个人缴费和集体补助，政府补贴相结合的新型农保制度，个人缴费设为每年 100—2000 元（1200 元以下每 100 元为 1 个档次，1200 元以上设 1500 元和 2000 元 2 档），共计 14 个缴费档次，多缴多得。政府补贴标准为每人每年 30 元，每提高 1 个缴费档次增加补贴 5 元；缴费档次达 500 元以上的补贴均为每人每年 50 元。有条件的村集体应当对参保人员缴费给予补助。个人缴费、集体补助和政府缴费补贴全部记入个人账户。新农保养老待遇由基础养老金和个人账户养老金 2 部分组成支付终身。政府对符合领取条件的参保人员全额支付基础养老金每人每月 55 元；个人账户养老金月计发标准为个人账户全部储存额除以 139 计数。农村社会保险中心引导农民参保缴费，做好年满 60 岁老年农民的基础养老金发放工作。当年实现参保人员 100018 人，基金征收 1305.03 万元，为 30386 人支付养老金 500.15 万元，省级和市财政分别补贴 987 万元和 198 万元。市农保机构对新、老农保养老保险做好衔接工作，参加老农保而又未满 60 周岁人员可将老农保个人账户资金并入新农保个人账户，按新农保缴费规定继续参加缴费。

1993—2010 年，全市农村养老保险（老农保）基金总收入 1434.81 万元，基金发放总额 84.16 万元。

1993—2010 年建阳市农村养老保险（老农保）情况表

表 25-2-5 **单位：人、万元**

年份	参保人数	其中当年新增数	基金收入	当年到龄享受人数	当年发放金额
1993	20145	3023	67.58	21	0.12
1994	24913	4809	112.22	41	0.36
1995	29230	4368	157.17	51	0.41
1996	32149	2979	179.84	60	0.52
1997	34084	2032	88.11	97	0.69
1998	36173	2181	60.52	92	1.48
1999	37728	1655	97.42	100	1.15
2000	39012	1366	57.59	82	1.90
2001	39507	605	36.68	110	2.60
2002	39636	249	22.28	120	2.91
2003	39838	341	33.44	139	3.60
2004	39871	215	28.27	182	4.93
2005	39880	216	37.47	207	5.77
2006	39975	328	256.86	233	6.74
2007	39977	240	72.17	238	8.46
2008	39913	219	78.66	283	9.88
2009	39599	89	27.28	403	15.01
2010	39206	22	21.25	415	17.63

二、工伤保险

1995 年，建阳市建立工伤保险制度，保障企业职工在工作中受到意外伤害或职业危害后获医疗保障、生活保障、经济补偿和职业康复等权利。企业按规定参加工伤保险，建立工伤保险基金，工伤保险费全部由企业按职工工资总额为基数费率缴纳。企业职工经认定为工伤，由劳动能力鉴定委员会提供伤残、职业病的劳动能力鉴定，按劳动功能障碍的10个伤残等级，以丧失劳动能力程度，享受相应的工伤保险待遇。工伤人员医疗期间医疗费伤残补助金，完全丧失劳动能力的定期伤残抚恤金，工亡丧葬补助费，一次性补助金，供养亲属定期抚恤金等工伤保险待遇由工伤保险基金支付。医疗期间工资，伤残津贴，医疗和就业补助金等由用人单位支付。全市参保20409人，征缴基金54万元。1996年，全市参保20124人，征缴基金84万元。工伤15人，基金支出28万元。

2004年起，贯彻执行《工伤保险条例》，对各类企业、个体工商户工伤职工的工伤作出具体规定，并就非法用工单位及童工伤亡的一次性赔偿作专门规定。工伤保险费率统一按3类行业风险实行0.50%、1%、2%三种基准费率执行，社会保险经办机构对中等和较大风险的行业，根据用工单位工伤发生率，职业病危害程度等因素，可上下浮动费率2档，分别可上浮120%和150%，下浮为80%和50%。

2006年7月，启动事业单位、民间非营利组织工作人员参加工伤保险工作。企业按职工工资总额的0.50%费缴纳工伤保险费。

2008年10月，根据上级相关规定，矿山井下作业类等企业工伤保险基准费率至原来的2%提高5%。

1995—2010年，全市共征缴工伤保险基金1596万元，累计为1386人支出保险金954万元。

1995—2010年建阳市企业职工工伤保险情况表

表25-2-6　　单位：人、万元

年份	参保人数（人）	基金征缴（万元）	工伤人数（人）	基金支出（万元）
1995	20409	64	0	0
1996	20124	84	15	28
1997	22837	66	11	11
1998	9243	40	7	15
1999	11226	48	10	7
2000	10481	45	11	9
2001	6485	46	12	18
2002	7295	37	8	7
2003	7015	40	8	3
2004	9383	67	36	21
2005	10032	66	79	39
2006	12763	112	188	63
2007	15217	125	227	108
2008	16989	156	252	126
2009	19188	196	221	147
2010	21142	404	301	352

三、生育保险

1996年10月1日，启动企业职工生育保险，在劳动者符合计划生育规定而生育时享受生育保险待遇。企业按职工工资总额的0.70%缴纳生育保险费。参保职工依法享受生育津贴和生育医疗服务。生育津贴用于保障女职工生育期间的基本生活，女职工在法定产假90天（晚育并领取独生证的，产假延长135天至180天），由生育保险基金按月支付生育津贴，生育津贴的标准为上年度本企业职工月均缴费工资。生育医疗费用于保障女职工怀孕、分娩期间的基本医疗保健需要。女职工生育的产前检查费、接生费、手术费、住院费和药费由生育保险基金中支付。女职工生育出院后，因生育引起疾病的医疗费用，由生育保险基金支付。男职工配偶生育符合计划生育规定，未享受生育保险待遇的，由生育保险基金给付一次性生育补助金，其标准按一育（生育1孩）津贴的50%发给。2003年1月，根据上级相关政策规定，生育保险缴费率提高到按工资总额的0.90%缴纳。

1996—2010年，全市共征缴生育保险基金779万元，累计支出351万元。

1996—2010年建阳市企业职工生育保险情况表

表25-2-7 单位：人、万元

年份	参保人数（人）	基金征缴（万元）	生育人数（人）	基金支出（万元）
1996	23607	12	0	0
1997	22837	46	158	39
1998	9660	29	151	37
1999	10632	42	159	31
2000	11481	43	145	32
2001	6485	42	146	32
2002	7295	31	104	25
2003	7015	33	73	20
2004	7316	53	78	22
2005	7712	42	70	22
2006	7903	57	52	15
2007	9497	57	47	20
2008	9578	75	52	20
2009	11846	84	70	31
2010	14347	133	61	25

四、医疗保险

（一）职工基本医疗保险

2000年，建阳市政府制定《建阳市城镇职工基本医疗保险制度改革实施方案》，保障职工基本医疗需求的社会医疗保险制度建立，从而取代实行40年的公费医疗和劳保医疗制度。城镇职工基本医疗保险实行“双方负担”，基本医疗保险费由用人单位按工资总额6%（2007年调整为7%），职工个人按月工资额2%缴纳。“统账结合”由统筹基金与个人账户构成，用人单位缴纳的基本医疗保险费分为2部分，一部分用于建立统筹基金，一部分划入参保职工个人账户，个人账户按年龄分为41岁以下和41岁以上2类，分别按用人单位缴费的1%和1.70%的比例划入，个人缴纳的部分全部划为个人账户。医疗保险统筹基金实行统一筹集、统一管理、统一调剂使用，个人账户主要用于支付个人一般门诊医疗费和住院费的自付部分。退休人员不缴纳保险费，个人账户按本人退休养老金的4%划入。参保人员住院医疗费达到统筹基金起付标准以上的部分，主要由统筹基金支付，个人按一定的比例支付，实行“分段计算，比例负担，累计自付”的办法，按照住院的医疗机构级别（以二级医院为例）个人超值标准为5000元以内，5000—10000元，10000元以上3个档次，职工个人自付部分的比例相应的为14%（9%），8%（6%），2%（2%）（括号内的为退休人员比例）。统筹基金最高支付限额为3.80万元（2009年调整为4.20万元，2010年调整为4.80万元），超过最高限额的医疗费用，通过商业医疗保险的途径解决。2004年城镇个体劳动者纳入住院医疗保险，按当地上年度在岗职工月平均工资的5%缴费，不建立个人账户，全部进入统筹基金。2001—2010年，全市征缴职工医疗保险基金32081万元，统筹基金支出11510万元。

2001—2010 年建阳市职工基本医疗保险情况表

表 25-2-8　单位：人、万元

年份	参保人数（人）	基金征缴（万元）	住院（人次）	统筹基金支出（万元）
2001	19030	788	690	169
2002	26214	1583	1652	551
2003	25871	1777	2269	745
2004	27911	3879	2485	898
2005	28491	2434	2628	840
2006	29729	2531	2447	746
2007	31440	3788	2674	1000
2008	34284	5608	3446	1280
2009	34145	4406	4364	2109
2010	39159	5287	5462	3172

（二）新型农村合作医疗

2006 年，建阳市建立新型农村合作医疗制度，由政府组织引导、支持，农村居民自愿参加，个人集体和政府共同筹资，以大病统筹为主的农民互助共济的医保方式，以保证广大农民“病有所医”。2009 年，新农合资金由中央、省级财政每人补助 60 元，市财政补助 20 元，参保的农民个人缴纳 20 元，每年人均筹资额为 100 元。2010 年，各级筹资水平为 150 元。新农合基金按年度筹资额的 3% 作为风险基金，其他的分别按住院统筹基金 80%，门诊统筹基金 20% 的比例设立。

参保农民住院补偿设立起付线和封顶线，按医疗机构的级别，补偿的起付线分别 100—800 元 5 个档次，补偿的比例相应地为 85%—40%，补偿的年累计封顶线均为 4 万元（2010 年调整为 6 万元），慢性病的门诊费用按比例予以补偿。

2009 年 7 月，市政府决定对医疗保险机构进行整合，将原来由卫生部门管理的新型农村合作医疗保险，划归市劳动保障部门管理的市医疗保险管理中心统一管理。

2006—2010 年，全市共征缴新型农村合作医疗保险基金 9599.54 万元，统筹基金支出 8133.10 万元。

2006—2010 年建阳市新型农村合作医疗保险情况表

表 25-2-9　单位：人、万元、人次

年份	参保人数（人）	基金征缴（万元）	住院（人次）	统筹基金支出（万元）
2006	206700	258.38	2120	147.54
2007	228972	1122.41	11950	925.24
2008	228972	2072.75	19374	1780.49
2009	237233	2404	27336	2393
2010	248851	3740	26759	2886.83

（三）城镇非从业居民基本医疗保险

2007 年 10 月，建阳市建立城镇非从业居民的基本医疗保险制度，重点保障城镇居民的大病医疗需求，以家庭缴费为主，政府给予适当补助。居民医保成年人筹资标准为每年人 200 元，其中个人缴费 120 元；未成年人每年人筹资 80 元，其中个人缴费 38 元。居民医保对特困群体缴费由政府再行补助，成年人补助 90 元，未成年人补助 30 元。

居民医保实行住院医疗补偿和特殊门诊大病医疗补偿相结合。住院补偿按医疗机构的级别，补偿超付线分别为 300—700 元 4 个档次，补偿比例相应为 70%—50%，每年累计补偿封顶线为 3 万元。特殊门诊大病补偿起付线，社区医疗机构为200元，补偿比例为70%，其他医院诊疗的均为300元，补偿的比例分为二级医院60%，三级以上的医院50%，年累计补偿封顶线均为1万元。

2007—2010年，全市共征缴城镇居民医疗保险基金771万元，统筹基金支出765万元。

2007—2010年建阳市城镇居民医疗保险情况表

表25-2-10 单位：人、人次、万元

年份	参保人数（人）	基金征缴（万元）	住院（人次）	统筹基金支出（万元）
2007	35573	62	—	—
2008	35573	255	900	134
2009	15195	263	1300	261
2010	12020	191	1575	370

（四）城乡居民基本医疗保险

2010年12月，市政府决定将新型农村合作医疗保险与城镇居民医疗保险一体化为城乡居民基本医疗保险，实行市级统筹，统一政策，统一管理。统一后的城乡居民医疗保险基金提取3%的风险储备金，其余的均设为医疗统筹基金。参保人员住院补偿起付线按医疗机构级别分为100—800元4个档次，报销比例分别调为80%—40%，补偿封顶线为6万元。普通门诊报销单次为30%，全年封顶为100元，特殊病种门诊报销单次为50%，封顶线按不同病种分别设置为3000元和8000元2个种类。

（五）重大疾病住院大额医疗费用补偿

2010年1月起，重大疾病住院大额医疗费用补偿制度建立，对未纳入住院统筹基金实际补偿范围的住院可补偿费用，再进行一定比例的补充补偿，其限额每年可达到20万元。

五、失业保险

1993年4月，建阳市贯彻执行国务院发布《国有企业职工行业保险规定》，对失去工作的国有企业职工给予基本生活保障，企业和职工按规定的比例缴纳行业保险费，企业按职工工资总额的1%，职工个人按本人月工资的0.50%缴纳。企业依法辞退职工和经核准转入社会待业的富余职工，到劳动就业服务机构办理待业登记手续后，在社会上等待再就业时，按规定享受基本生活保障。职工在待业期间或企业连续停产停业3个月以上，按工作年限发给6—24个月的待业救济金，待业救济金的标准依工龄的长短每月发给城镇职工月平均工资的35%—50%，并按待业救济金标准的6%发给医疗补助费。

1994年，市造纸厂得到从待业基金中的生产自救费和贷款贴息16.59万元的帮助，取得贴息借款40万元，缓解312名富余职工上岗就业的困难。1995年，市供销经理部得到1.30万元的生活救济金，帮助企业渡过难关。

2001年起，按照新修改的《福建省企业职工失业保险条例》的规定，把城镇各类企业纳入失业保险范围，由地方税务机关征收。失业保险费企业按工资总额2%、职工个人按本人工资额1%缴纳。失业救济金按缴费每满1年发给2个月失业救济金，最长期限为24个月。救济金每月按缴费的时间长短，以当地最低工资的70%—80%的标准发放。失业人员领取失业救济金期间，生活困难的可申领失业救济金40%的生活困难补助金；患病住院治疗的另行发给住院医疗补助金。

2000年9月起，失业保险覆盖面扩大到城镇事业单位职工。

2000年至2007年期间，企业改制重组、关停并转，大量企业职工下岗失业，失业金发放骤增，失业保险基金出现收支严重失衡，发放压力增大。市委、市政府及时调剂资金弥补失业金发放缺口，每月及时拨付到位，确保失业金的按时足额发放，保障下岗失业人员及时获得失业救济金。

2003 年起，为鼓励下岗失业人员自谋职业或组织起来就业，将其应享受的失业救济金余额用于缴纳养老保险费和医疗保险费，延缓失业金发放时间，缓解失业保险基金的支出压力。

1994—2010 年，全市共征缴失业保险基金 4114.16 万元，支出 5294.97 万元。

1994—2010 年建阳市失业保险情况表

表 25-2-11　　单位：人、万元、人次

年份	参保人数（人）	基金征缴（万元）	享受失业金（人次）	基金支出（万元）
1994	18211	70.68	1540	38.68
1995	18436	74.77	1213	14.46
1996	19275	84.64	964	11.96
1997	18107	82.06	3272	28.53
1998	16321	58.74	512	14.25
1999	11257	142.50	1690	26.70
2000	13308	242.79	10610	264.91
2001	14516	297.55	34950	624.24
2002	17919	237.68	28145	641
2003	18022	262.86	25173	578.29
2004	18042	315.80	29703	725.53
2005	18925	320.42	23112	606.52
2006	18324	341.99	13424	404.43
2007	19054	385.18	11350	392.77
2008	19217	439.11	7733	305.67
2009	18496	390.51	5351	231.42
2010	20108	366.88	8240	385.61

第五节　劳动管理

一、用工制度改革

（一）建立劳动合同制

1995 年起，建阳市贯彻施行《中华人民共和国劳动法》，开始在国有企业中普遍推行劳动合同制。通过劳动合同制的改革，确立企业是用工主体，可以根据市场变化，生产经营的需要，招聘、调整企业用工；劳动者是择业主体，具有自主选择职业，单位和劳动岗位的权利，使企业拥有独立的择业自主权，用人单位与劳动者双向选择的新型用人机构形成，实现用工主体的转变。劳动合同制打破所有制的界限，劳动者可以在各类企业间自主流动。用人单位根据生产经营需要自主地录用、辞退劳动力，自主地选择用工形式、条件。企业内部取消干部与工人的身份界限，企业与劳动者在平等自愿、协商一致的基础上，依法签订劳动合同，明确双方的职责权利，以法律的形式确定劳动关系，依照劳动合同规范劳动关系双方行为。

1996 年，省人大颁布《福建省劳动合同管理规定》后，市劳动行政部门和工会组织帮助企业建立、完善劳动合同制度，指导企业和职工签订劳动合同，并对企业遵守劳动法规和情况进行监督，对签订的劳动合同进行签证，保护劳动合同当事人双方的合法权益。

（二）施行非全日制用工形式

2003 年 5 月，建阳市部分用人单位施行国家劳动社会保障部制定的非全日制用工形式，提出以小时

工为主要形式的非全日制用工，是灵活就业的主要形式。这一用工形式突破传统的全日制用工模式，劳动者在同一用人单位平均每日工作时间不超5小时，累计每周工作时间不超过30小时的用工形式，可以与1个或1个以上用人单位建立劳动关系。以小时计酬，工资支付可以按小时、日、周或月为单位结算。从事非全日制工作的劳动者参照个体工商户参保办法参加基本养老保险和医疗保险。用人单位为建立劳动关系的非全日制劳动者缴纳工伤保险费。国家制定非全日制用工的小时最低工资标准，维护劳动者提供的非全日制劳动权益。

（三）建立劳务派遣用工机制

2005年4月，建阳市成立劳务派遣分公司，为各类用工单位和求职者提供劳务派遣服务。当年为10家用人单位派遣员工713人，提高劳动就业的组织化程度，促进就业和再就业。

二、劳动力市场建设

1997年1月起，建阳市贯彻实施《中华人民共和国劳动法》，确立和促进社会主义市场经济的劳动就业制度，建立市场机制，对劳动力市场规范管理，引导城乡劳动力合理有序流动，实行流动就业，凭证管理制度，职业介绍机构对各类人员求职实行就业登记，使用外来劳动力实行《务工许可证》管理，全市在各乡镇劳动服务站增挂“职业介绍所”牌子，开展职业介绍活动，进行流动就业卡申领发放，对社会劳动力进行规范管理。

2000年起，面对大量农村富余劳动力进城务工，市劳动部门统筹城乡就业，取消对劳动者流动就业的限制，开通城乡劳动力市场，将农村劳动力统一纳入劳动就业范畴，使劳动就业服务覆盖城乡，对城乡劳动者实行一体化管理体制。

2001年，建阳市列入全省就业服务“三化”（制度化、专业化、社会化）建设试点县市，2002年初，建阳市劳动力中心市场投入使用，建筑面积1400平方米，市场大厅为劳动力提供求职、求聘登记、《就业证》办理，信息发布，职业指导、职业介绍、就业培训、劳动事务代理、合同鉴证、社会保险等“一条龙”服务。开展农村富余劳动力向非农产业转移职业培训，为农村富余劳动力的顺利转移创造条件。

2003年，市有关部门取消对农民工进城务工就业不合理限制，促进农民工的合理流动，不得干涉企业自主合法使用农民工，对农民工和城镇居民一视同仁，公平对待，合理引导，完善管理，搞好服务，全面做好农民工进城务工就业管理和服务工作。加强基层劳动保障平台“三基建设”（基础工作、基层组织和基本能力建设），把就业服务体系向社区延伸，在潭城、童游街道设立劳动保障事务所，2个街道所属的16个社区居委会以及任务重的水吉、麻沙2个居民社区成立劳动保障工作站，聘用专门人员负责劳动保障工作。2004年，放宽农民进城务工的条件，取消针对农民工的限制规定，满足农民进城就业的需求。职业介绍机构免费向农民工开放，为农民工提供就业信息、政策咨询，对求职登记的农民工提供职业指导、职业介绍服务，每年举办“春风行动”“民营企业周招聘活动”等大型公共就业服务专项活动，推荐农民工就地就近就业，组织农村劳动力输出转移就业，引导农村富余劳动力有序流动。引导、鼓励和组织农民工参加职业技能培训，安排专项经费扶持农民工职业技能培训鉴定。

2006年起，打破城乡二元就业结构，统筹城乡劳动就业。建立农民工工作联席会议制度，统筹协调政府各有关部门实际分工负责，检查督促对农民工的各项工作政策的落实。通过发展乡镇企业和农村第三产业，就地就近向非农产业转移；通过发展小城镇，扩大就业容量，吸纳农村剩余劳动力在当地转移就业；通过引导一部分农村富余劳动力按需有序异地转移流动，以满足城市经济发展的需要。市劳动保障部门着力构建乡镇（街道），村（社区）基层劳动保障平台，建立健全城乡公共就业服务网络，把农民工纳入公共就业服务体系，为城乡劳动者提供平等就业机会和服务，实行免费的职业指导，职业介绍，政策咨询，就业信息等服务。市职业培训机构大力开展农民工职业技能培训，对被征地农民逐村进行有针对性和实用性转移就业培训，使其至少熟练掌握1项职业技能，提高农民工择业竞争能力、适应能力和自主创业能力。市财政加大资金投入，安排专项经费扶持农民工培训工作，对参加培训的农民工给予适当培训费补贴。农村贫困家庭、被征地农民基本实现“一户一就业”。将小额担保贷款政策延伸覆盖到所有进城创业、就业的农村劳动者，将再就业援助对象扩大到农村贫困家庭。

2008 年，加紧 11 个乡镇劳动保障机构建设，健全工作机制，配备人员，落实经费，做好基层劳动保障工作。至 2009 年，全市 193 个建制村聘请劳动保障协理员，初步健全市、乡镇（街道）、村（社区）三级基层工作平台，形成统一领导、分工协作、分步实施、层层落实的工作机制，保障城乡劳动者充分就业。

2009—2010 年，针对闽北经济开发区建设，童游街道南林等 4 个村大面积征地，建阳市把被征地农民统一纳入公共就业服务对象，开展就业援助，提供免费就业培训鉴定，帮助有就业愿望的被征地农民尽快实现就业。

三、工资管理

1997 年起，市内企业根据国家宏观调控目标，依据有关经济指标，确定工资增长水平，对企业的工资分配进行指导与调控。工资指导线水平的制定以本区年度经济增长率、社会生产率、城镇居民消费价格指数为主要依据，并综合考虑城镇就业状况，劳动力市场价格，人工成本水平和对外贸易状况等因素，测算出合理的工资增长率（10%—12%），选取合理增长区间（5%—11%），按“两低于”（工资总额增长速度应低于经济效益增长速度、平均工资增长速度应低于劳动生产率增长速度）的原则，指导工资的适度增长，为企业工资集体协商谈判确定工资增长水平提供信息、预测和建议。继续实行按劳动和财政部门核定的工资总额基数同经济效益指标基数（主要同上缴税利，实现税利或实现利润指标）挂钩，企业在完成国家核定的国有资产保值考核指标，按照实际完成经济效益指标情况，按规定的浮动比例（一般按 0.30—0.70 核定），提取新增（或核减）效益工资，即经济效益指标增减 1%，工资总额相应地增减 0.30%—0.70%。实行工资挂钩的企业每年进行清算，其计提新增的效益工资，企业自主安排使用，采取灵活多样的分配形式搞活企业内部分配。对不具备工效挂钩条件的企业实行工资总额包干办法，每年初核定 1 次包干方案，其工资总额包干数以企业上年度统计年报实际发放数为基数，企业据此提取工资总额，当年增人不增工资总额；在完成生产经营效益指标的前提下，减人不减工资总额。企业可在核定的包干工资总额内自主安排使用。

2000 年起，市劳动保障部门定期对各类企业中的不同职业（工种）的工资水平进行调查、分析、汇总、加工，开成各类职业（工种）的工资价位，向社会公布，用以指导企业合理确定职工水平和工资关系，调节劳动力市场价格。

2001 年，推行的工资集体协商，签订工资集体协议，即用人单位（雇主）代表和劳动者代表就企业工资分配制度、工资分配形式、工资收入水平、工资的支付等事项进行平等协商，在协商一致的基础上，签订工资协议并报送劳动保障行政部门审查。

2009 年起，用人单位执行省政府规定的最低工资标准并向劳动保障行政部门报备。用人单位生产经营困难，经济效益亏损，确实法无法正常支付工资，需要将最低工资标准作为确定支付给劳动者的劳动报酬，企业必须召开本单位全体职工或职工代表大会讨论拟执行最低工资标准方案，并报劳动保障行政部门备案后方能实施。实行有效期 3 个月的管理，用人单位生产经营恢复正常后，及时恢复或提高劳动者的工资标准。

1994—2010 年建阳市历年最低工资标准情况表

表 25-2-12　　单位：元 / 月

年份	调整后最低工资标准（元 / 月）	小时最低工资标准（元 / 时）
1994.10	190	—
1995.7	200	—
1996.7	210	—

续表 25-2-12

年份	调整后最低工资标准（元／月）	小时最低工资标准（元／时）
1997.7	215	—
1998.7	215	—
1999.7	240	—
2000.7	260	—
2001.10	280	—
2003.11	300	—
2005.7	350	—
2006.8	400	—
2007.8	480	4.70
2010.3	600	6.50

三、企业退休人员社会化管理

2003年8月，建阳市政府出台《建阳市企业退休人员社会化管理服务实施意见》（潭政综〔2003〕121号）正式启动全市企业退休人员社会化管理服务工作，成立市工作领导小组，下设办公室，挂靠在市劳动保障局，由市劳动保障局副局长兼任办公室主任。在潭城、童游两街道建立退休人员管理服务所，城区16个社区居委会成立退管服务站，配备专职人员具体负责辖区内的企业退休人员的管理服务工作，形成街居3级社会保障工作网络。2004年，全市11个乡镇均成立劳动保障事务所，设立退休人员管理服务站，负责辖区内企业退休人员的社会化服务工作，至此，建阳市企业退休人员社会化管理服务工作覆盖面达100%。

退休人员实行社会化管理，实现“老有所养、老有所医、老有所为、老有所教、老有所学、老有所乐”。构建独立于企业之外的社会保障体系和社会化管理服务网络，提高企业退休人员晚年的生活质量。

至2010年底，全市共有9261名企业离退休人员纳入社区社会化管理。企业职工新办退休时，及时移交至退管服务机构，直接纳入社会化管理，实现社会化管理的长效机制。

第六节　机　构

1994年，建阳撤县建市，建阳县劳动局更名为建阳市劳动局。

1997年，根据《国家公务员职位分类工作实施办法》和《建阳市劳动局职能配置，内设机构和人员编制方案》，市劳动局（含安办）机关行政编制为14名，其中，局长1名，副局长2名，股级职数7名，内设7个职能科室：综合管理科、劳动监察科、工资福利保险科、职业技能开发科、安全卫生与锅炉压力容器科、劳动争议仲裁办公室、安全生产委员会办公室。

2002年9月，根据中共南平市委、南平市人民政府批复的《建阳市党政机构改革方案》和《中共建阳市委、建阳市人民政府关于建阳市党政机构改革的实施意见》，组建建阳市劳动和社会保障局，为主管建阳市劳动和社会保障行政事务的市人民政府工作部门，为正科级。将机关事业单位社会保险、农村社会保险、医疗保险制度改革、国有企业下岗职工基本生活保障和再就业、就业管理和失业保险管理等职能划入市劳动和社会保障局；增加企业离退休人员社会化服务管理、农村劳动力开发就业转移培训、失业职工再就业援助、企业干部退休审批等职能。并将原劳动局承担的安全生产综合管理、职业安全监察和矿山安全监察职能，交由安全生产管理局承担；将职业卫生监察（包括矿山卫生监察）职能，交由卫生局承担；将锅炉压力容器、电梯等特种设备安全监察监督职能，交由质量技术监督局承担；将市直机关、事业单位工勤人员的报批、调到的管理工作，交由市人事局承担。市劳动和社会保障局机关行政编制为8名，其中，局长1名，副局长2名，股级领导职数5名。机关工勤人员事业编制1名。内设5个职能股室：办公室、劳动法制股、培训就业股、社会保险股、劳动争议仲裁办公室。至2010年不变。

第二十六篇　教育

第二十六篇 教 育

1994 年，建阳市共有幼儿园（班）214 所；小学 188 所，其中，城区小学 5 所，农村 183 所。中学 15 所，其中，完中 4 所，初中 11 所。中等职业中学有 5 所。从 90 年代后期开始，建阳市基础教育事业进入新的发展阶段。至 1997 年，实现全市基本普及九年义务教育和基本扫除青壮年文盲的历史性目标。扫盲工作通过国家验收。

2010 年，全市共有幼儿园（班）28 所，其中，公办园 16 所（城区 4 所，农村 12 所），民办园（班）12 所（城区 9 所，农村 3 所），在园幼儿人数 10507 人，适龄幼儿入园率 91.96%；城区小学 5 所，农村小学 30 所，在校学生数 19913 人；中学 15 所，其中，完中 4 所，初中 11 所，在校学生数 17836 人。全市教职工总数 3417 人，其中，专任教师 3202 人。中学专任教师中，高级教师职称 169 人，小学专任教师中，中学高级教师职称 19 人。全市学校经过重新布局调整，合理配置教师资源，初步构建学前教育、小学、中学、职业学校、中等专业学校、成人高等教育同步发展，合理均衡发展的教育体系。

第一章 学前教育

第一节 园所设置

1994 年，全市幼儿园 214 所，其中，城区 21 所，农村 193 所；每个乡（镇）有中心幼儿园，每个村有幼儿班。至 1998 年以后，由于计划生育及农民大量外出打工等原因，适龄幼儿增长率逐年下降，以致生源剧减，许多幼儿园（班）停办。2001 年，全市幼儿园（班）减少至 50 所。

2007 年，建阳市政府将城区阳光幼儿园提升为建阳市第二实验幼儿园。至 2010 年，全市共有幼儿园（班）28 所，其中，公办园 16 所（城区 4 所，农村 12 所），民办园（班）12 所（城区 9 所，农村 3 所），在园幼儿人数 10507 人，适龄幼儿入园率 91.96%。

1994—2010 年建阳市幼儿园情况表

表 26-1-1　　　　单位：所（班）

年份	总计			城市			农村		
	合计	公办	民办	小计	公办	民办	小计	公办	民办
1994	214	191	23	21	10	11	193	181	12
1995	216	192	24	22	10	12	194	182	12
1996	211	190	21	23	10	13	188	180	8
1997	196	175	21	23	11	12	173	164	9
1998	190	173	17	14	7	7	176	166	10
1999	191	167	24	19	7	12	172	160	12
2000	174	148	26	20	7	13	154	141	13

续表 26-1-1

年份	总计			城市			农村		
	合计	公办	民办	小计	公办	民办	小计	公办	民办
2001	50	30	20	16	4	12	34	26	8
2002	32	16	16	15	4	11	17	12	5
2003	35	16	19	14	4	10	21	12	9
2004	35	16	19	16	4	12	19	12	7
2005	26	16	10	8	4	4	18	12	6
2006	22	16	6	3	3	0	19	13	6
2007	22	16	6	8	3	5	14	13	1
2008	22	16	6	7	3	4	15	13	2
2009	22	16	6	7	3	4	15	13	2
2010	28	16	12	13	4	9	15	12	3

第二节　保育教学

一、实验幼儿园

建阳市实验幼儿园创建于 1956 年。2010 年，占地面积 3530.60 平方米，建筑面积 5097.11 平方米，幼儿户外活动面积 2434.86 平方米；全园教职工 71 人，其中教师 35 人。教师中，高级教师 1 人，中级教师 27 人，初级教师 7 人。拥有大班、中班、小班和小小班共 16 个班，幼儿 601 人。历年先后添置电脑、打印机，钢琴、消毒柜和各式各样的大型玩具、多功能一体化激光打印机、教学移动多媒体、实物投影仪、LED 显示屏、安全监控设备（在幼儿通道路口安装摄像头）等，建立教师电脑备课室。

二、黄坑中心幼儿园

1990 年，黄坑乡政府将原来的黄坑中学改造为黄坑中心幼儿园。2006 年开始，多方筹集资金 70 万元，为教室更换铝合金窗，铺设操场地砖，修建围墙，新盖活动房、舞台，改建大门，购置大型幼儿玩具等。2010 年，为每个班级配备电脑。幼儿园设备齐全，有符合幼儿年龄特点的教玩具设备，大型活动器械、沙水池、种植园等。至 2010 年，全园有 5 个班级，在园幼儿 300 人。共有教职工 15 人，6 人公办教师中有小学高级教师职称 4 人，二级教师 1 人，见习期教师 1 人，其中，大专学历 4 人，中专学历 2 人。园聘教师 6 人中，高中学历 3 人，初中学历 3 人。后勤工作人员 2 人，保安 1 人。

黄坑幼儿园利用本地竹资源优势，利用节假日自制各种幼儿教、玩具，2006—2010 年，共制作教、玩具上千件，获奖近百件。其中，“多功能波浪板”，获省一等奖，“熊猫转盘”获省二等奖，“插插乐”“神秘的宝盒”，获南平地区一等奖，“龟兔赛跑”“编钟”“接龙器”获建阳市一等奖。

针对不同年龄段幼儿的特点，有的放矢地投放材料，开展不同的区角活动：小班，开设区角有生活区、操作区、运动区；中班，开设益智区、科学区、美工区；大班，开设计算区、语言区、角色区、表演区等。先后 5 位教师获评南平市“活动区先进个人”（幼儿园活动区是根据活动内容的类别对空间进行划分后的区域，它是教师根据教育目标和幼儿发展水平，划分一些区域，有目的、有计划地投放各种材料，创设活动环境，让幼儿按照自己的意愿和能力，自主地选择学习内容和活动伙伴，主动地进行操作、探索和交往的一种幼儿学习形式），园长陈春梅获评南平市优秀共产党员、南平市先进教师，3 位教师获评建阳市先进教师。有 30 篇论文分别获省、地、市级教育行政部门及教研机构一、二、三等奖。

第二章 小学教育

第一节 学校设置

1994年，建阳市小学共有188所，其中，城区小学5所，农村183所，农村教学点202个。农村乡（镇）延续学区建制，共有学区12个，中心小学12所，村完小171所，教学点202个。1991年创办的对弱智儿童进行特殊教育的启明学校，继续挂靠在城区西门小学。

1997—1999年，市教育局制订出分期分批治理建设好农村各类小学的3年规划：对学生人数在100人以上的105所村级完小，3年内分期分批全部办成合格学校；学生数在100人以下的57所完小，根据当地实际情况，采取调整拆并、联办、改建等方法加强治理；对农村177个教学点，采取联办或拆点并到完小的方法。

2001年，撤销乡镇（街道）学区，由各乡镇（街道）中心小学承担对村级学校行政管理职能。

2002年，市教育局提出“做大做强中心小学”思路，建设乡镇寄宿制小学，逐步撤、并学生数较少的完全小学为教学点，4至6年级学生集中到中心小学。同时，撤、并学生数少的教学点。1997至2010年，全市共拆并农村完小153所，拆并教学点89个。

2006—2010年，全市城区5所，农村小学30所。在农村30所小学中，12个乡（镇）有12所中心小学，18所村完小，113个教学点。启明学校是对智障少年儿童进行特殊教育的全日制小学。

2010年建阳市小学学校情况表

表26-2-1　　单位：人、所、个

学校分布		完全小学（所）	教学点（个）	班级数（个）	在校学生数（人）	招生数（人）	教职工数（人）
合计		35	113	752	19913	3368	1658
城市	小计	5	—	115	6259	1033	280
	师范附小	1	—	19	1183	202	51
	实验小学	1	—	27	1749	282	79
	一般小学	2	—	55	2950	475	124
	武夷学校	1	—	14	377	74	26
农村	小计	30	113	637	13654	2335	1378
	黄坑镇	3	4	39	852	146	84
	书坊乡	1	6	27	588	108	61
	麻沙镇	4	22	99	1817	302	198
	莒口镇	3	6	51	1204	197	119
农村	徐市镇	1	12	52	1084	189	117
	童游镇	8	9	106	2697	435	191
	将口镇	2	8	43	698	107	96
	崇雒乡	1	4	20	422	85	60
	漳墩镇	2	13	60	1391	241	129
	回龙乡	2	7	26	563	102	61
	水吉镇	2	14	76	1487	284	158
	小湖镇	1	8	38	851	139	104

第二节　教学教研

1994—2003年，小学课程学科类有思想品德、语文（含写字）、数学、社会、自然、体育、音乐、美术、劳动、地方教材。活动类有早会（晨会）、班队活动、科技、文体及健康教育。

2003年秋季起，全市小学进入新课程改革。低年级开设品德与生活、语文、数学、体育、艺术（或选择音乐、美术）、地方与学校课程；中高年级开设思想品德与社会、语文（含写字）、数学、外语、综合实践活动、体育、艺术（或音乐、美术）、地方与学校课程。新课程从2003年秋季招收新生开始实施。

1994—1998年，配合九年义务教育新教学大纲和新教材的实施，组织新大纲、新教材学习培训。

1995年，规定各年级的课后作业时间：一、二年级一般不留课后作业，三、四年级控制在30分钟以内，五、六年级在1小时以内。

1996年，成立建阳市教育学会小学教育分会和小学教育分会复式教学、思想品德教学、语文教学、数学教学、自然教学等5个研究会。重新修订《建阳市小学教学工作要求细则》。

1997年，全面推行素质教育，改革考试制度。除毕业考试外，废止其他年级的统考。同时，改革对学生评价制度。考试评价由百分制改为“优、良、及格、不及格”4个等级。倡导用正面、鼓励性评语来激励学生。首次开展全员赛课活动，同时，在教师中全面开展“三笔”（毛笔、钢笔、粉笔）字、普通话、教具制作、简笔画、实践活动等7项基本功训练和竞赛。

1998年，完善素质教育的评估机制，实行“等级评价+特长评价+鼓励性评语”的学生评价方法。

2000年，组织“创新课堂教学片段”设计及教师“个人才艺比武”，同时，全市小学建立城区、东片、中片、西片4个片际教研组，并开展评选优秀教研组、教研员、优秀教研工作者活动。

2001年，开展“全员说课”和第二届“学科带头人”评选活动，语文学科开展“扩大读写双轨教学”课题研究活动。

2002年，全市开发校本教材109种，共编写校本教材56套。

2002—2004年，语文“自主、合作、探究”学习方式的实践研究等被确立为省级研究课题

2003年，新一轮课程改革启动，确定建师附小、实验小学及麻沙、黄坑、徐市、水吉等中心小学为全市课改实验基地校。组织起始年级教师分期分批参加各级新课改教材培训。语文教研课题“从放到扶”被立项为南平市“十五”教育科研课题；《探索校本课程开发之路，创建农村小学课改特色》课改工作研究论文，获南平市课改工作论文评选一等奖。

2004年，语文实验课题“从放到扶”与数学实验课题“优化数学教学环境、促进学生自主学习”通过南平市的验收，并获确定为南平市级研究课题。

2005年，确定实验小学、麻沙中心小学、长坪村级完全小学3所学校为南平市综合实践活动课程实验学校。建阳市选送的课改成果参加南平市评选，获一等奖1件、二等奖1件；选送的阅读教学论文参加南平市小学语文学术年会论文评选获一等奖1篇、二等奖3篇。

2006年，成立建阳市教育学会小学教育分会和下设的小学思想品德教学、语文教学、数学教学、英语教学、自然教学、体育教学、音乐教学、美术教学、综合实践活动9个研究会。各研究会定期召开年会，交流上届年会布置的学科教研专题研究成果，布置本届年会学科教研任务。

2010年，建阳市教育学会心理健康教学研究会成立。

2006年，西门小学获省优质示范课竞赛一等奖。2007年，实验小学获省“小学数学发展性教学实验与研究”先进单位。2010年，实验小学评为省书法教育先进学校。2010年，西门小学获教育部“中小学语文个性化教学实验研究”重点课题实验先进单位。

第三节　特殊教育

1991 年，创办启明学校，是全市唯一一所专门对智障少年实施义务教育的公办特殊学校。学校挂靠在西门小学校内，实行 1 套班子、2 块牌子。学校开设课程有语文、数学、思想品德、职业技术教育、社会、体音美、生活自理、感统训练、康复训练等。注重培养学生的自理能力、劳动技能，力求每个学生能更好地发挥自己的特长。学生在参加校外美术、体育各项竞赛中取得优秀成绩，其中，美术作品获全国铜牌奖有 3 人次，获省一等奖 4 人次，二等奖 2 人次。《家家乐》和《渔家乐》2 件剪纸作品在省《小学生周报》（CN 刊）上发表。

2000 年，市政府投入 50 万元新建教学楼。学校占地 170 平方米，建筑面积 675 平方米。

2003 年，学校在开展教育改革、教学研究中取得优异成绩，获推选为全国百所残疾儿童学校试点校。

2005 年，学校承担"蒙特梭利课题"实验。其实验目标是：训练和加强学生感知反应和肌能活动的协调发展，并培养他们利用感知和肌能能力去探索环境的兴趣及各项基本要求。

2010 年，启明学校有班级 3 个，学生 35 人，主要是视力残疾、听力残疾、智力残疾 3 种类型，专任教师 8 人。学校继续采用人民教育出版社出版的全日制培智学校教科书。

至 2010 年底，学校先后选送 10 位教师参加国家、省、市的专业进修、培训，提高他们专业能力和育人水平。周玮琴和林惠英 2 人分别获省"五一劳动奖章"和省"优秀班主任"的称号。每位特教教师每月享受基本工资 15% 的津贴待遇。先后有 15 篇论文分别获全国、省、地各奖次。其中，获全国二等奖 1 篇，三等奖 4 篇；省一等奖 4 篇，二等奖 3 篇。学生在参加校外美术、体育各项竞赛中取得优秀成绩，其中，美术作品获全国铜牌奖有 3 人次，获省一等奖 4 人次，二等奖 2 人次。《家家乐》和《渔家乐》两件剪纸作品在省《小学生周报》（CN 刊）上发表。先后有 5 名毕业生被高一级学校录取，12 名毕业生走上就业岗位。

第四节　示范校创建

1996 年，市教育局提出统筹规划、分类指导、分步实施，扎扎实实办好每 1 所小学。首先办好 17 所完小，即城区 5 所小学，农村 12 所中心小学，成为全市小学的示范学校。实验小学要创造条件，争创省级百所示范校，成为全市小学的龙头校。城区各小学要在原有基础上，办学水平有更大提高，办出各自特色，成为全市小学教育窗口。各乡镇（街道）中心小学要办成乡镇、街道、村完小龙头校。市教育督导室拟定 1 套素质教育目标、管理体系和评估办法，成为示范校评估认定依据，达到要求的，教育局授予示范校牌匾。

2006－2010 年，全市中小学全面实施素质教育，开展创建建阳市中小学实施素质教育工作先进学校工作。市政府督导室根据素质教育工作设置的 4 大项（学校领导、教师队伍、教育教学管理、教育质量）具体指标，按计划进行评估，达到要求的学校，报市教育局审核认定为建阳市中小学实施素质教育工作先进学校。2007—2010 年，经评估、审核认定的建阳市中小学实施素质教育工作先进学校有建阳师范附小、西门小学、水东小学、黄坑中心小学、实验小学、桥南小学、童游中心小学、徐市中心小学、麻沙中心小学、莒口中心小学、水吉中心小学、小湖中心小学、漳墩中心小学、回龙中心小学、书坊中心小学、崇雒中心小学、将口中心小学等共 17 所。

2009—2010 年，莒口中心小学、童游中心小学、建阳师范附小、西门小学、水东小学、麻沙中心小学、漳墩中心小学、麻沙界首小学、水吉玉瑶小学获评福建省义务教育标准化学校。

第三章　中学教育

第一节　学校设置

1994 年，全市中学 15 所，城区 2 所完中；农村中学 13 所，其中，完中 2 所，初级中学 11 所。

1994 年，全市幼儿园 214 所，其中，城区 21 所，农村 193 所；小学 188 所，其中，城区 5 所，农村 183 所，农村教学点 202 个；中学 15 所（初级中学 11 所，完中 4 所），其中，城区 3 所（初级中学 1 所，完中 2 所），农村 12 所（初级中学 10 所，完中 2 所）。

2001 年，麻沙镇第二中学（初中）合并到麻沙中学（完中）。2003 年，建阳一中停止初中招生，至 2006 年初中剥离，转制为独立高中。为扩大城区教育布局规模，建阳市政府筹资 5000 万元购进原闽北职业技术学院旧址，投入 200 万元进行修缮改造作为建阳三中校址。2009 年，修缮改造完工，建阳三中 9 月份搬入新校址，同时，改为建阳市第一初级中学。原学校面积狭小的西门小学搬入原建阳三中旧址。

2010 年，全市中学 17 所（城区 5 所，农村 12 所），其中，高级中学 1 所，完中 4 所，初中 11 所，九年一贯制学校 1 所。

1994—2010 年建阳市普通中学发展情况表

表 26-3-1　　单位：所、个、人

年度	学校数（所）			班级数（个）		招生数（人）		毕业生数（人）		在校学生数(人)		教职工数（人）		
	初中	完中	高级中学	初中	高中	初中	高中	初中	高中	初中	高中	合计	其中专任教师	
													初中	高中
1994 年	11	4	—	290	45	4855	509	3520	613	13882	1785	1208	782	163
1995 年	12	4	—	327	39	4756	673	3788	654	14045	1726	1253	833	152
1996 年	12	4	—	293	39	4885	696	4414	541	14160	1815	1225	787	139
1997 年	12	4	—	308	43	6103	823	4362	463	15324	2111	1280	840	137
1998 年	12	4	—	301	45	5327	924	4105	598	15953	2383	1256	857	152
1999 年	10	4	—	302	54	5739	1048	4238	611	16643	2675	1267	873	164
2000 年	11	4	—	306	64	6101	1388	5115	679	16641	3264	1263	869	202
2001 年	11	4	—	311	78	6136	1483	4450	765	17411	3814	1259	850	218

续表 26-3-1

年度	学校数（所）			班级数（个）		招生数（人）		毕业生数（人）		在校学生数（人）		教职工数（人）		
	初中	完中	高级中学	初中	高中	初中	高中	初中	高中	初中	高中	合计	其中专任教师	
													初中	高中
2002 年	11	5	—	314	86	6091	1636	4885	959	17759	4335	1276	865	254
2003 年	12	4	—	319	93	5965	1821	5178	1199	17782	4802	1277	853	275
2004 年	13	4	—	303	99	4613	2009	5324	1276	16285	5336	1356	857	304
2005 年	12	5	—	273	108	3645	2248	5288	1542	13900	5876	1339	831	354
2006 年	12	4	1	253	119	3801	2206	5246	1618	11783	6247	1293	793	380
2007 年	11	5	1	239	117	4062	1926	4119	1827	11357	5970	1333	789	405
2008 年	11	5	1	249	109	4477	1637	3396	1938	12332	5430	1377	844	406
2009 年	11	5	1	262	105	4134	1805	3564	1951	12770	5176	1411	859	410
2010 年	11	5	1	256	105	3841	1976	3920	1709	12533	5303	1397	879	395

2010 年建阳市普通中学学校情况表

表 26-3-2　　　　单位：个、人

学校分布		学校类别	班级（个）		招生数（个）		毕业生数（人）		在校学生数（人）		教职工数（人）
			初中	高中	初中	高中	初中	高中	初中	高中	
全市合计			256	105	3841	1976	3920	1709	12533	5303	1397
城市	小计		97	83	1497	1591	1501	1445	4645	4329	666
	建阳一中	高级中学	—	45	—	880	—	793	—	2408	233
	建阳二中	完中	26	24	349	439	426	461	1155	1252	196
城市	第一初级中学	初中	20	—	325	—	300	—	981	—	70
	武夷学校	九年一贯制	15	1	236	—	210	37	750	18	48
	外国语学校	完中	36	13	587	272	565	154	1759	651	119

续表 26-3-2

学校分布		学校类别	班级（个）		招生数（个）		毕业生数（人）		在校学生数（人）		教职工数（人）
			初中	高中	初中	高中	初中	高中	初中	高中	
农村	小计		159	22	2344	385	2419	264	7888	974	731
	黄坑中学	初中	10	—	155	—	79	—	511	—	34
	书坊中学	初中	9	—	143	—	96	—	433	—	29
	麻沙中学	完中	19	11	349	206	288	182	1097	515	120
	莒口中学	初中	17	—	231	—	240	—	759	—	62
	徐市中学	初中	17	—	251	—	248	—	789	—	69
	考亭中学	初中	19	—	229	—	302	—	882	—	69
	将口中学	初中	10	—	71	—	133	—	358	—	60
	崇雒中学	初中	6	—	89	—	98	—	266	—	28
	漳墩中学	初中	12	—	256	—	264	—	792	—	53
	回龙中学	初中	9	—	123	—	130	—	425	—	33
	水吉中学	完中	18	11	277	179	312	82	931	459	121
	小湖中学	初中	13	—	170	—	229	—	645	—	53

第二节 教学教研

1994年，推进以农村“初二后分流”为主的多种形式的初中分流教育改革，市教育局还开展“教学骨干”评选和“教学比武”“优质课”评选活动。

1997年，在教师中开展“三笔字”（毛笔、钢笔、粉笔）、普通话、教具制作3项基本功训练，推广电化教学手段。农村中学电教手段落实到每个班级，每个学科。

1999年，规范中学活动类课程，严格教学过程管理。

2001年，组织实施《建阳市中学教学过程管理办法》，同时，开展现代信息教育课技能比赛活动，培养学生使用电脑的技能技巧。

2003年秋季，建阳市作为福建省第二批课程改革实验县（市），进入新一轮课改。成立课改领导小组、专家工作组、学科指导组、课改新教材选用小组。根据建阳实际，先后制定《建阳市基础教育课程改革实验方案》《建阳市基础教育课程改革培训方案》《建阳市基础教育课程改革课题实施方案》。先后有中学219个教学班、教师830名、学生11985名参加课改，并确定建阳一中、建阳二中等4所中学作为全市中学的课改实验基地校。

2004年，开展课改工作专题调研2次，运用“市、片、校”三级教研网络阵地，开展初一、初二年级教师的全员培训与课改课堂教学的指导。2005年，开展“教学质量年”各项活动和评选建阳市课改优秀成果。

1998—2005 年，教师撰写的教学论文获地级以上（含地级）奖次的有 405 篇，教研教改专题获地级以上（含地级）奖次的有 1462 项。学生参加国家级各类竞赛获奖的有 60 人次，其中，一等奖 8 人次，二等奖 16 人次，三等奖 36 人次。

2006—2010 年，全市中学教学研究工作，主要是充分运用“市、片、校”3 级教研网络阵地开展。片区设教研活动负责校，每学期初负责校组织本片中学校长、教导主任联席会议，商讨该片区教研活动的有关问题。在校内，普遍建立以“自我反思、同伴互助、专业引路”为核心要素，以理论学习、案例分析、校本论坛、教学反思、结对帮扶、经验交流、调查研究、教学咨询、教学指导、说课、听课、评课、骨干教师与教师对话、专业人员与优秀教师合作论坛等为基本形式的校本教研制度。全市各学科教师参加课堂教学、撰写论文、学生竞赛指导、课件制作、教学设计等评选、竞赛中，获国家级奖励 32 人次，获省级奖励 14 人次；学生参加数学、物理、化学、生物、信息技术、小论文、绘画、书法和体育等评比、竞赛中，获国家级奖励 56 人次，获省级奖励 96 人次。

第三节　达标校建设

建阳一中和建阳二中，按福建省普通中学创建达标校的具体指标努力实施，1995 年，建阳二中获评为省 3 级重点达标校，2003 年建阳一中获评为省普通中学一级达标校。

2006—2010 年，全市中小学开展“实施素质教育”工作。教育督导室按照中小学设置的不同指标要求，按计划分别进行评估。达到要求获认定的学校，报市教育局审核。2007 年，建阳一中、二中、三中、将口中学、小湖中学、莒口中学等 6 所中学获确认为建阳市中小学实施素质教育工作先进学校。2009 年，有考亭中学、崇雒中学、麻沙中学、黄坑中学、水吉中学、回龙中学 6 所和 2010 年徐市中学、书坊中学、漳墩民族中学 3 所获确认为建阳市中小学实施素质教育工作先进学校。

2010 年，建阳第一初级中学、建阳二中、麻沙中学等 3 所中学获评福建省义务教育标准化学校。

附：中学选介

（一）建阳一中

建阳第一中学始创于民国 8 年（1919 年），当时校址设在考亭书院，原名建阳第六国民学校，后因经费困难停办。民国 30 年（1941 年），恢复办校上课，学校更名为建阳县立初级中学。2006 年，始为独立高中校。2010 年，全校拥有 45 个教学班，在校学生 2408 人，教职工 233 人，其中，专任教师 203 人，教师中特级教师 2 人，高级教师 79 人，一级教师 60 人。校园面积 8 万平方米，校舍建筑面积 5 万平方米。先后获评省一级达标学校、省级文明学校、省级“绿色学校”、省级素质教育先进校、省级语言文字规范化示范校、福建省第五届军民共建精神文明先进单位。

学校重视教育科研工作，有 40 位教师论文在 CN 级刊物上发表、50 位教师论文在各级学术研讨会上获奖。有 20 位教师教研教改研究课、课件制作等在各级比赛中获奖。学校每学年组织教研教改研究课、毕业班观摩课、教坛新秀评选课、新教师汇报课，鼓励教师参加各级各类继续教育和业务进修。邱守雄、李一平、叶芗美获福建省学科带头人称号，14 人取得教育硕士学位。

学校在辅导学生参加学科竞赛、培养学生创新能力等方面取得成果，形成自己鲜明的办学特色。1994—2010 年，在高中学科奥赛中共获全国一等奖 2 人，二等奖 6 人次，三等奖 4 人次；获福建省一等奖 40 人次，二等奖 54 人次，三等奖 68 人次。在福建省第 18 届、19 届、20 届、21 届、22 届、24 届、25 届青少年科技创新大赛中，共获福建省金牌 5 枚、银牌 12 枚、铜牌 43 枚。

学校办学条件改善。累计投入 3000 万元新建科技楼、教学楼、体艺馆等教学用房，建设教学新区，对图书馆、学生宿舍、学生食堂、运动场进行改造。图书馆是省级达标图书馆，藏书近 13 万册，实行全开架和计算机借阅管理。建成400米塑胶跑道和人造草坪田径场，建成篮球场7个、排球场3个、羽毛球场2个、乒乓球场和单双杠运动场等。同时，对理化生、电教、劳技、卫生、体音美等设施进行更新补充，装备语音室2间，计算机专用教室3间，校园广播系统和高考电子监控系统。完成校园网络工程建设，实现班级教学多媒体化。

（二）建阳二中

建阳二中创建于1973年，1994年建成图书馆。1995年4月，经省教委验收确定为省三级达标重点完中。1999年建成教学楼“求真楼”，2002年建成教学楼“崇正楼”，2003年建成学生公寓“桃李苑”。2006年，学校新建标准篮球场3个，修建水泥路1条，新食堂投入使用，完成高考语音广播系统安装。2007年，学校“文化长廊”竣工。至2008年，学校所有教室均配齐多媒体设备，实现“班班通”。学校还为所有年段办公室安装空调，每个年段办公室均配备3台以上电脑，新建面积600平方米的生物园。2010年，全校安装监控系统，在校大门安装LED灯。

2010年，学校占地面积43924平方米，校舍建筑面积24687平方米，绿化面积12006平方米。学校有50个教学班，其中，高中24个班，初中26个班。在校生2407人（其中，初中1155人，高中1252人）。在编教职工196人，专任教师179人（其中女教师91人），行政教辅后勤人员17人。专任教师中具有中、高级职称的144人，占80.40%；高级职称57人，占31.80%。本科以上学历162人，占专任教师总数90.50%，硕士研究生7人，大专17人。

2007年，打造学校舞蹈艺术教育特色，通过探索实践，逐步走出一条舞蹈艺术教育特色之路，发掘学生的舞蹈艺术才能，参加国家、省、市等各级各类舞蹈比赛频获大奖，10名舞蹈特长生考入福建师范大学、泉州师院、四川大学等院校舞蹈系（本科）。学校的“舞精灵”艺术社团，在建阳以至南平市都有一定知名度，福建之窗、南平电视台、《闽北日报》等多家媒体对学校舞蹈艺术教育的成效进行宣传报道。

（三）水吉中学

水吉中学创办于民国31年（1942年）春，校址设在西澜书院（前身是“朱子学社”），原名水吉县立初级中学。

2010年，学校占地面积4万平方米，有综合实验楼，设有音乐室、美术室、舞蹈室等，理化生实验室和仪器室设备齐全；图书馆，实行电子信息化管理，藏书4万册；学生电脑室2间，多媒体教室10间，计算机132台。新建学生宿舍楼和学生食堂，改建塑胶运动场。全校共有班级29个，其中，初中18个班，高中11个班；学生1390人，其中，初中931人，高中459人；教职工121人，其中专任教师114人。

学校曾获福建省先进基层党组织、南平市实施素质教育先进校、南平市德育工作先进校、建阳市文明学校、建阳市绿色学校、建阳市平安校园等多项称号。

（四）麻沙中学

麻沙中学创办于1985年9月。2010年，校园面积34666平方米，建筑面积21123平方米。初中部19个班，学生1097人；高中部11个班，学生515人。共有教职工120人，其中专任教师115人。专任教师中，大专以上学历115人，占100%、本科学历99人，研究生1人。

2006—2010年，教师在论文、学生征文指导等项获国家级一等奖21人次，三等奖2人次。共有166篇论文获省、地、县级奖励。获教学、课件制作等评比获奖98人次。学校曾获“全国中小学图书馆先进集体”“南平市文明学校”“南平市义务教育标准化学校”等称号。

第四章 职业与成人教育

第一节 职业教育

1994年，建阳市中等职业中学有5所，共有班级130个，在校学生3355人。教职工合计292人，其中专任教师206人。

1995年，建阳将口职业学校升格为福建省将口职业学校。学校首届开办淡水养鱼、畜牧兽医、财务、农业等4个专业，学制两年，招收初中毕业生126人。1999年，与原南平地区驻潭中专商贸学校、旅游学校联合办学的建阳三中职业高中停办。

2000年起，中等职业教育主要依托驻潭中职学校办学。秋季，建阳市设立的职业教育学校一律停止招生。

2005年，建阳市与苏州工业园区汇思人力资源有限公司签订了联合办学的合同，创办了建阳市汇思中等职业学校。

2006年，南平市驻潭中职学校有4所，其中，教育部门办的有2所，非教育部门办的有2所。所设专业有农技、加工制造、交通运输、信息技术、医用卫生、商贸旅游、财经、文化艺术体育、社会公共事业、师范等。在校生总数11064人，教职工总数429人，其中专任教师275人。是年，招生总数4228人，为初中毕业生；毕业生总数2776人，其中获职业资格证书1867人。

2009年，与南平农业学校联合成立建阳市职业教育中心。职教中心以南平农校为办学主体，联合本市电大工作站、市总工会职工校、各乡（镇）中学、中心小学、成人文化技术学校，形成综合性、多功能、有较高办学水平与办学效益的中等职业教育办学实体和管理协调机构。各中等职业教育办学组成单位都具备独立法人资格，并按照国家有关规定办理法人登记。建阳市政府设立市级职教中心办学领导委员会，由市长任主任，承担全市中等职业学历教育和非学历职业培训任务。

2010年，保留建阳市中等技术学校，取消建阳市汇思中等职业学校招生资格。全市有5所中等职业学校，其中教育部门办2所，非教育部门办2所，民办1所。共有在校生11300人。教职工总数462人，其中专任教师300人。聘请校外教师99人次。全年招生总数2968人，全为初中毕业生；毕业生总数3590人，全部获职业资格证书。

第二节 成人教育

一、成人初等教育

建阳市成人初等教育主要任务是扫除青壮年文盲。1994年，全市成人初等教育小学班41个，在校生1596人，扫盲班200个，在校生3680人。根据第四次全国人口普查统计的数据，全县有青壮年文盲10399人，非文盲率93.72%。为实现省政府提出的1997年基本扫除青壮年文盲的目标，市政府发出“有文化的都来教，没文化的都来学”的号召，实行“双线承包”（乡村干部组织动员扫盲对象来学，学校教师包扫盲对象脱盲）责任制，采取“一堵、二扫、三提高”（一边堵住新文盲产生，一边扫除青壮年文盲，一边巩固提高脱盲人员水平）的措施开展扫盲工作。1996年，全市共扫除青壮年文盲4750人，非文盲率提高到97.72%，经过省政府“两基”验收团扫盲工作组验收认定，全市扫盲工作各项指标达到省《扫盲工作条例》要求，实现省政府基本扫除青壮年文盲的目标。1997年，建阳市扫盲工作通过国家验收。成人初等教育学校数193个，小学班68个，在校生292人，扫盲班125个，在校生699人。

2000年，第五次全国人口普查显示，全市人口中，15—50岁青壮年文盲3395人，非文盲率98.63%。该年成人初等学校小学班76个，有学生845人，扫盲班137个，学生1049人。至2010年，成人初等教育成人小学13所，70个扫盲班，注册学生481人，教职工18人，聘请校外教师75人。

二、成人中等教育

建阳市成人中专学校有干部中等专业学校和教师进修学校2所。

干部中等专业学校　1994年，干部中等专业学校在校生193人，教职工10人，兼任教师15人。在校生中，学工科（工民建专业、学制三年半）31人，财经科（财务会计专业，3年制）106人，艺术科（工艺美术专业，2年制）40人，其他科（文书秘书专业，3年制）16人。1997年，干部中专学校在校生达209人，其中，财经科116人，工科49人，其他科44人。2001年，毕业生55人，其中，财经科16人，其他科39人。2003年该校停办。

教师进修学校　教师进修学校是教师培训、进修的基地。1994年，教师进修学校招生266人，共有学生339人，其中，单科班215人，专业证书班36人，岗位培训班88人，其中，资格培训23人，适应培训65人。至1999年，函授班28名学员毕业，没有招收新生，在校生只有适应培训班的学员59名。2000年以后，教师进修学校工作侧重在组织各种类型培训。主要以采取“乡镇设点、送培下乡”与“集中培训”相结合方式对农村中小学教师进行培训。举办骨干教师培训、现代教育技能培训、远程网络培训、学历提升培训、课改培训等。2007年开始，进修学校与上海华东师大培训中心联手，实施“异地培训”工作，每年有计划地组织人员到沪培训，接受高位“嫁接”，参加高端研修。

三、成人高等教育

建阳市成人高等教育有建阳市广播电视大学工作站与南平市教师进修学院2所。

建阳广播电视大学工作站　建阳广播电视大学工作站（简称“电大”）肩负起建阳市成人中专、机关干部业余学校的工作。1994年有工作人员13人。1997年，电大开始招收注册视听生，入学资格经省电大审查，免试入学。至2001年，共计招生296人。2003年，注册视听生改革试点工作在建阳市停止。1998年，电大工作站通过省教委的评估检查。1999年，招收教育管理专业43人。2000年，招收小学教育107人，至2005年秋共招开放教育学生6780人，开办法学、会计学、金融等6个专业。1999—2005年，共投入60万元进行硬件设施建设和校舍改膳。2003年，经过省电大的严格考查，同意确定为本科教学点。招收本科学生69人。2005年，电大“人才培养模式改革和开放教育试点”项目，经上级评估，评定为“合格”。2006年，设立行政处、学生处、教务处、正式在编教职工12人，其中，专任教师10人，聘请36名兼职教师。工作站有独立的网址和设备齐全的计算机网络、双向视频、卫星接收等装备。2008年，市教育局进行布局调整，电大搬迁到建阳一中初中部旧教学楼上课。2010年，设本科专业有法学、金融、工商管理、学前教育、行政管理、汉语文学、会计和专科专业法学、金融、工商管理、会计、行政管理、教育管理、小学教育等14个专业，在校生484人。

南平市教师进修学院　南平市教师进修学院始建于1955年。主要开展中小学骨干教师培训、中小学骨干班主任培训、农村教师教育教学能力提升培训、农村小学信息技术师资培训、心理健康教育骨干教师培训、教育技术能力培训、校长培训、新教师培训、教师职务晋升培训、网络全员培训和校本研修等。2010年，学校占地面积1.50万平方米，建筑面积1.20万平方米，拥有教学办公综合楼、校园网络、多媒体学术报告厅、计算机网络教室、图书馆、阅览室、会议室、食堂和160个学员床位及教工活动中心等较为完善的现代化教学设施。内设行政机构，“两室两处”（办公室、培训教研室；教务处、总务处），并设有中文等15个学科教研组。有教职工32人，专任教师22人，其中，高级职称的人占总数的72%。

四、成人职业技术培训

1994年，全市成人技术培训学校共有213所，教学班（点）469个，其中，乡（镇）办农民技术培训学校13所，教学班（点）87个，村办农民技术培训学校200所，教学班（点）382个。在校学生64166人，其中，长班6405人，短班57761人，兼职教师464人。培训具体工作由乡（镇）文技校组织实施。1994—1995年，主要开展“庭院经济、庭院农业”为主要实用技术培训。1996年起，培训内容主要围绕本乡（镇）农业产业结构调整来进行。主要有稻田养殖、再生稻栽培、茶果种植、锥栗嫁接、网纹瓜、草莓栽培、烟叶栽培、葡萄栽培、畜牧饲养等。

2000年，成人技术培训学校有201所，679个班，其中，乡（镇）办13所，206个班，村办188所，473个班，共有在校生16730人，其中，长班1680人，短班15050人；兼职教师711人。

2004年起，乡（镇）文技校把工作重心调整到农村富余劳动力转移培训上来，全市建立以童游文技校为龙头，各乡（镇）文技校共同参与的培训机制。培训对象有农村富余劳动力、进城务工人员、失地农民。培训内容根据培训对象及用工单位要求开设，培训工作按市“阳光工程办公室”的要求进行操作。2006年，童游文技校劳动力转移培训工作经省阳光办验收，转移培训3200人，全部合格，并获评“福建省先进培训基地”。至2008年，农村乡办成人文化技术培训学校有13个，教学班（点）88个，在校学生9237人，教职工18人，聘请校外教师102人。

第五章 教 师

第一节 队伍结构

1994年，建阳市幼儿教师542人，其中专任教师535人。专任教师中，中师毕业103人（其中幼师专业54人），职高幼师毕业85人，非师范专业、高中毕业以上176人，初中毕业及以下169人，取得专业合格证书23人。小学教师2150人，其中，专任教师2002人（女教师1389人）。专任教师学历情况：大学本科毕业1人，大学专科毕业19人，中专毕业1197人，高中毕业585人，高中毕业以下200人。取得专业合格证书89人。专任教师职称情况：小学高级教师308人，一级教师584人，二级教师537人，三级教师171人，未评402人。中学教师1208人，其中专任教师945人。专任教师中，初中有782人（女教师342人），学历情况：本科毕业及以上95人，大学专科毕业543人，中专毕业117人，高中毕业以下27人。取得专业合格证书1人。初中专任教师职称情况：高级教师11人，一级133人，二级384人，三级123人，未评131人。高中专任教师163人（女教师39人），学历情况：本科毕业及以上105人，大学专科毕业57人，高中毕业以下1人。高中专任教师职称情况：高级教师44人，一级61人，二级53人，三级4人，未评1人。至1998年，全市共转正民办教师共282人。

2001年后，在取消师范类毕业生国家统一分配后，实行统一考试，竞争上岗，择优录用，至2010年，共录用中学教师373人（其中，初中265人，高中108人），小学教师72人，幼儿教师21人。

2010年，全市教职工总数3417人，其中专任教师3202人。专任教师中，初中专任教师879人，其中专科毕业以上学历878人，占99.89%。高中专任教师395人，其中，本科毕业以上学历382人，占96.71%；研究生13人，占3.29%。小学专任教师1639人，其中高中阶段毕业以上学历1638人，占99.94%；大专及以上学历1145人，占69.86%。幼儿专任教师289人，其中，高中阶段毕业以上学历271人，占 93.77%。中学专任教师中，高级教师职称 169 人，一级教师 452 人，二级教师 548 人，三级教师 21 人；小学专任教师中，中学高级教师职称 19 人，小学高级教师 622 人，小学一级教师 936 人，小学二级教师 27 人。

第二节　培　训

一、继续教育

20 世纪 90 年代初，建阳市继续教育开始起步。1995 年，开始小学教师初级职务培训，1999 年，全市开展小学继续教育公共必修课全员培训，由市进修学校组织培训，每年都培训 3000 人。

1995—2002 年，小学教育专业自考助学班举办，培训 302 人。1996—2005 年举办省教育学院函授班，98 人修完全部课程。2001 年，建阳市教师进修学校定为西南师范大学网络教育学院建阳学习中心，至 2005 年，网络教育学历培训班完成本专科 340 人；参加小学教师初级职务培训人数 1739 人。

2006—2010 年，开展继续教育公共必修课远程网络全员培训，由市进修学校组织培训，采取网上学习的形式，每年培训 3000 人，5 年间共培训 15511 人。

二、骨干教师培训

1990 年，学校把骨干教师培训纳入继续教育的重点内容，至 2005 年止，共选派参加国家级骨干培训 3 人，省级 27 人，地（市）级 174 人，县级 45 人。

2006—2010 年，中小学教师参加 4 级骨干教师培训共 1320 人，其中，国家级培训中学 5 人，小学 2 人；省级培训中学 98 人，小学 78 人；地级培训中学 261 人，小学 293 人；县（市）级培训 583 人。

三、中小学班主任培训

2009 年，参加南平市中小学班主任骨干培训 38 人；2009 年，参加“知行中国—中小学班主任教师培训项目”国家级远程培训 109 人；参加“万名班主任省级远程培训”110 人。

四、校长培训

1992 年开始，对全市中小学校长进行岗位培训。1995 年到 2000 年，小学校长领证 494 人。在职中学校长参加“九五”省岗位合格证书培训，并颁证 10 人。

2000—2005 年，小学校长提高培训 440 人。“十五”省岗位合格证书培训并颁证 18 人，参加地（市）校长合格证书培训并颁证 43 人，参加省、地（市）校长提高培训分别为 21 人、56 人。

2006—2010 年，共组织校（园）长 129 人参加各级培训，其中，中学 56 人次，小学 73 人次。2007—2010 年，组织全市中小学正副校（园）长分批到上海华东师范大学参加提升培训。2010 年，组织全市中小学正副校（园）长 45 人参加全国中小学校长校园安全管理远程培训。

五、其他培训

1995 年，组织全市 1946 年 7 月 1 日以后出生的小学教师，参加“三笔”（毛笔、钢笔、粉笔）字、普通话、教具制作、简笔画、实践活动等“7 项教学基本功训练”。

2003 年，实行新课程标准使用教材，市教育局派人参加省级培训，举办有关课改讲座 6 场，中小学共参培 6833 人次。

2002 年起，对教师进行计算机培训，采取选送外地进修、全市进修学校培训、本校自训等形式，至 2005 年，共有 3006 人次参培，513 人获初级证，2493 人获中级证，占教师总数 98%。

2003 年，中小学教师普通话培训举办，共 3350 人，全部参加省语委委托南平举行的普通话水平测试，通过二甲 736 人，二乙 2166 人。

2003—2004 年，市教师进修学校共举办英特尔未来教育培训班 4 期，每期 48 课时，共培训 121 人。

2007—2010 年，由进修学校组织学校兼职培研员、教导主任、教研组长共 342 人参加上海华东师范大学提升培训。

2007—2010 年，进修学校送培下乡，对全市农村中心小学各学科教师进行全员培训，受训教师达 2931 人次。

2009 年，组织新招聘中学教师 26 人参加新上岗培训。

2009—2010 年，组织高中高级教师 36 人参加高中高级教师教育技术能力培训。

第三节　工资福利

一、工资

1994 年，中小学实施定期升级制，凡连续 2 年正常履行教育教学职责，经考核合格的工作人员，每 2 年晋升 1 个工资档次，定期升级的工资，从下 1 年度的 1 月份起发给。

1997 年 7 月，中小学教师提高 10% 的职务工资和 30% 的津贴，教师工资平均月增 95 元。中学高级月增 289 元，中学 1 级、小学高级 219 元，中学 2 级、小学 1 级 179 元，中学 3 级、小学 2 级 164 元，小学 3 级 159 元。

1999 年 7 月，中小学教师工资标准提高 10%，教师工资平均月增 30 元。

2001 年 1 月，再次提高 10% 新旧职务等级工资标准和 30% 的津贴标准，教师工资平均月增 105 元。

2003 年，教师提高 10% 新旧职务等级工资和 30% 津贴，中学高级标准 1011 元，中学 1 级、小学高级标准 757 元，中学 2 级、小学 1 级标准 617 元，中学 3 级、小学 2 级标准 544 元，小学 3 级标准 526 元，教师工资平均月增 57 元。

2006 年 12 月，对建阳市中小学教职工基本工资（不含教龄津贴）进行改革。按教职工工龄（专科及以上学历含学龄）和聘任的专业技术（岗位技术）职务的年限，就近就高套改基本工资，人均月增值 350 元左右；离退休教职工增加离退休费人均月增资 340 元，从 2006 年 7 月 1 日起执行。根据文件规定，在职教职工实行定期升级制，凡正常履行教育教学职责，经考核合格的工作人员，每年晋升 1 个薪级工资，定期升级的工资，从下 1 年度的 1 月份起发给，从 2007 年 1 月 1 日起执行。

从 2006 年 7 月 1 日，起中小学在职教职工增发绩效奖人年均 1000 元，离退休教职工比照在职教职工发放生活补助费。

2008 年 12 月，对建阳市中小学教职工津贴补贴进行调整，调整后的中小学教职工工资中的津贴补贴部分人均增加 450 元，同时，设立奖励绩效，取消绩效奖。奖励绩效的计算方式为工资中津贴补贴部分除以 7 乘以 3，半年发放 1 次，人均 5500 元 / 年。

2009 年 9 月，建阳市中小学教职工工资部分的津贴补贴统一改为绩效工资，绩效工资分为基础性绩效工资和奖励性绩效工资。基础性绩效工资占绩效工资总额的 70%，含岗位津贴和生活补贴及农村教师补贴项目，其中，农村教师补贴为新增设项目，农村教师每人每月 30 元（离退休教职工原生活补助费相应调整为生活补贴费）；奖励性绩效工资占绩效工资总额的 30%，每年初由市人事、财政、教育 3 部门根据上年度 12 月在职人员绩效工资总量核定，每半年发放 1 次。绩效工资从 2009 年 1 月 1 日起执行。

二、奖金

2001年起，机关事业单位工作人员发放年终1次性资金，发放标准为本人当年12月份的基本工资作为教师年终奖金，中高901元，中一、小高689元，中二、小一571元，中三、小二501元，小三493元。

2009年，绩效工资执行后年终一次性奖金纳入奖励性绩效工资，市财政合并拨款。2009年8月以后，执行岗位工资制度（即岗位设置），教职工年终一次性奖励达1250元。

三、其他福利

2009年1月1日，起执行绩效工资后，建阳市在职教职工30%奖励性绩效工资部分的住房补贴开始计入住房公积金账户，教职工每月增加住房公积金近百元。

2006年7月1日起，退养民师工资套改人均增加退养费105元；2009年，执行绩效工资后，退养民师人均月增加退养费405元。

第六章 管理与督导

第一节　机　构

一、市教育局

1994年，建阳市教育局有设中教股、初教股、成教股、电教站、成人中专学校、校企公司、农村综合改革办公室、招生办、自考办等9个股室。

2002年，建阳市教育会计核算中心成立。

2003年9月，教育局及所属部门全部搬迁到建阳市区西桥西路3号，内设办公室（含教育工委办公室、德育室、监察室、未保室等）、人事股、计财股、基础教育股（普通教育教学研究室）、电教站、职业教育与成人教育股、招生考试服务中心。至2010年不变。

二、市教育工委

2006年，中共建阳市委教育工作委员会（简称“市教育工委”）设立，为市委派出机构；同时，设立中共建阳市教育纪律检查工作委员会（简称“市教育纪工委”），为市纪委派出机构。

同年，中共建阳市教育局委员会及中共建阳市教育局纪律检查委员会撤销。

第二节　招生管理

1994年，建阳市小学实行划片就近入学，学校成立招生工作小组，负责研究制定本校招生方案。

1994—1996年，建阳市初中招生原则是小学毕业生就近升学。各乡（镇）小学毕业生就近升入当地初中。童游中心小学毕业生按建阳一中划给的一定指标择优录取建阳一中，其他毕业生升入建阳二中。城区5所小学毕业生中，凡户籍在建阳市乡（镇）的，回本乡（镇）初中录取；其他毕业生按毕业测试成绩和一中招生指标首先统一择优录取一中；然后依据二中、三中招生指标按毕业测试成绩对等统一录取二中、三中。建阳市高中招生工作与中专招生合并统一录取。建阳一中按志愿第二批录取，随后是进行二中录取。水吉中学和麻沙中学的高中原则招收本乡（镇）初中毕业生。

1997—2010年，初中招生，仍实行在小学毕业综合测试的基础上，毕业生免试就近入学。各乡（镇）小学毕业生就近升入当地中学。凡户籍在本市各农村乡（镇）借读在城区小学的毕业生，一律回户籍所在地中学录取。城区中学（除外国语学校、武夷学校），不招收本市农村乡（镇）户籍的小学毕业生。城区4所小学和水东小学、童游中心小学，凡户籍在建阳市城区和童游村、水东村、桥南村的毕业生，先参加全市统一分组，按规定抽签录取到建阳二中和三中（2009年更名为建阳市第一初级中学）；凡户籍在潭城街道和童游街道其他村的毕业生以及2个街道其他村小学毕业生，录取考亭中学。外国语学校和武夷学校按小学毕业生的志愿提前录取，在招生指标内，还可以招收部分农村乡（镇）小学毕业生。

高中招生由南平市统一命题，建阳市考试中心组织评卷，择优统一录取，先建阳一中，后建阳二中，再麻沙中学、水吉中学录取。一中和二中每年招生录取指标分为统招生和择校生2部分。2006年，建阳一中招生918人，其中，统招生643人，择校生275人；建阳二中招生594人，其中，统招生416人，择校生178人；麻沙中学、水吉中学各招319人，均为统招生。2007年，推行优秀高中学校招生指标定向分配到各初中学校的做法，建阳一中从统招指标中，划出10%人额作为定向分配指标分配到16所中学。武夷学校招收建阳考生100名外，其他面向南平其他县市招生。2008年，建阳一中划出15%定向统招人额向农村中学倾斜分配。2009年，在延续执行前2年招生办法外，建阳一中统招定向生指标提高到25%。2010年，建阳一中定向招生指标增至到统招指标的40%，继续向农村中学倾斜分配。

第三节 教育经费

一、经费来源

1994年后，建阳市政府将教育资金纳入财政保障范畴，筹措资金，加大教育投入。逐年增长，确保财政主渠道投入，确保拨款的增长高于财政经常性收入增长，学生平均的教育费用逐步增长；教师工资和学生生均公用经费逐步增长。进一步完善教职工工资保障机制，工资金额纳入财政预算，按月拨付到个人账户；制定《建阳市教师绩效工资考评方案》，以中小学教师工资平均水平的标准，实施中小学教师绩效工资。财政下拨“两免一补”“校安工程”等资金，即免除全市义务教育阶段学生杂费，免费提供农村义务教育阶段学生教科书，补助农村义务教育阶段学生寄宿生活费和城乡低保家庭普通高中学生助学金。拓宽财政拨款以外渠道。

1995年起，建阳市开征城镇义务教育费，从1995年起征收3年，以有工资收入的行政机关、企事业单位干部职工义务教育费按工资总额的2%标准征收。1997年，取消城镇义务教育费征收，1998年，取消城镇教育配套费征收，2003年，取消农村教育事业费附加征收工作。教育经费由市统筹管理，施行教育以市管理为主制度。

1994—2005年，海外人士和社会团体及个人捐资建校总金额达635.70万元，其中，香港华人沈炳麟先后捐资103.70万元兴建漳墩赖前、小湖井后、莒口茶垅小学和童游、将口、莒口中小教学楼“恩美楼”7幢；香港华人何光庆捐资10万元兴建麻沙小学教学楼“光庆楼”；福州榕东活动房有限公司日本塚本幸司先后捐资240万元兴建麻沙中学教学楼“榕东楼”、麻沙中学“富闽图书馆”和“富闽体育馆”。个人捐资尚有胡文虎基金会、明德集团、美国哈岗基金会、晋江企业、邵逸夫以及郑兴旺、龚金兰等。

2009年，共争取国家、省专项资金2014万元。

二、经费管理制度

1994年，全市建立教育系统教师医疗保健互助金制度，以市教育系统为统筹单位；2000年，市政府实施《建阳市城镇职工基本医疗保险制度改革实施方案》，教师基本医疗保险由建阳市统筹管理。

1994年，全市深化城镇住房制度改革并成立建阳市住房资金财务管理。2004年，行政事业单位实行住房分配货币化制度。

2000年，市政府执行事业单位职工参加养老、失业保险基金制度，从10月1日起，市政府执行事业单位职工工资由国库统一支付，有利解决教师工资拖欠问题。

2002年，建阳市教育会计核算中心成立，全市中小学、幼儿园财务集中管理；乡镇中小学财务纳入“建阳市教育会计核算中心”，实行“集中管理，分校核算”的管理模式，并推广乡（镇）会计电算化工作，推进会计管理体制改革。

2002年，农村税费改革试点的地区，取消农村教育费附加等。

2004年，义务教育阶段学校推行“一费制”收费办法。

2005年，农村义务教育阶段执行“两免一补”政策。

第四节　教育督导

1994年，原建阳县教育督导室随撤县设市，改称“建阳市人民政府教育督导室”。

1994年起，建阳市普及九年义务教育开展验收工作，市教育督导室将全市13个乡（镇），分2年实现全市普九目标：1995年书坊、黄坑、小湖、潭城、回龙、崇雒、徐市、莒口、童游9个乡（镇）；1996年将口、麻沙、水吉、漳墩4个乡（镇）。

1996年5月，南平市政府教育“两基”核查团对本市进行“两基”工作核查；6月，省政府教育“两基”评估验收团对建阳市进行“两基”评估检查。

1999年，督导室开展对全市15所中学进行素质教育督导评估。建阳一中、二中、三中、考亭中学、将口中学、崇雒中学、小湖中学、漳墩中学等8所学校获确定为“建阳市素质教育合格校”。

2001年，对全市16所中学、5所城区小学、12个学区、12所中心校、22所村完小进行文化户口册和学籍档案管理专项督导检查。4月，南平市教育督导室对市教育“两基”工作进行跟踪复查。12月中旬，对经过督导评估认定为“办学水平等级评估合格学校”的中小学进行跟踪复查。

2002年3月，南平市教育督导工作会议暨教育督导分会第四届年会在建阳市召开。4月，南平市教育督导室对市教育“两基”工作进行跟踪复查。9月，市教育督导室配合建阳市人大常委会在全市开展《义务教育法》执法检查。11月，国家教育督导团到本市对贯彻落实《国务院关于基础教育改革与发展的决定》和《国务院办公厅关于完善农村义务教育管理体制的通知》进行督导调研。

2004年，南平市教育督导室对本市教育“两基”工作进行跟踪复查，开展中小学实施素质教育工作的检查、指导，并推荐建阳一中、实验小学、建师附小申报南平市实施素质教育工作先进学校。

2005年，继续开展中小学实施素质教育工作的检查、指导，并推荐建阳二中、水吉中学、童游中心小学申报南平市实施素质教育工作先进学校。4月，建阳一中、实验小学、建师附小接受南平市教育督导室复查，并获授予“南平市实施素质教育工作先进学校”，建阳一中获南平市推荐申报福建省实施素质教育工作先进学校。

2006年4月，配合省政府教育督导室专家评估组对建阳一中申报福建省实施素质教育工作先进学校进行评估认定；8月，建阳市人民政府成立教育工作督导评估自评工作领导小组；12月，市政府教育督导室配合南平市教育督导室对建阳二中、童游中心小学、水吉中学申报南平市实施素质教育工作先进学校进行评估认定。

2007 年，市政府组织评估组对 13 个乡镇街道 2006 年度教育工作进行督导评估。6 月 11—14 日，省政府对全市实施“双高普九”工作进行验收前的指导评估，市政府制定整改方案，督导室负责组织做好存在问题的整改、落实及反馈工作。

2008 年，督导室组织评估组对建阳一中等 12 所中小学实施素质教育工作进行检查、指导，开展对 13 个乡镇街道 2007 年度教育工作督导评估。5 月，省政府评估组对建阳市“双高普九”工作进行评估验收。6 月，建阳市人民政府上报“双高普九”督导评估意见整改方案。9 月，省政府“双高普九”工作省级专项复查组对本市危房改造工作进行专项复查，至此建阳市实现“双高普九”。

2009，建阳市启动“两项督导”（对县督导和督导考核）省级督导评估自评工作；4 月，市教育督导室组织评估组对考亭中学等 12 所中小学实施素质教育工作进行检查、指导。

2010 年 1 月，市教育督导室组织评估组对 13 个乡镇街道 2009 年度教育工作进行督导评估，同时，对徐市中学等 8 所中小学实施素质教育工作进行检查、指导。9 月，南平市“两项督导”复查组对建阳市 2009 年度教育工作进行复查，总评达到“优秀”等级。11 月，省政府教育“两项督导”评估（考核）组对建阳市 2009 年度教育工作进行督导评估，总评达到“优秀”等级。

第二十七篇 科技文体

第二十七篇　科技 文体

1994—2010 年，科技事业注重普及、科研和推广，开拓服务“三农”新途径；注重知识产权的保护和科技成果的转化，使科技成为推动建阳经济发展的重要生产力。全市获省科技进步奖 6 项。

文化注重阵地建设和开展群众性活动，组织文艺创作，民间民俗传统文化保护和发展，城市文化品位提升。1994 年，获文化部授予“书画艺术之乡”称号。2004 年，建阳市图书馆获评“国家二级馆”称号。2005 年，“建阳雕版印刷技艺”申报成为省第一批非物质文化遗产保护项目。2008 年，建阳市获中华人民共和国文化部授予“中国民间文化艺术之乡”称号。2009 年，“建窑建盏制作技艺”申报成为省第三批非物质文化遗产保护项目。建窑遗址和朱子墓分别于 2001 年和 2006 年确认为国家级重点文物保护单位。广播电视、图书档案、史志编纂、新闻报道与期刊出版的取得突出成果。

体育事业贯彻“普及与提高”方针，全民健身活动空前活跃，1995 年，通过第三批全国体育先进县复查。1996 年，小湖镇农民龙舟队划出国门，获国际龙舟邀请赛大奖。1998 年，崇雒乡获“全国亿万农民健身先进乡镇”称号。2007 年，漳墩民族中学获国家体育总局、国家民委颁发的“全国民族体育先进集体”称号。丁建军在 2009 年韩国第 77 届世界举重锦标赛男子 62 公斤级比赛中获冠军。1994—2010 年，全市有 89 人（队）次在省级以上竞赛中获优异成绩。

第一章　科　技

第一节　科技推广与服务

1994 年起，建阳市以科技创新为动力，加速农业产业化进程加速，促进农业经济稳步提高；以农民增收为目标，探索科技为“三农”服务的新路子，通过抓实用技术培训服务、建农业科技示范基地，推广农业新技术、新品种，发展现代农业，促进农业产业结构的调整。引导企业与高等院校、科研院所建立长期稳定的合作关系。加强技术创新源头与技术创新主体的链接，增强企业自主创新能力，提升产业核心竞争力，促进科技成果的进一步转化。每年 5 月均举办为期 1 周的“科技・人才”活动周活动，活动周期间，科技小分队到乡镇开展科技宣传，展示各类科技挂图，发放各类科技书籍和科技宣传资料，义务接受科技咨询，医疗部门义诊义询。科技工作者与生产者直接见面，随时随地解决群众疑难问题。科技人员在乡镇开展技术咨询服务，遇到墟日，接待来访农民，解决农业生产上的种种问题。

1999 年，建阳实行科技特派员制度。“科技特派员制度”是南平市委、市政府为探索新时期解决“三农”问题在科技干部人才资源配置“错位”与市场经济条件下闽北农村普遍存在科技服务“缺位”的矛盾，通过直接下派大批机关和事业单位有特长的科技人员到农村一线工作，按照市场需求和农民实际需要为农民提供服务，在科技人员与农民之间建立直接联系的机制与平台，促进科技加快导入农村基层，促进农村经济结构的优化调整，促进农村经济的繁荣与发展。至 2009 年，全市先后选派科技特派员 7 批共 1006 人次，其中，南平市下派科技特派员 264 人次，占 26.20%；建阳市下派 386 人次，占 38.40%；乡镇下派356人次，占35.40%。谢福鑫、应薛养等一批长期致力闽北葡萄产业发展的科技特派员，在水吉镇仁山村新葡萄园建设实施优质高效栽培示范片，推广套袋面积达到80%，成为全市第四大专业村。在科技特派员传播新技术的带动下。至2010年，全市葡萄种植规模达到1053公顷，是1998年43.20公顷的24.40倍，成为南方优质葡萄生产基地主产区；桔柚是建阳独有的特色水果产业，从无人问津到名播四方，发展到600公顷；锥栗产业从2002年全市种植533公顷发展833公顷，产量由3000吨增加到8000吨，使建阳一跃成为“中国锥栗之乡”。

2010年，全市建立起一批无公害蔬菜示范基地、优质无公害水果种植示范基地和生猪养殖示范基地，全市共有各类专业协会68个，其中，南平市级3个，建阳市级22个，乡镇（街道）级23个，村级20个。发展会员4823人。全市共有省级以上高新技术企业5家：武夷味精、龙翔科技、义正机械、青松化工、三爱药业。科技进步促进经济与社会效益的增长，带动工业与企业的发展，也增加就业岗位，高新技术企业逐步发展成为建阳市经济增长的主力军。建阳市“企业技术创新研发中心”获省市级认定的有武夷味精和青松化工2家，获省认定的“福建省创新型试点企业”有龙翔科技、武夷味精和青松化工3家。

第二节　科技开发及成果

1994年，建阳共有10家企业与高等院校、科研院所建立长期稳定的合作关系，科技项目合作得到加强。武夷味精、三爱药业、青松化工、龙翔科技等企业与福大、福建农林大、福建师大等国内大学联合开发一批高新技术产品，加强技术创新源头与技术创新主体的链接，增强企业自主创新能力，提升产业核心竞争力，促进科技成果的进一步转化。市科委指导企业申报国家、省、市级的科技计划，为一批拥有自主知识产权的企业争取更多的资金支持。同时，市科技局开展知识产权保护宣传，重视做好专利申报服务，经常到乡镇、企业举办讲座培训、发放宣传资料，提高市民知识产权保护意识。

1997年，市政府市科技进步奖评审委员会成立，市科技技术进步奖设立。规定每年评审奖励1次，一等奖1200元，二等奖800元，三等奖400元。评审的项目在70项，获奖人员近百人。1998年后，停止此项工作。

1994—2010年，全市列入国家、省、市科技计划35项，共争取项目资金865万元。全市共有10家企业与高等院校、科研院所建立长期稳定的合作关系，科技项目合作得到加强。武夷味精、三爱药业、青松化工、龙翔科技等企业与福大、福建农林大、福建师大等国内大学联合开发一批高新技术产品；通过项目的实施进一步提升企业的核心竞争力。企业自主知识产权拥有量和市场占有率攀升。全市获省科技进步奖6项、南平市科技进步奖 18项，评选建阳市科技进步奖43项。

2010年建阳市科技项目获南平市科技进步奖情况表

表27-1-1

项目名称	完成单位或个人	受奖等级
味精清洁生产新工艺开发研究	福建建阳武夷味精有限公司	2010年度二等奖
LC-Y5763全钢巨型工程子午线轮胎成型机	福建建阳龙翔科技开发有限公司	2010年度三等奖

2003—2004年建阳市科技项目获建阳市科技进步奖情况表

表27-1-2

项目名称	完成单位或个人	受奖等级
杂柑新品种—建阳桔柚选育	建阳市农业开发公司、建阳市良种场	一等奖
南平市食用菌可持续产业化生产技术研究与开发	建阳市食用菌试验示范场	二等奖
长大二元母猪推广	潭城科技派工作站、回龙乡兽医站	二等奖

续表 27-1-2

项目名称	完成单位或个人	受奖等级
建阳市农业科技成果转化调研和模式探讨	建阳市科技开发中心	二等奖
推广山地经济绿肥园叶决明	建阳市土肥站	三等奖
淡水养殖南美白对虾	徐市畜牧水产站、镇科委	三等奖
水稻轻简栽培技术推广	建阳市农技站	三等奖
网纹甜瓜高产栽培技术研究	回龙科技派工作站	三等奖
特种经济鱼类中华倒刺鲃库区及围塘养殖示范	黄坑镇科委	三等奖
“阿米西达”在无公害葡萄生产上的应用	童游街道科委	三等奖
有机茶园栽培管理示范	莒口镇科委	三等奖
36V20AH 电池新产品研制	亚享蓄电池有限公司	三等奖
利用味精废液生产单细胞蛋白新技术引进试验	建阳武夷味精有限公司	三等奖
高血压农村群体的治疗研究	建阳市民盟	三等奖
血液净化治疗顽固性心衰的临床研究	建阳市民盟	三等奖

2005—2006 年建阳市科技项目获建阳市科技进步奖情况表

表 27-1-3

项目名称	完成单位或个人	受奖等级
杂交稻新品种特优 175、Ⅱ优 125 大面积示范推广	建阳市种子公司	一等奖
味精清洁生产新工艺的开发研究	建阳武夷味精有限公司	一等奖
测土配方施肥	建阳市土肥站	二等奖
葡萄园立体开发种植模式示范	建阳市山溪葡萄合作社	二等奖
超级稻推广	建阳市农技站	二等奖
阴道镜指导下宫颈多点活检在宫颈疾病诊断中的应用	建阳市立医院妇产科	二等奖
荆西口蘑引进、试验、示范推广	建阳市食用菌办公室	三等奖
荷源小流域水土流失综合治理	建阳市水土保持办公室	三等奖
草莓脱毒高产栽培	建阳市麻沙镇农技站	三等奖
香榧引进种植	建阳市黄坑科特派工作站	三等奖
锥栗滴灌示范	建阳市林业科技中心	三等奖
珍禽养殖	建阳市徐市科特派工作站	三等奖
仲钨酸铵生产钨回收技术	建阳硬质合金厂	三等奖
麻醉药品辅助下的胃镜检查	建阳市中医院	三等奖
野生鱼腥草标准化栽培示范基地建设	建阳市小湖农技站	三等奖

2007—2008 年建阳市科技项目获建阳市科技进步奖情况表

表 27-1-4

项目名称	完成单位或个人	受奖等级
巨型工程轮胎成型机	建阳龙翔科技开发有限公司	一等奖
L- 色氨酸发酵与纯化	建阳武夷味精有限公司	二等奖
应用超声波技术萃取烟叶浸膏	建阳市中野香料工贸有限公司	二等奖

续表 27-1-4

项目名称	完成单位或个人	受奖等级
一种利用棉条生产棉球的方法及其棉球机	建阳市煊博机械制造有限公司	二等奖
葡萄简易避雨栽培技术示范	南平市武夷葡萄园艺研究所	二等奖
眼镜蛇人工饵料饲养技术研究	建阳市四宝蛇类驯养有限公司	二等奖
建阳林区人粒细胞无形体血清流行病学调查	建阳市卫生防疫站	二等奖
多功能沼气节能饭煲	建阳市百盛沼气节能有限公司	三等奖
烟后稻保优高产栽培技术的推广应用	建阳市种子管理站	三等奖
下颌骨颏体部骨折钛板内固定术后连结式牙弓夹板临床应用	建阳市立医院口腔科	三等奖
神经促通技术在偏瘫不同时期的临床综合应用	建阳市立医院内一科	三等奖
液基细胞学检测在宫颈病变中的应用价值	建阳市立医院妇产科	三等奖
内窥镜下食管狭窄扩张术	建阳市立医院内二科	三等奖

第三节　知识产权工作

1994 年起，市科委在开展知识产权保护宣传的同时，重视做好专利申报服务，推进专利战略，以企业为重点，通过把专利项目作为高新技术企业申报、科技成果鉴定、评奖和科技计划申报的前置条件，指导企业申报国家、省、市级的科技计划，为一批拥有自主知识产权的企业争取更多的资金支持。经常到乡镇、企业举办讲座培训、发放宣传资料，提高市民知识产权保护意识。

2010 年，贯彻《建阳市专利奖励规定的通知》的精神，组织开展“4·26”世界知识产权日和中国知识产权活动周等宣传活动，结合科技人才活动周，进行对知识产权法律、法规的宣传；结合科技下乡，宣传知识产权保护工作；到企业特别重点企业，进行专利保护的宣传；组织 9 家企业参加省市各类知识产权培训，指导企业完善专利管理制度，解答企业在专利申请遇到的具体困难和问题，加强与专利权利人的联系。通过宣传工作，提高全市专利保护意识，促进专利申请。通过项目的实施进一步提升企业的核心竞争力。企业自主知识产权拥有量和市场占有率攀升。百盛沼气、汽车锻压件厂获省级认定的“福建省知识产权试点单位”，龙翔科技获国家级认定的“全国企事业知识产权试点单位”。

第四节 防震应急

2003 年 8 月，建阳市重新成立地震办，无人员编制，由市科技局代管，主要承担市政府抗震救灾指挥机构的办事职能。根据防震减灾的有关法律、法规、规章的规定，监督、检查建阳辖区的防震减灾工作；组织编制建阳市防震减灾规划和计划；建立地震监测预报工作体系和震灾预防、紧急救援工作体系，以及震情和灾情的调查、评估速报等工作；参与制定地震灾区重建规划及组织开展地震科学技术研究和其成果的推广应用。同年，成立应急疏散安置指挥机构、应急疏散安置工作组、21 人的地震救援队搜寻救援组，建成建阳一中和建阳市体育场的避难场所。其中，建阳一中避难场所位于水南西桥，占地面积 8 公顷，篷宿区占地 3 万平方米，是 1 所达到国家III类应急避难场所建设标准的多功能避难场所；市体育场地震应急避难场位于市水南黄花山路，占地面积 3.40 公顷，篷宿区占地 3 万平方米，能够容纳 300 人以上的应急避难。

第二章 文 化

第一节 群众文化

一、场所设施与文化组织

（一）市文化馆

始建于1949年8月，背靠麻阳溪，面临上水南路，傍水临街，2010年，正式编制有11人，其中中级职称6人，有舞蹈、声乐、器乐、美术、摄影、戏剧、文学的专业艺术人员。馆舍面积3500平方米，地上3层，地下1层。馆内有多功能综合厅、文艺排练厅、美术展厅、舞蹈辅导室、音乐辅导室、美术创作辅导室、文学戏曲创作辅导室、群众文艺活动厅、非物质文化遗产保护陈列室、多功能会议室（培训室）等免费开放场地。

至2010年，市文化馆馆主要负责策划群众文化活动，举办群众性文艺比赛、文艺演出和各类展览，面向社会开展艺术培训和艺术教育，辅导培训文化专干、社会文艺团队及社会文艺骨干。组织和开展群众性文艺作品的创作，群众文化的调查和研究，搜集、整理、研究、开发民族民间优秀文化，挖掘和保护非物质文化遗产以及评选非物质文化遗产传承人工作。开展对外群众文化交流，弘扬中华民族优秀文化。

（二）乡镇文化站

2010年，建阳市共建乡镇文体服务中心（文化站）13个。

麻沙镇文体服务中心 2010年12月正式动工兴建，规划面积300平方米，内设有图书阅览室、电子阅览室、青少年科学工作室、才艺培训室，综合展示厅、多功能厅等。

崇雒乡文化站 建站于1982年，站所面积200平方米。2010年，设有图书室、阅览室、办公室、扫黄打非办公室、老体协康乐家园办公室（合）、培训室、大师工作室（合）、接待室、文化信息共享工程点、百家讲坛、宋慈研究会、监控室等。拥有建阳非遗项目“采茶舞”团队1支20人、腰鼓团队1支60人、广场舞团队10支1500人、工笔画团队1支20人。

黄坑镇文体服务中心 2010年，黄坑镇文体服务中心面积500平方米，设有图书室、书报阅览室、电脑室、综合展示厅、多功能活动室、综合培训室、书画室，办公室、信息共享室、青少年校外活动中心等室内文化活动场所。馆外有灯光篮球场、灯光树胶羽毛球场，嘉禾文化广场上建设露天舞台、音乐喷泉、凉亭、长廊、文化橱窗等室外文化设施。

回龙乡文化站 2010年，回龙乡文化站建筑面积436平方米。内设书报刊阅览室、多功能活动厅、文化信息资源共享网点、教育培训室、文化娱乐活动室、体育健身室、台球室、办公室等功能空间。配有乒乓球桌、跑步机、组合健身器材等。室内两侧立体式多屋书柜。解放军入闽第一战纪念公园，青少年校外活动中心与乡文体服务中心大楼成为一体化管理。

将口镇综合文化站 成立于1980年。2000年，获南平市政府“文化先进乡镇”的称号，2001年，获省委宣传部、省文化厅“全省农村文化先进集体”的表彰，2003年，获建阳市委宣传部、市文化体育局“精品文化站”称号。2009年，获列入福建省年百个乡镇文化站新建项目，总投资60万元，占地面积150平方米，建筑面积600平方米的文化综合楼。2010年，编制1人，专职工作人员3人。站内阅览图书室、电视室、文化信息共享工程室、民俗文物展室等文化活动场所实现免费开放。

莒口镇文体服务中心 中心大楼建于1984年。中心办公地点位于莒口镇政府办公楼3楼。2010年，中心有书报刊阅览室，配置有电脑、投影仪和音箱；乒乓球桌、羽毛球、象棋、围棋等设施设备；购置图书 3000 册，年订报刊杂志 6 种，设有宣传橱窗；配备专职文化干事 1 名。

书坊乡文体服务中心　书坊乡文体服务中心（原为乡文化站）成立于 1982 年 2 月，办公地点在乡政府大院内，设有图书室、阅览室、电子信息工程共享室、中老年人活动室、作品展示室（厨）、培训室、宣教室、潭山讲坛、健身室、文体活动室内、电视室、雕版印刷展示室等。

水吉文体服务中心　1980 年 11 月成立（原为文化站）。2010 年，中心工作人员 5 人，有阅览室、图书借阅室、共享工程室、综合活动厅、教育培训室、体育健身室和成果展览室等，开展凉亭文化、诗词文化和民俗文化。全镇 29 个行政村先后成立村级文化中心及村级俱乐部，先后获省文化厅评为百强文化站、特级文化站和先进文化站。

潭城街道办事处文体服务中心　位于建阳区人民路 17 号，办公室设在 4 楼，主要活动场地设在 8 楼，占地 300 平方米。场地有布置宣传栏、展板，宣传时事政策、法律法规、文化体育、安全生产、科普农技等知识；进行爱国主义、集体主义、时代精神等方面思想道德教育。2010 年，配备跑步机、乒乓球桌、健身器械以及图书 2000 册。文化站还制定完善《文化站财产登记保管制度》《文化站向公众免费开放服务制度》《基础设施管理制度》《免费对外开放服务经费管理制度》《文化站站长及工作人员岗位职责》等管理制度。

童游街道综合文体服务中心　位于街道办公室 7 楼，占地面积 300 平方米。2010 年，活动中心配置活动室、科普室、阅览室。座集群众文化展示展览、图书阅览、网络信息服务、体育健身、休闲娱乐、教育培训、团队活动于一体的文化生活服务所需的综合性、多功能的公益性文化服务中心。

小湖镇文化站　位于小湖集镇壶山文化广场右侧，小湖镇解放路 2-2 号，1981 年成立，属正股级事业单位，核定事业编制 3 个，地址位于 2009 与镇政府办公楼相连。2010 年，设有办公室、会议（培训）室、妇女儿童中心、群团活动中心、多功能活动厅、图书室、书画室、非物质文化遗产展厅等，户外有壶山文化广场（灯光球场、健身区、文化长廊、健身步道）、湖山公园、南湖生态公园。每年端午节举办传统民间龙舟竞渡及参加龙舟邀请活动；举办区级“小湖水仙”斗茶赛。

徐市镇文体服务中心　成立于 1981 年 1 月（原徐市公社文化站），属正股级事业单位。位于徐市镇徐市街 12 号，占地面积 187 平方米，建筑面积 710 平方米。2010 年，核定事业编制 3 个，设有书报刊阅览室、多功能活动厅、文化信息资源共享室、教育培训室（新时代文明实践所讲堂、潭山市民讲坛徐市分坛）、老年活动中心、体育健身室。户外农民体育健身活动中心，位于上饶集中营南迁徐市纪念馆广场，面积 5177 平方米，场内建有灯光篮球场、露天舞台、门球场、室外乒乓球场，并安装有 20 件室外健身器材等。

漳墩镇文体服务中心　2010 年，镇文体服务中心建设面积 750 平方米，内部设有书报刊阅览室、电视收视室、电子阅览室、文体活动室、娱乐室、培训教室、多功能活动厅、办公室、管理用房等，全镇有 21 村建有农家书屋、其中，省建点 13 个、区建点 6 个，自建点 5 个。

（三）影剧院

1993 年，建阳市有影剧院 2 家。同年，建阳人民政府原大礼堂影院拆除，兴建新的电影院大潭影院，1994 年，政府拨款，更换影剧院观众座椅，改善视听条件，装修门面，1995 年落成，建筑面积 1400 平方米，设 354 个软座，备有空调，集电影、录像、歌舞、商贸为一体。当年，建阳放映电影的有 2 家：建阳影剧院，建阳大潭电影院。2000 年，影院职工集资对楼座、机房进行改造扩容。同年，经市政府及相关部门的安全检查，认为影剧院为砖木结构房屋，年久失修，存在安全生产隐患，必须停业。2001 年，影剧院关闭使用。2002 年，建阳市委、市政府将重建影剧院列入 10 项为民办实事项目之一，开始拆除。2004 年，按国家相关的土地文件精神，建阳影剧院地块改造由建阳市人民政府相关土地部门进行土地收储，在确保影剧院的文化用地和原职工住房回迁的前提下，影剧院（含职工个人房产）土地进行公开招标。2004 年，由南平市人民政府土地部门在武夷山贸洽会上公开招标。2005 年，开始动工兴建建阳文化城。2010 年，房屋验收交付使用，为集文化、餐饮、商贸、服务、办公、住宅一体化文化大楼。

（四）文化组织

1994年起，为适应市场经济时代，越剧团开始机构、体制等系列改革。1995年，剧团任命新团长，一改传统戏路，推出“希望之光”校园小品专场，在市内演出20场之后，又到政和、松溪、浦城、武夷山等周边县市演出45场，广受好评。1996年，三幕古装越剧《墨娘》，参加省第20届戏曲会演，获演出奖；1999年，复排后参加南平市首届文化艺术节主会场汇报演出，获荣誉奖。越剧对唱《十八相送》应邀参加南平市首届文化艺术节开幕式演出。同年，剧团主动配合部门创作公演大型喜剧《国税卫士》。

1998年，推选青年演员参加省第三届优秀中青年演员比赛，相霞君获银奖，沈玉茹、张芹飞和邢茹雅获铜奖。无场次报道剧《刘小红》，为城乡学生演出10场。2000年，在市影剧免票上演传统越剧《打金枝》，观众爆满。2001年，越剧团停业。

二、基层文化建设

（一）农村文化（建设）中心户

2000年开始，建阳市开展农村文化中心户创建活动，选择遵纪守法、家庭和美、邻里团结、喜欢文体的农户作为文化中心户。2001年，全市“文化之家”和“文化中心户”增加到90户，俱乐部16个。2006年起，建阳市委宣传部联合文体局、计生局、政法委、科协等部门对全市各类中心户进行调查摸底，重点整合、培育一批融“文化、平安、计生、科普”为一体的新农村建设中心户。中心户1户联系10户以上，起到传达上级方针政策，传递科学文化知识以及收集反映社情民意、群众需求等作用。通过整合提升，使中心户变“单一型”为“综合型”，变“一家建”为“多家帮”，在更大范围上发挥辐射引导作用。回龙乡回龙村中心 张桂英擅长葫芦画制作，向20人传教技艺，创作的作品远销北京、台湾、日本等地，以及日本等国家。为供应创作材料所需，张桂英带动建立3.50公顷的工艺葫芦种植基地，成为回龙村经济发展的新亮点。莒口村中心户余荣贵的家，融电教室、艺术展厅和活动室于一体，既可见到他研制发明、获国家专利的“木牛流马”、翻转式垃圾箱等，还可看到志趣相投的村民们闲暇之际在此撰诗赋文、读书看报、谈古论今。余荣贵成为文化中心户后，有关部门还支持他添置1批文娱器材和1000册的书刊。至2010年，全市拥有文化中心户50家。

（二）文化阵地建设

1994年，建阳市文化馆是省“芳草计划实施示范点”，许多群文活动办在馆外，如宣传栏、展览、游园等。1995年，文化馆组织人员到全市13个乡镇进行农村文化状况调查，扶持和促进乡镇文化站工作。1998年起，市文化馆通过定期和不定期编出《文化园地》宣传栏，加强文化阵地建设宣传；通过开展民俗文化旅游资源开发和古文化艺术活动和群众文化产品及其文化市场竞争等的理论研究，提升文化阵地建设的软实力。2001年，将口文化站获省农村文化工作先进单位称号。2002年，为麻沙镇布置“双文明建设成果展馆”“公民道德建设教育展馆”“书画艺术馆”“新坪村俱乐部”；配合将口镇完善“王家祠堂”的设施建设，为崇雒村俱乐部绘制《宋慈断案的故事》连环组画。2002年，俱乐部16个。2006年起，建设“社区文化广场”“农民文化广场”和“农家书屋”等文化阵地，城区先后建成宋慈文化广场、朱子文化广场、蔡元定文化广场和中山广场露天舞台；2008年，全市上报省“农家书屋”11家，自行改造“农家书屋”6家。2009年，革命老区书坊乡启动“文化旅游建设年”活动，拍摄展播以“雕版印刷文化”“红色文化”“生态文化”为主题的宣传片《魅力书坊》，凸显书坊“文化名乡”和“红土地”等地方特色。至2010年，全市乡镇共有农民文化广场50个。农务之余到广场来赶“文化集”成为建阳农村的新时尚。

三、文化活动

（一）节庆与民俗文化活动

每年逢重大节庆或纪念日，市文化馆举办或承办各种类型的文化活动。重大的活动：

1994年元宵节，全市舞龙大赛举办，9月，撤县建市大型文艺踩街活动举办。

1995年，组织举办纪念中国工农红军长征胜利60周年、抗日战争胜利50周年暨农村文艺会演，庆祝建市1周年文娱晚会举办。

1996年，元宵节舞龙大赛举办，童游彭墩“高照”花钵队参加南平“一庆二纪”活动。

1997年，为庆祝中共“十五大”开幕，“爱党爱国爱家乡”的群众歌咏大会举办；城乡先后组织11场“庆回归、颂祖国”系列演出活动。

1998年，元宵舞龙大赛举办，纪念周总理100周年诞辰诗歌吟咏会和舞龙大赛举办。

1999年，春节大型踩街活动举办，纪念“五四”运动80周年演唱会和庆祝中华人民共和国成立50周年“共和国万岁”文娱晚会举办。

2000年，元宵焰火晚会举办。承办朱子逝世800周年祭典活动，祭典活动由建阳市长郭建声主持，民间艺术表演（童游高照灯、书访饶坝舞狮，建瓯桃幡，延平峡阳战胜鼓），朱子后裔传统祭拜先贤仪式、朱子诗训、乐舞等使整个活动呈现古朴典雅、隆重热烈的气氛，这是建阳历年来规模最大的广场文化活动。

2001年，纪念建党80周年“红旗颂”歌咏大会举办。

2002年，由彭墩“高照灯”，麻沙“鱼灯”“高跷”，水吉“锣号”组成的建阳市民俗表演队到武夷山参加“闽越风、武夷情”大型民俗表演晚会。同年，建阳市纪念毛泽东108周年诞辰暨毛泽东像章、新民主主义时期解放区货币展举办。2002—2008年，连续举办7届春节民俗踩街活动。

2003年，纪念“三八”灯谜晚会举办。

2004年，纪念“三八”国际妇女节广场文艺演出举办。

2005年，纪念“6·5”世界环境日灯谜晚会和颂歌献给党——纪念中国人民抗日战争暨世界反法西斯战争胜利60周年歌咏大会举办。

2006年，建阳市第四届“葡萄节”文艺演出举办。建阳市纪念中国共产党建党85周年“党旗飘扬”大型文艺晚会和纪念毛泽东《在延安文艺座谈会上的讲话》发表64周年暨崇雒乡剪纸作品展举办。

2008年，迎接省文明城市考评团，“潭阳荡漾文明风——电力之光”文艺晚会举办。“青松化工之夜——建阳市纪念改革开放30年暨非物质文化遗产展演文艺晚会”举办。

2009年，庆祝中华人民共和国成立60周年专场文艺晚会举办。

2010年，漳墩镇碓后村举办畲族“三月三”歌会。纪念毛泽东《在延安文艺座谈会上的讲话》发表68周年暨倪金宝钢笔人物速写展览在城区举办。

（二）会演、比赛和慰问演出

会演　1994年和1997年，先后举办2届职工文艺会演。1994—1998年，每2年举办1届农村业余文艺会演。1999年8月，第四届农村业余文艺会演举办，分别在东片水吉镇、中片将口镇、西片莒口镇举行。2004年，首届社区企业退休人员文艺会演举办。2009年，时隔10年，再度举办农村业余文艺会演。2010年，第二届社区企业退休人员文艺会演举办。

比赛　1997年，10佳业余文艺节目主持人选拔赛举办。是年，为庆祝香港回归10周年和中国共产党建党86周年，文化市场稽查队举办“世纪杯”卡拉ok赛。1998年，“爱中华、爱建阳”职工演讲比赛举办。同年12月，刚成立的文化娱乐业（三厅）联谊会，举行“九重天”杯通俗歌手赛和“金嗓子”杯三厅歌手赛暨赈灾义演活动，筹集8168元善款和200册图书通过民政部门发放。2002年，喜迎新千年“七匹狼”青年歌手赛及“新风杯”铜管乐大赛举办。2006年，建阳市第二届“农家乐·奔小康”农村文艺会演”举办，全市13个乡镇（街道办事处）选送53个节目、193位演员参加比赛。2007年，纪念香港回归10周年“世纪杯”卡拉OK赛举办。2009年，建阳市纪念“五四”青年节卡拉OK歌手赛举办。

慰问演出　1996年，市文化馆全馆人员慰问横南铁路建设者。1998年，建阳市文化馆组织慰问团到水吉镇慰问救灾子弟兵。2000年，市文化馆组织文艺演出队慰问导弹部队驻建阳施工部队。

（三）电影放映

20 世纪 90 年代，电影市场严重滑坡，农村电影放映队急剧减少，市电影公司职工大多下岗退养。2002 年，公司加入南平市科教电影发行中心，实施广电总局“2131”（是 1 项新世纪的电影工程和文化建设项目，是国家广电总局，文化部和国家发改委共同实施的 1 项农村电影工程和基层文化建设项目。“2131 工程”原指在 21 世纪，广大农村每月每村至少放映 1 场电影。现今，“2131 工程”从农村发展至社区、厂矿、企业、学校、机关等企事业单位。为落实执行“送电影下乡”活动，也为企业能够更有效地打开农村市场、宣传企业文化开辟渠道。公司策划“影企联姻”的方式，致力打造多方共赢的氛围）工程，开发农村电影市场，组织 16 支电影队（35 毫米机）巡回放映 2000 场次，省电视台还专访放映队并制作专题片《农村放映队》播放。当年，公司经理杨寿旺获省委宣传部、省文化厅授予的全省农村文化工作先进个人称号的表彰。2005 年，市电影公司获省电影公司评先进单位。2007 年，市电影公司放映二队获文化部 2007 年度“送电影下乡”活动优秀农村电影放映队称号。

2007 年，全市 13 个乡镇共放映电影 200 场次；注重开展节假日期间学生观影活动和校园爱国主义教育的电影放映工作，共放映电影 1000 场。

2008 年，为推动农村电影数字化进程，筹集资 16 万元购置 4 部数字电影放映机并配备工具车，到各社区以及乡镇村，放映公益电影 1186 场。

第二节　文艺创作

一、平台与阵地建设

（一）创办《考亭文苑》报

1991 年 4 月，县文联创办《考亭文苑》报，每月中旬出 1 期 4 版，年发行量达 3 万份。《考亭文苑》本着“立足建阳，服务中心，促进交流，培植新人”的宗旨，在把握方向、繁荣文艺的同时，自觉服务于经济建设，为建阳市的改革开放，打开 1 扇别具风格的窗口。1996 年，《考亭文苑》获南平市委宣传部授予的“南平市新闻工作先进单位”称号。1998 年，在福建省文联四届四次会议上，建阳市文联及《考亭文苑》主编王良智分别获先进集体和先进个人表彰；王良智代表建阳市文联所作的经验介绍受到省文联领导及全省文联系统与会代表的肯定和赞誉。

2000 年 12 月，《考亭文苑》百期之际，福建省文联主席许怀中、副主席蒋夷牧、省图书馆副研究员刘大治、南平市作协主席黄文忠、建阳市委书记何三保等纷纷撰文庆贺，一批书画家、诗人也为百期志庆赠送诗词作品以示祝贺。《考亭文苑》自创刊起，题字、赠画、撰文、发贺电贺信的有省委宣传部、省文联的许怀中、陈章武、丁仃、陈奋武及台湾省百岁老人陈立夫，以及易苏民、陈大络、俞兆年、张济川等一大批海外知名人士。

2010 年，《考亭文苑》拥有 1 支由百余人组成的稳定的作者队伍，其中，加入省级作协、美协、书协各种文艺家协会的有 60 人。此外，还与公检法、武警、建委、经委、金融、保险、邮电等部门的 20 家单位、公司、企业以及乡镇成功合作组编专版。《考亭文苑》“大竹岚”“潭山夜话”“建阳典故”“书林人物”以及“考亭书画”“创业者风采”等栏目。

（二）创建书林楼

2006 年，退休干部、市文联副主席兼秘书长李家钦利用登高山上闲置的 2 幢空楼，开始改建成市文联的活动场所 —— 书林楼。聘请艺术工匠，精心打造楼、台、亭、阁，楠木雕花窗棂、古朴雕花石墩，皆从民间收集而来。楼中有明清 2 代的古碑、牌匾、家具、古玩、名人字画等馆藏珍品，更有红豆杉、银杏、方竹等珍稀树种的花园，有 2 层 8 间的书画创作室，是书画家创作交流的平台，也是书画爱好者观摩学习之地。先后有余国联、吴世泉等知名书法家在此开设过个人展室。书林楼产权归属市文联所有。

（三）组织办展、培训、采风活动

1994 年 7 月，市美协组织、配合市工笔画院画家专程到北京，举办建阳市工笔画展。

市工笔画院、大潭画院等团体和个人每年均有举办国画、工笔画、油画、速写等各类画展。市书协每年都举办围绕国家大事或当地党政中心工作的主题展，先后在 2007 年、2008 年、2009 年举办“庆祝中共十七大专题书画展”“迎接北京奥运会书画展”“建国六十周年书画展”等。

至 2010 年，市文联经常组织、支持、鼓励各协会到各地采风。摄协会员积极组织采风创作，除在本地外，协会还不定期组织骨干会员到各乡镇，到武夷山，浙江的二八都，婺源，宏村，塔川，顺昌，政和，南京，洛阳等地拍摄创作。

与青少年宫、工笔画院、老年书画院常年举办美术、书法培训班。每年有 100—200 人受到培训。书林楼、积羽斋等文化沙龙每年均有定期举办青少年书法培训班。

（四）评选百花文艺奖

1997 年 5 月，为纪念毛泽东《在延安文艺座谈会上的讲话》发表 55 周年，繁荣建阳市文艺创作，市文联开展评选、颁发“建阳市首届百花文艺奖”，这是综合性文艺大奖。参加评奖的文艺作品为 1990 年 5 月至 1997 年 5 月，建阳市文艺工作者创作并公开发表出版、参展、演出的，能体现时代精神、弘扬主旋律的优秀作品。共评出金奖 16 个、银奖 23 个、铜奖 41 个、伯乐奖 2 个、组织奖 8 个、先进单位 5 个。

2002 年 12 月，评选颁发“建阳市第二届百花文艺奖”。参加评奖的文艺作品为 1997 年 5 月至 2002 年 5 月，建阳市文艺工作者创作并公开发表出版、参展、演出的，能体现时代精神、弘扬主旋律的优秀作品。共评出金奖 15 个、银奖 12 个、铜奖 15 个、特别荣誉奖 13 个、重大贡献奖 2 个、新苗奖 2 个，另评出先进单位 3 个。

二、文艺创作成果

（一）文学

1994—2010 年，建阳市作家创作的重要作品：

全国知名的报告文学家、建阳籍作家王宏甲继 1991 年写出《无极之路》后，2002 年起，又先后创作《智慧风暴》《新教育风暴》《贫穷致富与执政者》等多部在全国颇有影响的作品。这些作品分别获中国图书奖、“五个一”中国工程奖、徐迟报告文学奖等多项国家级奖项。刘建与王宏甲合著报告文学《休息的革命》，为国家旅游局推荐读本之一，创作出版反映知青下乡的纪实文学《大野躬耕》反响较大。记者、作家李加林出版《情系芦岭》《武夷笔踪》报告文学集，张桂辉出版著作杂文集 2 部，散文集 1 部，林植群出版诗歌集 2 部。新一代青年作家缪灯明（笔名沙漠舟）出版《卓越者辞典》和长篇自传体小说《亲爱的苦难》，其中，《亲爱的苦难》获福建省“百花文艺奖”，著作发表后，他先后到 20 个省市大中小学完成以理想为主题演讲 300 场。叶木青在 2000—2010 年间，共创作诗歌、童话小说共 3 部。其中，经多年搜集、整理，2010 年，出版福建省第一部畲族民歌《深山高歌》；2002 年，叶木青作词歌曲《科技特派员进村来》获福建省“五个一工程”奖，2004 年，作词歌曲《汉族的干阿爸》获第四届少儿歌曲大赛演唱金奖，2006 年，中篇小说《独臂余成》获《人民文学》“爱与和平”征文优秀奖。

2000—2010 年，市诗联学会先后出版《九洲诗人吟建阳》《潭阳古今百家诗词选》《潭阳名胜景点诗联选》外，会员自费出版个人诗词集多达 50 册，享有“诗书频出建阳城”之誉。这些诗词集有张惠民的《吟诗填词必备》、陈平的《锦溪诗词》、陈华煌的《闲情雅兴》、杨敏的《运乾斋吟草》、王耘的《闲云斋酒韵》、高荣娇的《半了清韵》、潘兴吾的《布衣草》、吴向群的《篱边草》等。2007 年起，建阳市诗词楹联学会先后举办庆祝中共党的十七大召开诗词吟诵会；纪念中国人民共和国成立 60 周年诗词吟诵会；相应出版纪念诗刊。会员参加全国、省级及地方性区域诗联大赛或征诗征联活动，王世淳、王耘、李加林、叶礼成、吕兰旺、潘新吾、郑雪菲、姚至大、朱雄亮等诗友频频在竞赛中获奖。

2009年，在“新华杯”闽北改革开放30周年好书评选中，建阳市选送参评的16部书籍中，有8部书籍获奖。建阳籍作家王宏甲著《智慧风暴》《中国新教育风暴》《无极之路》《现在出发》4部书籍和叶木青著《黑母鸡的处世哲学》、郑俊琰编著的《企鹅的请柬：全球首次人文学者南极行》、刘建编著的《大潭书》、缪灯明著《亲爱的苦难》4部书籍获“新华杯”闽北改革开放30周年优秀图书奖。

1994—2010年建阳市文学著作出版一览表

表27-2-1

作者	书名	年份	出版单位
刘　建	《大野躬耕》纪实文学	1998	海峡出版社
	《南阙里纪事》散文集	2001	华艺出版社
高　勉	《为爱掌舵》歌词集	2006	广西民族出版社
黄兰英	《东方女人》诗歌集	1995	中国妇女出版社
王　耘	《潭山走笔》杂文集	1996	海峡文艺出版社
吴向群	《心弦》诗词集	2002	华艺出版社
杨丽英	《读海》散文集	2000	中国文联出版社
林植群	《春天的烟雨》诗歌集	2002	海风出版社
	《江南人》诗歌集	2002	海风出版社
李加林	《情系芦岭》报告文学	1994	海风出版社
	《武夷笔踪》报告文学	1989	鹭江出版社
张桂辉	《听潮微语》杂文集	1995	海峡文艺出版社
	《另类失衡》杂文集	2001	北方妇女儿童出版社
	《盛世微言》杂文集	1998	海风出版社
	《烈酒咖啡白开水》散文集	2006	作家出版社
许德光	《潭阳履痕》报告文学	2003	紫禁城出版社
饶　肇	《桑榆诗集》诗词集	2005	中国文联出版社
叶木青	《相思总寂寞好》歌词集	2002	广西民族出版社
	《黑母鸡的处世哲学》童话集	2006	南方日报出版社
	《深山高歌》山歌集	2010	西苑出版社
沙漠舟	《亲爱的苦难》小说	2007	中国长安出版社
	《卓越者辞典》杂文集	2004	中国妇女出版社
刘　通	《麻阳斋诗词》诗词集	2008	海风出版社
	《麻阳斋随笔》诗词集	2009	海峡摄影出版社
王小艾	《爱·情》纪实文学	2009	新华出版社
曹长美	《我的世界》散文集	2009	海潮出版社

（二）美术

1991年，建阳市工笔画院成立，组织美术作者创作富于闽北地方特色和乡土气息的工笔画。2000年起，建阳老年书画社、大潭画院、朱子书画社等民间画院，均有不少佳作问世。年逾7旬老画家李铮在完成建阳百位名人画之后，为宋代有“图书之府”之称的麻沙·书坊创作了2幅大型水墨画——《建本流香图》，再现古代建阳书坊、麻沙刻书贩书的生动场景。1999年7月，福建省第六届现代民间绘画研讨会和福建省庆祝建国50周年迎接澳门回归农民书画展在建阳举办。2003年11月，福建省第四届工笔画暨学术研讨会和建阳市工笔画晋京展览10周年纪念画展在建阳举行。2007年，林富全在武夷山度假区举办个人画展。

1994—2010年，建阳市美术作者个人或集体，陆续在报刊和出版单位发表作品。画作精品在各类美展中屡获大奖，享誉画坛，成为八闽画坛的一大亮点。胡迈儿、颜成彪、范朝红、方翔、黄刚、陈军等创作的作品多次在全国、省级大赛中入选或获奖。据不完全统计，全市有 39 人次、46 幅美术作品获全国、省、地的等级奖，其中，获省级以上奖励的 16 人次、22 幅作品。

1994—2010 年建阳市获省级以上奖励的美术作品一览表

表 27-2-2

年份	作者	作 品	奖 项
1994	颜成彪	国画《种瓜得瓜》	获福建省第二届艺术节书画展银奖，并入选第八届全国美术作品展
1999	颜成彪	国画《风雨过后》	获福建省第二届艺术节书画展银奖
	颜成彪	国画《新绿》	全国第八届“群星奖”美展
	颜成彪	国画《春绿》	全国中国画三百家作品展
2002	胡迈儿	工笔画《牡丹之歌》	获二十一世纪中国画澳大利亚画展优秀奖并被收藏
2006	范朝红	工笔画《秋语》	获全国中国画作品展优秀奖
	范朝红	工笔画《暗香》	全国第六届工笔画大展
	颜成彪	国画《初晴》	全国第六届工笔画大展，并被收藏
2008	颜成彪	国画《春痕》	获全国第十四届群星奖比赛福建省选拔赛金奖，工笔画《醉秋风》
	范朝红	工笔画《醉秋风》	获第十四届群星奖比赛福建省选拔赛银奖
	倪连辉	国画《武夷积翠》	获第五届福建省青年美术作品展一等奖
		国画《林壑灵隐曲水长》	获“‘北京城建杯’全国产业美术作品展”三等奖
2009	齐声怡	漫画《风满楼》	入选第十一届全国美术作品展
	颜成彪	国画《秋风》	获福建省第六届当代工笔画展银奖
2010	颜成彪	国画《田园之舞》	入选“锦绣海西一福建省当代美术（晋京）大展”
	倪连辉	国画《丹壑武夷苍翠》	获中国人民银行主办的艺术作品展一等奖
	胡迈儿	国画《秋红》	获福建省第三届群星奖二等奖
		国画《秋日》	全国第八届群星奖入选
		国画《情满青山》	全国第六届工笔画展入选
	齐声怡	国画《都市女孩》	2006 年全国中国画展入选
		国画《花信风》	2007 年全国中国画展入选
	范朝红	《晚秋》	《中华情》全国美术书法作品展
	江太旺	国画《初醒》	入选第四届全国现代工笔画展

1994—2009 年建阳市美术作者在报刊和出版单位发表作品情况表

表 27-2-3

年份	作者	作 品	发表报刊（出版单位）
1994	建阳作者	建阳工笔画 12 件作品	《美术》1994 年第三期
	建阳作者	建阳工笔画 7 件作品	7 月 10 日香港《文汇报》
	颜成彪	《生机》	《福建日报》
1995	建阳作者	建阳工笔画 14 件作品	8 月 13 日《福州晚报》
1996	高 勉	《现代刊头设计精选》	福建美术出版社
1998	颜成彪	《种瓜得瓜》	《中国花鸟画》
2000	建阳作者	建阳工笔画 9 件作品	5 月 4 日《泉州晚报》
2001	建阳作者	《荷深水风阔，雨后清香发》（建阳工笔画）8 件作品	3 月 13 日《福建晚报》
2006	颜成彪	《稻香阵阵》	《美术博览》

续表 27-2-3

年份	作者	作 品	发表报刊（出版单位）
2007	胡迈儿	工笔画《秋江》《山花》	《世界艺术》
	范朝江	工笔画《暗香》《晚香》《梳羽》	
	颜成彪	工笔画《穗》《浴》《清荷》	
	颜成彪	《颜成彪工笔花鸟画精品集》	福建美术出版社
2008	颜成彪	颜成彪作品集《工笔荷花特写》	福建美术出版社出版发行
2009	颜成彪	颜成彪作品集《中国画技法—工笔草虫》	福建美术出版社出版发行

（三）书法、雕刻与摄影

1994 年 9 月，建阳撤县建市庆典期间，市书法协会举办大型展览活动，共展出来自全国和海外名家的作品 120 件。同年 9 月 28 日至 10 月 7 日，省第二届书画节美术书法作品展在福州举办，建阳市入选的书法作品有李家钦、叶雄的行书、余国联的篆刻和陈海泉的甲骨文。1994 年 1 月，市文化馆李文俊摄影作品《竹花》与《闹元宵》入选香港摄影展。1995 年，李文俊摄影作品《惠女浣衣》和《满载而归》入选省“国旅杯影展”，其中《惠女浣衣》获“国旅杯”三等奖。1999 年，余国联篆刻获南平市纪念建党 80 周年书画展一等奖；张正松摄影作品《建阳夜色》获首届南平市文化艺术节摄影作品展一等奖。2003 年，李家钦书法（毛笔）获南平市“农家乐、奔小康”系列活动一等奖。2004 年，李家钦书法（毛笔）、黄刚书法（硬笔）获“中华纵横”全国诗书画摄影征文评选二等奖；黄正春楷书（毛笔）、黄刚书法（硬笔）和刘文龙根雕获三等奖。2005 年，余国联篆书获省第二届社区文化艺术节南平分会场展览二等奖。魏忠琴工笔画《烟叶》获福建省烟草系统美术、书法展览奖项。张正松摄影作品《生命起跑线》获省第二届社区文化艺术节南平分会场展览二等奖。2006 年，李玮获“南平市第二届‘农家乐、奔小康’闽北新农村书画、剪纸作品展”书法三等奖。2006 年，建阳市摄影家参加福建省“恒安杯”文明和谐社区摄影大赛，共入选作品 5 幅，其中张正松的《将》获省二等奖。南平市举办“文明和谐社区摄影比赛”，建阳有 14 幅作品入选。摄影协会会长彭鸣汉在中国摄影家协会网举办个人在线影展，2007 年，其作品《秀色》入选中国摄影家协会网友精品全国巡展。2008 年，建阳农业工程学校特级教师、高级工程师余国联作品入选中国书法家协会“全国书坛名家千人千作展”，2009 年，其作品入选中国书法家协会“全国第六届楹联展”。

市书协每年都举办围绕国家大事或当地党政中心工作的主题展，如“庆祝中共十七大专题书画展”“迎接北京奥运会书画展”“建国六十周年书画展”“建党九十周年书画展”“迎接中共十八大全市师生书法展等”。书法家涂国荣的学生中，有 10 人次获全国青少年书法大赛大奖。市书协还加强与外界书法界的交流，先后举办武夷山、建瓯名家名作邀请展；厦门“五人行”名家名作书法展。市摄协会员运用手中的相机参与抗洪救灾斗争。他们到灾区一线，拍摄许多感人的救灾镜头。配合市委宣传部筹办大型的《众志成城》抗洪救灾摄影图片展，展现建阳人民众志成城抗击洪魔，重建家园的感人事迹。

（四）音乐

1992 年 2 月，唐建国在福州举行的全省“首届中老年歌手赛”中获中年组银奖。1994 年，李家回获全国“天琴杯”音乐短文比赛金奖，行业歌《山门连天下》（高勉词黄梅曲）获省创作奖。1995 年，组织选手参加南平市“正亚杯爱我中华卡拉 OK 大赛”获南平市三等奖。1996 年，李家回参加邵武市卡拉 OK 声乐比赛，获三等奖。1996 年，陈凤英获娱乐业余歌坛群星大奖赛一等奖。1997 年，李家回获省迎回归优秀歌手大奖赛优秀奖。肖斌、李家回分获省第八届音舞节南平分场声乐选拔赛一、二等奖，唐建国获全省 10 城市歌手赛民族唱法二等奖。1999 年，“牡丹业余艺术团”成立，培养文艺骨干 30 人。实验小学学生叶诗卉参加省第九届音乐舞蹈节比赛，获“兴业杯”歌手大赛金奖。2002 年，叶木青歌词集《相思总比寂寞好》出版。2003 年。吴金媚获南平市“农家乐、奔小康”农民歌手赛二等奖；周众斌获南平市“农家乐、奔小康”农民歌手赛三等奖；吴刚、詹瑞铭、肖心明、詹凤珍、林永权获南平市“农家乐、奔小康”农民歌手赛优秀奖；徐巧红获福建省第二届青年歌手电视大奖赛民族唱法组第四名。2005 年，叶诗卉获少儿组演唱歌曲《妈妈的叮咛》（高勉词、连敏曲）一等奖；黄凤珠获乡村歌手赛《红领巾的世界充满爱》（高勉作词）一等奖；林立云歌曲《我属于你中国》获闽浙赣 10 县青年歌手邀请三等奖；卓家剑歌曲《九寨之恋》获闽浙赣 10 个县市青年歌手邀请赛优秀奖；高勉词、连敏曲创作的歌曲《妈妈的叮咛》获南平市反腐倡廉廉政歌曲创作活动一等奖。叶木青作词的歌曲《汉族的干阿爸》，在中央电视台少儿频道“周末音乐快递”栏目演唱播出。2006 年，高勉 104 首歌词集《让爱掌舵》由广西民族出版社出版发行，高勉的《雕刻时光》和叶木青的《惠安的石头会开花》入选由长江出版社出版的《2006 年中国歌词精选》一书，黄凤珠、顾建康分获“南平市第二届‘农家乐、奔小康’金穗杯乡村歌手赛第一名和第三名。2007 年，高建玮歌曲《汉族的干阿爸》获第十四全国”群星奖“大赛福建选拔赛银奖。2008 年，邓婷菡的古筝演奏获“福建省第十届音舞节南平赛区（音乐专场）比赛”一等奖，高勉歌词《工棚》、叶木青的词作《光荣的名称》，从数 10 万首歌词中脱颖而出，双双入选由广西民族出版社出版的《中国当代歌词精选》。2009 年，阮桂香、顾建康获第三届南平乡村歌手赛一等奖；林立云获卡拉 OK 赛三等奖；顾建康、阮桂香获“南平市‘农家乐、奔小康’农村歌手赛”一等奖。阮桂香获“福建南平、浙江巨州、安徽黄山、江西上饶四省四市青歌赛”银奖。2010 年，叶木青作词的歌曲《人民与公仆》（杨定基曲）获南平市百花文艺二等奖，苏泽安、翁子旋、姚越获“福建省‘亲亲红领巾’少儿歌手赛”优秀奖。

1994—2010 年，市音协先后组织开展纪念建党、建国周年主题红歌大家唱活动。举办学生演唱、乐器、舞蹈特长展示和青年歌手赛等展演活动。组织词曲作家到农村、社区，开展系列采风活动。协助市文化局、教育局、团委举办少儿小歌手比赛、大中专青年歌手赛。先后有阮贵香在参加江西举办的 4 省 4 市青年歌手大奖赛获二等奖。顾健康、阮贵香在参加南平市乡村歌手赛中并列一等奖。苏泽安在参加福建省“亲亲红领巾”少儿歌手赛中获金奖。翁子璇、姚悦在参加全国少年儿童励志童声大奖赛获金奖和最佳表演奖。在器乐方面，林岳山在参加文化部教育司举办的珠江恺撒堡全国青少年钢琴大赛中获业余组二等奖。崔艺琼在参加第二届全省青少年儿童钢琴大赛获业余组一等奖。爱乐琴行萨克斯四重奏在参加全国萨克斯大赛中获特等奖。范欣悦在全国特长生钢琴比赛中获省一等奖、在参加南平市器乐特长生比赛中荣获长笛金奖。

（五）舞蹈

1994 年，詹红丹编导的《窑神》获省七届音舞节创作三等奖。1995 年，詹红丹创作的舞蹈《福毯情》《奈果飘香》《我要上学》等在市农村文艺会演和首届校园文化艺术节中，获市委宣传部和文化局多项奖励。1996 年，詹红丹的《山里妹子看火车》《珠蚌富农家》《丰收乐》由将口、莒口、麻沙业余文艺代表队参加市农村文艺会演，获一、二等奖。1998 年，詹红丹编排的大型群舞《知青重返第二故乡》《走进新时代》《流云》《走雨》《热血男儿》等节目分别参加春节团拜、欢迎知青重返第二故乡晚会、小学生运动会、市九次党代会文艺晚会，纪念“12·9”运动晚会演出。1999 年，詹红丹编舞的《战洪图》《满月》《白鹇鸟》及 3 人舞《浮沉》参加南平市首届文化艺术节建阳分会场演出，《白鹇鸟》获演出二等奖、编导三等奖；《满月》获演出三等奖。2000 年，詹红丹编导的独舞《就恋这鼓》参加省第九届音舞节南平选拔赛，顺利入选。2001 年，詹红丹创编 3 人舞《溜溜的她哟富了农家》参加南平市工商系统文艺会演获三等奖。2002 年，在福建省第二届曲艺节中，市文化馆选送的快板《让生活更加美丽点》（作者：沈海生，导演：詹红丹，演员：韦武、钱东霞等 7 人）获创作一等奖，演出银奖、演员银奖。小品《葡萄熟了》（编导：韦武，演员：孙鲁峰、胡华菁）获创作三等奖、演出铜奖。2003 年，詹红丹创编的节目《乐哉，夕阳红》获福建省首届社区文化艺术节银奖。2004 年，潭城街道办舞蹈《迷人的秧歌扭起来》《丰收的喜悦》获南平市首届社区文艺调演优秀演出奖。王一楠编导的舞蹈《迷人的秧歌扭起来》、钱东霞编导的舞蹈《丰收的喜悦》获南平市首届社区文化艺术节调演创作奖。2005 年，西市社区舞蹈《鼓韵》和《葡萄熟了》《夕阳无限好》分获省第二届社区文化艺术节南平分会场优秀演出奖和演出奖；建阳少儿舞蹈选手参加“2005

东方少年艺术明星大赛”全国总决赛，分获儿童c组和少年b组银牌、少年组铜牌。2006年，教师“夕阳红”舞蹈队赴福鼎参加“福建省首届‘太姥山杯’中老年舞蹈艺术风采大赛”，获第三名。同年，在全国“蒲公英”少儿舞蹈大赛闽北区比赛中，建阳获1块金牌，2块银牌。2006年，建阳教师夕阳红舞蹈队获“福建省‘太姥山杯’首届中老年舞蹈艺术风采大赛”第三名。潭城街道舞蹈《葡萄熟了》获“南平市第二届‘农家乐、奔小康’农村文艺会演”演出奖。自2008年起，建阳二中在舞蹈等特色教育中颇见成效。2009年2月，吕丽丹在“和谐颂”首届中国艺术特长生教育成果展示活动中获青年A组舞蹈专业金奖。8月，龚晨希、张辰、吕丽丹等表演的舞蹈《进城》，在福建省首届青少年才艺大赛中获一等奖。张辰在2010年7月，“未来之星”第六届全国青少年艺术盛典活动“福建赛区”总决赛获少年B组独舞一等奖。

（六）戏曲

1995年，小品《情系闽北》（韦武作）获闽北重点工程文艺创作二等奖。同年，在南平市戏剧创作征文活动中，建阳市获1个二等奖，2个三等奖。1996年，韦武创作的小品《希望》，由教育局组织排练，参加省电视台纪念《义务教育法》实施10周年主题晚会，获一等奖；小品《校外》（韦武）获南平教育系统文艺调演一等奖；孟明亮根据书坊乡《积墨池》的民间传说创作的3场古装越剧《墨娘》获选送参加省二十届戏剧会演。1998年，孟明亮创作的话剧《组织部长》获定为省重点剧本。

1999年，小品《换灯泡》（韦武作）获南平市首届文化艺术一等奖。2001年，张国维参加省厅“向建党80周年献礼现代戏剧征文活动”中获二等奖；获南平市“建党80周年现代戏剧本征文”大戏一等奖。由南词剧团更名《太阳山》后排练献演的小品《接风》（韦武作）获南平建党80周年剧本征文二等奖。同年，参加南平市“建党80周年现代戏剧征文活动”中获小戏小话剧类一等奖。

2002年，建阳市在戏剧影视作品创作上有突破。快板《让生活更加美丽点》获“省第二届曲艺节”创作（沈海生）一等奖、演出（韦武等）银奖，并作为省迎接中共党的十六大召开的“曲艺金秋电视晚会”开场节目。小品《葡萄熟了》获省第三届曲艺节创作三等奖、演出铜奖。2003年，小品《小巷总爱》（韦武作）获省“抗非”戏剧曲艺作品征稿大赛二等奖。2006年，在南平市宣传部、市文联等单位联合举办的“未成年人思想道德教育小品、小戏征文”中，韦武的作品获二等奖。2010年，中国艺术家交流协会副主席、福建溪源文化发展有限公司总经理张国维创作32集电视连续剧《密战太阳山》，在全国发行，全国网站播映，音像出版，弥补闽北影视产业的空白。

第三节　文化市场管理

1995年，市政府发布《关于加强文化市场管理的通告》。1996年，市文化局出台加强“三厅二室”的补充通知。1998年，下发《关于取缔经营性电脑游戏活动的通知》。2001年，市公安局、监察局、文化局、工商局联合印发《开展整顿和规范歌舞娱乐服务场所秩序专项行动实施方案》。2000年，市人大常委会、政协联合视察学校周边文化环境，提出整改意见。2004年，有关部门多次统一行动，净化文化市场。2005年，全市拥有文化市场场所11种类型243家。1994—2005年，收缴盗版音像制品7.2万片，非法出版物2.86万册，查缴淫秽音像制品326片，盗版教辅1200册，关闭个体录像厅25家，吊销文化营业执照38家，销毁赌博机169台。

2006年，全市出动文化稽查623人次，检查音像经营场所55次、娱乐场所57次、网吧248次、游戏机厅35次、书报经营场所47次，处理举报案6件，收缴盗版书刊656本、非法音像制品1298片，

2007年，全市出动文化稽查852次，检查音像经营场所125次、娱乐场所97次、网吧648次、游戏机厅25次、书报经营场所127次，处理举报案6件，收缴盗版书刊1126本、非法音像制品3350片。

2008年，共出动720人次，对全市38家网吧进行拉网式检查，检查网吧经营场所540家次，警告违规网吧5家，查处违规网吧18家，立案处罚18家，存在消防隐患2家，整顿到位2家，配合工商部门取缔网吧3家。

2009年，出动检查人员416人次，检查网吧经营场所340家次，查处违规网吧12家，立案处罚12家，罚没款6.70万元；查处存在消防隐患的营业场所7家，整顿到位7家。4月，为迎接“4·26”世界知识产权日，根据省“扫黄打非”办统一部署，建阳市文化体育局将依法收缴的盗版音像制品1.08万张　、盗版图书1500册送往南平市稽查队集中销毁。

2010年，共立案处理网吧5起，罚款32000元，查处一批无证经营的乡镇娱乐场所，收缴盗版光碟1800片、淫秽光碟260片、盗版图书400本。2001—2010年，全市文化市场罚款金额407950元。

第三章　广播电视

第一节　网络 设施

一、广播

1994年，在原庵山建立的调频转播台，初步实现调频广播与乡镇、村有线广播的混合覆盖。9月，在庵山增设2台300瓦发射，在乡镇建立调频发射站，调频广播覆盖全市10个镇3个乡。其时，由于有线电视事业迅猛发展，导致农村广播事业每况愈下。1995年，市广播电视局（简称“广电局”）制定扭转广播滑坡的基本思路：“保住城区及城郊一块，稳定乡镇所在地1块，抓好193个自治村1块，”在抓好调频广播站建立的同时，配合农村奔小康工程，制定优惠政策，鼓励和扶持发展调频广播。至1996年底，145个小康达标村有112个通了广播，获南平广电局表彰。1999年省广电厅在庵山建成1000瓦调频广播发射系统，使建阳全境及闽北大部分县（市）增加省人民台、经济台、音乐、交通广播节目的覆盖。2003年，响应国家广电总局开展“广播发展年”活动的号召。建阳市广播电台抓住机遇，以南平广电局音频工作培训为契机，在建阳广播电台安装音频工作站，全台广播工作人员均参加培训，11月正式投入使用，实现建阳市广播电台广播节目自主制作、编辑、传送全面数字化。2005年，建阳市光缆干线联网全面完成，利用光缆传输广播信号，音质、音色好，信号稳定。为此，市广电局提出“因地制宜、分类指导、广播电视并重、发展广播为主”的工作方针，加大广播建设力度。2005—2010年，全市各乡镇架设逾调频广播，乡镇所在地实现广播1条街，有线广播入村入户。

二、电视

（一）微波传输系统改造

1994年7月，建阳有线电视收视费从每月4元提到7元，1995年，提高到每月10元。1996年，投入150万，将300兆传输系统改成550兆传输系统，架设干线25公里，有线电视用户达到13000户。1997年，再次投入60万元对城区网络进行改造，改造后的网络传输质量稳定、清晰、伴音良好。随之开通中央台、外省台加密频道，使全市城区居民可以看到30套电视节目。年底，建阳广播电视中心大楼奠基开工。1998年，完成黄坑、漳墩、将口、崇雒、莒口微波传输工作。至此，全市各乡镇全面完成微波传输任务，乡镇所在地有线电视区域网可看到16—18套电视节目。1999年，按市物委通知，有线电视收视维护费每月13元，11月，成立新光广电服务有限公司，专门从事市区有线电视安装、预埋、维护工作，为网台分营打下基础。

（二）光缆架设

1999年，建阳城区有线电视用户2.50万户。2001年7月，建阳有线电视台架设建阳至将口第一条光缆干线，新增有线电视用户350户，同时，将沿途南林、新村两村并入网内，新增用户420户。12月，再投入百万元，与电信、联通、移动3家联合共建，完成市区管线下地工程，为城区光缆传输信号打下基础，并投资52万元，买断过境东南网络光缆干线产权，为东片、中片8个乡镇实现光缆联网创造条件。2002—2005年，先后筹措资金320万元投入光缆干线，累计800千米。至2005年底，全市13个乡镇160个行政村并网入户，城区、农村电视用户达6.50万户，均可看到32套清晰的电视节目。2009年，全市193个行政村有185个行政村并网入户，城区用户3.50万户，农村用户达5万户，光缆干线上千公里，均可看到43套高清晰电视节目。

第二节　节目制作

1994年，建阳市广电局总编室成立，对广播电视宣传进行统筹安排。原《每周要闻》改为《建阳新闻》，每周3档，每档10分钟，每周共播出26次，向上送稿，全年送南平台新闻稿件126条，采用104条，居全区第一。

1996年，《建阳新闻》节目开辟《为建阳崛起献良策》《解放思想大家谈》2个专栏；为推进3项工作开展，新开辟《农村奔小康》《严打斗争》《教育两基》等3大系列报道，并于5月份开始在《建阳新闻》中开设《每周评论》。据统计先后共发表评论20篇，全年电视新闻发稿1560条，其中，画面1120条，口播440条。

1997年，市广电局总编室提出“以新闻为龙头，专题为拳头，文艺广告为补充”的新闻宣传工作方针，围绕“农村奔小康、城区双文明”，深化国企改革以及市委、市政府一系列中心工作开展宣传活动。尤其在悼念邓小平、香港回归和中共党的十五大宣传3大播出任务期间，把握正确的舆论导向。全年电视新闻播出稿件1762条，获南平台采用240条，省台采用25条，用稿率均持续保持全区前3名。新闻《白天鹅住院》获中央电视台四套《中国报道》采用。

1998年，《建阳新闻》节目新开辟《新闻聚焦》栏目，主要针对一些不良倾向进行批评、曝光，扶正压邪，弘扬正气，栏目持续开办1年，社会反响较大。是年，发生百年一遇的“6·22”洪灾，《建阳新闻》节目临时调整为每天播出，每档长达20分钟，新闻工作者抢拍险景，多组珍贵镜头获中央台、省台、南平台反复采用。仅1个月共播出抗洪救灾稿件500条，获南平台采用70条，省台采用10条。全年电视用稿1600条，其中画面1200条，南平台用稿280条，省台用稿60条，其中，《果断报废旧农机》《野生动物回归大自然》《流通领域女能人》3条获中央台采用。

1999年，《建阳新闻》开展延长土地承包责任制、农业6大支柱产业、菜篮子工程建设等经济建设专题报道，专门开辟“农业科技园地”栏目，“五一”国际劳动节期间开播，每周1期，每期15分钟。8—9月，在迎接国庆50周年宣传活动中，组织编播《普天同庆》《建阳50年巨变》《历史的足迹》《半个世纪的旅程》《翻天覆地五十年》等广播电视专题、专栏系列节目。全年共发新闻稿件1400条，其中，获南平台采用280条、省台采用40条。

2000年，节目制作主要内容是宣传建阳“九五”期间的重大成就，共播出相关稿件百余条。新开辟《三讲整改见成效》新闻专题节目，配合“三讲”教育活动开展，宣传“三个代表”重要思想。全年发稿1248条，获南平台采用270条、省台采用60条。

2001年，开辟《实践“三个代表”，促进经济发展》等专栏，宣传报道建阳各条战线上实践“三个代表”重要思想的先进典型，其中，关于将口镇“夜访”制度的报道获南平台多次采用。

2002年，《建阳新闻》节目每周3档，每档10分钟，实行滚动播出，若逢重大活动，即随时插播。结合南平机制，开辟《开展创业竞赛、促进建阳经济》《创业能手》《创业竞赛现场》等大型系列报道，先后播出创业竞赛稿件 200 条。“七一”中国共产党建党节至中共党的十六大召开前，围绕南平市委“高位嫁接，重心下移”的战略部署，相继开办“三个代表在建阳”“咱们的科特派”“当好村干部，造福百姓”“奋进的五年”等专栏。中共党的十六大召开后，开辟《学习贯彻十六大精神，全面建设小康社会》等专栏，把中共党的十六大精神通过声屏传播到千家万户。累计全年发稿 2200 条，用稿率名列南平各县市前茅。有线电视台获南平市新闻宣传先进单位称号。

2003 年，根据市委、市政府工作重心转移，《建阳新闻》适时调整栏目，先后开辟“迈向小康”“铁心打造环境，突出突破工业”“下派之歌”“为党旗增辉”“与时俱进的五年”“来自抗旱第一线报道”“反腐倡廉六个机制”等 10 个专题、专栏。宣传各行各业工作作风的转变和办事效率提高的新举措，报道创业竞赛活动中奔小康的典型事例。

2004 年，按照“新闻立台、专题强台”思路，加大宣传投入，改造编辑机房，增添非线性编辑设备，实行周二至周五新闻节目滚动播出。同时，推出每周一期《聚集潭阳》，大幅度提高节目吸引力和可看性。相继开办《创业竞赛现场》《下派支书风采》《牵手联创、互动发展》系列报道，《建国五十五周年，撤县建市十周年回眸》《人大代表政协委员风采》《公民道德建设》等栏目。全年发稿 2000 条，获南平台采用 400 条，名列南平地区第二。

2005 年，开设“优化投资环境，融入绿色腹地，建设经贸强市”“保持共产党员先进性，努力构建建阳经贸强市”“做大烟叶产业，促进农村经济”等大栏目，以及小栏目“平安建阳”“创业在建阳”“牵手联创、互动发展”等。此外，注重做好葡萄、橘柚、锥栗等特色农业宣传，全年累计发稿 2100 条，其中，获南平台采用 600 篇，位居南平 10 县市第一名，新闻《抗洪英雄江水旺》在中央 7 套军事频道获首播。

2006 年，在《建阳新闻》先后开设“突出工业、突破工业”“建设新农村”“喜迎党代会，再创新佳绩”“优化投资环境，融入绿色腹地，建设经贸强市”等大栏目，以及小栏目“抗洪之歌”“平安建阳”“创业竞赛”等。为了广泛宣传市委、市政府工作的新举措、新要求，4 月份，增设《每周要闻》一栏节目，《聚焦潭阳》专题节目也及时配合中心播出，让市民知晓市委、市政府的各项中心工作在 6 月抗洪时期，记者多次到抗洪第一线，记录一组组珍贵的镜头：如市长葛晓华现场指挥麻阳溪浮桥抢险；市领导深夜迎接麻沙高考学子绕道武夷山到达建阳赶考；救援官兵水东桥孔营救被困老人等等。先后编发播出抗洪救灾稿件 100 条，有些稿件和镜头还获中央台、省台、南平台多次采用，获南平台采用的电视新闻稿件 400 篇，广播稿件 200 篇；获省台采用的新闻稿件百余篇、广播稿件 80 篇。在创优节目工作中，建阳市局选送的参评作品获省二等奖 1 件，三等奖 5 件，南平市一等奖 5 件，创优成绩名列南平各县（市）第二。

2007 年，新闻宣传围绕市委、市政府各项中心工作，以迎接中共党的十七大和宣传中共党的十七大精神为主线，开辟“创业竞赛综述”“创业竞赛现场”“劳动者之歌”“做大做强烟叶产业，增加农村经济发展”“新农村建设”“喜迎十七大再创新佳绩”“学习贯彻党的十七大，跃升发展新建阳”等栏目，新闻栏目质量有所提高，广播电视新闻上稿量稳居南平 10 县市前三名，1—11 月，电视新闻在“建阳新闻”用稿达 2500 条。南平台用稿 407 条，省台各频道用稿 80 条；广播新闻南平台用稿达到 2800 分，省广播电台用稿 110 条。在创优节目中，获省二等奖，南平台一等奖共有 13 篇之多，创优工作位居南平 10 县市第二名。

2008 年，在《建阳新闻》节目里，开辟 “创业竞赛系列报道”“发展烟叶产业、壮大农村经济”“新农村建设”“走进 5·13”“6·18 海峡项目成果交易会”“劳动者之歌”“情系灾区抗震救灾”，以及纪念改革开放 30 周年系列报道之《见证 30 年巨变》和《喜看成就　再创辉煌》等新闻专栏节目。同时，为进一步突出老百姓关心的热点、难点问题，结合社会主义新农村建设，增加大量关于农村致富等内容报道。7 月 20—24 日，建阳市第六届海西（建阳）葡萄节举办，市局及时推出“建阳小葡萄做出大产业”“串串葡萄富农家”等一系列建阳经济社会和谐发展的报道。11 月 10 日，配合省广播影视集团、市委宣传部共同主办“荧屏连万家”文化下乡大型电视直播活动，展示建阳市历史悠久的文化和经济社会发展成果。全年电视新闻获南平台采用稿件 465 篇，获省台采用 112 条，名列南平 10 个县（市）前三名；广播稿件获南平广播电台采用593条；获省电台采用124条，名列南平10个县（市）第二名。

2009年，对《建阳新闻》节目进行改版创新，重点加大对新中国成立60周年、创业竞赛、民生新闻的宣传报道力度，加大新闻宣传工作软硬件投入，2009年，先后投入资金15万元用于购进非编1套、摄像设备2套、更换演播室背景、招聘节目主持人和多媒体节目制作与包装人员。全局非编系统6套，居闽北各县市首位，保证节目播出质量。《建阳新闻》共报送新闻稿件3500条，南平电视台采用550条，报送省电视台采用100条，位居南平10县（市）第一位；播出广播稿件2500条，报送南平广播电台采用600条；报送省广播电台采用100条，位居南平10个县（市）第三位。

2010年，在《建阳新闻》节目中开设“大干150天、打好五大战役”“齐心协力、重建家园”“科普知识”“创先争优在建阳”“劳动者之歌”“巾帼风采”等10个栏目。“6•20”洪灾期间，在《建阳新闻》节目中及时推出“抗洪救灾特别报道”专栏，首次实行滚动播出，采制编发反映抗洪抢险救灾的新闻稿件及中央、省、南平市级用稿量均创历史最好水平。抗洪救灾宣传报道被南平市委宣传部授予先进集体。专题部先后承接专题30部大专题，其中，《大沥溪狩猎场》《奏响平安和谐曲》《龙翔党建》《众志成城战洪魔》等专题均属应急汇报片，都按时交片。灾情汇报片——《众志成城战洪魔—建阳市抗击“6•20”特大洪灾纪实》，受到市委、市政府领导肯定。广播专题《藏汉亲情的弦音》、电视长消息《城关村老人领取退休金》分别获南平广播电视新闻奖一等奖；电视专题《珠宝魅影》获二等奖；广播专题《鼹鼠落网记》、广播消息《城关村老人领取退休金》、电视长消息《汉族的干阿爸》、电视短消息《准爸爸醉驾人性化执法显关怀》分别获三等奖。其中，广播专题《藏汉亲情的弦音》获福建广播电视新闻奖•专题类二等奖，播音类二等奖，电视专题《珠宝魅影》获福建广播电视新闻奖•电视类三等奖，《碧血剑重现江湖》获福建广播电视广播剧广播文艺奖、广播剧类三等奖。《建阳新闻》全年共播发新闻稿件3650条，南平电视台采用550条，省电视台采用130条，位居南平各县市第二位；播出广播稿件2570条，南平广播电台采用520条，省广播电台采用100条，位居南平各县市第三位；完成各类专题35个。

第四章 体 育

第一节 群众体育

一、农村体育

1995年，崇雒乡获评福建省体育先进乡（镇）。同年，组队参加省第三届农运会，获男篮第五名。将口镇松柏村集资4.60万元建起游泳池。1996年，小湖镇农民龙舟队划出国门，获国际龙舟邀请赛大奖。1997年、1998年，小湖、莒口2镇先后获全省农村体育先进乡（镇）称号。1998年，胡晓东参加南平首届农村中国象棋赛获冠军。同年，崇雒乡获全国亿万农民健身先进乡镇称号。2000年，组队参加南平市“樟湖杯”中国象棋赛，获男团第一，个人第二、三、四名。2005年，将口镇投资40万元建成文化体育广场。2006年，建阳市举办首届“金叶杯”新农村建设乡镇篮球赛，全市13个乡镇、1000名运动员参赛。2007年，第二届“‘金叶•七匹狼’杯新农村男子篮球邀请赛”，首届“企业”杯男子篮球邀请赛，东片的水吉镇、小湖镇、回龙乡和漳墩镇4个代表队参加比赛。同年，全市190个行政村分期分批建设农民健身工程（健身路径），每个点省补助资金2.50万元，配备1万元的体育器材，由省体育局统一采购发放。2008年，举办第三届“金叶杯”新农村男子篮球赛，共有14支代表队参赛，分3个片区2个阶段进行。2010年，申报建设农民体育健身活动中心3个，投资60万元，其中，黄坑镇、麻沙镇的健身活动中心建成，徐市镇的健身活动中心尚在建设中。同年，兴建乡镇青少年校外体育活动场所 11 个，投资 110 万元。

二、职工、社区体育与全民健身

1994 年起，建阳市注重鼓励社会力量办体育，新辟多处晨练点和健身中心。1997 年，支持社会力量开发水上游艇项目，参加全国社会体育指导员培训班。1999 年，支持社会力量开发“北极星”卡丁车馆和华夏保龄球馆。2000 年，支持社会力量开发跆拳道馆 2 家，开发健身房 2 处。2001 年，承办南平保险系统乒乓球赛，南平市邮政系统羽毛球赛、篮球赛，南平市城建监察杯男篮赛，南平市国税系统老年门球赛和省林业系统老年门球赛。2002 年，承办南平市电力系统篮球赛，南平市老年拳功操赛。2006 年，第三届全市职工运动会举办；闽北首届“劲霸”杯健美邀请大赛大型文体活动举办。

1994—2010 年，全市共建成 38 处晨练点和 2 处大型健身中心。开展众多的体育竞赛，主要有篮球赛、“庆回归”千人环城跑、“庆六一，迎回归”家庭趣味运动会、足球赛、机关运动会、乒乓球赛、羽毛球赛、长跑、中国象棋邀请赛、围棋邀请赛、登山赛、钓鱼联谊赛、冬泳、健身秧歌表演赛、老年人门球赛、太极柔力球规定套路表演赛、拳击表演赛、跆拳道表演赛、掰手腕争霸赛、老年人气排球比赛等。2009 年，举办建阳市“体彩杯”全民健身节暨社区运动会。

三、老年人体育

1994—2010 年，市老体协本着“面对多数，便于参加，科学指导，利于健康”的原则，常年举办门球、派思激灵圈健美操，泰迪球健身、麻将骨干等各类培训班，在全市上下开展丰富多彩符合老年人特点的比赛和钓鱼、重阳登山、国庆踩街等系列文体活动。期间，组织开展的较大规模的活动：

2001 年，第二届“武夷通健康杯”老年运动会举办 600 人参加。承办南平市国税系统老年门球赛和省林业系统老年门球赛。

2002 年，承办南平市老年拳功操赛。

2007 年 4 月，福建省县级市（区）老体协工作经验交流会在建阳召开。会议期间市文体局、潭城街道办事处、市老体协在市体育馆联合举办迎奥运中老年人健身展示暨迎宾晚会，300 名中老年体育爱好者表演《神奇柔力球》《壮哉，太极拳》《中国功夫扇》《欢庆腰鼓》《跃马扬鞭健身忙》《欢乐迎奥运》《好运北京》《快乐恰恰恰》等节目。“五一”国际劳动节期间，举办电信邮政退休老人健步赛、老年人门球赛、第三届农行金伯士理财卡杯篮球邀请赛。10 月，建阳市体育馆举办“建阳市太级柔力球规定套路表演比赛”，全市有 16 个社区，800 人参加。

2008 年，中老年人健身展示晚会、迎奥运老年健身展示晚会举办。

第二节　学校体育

一、体育教学与达标

1994 年起，市中小学落实学校课程标准设置要求，配足专（兼职）职体育教师和相应的体育器材，保障体育教学质量。实施《学校体育工作条例》，建立《国家体育锻炼标准》和实施方案，并定期检查、测验、汇总上报。按要求开足体育课，注重体育课的授课质量。做好“两操”（眼操、广播体操）和开展课外活动，实施体育达标和体育合格标准测试工作。1994 年，全市有 7 所中小学获评省“达标”先进校，学校体育“达标”获全省先进市称号。1995 年，西门小学、水东小学、建阳一中、二中，在南平市学校体育达标评估中获第二名。1997 年，建阳一中、实验小学评为《国家体育锻炼标准施行办法》先进单位，漳墩学区张长明获评先进工作者。2001 年起，市教育局和教育督导室每年对学校体育的课程开设、教学计划、设施设备进行督导检查。2002 年，开始实施体育课程改革，各校开设具有地方特色或符合本校发展的体育校本课程。2005 年，建阳市各中小学全面实施《国家学生体质健康标准》，并完成健康标准数据上报工作。至 2010 年，全市各中小学上报率达 100%。

二、体育传统项目学校

1994 年起，全市中小学注重保持本校的体育传统项目，如一中的羽毛球，桥南小学的乒乓球、莒口中学的举重、二中的篮球等。学校将办好体育传统校作为落实《学校体育工作条例》，开展课余训练，培养体育后备人才的有效措施，在体育课教学和课外活动的基础上开展多种形式的课余训练，提高学生的运动技术水平。坚持普及提高相结合，在普及的基础上提高，组织比赛，吸引学生观摩，通过比赛，增强班级的凝聚力，培养学生对体育传统项目活动的兴趣，增强集体荣誉感。精心选材组队，确保训练时间，每学期制定详细的训练计划，按照计划开展训练。这些传统项目在历年的比赛中都获较好的成绩。

体育传统校为建阳市赢得重要的比赛成绩。1994 年，在南平市中小学运动会中，建阳获男子举重团体第二。2001 年，莒口举重班参加南平市少年儿童举重赛，获男团第二，女团第三；2007 年，在南平市教育局、南平市体育局联合举办的南平市中、小学生田径运动会暨市传统校田径比赛中，建阳获金牌 9 枚、银牌 9 枚、铜牌 3 枚，总分和总奖牌数均排在第三。2009 年，在南平市少年儿童暨传统校举重比赛中，建阳市 5 人获、抓举、挺举三项总分第一和团体第一；在南平市少年儿童羽毛球锦标赛中，获女乙双打第一，女乙单打第一名；在南平市少年乒乓球赛中获 1 个第三名。

漳墩民族中学畲族传统体育 1994 年后，位于 5 个县交界、有 200 名畲族学生的建阳市漳墩民族中学，为让畲族传统体育项目得到传承，学校拨出专门经费，指定优秀体育教师，在畲族学生中开展高脚竞速、打陀螺、蹴球、射弩等畲族传统体育训练。把发展民族传统体育工作与平时的体育课教学相结合，与课外活动相融会贯通，在普及中抓提高，民族传统体育项目竞技水平日臻提高。2002 年，漳墩民族中学代表南平市参加福建省第五届少数民族运动会，获高脚竞速、蹴鞠项目 3 枚金牌、1 枚铜牌。2003 年，代表福建省参加全国少数民族运动会，获高脚竞速项目第七名。2004 年，参加福建省民族中学蹴球赛分获男、女单蹴第 4 名。2006 年，代表南平市参加福建省第六届少数民族运动会，获高脚竞速项目 4 枚金牌、3 枚银牌、2 枚铜牌，蹴鞠项目 2 个第五名和 4 个第六名。2007 年 11 月，漳墩民族中学获由国家体育总局、国家民委频发的“全国民族体育先进集体”称号。2008 年 9 月，获中共福建省委教育工作委员会、福建省教育厅、福建省广播影视集团联合频发的“福建省奥林匹克教育特色学校”称号；参加福建省民族中学陀螺项目赛获男子团体第五名。2009 年 8 月，漳墩民族中学代表福建省参加贵州省少数民族运动会高脚竞速邀请赛，获优异的成绩。2010 年 9 月，获福建省民族与宗教事务厅、福建省体育局授予“福建省少数民族传统体育示范基地”。

第三节　竞技体育

1994 年，在南平市中小学运动会中，建阳获男子举重团体第二。2001 年，莒口举重班参加南平市少年儿童举重赛，获男团第二，女团第三。2009 年，在“南平市少年儿童暨传统校举重比赛”中，建阳市 5 人获、抓举、挺举三项总分第一和团体第一。2007 年，在南平市教育局、南平市体育局联合举办的南平市中、小学生田径运动会暨市传统校田径比赛中，建阳获金牌 9 枚、银牌 9 枚、铜牌 3 枚，总分和总奖牌数均排在第三。2008 年，在南平市第一届运动会上，建阳市获 2 块金牌、2 块银牌和 3 块铜牌。

乒乓球 2008 年，在南平市第一届运动会中获男甲双打第一名和第三名。2009 年在南平市少年乒乓球赛中获一个第三名。

羽毛球 2008年，在南平市第一届运动会上获女甲双打第一名、女甲单打第二名，男甲双打第二名，男乙双打第二名，女丙单打第三名。2009年，在南平市少年儿童羽毛球锦标赛中，获女乙双打第一，女乙单打第一名。建阳一中教师郑其旋长期以来利用课余时间辅导少年学生学习、掌握羽毛球击打的技能技巧，获评省体育传统项目学校课余训练先进工作者。

篮 球 2008年，在南平市第一届运动会上，建阳市男、女篮球队均获第三名。

1994—2010年建阳市体育竞赛成绩一览表

表 27-4-1

运动员	年份	赛事名称	成绩和名次
李华荣	1994	省优秀射击赛	手枪60以发第一，气手枪第二
周敏敏	1994	省优秀射击赛	气步枪40发第一
苏泉林	1994	省青少年举重赛	46公斤级抓、挺、素质第一
池小龙	1994	省青少年举重赛	70公斤级四项第一，破三项省纪录
苏闽英	1994	省青少年举重赛	42公斤级抓、挺总三项第一
李　华	1994	省青少年射击赛	气手枪60发第二
饶宇梁	1994	省青少年射击赛	60发气步枪第三
池小龙	1994	全年举重赛	46公斤级挺举第三，抓举第二，总成绩第三
谢贵飞	1995	全国第三届城运会	70公年级举重第二
池小龙	1995	全国青少年举重赛	70公斤级挺举总成绩，总分三个第一，抓举第二
苏泉林	1995	全省青少年举重赛	46公斤级四项第三
陈祈平	1995	省青少年射击赛	运动步枪3×10，运动步枪30发，卧射二项第一，普通步枪20发第二
章璇（女）	1995	省少年射击赛	运动步枪30卧射第二
建阳队	—	省少年射击赛	男子乙组团体第一，乙组区（县市）团体第一
陈祈平	1997	省青少年射击赛	步枪卧射30发第二，
陈晓蔚（女）	1997	省青少年射击赛	步枪3×10第二
张莹莹	1997	省少年设计赛	气步枪20发第三
林德生	1999	省十二届钓鱼赛	个人单尾重第一
杨庆树	1999	全国少儿围棋赛	第一名
陈　拓	2001	省少儿举重赛	三项第一
陈建明	2001	省田径赛运动会	3000米高中组第二
张　杰	2001	省田径赛运动会	1500米高中组第三，
建阳队	2001	全国青少年围棋赛	D组团体第二，个人单项第二，第三
建阳队	2001	省青少年中国象棋赛	团体第三
建阳队	2003	省少儿拳击赛	少年组第三
丁建军	2004	省举重比赛	抓、挺总成绩三个第一
潘观信	2004	省拳击比赛	57公斤级第三
罗志龙	2004	省武术比赛	散打48公斤级馆校组第一
李建福	2004	省武术比赛	56公斤级第二
刘坤明	2005	省青少年拳击赛	54公斤级第二
郑　玲	2005	省青少年跆拳道锦标赛	女子48公斤级第三
卢　茜	2005	省青少年跆拳道锦标赛	女子55公斤级第三
白皓月	2005	省青少年跆拳道锦标赛	女子55公斤级第三
陈孝全	2005	省青少年排球赛	男乙第二

续表 27-4-1

运动员	年份	赛事名称	成绩和名次
陈孝全	2005	省沙滩排球赛	男乙第二
黄毖琪	2005	省中国象棋赛	女子甲组第一
丁建军	2005	省青少年举重锦标赛	抓举第三、挺举第二
丁建军	2005	全国举重分龄赛	抓、挺总成绩第二
范胜亮	2006	第十三届省运会	拳击少年乙组 42 公斤级铜牌
傅文君	2006	第十三届省运会	拳击少年甲组 46 公斤级铜牌
潘观信	2006	第十三届省运会	拳击少年甲组 64 公斤级铜牌
姜　悦	2006	第十三届省运会	跆拳道女子 44 公斤级铜牌
陈孝全	2007	省锦标赛	沙滩排球男子少年组第一名、男子少年组实地排球第一名
张艳青	2007	省锦标赛	女子跳高第二名
张叶可欣	2007	省锦标赛	跳水女子丙组 1 米板第三名
严振堃	2007	省锦标赛	拳击第三名
丁嘉俨	2007	省锦标赛	拳击第三名
丁建军	2008	雅典世界大学生运动会	举重第一名
吴长娟	2008	省田径锦标赛	女子 200 米第一名
吴长娟	2008	省少儿田锦赛	女子 200 米第一名
翁盈盈	2008	省田径冠军赛	女子 100 米栏第一名
吴长娟	2008	省田径冠军赛	女子 100 米第二名
吴长娟	2008	省少儿田锦赛	女子 100 米第二名
张叶可欣	2008	省田径锦标赛	女子五米跳台跳水第三名
张叶可欣	2008	省田径锦标赛	女子 1 米板跳水第三名
翁盈盈	2008	省少儿田锦赛	女子 100 米栏第三名？
翁盈盈	2008	省田径锦标赛	女子 100 栏第三名
陆文斌	2008	省少儿跆锦赛	男乙 40 公斤级第三名
何志伟	2008	省少儿摔锦赛	第三名
丁建军	2008	雅典世界大学生运动会	举重第一名
张艳青	2009	省跆锦赛	女甲 46 公斤级第一名
张艳青	2009	华东八省市跆赛	女甲 46 公斤级第二名
张叶可欣	2009	省跳锦赛	女子 5 米板跳水第一名
张叶可欣	2009	省跳锦赛	女子 1 米板跳水第二名
吴丽青	2009	省举锦赛	女子 32 公斤级第一名
翁盈盈	2009	省少儿田锦赛	女子 100 米跨栏第二名
邓遥	2009	省少儿田锦赛	女子跳远 14 岁组第三名
吴长娟	2009	省少儿田锦赛	女子 100 米第一名
吴长娟	2009	省少儿田锦赛	女子 200 米第二名
吴长娟	2009	省田锦赛	女子 100 米第一名
吴长娟	2009	省田锦赛	女子 200 米第二名
何志伟	2009	省青少摔锦赛	男子第一名
夏　蓉	2009	省少儿田径赛	女子 14 岁组铅球第二名
丁建军	2009	第 11 届全运会	62 公斤级举重第二名
丁建军	2009	韩国 77 届世界举重锦标赛	总分第一，抓举第一，挺举第二
丁建军	2009	哈萨克斯坦 40 届亚洲举重锦标赛	总分、抓举、挺举皆第三名

续表 27-4-1

运动员	年份	赛事名称	成绩和名次
李羽绒	2010	省运会	男子三级跳第三名
吴长娟	2010	省运会	女子 100 米第二名
翁盈盈	2010	省运会	女子 100 米栏第二名
江　南	2010	省运会	男子手枪慢射第三名
梁思雨	2010	省运会	男子手枪慢射第三名
何志伟	2010	省运会	男子自由式摔跤 63 公斤级第三名
吴丽香	2010	省运会	女子举重 36 公斤级第一名
张叶可欣	2010	省运会	三米跳水第三名
陈孝全	2010	省运会	男子沙滩排球第一名
丁建军	2010	举重世锦赛	抓举第三名

第四节　体育设施

1994 年，投资 115 万元建成建阳市田径场主席观礼台，建筑面积 2100 平方米，可容纳观众 1200 人。

1997—1998 年，改建市体育馆，总投资 850 万元，占地面积 3224 平方米，建筑面积 5300 平方米，可容纳 4000 名观众。

2006 年，城区拥有公共体育设施面积为 69661 平方米，人均拥有体育设施面积 0.73 平方米。

2007 年开始，全市 190 个行政村分期分批建设农民健身工程（健身路径），每个点省补助资金 2.50 万元，配备 1 万元的体育器材，由省体育局统一采购。

2009 年 8 月，市体育馆 LED 彩色屏幕工程对外招标，温州先迪电子技术公司以人民币 237360 元中标，LED 彩色屏幕送至体育馆内，9 月竣工。同月，福建省泰宁县金湖建设有限责任公司以人民币 280972 元中标“建阳市田径场改造工程”。

2010 年，市新建体育场（原地区体育场旧址），场内有标准塑胶足球场 1 个，篮球场 2 个，网球场 1 个，体育健身路径和室内乒乓球、羽毛球馆。申报建设农民体育健身活动中心 3 个，投资 60 万元，建成黄坑镇、麻沙镇的健身活动中心。全市共建 12 个青少年校外体育活动中心（场所），其中，市区青少年校外体育活动中心 1 个，投资 300 万元；乡镇青少年校外体育活动场所 11 个，投资 110 万元。全市工程总投资共 410 万元，由省财政补助。补助资金包含各类体育活动器材设备购置费，并由省体育局统一采购配置。南平市体育局将建阳市列为创建“二集中”体校。市少体校结合升级需求，投资 140 万元对位于市黄花山田径场的观众看台进行重新设计和改建，升级成功后常年开设举重、田径、篮球 3 个训练项目，在训学生 60 人。

第五章　图书　档案

第一节　图　书

一、图书馆

1993—1994 年，建阳市图书馆与文化馆获评福建省“十佳图书馆”。1995 年，在第二届全省公共图书馆“创建先进图书馆”活动中获“先进图书馆”称号。1996年8月，因市政建设需要，位于人民路的建阳图书开始搬迁，馆藏10万册图书暂搬土产公司仓库封存，报刊阅览暂借老年活动中心场所。同月，新图书馆破土动工。选址于上水南路，占地700平方米，建筑面积2700平方米。首期工程于1997年元旦封顶；二期工程建筑面积600平方米，于1997年2月动工，同年10月新馆落成。耗资400万元。原上海图书馆馆长顾廷龙题写馆名。

1998年，市图书馆自动化网络建设开始起步，采用IALS5.0图书自动化管理系统，向省图书馆引进维普全文电子期刊、清华学术期刊、万方数据库的全文检索与信息服务等网上数字资源，创建高标准图书阅览室。6月，全国第二次县级以上图书馆评估定级，市图书馆通过省、市“一级馆”的验收。由原二级馆提升为一级馆。新建图书馆按照藏书、文献收藏、借阅、咨询服务、公共活动、行政办公、技术设备和后勤保障等服务功能，设有采编、图书外借、期刊借阅、报纸阅览、少儿借阅、电子阅览室、古籍（地方文献）等职能部门。

2005年，市图书馆通过采购、征集、接受捐赠等方式，藏书量增至138708册。

2007年，全国文化信息资源共享工程县级支中心在市图书馆成立。以文化共享工程视听室、电子阅览室为平台，开展多样化、特色化服务。通过卫星设备和互联网从国家中心下载视频资源、文献资源，以及省中心下发的文化视频资料为广大读者服务。

2009年，市图书馆建成卫星接收小站。中心机房面积20平方米，配备有10兆光纤、服务器2台、vga输入切换器1台、核心交换机1台、层交换机3台、不间断电源1台电子阅览室面积150平方米，配备液晶电脑60台。视听阅览室面积60平方米，配备有投影机、全套音响、电子幕布1个、750G移动硬盘2个，笔记本电脑1台，基本实现接收、加工、发布视频和文献资源的功能。

2010年，市图书馆建成中心机房、文化共享工程视听室、电子阅览室和共享工程业务加工室。中心机房面积10平方米，配备有4兆光纤、服务器2台（安装有卫星接收及省图资源接收系统软件）、8路VGA输入切换器1台、交换机2台、千兆硬件防火墙1台、UPS不间断电源1台，存储空间达到6T。电子阅览室面积80平方米，配备有电脑20台；共享工程视听播放室面积40平方米，配备有全套音响及桌椅、电子幕布1个、投影仪1台、500G移动硬盘2个。业务加工室面积20平方米，配备有笔记本电脑1台、打印机1台、数码相机1台，120G移动硬盘1块。基本实现接收、加工、发布视频资源和文献资源的功能。全馆14万余册，其中，地方文献近百册，古籍1884册（包括朱氏、蔡氏、熊氏、叶氏等20余种家谱），视听文献528件，电子文献10000册。全馆编制10人。全市建成1个市级图书馆、13个乡（镇）文化站、14个社区（街道）图书室和190个村农家书屋，

1994—2010年，市图书馆先后举办“濒危珍稀野生动物”“恐龙化石标本及野生动物”“珍稀蝴蝶标本”等展览；配合全民读书月活动，4届“建阳市图书馆特价图书优惠月”活动举办；列为市委宣传部、文明办“潭山市民”讲坛的主坛，主办或协办较大规模的讲座、培训、报告、座谈数10场。

二、图书发行

1994—2004年3月，市新华书店承担全市的图书发行工作。

2004年4月市新华书店改制，福建新华发行（集团）有限责任公司建阳分公司成立。营业面积从原有数10平方米扩大到800平方米，经营图书品种从建店初期的几百种增加到2010年的3万种，年销售额从几十万元增加2000万元。中心门市集图书、音像、电子出版物为一体，开设新书预订，电话购书、邮购、送书上门等服务项目，设立农村图书网点，开展“军民共建”“共建带创”等多种形式的读书活动和“农家书屋”图书的配送工作。

至2010年，连续6届获南平市委、市政府授予的“文明单位”称号；连续10年获全国读书教育活动主委会评为“宣传发行先进单位”；各项指标在全省行业评比中名列前茅。有在职员工22人，退休职

工 15 人，中专以上学历及高级工技术人员占公司员工总数 95%，固定资产 1100 万元。

第二节 档 案

一、馆库设施

1994 年，市档案馆为 4 层砖混结构，总建筑面积 1295 平方米。其中，库房面积 900 平方米，设 5 间办公用房、1 个会议室及 1 间整理用房和有关技术暗房、值班室等。1995 年，市档案馆有空调机 2 台、复印机 1 台、去湿机 3 台及有关温湿度记录仪、录音机、电视机、除尘器、照相机等设施设备，新添置杉木档案箱 240 个。

1997 年，开启馆藏档案目录数据库建设，只在委托他人著录 4000 条后，搁置案头，中止著录。2002 年开始，市档案局根据新时期全省档案馆数据库建设工作部署，进一步梳理馆藏档案的数据库建设工作思路，分 3 个阶段安排落实馆藏档案目录数据库的建库工作目标；从全面普及队伍的计算机应用知识入手，组织局（馆）全员参加计算机应用技术的扫盲和培训，添置、配齐计算机设施设备，强化岗位目标责任制建设和档案业务规范化、信息化建设，将馆藏档案的数据库建设与档案馆数据库二期建设及进馆接收机关事业单位档案的检索目录数据库配套要求相结合，统筹部署安排落实。

2005 年，投资 2 万元，修缮大楼屋面，解决渗漏问题。

2008 年，馆藏档案的数据库建设纳入市委督办项目，加快数据库建设进程。年底，通过“建阳市人民政府网络平台”正式开通建阳市局（馆）门户网站，设立文件中心、工作动态、概况、档案新闻、档案登记、馆藏介绍、网上展厅、史话趣闻、特色栏目等。投资 1 万元，对门、窗进行修缮和加固。

2009 年 5 月，建阳市申报“中央苏区县”成功，享受国家中西部地区政策待遇。同年，省发改委和省档案局转发国家发改委、国家档案局《关于编报中西部地区县级综合档案馆建设规划的通知》；2010 年，又转发《国家发展改革委、国家档案局关于印发中西部地区县级综合档案馆建设规划的通知》，建阳市档案局根据通知的精神，及时对馆库大楼进行修缮，并解决好档案馆库接收容量饱和、对外服务场所偏小、各种功能性技术用房缺乏等突出问题，以适应国家对新时期档案馆的政府信息公开管理要求。市委市政府决定将“建阳市综合档案馆”筹建工作列入“建阳市国民经济和社会发展十二五规划”，采取司法、档案、妇联、城投公司等多部门联建、委托建阳市华厦城市开发总公司以代建形式进行安排。

2010 年，市档案馆新添置空调机 2 台、更新复印机 1 台，计算机 12 台、传真机 1 台、打印机 1 台，档案铁皮箱 519 个、目录橱 3 个。投入资金 20 万元，完成“建阳市分布式档案基础数据库项目（二期）”硬件平台建设。先后购置电脑、HP 服务器、锐捷网管型交换机、科士达 Ups 电源、中电金捷防火墙、天融信网络卫士入侵检测系统、紫光扫描仪、打印机、刻录机、数据库管理系统软件和操作系统、诺顿防病毒软件和光典数字档案业务综合管理系统等档案馆信息化建设的有关网络与数据库管理软硬件设施设备，完成市档案馆计算机房和政府公开信息查阅场所及办公用房等的有关装修和建设工作。馆藏档案的信息化工作条件开始初步确立。至年底，馆藏档案的 3 个阶段文件级目录数据库建库任务基本全面完成，共著录完成有关档案文件级检索目录数据 89 万条，从而改善馆藏档案资源的管理和开发利用条件，满足机关和群众的查档用档需求。门户网站新增加档案法制建设栏目，方便公众查阅和下载，总点击率为 2535 人次。

二、收藏利用

（一）档案接收

1993—2010 年，市档案馆共完成接收全市副科局级以上单位各类法定到期移交纸质档案 25529 卷、资料 7067 册、照片 690 张。在接收的档案中，属重点项目档案接收 1753 卷，具有地方特色珍贵资料接收391册，政府公开信息接收819册，现行文件221册，改制企业档案寄存522卷；新增馆藏文书档案25个全宗。其中，具有浓郁地方人文特色的有：

1988年，“5·21”抗洪救灾照片档案、葡萄节重大活动档案，以及《南阙里纪事》《建阳大典》《岁月留影》《税赋非常档案》《大野躬耕》《潭阳蔡氏九儒书》《潭城好儿女》《南林简史》《新编回瑶村记》《中华丘氏大宗谱》《水吉童氏家谱》《蔡元定脉经研究》《行草字典》《石矶诗词》等；新接收个人捐赠的建阳籍全国知名企业家傅泰慧个人情况简介、事迹和特色演讲材料；建阳籍历经长征的老红军、原中船重工集团公司第七〇四研究所所长（司局级）傅必福生平介绍以及建阳籍中国油画家协会理事、福建省美术家协会副主席、厦门市文联专职副主席徐里捐赠的《徐里油画选》《徐里海外写生》《徐里西藏之旅》等著作；市政协原主席周清霓赠送的个人回忆录——《往事追思》等。

2009年12月，馆藏《潭溪黄氏重修宗谱十四卷》档案获福建省档案局收入首批福建省珍贵档案文献。至2010年底，市档案馆的馆藏文书档案共118个全宗（含155个单位或组织）52994卷（其中，中华人民共和国成立前民国档案450卷、中华人民共和国成立后档案42797卷）。馆藏有关专门档案6765卷，财务档案375卷，科技档案1753卷（张），电子声像档案766册，重大活动档案1卷，资料档案15271册，机关现行公开文件15卷。这些馆藏档案或资料主要来源于4个渠道，即依法按期接收全市副科局级以上党政机关、团体、事业单位和乡镇机关档案，此为馆藏档案日益丰富的主要来源；依法安排接收有关撤销机构、临时机构或重点项目、重大活动档案；依法征集地方特色或珍贵档案；接受社会有关方面或人士捐赠档案。

（二）档案利用

2008年，建阳市申报苏区，需历史材料佐证，市档案馆配合党史办，查阅大量资料，使工作开展。2008年起，市档案馆利用省馆的“福建省政府信息公开平台”设立“建阳市政府公开信息查阅平台”，试行将本市有关政府现行文件公开信息通过省馆“信息公开平台”向社会提供网络服务。2010年初，市供电公司编纂电力志，市档案馆为其提供1956—1990年共129卷88份水电有关档案资料，使电力志编纂工作得以开展。

至2010年底，累计接收上传有关本市公开信息文件265件，浏览点击6464人次。1993—2010年，市档案馆共接待机关和社会有关方面查档服务10031人次，利用馆藏纸质档案25981卷次。其中，属于档案编史修志的225人次，利用档案2114卷次；属于工作参考的4660人次，利用档案23595卷次；婚姻档案利用326人次，272卷次；接待利用现行文件89人次，102份文件；接待利用有关资料130人次452册，复印各种档案资料23532页。特别是婚姻档案、知青档案、招工档案、林权档案、房屋权属档案等的开放利用，满足了党政机关和社会群众的利用需求，其利用人数占总利用人数的80%。

1994—2010年建阳市档案接收和利用情况表

表27-5-1　　　　单位：人、卷

年　份	接收（卷）	利　用	
		人数（人）	数量（卷）
1994	2083	377	969
1995	1811	200	501
1996	256	307	825
1997	1083	199	300
1998	2728	370	714
1999	3788	249	421
2000	2571	421	565
2001	2726	534	785
2002	583	524	875

续表 27-5-1

年 份	接收（卷）	利 用	
		人数（人）	数量（卷）
2003	444	986	1335
2004	62	1048	1003
2005	1529	1256	1387
2006	406	449	696
2007	1160	930	1302
2008	1012	545	3578
2009	1119	695	9494
2010	1596	941	1231
总计	25529	10031	25981

三、档案管理

（一）保护和抢救

1998 年底，市档案馆采用托裱修复法，抢救 1960 年以前的文书档案 1317 卷 2956 页。通过吸湿、晾干抢救建阳市童游镇“6·22”洪水浸泡的档案 338 卷。1999 年 6 月，市档案馆抢救民国时期党部和政府两个全宗的文书档案 275 卷 3195 页；抢救 1961—1970 年的文书档案 721 卷 2441 页。但由于缺少专项经费，相关档案抢救修裱的行业标准也尚未出台，抢救效果不甚理想。2006 年开始，市档案局依法规范馆藏虫蛀破损严重有关档案的修裱抢救管理工作，相继编制“十一五”“十二五”国家重点档案抢救和保护工作规划（计划），在市财政和上级档案抢救保护经费支持下，加强修裱抢救质量验收，有序安排落实一些破损严重的档案修裱抢救。2007 年 4 月开始，分 4 批安排土地清册共 867 卷、民国建阳县党部档案 16 卷、民国建阳县政府档案 16 卷以及《洗冤录》等珍贵资料 3 册，到福建省福州八闽档案管理技术服务有限公司和延平区“南台公司”进行抢救，2011 年 11 月，完成以上抢救任务总计 13 万页，累计结算有关抢救经费 13.30 万元。

2010 年建阳市馆藏档案抢救情况统计表

表 27-5-2

全宗名称	抢救安排（卷）	完成数量（页）	完成时间	备注
县财政局（土地清册）	201	32222	2007.4—8	送省局抢救
县财政局（土地清册）	185	31203	2008.11 至 2009.5	送省局抢救
县财政局（土地清册）、民国档案	200（清册 165 卷、民国档案 32 卷、珍贵资料 3 册）	30983（清册 26624 页、民国档案 3830 页、资料 529 页）	2010.5—11	送南平南台公司抢救
县财政局（土地清册）	316	39714	2011.7—11	送南平南台公司抢救
合计	902（清册 867 卷）	134122	—	—

（二）检查指导

机关事业单位档案工作　1993年8月份，县档案局与县人大常委会办公室联合组成2个执法检查小组，抽查11个科局级单位的档案工作，共评出档案执法先进单位1个，执法合格单位10个。1993—2005年，全市先后有34个副科局级以上单位通过省级先进档案室或省一级档案管理达标单位的考核认定或重新认定。2000年3月，培训全市副科级以上机关单位的专兼职档案员80人。同年5月，在市立医院举办档案业务讲座，培训医院各科室专兼职档案员40人。2001年11月，协同市教育局举办教育系统档案管理培训班，全市中、小学校分管档案工作领导及专（兼）职档案员45人参加培训。2003年3月，举办全市学习宣传贯彻《福建省档案条例》和档案立卷技能培训会议，市直副科局级以上机关事业单位、乡镇街道的专（兼）职档案员80人参会学习。同年7月，开展潭城街道西门社区建档试点工作，协同社区办举办社区档案管理业务培训班，全市16个社区有关领导和档案员30人参加。2004年9月，档案登记和推广应用省科怡电子文件档案管理软件等业务培训举办，全市机关、企事业单位80人参训。2005年3月，在潭城街道西门社区举办社区档案员业务培训现场会，培训潭城、童游2街道及社区档案员20人。2006年6月，协助市劳动就业中心举办企业档案员档案岗位技能业务培训班，42人参训。2007年4月，邀请南平市档案局副局长陈善友到建阳市委党校科级干部培训班讲授档案法制建设有关课程。同年9月，举办《机关文件材料归档范围和文书档案保管期限规定》首期培训班。市委办、市政府办等43个单位派员参训。2010年7月，举办全市机关、事业单位《机关档案业务建设规范》培训，参训97人。至2010年，市机关事业单位社保中心、医保中心、企业社保中心、农保中心和市公安局及其下属派出所以优秀等级通过省档案局的有关评估验收。

1993—2004年建阳市直机关单位档案室等级认定情况表

表27-5-3

序号	定级等次	单位名称	认定时间	复检时间
1	省级先进档案室	建阳市税务局	1993	—
2	省级先进档案室	建阳市法院	1994	—
3	省级先进档案室	建阳市检察院	1994	—
4	省级先进档案室	建阳市交警大队	1995	—
5	省级先进档案室	建阳市公路局	1997	—
6	省级先进档案室	建阳市国税局	1998	2003
7	省级先进档案室	建阳市审计局	1998	—
8	省级先进档案室	建阳市交通局	2000	—
9	省级先进档案室	建阳市土地局	2000	—
10	省级先进档案室	建阳市潭城镇政府	2000	—
11	省级先进档案室	建阳市公安局	2001	—
12	省级先进档案室	建阳市司法局	2001	—
13	省级先进档案室	建阳市公安局城区派出所	2004	—
14	省级先进档案室	建阳市公安局书坊派出所	2004	—
15	省级先进档案室	建阳市公安局麻沙派出所	2004	—
16	省级先进档案室	建阳市公安局小湖派出所	2004	—
17	省级先进档案室	建阳市公安局童游派出所	2004	—
18	省级先进档案室	建阳市公安局回龙派出所	2004	—
19	省级先进档案室	建阳市公安局水吉派出所	2004	—
20	省级先进档案室	建阳市公安局莒口派出所	2004	—
21	省级先进档案室	建阳市公安局崇雒派出所	2004	—
22	省级先进档案室	建阳市公安局将口派出所	2004	—

续表 27-5-3

序号	定级等次	单位名称	认定时间	复检时间
23	省级先进档案室	建阳市公安局徐市派出所	2004	—
24	省级先进档案室	建阳市公安局漳墩派出所	2004	—
25	省级先进档案室	建阳市公安局黄坑派出所	2004	—

1992—2003 年建阳市事业单位档案管理等级认定情况表

表 27-5-4

序号	定级等次	单位名称	认定时间	复检时间
1	省一级档案管理单位	人民银行建阳县支行	1992	2005
2	省一级档案管理单位	建设银行建阳支行	1994	2005
3	省一级档案管理单位	中国银行建阳支行	1999	—
4	省一级档案管理单位	人寿保险建阳支公司	1999	—
5	省一级档案管理单位	建阳市立医院	2000	—
6	省一级档案管理单位	建阳师范	2001	—
7	省一级档案管理单位	建阳公路稽征所	2001	—
8	省一级档案管理单位	农业发展银行建阳支行	2002	—
9	省一级档案管理单位	建阳市房管处	2003	—

农业农村档案工作 1995 年，开展乡、镇、村档案工作情况调查。1996 年，开展村级建档工作，至当年底，完成书坊乡 7 个村、潭城街道 3 个村（居）共 10 个村居的建档认定。1997 年 9 月，在回龙乡举办村级档案培训班，全乡 12 个行政村的会计参加培训。1999 年 6 月，在乡（镇）和有关村（居）开展归档收集、立卷技能培训。全市 197 个行政村有 158 个开展建档工作，通过合格认定的有 38 个村，合格率占 19%，村级建档率也从原来的 6.70% 上升到 65%。2000 年 6 月，市档案局协助潭城镇和童游镇分别举办档案业务培训班。督办落实所在机关文件材料多年没有整理立卷归档的整改工作，指导 11 个乡镇和 1 个良种场农村土地延包档案整理归档，移交市档案馆档案 64 盒 427 册。2008 年，市委农办将“建立健全新农村建设档案制度，各类重要文件材料依法规范管理”纳入 2008 年度乡镇（街道）新农村建设规划编制和中心镇村建设工作考评办法。7 月 4 日，市档案局举办国家档案局 8 号令第二期培训班，培训乡、镇（街道）机关档案员 13 人。12 月 16 日，协助将口镇举办村级党支部组织委员档案业务培训班，村、镇直机关单位档案管理人员 30 人参训。2009 年 4 月 7 日，市档案局与市民政局联合印发《关于安排做好乡（镇、街道）有关婚姻档案移交工作的通知》文件，部署安排各乡（镇）、街道 2003 年以前的有关婚姻档案清理移交进馆，共接收 1491 卷婚姻档案。2010 年 4 月，市档案局组织开展全市农村档案工作督查，调研督办指导 13 个乡镇（街道）的婚姻档案进馆移交及有关中心村建设的档案工作，同时，组织开展童游街道水东村“社会主义新农村建设”档案规范化管理示范点工作，协助童游街道党工委（办事处）举办行政村（社区）档案业务培训。同年 5 月，协助麻沙镇举办所属机关及行政村档案业务培训，培训 70 人。

企业和重点工程档案工作 2000 年 6 月，市档案局协助市劳动服务公司举办全市破产改制企业政工档案业务培训班。2006 年起，重点加大对市二化厂以及市劳动服务公司职工档案寄存中心和味精厂、三爱药业等规范化建设的督导，举办有关培训班 3 期。2007 年 6 月，组织调研报告建阳市雷公口重点水利工程项目建成后的有关大量文件材料违规装袋存放等安全管理突出问题。2007 年 12 月，市档案局完成建阳武夷味精厂和三爱药业 2 个单位的企业档案规范管理试点工作。2008 年 5 月，建阳市医药公司企业改制，寄存市档案馆 1955—2004 年的文书档案 514 卷。同年，市雷公口重点水利工程项目档案问题得到市委高度重视，经市委副书记符水俊协调，市档案局业务指导把关和市水利局组织，各类散存的重要文件材料按要求完成有关清理、整理和立卷归档 344 卷，并移交市档案馆。

1990—2007 建阳市企业单位档案管理等级认定情况表

表 27-5-5

序号	定级等次	单位名称	认定时间	复检时间
1	企业档案管理国家二级	建阳市电信局	1997 年	—
2	企业档案管理国家二级	建阳市邮政局	2007 年	—
3	企业档案管理省级先进	建阳橡胶机械厂	1990 年	—
4	企业档案管理省级先进	建阳县邮电局	1990 年	—
5	企业档案管理省级先进	建阳县第二化工厂	1990 年	—
6	企业档案管理省级先进	建阳县电力公司	1990 年	—
7	企业档案管理省级先进	建阳汽车修配厂	1990 年	1997 年
8	企业档案管理省级先进	建阳县自来水公司	1991 年	—
9	企业档案管理省级先进	建阳化工机械厂	1991 年	1997 年
10	企业档案管理省级先进	建阳石油支公司	1996 年	—

第六章　新闻出版

第一节　新闻报道

1994 年，新闻报道突出宣传报道中共党的十四大精神。1995 年 1 月开始，建阳市有线电视台每周制作一档《建阳新闻》。1998—1999 年，宣传报道建阳人民抗洪救灾、重建家园的先进事迹。2000 年，新闻报道以学习贯彻“三个代表”重要思想为主线，报道全市党员干部开展“三个代表”重要思想学习教育活动情况。2003 年，新闻报道以宣传、贯彻中共党的十六大精神为中心，报道建阳实施项目建设、加速经济技术开发区建设的业绩。2005 年，在全市范围内开展“牵手联创、互动发展”活动的宣传报道，报道人员到基层，通过编发新闻稿，营造干群心连心，鱼水情的氛围，为推进 3 个文明建设服务。2006—2008 年，宣传工作坚持贴近群众、贴近实际、贴近生活的“三贴近”原则，弘扬建阳市改革发展和 3 个文明建设中的先进集体，先进人物的英姿风采。宣传破解“三农”问题的有关政策，未成年人思想道德建设，坚持科学发展观，共建和谐社会，建设社会主义新农村。2009 年，紧紧围绕中心工作，以创新南平工作机制，突出工业、突破工业，牵手联创，互动发展为主旋律，宣传报道新人、新事、新风貌。2010 年，宣传科学发展观，围绕建设“海峡西岸经济区绿色腹地经济强市”，报道建阳市委、市政府抢抓机遇、乘势而上，发展县（市）域经济的重要举措和城市建设成就。

1990—2010 年，市委报道组相继获《福建日报》评为全省“十佳报道组”和“优秀报道组”；获《闽北日报》评为“先进记者站”等称号。全市每年在南平市及以上各种媒体（不含网络）刊发的对外新闻稿件 1500 篇以上。徐文华、黄金山、李加林、刘禄兴、王柳珍等的 40 篇新闻作品分别在国家、省级新闻稿件评比中获奖。

第二节　报　刊

1994 年 9 月，《建阳报》创刊（系闽内刊发行报），为中共建阳市委机关报，由中共建阳市委、建阳市人民政府主办，中共建阳市委宣传部承办的月报，4 开 8 版，发行量 6000 份，活字排版印刷。1999 年 4 月 2 日，《建阳报》改为 4 开 4 版的周报。2002 年 1 月起，《建阳报》更名为《闽北日报·建阳新闻》，编入国内统一刊号（刊号为 CN35-0052），面向全国公开发行，周报，逢周五出版。

2004 年，全国开展治理整顿报刊活动，是年 3 月《闽北日报·建阳新闻》改为《今日建阳》16 开刊物（为闽内刊号），半月刊，内页 24 页，全部免费赠阅。2005 年 12 月，《今日建阳》由期刊（半月刊）改为报纸，4 开 4 版的周二报，周三、周五出版。2007 年 4 月开始，报名采用原省文化厅副厅长、中国书法家协会会员、福建省书法家协会副主席郭勋安题写的“今日建阳”报名。2010 年 2 月，《今日建阳》改为周报，逢周五出版，同年 5 月改为铜版纸彩印。

1994—2010 年，每年有 300 篇文章、照片在地级、省级以上报纸、杂志发表。《建阳报》（《今日建阳》）报社选送的多篇（幅）作品在省、地（市）作品评比中获奖。

第三节　出版管理

2003 年前，建阳市新闻出版管理工作由“扫黄打非”办公室负责，挂靠市文化体育局，主要配合南平市新闻出版办公室做好本地的新闻出版管理，日常监督管理工作由建阳市文化体育局配合进行。2003 年起，新闻出版与版权局负责全市 10 家书店、25 家打字复印单位的审批和管理，协助南平市文化与出版局做好全市的印刷经营单位的日常监管。重点查处无证经营、超范围经营以及印刷非法出版物的违法违规经营活动，同时负责内部资料出版物的初审工作和经营单位从业人员的法律法规培训教育。至 2010 年，共处罚违规经营单位 6 家，举办法律法规培训班 8 期。

第七章　史志研究与编纂

第一节　党史工作

一、研究成果

1995—2005 年，市委党史研究室按照省委党史研究室和市委的安排部署，开展社会主义时期党史资料征研和编纂工作，完成《建阳社会主义建设时期大事记（初稿）》《建阳县的土地改革运动》《建阳县的农村人民公社化运动》《建阳县的“文化大革命”运动》等 10 项成果。1995 年，协助建阳市委组织部编纂《中共建阳县委 1984—1995 年组织史》。2004 年，市委党史研究室参与编纂的《中共闽北党史人物传》出版。2005 年 5 月，市委党史研究室主持编纂的《建阳革命史》由中央文献出版社出版发行。全书 18 万字，较为翔实地记叙新民主主义革命时期建阳人民在党的领导下进行艰苦卓绝的革命斗争的光辉历史，是建阳第一本地方党史教科书。

2009 年，建阳市获中央党史研究室正式确认为原中央苏区县后，按照省委党史研究室实施编纂出版《福建中央苏区纵横 1（省综合卷）+20（县市分卷）》规划项目的要求，建阳市委党史研究室负责编纂《福建中央苏区纵横·建阳卷》。11 月，《福建中央苏区纵横·建阳卷》由中共党史出版社出版发行，全书共 26.50 万字。

二、中央苏区县申报工作

2007 年 4 月，在南平市委的安排部署下，建阳市组织以党史研究室人员为主的课题组，对建阳苏区史进行研究、考证。

2008年3月，建阳市委、市政府成立建阳市中央苏区县申报工作领导小组，为迎接中央、省有关部门领导及专家对建阳市申报工作的考察，对全市苏区时期革命遗址、遗迹进行摸底调查。6月初，开始组织有关乡镇、部门在坚持“修旧如旧”的原则下对革命遗址、遗迹进行修缮，挂牌、立碑加以保护。7月初，制作完成《申报“中央苏区县”》专题片。12月，中共建阳市委、市政府向省委党史研究室和省老区办呈报《关于要求呈报确认福建省建阳市列为中央苏区范围的请示》。

2009年3月，中共建阳市委、市政府再次向省委党史研究室和省老区办呈报《关于要求呈报确认建阳市为中央苏区县的请示》。4月，省委党史研究室和省老区办向中央党史研究室转报《关于要求确认建阳市委中央苏区范围的请示》后，建阳市正式向中央党史研究室呈报申报原中央苏区县相关材料。2009年5月4日，中央党史研究室办公厅发出“要求确认建阳市为中央苏区范围”一事的回复，正式确认建阳市在土地革命战争时期属于中央苏区范围。

三、革命遗址（遗迹）普查

2010年9月，按照省、南平党史部门的统一部署，建阳市成立革命遗址（遗迹）普查领导小组，对全市革命遗址（遗迹）进行为期3个月的普查。这次普查，全市共列入革命遗址（遗迹）普查目录29处，其中，建阳革命历史纪念馆、登高山烈士陵园、太阳山革命历史纪念馆等3处革命历史纪念设施入选《福建省重要革命遗址通览》。

四、革命历史陈列馆、纪念馆建设

2003年底，根据市委11月28日研究建阳革命历史陈列馆建设有关工作会议备忘录精神，建阳革命历史陈列馆在城区潭山公园南侧（原市气象局食堂）设立，市委党史研究室组织整理编写《建阳革命历史陈列馆》图片及文字说明。2004年8月1日，陈列馆于正式对外展出，共有100块展板，展线500米。

2009年成功申报“原中央苏区县”后，建阳市委、市政府把首笔省革命老区专项转移支付资金900万元，全部用于兴建建阳中央苏区纪念园。12月立项，坐落于建阳市潭山公园南侧，占地面积6549平方米，由南入园口景观工程和建阳市革命历史纪念馆2大部分组成。南入园口工程主要建筑有：中央苏区纪念园天然巨石标志碑，4米高19米宽大型建阳苏区历史浮雕，大理石观景步道及绿化景观工程等。建阳革命历史纪念馆主要建筑有主体大楼、馆前小广场、绿化景观工程等，在建阳革命历史陈列馆原址上兴建，并向北侧扩展。纪念馆主体大楼占地面积600平方米，3层框架结构，总建筑面积1600平方米。其中，1楼为活动展厅及多功能会议室，2楼、3楼展厅为主展厅，设有“苦难建阳、工农奋起”“土地革命、创建苏区”“抗日救亡、如火如荼”“红旗不倒、迎接解放”4个部分，共展出320幅图片，着重展示建阳人民在中国共产党的领导下进行20年革命斗争的光辉历程。

建阳革命历史陈列馆和建阳革命历史纪念馆两馆建成以来，共接待各级各界领导和市民群众逾10万人次。

第二节 地方志编纂

一、志书编纂

1985年8月，建阳县地方志编纂委员会成立，1986年2月，制定《建阳县志》“七五”规划，正式开编《建阳县志》。1989年2月开始总纂工作，1992年秋完成总纂第三稿，10月召开省、地及兄弟县（市）方志委专家评稿会。全志上限从建阳的发端开始记述，下限记述到1993年，少数篇章延至1994年撤县建市为止，历时8年，共设32篇，计150万字。1994年9月，经省方志委终审验收，由群众出版社出版。

2006年，启动第二轮志书编纂，2008年，《建阳文物志》编纂完成，2009年，建阳《水利志》编纂完成。2010年，《建阳市志》各部门的初稿在编纂收集中。

二、《建阳年鉴》编纂

1995年5月，建阳市政府组织编纂《建阳年鉴》，成立建阳年鉴编纂委员会，下设总编室，负责年鉴的编辑工作。《建阳年鉴》于1996年创刊。《建阳年鉴（1996）》，主要记载1994—1995年建阳建市后的各行政机关、企事业单位的发展概况，全鉴设大目45个，分目95条，小目540条，总计60万字。1996年9月交付出版，由福建省建阳市第三印刷厂印刷。《建阳年鉴（1998）》在篇目上有较大的改进，全鉴共设18个部类，112个分类，580条目，共80万字。1998年8月由福建省福州教育学院印刷厂印刷出版。至2010年，分年编纂年鉴。

第三节　地方文化研究

1997年，出版文物小丛书《潭阳蔡氏》；由刘建、谢道华撰稿的省爱国主义教育电视系列片《千年走闽越》和《宋慈》《古瓷明珠》2部专辑在省有线电视台播出；同年，《福建画报》第七期刊登介绍建盏珍品专页、第十二期刊载谢道华撰写的《古“书府”—建阳》专版。1999年，谢道华编著的《建阳文物志》获福建省第三届文博考古优秀成果提名奖，闽北改革开放20年优秀文博考古成果一等奖。2001年，完成《中国文物地图集，福建卷》“南平分卷——建阳篇”资料的编撰工作。2002年，由武夷山朱子研究中心方彦寿和建阳市文化馆徐贯行共同主编的《闽北掌故》出版发行；文体局谢道华等3人合著的《闽北陶瓷》由福建美术出版社出版发行。2003年，配合国家广电总局、日本NHK拍摄《建窑》专题片；谢道华编撰的《建窑》一书由岭南美术出版社出版发行；方彦寿著的《建阳刻书史》出版。2005年，配合省电视台、《福建画报》《闽北日报》、南平电视台制作反映法医学家宋慈等建阳历史名人和文物古迹的专题片。

1994—2010年，建阳市编纂的其他史志类书的有：《大潭书》《南闽阙里纪事》《建阳大典》《闽北掌故》等；诗词类的有《纪念朱熹征诗集》《半了清韵》《闲云斋酒韵》《心弦》《布衣草》《怀铎吟馀》《麻阳斋诗词》等。此外，李家钦耗时12年编纂的《建阳大典》于2004年出版。全书10卷120万字。详细编撰自建县起1800年间建阳的重大人文历史事件。

第八章　文化遗产

第一节　文　物

一、文物普查与考古发掘

1992年，经考古发掘，发现将口唐窑遗址。1999年，建窑遗址考古挖掘获评“中华人民共和国成立以来福建省十大考古发现”。

2004年，开展全市文物普查工作，做好文物抢救保护及发展规划。2005年，配合中国闽台源博物馆征集涉台文物，完成涉台文物调查及资料汇总上报工作。是年，浦南高速公路建设启动，建阳市文管部门及时做好沿线的文物普查工作，在沿线的徐市，将口等地的古文化遗址进行考古发掘，发现一批新石器时代至青铜器时代的遗址，出土石器、陶器等文物。

2008 年 11 月 25 日至 2009 年 8 月 1 日，建阳市开展第三次全国文物普查，历时 8 个月，完成 13 个乡镇的普查任务。普查共登记文物点 257 处，其中古遗址 188 处，古墓葬 21 处，古建筑 43 处，石窟寺及石刻 2 处，近现代重要史迹及代表性建筑 3 处，复查文物保护点 183 处，新发现文物点 74 处。

2010 年 6 月，市文化文物部门会同南平市文物部门对武宁高速公路建阳境内沿线进行实地勘查。

三、馆藏文物

建阳市博物馆系南平市第四家县（市）级博物馆，坐落在城关上水南。2006 年 8 月，市博物馆大楼破土动工。大楼建筑面积 1800 平方米，总投资 130 万元。2007 年 12 月，新建建阳市博物馆大楼竣工落成，3 层框架结构，使用面积 1800 平方米，拥有 1 个 50 平方米的库房和 2 个面积均为 600 平方米的展厅，至 2010 年，市博物馆完成电子警报等安防设施，并于 4 月对 3 楼进行文物陈列布展，免费对外开放。博物馆设古代历史文物陈列展和宋代历史专题展（包括朱子、宋慈、建盏、建本 4 个专题）。馆藏文物 3000 件，有从新石器时代至近现代 4000 年历史中的石器、陶器、瓷器、铜器、铁器、银器、玉器、钱币、象牙木雕、古籍版本、名人手迹、古玩杂件等等，其中宋建窑油滴釉碗、鹧鸪斑纹碗为省内罕见。2010 年，建阳市博物馆对馆藏文物中的二三级文物进行数据库统计，其中二级文物为 18 件，三级文物 932 件。

四、文物保护

1993 年，将口唐窑遗址被列为省级文物保护单位。1994 年，调整产生新一届县文物管理委员会成员，5 月，新一届文管会成员扩大会议召开，市“文物鉴定组”成立。1995 年，朱子 25 世、马来西亚华人朱祥南捐资 12 万元维修的朱子长子朱塾墓一期工程完工，并对外开放。1995 年，小湖派出所破获 1 起盗掘古墓案，收缴宋代文物及工艺品 26 件，依法拘留惩处 3 名盗墓者。1997 年，公布建阳市第三批市级文物保护单位：蔡元定墓（南宋，莒口上埯），朱塾墓（南宋，莒口社洲），太子桥（明，黄坑）。1997 年 8 月，市政府下发《关于严厉打击盗挖盗掘古窑址，古墓葬和其他破坏文物的违法犯罪活动的紧急通知》，同年，纪念《中华人民共和国文物保护法》颁布 15 周年座谈会召开，分管副市长发表电视宣传讲话。是年，宋慈墓保护碑亭重建工程完工。1998 年，聘请 1 批文物管理员，加强对省市级文物保护单位的管理。是年，共查处文物案件 6 起，收缴文物及仿古工艺品 100 件，涉案人员依法惩处。

1999 年 11 月 6 日，在国家文物局、省文化厅支持下，省级文保单位建窑遗址 90SJYI 的保护工程破土动工。2000 年，组织蔡氏宗亲联谊会和有关部门筹集资金，当年完成蔡元定西山陵园的兴建。同年，完成建窑遗址 90SJY1Y3 保护工程的一期工程。2001 年，经国务院批准公布为第五批国家重点文物保护单位，实现建阳国家重点文物保护单位零的突破。

2000—2002 年，完成将口清代古建筑王家祠堂二期维修工程。2002 年，韩国朱子后裔捐资数万元，对宋祝夫人墓园进行全面整修。同年，回龙乡查获 1 起盗墓案，收缴文物 20 件，抓获涉案人员 5 人。2003 年，调查处理建阳一中生物园基建土地及莒口东山村古墓葬被破坏事件。2004 年，撤销市级文保单位——将口镇新建村汉代平山遗址，并公布第四批市级文物保护单位：将口镇王家祠堂和书坊乡楠木厅。2005 年，建窑遗址保护规划正式启动，投资 90 万元的建窑水泥路建筑工程完成，聘请中国文物研究所专家对建窑遗址进行保护规划的可行性报告书的编制工作。

2006 年 5 月，经国务院批准公布，朱子墓列入第六批全国重点文物保护单位。同年，崇雒乡政府筹集资金 8 万元，在宋慈墓园修建牌坊一座。当年，聘请 1 批文物管理员，加强国保单位水吉建窑、朱子墓及省保单位将口唐窑、宋慈墓和市保单位祝夫人墓、朱塾墓的保护管理。2007 年，配合市蔡氏宗亲联谊会等部门对蔡元定墓进行二期整修，举行蔡元定西山陵园竣工暨祭祖大会。2009年，蔡元定墓列为第七批省级文物保护单位。年底，开始着手“建阳黄坑朱子墓文物保护规划及修复工程”建设工作，国家财政投入50万元保护规划设计费，与陕西省文化遗产保护规划设计研究院签订设计合同，完成《朱熹墓文物保护总体规划》（一套），并募集资金100万元。至2010年，修复工程正在前期建设中。

2010年5月，建阳市文物保护单位崇雒如是寺因蜡烛使用不慎引发火灾被毁，后由梁玉行出资并发起社会捐助得以重建。重修的寺院建筑面积2000平方米。10月，举行朱子林建设项目——文公祠奠基仪式，募集资金100万元。崇雒乡宋慈纪念堂建设、多宝塔维修等建设项目动工。同年，完成蔡氏大宗祠、蔡炉公墓、蔡克顺墓、游匹墓4处涉台文物点申报文物保护单位的材料，获市政府正式公布为第六批市级文物保护单位。

五、文博宣传交流

1996年11月上旬，中国古陶瓷研究会1996年建阳年会暨学术术讨论会在建阳召开，来自新加坡、日本、美国等国家，以及中国香港、台湾地区，北京、上海等15个省市自治区的200名专家学者到会。同年。举办博物馆建馆6周年暨李泉弟收藏钱币展，首届民间收藏大展。1998年，配合建阳朱子文化旅游节招商展销会举办古玩工艺品展。1999年，建阳市收藏协会成立，为福建省第一家获审批的收藏协会。2000年，省闽学会成立10周年暨中韩朱子学术思想研讨会在建阳召开。2000年，为纪念朱子逝世800周年，由中华炎黄文化研究会、华东师大朱熹研究中心等单位主办，南平市政府承办，建阳市政府协办的祭典活动，10月13日在考亭书院文公祠举行，来自海内外的朱子后裔及朱子学研究专家、学者、记者500人和市民3000人参加公祭仪式。2002年11月，首届闽台游酢文化研讨会在建阳召开，全国政协委员，原省政协主席游德馨出席会议并授予建阳市“游酢故里”牌匾。2005年，《大宋提刑官》在中央电视一台播放后，宋慈墓倍受社会各界的关注。福建电视台、《福建画报》《闽北日报》、南平电视台等新闻媒体制作反映法医学家宋慈等建阳历史名人和文物古迹的专题片。2006年，配合国务院新闻办、东南电视台、《闽北日报》南平电视台等新闻媒体拍摄，制作《中华文化先贤——朱熹》《福建最美的乡村》《黄坑》《考亭》等反映建阳历史文化、文物古迹和自然与人文景观的专题片。2008—2010年，先后举办3次馆藏文物展。2010年，大潭古玩城开展“建阳市首届古玩工艺民间交流会”。

1995—2010年，建阳市文博部门共接待海内外前来寻根访祖、学校和参观旅游的专家，学者各界人士数千人次，其中，有全国政协常委原国务院特区办主任胡平，省政协副主席陈增光（1996年）、世界朱氏联合会会长朱昌均（1998年）、韩国朱氏中央宗亲会长朱京植博士（2002年）和美国陶姿协会负责人约翰 W.CONRAD 博士（2004年）。

建阳博物馆历次文物展出一览表

表 27-8-1　　　　单位：平方米、人

年度	展览名称	展览内容	展厅面积（平方米）	参观人数（人）
2008年	建阳古代历史文物陈列展	新石器时代至近现代4千年历史的时期、陶器、瓷器、铜器、铁器、银器、玉器、钱币、象牙木雕、古籍版本、名人手迹、古玩杂件等	400	2800
2009年	建阳古代历史文物陈列展	新石器时代至近现代4千年历史的时期、陶器、瓷器、铜器、铁器、银器、玉器、钱币、象牙木雕、古籍版本、名人手迹、古玩杂件等	400	3100

续表 27-8-1

年度	展览名称	展览内容	展厅面积（平方米）	参观人数（人）
2010 年	建阳古代历史文物陈列展；朱子墓、宋慈墓、建窑、建本四个专题展	新石器时代至近现代 4 千年历史的时期、陶器、瓷器、铜器、铁器、银器、玉器、钱币、象牙木雕、古籍版本、名人手迹、古玩杂件等；朱熹墓、宋慈墓、建窑、建本 4 个专题展	800	4350
2011 年上半年	建阳古代历史文物陈列展；朱子墓、宋慈墓、建窑、建本四个专题展	新石器时代至近现代 4 千年历史的时期、陶器、瓷器、铜器、铁器、银器、玉器、钱币、象牙木雕、古籍版本、名人手迹、古玩杂件等；朱熹墓、宋慈墓、建窑、建本 4 个专题展	800	2700

第二节　非物质文化遗产

2006 年，贯彻落实省文化厅加强民族民间文化遗产保护会议精神，组织专业技术人员在全市开展民族民间文化遗产调查，开展《建窑及其建盏工艺》《建本雕版印刷》的申报工作，经、省文物局等部门评选，《建本雕版印刷》列入福建省第一批省级非物质文化遗产代表作项目名单。

第九章　机构 社团

第一节 机　构

一、市科学技术局

1994 年，县科学技术委员会随建阳撤县建市改为市科学技术委员会。内设办公室、科普股等股室。2002 年，政府部门机构改革，市科学技术委员会更名为市科学技术局（简称“市科技局”）。2003 年，成立“建阳市地震办公室”。由市科技局代管。市科技局内设办公室、科技计划成果股、科技管理股，人员编制 7 人，其中主任 1 人、书记 1 人、副主任 2 人；股级职数 3 人。下属机构有科技开发中心、科技推广试验站、科学技术情报研究所、生产力促进中心等机构。

至 2010 年不变。

二、市体育运动委员会

1994—2001 年，市体育运动委员会为全市体育管理的主管部门。2002 年，机构改革，体委与文化局合并设文化体育局。

三、市文化体育局

1994 年，县文化局随建阳撤县建市改为市文化局。1997 年，市文化市场稽查队正式列编，核定事业人员编制 4 人。2002 年，政府部门机构改革，文化局和体委合并，成立文化体育局。2004 年，文体局加挂建阳市新闻出版与版权局牌子，对外行使新闻出版与版权管理职能。市文体局内设办公室、文化艺术股、体育股、文化市场股，行政编制6人，其中，局长1人、副局长2人；股级干部4人。另有1个挂靠单位——市文物管理委员会办公室。下属机构有文化市场稽查大队、文化馆、博物馆、美术馆、少年儿童业余体育学校、文体服务中心、市影剧院等机构。2009年，市文化体育局获南平市精神文明建设指导委员会评为“南平市第六届（2009—2011年度）文明行业创建工作示范点”。

四、市广播电视局

1994年4月，广电部批准建阳有线电视台设立。1994年3月建阳撤县建市，建阳县广播电视局更名为建阳市广播电视局，原下属单位分别更名为市广播电视台、市电视台、市有线电视台，局内部设办公室、综合科，三台为独立法人单位，行使各自职能。1995年8月，市广播电视局实行局台合一管理模式，局内部设立办公室、音像卫管科、财务科、行政科；新闻宣传设总编室、新闻部、专题部、文艺广告部。1997年9月，市广播电视局更改为市广播电视事业局，广播电台、电视台、有线电视台并为1个播出实体，称“建阳市广播电视台”。乡镇广播电视站收归市广播电视事业局统一管理，作为市广电局的派出机构。

1997—1998年，广播电视台获省广电局、人事厅评为先进单位。1999年11月，市广播电视事业局成立“建阳新光广电服务有限公司”，具体负责城区网络维护、安装、迁移等。2002年6月，对原有机构进行调整，局本部设立综合办公室、稽查科、保卫科；下属单位设广播电视台，主管新闻宣传工作，设总编室、新闻部、专题部、广告部；网络设立市广播电视网络有限公司，负责全市广播电视网络建设，设立事业发展部、运维部、财务部、乡镇站管理部、客户中心、广播电视机房及各乡镇广电网络站，原有新光广电公司取消。2006年，市广电局获省广电局评为广电系统先进单位。至2010年不变。

五、市档案局（馆）

1994年，市档案局（馆）定编8人，其中，局（馆）长1人、副局（馆）长2人。1996年1月，建阳市档案馆获省档案局批准为“八五”期间福建省一级档案馆；1999年10月定为福建省二级档案馆。2005年9月，人员编制从原来的8名增加到10人，在编人员7人，其中，局（馆）长1人、副局（馆）长2人。10月，获省档案局、省司法厅评为福建省“四五”档案法制宣传教育先进单位。2006年调入1人、调出1人，在编人员7人。2009年，招录公务员1人，退休1人，在编人员7人。2010年，再次招录公务员1人，在编8人，其中，局（馆）长1人、副局（馆）长2人。

六、市委党史研究室

1994年，建阳市委党史研究室为正科级事业单位。2000年7月，明确编制4人，设主任1人，副主任1人，股级秘书1人，经费由市财政全额核拨，参照执行国家公务员制度管理。其职能是指导和协调全市党史工作；征集、研究、编写、出版中共建阳市地方党史；组织开展党史、革命史的宣传教育及纪念活动；承担市委授权和有关部门委托的涉及建阳市地方党史与重要人物题材及影视作品的审查任务。至2010年不变。

七、市地方志编纂委员会

1985年8月，建阳县人民政府，根据省人民政府闽政［1984］综46号文通知精神，下发潭政［1985］综字181号《关于成立建阳县地方志编纂委员会的通知》，建阳正式成立建阳地方志编纂委员会，由县长郭上龙任主任，县人大副主任曾国田、县政协副主席李永茂、县委宣传部部长罗新模任副主任，下设办公室主任由李延生兼任，单位为正科级事业单位，人员编制暂定3人，经费由县财政全额核拨。1994

年3月，撤县建市更名为建阳市地方志编纂委员会，人员编制不变。2009年6月，经上级人事部门批准为参照公务员管理事业单位，其职能是负责市本级地方志、年鉴等的编纂；组织指导、乡镇、部门志的审稿验收；组织、指导乡镇、部门各单位编修部门志、专业志等。至2010年不变。

第二节　社团

一、文学艺术界联合会

（一）市文联

建阳市文学艺术界联合会（以下简称“文联”），前身为建阳县文学艺术工作者联合会，成立于1990年5月23日，县编办核定编制1名。并确定将原名建阳县文学艺术工作者联合会更名为福建建阳县文学艺术界联合会。5月30日，县文联第一次代表大会召开。出席会议代表166名。大会听取并审议黄英田作的工作报告，选举产生市文联第一届委员会，委员55名，常委9名，黄英田任文联主席。同年8月，县编办发文核定县文联为正局（科）级单位。

1994年3月，县委发文：任命张桂辉为县文联主席。同年，建阳撤县建市，建阳县文学艺术界联合会改称建阳市文学艺术界联合会。

1995年11月28日，市文联第二次代表大会召开。各专业协会共派出代表111人出席大会。大会听取并审议张桂辉代表第一届委员会作的工作报告，选举产生市文联第二届委员会，委员 38名，常委8名，张桂辉任文联主席。1999年5月24日，建阳市委发文：任命杨丽英为市文联主席。

2002年4月18日，建阳市文学艺术界联合会第三次文代会召开。10个专业协会出席代表共69名。大会听取并审议张宇辉代表第一届委员会作的工作报告，选举产生市文联第二届委员会，委员25名，常委8名，张宇辉任文联主席。

（二）专业协会

1990年，建阳县文学艺术界联合会成立后，下辖文学、美术、书法、摄影、诗词、音乐舞蹈、影视、戏曲、新闻、集邮等10个学会（协会）。全市共有各类会员367名，有省级会员41名。

1995年，音乐、舞蹈各设为独立协会。至2010年，共有作家、美术家、书法家、音乐工作者、舞蹈工作者、摄影家、戏剧曲艺工作者、集邮、钱币等9个协会和诗词楹联、新闻2个学会。有会员397人。

2010年建阳市文联会员情况表

表27-9-1

协会名称	建阳市文联会员情况表		
实际个人会员总数（人）	226		所占总人数比例（%）
会员性别结构	男会员数	124	55
	女会员数	102	45
会员年龄结构（人）	35岁以下	36	16
	35—55岁	154	68
	55—70岁	30	12
	70岁以上	6	2.70
学历及职称结构（人）	大专	91	40
	大学本科	104	46
	研究生	4	1.70
	中级职称	100	44
	高级职称	19	8.40

续表 27-9-1

协会名称	建阳市文联会员情况表		
党派划分（人）	中共党员	72	32
	民主党派及无党派人士	17	7.50
其他类别划分（人）	少数民族会员	3	1.30%
	民营、个体会员	16	7%

二、市体育总会

1995 年 4 月，市体育总会成立。2007 年，体育总会经民政局社团登记审批为独立法人单位，负责指导各个体育协会工作。至 2010 年，市体育总会共拥有羽毛球、乒乓球、游泳、棋类、钓鱼、健身等体育协会 8 个，458 人。

第二十八篇　医药　卫生

第二十八篇 医药 卫生

1994年，全市共有各类医疗卫生机构207个，其中，综合性医院1所、中医院1所、卫生防疫机构1所、妇幼保健机构1所，乡镇卫生院12所，190个村均建有卫生所（室），共有床位数600张，卫生专业技术人员513人。各级医疗卫生机构普遍推行岗位责任制；建立健全以初级卫生保健为基础的县、乡、村三级医疗卫生保健网络。至2010年，全市共有各级各类医疗机构221所，其中，公立综合性医院1所，中医院1所，妇幼保健院1 所，疾病预防控制中心1所，社区卫生服务中心2所，卫生院11所，卫生服务站3所，村卫生所（室）174所，共有床位715张，公立医疗机构正式在职人员601人市卫生部门先后完成突发公共卫生事件应急体系、医疗救治体系、疾病信息网络体系和卫生监督体系建设。各级政府与疾病控制部门坚持在全市开展爱国卫生运动。发动城乡群众清理垃圾、疏通河道、投放灭鼠药等，开展“创建卫生月”“创建卫生城镇”活动。自来水普及率99.90%，卫生厕所普及率达86.13%。涌现出1批“创卫”先镇、村。在全市推行“七苗”（卡介苗、脊灰苗、百白破三联苗、麻疹疫苗、乙肝疫苗、乙脑疫苗、流脑疫苗）和“四大监测”（小儿麻痹症疑似病例、麻疹、新生儿破伤风、常规免疫接种率）计划免疫工作；加强食品、饮水、公共场所、学校、化妆品等卫生监测，控制和消灭各种传染病、寄生虫病与地方病。

第一章 医疗机构与队伍

第一节 市级医疗卫生机构

一、建阳市立医院

1994年撤县建市，建阳县医院更名为建阳市立医院。位于建阳市童游东桥东路44号，是1所融医疗、教学、科研、预防、保健、急救等为一体的综合性医疗机构。1997年11月10日，建阳市立医院正式评为二级甲等医院，12月5日，正式开通“120”急救电话。1998年，获省委、省政府授予“福建省第六届文明单位”称号。2010年，医院占地面积4.30万平方米，总建筑面积4.70万平方米。医院编制床位260张，实际开放350张。建有综合病房大楼（建筑面积1.10万平方米）和建阳市“120”急救中心大楼（建筑面积1680平方米），配备有中心供氧、中心吸氧、医用呼叫系统、计算机信息管理网络系统，并有全身螺旋CT、美国贝克曼CX9全自动生化分析仪、全数字化彩色多普勒超声诊断仪DC-6、气压弹道碎石系统EMS等先进医疗仪器，医疗设备总价值4600万元。设有内一科、内二科（含肛肠科）、外一科、外二科（骨伤）、外三科、妇产科、五官科、感染科、手术室、急诊科、儿科、医技科、检验科、放射科（CT室）、口腔科、门诊部、血透室等科室。全院在职职工396人，其中，卫生专业技术人员346人（高级职称31人，中级职称121人，初级职称183人）；医院卫生技术人员中有主任医师3人、副主任医师23人、副主任药师1人、副主任护师16人；主治医师43人，主管技师5人，主管药师6人，主管护师63人；会计师2人，工程师2人，医师22人，技师7人，药师9人，护师8人；医士1人，技士1人，药士3人，护士9人；助理工程师1人，馆员1人，助理会计师10人。

二、建阳市中医院

1994 年，建阳县中医院更名为建阳市中医院，承担市级医疗卫生和潭城镇 3 个村（城关、桥南、水东）卫生所及村民的防疫、妇幼等工作。1998 年，建阳市中医院由建阳城关中山路西街口（原潭城镇卫生院）搬至建阳市水南桥北畔（民主北路 10 号），2003 年 2 月 24 日，评为二级乙等中医院。2009 年 9 月，中医院在原址加挂潭城街道社区卫生服务中心牌子（简称“服务中心”）。服务中心负责城区中南、永安、西市、西门、北门、西桥、桥南、兴建、黄花山、宝山、南阳 11 个社区居委会和城关、桥南、回瑶、溪源、考亭、严墩、黄墩、周墩 8 个行政村 17890 户家庭，服务人口 58853 人，服务半径 10 千米范围内居民、村民的医疗、预防、保健、康复、健康教育、计划生育等医疗卫生保健工作。2010 年，中医院、潭城街道社区服务中心设有全科诊疗室、中医诊疗室、康复室、抢救室、公共卫生科、妇幼保健科、健康教育室、计划生育室、医技科室、检验科等科室。员工总数 89 人，各类人员分布：执业医师 19 人，执业助理医师 2 人，注册护士（助产士）31 人，药师 7 人，检验技师 3 人，影像技师 1 人，卫生技术人员 5 人，其他技术人员 2 人，工勤技能人员 19 人。

三、建阳市妇幼保健院

1994 年，县妇幼保健所更名为市妇幼保健所。同年，经市政府批准，将原防疫站（城区双井巷 1 号）两层办公楼（青砖楼）划拨给市妇幼保健所作为业务用房（面积 552 平方米）。1997 年，投资 35 万元（省卫生厅支持拨款 25 万元）拓建、改装门诊楼，新增一层半，新增面积 298 平方米。1998 年，投资 100 万元（其中职工集资 45 万元）新建 1 幢 12 套职工住房，面积 1334.82 平方米。2001 年，投资 65 万元（其中省卫生厅支持拨款 15 万元）新建、扩建住院部（妇产科）大楼和手术室、X 光房等用房，面积 1106.40 平方米。2002 年 3 月 25 日，市编办同意将“建阳市妇幼保健所”更名为“建阳市妇幼保健院”。同年 8 月，通过南平市卫生局“一级甲等妇幼保健院”评审达标并被南平市评为“爱婴医院”。2008 年 6 月，投资 320 万元新建的 1 幢 6 层 3000 平方米的门诊综合大楼投入使用，成为集预防、保健、医疗和科研为一体的妇幼保健中心。至 2010 年，市妇幼保健院有职工 72 人，其中，卫生专业技术人员 60 人，中级职称 18 人，高级职称 2 人。

四、建阳市卫生防疫站

1994 年，建阳县卫生防疫站更名为建阳市卫生防疫站，位于童游东桥东路 44 号，建筑面积 2250 平方米，拥有化验楼 1 幢，计 900 平方米，内设细菌、理化、寄生虫 3 个检验室。对饮食服务行业的从业人员肝炎、致病菌以及饮水、食具、冷饮、酒、汽水、牛奶、酱油等进行卫生检验，对肠道病人进行“02”、志贺氏菌属、沙门氏菌属的三线培养。除开展常规检验项目外，还开展生化检验，血清免疫学检测，水质全分析，食品卫生指标测定，有害物质检验以及工厂企业的粉尘测定等。1996 年，建阳市卫生防疫站评为国家卫生部县级一等卫生防疫站，2001 年通过省级计量认证。2005 年，争取省财政预算内经费 50 万元，单位自筹 120 万元，新建疾病控制中心综合楼 1 幢，建筑面积 1889 平方米。2010 年 5 月，撤销建阳市卫生防疫站，设立建阳市卫生局卫生监督所和建阳市疾病预防控制中心，新建 2 个机构规格为副科级，建阳市卫生局卫生监督所事业编制 19 人，建阳市疾病预防控制中心事业编制 26 人，其中，编财政核拨事业编制 24 人，自收自支 2 人；实行合署办公，2 个牌子、1 套人员，办公地址为建阳市疾病预防控制中心（原建阳市卫生防疫站）。设有疾病控制科、地慢科、质管办、检验科、行政许可科、食品卫生科、公共卫生科、职业卫生科等职能科室。中心有医工人员 34 人，先后发表论文多篇，获得国家级科技成果奖 1 篇、省级科学进步奖 2 篇、县科技进步奖 6 篇。

第二节 乡镇街道及村医疗机构

一、乡镇街道医疗机构

（一）潭城街道社区卫生服务中心

2009年9月，建阳市中医院加挂潭城街道社区卫生服务中心牌子，属于事业单位，公立医院。院委会下设：医疗质量管理委员会、病案质量管理委员会、合理用药指导小组、医院感染管理委员会、输血管理委员会、药事管理委员会。服务中心负责潭城街道办事处管辖的中南、永安、西市、西门、北门、西桥、桥南、兴建、黄花山、宝山、南阳11个社区居委会，和城关、桥南、回瑶、溪源、考亭、严墩、黄墩、周墩8个建制村共17890户家庭、58853人的医疗、预防、保健、健康教育、康复指导、计划生育指导、居民健康档案入户调查建档工作。2010年6月1日，投资10万元新设立的西门社区卫生服务站开诊。同时有宝山、西桥、北门、桥南、兴建、西门6个社区设有卫生室，并按卫生室有关条例开办，方便本社区和周边居民治疗。设有全科诊疗室、中医诊疗室、康复室、抢救室、公共卫生科、妇幼保健科、健康教育室、计划生育室；医技科室：检验科、B超室、心电图室、中药房、西药房、治疗室、处置室、观察室、供应室、信息统计室等科室。

（二）童游街道社区卫生服务中心

原名童游卫生院。2003年，成立街道改称为建阳市童游街道卫生院。2009年，转型为建阳市童游街道社区卫生服务中心。中心负责溪口、徐墩、彭墩、赤岸、新村、水尾、水东、七姑、新岭、南林、东泽、童游12个建制村和静园、水东、营前、富林、曼头山5个社区共10057户家庭、38917人的医疗、预防、保健、康复、健康教育、计划生育等“六位一体”的基本卫生服务和一般常见病诊治及公共卫生保健工作。设有全科诊疗室、中医诊疗室、康复室、抢救室、预防保健科、妇女保健科、儿童保健科、健康教育室、计划生育室；医技科室：放射科、检验科、B超室、心电图室、中药房、西药房、治疗室、日间观察室、供应室、慢性病档案室等科室。中心员工总数45人，各类人员分布：执业医师15人，注册护士（助产士）17人，药剂3人，检验技师1人，其他技术人员3人，工勤技能人员6人。

（三）麻沙中心卫生院

坐落于麻沙街道北桥路，1994年投资28万元在原业务用房基础上加盖356平方米作为办公用房及手术用房；2001年，上级投入5万元，自筹15万，总投入20万，改造综合业务用房1100平方米，进行内、外装修，门诊、住院在一起，改善工作条件，方便管理，能发挥辅助科室大中型医疗设备的作用。卫生院占地10258平方米，房屋及建筑面积5322平方米，其中业务用房2798平方米。全镇共有卫生所（室）18个，卫生院负责麻沙、梁墩、吕屯、水南、竹洲、留田、新溪、扁溪、长坪、新坪、界首、江坊、交溪、墩头、竹田、杜潭、溪头、七宝、毛店、永兴、大白、重历、华溪23个建制村和麻沙社区共10235户家庭、37756人的医疗、预防、保健、康复、健康教育、计划生育等“六位一体”的基本卫生服务和一般常见病诊治及公共卫生保健工作。设有全科诊疗室、中医诊疗室、康复室、抢救室、预防保健科、妇女保健科、儿童保健科、健康教育室、计划生育室；医技科室：放射科、检验科、B超室、心电图室、中药房、西药房、治疗室、日间观察室、供应室、慢性病档案室等科室。卫生院职工总数48人，各类人员分布：执业医师13人，注册护士（助产士）18人，药剂6人，检验技士2人，其他技术人员3人，工勤技能人员6人。

（四）水吉中心卫生院

1994年5月10日，由水吉医院更名为建阳市第二医院。占地面积11988平方米，建筑面积4900平方米，为建阳东片三镇一乡医疗服务中心。2003年6月，市编制办批准改名为建阳市水吉中心卫生院，属于财政全额拨款事业单位，公立医院。2007年11月，争取财政预算内经费40万元，单位自筹120万元，在医院原旧门诊大楼侧新建1幢1600平方米的综合大楼，2009年1月投入使用。设有预防保健科、内科、外科、妇产科、妇女保健科、儿科、儿童保健科、耳鼻咽喉科、皮肤科、麻醉科、医学检验科、医学影像科、中医科、计划生育服务专业等科室。至2010年，卫生院负责民主、市头、建设、郑墩、和平、叶中、玉瑶、青田、吴中、陈地、仑尾、莘溪坪、池中、后井、南山、七里岚、渡船头、大梨、营头、留中、双溪、黄西溪 、安口、后巷、黄家店、南岭、良源 、仁山、坤坊等29建制村和1个居委会社区共8770户，34656人的妇幼、防疫工作。职工总数48人，各类人员分布：执业医师6人，注册护士（助产士）20 人，药剂 2人，检验技师 1人，其他技术人员（包含未取得相应资格证人员）15人，工勤技能 4人。

（五）莒口卫生院

莒口卫生院位于莒口镇龙门路5号，总面积9175.80平方米，其中建筑面积3090.04平方米，负责莒口、河坝、湖桥、东山、长梗、焦岚、茶垅、社州、策口、东徐、金山、马伏、后山、石庵、中垅、上垅16个行政村、1个居委会（莒潭）7536户家庭、25173人的医疗、预防、保健、康复、健康教育、计划生育等基本卫生服务和一般常见病诊治及公共卫生保健工作。设有内科、外科、中医科、妇产科、儿科、五官科、理疗科、防保科、注射室、处置室、挂号室、电诊室、放射室、检验室、西药房、中药房、药库等。职工总数31人，各类人员分布：执业医师9人，注册护士（助产士）10人，药剂3人，检验技师1人，其他技术人员4人，工勤技能人员4人。

（六）小湖卫生院

小湖卫生院1951年创建。2010年，建成1所集医疗、预防、妇幼保健一体的“一级甲等”综合性医院，位于小湖镇解放路59号，医院占地面积3332平方米，卫生院综合楼建筑面积2600平方米的，其中，业务用房1550平方米、公共卫生用房180平方米、办公用房75平方米、绿化面积2000平方米；现有病床数32床，实际开设床位32张。小湖卫生院管辖秦溪村、下乾村、美溪村、黄地村、鸿庇村、井后村、东鲁村、马坑村、塘楼村、大湖村、贵源村、小湖村、伊宅村、董步村、祝中村共17441人的医疗、预防、保健、健康教育、康复指导、计划生育指导、居民健康档案入户调查建档工作。全院设有内外科、儿科、五官科、妇产科、检验科、B超室、放射科及公共卫生科。并配有全自动生化分析仪、DR机、二导心电图机、彩色B超、全自动血球计数仪、血凝仪、尿分析仪、胎心监护仪、心电监护仪、洗胃机、呼吸机、制氧机等设备。全院人员43人，其中，副高级职称2人，中级职称5人，初级职称14人，护理人员10人。临床主治医师2人，临床执业医师2人，临床助理医师5人，公共卫生服务人数9人。

（七）将口卫生院

将口卫生院设置有内科、外科、儿科、中医科、检验室、注射室、中西药房、妇产科、放射科、防疫组、财务室等。2000年，以乡镇为单位通过第一轮初保达标。2005年11月，卫生院新建综合楼落成，进一步完善“三配套”建设，增设手术室、护理部、门诊部、住院部、B超室、妇幼组、院办公室等。负责指导全镇13个建制村卫生所，甲级卫生所达80%左右。同时，选送医护人员进修外科及手术室，开展阑尾切除、疝气、静脉曲张切除、白内障摘除等手术。2009年，将口卫生院加挂“建阳市精神病防治院”。建阳市精神病防治院核定床位100张，定编34人。精神卫生服务范围以建阳市精神残疾对象为主，兼辐射到建瓯、顺昌、浦城、武夷山周边县市相关残疾人员。

2010年，卫生院地址分2处：综合科地址：建阳市将口镇将口街113号；精神科地址：建阳市将口镇将口街3号。业务用房2600平方米（其中，综合楼1850平方米，精神科750平方米）；卫生院开放病床70张（综合病床20张、精神病专科50张），共有专业技术人员38人（其中，中级10人，初级22人）。能有效开展各种常见病、多发病的诊治、各种小型手术及急危重病人的抢救等，担负将口镇辖区基本医疗、预防保健及公卫服务等工作。

（八）黄坑卫生院

坐落在九峰村溪边路。1994年，卫生院配备救护车，并配备普外科手术器械，工作用房1300平米。1995年，新建位于农贸市场门口的门诊部，建筑面积600平方米。2006年11月，新建1座住院楼，占地面积184平方米，建筑面积718平方米，住院病床数增加至30张。2008年，投入11.50万元重新配备救护车1辆。至2010年，黄坑镇共有13个医疗卫生单位：黄坑卫生院、大竹岚蛇伤研究所，桂林、长见、坳头、大坡、新历、鹅峰、塘头、三峡、苦竹坪、桂林伐木场等11个卫生所（室）；卫生院设有内科、外科、儿科、中医科、骨科、牙科、痔疮科、妇产科、检验室、放射科、注射室、手术室。截至2010年，黄坑卫生院共有职工30人（含干部13人，职工1人，一体化人员1人，临聘人员15人），其中，主治医师4人、医师7人、医士6人。

（九）漳墩卫生院

漳墩卫生院位于漳墩镇漳新路133号，占地面积4057.80平方米，建筑面积3017平方米。负责漳墩、竹口、龙安、焦坑、姜地、赖屯、前溪、杭下、松元、外元、陈元、杭头、碓后、上乾、康屯、苏元、周历、桔坑、外屯、沙堤、严川、凤凰、枫坑、北孟坑12个建制村和漳墩1个社区共7195户家庭、29435人的医疗、预防、保健、康复、健康教育、计划生育等"六位一体"的基本卫生服务和一般常见病诊治及公共卫生保健工作。设有全科诊疗室、中医馆、抢救室、预防保健科、妇女保健科、儿童保健科、健康教育室、计划生育室；医技科室：放射科、检验科、B超室、心电图室、中西药房、治疗室、输液室、供应室、慢性病档案室等科室。中心员工总数54人，各类人员分布：执业医师10人，注册护士（助产士）14人，药剂4人，影像技师1，工勤技能人员3人，无职称专技人员14人，后勤人员8人。

（十）徐市卫生院

位于徐市镇徐市街1号，院内面积2997平方米，建筑面积1450平方米。1970年始建，1980年始列为中心卫生院，2003年撤销中心卫生院称号。2010年，卫生院负责全镇16个行政村（南槎村、溪尾村、徐市村、壕墩村、北岸村、宸前村、圳头村、林墩村、范墩村、大田村、大阐村、盖溪村、黄坑村、唐科村、五峰村、条岭村）、1个居委会、1个林茶果总场共计6496 户家庭、27295人的医疗、预防、保健、康复、健康教育、计划生育技术等"六位一体"的基本卫生服务和一般常见病诊治及公共卫生保健工作。设有全科诊疗室、中医诊疗室、康复室、抢救室、预防保健科、妇女保健科、儿童保健科、健康教育室、计划生育室；医技科室：放射科、检验科、B超室、心电图室、中药房、西药房、治疗室、供应室、慢性病档案室等科室。卫生院员工总数30人，各类人员分布：执业医师8人，注册护士（助产士）8人，药剂7人，检验技师1人，其他技术人员2人，工勤技能人员2人。

（十一）书坊卫生院

书坊卫生院位于福建省南平市建阳市书坊乡书林街3号，占地面积5300平方米，综合楼总建筑面积2300平方米。1997年1月，书坊卫生院对书坊村卫生所实行一体化管理。2010年，书坊乡生院负责书坊、贵溪、花园岭，罗家堆、钱塘、水北、松坑、饶坝8个建制村（行政村）共2890户家庭、11088人的医疗、预防、保健、康复、健康教育、常见病诊治及基本卫共生服务工作。全院设有全科门诊室、内科、外科、妇产科、中医诊疗室、儿科、公共卫生科、治疗室、抢救室、观察室、健康教育室、医技科室（检验、B超、放射、心电图）、中、西药房，手术室、供应室等科室。全院共有31名员工，其中，执业医师7人，注册护士 （助产士）9人，药剂人，检验1人，其他技术、勤人员12人。

（十二）回龙卫生院

1975年9月成立，地址为建阳市回龙乡花园路2号，是1所集医疗、公共卫生及计划生育服务为一体的一级公立医疗机构，占地面积6971.90平方米，建筑面积3029平方米，业务用房2100平方米。2010年，卫生院负责回龙、浒洲、垅下、白沙、均中、西欧浦、澄埠、马岚、坪州、高门、半天霄、白洋12个建制村共4135户家庭、13041人的医疗、预防、保健、健康教育、康复指导、计划生育指导及公共卫生保健工作。设有全科诊疗室、检验科、医学影像科、特色肛肠专科、中医康复理疗科以及儿童数字化接种门诊、妇幼保健室、慢性病患者健康管理室等相关科室，卫生院职工总数34人，其中，执业（助理）医师9人，注册护士10人，药剂1人，检验技士1人，其他技术人员9人，工勤技能人员4人。

（十三）崇雒卫生院

崇雒卫生院位于建阳市崇雒乡雒新路77号。2010年，卫生院占地面积4021.61平方米、门诊综合楼建筑面积2080平方米。卫生院负责崇雒、横源、上洋、上社、后畲、右巨6个建制村和崇雒、横源、上洋、上社、后畲、右巨6个村卫生所共3100户家庭、11456人的医疗、预防、保健、康复、健康教育、计划生育等"六位一体"的基本卫生服务和一般常见病诊治及公共卫生保健工作。设有全科诊疗室、中医诊疗室、康复室、抢救室、预防保健科、妇女保健科、儿童保健科、健康教育室、计划生育室；医技科室：放射科、检验科、B超室、心电图室、中药房、西药房、治疗室、慢性病档案室等科室。全院有职工23人，各类人员分布：执业医师6人，注册护士（助产士）8人，药剂3人，检验技师0人，其他技术人员2人，工勤技能人员4人。

二、村（居）卫生所（站、室）

1994年，全市190个建制村均建有卫生所（室），有村医136人，卫生员305人。2010年，全市有社区卫生服务站3所，医务室18所，村卫生所（室）174所。

第三节　民营医疗机构及诊所

1994年，全市持证个体开业医生38人。

2006年5月，建阳市正式挂牌成立首家民营综合性医院——建阳中山医院，位于童游嘉禾大道，占地面积3000平方米，建筑面积2200平方米，设有内科、外科、妇产科、儿科、耳鼻咽喉科、口腔科、皮肤科、急诊医学科、麻醉科、医学检验科、医学影像科、中医科等科室。全院有医工人员46人，病床20张。

2010年，全市有民营医院1所，个体诊所7所（其中个体口腔门诊部1所）。

第二章　医疗医药

第一节　医疗技术

1994年，建阳市在完成防疫站及西片4个卫生院三配套建设的基础上，又投入140万元，完成漳墩门诊大楼、徐市门诊综合大楼的建设，建筑面积共3120平方米。妇幼所投入3万元对500平方米的业务用房进行装修后搬迁，解决业务用房紧张的状况。全市5个行政村新盖卫生所，建筑面积360平方米，总投资3.33万元。重新维修175个卫生所，594间房，资金投入20.60万元。卫生所工作用房合格率80%；新购高压消毒锅169个，缝合包115包，血压计65把；各种型号的注射器2287把，添置检查床56张，共投入9.20万元，器械合格率达90%。

2010年5月，动工兴建书坊卫生院住院综合楼，占地面积268.75平方米，建筑面积1147平方米，项目总投资120万元，其中，省预算内资金70万元，单位自等50万元。11月，动工市立医院病房大楼建设项目，占地面积2015.60平方米，建筑面积20955.50平方米，总投资5500万元，中央安排1300万元和单位自筹1500万元外，不足部分全部由市财政配套解决。新建童游街道社区卫生服务中心占地面积2587.90平方米，建筑面积2456平方米，11月投入使用。完成麻沙中心卫生院环境改造建设项目，总投资70万元。徐市卫生院D级危房拆建项目：新建394平方米、改建1000平方米，项目总投资100万元，其中，省预算内投资30万元，单位自筹70万元，12月完工。童游南林村、麻沙江坊村、莒口中�村3

个卫生所建设均为改扩建，总面积196平方米，全部投入14万元，全部完工。完成徐市镇宸前村卫生所建设项目，建筑面积108平方米，总投入7.50万元，由中国红十字会基金会援建资金4.50万元，其他由村自筹。建阳市本级所有医院医疗设备不断更新，从之前的心电图机、X线机、B超等简易设备，更新换代为CT、MRI、DSA、彩超、全自动生化仪、纤维内镜等较为先进的设备。

1994—2010年，建阳市医疗机构临床、医技科室设置进一步完善和科学化、精细化，医院临床科室从过去的内、外、妇产、儿科等一级专业，向二级专业如呼吸内科、消化内科、神经内科、心血管内科、血液内科、普通外科、神经外科、骨科、泌尿外科、胸外科、心脏大血管外科、妇科、产科、儿科、新生儿科等专业延伸，新增感染性疾病科、疼痛科等：医技科室也由检验、放射科，发展为临床检验（包括临床体液、血液、临床微生物学、临床生化检验临床免疫、血清学专业）和医学影像（包括X线诊断、CT诊断、磁共振成像诊断、核医学、超声诊断、心电图诊断、脑电图及脑血流图诊断、神经肌肉电图、介入放射学、放射治疗）等2大类辅助诊断科室，提高临床诊断治疗水平。医疗技术突飞猛进地发展，心脑血管疾病、恶性肿瘤等常见病及多发病的诊断和治疗水平提高，诊断准确率、治愈率、抢救成功率提高。一些新技术的应用，如介入诊疗、腔镜检查、外科微创手术，提高建阳市临床诊疗水平，满足群众不同层次的健康需求。同时，各级医院适应医学模式的转变，服务理念由过去的“以疾病为中心”向“以病人为中心”转变，通过调整科室布局，简化就诊程序，改善就诊流程，推行病人选医院选医生，运用计算机管理，实行首诊医师负责制、住院医师24小时负责制全面实施整体护理，改善服务环境和条件，为病人提供优质服务。

第二节 医药产销

一、药品药材生产

1994年，建阳市药品生产企业有建阳制药厂。南平市第二医院、建阳市立医院也设置制剂室，配制的制剂供本院临床使用。建阳市药监局每季度对医院制剂室进行1次专项检查，杜绝不合格制剂投入临床使用。此外，除罂粟壳及28种毒性中药材品种和42种国家重点保护的野生动植物药材品种不得出售外，当地农民（或者药农）自产（或自采、自养）、自炙、自销的地产中药材，可以在城乡集贸市场出售。

2000年，福建建阳制药厂经省政府批准改制为福建三爱药业股份有限公司。

2004年6月底，市药监局对照《中华人民共和国药品管理法》的要求，发现南平市第二医院、建阳市立医院制剂室的生产条件，达不到医疗机构配制制剂必须具备的硬件，各种管理程序和管理制度亦未达到《中华人民共和国药品管理法》的要求，二家医院停止制剂配制。

2006年，福建三爱药业股份有限公司更名为福建三爱药业有限公司，并于2007年2月在香港联交所主板上市，成为上市公司。

2010年底，建阳市辖区内有药品生产企业3家：福建三爱药业有限公司，福建青松股份有限公司，福建省建阳武夷味精有限公司。福建三爱药业有限公司拥有5个GMP认证的生产车间，10条生产线，9个剂型、124个药品批准文号，主要产品剂型有大容量注射剂、小容量注射剂、片剂、颗粒剂、硬胶囊剂、糖浆剂、口服液等。生产能力为大容量注射剂3800万瓶／年、小容量注射剂6.30亿支／年、片剂15亿片／年、胶囊剂4.30亿粒／年、颗粒剂10800万袋／年、糖浆剂2350万瓶、口服液剂5880万支、中药提纯能力为1500吨／年；福建青松股份有限公司年生产药用樟脑产量286吨，产值1193万元，中药饮片冰片年产量达93吨，产值1125万元；福建省建阳武夷味精有限公司全资子公司福建和泉生物科技有限公司已投产年产10吨的吗替麦考酚酸（原料药——吗替麦考酚酯的前体）生产线，西索米星碱通过前期的中试，生产4000亿种（抗生素效价的计量单位）上市销售，吗替麦考酚酸、西索米星碱的销售额1030万元。

同年，建阳市中药材种植向规模化、公司加农户的方向发展，福建三爱药业有限公司拥有小湖镇贵源“鱼腥草”种植基地，建阳市潭泉食品有限公司拥有麻沙镇江坝、官地淮山种植基地，南平大展集团建阳绿谷中药材有限公司拥有小湖大山坪中药材种植基地，全市共种植鱼腥草、厚朴、淮山、白术、杜仲、泽泻等中药材品种 20 个，总计种植面积 1400 公顷。

二、药品经营

1994 年，国有医药批发企业建阳市医药公司获省卫生厅批准的药品经营企业合格证，隶属于建阳市经贸委管理。医药公司是建阳市医药行业龙头企业，南平市药品“直配式”供应网络试点单位，承担着为建阳市各药品经营、使用单位供药主渠道的任务。

2001 年 12 月，建阳市有零售药店 24 家，其中，麻沙、水吉、将口、徐市、营口各 1 家，分布在城区 19 家，均为建阳市医药公司所属集体所有制经营。2002 年，南平市药监局开始受理零售药店的申办。建阳市随之出现个体私有经营药品。同年，建阳市医药公司着手 GSP 实施的改造工作，

2003 年 12 月，通过福建省药品监督管理局认证管理中心的现场检查，获 GSP 认证证书。

2005 年 3 月底，建阳市共有 31 家药店，4 月开始，零售药店的申办受理审批权限下放至县（市）级药监局。市药监局开始受理零售药店申办审批。除铁井栏药店外，其所属的 23 家药店均改为个体私有。同年 8 月，福建省建阳市齐力医药有限公司成立，是建阳市第二家药品批发企业，12 月通过 GSP 认证现场验收，公司药品月销售额达 100 万元，成为建阳市辖区内继建阳市药医药公司之后药品主要配送企业。同年，建阳市医药公司公司逐步进入改制期，药品批发量逐渐减少。至 2006 年 12 月，公司停止销售药品和医疗器械。

2008 年 5 月，建阳市医药公司铁井栏药店被福建省扬祖医药有限公司收购，建成建阳市扬祖大药房铁井栏店，建阳市所有零售药店变更为私有。

2009 年 9 月，由福建省建阳市齐力医药有限公司、福建省仁和医药有限公司、福建省君德医药有限公司和福建省名禾医药有限公司 4 家企业共同出资扩股组建福建省福晟医药有限公司，取代福建省建阳市齐力医药有限公司，组成新型现代医药物流企业。福建省福晟医药有限公司业务纵横贯穿整个闽北，年销量 2 亿元，成为建阳市辖区内唯一一家药品批发企业。

至 2010 年底，建阳市药监局共受理并批准零售药店 30 家。全市零售药店共 61 家，分布在城区的 31 家，分布在乡镇的 29 家，其中 4 家是非处方药店。

第三节　农村初级卫生保健

20 世纪 90 年代末，建阳市根据《中国农村实现“2000 年人人享有卫生保健”规划目标》及省政府部署的《“123”健康工程实施计划》，加强对初保工作的领导，加强部门协调，统筹安排，齐抓共管，1996 年建阳通过省级复核验收，达到或基本达到《中国农村实现“2000 年人人享有卫生保健”》13 项指标标准。1998 年 2 月，建阳市获卫生部评为“全国农村 2000 年人人享有卫生保健规划目标普及阶段先进县（市）”。至 2000 年，建阳市全面实现以乡镇为单位的初保工作达标。

第四节　村卫生所网底建设

1994 年，市政府将村级卫生所作为农村三级医疗卫生网络的网底给予重视。7 月 2 日，市市政府领导与各乡镇长签订卫生所建设《责任书》，至 11 月，共有 10 个乡镇 84 个行政村的卫生所 294 间房屋进行了新建或装修，新购高压消毒锅 86 个、血压计 181 台，缝合包 87 包，设置观察床 189 床，提取防疫

经费 31878 元，农民健康体检 15983 人次，改厕 239 个，系统化培训村医 52 人。

2002 年，为实行对村卫生所的有效管理，发挥乡镇卫生院的枢纽作用，将村卫生所的管理改由卫生院管理，卫生局与卫生院签订责任状。根据村卫生所的特点和医疗质量管理要求，制定村卫生所基本条件、诊疗规范、药品管理、院感管理制度。全市农村开展探索农村合作医疗模式向多形式办医转变，村一级基层多种形式办医格局有新发展，对乡村医生和领证的赤脚医生发放生活费、补助费。

2004 年，建阳市委、市政府将村卫生所建设和乡村医生公共卫生津贴补助列作为民办实事项目，对 174 个行政村进行卫生所（室）规范化建设（即空白村建设）；确定 324 位乡村医生为村级公共卫生员，列入全市村级“八大员”管理体系，实施乡村医生公共卫生津核注册，进一步规范乡村医生管理。村卫生所均统一门诊日志、双联处方、统一消毒办法，安全隐患得到纠正，管理进一步规范。

到2010年，市卫生行政部门对全市卫生所人员、房屋、办医条件进行逐乡逐村审核验收。通过整改提高，使卫生所的管理进一步规范化、制度化、科学化。

第三章 疾病预防与控制

第一节 疾病防治

2010 年，全市无甲类传染病发生，报告乙类、丙类传染 13 种 1007 例，传染病漏报率为零。开展有害作业企业职业病危害因素监测 32 家，监测覆盖率 84.20%；对有害作业的 1718 名工人进行职业健康体检健康，监护率 72% 对 2 家职业病防护设施验收不合格企业予以关闭。注意加强艾滋病防治，做好高危人群的干预工作和免费自愿咨询检测工作。宣传《中国公民健康素养 66 条》561 次。

一、传染病防治

霍乱 1999 年与 2000 年各发病 1 例。2005 年，全省局部地区出现霍乱病例，建阳市启动突发公共卫生应急工作预案，发动乡镇村民开展爱国卫生运动，加强防治工作，是年，发病 2 例，未造成流行。

肺结核病 1998 年起，采取双向转诊。在实施“福建省结核病控制项目”中，全市现代结核病控制策略覆盖率达 100%。2002 年 7 月 1 日，市里开展世行贷款 / 英国赠款肺结核病控制项目以来，成立领导小组，制定规划和年度计划，市卫生局与市属各医疗单位制定责任书，加强病人发现率和治愈率。2005 年，疫情报告 244 例，患病率 79/10 万；死亡 6 例，死亡率 1.79/10 万。其中，涂阳病人 147 例，死亡 6 例，涂阴 57 例。2010 年，发现新涂阳病人 65 例，完成全年任务的 84.42%，疑似结核病人转诊 369 人。从 2003 年至 2010 年，建阳市肺结核控制工作的成绩名列南平市前 3 名。

艾滋病、性病防治 1990 年开始，要求建阳县报告性病，当年全县报告性病 390 例，发病率 122.67/10 万。2002 年底，全市完成医务人员艾滋病、性病知识全员培训，参加人员 68 人，全部通过考试，合格率达 100%。2002 年，省卫生厅组织有关人员对建阳市莒口、将口、麻沙、童游 4 个乡（镇）12 个村，入户调查艾滋病、性病防治知识知晓率在 60% 以上。2005 年报告艾滋病 1 例死亡，系福建建新医院报告病例，男性，33 岁，小湖农场羁押人员。云南西双版纳州疾病预防控制中心报告 HIV 阳性 1 例，男性，38 岁，原籍建阳莒口镇，长期外出的商贸人员。2005 年，市防疫站被省 CDC 定为艾滋病监测合格实验室。该站成立艾滋病干扰工作队和自愿咨询检测室。同年，报告性病 178 例，发病率 53.53/10 万。

麻风病 1950—2006 年，全市累计发现麻风病人共 105 例，发病率 0.63/10 万。从 1990 年进行考核验收，2010 年现症病人 2 例，巩固基本消灭麻风病成果。

脊髓灰质炎　1990 年开始，每年开展脊髓灰质炎疫苗强化免疫和查漏补种工作活动，1992—2010 年，建阳市连续开展 20 次 37 轮的脊髓灰质炎（简称“脊灰”）疫苗强化免疫 / 查漏补种活动。2000 年，建阳市通过无脊灰证实，未发现由脊灰野病毒引起的麻痹病例。加强脊髓灰质炎零报告制度，每年 AFP 病例监测等措施，至 2010 年，无脊髓灰质炎野毒株病例报告。

钩端螺旋体病　1996 年，建阳农校学生发病 1 例，童游村农民 1 例发病死亡。1996—1997 年进行钩端螺旋体疫苗预防接种，使其得到有效控制。1999 年后未发现该病。

麻疹　1994 年，建阳市发病 244 例，发病率 76.50/10 万。2003 年漳墩 1 例，一妇女 44 岁发病。随着计划免疫接种的不断完善，每年有计划地进行加强免疫及补种，得到有效控制。2005 年后无病例。

病毒性肝炎　建阳市肝炎发病率也同全国一样，位于甲乙类传染病的第一位，占传染病报告总数的 44%。1996 年，发病为 502 例，发病率最高，达 552/10 万。1989—2010 年，每年都有散在性发病，1989—2005 年，累计发病人数为 5864 例。

甲型 H1N1 流感防治　2009 年 5 月 10 日开始到 10 月底，共对 166 名建阳市入境人员进行健康调查和医学观察。9 月，中专、中小学、幼儿园开学以后，建阳市相继发生 8 例甲型 H1N1 流感确诊病例。市卫生防疫部门加强学校各项防控措施、强化救治、全力做好流感病患者的诊疗工作等措施，较好地防止建阳市甲型 H1N1 流感的集中暴发和扩散流行。11 月 2 日开始，对公安、交通、电网、殡葬、一线卫生人员、幼儿园教师、小学教师、消防、监狱等特定人群，接种 5959 人份甲型 H1N1 流感疫苗，这些人群接种后显现出十分明显的保护效果。2010 年，建阳市对中等职业学校学生及教职工、小学生等特定人群进行第四批甲型 H1N1 流感疫苗接种，共接种 10800 人份甲型 H1N1 流感疫苗，终于遏制甲型 H1N1 流感疫情的传播。

手足口病　2008 年开始，建阳市按照卫生部、省卫生厅、南平市卫生局防治手足口病工作要求，每周按时上报手足口病监测报表。2008—2010 年，共发生手足口病 158 例，死亡 1 例。

二、寄生虫病防治

疟疾　1989 年，疟疾疫情报告 237 人，发病率 75.70/10 万。1995—1999 年，疟疾发病率连续 5 年控制在 1/ 万以下，连续 3 年未发现年发病率超 1/ 万的乡镇。“四热”（疟疾，疑似疟疾、感冒、不明原因发热）病人血检连续 3 年占总人口的 5% 以上。1999 年，经省卫生厅组织专家考核达卫生部基本消灭疟疾标准。2005 年，建阳市将口镇列为全国疟疾监测点，通过病情、媒介监测，未发现疟疾病例。

丝虫病　1987 年查出的微丝蚴 148 例。1989—2005 年，全市抽查 13 个乡镇 41 个村，进行横向疫情动态观察，共查夜血 4467 人，查出微丝蚴血症 22 例，均为马来丝虫；每年解剖中华按蚊 300—500 只，共查 13 个乡镇 37 个村，捕获人房按蚊 9858 只，均中华按蚊，经解剖成虫，蚊体内未发现感染性蚴丝虫。1998 年，对监测查出的 22 例阳性复查，在服枸橼酸乙胺嗪后复查，全部转阴。2000 年 11 月，省卫生厅组织专家对建阳市消灭丝虫病进行验收，达消灭丝虫病标准。

三、地方病防治

地方性甲状腺肿　建阳市曾是地方性甲状腺肿病中度流行区。经数年防治，达到国家基本控制碘缺乏病指标。1994 年，省卫生防疫站对建阳市进行碘缺乏病复查，结果各种指标都控制在基本控制的标准之内。2000 年，经省卫生厅组织评估，达消除碘缺乏病标准。2009 年，建阳市通过消除碘缺乏病的考评验收。2010 年，建阳市通过南平市卫生局组织的地方病防治规划（2005—2010 年）终期评估。

地方性氟中毒　建阳市麻沙镇新坪村、留田村为中度地方性氟中毒区，童游社区七姑松元村为轻度地方性氟中毒流行区。1985 年，开始实施 3 个高氟病区的改水工程，采用“国家、集体、个人”各一点的集资办法，共投入资金 9.20 万元。至 1989 年底，3 个病区都建成低氟水源的供水系统。1996 年调查 3 个村 201 户、945 人，饮用水氟含量 2.40—4.40 微克 / 升，调查 51 户 272 人，多数人饮用 3—34 年。患病人数 68 人，患病率 25%。氟骨症 27 人，患病率 9.60%。1998 年，经省卫生厅组织验收达基本消灭标准。2005 年，调查 3 个村 1251 人，氟斑牙 30 人，患病率 2.40%，氟骨症 14 人，患病率 1.12%。改水 17 年，无新的地氟病患者发生，地方性氟中毒得到有效的控制。

四、传染病卫生监督监测

1996 年，成立建阳市“传染病管理领导小组”，并核定批复全市传染病监督员 6 人，检查员 30 人。

1997 年，聘请建阳市政府办法制科、市法院行政庭干部 2 名为建阳市监督员、检查员举办《行政诉讼法》及执法有关知识培训班 3 期。

1998 年，建阳市卫生局举办全市有关医务人员《中华人民共和国传染病防治法》和《传染病诊断标准》培训班，共培训医务人员 107 名。

1999 年，南平市卫生防疫站与市防疫站 1 起对建阳市立医院、市中医院、南平二院及童游镇村级传染病监测点居民传染病漏报回顾性调查。

2000 年至 2003 年，每年 11 月建阳市防疫站对建阳市立医院、中医院、南平二院进行法定传染病漏报调查。

2004—2005 年，对建阳市属 15 所医疗单位进行传染病执法检查。

2005 年，建立艾滋病初筛实验室。

宣传《中国公民健康素养 66 条》561 次。市卫生防疫站依据《中华人民共和国传染病防治法》和《消毒管理办法》，市防疫站每年对全市 4 家市级医疗机构、12 所乡镇卫生院、168 个村卫生所和社区诊所、个体诊所、牙科诊所、厂矿医疗室进行医院感染工作的监督监测，敦促各级医疗机构认真贯彻《中华人民共和国传染病防治法》和《消毒管理办法》，执行各项医疗技术操作规范，促进医疗质量的提高，完成省厅下达布置的碘盐监测任务。

第二节　计划免疫

1994 年，全市 0—7 岁儿童麻疹、百白破、卡介苗、小麻糖丸等四苗免疫接种率分别为 92.20%、94.50%、96.09%、98.39%，巩固 1993 年经省地考核以乡镇为单位第三个 85% 儿童计划免疫达标成果，新生儿乙肝疫苗接种率为 87.60%，0—4 岁儿童保偿率 94.30%，行政村覆盖率达 100%。为实现全国 1995 年消灭小儿麻痹症目标，市卫生防疫部门动员全市医务人员 1521 人次，完成 0—4 岁儿童四轮小麻糖丸强化服苗 56656 个次，服苗率达 98.52%，为确保疫苗冷藏质量，利用儿童保偿基金购置 9 台大冷冻室电冰箱，3 台速冻器，对全市的疫苗冷藏设备全部进行更新。

1995 年，接受 WHO 麦克教授及卫生部专家对市儿童计划免疫及口服脊髓灰质炎疫苗工作考察，受到卫生部通报表扬。

1996 年 3 月，省初保审评组对建阳市童游、黄坑、书坊 3 个乡（镇）9 个村儿童计划免疫进行考核，“四苗”接种率均为 100%。同年 4 月，通过南平市以乡（镇）为单位第 3 个 85% 综合评审。

1997 年 5 月，世界卫生组织儿童基金会国际组织官员，及卫生部、省、地专家，到建阳市考察儿童计划免疫及消灭脊髓灰质炎防治工作，专家对建阳市计划免疫工作表示满意。同年，市防疫站获卫生部评为“全国计划免疫工作先进集体”。

1998 年，全市实行以乡（镇）为单位的定点定时接种制度。

1999 年，南平市计划免疫工作现场会在建阳市召开。

2002 年，南平市以乡（镇）为单位集中式预防接种门诊现场会在建阳市召开，并参观建阳市漳墩镇卫生院预防接种门诊。当年开始，对新生儿免费接种乙肝疫苗，全市适龄新生儿乙肝接种率达 95% 以上。提倡乙肝病毒表面抗原阳性孕妇 7 月、8 月、9 月接种 3 针，新生儿出生、15 天各接种 1 针高效免疫球蛋白，预防母婴传播每年接种 1000 人。

2003 年 1 月 1 日起，建阳市将乙肝疫苗纳入儿童计划免疫。

2004 年 2 月，省财政厅、卫生厅分配建阳市计划免疫用冰箱 21 台、冷柜 3 台、冰衬疫苗保存箱 3 个。同年，建阳市将乙脑疫苗纳入计划免疫，将流脑纳入计划免疫管理。

2005 年，南平市计划免疫暨规范门诊建设工作现场会在建阳市召开，并参观麻沙中心卫生院规范化门诊，建阳市有 10 个卫生院预防接种门诊，经南平市卫生局考核达到“规范化预防接种门诊”要求。同年，按照《2006—2012 年全国消除麻疹行动计划》，保证儿童麻疹疫苗高接种率，为 2000—2003 年出生年龄组的麻疹强化疫苗接种，全市接种 1.12 万名儿童。

2007 年 11 月，启动儿童预防接种信息化管理系统，市防疫站投入给全市 14 个接种门诊配备 14 台电脑，培训 36 名预防接种信息录入人员，并制定信息化工作制度。

2008 年 9 月起，在全市全面实施国家扩大免疫规划工作，建立政府主导、部门配合、社会参与、齐抓共管的工作机制。

2009 年，全市共 14 个预防接种门诊全部完成规范化预防接种门诊的验收，规范化门诊覆盖率 100%。3 月 1—10 日，根据《关于在全省开展麻疹疫苗强化免疫活动的通知》要求，全市统一开展一次以 8 月龄—14 周岁儿童为主要接种对象的麻疹疫苗强化免疫，此次麻疹疫苗强化免疫应种儿童 47800 人次，实际接种儿童 47281 人次，接种率为 98.91%。9 月，集中开展“入托、入学儿童预防接种证查验和补种月”活动，全市应查验托幼机构 74 个，查验 74 个；应查证 5515 人，实查证 5515 人；应补证 181 人，实补证 181 人；应补种 507 人次，实补种 507 人次。2009 年 11 月 10—20 日、12 月 10—20 日、2010 年 5 月 10—20 日，完成 8—15 岁儿童乙肝疫苗补种 3 个阶段工作，共接种乙肝疫苗 3.17 万人次，接种率达 99.51%，同年，全市乙肝疫苗抗体监测 2242 人，阳转 1823 人，阳转率 81.35%。

2010 年 5 月 23—25 日，福建省卫生厅对建阳市进行 2010 年福建省扩大国家免疫规划工作检查，建阳市七苗单苗接种率均达 95% 以上。9 月 11—20 日，对全市 8 月龄至 4 岁组的儿童，开展 1 轮麻疹疫苗的强化免疫接种工作，麻疹疫苗强化免疫应种儿童 15757，实际接种儿童 1.56 万人次，接种率为 99.10%。9 月，集中开展“入托、入学儿童预防接种证查验和补种月”活动，全市应查验托幼机构 74 个，实查验 74 个；应查证 6949 人，实查证 6933 人；应补证 121 人，实补证 121 人；应补种 525 人次，补种 525 人次。

第三节　卫生防疫

1994 年，建阳市健康教育结合儿童计划免疫、碘缺乏病、结核病防治、食品卫生、艾滋病、禁烟等各种重大卫生宣传，开展多种形式的健康教育。根据初级卫生保健工作战略规划，市防疫站同各部门和广大群众参与和协作，投入人力、物力和财力做保证，严格遵照建阳市健康教育各阶段规划及实施方案开展工作。同年起，全市每年实现人均 250 人 1 份《福建卫生报》，医务工作者人手 1 份，各村每年定期出卫生宣传栏，每月 1 期，全年至少 12 期；结合“4·7”爱国卫生日活动、“3·15”国际消费者权益日、“3·24”结核病防治日和“4·25”计划免疫宣传日等，上街开展宣传咨询活动；配合督促中、小学开设健康教育课；各村卫生所开设健康教育宣传栏，每月 1 期，建立乡村 2 级的健康教育宣传材料档案；每年不定期对部分村开展初级卫生保健入户模拟调查问卷；通过普及卫生宣传教育，改善和增加居民的卫生常识和卫生习惯，提高人民群众自我防病和保健能力，提高人民群众的身体健康水平。

1998年6月22日洪灾，童游片区全部受淹，北门新村、批发部及水南大部分受淹，12个乡镇不同程度受淹。为确保大灾之后无大疫，市防疫站及时成立抗洪救灾工作领导小组，下设流行病学调查组、食品卫生监督组、环境消杀组及物质保障组。各小组成员全部出动，到灾区开展防病灭病工作，共出动326人次，检查批发部68户、副食店162户、餐饮店127户，查出被洪水浸泡食品约10吨（全部销毁）。帮助、指导和动员灾民开展内外环境消杀工作，居民消毒3628户、消毒面积45平方米，下发漂白粉12.60吨、敌敌畏1360瓶，发放抗洪救灾宣传材料8万份，消毒指南2.60万份。

2003年“非典”暴发期间，建阳市防疫等部门成立非典型性肺炎流行病学调查组、非典型性肺炎病原学检测技术指导小组、非典型性肺炎医疗救护小组、消毒小组与相关配套机构。在做好宣传的同时，制定建阳市非典型肺炎防制工作预案，购买消毒药品4吨、防护服50套、14层口罩及抢救药品和器械，确保建阳市抗击非典型肺炎无病例发生。

2004年1月，国内部分省市暴发H5NI亚型高致病性禽流感，市政府和各单位制定防控人禽流感预案，市卫生局、卫生防疫站、医院成立人禽流感防制领导小组，成立流调、检验、医疗救护、消杀小组。人禽流感流行季节，加强发热病人疫情报告，做到24小时值班制度。经过防控，建阳市未发生病例。

2005年6月20日，建阳部分市区、乡镇街道部分受淹。市防疫部门共出动126人次，检查批发部17户、副食店68户、小饮食36户，查出过期变质食品54件，没收被洪水浸泡食品约110公斤。下发漂白粉1250公斤、敌敌畏200瓶、含氯消毒剂 1000袋、注射钩体疫苗900人份，消毒居民内环境536户，消毒面积达6.54万平方米。灾后卫生防病知识在有线电视台通过电视字幕滚动的形式提醒市民注意灾后个人饮食卫生。同年，全省局部地区出现霍乱病例，建阳市启动突发公共卫生应急工作预案，发动乡镇村民开展爱国卫生运动，累计清理垃圾60吨，清理阴沟5000米，水井及水源消毒15处，消杀面积达到2万平方米，消杀公厕15个，使用敌敌畏1500毫升，漂白粉500斤。

2008年，按照卫生部、省卫生厅、南平市卫生局防治手足口病精神，每周按时上报手足口病监测报表，及时开展手足口病的流调工作，

2009年4月28日开始，建阳市卫生防疫部门按照卫生部、省卫生厅、南平市卫生局防治甲型H1N1流感的精神，落实应对措施，做好各项准备，切实做好甲型H1N1流感的防控工作。5月10日开始到10月底，共对166名建阳市入境人员进行健康调查和医学观察。采取构筑全方位的“防疫堡垒”、多方位监测及时掌握疫情，透明公布疫情，加强学校各项防控措施，强化救治，做好流感病患者的诊疗工作等措施，较好地防止建阳市甲型H1N1流感的集中暴发和扩散流行。11月2日开始，根据卫生部《2009年秋冬季甲型H1N1流感疫苗预防接种指导意见》，对公安、交通、电网、殡葬、一线卫生人员、幼儿园教师、小学教师、消防、监狱等特定人群，接种5959人份甲型H1N1流感疫苗，这些人群接种后显现出保护效果，有效遏制甲型H1N1流感疫情的传播。

2010年6月19日，建阳市遭受有气象记录以来最大降水，城区被淹区域达到2/3，市卫生防疫站浸水最高处达3.18米，洪水造成预防接种门诊、结核病门诊、皮防门诊、食品科、公共卫生科、职业卫生科、职工宿舍楼、车库等被淹。全市累计出动卫生防疫人员1058人次，消杀受灾面积达711.02万平方米，共使用漂白粉3.51吨、消毒液2.10吨；出动食品安全执法人员560人，检查餐饮经营单位283户次，销毁被水淹过大米574公斤、调味品879瓶；了解自来水厂、水源污染情况，加强水厂运营管理，监测末梢水60份，合格率达100%；指导、监督农村饮用水井消毒282个；开展食品、饮用水卫生安全及健康防病知识宣传，发放宣传资料7万份。全市未发生聚集性传染病疫情和群体性食物中毒等突发公共卫生事件，实现“灾后无大疫和让群众满意”的目标。

1989—2010年，建阳市防疫部门累计印发各种卫生常识宣传单12.90万份；开展各种咨询活动72期次，举办各种培训班33期次，发放宣传单（册）、宣传画、折页、墙报等宣传资料48万份，出宣传栏500期次，广播、电视宣传300次。建阳市防疫站连续获省控烟与健康协会颁发组织开展中小学生“拒

吸第一支烟，做不吸烟的新一代”先进单位的称号。

第四节　卫生应急

2003 年，传染性非典型肺炎疫情发生后，卫生应急体系建设被提上重要的议事日程。成立建阳市突发公共卫生事件应急处理指挥中心，在建阳市卫生局设立卫生应急办公室，设置 24 小时应急值班电话。成立建阳市突发公共卫生事件专家咨询委员会，下设传染病防控组、食源性疾病防控组、职业中毒与放射事故组、医疗救护组、综合组 5 个专业组。

应急指挥中心和应急办成立后，加强对预案的动态管理，按照“统一领导、分级负责、条块结合、属地为主”的原则，抓好应急体系建设。针对人员变动和不足之处，及时编制及修编各类应急预案，初步形成了有系统、分层次、上下一致、分工明确、相互协调、信息畅通的突发事件应急体系。先后完善并印发了《建阳市突发公共卫生事件应急预案》总体应急预案；制定《食物中毒突发事件应急处理工作预案》《突发公共卫生事件医疗卫生救援应急预案》《地质灾害防灾方案》《自然灾害卫生应急工作的通知》《手足口病防控工作方案》《医疗纠纷引发的突发性事件应急预案》《甲型 H1N1 流感应急预案》等。预案从应急指挥、应急响应、具体分工到配合专业队伍具体处置，都制订详细具体的工作措施，明确具体任务和工作方法；对应急工作及组织和发动群众等具体事项，做详细周密的安排。加强突发公共卫生事件监测网络建设，建立监测预警保障机制，使全市各医疗卫生机构成为监测预警的前哨阵地，保证公共卫生监测系统正常运作。重点加强不明原因肺炎病例的监测、排查和规范管理，科学防范和应对手足口病、甲型 H1N1 流感等突发急性传染病。加强卫生应急组织培训和演练工作，先后组织防控传染性非典型肺炎与人感染高致病性禽流感培训、自然灾害卫生应急等培训工作，并先后组织开展防控传染性非典型肺炎、人感染高致病性禽流感的应急演练工作，确保各项应急处置工作得到落实。

至 2010 年，建阳市新建市立医院急救中心。医疗急救体系逐步建立和完善，制定应急物资储备保障制度，完善重要应急物资监管、储备、调拨机制，共有电动喷雾器 2 台、手动式喷雾器 6 台、康力含氯消毒液 5 吨、过氧乙酸 15 箱、防护服（5 件套） 76 套、防护靴 40 双、护目镜 70 付、16 层口罩 350 个、乳胶手套 200 双、鞋套 100 双等为应急预案启动和应急处置工作打下良好的基础。进一步规范突发公共卫生事件信息报告管理和定期分析评估工作，提高分析评估报告和应用水平，使突发公共卫生事件信息报告率和及时率均达 100%，完整率达 95% 以上。

第四章　妇幼保健

第一节　妇女保健

一、婚前保健

20 世纪 90 年代后期至 21 世纪初，建阳市群众不看重婚前医学检查，嫌麻烦，自愿参加婚前医学检查的妇女不多。2006 年 8 月，市政府发出《关于试行免费婚前医学检查的通知》，对适婚男女试行免费婚前医学检查。2007 年，全市婚检率为 27.11%。2008 年 1 月，市政府根据南平市政府召开的专题会议精神，召开加强免费婚前医学检查工作专题会议，并形成《建阳市人民政府专题会议纪要》，在全市范围内进行强制性的免费婚前医学检查。同年6月，市妇幼保健院自筹资金500万元，建成建筑面积为3881.12平方米的6层门诊综合大楼，专设男女专用婚检室、宣教室和婚前保健咨询室，配备具有资质的男女婚检医师和主检医师，配齐各种设施设备，公布免费婚检流程图，做到当天体检，当天出具婚前医学证明。并在市广播电视台播放免费婚检的相关信息，促进婚前医学检查工作的开展。2008年，全市婚检率提高到69.14%。2009年、2010年婚检率都达到100%。

二、孕产期保健

就法接生 2005年1月，为确保母婴安全，降低孕产妇和婴幼儿的死亡率，根据《中华人民共和国母婴保健法》《母婴保健专项技术服务许可证及人员资格管理办法》及《福建省助产技术考核基本标准》的要求，市卫生局对2003年3月核发石顺英等12名家庭接生员的《家庭接生员技术合格证书》给予核销。至此，全市完全取消家庭接生员，使新法接生率从2003年到2010年都达到100%；住院分娩率、孕产妇保健覆盖率、孕产妇产前检查率都提高到98%以上；产后访视率从2005年的91.49%提高到2010的95.30%；高危孕产妇检出率从2005年的30.32%提高到2010年的40.10%；高危孕产妇管理率达到100%；孕产妇死亡率多年控制在30/10万以下，2008—2010年，连续3年孕产妇死亡率为零。

增补叶酸 2009年12月，根据《福建省增补叶酸预防神经管缺陷项目实施方案》要求，市妇幼保健院举办增补叶酸预防神经管缺陷项目培训班，聘请省内相关专家对全市各级妇幼人员进行增补叶酸预防神经管缺陷的知识、意义及操作程序、目标人群、发放途径、数据收集等有关内容的培训。2010年1月正式启动了该项目，至2010年10月25日，累计发放2213人，占任务数的87.92%。

技术培训 为提高孕产妇孕产期保健服务质量，每年召开2次全市围产保健协作组会议，每季度召开1次全市妇幼人员例会，通过以会代训的形式和举办适宜技术培训班，提高乡镇（街道）妇幼人员和产科人员的专业理论和专业技术的水平；适时对乡镇（街道）的妇幼人员进行理论知识和技术操作的考核，提升乡镇（街道）妇幼人员为孕产妇提供孕产期卫生、保健、营养、心理等方面的医疗保健服务质量。

三、更年期保健

1996年开始，为便于更年期妇女的保健防治工作，市妇幼保健院设立更年期保健门诊，由妇保科负责。从2008年开始，先后添置DVD播放机、彩色电视机、投影仪、电子滚动屏及各种检查等设备，适时开展更年期妇女身心保健教育。利用健康教育基地，开展更年期妇女的健康教育和宣传。接待更年期妇女保健咨询和定期体格检查，防治更年期妇女易患的身心疾病，如更年期综合征、内分泌代谢疾病、骨质疏松、生殖系统疾病、心血管疾病等。使更年期妇女提高自我保健意识。

四、生殖保健

1994年后，每年市卫生局、市总工会、市妇联联合发文，对全市妇女妇科病普查工作进行安排部署，利用乡镇（街道）妇联、村（社区）妇代会和机关企事业单位工会的女工委员会，宣传妇女保健卫生知识和妇科病查治的重要性，动员全市妇女踊跃参加妇科病普查普治工作。2009年，建阳市承担福建省下达的低保妇女常见疾病免费检查工作项目，制定《建阳市低保妇女常见疾病免费检查工作实施方案》，由市卫生局、市妇联、市财政局、市民政局联合下文通知各乡镇（街道），并于2009年5月31日正式启动该项目。至2009年12月，全市完成752名低保妇女常见疾病免费检查。

2010年，继续开展低保妇女常见疾病免费检查工作项目，通过采取与乡镇卫生院、社区卫生服务中心签订责任状，把项目任务具体分解到乡镇（街道），一级抓一级。市妇幼保健院组织精干专业技术人员，深入乡镇（街道）、村进行免费检查。当年，共完成3702名低保妇女常见疾病免费检查，完成率占任务数3688人的100.38%。通过免费检查，查出患病人数1389人，患病率37.52%，其中，阴道疾病604人，占16.32%；宫颈疾病326人，占8.80%；子宫肌瘤178人，占4.84%。在宫颈细胞学检查中，宫颈涂片异常108人，占宫颈细胞学检查已阅涂片3122人的3.46%，查出2例宫颈癌患者，都及时转省级医院进行手术治疗。对检查出患有不同程度妇科疾病患者，给予相应的卫生指导和诊治。

第二节　儿童保健

一、新生儿保健

1994年后，建阳市新生儿保健主要分为2个阶段：在住院刚分娩的保健工作，由住院期间的各医疗机构产科医务人员负责，主要负责新生儿的健康检查、新生儿护理及对产妇的母乳喂养的指导；新生儿出院后的保健工作，由产妇居住地的乡镇（街道）、村（社区）妇幼人员按“母乳喂养随访卡”负责新生儿保健，主要了解新生儿健康状况，及时进行新生儿保健指导。

2006—2010年，建阳市新生儿卡介苗、乙肝疫苗接种率达100%；新生儿访视率、母乳喂养率达90%以上；新生儿死亡率从2005年的7.60‰下降到2010年的5.29‰；新生儿疾病和新生儿听力筛查率都达100%以上；新生儿出生缺陷率为8.93‰。

二、幼儿保健

1994年后，市妇幼保健部门根据《福建省儿童系统保健管理规范》及《托儿所幼儿园卫生保健管理办法》的要求，坚持每年召开4次妇幼人员例会，通报全市幼儿园保健工作情况，研讨各阶段幼儿保健工作，及时传达贯彻上级有关幼儿保健工作的新要求。

2009年1月，福建省妇儿工委主任林美榕、省妇幼保健院儿保科主任陈曦等3人到建阳市指导、调研“提高5岁以下儿童保健服务能力”项目实施方案工作，到市妇幼保健院、将口卫生院进行实地考察后，宣布建阳市“提高5岁以下儿童保健服务能力”项目工作正式启动。全市先后举办4期儿保人员培训班，邀请南平市妇幼保健院副院长宋美新、儿保科主任郭爱兰为儿保人员讲授“哺乳质量监测与促进”“儿童饮食营养指导”等儿童保健知识，市妇幼保健院儿保科科长郑丽娟、医师黄华军分别讲授“小儿神经精神发育”“脑性瘫痪”“孤独症谱系障碍”“妇幼卫生监测数据的收集及质量控制方法”等幼儿保健知识。同年5月及2010年1月，先后到麻沙、水吉、漳墩、将口、莒口5个乡镇及部分村，对“提高5岁以下儿童保健服务能力”项目实施情况开展督查与指导，促进项目工作的实施。2010年4月，项目工作通过省妇儿工委、省妇幼保健院领导及专家组的终期验收。

2010年10月，为加强对托幼机构日常生活儿童防控甲型HINI流感工作，根据省卫生厅、省教育厅《关于进一步做好学校甲型HINI流感防控工作的通知》要求，城区托幼园所卫生保健人员工作会议召开，传达部署进一步做好甲型HINI流感防控工作。7岁以下儿童保健覆盖率从2005年的92.36%提高到2011年的95.10%；3岁以下儿童系统管理率从2005年的88.39%提高到2011年的88.61%；托幼机构卫生保健管理率从2005年的90%提高到2011年的100%；体弱儿筛查率从2005年的2.16%下降到2011年的2.12%；5岁以下儿童死亡率从2005年的12.57‰下降到2011年的10.31‰。2010年，幼儿参加眼保健4514人，口腔保健3024人，听力保健4093人。

三、生长发育监测

1994年后，根据《福建省儿童系统保健管理规范》的要求，建阳市每年六一国际儿童节前，市妇幼保健院和各乡镇卫生院的儿保人员都坚持为托幼机构集体儿童和部分散居儿童进行健康体检，从中监测生长发育情况。2011年4—5月，对城区集体儿童体检5358人，体检率为95.72%，检出患有各种疾病儿童507人，患病率为9.46%。按照国家规定的生长发育监测标准，经统计儿童体重达均值以上有2324人，占43.37%；身高达均值以上的2359人，占44.03%，分别比2005年提高11.86个百分点和5.75个百分点。

第五章　卫生监督执法

第一节　食品化妆品卫生

1989—2005年，每年开展食品卫生检查，查出过期变质食品和“三无”（指无生产日期、无质量合格证、无生产厂家，来路不明的产品）食品10吨，均给予没收销毁。食品生产经营者和群众对食品安全意识的提高。全市每年食品卫生办证率均达到95%以上，从业人员健康体检率达95%以上，查出的“五病”（指患有痢疾、伤寒、甲型或戊型病毒性肝炎、活动性肺结核、化脓性或者渗出性皮肤病）人员100%调离。

1994年起，每年对化妆品销售单位进行1次摸底调查及宣传化妆品的卫生管理知识，不定期的抽查各类化妆品质量，对检出各类伪劣化妆品进行没收销毁处理。

1998年，对全市化妆品销售单位进行全面大规模检查，共查出279瓶过期产品，163瓶“三无”化妆品，进行没收销毁处理，并对销售这些伪劣产品单位的负责人进行批评教育。

2000年，配合南平市卫生监督所在建阳市专项抽查治疗秃发的化妆品，一共抽查12个单位共28份样品。同时，没收销毁其他类型不合格化妆品42件。

2001年，对建阳市特殊用途化妆品进行专项检查，主要检查防晒类、护肤类化妆品，共抽查10个单位30余份样品，其中，5份不合格，卫生监督员没收不合格化妆品56瓶。

2006年开始，按照《福建省食品安全行动方案》的要求，以治理餐桌污染为中心工作，将餐饮单位、学校食堂及食品加工企业作为监督重点。并采取卫生监督员分片包干制，责任到人，开展食品卫生监督工作。规范餐饮单位卫生设施和加工流程。1996—2006年，全市共发生食物中毒事件11起，中毒人数299人，死亡2人（麻沙镇一户村民家庭早餐误食河豚死亡1人，童游镇南山村一村民误食毒蘑菇死亡）。查出不合格食品7批次，销毁3000公斤，并予以从重处罚。

2009年6月1日，《中华人民共和国食品安全法》正式开始实施，根据相关文件规定，至2010年逐步完成了流通环节食品安全监管、生产加工环节食品安全监管、保健药品监管、化妆品卫生监管等职权的移交。市防疫站（市卫生局卫生监督所）对食品卫生的监督监测职责范围是：承办食品生产经营单位、餐饮业及集体食堂的卫生条件的卫生行政许可；对食品生产经营单位、餐饮业及集体食堂的卫生条件、卫生防护设施、生产经营活动及直接从事食品生产经营活动人员的健康管理进行卫生监督检查，查处违法行为。

至2010年，建阳市城区共有餐饮经营单位343户，其中，大、中型餐饮服务经营单位62户，小型餐饮服务经营经营单位281户，按照《中华人民共和国食品安全法》和《福建省餐饮消费安全专项整治工作方案》的要求认真评审，评定13家食品卫生信誉度B级单位，“C”级单位330户，餐饮单位卫生监督量化分级管理率100%。是年，化妆品监督职责移交食品药品监督管理局。

第二节　公共场所卫生

1994年后，市卫生防疫站根据《公共场所卫生管理条例》的规定，严格执法、文明执法，严把公共场所卫生许可证审发证关，加强监督监测，添置一批新型科学检验检测设备，如新型风速仪、噪声仪、照度计、CO_2分析仪、干湿度计等。

2000年，在创建卫生城市期间，对市区公共场所经营单位进行全面卫生整治。要求宾馆配置（贮存间、消毒间）及床上用品严格按1:3比例，指导被检查单位进行全面卫生清洗和消毒。对美容美发场所要求配置消毒柜，对头癣患者使用专用理发工具、毛巾，并存放专用保洁柜。

第三节　学校卫生

1994年，市卫生监督部门按照《学校卫生管理条例》开展学生健康状况监测，对学生进行健康教育，培养学生良好的卫生习惯，改善学校卫生环境和教学卫生条件，加强对传染病、学生常见病的预防和治疗，提高学生的健康水平。

1996年，建阳市卫生防疫站开展中小学生体检及蛔虫、贫血调查，共体检10353人，蛔虫、贫血各查250人，检查结果学生蛔虫感染率18%，贫血患病率19.20%；中学生蛔虫感染率43.20%，贫血患病率18.80%。

1999年，开展中小学生体检10820人，检查结果：营养不良率36.90%，肥胖率3.04%，视力低下率为33.30%，龋齿率为37.30%，沙眼率12.75%。

2000年，省卫生厅对建阳市进行学生常见病综合防治终期考评，对建阳市“六病”防治工作取得的成绩给予肯定，表扬建阳市学校卫生“六病”防治资料齐全。

2001年，建阳市卫生防疫站加强学生体检评价工作，投入6000元添置1台“清华同方”电脑，应用福建省卫生防疫站“学生体检统计软件”（2.0增加版）进行统计分析，将学生体检情况，及时反馈给学校，受到各学校好评。

1994—2010年，对中小学生每年进行健康体检，计16.80万人次，影响学生健康的常见病有龋齿、沙眼、视力减退、扁桃腺肿、鼻病、平足、甲状腺肿大疾病等，体检阳性的学生均给予反馈给其家长，及时通知到医院治疗与矫治，并做好全市的学生体检统计和卫生学评价工作。

第四节　饮用水卫生

1994年，根据生活饮用水卫生规范要求和全国生活饮用水监测方案，市卫生部门对集中式供水单位按规定进行卫生学调查，并撰写调查报告；对城区集中式供水水质进行定点、定期监测，水源水、出厂水每年分别在丰水期、枯水期监测1次，末梢水每月监测1次，5—9月为传染病多发季节，每月增测1次，全年共监测末梢水17次，定点、定期监测率均为100%。

1996年，为加强供水人员的健康管理，每年均对直接从事供管水的从业人员进行健康体检和卫生知识培训，对检出“五病”人员立即办理调离手续。是年，全市水厂从业人员13人，体检、培训率100%，水质检测合格率97.62%。至2005年，体检、培训率和水质检测合格率均达到100%。

2010年，全市进一步健全全市二次供水档案，城区二次供水设施均经卫生监督，基本完备建阳市二次供水卫生设施，有定期清洗、消毒和卫生安全制度；为保证二次供水水质，对清洗消毒过的水箱进行抽检，定点、定期监测合格率均为100%。

第五节 职业卫生

1994—2001年，建阳市卫生防疫部门依据卫生部、劳动人事部、财政部和全国总工会联合发布的《职业病范围和职业病患者处理办法的规定》中的职业病名单，对企业、事业单位和个体经济组织的劳动者在职业活动中，因接触粉尘、放射性物质和其他有毒、有害物质等因素而引起的疾病进行监测和防治。

1996年起，每年开展放射工作人员个人剂量监测工作。

2002年4月起，执行卫生部和劳动保障部根据《中华人民共和国职业病防治法》规定印发的新的《职业病目录》，新的职业病目录共分10类115种：尘肺13种，职业性放射性疾病11种，职业中毒56种，物理因素所致职业病5种，生物因素所致职业病3种，职业性皮肤病8种，职业性眼病3种，职业性耳鼻喉口腔疾病3种，职业性肿瘤8种，其他职业病5种。

2004年，根据国家环保局、公安部、卫生部联合发起的“清查放射源让百姓放心”的专项行动，市防疫站配合建阳市环保局、公安局在辖区内开展这项工作，到2家有放射源的单位，对他们提出放射源安全保卫措施要求和放射源安全管理措施要求。

2005年，全市共有放射工作人员41人，全部进行个人剂量监测，个人剂量监测率100%，合格率100%。每二年进行放射卫生监督和检测，共监督、检测18家。并对放射工作人员进行健康检查和放射防护知识培训，体检和培训率达100%。凡新建、改建、扩建的放射工作场所都进行预评价和控制效果评价，新建场所8家，改建场所1家。

2006年，建阳市有危害企业36户，接触有毒作业1797人。其中，监督监测36户1700人。在应监测36户中，监测30户占83.30%(30/36)。监测30户中，应监测535个作业点，实测作业点383个占71.50%(383/535)。合格点数258个，占67.40%(258/383)。对应监测30户1700人，实际体检1015人，健康监护率为59.70%(1015/1700)。在体检1015名工人中，检出铅中毒病人55人，占5.40%(55/1015)。对检出55名铅中毒工人，在建阳市立医院进行为期21—35天的住院驱铅治疗。55名铅中毒工人全部治愈出院。

2007年6月，市区防疫站首次取得福建省卫生厅批准的职业卫生技术服务机构资质证书，可以独立开展铅及其化合物、苯等6项危害因素或作业的职业健康检查，方便企业和工人，同时，也标志建阳市开展职业病防治工作提升到新水平。

2008年8月，按照国家CDC职业卫生与中毒控制所、省职业病与化学中毒预防控制中心决定，在建阳市开展职业卫生综合干预试点工作，历时一年半。

2010年4月，市政府召开粉尘与高毒物品作业场所职业病危害专项整治工作会议，市卫生局、安监局、劳动与社会保障局、总工会、防疫站，以及存在粉尘与高毒物品的37家企业负责人到会，建阳市政府副市长刘寒参加会议并讲话。

2010年，加大职业卫生执力度，依法提请市政府关闭3家经整改合仍达不到要求的蓄电池生产企业，处罚2家生产环境不符合卫生标准的石英砂加工企业，处罚金额2.70万元。

第六章 爱国卫生

第一节 整洁家园活动

1994年，爱国运动委员会办公室以撤县建市和庆祝中华人民共和国成立45周年为契机，开展第六个

“爱国卫生月”活动。按照市委、市政府、有关部门安排部署，指导有关单位，搞好城区中条主于交通路段、街道小巷的环境卫生，城区垃圾处理以焚化为主，城区垃圾由环卫人员负责处理，一律运到定点场所处理。大部分焚化后用做基肥发展水果生产。4月，城区统一开展1次春季药物灭鼠，还开展改水改厕工作。据统计，改厕236户（历年累计1762户，占农村总户数3%），改水项目1个，1200人受益，累计饮用卫生地下水23.08万入，占农村人口的81.32%。

1999年，建阳市获列为省改厕重点县（市），落实改厕任务。

2003年《医疗废物管理条例》和《医疗卫生机构医疗废物管理办法》出台后，建阳市各医疗机构建立医疗废物储存室，由市卫生局牵头集资，新建垃圾焚烧炉，委托市环卫处统一收集焚烧处理。各单位建立1整套医疗废物管理的规章制度、工作流程、工作要求和处理事故应急方案。2004年，卫生部《关于依法加强医疗废物管理工作的通知》及有关配套规章文件后，全市各医疗单位建立医疗废物管理责任制，法定代表为第一责任人，依法履行职责；制定医疗废物管理制度，工作要求和处理事故应急方案；加强监督，促使医疗废物按有关规定处置：如对使用后的1次性医疗器械应消毒毁形后方可集中处置；对卫生污水和传染病病人的排泄物按国家规定严格消毒，达到国家规定的排放标准后，方可排入污染系统等。

2005年后，为增强广大群众对“四害”滋生泛滥所带来危害的认识，掌握正确的防治方法，自觉投入到灭鼠、灭蚊工作中，除“四害”工作领导小组有计划地组织开展宣传、咨询活动，并设置热线咨询电话，负责解答群众疑问、指导如何正确使用防治措施，到现场解决有关问题。市爱卫会牵头，采取以市城区内各街道、各相关单位为责任主体、全面实施开展灭鼠灭蚊工作，并将防治蚊蝇、老鼠主要卫生虫害的各项措施融入各有关职能部门的日常工作中，作为1项经常性的工作。定期组织专业人员对各街道办事处、建设、工商行政管理、卫生食品监督等部门人员进行除“四害”专业培训。市卫生部门结合城乡环境综合治理活动和创建省级卫生城市工作，在城区进行“垃圾乱扔、广告乱贴、摊位乱摆、车辆乱停、工地乱象”“五乱”治理的专项整治，组织辖区单位、部队、学校、社区开展清理居民院落、物管小区、单位内外环境、农贸市场、建筑工地、“五小”（小餐饮店、小浴室、小网吧、小歌舞厅、小旅馆）行业、江河两岸城区段，城周沟、堰、渠等虫害易滋生场所的垃圾、渣土、填平坑洼积水处等活动。

至2010年，建阳市农村改水受益（侧重抓好集中式自来水建设）、农村改厕工作成效显著。全市农村改水受益人口达25.27万人，占农村总人口99.90%，自来水普及率99.90%，其中，市辖区内农村自来水普及率达99%，村民基本上饮用上清洁的卫生水；建造无害化三格式户厕及三合一沼气池达4.58万座，市辖区内农村卫生厕所普及率达86.13%。

第二节　创卫工作

1994年，建阳市委、市政府继续把创卫工作作为一项重大民生工程来抓，按照“政府组织、地方负责、部门协调、群众动手、科学治理、社会监督”的工作方针，扎实开展创建省级卫生城市活动，做到领导、精力、措施“三到位”，人力、财力、效果“三落实”。增强市民的创卫意识，把创卫活动化为群众的自觉行动，发动市民共同参与，在全市上下形成“创建卫生城市，共建美好家园”“我为城市卫生做贡献”的创卫氛围，促进创卫工作的开展。

1995年后，市委、市政府每年都根据实际情况，制定关于开展创建卫生城市工作的实施意见。创卫工作实行治标和治本相结合的方法，坚持高标准建设，加快完善城市道路、路灯、停车场、公园等基础设施建设。

1996年，成立建阳市创建卫生城市指挥部，由市委书记任总指挥，市长任指挥，下设办公室、秘书组、宣传部、督察组、技术组、后勤组。市政府制定《创建省级卫生城市规划》，把创卫工作纳入政府议事日程。

1998—2000年度，评出“卫生单位”50个、“卫生楼院”200栋、“卫生之家”1000户。以“清洁、卫生、文明构建和谐健康生活”为主题，为群众解决脏、乱、差等环境卫生问题。

21 世纪初，市委、市政府通过创建卫生乡镇、村活动，推动农村爱国卫生运动上新台阶。2001 年，通过省级卫生城市考评验收。2002 年，获国家环保总局授予国家级生态示范区。

2009 年，建阳市成立创建省级卫生城市指挥部，制定“创卫”工作规划，提出创建省级卫生城市的工作目标。市委、市政府做出关于开展城市环境综合整治工作的决定，提出抓 10 大管理（道路交通、环境卫生、社会治安、集贸市场、建筑工地、园林绿地、市容市貌、文化市场、殡葬车辆、广告装潢），重点整治八乱（垃圾乱倒、弃土乱堆、污水乱排、广告乱贴、车辆乱停、摊点乱摆、违章搭盖、道路乱占），实施 6 大工程（基础工程、素质工程、卫生工程、绿色工程、夜景工程、法制工程）。

2010 年，根据年度创卫工作要求，创卫任务分解到各部门、各单位，以创卫生单位、卫生小区、卫生之家活动为载体，组织实施创卫重点项目（灭鼠、灭蚊达标、环卫设施、建筑工地整治、交通车辆整顿、公共场所、食品卫生监督管理、控烟宣传、高楼二次供水），并将创卫活动与城区环境综合整治相结合，建立创卫活动工作督办制度，实行创卫工作例会和评比制度，使全市创卫工作目标明确，措施得力。是年，黄坑镇、莒口镇、书坊乡、麻沙镇、桂林村、西门社区以灾后重建家园为契机，加大卫生治本建设力度，广泛开展创卫生乡镇、村工作。全市有市级卫生乡镇 11 个，138 个村获评为文明卫生村。

第七章 管 理

第一节 管理机构与社团

一、建阳市卫生局

1994 年至 1997 年 7 月，建阳市卫生局行政编制为 5 人。1997 年 7 月机构改革，市卫生局设办公室、医政药政科、防疫妇幼科，核定编制 8 人。2002 年 11 月，再次机构改革，市卫生局设办公室、医政科、防疫妇幼科，核定编制 6 人，药政职能划归药品监督管理部门。挂靠单位有市农村卫生协会、红十字会、爱卫办。农村卫生协会于 1985 年核定编制 3 人，2006 年编制核减 1 人；红十字会核定编制 1 人；爱卫办核定编制 2 人。

二、建阳市爱国卫生运动委员会

1994 年，建阳市爱国卫生运动委员会由分管副市长任主任，组成单位有政府办、宣传部、文明办、建设局、教育局、发改局、经贸局、劳动局、公安局、监察局 、科技局、环保局、劳动局 、农业局、水利局、民政局、财政局、交通局、文体局、卫生局、人事局、工商局、质监局、广电局、旅游局等 35 家单位。下设办公室，挂靠市卫生局，主要职责是，贯彻国务院《关于加强爱国卫生工作的决定》，宣传实施《福建省爱国卫生管理条例》，组织动员广大群众开展爱国卫生运动。至 2010 年，组成单位、编制、职责不变。

三、建阳市医学会

1991 年 8 月，建阳县医学会在省民政厅注册登记，1994 年，更名为建阳市医学会。学会受建阳市科学技术协会和建阳市民政局社团管理办公室的业务指导和监督管理。医学会办公场所挂靠在建阳市立医院医务科。学会开展的业务范围有医学学术交流，继续医学教育，普及医学卫生知识，开发和推广医药卫生和医学科学技术成果，接受委托进行医疗技术项目论证、评审，编材和医疗事故鉴定等。学会由会员选举产生的理事会主持开展工作。2010 年，第五届建阳市医学会有会员 600 人，其中，具有中高级职称 220 人，在福建省医学会和南平市医学会担任委员和理事的有 20 名中、高级职称的医生。

第二节　医政管理

一、医疗机构管理

1994 年，建阳市各医院（卫生院）开始逐步建立行政管理制度和运行机制，实行党委领导下的院长负责制，科、室 2 级目标管理责任制。抓窗口服务，严格各项管理；完善监督机制，设立举报箱，公布举报电话；建立奖优罚劣的激励机制，把职工的评优评先，职称评聘纳入考核；坚持走以社会需求为导向，以医疗质量为核心，以人才培养为着力点，以专科建设为突破口的四轮驱动的内涵发展之路。至 2010 年，医疗机构管理机制正常运行。

二、执业管理

1994 年起，市卫生局先后下发《关于加强医德医风建设，完善医院制度的通知》《关于在卫生系统开展“创优质服务、建文明窗口、树良好形象”活动的通知》《关于加强医院管理、强化职业道德教育工作的整改实施意见》《关于在全市卫生系统继续开展学雷锋、学白求恩活动的通知》，并根据卫生部关于《医务人员医德规范及实施办法》和《福建省医务人员医德规范细则及实施办法》精神，各单位制定切实可行实施细则，建立健全各种工作职责，岗位制度。

1999 年 5 月 1 日，执行《中华人民共和国执业医师法》（简称“执业医师法”），组织医务人员学习“执业医师法”，履行执业活动中的义务与执业规则，全体医务人员严格按各自执业类别执业。每年对新招聘录用的专业医务人员在岗前教育中突出重点学习《执业医师法》，卫生院配合上级做好专业医务人员的注册工作。全市全体专业医务人员执证上岗，并在胸卡上打印执业范围、执业证号，接受群众的监督。

1999 年 10 月，市卫生局率先在全省卫生系筑推行院务公开制度，省厅“党建与纪检”转发市卫生局的具体做法，要求各单位设置社会公开栏和职工公开栏，并有 1 名具体的负责人，设立 1 套公开的记录本，设置 1 个意见箱，公开举报电话。各医疗单位在行风建设中，落实行之有效的制度和措施，特别是急诊、危重病人抢救、手术等关键环节，严格执行首诊负责制、会诊铜度手术病人报告制度、三级医师查房制度、护士“三查七对”（“三查”是指：操作前查、操作时查、操作后查；“七对”是指：查对床号、查对姓名、查对药名、查对剂量、查对时间、查对浓度、查对方法）制度、“120”急诊抢救制度。全面落实省卫生局关于以病人为中心，提供优质服务 13 条规定和医院 20 个科室（岗位）文明用语、服务承诺和便民措施的要求，强化医务人员职业道德；严格加强对非专业工勤人员的管理，对各项工作进行细化、量化。严格执行重要事项集体研究制度。

2001 年，全市各医疗单位均实行综合目标管理责任制，职工按劳取酬，并与医德医风、单位效益持钩。建阳市立医院实行综合目标管理责任制，明确医院各科室的责、权、利，全面试行“定岗、定编、定任务、保质量、增效益”为内容的院科 2 级核算制，并根据各科室特点制订综合目标管理责任制。各乡镇卫生院也分别实行综合目标管理责任制，职工工资部分或全额浮动。

2005 年，市卫生局对所发生的事故纠纷进行统计分类，分析内外原因，制定医疗纠纷防范措施，并召开市属各医疗卫生单位负责人专题会议，进一步明确职责，加强意识观念。抽调人员，对全市 16 个医疗卫生单位的人员准入、执业行为、病案质量、合理用药、医院感染管理等进行3次专项监督检查。为加强产科质量，降低孕产妇及新生儿死亡率，3次组织人员对全市设产科的14所医疗保健单位进行产科质量检查。建章立制，规范服务行为，针对存在的问题，制定下发《关于下发乡（镇）卫生院〈观察病历书写要求〉〈抗生素合理使用指导原则〉〈医院感染预防与控制要求〉的通知》《关于加强村级卫生所（室）和厂矿学校医疗室管理的通知》等系列规范性文件，规范医疗行为，并不定期抽检，落实好监管责任。制定并下发《关于医疗事故和医疗纠纷责任追究的有关规定》，成立医疗纠纷调查小组与医疗事故责任追究督查小组，对发生医疗事故的医疗单位实行责任追究，对主要责任人进行经济处罚，并与其当年评先评优、职称评定挂钩。各医疗单位也相应制定责任追究制。

2007年，各医院组织学习医疗安全核心制度，严格基础医疗护理质量管理，做到护士长每日检查，每月科室质量小组自查，每季度护理部组织院质控小组进行全院护理质量检查，使护理质量稳步提商。进一步完善全护理管理体系和护理质量管理体系，加强病人安全管理，护理质量均达标，转变服务理念，提高服务质量，提高病人满意度。

2010年初，市卫生局下发《2010年度卫生工作绩效考评细则（医疗质量）》对基层医疗卫生机构，突出抓好医疗文书的管理，通过采取抓培训、抓督查、抓整改等措施，促进所有医护人员在日常工作中不断提高文书质量。市卫生局以医院管理年为载体，结合创建平安医院，进一步加强各医疗单位的医疗质量管理工作，其中，市立医院制定专项工作计划，10月底，市立医院通过省卫生厅组织的医疗质量万里行督查。

第三节　药政管理

《医疗器械监督管理条例》自2000年4月1日起施行，《中华人民共和国药品管理法》经第九届全国人大常委会第20次会议修订通过，于2001年12月1日起施行。《中华人民共和国药品管理法实施条例》2002年8月4日颁布，2002年9月15日起施行。2001年，福建省药品监督管理体制改革，建阳市药品监督管理局于2001年12月5日正式挂牌成立，承担原市卫生局的药政、药检、药品监督管理职能和原市经贸委的药品生产流通监管职能，贯彻实施新颁布施行的“一法两条例”。

（药政管理内容参见第十四编综合经济管理）

第二十九篇　姓氏　宗教　民俗

第二十九篇　姓氏 宗教 民俗

建阳先民多从中原迁徙而来，择地聚居，各村庄多是同一姓氏，在繁衍中形成独特的姓氏地名文化。基于其地理位置与历史变迁，各姓氏居民融合杂糅多种文化积淀，滋生极具地域特色的民俗文化，如婚嫁、丧葬、生育、敬祖、节庆等。其他岁时习俗、生活习俗等大多与全国各地大同小异。随着时代的发展变革，不仅推进移风易俗，铲除封建迷信残余，也逐渐推崇形成见义勇为、诚信担当的社会新风尚。

2010年，建阳宗教信众有12万人，信奉佛教、道教、天主教、基督教。依法登记的宗教活动场所有59座，其中，佛教30座，道教1座，天主教1座，基督教27座。有爱国宗教团体4个，即佛教协会、天主教爱国会、基督教爱国会、基督教协会。佛教住寺有157人，出家人77人，道教住寺人员5人，天主教教徒1000人，基督教教徒有6800人。同时，乡村凡传说中的、现实中的能庇护一方平安的、保护人民生命、保佑发财致富、子孙兴旺等的神祇、人物，都予以信仰、膜拜，形成丰富多彩的民间信仰。

第一章　姓　氏

第一节　源　流

战国后期，建阳境内原住民和北方汉人的交往日渐频繁，直接借用汉人姓氏。与建阳将口镇毗邻的武夷山市城村古汉城（原属建阳县，1940年划归崇安县）出土的文物上就出现林、胡、马、邓、卢、唐、赖、徐等汉族姓氏，这些工匠等或是南来的汉人，或是用上汉姓的闽人。

东汉末年，闽北纳入孙吴版图，在一些比较重大的历史事件中，出现闽北人的姓、名记载。据《三国志·吴书·贺齐传》载，东汉末期，浦城、建阳一带发生“山越”聚众起事：“吴五（姓吴名五）六千户屯大潭，邹临六千户别屯盖竹。”“大潭”“盖竹”都在建阳境内，可见当时建阳一带的百姓用汉姓，吴五、邹临可能是最早出现的建阳人姓名。

两晋至隋时期，大批中原汉人涌入闽地，不少移民寓居建阳。根据文献记载的有：邱姓，据《芹溪邱氏宗谱》载：“五胡烽骇，衣冠涂炭，中原右族避乱南奔。有邱夷字伯高，携家与林、黄、陈、郑、詹、何、胡七姓之豪入闽……夷公次子因之居建溪，为建安、建阳诸邱之祖。”隋代，又有邱行恭于大业时迁建阳；余姓，据《书林余氏族谱》载，南朝梁时（502—557年），余雍率子余青从安徽休宁迁江西，后余青来建阳任县令，遂落籍建阳；陈姓，据《福建陈氏宗谱》记载，南朝有陈文帝第五子、晋安王陈伯恭，陈宣帝第四子陈叔卿、第十九子陈叔俭入建阳开基；徐姓，隋末，开封人徐太茂迁居建阳塔下，其后人移麻沙、陈墩等地。

唐代，建阳本地居民可知的见于各时期《建阳县志》记载的有这些汉姓：刘姓，唐德宗时（780—804年）的孝子刘常，麻沙人；柳姓，均田里人柳彝，有三子，仕唐皆为大夫，唐德宗时乡民在其所居建庙祭祀；朱姓，雒田里人朱邦式，唐末御寇死于兴田里洪山，邑人立庙祭祀；倪姓，唐昭宗时倪彦常，在乡仗义疏财，死后乡人立庙祭祀；吕姓，吕师晦，与海寇战，殁于福州，后人在禾平里建吕相公庙祭祀他；袁姓，小湖人袁元应，唐末为礼部员外郎。这时期建阳姓氏著名的有蔡、刘、翁、游 、熊、周、李、吕、崔等。

宋代，诸多族谱多依附随王审知入闽将士姓氏，称自己是固始籍人。两宋时期进入建阳开基、繁衍的很多，著名的有陈、杨、周、黄、徐、谢、朱、邱、张、江、郑等。

元、明时期，每当有重大变故，都有一批移民迁入建阳的姓氏。如宋末元初时，有滕、徐、张、李等，元末明初有何、程、余、周等。

清及民国时期　多是邻省及省内其他县手工业者、商人的入潭。如江西广丰、丰城等地有各类工匠，所谓“五匠”来建阳谋生；浙江龙泉、庆元、景宁等县的菇农携家进建阳深山栽种香菇；福州一带商贩来建阳或做木材生意，或做南北干货买卖；闽南茶农来开山种植茶叶，或充当师傅，指导本地百姓种茶、制茶等；相当数量的来自广州、潮州、香港的茶商，到水吉、小湖、下梅等茶区做茶叶买卖。而规模最大的是江西百姓涌入建阳（包括闽北各县）开山种茶，多的年份数量达 10 万以上（有材料说“数十万”）。民国时期，仅水吉镇就有江西、福州、泉州、汀州四大会馆。由于这些外来人的活动，建阳有寿宁村、泉州巷、浙江村的地名，还产生流行客家话的“方言岛”。他们有部分在建阳定居、婚嫁，也带来不少姓氏。

中华人民共和国成立初期，大批南下干部进入建阳，大多担任基层干部，他们的子孙很多落籍建阳。20 世纪 50 年代末，有上海移民来建阳支援山区建设，在许多伐木场里，从事砍伐、运输、养路的工作，现在这些建设者连同他们的子孙不少留居建阳。1962 年，接收、安置古田库区移民；1965 年，接纳莆田县移民。此后，又有一批福州的知识青年来建阳，大部从事教育、教学工作，丰富建阳的姓氏。

第二节　迁　徙

一、邱（丘）姓

（一）入潭

西晋永嘉年间（307—313 年），八姓“衣冠南渡”入闽，邱姓为八姓之一，邱夷携次子邱因之落籍建阳东田，邱因之后裔多分布建阳西部将口等乡镇。

唐代，官千牛卫大将军邱亮，同兄定居建阳，为邱姓该支系建阳始祖。

宋代，侍讲邱瑞生子邱励，邱励任福建提刑，至建阳，见其溪山环秀，便留一子邱喜居建阳。据《中华邱氏大宗谱·芹溪派瑞公世系》载，将口芹溪派邱氏以邱瑞为开基祖。

明万历年间（1573—1620 年），吴兴（今浦城）邱学仪迁小湖贵源村。

（二）外迁

宋末，丘文广迁瓯宁县禾义里郑墩，即今小湖贵源郑墩村。又有一支迁建瓯的范墩村，其后人有修家谱。

明末，邱观仁从建阳迁居永泰县盘谷村，后转迁闽清龙源境（今塔庄）的泸溪村，生 2 子，长子留居泸溪，次子迁省璜兰村。

邱瑞后裔邱之起，北宋宣和六年（1124 年）进士；邱之奇，南宋绍兴二年（1132 年）进士；邱之立，南宋建炎二年（1128 年）进士。

二、林姓

东晋升平元年（357 年），林靖之出任建安郡太守，卸任后定居建阳。

元皇庆元年（1312 年），古田人林知深（九牧八房林迈后人），买地建阳县兴贤里池墩居住。

明正德年间（1506—1521 年），有一支林姓自福州迁小湖。

清代以后迁入建阳的有：今福州仓山区建新镇林厝墩林氏后裔迁建阳；晋安区鼓山镇远东村林姓迁建阳。福清县江阴镇浔头村林姓迁建阳狮子山。闽清县茶口林姓迁居建阳。闽侯县上街人林某，在福州沦陷时，因抗日被通缉，逃至小湖谋生并定居。

三、詹姓

（一）入潭

《武夷山志》载："詹子豪，武夷詹氏之始祖也。其先南阳人，晋大兴元年有迁建州者，曰秉邦……五传子豪，卜筑武夷山，子孙繁衍，科第相承，遂为崇安巨族。"《武夷建峰詹氏族谱》载：詹子豪于隋大业五年（609 年）迁居武夷建峰，为建峰始祖。其后裔散居五夫、星村、吴屯及邻县建阳等。据建阳图书馆藏《詹氏族谱》及将口《詹氏族谱》载，建峰詹氏先后数支迁居建阳发祥：詹子豪十七世詹干迁居建阳连墩；二十五世四八公迁居建阳徐圹；二十七世詹福迁居建阳溪南；二十八世詹普一迁居马伏横坑；二十九世詹丰、詹清长分别迁居建阳连墩和禾坪里大圽；三十世詹基绪先居连墩，再迁崇雒街；三十二世詹宗善迁居马山典村；三十三世詹年郎迁居将口南台之詹厝；三十四世詹志盛迁居建阳长埂；又有詹圣迁居小湖。

闽清《詹氏族谱》载：唐末有詹威，官行省枢密，随王氏兄弟入闽，居建阳，詹威为詹姓入潭始祖之一。

（二）外迁

詹威传至十三世，分派大田，复迁尤溪，后择居梅溪（即闽清）的上墩。入梅时间为元朝末年，始祖为詹子实。

明朝兵部尚书詹荣（1500—1551 年），其先祖从建阳迁居尤溪。詹荣后调山海卫，其子孙在北方繁衍。

詹时升，北宋元丰八年（1085 年）进士，历通判兴化军，知汀州，宣和初除提举福建茶事。道光《建阳县志》有传，入《宦绩》。詹玉铉，明万历二十二年（1594 年）举人，三桂里人，累官至高州府同知。

四、余姓

（一）入潭

南朝梁中大通元年（530 年），余青由河南固始（一说泗州下邳）出任建阳县令，因家建阳，择居五夫与将口的回潭村一带。

据《三明市姓氏志》载：明初，北宋名臣余靖 9 世余应永为避世乱，由将乐迁永安，其后人又移居建阳。

明洪武二年（1369 年），江西建昌县有一支余姓迁居瓯宁县西乡里余源，即今小湖镇秦溪的余源村。其后人又分迁水吉八角井、状元坊、岐头坊及回龙乡的浒州村。

（二）外迁

南宋嘉定元年（1208 年）余青后裔、兵部侍郎余崇龟的《余氏族谱序》载余氏源流甚详："……唐天宝中（742—756 年）青公为建阳令（按：关于余青入潭时间有 2 种说法：一说南梁时（502—557 年），从泗州下邳入闽为建阳令，一说是在唐天宝间来令建阳，未知孰是），因家于建阳。后以卖官酒，携眷属入福州，迁古田之杉洋……长焕，次仲甫。焕生枚，枚生琢。琢生八男，其一入广，家韶之曲江，欧阳公为余襄公（即余靖，谥'襄'）墓志，谓'世为闽人，因避地于韶，子孙家焉'是也；其一居于福州之清平门，今侯官镇之诸'余'是也；其一居于兴化之仙游，今梁溪之'余'是也；其一居于温州瑞安；其一居于杉洋者名褐，尚书公是也。尚书公之子，长仁玄，居漳州；次仁霁，徙罗源，后又徙城中，今太宰房、浦尾房、金紫房、罗源房是也；季仁春，徙杉洋，及今宁德状元房、兴化黄石房是也。柳尾房自孤公从黄石上余而迁于此，至光禄积为四世，地亦以上余名字首立也。"仙游《余氏族谱》则载余青八子，其长子余焕、次子余仲甫迁古田的杉洋；三、四二子仍留建阳；五子迁莆田黄石，为入莆第一人；六子居黄州黄陂；七子居尤溪；八子迁温州。另有子孙迁光泽、同安等地。

明洪武年间（1368—1398年），余晟由建阳溪口随军屯田，定居今罗源县霍口畲族乡徐坪村，于其地发族。

五、陈姓

（一）入潭

据有关文献记载，陈朝陈文帝五子晋安王陈伯恭，宣帝四子陈叔卿、十九子南安王陈叔俭入闽，其中有一支居建阳开基；又，陈后主后人陈丰、陈正、陈贵迁居建阳。

建阳馆藏《陈氏族谱》载：唐代，陈法会任广州刺史，贞观六年（632年）调任福州刺史兼屯田使，所率三子陈忠、陈阅、陈亲，择居建阳考亭，遂衍为建阳大族，北宋时出个宰相陈旭（即陈升之）。另据四川《简阳陈氏族谱》载：陈朝陈霸先曾孙陈叔显，宣帝封之为临海王。陈朝灭亡，临海王子陈岐逃到处州；五世陈昌道迁衢州；九世陈潜为南康主簿，归官后迁居建阳，其后人有宰相陈旭。

建阳馆藏陈氏《竹林世系谱序》载：其祖是陈宣帝陈顼的第六子宜都王陈叔明，陈灭亡，避乱入闽。陈叔明十世陈渊迁居建阳。

石门陈氏祖居河南汝州，唐初避乱入闽居建州，唐末、五代时分衍建阳考亭。南宋绍兴十二年（1142年），政和人陈朝老撰《陈氏族谱》序言谓：“吾宗本京西许州人，今谓之颍川府，唐初避地来居，唐末、五代分派建阳考亭。”

唐末，光州固始县陈氏入闽，择居瓯宁县紫溪里（今建阳漳墩镇）杭头村。明代，其第十七世迁居水吉青潭，即今青田村，今在村居民有400人左右。

五代时期，陈启端、陈肇端兄弟自固始入闽，寓居建阳开基。启端后人迁泉州，居永春小岵。

北宋嘉祐八年（1063年），江西陈氏义门族奉旨分成二百九十一庄，分迁一百多县，其中，陈宣帝陈顼后裔陈道大迁建阳开基。

清乾隆年间（1736—1795年），有永春陈姓迁居回龙乡马岚村。

清嘉庆年间（1796—1820年），有泉州陈姓迁居水吉七里岚箬村。

清道光年间（1821—1850年），河南颍川陈成耀迁小湖下崁村。

清后期及民国，陈姓从政和县迁漳墩、莒口及回瑶洪尾村。

（二）外迁

建阳陈姓以陈法会后裔迁徙最广。三世陈琎子孙散居三山（今福州）各县；五世陈颜移居浦城；六世陈琛迁居阆州（今四川阆中）；七世陈延翰迁汀州；八世某迁江西铅山；九世陈宾迁江西南昌，9世陈升之卒葬江苏镇江，其后裔发祥于镇江一带；十世陈潘江迁邵武石屯。又有迁居崇安、浦城、古田、泉州、永春等地。

宋进士有陈应期、陈应元、陈俨（陈升之父）、陈升之、陈洙、陈郛、陈轩、陈师锡、陈总龟、陈旦、陈范、陈焕，明进士有陈纪、陈星奎。陈升之（1011—1079年），原名旭，字升之，后避神宗讳顼，遂以字为名，考亭人。北宋景祐元年（1034年）进士，官至中书门下平章事，封秀国公，卒谥“成肃”。陈轩，考亭人，北宋嘉祐八年（1063年）进士第二。官兵部侍郎兼侍读，知数州。陈师锡，北宋熙宁五年（1072年）进士，官监察御史、知数州。

六、徐姓

（一）入潭

隋末，开封人徐太茂入闽，居建阳塔下，其后人迁麻沙陈墩等地。

南朝陈朝人徐德言（即历史典故“破镜重圆”故事的主角）的十世徐以节居松溪，其三子徐宗茂迁水吉。

徐德言后裔徐满从江西贵溪入闽，初居水吉黄竹坑，后移郑墩，一支迁居小湖。

南宋淳熙年间（1174—1189 年），徐万一自河南固始迁闽，与其弟徐万二卜居童游之锦江。

元世祖至元二十八年（1291 年），徐琰以江西行省参政挂冠，隐于唐石（今建阳黄坑）。徐琰生六子，分居六墩：长子泰芳居黄坑黄墩，次子泰苗居麻沙叶墩，三子泰菲居水吉郑墩，四子泰蕃迁邵武枫坡村（失“墩”名），五子居建阳西门郭墩，六子迁麻沙陈墩。

浦城徐应龙子徐文叟（即小湖祝中宋墓墓主徐清叟之弟）后裔徐善夫迁瓯宁县禾义里三十七都亭下坊，即今小湖，其后裔居贵源、马坑等地。

清代，江阴人徐国英任延平游击，驻防永安，其子徐南鹏随军南下。乾隆三十五年（1770 年），徐南鹏袭父职调防台湾，其子徐经奉母居建阳城关，遂占籍建阳。徐经是当时知名文人，曾商订《建阳诗抄》，任道光《建阳县志》总裁。其孙徐翠崖亦文士，曾刻《雅歌堂全集》行世。

清后期及民国有徐姓从政和县迁回龙、黄华山。

（二）外迁

民国《崇安县志》载，宋初，徐叔琚由建阳徙居崇安石臼里。此支徐姓入潭时间及世系不详。

徐姓迁崇安秧墩等处。

七、康姓

唐开元四年（716 年）进士康子元（光州固始人），因避“安史之乱”，与子康仲璟（时任山东登州刺史），从山东东昌移居建阳。后迁兴化。

八、葛姓

唐上元二年（761 年），荆襄人葛晟，避“安史之乱”祸迁居建阳。

九、李姓

（一）入潭

据《白塘李氏宗谱》记载，李渊第三十子李元祥五世李晁唐授奉天定难功臣、上柱国，其三子李尚锃徙居建阳，生三子。

江西《双溪李氏族谱》载：唐时，李埴任江州瑞昌令，其孙李光自江西吉安迁居建阳，生三子，在建阳繁衍。

唐光启元年（885 年），李邺迁居水吉，其后裔不详。

唐末，李由为避战乱从洛阳迁居建阳。

据周宁《李氏宗谱》载：唐哀帝弟岳王李禔避朱温篡唐，逃入寿宁李墩，其后裔一支迁建阳繁衍。据《寿宁县姓氏志》载，有以下李姓从寿宁迁居建阳：二十六世李成观（李诲于唐中和元年即 881 年迁入古田杉洋，为一世祖；李诲十三世孙李兴祖于南宋建炎四年即 1130 年，迁政和县后湾，后世称之为“后湾公”。明景泰六年即 1455 年设置寿宁县，后湾遂属寿宁）迁居建阳书坊。二十七世李启瑞从南溪村迁居小湖镇井后村，李启寿迁居建阳七宝。二十八世李烈集迁回龙乡浒州村，李烈本迁毛店。二十九世李式妙迁莒口，李式贵、李式登等数人迁建阳墩头，李廷洪、李廷谷等迁建阳西门、麻沙、漳墩、水吉岩头。

元初，荆襄人李明率元兵入闽，驻建阳，卒葬童游，其子孙遂占籍建阳。

明代，尤溪县洋中镇山重李氏第三世李胜迁居水吉。

明天启四年（1624 年），李哲代自汀州迁居小湖董步村，今董步村民皆李姓。

清顺治年间（1644—1661 年），有一支李姓从安溪县迁居水吉营头上排村，后迁水吉镇所。乾隆时又有一支李姓迁居水吉状元坊。江西南丰县太保乡李姓（“国”字辈）迁漳墩。

清末民国初，有安溪湖头李氏迁入建阳。

（二）外迁

五代初，李由第四子李真佑从建阳迁徙广东潮州。

南宋嘉定年间（1208—1224 年），建阳人李子昌（进士）入潮州，子孙落籍揭阳梅岗。

李明五世李童调任南京，遂定居南京，成当地望姓，科第连绵。

李朝佐，李明十一代孙，明代举人，知浏阳县；李朝佐子三人俱举人出身，其中李世美，临高知县。

李朝卿，李朝佐兄弟，官南漳知县。

李馨，李明十六代孙，清顺治十五年（1658 年）进士，授浙江泰兴知县，福建耿精忠事变，逼授伪职，不屈，死。

李贞，饶州知府。

十、宋姓

唐元和年间（806—820 年），进士、遂安人宋仕唐任建阳县丞，临终嘱葬建阳，子孙遂为建阳人。

近代有政和县宋姓迁居漳墩镇的龙安、杭头村。

宋仕唐后裔多贤人，进士有宋咸、宋翔、宋巩（宋慈父）、宋慈、宋秉孙、宋峦（宋慈孙）。

宋咸（约 996—1064 年），字贯之，童游人，北宋天圣二年（1024 年）进士。官知州事、都官郎中，终朝散大夫。一生勤于著述。

十一、张姓

（一）入潭

唐广明年间（880—881 年），有张氏三兄弟入闽，其一张威居建阳发祥。

唐名相张九龄后裔兄弟五人张宇、张宰、张实、张宏、张安为避黄巢之乱，徙居建阳。

张载九世张德，登南宋宝祐四年（1256 年）进士，授官知邵武军事。张德往来建阳，道经麻沙，爱其溪山之胜，时值咸淳年间，战乱道路不通，遂不再西归，卜居麻沙，并创建横渠书院。

张载裔孙张日中（一作“日昇”）官兴化军通判，文天祥在南平开府，张日中率兵来会，后取江西宁都阵亡，其子张世基裹父骨葬莒口，其后人遂居建阳。明末知县谢秉谦曾建张横渠先生祠。

明永乐年间（1403—1424 年），开封人张振栏迁居小湖鸿庇的盖竹自然村。

安溪县张姓迁居建阳竹林园。

（二）外迁

竹林园张姓迁光泽县举安村傅家坪。

十二、崔姓

唐末，崔亿为建阳县令，其子崔致尧从贝州清河徙居建阳。

十三、游姓

（一）入潭

唐末，游匹入闽，择居建阳长坪之虞墩，后世称富垅。建阳游氏祖源有两说：一是南宋淳熙十四年

（1187年），游匹的第十三世孙游一鹗作《游氏源流序》说，游匹，又称游五丈，善地理学，兄弟四人，游匹居长，三弟俱仕宦，独游匹白身，于唐末入闽，择居建阳长坪之虞墩，后世称富垅；二是莆田荔城区西天尾镇《莆田紫霄圭浦游氏家乘》则载，“唐中叶植、匹二公兄弟自任城颍州徙婺源，后徙入闽，分二支，植公居闽莆田紫霄，是为南支始祖；匹公居建阳长平，是为北支始祖。”

霞浦《游厝蛟游氏宗谱》载，唐光禄大夫游广孙游琛为建阳令。

霞浦游氏谱又载，有游琔世居光州固始县，随王潮兄弟入闽，授职建阳，生5子，其后裔一支迁柘荣柏峰，为柘荣开基祖。

明末永安游氏第五代孙游大授迁居建阳。

（二）外迁

建阳游姓尊游匹为一世祖，游酢为九世，游酢支下分迁情况：

游撝（游撝是游酢长子，为十世）支。游撝以文林郎任南城尉，升江西藩垣经历，遂留籍居南城。据诏安县《游氏族谱》载：游酢孙游珀迁上杭县坝头，为上杭祖；游珀孙五七郎迁永定县金峰，为永定祖；五七郎孙五九郎居永定大溪，另一孙念四郎迁诏安县秀篆埔坪，为诏安祖。诏安支游酢后裔今传三十代左右，台湾政要游锡堃为游酢二十九代孙，曾于1991年撰写一联“东茸云霄宫墙原绮丽，升腾海峤家道更丰融”，隐约表达念祖之情。据《游酢文化网》载，游撝的后代约于清顺治、乾隆年间，从诏安、南靖等地渡海播迁到台湾，散居于台北、桃源、宜兰、彰化、嘉义等地。

游拟（游酢次子）支。十二世后人迁顺昌，又十二世千九郎迁南平西芹坑底，后人游仕鹏迁莆峰，此支近世有后人迁居美国。十三世（凤池一世）游岩（或作游严、严二）迁居南平吉溪里，即今南平延平区南山镇凤池村，十四世某迁湖广，十六世某迁临川界山。凤池游裔孙有名人游居敬，进士出身，官至两京刑部右侍郎，其子游应老、游继老迁居永安，游继老有三子七孙二十三个玄孙，永安大湖冲一村、洪田等多为继老后人。游拟凤池支尚有迁闽侯、尤溪、沙县、清流、厦门、杭州等地。

游损（游酢四子）支。十二世游克恭迁居崇安。

游掞（游酢五子）支。十一世游童海迁安徽历阳，又十一世游鼐生宗起，迁崇安澄川（今名澄浒）。

游姓迁崇安的为多：匹公下十六世称游淳十公，由富垅迁水吉太平坊，后有二十七世一支由水吉迁崇安大浑，又29世一支迁星村。尚有散居崇安的谢墩、黄墩、石溪、黎源等地。

游匹后人中进士的年有：游醇、游酢、游醳、游其藩、游操、游闓、游金西、游处道、游九言。

游酢（1053—1123年），子定夫，禾平里（今长坪）人。北宋元丰六年（1083年）进士，官监察御史、知数州。游酢师事明道先生程颢，与杨时、吕大临、谢良佐为程门四大弟子；同杨时一道“程门立雪”。传“二程”理学入闽，为著名理学家，著有《论语孟子杂解》等。

游九功，历仕南宋宁宗、理宗两朝，官至枢密副都承旨、刑部侍郎，封建阳开国男。学者称“受斋先生”。

十四、熊姓

唐僖宗乾符年间（874—879年），豫章南昌人熊秘，官兵部尚书，入闽守温陵镇（今泉州），一次追捕盗寇到建阳义宁，因爱此地山水清秀，于是择居于此。因从南昌樟埠渡迁来，便将其堂名为“樟埠”。熊秘被称为西族，其亲侄熊博同时入潭，居童游赤岸，为东族。陈岩荐熊博为建州刺史，后王审知兄弟占福州，徐范杀熊博以应王氏。

熊秘十三世熊祖荣于南宋初入赘书坊施氏家，初居施家巷，后世迁熊厝坪。

近代江西人有熊姓居建阳。

熊姓进士有熊俊民、熊敦常、熊天启、熊迪、熊通、熊克、熊可量、熊以宁、熊节、熊刚大、熊禾、熊新民。

熊安上（1086—1126），莒口人，北宋大观三年（1109年）武举第一名。北宋宣和七年（1125年）

金兵大举南下，进攻信德军（今河北邢台），时任信德军兵马钤辖的熊安上奋勇杀敌，壮烈牺牲。

熊蕃，北宋时莒口熊屯人。所著《宣和北苑贡茶录》《北苑别录》《制茶十咏文稿》被采入《四库全书》。

熊禾（1247—1312 年），号勿轩，崇泰里熊墩人，南宋咸淳十年（1274 年）进士。官汀州司户参军，宋亡不仕，从事教育、著述，著作甚丰，有《易经讲义》等。

熊大木（约 1506—1579 年），崇化里书坊人，明代著名刻书家。他承其祖刻书之业，以“忠正堂”刻了不少书籍。熊大木又是个小说家，他编写《全汉志传》《北宋志传》《大宋中兴通俗演义》等多种长篇通俗小说传世。

十五、翁姓

（一）入潭

据《京兆翁氏族谱》载：唐建中年间（780—783 年），朝请大夫翁轩迁官入闽，初居崇安，后经建阳考源入福州，历福、泉、漳州刺史，遂居闽地。翁轩生四子，其三子翁传官金部郎中，分居建州丹山，为建阳翁氏始祖。

唐末，翁轩曾孙翁郜任西河节度使，后同蔡炉、刘翱、刘翔、刘豳、周枢及范、胡、越等二十人入潭，这是建阳历史上最著名的一次移民。翁郜择居莒口，其子孙在建阳西片繁衍。

（二）外迁

翁郜十六世孙有一支迁广东潮州。

翁缜，北宋皇祐五年（1090 年）进士。

翁泳，学者，从蔡渊学，与蔡模为同门友，著有《易解》等。学者称思斋先生。

十六、刘姓

（一）入潭

唐德宗时（780—804 年），建阳已有刘姓人氏，时有孝子刘常，麻沙人。其先人入潭时代及世系无考。

唐末，刘氏三兄弟入闽，刘翱居建阳麻沙，刘豳居马伏（刘翔居五夫），刘氏成建阳著姓。

福州《凤岗忠贤刘氏族谱》载，凤岗有一支刘氏子孙迁居建阳。

明代，麻沙人刘明任瓯宁县学训导，任满定居小湖（时属瓯宁县），其后裔在小湖镇繁衍成大族。

闽侯白沙黎明村刘厝里刘氏迁居建阳。

近代，刘姓从政和县迁居水吉、徐市罗家地。

（二）外迁

刘翱（入潭一世）支　麻沙人刘乔为官福州，遂居福州，六传至刘翼，南宋时官开封府尹，因直谏得罪秦桧，于是改名韩公，隐居宁化之龙门客坊墨池。其后人分迁江西的建昌新安里，南丰之龙池、古竹，赣州石城县的福村等地。麻沙一支迁南昌市南昌县。刘翱四世刘善才迁江西南城，后裔迁宜黄、南丰、广昌、建昌等地，复入湖北、四川重庆。刘翱十世刘崇之进士出身，赠礼部尚书，其次子刘绅曾任四川总领，刘绅子刘荣于南宋末迁居武陵高磺里，后人复迁信丰秀源乡，入四川彭县。刘翱十四世刘启瑞从麻沙迁居闽清县安仁溪。二十四世孙刘廷仪、二十七世孙刘超高从建阳迁闽侯县南通镇湖头。

刘豳（入潭一世）支　刘豳生九子，三子刘衍迁居浦城，五子刘衖迁居长乐，六子刘衙迁居江西贵溪，八子刘音迁居邵武，九子刘街居崇安五夫。刘豳八世自建阳迁居侯官，至元时十四世刘宗汉迁延平府南平县刘厝寨火烧坪，为延平开基祖，其支分衍邵武、尤溪、闽清、台湾等地。刘豳九世刘勉之，朱子岳父，上数世迁白水，中年时回迁建阳考亭的萧屯（今破石村）。刘勉之无子，以堂弟子刘思温为后，后世不详。刘子翚无子，以其兄刘子羽幼子刘玶和麻沙刘献可子刘瑞为养子。刘瑞后人有一支迁永春沙埕。刘豳十世刘爚，官终朝奉大夫，卒葬邵武焦屯桂林山，其一支遂为邵武人。刘爚子刘咸官奉直大夫，由建阳迁居江南南路的豫章，刘咸子八人随父入赣。

清顺治年间（1644—1661年）马伏刘世元迁居浦城临江镇登基头。

刘姓历史上名人辈出，宋朝有进士刘爚、刘崇之、刘炳、刘填、刘铨、刘垌、刘子寰、刘垕、刘应李，明朝有刘童、刘孔敬。

刘爚（1144—1216年），马伏人，受业于朱子、吕祖谦之门，南宋乾道八年（1172年）进士。官至兵部、刑部侍郎，封建阳县开国男，卒赠金紫光禄大夫，谥“文简”。

刘纯，麻沙人，以荫授沙县主簿。南宋绍定二年（1229年），有乱军犯建宁，刘纯散家财招募义勇千余人，击敌平乱。又转击邵武乱兵，失利被俘，不屈而死。谥“忠壮”，立二庙于麻沙、邵武，赐额“忠烈”。

十七、蔡姓

（一）入潭

唐末，东昌刺史、固始人蔡炉因事谪迁建阳县长官。熊禾《蔡氏族谱序》说蔡炉“见永忠之麻沙钟三光五岳之气，其地则山高水清，择镇北而居焉”。一说与翁、三刘同入潭。

（二）外迁

蔡谱尊蔡炉为入潭始祖，从十世至十二世，四代出著名的“蔡氏九儒”。

九世蔡发，元定父，字神与，晚号牧堂老人。

十世蔡元定字季通，朱熹首徒，谥文节。蔡元定生四子：长子蔡渊，次子蔡沆，三子蔡沈，四子早夭。

十一世蔡渊，元定长子，字伯静，号节斋；蔡沆，元定次子，字复之，学者称复斋先生；蔡沉，元定季子，子仲默，谥文正，学者称九峰先生。

十二世蔡格，蔡渊长子，字伯至，号素轩，学者称素轩先生；蔡模，蔡沉长子，字仲觉，学者称觉轩先生；蔡杭，蔡沉次子，南绍定二年（1229年）进士，官终参知政事，卒谥文简，改文肃，学者称久轩先生；蔡权，蔡沉季子，字仲平，号静轩，学者称静轩先生。

十二世蔡子敬，蔡沈次子，生子蔡维城，为广东台山市大江浦始祖。

十二世蔡梃，五子，湖南岳阳始祖。

十二世蔡诰，蔡渊长子，浙江东阳梓誉顾岭祖。

十三世蔡涣然，蔡渊孙，蔡格长子，迁闽西武平高梧村，其次子再迁广东梅县松源开基。

十三世蔡浩然，蔡格次子，为泉州支系祖。蔡浩然后人二十世蔡正元，迁居同安二十八都，后世多居台湾。二十三世蔡希诚，迁南安鹤山村开基，后世部分迁居新加坡。二十七世蔡锡印，从南安迁浙江瑞安，其兄弟蔡锡贤、锡法迁广东惠州、海丰。

十三世蔡粹然，蔡格三子，徙上杭转广东梅州开基。或说粹然留居后山。

十三世蔡灿然，蔡渊孙，蔡柄长子，迁上杭兴中里。

十三世蔡焯然，蔡柄次子，生子希钦，居泉州西浦，传至十六世蔡初移漳浦南，蔡初次子蔡康迁顺昌元坑。

十三世蔡安（公诸），蔡沆孙，蔡栏子，迁广东东莞。

十五世蔡宜长，蔡渊四子蔡格后人，居同安从顺里西浦乡，子孙多居同安、南安、鹤山一带。

十五世蔡文震，蔡柄后人，居泉州西浦乡。文震长子蔡初居漳浦城南。蔡初生二子，长子蔡福迁福安，次子蔡康迁顺昌元坑。蔡文震次子蔡德亮，从晋江迁浙江龙泉；德亮生四子，长子为龙泉城内蔡氏祖，次子为龙泉兰渠溪寮下村祖。

十五世蔡宜攀，蔡沆长子蔡楠后人，其子蔡起权迁龙岩和睦里，其后迁安溪崇善里、光泽、永春、永泰诸县，传到二十五世蔡瑞周回迁建阳崇泰里。

十五世蔡文弼，蔡杭孙蔡希仁长子，居建瓯丰乐沧州，生五子，第五子蔡沅居武夷彭源上箬，为彭源支祖；传十九世蔡惠为吴屯岭头房祖，十九世蔡镇为大漈房祖。二十八世蔡日实迁福安三十六都。

十五世蔡文昭，希仁次子，崇安下峡房祖。文昭长子十六世蔡启，其长子礼成，为碗窑、中横亭村祖，次子礼兆为崇安下峡房祖。礼成孙二十世转富、元章由亭村迁建瓯丰乐里。文昭次子蔡效，居武夷蒋源桥村。蔡政，为浦城桥亭村房祖。

十五世蔡文龙，希仁四子，生子廷录，居丰乐里沧洲；廷录次子汉二，为回龙房祖。其后人二十二世蔡国成为建瓯芝城房祖。

十五世蔡文禄，希仁六子，因伯父为官贪墨祸及亲族，遂云游浙江庆元，定居蔡遁，为蔡遁祖，生五子，为仁、义、礼、智、信五房，子孙繁盛：仁房蔡仁，迁居古田开基；义房蔡义，其长子德荣迁浙江龙泉、云和等地，次子德施迁居泉州；礼房蔡礼，元至正间由庆元蔡遁迁松溪船航，生九子，其五子后世为庆元朱坞房祖，六子迁洪塘，七子迁福建青州，八子迁永定，九子迁庆元山头源；智房蔡智，生二子，其长子居龙泉上源，次子迁寿宁作坑，为作坑祖；信房蔡信，生三子，其长子徙浙江青田，次子迁寿宁，三子迁福宁州。

十五世蔡文明，希节子，其后人二十五世蔡懋德出家，先居江西建昌新城寿昌寺，后为福州鼓山和尚，法号永觉。二十七世蔡大坤，子孙多居浦城上相里。

十五世蔡鋠，其后人二十五世迁江西上饶铅山开基。

十五世蔡文彬，蔡杭之后，迁古田县开基。

十六世蔡天隆，迁浦城石陂。

十八、柳姓

唐代，均田里人柳宗彝，以正直闻于时。唐兴元元年（784 年），乡民在其居所建庙奉祀他。三子仕唐俱为大夫。其入潭世系无考。道光《建阳县志・丛谈》载：“崇安柳三变之族，即其裔也。”柳氏先世从河东（今山西）入闽，有材料记载柳永祖父柳崇先从均田里迁入建阳县城居住，后迁居崇安五夫白水的金鹅峰下。柳崇时代白水尚隶属建阳，故简述其族梗概。柳崇生六子：宜、宣、寘、宏、寀、察，俱仕在外，柳崇亦随子居，卒于长子柳宜任所。柳宜五十八岁时托丹青名家为自己画像，遣子柳永带自己画像回乡探视居住白水的母亲（继母），出生在外的柳永此时才十岁，回家住一段时间，并参加乡试，走后再没回乡。柳氏在白水居住时间似乎不长，不见其族谱牒。

十九、孟姓

五代时有孟贯，建阳人，曾献诗于周世宗，遂连九品。有《药性论》。其入潭世系及后人无考。

二十、周姓

（一）入潭

唐乾宁四年（897 年），原光州固始令周德琰遣其子周枢遂于与翁郜等入闽避乱，居马伏三角台。其后裔多散居建阳西部各乡镇。

北宋时期，学者周敦颐孙周聪因不满蔡京弄权，入闽居建阳，为一世祖。明洪武二十六年（1393 年），十六世迁水吉。明代，迁赤岸祖为周隆，迁岭下祖为周伯龄。

南宋乾道年间（1165—1173 年），江苏吴县人周天受迁居小湖。

元初，周宝生由江西上饶周村入闽北，居建阳。

元惠宗至正二十二年（1362年），苏氏入闽始祖苏益后裔苏卓周避仇居安溪，改姓周，其后人分析南平、建阳开基。

明初，周梓美自崇安迁居上畲。

（二）外迁

周枢支 北宋淳化二年（991年）周枢孙祐自马伏迁崇安大南之仙店。其后人又迁上梅、曹墩等地。周枢5世周美哲从马伏三角井迁建阳城西六十里的衢源，再迁崇安。元末，周均盛从建阳迁居崇安澄浒，子孙繁盛。周枢后人又有数支迁瓯宁、建安、延平、福州等地。

周聪支 周聪三世周福至迁居建宁府大帝街，福友迁建宁府登仙里，福寿迁横山木墩，福祥迁西瓯华溪平畲。明代十三世周亨三迁瓯宁横坑仔，利四迁瓯宁大梨村（今属水吉镇）。十四世周效二迁瓯宁大汴地（今属建瓯龙村乡）。周聪后人迁居外县外省的还有：迁崇安的五夫、仙店、下梅、星村、城村、吴屯、小浑，浦城的临江、观前、清湖里，江西铅山的德家坞及广东等地。

周敦颐七世周岳由建阳县迁晋江锦亭（今石狮龟湖），周岳长子周伯高生三子，长子周孔珪居锦亭，次子周孔宽分支花宅，三子周孔宾分支祥芝；周岳次子仲高生子孔定，孔定分支圣殿。

二十一、范姓

（一）入潭

唐代，范家端为御史，贬建州，其子五人居建阳。

明正统年间（1436—1449年），云南人范承勤迁居小湖的大湖村。

近代有政和县范姓迁居漳墩。

（二）外迁

明末，建阳人范廷高以义旅逐寇至崇安的漆里，遂居漆里。

二十二、施姓

（一）入潭

唐代，集贤殿修纂、秘书郎施敬本晚年退居建安东溪，其子施友俊迁建阳北雒里，即今之界首，施友俊遂为建阳一世祖，后世称此支施为“嘉禾施氏”。友俊生四子，第二子施惠张，生子元袖，元袖生文凌。文凌生五子，其第三子施功成官武威将军，其房称“武威派”；四子施功丙官散骑常侍，其房称“常侍派”；五子施功业官建州司马，其房称“司马派”。

（二）外迁

常侍派有一支迁江苏吴江的笠泽，后再迁安吉县紫溪。

北宋，施惠张八世施祖出任福建转运使，遂从麻沙界首迁居福清县时和里龙田村，此支施氏称“高楼施氏”。施祖曾孙施英又迁晋江南浔乡，此支施氏称“浔阳施氏”。

施鸿从界首迁居奉天。施鸿，清代北雒里人，顺治时岁贡生，官娄县丞、奉天府经历。著《史测》40卷，《宦游集》二十卷。北雒里施姓清代甚为繁盛。

二十三、傅姓

（一）入潭

据清光绪《傅氏族谱》序载：“傅氏自固始出熙河，世为望族。渡江（指司马睿因石勒之变，渡过长江，定都建康，建立东晋）以来，析居福建建阳，鼻祖兄弟最少者为建阳令，子孙因家焉。由建阳马伏分居东田”。

又有傅姓出泗州，迁古睦州，后有入闽任建阳长官的，因家建阳，居后塘。

唐乾符年间（874—879 年），一支傅姓由光州固始迁潭，卜居西乡之塘源村。

南安《傅氏族谱·五傅塘岸世系》载，开闽祖傅实，固始人，唐末居南安，生八子，其第五子傅仁济迁仙游，又迁江西建昌，其后裔分派建阳、光泽等地。

清嘉庆年间（1796—1820 年）汀州傅曹莆迁小湖贵源村。

清代有傅姓自长汀双窝迁入建阳。

（二）外迁

有傅姓迁建郡（今建瓯）、崇安五夫一带。

傅镕，洛田里人，少游欧阳修之门，北宋嘉祐六年（1061 年）进士。初知蓬莱县，转任邕州通判。司马光编纂《资治通鉴》时，请傅镕参与初稿的编写。书成，获神宗嘉许，擢参左仆射兼赞修国史，未就，乞归。曾致书范致虚，说自己“行不愧于欧阳，幸见知于司马”。傅镕子傅列，孙傅铣，皆进士。

傅国珍，三桂里人（今建阳考亭）。明万历进士，官至刑部侍郎，嘉兴知府。傅国珍多善举：重修莲台水月庵，倡建水南多宝塔等。

二十四、杨姓

（一）入潭

隋代，杨秀不满其兄弟隋炀帝所为，避祸迁居浦城，杨秀后裔先后有两支迁居建阳：一支约于唐末入潭，有杨澈为杨秀十三世，与子杨峦俱为宋初进士；一支为杨秀十七世杨仲祥知莆田县事，后居建阳庙前发祥。杨仲祥后裔杨启祥又迁书林。

（二）外迁

浙江乌龙川《杨氏族谱》载，杨永吉世居福建建阳，其孙杨汝召宋大中祥符五年（1012 年）自福建授恩贡，任荆湘路经历，后弃官隐居乌龙川，为是支杨氏始祖，南宋状元、宰相梁克家曾为杨氏后人撰写杨汝召《行状》。

二十五、叶姓

唐初，叶灏任职建安，遂落籍建安，其七世叶京为建安首名进士；叶京子叶仁生九子，第六子迁居建阳，其九世又有一支迁居建阳。

南宋淳熙十年（1183 年），学者叶味道于入潭师事朱熹，后其子叶采从蔡渊受《易》，定居莒口后山，遂为建阳人。其后裔一支迁居漳墩。

唐末，叶月陂随王氏入闽，家三山（今福州），后梁贞明元年（915 年），其后人叶希泽迁浦城南岸。元至大二年（1309 年），二十世徙居回龙。 此支叶姓在回龙、漳墩一带繁衍。

五十世叶味道（叶氏尊周朝楚国令尹诸梁为 1 世祖），叶适子，名贺孙，字味道（一字知道），以字行。原籍浙江温州，遵父命，于南宋淳熙十年（1183 年）入潭执经受业于朱熹。后居莒口后山，构筑溪山精舍，溪山谱以叶味道为入潭一世祖。登南宋嘉定十三年（1220 年）进士，官至太学博士兼崇政殿说书，秘书著作佐郎。卒于南宋嘉熙元年（1237 年），学者称“溪山先生”，《宋史》有传。

叶采，叶味道子，居莒口。初从蔡渊受《易》，理宗南宋淳祐元年（1241 年）中进士，累官翰林学士兼侍讲。

二十六、猷姓

唐代，马祖道一的弟子明觉，俗姓猷，其祖官岭南，后徙居建阳。

二十七、童姓

唐末，广陵人童猛入闽，居今小湖下乾一带，后发族于下乾、美溪及邻近邻村子。宋时，童志贤从巢芜避乱入闽，居水吉南隅，为建阳、建瓯一带童姓始祖。

二十八、黄姓

（一）入潭

据《十国春秋·闽六列传》载：唐末，“黄子稜字元威，洛阳人，随父入闽。事太祖（王审知）父子，累官侍御史。后避乱居建阳之东，终焉。”《江夏黄氏大宗祠总谱》载：一百零二世孟兴（黄谱尊远古黄帝子昌意为一世祖）生一子端，黄端即黄子稜。其后人无考。

唐光启元年（885年），黄膺随王氏南下，唐景福二年（893年）入福州，其十二世黄榦来建阳师事朱熹，黄榦子黄輹、黄軓在建阳发祥。此支黄姓今在建阳有一万人左右。

五代，邵武黄峭子黄政析居建阳。

小湖黄氏始祖黄忠公从江西入闽，其后若干代失考。南宋初，其裔孙黄嘉言进士出身，官翰林承旨，致仕，始居建安，继迁小湖、水吉之间的黄墩，再迁大湖。今黄姓为大湖大姓，分布小湖、贵源等地。

明末，有一支黄姓，谱称是邵武黄峭第五子的后代，从河南开封入闽。始迁祖黄玉鼎，初居李洋，后迁漳墩的龙安村，躬自耕耘。

（二）外迁

宋代，建阳人黄福清迁居长乐首占镇上洋村。

明末，黄学库由建阳项头（不详所在）迁居浦城永兴的洋塘。

黄輹，黄榦三子，太学上舍出身，官都督府主管、机宜文字，传建阳传黄氏一脉。黄輹后从建阳到连江县敖江讲学，遂居连江，卒葬建阳崇泰里南瑯台。

黄大鹏，建阳人，明崇祯十三年（1640年）进士，清初守仙霞关殉国。

二十九、魏姓

（一）入潭

据《潭阳魏氏家乘》载，魏姓有两支入潭：一支魏氏于西晋永嘉末（307年左右）离邢州钜鹿郡，寓居润州上元县小郊村。唐末，因避黄巢农民军，魏看从上元县携兄弟十余房入闽，部分分宅建阳。落籍建阳的魏看后裔散居于城关、黄墩等地。另一支是唐代名臣魏征的九世魏广于唐末入闽事王氏，魏广孙魏清贤于闽国王延政末期，避仇遁走，其继室包氏逃至高阳的张坊，生子魏东，其支后称“高阳派”。魏东后从宋太祖征河东有功，封金吾将军。南宋魏掞之是其后人。

（二）外迁

魏氏后人迁居邵武、建邑、崇安、上杭、汀州诸州县。

魏掞之（1116—1173年）南宋招贤里（今徐市）人，师事胡宪，与朱子友善。孝宗赐同进士出身，为太学录。卒赠直秘阁。因所居名“艮斋”，人称魏艮斋。

魏庆胄，莒口人，人称竹谷先生，与蔡模、翁泳为同门友。著作有《三礼同义》《心经集传》等。

三十、卓姓

五代初，有卓姓从福清迁居建阳，其七世卓元举住建阳南十里的建溪边，官承务郎。卓元举季子卓特立是朱松同年，卓元举卒，朱松为撰墓志铭。

近代有政和县的卓姓迁居麻沙镇的七宝。

三十一、江姓

（一）入潭

南朝时，浙江山阴人江道兴任建安令，自浙入闽，居今武夷山市上梅，为闽北开基祖。唐元和年间（806—820 年），十一世江本仕唐为赞善大夫，迁居建阳崇政乡之江墩，为江墩始祖。江本生七子，长子江幸居上梅，七子江明居建阳江墩。

唐末，山东济阳人江兴迁居建阳。

五代，宋州人、诗人江为（一说江为是曾任浦城县令的江淹后人，又说是曾任建阳县令的江洪后人）避乱居建阳。

南宋，江世成从开封迁小湖。

近代，政和县江姓迁居漳墩镇的龙安、竹口村，水吉南山的香山村及书坊的钱塘村。

（二）外迁

江明子孙迁泰宁城里，又迁瑞溪江家坊。

明万历三十七年（1609 年），江廷（延）春自建阳盖口迁罗源县松山岐后，后分迁小获西湾、余家塘等地。

江姓进士颇多：江文蔚、江拯、江任（文蔚子）、江侧、江作舟、江翊、江立、江准、江杞、江铟、江锜、江符。

江文蔚（901—952 年），字君章，建阳人，五代后唐长兴二年（931 年）进士。后官南唐，至礼部尚书、翰林学士。江文蔚为五代著名文学家，著有《唐吴英秀赋》《桂香赋集》行世。

江为，五代著名诗人，与江文蔚、浦城人杨徽之齐名。

三十二、吴姓

（一）入潭

据《晋邑吴氏春秋》载：唐咸通年间（860—874 年），固始人吴卓任长汀令，其叔吴穗随之入闽，居建阳。

唐代，西蜀人吴宣迁江西抚州，又迁南丰。元泰定年间（1324—1328 年），其后人吴伯三迁居建阳崇化里书坊之环溪。

明天启年间（1621—1627 年），漳州人吴翠川迁小湖下墘村。

明清时期，尤溪县有一支吴姓迁居建阳。

近代有吴姓从政和县迁居漳墩镇的杭头、苏源、上墘村，及建阳黄墩。据《浙西札溪吴氏支派世系》载，吴大顺住建宁府建阳县书坊，生二子。

吴枥，南宋建炎二年（1128 年）进士，官朝奉郎。

三十三、丁姓

（一）入潭

五代，河南人丁广为建州教谕，遂居建阳。其后人丁淳良为官建阳，其十世丁显住书林，为明初状元。

（二）外迁

丁广子福田生十子，其中常明、常丰、常显迁居崇安上梅的丁屯，子孙繁盛。

南宋嘉定间（1208—1224 年），丁君荣从建阳迁宁化。

明末，丁威九从建阳迁崇安星村。

丁显，明崇政里（今莒口镇茶埯）人，洪武十八年（1385 年）状元。

三十四、谢姓

（一）入潭

据《政和姓氏志》载，黄巢起事时，有谢臣迁南下，先居建阳，后迁政和，谢臣迁 14 世迁居建阳城、莒口的茶埠村及麻沙的江坝村。

建阳《魏墩陈留谢氏族谱》载：北宋进士谢良佐生三子，为松、梅、竹三房，梅房迁福建长乐城，传两代又迁长乐江田，传八代。元惠宗至元二年（1336 年），因沿海倭患，其后人谢百淋迁居顺昌仁寿杉溪际新市，即今余塘村。至明万历年间（1573—1620 年），谢百淋后人谢招郎自顺昌迁居建阳崇政里的上畲发族，其子孙散居于魏墩、双井、江墩、策口、书坊钱塘、莒口渭源、河坝、徐市寺后、东漈等村。后谢三登、谢三畏又迁崇雒后畲的合源垅、张屯等地。

北宋，小湖、塘楼、马坑、尹宅一带有谢姓居住。

江西谢祖华居建阳洋前，后世迁长埂，其后人友一迁东源，分派黄龙洲，友二迁下保，友三迁苦竹，友寿仍居长埂。

（二）外迁

谢叠山支 据文献记载及专家考证，谢叠山幼子谢定之生子谢宗韶，谢宗韶生十子，分别以寿一至寿十命名，谢寿一从建阳唐石山下迁广东潮州府大浦县松山，谢寿二迁建宁县，谢寿三迁龙岩，谢寿四迁武平，谢寿五迁上杭、宁化，寿六迁广州，谢寿七迁赣州长宁县，谢寿八迁广东惠州龙川县（龙川县谢氏以之为始迁祖），只有谢寿九留居唐石。

另有材料载：谢叠山幼子谢定之逃来建阳，其孙刚生迁宁化水口开基，后裔迁上杭白沙里。明朝时有一支隐长汀宣河谢屋村。又，顺昌岚下谢姓是谢叠山后裔最大的聚居地。永定、漳浦、福安、漳州一带谢姓称是谢叠山后裔。

谢麟支 进士谢麟，北宋小湖一带人。据有关材料，小湖塘楼人谢登泰，是谢麟元孙，翰林谢抡次子，因其兄谢登第举人出身，赴广东韶州府任职，便随兄于元时迁居韶州府石桥村。后其长子中举授化州同知，便随子居石龙水街，后卜居州之南巢。又据《福州姓氏志》载，明成化年间（1465—1487 年），谢麟后裔谢回自建阳迁福州城门镇谢坑村，其后人有迁中国台湾地区、新加坡等地。

谢良佐支 迁崇安吴屯，及周边县市。

三十五、王姓

五代，王审知孙、王延政子王继修封南平王，建州（时王延政在建州称帝，建号为“殷”）为南唐所破，王继修母趁乱抱起幼子遁走建阳之柟林，更名王极。其子孙散居于南林、将口、兴贤里之柟溪、上洋、篆岭、塘科、书林等地。

清雍正年间（1723—1735 年），山西太原人王智沛迁居小湖。

近代有王姓从政和县迁居麻沙渡船头。又有王圣怀、王圣穗从德化县迁居建阳大历口。

据馆藏王氏谱载：王谔，初事吴越钱氏，后归宋为副指挥使。数从征伐，历潮州刺史兼御史大夫，封临沂开县男。转河东镇抚使，拜右羽林将军，封琅琊郡侯。赠太师中书令、韩国公，谥忠献，谱称忠贤公，葬莒口来龙山。

王相，王谔十三代孙。明洪武进士，任知府，拜监察御史。

三十六、应姓

宋初，应士贵迁崇安的曹墩，其子孙传布于建阳、建瓯及崇安的澄浒。

三十七、郑姓

北宋，郑侠（福清人，进士出身，师事王安石，但因反对变法被贬）子郑显自福清迁居闽北，其子孙散居于建阳及崇安各处。

南宋，江西南城人郑甫俊迁居小湖，后人散居源头村一带。

元末，一支郑姓从福清首溪迁居建阳。

三十八、倪姓

（一）入潭

唐昭宗时（889—903 年），建阳人倪彦常与弟倪彦春俱仗信义，年丰谷贱，籴而藏之，遇饥馑时，悉开仓赈济饥民。卒后乡民建庙奉祀他两兄弟。其入潭世系不明。

南宋初，金华人倪碧迁居建阳，住东林。

（二）外迁

倪称，受业张横渠之门人，有学行，官御史。初居吴兴锦山下，迁金华石门街，号元敏先生，谥兴圣。

倪碧，北宋政和五年（1115 年）进士，官翰林博士。宋末元初著名学者熊禾作像赞云：公任博士，解组入闽；为肇基祖，卜居东林。倪碧后人迁居崇安、瓯宁、建郡等地。

三十九、兰姓

南宋建炎三年（1129 年），兰珪从开封迁居建阳。

四十、朱姓

（一）入潭

唐末，雒田里人朱邦式率乡民御寇，战死于兴贤下里之洪山，邑人立庙奉祀他。其族入潭时间及世系不详。

朱熹，原为婺源人，他作朱氏谱序说：“吾家先世居歙州歙县之黄墩，相传望出吴郡……唐天祐中（904年），陶雅为歙州刺史，初剋婺源，乃命吾祖领兵三千戍之，因家焉。”晚年迁居考亭，遂为建阳始迁祖。建阳馆藏朱氏族谱两部，其一尊朱子父朱松为始祖，另一谱尊朱子长子朱塾为一世祖。

（二）外迁

朱熹后裔迁徙颇广。迁居本省的以周边武夷山市、建瓯、邵武、顺昌等地为多；迁居其他县市的有：尤溪二十八都的阪面、十八都的枣坑及溪尾乡，福州的新店秀山，长乐的航城镇下朱村，闽清六都的朱厝、雄江、下洋，永泰的玉漈，闽侯的南洋、古洋，泰宁县玉叶坑，永安贡川等地，朱熹八世孙朱锡号小细郎先迁瑞金，后徙武平。外省以浙江、江西、江苏居多。

朱塾，朱熹长子。“像赞”注文说：“今以文公为始祖，则公为一世祖。”朱塾历官淮西运使，湖南总管，赠中散大夫。

朱鉴，朱熹孙，湖广总领，两浙运使。

朱浚，朱熹曾孙，礼部侍郎，理宗驸马，国破，与公主同饮药卒于福州。

朱彬，朱熹四世孙，元时为延平路知事。

朱淩，朱熹十一世孙，明嘉靖二十（1541 年）进士，任户部主事，升员外郎、陕西佥事兵备。

四十一、袁姓

（一）入潭

唐末，小湖镇人袁元应任礼部员外郎，黄巢农民起义时出为本道抚御史，卒。其世系不详。

元末，汝南人袁世安，进士，授福州同知，其侄袁暹随之入闽。袁暹慕潭阳山水之胜，遂居建阳北门桥头，后卜居童游柳堤。

（二）外迁

袁暹后人迁居崇安的下梅、白水、廉山、杜畲、后源及江西的大坞等地。

袁镐，明代人，官至琼州知府。

袁文绍，明举人，官至户部郎中。

袁襄，文绍侄，官至州同知。康熙年间，耿精忠在福建反清，曾胁迫袁襄父袁文超附己，后袁襄为父申冤昭雪，大学士李光地为袁文超撰写墓志铭，述之甚详。

四十二、阮姓

五代后唐（923—936 年），进士阮思道，崇化里（今书坊乡）人，入宋历守数州。子阮昌龄，北宋咸平元年（998 年）进士；侄阮中度，北宋端拱二年（989 年）进士。其族入潭时代及发族世系俱不详。

《三明姓氏志》载，南朝宋文帝元嘉二年（425 年），阮弥之入闽任晋安郡太守，其后裔分衍于建阳等地。

四十三、曹姓

南宋，开封人曹秦斌迁居小湖，后裔散居塘楼、东鲁一带。

四十四、滕姓

南宋末，河南邓州人滕缉斋从临安（今杭州）随赵氏二王入闽，奉命镇守仙霞关，遂落籍瓯宁禾供里的连瓯村（今属浦城县豪村乡），为始迁祖。其子孙繁衍于建瓯、建阳的东片漳墩、水吉一带，及浦城诸乡镇。

四十五、沈姓

（一）入潭

沈廷辅世居吴兴，南宋绍兴二十七年（1157 年）王十朋榜进士，授知县事、通判，升知福建汀州府事，遂居建阳。其子沈启承进士出身，官至谏议大夫，卒葬武夷山。

清同治年间（1862—1874 年），沈菊彬（沈启承后裔）携族人从广东嘉应迁居瓯宁县禾义里秦溪村（今小湖镇秦溪村）。

（二）外迁

沈启承生八子：椿、楸、松、柏、桂、榕、根、枝，称“八木公派”，分迁如下：沈椿曾任宁化知县，迁宁化贵溪石豁，生三子；沈楸迁嵩溪，曾任职于漳州府学，生二子，长子沈绍康移居诏安，为诏安祖；沈松移居汀州某县；沈柏迁宁化招贤里，生二子，分迁连城、清流；沈桂原居招贤里，后迁竹大坡，曾任汀州府尹；沈榕居上杭，又迁延平府；沈根移居连城；沈枝居上杭县古田里倒湖塘沈家坊。后世沈姓分迁江西、广东各州县。

四十六、胡姓

据崇安胡氏谱《清和堂记》，宋代，五夫胡安国孙胡大壮从衡山取回籍溪先生（应是致堂先生胡寅）遗骸，葬建阳东田凤历山，大壮支胡氏为守祖坟，遂移居东田，为建阳人。

明代，胡秀山迁茶垴之高山居住，后四世胡妳通、胡妳宝兄弟再迁建阳城东北的徐墩。到了清代子孙繁衍众多，《胡氏重修宗谱》载云“徐墩之地环堵居者，莫非胡氏”。

明末，寿宁胡某迁小湖井后村。

民国末，屏南胡氏兄弟迁居小湖村。

四十七、程姓

道光《建阳县志》载：元代，“程仁甫……其先河南人，明道（程颐）二十四世孙，举元统二年（1334 年）进士，任顺昌县令，有贤声。性最孝，在任年余，父母俱卒，扶柩至雒田，时饥荒盗起，遂卜居昌茂坊。呈建明道、伊川祠，迄今子孙繁盛。”

四十八、祝姓

宋代，朱熹外祖父祝康国，歙县人，来闽依朱熹；其孙祝穆少孤，与弟祝癸同事朱熹，官迪功郎，有《事文类聚》《方舆胜览》行世。祝穆子祝洙，知兴化军。

四十九、连姓

据崇安《连氏族谱》载，连氏先祖居光州固始县七里乡，北宋淳化年间（990—994 年），连弥官建安，遂卜居建阳县西罗，至六世连英迁居五夫之典村。

五十、吕姓

（一）入潭

唐代，建阳人吕师晦与海盗战，死于福州，后人在禾平里建吕相公庙奉祀他。其入潭时间及世系不详。

唐乾符年间（874—879 年），河东人吕行立迁入建阳。后人有吕祉、吕胜巳父子出名。

南宋淳祐年间（1241—1252 年），吕祖德从苏州入闽居沙县，其后人分居建阳、崇安。

宋代，上杭始迁祖吕太德，原籍金陵宁国府旌德县，宋宁宗进士，为漳州司马，后迁上杭，生四子，其第四子六五郎迁居建阳县童游里。

明代，有一支吕姓从崇安迁居建阳黄坑溪头的吕墩，吕墩由此得名。

（二）外迁

吕祉（约 1089—1137），建阳人。官至兵部尚书。赴前线督师，叛将挟持欲投金人所扶立的刘豫伪政权，吕祉不从，遇害。朝廷赠资政殿大学士。吕祉葬邵武，其守墓一族遂为邵武人。

有一支吕姓从吕墩迁崇安黎迁的石狮子村。

明时，童游六五郎后人吕万兴授汀州卫都司，成化三年（1467 年）分镇上杭，其裔居上杭城西门。

五十一、萧姓

元初，萧四益由浦城仙阳入崇安，住黎口，其子孙一支入建阳。

元末，有萧姓定居于建阳城里，明嘉靖年间（1522—1566 年），萧一凤、萧一阳兄弟迁书林。其后书坊有萧鸣盛（即萧儆韦）、萧少衢、萧腾鸿（一阳子）三人为刻书名家。萧鸣盛曾在明万历年间（1573—1619 年）出任仙居、三原等地县令。

五十二、何姓

元时，江西饶州安仁县盘石里人何清，举贤良，历任长平县令，升通州知州。其孙何龄慕朱熹之道，入潭访考亭，爱建阳山水灵秀，遂卜居童游。近代有政和县何姓迁居漳墩镇的凤凰村及回龙村。

何龄后裔迁崇安及瓯宁的姜地。

五十三、雷姓

明代，雷姓两兄弟先后从龙岩分迁建阳嘉禾里台石村和禾平里上坪村。

清道光年间（1821—1850 年），雷清星从浙江会稽迁小湖秦溪村。

五十四、暨姓

宋时，暨广应入崇安，居城中，后迁大漈、四渡等处。明代有一支暨姓迁居水吉上瑶，即今玉瑶村，现居村有数百人。

五十五、罗姓

明万历年间（1573—1620 年），河南罗章发迁小湖贵源村。

近代有政和县的罗姓迁居漳墩镇的上墘、杭头村及小湖镇的井后村。

五十六、邓姓

明崇祯年间（1628—1644 年），邓明星从长汀迁居小湖镇大湖村。

五十七、严姓

明崇祯间（1628—1644 年），福清人严宗应迁小湖井后村，后裔分布于黄地、鸿庇等地。

五十八、白姓

明末清初，安溪白姓一支迁居水吉青潭溪上排，今发族数百人。

五十九、赵姓

清咸丰年间（1851—1861 年），河南开封人赵新发迁居小湖马坑村。
近代有政和县赵姓迁居回龙乡的坪洲村。

六十、巫姓

东晋末，山西夏县人巫暹率族人经山东兖州辗转入闽，居剑津（今南平），为巫姓入闽始祖。其后人迁宁化、清流，至四十三世巫可住、巫成东迁居建阳，巫成剑迁建阳崇政里，巫成晚迁建阳中窑（未详所在），另有“邦”字辈迁建阳。

六十一、毛姓

宋末，安徽庐江人毛璋随陆秀夫护送赵氏两幼主入闽，祥兴二年（1279 年）宋室灭亡，毛璋遂隐居福清县龙峰，择居六十一都梅塘。其后裔发南北两支，南支留居梅塘，北支毛可愚移居龙楼村，有后人迁移建阳。

第三节　分　布

一、地名提示姓氏分布

古时，建阳境内百姓多聚族而居，有相当数量的村子以姓氏为名，了解各乡镇村子名，大抵可以了解各姓氏分布的情形。如童游街道彭墩村，原名夥田，清末因彭姓居民占大多数而改名彭墩。明末，李明十六世迁童游南林村开基，后其住地叫李厝厂，现李厝厂李氏仍人丁兴旺；漳墩镇喻溪村，大部村民仍姓喻。现据 1981 年建阳县地名办公室编纂的《建阳县地名录》所载，摘录各乡镇以姓氏命名的街坊、村落的地名，可知建阳姓氏的分布情况：

带“墩”村名　各乡镇都有，比较集中地分布于以下乡镇：童游街道有刘墩、徐墩、邱墩、彭墩、虞墩、小周墩、连墩、丁墩、蔡墩、吴墩、严墩、陈墩、黄墩、郑墩、范墩；莒口镇有富墩、丁墩、江墩、苏墩、徐墩、余墩；麻沙镇有陈墩、詹墩、梁墩、吕墩、马墩、祝墩、蓝墩、贾墩；徐市镇有丁墩、翁墩、林墩、郭墩、范墩、黄墩、安墩、陈墩、葛墩；书坊乡有陈墩、官墩、冯墩、吴墩岭；水吉镇有郑墩、池中（原作“池墩”，下凡“中”原俱为“墩”，于 1981 年更改）、陈中、叶中、木中（原名“缪墩”）等；小湖镇有童中、祝中等。

带“厝”村名　有严厝、章厝、李厝、梁厝、王厝、江厝、连厝、丁厝、饶厝、萧厝、赖厝歧、李厝厂、涂厝厂等；

带“巷”地名　有蔡厝巷、游家巷、魏家巷、吴厝巷、朱厝巷、孔厝巷、叶宅巷、高宅巷、周宅巷、卢宅巷等；

带“家”村名　有张家、许家、詹家、袁家、彭家、蔡家、施家、胡家、萧家排、欧家山、陈家坪、彭家塅、李家坡、李家塘、杨家窠、陈家排等；

带“屯”村名　有陈屯、张屯、吴屯、傅屯、康屯等；

带“村”村名　有郭村、邱村、邵村、刘家村、颜村、刘村、蔡村等；

带“坊”“仰”“边”村名　有叶坊、江坊、郑坊、张仰、徐仰、范仰、梁仰，刘边、邓边等；

带“源”“原”“元”村名　异字但同音同义，带这些字的村子有张源、程源、余源、陈原、彭元等。

二、人口数量多的姓氏分布

陈姓 陈姓为建阳市人口数量第一姓氏，在童游街道、莒口镇、水吉镇、书坊乡，黄坑镇等，陈姓人口数都高居第一位。陈姓分布全市各乡镇，其中，莒口镇有陈姓2100余人，主要分布于莒口镇的莒口、焦岚、后山、石庵、茶垴等村；书坊乡有陈姓1100多人，主要分布在书坊街、花园岭、岭根墙、陈源、重历；麻沙镇陈姓散居王前、官地下、杜潭、石床、墩头、吴墩、长评、江坊、吕屯、邱墩、界首，吴杭等村；水吉镇陈姓有2000余人，主要分布在镇所、青田、七里岚、渡船头、双溪、安口、民主、叶中等村；漳墩镇主要分布在漳墩、龙安等村；小湖镇陈姓有700来人，占第7位，主要分布在下墘、鸿庇、井后等村；童游街道陈姓有近4000人。

吴姓 莒口镇有1700来人，占全镇第2位，主要分布于莒口、湖桥、上垴、马伏等村；童游街道有1900余人，占全镇第4位；水吉镇 有800多人，占全镇第12位，主要分布在水吉镇所，大梨、营头、后井、后巷等村；小湖镇有700多人，占第5位，主要分布于下墘、岩头、小湖、溪东等村；书坊乡有980多人，占第2位。

张姓 散布各乡镇。莒口镇有1400多人，占全镇第3位，主要分布在莒口、东山、金山、河坝等村；童游有3200多人，占全镇第二位；水吉镇有1400多人，占全镇第5位，主要分布于陈地、叶中、双溪、郑墩、仑尾、莘溪坪、留中、仁山、安口、后巷、建设等村；小湖镇有1300余人，占全镇第3位，主要分布于盖竹、下墘、峡头等村；书坊乡有370来人，占全乡第五位；张姓又分布于城关、下周墩、范墩坪、梁埠、将口、麻沙、江坊、长坪、竹溪等地。

周姓 建阳周姓有8000多人，分布很广。莒口镇800多人，占全镇第8位，主要分布于马伏、潮滩下等村；水吉镇有2100多人，占全镇第2位，主要分布于市头、民主、吴中、池中、叶中、安口、后巷等村；小湖镇有近800人，占全镇第5位，主要分布在小湖、下墘、鸿庇、井后等村；尚有分布于麻沙的界首，徐市的盖溪、金盘，崇雒的后畲、童游的周墩、赤岸、岭下、贵口、张源、丁埠，将口的横潭、将口等村。

谢姓 散布各乡镇。主要分布于潭城街道的桥南（上下水南）、溪源（黄田埂）、严墩（上陈墩）等村；童游街道的童游村（民主路）、馒头山路、赤岸村；麻沙镇的华溪（东源）、留田、江坝等村；水吉镇的市头、黄西溪等村；莒口镇的金山、莒口（渭源）、茶垴（双井）、策口、长埂、（村尾、玉厝）、社州（魏墩、江墩）等村；黄坑镇的长见村；徐市镇的北岸、徐市、唐科等村；小湖镇的塘楼、小湖、马坑、尹宅等村；崇雒的后畲、张屯等村。

蔡姓 约有人口2500人。主要分布于麻沙镇的长坪、江坝、溪头、湖嘉洲、叶坊等村；童游街的童游、彭墩、蔡墩、水南、水东、溪源、叶房等村；莒口镇的后山、莒口、湖桥等村；将口镇的南台村；崇雒乡的井水、后畲、崇雒村；黄坑的井水、熊墩等村；漳墩镇的埂头、杭头等村；回龙乡的白沙、双溪村、浒州村、均墩等村；水吉镇的民主村、镇所、大梨、仁山、留中、青田等村。

徐姓 约有人口5000余人。水吉镇有1400多人，占全镇第4位，主要分布于镇所、郑墩、留中、建设等村；童游街道有1400多人，占街道姓氏人口第五位，分布于童游、彭墩、贵口、芦上、南林、水东、回瑶等村；小湖镇有徐姓800多人，占全镇第4位，主要分布于小湖、马坑、贵源等村；莒口镇有徐姓500多人，占全镇第十二位，主要分布于长埂、后山等村；徐市镇分布于条岭、大闸、范墩、荷源等村；麻沙镇分布于陈墩、长坪、苦竹岭、叶墩等村。黄坑镇徐姓人口约400人，占全镇第九位。

刘姓 刘姓分布于全市各乡镇。莒口镇有1300多人，占全镇第4位，主要分布于长埂、马伏、石庵、茶垴、炉上、魏墩、乌龙源，蔡墩等村；麻沙镇主要分布于镇所及渡头、湾尾、大田、金台、梁源、长坪、江陂、新溪等村；水吉镇刘姓有近1000人，占全镇第十位，主要分布于水吉镇所及玉瑶、吴中等村；童游街道有刘姓1400多人，占街道姓氏人口第7位；小湖镇有刘姓400多人，占全镇第十二位，主要分布于小湖、马坑、贵源等村；黄坑镇有刘姓400余人，占全镇第十位；书坊乡有700多人，占全乡第三位。

黄姓 建阳黄姓约有16000人。莒口镇有1300余人，占全镇第五位，主要分布于莒口、焦岚、茶坾等村；水吉镇有1300多人，占全镇第六位，主要分布于水吉镇所及玉瑶、市头、良源、仁山、和平等村；童游街道有黄姓近3000人，占街道第三位；小湖镇有黄姓1600人，占全镇第二位，主要分布于大湖、小湖、东鲁、贵源等村；黄坑镇有600人，占全镇第四位；书坊乡有400人，占全乡第四位。其中黄榦后裔主要分布在陈墩、莒口、童游、麻沙、黄墩、盖口、均亭、麻园、书林、锦江、周屯、李墩、茶坾等村。

王姓　莒口镇有1200人左右，占全镇第七位，主要分布于茶坾、湖桥等村；水吉镇有500人，占全镇第十七位，主要分布于水吉镇所及营头、安口村等村；童游街道有1300左右，占第八位；黄坑镇有400人左右，占第八位；书坊乡有400人，占第五位。将口、南林是王姓祖居地，人口不详。

李姓　童游李姓主要分布于县坊、童游街及水南、周墩、南林、庵口、赤岸、横源、林后等村；水吉镇有1100人，主要分布于镇所、大梨、民主等村；小湖镇有800人，分布于小湖、董步、井后、下垅等村；莒口镇约有1200人，主要分布于后山、东山、石庵、上埠、茶埠、东徐、潮滩下等村；尚有分布将口、崇雒、漳墩、回龙等部分村子。

游姓　约有3000余人。分布于建阳城区；麻沙镇所及长坪富垅、界首等村；将口镇的芹口、西岸等村；童游的下黄墩、谢源等村；书坊乡的石溪等村；徐市镇的徐市、大阐等村；水吉镇的镇所、民主村、市头村，约有600余人；漳墩镇的松源、沙堤、凤凰等村；小湖镇的下垅鸿庇等村。

叶姓　人口超过万人。水吉有1800多人，主要分布于陈地的古源、营头、后堀等村；莒口500多人，分布于社洲、后山等村；回龙数百人，分布于回龙、马岚等村；漳墩数百人，分布于漳墩、沙堤、凤凰等村；另尚分布于书坊、徐市等乡镇。

翁姓　莒口是翁氏的祖居地，翁姓人口较多，有800多人，主要分布莒口、石庵、中埠等村；水吉300多人，主要分布在黄家店、良源等村。

邱姓　邱姓是早期入潭的姓氏之一，不见统计数字。主要分布在城里、麻沙、莒口、将口、水吉、小湖。莒口镇有490余人，散布于马伏、后山等村；水吉镇有500多人，散布于黄西溪、后井等村；另散布小湖镇的贵源、郑墩，将口的南台、回潭等村。

三、居住高度集中姓氏

暨姓　暨姓集中在水吉镇的玉瑶村，有800多人；迁水吉镇所在地有100多人，和平村有50来人。暨姓在建阳市、闽北地区是小姓，但在水吉镇却是人口数占第七位的姓氏。其他乡镇数量不多。

童姓　集中分布在以小湖镇美溪村为中心的邻近“五溪”村子：秦溪、玉溪（下垅）、美溪、莘溪（属水吉）、鸿庇、东鲁及属于水吉的仓尾村，人口900人（水吉2个村和小湖5个村旧时同属瓯宁县西乡里）。零星散布其他乡镇的不多，有莒口镇10余人，童游20来人。

滕姓　集中在漳墩镇的漳墩村，另分布于以漳墩村为中心的邻近村子：杭头、均墩、水吉、黄家店，以及与漳墩镇相接、相邻的浦城县濠村、毛垅、旧馆、寺前、高家等村。现在外迁渐多，计尚余100多户，300多人口，其中漳墩村有230多人。

白姓　集中在水吉镇上排村，人口约500多人，其他乡镇少见。

邹姓　集中于漳墩镇碓后村，约600余人，约占全村人口的1/3，其他乡镇少见此姓。

四、畲族分布

建阳市畲族分布于漳墩镇、黄坑镇、麻沙镇、徐市镇、小湖镇、童游街道的50多个偏远的自然村。20世纪80年代前后，有人口近5000人。21世纪初有700多户，3000多人。全市有5个少数民族村：漳墩镇碓后民族村、漳墩镇陈元民族村、徐市镇南槎民族村、麻沙镇毛店民族村、黄坑镇三峡民族村。有蓝、雷、钟三姓。

黄坑镇是建阳1支畲族的原迁地，有1000余人，占全镇人口的7‰左右，散布于仙源、中焦溪、上焦溪、古溪、畲上坪、畲下坪、邱家际、徐源、梅子坑、东坑、野鸡窠、铁山、台石、排上等14个村子。

第四节　谱　牒

一、馆藏谱牒

建阳市图书馆收藏族谱30多部，多残破。

潭阳熊氏宗谱　7册，清熊日新主修，光绪七年（1881年）书林熊氏木活字本（复制本），线装（下诸谱未注“电脑版”之类的皆为线装本）。此谱实是书林熊氏谱，迁潭始祖：［唐］熊秘；迁书林祖：［宋］熊祖荣。第1册载目录、序文、凡例、谱禁、墓图、历代列祖列宗像容、小传及贤宦事迹、熊氏西族贤宦籍等，2册载熊氏西族上房长官祖居忠孝堂世系，3册载西房雨钱堂支派世系等，4册载始入书林俭房世系，5册载焦岚樟埠厅遗派，6册载入书林天儒公世系，7册载入书林天祥公世系。

紫阳朱氏建安谱　2册，原版只1册，1982年托福建省博物馆复制厂复制时，因所用纸张比原版纸张较厚，便分为2册。原本为明万历四十八（1620年）版印本。始祖，唐朱瓌；始迁祖，宋朱塾。上册内容有谱序、谱议、目录、例解、会元、遗像、尚像、崑原像、褒典、世系，下册有实录、象贤、丘陇、祠院、留题、跋、后跋等。其中，有朱子《新安朱氏世谱序》等序文，蔡觉轩作的《文公年谱大略》，末尾还罗列各地历代为朱熹修建的祠堂、建阳各书院名，以及朱子310个门生名单。

朱氏宗谱　6卷，清朱桓元等主修，朱晖主笔。清光绪二十一年（1895年）建阳朱氏紫阳堂木活字本（复印本）。始祖，唐朱瓌；始迁祖，宋朱松。第1卷有谱序数篇，墓图等，后2—6卷皆世系图。

庐峰蔡氏续修族谱　16卷，由于首页残破，纂修者不详。民国5年（1916年）建阳蔡氏木活字本。始迁祖：【唐】蔡炉。全书分35册。第1册，目录、序言及炉公总世系；第2册，续炉公总世传；第3册以下分列分布各地的支系图。像赞、墓图等则分插其相应位置。

颍川堂陈氏宗谱　清陈君珂主修，10册，光绪四年（1878年）建阳颍川堂陈氏木活字本始迁祖：唐朝陈法会。1册载原序、原跋、新序、族规、源流传记等；2册载历代源流统纪系图，分2段，上段，载第1世黄帝至第60代法会，下段，载入潭世系图；3册载历代显宦，像图，墓图，牌坊图、碑铭记等；后诸册分载考亭世系图，竹林世系图序，界首派旧序，后山派下世系图，吴墩派下世系图，吴坑派下世系图等。

南槎陈氏宗谱　10卷（缺1卷），清光绪四年（1878年）族长陈道明主修，建阳陈氏颍川堂木活字本。始迁祖：陈楚材。第1卷载老序、原序、新序、宗法、家法、义例、禁规、南槎松峰一支谱、像图等；第二卷载南槎基地图、北槎基地图、山图、墓图、盖竹社、四贤堂、牌坊等；第三卷以下，载黄帝以下历代源流世系图、受姓胡公历代世系图、法会公派下世系图、南槎始祖楚材公世系图、孟房世系、仲房宗荣、宗华、宗富、宗贵世系，季房麻窠世系、大窠祖八世公世系、下坟祖二公世系、松峰炳若公世系等。大约谱原破散，收集者装订时有前后混杂现象。

南槎陈是法会次子陈阅之后。北宋时法会十世孙陈謜率子陈损、孙陈伟迁居大田，后陈伟子陈楚材任镇抚使，挂冠回乡，见南槎山水秀丽，遂舍大田，移居南槎，时是南宋时期，陈楚材遂为南槎始祖。

重修江夏黄氏世谱（版心题“敕建潭溪书院黄氏世谱”）原4卷，今分订11小本，标8册，清黄作宾等修，道光三年（1823年）建阳黄氏木活字本。始祖：五代黄膺；始迁祖：［宋］黄榦。第1册载序、跋、目录等；第二册载像图、墓图等；第三册载墓志铭、书院记、祠图、祭文等；第四册以下主要载世系图。

潭溪黄氏宗谱　残卷，仅存卷5，修于清光绪年间。谱尊黄榦父黄瑀为一世祖，黄榦为二世祖，黄榦子黄輹为三世祖。内容载黄輹派下各支系：魏墩支、长源支（六世始）、县坊支（六世始）、嘉禾支、崇雒支（从崇安返回，崇雒支始祖为黄峣）以及迁邵武、崇安支世系图。

溪山叶氏宗谱　10卷，民国叶邦烈等主修，民国8年（1919年）建阳叶氏南阳堂木活字本，分15册。曾托省馆修缮部精装而成。始祖：周朝诸梁；始迁祖：［宋］叶味道。卷1载序，跋，叶味道行状，及叶味道、叶采父子的墓志铭等；卷2缺；卷3，像图、墓图、宗祠图等；卷4之下皆世系图。

钜鹿魏氏宗谱　7册，清魏传熹督修，光绪二十六年（1900年）建阳魏氏敦伦堂木活字本。始祖：战国授姓祖魏万；始迁祖：［宋］魏清贤。第1册有谱序、谱说、联科魁第名录、名宦事迹、行实、谱禁、家规、字派等，2至4册载分居建阳的各派世系图，5册载历代源流世系图，6册载清贤公位下世系图，7册载浦城派世系图。

建州刘氏三族忠贤传　清乾隆三十年（1765年）原编，道光十五年（1835年）重编，光绪六年（1880）刘翱33代孙刘裳山增修，建阳麻沙刘氏木活字本。始祖：［汉］刘邦弟刘交；始迁祖：唐末刘翱、刘翔、刘豳。原共10卷，今仅存卷3、卷5。据目录知内容如下：卷1列祖行实；卷2历代宸翰；卷3上、下，列祖诗词；卷4上，艺文杂记，卷4下，诗词题赠；卷5墓表碑铭；卷6祠院碑记；卷7列祖像赞；卷8上，历朝恤典，卷8下，呈祠审案；卷9祠院崇祀等；卷10上，历代科第职官庠校题名；卷10下，捐资芳名。

麻沙刘氏族谱　2册，刘士元等修，民国3年（1914年）建阳刘氏木活字本。始祖：［汉］刘交，始迁祖：［唐］刘翱。此谱为麻沙刘氏元、利两房合修谱，以地支为号，共分12卷：汉楚元王刘交、稽古公，及唐始祖刘翱下元房、利房各支世系共10卷，另有忠贤传2卷。今存子号、辰号两卷。“子”号载合修谱序、修谱义例、目录、列祖容像、祠院各图、列祖墓图、楚元王世系之图等；“辰”号载西阳派下麻沙、水南、水北世系图等。是谱领谱字号用《千字文》内容为序，领谱到“官”字，知当时印刷近百部。馆藏本为“水”号，为利房西阳派沙南领取。

马伏刘氏族谱（即《建阳刘氏合修图谱》）　5卷，扉页左上版印“大清同治辛未重编”，及右下“卯金苗裔梓”两行字样，由长平刘秉钧编辑。据《重修马伏刘氏谱序》因麻沙、马伏、五夫3族虽相去不远，但未通谱，以致彼此之间辈分不明，遂由马伏刘首倡合修3族图谱。卷以仁、义、礼、智、信为号。卷1订作“仁”字号，载谱叙、凡例、御赞、列祖诰命、宸翰奎画、列祖容像，及寺图、地图、墓图等；卷2订作“义”字号，有汉元王彭城世系、晋驸马公主京兆总世系、开国公以下世系节略、金吾公以下世系节略、白水公墓表并小传、云庄公小传、3族题名录等；卷3订为“礼”字号，有监簿公至卫公分支以下世系，并像图2，墓图1；卷4订作“智”字号，有福禄公派至渊公以下世系，并墓图7，祠图1；卷5订作“信”字号，有街公分支至德一公派下世系，并像祠图各1。

清源堂李氏家谱　馆藏9册，实是2部。一部为清道光五年（1825年）族长李梦弼、李嘉仁督修，4册，建阳李氏清源堂木活字本，刻字较小。另一部为光绪十七年（1891年）在道光谱的基础上增补本，5册，木活字本，刻字较大。始迁祖：元初李明。第2部内容为：第1卷，载谱序、源流考辨、领谱号、其列祖列宗像容、像赞、宗祠、世系、墓陇等；第2卷，载清源始祖入闽世系图，有城内、瑚瑶、界首、横源畲、南林等支系；第3卷，主要载李朝佐派下3房各支系图；第4册主要载李朝紫派下小湖、芝城世系图；第5卷主要载义房、智房世系图；第6卷缺（小湖领谱有6卷）。

周氏宗谱　10册，清周芑垣等修，同治十一年（1872年）木活字本。始祖：虞后稷；始迁祖：［唐］周枢。第1册，载旧、新序、周氏入闽流派、族规、周濂溪（敦颐）年谱、像图；第2册载远祖世系图、马伏枢公、安公位下世系图，及瓯宁水吉分支世系图等；第3册载周墩等地支系图；第4册载建阳横圹、赤岸、崇安下梅、水吉大梨村、瓯宁大汴地及浦城等地支系图；第5册载瓯宁水吉支系图；第6册载崇安铜历、竹洋支系图；第7册载崇安仙店支系图；第8册载浦城观前、樟源山支系图；第9册载崇安五夫、外溪、吴屯、下岚倪历等地支系图；第10册载崇安竹根洋、源头洋、村头等地支系图。按馆藏《周氏宗谱》是会谱，所以各支或祖周枢，或祖周敦颐。

爱莲堂周氏宗谱　残本，仅留第7卷，内夹“濂溪书院周氏重修家谱招帖”一张，落款时间为“同治九年十一月”，知是谱于同治九年（1870年）修于建阳马伏的濂溪书院，共装订184部，每部11本，木活字本。残卷载“建阳周墩贵口其公派下德六公长子云斋公位下图”，及“建阳周墩贵口其公派下德六公次子云溪公位下图”等。

富垅游氏宗谱 12卷，清游绍伊修，同治七年（1868年）建阳游氏木活字本。始祖：［周］太叔；始迁祖：［唐］游匹。卷1载原序，后序，重修、续修谱序，目录，凡例等；卷2载书院图、记、祠记、墓志、像图等；卷3载甲第、选举、祀田、坟山、丘墓、志铭等；卷4载广平堂游氏世系总图；5—12卷，为各世系分图，其中卷11载水吉派下世系图。

建阳琅琊三槐王氏宗谱 5册，清王鸿宾修，光绪十三年（1887年）建阳王氏木活字本。始祖：［汉］王吉；始迁祖：［五代］王极。第1册载谱序、像图、世系图等；2—5册载吉公派下世系，载从始祖至65代裔孙。

建峰詹氏河公家谱 清詹祖源撰，光绪三十三年（1907年）崇安詹氏木活字本。始祖：周人詹礼；始迁祖：唐人詹子豪。此谱是崇安建峰詹氏谱，原6卷，今装订成11册；卷面有“荒”“伏”的领谱号印记，知起码由2部残卷凑合而成。谱载数支詹氏由崇安迁居建阳各处。

倪氏会修宗谱 6卷，首1卷，清光绪十六年（1890年）修。始迁祖：［宋］倪碧。卷首有原序、新序、目录、科名、立功、敦伦、隐逸等。卷1载潭城宗祠图、宗族、字派、祖业、祠记、创修芳名、像图、墓铭、碑示等，卷2载始祖称公派下总系、称公下各分支图、芝郡、阳邑城山等，卷3载始祖派下总世图及阳邑崇邑等支系图，卷4载某公下阳、崇总世图及支系图，卷5载某公下瓯、阳二邑总世系图及支系图，卷6载廷、槐下世图。

傅氏宗谱 8卷，清傅华仁主修，宣统二年（1910年）建阳傅氏木活字本。始迁祖：［唐］傅见云。卷1载新旧序、源流、凡例、列传、著述、旌表、祠堂图等，卷2载老像图、新像图、丘墓、山图、祭田、领谱字号，卷3载入闽始祖世系、元房世系，卷4载元房世系续、亨房源流世系，卷5载亨房后塘世系、水南世系，卷6载廖墩、渭村、建郡世系，卷7载郑墩等世系，卷8载虞家庄五夫世系。

四知堂详著弘农关西派衍族谱正宗 残卷，装订成1册，木活字本，清光绪九年（1883年）杨锋等修。始祖：周代叔盼；始迁祖：宋代杨仲祥。内容仅存像图，有始祖叔盼、28代祖汉著名学者杨震、40代祖杨秀、53代祖杨澈、54代祖杨峦、57代祖杨仲祥及浦城、建瓯历史上著名的杨氏人物。

陈留堂谢氏宗谱 残卷，原谱有卷首、卷1至卷9，今留卷首、卷6两卷。清光绪二十八年（1902年）谢润全主修，木活字本。始祖：［周］申伯；始迁祖：［元］谢祖华。卷首载谢氏申伯祖源流世系；据目录，知卷1载像图引、谱序、诗词、北岸图说，卷2载历朝老像图、老山图、新山图等，卷3载祖华公总世系、外东山十一公世系；卷4以下载各世系。

庐江堂何氏宗谱 卷数不明，留卷3，版心有“光绪庚寅年彭墩兴贤巷重修”字样，木活字本。始祖：［汉］何休；始迁祖：［元］何龄。内容有艮房榆溪、赤岸、白槎像图及何氏祠堂记。

袁氏宗谱 清光绪九年（1883）刊。始祖：周朝庄伯辕；始迁祖：元末袁暹。谱原共8卷，今仅存卷1，载目录、序、凡例、宦绩、像图等。据目录知卷2载袁氏远祖世系，童游世系；卷3续童游世系；卷4载下梅白水世系，廉山世系；卷5载杜畲等世系；卷6载石雄洋、后源等世系；卷7载崇安、江西等世系。

潭西雷氏族谱 修于民国18年（1929年）。始祖：谱称盘、兰、雷、钟四族共尊盘瓠为始祖，雷氏分支祖叫巨祐；始迁祖：多公、念项三十三郎。雷姓世居会稽山七贤洞。明代法星兄弟4人从广东入闽居龙岩，至5世多公、念项三十三郎兄弟分迁建阳嘉禾里台石村、禾平里上坪村一带，多公子子新惠公再迁铁山。雷氏谱于1986年再修。

琅琊堂葛氏宗谱 4卷，清葛德涌主修。始祖：蜀汉诸葛亮；始迁祖：唐代葛晟。卷1载序、武侯本传、凡例、谱议、先代像图等，卷2续像图、载诸葛亮1世—40世世系，卷3载杭坑派下世系，卷4载西山林派下世系。葛氏谱1修于北宋太平兴国年间（976—984年），再修于南宋宝庆年间（1225—1227年），是谱为3修谱，修于清光绪十九年（1893年），是闽浙合修谱。

潭阳锦江徐氏族谱 原有卷首及1—7卷，今存卷首、1卷、2卷、7卷残卷，木活字本。始迁祖，万一公。

卷首载像图，墓图，稍全，有入闽始祖徐务像等。卷1载原谱序、重修谱序，其中有苏东坡序；卷2载传国谱世传、得姓谱世传、南州谱世传、龙游谱世传，卷3载入潭始祖万一公世系；4卷、5卷、6卷缺；第7卷载某支世系图，至光绪壬寅，又补遗。

吴兴施氏四修族谱 修于清道光年间，原卷数不明，今仅留卷7，载常侍下良九公派启生公世系，东政公世系，西政公世系；贵九公派下、元良公迁居熊墩派下世系及元科、五里巧诸支世系等内容。看“常侍”2个字，知此谱是界首施氏谱。

江西后举平氏族谱 6册，清道光二十六（1846年）平等祚修。第1册载目录、新旧序、凡例、族规、源流、先代总图等，2册、3册为御房世系，4册为书房、数房世系及后序等，5册、6册载礼房、乐房、射房世系。谱载南丰一世祖平宣教，元时人；三世平信可移居闽地。是谱破损比较严重，入潭世系阙如。

章氏会谱 残卷，原卷数不详，今存5卷、12卷，扉页有“光绪乙丑彭墩重修”字样。卷5内容有遗像、传记等；卷12载浦城洪源公下世系。两卷不载建阳内容。

张氏宗谱 残卷，版心题“清河郡张氏宗谱，敦叙堂”，不详原卷数，经装订成1册。修于清道光年间，内容有窠头衢祖堂图及祖堂记等。

江墩江氏族谱 原卷数不详，仅存卷2，修于民国初。内容载进福公下长房、2房、3房、4房世系。

二、私藏族谱

（一）旧谱

潭西书林余氏宗谱 7册，清余观禄主修，余振豪纂修，同治十年（1871）建阳书林木活字本，今藏书坊余姓人家。迁闽祖：南朝梁余焕；书林始祖：北宋余同祖（余焕十四世孙）。诸卷内容为老序、跋、新序、凡例、诏诰、恩命录、历代履历事迹、历代仕宦、祠匾、奕世行序、宗祠全图、地舆图、像图引、像图、山图引、山图田塅山场、修谱执事、领谱字号、系图等。

龙溪叶氏宗谱 10卷，民国21年（1932年）刊印，木活字本，叶闰有等主修。今收藏于回龙叶姓人家，保存完好。始祖：叶希泽；始迁祖：永一秀公。卷1载新旧序、家训、家规、凡例、登科记、仕宦记、著书记、受氏渊源、宗支摘要、墓图、祠图等；卷2下数卷载诸梁公、文修公等世系。

小湖江夏黄氏族谱 若干卷，木活字本，民国6年（1917年），以清同治13年谱为底本，续修而成，现藏大湖村黄姓村民家（小湖黄姓与大湖黄同宗，亦存1部，但残破严重）。始迁祖：黄嘉言。

渭村范氏族谱 5卷，修于清道光二年（1822年），藏将口渭村村民家。是谱载唐范家端为刺史，被贬建州，其子5人迁建阳，范家端遂为入潭始祖。

水吉周氏族谱 残谱若干卷，木活字本，线装本，民国19年（1930）周景章主修。现存水吉周氏人家。

小湖徐氏族谱 4卷，小湖镇徐治昌收藏，民国22年（1933年）木活字本。始祖：隋初陈德言；始迁祖：南宋徐朱定（据谱像赞徐朱定为宋人，据水吉谱则为明朝人）。卷1载纲目、封诰、源流考、序、凡例、族禁、像图、墓图、小湖八景诗等；卷2载始祖世系；入闽始祖禄公世系、清公派下小湖世系；卷3、卷4续载小湖世系。

小湖刘氏族谱 若干卷，木活字本，修于清末，小湖镇刘建明收藏。始迁祖：刘明。破残严重。

建邑浦邑崇邑谢氏合修谱 11卷，清光绪二十八年（1902年）修本。是谱为建阳、浦城、崇安谢氏会谱，其第2卷载建阳麻沙永兴里江坝廷俊公11—25代、祖华 公派下兰源金应公11—25代、下保招郎公11—25代。原谱藏莒口镇长埂村虞厝谢成富家。

潭阳锦江徐氏族谱 8卷，清道光二十五年（1845年）徐韵钧等主修，木活字本。卷1载体例、规禁、条议等，卷2载祠图、祠记、家祠时祭陈设图、祭仪、祝文等，卷3载像图、墓图、禁碑、墓表、祀田等，卷4以下载各世系。是谱当年共印刷40部。

上畲谢氏宗谱 若干卷，清宣统三年（1911年）4修谱，谢春元等主修，今藏莒口茶坊双井谢文瑞家。

内容载像图、字辈、谱传、黄田埂西海公世系、上畲招郎公世系、徐墩街仗明公世系、书坊钱塘秋竹窠振南公世系。

魏墩陈留谢氏宗谱　封面右上左下分别有“大清光绪岁次癸卯九年中浣吉日”和“江右抚金王培兰堂梓行”字样。4 修谱，始迁祖：谢招郎。内容载序、申伯公下世系图及上畲迁书坊、徐墩街支系，莒口村渭源、社洲村魏墩、策口村茶垳等支系。

小湖清源堂李氏宗谱　2 部，木活字本，藏小湖李姓人家，保藏良好。2 谱和市馆藏谱内容一致，应是当年领号本。1 部扉页右上有“光绪岁次乙酉”字样。

贞房刘氏宗谱　民国 9 年（1919 年）忠贤堂重修本，存 5 卷。藏书坊乡刘某家。是谱为麻沙刘氏支谱。

深凹支秦溪沈氏族谱　清末手抄本，一册。始迁祖：沈菊彬。沈菊彬是著名的沈氏“八木公”之后：沈枝从建阳迁居汀州上杭县古田，其孙万五郎迁广东程乡县龙牙岩前；万五郎孙十一郎，择居广东嘉应县饶塘深凹湖子里，遂为沈氏深凹支一世祖。深凹支沈氏第十六世祖沈菊彬，携叔沈华松、兄菊财、菊旺、菊裕及堂兄弟菊应、堂侄建金，于清末迁居今小湖镇秦溪村。

小湖贵源徐氏族谱　此谱是从浦城迁居小湖的宋徐文叟后裔所修宗谱，藏贵源徐姓人家。

莒口翁氏族谱　11 册，民国 4 年（1915 年）修，麻沙木活字本。

徐墩胡氏重修宗谱　编纂者不详，清道光二十四年（1844 年）版。始迁祖：胡妳通、胡妳宝兄弟。建阳举人江作舟作序。

建阳荷源徐氏宗谱　约成书于清初，纂修者不详。据康熙四十三年（1704 年）徐琰第 15 代孙徐形求序，知此支徐姓是“六墩”之一的麻沙陈墩后裔。

芹溪邱氏宗谱　始迁祖，宋邱喜。南宋淳熙壬寅年朱子作序云：“邱侍郎曰瑞者生一子曰励，任福建提刑使，至建阳，见其溪山环秀，遂留 1 子曰喜者居焉，为其始祖。”

葛氏重修家谱　光绪年间修。载十八世晟公入闽，三十世彬公移居建阳策源东阳村，至四十一世迁徐市范墩。2001 年第 5 修，成《福建省建阳市范墩葛氏宗谱》。

建阳蓝氏族谱　南槎蓝旺福存。有 2 版本，一为光绪版，一为民国版，内容相同。

徐氏浦城徙居西瓯族谱　编修者、编修时代俱不详。始迁祖：徐善夫。谱载徐氏后人修建祠堂，奉祀始祖应龙公及荣叟、清叟、文叟公，祠堂在小湖源头坊重阳坑，名崇福寺。

将口詹氏族谱　始祖：詹子豪；建阳祖：詹嵩。

南阳詹氏支谱　版心题“南阳詹氏族谱”，建阳詹拱辰等修，民国 10 年（1921 年）木版本，线装，4 卷。

小湖詹氏族谱　小湖祖：詹圣。

范氏族谱　清道光二年（1822 年）版。载唐范端公为御史，贬建安，兄弟 5 人迁建阳。中载范仲淹事迹。

榆溪琅琊王氏宗谱　15 册，破损较为严重，第 1 册前缺 23 页，故修谱时间、主修不详。始迁祖：五代王极。内容载序、各房祖像图、像赞、谱例、茔图、祀田等外，主要载礼、乐、射、数四房各派下世系。藏将口王氏宗祠。

（二）新谱

后畲周氏爱莲堂浚公支派家谱　1 册，精装本，2010 年，后畲周氏编辑族谱理事会编辑，主编周之汉。内容：新序、历代谱序及跋，其中作序名人有杨时、朱子、蔡元定、刘珙、文天祥等；濂溪先生遗文及诗作辑录；诸贤赠送酬唱诗作；宗族事略，濂溪先生年谱，历代褒典，濂溪先生墓志铭，谱例，谱论；修谱纪事；周氏源流图；优秀人才录。全书共 534 页。

建阳谢氏合修谱　2007 年，由谢满盛等主修。内容：卷 1，引；卷 2，谱序，题词；卷 3，源流，史料；卷 4，像赞，字辈，族约；卷 5，人才荟萃；卷 6，旧谱；卷 7，莒口镇社洲村上畲招郎公世系；卷 8，崇雒乡后畲村三登公支系；卷 9，小湖塘楼谢麟公支系；卷 10，建阳祖华公支系；卷 11，徐市镇北岸村隆公世系；卷 12，莒口镇长埂虞厝佛孙公世系；卷 13，莒口镇长埂村村尾玄龄公世系；卷 14，麻沙镇江坝村庭俊公世系；卷 15，麻沙镇东源友一公世系；卷 16，童游街道严墩村上陈墩天佑公世系；卷 17，童游街道赤岸村五里樟东山公世系；卷18，童游街道民主路养正公世系；卷19，黄坑镇东山十一郎公世系；卷20，潭城街道狮子巷谢氏；卷21，附录。此谱是建阳谢氏会谱，所祖有谢麟、谢良佐、谢祖华等多支。新修，谢氏子孙多有藏本。

将口琅琊王氏宗谱　分上下2册，精装本，计994页，2008年修。倡修：王朝中、王少平；监修，王晋龙；督修：王进龙、王奇森；主修：王广盛、王乙宝；主编：王宏甲。内容有旧序、新序、历代祖像、谱例、祀田、茔图及历代世系图。

水吉黄西街谢氏宗谱　2008年重修，谢其世等编纂。内容有像图、字辈、历代人物、白石下村（里村）世系、白石下村（外村）世系等。

建阳东海徐氏宗谱　2003年重修，建阳东海堂徐氏宗谱编纂委员会编纂，徐学仁主笔，1册，精装本。内容分12部分：第一部分，自序；第二部分，历代修谱旧序，有唐徐商、徐寅，宋吕蒙正、苏轼、徐几等序文；第三部分，重修《建阳东海堂徐氏宗谱》人员名单；第四部分，凡例；第五部分，先祖像图、祠图、墓图；第六部分，建阳东海堂徐氏溯源世系；第七部分，建阳东海堂徐氏源流世系；第八部分，郭墩、黄墩、陈墩、秧墩世系图；第九部分，世传，有郭墩龙、凤、菶公秀房、黄墩泰芝公、陈墩泰茂公、秧墩泰蕃公等世传，各接旧谱；第十部分，旧谱人物传略；第十一部分，新谱人物传略；第十二部分，附录，载美国、台湾地区、福建所藏徐氏族谱名称。

水吉东海徐氏宗谱　2003年重修谱，主修：徐泓，主笔：徐学仁。内容有新旧序、凡例、像图、祠图、墓图、溯源世系、建州徐氏源流图、人物传略、捐资芳名等。

郑墩东海堂徐氏族谱　1册，精装本。2004年重修谱，郑墩徐氏理事会主修，徐耀甫、徐球主编。是谱以民国22年旧谱为底本，续载旧谱序、徐氏源流考、祠堂图、世系图等内容，增修清、龙、海、福派下1933年后的世系图，加载领袖论谱及现代徐氏名人事迹等内容。按：郑墩徐和小湖镇徐同宗，两地同谱，但迁入瓯宁时代似理不清。

济阳庐峰蔡氏族谱　2卷，打字油印本，纸质粗劣，1994年福建省建阳县蔡氏九儒研究会编辑，主编：蔡古初、蔡建海。是谱内容繁富，大约以世系为经，把始祖蔡炉以下列祖列宗的生平、官爵、事迹、师从、门生、著述、评论、影响等分别列于各人的名下。今蔡氏子孙多有收藏，市馆亦有藏本。

潭溪黄氏续修宗谱　1部，电脑排版。是谱以清光绪三十一年（1905年）《潭溪黄氏重修宗谱》旧谱为蓝本，于2004年续修而成。

建阳延陵堂吴氏宗谱　1册，平装本，2008年版。始祖：［唐］吴宣，始迁祖：［元］伯三公。主修：吴雄兴。内容：（1）序、跋，1篇新序外，其他皆录自旧谱；（2）重修宗谱编委成员；（3）像、图，亦多录自旧谱，另有莒口镇地图；（4）世系图、世传；（5）历代传记；（6）分迁总图；（7）历代字派；（8）修谱捐资芳名录。此谱以清光绪二十八年（1902年）《吴氏宗谱》为底本，节录旧谱最后3代，下各支系续至2006年。

济阳堂蔡氏大宗谱　1总卷，2分卷，共3卷，1254页，2007年建阳大宗谱编辑委员会编纂，主编：蔡建海，电脑版，精装本。总卷卷首有书院、宗祠等图片、理事会理事长荣誉会长彩照。内容有总卷、分卷目录154条，新旧序，书院、祠堂记，总谱世系图，诸先祖事实，诰词、诗文，墓志铭等。1分卷、2分卷主要载各派系下世系、世传。是谱注重记载21世纪后各地小支派认祖归宗的考辨及辗转细节。

龙安江夏黄氏重修族谱　1册，手抄复印本，1999年陈理亨编。原谱修于清道光三十年（1850年），木活字本，今或不传。是谱分3部分：第一部分，剪贴报刊有关黄氏人物、事件的报道；第二部分谱序、像赞、后人诗文赞先贤；第三部分世系图。

漳墩滕氏宗谱　1册，精装本，1998年成书，主修：漳墩滕氏族谱编修小组，漳墩附近滕氏村民多有收藏。始迁祖：滕缉斋。滕氏从明朝到民国共6次修谱，此谱即以民国6修谱为底本，续修而成。

龙溪叶氏宗谱　2003年，回龙叶氏宗族理事会以民国21年（1932年）旧谱为底本，续修成《龙溪叶氏族谱》10卷。

水吉怀德堂童氏家谱 10 卷 童进礼等修，1999 年铅印本。始祖：胥童；始迁祖：童志贤。谱载胥臣随晋文公重耳流浪 19 载，晋文公回国取得政权后重用胥臣，封臼邑。后世有胥童避祸雁门，以名为姓，遂为童氏始祖。童氏一支从山西迁安徽，宋朝时有童志贤从巢芜避乱入闽，择居水吉之南隅。

建阳潭溪黄氏宗谱 1995 年修，修纂者不详。

附：《白氏公会》

《白氏公会》，新加坡白氏华侨编辑。据是谱载，水吉上排有白姓居民 500 多人，是从安溪迁来的赤岭山脚汉成公长子白聚国之裔。当年《白氏公会》代表寻亲至水吉上排，询问村民白氏来历，俱答不详。后见水吉白氏祭祖时张挂的祖宗牌首行有"聚国公"字样，又听白姓老人自述祖上是从"下四府"迁来，遂判断上排白姓是安溪汉成公后代。上排白姓历史上以农为业，兼伐木放排。原有宗祠、家谱，都毁无存。

第五节 祠 堂

回龙叶氏宗祠 位于回龙乡回龙村。建于清顺治六年（1649 年），光绪二十六年（1900 年）毁于火，光绪三十年（1904 年）重建，保留至今。占地面积 400 平方米。中华人民共和国成立后，祠堂曾作为医疗诊所使用，1997 年回归叶家。1999 年，遵循尽可能保持原貌的原则加以修缮。祠前两侧旧有 1 对石桅，今不存。祠墙高 7 米，大门上方嵌"叶氏宗祠"4 个字，两侧边门上方有"报本""追远"贴砖刻字，并各配 1 联，分别为"芝城崇祀典，榴瑞兆科名""萧堂存气节，荆楚振经纶"。入门为 6 柱前厅，过小天井，即为正厅，正中香案上供叶氏诸先祖灵位：正中诸梁公，右为富沙公、味道公，左为希泽公、无瑕公。香案上方悬"贤门师法"匾，仿制，旧匾为清福建省官员朱筠所书。紧挨宗祠的是"石林家塾"，是旧时叶氏子弟读书肄业之所。门两侧有"抡秀""育才"雕砖；大厅正上方悬"天开文运"牌匾。"石林家塾"是建阳现今仅存的 1 座私斋。

宋大儒周敦颐先生祠 位于水吉镇市头村。始建于明朝，周祠原址在水吉古街中段，后因火灾等原因而倾圮，民国 14 年（1925 年）重建于今所。历史上曾借用为学校，为部队营房、为储粮仓库。1998 年遭洪水而坍塌严重，遂于 2008 年重修。大门两旁有"吉水文章第，濂溪理学家"联；大门两边各开单扇门（今砌砖堵塞），上方有"道脉""学源"阳刻贴砖。进门为前厅，两边有厢房，右房为接待室，内藏新、旧版《周氏宗谱》。过小天井为正厅，正中香案上方是 1 幅周濂溪的直立画像，两侧张贴小幅周氏古今名人绘像；上方高悬"步步高升"匾，是福建著名书法家郭勋安手迹。先祖香位则被挤到濂溪先生画像的左边，供奉周氏开山祖、得姓祖、濂溪先生、瓯宁一世祖、入马伏祖、入崇安祖、入水吉祖。

余氏祠堂 位于水吉镇和平街（旧名岐头街）21 号，与三谏堂、天后宫毗邻，建于明洪武年间（1368—1398 年）。2007 年遭洪水，余氏子孙集资重建。

西瓯徐氏祠堂 位于水吉镇东二三里的郑墩，始建于明嘉靖四十三年（1564 年）。祠门额书"西瓯徐氏祠"，祠门两侧则排放大小、风格并不一致的石人、石兽，来历不一。祠堂仅有 1 厅，后无享堂，今为民居。

美溪童氏祠堂 位于小湖镇美溪村，2005 年，由秦溪、下墘、美溪、鸿庇等村童氏子孙集资建成。大门额书"童氏祠堂"，祠堂大门柱联为"雁门循吏文族，宋代名儒世家"，为李家钦手迹。大厅 4 柱，两旁壁悬"进士"之类的祠堂特有的牌匾。

塘楼谢氏宗祠 位于小湖镇塘楼村。始建于明永乐年间（1403—1424 年），历代屡修，至 20 世纪末仅余正面门墙（上有竖贴"陈留郡"、横贴"谢氏宗祠"雕砖）、石桅断柱及一些香炉等小物件。21 世纪初新建，为单进重檐顶，木石结构，占地 300 平方米。大门额匾"谢氏宗祠"，进大门依序是天井、大厅、享厅。

谢麟祠 位于小湖镇塘楼村，奉祀谢氏北宋先祖进士谢麟。经学者考证，为明末清初建筑，今为民居。

谢镇祠 位于小湖塘楼村，清道光三年（1823 年）建，祀谢氏 15 代先祖举人谢镇。祠前立 1 对石桅，高约 7 米，保持完好，祠内今为民居。

徐氏祠堂 位于小湖镇小湖村。建于清道光十二年（1832 年），中华人民共和国成立后，长期占作粮站之用。今仅留门墙（饰以动物、花卉等木、砖雕）及残破的前厅部分，余皆不存。

黄氏宗祠 位于小湖镇大湖村。原在大湖旧村，曾为小学校舍。1998 年大洪灾后，移建今所。

蔡氏大宗祠 位于麻沙镇水南。2003 年，建阳蔡氏联谊会购旧建筑修建而成。大门额书“蔡氏大宗祠”5 字，两边书联：“五经三注第，四世九贤家。”祠内主建筑为“九贤堂”和“济阳堂”。九贤堂正中神龛安放蔡氏九贤雕像，两边悬木质柱联：图衍九畴，通易象春秋，天道人道九贤相继；书兼四代，溯商周虞夏，心法治法四世递承。两壁挂 4 匾：紫阳羽翼、学阐图畴、闽学干城、家传心学。济阳堂正中神龛则供奉蔡氏 100 位祖宗牌位。

宋先贤张横渠先生祠 位于将口村，清同治二年（1863 年）建，砖木结构。占地约 200 平方米。门额刻“宋先贤张横渠先生祠”及“同治癸亥年”字样；门楼顶背刻“先贤宛在”及“同治二年 榕城王起书”字样。现为民居。

王氏宗祠 坐落于将口镇所，清康熙二十三年（1684 年）修，道光、同治、光绪三次重修。2006 年，王氏后裔集资 30 万，重加修葺：二厅柱联髹漆泥金，厅正中供开闽王审知塑像、建阳王氏开基祖王继修画像及入潭四世祖王谔木雕立像。2004 年，获公布为第 4 批市级文物保护单位。

余氏宗祠 坐落于将口镇回潭村。

建阳各乡镇祠堂尚有：黄氏祠堂（将口镇将口村）、胡氏祠堂（将口镇胡巷村）、梁氏祠堂（将口镇回潭村）、刘氏宗祠（莒口镇长埂村）、刘氏宗祠（莒口镇马伏村）、张氏宗祠 （莒口镇马伏村）、葛氏祠堂（莒口镇策口村）、翁氏宗祠 （莒口镇安口村）、张氏祠堂 （莒口镇莒口村）、谢氏祠堂 （莒口镇社洲村魏源，原祠废，2009 年重建）、谢氏祠堂 （莒口镇社洲）、黄氏祠堂（麻沙镇所）、倪氏祠堂（徐市镇所，正在修建中）、葛氏祠堂（徐市镇范墩）、吴氏祠堂（徐市唐科）、陈氏祠堂（徐市镇豪墩）、蓝氏祠堂 （徐市镇南槎）、董氏祠堂 （徐市镇盖口）、张氏宗祠 （徐市镇北岸村）、谢氏祠堂（ 徐市镇北岸村）、黄氏祠堂（崇雒镇所）、周氏祠堂（崇雒镇后畲，计 2 座）、叶氏祠堂（漳墩镇所）、章氏祠堂（漳墩镇所）、滕氏祠堂 （漳墩镇所）、水吉范氏祠堂（水吉镇后井，近年新修）、黄氏宗祠（小湖镇贵源村）、蔡氏宗祠（回龙乡）。

附：建阳市已废祠堂

陈录事祠 在兴贤里。唐贞元间（785—805 年），录事陈岸（左旁加 3 点水）以刚直为县吏所忌，谮而杀之，及其 3 子（一说将不实的案宗抛入建阳交溪中，存活 40 人）。邑人哀而立祠祀之，号陈府君祠。

刘祠 在麻沙，祀汉刘向。

刘翱先生祠 在麻沙。

考亭 闽御史黄子稜建以祀先人之所。

宋贯之祠 在崇政霄峰精舍，祀宋咸（字贯之）。

横渠先生祠 在麻沙，宋宝祐甲子，张德建，祀其祖张载。又一在禾平里。

横渠先生祠 在莒口。宋末，文天祥开府南平，时任兴化军通判的横渠裔孙张日中，带兵来会，后在取宁都战役中阵亡，其子张世基裹父遗骸葬莒口，因庐墓建祠，并奉横渠先生祀。

程先生祠 在崇雒里昌茂坊，洪武间，程颐 23 代孙程仁甫建，以祀其祖。

游文肃先生祠 在禾平里，祀游酢。

豫章先生祠 在莒口街，祀罗从彦。

李先生祠 在崇政里盖口，祀李侗。
刘聘君祠 宋嘉熙建，在云庄书院东庑建草堂，祀白水先生刘勉之。
文公祠 在考亭书院。
晦翁祠 在儒学。
邱子野祠 在芹溪东田作培村。
蔡西山祠 在麻沙街，祀蔡元定。
樟隐祠 宋宝庆间建，祀祝穆。原建于麻沙水南，后改建于三桂里水南。
谢叠山祠 在水南朝天桥头。

第二章 宗 教

第一节 佛 教

一、寺庙

1987年6月，成立建阳佛教协会后，全市佛教活动正常开展。寺庙建设得到健康发展。2010年，全市新建、扩建的重要寺庙有：

童游景山禅寺 景山禅寺坐落于童游街道的妙高峰，南侧为童游街道水东村、水东工业区，北侧为建阳新城区、火车站。始建于西晋年间，是建阳市最早的佛教寺庙。21世纪初，释泽远主持建造“大雄宝殿”（未完工），2007年，薛明接手主持管理，建造山门，并将大雄宝殿装饰一新，还按高标准修复了上山道路。2008年10月，景山禅寺被建阳市民宗局正式批准为民间信仰场所；11月，举行大殿揭匾开光仪式。

宝山清莲寺 清莲寺坐落于市区水南村宝山。1990年冬，建阳县佛教协会（简称“佛协”）会长图诵大师和佛协会秘书长世觉法师开山平基。1991年，开山监院世觉法师为寺院取名“清莲寺”，11月，大雄宝殿奠基，动工兴建，建筑面积432平方米。1993年正式登记对外开放。1995年冬，图诵大师圆寂，由其弟子世觉法师接任佛协会长，并兼任清莲寺住持。至2010年，经过扩建，先后建成僧舍、西方三圣殿，大圆门观音殿、吉祥楼、海会塔、如意楼、弥勒佛殿、放生池、佛像（闽北最大的花岗石佛像）、古佛殿等，寺内共有建筑物11幢，总建筑面积8514.30平方米，建筑物占地面积922.43平方米，寺内设有中华民族万姓先祖纪念堂，藏经阁收藏有1992年台湾佛陀教育基金会赠的《大藏经》，2002年，四川省佛协会赠的弧本《洪武南藏》等经书、题匾。现尚有临摹中国佛教协会会长赵朴初手迹“清莲寺”的木牌悬于壁间，世界书画家协会会长、加拿大华人教授郭农题有“宝山胜境”匾。现为建阳市佛教协会所在地。

圆心寺 圆心寺坐落于建阳市城区西南1.50千米考亭村的鸡心窝，考亭书院附近。圆心寺是建阳市唯一的女众净修寺院。1997年，自小在建阳水吉吴山隐峰寺出家的释达枝从福建佛学院毕业，于1999年开始领众募资，向政府提出申请，得到批准后，投入资金16.60万元，征地1.33公顷。3月，开始动工平基建寺，当年建成五观堂、宿舍、厨房。2000年，大雄宝殿奠基兴建，大殿为四方形，长、宽均是33.70米，建筑面积1135平方米；由4根盘龙透雕石柱和62根花岗岩石圆柱撑起，上面用木料1200立方米；殿高19.90米，双檐翘角，四面回廊。2004年12月，举行上梁典礼。2004年，建成2层框架结构的观音堂，上层为观音堂，下层为地藏殿，观音堂前有100平方米的拜台。

如是寺　如是寺旧名崇福院，坐落于崇雒乡东南 7.50 千米的莲源山半腰，坐西北朝东南，占地面积 10000 平方米。如是寺始建于唐咸通年间（860—874 年），后历代屡修屡毁，至 20 世纪 70 年代，仅剩主殿。1980 年，僧世乐带几个僧尼、居士重修如是寺。1986 年，大雄宝殿修好，内存清乾隆年间碑记 1 方。2008 年 1 月 8 日，如是寺发生重大火灾，暨公老佛殿、弥勒殿及一座客房被烧毁，烧毁面积达 520 平方米。是年 6 月，开始筹备重建祖殿，当年建成祖殿；2010 年 2 月，开始筹建大雄宝殿。

圣迹寺　圣迹寺坐落于莒口镇莒口村佛迹岭山腰，坐北朝南，占地面积 1000 平方米。公元 8 世纪中叶，唐代高僧马祖道一禅师曾驻锡圣迹岭。马祖是唐禅宗僧人，俗姓马，名道一，出家学禅后住佛迹岭开创了福建省的禅宗。唐咸通年间（860—874 年）邑人翁郜上疏请建圣迹寺，迄今 1100 多年。20 世纪 80 年代，圣迹寺仅留碑记 1 方，记载庙宇历史及重建缘起，其余文物荡然无存。1990 年开始修复，新建斋堂 1 座。1991 年，大雄宝殿落成，1992 年，经上级有关部门批准，正式开放圣迹寺。1995 年，新建观音殿 1 座，大雄宝殿门前左右两边各建偏殿 1 座。2000 年新建宿舍楼 2 座，在东南角建藏金塔 1 座，可安放骨灰盒千余个。2010 年，寺内有僧尼、居士 11 人。

大金山寺　大金山寺坐落于莒口镇社洲魏墩背后的大金山上，始建于明洪武初年（1368 年），后全毁。20 世纪 90 年代重建，1997 年，经主管部门批准开放。庙里事务由僧人洪福主持，每年农历的八月初一至十五为庙会，香客及观光者来自南平、顺昌、建瓯、邵武、浦城、建阳各县市。

大觉寺　大觉寺又名大觉禅寺。坐落于水吉镇东南江埂村佛山山麓，离水吉 6 千米。传始建于宋末元初，大雄宝殿建于明万历四十五年（1617 年），距今 400 年，仍保持明代寺庙建筑风格，结构使用如意斗拱；藏经楼建于清嘉庆五年（1800 年）。大觉寺保留比较完好，20 世纪 90 年代后，不时对山门、殿宇等加以维修、翻修，增建必要的服务设施。该寺山门书有“旨奉敕建”字样。进山门拾阶而上，第一殿内是四大天王，中间为弥勒佛；第二殿正中为文殊菩萨，北后为护法韦陀；两壁为 24 位诸天菩萨，右为千手观音殿；第三殿为三宝如来，两边为十八罗汉，乃僧人诵经之所；大殿后面建有藏经楼，两旁排列有藏经厨 28 个。藏经楼初建时有四大厨经书，800 余册，至清朝中叶添置经书到 28 厨，近 5000 册，而其中不少是佛经中的上乘，众经中有一函装“血经”尤为宝贵。大觉寺规模雄伟，庙宇堂皇，为建阳市寺庙之冠，加以环境优美，已为建阳旅游胜地之一。

隐峰寺　隐峰寺俗称吴山庵。坐落于水吉良源村吴山莲花峰山麓，距水吉 10 千米，离良源 2.50 千米。南宋绍兴三年（1133 年）建，距今有 800 多年。现存建筑为清同治七年（1868 年）重建，砖木结构。上世纪 90 年代后屡有维修、增修。吴山风景优美，左龙右虎两山护寺，不入山峡难见屋宇，故有隐峰之称。寺庙四周是松枫相间，修竹茂林，环境幽静。庙内有同治七年（1868 年）正月乡民禁碑 1 方，记载清咸丰八年（1858 年）太平天国农民义军途经此地的史料。

建阳市佛教寺院（已登记）一览表

表 29-2-1　　单位：人

场所名称	所在地	负责人	登记年度	教职人数
普照寺	水吉郑墩	吴宗英	1993.10	3
平山寺	水吉青田	释中慧	1993.10	3
庆安寺	水吉七里岚	释泽德	2003.7	2
回龙寺	水吉南岭	释世康	1999.3	3
福寿寺	水吉黄西溪	释题锦	1999.4	2
老佛寺	水吉玉瑶	释泽启	1999.4	1
圆通寺	徐市北岸	释永树	1993.10	3
慈圣寺	徐市大田	释远瑞	1993.10	1
善福寺	徐市茅庵	释泽法	1999.3	3

续表 29-2-1

场所名称	所在地	负责人	登记年度	教职人数
朱源寺	小湖葛墩	释泽亮	1993.10	2
庆安寺	小湖祝中	—	1993.10	1
开化寺	小湖下乾	释世竟	1993.10	2
褚林寺	小湖大湖	释世亮	1999.3	2
灵岩寺	麻沙渡头	释本枝	1999.3	5
古云山寺	将口松柏	尼本建	1993.10	4
东平寺	将口将口	正华	1999.4	1
圣迹寺	莒口河坝	尼本印	1993.10	3
如是寺	崇雒北历	—	1993.10	1
清凉寺	回龙白沙	释泽寿	1996.2	3
福先寺	童游彭墩	释远果	2000.7	3
圆心寺	潭城考亭	释达枝	2003.7	4
仰山禅寺	莒口湖桥	释智福	2003.8	3

二、重要活动

1987 年 6 月，成立建阳佛教协会。协会驻地为宝山清莲寺。

2004 年 11 月，日本方广寺馆长大井际雄带领朝拜建阳市高仰山寺旅行团 29 人，上午到高仰山寺，下午到大觉寺，至夜离潭赴南平。

2005 年，协调解决宝山清莲寺征用闽北职业技术学院土地扩建道路，修建围墙事宜。

2009 年 9 月 19 日（农历八月初一），建阳市佛教协会在宝山青莲寺举行“庆祝中华人民共和国 60 周年祈福会”，并举行放生仪式。

第二节　道教与民间信仰

一、庙宇

建阳历史上修建过为数不少的道观，现在仅存龙济道院及部分小庙院。旧时在乡村凡传说中的、现实中的能庇护一方平安的、保护人民生命、保佑发财致富、子孙兴旺等的神祇、人物，都予以信仰、膜拜。境内还有不少祭祀民间俗神如临水夫人、马仙等的庙宇。

龙济道院　龙济道院是建阳市名胜古迹之一，位于白塔山上。白塔山，属麻沙镇溪头村，与武夷山交界，海拔 1553 米，山高林密，山麓有古径可通顶峰，龙济道院位于距山顶不远处。唐贞观年间（627—649 年）建，历代多有重修。1979 年，在道士郑邦裕主持下，新建观音殿，其他殿堂也略经修缮。现在整个道院有灵宫殿、三清殿、元君殿、观音殿，可供香客、游客朝拜参观。现住院 5 人，由瞿富林负责主持。

庵山庙　又名灵泉寺，位于潭东庵山之巅。五代后唐天成三年（928 年），有隐士石湖结庵于北峰，故名庵山，五代后祀三皇元君。但早于庵山庙之前 30 多年的唐景福年间（892—893 年）建灵泉寺，后人遂释、道不分。寺庙建筑面积 3500 平方米，旧存庙宇比较破旧，多次加以翻修。庵山庙香客既多，游客亦众，遂设置娱乐设施，供人休闲娱乐。1997 年，经建阳市旅游局批准为建阳市旅游定点单位。

太保庙　位于建阳市北面，原玉皇阁旧址。是《中国道观佛寺教堂名录》收入的建阳唯一的一所道观。有观音阁、玉皇阁等，可供游客参观、休憩。庙前有碑刻介绍太保庙的历史及变迁。1997 年，经建阳市旅游局批准，定为建阳市旅游定点单位。

盖竹王庙 在建阳市南与建瓯市交界处，祀唐代人陈岸（“岸”字左旁加三点水）。陈岸在唐贞元年间（785—805 年）任建阳县录事，将不实案宗抛入建阳交溪中，存活 40 个犯人的性命，后人建庙奉祀他（一说他为奸人陷害死）。

北门太保庙（原在水东） 供奉是李姓邑人。五代时有南唐王从柯侵境，李姓邑人率义兵拒守，敌退，闽国王审知授官，领建阳县崇雒镇公事。后战死，邑人为之立庙奉祀。

莒口倪王庙 位于策口村，祀唐人倪彦常兄弟。倪氏兄弟仗义疏财，赈济乡民，死后，乡人建庙奉祀。至今仍香火不断。

小湖武毅王庙 即闽越王行祠，祀闽王无诸或余善。《瓯宁县志》说：“其将号拏公者，甚著灵验。”此庙现在尚存（庙、像应是后世所修、塑），村民未必知道他是何时贤圣，只因代代相缘，于是保留下来，每逢年节，还有村民焚香礼拜，供果不断。

塘楼睢阳庙 睢阳庙祀张巡。唐人张巡在“安史之乱”时坚守睢阳，城破被俘不降，被杀。封建时代各州县均建庙祭祀他，如今大部不存，小湖镇塘楼村偶尔保存到今。庙额贴砖浮雕“睢阳浩气”4 字，横梁墨书“时大清康熙三年甲辰捌月十五日知县主章可程建立”。章可程，浙江山阴人，清康熙三年（1664 年）任瓯宁知县。

二、活动

1994 年后，境内无大的法事活动，民间有少数道士受聘进行建醮诵经活动，或为丧属举行法事活动。道教是多神教。旧时在乡村凡传说中的、现实中的能庇护一方平安的、保护人民生命、保佑发财致富、子孙兴旺等的神祇、人物，都予以信仰、膜拜。

乡贤信仰 主要有建阳市南与建瓯市交界处祀唐代人陈岸、李姓邑人在太保庙供奉的先贤、策口村倪氏乡人奉祀倪氏兄弟以及祭祀闽越王、闽王等。这些庙宇，每逢年节，都有村民焚香礼拜，供果不断。

财神信仰 建阳境内的财神信仰，多崇拜赵公元帅，画像张贴于门或厨房墙上，以农历三月十五日或正月十五日为神诞日。又有以比干为文财神，关帝为武财神的。现在尚可见逢年过节，乡村百姓在门上张贴赵公元帅，头戴铁冠，手持铁鞭，黑面浓须，全身戎装。城里公司、商店则见放置关帝木雕神像，既为装饰，又含祈求保佑生意兴旺、大利大发之意。

灶神信仰 建阳市几乎所有农家，甚至工薪人家，都有意识、无意识地在旧历十二月廿四（或廿三）祭灶，又叫送灶。建阳人来自全国各地，“备五方之俗”，祭灶所用供品不尽相同，大都少不了胶牙饴之类的甜食，目的是让灶神被糖饴胶住嘴巴，不会在上天应对玉帝询问时说民间的坏话。到除夕夜或来年初一迎回灶神，自然也少不了摆上祭盘供奉一番。

门神信仰 乡村不少农家还有在过年时张贴门神的习俗。门神是司门之神，但司门职责并不在于缉贼防盗，而在震慑鬼怪恶煞，不让他们来人间害人作祟。张贴的门神种类多样，多是秦叔宝、尉迟恭。城里虽少见，但不少人家有在客厅或卧室悬挂宝剑的爱好，剑锋多朝向门口，也暗含镇鬼的作用，其实是一种变相的门神崇拜。

关帝信仰 乡民崇拜关帝的忠义、勇武，供奉关大帝，是祈求他的庇护之意。现在不少乡镇的庙宇里还有关帝塑像。

土地信仰 现在较少，偶尔还会见到村民家贴土地夫妇：男的白发老叟，矮短身材，称土地公；女的矮短老妇，称土地婆。

马仙、临水夫人信仰 马仙据传是建瓯人，本地神祇，古时候建阳马仙信仰颇广。临水夫人是古田人，据传，有浦城人徐清叟，官至参知政事，晚年家住建阳，一年他的媳妇难产，多赖临水夫人救治，此后闽北有一些她的信徒。两者都是妇女、儿童的保护神。随着时代的变迁，渐演化成三妃庙，小湖尚存一座，祀陈夫人（即临水夫人陈靖姑）、林九夫人、李三夫人。尚有妇女前往焚香跪拜，未育的求子嗣，已育的求保平安。

第三节　天主教

20世纪80年代初，建阳市有教徒20人。2009年前，原建阳天主堂所在地为市二建公司、市中医院、市印刷厂所占用。2009年6月，拟定市区南入城口水南加油站至潭厦花苑之间，收储的1块土地作为建阳天主教城关教堂房地产落实地块。2010年，租用童游静园小区16号民房为教堂，全市有教徒人数300人。

第四节　基督教

一、教堂及信徒

20世纪80年代，建阳城内铁井栏处建有天福堂，是建阳教会的中心总堂。天福堂购旧屋而建，建筑面积180平方米、砖木结构。随着信徒的增加，破旧窄小的天福堂不能满足市区2000信徒的礼拜要求，于是又在堂外建100平方米的竹棚“副堂”，但每次礼拜还是有许多人站在堂的四周。

1998年11月，位于建阳北门新区中心的新天福堂工程正式动工建设，占地面积0.53公顷，建筑占地1300平方米，总建筑面积3811平方米，总投资450万元。2001年10月，新天福堂建成，能容纳2000人礼拜。

2004年11月，回龙基督教堂开堂。

截至2010年，全市教会有32个堂点，6000信徒；有2位牧师、3位副牧师、10位传道，80位义工担负各堂点工作。

2010年建阳市基督教堂、点情况表

表29-2-2　　　　单位：人

场所名称	所在地	负责人	教职人数	教徒人员
城关基督教堂	潭城北门	张记有	6	1900
周家教堂	周家	江瑞钦	1	120
麻沙教堂	麻沙街214号	张丽珠	3	160
江坊活动点	麻沙江坊	陈富林	1	60
溪头活动点	麻沙溪头	林泽星	1	25
界首活动点	麻沙界首	何水莲	1	30
吕墩活动点	麻沙溪头吕墩	沈开选	1	32
书坊教堂	书坊巨村13号	杨庆寿	3	110
饶坝活动点	书坊饶坝	任家堂	1	40
黄坑活动点	黄坑新历	黄领泽	1	120
井后活动点	小湖井后	何全生	2	21
崇雒教堂	崇雒街	彭宜春	2	200
水吉教堂	水吉教堂巷2号	王光金	3	120
仁山活动点	水吉仁山	陈小妹	2	68
回龙活动点	回龙街	李石福	1	52
际下活动点	漳墩际下	练云容	1	32

续表 29-2-2

场所名称	所在地	负责人	教职人数	教徒人员
漳墩活动点	漳墩街	魏晓珠	1	64
徐市教堂	徐市街	陈　勇	3	250
大阐活动点	徐市大阐	陈建雄	1	40
周墩活动点	潭城周墩	叶福斌	1	110
莒口教堂	莒口河坝	张柳凤	2	96
将口教堂	将口龟山	林　铨	1	60

二、活动

1982 年，成立建阳基督教协会。1983 年，天福堂恢复礼拜，随后乡村教会也陆续开放礼拜。由于传道人员少，教会多次举办各种培训班，有义工班、音乐班、财会班及 40 次的短训班，培养大批义工，又面向信徒举办多次的问道班、查经班、识字班、培灵会等。在培养人才的同时，先后接纳南京、华东、福建等神学院学生毕业回教会工作。

2008 年 7 月，建阳市基督教爱国会举行“迎奥运、爱祖国、促和谐踩街活动”，参加活动的基督教徒约 500 人，他们高举“爱国爱教”“祝福北京、祝福奥运”等标语，高呼“北京加油、奥运加油”等口号，环城绕行 1 周，受到各界好评。晚上，基督教爱国会在市中心广场还举办 1 场歌颂祖国、喜迎奥运文艺晚会。

2009 年，市政府要建排涝站，希望建阳北门社区教堂支持提供建设用地。牧师、信徒支持，及时为政府提供土地，使多年无地建设的省重点为民办实事工程得以完成，且使社区 3 万人免除洪涝灾害。同年，按照南平市民族宗教局要求，开展创建“和谐宗教场所”活动，城关基督教堂获南平市民族宗教局颁发“和谐宗教场所”奖。

2010 年，全国开展创建“和谐寺观教堂”活动，城关基督教堂获全国“和谐寺观教堂”奖，牧师张纪有获全国创建“和谐寺观教堂”先进个人奖，并作为福建省基督教界唯一代表赴北京领奖，受到全国政协主席贾庆林的接见。2010 年，宝山清莲寺获全省创建“和谐寺观教堂”活动先进场所。

第五节　宗教管理

1997 年 6 月，机关机构改革，市宗教局合并于市委统战部。市宗教局继续落实宗教政策，被占用的宗教房产相继归还各宗教组织。宗教管理及统战部门到民间信仰活动场所，组织有关人员学习党的宗教政策、宗教基本知识和法律法规等。同时，将科学文化知识教育引入场所。如潭城北门太保庙，在庙内设科普知识展室；徐市东岳庙，在庙内设上饶集中营先烈展览室等。对信众进行科学文化知识教育、思想教育等。防止民众的迷信盲从，对民间信仰中迷信的有害性进行批判，防止其对社会与民众的危害，使其危害性得到有效的防范。

2002 年 4 月，成立市民族宗教局。市民宗局、公安局、市基督教爱国会、协会对 13 个乡镇的宗教团体和宗教非法活动情况进行全面的调查摸排。

2006 年，全市共有民间信仰场所 227 处，信仰群众 12 万人。为加强对民间信仰活动场所的试点管理，市民宗局将 4 个信众较多、管理较好的民间信仰活动场所列入试点管理。

2008 年 5 月 16 日，四川汶川大地震后，民宗局召开 3 个宗教团体负责人紧急会议，要求全市基督教、天主教堂点、佛教寺庙、民间信仰活动场所所有奉献箱、功德箱，贴上抗震救灾捐赠箱的标志，并规定基督教、天主教 5 月 18 日（礼拜天）所有奉献收入作为救灾捐赠款。佛教、民间信仰活动场所 5 月 19 日（四月十五）所有功德箱收入作为救灾捐赠款。全市宗教界共为灾区捐款 15.28 万元。6 月，在市民宗局指导下，完成基督教两会换届工作，选出新 1 届两会班子成员。并在建阳市基督教第五次代表大会上，表彰在建阳市经济建设和构建和谐社会中做出贡献的 17 名基督教信徒。

2009 年，为庆祝中华人民共和国成立 60 周年，开展创建“和谐寺观教堂”活动，引导宗教与社会主义社会相适应，为构建和谐社会做贡献，在市委统战部和民宗局的倡议下，全市宗教界开展爱国爱党爱教系列活动。建阳市宗教界共支助慈善公益事业 16.15 万元：佛教界救助贫困危重病人 5 人次，2.30 万元；资助贫困大学生 2 人次，3000 元；资助童游村南山自然村道路维修 1 万元。基督教界上交省、南平市两会慈善款 1500 元；慰问、扶助孤寡老人 160 人次，2 万元；救助贫困病危、病重人员 6 人次，3 万元；资助贫困大学生 3 人次，9000 元；资助童游东泽村修路 5000 元；赞助建阳夜景工程建设 6 万元。

2010 年，市佛教协会、基督教两会进行第一批换证场所的发证工作。同年 7 月，全省基督教专项工作会议在建阳市召开，建阳市在会上汇报基督教专项工作的做法。10 月，市民族宗教局获省政府授予“全省民族团结进步模范集体”称号。12 月，基督教爱国会获全国“创建和谐寺观教堂”先进集体，牧师张纪有获全国“创建和谐寺观教堂”先进个人，并赴北京领奖。全市共有 23 个宗教活动场所通过南平市和谐创建验收，获南平市民宗局和宗教团体授予“和谐寺观教堂”，基督教两会获南平市民宗局、南平市基督教两会授予“创建和谐寺观教堂”优秀组织奖。在民宗局组织下，宗教界共为玉树地震、建阳冰雹灾害捐款 4.60 万元。在建阳“6·20”特大洪灾中，先后捐款达 10.12 万元。

同年，据统计，全市依法登记的宗教活动场所有 59 座，其中，佛教 30 座，道教 1 座，天主教 1 座，基督教 27 座。有爱国宗教团体 4 个，即佛教协会、天主教爱国会、基督教爱国会、基督教协会。基督教教徒 6800 人，天主教教徒 1000 人，佛教住寺有 157 人，出家人 77 人，道教住寺人员 5 人。

第三章 风 俗

第一节 生产习俗

一、立春备耕

在机械极端落后的古代，耕牛是建阳农民不可缺少的助手。因此古代上至政府，下至百姓，都看重畜养耕牛，都有在立春日祭祀土牛之俗。民国之后作为正式的仪式趋消亡，但其他风尚在民间传延。乡村百姓在立春这日备鸡、鸭、鱼（是谓“三牲”）、年糕、荸荠、橘子、白茶、三杯酒、鞭炮、蜡烛、黄纸钱、青菜（是谓九礼）于土地庙供祭；折梅枝、茶枝、芦苇（打个结，象征喂于春牛）分插于自家大厅供桌上三香炉中，并书写“新春大发”牌插于中间香炉。此仪式表达百姓祈求 1 年吉利、粮食丰收之意。据调查，现在大多数农家都保留立春日如此备耕的习俗，仪式不甚隆重，礼品也较随意。

二、莳田

旧时，建阳地方政府颁发皇历给每个农家，让农家根据皇历所测定、推演的二十四节气，确定浸种、播种和莳田（即插秧）等农事的时间。中华人民共和国成立初期，皇历还普遍存在。建阳地形复杂，气温瞬息变化，所以按照皇历准备春耕，阻止不了烂种、烂秧，贻误农时事件的发生，农民在很大程度上是靠天吃饭。现在科技发达，气象报道准确，农业部门重视，农民文化水平提高，能很好地解决这农耕生产的第一关，保证农时之始莳田的顺利进行。

三、牛节

耕牛是农民的帮手、朋友，因此受到农民的爱护、照料。每年四月初八为牛节。这1天，境内农民不让牛劳动，并像过自己生日一样，买（或酿）红酒、打麻芝粿，1筒1筒（用竹斜劈切口、提牛头仰脖灌进）喂给牛喝酒，用细糠拌粿，一口一口塞给牛吃。这在之前还是常见的事，现在科学种田，犁田、耙田、播种、插秧、除草、施肥、收割，大部机械化，耕牛锐减，无牛村大量出现，牛节难以存留。

四、洗谷篁

秋收完毕，把打谷篁洗净收起，表明这年农事结束。打谷篁洗净收起这天晚餐，建阳各地农民会整治1桌丰盛些的酒席，既庆祝1年农事完成，也答谢帮工的亲朋好友。酒席一般不会少麻芝粿，农民辛苦，麻芝粿是上好的食物，吃上它等于过节。上桌前，先装一碗粿、饭，置于屋外高处，如墙头、房顶，以供天地神明。然后喝酒猜拳，高高兴兴饱吃1餐。

五、冬至挑牛米

旧时，没田的靠租田耕种，没牛的靠租牛使用。建阳境内租牛的人家习惯在冬至这一天，依照双方事先的约定，挑米交付主人，称“冬至挑牛米”。此风俗现消失。

第二节　生活习俗

一、服饰

20世纪90年代后，建阳人的衣着在不知不觉中变化着。分门别类而言：中小学生外衣，上学期间一律穿校服，有夏令、冬令之分；居家则或艳服或素装。青壮年男女外衣，时尚，潮流又得体、端庄，少见奇装怪服。老人外衣都整洁无尘，但款式较旧，色泽暗淡，其衣龄多在10年以上，不忍丢弃。御寒内衣无非棉、毛、皮、绒衣，近年时兴保暖内衣，旧式棉大衣甚罕见。鞋则胶底、塑料底鞋居多，棉鞋、皮鞋则在老年帮中常见。建阳人不爱戴帽，隆冬时节，戴帽的多是老人、小孩。

衣着来源有3个途径：现场裁制，少之又少，有限的裁衣铺被挤在小巷里招揽一些妇女、小孩的睡衣之类，生意清淡。销售成衣、鞋帽，此类店面充斥各条街道，所售衣裤鞋帽，档次高低错落，贵的数千，贱者数十。其中有专卖，有的专卖军服，有的专卖童装，有的专卖鞋子，甚至专卖某商标的鞋子，如“老北京布鞋”等。淘宝网购买，网上淘宝，方兴未艾，市民趋之若鹜。

建阳有数千畲民，他们的服饰五色相配，做工精细，几近艺术品。但一般只在年节时着服，平时穿戴与汉人无异。

二、饮食

建阳本地人以大米为主食。大米以其功用分，主要的有3种：一早米，即做饭的米，终年食用，品种繁多；二粳米，三糯米，前者做白粿用，后者做麻芝粿用，都是年节时的比较贵重、绵延数百年的传统食品。糯米另作酿酒之需。

一日三餐。早饭乡村农民都自家举火，因劳动时间长、强度大，吃干饭，不吃稀饭。城镇居民分举火、不举火2种，举火的多是老年人，一般煮稀饭，佐以榨菜、豆腐干之类；干部、职工、商家、学生多在街上随便吃些馒头、面条、粉干之类匆匆各奔前程。

午饭、晚饭，农家一般吃捞饭，放米于大锅中煮半熟，捞置饭甑中蒸熟，多1煮2餐；佐以自家栽种的菜蔬、豆荚等，鱼肉并不少见。城里居民的午餐一般吃焖饭，鱼肉荤腥、时令瓜蔬，相当丰盛。晚饭相对简单些，把午餐剩菜过个锅，添些熟食如卤牛肉、猪七寸。现在居民生活水平提升，不少居民去吃自助餐之类，省工省力。

建阳北方人及他们的后裔不少，所以爱面食者颇多。面食种类很多，面条最常见，主要是炒、干拌和汤煮。另有吃线面的，用滚汤一烫即捞起，下些佐料即食，方便经济；来了亲戚朋友，在面中下2个鸡蛋，是1碗不错的待客点心。本地人喜好也有不同，东片水吉等习讲建瓯话的喜欢吃豆浆粉：粉干烫起，倒进豆浆，加红酒、酱油，1碗味香色美的豆花呈献在食客面前。

建阳最有特色的地方小吃：

weng子 建阳小贩根据本地读音，给它造个形声字：左“米”右“翁”，很有创意。其制法：量好早米，倒入水中浸泡数小时，捞起，磨成米浆，放入适量盐、碱；炆火热锅，倒入米浆，反复搅拌，使之成团（但未熟透），舀起，铲去锅巴，再倒入锅中，如此反复数遍，待熟透时起锅；炒好笋丝、萝卜丝、芋头丝、腌菜、豆干之类，分放于各盘中，随卖随包。小吃叫卖分行商与坐贾2种，行商是用车拖着走小区、穿里弄叫卖，坐贾则占固定地盘，往往在市场边搭好雨披、放好桌椅叫卖。拧下鸭蛋大的1团粿团，压平，取馅适中，包好。2010年，1个粿包现价2元。生意相当红火，甚至在外地工作的建阳人，每每要家人、朋友带、捎weng子让他们解馋。

麻芝粿 建阳麻芝粿的历史很悠久，见于文字记载的有数百年。麻芝粿的制法很简单：取适量糯米，淘洗干净，用水浸泡数小时，捞起沥干，放入饭甑之中，猛火蒸炊，初不加盖，待“上气”后盖上，蒸至米饭“透心”（即中心的米饭亦熟透），即起锅倒入石臼中舂打成粿。吃法是将粿搓成小团，拌以用芝麻（故称“麻芝粿”）、花生、白糖等混合磨制的细粉食用。其味甜香。麻芝粿历来为建阳人民所喜爱，不但视为“美食”，非年节不会“打粿”，而且认为有补气、消除疲劳的药用价值。现在城里每天都可吃到麻芝粿。小贩推着小车沿大街小巷叫卖，各饭馆、酒楼多有预订。

三、居住

20世纪90年代后，建阳城乡居民住房，或租或购或自建。居民的居住条件改善，建（修）房、买房者渐多。城镇因受规划及用地限制，建独门独院的较少，以砖混结构的多层楼房为主，联建房也成趋势，即几户人家联合建房，共基共墙，临街的底层各自有店面，2层以上依面积大小，建1个或多个单元房，一般1户1个单位。

农村因用地（宅地）相对宽裕，仍以建单门独户砖混结构房为主，层数也多为3层以上，铝合金窗、不锈钢大门，较过去的土木、砖石结构房美观坚固得多。

随着公路建设发展，村民纷纷撤除稍离公路的旧房，而在公路两旁起屋。村委会多有规划，统一面积、楼层，款式，甚至外装修颜色。建造的是砖瓦楼房。楼房多是二、三层：底层前后2间，前间临街，安放车辆、器具及待客闲坐的桌椅之类，后间为厨房；二、三层为卧室。

旧式土木结构大厝其建构简述如下：4面围以矮墙，中以杉木为柱、梁撑架，以木条、木板为厅、为屋、为厨、为窗、为门等。其中最隆重的是“上梁”，仪式如下：先上香　在厅堂位置设1供桌，上放3斗，从左而右，斗里分放曲尺、罗盘、瓦刀之类，依次供奉鲁班先师、风水先生、泥水师傅。行法事先生各点燃三炷香礼拜如仪。最隆重的是上梁，先抬回上梁材料——杉木一棵（先选择好，临时砍伐，取“长青”之意），扎以红布条，运回制作成梁。中间钉1块木制八卦，或贴纸画八卦，一般不书写文字（公共场所如寺庙、凉亭则墨书主持者之名、上梁时间之类）。放过鞭炮，两端用巨绳绑好，徐徐吊上，安放在两边最中间的立柱上。最后木工师傅在梁边一面抛下粽子、板栗之类，让小孩哄抢，一面口念吉利文辞，如“抛梁东，喜迎旭日代代红”之类。旧式土木结构大厝现很少有人建造。

进入21世纪后，买商品房成为一种趋势。不仅城镇居民买，不少农村居民也进城买房，或为自己，或为子女。此外，城镇居民还时兴建或买别墅。宽裕人家除有常年住房外，或另买或到农村、郊外另购地建别墅。这些别墅均为高档休闲建筑，单座2—3层，装饰讲究，有草坪、车库。别墅之风呈日益增多之势。

但不管城镇还是农村，不少人建房时仍会请择日先生选定吉日，也请风水先生看房屋地理坐向及大门朝向。

城里人家新购住房乔迁，因是喜事，故都如过年节一样，大门、内室张贴大红乔迁对联，鸣放鞭炮，在酒楼设筵宴请亲朋好友。亲友馈送礼品、礼包。乡村人家礼数较多，先择日：以前让风水先生算个吉日，现在多是选择农闲晴朗无雨时日乔迁。时点选子时之后至午时之前。接着是进火：家主执竹篾在旧居灶膛中取火种（进于新厝）前行，接着由长子（或长孙）手抱内装五谷、插烛、香的斛斗（大斗，可装五小斗）随行；后面一家老小各持物件跟着。到达新居门口燃放鞭炮后，火种放入新灶膛中，斛斗置于正堂供桌上。最后是庆祝：在新厨锅灶用糯谷、早谷炒制爆米花，寓日后生活美好火爆之意。最后操办“乔迁酒”，宴请亲友，旧时书香之家，亲友多送书、画挂轴之类，现难得一见；一般人家则送米糕、红包之类。

四、出行

20世纪末，建阳市区学生上学、放学，工作人员上下班，多骑自行车，时见自行车长龙游动；也有乘班车、骑摩托车的。日常则有三轮车、出租面包车等代步。21世纪后，城乡交通状况发生巨大变化。不少家庭拥有汽车，学生上学、放学由父母家人小车接送的不在少数，更多的是骑电动车（特别是女生）往还。公职人员上下班也相类似。同时，市内及通向各乡镇的公共客运班车逐渐增多，方便市民出行。市民出行高峰期间，小车堆挤，交通堵塞，不时可见。

第三节 礼仪习俗

一、交际

建阳城乡居民、农家，都待人和善友好，热情好客，尤其尊老敬师。熟人路遇，一般关系的相互微笑，点头，招手；热切的握手，问好，聊几句家常、工作。乡村人家平时来人，都热情让进厅堂，连呼“你好”，洁椅让坐，递烟上茶；如是生人，必问对方“贵姓”、籍贯。客人告辞，挽留一番后送到门外，甚至到村口，道别时连声“慢走”“一定再来”。如果重大节日来客，茶水中放1块冰糖，客人必须水、糖一起喝、吃完才尽礼。春节期间，不忘给邻里高龄伯叔等盛去1碗长寿面之类。老师来家访，必让作学生的孩子敬上冰糖茶，连声教孩子“用双手”，以示对老师的敬重。正月头，亲友相互拜年宴聚，多的相请十几日。这期间隆重的请新婿、新娘，他们是年前结的婚，正月初男、女家互访，凡本族五服之内亲族都请到；因举办婚礼时已送贺仪，此时只要带包冰糖、蜜枣即可。宴席座位极重辈分，亲家、舅父、舅母、长者、贤达及远方来客视为上宾。互让首席是识礼表现，往往迟延半天，才由是日宴席总理出面推拉，最高辈分，或最适宜者才勉强落座。在市区，随着精神文明和物质文明建设的发展，社会交际逐渐新潮，讲求文明，“OK”“拜拜”成为交际语言，“您好、请、对不起、谢谢、再见”等礼貌用语常用于人们交际之中。“老板、叔叔、阿姨、师傅、先生、女士、大哥、小朋友”等成为人们的通常称谓。茶楼、酒吧、咖啡厅、歌舞厅成为交际场所。

子女考上大学，许多家庭、特别是子女高中之家，要在豪华酒楼宴请校长、班主任、任课老师，酒不厌其醇，菜不厌其精；家长、子女轮番向师长敬酒致谢，宾主尽欢而散。因攀比等原因影响不佳，近年已趋停息。

生意人择吉日营业，旧称“开张”。是日店前彩带悬空，红毯铺地，锣鼓震天，礼炮轰鸣，亲友、同行或送鞭炮、花篮，或赠贺仪恭贺。如是大商场、大公司，则邀请有名望的人士光临，举行剪彩仪式。开张当天以优惠价格招徕顾客，是不成文的规矩。

二、婚嫁

20世纪末至21世纪初，建阳的婚嫁礼俗发生较大的变化，城乡差别较大。

（一）城区

婚嫁程序比较简约。男女自由恋爱，不提金钱聘礼。每个家庭一般是独生子女，且生活水平普遍提高，所以为子女婚事，双方父母都大力资助：一般男家负责住房的购买、修缮，女方则愿意在衣着、首饰上花钱，送小车的已非新闻。婚礼从简：迎亲日，嫁女方一般会送1对皮箱，内装新裁衣物、压箱金银首饰、现金；男方接亲车队按时到来，新娘也梳妆打扮停当，或由娘舅抱着上车。放过礼炮，迎亲车队徐徐开去。到了男家，新郎、新娘下车，鞭炮从门口响至大厅。少不了举行简单仪式：不少人家设有神龛，上方张贴祖宗牌位，新郎、新娘在祖宗牌位前上香、鞠躬如仪；接着向在大厅中间摆放的凳椅上轮番就座的男家父母、祖父母、舅、姨等长辈，行鞠躬礼。礼罢各长辈都给新郎、新娘赠送红包。之后即赴婚宴，亲友祝贺，贺仪二三百元不等。

（二）乡村

随着农村百姓文化素质、思想修养、眼界见识提高，男娶女嫁的过程、礼数比以前大为裁减，但还有相当多的人家喜欢老套，觉得热闹、体面。过程大体如下：

前期　即“合八字”，虽亦如仪，但实走过场，风水先生顺应时代潮流，不会寻茬，略看“八字”，便开红单：中间骑缝处书“天作之合”，两边各开列彩礼（5—10万元）、花饼（50公斤）、红蛋（200个）、公鸡（6只以上，取双数）、冇蹄、红酒、衣着、首饰数量若干，分付两方。

订婚　当日，男家新客、媒人（传统的“父母之命、媒妁之言”虽过时，但其间礼节、规矩要靠熟谙世故的媒人来指点、指挥）、伴娘2人、男挑礼担6人（订婚酒3—5桌，酒、肉、鱼、菜要男家采办送去）等到女家，女方鸣放鞭炮接了，烟茶伺候，并送红包给来宾。午饭罢，准新娘随男家一干人上男家，男家长辈依次给准新娘赠送红包。是夜，在伴娘的陪伴下在男家过夜，次日，新客亲送准新娘回家。

婚前准备　首先商定日子。以前由男家请风水先生选定开单，送女家征求意见，女家自然也请风水先生定夺；现由男女双方家长商定。婚期定下后家具的购置、新房的装修，男家紧锣密鼓地进行；女家则准备陪嫁的衣物、箱奁之类。临近迎亲时，男女双方到民政部门办理结婚证书。

迎亲　是日，男家出动媒人、伴娘、吹鼓手、挑夫（一般4人，挑着冇蹄、公鸡、鱼、肉之类及饰妆）去接亲。现在公路交通发达，农村几乎都通汽车，一干人坐车（20世纪90年代多坐拖拉机）前往（少数偏僻山村或要走一段路）。到女家，大门口响起鞭炮、唢呐、鼓乐声，新客及迎亲1群人被拥进大厅（礼担有人接去），吃过甜蛋点心。中午办“新娘酒”，宴请至亲族人、戚属。吃过午宴，又是鼓乐声起，礼炮齐鸣，在女家2个伴娘及小舅子（亲弟或族弟）的陪伴下出门而去。

成亲　依旧俗行拜堂礼，很隆重，很热闹。吃过结婚酒，新夫妇入洞房。由好福气的长辈女性铺床；闹房，是必不可少的仪式，花样繁多。婚后3天新娘回门，过年时女婿送年糕之类叫“送年”，次年正月头请新客，端午、中秋节送礼叫“送节”。

三、生育

生儿报喜　出嫁女分娩，女婿挑礼物上泰山家报喜，有红酒、有蹄之类。送酒有讲究：生男，用锡打茶壶装酒；生女，用锡打酒壶装酒（茶壶、酒壶是嫁女时的陪嫁，茶壶容量远大于酒壶），女家一看便知。回礼是红包、婴儿衣着等。

洗三朝　婴儿出生 3 天，父母取石子（取健壮义）、榛子（取争气义）、艾条、菖蒲（取去病义）、鸡蛋等置锅中煮沸，滗汁，凉后搽洗幼儿全身，并用鸡蛋摩挲面部等处，以期婴儿日后健康、无病痛，一生平安，有作为。俗称“洗三朝”。

做满月　婴儿满月，其家在中午办满月酒，宴请亲、戚、友朋。外公、外婆必送红包、婴儿衣服等。宴席丰厚，主客尽欢。席间抱出小主人，客人赞颂一番；旧时有“抓周”之俗，今废除，偶尔有好事主、客也会随手取身边小物件，让小儿胡抓取乐。

四、寿诞

建阳百姓做寿，有个特殊习俗：10 岁做寿，意为人生难满百，即一般人只活两位数，10 岁上两位数，此后如意外离世，不算夭折，故别于做生日，称做寿。接着是 20 岁做寿，“三十四十，不让人知”（“十”建阳话读如 xi，“知”读 di，叶韵）；50 岁后逢十做寿。10 岁、20 岁是长辈父母替儿子做寿，可收礼；50 岁以后，是小辈替长辈做寿，不收礼，赴宴者只要手提 1 包用红线系着的线面（长寿面）即可。他们一般是上年纪的平辈人，递过礼物，对寿星抱拳、作揖，口祝“健康长寿”“加福加寿”等。宴席无非日常酒肉，但多寿桃、寿面之类。

五、丧葬

市区　比较简单。长辈仙逝，以前是工作人员的多由其原服务单位的工会出面料理丧事，近年由子女自行处理。遗体安放在医院的简易灵堂，先由“孝男”（旧俗称“不孝男”）张贴“讣告”，内容为逝考辞世时间、享寿、生平、治丧位置、出殡时间等。期间亲朋好友到灵堂向逝者焚香致哀，然后会见其守灵子息，劝慰“节哀顺变”一番，递过用反面红字折包的“丧仪”200—500 元不等。现一般都会为宾客送上糖果、毛巾和红绳的包，并会在酒店办酒席答谢。最后出殡、火化，骨灰盒多买位寄放灵塔。基督教信徒病人病重，牧师前来祷告；弥留之际，则唱安魂曲；去世后为其超度，牧师、教友穿白褂，臂绣“十”字。逝者穿戴：为母的要为她穿九重衣服，为父的生前如为公职人员，则多穿西服。亲属治丧服饰：逝者为父母，其子女着缝黑布条的白鞋，臂缝黑麻袖章。

乡村　长辈在弥留之际，远近子女要赶回“送终”。给逝者穿上“寿衣”后抬离正寝，移置后厅。由子女、媳妇一身麻縗，轮流“守灵”。以前遣年轻族属多人奔赴住在远近村落的亲戚报丧，叫“讣告”，现在通个电话即可，亦在大门上张贴“讣告”。当晚即请来道士作法事，一般持续二三天。之后组织灵车队送遗体到城里火葬场火化，骨灰带回安放于乡镇所辟的公墓之内。农村尚盛行麻衣守灵、法事活动。1997 年，建阳实行殡葬改革，实行火葬，改革土葬。一些旧俗虽仍部分存在，但在慢慢淡化。同时，尊重少数民族的丧葬习俗，或土葬，或火化自便；禁止建立或者恢复宗族墓地；禁止在耕地、林区、城市公园、名胜、文物保护区、水库河流堤坝附近和水源保护区、铁路公路等主干线两侧建造坟墓。

第四节　岁时节庆

一、传统节日

春节　建阳春节多指指正月初一这天。旧年亥时一过，弃旧迎新，春节开始。第一个活动，开门：

开门依各家各户理解的吉利时辰，择子、丑、寅、卯中一阶段举行，其时打开家门，在门口鸣放鞭炮；因各家择时不同，所以1夜鞭炮之声此起彼伏；如择子时，离天亮还早，可虚掩房门睡觉。第二个活动，早饭：初一卯时前，1家老少起床，着新鞋洁衣，家主先在正堂香案、灶边点燃大小红烛，接着煮食一面二蛋点心；早饭吃“捞夕饭”（除夕水稍滚即捞起，来日蒸熟）。第三即1天的活动：早饭后，家主一般不出门，摆好烟、茶、冰糖、蜜枣（冰糖蜜枣泡茶是建阳百姓最爱用的待客饮料，取甜甜蜜蜜之意）等，准备迎接前来拜年、串门的亲朋好友。晚辈出门或向长辈拜年，或携朋游玩；路遇熟人，或拱手，或握手，互道“新年好”“恭喜发财”等祝颂语、吉利话。农村禁忌较多，不扫地，怕财气外流；不倒废水，怕招今年闹旱；小孩摔破碗碟，大人会说“岁岁平安”（“岁”与“碎”谐音）。城里则扫清街道，张灯结彩；市民先些年通过寄贺卡给亲友拜年，如今则打电话、发贺喜短信致贺。机关单位则组织“团拜”活动，各级领导分别到农村、部队、企业、学校进行新年慰问。人们结伴外出旅游或在当地开展娱乐活动。

元宵　农历正月十五日元宵节，俗称“上元节”，旧时此夜家家点蜡烛置灯笼中，通夜照明，所以又称“灯节”。建阳各乡镇过元宵节各有特色：水吉镇度元宵持续的时间最长，历史上最热闹时从正月初一闹到廿一，出动本土及江西、福州、长汀各会馆的菩萨7尊游行（现在仅在廿一日举行）；划旱船、舞龙、抬菩萨游街，热闹非常。聚而观者来自本镇各村、附近各乡镇及周边县市，多达数千之众。灯则以童游彭墩村“高照”之灯为最：形体硕大无朋，由12组灯箱和3组旋转顶灯相叠而成，高达4层楼房。灯的名目以黄坑为多，有花灯、龙灯、马灯、船灯、狮子灯、花鼓等，最大的为烛桥灯，缀于龙头、龙身、龙尾之上，多达365盏，象征一年365天都风调雨顺、五谷丰登。城镇临街各单位、店面悬挂彩灯，霓虹灯、节日灯、广告灯交相辉映，多彩灿烂。文化馆、学校、著名景点往往在元宵节举行灯谜活动，参加活动的以老人、学生居多，猜中的可获1份礼品。

清明　清明是农历上所制定的二十四节气的第五个，古人说：“物至此时，皆以洁齐而清明矣。”一千多年前的唐代，建阳先民就有清明前后在水南黄花山（原名亡化山）祭奠先祖的习俗，此习俗传延至今。建阳习惯在清明前三后四期间扫墓，这期间城乡到处是扫墓祭祖的人群，人们执刀荷锄，肩挑手持蜡烛供品，来到先祖墓地，除草垫土，采、伐杜鹃花、松枝插在墓周，在墓前点上蜡烛（古人以为鬼域无白昼，须点烛墓头，让他们能看清供品享用，所以建瓯语系人称扫墓为“照窀”），摆上酒肴供品，燃放鞭炮，然后向祖先默哀致礼一番，完成仪式。之后参加扫墓的亲人择地而坐，分食供品罢，打道回府。近年交通发达，远在福州、厦门等地工作的亲人多赶回扫墓，表达自己对先人的悼念。这天，党政机关和学校，组织祭扫烈士陵园活动，献上鲜花、花圈、松柏绿枝，缅怀先烈，寄托哀思。

端午　农历五月初五为端午节，又称“端阳节”“五月节”等。端午节历史悠久，建阳旧时过端午习俗和各地基本相同：贴钟馗像，挂艾条、菖蒲，赛龙舟，吃粽子，饮雄黄酒，屋角墙脚洒石灰，小孩佩香囊等。如今随着社会的进步，不少习俗已经消亡，只剩下悬挂艾条菖蒲、赛龙舟、吃粽子等习俗。采来艾条菖蒲，束以红布条，挂于门、窗之上。建阳粽子以馅取胜：有瘦肉的、五花肉的、香菇的、榛子的、豆沙的，不一而足，风味各异。赛龙舟在水系适合的城关、乡镇举行，以小湖镇开展的较出色：历史较久，清代盛行，近几十年举行频繁，1996年，曾组队参加在澳门举行的国际龙舟邀请赛，取第六名的成绩。

中元　农历七月十五日中元节，俗称“七月半”，也称“鬼节”，乡村祭祀祖先。初十日，在厅堂祖宗牌前安放茶、酒、水果，早、晚各供1碗饭，连续5天。十四日，蒸好米糕，备好三牲九礼（见前），下午4点左右，供于祖宗牌前，点香分插左、中、右3个香炉里。十五日下午4点捧上茶数杯，饭数碗（以高祖下至父亡故者人数计），点香、焚化纸钱后，由家主向冥冥中的列祖列宗默默致辞，无非祈求保佑阖家平安、办事吉利之类；也有用隐语求子嗣的，求男的说求去杭州买白花，求女的说求去杭州买红花（苏杭出才子、美女）。此俗在乡村尚相当普遍。中元节祭祖实是“家祭”，只祭高、曾、祖、祢。“君子之泽，五世而斩”，意为人生百龄，至多只能认五世，故五世以上之祖宗入于宗祠族祭。

中秋　农历八月十五日是中秋节。活动主要是品月饼，赏明月，饼圆，月圆，象征亲人团圆，所以中秋又称团圆节。晚饭时家家准备酒肴，月饼，合家团聚，边吃喝，边叙团圆之乐，同时，怀念离家在外的亲人。晚饭后搬移桌椅到较高敞处，摆上月饼、茶酒、瓜果，拉家常，赏明月；文雅人家，每令儿孙吟诵古人咏月诗歌。节日期间，亲友往来，多以月饼互馈。市、乡政府、单位常举行中秋节茶话会、赏月会，邀请各界知名人士参加。

重阳　农历九月初九，九是奇数，属阳，故称重阳，也称“重九”。古代重阳节活动很多，保留至今的有登高、赏菊、吃重阳糕、放风筝等等。重阳登高是民间普遍的风俗，秋高气爽，视野开阔，因此宜于登高望远。建阳政府办公地址后山史称大潭山、卧牛山，但人们最熟悉的还是称登高山，即因古人重九登高而得名。秋菊九月盛开，清雅难凋，人们喜爱赏玩，所以九月又称“菊月”；菊花五颜六色，但以黄为主，故又名“黄花”，重阳节又称“黄花节”。重阳民间有蒸糕，互相赠送，糕、高谐音，寓步步高升，兴旺发达之意。九月秋风送爽，宜放风筝，放风筝要把风筝放飞，不要收回，寓把灾病不吉利放走之意。重阳时秋收已过，新谷登场，农村习惯磨米蒸九层糕，打麻芝粿，算作尝新。现在政府规定重阳日为敬老节、老人节，晚辈向长辈送节礼，祝愿老人健康长寿；许多单位会邀请本单位离退休老人相聚，举行各种活动，或赠送纪念品。

冬至　冬至，建阳城乡都有在这天吃汤圆的习俗。用糯米磨粉搓成丸子，进锅煮熟后捞起，或带汤加糖，或滚拌带糖的豆粉、芝麻粉，早餐食用；先装1碗置于厅堂供桌，飨于祖先，然后自食，并分赠亲友。福州语系的移民一般在冬至前夜，点燃一根红蜡烛，插在1个橘子上，搓好丸子，置于竹筛上，第二天早上煮食；同时有个特殊习俗：取熟丸子贴于门框、窗棂等处，待送灶后取下烤焙，以膨胀与否，以测孕妇产男与女。建阳有冬至杀鸡进热补的习惯，村民家禽自养，城里、乡镇居民都上市场购买，这天鸡价往往高涨。建阳人们喜欢选择冬至日酿糯米酒，认为是日所酿酒质好，也适合过年时取用。

附扫尘　目的是除旧迎新，祓除不祥，一般在腊月前半月举行。扫尘这1天，主妇（一般男人干重活，女人处理琐碎之事）绑围裙、戴斗笠，将房间床铺、厅堂的桌椅之类蒙罩，用长竹竿绑上扫帚，将大厅、厨房顶、壁打扫一番，之后洗抹窗户、桌椅、灶台，并把地面、天井冲洗干净。这是过年的前奏。

祭灶　建阳人大多在十二月廿四祭灶，也有在廿三日祭灶的。晚餐举行，菜肴并不丰盛；点燃蜡烛，菜肴先摆在灶台飨过灶爷，然后全家进食。城乡、东西片所食各有不同，但有1碗较粘、会胶牙的甜食都少不了，目的是让灶爷吃了这碗甜食，牙齿被胶，上天时不能在玉帝面前数说人间的坏话。

除夕　除夕即每年农历十二月的最后1天，建阳百姓习惯叫“过年”，和春节一样是建阳最隆重的节日。家家户户贴春联，杀鸡，宰鹅，蒸年糕，打糍粑，煮冇蹄，温红酒，准备丰盛的年夜饭；黄昏时分，家家户户燃放鞭炮，在厅堂供桌上高燃3条红烛，并摆满酒馔瓜果，以飨天、地、祖宗，在灶台上燃2支一般红烛。准备停当，便在大厅或厨房门口（独户的在大厅、多户的在各户厨房进餐）燃放长串鞭炮，然后水陆俱陈，摆满一桌，合家欢聚，吃年夜饭，品尝美酒佳肴，安享天伦之乐。饭罢长辈给幼辈分发压岁钱，也有睡前或来日初一起床时给的。现在城里不少人家潇洒，不再自办年夜饭，而是上餐馆、酒楼（须预订）消费。接着阖家老少围着电视机，一边观看中央电视台直播的春节联欢晚会节目，一边顺手瓜果、糕饼、瓜子、糖菓之类，其中红橘、年糕必不可少，分取吉利、高升之意。其间，花炮之声不绝于耳，焰火持续照亮夜空。多数农家保留“守岁”习惯，直至深夜。

二、法定节日

元旦　公历1月1日，公职人员放假1天，机关、团体、企事业单位大多插彩旗、挂彩灯，门前悬挂写有“庆祝元旦”的红布横幅。各单位常举行各种形式的庆祝活动。乡村农家一般不过元旦。

国际劳动妇女节　又称三八国际妇女节、妇女节。公历3月8日，妇女放假半天。各级政府和单位常召开妇女表彰大会，组织文体活动。

植树节 公历3月12日。每逢此日，市、乡（镇）两级政府组织干部、工人、农民、学生开展义务植树活动，以绿化、美化环境。

“五一”国际劳动节 公历5月1日。公职人员放假1天。节日期间，市、乡（镇）2级政府、部分单位组织各种形式的庆祝活动，召开劳动模范、先进人物表彰大会，开展丰富多彩的文体活动。1999年9月，五一假日增至3天，将假日与双休日调整连接，有7天长假，人们称为“黄金周”，纷纷利用假期外出旅游或探亲访友。2003年12月，国务院将五一劳动节放假一天。

青年节 公历5月4日。此日，建阳市各级共产主义青年团组织多举行新团员入团仪式，组织演讲会、报告会或文体活动，对团员、青年进行革命传统教育和爱国主义教育。

国际护士节 公历5月12日。医疗卫生部门多举行庆祝活动，表彰优秀护士。各级领导到医疗卫生单位慰问医务、卫生工作人员。

国际儿童节 公历6月1日。各小学多于这天举行中国少年儿童先锋队新队员入队宣誓仪式，幼儿园和中小学组织丰富多彩的文体活动。团市委、市妇联等部门走访中小学、幼儿园、福利院，慰问少年儿童，并捐助困难儿童和残疾儿童。

中国共产党成立纪念日 公历7月1日。是日，各级党组织多举行新党员入党仪式，组织党员学习党的基本知识、召开民主生活会，回顾党的历史，进行爱党爱国教育。

建军节 公历8月1日。建军节期间驻军和地方武装部门组织庆祝活动。党政机关、民政部门开展拥军优属活动。

教师节 公历9月10日。是日，市委、市政府及教育局多召开先进教师表彰大会。各学校举行庆祝活动。社会各界开展尊师重教活动。

国庆节 公历10月1日。国家机关、企事业单位都升国旗、插彩旗、挂彩灯，举行庆祝活动。1999年起，人们多利用国庆长假（7天）外出旅游。

三、其他节日

随着改革开放的深入，不少洋节先后传入建阳，主要有圣诞节、情人节、母亲节、愚人节等。公历12月25日为圣诞节，过此节的多是城里人，不分年龄，乡村少见。是日，信仰者多到宾馆、饭店用餐，届时服务方或会饰圣诞树、圣诞老人装装门面。每年公历5月的第二个星期日为母亲节，有过此节的母亲们在这一天通常会收到礼物、康乃馨花。每年2月14日为情人节，此日男女一般都互送鲜花、贺卡和巧克力以表达爱意。建阳不少青年热衷此节日。

第五节　畲族习俗

一、衣食住行

服饰 畲族男子的服装多为开襟上衣和长裤，与汉族基本相同。妇女的服饰则有明显的民族特色：多穿右襟黑色上衣，衣领、右襟和袖口镶有花边，下穿长裤。发式多是把头发盘梳在头顶上的螺式发型或截筒高帽式发型，发间环束红色绒线。

饮食 与相邻的汉人无多区别。以大米为主食，另食红薯等杂粮。红薯多刨成番薯丝，利于保存。多喜食辣椒。

居住 旧时畲民住房比较简陋：多住较偏僻的山里，在山边以木为柱，以竹篱为墙，以竹篾盖顶，上覆盖茅草，是真正的茅屋。现在多与汉民杂居，住上砖瓦房，结构、设施与汉民无异。

出行 以前畲族的生活水平稍逊于汉族，现在他们与汉人基本一致。他们每家几乎都拥有摩托车、电动车等，部分人购置小车。

二、家庭婚姻

家庭　畲族通行一夫一妻制，家庭中以男性家长为中心。从历史上看，畲族妇女在家庭中的地位要比汉族妇女为高，有的还与男子一样享有财产继承权。男子可以入赘，入赘后有的要改女方姓氏。偶有汉族男子入赘畲家的，其子女仍用父姓，但遵行畲民习俗，其汉姓在畲民区变成少数民族。

婚姻　畲族过去也实行买卖婚姻，但比汉族有较大的自由。遵守《中华人民共和国婚姻法》，废除买卖婚姻，一般彩礼在所难免。男女社会交际公开，青年男女往往通过生产劳动、对唱山歌、盘诗对咏等形式，互表爱慕，建立感情。选中对象后，则通过媒人请来当事人说教，无非双方要忠诚相爱，互敬互助之类。畲民多在本族内通婚，同姓不通婚，但同姓不同宗的也允许通婚。仪式比较简单，嫁妆除一般礼物外，还有农具、斗笠、蓑衣等，反映畲族妇女热爱劳动的传统。婚礼当天，新郎到女家迎亲。岳家设宴款待，但不马上上桌，要新郎以歌换物，如要筷子，则唱《筷歌》，要酒要唱《酒歌》等等。新郎边唱，司厨边和，则器物、酒菜应声而出。宴席结束，新郎又要一首一首地唱着，席上碗碟等才 1 件 1 件得撤去。宴罢，新郎新娘交拜成礼，接着祭祖，辞别舅姑，1 对新人便男前女后，各执雨伞，步行回家。途中两人边走边唱，一唱一和。回到男家，先拜父母，再拜祖宗牌位，婚礼才告结束。

三、文娱活动与宗教信仰

文娱活动　畲民最普遍的文娱活动是唱山歌。他们不仅在节日和喜庆场所唱歌，就是在日常生活和在田间山野劳动时，也以歌对话，互相对答。有的还定期举行颇具规模的“盘诗会”，内容丰富多彩，有记述本族来源和历史的传说歌，有歌唱劳动和爱情的杂歌，还有的以民间故事为题材的小说歌等。唱歌的形式有独唱、对唱。

宗教信仰　畲族的宗教信仰主要的是祖宗崇拜。畲族民间普遍流传畲族祖先盘瓠的故事，每个家族都保存着一根刻有龙头的拐杖，叫“祖杖”；把盘瓠的传说绘制在 1 块长 5 丈、宽 1 尺 5 寸的白布上，称为“祖图”，视为神圣不可侵犯之物。祖杖与祖图平日分别由族长或有威信的族人保存。每 3 年举行 1 次本族大型的祭祖活动，届时将祖图悬挂堂中，以示子孙，要他们知道自己民族的来源。此外畲族信奉多神，迷信鬼神，他们有本族巫师。现在随着文化科学水平的提高，迷信活动逐渐减少。

节日　畲族长期和汉族杂居或邻居，因此也过春节、元宵、清明、端午、中元、中秋、重阳等节日。他们本民族的节日有二月二的盘诗会，据说是畲族盘姓的盛会（但又传盘姓已不存）；三月三乌饭节，是雷姓的盛大节日；六月六对歌会，是蓝姓的节日。

四、丧葬

畲民历史上曾盛行火葬，后通行土棺葬，现在执行的殡葬政策，尊重少数民族意愿，火、土葬自便。丧葬仪式，如戴孝、祭奠、扫墓，与汉族相似。不同的是看重做“功德”。如逝者之子说“祭过祖”，则须请来八位祭过祖的人，各穿青红祭服来死者灵前诵祷，或在其祖宗牌位前歌唱舞蹈。他们认为，不做“功德”便不能下葬，否则不吉利。

人 物

人物传

马祖道一

马祖道一（709—788 年），汉州什邡（今四川省什邡市马祖镇马祖村）人。慧能创立禅宗南宗，被奉为六祖。六祖传南岳衡山怀让禅师。

马祖道一拜怀让为师，在南岳衡山搭一茅屋习禅，每日坐禅，对人对事不闻不问。怀让密受心印，尽得玄奥。道一正式弘扬南宗禅的生涯是从建阳圣迹寺开始的。

唐开元（713—741 年）中，道一入闽，居建阳佛迹岭，树茅立庵，自创法堂，开始说法弘教，首次升座弘法，建阳莒口的圣迹寺是马祖道一所创。据传，那里风景秀丽，林木蓊郁，只是很多老鼠、蚊子、蚂蚁，马祖道一作法后，圣迹寺中再无蚊虫；在圣迹寺的小路上，有一方留在石块上的脚印，约有 1 尺 2 寸长，脚迹朝外，脚掌平缓，五趾清晰，深深嵌在古道的岩石上。传说是马祖道一所留的脚印，因此称“佛迹”，圣迹寺因此也称“佛迹岭”。道一在建阳前后不到 3 年。

尔后移至江西临川、南康。由于马祖道一在历史上的地位，明代朝廷下令祭祀马祖道一，他是佛教中唯一得到朝廷长久祭祀的中国僧人。因马祖道一在圣迹寺说法弘教，建阳成马祖禅的发祥地，为“禅学渊薮”，也是中国禅宗的圣地之一。

叶 齐

叶齐（？—1006 年），字思可，建阳书坊乡人。自幼聪慧好学，喜欢博览群书。北宋端拱元年（988 年）进京赶考，礼部侍郎宋白任知贡举，负责科举考试，录取 28 人。很多人有异议，认为朝廷遗漏人才。于是，太宗诏令在崇政殿复试落第的举子，又录取 99 人。但叶齐仍认为取士不公，击鼓告状。开明的太宗皇帝便再次诏令在武成王庙第二次复试未入选举子。考官厌恶叶齐的嚣张，以“一叶落而天下知秋”为赋题。考官对叶齐没有好感，所出的试题有嘲讽叶齐之意。考试结束后，名列前 10 名的“承恩卷”送给太宗皇帝御批，由太宗确定名次后当众拆封。太宗御批的“承恩卷”中第一名正是叶齐。两度被黜落的叶齐成为端拱元年戊子恩科的状元。叶齐是建阳的第一位状元，也是宋代福建的第一位状元。叶齐中状元之后，县邑轰动一时，乡人特建“状元桥”以纪念。叶齐金榜题名后，历任馆陶县令、著作佐郎、直国史馆、颍州通判、太常博士等。明《八闽通志》记载：会契丹扰边，太宗诣河北，或言齐督刍粮不足，将加之罪。齐曰：“使虏闻此将轻中国，以臣计之，粮草可充十年。”太宗悟而释之，面授著作佐郎。

叶齐一生致力于倡办学校，为八闽后人知学兴起，产生一定影响。至今书坊仍有状元府的地名。叶氏祠堂有一副流传甚广的对联“建阳状元府第，水心博士人家”，其中的“状元”指的就是叶齐。

熊安上

熊安上（1086—1125 年），字仲礼，建阳莒口人。北宋大观三年（1109 年）科考武举第一名。熊安上荣登榜首之时，家族中的叔侄兄弟也同登文武之科，一度成为朝廷盛事，宋徽宗赵佶大喜，欣然命笔赐诗：“晋室安元齐奏捷，虞廷元恺并登庸。”

宋宣和七年（1125年）十二月，金兵南下，兵进信德府（今河北邢台）。从军16年的熊安上，累官升迁为信德军兵马钤辖，权通判军州事，负责协助帅臣总辖本路军马。积极整修军械，散尽家财招募敢死之士，并将全城百姓组织起来，帮助部队守城。并不断派出小股士兵主动出击，袭扰金兵的粮草运输，尽最大努力减轻开封城的压力。最后一次与金兵交战时，熊安上跃马飞刀，往来突奔，以身先士卒之举激励士兵奋勇杀敌，战死疆场。

北宋建炎元年（1127年），南宋王朝为表彰在国难之时慷慨赴义的熊安上，特追赠武举出身的熊安上为武义郎。清代学者陆心源将熊安上的事迹收入《宋史翼·忠义传》，以褒扬与推崇他的为国尽忠之举。

范致虚

范致虚（？—1137年），字谦叔。建阳将口东田人。进士出身，曾任太学博士。后来因为设宴送别因进谏而被贬斥的邹浩而受牵连获罪，被停职。宋徽宗即位后召命为左正言，出通判郢州。北宋崇宁元年（1102年），征召为右司谏，赴任途中，又改任起居舍人，升任中书舍人。朝廷置讲议司时，荐为详定官，后改任兵部侍郎。从此身处要职，后因依附张商英，被贬通州。北宋政和七年（1117年），恢复官职，进京担任侍读、修国史，不久后被任命为刑部尚书、提举南京鸿庆宫。

范致虚在讲议司任职的时候，延康殿学士刘昺因王寀妖言惑众事件被牵连而判死刑。范致虚为刘昺据理力争，最终刘昺得以减刑而被流放，时人都称赞范致虚的贤德。后升任尚书右丞、尚书左丞。范致虚母亲去世一年，守丧未满，被特别提任东平知府，后改任大名知府。赴任前，范致虚入朝觐见宋徽宗，陈述朝廷对契丹用兵会引发祸患。宰相由此认为他对国家怀有二心。范致虚因此而向朝廷请求服完母亲的三年之丧，朝廷同意他的请求。服丧期满，范致虚担任邓州知州，不久改任河南知府。旋复任邓州知州、提举亳州明道宫。时宋徽宗喜欢道家学说，范致虚在今河南省方城县所修缮道观，被徽宗给赐名为“炼真宫”。

北宋靖康元年（1126年），范致虚被任命为京兆知府。时金人围攻太原，范致虚积极备战，防守戒备，颇为得力。朝廷命令钱盖节制陕西，任命范致虚为陕西宣抚使。金人分兵再次进犯京师，宋钦宗命令范致虚聚集兵马前往支援。钱盖率兵十万到颍昌时，闻京师被攻破，遁逃；西道总管王襄也向南逃走。范致虚独自和西道副总管孙昭远合兵一处，集合步兵骑兵号称20万。在回师救援中，因不懂兵法，用人失策，宋军先后在邓州千秋镇、潼关被金兵击溃。

宋高宗即位后，范致虚调任邓州知州。不久后加观文殿学士，第二年，金军兵临城下，范致虚不战而逃，转运使刘汲力战而死。范致虚因此被免职，贬为安远军节度副使，安置在英州。高宗巡视建康（今南京），任命范致虚担任资政殿学士、鼎州知州。赴任途中，行至巴陵时去世，赠银青光禄大夫。

蔡 杭

蔡杭（1193—1259年），字仲节，号久轩，建阳莒口人，理学家蔡元定之孙，从小得到良好的家学教育。因避国都杭州的“杭”字之讳，改名抗。南宋绍定二年（1229年）进士，授迪功郎，任浙江丽水县主簿。翌年五月，因父病逝辞官。为父守孝3年期满，补浙江寿昌县主簿。南宋端平三年（1236年），升任福建邵武县令。嘉熙三年（1239年），调任福建顺昌县令。翌年又因继母病逝辞官。为继母守孝期满后，升调京城，先后任宁国府知录，秘书省正字、枢密院编修官、诸王宫大小学教授等职。

南宋淳祐六年（1246年）七月，蔡杭奉旨兼诸王宫大小学教授。南宋淳祐七年（1247年）七月，别之杰升任参知政事。奸党邪徒，不宜身居高位。八月二十六日，蔡杭入延和殿，呈上奏札。《延和殿奏札》

直指别之杰是奸党邪徒，不宜身居高位。见到理宗无动于衷，蔡杭又上奏札，《延和殿奏札二》，2 封奏札如石沉大海，见别之杰还是参知政事。蔡杭非常失望，加上兄长蔡模于上一年（淳祐六年）十二月去世，蔡杭想回家料理后事，递上《申省状》，要回家乡。朝廷不允许，反而任命蔡杭为江东提刑，但特许蔡杭以江东提刑之职先归乡料理兄长后事。任江东提点刑狱不久，蔡杭又加宝谟阁，调任浙东。后奉命担任国子司业兼资善堂赞读，兼玉牒所检讨官，并且暂时兼任侍立修注官。后又被封为宗正少卿兼国子司业，进直龙图阁、知隆兴府，试国子祭酒兼侍立修注官。担任太常少卿，仍兼资善堂翊善。代理工部侍郎兼国史院编修官、实录院检讨官。

南宋宝祐三年（1255 年），蔡杭因进献祖父蔡元定的《律吕新书》和父亲蔡沉的《书经集传》，理宗皇帝敕建西山精舍，御书“西山”“庐峰”赐蔡杭。南宋宝祐四年（1256 年）四月，蔡杭受任同知枢密院事；六月，理宗下诏，令蔡杭和当时的参知政事程元凤隔日轮流处理国事，重要的军政事务则向皇帝请示汇报；七月，蔡杭被任命为参知政事；十一月，蔡杭因事擅自离开京城而被免职。被免官后不到 1 年，又被任命为端明殿学士、提举洞霄宫，以资政殿学士并领祠在京。后来，蔡杭请求辞去官职，皇帝给他加升 1 级官职让他退休，蔡杭却坚持以本来的级别退休。南宋开庆元年（1259 年）七月，蔡杭病逝，死后谥号为“文简”，因犯祖先的名讳，改谥号为“文肃”，敕葬建阳麻沙留田。

丁　显

丁显（1368—1398 年），建阳莒口镇茶埯人，丁显自幼以俊秀选补邑庠生，博通经史，下笔成文，一时名流都与他结成莫逆之交。

明洪武十八年（1385 年）会试，太祖殿试亲制策问。相传，读卷官最初选定的名次是花纶第一、练子宁次之，黄子澄又次之。童谣有：“黄练花，花练黄。”当时人们不解其意，后来会试所拟名次恰与童谣相同，人们才明白童谣的意思。大家认为花纶是状元无疑，同榜进士都称他为“花状元”，练子宁还作《送花状元诏许归娶》诗以示庆贺。但是，唱名的头天晚上，太祖梦见殿前一巨钉，钉上有几缕的白丝，在阳光下闪耀。太祖拆开首卷，见是花纶，与梦境不相符，又从进呈的试卷之中看到丁显的试卷。“钉”与“丁”谐音。“显”字的繁体字“顯”正好有“日下双丝”，于是擢为状元，这年丁显 28 岁，人们称之为“应梦状元”。丁显是明朝福建状元第一人。

民间有丁显与大红袍的传说。丁显进京赶考，路过武夷山时突然得病，腹痛难忍，巧遇天心永乐禅寺（当时名为“山心寺”）一和尚，和尚将九龙窠采制的茶叶用沸水冲泡给他喝，病痛即止。丁显考中状元之后，前来致谢和尚，并用锡罐装取茶叶带回京城。丁显回朝后，恰遇皇后得病，百医无效，便取出那罐茶叶献上，皇后饮后身体渐康，皇上大喜，赐红袍 1 件，命丁显亲自前往九龙窠披在茶树上以示龙恩，同时，派人看管，采制茶叶悉数进贡，不得私匿。从此，武夷岩茶大红袍就成为专供皇家享受的贡茶，大红袍的盛名也被世人传开。武夷山天心永乐禅寺前的桥上，即塑有丁显的像。

丁显当上状元之后，朱元璋虽然欣赏丁显才华，然而对他又未委予大任，仅授翰林修撰、承务郎。后因丁显上疏论事言辞过于激烈，朱元璋认为他是“年少自喜，吾固裁之”，把他贬到边远的广西担任驯象卫，丁显在广西心境凄凉，郁郁不得志，终日与名流赋诗唱和，不幸染病卒于任上。丁显死后归葬建阳崇文里（今将口一带）白石岭（今属莒口长埂村大源自然村白石岭），丁显中状元后，在茶埯新桥湾源敕建状元府 1 座，并从新桥铺设 1 条石路直至状元府，谓之“状元路”。状元府毁于 20 世纪 60 年代，状元路历经多年雨水冲刷造成段落塌陷。邑人为纪念丁显，在县坊北街建状元坊，后来移到县坊南部，今不复存在。

熊宗立

熊宗立（约 1409—1482 年），字道宗，号道轩，别号勿听子。建阳书坊人。其先祖唐代兵部尚书熊秘曾建鳌峰书院，为子孙肄业之所，故熊宗立自称“鳌峰后人”。熊宗立出生医学世家，自幼多病，喜读医书，且其祖熊鉴（彦明）精医，熊宗立从熊鉴学医，长大又随刘剡学习校书、刻书及阴阳、医卜之术，深得奥旨。壮年后，结合自己的祖传医术，从事医疗和医书的撰著、校注、刻印工作，从而成为1位整理出版医学书籍的刻书家和医学家。

兴发于宋元之时的熊氏家族的刻书业在建阳图书刻印业中占有十分重要的地位。熊宗立的书坊为“种德堂”（或称“中和堂”）。从明正统至成化年间（1436—1487年），熊宗立从事医学研究，编著、点校的中医著作至少24种，其中，校勘整理医书11种，注释及增补医书7种，自撰医书6种，合计182卷，内容涉及《内经》《难经》《伤寒论》等中医经典著作的释疑解惑之作及脉学、药性、妇儿科临证医学著作；采用多种形式编注印行，如类证、俗解、注释、附遗、补遗等，是福建历史上自编自刻医书最多的人。日本医师真长（号兰轩）曾慕名来建阳拜熊宗立为师学医，和气明亲等人也曾向熊宗立请教过医道。日本医家阿佐井野宗瑞于明代翻译刊行的《新编名方类证医书大全》，编撰者和原刊行者就是熊宗立。该书东传日本后深受欢迎，对日本汉医的发展产生重大影响。谷野一柏翻刻《勿听子俗解八十一难经》，成为日本印刷出版的第二部中医典籍。今日本内阁文库内收集有熊宗立刊本《新刊素问入式运气论奥》3卷和熊氏《山后便宜方》日人抄本16卷。

张大命

张大命（生卒年不详），字我绣，一字右衮，建阳人，张大命轻财好施，弃儒业，学骑射，登明万历四十四年（1616年）武进士，历江西坐营都司。讨寇有功，迁南赣、郴、桂、南韶、汀、邵等处参将、都指挥使。张大命讲武之余，弹琴赋诗，有古儒将风，著有《太古正音琴经》（或称《阳春堂琴谱》）和《太古正音琴谱》。《太古正音琴谱》分4卷，分别为：匏、土、革、木，的第一篇序言作者是董其昌。董其昌评价张大命“‘善作者未必善鸣，善鸣者未必善作’，兼兼其张生乎”，赞叹张大命既有高深的瑶琴理论，又有高妙的演奏能力。张大命还著有几卷的《兵书》，但失传。

释元贤

释元贤（1577—1657），明代建阳人，俗名蔡懋德，闇修。是宋代理学家蔡元定的十四世孙。出家后字永觉，自号“荷山野衲”“石鼓老人”。由于家学渊源，蔡懋德幼年学儒，钻研理学一脉，苦读周敦颐、二程、张载、朱子的学说。少年时以颜渊、闵子骞为道德楷模，以子游、子夏为文章样板。曾写诗曰：“道德师颜闵，文章宗游夏。其余二三子，不愿在其下。”20岁的时候，蔡懋德成县学的弟子员。25岁时，蔡懋德前往董岩寻访正在修炼的豫斋居士赵观本，参学《楞严经》《法华经》《圆觉经》这3部经典。第二年，禅宗的曹洞宗大师慧经到董岩来开坛讲法。蔡懋德前往拜谒，反复求证诘难。慧经禅师说：要参透禅理，不是通过解读偈语的意思就可以的，要多实践，精进参悟，

明万历四十五年（1617年），父亲和继母相继去世。蔡懋德投到寿昌慧经禅师门下落发为僧，慧经给他取法号：永觉元贤。明万历四十六年（1618年）正月十七日，慧经禅师圆寂。元贤即随前来奔丧的博山无异元来和尚一起到博山，并受具足戒。3年后，元贤回福建，到沙县双髻峰。明天启三年（1623年）秋九月，因葬生母回建阳。船子在剑津上渡河的时候，听到同行的僧人所唱《法华经》后廓然大悟，明白慧经禅师所谈的佛理。明崇祯七年（1634年），元贤到鼓山任住持。崇祯八年（1635年）冬，到泉州开元寺开法堂讲法。明崇祯十年（1637年），闻谷禅师入寂，元贤亲往杭州真寂院祭吊，应信众之请，继席真寂院，一时信众云集。明崇祯十五年（1642年），元贤到泉州开元寺结夏，开始编纂《温陵开元寺志》，全书分建置、开土、艺文、田赋4卷。寺志编好后，回到鼓山。清顺治七年（1650年）冬，元贤明显感觉到身体的衰朽，在鼓山涌泉寺的西畲建好寿塔，写好自己的生平行状，并撰写铭文。

清顺治十四年（1657 年）十月七日子时圆寂。

元贤是曹洞宗的代表高僧，先为儒生，后为禅师，由儒入佛，勤于著述，其著作有 20 种，其中，有《鼓山志》12 卷，《温陵开元志》4 卷，《永觉和尚广录》30 卷等传世。

姚学用

姚学用（1920—2009 年），曾用名姚学荣，山西省屯留县枣林庄人，少年时，因家境贫困，中学毕业后在家务农。从民国 38（1949 年 9 月 30 日止）6 月起，至 1949 年，先后在屯留县任罗村小学教员、西村郭家庄中心小学校长、屯留县第三区区公所助理员、县政府文教科科员、中心学区联校长等职。1949 年 8 月南下到福建崇安任民政科长，1950 年 11 月至 1952 年 9 月任崇安县政府秘书。1952 年 9 月至 1953 年 3 月任建阳农业技术学校校长，1954 年 11 月至 1959 年 10 月任浦城一中校长，1959 年 10 月至 1962 年 2 月任浦城县人委会副县长，1962 年 2 月至 1963 年 3 月在浦城县委会政治处任副县长，1963 年 3 月至 1964 年 6 月任浦城人委会县长，1965 年 8 月至 1969 年 12 月在福建省人民出版社任副主编，1970 年 7 月至 1972 年 2 月下放到建阳县莒口公社茶埨大队，1972 年 3 月至 1972 年 9 月在省政治部跟班学习，1972 年 10 月至 1978 年 12 月在建阳县第一中学工作，1979 年，调建阳县委党校工作，1984 年 4 月离休。

白　文

白文（1921—1991 年），本姓詹，名秉焜，出生于浦城县乡间富裕家庭，过继给家住县城新华路的伯父为嗣子。18 岁读高中时，娶进富裕人家 16 岁的小姐吕闺正为媳，生有 2 男 1 女。民国 32 年（1943 年）夏，秉焜和几个同学一起到邻县建阳，报考从上海迁来的上海暨南大学，录取该校商学院工商管理系。抗战胜利后，暨南大学回迁上海，詹秉焜在上海开始接触进步书籍，向往共产党的民主政治，参加爱国学生运动。民国 36 年（1947 年）夏，大学毕业后回到浦城，应聘到县办农校当教导主任。后来在浦城中学求得教员一职，把家安立下来。民国 37 年（1948 年）元旦，经过陈达、高展的介绍，詹秉焜履行手续，加入中国共产党福建省委所辖城市工作部组织。为方便秘密工作，改姓白，名文。

1949 年 5 月 13 日，浦城解放，成立浦城县军管会，白文任县军管会委员，兼任财粮部长。6 月，白文奉调建瓯专区（后改为建阳专区），先任秋征工作组组长，后调任专区小学教师学习班科长。1951 年 8 月，调进建阳中学（今建阳一中）担任副校长。因“城工部事件”，白文的党籍得不到承认。1956 年，中共福建省委对“城工部事件”予以平反，恢复城白文党籍，解除他多年来的顾虑。1959 年“反右倾”运动斗争中，白文被当作重点对象进行批判，同年 10 月离职到福建教育学院学习反省。1960 年 8 月，任麻沙中学任校长。“文化大革命”期间，任水吉中学革命委员会主任。

1977 年 8 月，白文任建阳教师进修学校校长。不久，任县教育局任副局长。他抓住国家恢复高考制度的机会，在全县小学狠批“读书无用论”，激发师生读书的热情。他亲自到公社的中心小学作报告，组织全县小学质量的评比。1980 年，恢复名誉。白文被调到县政协，担任副主席，重点抓“文史资料”工作，协助党史办，亲自组稿、审稿“暨南大学在建阳”的历史资料。1985 年，白文离休，担任建阳县关心下一代委员会副主任，发挥余热。1991 年 9 月，病逝。

王耿华

王耿华（1922—2002 年），别号建森，古田县凤冲村人，家中经商兼有佃田，上学至初中。民国 35 年（1946 年）12 月参加革命工作。次年 3 月，任南古瓯人民游击队政工副组长、事务长，7 月加入中国共产党，8 月，任屏古人民游击队指导员，11 月，任闽东北游击分队屏古支队指导员。民国 37 年（1948 年）4 月，任南古瓯游击武工队政委，8月任建瓯人民游击队指导员、候补县委委员。1949年5月，任中共建瓯县委常委、宣传部副部长兼共青团委书记。1950年4月至10月，参加福建省委党校学习。同年11月，任福建省检察院副科长、检察员。1957年4月，任福建省人民检察院副处长。1968年10月，参加毛泽东思想学习班，下放生产队劳动。1972年10月，参加福建省委党校读书班。1973年11月，任建阳县黄墩水电站站长。1974年12月，调任建阳县医院革委会主任，1976年4月退休。1982年11月，经批准退休改办离休。

赵存旺

赵存旺（1922—2002年），山西沁县人。民国27年（1938年），参加山西牺盟救国会。民国33年（1944年），加入中国共产党。入闽前历任村农会常青教会秘书、青年抗日先锋队民兵队长、沁县十区青教会委员、冀南银行七分行经营所业务员、冀南银行沁屯支行业务主管兼出纳、霍县银行行长等职。1949年3月，随“长江支队”南下，至1956年，历任人民银行建瓯支行行长、建瓯中心支行出纳科长、水吉县银行行长、建阳县银行行长、建阳专区中心银行副行长、中心银行行长。1956年7月后，先后任建阳县代县长、县长（1966年5月—1968年11月兼任建阳县委书记）。“文化大革命”中遭受批斗，蒙冤。平反后，他先后担任光泽县委书记、南平地区行署经委主任、行署副专员等职。

50年的革命生涯中，赵存旺始终重视经济、金融事业发展，积累丰富经济工作和金融工作经验，培养大批经济工作和金融工作的人才。

池云宝

池云宝（1923—2009年）政和县东平凤池村人。幼年家庭贫困，8岁时，原八口之家仅剩池云宝和13岁的哥哥。民国31年（1942年）春，被抓去当乡兵的池云宝在中共建松政特委书记陈贵芳的引导下，参加游击队，当任陈贵芳的警卫员，不久就任警卫班班长。跟随陈贵芳转战闽浙边区，身经数10仗，出生入死，攻打民团的碉堡，攻进区公所、乡公所，在战斗中成长为游击支队长。抗战胜利后，池云宝升任闽浙边游击纵队副纵队长，与中共松溪县委书记叶风顺（时任纵队长）并肩作战。活跃于松溪、政和、浦城、寿宁和浙江的龙泉、景宁、云和等县边境，建立闽浙边游击根据地。

民国38年2月（1949年9月30日止），池云宝担任中共政（和）寿（宁）（建）瓯工委书记，配合入闽作战的中国人民解放军消灭国民党残兵和地方民团。浦城解放时，任县委书记兼县长。5月，水吉县解放，奉命任水吉县委书记。在水吉县，他领导巩固政权、镇压反革命、实行土地革命、支援前线等运动。1954年9月，任中共建阳地委组织部副部长。1958年2月，任建阳县县长。县长任职期间，亲自到离城30里地的将口蹲点，都靠骑自行车往返。在将口，骑着自行车到基层，跑遍大小乡村，与农民同吃同住同劳动。因劳累突发急性肝炎，并落下慢性肝炎的病根。1960年开始，领导建阳人民战胜3年经济困难，任建阳县长的8年中，贯彻党的方针政策，尤其关心老区人民，恢复社员自留地，在自力更生中战胜困难。建阳县在工农业生产方面都取得优异政绩，成全国工农业先进典型。在他离任建阳的1965年，建阳县粮食总产量达到9.30万吨，名列闽北供粮大县的前茅。

1965年5月，池云宝任南平地委农工部副部长。1970年9月，南平专区驻地从南平迁到建阳。其间，曾一度调回家乡，担任松（溪）政（和）县革命委员会主任，任职2年，解决松溪、政和合并产生的诸多问题。1975年，调回建阳，任建阳地委农业委员会副主任。其间，到童游赤岸村包队，秉公办事，为2名福州知青办上调。1982年，任建阳地委纪检副书记，1983年离职，安置在建阳老干部休养所住。曾兼职领导全区党史研究工作，为全区党史研究发挥余热。2000年，因身体衰弱移居南平老干部休养所，2009年4月，病逝。

李乃明

李乃明（1924—2010 年），政和县镇前镇茶溪天柱村人。民国 30 年（1941 年），受张翼、陈贵芳等闽北游击队主要领导人的影响，投身革命活动，任乡农会副会长，为地方游击队筹粮、筹款。民国 37 年（1948 年）1 月，加入闽北红军游击队。7 月，编入中国人民解放军序列，11 月，加入中国共产党。次年 1 月，任南平县县大队排长，同年 11 月，任政和县征粮剿匪工作队长。1950 年 6 月，在省委第一期党校学习。从 1951 年 6 月起至 1966 年，先后在政和县（含松政县）任土改工作队队长、澄源区委副书记、镇前区委书记、县人民检察院检察长、松政县公安局局长、政和县公安局局长、政和县委副书记等职。其间于 1958 年 11 月到上海社会科学院政法系学习 1 年，“文化大革命”期间下放劳动。

1971 年，李乃明任建阳县革委会副主任。1977 年 12 月，任建阳县委副书记。中共党的十一届三中全会后，能旗帜鲜明地改革开放方针，为建阳工作重心的转移、拨乱反正做出贡献。1980 年 7 月，当选为建阳县第七届人大常委会主任兼党组书记，1983 年当选福建省第六届人民代表大会代表。李乃明在建阳县任职期间，长期分管农、林、水工作，足迹遍布建阳，为建阳粮食生产跨《纲要》、全国商品粮先进县、全国 5 万担茶叶县建设做出成绩，先后还担任宸前电站、崇雒水库、莒口樟埯水库、五福洋水库等重点建设项目总指挥。

1985 年 6 月，李乃明离休，享受地厅级待遇。离休后仍积极参与老区建设、计划生育、关心下一代等社会活动。1998 年，建阳遭遇特大洪涝灾害，李乃明多次亲临灾区指导抗灾，给受灾户送钱送物。1999 年 12 月，担任建阳市新四军研究会会长。2002 年 4 月，漳墩北盂坑发生特大火灾，李乃明不顾年事已高和山路颠簸的劳累，赶到火灾现场察看灾情，抚慰灾民，配合政府救济受灾户。2002 年，获南平市委、市政府授予老区建设促进工作先进工作者，2004 年，福建省委组织部、省委老干局授予全省老干部先进个人。

张　震

张震（1928—1998 年），浦城人。原任建阳市政协副主席、建阳市文联名誉主席。福建省作家协会会员、省科普作家协会理事、大竹岚蛇伤防治研究所所长，著名蛇医。

20 世纪 60 年代初，任建阳地区文化局创作员。“文化大革命”期间，因写的一些诗文被无限上纲，被关进“牛棚”，后又被发配到地处偏僻的建阳县黄坑公社鹅峰大队。鹅峰地处武夷山自然保护区附近，因蛇多出没，常咬伤致残死亡事件频发。张震利用学过蛇医的一技之长，义务为蛇伤患者救死扶伤，当起赤脚蛇医，上门求医者络绎不绝。20 世纪 70 年代，张震利用黄坑公社塘头村 1 所知青旧楼房建起大竹岚蛇伤防治研究所。一边医治蛇伤患者，一边进行蛇的习性的研究。武夷山脉蛇的品种占全省的 70%，全国的 30%，主要剧毒蛇种有五步蛇、眼镜王蛇、青竹蛇、银环蛇等。在行医中，张震用平地木、三颗针、四叶参、七叶一枝花等中草药自制的“武夷蛇药”“复方三颗针溶液”等特效药救治不少濒临死亡的患者。还编写 1 首便于患者掌握的《蛇伤现场急救歌》：“被蛇咬伤不要跑，快把伤口处理好；一扎二洗三挤毒，四点火柴烧伤口；五喝一碗浓茶水，伤口周围敷辣草”。“武夷蛇药”“建阳蛇药”获地、市科技成国奖。运用“复方三颗针溶液”治愈尖吻蝮（五步蛇）和蝮蛇咬伤临床观察论文分别在成都和福州召开的全国毒蛇学术研讨会上宣读和发表。经张震及其徒弟治愈的蛇伤患者逾万人，治愈率达 99% 以上。

1975 年 4 月，张震创办集蛇伤防治、蛇医培训、人工养蛇、科普宣传、旅游观光于一体的武夷山拟态蛇园，成功繁殖出尖吻蝮（五步蛇），并且存活期超过 5 年，突破有关文献记载的人工繁殖出尖吻蝮（五步蛇）存活仅 183 天的纪录。在蛇园里养殖出尖吻蝮（五步蛇）、银环蛇、眼镜蛇、王锦蛇、青竹蛇等各种蛇类多达数 10 种。他还在武夷山自然保护区发现海南闪鳞蛇、挂墩后棱蛇、崇安颈棱蛇等福建动物志上未发现的新种。随着武夷山拟态蛇园名声远播，国内外党政要员、知名人士纷纷到蛇园参观、访问、取经、学习。均给予高度评价。张震被誉为“蛇王”，名声传遍海内外。张震酷爱文学，先后以科普作家身份，正式出版了《深山里的趣闻》《蛇国春秋》等科普书籍。他的徒弟、媳妇温美玉于1979年获全国新长征突击手称号，被称为“武夷山下一颗明珠”，其事迹在《中国青年报》头版头条上报道。

王廷栋

王廷栋（1928—1998年），山东省沾化县人，少时曾入私塾，后下学为农。民国33年（1944年）10月，参加革命，任沾化县大队通讯员，民国34年（1945年）5月，加入中国共产党。同年6月，加入华东十纵队九二师85团，因作战英勇，从战士升为班长，再升为排长。1949年11月，在解放军二八军八三师247团任连指导员、团青年股长。1952年10月，进入华东第三政治干校学习，1954年10月毕业。同年11月，在解放军二八军八三师248团任营教导员、团政治处副主任。1964年4月，转业至福建省汽车运输大队任政治部副主任。1970年1月调至建阳，历任交通局局长、建委副主任、经委调研员。在建阳任职期间，积极推动公路交通建设，方便群众出行，推动经济发展。1985年6月离休。

陈德才

陈德才（1929—1999年），安徽省无为县徒沟镇陈家湾人。民国33年（1944年）7月，参加新四军，民国36年（1947年）1月，加入中国共产党。历任新四军七师五十七团二营六连战士，华野七纵队十九师五十七团司令部通讯员，十九师司令部警卫员。中华人民共和国成立后，先后任二十五军警卫班长、警卫排长，中国人民解放军十四步兵学校学员。1953年5月转业，任建阳县政府人事科副科长、科长，1956年5月至1958年4月，任建阳县副县长，1958年5月，任莒口公社党委第一书记，1965年6月任建阳县委农村工作部部长，1974年8月任建阳县民劳局局长，1975年7月任建阳县县直机关党委会书记，1977年4月，任建阳县纪委副书记，1979年至1983年11月，任建阳县革委会副主任、建阳县人民政府副县长。陈德才在两度副县长任上，先后分管农村、劳动、民政、老区、文教、卫生、公安、计划生育等工作，其中计生、体育、文教等多项工作受到全国、全省表彰。1983年12月至1991年5月，历任建阳县政协第五届、第六届、第七届委员会主席，在担任县政协主席期间，发挥政协的“政治协商”“民主监督”“参政议政”等职能作用，为县委、县政府出谋献策，政协提案、文史、信息等多项工作受到省政协的表彰。1991年6月离休，先后担任建阳市关心下一代工作委员会主任、计生协会、老龄委名誉会长、新四军研究会会长、市政协老委员联谊会名誉会长等职务。

张惠民

张惠民（1929—2007年）字怀斗，自号松筠居士。江苏扬州人。中国农工民主党党员。1955年，南通医学院毕业后分配到扬州专区医院当医生。1957年，因写1篇文学作品被错划成右派。1958年，被下放到建阳焦溪伐木场劳动改造。后被安置到黄坑塘头村，当赤脚医生。“文化大革命”开始后遭批斗，迫不得已，张惠民只好四处流浪，以行医为生。1973年，张惠民辗转回到黄坑后，在三峡村大队医疗站当赤脚医生。当时，黄坑地处穷乡僻壤，村民饱受疾病困扰。尤其是蚊虫肆虐，蛇蚁横行，加上麻疹流行，张惠民成了当地农民的救星。1974年，又无端被扣上“长期外流，不安分改造”的帽子，被送到县看守所。在拘留的半年里，由于他常为头痛脑热的犯人和看护的公安干警诊病开药，1位时任当地法院领导的女儿因腿部患病，得益于张惠民的中西治疗和指针按摩，使其痊愈，由此他便得以释放，重回黄坑行医。张惠民医德高尚，悬壶济世。每逢年节，不少乡邻村民送上年礼土货感激他。

中共党的十一届三中全会后，张惠民所在单位为他平反，旋即退休。为弘扬中华传统的中医。他倾尽积蓄，除出版《中医内科歌诀》外，2005年，将自己从医30年的临床经验，根据针灸穴位的治病原理和中医阴阳五行学说，撰写1部《指针疗法》，书出版后，得到不少医疗研究单位的推崇。同年，张惠民写的关于《指针保健寿而康》论文在福建中医研究会大会上交流，新加坡全球汉学总会会长张济川称他："悬壶济世，业精岐轩，术擅华扁、盖有仁者之心也。"

张惠民在书画、诗词方面也有造诣，生前曾任中国书画家协会理事、朱熹儒家诗书学会会长、南平市诗词楹联学会副会长、建阳市诗词楹联学会执行会长，省作家协会、省书法学家协会会员等社会民间文化群团组织领导。在他担任建阳市诗词楹联执行会长期间，就先后主编《纪念朱熹征诗集》《九州诗人吟建阳》等诗词专集。自费出版《惠民诗词楹联书画集》《行草字典》等数10本有关书法、书画的书籍。他的书法、诗词、楹联作品先后数10次分获全国性、省级、市级以上金、银、铜奖。1999年，由世界和平万岁组织委员会、文化部、中国书画家协会联办的世界名人书画精品展大奖赛中获和平金奖。2001年2月，中共南平市委、市人民政府颁发给他"文化之家"牌匾。

徐道坤

徐道坤（1932—2009年），浙江省杭州市人，因家境贫困，中学毕业后停学，民国37年（1948年）10月，到建阳县地籍整理处当练习生。1949年8月，在建阳县参加革命工作，任建阳县将口粮站调保员。1950年4月至1951年11月，任建阳县将口粮站调保员，1951年，加入中国共产党共青团，1951年11月至1952年4月，任建阳县将口粮站主任，1952年5月至1954年4月，任建阳县城区公所副区长，1952年10月，加入中国共产党。1954年4月至1955年5月，任建阳县城区公所区长，1955年5月至1956年2月，任建阳县人民委员会秘书，1956年2月至1958年8月，任建阳县人委副县长，1958年8月至1959年9月，任建阳县委办公室主任，1959年9月至1963年1月，任建阳县水吉公社委员会书记，1963年1月至1965年，任建阳县麻沙公社委员会书记，1965年至1968年11月，任建阳县人委副县长。1968年11月至1970年4月，任建阳县革命委员会副主任，1970年4月至1977年12月，任邵武县委常委、县革委会副主任，1978年1月至1978年6月，任中共政和县委副书记，1978年6月至1984年1月，任中共政和县委书记，1984年1月至1986年5月，任建阳地委农委副主任，1986年5月，任建阳地区水电局局长，1987年10月，任建阳地区农委调研员。1994年3月离休。

徐道坤作为建阳县委主要领导，能深入基层，联系群众，抓好典型，搞好工作，受群众的好评。在当时主抓农业、工业生产，多次在干部会议上提出，坚决执行省委革委会工作会议和工业会议决定，从"备战、备荒、为人民"革命全局出发，以备战观点、临战姿态把粮食生产、工业生产抓上去，在农业生产方面，加强调查研究，推广科学技术，抓措施落实，增加全县粮食产量、造林面积；在工业生产方面，把立足点转到为国防建设、农业服务的轨道上，大力生产小水泥、小水电，进一步掀起全县各新生产新高潮。

人物表

1994—2010年，区直机关各系统、各街道、各部门获市以上劳动模范称号和五一劳动奖章者73人。其中，获全国劳动模范称号2人次，全国五一劳动奖章2人次，省劳动模范称号18人次，省五一劳动奖章17人次，同时，获市劳动模范称号34人次。高级专业技术职务人员（已知）348人。

1994—2010年建阳市获市级以上劳动模范称号、五一劳动奖章获得者名表

表1

序号	姓名	性别	出生年月	党派	工作单位	职务	获奖年份与授奖单位及荣誉称号
1	徐承云	男	1960.11	中共党员	建阳市小湖镇马坑村	支部书记	1995年全国劳模（暂停待遇）
2	邱保万	男	1947.3	中共党员	福建压缩机总厂	职工	2000年全国劳模
3	欧阳章仁	男	1957.2	中共党员	建阳市农村信用合作联社	主任	2004年全总授予全国五一劳动奖章（浦城评）
4	郑兰英	女	1967.1	中共党员	建阳市环境卫生管理处	职工	2009年全总授予全国五一劳动奖章
5	张德镜	男	1955.3	中共党员	建阳市漳墩镇政府企业管理站	站长	1994年省政府授予省劳动模范
6	徐河西	男	1947.2	中共党员	建阳市经贸局	副局长	1994年省政府授予省劳动模范
7	杨新玲	女	1956.8	中共党员	建阳市实验小学	副校长	1997年省政府授予省劳动模范
8	何光戍	男	1954.11	中共党员	建阳市超莱地毯有限公司	董事长	1997年省政府授予省劳动模范
9	吴成亮	男	1966.9	中共党员	建阳市水吉镇渡船头村	农民	1997年省政府授予省劳动模范
10	郑振平	男	1954.11	中共党员	建阳武夷味精有限公司	职工	2000年省政府授予省劳动模范
11	范恒盛	男	1964.4	中共党员	建阳市童游街道徐墩村	支部书记	2000年省政府授予省劳动模范
12	方金妹	女	1964.7	农工党	建阳市农业开发公司	主任	2003年省政府授予省劳动模范
13	左　毅	男	1967.3	中共党员	建阳市公安局交通管理大队	民警	2003年省政府授予省先进工作者
14	翁文信	男	1966.3	中共党员	建阳市漳墩镇龙安村	支部书记	2008年省政府授予省劳动模范
15	刘长春	男	1964.3	中共党员	建阳市崇雒乡邮电支局	乡邮员	2008年省政府授予省劳动模范
16	李　飞	男	1957.10	中共党员	建阳市小湖镇	党委书记	1998年全国抗洪模范（暂停待遇）
17	钟爱珠	女	1969.11	中共党员	建阳市黄坑镇	妇联主席	1999年全国妇联系统先进工作者
18	高　勉	男	1946.9	中共党员	建阳市文化局	局长	1999年全国文化系统先进工作者
19	蔡琳平	男	1959.5	中共党员	建阳市粮食局	局长	2006年全国粮食系统先进工作者
20	姚国瑞	男	1949.9	中共党员	建阳市司法局	局长	2001年全国司法行政系统劳动模范
21	邱守雄	男	1959.11	中共党员	建阳一中	教师	2007年全国模范教师
22	邱四妹	男	1957.7	中共党员	建阳市国有溪东林业采育场	原木班长	2007年全国林业系统劳动模范
23	郭庆祥	男	1952.1	中共党员	建阳市麻沙江坝电站	站长	1995年省总工会授予省五一劳动奖章
24	夏昌龄	男	1949.11	中共党员	建阳市毛巾厂	厂长	1995年省总工会授予省五一劳动奖章
25	谢长春	男	—	—	建阳清水模板厂	—	1995年省总工会授予省五一劳动奖章（2002年撤销荣誉）
26	汪志水	男	1945.9	中共党员	建阳市崇雒乡经作站	职工	1996年省总工会授予省五一劳动奖章
27	周　辉	男	—	—	建阳汽车半轴厂	—	1996年省总工会授予省五一劳动奖章
28	汤德标	男	1943.10	中共党员	建阳人民银行	副行长	1998年省总工会授予省五一劳动奖章
29	林承恩	男	1946.10	中共党员	建阳市立医院	—	1999年省总工会授予省五一劳动奖章
30	陈兰英	女	1959.11	中共党员	建阳市化工厂	职工	1999年省总工会授予省五一劳动奖章
31	龚　华	女	1957.6	中共党员	福建压缩机总厂	职工	1999年省总工会授予省五一劳动奖章

续表 1

序号	姓名	性别	出生年月	党派	工作单位	职务	获奖年份与授奖单位及荣誉称号
32	周玮琴	女	1953.10	中共党员	建阳市西门小学	教师	2001 年省总工会授予省五一劳动奖章
33	殷建松	男	1963.4	中共党员	武夷味精有限公司	职工	2002 年省总工会授予省五一劳动奖章
34	郑兰英	女	1967.1	中共党员	建阳市环卫处	职工	2004 年省总工会授予省五一劳动奖章
35	李荣正	男	1967.10	中共党员	建阳市莒口镇兽医站	兽医	2004 年省总工会授予省五一劳动奖章
36	赵小明	男	1967.1	—	建阳市武夷味精有限公司	车间主任	2007 年省总工会授予省五一劳动奖章
37	郭祥清	男	1970.3	中共党员	建阳市腾峰林业发展有限公司	职工	2009 年省总工会授予省五一劳动奖章
38	邱柳雄	男	1967.3	中共党员	建阳溪东采育场	场长	2010 年省总工会授予省五一劳动奖章
39	陈懋毅	男	1959.1	中共党员	建阳市环境卫生管理处主任	主任	2010 年省总工会授予省五一劳动奖章
40	周兴进	男	1962.9	中共党员	建阳市潭城街道城关村	农民	1996 年南平市劳模
41	王素燕	女	1947.2	中共党员	建阳市环卫处	职工	1996 年南平市劳模
42	毛方祥	男	1945.12	中共党员	建阳溪东采育场	职工	1996 年南平市政府授予市劳动模范
43	郑成根	男	1948.11	中共党员	建阳市黄坑坳头村	—	1996 年南平市政府授予市劳动模范
44	陈长友	男	1957.5	—	建阳市麻沙学区留田小学	校长	1996 年南平市政府授予市劳动模范
45	梁治平	男	1962.1	中共党员	建阳公路分局长坪公路站	站长	1996 年南平市政府授予市劳动模范
46	何光成	男	1954.11	中共党员	建阳市超莱地毯有限公司	董事长	1996 年南平市政府授予市劳动模范
47	陈兰英	女	1959.11	中共党员	建阳市化工厂	职工	1996 年南平市政府授予市劳动模范
48	陈鸿山	男	1968.8	中共党员	建阳市水吉公安分局	—	1999 年南平市政府授予市劳动模范
49	叶友春	男	1964.12	中共党员	建阳市红旗采育场	—	1999 年南平市政府授予市劳动模范
50	周伯宜	男	1964.9	中共党员	建阳市新星建设集团	—	1999 年南平市政府授予市劳动模范
51	史静荣	男	1961.6	中共党员	建阳造纸厂	职工	1999 年南平市政府授予市劳动模范
52	陈秀荣	女	1965.1	中共党员	建阳市公交公司	职工	1999 年南平市政府授予市劳动模范
53	邱柳雄	男	1967.3	中共党员	建阳溪东采育场	场长	2002 年南平市政府授予市劳动模范
54	陈文卫	男	1969.12	中共党员	建阳市电信局	职工	2002 年南平市政府授予市劳动模范
55	李守林	男	1953.6	—	建阳市崇雒农场	职工	2002 年南平市政府授予市劳动模范
56	李一平	男	1956.5	民盟	建阳一中	教师	2002 年南平市政府授予市劳动模范
57	刘长春	男	1964.3	中共党员	建阳市崇雒乡邮电支局	乡邮员	2005 年南平市政府授予市劳动模范
58	邱四妹	男	1957.7	中共党员	建阳市国营溪东林业采育场	原木班长	2005 年南平市政府授予市劳动模范
59	赵小明	男	1967.1	—	建阳市武夷味精有限公司	车间主任	2005 年南平市政府授予市劳动模范
60	何　英	女	1969.2	中共党员	建阳市公安局刑警大队	指导员	2005 年南平市政府授予市劳动模范
61	朱小华	男	1969.12	中共党员	建阳市麻沙镇江坊村	村主任	2005 年南平市政府授予市劳动模范
62	袁　凤	女	1974.1	—	建阳市黄坑镇塘头村	农民	2005 年南平市政府授予市劳动模范
63	林庆平	男	1949.11	—	三爱药业公司	总经理	2005 年南平市政府授予市劳动模范
64	余永丽	女	1954.11	中共党员	建阳市妇幼保健院	院长	2005 年南平市政府授予市劳动模范
65	兰行远	男	1968.11	民盟	南平市第二医院	急诊科主任	2010 年南平市政府授予市劳动模范
66	叶明龙	男	1957.2	中共党员	建阳市童游粮食收储站	保管员	2010 年南平市政府授予市劳动模范
67	李晨晨	女	1978.12	中共党员	福建武夷交运股份有限公司	售票员	2010 年南平市政府授予市劳动模范
68	宁玉英	女	1964.7	中共党员	建阳市将口镇横塘村	村委	2010 年南平市政府授予市劳动模范
69	李小洪	男	1962.5	中共党员	建阳供电局	局长	2010 年南平市政府授予市劳动模范
70	魏剑平	男	1966.6	中共党员	建阳市公安局	副局长	2010 年南平市政府授予市劳动模范
71	周广兴	男	1968.7	中共党员	福建建阳龙翔科技开发有限公司	车间主任	2010 年南平市政府授予市劳动模范

续表 1

序号	姓名	性别	出生年月	党派	工作单位	职务	获奖年份与授奖单位及荣誉称号
72	夏子建	男	1963.7	民盟	建阳一中	教师	2010 年南平市政府授予市劳动模范
73	余庆明	女	1966.12	中共党员	中共南平市建阳区委党史和地方志	主任	2004 年 9 月获福建省委、省政府评为“福建省优秀社区工作者”
74	刘永杰	男	1984.4	中共党员	建阳市将口镇西岸村	支部书记	2010 年南平市政府授予市劳动模范

1994—2010 年建阳市获高级技术职务名表

表 2

工作单位	职称	姓名（籍贯、出生年月）
建阳一中	高级教师	周福荣（建瓯　1958.8）
建阳一中	高级教师	吕志勇（建瓯　1959.9）
建阳一中	高级教师	邱守雄（福州　1959.11）
建阳一中	高级教师	梁　勇（建阳　1961.5）
建阳一中	高级教师	冯红星（广东丰顺　1960.8）
建阳一中	高级教师	朱镜敏（邵武　1963.10）
建阳一中	高级教师	黄裕平（邵武　1961.7）
建阳一中	高级教师	林良瑜（建瓯　1964.2）
建阳一中	高级教师	冯培清（建阳　1963.9）
建阳一中	高级教师	江常勇（建阳　1964.1）
建阳一中	高级教师	周用松（建阳　1963.10）
建阳一中	高级教师	林云杰（闽侯　1962.10）
建阳一中	高级教师	叶芗美（建阳　1962.3）
建阳一中	高级教师	谢美香（建阳　1962.6）
建阳一中	高级教师	张绍辉（建阳　1962.6）
建阳一中	高级教师	周起腾（建阳　1965.2）
建阳一中	高级教师	吴　文（浦城　1963.5）
建阳一中	高级教师	李伟进（建阳　1962.11）
建阳一中	高级教师	丁丽陈（江西临川　1965.11）
建阳一中	高级教师	邱生福（建阳　1963.8）
建阳一中	高级教师	李　瑜（建阳　1969.2）
建阳一中	高级教师	张　荔（莆田　1963.3）
建阳一中	高级教师	方淑玲（浙江淳安　1964.11）
建阳一中	高级教师	王翠玉（建阳　1963.4）
建阳一中	高级教师	曾兰珍（浦城　1963.10）
建阳一中	高级教师	陈　枫（建阳　1963.9）
建阳一中	高级教师	林春英（古田　1964.1）
建阳一中	高级教师	刘　瑾（福州　1967.11）
建阳一中	高级教师	黄景青（建阳　1968.9）
建阳一中	高级教师	夏子健（建阳　1963.7）
建阳一中	高级教师	黄志勇（建阳　1965.2）
建阳一中	高级教师	吕志猛（建瓯　1966.2）
建阳一中	高级教师	张玉兰（建阳　1964.12）
建阳一中	高级教师	陈还玉（建阳　1963.1）

续表 2

工作单位	职称	姓名（籍贯、出生年月）
建阳一中	高级教师	余　萍（浦城　1965.11）
建阳一中	高级教师	吴彩琴（武夷山　1962.10）
建阳一中	高级教师	刘鸿彬（建阳　1965.3）
建阳一中	高级教师	张建忠（建瓯　1965.8）
建阳一中	高级教师	余美仙（古田　1962.9）
建阳一中	高级教师	詹有庆（建阳　1964.5）
建阳一中	高级教师	郑晓新（建瓯　1965.2）
建阳一中	高级教师	吴　刚（仙游　1963.2）
建阳一中	高级教师	陈家英（建阳　1966.2）
建阳一中	高级教师	暨培明（建阳　1965.10）
建阳一中	高级教师	潘宝燕（惠安　1964.3）
建阳一中	高级教师	郑　红（建阳　1970.8）
建阳一中	高级教师	熊　林（江西临川　1970.9）
建阳一中	高级教师	黄观林（建阳　1962.12）
建阳一中	高级教师	章泽春（建阳　1965.10）
建阳一中	高级教师	缪彤华（福安　1969.2）
建阳一中	高级教师	张居民（政和　1966.9）
建阳一中	高级教师	龚劲松（建阳　1968.10）
建阳一中	高级教师	范道恭（建阳　1970.1）
建阳一中	高级教师	陈万兴（福清　1971.11）
建阳一中	高级教师	练长富（建阳　1971.2）
建阳一中	高级教师	蒋剑秀（仙游　1966.10）
建阳一中	高级教师	王伟群（建阳　1968.2）
建阳一中	高级教师	范月华（建阳　1965.11）
建阳一中	高级教师	李碧英（建阳　1941.4）
建阳一中	高级教师	郑一源（莆田　1941.10）
建阳一中	高级教师	许海光（福州　1942.5）
建阳一中	高级教师	翁春兰（浦城　1944.2）
建阳一中	高级教师	王　玲（福州　1945.3）
建阳一中	高级教师	冯贞英（福州　1945.11）
建阳一中	高级教师	陈其堂（福州　1945.11）
建阳一中	高级教师	林亦欢（长乐　1946.5）
建阳一中	高级教师	姚至大（邵武　1946.10）
建阳一中	高级教师	洪惠琴（建阳　1946.11）
建阳一中	高级教师	林　宏（福州　1947.2）
建阳一中	高级教师	陈东福（惠安　1947.11）
建阳一中	高级教师	黄行知（建阳　1948.2）
建阳一中	高级教师	陈扬基（莆田　1948.8）
建阳一中	高级教师	邱　琳（宁化　1948.8）
建阳一中	高级教师	吴华春（尤溪　1948.9）
建阳一中	高级教师	郑明光（建瓯　1948.10）
建阳一中	高级教师	吴玉祥（莆田　1949.6）
建阳一中	高级教师	叶进文（建阳　1949.7）

续表 2

工作单位	职称	姓名（籍贯、出生年月）
建阳一中	高级教师	陈明理（仙游 1949.8）
建阳一中	高级教师	吴学枢（福州 1949.12）
建阳一中	高级教师	马美玉（浙江嵊县 1953.12）
建阳一中	高级教师	吴筱云（连江 1954.5）
建阳一中	高级教师	严建华（建阳 1954.9）
建阳一中	高级教师	魏兰芳（建阳 1956.8）
建阳一中	高级教师	陈柳芝（建阳 1956.8）
建阳一中	高级教师	陈剑辉（南平 1958.11）
建阳一中	高级教师	廖丽敏（沙县 1961.5）
建阳一中	高级教师	何秋婷（浙江诸暨 1959.1）
建阳一中	高级教师	赵 勇（福州 1955.12）
建阳一中	高级教师	潘 筠（武夷山 1966.4）
建阳一中	高级教师	李益平（建阳 1956.5）
建阳一中	高级教师	连玉宝（福州 1956.10）
建阳一中	高级教师	吴家和（江西 1956.11）
建阳一中	高级教师	吴惠娟（建阳 1962.2）
建阳一中	高级教师	郭文富（莆田 1957.4）
建阳二中	高级教师	林绍宏（福州 1950.10）
建阳二中	高级教师	吴宝榕（福州 1952.7）
建阳二中	高级教师	熊非西（江西丰城 1955.5）
建阳二中	高级教师	夏吉祥（建瓯 1955.10）
建阳二中	高级教师	苏忠贵（建瓯 1956.8）
建阳二中	高级教师	严志奇（建阳 1956.10）
建阳二中	高级教师	余钦明（建阳 1957.3）
建阳二中	高级教师	徐 挺（建阳 1957.4）
建阳二中	高级教师	甘金瑞（莆田 1957.7）
建阳二中	高级教师	黄建新（建阳 1957.9）
建阳二中	高级教师	池春莲（建阳 1957.10）
建阳二中	高级教师	徐皓廉（古田 1958.3）
建阳二中	高级教师	李逢生（长乐 1958.8）
建阳二中	高级教师	蔡木旺（建阳 1958.10）
建阳二中	高级教师	连立新（福州 1959.3）
建阳二中	高级教师	王 斌（建阳 1959.3）
建阳二中	高级教师	唐 静（建阳 1959.10）
建阳二中	高级教师	毛明珠（建阳 1960.12）
建阳二中	高级教师	何 涛（周宁 1961.4）
建阳二中	高级教师	傅晓颖（建阳 1962.5）
建阳二中	高级教师	邱永红（建阳 1962.7）
建阳二中	高级教师	吕阳旺（建阳 1962.9）
建阳二中	高级教师	饶为民（浦城 1962.10）
建阳二中	高级教师	彭玉英（建阳 1962.10）
建阳二中	高级教师	游和兴（建阳 1962.10）
建阳二中	高级教师	曹建华（浙江 1962.10）

续表 2

工作单位	职称	姓名（籍贯、出生年月）
建阳二中	高级教师	王学明（建阳　1963.2）
建阳二中	高级教师	卢道强（建阳　1963.3）
建阳二中	高级教师	刘月仙（仙游　1963.5）
建阳二中	高级教师	叶作亮（建阳　1963.7）
建阳二中	高级教师	臧福安（建阳　1963.7）
建阳二中	高级教师	蔡伍雄（浦城　1963.8）
建阳二中	高级教师	连姿兰（建阳　1963.9）
建阳二中	高级教师	胡榕萍（建阳　1963.11）
建阳二中	高级教师	刘贤辉（建阳　1963.12）
建阳二中	高级教师	陈延年（古田　1964.02）
建阳二中	高级教师	徐　峰（建阳　1964.04）
建阳二中	高级教师	朱仪俊（江西广丰　1964.6）
建阳二中	高级教师	李建忠（莆田　1964.9）
建阳二中	高级教师	陈芩（建阳　1965.2）
建阳二中	高级教师	潘坚勇（浙江　1965.7）
建阳二中	高级教师	李俊荣（福州　1965.9）
建阳二中	高级教师	魏益青（建瓯　1965.10）
建阳二中	高级教师	叶香珠（建阳　1966.5）
建阳二中	高级教师	虞宏飞（建阳　1966.11）
建阳二中	高级教师	江　勋（建阳　1967.2）
建阳二中	高级教师	虞蔚华（建阳　1967.9）
建阳二中	高级教师	刘福凤（建阳　1968.3）
建阳二中	高级教师	周品秀（建阳　1969.8）
建阳二中	高级教师	何陈琦（福州　1969.12）
建阳二中	高级教师	施静芳（建阳　1969.12）
建阳二中	高级教师	吴映霞（仙游　1970.2）
建阳二中	高级教师	甘学明（建阳　1970.2）
建阳二中	高级教师	刘桂英（武夷山　1970.2）
建阳二中	高级教师	詹　怡（建阳　1971.5）
建阳二中	高级教师	童树正（建阳　1956.7）
建阳二中	高级教师	陈子云（建阳　1949.6）
建阳二中	高级教师	吴细华（建阳　1955.12）
建阳二中	高级教师	章小莺（建阳　1954.5）
建阳二中	高级教师	丁桂琛（古田　1956.1）
建阳二中	高级教师	雷　宇（湖南　1948.2）
建阳三中	高级教师	张建文（建阳　1963.10）
建阳三中	高级教师	程诗容（古田　1963.8）
建阳三中	高级教师	彭　媛（浦城　1963.1）
建阳三中	高级教师	王庭霞（浙江　1962.3）
建阳三中	高级教师	柳　明（惠安　1959.3）
建阳三中	高级教师	赖家兴（建阳　1969.12）
建阳三中	高级教师	黄寿贵（古田　1971.1）
建阳三中	高级教师	袁　生（建阳　1963.11）

续表 2

工作单位	职称	姓名（籍贯、出生年月）
建阳三中	高级教师	吴惠琴（浙江　1967.8）
建阳三中	高级教师	戈菊英（建阳　1960.7）
建阳三中	高级教师	王华芝（建阳　1962.5）
建阳三中	高级教师	何　俊（建阳　1968.12）
建阳三中	高级教师	王其庆（建阳　1969.11）
建阳三中	高级教师	谢桂发（建阳　1964.11）
建阳三中	高级教师	张桂英（仙游　1967.9）
建阳三中	高级教师	叶健丽（建阳　1967.11）
建阳三中	高级教师	林　梅（福州　1971.2）
建阳三中	高级教师	陈　萌（闽侯　1957.7）
建阳三中	高级教师	杨庆诚（福州　1956.6）
建阳三中	高级教师	林子康（福州　1948.10）
建阳三中	高级教师	杨振烺（闽侯　1948.10）
建阳三中	高级教师	葛　静（建阳　1955.5）
建阳三中	高级教师	林良恒（浙江　1950.4）
建阳三中	高级教师	范建华（建阳　1955.8）
建阳三中	高级教师	李振旺（建阳　1951.9）
建阳三中	高级教师	陈剑辉（南平　1958.11）
建阳三中	高级教师	范雨兰（建瓯　1944.9）
建阳三中	高级教师	王典汉（福清　1940.4）
建阳三中	高级教师	魏京全（浙江　1963.5）
建阳三中	高级教师	吕瑞成（建阳　1946.7）
建阳三中	高级教师	许　星（莆田　1970.4）
麻沙中学	高级教师	方文銮（莆田　1953.6）
麻沙中学	高级教师	王福荣（江西　1958.10）
麻沙中学	高级教师	徐灯明（建阳　1960.6）
麻沙中学	高级教师	刘红青（建阳　1962.11）
麻沙中学	高级教师	江碧琴（建阳　1970.6）
麻沙中学	高级教师	任　成（平潭　1967.1）
麻沙中学	高级教师	叶福忠（寿宁　1971.8）
麻沙中学	高级教师	吴文辉（建阳　1969.7）
回龙中学	高级教师	邱远长（长汀　1969.8）
回龙中学	高级教师	祖建和（建瓯　1968.11）
莒口中学	高级教师	欧阳樘（福州　1940.7）
莒口中学	高级教师	罗承慰（建阳　1939.7）
莒口中学	高级教师	欧阳志尧（建阳　1939.11）
莒口中学	高级教师	张夏为（建阳　1940.9）
莒口中学	高级教师	裴应胜（建阳　1962.1）
莒口中学	高级教师	李长福（建阳　1959.12）
莒口中学	高级教师	吴惠琴（建阳　1967.8）
莒口中学	高级教师	涂辉祥（建阳　1962.1）
莒口中学	高级教师	丁小宝（建阳　1965.1）
莒口中学	高级教师	黄立忠（建阳　1966.3）

续表 2

工作单位	职称	姓名（籍贯、出生年月）
莒口中学	高级教师	杨铬星（建阳 1969.2）
漳墩民族中学	高级教师	夏中华（宁德 1955.11）
漳墩民族中学	高级教师	陈小强（建阳 1958.2）
将口中学	高级教师	尤建光（建阳 1959.1）
将口中学	高级教师	卢华钦（南平 1962.2）
将口中学	高级教师	黄永星（福州 1965.6）
将口中学	高级教师	罗建辉（建阳 1960.11）
黄坑中学	高级教师	杨水泉（建阳 1962.4）
黄坑中学	高级教师	施长生（建阳 1967.8）
黄坑中学	高级教师	杨德辉（莆田 1965.3）
黄坑中学	高级教师	施志荣（莆田 1941.1）
黄坑中学	高级教师	苏尔厚（平阳 1946.11）
黄坑中学	高级教师	张桃蓉（建阳 1955.3）
小湖中学	高级教师	罗明民（建阳 1959.8）
小湖中学	高级教师	谢宗富（建阳 1957.11）
小湖中学	高级教师	许国华（莆田 1967.7）
小湖中学	高级教师	江林海（建阳 1969.6）
小湖中学	高级教师	胡国雄（建阳 1965.1）
水吉中学	高级教师	周世钦（建阳 1961.10）
水吉中学	高级教师	童民梅（建阳 1964.1）
水吉中学	高级教师	张显泉（建阳 1962.12）
水吉中学	高级教师	徐子亮（建阳 1964.11）
水吉中学	高级教师	戴述礼（建阳 1963.4）
水吉中学	高级教师	郑金和（建阳 1962.7）
水吉中学	高级教师	刘土生（建阳 1964.11）
水吉中学	高级教师	刘明兴（建阳 1961.11）
水吉中学	高级教师	吴龙明（建阳 1964.10）
水吉中学	高级教师	陈长华（建阳 1963.10）
水吉中学	高级教师	谢晓勇（建阳 1968.9）
水吉中学	高级教师	龚丽钦（建阳 1969.12）
水吉中学	高级教师	谢宏宝（建阳 1967.12）
水吉中学	高级教师	叶作龙（建阳 1968.12）
崇雒中学	高级教师	陈庆章（莆田 1962.2）
实验小学	高级教师	潘良俊（浦城 1939.1）
实验小学	高级教师	徐荣玉（建阳 1951.11）
实验小学	高级教师	杨新玲（三明 1956.8）
实验小学	高级教师	魏生顺（衢州 1961.7）
实验小学	高级教师	吴　丽（建阳 1959.2）
实验小学	高级教师	丁克俭（浦城 1959.12）
实验小学	高级教师	滕爱卿（建阳 1958.12）
实验小学	高级教师	谢志红（建阳 1968.6）
西门小学	高级教师	章秀鑫（建阳 1943.12）

续表 2

工作单位	职称	姓名（籍贯、出生年月）
西门小学	高级教师	姚至明（建阳 1948.6）
西门小学	高级教师	黄礼华（建阳 1961.6）
童游小学	高级教师	彭剑成（泉州 1937.4）
童游小学	高级教师	陈子林（建阳 1941.3）
童游小学	高级教师	曹荣珠（建瓯 1952.5）
童游小学	高级教师	邵爱莲（江西 1951.2）
童游小学	高级教师	陈惠光（古田 1956.9）
童游小学	高级教师	张国华（建阳 1964.2）
童游小学	高级教师	丁小宝（建阳 1965.1）
童游小学	高级教师	游富有（建瓯 1966.2）
麻沙中心小学	高级教师	虞天柏（建阳 1943.5）
麻沙中心小学	高级教师	游葛亮（建阳 1961.2）
麻沙中心小学	高级教师	魏凤珠（南平 1956.1）
麻沙中心小学	高级教师	梁彩莲（建阳 1959.11）
小湖中心小学	高级教师	陈云才（建阳 1962.9）
实验幼儿园	高级教师	季 红（浦城 1960.8）
教师进修学校	高级教师	蔡贵平（松溪 1958.5）
教师进修学校	高级教师	范志强（建阳 1963.6）
教师进修学校	高级教师	刘国经（莆田 1949.12）
教师进修学校	高级教师	杨 丛（福州 1949.11）
教师进修学校	高级教师	余国仁（建阳 1955.12）
教师进修学校	高级教师	孙晓岚（建阳 1959.8）
教师进修学校	高级教师	夏 澍（建阳 1958.1）
教师进修学校	高级教师	龚南生（建阳 1962.8）
教师进修学校	高级教师	张佩容（建阳 1961.6）
教师进修学校	高级教师	张华英（建阳 1964.6）
教师进修学校	高级教师	詹昌平（建阳 1958.7）
教师进修学校	高级教师	陈 震（建阳 1947.11）
教师进修学校	高级教师	谢传勋（永春 1944.7）
教师进修学校	高级教师	陈国恩（莆田 1946.1）
教师进修学校	高级教师	何 娟（建阳 1965.11）
教师进修学校	高级教师	董家垒（福州 1947.3）
教师进修学校	高级教师	冯晓萍（建瓯 1965.11）
教师进修学校	高级教师	林彤华（建阳 1947.3）
教师进修学校	高级教师	王杰航（建阳 1959.4）
教师进修学校	高级教师	王一枝（建阳 1947.8）
教师进修学校	高级教师	吴祖鹏（建阳 1944.12）
教师进修学校	高级教师	虞兴华（建阳 1943.7）
教师进修学校	高级教师	俞冬明（建阳 1967.12）
建阳电大	高级教师	吴悌峰（建阳 1955.8）
建阳电大	高级教师	范春锦（松溪 1971.1）
第一医院	副主任医师	宋汉祥（闽侯 1966.6）

续表 2

工作单位	职称	姓名（籍贯、出生年月）
第一医院	中医副主任医师	蔡　宁（建瓯　1965.1）
第一医院	副主任医师	乔建萍（江苏　1968.11）
第一医院	中医副主任医师	詹仕坚（建阳　1969.9）
第一医院	副主任医师	林　力（莆田　1971.11）
疾　控	副主任医师	罗张华（建阳　1961.10）
疾　控	副主任医师	黄通明（建阳　1963.3）
统计局	高级统计师	谭月容（江西　1939.11）
农业局	高级农艺师	张祖声（福州　1945.3）
地方志	副编审	徐学仁（建阳　1939.9）
水土办	高级工程师	方德厚（莆田　1944.12）
电力公司	高级工程师	林学樵（福州　1944.2）
技术进步开发办	高级工程师	鄢庆璋（福州　1942.4）
水利水电技术队	高级工程师	柯庆祥（莆田　1953.11）
土肥站	高级农艺师	江秋锦（建阳　1948.11）
农科所	高级农艺师	叶金森（莆田　1943.12）
博物馆	副研究馆员	谢道华（清流　1962.5）
化工总厂	高级工程师	詹才立（湖北黄坡　1945.3）
党　校	高级讲师	叶先仁（古田　1940.10）
土肥站	高级农艺师	姚源琼（莆田　1954.4）
林业科学技术队	高级工程师	陈金耀（莆田　1965.9）
林业科学技术队	高级工程师	吴有恒（古田　1944.1）
国有资产运营中心	高级经济师	黄新文（莆田　1962.11）
农艺技术推广站	高级农艺师	陈明华（建阳　1963.4）
种子公司	高级农艺师	廖海林（建阳　1967.6）
营林技术指导站	高级工程师	龚　辉（建阳　1966.11）
房地产管理处	高级经济师	江　宁（古田　1952.6）
农业利用外资办	高级农艺师	谢福鑫（古田　1943.3）
畜牧兽医站	高级畜牧师	施　晞（福清　1965.9）
文化馆	副研究馆员	胡迈儿（建阳　1960.9）
水利技术队	高级工程师	章秀勇（建阳　1967.11）
水利技术队	高级工程师	江顺文（莆田　1966.11）
黄坑林业站	高级工程师	刘剑斌（政和　1964.6）
新纪建筑发展有限公司	乡企高级工程师	邱为海（建阳　1966.10）
龙翔机械电气有限公司	高级工程师	谢济兴（连城　1965.12）
市水利技术队	高级水利工程师	方春禧（莆田　1963.6）
市土肥站	高级农艺师	颜有明（建阳　1965.9）
建阳武夷味精有限公司	非公高级经济师	吕阳爱（建阳　1969.2）
建阳武夷味精有限公司	非公高级经济师	吴国华（建阳　1965.1）
建阳武夷味精有限公司	非公高级经济师	胡建明（顺昌　1969.11）
建阳武夷味精有限公司	非公高级工程师（机械专业）	李友明（建阳　1963.9）
建阳市新纪建筑发展有限公司	土建高级工程师	林忠贤（莆田　1969.7）
市会计核算中心	高级会计师	洪立华（建阳　1967.6）
市兽医站	高级兽医师	周信勇（建阳　1958.6）

续表 2

工作单位	职称	姓名（籍贯、出生年月）
市兽医站	高级兽医师	徐志洪（屏南　1962.10）
福建新纪建设集团有限公司	非公土建高级工程师	周少敏（建阳　1967.8）
建阳市潭厦房地产开发有限公司	非公土建高级工程师	黄　辉（建阳　1964.3）
建阳市水产技术推广站	水产高级工程师	周有明（建阳　1962.2）
小湖林业工作站	林业高级工程师	蔡福水（莆田　1962.4）
市房地产管理处	高级经济师	李雅珍（建阳　1971.2）
市地价评估中心	高级经济师	李　强（建阳　1973.2）
市环境监测站	环保高级工程师职	吴震球（建阳　1972.1）
市少体校	高级教练员	黄友华（建阳　1960.3）
市建设工程质量监督站	土建高级工程师	陈芝荣（建阳　1965.8）
市水利水电技术队	水电高级工程师	吕新兴（建阳　1963.2）
市妇幼保健院	档案副研究馆员	游淑珍（建阳　1963.7）
书坊林业站	林业高级工程师	陈立新（建阳　1968.2）
童游林业站	林业高级工程师	张　新（浦城　1965.1）

附　录

一、前志勘误

（一）1994年版《建阳县志》p900“历代进士表”在南宋咸淳十年（1274年）进士下列14人。查民国18年《建阳县志》上有同样记录，但在第四名以下，民国志都有1行模糊的小字注文。细究注文，才知是科进士只有前3人，即熊禾、刘应李、熊新民，其他11人是失去科次、淹没而前志失载的旧进士，民国志编纂者发现后补入的。大约注文字小不清，不堪卒读，前志把它一笔抹去，于是令读者误以为是科进士有14人之多。

11名失却科次进士名下的注文：

吴文靖　缺

吴文秀　俱宋初擢第，见《黄文肃公文集》

游处道　见《杨龟山文集》

黄　齐　擢第，官兵部侍郎，见《图绘宝鉴》

刘　懋　绍兴间特奏名，见旧志《荐辟》

魏掞之　宋孝宗赐同进士出身，子愿仲，举国学进士。

周宗元　见旧志《丛谈》

袁起岩　见《白眉故事》

张元善　见《白眉故事》

陈　焕　见旧志《贤良》

邱　凿　登神童科，见旧志《荐辟》

（二）《大事记》p7载：“德祐元年（1275年），文天祥奉诏勤王，起兵抵抗元朝军队。取江西宁都，道经建阳莒口乡后山，拜谒蔡元定祠，并撰文致祭。”时间、路线俱误。正确史实是：德祐元年（1279年）五月，文天祥接到“疾速起勤王义士，前赴行在”的诏书，在吉安组织3万名义军，八月率军开赴行在（即临安，今杭州）。十月受命守卫平江，十一月回临安。十二月南宋投降。可知这年，文天祥并没有“取江西宁都，道经建阳”之事。文天祥取江西宁都是德祐二年（1276年）的事，走的也不是从宁都到建阳的路线：德祐二年正月，文天祥到元军兵营谈判，被拘北行，到镇江脱逃，南下经温州到福州，后到南平开府，移汀州，十一月遣部将（自己并未亲往）进江西经石城取宁都。在此期间，文天祥经建阳到后山谒蔡祠致祭。事见《宋史》、文天祥《年谱》及《蔡氏九儒书》。

（三）《大事记》p8载：“嘉靖四十一年（1562年）七月，总兵戚继光入闽，途经长坪里牛头岭，向沿海进军。”误。戚继光诸子编纂的《戚少保年谱耆编》载：嘉靖四十一年（1562年），戚继光驻军温州。倭寇连陷福建的福安、福宁、宁德、福清等地，嘉靖帝下诏令戚继光“部兵援闽”。七月二十一日，戚继光从温州出发，二十六日进入福建。接着戚继光在闽东抗倭的事迹，则见于宁德、福清等县志。《宁德市志　·大事记》载：“嘉靖四十一年八月，浙江参将戚继光率将士八千至福宁州，初八日抵漳湾，挥师歼倭千余于横屿。”《福清市志 ·大事记》载：“嘉靖四十一年八月廿八、廿九日，戚继光率部抵达福清，九月初一日，戚军歼灭牛田等地倭寇以百计。”戚继光这段抗倭是中国明朝时期重大的历史事件，其时间、行军路线清楚，不存疑问，即嘉靖四十一年七月，戚继光不可能经建阳到沿海抗倭。

（四）《大事记》p8：“景泰元年（1450年）邑人黄璇修《建阳志》四卷，为建阳县首次纂修县志。”误。明朝景泰之前已有人修志的资料尚不为人知。1994年后，有建阳学者、《南平地方志》编者、福建师大历史系学者等相继披露建阳在南宋已修志的确凿史实，辨见下面《建阳县志源流述略》一文。则明朝黄璿的景泰志，并非“建阳县首次纂修”。

（五）p901《历代在外任县级以上职务名表》在翁郜的“职务”一栏加注“左相”二字，不妥。从来未见其他文献记载翁郜是左相。按《翁氏族谱》记载和现代学者在敦煌资料中发现的翁郜事迹相符，所载翁郜最高官衔是节度使，加检校尚书左仆射。根据《汉语大辞典》解释：“正员不足，权补试、摄、检校之官。”则“检校”是虚衔，非真授。可知翁郜不曾任过宰相。

二、遗 逸

（一）建阳名入正史第一人——刘常

唐人刘常是个普通百姓，毫无“业绩”可言，但因“父丧后庐墓七年，有灵芝两茎产于庭”（见清道光《建阳县志》卷十二《孝友》）的感天孝行，被建阳长吏刘冉察知，刘冉便报告给建州刺史陆长源，陆长源上报给观察使常衮，常衮报告给黜陟使郑世则，郑世则报告给朝廷，上达天聪，惊动德宗皇帝，于建中元年（780年）“诏旌门闾，赐粟帛，改所居里曰‘忠孝’”（见建阳旧志）。到宋代，欧阳修、宋祁修《新唐书》时，把刘常的材料采入第一百二十卷《孝友》中（与天下诸孝友合传）：“刘常……皆事亲居丧至行者……天子皆旌表门闾，复赋税（免其赋税）……”刘常是建阳五代前唯一入正史的人物，是建阳名入正史第一人。

（二）建阳历史上第一位进士——余镐

余镐，字周京，世居建阳。唐懿宗咸通十年（869年）己丑科归仁绍榜进士，拜校书郎。建阳人中进士从余镐开始。僖宗继位后只知与宦官嬉乐，不理朝政，余镐与另一福建同榜进士林慎思屡上书切谏，僖宗不听，余镐便以父老为由乞归建阳。不久黄巢农民军入闽，攻克建州，当时有谣言说黄巢逢儒必辱，余镐便挈家避居莆田的黄石。王审知主政闽境，聘余镐为宾客，余镐没有接受。卒葬莆田壶公山。明代《建阳县志》不载余镐事迹。清乾隆《福建通志》标出落籍莆田的余镐，其祖籍是建阳，此后的《建阳县志》才列余镐为建阳人。

（三）建阳历史上第一位诗人——余镐

余镐著有诗文集，但岁久散佚殆尽，旧编《全唐诗》不载其诗。近年中华书局出版的《全唐诗》，搜罗唐人逸诗，辑有《补遗》若干卷，其卷三十四收余镐《哀林虔中》一诗云：

接翅十年同抗疏，投荒万里独登楼。
常山忽为孤城死，睢水空存百战谋。
函草漫从灰里觅，嘤声长向梦中求。
欲知后死今何事，已在莆中买钓舟。

林虔中即林慎思。黄巢事起，余镐回闽避祸，林慎思起兵迎战被擒，不降而死。这首诗即为哀悼亡友林慎思而作，是已知建阳人所作诗歌第一篇。

莆田地方诗集《莆风清籁集》收录余镐诗2首。余镐可称建阳历史上第一位诗人。

（四）建阳历史上第一位高官——翁郜

唐朝末年，建阳出个二品官员——翁郜。明万历魏时应的《建阳县志》将翁郜列入“隐逸”条：“翁郜，字季长，长安人。唐昭宗朝（889—904年）官至朝请大夫、检校尚书左仆射、河西节度使。朱梁僭窃，耻事二姓，以父、祖官闽，知其地僻静，可以避乱，遂携家至建阳考源，后徙义宁莒口。”翁郜卒葬莒口。翁郜官阶是朝请大夫，唐朝朝请大夫正五品。官职是节度使，节度使是安史之乱后设置的临时地方军事长官，没有品阶记载，但节度使实际掌管幅员颇为辽阔的州、镇军事、财政大权，翁郜所任的河西节度使，据《旧唐书 地理志》载：“统赤水、大斗、建康、宁寇、玉门、墨离、豆卢、新泉等八军，（及）张掖、交城、白亭三守捉。”可见其权势显赫。翁郜还有个上柱国的名头，上柱国是十二级勋爵中最高的一级，《新唐书·百官志》说上柱国“视正二品”。如此看来，翁郜地位相当尊崇。是建阳唐代先贤中官位、爵禄最高的官员。

（五）建阳散文第一篇

《五牧刘氏宗谱·五牧刘氏先祖受封诰敕令》载翁郜《荐富春公疏》（“富春”是刘翱字。疏名是修谱者所加）：

河西节度使臣翁郜谨奏、为乞恩奖拔贡才事：尚书吏部摄节度推官、将仕郎、试太常寺协律郎刘翱，年四十，京兆府万年县洪固乡胄贵里人。叔祖（应是“高祖”之误）汾（刘汾），为户曹；曾祖于（刘于），工部侍郎；祖沼，山东、陕西四镇节度使；父楚，次光州都督。形黄色白，少有髭须，受父遗泽通仕郎。本品下右河西节度使、臣翁郜奏件：官各有明，能深详事理；处重难而不挠，持公正以居先。臣当地僻穷边，官员通缺，累因摄职，主重天恩，特转一官，所冀其干济，同茸（应是“葺”之误）雕（通“凋”）残。冒于宸衷，无任战越屏营之至。谨奏。

翁郜此疏是今可见的建阳先贤遗文第一篇。

（六）文天祥后山祭蔡元定

宋德祐二年（1276 年）五月，宋丞相文天祥追随宋少帝端宗到福州，七月，到南剑州（今南平）开府，十月，出兵汀州（今长汀）。这期间文天祥曾亲临建阳后山谒祭蔡元定祠。其祭文云：

“周衰道丧，千有余年。周程崛起，道统勃兴。天生朱子，正学大明；天生先生，羽翼厥成。绍程继朱，集著诸书。六经垂训，万世作程。揭示迷途，启迪后人。西山隐贲，潜德弗形；拟诸伊洛，为世典型。祥早师训，勤读宦成；修身系矩，未之能信。躬赴国难，备香伸敬。先生如存，俨然居歆。呜呼尚飨。”

（见建阳《蔡氏九儒书》及暨南大学新闻与传播学院教授蔡铭泽所撰《蔡元定年谱》）

（七）陆游建阳留诗篇

宋孝宗淳熙五年（1178 年）底，陆游赴建瓯任提举常平盐茶事。次年正月初，经回龙、水吉、小湖，到达建瓯。八月，陆游离建瓯，骑马经建瓯的长汀驿、建阳、黄亭（今兴田），游览武夷。陆游过建阳时，拜访了东山观道士，送他们两只鹅，作为长生鹅，留下一诗：“闲泛晴波唼绿萍，却冲微雨傍烟汀。会稽内史如相遇，换取黄庭一卷经。”

（八）辛弃疾建阳晤朱子

宋绍熙三年（1192 年）春，辛弃疾来福建任提刑，途经建阳，与寄居童游桥头的朱子晤会，相议时政。次年初辛弃疾奉召北上，经建阳，在考亭与朱子相会，恰巧当时著名的思想家、学者陈亮也在考亭，于是有了朱、辛、陈三大家同会考亭的佳话。过数月，辛弃疾又来福建任安抚使，九月，再到考亭会朱子，随后两人同游武夷，朱子写下《武夷棹歌》，辛弃疾和诗，有“山中有客帝王师”之句。

（九）建阳第一部县志——《建阳县图经》

南宋刘淮编纂建阳历史上第一部县志，名《建阳县图经》，约成书于宋理宗宝庆（1225—1227 年）之前若干年。详见下文《刘淮生平小考》及刘克庄的《嘉禾县图经序》两段文字。

1. 刘淮生平小考

刘淮，字叔通，号溪翁。后人对他的身世了解不多，兹收集其零星资料，对他的生卒年、功名、诗作、交游等作一番探索，并以此论证建阳历史上第一部县志的编纂年代。

生卒年 旧志没有关于刘淮生卒年的记载，综合刘淮与其师友的往还诗文，大致可推测出他在世的时间。试证如下：其一，刘淮曾师事朱子，朱子有一首和刘淮诗，题为《叔通老友探梅得句不鄙垂示次韵为谢》，称“老友”，则两人年纪相差不会太远，如朱子称蔡元定为“老友”，两人仅相差五岁。朱子生于 1130 年，则刘淮则应生于此后数年。另外诗题中用上“垂示”这样的谦辞，可见朱子似乎没把刘淮作晚辈看待。朱子作于晚年的《寄江文卿刘叔通》诗有句说“林下如今有两翁”，刘淮已被称“翁”，可知当时他年岁不小了。其二，刘淮有族人刘学箕，崇安人，朱子老师刘子翚之孙，他称刘淮为“宗兄”，则刘淮绝对大于刘学箕。嘉定八年（1215 年）刘箕游历陕西汉阴时，年纪将届六十，可推他约生于 1156 年，则刘淮应在此前出生。其三，刘淮和南宋著名诗人赵蕃为诗友，赵蕃（1143—1229 年）称刘淮为“叔通吾兄”，可知他们年龄相仿，刘淮应稍大些。赵蕃有《小重山 ·寄刘叔通》一词，收入《中兴以来绝妙词选》，开头云：“何处无溪只欠人，有翁年八十，住其滨。”可见刘淮起码活到八十岁。刘淮死后，赵蕃曾作诗慰问其“孤寡”。赵蕃卒于1229年，则刘淮卒年不会迟过1229年。综合上面资料，可定：刘淮约生于1140年前后，卒于1229年之前若干年。

据赵蕃《小重山寄刘叔通》词序，知刘淮晚年在建瓯府城度过，这或是他的以手抄本传世的《建阳县图经》，为府志所引用而建阳人反而知之不多的原因吧。

刘淮功名 刘淮的功名有2种说法，一说是进士出身。何乔远的《闽书》卷95《英旧志· 缙绅》载刘淮是绍兴二年进士，民国县志沿袭此说。另外建阳市图书馆所藏《建州刘氏三族忠贤传》有《溪翁公淮传》也如是说，或是《闽书》所本。绍兴二年（1132年），朱子才3岁，此说定然错误，就是说刘淮并非进士出身。一说是举人出身。魏时应志卷五“乡举”条下载“刘淮，字叔通，永忠里人，咸淳庚午举，官都虞侯。”咸淳庚午是1270年，如上考证，刘淮此时去世40多年了，怎么出现如此不同的记载呢？原来当时有两个“刘淮”。《三族忠贤传》载说“字叔通、号溪翁”的是志传者认为中进士的刘淮，中举人的是无字、号的刘淮，为区别起见，《三族忠贤传》特意点明两刘淮的不同父名，看来魏志给中举人的刘淮加上“字叔通”，是把2个刘淮弄混。如此，我们笔下的刘淮既不曾中进士，也非举人出身。

但“字叔通”的刘淮并非白身，他当过官。刘淮有一首诗题作《退休》，可定是任过职的官员。刘学箕有《次韵叔通推官见寄》一诗，推官，府、州、军都有设置，有军事推官、节度推官之目，是府、州、军长官的幕僚，“掌裨赞郡政，总理诸案文移”（见《宋史 秩官志》），如此，刘淮应任过中、下级官员。

诗人刘淮 刘淮有过诗集，民国县志卷十九《艺文志》就录有《刘淮诗集》一书，但今建阳图书馆已不藏此书。新编《全宋诗》没有收集刘淮诗，旧志仅辑两首：《题平远台》《咏韩侂胄故第》。《三族忠贤传》载刘淮诗除上面2首外，还录6首，为：《挽蔡西山》《寿周益公》《寿周府尹》《和江万里劝农》《中斋归自海上见访》及《题翁承赞赞》。另在刘学箕诗中录有刘淮1联“亦欲携家相就住，尚堪同作耦耕人”，及3首诗题。刘淮作诗颇苦，刘学箕说他“文章苦心费雕琢”；大约刘淮家计甚为清贫，却嗜诗，刘学箕说他“号啼不问但吟诗”。刘淮关心时事，刘学箕诗说他“况当边报置邮速，讵识老儒忧世心”。《咏韩侂胄故第》一篇讽刺当权者，轰动一时：宋宁宗嘉定初年（1205年），权臣韩侂胄北伐失败后，宋廷处死韩侂胄，将其首级献给金人以乞和，刘淮写下此诗，有“主人飞头去和虏”之句，赵蕃作诗赞说：“何人咏出韩家府，是我建阳刘叔通。”旧志说他“博学能文，诗名尤大”。朱子曾为刘淮诗集作跋云：“叔通之诗不为雕刻纂组之工，而平易从容，不费力处，乃有余味。”

刘淮交游 刘淮师事朱子，与黄榦、游开、刘学箕、赵蕃为同门友。《全宋诗》收辑朱子及黄、游、刘、赵与刘淮往来、唱和的诗近20首。

上面所述的刘淮生平资料足以证明刘淮编纂的《建阳县图经》的成书时代是在南宋中后期。

2.《嘉禾县图经序》

建阳第一篇县志序言是南宋人刘克庄的《嘉禾县图经序》，见《后村先生大全集》卷九十七《序》部分，兹录全文，并加标断：

古者有《九邱》，序书者曰：“邱，聚也。”言土地所宜，风气所生，皆聚焉。至周，更名《职方氏》，序又曰：“孔氏述《职方》而除《九邱》，是倚相之所读者。”孔氏既除之矣，然考之夏官职方氏所掌，大而邱国都鄙，微而财用谷蓄，悉图而辨之，则犹“邱”“聚”之义。后世图经木（本）此。

双溪建岩（“岩”字或是衍文）邑，山清水秀，茶笋妙天下。南渡后，名臣巨儒，接踵奋兴，是邑殆如鲁之洙、泗，吾宋之关、洛，人物大备。唯县志无所考，非缺典欤？曩余为宰于斯，得刘溪翁《图经》手稿，甚详密，欲纂辑，不果。后见建安新府志多采于溪翁，盖郡人知有溪翁之书，而邑反不知，岂非余之愧哉？其后，邑趋于坏，金华赵君与膺，寔未几而僵者，槙蛊者肴。余南归假，及于县道，士民举长官不容口。他人敝（毕）精力应酬，簿书期会不给，君乃有余暇及于县志，请余序之。噫！当余之时，力犹可为，而余不克为；君承不可为之后，而谈笑为之，得无重余之愧哉？然邑之城郭都鄙，土风物产，远则故老之记闻，近则县名之更改，与夫名公巨儒之言行，大家世族之原委，开卷了然矣。

初，君之先大君子讳希伋，当绾铜墨，清而刚，有百千年之思。去三年而余继之；余去三纪，而君继之。回思拙政，前不及君先君子，后不及君，因序此书，聊识余愧。

溪翁名某，字叔通。

附刘克庄小传：

刘克庄（1187—1269 年），字潜夫，号后村居士，南宋莆田人。理宗赐同进士出身，晚年官授权工部尚书兼侍读、龙图阁学士。是南宋后期一代文宗。刘克庄于理宗宝庆年间（1225—1227 年）曾知建阳县事。除作《嘉禾县图经序》外，尚有数首吟咏建阳诗篇存世。

（十）建阳亦曾设“都”

作为县以下的行政区划“都”，福建省大部分县份历史上都曾设置，但建阳县（建瓯县亦然）明、清、民国诸县志，嘉靖《建宁府志》、乾隆、同治、民国《福建通志》，都没有关于建阳（包括建瓯）历史上曾设“都”的记载。其实建阳也曾设“都”。刘克庄曾说：“余宰建阳，境内都九十七，耆（乡、都以下的区划名）一百八（108 个）……内某乡某都。”见《后村题跋》。小湖镇旧属瓯宁县，镇所及附近数村的村民都自称旧属瓯宁县三十六都，至今每逢喜庆节假需书写帖子之类，还少不了把“三十六都”字样挂上，这也是建阳（建瓯亦然）历史上曾经设“都”的有力证据。

（十）《建阳县志》源流述略

从现在已知材料看，建阳县修纂县志，始于宋朝。在南宋时出现三部县志，第一部是刘淮在宋理宗宝庆（1225—1227 年）之前编纂的《建阳县图经》，第二部是刘志后约 40 年，知建阳（时名嘉禾县）县事赵与膺编纂的《嘉禾县图经》，刘克庄作序。

刘淮，建阳永忠里人。刘志编纂的起始、脱稿时间，都无法确定，但莆田学者刘克庄于宝庆初年来知建阳县事时，已见到刘志手稿，且他还见到“《建安新志》多采于溪翁”（见刘克庄为赵志写的序文），故知至迟在宝庆之前，刘志已经成书，并在周边州、县流传。其书久逸，不知其目录、内容。中华书局出版的《永乐大典方志辑佚》（《永乐大典》成书比黄璿的景泰志早三十年）收有“建阳崇安县志”一条，载建阳“仓廪”说：“社仓四，并乾道七年（1171 年）以后置，实经始于邑人朝奉刘公如愚。”这段辑佚很可能是刘志的逸文，证明南宋时期，建阳确已有志书的修纂。

赵与膺，赵宋宗族，金华人，进士出身。他在刘克庄去任三纪，即 36 年后来知建阳，编纂成建阳第二部县志《嘉禾县图经》（是否以刘志为底稿修成，不得而知）。赵志也散失已久，我们只能从刘克庄的《嘉禾县图经序》中略窥赵志的梗概：“……邑之城郭都鄙，土风物产，远则故老之记闻，近则县名之更改，与夫名公巨儒之言行，大家世族之原委，开卷了然矣。”

现在可见的最早的建阳志书是明朝黄璿纂修的景泰县志。黄璿，建阳人，曾任河北霸州通判，后回故里，得到知县尹载鲁的支持，于明景泰元年（1450 年）撰修，成《建阳县志》四卷，又收集遗事，集成《杂志》三卷，版刻行世。是书原刻本早佚，有弘治十七年（1504 年）翻刻本残卷藏于宁波天一阁。

弘治壬子（1492 年），广东番禺人区玉以进士身份来任建阳县知事。因前志旧版湮没，遂令邑人刘竟执笔续修，于弘治十七年重刊行世，并附邑人、举人出身、曾任广东电白县令的袁銛所撰的《续集》一卷。今宁波天一阁所藏《弘治续志》包括景泰本残卷，存六卷：卷三名人贤士、孝子节妇、文人才子、仕宦、主簿、武职、隐逸、邑仙佛，卷四山、川、洲、潭、湖、池、陂、泉、井、洞、岩，石、祠庙、寺庵、堂、宫观；杂志卷一记异、诗文，卷二疏语，卷三记；续集一卷。卷末载弘治十七年袁銛序。

嘉靖《建阳县志》是明代第三次修成的志书，知县冯继科主修，总裁官为邑人朱凌（进士出身，自署户部员外郎）。是书从嘉靖三十年（1551 年）开始编纂，到嘉靖三十二年脱稿付印。其内容：卷首载朱凌、赵文（邑人，乡进士，自署周府左长史）、冯继科三篇序文，卷一图、总叙、县纪，卷二历代职官年表、选举年表等，卷三封疆志、山川志、风俗志，卷四治署志、户赋志、储恤志，卷五学校志、图书、秩祀志，卷六艺文志，卷七杂志，卷八世家，卷九至十六列传，卷末有县学教谕（或训导）钱岑后序，并附前弘治十七年袁铦旧志序。是志原刻本藏于宁波天一阁，1962年，上海古籍书店曾据之影印出版。

万历《建阳县志》是明代最后一部县志。万历二十八年（1600年），福建左参政以建阳志已久未修，命南昌人、进士出身的知县魏时应重修。于是由魏时应掌修，邑人陈纪（进士，自署广东按察副使）、傅国珍（进士，自署浙江嘉兴知府）任总裁，句容张榜等执笔，是年秋稿成。约刻于万历二十九年（1601年），似又增修，知县题名至万历三十五年（1607年），可视为是年正式脱稿。全书八卷：卷一舆地志，卷二建置志，卷三籍产志，卷四官师志，卷五选举志，卷六人物志，卷七艺文志，卷八丛谈志，另有县纪一卷，附录拾遗一卷。是志刻本，今仅见藏日本国会图书馆，注云：原缺卷二第64页、卷六第28页、卷七第5第六页页码。中科院图书馆收藏的就是据日本国会图书馆馆藏本拍摄的卷本。20世纪80年代末，建阳县准备纂修新志，组成《建阳县志》编委会，委员会于1988年从中科院图书馆购来胶卷微缩影印一部。

清代建阳县曾多次纂修县志，但并未逐一付梓。清初邑人、举人袁文超撰《县志修稿》，康熙初年邑贡生李文缜又撰《建阳县志修稿》，均未刊印成书。康熙三十九年（1700年），知县柳正芳设局修志，由县学训导王维文和邑人、安塞县知县朱炳诏任纂修，据前志稿，重行考证增损，编成八卷，六十四个细目，于康熙四十三年刊印。现福建省图书馆、福建师大图书馆、厦门大学图书馆均有藏本，原建阳县志编委会当年从福师大所藏手抄本购得一部复印本。

雍正、乾隆两朝，福建二次修纂省通志，都颁发志例，令所属州、县呈送志书，以备采录。"建阳所采，虽亦裒然成帙，终以无赀，未能刊入邑乘"（道光《建阳县志》序）。乾隆年间邑人傅光裔（乡贡，官至国子监学正）、傅克钦（拔贡，官至柳州知府）纂有《建阳县志稿》（傅光裔、傅克钦后人都从家中拿出内容完全一致的手稿，都说是其先人编纂，只好定为两人同纂），其内容收至乾隆四十年（1775年）左右。此稿在流传过程中曾经他人增益，最迟记至嘉庆丁卯（1807年）。其残稿一直流传到民国，民国志《艺文志》说"今县志均有所采"。

道光九年（1829年），梁舆以进士身份来建阳任知县。时福建制军孙尔准为修省通志，颁令各府、州、县重修志书，上报省垣，以资采用。梁舆于是设局，聘县贡生江远青为总纂；后梁舆他任，主修由监生李再灏（江苏吴县人）接替。全书二十卷，分十志，志下有细目六十七条；经8个月完成，45万字。中科院、南开大学、福建师大等高校图书馆，及省馆、建阳县馆，均有藏书。原《建阳县志》编委会以县图书馆原版本复印二套，作为点校底本，1989年8月印刷完成对外发行。

民国时期，福建再拟修通志，各县设局。建阳县于民国6年（1917年），先由县知事赵模倡修，聘邑人清廪生王宝仁、清增生罗应辰修纂，至民国10年（1921年），志稿基本完成。11年（1922年）春，万文衡来任县知事，对志稿加以考订，亲自绘图，补汇成帙。因时局动荡，经费短缺，未能付梓。经5任知县，历时12年，才于民国18年（1929年），由知县刘梦魁（字畏三，闽清人）负责筹资，交建瓯新民印刷局铅印。是书省内外收藏较多，建阳县图书馆、档案馆都有藏书，1975年，台湾成文出版社据此版本影印，编入《中国地志丛书》。

中华人民共和国成立后，修成新志《建阳县志》一部。是志从1985年开始筹划，1989年开始纂修，1994年定稿，同年9月由群众出版社出版。编委主任李家钦，主编陈明考。卷首有建阳县县长周意《序》及凡例、总述、大事记。内容32篇，依序为建置（4章9节）、自然地理（7章31节）、人口（4章16节）、经济综述（3章15节）、计划统计标准计量（3章11节）、工商行政物价（2章9节）、农业（6章21节）、林业（6章17节）、茶业（5章14节）、工业（4章29节）、交通邮电（4章10节）、商业（9章28节）、财税（6章21节）、金融（5章16节）、城乡建设（6章26节）、环境保护（4章13节）、政党（3章12节）、政权政协（4章13节）、社会团体（5章14节）、公安司法（4章25节）、民政（6章20节）、人事劳动（5章14节）、军事（4章14节）、教育（9章27节）、科技（4章13节）、文化（6章23节）、文物（8章34节）、卫生医药（7章29节）、体育（4章20节）、风俗宗教（3章14节）、方言（5章每章1节）、人物（4章11节）。卷末有附录文件等27篇及后记。开本：787×1092毫米 1/16 ，插页：32，字数：1500千字 。

（十一）刘伯温路过建阳

元至正二年（1342年），在元朝政府中任小官吏的刘伯温自江西入闽欲游武夷。他先至福州，后坐船溯流而上到建瓯，随即离建瓯改走旱路，乘马经建阳的建溪驿、崇安的黄亭驿，到武夷山。有《早发建宁至兴田驿》诗写沿途所见："牛羊散原野，鹅鸭满阡陌。"

（十二）戚继光驻兵回龙、小湖歼寇

《戚少保年谱耆编》载说：明嘉靖四十二年（1563年）"春正月，（戚继光）再奉诏援闽。""（三月）十七日乙未入闽境，至浦城；二十二日庚子抵建阳（误，应为"瓯宁"）之陈埠（今作"澄埠"，属回龙乡）……时南明公（即汪道昆）先一舍壁（驻扎）水吉。"〈注〉陈埠与澄埠，用建瓯话读之，完全相同；澄埠离水吉三十多里，正与"一舍"合。

《戚少保年谱耆编》载说：戚继光到达陈埠，"先二日，有山贼千余，突至水吉，闻大兵至，退避小湖。乡民遮道求剿……暨日暮，密与汪公夹击之……兵士皆穿莽涉水，夜抵小湖。贼退壁民房，拒截巷口。我兵冲入，合围，复攻以火，焚毁甚众，生擒二十有三俘，斩获三百一十有二级。余孽冒火奔匿山林者……悉为乡民所缚……阵亡则三人而已。"

（十三）徐霞客二过水吉

明崇祯元年（1628年）仲春十五日，徐霞客从浦城观前村起身（徐霞客过仙霞岭到浦城，乘舟欲下南平，在观前停船游金斗山，遂夜宿观前村），过回龙，行一百二十里至水吉过夜。是夜"风雨彻旦，溪喧如雷"。十六日舟行经小湖，抵建宁郡。

过了2年，徐霞客再次游闽，崇祯庚午（1630年）八月"初五日，下浦城舟，凡四日抵延平郡。"（上引文俱见徐霞客《闽游日记》前后篇）亦经回龙、水吉、小湖地界。

（十四）黄道周在建阳

清顺治二年（1645年）七月朔（初一），黄道周等奉唐王朱聿键即位于福州。随后黄道周带领一些学生、士卒离开福州，八月初到达南平，收兵三营。当时舆论认为，福建的屏障在闽北，而浦城的仙霞关，崇安的分水关，光泽的杉关，最为险要，"三关通道皆在建阳，故岭内重镇莫要于建阳"（黄道周年谱），于是黄道周率领旧部及所集新兵沿溪而上，于八月十八日（旧历，下同）到达建阳。"

黄道周在建阳主要做了2件事：第一件事募兵练兵。黄道周在建阳收兵3个营，合南平所收，共6营，每营384名。黄道周精通《易经》，但不谙军事，训练士兵竟"画阵成围，指爻按象"（年谱）。第二件事募捐。建阳官宦士民慷慨倾囊，捐资充饷。黄道周在他的《黄漳浦集》中详细地记录建阳上自任职官员，下至本地士民，捐资的热情及数量，计收钱银达七八千两之巨，这在之前、之后所经州县都不曾遇到的事，黄道周在他文集中用"他邑未闻焉"5字来发表自己的感叹。

经过1个月的仓促准备，九月十九日，黄道周率兵经崇安分水关出江西抗清。

黄道周在建阳还做一件事：为建阳人、当时著名天文学家游艺写1块木匾。民国《建阳县志》载说："游艺，崇化里人。黄道周尝至普觉寺，手书'此中世外'四字，榜于楹以赠之。"此匾原悬于书林南门街陈氏宗祠，今存建阳博物馆。但民国《建阳县志》说它"乃明季黄道周先生逃匿至此，亲笔所题"，有毛病，黄道周从容赴敌，百折不挠，断无"逃匿"之举。

《建阳县志·黄輹事略》载：黄輹字廷宁，生宋绍熙三年，黄榦三子，是黄道周先祖。在建阳黄勉斋潭溪书院曾悬挂"瑞叶河源"一匾，落款为"裔孙道周敬立"。经推黄道周是黄榦十五世孙 。

（十五）林则徐舟过水吉

林则徐于清嘉庆十七年（1812年）冬赴北京任职，他从福州出发，乘舟溯闽江、南浦溪而上，途中经今之建阳地界，因是枯水季节，舟行缓慢，走了4天：十一月初八经小湖的牛头滩、牛尾滩，夜宿牛尾滩；初九过小湖、大湖，夜宿七里滩；初十过水吉，夜泊金墩（应是今之均中，属回龙）；十一日经

大罗滩，夜泊马岚。（见林则徐《壬申日记》）

（十六）建阳入国史人物录

1. 唐朝

刘　常　载欧阳修《新唐书》，已见前文。

2. 五代

江　为　薛居正《旧五代史》卷一百三十四《僭伪列传》一：“江为，建州人，工于诗。乾祐中，福州王氏国乱，有故人任福州官属，恐祸及，一旦亡去，将奔南唐。乃间道谒为。经数日，为且为草投江南表。其人未出境，遭边吏所擒，仍于囊中得为所撰表章，于是收为与奔者，俱械而送。为临刑，词色不挠，且曰：‘嵇康之将死也，顾日影而弹琴；吾今琴则不暇弹，赋一篇可矣。’乃索笔为诗曰：‘衙鼓侵人急，西倾日欲斜。黄泉无旅店，今夜宿谁家？’闻者莫不伤之。”另外陆游《南唐书·隐士传》及清吴任臣《十国春秋》并载江为事迹。

江文蔚　见陆游《南唐书·北党诸臣传》，1994年版《建阳县志》已录，不赘。

林仁肇　见陆游《南唐书·南唐名将传》。1994年版《建阳县志》已录，不赘。

黄子稜　《十国春秋·闽六列传》载：“黄子稜，字元威，洛阳人，随父入闽。事太祖父子（王审知父子），累官侍御史。后避乱居建阳之东，终焉。”

翁郜　《十国春秋·闽八列传》载：“翁郜，字季长，长安人。唐昭宗朝官至尚书左仆射、河西节度使。梁篡唐，郜耻事二姓，以父、祖官闽，知其地偏静可避乱，遂携家来建阳居焉，后徙义宁莒口。”

杨思恭　《十国春秋·闽九列传》：“杨思恭，富沙王称帝，为兵部尚书，寻称仆射，录军国事。以善敛得幸，由是累增田亩山泽之税，于鱼盐蔬果，无不倍征，国人号为‘杨剥皮’……归唐，中宗斩之以谢建人。”（旧时修纂志、谱，多秉承“乱臣贼子，志乘不载，所以警世”的原则。今忠于史实，录杨思恭生平，可充反面教材）。

3. 宋朝

《宋史》所载人物事迹较著，故仅列其名：

《宋史·列传》第七十一：陈升之。

《列传》第八十九：谢麟。

《列传》第一百〇五：陈师锡，陈轩。

《列传》第一百二十一，范致虚。

《列传》第一百二十九，吕祉。

《列传》第一百四十，范如圭。

《列传》第一百六十，刘爚。

《列传》第一百七十九，蔡抗。

《列传》第一百八十七《道学》二，游酢。

《列传》第一百九十三《儒林》四，蔡元定，子蔡渊、蔡沉附。

《列传》第二百零四《文苑》七，熊克。

《列传》二百一十八《隐逸》下，魏掞之。

4. 元朝

张　升　民国柯邵忞《新元史》232卷《列传·忠义》二：“张升，建阳人，少颖悟。年十二，除正字；积官江西儒学提举。陈友谅据江西，追取诸司印，升独不从，投其印于井，不食死。”

5. 明朝

黄大鹏　张廷玉《明史·列传》第165卷（附郑为虹后）：“大鹏字文若，建阳人，崇祯十三年进士。为义乌令，有能声。唐王召为兵科给事中，从至建宁，令与为虹共守仙霞岭，竟同死。”

（十七）建阳古代书画家

僧惠崇 廖养正编纂的《中国历代名僧诗选》“惠崇”条说：“生卒年及姓名、字、号均不详，约975年前后在世……能诗善文，画亦有名，尤善水墨小品。与寇准、潘阆游。”惠崇又作淮南（今江苏扬州）人。

游 酢 游酢，长坪人，进士出身，官知州事、监察御史等职，北宋著名理学家。游酢亦长书法，尤以草书著称。游体草书在清乾隆朝被编入《草书汇》，是书宋代部分从千名书法家中只选六人：北宋书法4大家苏、黄、米、蔡，及游酢和米友仁（米芾之子），可见游酢书法在北宋时的地位。后来的《中国书法大字典》《草书大字典》等均有收入游体草书（例见下插图）。游酢亦善楷书，南平博物馆收藏一幅由杨时撰文、游酢书写的墓志拓片，其书工秀，非一般书家可及。

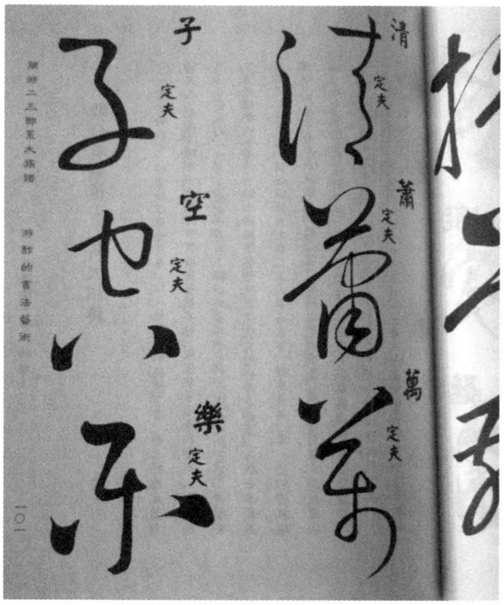

游体草书

徐知常 北宋道士，能诗善属文，尤通道、儒典教。画神仙事，明其本末。宣和中为蕊珠侍晨。作品有《写神仙事迹》

宝 觉 画僧，建阳人。宋朝邓椿《画继》称其善画“翎毛”，尤长于“芦雁”，能“妙于生物之情态”。米芾《画史》中称其为“大师”。

吕胜己 世居建阳，南宋人。其父吕祉死国事，葬邵武，为守墓移居邵武。工隶书，得汉法。

朱 熹 朱子善书工画。明代陶宗仪说朱子“善行书，尤工大字，下笔即沉着典雅，虽片缣寸楮，人争珍秘。”朱子的许多书法作品为故宫博物院等收藏，许多地方留有他的碑刻。武夷山武夷宫矗立刘子羽神道碑（原立于五夫），建瓯丰乐有刘珙神道碑，都由朱子撰文并书写，字体端庄清秀，笔画遒劲挺拔。

蔡 发 宋人，字画雄伟。

黄 齐 宋人进士出身，官至兵部侍郎，寓兴丹青，作风烟欲雨图，非阴非霁，殊有深思。

熊 克 南宋人，官直学士。宋孝宗称他书法“有体”。

余 焕 南宋人。工大小篆书，笔势奇伟。浦城参知政事真德秀曾请他书写圣贤语录，放置座旁，称他书法“如正人端士服古衣冠，巍然拱手，使人望之肃敬，虽严师善友，曾不过是。”

黄 周 元朝人。其父邵武人，以军功授建宁万户府镇抚，遂侨居建阳崇泰里。黄周善书法，工墨竹。

黄壶石 明代小湖镇大湖村人。其祖父黄仲芳永乐朝进士，官至云南右参政。黄家世蓄很多古字画，黄壶石临摹不辍，于是得古人笔法。每在庙壁描绘山水人物，当时人把他与当时名画家相提并论，黄壶石很自负，认为自己比他们有过之而无不及。其作品一直传到清代，不少人家把他的画当作传家宝。

李 远 明代人。以能书荐，任武义知县。

王 佑 明代兴上里人。善草隶，咏诗，并善墨竹。

王上治 崇泰里双井人，乾隆拔贡，官县令，善楷书。

黄履坚 童游人。光绪十一年（1885年）贡生，曾官某县学训导。精于书法，真、草、隶、篆，各尽其妙。

应作舟 清代县坊人。工绘事，画山水人物，笔法秀逸，着色花卉、鸟兽、虫鱼，皆工妙，无世俗态，名噪一时。

江锦城 清代县坊人，精书、通镌刻，兼善水墨画。

罗 彩 县坊人，受业于应作舟，画翎毛、山水、人物，肖物象形，为时人贵重。

翁友梅 清代县坊人。工诗画，所作墨梅，苍劲矫屈，姿态异常。

虞时昌 清代县坊人，善草、隶，尤工肖人像，以泥制头面，以绫绢制衣衫冠履，极为肖妙，观者无不欣赏。且善吹笛。

黄道源 清代童游人。音律曲调昆腔俱通晓。善楷书，字法工整。尤精绘画，山水、人物、翎毛、花卉，点缀设色，鲜艳毕肖，人谓笔法不亚应作舟。

杨汝钦 清代人，住城关。善昆曲，工箫笛，亦精医术。

刘赐龙 清末人，廪贡生，历署沙县、福宁府学训导。工书法，善吟咏。

刘 鉴 刘爚裔孙。工诗文翰墨。

（十八）建阳古版画

建阳古版画在中国出版史、文化史上曾呈现异彩。

建阳书坊的刻书多为上下2栏，上图下文，或左右2栏，左图右文，称为两节版。又有上、中、下3栏的，称为3节版：下栏为正文，中栏为插图，上栏为评语。又有文中设图，文旁出图，单面大图，双面大图等。

建阳古版画的特点是极少士大夫画家参与，因此手法上有古拙质朴之美，风格呈清新自然，朴实无华；在刻印上具备版画要求的刀味和木味，刚劲明快，黑白分明（例见下插图）。

古代书籍封面空白，刻书史上，首先开创印有书名封面的，是元代建阳书坊。

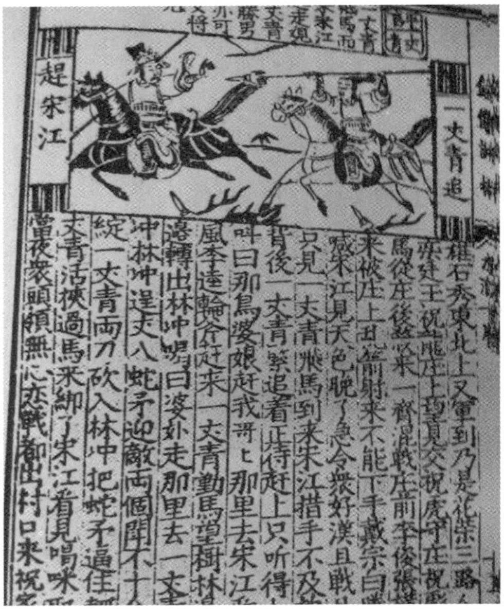

建阳古版画

（十九）建阳历代名医

蔡元定（1135—1198年） 南宋人。以道学名家，亦通医道。他参考《内径》《难经》及张仲景之书，著《脉经》1卷。李时珍《濒湖脉决》收录有该书内容。

宋 慈（1186—1249年） 南宋人。著有《洗冤集录》，为世界上最早的法医学专著。自13世纪起至19世纪末叶，600余年一直沿用，以为审案之助。该书译朝、日、俄、法等多国文字，被誉为“世界法医鼻祖”。

熊彦明（1336—1392年） 元崇泰里人。选孙允贤《医方集成》，并附入《济生拔萃》《宣明论》等方，编成《类编南北经验医方大成》10卷。该书为历代验方选集，共收载2000余方，方后附简明的论述。

刘 剡（1403—1424年） 明永乐间人，其医术见下熊宗立条。医之外著有《四书通义》。

熊宗立（1409—1481年） 字道宗，号道轩、勿听子。明代熊屯人，为熊彦明诸孙。熊宗立自幼多病，稍长立志学医，从建阳名医刘剡学医卜、阴阳之术，深得其奥。及长悬壶济世，因医术高超，屡起沉疴，名声日噪。正统（1436—1449年）之后开始把精力集中于医书的校勘、撰述工作。一生勤奋，著述颇多。曾对《内径》《难经》《脉经》《伤寒论》及外科、妇科、儿科、本草等方面的医籍加以编纂和注释，计有20余种之多。注释者有《难经》《脉诀》诸书。释义者有《黄帝内经素问灵枢运气音释补遗》1卷，《素问运气图括定局立成》1卷，《勿听子俗解八十一难经》1卷，《伤寒运气全书》1卷，《外科精要附遗》3卷，《妇人良方》《妇人良方补遗大全》《药性赋补遗》《增补本草歌括》8卷，《类证注释钱氏少儿方诀》10卷，《类证陈氏小儿痘疹方论》2卷，《名方类证医书大全》24卷。熊氏著作在当时有一定的影响，并流传日本，日本多次翻印发行，对当地汉医的发展有相当的影响。熊宗立卒葬钱塘焦湖山。

程伯昌 明三桂里人。善医术，催生下产尤为灵验，远近闻名。

黄 炫 明代人。以医为业，著有《医学会编》存世。

苏 世 明代人。读书好礼，不干仕进。精医施药，岁歉周急，乡里称赞。

苏 尧 明代人。以医为业，医名传于乡里。

滕可大 明代名医，漳墩人。著有《本草汇通》一书。

滕 宏 明代漳墩人。精医术，撰《神农本经通会》。

滕万程（1795—1856） 字上池，滕可大后人。初读书求仕进，后弃举子业学医，精研《灵枢》《素问》，医术日进。遇有危难症，普通医士仓皇无措，他能从容救治。曾游历杭州、嘉兴、绍兴、宁波一带，所至无人不服。滕万程总结平生行医经验，著《征治经验一得录》《古方选本草汇参》等书。清季学者蒋蘅为之撰《上池公传》，称其“滕公庆珖”。世称国手，名入《中医大辞典》。卒葬回龙高门外太保庙后。

黄兴邦 清均田里周屯（今童游周墩）人。精通岐黄术，存心济世，延诊者不论贫富，一诺即往。一次，崇安县令患病，来请黄兴邦，应手而愈，县令赠“着手生春”匾。

谢天池 清建阳人。自幼聪慧，读书过目不忘，以医为业。

杨汝钦 清建阳城关人。精于医术，治病不拘成法。有富室女子病血积，面目黄瘦；又素喜补养，凡凉药皆不入口，病情更重。富家来请杨汝夷诊治，杨汝钦顺其癖气，用1匹大红缎，每日剪下若干煎汤，让病人喝下，不数日，血积尽散而愈。人们都称其神，却不知他所用药是红花，并非红缎。其人生性耿介，凡病者来请，假如不称其意，即使是豪门权贵，他也不就命。

（上录自《闽台历代中医医家志》，另苏世又见《医术名流列传》）

原瓯宁西北漳墩一带滕氏医学源深，世多医生，除上面所列之外，尚有以下医名稍著者：

滕乾龄 太医院御医。

滕国善 太学生，知名医生。

滕泸源 府学庠生，骨伤科著名医生。

滕文楷 府学庠生，精通医学，授九品医官。

滕述经 太学生，建宁府骨伤科名医。

（二十）范氏兄弟五进士

南北宋之交，建阳出个名人范致虚。范致虚登宋哲宗元祐三年（1088年）进士第，官至尚书左丞（道光版《建阳县志》称之“范丞相”，或缘于此。按，尚书左丞并非丞相），在金兵二次南下围困汴京时，范致虚从西部起20万大军勤王，轰动一时。《宋史》有传。

民国《建瓯县志》载和范致虚同时有范致祥［元丰八年（1085年）］、范致君［亦作“冲”，绍圣四年（1097年）］、范致明［元符三年（1100年）］、范致厚（大观三年）4个进士，按旧时国人起名习惯，兄弟包括堂兄弟、从兄弟，每以同1字表同辈分，因此怀疑这5人应有某种亲属关系。

1971年2月，河南方城县出土1座宋墓，墓壁镶嵌铭文砖，有“绍圣甲戌（1094年）为建安郡高平范府君之墓”，及“男致君、致明、致虚、致祥、致厚泣血铭”等字样。《方城县志》载说：“其三子范致虚知邓州，父母随寓方城而殁，因此安葬在方城，未曾归葬原籍。”据此可知，范致虚等五5是同胞兄弟。按理5位亲兄弟自然同籍贯，但民国《建阳县志》说范致虚是建阳雒田里东田村人，《瓯宁县志》载范致祥是瓯宁人，附注“建阳志亦收”，其他3人嘉靖《建宁府志》载俱建安县人。这里记述应有错误，其因不详。诸范籍贯最确切的依据是建安郡“高平”村，但年岁太久，恐难寻觅。

（二十一）两对公孙三进士

傅镕，宋嘉祐六年（1061年）进士；其子傅列，元祐三年（1088年）进士；孙傅铣，宣和三年（1121年）进士。

江侧，熙宁六年（1073年）进士；其子江立，崇宁九年（请核，崇宁只有5年）进士；孙江锜，宣和三年进士。

（二十二）建阳地名说

莒 口 因宋朝时在今河坝村附近有莒潭，而村子又在交溪之口，故名“莒口”。宋、元2代设崇泰、崇政二里，明代保留崇政里（今茶布），分崇泰为上、下里（上里为莒口，下里为后山）。

麻 沙 有因多沙而得名之说，麻沙人或不以为然。旧为永忠里。

书 坊 顾名思义，是刻书之坊，民国初才改今名，曾名书林、黄竹岗。旧为崇化里。

黄 坑 传古有名人游此，吟诗得“叶黄满坑金”句，因取诗句中2字以为名。旧名嘉禾里。

水 吉 隋朝以前，今水吉镇所在地并非陆地，而是溪流，溪名“吉溪”，后沙土沉积成陆地，溪往西移。

旧志说："一志水积成陆之功，二怀吉溪填移巨变之迹，三忌复有水积之患，乃铭其绩，祝其祥，隐其害，故名'水吉'。"旧属瓯宁县，名禾供里（今水吉镇还包含禾吉里在内）。

漳　墩　传宋朝时有章姓来此开基，以姓命名为"章墩"，后叶姓迁人，口齿日众，到清代时叶姓要改为"叶墩"。章姓不服，告到官府，官府欲示公平，改为"樟墩"，意为章姓一半，叶姓也一半（叶字繁体为"葉"）。"章墩""樟墩"在旧志、谱的确都曾出现过，后不知怎么以"漳"代"樟"。"墩"亦写作"垱"。漳墩旧属瓯宁县，名紫溪里（又作"梓溪里"），因贯流其境的溪流唤紫溪而得名。

回　龙　远近传说因清乾隆皇帝游江南，至此而回而得名。传说很优美，但起名时代迟。按清同治版回龙《龙溪叶氏宗谱》载说，叶氏始祖于元朝初年定居回龙，其时名叫横龙街，"前嘉靖间改号为回龙者也"。据此则明朝已有"回龙"之名，所谓"回龙"，据叶氏谱是说其岭状如回环盘曲之龙。旧时属瓯宁县禾供里，部分村子禾吉里。

小　湖　小湖村下数里有壶山，因古时传有仙人壶公与费长房曾游此山而得名，遂将地名叫"小壶"，别名"壶山"。又南浦溪流经小湖地段，溪面颇阔，两岸平坦；但其下游有双门峡，狭小似闸，每逢大水季节，水泄不通，潴而为湖，故名小湖。古代两名并用。旧属瓯宁县禾义里。

童　游　"童游"之典很出名，不录。宋、元两代叫"同游里"，明代之后才叫"童游里"。

将　口　古名榆溪，传南宋时有一张将军，镇守边关，抵御外敌。后在1次战斗中阵亡，临死时为免遗体落于敌手，嘱托部下割下他的首级带走。他的部下依嘱带将军首级南行，走到榆溪正北高坡处，见张将军首级口流唾沫，认为是将军指示葬处，便就地安葬将军首级。朝廷得悉，封将军为东平王，在将军埋头处建祠纪念他，并将榆溪改名为将口。宋、元2代属崇文里，明、清分崇文为上、下两里，将口属崇文下里。

崇　雒　因境内地势："洪山为屏障，洛水为隘口。"似是从"洪""洛"二字音转而来。宋、元属崇洛里、三衢里，明洪武十四年（1381年）将崇洛、东田、崇仁三里合并为洛田里，明末清初称雒田里。

徐　市　原名徐墩街，后因建瓯有徐墩街，建阳也有徐墩，故改。宋、元时称招贤里，明洪武十四年改称兴贤里，后又分兴上、兴中、兴下三里。

考　亭　考亭得名有两说：一据建阳《陈氏宗谱》载说，陈氏四世祖陈盛，官建州刺史，卒葬建阳三桂里水东，御赐号广寒先生。其长子陈望在对岸盖一亭，匾名"望考亭"。一说五代黄子稜葬其父于黄华山，在今考亭月山（即今朱子祠所在地）建一亭叫望考亭。黄氏之亭名好解，即远望亡父丘墓之亭；陈氏之亭可理解为"陈望纪念亡父之亭"。不知孰是。不过因黄子稜有诗吟建阳山水而出名，后人多知黄氏望考亭，而少人知陈氏望考亭。

南林村　一般认为是因为古时其村南面有一片茂密的树林，所以村子叫"南林"。按建阳《王氏宗谱》载说五代南唐发兵灭在今建瓯建立的王氏"殷"政权，王氏一小儿叫王极的，在家人掩护下逃到建阳柟林，为建阳王氏的开基祖先。"柟"是"楠"的异体字，或"南林"原叫"楠林"？聊备一说。

（二十三）建阳茶业

历　史　专家以为建阳在晚唐开始生产、出售茶叶。已故闽史专家朱维干在《福建史稿》中引宋初学者陶谷《清异录》说："南唐时即有建阳茶局之设，命名曰'玉茸轩'。"宋朝宋子安的《东溪试茶录》载说："旧记建安郡官焙三十有八，自南唐岁率六县民采造，大为民间所苦。"现今福建史学界权威徐晓望先生说这"六县"为建安、浦城、松溪、邵武、建阳、将乐。可见建阳在南唐已参与建安郡官焙的生产、制作。另 据北宋任福建转运使丁谓的记载，北宋初期，建安有"官、私诸焙千三百三十六"，上文已言闽北六县（包括建阳）百姓参与建安郡的制茶生产，则当时私焙范围甚广，应包括建阳在内。又东峰凤凰山八十字石刻中有"北幽湖"之记，原省图馆长指出"幽湖"应是"小湖"，则当时建阳东部的小湖、水吉诸乡镇（时属瓯宁县）的茶叶生产、制作、销售应具相当规模。

水仙茶　清道光初年（1821年），建阳东片的小湖乡（时属瓯宁县）大湖村发现、培植茶叶新品种——水仙茶。姑录民国《建瓯县志》的记述如下："水仙茶出禾义里（今小湖镇）大湖之大山坪。其地有岩叉山，山上有祝桃仙洞。西乾厂某甲，业茶，樵采于山，偶到洞前，得一木似茶而香，遂移栽园中。及长采下，用造茶法制之，果奇香为诸茶冠。但开花不结子。初用插木法，所传甚难。后因墙倾，将茶压倒发根，始悟压茶之法，获大发达。流通各县。而西乾厂之母茶至今犹存，固一奇也。”民国《瓯宁县志》亦有相近的记载。

大湖水仙茶的产销在清末至抗战前，一度十分繁荣。《建瓯县志》又载说：“……出产以大湖为最，而近今大湖牌号数十，推黄荣茂为第一。”黄荣茂茶庄的老板名叫黄秉镛，大湖人，是民国时期闽北有名的茶商，民国 15 年（1926 年），其茶行所产水仙茶获茶赛第一名，福建省省长萨镇冰亲书“武彝春色”匾为赠，以表彰他对发展茶业的贡献。

香港茶商在水吉、大湖所设茶庄达数 10 家，其牌号可考的见于《水吉镇志》《小湖镇志》，今大湖黄姓某家尚存其祖上在香港开设茶庄的堂号匾 1 块。小湖后潭有刘姓某解放前曾到中东、欧洲做茶业生意。

三、补阙

（一）艺文

建阳县二首

宋·刘弇

其一

东瓯消沉故王日，俗号剽轻如故实。
挟策不数应门儿，雅尚儒人邹鲁匹。
顷来官长稍自安，市里颇闻浮诉窒。
陈侯健者吾故人，坐致岂康得无术。

其二

细民趁商市日高，红女机杼仍分曹。
双桥卧虹上下水，石脊瘦龙狂斗牢。
穑登尔场俗丰乐，匹马北客方滔滔。
转将身挂利名网，掷此故岁如腾猱。

白塔山龙济道院

明·傅汝舟

岧嶤十八折，秋雨病中来。
塔院低云入，炉烟杂雾回。
镜灯明懺斗，龙井动惊雷。
俯弄唐来木，全生见不材。

十月十六日同器远晚步童游桥

宋·韩淲

其一

濯锦江头水自清，行人多少望桥行。
桥中不识桥边景，桥下莫知桥上情。

其二

濯锦江头小佛庐，二三良友亦同居。

僧敲暮鼓朝钟处，舒卷一编贤圣书。

赵履常入建阳

宋·韩淲

其一

文行士所贵，世或鲜知道。道通天地人，斯足为我宝。

文高多外驰，行实徒自保。意诚而动化，岂不在深造。

其间有径庭，一一宜探讨。探讨自得之，乐哉可忘老。

其二（宋·韩淲）

俗眼无特见，多以形似非。波流一荡靡，莽然浑无依。

岂不有天才，又思众所讥。蹉跎度岁月，竟作浅陋归。

随世得富贵，事业徒纤微。伟哉六经书，圣贤所发挥。

徐仁甫建阳一别忽已二十五六年见过惘然次韵道院池上所作

宋·韩淲

逃暑身何寄，池荷竹院间。

交朋如玉洁，名字饮冰闲。

吹雨余毫发，鸣泉落佩环。

长年葑村路，往日考亭山。

寿宋通判

宋·祝穆

自有东阳，锦水山城，几千百年。记往时仅说，拥麾刻郡，而今创见，持橐甘泉。地脉方兴，天荒欲破，还为盐梅生钜贤。清和候，正风熏日永，作地行仙。

题舆小驻樵川，常只恐祖生先着鞭。算谁从井落，重新疆理，谁从襄岘，一洗腥膻。幕府归来，未应袖手，行有诏书来九天。勋名就，使吾乡夸诧，盛事流传。

注：宋通判，即宋慈。嘉熙年间（1237—1240年），宋慈在邵武任通判，摄职知军，祝穆写诗贺寿。

次韵马惟良亦乐园

宋·周必大

满腹诗书却灌园，固应浩养百忧宽。

竹林松径长萧爽，柳色花光自际蟠。
贡焙延僧春泛雪，乡醪醉客夜倾丹。
当年悔不分银菟，空把新诗反复观。
注：马惟良，字少张，建阳人。

次韵寄题马少张致政亦乐园

宋·杨万里

亦乐园将独乐园，两园谁窄复谁宽？
似闻闾里溪深处，下有蛟龙水底蟠。
黄帽已捐苍玉佩，朱颜不借紫金丹。
刺桐花发梅花落，安得乘风去一观。

和亦乐园韵

宋·朱熹

莫笑君家五亩园，要须胸次亦平宽。
坐间花柳阴初合，望外山河势若蟠。
把酒尽夸双鬓绿，击鲜争见两轮丹。
邻翁未到心先识，更喜诗筒得细观。

次韵寄题建阳马氏亦乐园

宋·刘克庄

匹如迂叟洛中园，花竹依稀五亩宽。
梧树参天栖凤集，桧根入地蛰龙蟠。
翁求真乐希颜子，世着清名慕郈丹。
身是双溪前令尹，胜游蹉过不曾观。

次韵题马氏亦乐园集

宋·林希逸

何处君家亦乐园，遥知眼界与天宽。
年时料得群花好，岁晚秪留老树蟠。
佳客酒中吟李白，主人林下见韦丹。
事随鸿去今如梦，却有赓酬集可观。

寄题建阳马氏晚香堂

宋·刘克庄

自锄空旷汲潺湲，占断清溪第几湾。
傍九日开侵岁晏，居千花殿觉天悭。
飡英饮露平生事，遗臭流芳一念间。
菊不负君君负菊，年年秋不在家山。

菊先生传

宋·马揖（建阳人）

先生名蘜（即菊），字华，其先为甘氏祖，曰节华，佐神农著《本草》，书成，帝用嘉之，乃命竹史差次其功，封以沃土，位在上品之上。既而归隐于南阳潭之山谷，世济其美，人多寿考。黄帝嗣兴，有土德瑞，色尚黄，数用九，帝曰："世有大功于民，就锡汝以南阳之土，赐姓黄氏，世世相承。"以九月九受封之日为先生寿，名曰"嘉节"。

先生明德惟馨，操履贞介，耻与庶类竞逐繁华，雅志清高，务坚晚节，虽青女横陈而正色不变，王公贵人慕其风味争相迎致，然气类不相合，则虽强留纳交而先生终不屑意，惟田园守拙之士、岩谷隐逸之人，事之惟谨，即与倾盖定盟，杯酒不相舍……先生虽潜德不耀，然吕令之正四时，成周王后服饰之用，先生与有力焉。所知己者，楚有灵均，晋有渊明，本朝有韩稚圭，皆与结好，为平生欢。近时番禺崔公，宁辞相印不拜，自号菊坡，而甘心相与徜徉于其所。其见贵重于世如此，若昔陶隐居、陆天随诸子升堂矣，而未入于室也。每岁九日，上自宫掖，下至闾巷，各称丰俭，为先生寿。白衣送酒，汉宫开酿，太官赐糕，或献茱囊，或荐蓬饵，或烹桑苎之茶，皆为先生之侣也。且贵为天子，如唐德宗，亦作为歌诗以庆之。至于醉卧篱东，反□篱西，此又各随所寓而称寿者也。其本支百世子孙，千亿散而之四方者，不知其几。若夫族类，大略则有范成大诸家之谱在兹不复录。

跋建阳马揖《菊谱》

宋·刘克庄

菊之名，著于周官，咏于诗骚。植物中可方兰桂，人中惟灵均、渊明似之。后汉胡广贵寿，偶然尔乃，托菊水以自神，粪土之评万古不磨。呜呼！非广之辱，菊之辱也。至忠献韩公始有晚香之句，脍炙人口。近有番禺崔公辞相印不拜，自号菊坡，俱为本朝佳话。呜呼！非二公之荣，菊之荣也。建阳马君，谱菊得百种，各为之咏，其嗜好清绝可喜，亦幸君未为人爵所縻，林下趣专获与菊相周旋，如此未知君他日官达将为伯始（胡广，字伯始）乎？抑为韩为崔乎？将以荣是菊乎？抑以辱为君乎？君其谨之，慎勿以菊以遗憾。

题丘攀桂《月林图》

宋·刘克庄

余为建阳令三年，邑中士大夫家水竹园池皆尝游历，去之二十余年，犹仿佛能记忆其处。丘君月林之胜，则未之睹也。图以示余，且抄时人题咏一帙偕来。夫题品泉石，摸写景物，惟实故切，惟切故奇，若耳目之所不接，想象为之，虽有李杜之妙思，未免近于庄列之寓言矣。余既退老，无复四方之役，深以不获往游为恨，君名攀桂，方有志于科举，窃意其亦未能擅此一壑也，姑书其图后而归之。

宋咸淳二年（1266）六月福建转运使司录白

据祝太傅宅干人吴吉状称：本宅先隐士私编《事文类聚》《方舆胜览》《四六妙语》，本官思院续编《朱子四书附录》，进呈御览，并行于世，家有其书，乃是一生灯窗辛勤所就，非其它剽窃编类者比。当来累经两浙转运使司浙东提举司给榜，禁戢翻刊。近日书市有一等嗜利之徒，不能自出己见编辑，专一翻板。窃恐或改换名目，或节略文字，有误学士大夫披阅，实为利害。照得雕书，合经使台申明，状乞给榜下麻沙书坊长平、熊屯刊书籍等处，张挂晓示。仍乞帖嘉禾县（建阳）严责知委。如有此色，容本宅陈告，追人毁板，断治施行。庶杜翻刊之患。奉运使判府节制，待制修史中书侍郎台判给榜。须至晓示。右今榜麻沙书坊张挂晓示，各仰通知，毋至违犯，故榜。咸淳二年六月 日。使台押。

说明：这是出版史上最早的版权保护文告，据考证，这比《不列颠百科全书》认为“著作权的原始形式发生于15世纪后期”早了200多年。

水仙说

宋·刘学箕

予酷爱水仙花，以金华仙伯所赋八句隐括作《浣沙溪》，词云：“水上轻盈步月明，凌波仙子袜生尘，是谁招此断肠魂？种作寒花愁绝意，含香艳素欲倾城，并芳难弟与难兄。”对花把酒，歌之无斁，此花最难种，多不着花，惟建阳园户植之得宜，若葱若薤，绵亘畴陌，含香艳素，想其风味恨不醉卧花边。昨令健步买百十丛而来，空手以返，再三诘责，但云有金琖（即“盏”）银台而无水仙花，其欺侮固不在言，然政惮于赍擎姑藉为辞耳，殊不知水仙花即世人所谓金琖银台者是也，俗子败思，每每如斯，世事欺凌，比比皆是，岂独水仙花？笔之说，似佳客。

萧屯访致中

宋·刘子翚

晓色阴晴久未开，乱山何处是萧屯？
荒荒日转渔樵路，霭霭烟生桑柘村。
胜地逢春聊驻马，主人好客为开樽。
平生梦想归田乐，正喜吾侪得践言。

致中惠瓜因成二绝句

宋·刘子翚

其一

故人夙有瓜畦约，走送筠篮百里间。

翠甋琼罂才一握，极知风味胜黄斑。

其二

蔗浆溜溜香浮玉，苏米沉沉色弄金。
那似甘瓜能破渴，一盘霜雪沍清襟。

致中惠瓜

宋・刘子翚

瓜畴暑雨乱花飞，美质蠲烦喜及时。
苏并�香发越，金刀玉手翠离披。
侯家昔见连阡盛，贾肆徒夸厚貌奇。
珍重故人多少意，临风宛若对冰姿。

谢致中瓜二首

宋・刘子翚

其一

万言不直一杯水，才似谪仙良可嗟。
顾我小诗偏发市，年年博得萧屯瓜。

其二

病翁痴绝端可笑，文墨骫骳谁得称。
故人分甘聊尔耳，更向诗流说我能。

刘致中惠瓜

宋・刘子翚

炎熇气如焚，块坐惟兀兀。
刘侯惠甘瓜，胸次泻溟渤。
丰肤素浪浮，翠理霜刀劀。
因思少年时，窥园步清樾。
百金酬地主，熟蒂香可揭。
鄙怀须一快，聊效野人龁。
种瓜虽贱工，爱护渠敢忽。
薅芸治其烦。灌溉滋其竭。
自然子母繁。翠蔓相连结。
种瓜诚有道，养民岂无术。
噫余夙昔知，此意未及物。

有怀十首其一

宋·刘子翚

山空坠石咽寒溪，雨湿浮云晚更低。
不见萧屯刘处士，年年清梦绕瓜畦。

附：陆深撰的《豫章漫抄》中有这一幕：

予晚岁谪延平北归，宿建阳公馆，时薛宗铠作令，与小酌堂后轩。是岁闽中大雪，四山皓白，而芭蕉一株，横映粉墙，盛开红花，名美人蕉。世称王维雪蕉画为奇格，而不知冒雪看花，乃实境也。

嘉禾县图经序

宋·刘克庄

古书有九邱序言者，曰邱聚也，言土地所宜，风气所生，皆聚焉。至周更名职方氏，序又曰孔氏述职方以除九邱，是倚相之所读者。孔氏既除之矣。然考之夏官，职方氏所掌，大而邦国都鄙，微而财用谷蓄，悉图而辨之，则犹邱聚之义。后世图经本此。双溪建〈岩〉（岩字衍文）邑山明水秀，茶笋妙天下。南渡后明臣巨儒接踵奋兴是邑，殆如鲁之洙泗，吾宋之关洛。文物大备，惟县志无所考，非阙典欤？曩余为宰于斯，得刘溪翁《图经》手稿甚详密，欲纂辑不果。后见《建安新志》多采于溪翁，盖郡人知有溪翁之书，而邑人反不知，岂非余之愧哉！其后邑趋于坏，金华赵君与膺实来，未几而僵者植，蛊者饰。余南归，假及于县道，士民举长官不客口，他人敝精力，应酬薄书期会不给，君乃有余暇及于《县志》，请余序之。噫！当余之时，力犹可为而余不克为，君承不可为之后而谈笑为之，得无重余之愧哉！然邑之城郭都鄙，士风物产，远则故老之记闻，近则县名之更改，与夫名公巨儒之言行，大家世族之原委，开卷瞭然矣。初，君之先大君子讳希仅尝绾铜墨，清而刚，有百十年之思。去三年而余继之，余去三纪而君继之。回思拙政，前不及君先君子，后不及君，因序此书，聊识余愧。溪翁名某字叔通。

诗四首

清·江湜

彭表文重整考亭书院，檄学官为之师，筹其经费甚备，将贤者之后得以一力于学，湜与观成，赋诗四首

其一

东周开圣学，南宋继儒风。
邑以徽公著，名将阙里同。
唐人先垄没，陈氏画屏空。
巍焕看祠宇，当年一亩宫。

其二

书院何年筑，远怀刘克庄。
庭中虚讲席，室右尚经床。
使节新来谒，深衣俨在堂。

慨然兴学意，于道有辉光。

其三

盂县昌黎裔，庐陵永叔孙。
自来贤者后，历世大其门。
朱氏源虽远，儒宗泽尚存。
况今承教育，弦诵遍山村。

其四

奉席亲师范，先时颇未能。
耕春多绿野，课夜少青灯。
文史今争习，门材会勃兴。
何当传绝业，贤域是攀登。

建阳诗

清·江湜

道瓯宁西行数十里，入建阳界，道旁流水，为硐，为峡，为泉瀑，汇而为长溪百折，于乱山回互时，或隐或见，溪声常若在耳。至建阳郭外，山忽开列，溪亦弥畅，环绕若城之外壕然。因待渡，上石壁眺望，置身既高，溪山之胜，靡不呈献。余穷于世，而客游富揽山水，又能镌琢文字以自娱弄，殆亦造物之厚我也。

溪声从东来，送我登山冈。
山穷路回复，复见溪苍茫。
面山建阳城，楼角明斜阳。
溪船渡我处，浑欲身世忘。

马岚驿处得溪桥散步以诗闲遣

清·江湜

此境如相识，多曾画上看。
溪桥跨绝岸，云木何层峦。
背寺僧孤往，依林鸟独盘。
忘怀闲送目，仍作画图观。

宿马岚驿舍

清·江湜

梦魂顷已到家中，窗背灯还弄小红。
一夜树声吹不尽，马岚驿处进溪风。

（二）丛谈

堂上金紫人

明·朱国祯

建阳豪民吴璋，以财横乡曲，亲疏甚惮之。每坐堂上，无敢过其前，必窥伺不在，方敢入。弟十九郎，因窥隙，见金紫人向堂立，后有服朱绿数人，少长俨立，惊异之。疾走入门，乃无所睹，私喜为家庆。未几，璋以不法，为邑丞所治，至窜流远方，弟亦连坐，黥徙袁州，家赀皆籍没。刘侍郎岑，买其室居，缘是为请袁守，免其弟归，因得服役门下。适刘当岁除享祀，偶于壁隙窥之，金朱绿袍，恍然曩日所见者，始以语人。

张德昭

宋·洪迈

建阳人张德昭，老于进士，以特恩补官，得伤寒疾，为黄衣人持符逮去。至幽府，抗声廷下曰：追到建州张德昭。王者怒曰：命尔追某州孔昭德，今误何也。付吏治其罪，命张还。张恳曰：业儒白首矣，仅得一官，今日获至此，欲一知寿禄几何，幸哀许之。主者曰：天机理不容泄，寿数难言也。又拜乞官禄所至，则沉思移时，如阅籍者，曰：位至作邑。张遂出，逢一婢于途，问所以来，曰：到此已数日，家中并无恙。乃前行，抵深谷边，足跌而寤，问其家，始知此婢相继死，才一日耳。张益愈，访刘彦冲子翚于崇安山中，以事告，曰：老矣，讵复荣望，今下摄承簿尉，果若所言，得宰一邑，犹须十年间。□自喜也，是岁调补汀之清流尉，至官逾岁，会县令罢去，暂摄其治，遂亡，距入冥时仅三年。刘□甫说。《夷坚丁志》

四眼狗

宋·洪迈

建阳黄德琬，买一犬纯黑，而眉下两点白如眼然，因呼为四眼。居三岁，田仆陈六来告曰，宅主众犬，屡啮杀羊。验之而信，家凡六犬，命悉击杀之，勿令遗类，以相教习。五犬死，独四眼佚去，过两夕，来梦于黄妻云：官欲尽杀犬，我实无罪，平生不咬羊，只在后门夜守贼，愿免一死。妻言之于黄，明日再究诘，果不与同类混迹，心欲贷之，已复归矣，自是真宿后墙下，又七年尚存。

师逸来生债

宋·洪迈

建阳医僧师逸，好负债，尝从县吏刘和，借钱十千，累取不肯偿。刘愤曰：放尔来生债。自是绝口不言，后五岁，逸死，又二岁，刘之母梦其来，如平常，俯而言曰：昔欠录公钱十贯，今日谨奉还。遂去，母觉而告刘，此何祥也，拂旦，田仆来报昨夕三更白牸生犊。

张一偿债

宋·洪迈

建阳乡民张一，贷熊四郎钱两千，子本倍之，经年不肯偿，熊督索倦矣，好与言曰，无复较息，但求本钱可乎。张愧谢，稍以与之，竟负元数八百，熊亦不复取。三年而张卒，卒之四年，熊梦张以八百钱来偿，置地上，皆小钱，留与坐，啜茶乃去，觉而与妻说方竟，一仆叩门曰：牛生犊甚大，急欲酒作福。熊喜甚，仅再旬，犊不疾辄死，邻屠来就买，熊需两千，屠笑曰：是有何所直，剥而尽货，岂不及此数，但有鬻牛之名，当先以酒及杯羹啖里正，又以饷四邻，乃取其赢，今唯有八百钱，幸见付，否则已耳，解腰间囊掷于地，正张生梦中所偿处，俨然小钱也。熊方悟前事，亟与之。

陈才辅

宋·洪迈

建炎末。建贼范汝为、叶铁、叶亮作乱。建阳士人陈才辅集乡兵杀叶铁父母妻子。贼猖獗益甚。绍兴元年，遂据郡城。朝廷命提举詹时升、奉使谢向同招安。群盗皆听命，独叶铁不肯。曰：必报陈才辅，乃可出。詹为立重赏，擒获以畀之。铁选三十辈监守人，与钱一千，戒之甚至，曰：失去则皆斩。欲明日邀使者及诸酋，高会而甘心焉。监者以巨索缚陈脚，倒垂梁闲，大竹篾拳其手，剑戟成林，相近尺许，臿一刀甚利。至二更，众皆醉。陈默祷曰：才辅本心忠孝，为国为民，老母在堂，岂当身受屠害？若神明有知，愿使此曹熟睡，刀自近前，为破索出手，使得脱去。良久，刀果自前，如神物推拥，陈以掌就断其篾。两手既释，稍扳援割截，系缚尽断，遂握刀趋门。一人睡中问谁开门。应曰我。其人不知为陈也。曰不要失却贼。陈曰如此执缚何足虑。及出门，已三鼓。行穿后巷约一里，闻彼处喧呼曰：走了贼。陈益窘，顾路旁坎下，篁竹蒙翳，急藏其间。而千炬齐发，搜寻殆遍，坎中亦下枪刃百十，偶无所伤。诸人言必归建阳，或向剑浦，宜分诣两道把截。陈不敢择径路，但屈曲穿林莽中。明日，抵福州古田境，卖所持刀，得钱买饭，直趍泉州，就其姊婿黄秀才。逾八日，而十卒持詹君帖至，复成擒。陈知不免，亟自碎鼻，以血污身，佯若且死，十卒自相尤曰：奈何便至此。扛置邸中，真以为困悴，不复防闲。又三日，黄生来视，适茶商置酒，招黄及十人者。商家相去稍远，唯七人往赴，留三人护守，陈又默祷如曩时。三人皆饮所饷酒亦醉，买菜作羹，一坐房前，一吹火灶间，一洗菜水畔。陈乘间携棍棒挥击即死，南走漳州，竟得脱。明年，韩蕲王平贼，陈用前功得官。

陈元舆

宋·洪迈

陈元舆轩侍郎，建阳人，原名某。未第前，梦经两高门，各有金书额，若寺观然，一曰左丞陈轩，一曰右丞黄履。既觉，即改名。以嘉祐八年第二人登科，履真至右丞，而陈但龙图阁直学士，暮年谓诸子曰：吾白屋起家，平生不作欺心事，今位不副梦，尝思其由，昔年守杭州日，寄居达官盛怒一老兵，执送府，欲杖之，而此兵年余七十，法不应杖，吾既听赎，而达官折简来相诮，不获已复呼入，其家人罗拜泣请曰，若杖必死，吾不听，亟命行决，果死于杖下，舆尸而出，至今二十年，吾未尝不追以自咎也，违法徇情，杀人招谴，宜其不登大位，汝等宜戒之。方陈梦时，左右丞乃寄禄官，其后始以为执政，盖幽冥中已知之矣。

高氏饥虫

宋・洪迈

从政郎陈朴，建阳人，母高氏，年六十余，得饥疾，每作时如虫啮心，即急索食，食罢乃解，如是三四年。畜一猫甚大，极爱之，常置于旁，猫娇呼，则取鱼肉和饭以饲。建炎三年夏夜，露坐纳凉，猫适叫，命取鹿脯自嚼而啖猫，至于再，觉一物上触喉间，引手探得之，如拇指大，坠于地，唤烛照其物凝然，头尖匾类塌沙鱼，身如虾，壳长八寸，渐大侔两指，其中盈实，刮之，肠肚亦与鱼同，有八子，胎生蠕蠕若小鳅，人皆莫能识为何物，盖闻脯香而出也。高氏疾即愈。

翁吉师

宋・洪迈

崇安县有巫翁吉师者，事神著验，村民趋向籍籍。绍兴辛巳九月旦，正为人祈祷，忽作神言曰：吾当远出，无得辄与人问事治病，翁家覙诉曰：累世持神力为生，香火敬事，不敢怠，不知何以见舍。再三致叩，乃云：番贼南来，上天遍命天下城隍社庙，各将所部兵马防江，吾故当往。曰：几时可归？曰：未可期，恐在冬至前后。自是影响绝息，尝有富室病，力邀翁，严洁祭祷，掷珓百通，讫不下，至十二月旦，复附语曰：已杀却番王，诸路神祇尽放遣矣。即日灵响如初。

陈墓杉木

宋・洪迈

建阳民陈普，祖墓傍杉一株甚大。绍兴壬申岁，陈族十二房，共以鬻于里人王一，评价十三千，约次日祠墓伐木。是夜普梦白须翁数人云：主此木三百八十年，当与黄察院作椁，安得便伐。普曰：谁为黄察院？曰：招贤里黄知府也。普曰：渠今居信州，岂必来此？翁曰：汝若不信，必生官灾，况我辈守护历载，虽欲卖必不成。普觉而语其妻，妻曰：只为此树，常遭孙侄怒骂，切勿妄言。明日，王一携钱酒及鹅鸭来祀冢罢，与众聚饮于普家，饮毕，人分钱千有八十，尚余四十钱，普取之，曰：当以偿我薪直。一侄素凶狠，夺而撒于地。普怒殴之，至折其足。王一犹未去，惧必兴讼，不复买木。但从诸人索钱，四人不肯还，又相殴，遂诣邑列诉。初诸陈各有田三二十亩，因是荡焉，或窜徙它县。后五年，黄察院卒于信州，其子德琬买椁未得，访求于故里，有以陈杉来言，云愿鬻已久，因校四十岁，数房荡析，恐不能遽合尔，试遣营之，则三日之前，在外者适还，是时已成十六家，各与千钱，皆喜而来就，竟仆以为椁。普方话昔年梦，琬细视木理，恰三百八十余晕云，察院名达如。

茶　山

清・陈盛韶

建阳山多田少，荒山无粮，以历来管业者为之主。近多租与江西人开垦种茶。其租息颇廉，其产殖颇肥。春二月，突添江右人数十万，通衢、市集、饭店、渡口，有毂击肩摩之势，而米价亦顿昂。利之所在，害亦因之，不可不辨也。

茶讼

清·陈盛韶

建阳山下出泉，在谷满谷，向不畏旱。近因开垦，山不停注，溪流易竭，竟有十日无雨则无禾之势。且大雨时行，沙土湔腾而下，膏腴变为石田。五谷不生，空负虚粮，故山农与平地农动成斗殴，酿为讼端，几以养人者害人。惟山近溪河，谕令沿山存脚开沟，方准垦种，庶几两全。

江湖

清·陈盛韶

宸前与瓯宁交界，黄金铺与崇安交界，北雒与邵武交界，南槎与顺昌交界。而南台一带，崇、阳杂处，出此入彼，匪类易生。数年来有平头会、双刀会名色，近皆敛迹。惟窃贼称江湖者尚多，虽剪绺小模，亦必拜江湖为师，然后敢动。贼中老手，其徒数十人，到案供出拜某为师，似疑为巨案，不知其常也。如无师者，尚是一时偶然为之，举足辄蹶耳。闻官讯贼，亦须究师门。

花会

清·陈盛韶

漳泉流害，上四府花会其尤也。赌博人尚少，花会合富贵贫贱，内外老少，一网打尽。邑令会营严拿，动费多金，且垤皇餍动，密响潜通。兵差迫近，彼火其茅厂而去；兵差甫退，彼率其伴侣而来。其法宜责重山主，而山主有二：一为所霸踞者；一贪其重租先行报官卸罪者。山主固宜严禁，尤不如联首率同地方不许滥租为得。

使琉球记（节录）

清·李鼎元

嘉庆四年（1799）闰四月朔日（癸丑），晴。行五十里，马岚，食。传舍临江，轩豁而清幽；地属瓯宁县，与建阳县地方犬牙相错。又四十五里，过石陂玉塔岭，沿乱石、大溪等滩，至营头驿，宿——旧名水吉镇驿，属瓯宁；食供建阳，大有“东家食而西家宿”意。馆后有小轩，近墙植凤尾竹，有鱼盎二，阶前茉莉二盆，香树两株，点缀俱幽。鸟语蝶情，啾啾栩栩，心神为之一清。

初二日（甲寅），晴。行四十里，七姑店，食。馆介两山间，亭依树荫，杯中时有云影往来，亦大佳境。又四十里，宿建阳县建溪驿。驿舍俯临清溪，平眺远岫，极轩敞。上游造舟为梁度人，历历如画。所经传舍，此景为最。县令赵君庭翰来谒——皂塘丁酉同年，问知朱文公祠在城西五十里，未得谒。

初三日（乙卯），晴。行四十里，震前；食——疑即盖竹镇。名震前者，县南有郑滩，或传写误耳。又四十里，过叶坊驿，小憩——本前明旧驿。有吉阳溪，自驿口流入西溪，溪水较大。又四十里，宿建宁府之瓯宁县城西驿，坐船从人夜半先至——驿在建溪南岸覆船山下。府治在溪北，束水襟山，为全闽屏藩；亦东南胜地也。附郭为建安、瓯宁二县，建令刘君为皂塘甲辰同年、瓯令欧阳君为余庚寅同年；与商舟行事，皆以险辞。

明骗贩猪

明·张应俞

福建建阳人邓招宝者，常以挑贩为生。一日，贩小猪四只，往崇安、大安去卖。行至马安岭上，遇一棍问他买猪。宝意此山径僻冷，无人往来，人家又远，何此人在路上买猪？疑之，因问其何住。棍曰：“既前马安也。”宝曰：“既要买，我同你家去。”棍曰：“我要往县。你拿出与我看，若合吾意，议定价方好回家秤银；不然，恐阻程途矣。”此棍言之近理，宝即然之，遂拿一猪与看。棍接过手，拿住猪尾放地上细看，乃故放手，致猪便走。佯作惊恐状曰：“差矣，差矣！”即忙赶捉——不知赶之正驱之也。宝见猪远走，猛心奔前追捉，岂知已堕其术也。棍见宝赶猪，约离笼二三百步，即旋于笼内拿一猪在手，又踢倒二笼，猪俱逃出，大声曰：“多谢你！慢慢寻！”宝欲赶棍，三猪出笼逃走，恐因此而失彼；况棍走远难追，但咒骂一场。幸得三猪成聚，收拾入笼，抱恨而去。

吾观棍之脱猪也，一邂逅相逢之顷，贼念即生，乃以诡言相哄，致宝深信，所谓“君子可欺以其方”者也。乃始也放猪佯逐，以误其远赶之于前；继也擒猪踢笼，以制其不赶之于后：使人明堕其术而不自知。仓卒装套，抑何谲也！商者鉴之！勿谓暗机隐械，宜为慎防；即明圈显套，尤当加谨。

自邵武之建阳

明·王世懋

自邵武之建阳，非孔道也，然所过六十里间，是闽西最佳丽地。原隰夷衍，竹树田畴，丰美饶裕，墟落相望，烟火不绝，夹溪面衡，人家时有数百。于时二月将尽，踯躅始放，梨花未残，海棠、金爵，尽以樊圃；山花野卉，多不可名。真令人应接不暇！

梁艺圃

清·梁恭辰

黄明经（文贞）曰：建阳梁艺圃，家本素封而好施与，遇人急难，辄赀助之。每年腊底，取数百碎金分为小封，见贫苦人路过者，潜投路旁，欲令拾去。有廉介不苟取者，遂于黑夜阴置其门下，务使穷人普得之而后慰。年六十余，苦无子，谒梦于佛寺，梦一马生二角。及觉，愀然曰：“马头生角，其必无之兆乎？”以告友，友曰：“马长角，冯字也，姑俟之。”后得子，娶妇，适冯氏女，得五丈夫子，遂开大族。今子孙蕃衍，且贤贵，世其家不替云。

麻沙书板

清·梁章钜

麻沙书籍，前代盛行。宣德四年，衍圣公孔彦缙欲遣人以钞往福建市书，虑远行，不敢擅咨，礼部尚书胡濙以闻，许之，并令有司依时值为买纸，摹印工力，亦官给之。即此可见吾闽书板之富，有他省所不及者。弘治十二年，吏科给事中许天锡言：”今年阙里孔庙灾，迩者福建建阳县书坊被火，古今书板，荡为灰烬。上天示戒，必于道所从出，文所萃聚之地，乞禁伪学，以崇实用”云云。下礼部议，请敕巡按、提学将建阳书板大为较正。又嘉靖五年，因建阳书板字多讹谬，巡按御史杨瑞、提调学校副使邵铣疏请专设官第，于翰林春坊中遣一人往较，寻遣侍读汪佃行。此皆麻沙书坊故事，吾闽志乘罕及之。兹从礼部志稿中录出，以备续修者采择焉。

建阳二宝

清·梁章钜

黄璧庵刺史文瑄云："建阳虞氏家有二宝，其一为连环竹圈二枚，大如杯口，厚约二分，两圈连环相套。欲析为二，须藏于衣底，得暖气则分；欲合为一，亦于衣底连之。其年建阳火灾，虞氏析此圈，一执于手，一掷于空际，顷刻有光，一圈渐大如屋，遂覆所居，四围众家皆毁，虞宅无恙。旋执手中之圈，于灰中寻所掷之圈，合之如故。其一为绢本画一轴，铜盆一具。其画已霉黑，虽置极明处，亦无所见。贮水于盆，悬画于壁，俯视盆中水，则画中山水屋宇竹木悉现，牧童樵子皆能行动，纤毫毕露。"璧庵馆于虞宅，曾亲见之。璧庵笃实人，所言当不妄。余侨居浦城，距建阳百余里，尝以询其邑人，俱不能详。近璧庵亦已归里，惜卧病不能出，无由再质之。或疑此语断不可信，余谓天下奇物，未可以目所不见，决其必无。既谓之宝，自有非意计所能测者。说部中有载外岛意达里亚之罗玛城中有流觞曲水，铜铸群鸟，遇机一发，鼓翼而鸣，各具本类之声。又云西齐里亚岛有天文师名亚而几墨得者，尝遇敌驾数百艘临其岛，则铸一巨镜，映日注射敌艘，光照火发，一时烧尽。又其王造一大舶成，将下海，牛马骆驼不能运，几墨得用功法，第令王一举手，舟如山岳转动，须臾下海无阻。此自不可信。若辛弃疾南烬纪闻，载契丹主耶律延禧语二帝曰："我祖真宗在日，有百穴珠，一颗大如鸡卵，每穴有珠一颗，月圆之夕，以珠映之，其珠自穴中落下，以绛纱承之，每月可得珠百颗。又有通香木一尺，沸汤沃之，取其汁洒衣服及万木花卉屋宇间，经年不歇。人有奇疾，服之即愈。烧之降天神，香闻数百里。当契丹为金所灭，二物不知所在。"世间果有此奇物乎？然亦无以断其必无也。

索　引

要目索引

H

J

K

L

M

N

T

W

X

Y

Z

人物索引

表格索引

1994年版《建阳县志》所标断《宋经略墓志铭》勘误

1994年版《建阳县志》对南宋刘克庄所著《宋经略墓志铭》加以标断。或因所据版本传世既久，纸有风化、蠹蚀，以致出现不少断句不清的现象。本文试对其失误较大处加以勘误纠正，并据厦门图书馆藏1929年商务印书馆出版的《后村先生大全集》（赐砚堂）卷二百五十九《墓志铭》所载，对照补缺。为便于读者阅读、理解，作些注解。上为小引。

下为正文：

余为建阳令，获友其邑中豪杰①，而尤所敬爱者曰宋公惠父。时江右峒寇张甚，公奉辟书②，慷慨就道。余置酒赋诗祖饯，期之以辛公幼安、王公宣子之事。公果以才业奋历中外，当事任，立勳绩，名为世卿者垂二十载，声望与辛、王二公相吉（颉）颃焉。公殁且十年，而积善之墓未题，其孤奉左史李公昴英之状来，曰："先君交游尽矣，铭非君谁属？"

宋氏自唐文贞公传四世，由邢迁睦，又三世孙世卿丞建阳，卒官下，遂为邑人。曾大父安氏（"氏"字衍文），大父讳华，父巩，以特科路广州节度使③，赠某官；母□氏，赠□人。

公少耸秀轩豁，师事考亭高弟吴公雉，又偏参杨公方，黄公榦，李公方子，二蔡公渊、沉，孜孜论质，益贯通融液。暨入太学，西山真公德秀衡其文，见（其文）谓有源流出肺腑，公因受学其门。丁丑，南宫奏赋第三，中乙科。调鄞（即鄞县，今并入宁波市）尉，朱（"未"之误）上（上任），丁外艰。再调信丰（赣州属县）簿。帅郑公性之罗致之幕，多所裨益。

秩满。南安④境内三峒首祸，毁两县二寨，环雄⑤、赣、南安三郡，数百里皆为盗区。臬司叶宰惩前招安，决意剿除，创节制司，准遣阙辟公⑥。时副都统陈世雄拥军兵不进，公亟趋山前，先赈六堡饥民，使不从乱。乃提兵三百，倡率隅总（不解，文字或有缺略），破石门寨，俘其酋首。世雄耻之，逼戏下，轻进，贼投覆诱之，兵将官死者十有二人，世雄走赣。贼得势，三路⑦震动。公欲用前赈六堡之策，白臬使，数移文仓司，魏仓大有置之不问⑧，闻公主议，衔之。公率义丁力战，破高平寨，擒谢宝崇，降大胜峒⑨曾志，皆渠魁也。三峒平，幕府上功，特授舍人官。臬去(10)，仓揖挟忿庭辱，公不屈摺（折），拂衣而去，语人曰；"斯人忍而愎，必召变。"魏怒，劾至再三，不旋踵魏为卒朱先所戕。

闽盗起，诏擢陈公韡为招捕使，陈公用真公言，檄公与李君华同议军事。主将王祖忠意公书生，谩与约，分路克日会老虎寨。王、李全师从明溪柳杨(11)，公提孤军从竹洲，且行且战三百余里，卒如期会寨下。王惊曰："君智勇过武将矣！"军事多咨访。时凶渠猾酋，犄角来援，护军、主帅矛盾不咸（即不和）。公外攘郃，内调奸娱，先计后战，所向克捷，直趋招贤、招德，擒王朝茂——破邵武者也，杀严潮，降王从甫，与李君入潭州飞漈，百年巢穴一空；唯大酋丘文通挟谋主吴叔夏、刘谦子窜入石城之平固。公与偏将李大声疾驰平固，执文通、叔夏、谦子以归。昭德贼酋余友文谋中道掩夺，并俘友文以归，大盗无漏网者。先是魏劾疏下，陈公奏雪前诬，复元（原）秩。

汀卒囚陈守孝严（陈孝严是汀州知州，被汀州叛卒关起来），婴城负固，陈公檄公与李君图之。既至，先设备，密写抚定旗榜，公与李君坐堂下，引郡卒支犒（来领犒劳费），卒皆挟刃入，李公（君。李华位卑，前后皆称"君"，不称"公"）色动，公雍容如常，命枭七卒，出旗榜，贷余党，众无敢哗。

辟知长汀县。旧运闽盐，逾年始至，吏减斤重，民苦抑配。公请改运于潮，往返仅三月。又下其估出售，公私便之。再考，朝家（即朝廷，皇帝称官家）出二枢臣(12)视师，鲁（曾）公从龙督江淮，魏公了翁督荆襄。曾公辟公为属，未至而曾公薨，魏公兼督江淮，遗书币趣公，宾主欢甚。悔曰赖有此客尔结局独辟赡家发路黄金五十星（句意与上下不续，疑有阙文，遵整理古籍有疑问处不予标断之训，保持原貌）。通判邵武军，摄郡（代理知军之职），有遗爱。通判南镓剑州，不就。

杭相李公宗勉擢（宋慈）贰天府（提拔为临安知府的副手，即府通判），除（拜官）诸军料院。浙右饥，米斗万钱。毗陵调守[13]，相（即上文李宗勉）以公应诏。入境闻俗，叹曰：“郡不可为，我知其晚矣！强宗巨室始去借以避赋，终用粜以邀利，吾当代其谋尔。”命吏按诉旱状，实各户合输米，礼致其人，勉以济粜。折人户为五等：上焉者半济、粜，次粜而不济，次济、粜俱免，次半粜半济，下焉者全济之。米从官给，众皆奉令。又累乞蠲放（免纳粮租），诏阁半租。明年大旱，祷而雨。比去[14]，余米麦三十余斛，镪（银锭）二十万，楮（纸币）四十万。

擢司农，知赣州。当路以要官钩致，公不答。迁，劾[15]免。免后，要官果有坐附丽（即依附）斥者。起知蕲州[16]，道除提点广东刑狱。名节制摧军[17]，实不受命。公请缓急得调遣，从之。南吏多不奉法，有留狱数年未详覆（复核）者。公下调约，立期程，阅八月决辟囚二百余。移节江西。赣民遇农隙率贩鹾于闽粤之境，名曰盐子，各携兵械，所过剽掠，州县单薄，莫敢谁何（过问）。公鳞次保护，讯其出入，奸无所容。举行之初，人持异议，事定乃大服。谏省奏乞[18]取宋某所行，下浙右以为法。兼知赣州。盱属盗窃，发言者任咎保伍，经筵有为公辨明者，章格不下。蜀相游公侣（佀）大拜[19]，以公按刑广右，循行部内，所至雪冤禁暴，虽恶溺处所，辙迹必至。除直秘阁，核湖南。会陈公以元枢来建大阃，兼制两广，辟公参谋。以公手疏岭外事宜檄奏，宸翰[20]：“宋某所陈确实可用，若能悉意助卿（指上文陈公），保釐南土，旌擢未晚。”鬼国与南丹州争金矿，南丹言（扬言）鞭骑追境，宜守[21]张皇乞师。公白陈公，此虏无飞越大理、特磨二国直捣南丹之地（理？），已而果然。进直宝谟阁，奉使四路，皆司臬事，听讼清明，决事刚果，抚善良甚恩，临豪猾甚威，属部官吏，以至穷阎委巷、深山幽谷之民，咸若有一宋提刑之临其前。拔直焕章阁，知广州、广东经略安抚（使）。持大礼，宽小文，威爱兼济。开阃属两（连两任），忽感末疾，尤自力视事。学宫释菜，宾佐请委官摄献（负责安排释菜礼的人见宋慈病重，劝让别人代表宋慈主持礼仪），毅然亲往，由此委顿，以淳祐六年三月七日终于州治，年六十四，秩止朝议大夫。

明年七月十五日葬于崇乐里之张墓窠。娶余氏，继连氏，皆封□人。三子：国宾[22]，国子（监）乡贡进士；大□，乡贡进士；秉孙，正奏名。未对，皆力学[23]。美济、美□二女，长适登仕郎梁新德，次适将仕郎吴子勤。三孙宪、焘、湘，并将仕郎。

公博记览，善辞令，然不以浮文妨要，惟据案执笔，一扫千言，沉着痛快，哗健破胆。砺廉隅，峻风裁，然不（以）己长傲物，虽晚生小技，寸长片善，提奖荐进，寒浚（俊）吐气。每诵诸葛武侯之言，曰治世以大德，不以小惠，其趣向如此。性无他嗜，惟善收异书名帖。禄万石，位方伯，家无钗泽，庑无驵骏，鱼羹饭，敝缊袍[24]，萧然终身。晚尤谦挹，扁（匾）其室曰“自牧”，丞相董公槐记焉。昔张禹、马融皆起书生，既愧或后堂陈丝竹管弦，或施绛纱帐列女乐，尤鄙者至以金盆濯足，甚哉，居养之移人也！[25]惟本朝前辈宋宣献、李邯郸好藏书，唐彦猷好砚，欧阳公好金石刻，公似之矣。余既书公大节久著、其细行于末。

公讳慈，惠父，字也。铭曰：其儒雅则遵、毅也，其开济则瑜、肃也，其威名则颇、牧也，其恩信则羊、陆也。敌将扼吾吭而干吾腹也，上方倚邕宜而忧襄擢也。哀哉，若人（其人）之不淑也！求之之难也，而夺之之速也[26]，脱牛之辐而踠骥之足也。嗟后人之勿伤其宰（冢）上之木也！

注释

（1）1994年版《建阳县志》（下称“前志”）在“获友其邑中”处断句，误，应断在“豪杰”。注意“友”字是动词，所“友”的对象是“豪杰”。

（2）“公奉辟书”下应加逗号。

（3）当时广州一带属广南东路，另据清道光《建阳县志》载，宋巩时“判广州”，初出仕即任节度使的高官不可能。有误。

（4）即南安军，在江西，东邻赣州，南与广东南雄州接壤。当时南安军、赣州皆属江南西路。此条及以下所及地名注释均据中华地图学社 1975 年出版的《中国历史地图集》第六册（宋辽金）。

（5）“雄”指南雄州，时属广南东路，北与南安军接壤。前志不明“雄州”为地名，在“南安”中加顿号，分为两州，凑齐三郡，误。

（6）语句有阙略，大意为臬司叶宰把创节制司的建议上报朝廷，朝廷批准，并同意他征召宋慈以补缺员。

（7）三路指荆湖南路、江南西路、广南东路，在今赣、粤、湘交界处，是当时贼乱之地。要知当时尚无“省”的区划名称。

（8）前志断作“魏仓司大有置不问闻，公主议衔之”，把衔恨的主体弄颠倒了。此句是说宋慈把赈济饥民之策报告给臬使，臬使采纳了，便多次移文给仓司官魏大有，魏大有不予理睬，后来得知力主赈济饥民的主意出自宋慈，便对宋慈怀恨在心。

（9）前志断为“降大胜峒，曾志皆渠魁也”，误。此句是说宋慈招降大胜峒的曾志，谢宝崇、曾志都是土匪头子。

（10）前志在此处不断句。按《康熙字典》“手”部释说，“挕”字“俗借为‘摄’字。”则仓挕即仓摄，指代理仓官魏大有。因为真正当事人是臬使，他和魏大有官阶大约相近，他在无事，他一走，魏即发难侮辱宋慈。故“臬去”处应断句。

（11）柳杨是地名，属明溪。前志误解为柳、杨两将军，在“明溪”断句，下文变成“杨、柳公”，则叙述主体宋慈呢？失误大矣。

（12）前志在“枢”下断句，误。“枢臣”是指曾任宰相、执政的重臣，不能分开。

（13）前志作“毗陵高守相”，不好解，应以厦门图书馆藏本为准。此句意思是说原毗陵即今常州知州调任，李宗勉推荐宋慈去毗陵接任，文中“相”指李宗勉，并没有什么“高守相”。

（14）“比去”是说等到离任时，前志在“去”字后补一“年”字，理解为“比去年”，错了。

（15）前志断于“劾”，误。此句意思是说宋慈本要迁官，受弹劾而免职，故应是“劾免”断在一起。

（16）此句是说宋慈被免后又起用为蕲州知州，赴任路上改拜提点广东提刑。前志断为“起知蕲州道”，误。“道”是唐代的区划名，至宋改为“路”。

（17）此句是说宋慈提点广东刑狱，名义上可节制军事，但实际军方并不听命，于是宋慈来个折中，要求有急难时军队要接受指挥，对方同意了。所以前志断于“节制”、“缓急”，均误。

（18）前志在“乞”、“取”中断句，不可，“乞取”是请求采用的意思。

（19）此处必须断句。

（20）前志断作“以公手疏岭外事宜，檄奏宸翰”，大误。这个“檄”是宋慈受陈公委托所书，上奏天子后，天子亲笔写下“宋某所陈”云云。“宸”指皇上，“翰”是墨书文字，怎能“檄奏”？

（21）前志在“宜守”断句，大约理解为应当防守。其实“宜守”指宜州守臣，宜州当时属广南西路。全句是说宜州守臣听到鬼国的犯境传言，仓皇失措，赶紧请求派兵来卫。

（22）前志在“国宝国子”之间加顿号，错解为兄弟两人；其实“国子”是国子监之省，这是对宋慈三子名理不顺造成的。其三子是国宝、大□、秉孙，按前志断句，变成四人了。

（23）未对，皆力学，是说宋慈三子只是乡贡进士（实是举人），还未经廷对，还在努力学习中。前志把“学”字拉到下文，凑成学美、济美，但“未对皆力”何义？

（24）温饱是“缊袍”之误。

（25）“甚哉，居养之移人也！”与下文“哀哉，若人之不淑也！”感叹语气在后，故感叹号放在后面为宜。

（26）前志在两个“之”之间断句，不知所谓。

后　记

2006 年，建阳区人民政府正式启动《建阳市志（1994—2010）》编纂工作。区委、区政府领导高度重视修志工作。

2006 年 11 月下发关于启动《建阳市志》编纂工作文件。2006 年 12 月召开《建阳市志（1994—2010）》编纂工作动员大会市委书记刘山鹰到会作重要讲话。会后，市直各单位、各街道办事处、各乡镇立即着手，组织人员按照建阳区地方志编纂委会制定的编纂工作方案搜集资料，撰写初稿；建阳区地方志编纂委员会成立《建阳市志（1994—2010）》编辑室，制定志书篇目、凡例，对各承编单位的资料搜集和初稿撰写进行指导；同时，聘请一些有实践经验、文字功底好的离退休老同志担任志书编辑，并承担由本委分工负责的概述、大事记、人物、附录部分的撰稿任务。2014 年，初稿撰写工作基本完成，编辑部对上收的稿件进行初步统稿，形成征求意见稿。

2018 月 4 日，区政府召开《建阳市志（1994—2010）》评稿会，邀请福建省、南平市各区市县有关领导、专家到会指导。会后，根据评稿会提出的修改意见和建议，编辑室再次进行统稿、修改、补充资料，数易其稿，形成送审稿，报送建阳区人民政府审核。2020 年 5 月，通过中共南平市委党史与地方志研究室验收，同意交付出版。

本志编纂过程中，得到了区直各单位、各街道办事处、各乡镇政府大力支持。蓝长柏、叶义清、叶强、谢泽浩、李家钦等为编纂提供了有价值的文字和图片资料。建阳区的老领导提供了宝贵的指导意见。福建省地方志编纂委员会、中共福建省委党史和地方志编纂办公室、南平市地方志编纂委员会、中共南平市委党史与地方志研究室领导及有关处室专家多次到建阳区指导志书编纂工作，确保了志书如期出版。在此谨致谢忱。

南平市建阳区委党史和地方志研究室

跋

王宏甲

建阳于东汉建安十年（205 年）置县。这个时期的朝政大权主要由曹操掌握。1994 年建阳撤县设市，是为建阳市之始。这部市志上限 1994 年，下限 2010 年，便是建阳首部市志。

建阳建市后出版了百万字的《建阳大典》，这是纪念建阳建县 1800 年的文史巨著。建阳建城早于建县，汉武帝元鼎六年（公元前 111 年），当敦煌郡的玉门关成为大汉王朝西北最边远的关隘时，建阳成为汉帝国东南边陲最远的城堡。

建阳市新建了朱熹大道，境内的朱熹墓获第六批全国重点文物保护单位，2010 年建阳市还举办了纪念朱熹诞辰 880 周年庆典。朱熹是伟大的思想家、哲学家、教育家。很久以来，朱熹被称为“闽学代表人物”，或称之“理学集大成者”，或称其学说为“考亭学派”。我以为这对朱熹的认识和评价都是不够的。

朱熹青年时对儒释道都有研读。佛家讲与世无争，道家讲无为而治，都深具智慧。朱熹所处的时代，佛教、道教盛行，孔子学说受冲击已显微弱。北宋亡，南宋岌岌可危，若国人意识多在“与世无争”和“无为而治”里，靠什么来救国家。如果说佛家、道家更重视个人境界的提升，孔子学说则更关怀天下众人的安危。朱熹选择了弘扬孔子学说，最大的证据就是他的《四书集注》。

为什么要做这件事？孔子编纂的五经包含着在他之前 1500 多年的中国文化，那是非常丰富的思想体系。如何能使深邃的思想通俗些为大众汲取？朱熹选出《大学》《中庸》《论语》《孟子》四书合刊并注释，倾注了他平生最重要的智识。在朱熹教诲与影响下，建阳蔡元定一门“五经三注，四世九贤”，这说的是蔡氏子弟在五经中注释了《易》《书》《春秋》三部经典。四书五经九经典，有七部在建阳注释并刻印成书，成为直至近代中国学子的必修书。请想一想，福建建阳，历史上有怎样的文化辉煌！

朱熹祖籍江西婺源，生于福建尤溪，童年随母寓居浦城、建瓯，少年随母移居五夫，青年时在建阳结婚成家生子，夫人与长子去世后皆安葬在建阳。究竟何处是朱熹故乡？我想，真正的故乡是他心中的中华文化。朱熹为何对建阳情有独钟？盖因建阳最适宜实现他的人生理想。中国印刷术起于唐而盛于宋，宋代是把此前千秋竹简上的中华文化刻印到书本的重要时期，建阳当时正是全国三大出版中心之一。朱熹与弟子注释的古代文献就在建阳刻印出版成为教本。这是多么了不起的事情！

注释，就是往通俗化大众化前进！这是继孔子将散失的上古文化找回来并通过教育传下去之后，又一次意义甚伟的文化运动，它使文化的广泛传播和更多人受教育成为可能。建阳因之“书院林立，讲帷相望”，来读书的非止建阳子弟，而是四方学子负笈来学。两宋进士以福建为最，福建进士以大武夷文化圈为最。这促进了建本刻书出版业繁荣，天下书商贩者往来如织，建本因数量最多、成就最高、影响最大，而使建阳享有天下“图书之府”的盛名。

朱熹去世四十多年后，宋理宗皇帝把朱熹在建阳办的“沧洲精舍”诏赐为“考亭书院”。朱熹一生办书院多所，理宗为何特别嘉奖建阳这一所，又为何诏赐为“考亭书院”？少时我以为这“考”与科考有关罢。后来才发现这赐名殊不简单。甲骨文与金文里，考字的象形皆如老人扶杖而行。《尔雅》解释“父为考”，《礼记》说“生曰父，死曰考”。“考妣”即父母去世后的称谓。朝廷焉能不知“考”字的深邃含义，能轻易用之？理宗皇帝把朱熹办的最后一所书院诏赐为“考亭书院”，俨然尊之以国家之父的最高荣誉来纪念朱熹。

中国四库全书经史子集，经居领导地位。四书是经中之经。在中国文化的传承中，孔子开启了“五经时代”，朱熹开启了“四书时代”。四书时代不是只读四书，更因译注印书办书院，将流传下来的中华文化承继再造，发扬光大。北孔南朱所做的伟大文化工程，使中国博大精深的优秀文化源远流长。

文化的力量究竟有多大？在很多人印象中，欧洲国家的法制似乎一直比中国先进。可是，写出世界上第一部法医学著作的却是建阳人宋慈。为什么？盖因朱熹在建阳倡学，建阳图书业与学风为宋慈集中国古代渊博的勘察检验学之大成，备下了他乡不能比肩的优势。建阳建市后，新建了宋慈广场。

陶器是人类制造的第一个产品，世界上最早的陶与瓷都出现在中国。宋代发明的建盏，是人类陶瓷工艺史上的巅峰之作。建阳是建盏的家乡。建阳建市后，古建窑遗址获第五批全国重点文物保护单位。建阳市图书馆晋升为国家一级馆，建阳市获评“中国民间文化艺术之乡”，建阳市还获中央党史研究室确认为原中央苏区县。

这部志书对建阳建市以来至2010年的政治、经济、科技、教育诸方面发展均有充分记述。我想，经济重要、科技重要，而文化精神是家乡的灵魂。遥想古来多少宫殿倒塌了，多少帝国崩溃了，多少曾经繁荣的经济消失了，四书五经没有丢失。百年前它曾遭遇西方文明的猛烈冲击乃受劫难，如今又回到中国少年的课堂，我再次为家乡先人曾经的造化深为敬佩！一个家乡不能没有智者和英雄，深刻地认识和学习他们，继往开来，这是后人永远的职责。于是写了以上文字，是为跋。

2021年11月　北京

图书在版编目（CIP）数据

建阳市志：1994 — 2010 / 中共南平市建阳区委党史和地方志研究室编．-- 北京：方志出版社，2020.12

ISBN 978-7-5144-4582-4

Ⅰ.①建… Ⅱ.①中… Ⅲ.①建阳－地方志－ 1994-2010 Ⅳ.①K295.74

中国版本图书馆 CIP 数据核字（2020）第 244185 号

建阳市志（1994—2010）

编　　者：中共南平市建阳区委党史和地方志研究室
责任编辑：王　娜

出 版 者：方志出版社
地址　北京市朝阳区潘家园东里 9 号（国家方志馆 4 层）
邮编　100021
网址　http://www.zgfzcb.cn
发　　行：方志出版社图书经销中心
电话（010）67110500
经　　销：各地新华书店
印　　刷：福州报业鸿升印刷有限责任公司

开　　本：889×1194　　1/16
印　　张：62.5
字　　数：1804 千字
版　　次：2020 年 12 月第 1 版　　2020 年 12 月第 1 次印刷
印　　数：0001 ～ 3000 册

ISBN 978-7-5144-4582-4　　定价：680.00 元